TEXT UND TEXTWERT DER GRIECHISCHEN HANDSCHRIFTEN
DES NEUEN TESTAMENTS

ARBEITEN ZUR
NEUTESTAMENTLICHEN TEXTFORSCHUNG

HERAUSGEGEBEN VOM

INSTITUT FÜR NEUTESTAMENTLICHE TEXTFORSCHUNG
DER WESTFÄLISCHEN WILHELMS- UNIVERSITÄT
MÜNSTER/WESTFALEN

BAND 20

WALTER DE GRUYTER · BERLIN · NEW YORK
1993

TEXT UND TEXTWERT DER GRIECHISCHEN HANDSCHRIFTEN DES NEUEN TESTAMENTS

III.

DIE APOSTELGESCHICHTE

BAND 1: UNTERSUCHUNGEN UND ERGÄNZUNGSLISTE

IN VERBINDUNG MIT

ANNETTE BENDUHN-MERTZ, GERD MINK, KLAUS WITTE
UND HORST BACHMANN

HERAUSGEGEBEN VON

KURT ALAND

WALTER DE GRUYTER · BERLIN · NEW YORK

1993

∞ Gedruckt auf säurefreiem Papier,
das die US-ANSI-Norm über Haltbarkeit erfüllt.

Die Deutsche Bibliothek — CIP-Einheitsaufnahme

**Text und Textwert der griechischen Handschriften des Neuen
Testaments** / in Verbindung mit ... hrsg. von Kurt Aland. —
Berlin ; New York : de Gruyter.
NE: Aland, Kurt [Hrsg.]

3. Die Apostelgeschichte.
  Bd. 1. Untersuchungen und Ergänzungsliste. — 1993
  (Arbeiten zur neutestamentlichen Textforschung ; Bd. 20)
  ISBN 3-11-014055-1
NE: GT

© Copyright 1993 by Walter de Gruyter & Co., Berlin 30.

Printed in Germany
Druck: Werner Hildebrand, Berlin
Buchbinderische Verarbeitung: Fuhrmann KG, Berlin

VORWORT

Die Bände zur Apostelgeschichte erscheinen in kurzem Zeitabstand nach denen zu den Paulinen, weil die Kollationen dafür neben der Arbeit am Corpus Paulinum vorangetrieben wurden. Jetzt liegt die gesamte Brief- und Erzählliteratur des Neuen Testaments (außer den Evangelien und der Apokalypse) nach den Prinzipien von "Text und Textwert" aufgeschlüsselt vor. D. h. die traditionell in den Handschriften zusammengehörigen Corpora von Apostelgeschichte und Katholischen Briefen einerseits sowie den Paulinischen Briefen andererseits sind bearbeitet und können als Ganzes sowie in ihren erheblichen Unterschieden als einzelne Schriften studiert werden. Eine Phase der Spezialauswertung wird jetzt folgen.

Die hier vorgelegte Dokumentation und Untersuchung zur Apostelgeschichte ist formal nach dem System der vorausgegangenen Bände zu den Katholischen Briefen aufgebaut. Hier wie dort fordert es der insgesamt einheitliche Textcharakter, die Teststellen (98 in den Katholischen Briefen, 104 in der Apostelgeschichte) insgesamt zu behandeln und jeweils alle Handschriften aufgrund aller Stellen miteinander zu vergleichen. Einige Kürzungen gegenüber den umfänglichen vier Bänden zu den Katholischen Briefen haben es ermöglicht, die gesamte Dokumentation zur Apostelgeschichte in zwei Bänden unterzubringen. Das wird, wie wir hoffen, dem Benutzer willkommen sein.

Die "Einführenden Vorbemerkungen" konnten mit Rücksicht auf die Einleitungen zu den vorangegangenen Bänden, insbesondere denen zu den Katholischen Briefen, kurz gehalten werden. Für den, der hier nicht ständig nachschlagen will, sind die technischen Hinweise in Kürze wiederholt worden.

Die arbeitsaufwendige Dokumentation hätte ohne wesentliche Unterstützung nicht abgeschlossen werden können. Vor allem danken wir aufrichtig der Fritz Thyssen Stiftung, die für zwei Jahre die Mittel für die Besoldung von Klaus Witte bereitstellte. Er hat sämtliche Kollationen beaufsichtigt, korrigiert und in ihre Endgestalt gebracht und damit die Grundlage für das Gesamtwerk geschaffen. Horst Bachmann, für den wieder die Hermann Kunst-Stiftung zur Förderung der neutestamentlichen Textforschung eintrat, hat mit viel Mühe und Akribie für die Gestaltwerdung der Bände gesorgt. Sein Sohn, Thomas Bachmann, hat mit außerordentlichem Geschick und Einsatz die Datenverarbeitung besorgt.

Münster/Westf., 28. März 1992   Kurt Aland

INHALTSVERZEICHNIS

BAND 1

BAND 2

SIGELVERZEICHNIS

Sigel in beiden Bänden für die Textformen:

1	=	Mehrheitstext (enthält den byzantinischen Text)
2	=	alter Text, d. h. (postulierter) ursprünglicher Text
3ff	=	Sonderlesarten, wobei diese, vom 2- und 1-Text ausgehend, gruppenweise in inneren Zusammenhang gebracht sind (niedrigere Nummern sind höherwertiger). Allerdings können, da die Gruppen hintereinander geordnet werden mußten, sich auch bei hohen Nummern wichtige Varianten (bzw. Gruppen) finden. Wertlose Varianten sind an den Schluß gestellt.
1/2 (1/)	=	Lesarten, bei denen alter Text und Mehrheitstext übereinstimmen, d. h. bei denen der Mehrheitstext sich den ursprünglichen Text zu eigen gemacht hat. Hier sind die Handschriften, die ihre Eigenheiten gegenüber der Übermacht festgehalten haben (bei 3ff zu finden), besonders zu beachten.

Sigel zur Handschriftenliste (S. 1–21):

e	=	fortlaufender Text der Evangelien
a	=	fortlaufender Text der Apostelgeschichte (Acta) und der Katholischen Briefe
p	=	fortlaufender Text der Paulinischen Briefe (einschließlich des Hebräerbriefs)
r	=	fortlaufender Text der Apokalypse (revelatio)
†	=	die Handschrift ist lückenhaft oder von späterer Hand ergänzt
K	=	Kommentarhandschrift zu dem betr. Teil des Neuen Testaments (z. B. aK)
P	=	Teilhandschrift (P=pars) zu dem betr. Teil des Neuen Testaments

Zusätzlich zu den Inhaltsangaben der Handschriftenliste

    (1)   = verschollen

    (2)   = zerstört

    (3)   = bisher kein Film erreichbar

    (4)   = kein vollständiger Text in der Apostelgeschichte

Sigel zur "Verzeichnenden Beschreibung der einzelnen Hand-
schriften" (S. 23–366):

    A.   = Lesart 2

    B.   = Lesart 1/2

    C.   = Lesart 1

wobei die Subvarianten zunächst einzeln gezählt und dann mit der
Hauptlesart zu einer Endsumme zusammengefaßt werden. Es
folgen:

    D.   = Singulärlesarten

    E.   = Sonderlesarten

    F.   = Korrekturen

    G.   = Marginallesarten

    H.   = Supplemente

    I.   = nicht erfaßte Stellen

Sigel zu den "Resultaten der Kollation" (S. 401–679):

    *   = prima manus

    C   = Corrector; wenn mehrere Correctoren, dann C1, C2
usw.

    S   = Supplementum

    L   = Varia lectio, d. h. Marginallesart

    T   = die Lesart des ursprünglichen Textes an dieser
Stelle (L und T treten stets korrespondierend auf)

    U   = Auslassung infolge von Homoioteleuton oder
Homoioarkton (manchmal mehrfach vertreten,
dann U1, U2 usw.)

V	=	Auslassung einzelner Worte bzw. von Textteilen (wenn das mehrfach geschieht, als V1, V2 usw. verzeichnet)
W	=	unsicher (bei mehrfachem Vorkommen W1, W2 usw.)
X	=	im Mikrofilm bzw. Original unleserlich
Y	=	Fehler im Mikrofilm, also nicht zu entscheiden
Z	=	Lücke in der Handschrift
{}	=	Zufügung aus dem Kontext, um die Lesart verständlicher zu machen bzw. die Entstehung anderer Varianten zu erklären

Sigel in der "Hauptliste" (Bd. 2, S. 1–805):

TS	=	Teststellen
SL	=	Singulärlesart
MT	=	Stellen mit Mehrheitstext
leere Felder	=	Übereinstimmung mit der Lesart der Basishandschrift
U - Z		siehe die Sigel zu den "Resultaten der Kollation"

1. VERZEICHNIS DER GRIECHISCHEN HANDSCHRIFTEN DER APOSTELGESCHICHTE

Zum Verzeichnis selbst ist wenig zu bemerken, denn diese Zusammenstellung folgt der Anlage der "Kurzgefaßten Liste", und zwar in deren 2. verbesserter und erweiterter Auflage, die sich in Druckvorbereitung befindet, wie sich bereits aus den neuen Schlußzahlen ($\mathfrak{P}^{98}$, 0301, 2836), aber auch bei näherer Betrachtung aus den Änderungen in den althergebrachten ergibt. Diese Liste ist "begradigt" worden: Änderung gleicher Bezeichnungen für verschiedene Handschriften (mit Ausnahme der sog. "Buchstabenunzialen", deren Bezeichnungen noch heute so eingebürgert sind, daß daran zweckmäßigerweise nicht gerührt wurde: D-H=05-015, K-L=017-020, P=024-025) und derselben Signatur für mehrere nur durch Zusatzbuchstaben näher gekennzeichnete Handschriften, Ausfüllung vorhandener Lücken usw. Was Gregory bei Einrichtung der Handschriftenliste aus Pietät gegen Wettstein und dessen Nachfolger hatte stehenlassen, ist jetzt (mit Ausnahme der "Buchstabenunzialen") beseitigt, um den sich daraus ergebenden Verwechslungen und Irrtümern ein Ende zu machen. Selbstverständlich sind die alten Bezeichnungen (in Klammern) stehengeblieben und auf die neuen wird verwiesen, so daß nach menschlichem Ermessen Irrtümer ausgeschlossen sind. Wünscht jemand die alten Bezeichnungen weiter zu gebrauchen, findet er in der 2. Auflage der "Kurzgefaßten Liste" problemlos für das ganze Neue Testament den Weg zu den neuen.

Eines weiteren Kommentares bedarf die Handschriftenliste nicht (außer der Bemerkung, daß die Inhaltsangaben für die Papyri und Majuskeln bis in die Einzelheiten vollständig sind). Auch die nicht erreichbaren bzw. nicht erreichten Handschriften sind aufgenommen. Sie werden in der Handschriftenliste dieses Bandes durch Zusatzziffern in der Inhaltsspalte bezeichnet (vgl. das Sigelverzeichnis S. IXff).

Insgesamt sind 28 Handschriften nach dem heutigen Stand der Information verschollen oder zerstört (wenn sie trotzdem in unseren Listen auftauchen, so deshalb, weil wir Unterlagen aus der Zeit davor besitzen), von 23 Handschriften war bisher trotz aller Bemühungen (die selbstverständlich fortgesetzt werden) kein Film erreichbar.

Wenn in dieser Liste 607 Handschriften aufgezählt sind, so be-gegnet also diese Zeugenzahl etwa in der Hauptliste, aber auch sonst, niemals vollständig. Das liegt nicht nur an den aufgezählten Ausfällen, sondern vor allem daran, daß zahlreiche Handschriften Lücken aufweisen oder nur einen Teil der Apostelgeschichte bieten, ja oft genug bestehen sie nur aus Fragmenten. Das wird in der darauf folgenden Gesamtübersicht über die Lesarten (S. 387ff) eindrücklich deutlich (vgl. die Erläuterungen dazu S. 387), aber auch in den Lückenverzeichnissen (S. 367–373). Dennoch enthält die Liste 550 ausgewertete Papyri, Majuskeln und Minuskeln.

HS.-NR	INHALT	JH.	AUFBEWAHRUNGSORT
𝔓8	Act 4,31-37; 5,2-9; 6,1-6.8-15	IV	Berlin, Staatl. Mus., P. 8683
𝔓29	Act 26,7-8.20	III	Oxford, Bodl. Libr., Gr. bibl. g.4 (P)
𝔓33+58	Act 7,6-10.13-18; 15, 21-24.26-32	VI	Wien, Österr. Nat. Bibl., P. Vindob. G. 17973. 26133. 35831. 39783
𝔓38	Act 18,27-19,6.12-16	um 300	Ann Arbor, Univ. of Michigan, Inv. Nr. 1571
𝔓41	Act 17,28-18,2.17-18. 22-25.27; 19,1-4.6-8.13-16.18-19; 20,9-13.15-16. 22-24.26-38; 21,1-3.4. 26-27; 22,11-14.16-17 griechisch Act 17,30-18,2.25.27-28; 19,2-8.15.17-19; 20,11-16.24-28; 20,36-21,3; 22,12-14.16-17 koptisch	VIII	Wien, Österr. Nat. Bibl., P. Vindob. K. 7377. 7384. 7396. 7426. 7541-48. 7731. 7912. 7914
𝔓45	Mt 20,24-32; 21,13-19; 25,41-26,39; Mc 4,36-9,31+; 11,27-12,28+; L 6,31-7,7+; 9,26-14, 33+; J 10,7-25; 10,31-11,10. 18-36.42-57; Act 4,27-17,17+	III	Dublin, Chester Beatty Libr., P. Chester Beatty I; Wien, Österr. Nat. Bibl., P. Vindob. G. 31974
𝔓48	Act 23,11-17.23-29	EIII	Florenz, Bibl. Laurenz., PSI 1165
𝔓50	Act 8,26-32; 10,26-31	IV/V	New Haven, Yale Univ. Libr., P. 1543
𝔓53	Mt. 26,29-40; Act 9,33-10,1	III	Ann Arbor, Univ. of Michigan, Inv. Nr. 6652
𝔓56	Act 1,1.4-5.7.10-11	V/VI	Wien, Österr. Nat. Bibl., P. Vindob. G. 19918
𝔓57	Act 4,36-5,2.8-10	IV/V	Wien, Österr. Nat. Bibl., P. Vindob. G. 26020
𝔓74	Act. 1,2-28,31+; Jc 1,1-5,20+; 1P 1,1-2.7-8. 13.19-20.25; 2,6-7.11-12.18.24; 3,4-5; 2P 2, 21; 3,4.11.16; 1J 1,1. 6; 2,1-2.7.13-14.18-19. 25-26; 3,1-2.8.14.19-20; 4,1.6-7.12.18-19; 5,3-4. 9-10.17; 2J 1.6-7.13;	VII	Cologny, Bibl. Bodmer., P. Bodmer XVII

HS.-NR	INHALT	JH.	AUFBEWAHRUNGSORT
	3J 6.12; Jd 3.7.11-12.16.24		
𝔓91	Act 2,30-37; 2,46-3,2	III	North Ryde/Australien, Macquarie Univ., inv. 360 a.b; Mailand, Istit. di Pap., P. Mil. Vogl. Inv. 1224
ℵ01	eapr	IV	London, Brit. Libr., Add. 43725
A02	eapr†	V	London, Brit. Libr., Royal 1 D. VIII
B03	eap†	IV	Rom, Bibl. Vatic., Gr. 1209
C04	eapr† (vac. Act 1,1-2; 4,3-5,34; 6,8; 10,43-13, 1; 16,37-20,10; 21,31-22,20; 23,18-24,15; 26, 19-27,16; 28,5-fin.)	V	Paris, Bibl. Nat., Gr. 9
D05	ea† (g-l) (vac. Act 8, 29-10,14; 21,2-10.16-18; 22,10-20; 22,29-fin.)	V	Cambridge, Univ. Libr., Nn II 41
E08	a† (g-l) (vac. Act 26, 29-28,26)	VI	Oxford, Bodl. Libr., Laud. Gr. 35
H014	a†	IX	Modena, Bibl. Estens., G. 196 (II.G.3) fol. 9-51
L020	ap† (vac. Act 1,1-8,10)	IX	Rom, Bibl. Angelica, 39
P025	apr†	IX	St. Petersburg, Staatl.-Öfftl. Bibl., Gr. 225
Ψ044	eap†	VIII/IX	Athos, Lavras, B´52
048	apP (Act 26,6-27,4; 28,3-31)	V	Rom, Bibl. Vatic., Gr. 2061
049	ap†	IX	Athos, Lavras, A´88
056	apK	X	Paris, Bibl. Nat., Coislin Gr. 26
057	aP (Act 3,5-6.10-12)	IV/V	Berlin, Staatl. Mus., P. 9808
066	aP (Act 28,8-17)	VI	St. Petersburg, Staatl.-Öfftl. Bibl., Gr. 6 II, fol. 4
076	aP (Act 2,11-22)	V/VI	New York, Pierpont Morgan Libr., Pap. G. 8
077	aP (Act 13,28-31)	V	Sinai, Katharinenkloster, Harris App. 5
093	aP (Act 24,22-25,5)	VI	Cambridge, Univ. Libr., Taylor-Schechter Coll. 12,189.208
095 +[0123]	aP (Act 2,22-28.45-3,8)	VIII	St. Petersburg, Staatl.-Öfftl. Bibl., Gr. 17. 49,1-2
096	aP (Act 2,6-17; 26,7-18)	VII	St. Petersburg, Staatl.-Öfftl. Bibl., Gr. 19
097	aP (Act 13,39-46)	VII	St. Petersburg, Staatl.-Öfftl. Bibl., Gr. 18
0120	aP (Act 16,30-17,17. 27-29.31-34; 18,8-26)	IX	Rom, Bibl. Vatic., Gr. 2302

HS.-NR	INHALT	JH.	AUFBEWAHRUNGSORT
[0123]	siehe 095		
0140	aP (Act 5,34-38)	X	Sinai, Katharinenkloster, Harris App. 41
0142	apK	X	München, Bayer. Staatsbibl., Gr. 375
0165	aP (Act 3,24-4,13.17-20)	V	Berlin, Staatl. Mus., P. 13271
0166	aP (Act 28,30-31)	V	Heidelberg, Inst. f. Papyrologie der Univ., P. Heid. Inv. G
0175	aP (Act 6,7-15)	V	Florenz, Bibl. Medicea Laur., PSI 125
0189	aP (Act 5,3-21)	II/III	Berlin, Staatl. Mus., P. 11765
0236	aP (Act 3,12-13.15-16)	V	Moskau, Puschkin Mus., Golenisch-tschew Copt. 55
0244	aP (Act 11,29-12,5)	V	Louvain, Bibl. de l'Univ., P. A. M. Khirbet Mird 8
0294	aP (Act 14,27-15,10)	VI/VII	Sinai, Katharinenkloster, ΣΠ. ΜΓ 16
1	eap	XII	Basel, Univ. Bibl., A. N. IV.2
[2]	ap siehe 2815		
3	eap	XII	Wien, Österr. Nat. Bibl., Suppl. Gr. 52
[4]	ap siehe 2816		
5	eap	XIII	Paris, Bibl. Nat., Gr. 106
6	eap†	XIII	Paris, Bibl. Nat., Gr. 112
18	eapr	1364	Paris, Bibl. Nat., Gr. 47
33	eap†	IX	Paris, Bibl. Nat., Gr. 14
35	eapr	XI	Paris, Bibl. Nat., Coislin Gr. 199
[36]	aK siehe 2818		
38	eap†	XIII	Paris, Bibl. Nat., Coislin Gr. 200
42	apr†	XI	Frankfurt/Oder, Stadtarchiv, Ms. 17
43	eap†	XII	Paris, Arsenal 8409.8410
51	eap†	XIII	Oxford, Bodl. Libr., Laud. Gr. 31
57	eap	XII	Oxford, Magdalen Coll., Gr. 9
61	eapr	XVI	Dublin, Trinity Coll., Ms. 30
62	ap†	XIV	Paris, Bibl. Nat., Gr. 60
69	eapr†	XV	Leicester, Town Mus., Cod. 6 D 32/1
76	eap	XIV	Wien, Österr. Nat. Bibl., Theol. Gr. 300
81	ap†	1044	London, Brit. Libr., Add. 20003; 57 fol.; Alexandria, Griech. Pariarch., 59, 225 fol.
82	aprK	X	Paris, Bibl. Nat., Gr. 237
88	apr	XII	Neapel, Bibl. Naz., II. A. 7
90	eap	XVI	Amsterdam, Univ. Bibl., Remonstr., 86
91	aprK†(4)	XI	Paris, Bibl. Nat., Gr. 219
93	apr†	XI	Paris, Bibl. Nat., Coislin Gr. 205
94	aprK	r: XII / ap: XIII	Paris, Bibl. Nat., Coislin Gr. 202.2

HS.-NR	INHALT	JH.	AUFBEWAHRUNGSORT
97	ap	XII	Wolfenbüttel, Herzog August Bibl., Codd. Gud. Graec. 104.2
101	apK† (1)	XI	(früher: Dresden, Sächs. Landesbibl., A. 104, fol. 37-121)
102	ap	1444	Moskau, Hist. Mus., V. 412, S. 5, fol. 1-111
103	apK	XII	Moskau, Hist. Mus., V. 96, S. 347
104	apr	1087	London, Brit. Libr., Harley 5537
105	eap	XII	Oxford, Bodl. Libr., Auct. T. infr. 1.10
110	apr†	XII	London, Brit. Libr., Harley 5778
122	eapt†	XII	Leiden, Univ. Bibl., B. P. Gr. 74ᵃ
131	eap	XIV	Rom, Bibl. Vatic., Gr. 360
133	eap	XI	Rom, Bibl. Vatic., Gr. 363
141	eapr	XIII	Rom, Bibl. Vatic., Gr. 1160
142	eap	XI	Rom, Bibl. Vatic., Gr. 1210
149	eapr	XV	Rom, Bibl. Vatic., Palat. Gr. 171
172	apr†	XIII/XIV	Berlin, Deutsche Staatsbibl., Phill. 1461
175	eapr†	X	Rom, Bibl. Vatic., Gr. 2080
177	apr	XI	München, Bayer. Staatsbibl., Gr. 211
180	eapr	e: XII apr: 1273	Rom, Bibl. Vatic., Borg. Gr. 18
181	apr†	ap: XI r: XV	Rom, Bibl. Vatic., Reg. Gr. 179
189	eapt†	e: XIV ap: XII	Florenz, Bibl. Medicea Laur., VI. 27
201	eapr	1357	London, Brit. Libr., Add. 11837
203	apr†	1111	London, Brit. Libr., Add. 28816
204	eap	XIII	Bologna, Bibl. Univ., 2775
205	(AT u.) eapr	XV	Venedig, Bibl. Naz. Marc., 420 (Fondo ant. 5), fol. 362-441
206	apt†	XIII	London, Lambeth Pal., 1182
209	eapr	eap: XIV r: XV	Venedig, Bibl. Naz. Marc., 394 (Fondo ant. 10)
216	apt†	1358	London, Lambeth Pal., 1183
218	(AT u.) eapr†	XIII	Wien, Österr. Nat. Bibl., Theol. Gr. 23, fol. 486-623
221	ap	X	Oxford, Bodl. Libr., Can. Gr. 110
223	apt†	XIV	Ann Arbor, Univ. of Michigan, Ms. 34
226	eap	XII	Escorial, X. IV. 17
228	eapP	XIV	Escorial, X. IV. 12
234	eap	1278	Kopenhagen, Kgl. Bibl., GkS 1322, 4⁰
241	eapr (1)	XI	(früher: Dresden, Sächs. Landesbibl., A 172)

HS.-NR	INHALT	JH.	AUFBEWAHRUNGSORT
242	eapr (3)	XII	Moskau, Hist. Mus., V. 25, S. 407
250	aprK	XI	Paris, Bibl. Nat., Coislin Gr. 224
[252]	e siehe 464		
254	aprK	XIV	Athen, Nat. Bibl., 490
255	ap (3)	XIV	Krakau, Bibl. Jagiellónska (Fonds der Berliner Hss), Graec. qu. 40 (früher: Berlin, Staatsbibl., Gr. Qu. 40)
256	apr (g-arm)†	XI/XII	Paris, Bibl. Nat., Armen. 9
257	ap (3)	XIV	Krakau, Bibl. Jagiellónska (Fonds der Berliner Hss), Graec. qu. 43 (früher: Berlin, Staatsbibl., Gr. Qu. 43)
263	eap	XIII	Paris, Bibl. Nat., Gr. 61
296	eapr	XVI	Paris, Bibl. Nat., Gr. 123.124
302	ap†	XI	Paris, Bibl. Nat., Gr. 103
307	aK	X	Paris, Bibl. Nat., Coislin Gr. 25
308	ap	XIV	London, Brit. Libr., Royal 1 B. I
309	apP†	XIII	Cambridge, Univ. Libr., Dd. XI. 90
312	ap†	XI	London, Brit. Libr., Add. 5115.5116
314	aprK†	XI	Oxford, Bodl. Libr., Barocc. 3
319	ap†	XII	Cambridge, Christ's Coll., GG. 1.9 (Ms. 9)
321	ap†	XII	London, Brit. Libr., Harley 5557
322	ap	XV	London, Brit. Libr., Harley 5620
323	ap†	XII	Genf, Bibl. publ. et univ., Gr. 20
325	apr†	XI	Oxford, Bodl. Libr., Auct. E. 5.9
326	ap†	XII	Oxford, Lincoln Coll., Lat 82
327	ap	XIII	Oxford, New Coll., 59
328	ap	XIII	Leiden, Univ. Bibl., Voss. Gr. Q. 77
330	eap	XII	St. Petersburg, Staatl.-Öfftl. Bibl., Gr. 101
336	apr (1)	XV	(früher: Hamburg, Univ. Bibl., Cod. theol. 1252a)
337	apr†	XII	Paris, Bibl. Nat., Gr. 56
339	eapr (2)	XIII	Turin, Bibl. Naz., B. V. 8 (Brandschaden, nur Fragmente erhalten)
363	eap	XIV	Florenz, Bibl. Medicea Laur., VI. 13
365	eap†	XIII	Florenz, Bibl. Medicea Laur., VI. 36
367	eapr	1331	Florenz, Bibl. Medicea Laur., Conv. Sopp. 53
378	ap	XII	Oxford, Bodl. Libr., E. D. Clarke 4
383	ap	XIII	Oxford, Bodl. Libr., E. D. Clarke 9
384	ap	XIII	London, Brit. Libr., Harley 5588

HS.-NR	INHALT	JH.	AUFBEWAHRUNGSORT
385	apr†	1407	London, Brit. Libr., Harley 5613
386	eapr	XIV	Rom, Bibl. Vatic., Ottob. Gr. 66
390	eap	1282	Rom, Bibl. Vatic., Ottob. Gr. 381
393	eap	XIV	Rom, Bibl. Vallicell., E. 22
394	eap	1330	Rom, Bibl. Vallicell., F. 17
398	ap†	XI	Cambridge, Univ. Libr., Kk. VI. 4
400	eapP†	XV	Berlin, Deutsche Staatsbibl., Diez. A. Duod. 10
404	ap	XIV	Wien, Österr. Nat. Bibl., Theol. Gr. 313
421	ap	XII	Wien, Österr. Nat. Bibl., Theol. Gr. 303
424	apr	XI	Wien, Österr. Nat. Bibl., Theol. Gr. 302, fol. 1-353
425	ap	1330	Wien, Österr. Nat. Bibl., Theol. Gr. 221
429	apr	XIV r. XV	Wolfenbüttel, Herzog August Bibl., Codd. Aug. 16.7 4⁰
431	eap	XII	Straßburg, Priester-Sem., 1
432	apr	XV	Rom, Bibl. Vatic., Gr. 366
436	ap	X	Rom, Bibl. Vatic., Gr. 367
437	aPK: Act	XI	Rom, Bibl. Vatic., Gr. 760
440	eap	XII	Cambridge, Univ. Libr., Mm. VI. 9
441	apPK	XIII	Uppsala, Univ.-Bibl., Gr. 1, p. 3-182
444	eap	XV	London, Brit. Libr., Harley 5796
450	apP†	X	Rom, Bibl. Vatic., Reg. Gr. 29
451	ap	XI	Rom, Bibl. Vatic., Urbin. Gr. 3
452	apr	XII	Rom, Bibl. Vatic., Pii II Ms. 50
453	aK	XIV	Rom, Bibl. Vatic., Barb. Gr. 582
454	apK	X	Florenz, Bibl. Medicea Laur., IV. 1
455	apPK	XIII/XIV	Florenz, Bibl. Medicea Laur., IV. 5
456	apr	X	Florenz, Bibl. Medicea Laur., IV. 30
457	ap	X	Florenz, Bibl. Medicea Laur., IV. 29
458	ap	XI	Florenz, Bibl. Medicea Laur., IV. 31
459	apr	1092	Florenz, Bibl. Medicea Laur., IV. 32
460	ap (g-l-arb)†	XIII	Venedig, Bibl. Naz. Marc., 379 (Fondo ant. 11)
462	ap	XI/XII	Moskau, Hist. Mus., V. 24, S. 346
463	apK† (4)	XII	Moskau, Hist. Mus., V. 95, S. 192
464 +[252]	eap	XI	Moskau, Hist. Mus., V. 23, S. 341, 229 fol.; (früher: Dresden, Sächs. Landesbibl., A. 145), 123 fol.
465	ap	XI	Paris, Bibl. Nat., Gr. 57
466	ap†	XI	Paris, Bibl. Nat., Gr. 58
467	apr	XV	Paris, Bibl. Nat., Gr. 59
468	apr†	XIII	Paris, Bibl. Nat., Gr. 101

HS.-NR	INHALT	JH.	AUFBEWAHRUNGSORT
469	apr†	XIII	Paris, Bibl. Nat., Gr. 102A
479	eap	XIII	Birmingham, Selly Oak Coll., Cod. Mingana Gr. 3
480	eap (2)	1366	London, Brit. Libr., Burney 18, 222 fol. (Evang.); (Metz, Bibl. munic., 4, 232 fol., zerstört)
483	eap	1295	Williamstown/Mass., Williams Coll., Chapin Libr., Cod. De Ricci no. 1
489	eap†	1316	Cambridge, Trinity Coll., B. X. 16
491	eap†	XI	London, Brit. Libr., Add. 11836
496	eap	XIII	London, Brit. Libr., Add. 16184
498	eapr†	XIV	London, Brit. Libr., Add. 17469
506	eapr†	XI	Oxford, Christ Church, Wake 12
517	eapr†	XI/XII	Oxford, Christ Church, Wake 34
522	eapr	1515/16	Oxford, Bodl. Libr., Canon. Gr. 34
536	eaP† (3)	XIII	Ann Arbor, Univ. of Michigan, Ms. 24
547	eap	XI	London, Brit. Libr., Add. 39590
567	ap†	XIII	Paris, Bibl. Nat., Gr. 103A
582	eapr	1334	Ferrara, Bibl. Com., Cl. II, 187, III
592	eap	1289	Mailand, Bibl. Ambros., Z 34 sup.
601	ap†	XIII	Paris, Bibl. Nat., Gr. 104
602	ap†	X	Paris, Bibl. Nat., Gr. 105
603	ap	XIV	Paris, Bibl. Nat., Gr. 106A
604	ap	XIV	Paris, Bibl. Nat., Gr. 125
605	apK	X	Paris, Bibl. Nat., Gr. 216
606	apK	XI	Paris, Bibl. Nat., Gr. 217
607	apK	XI	Paris, Bibl. Nat., Gr. 218
608	apK	XIV	Paris, Bibl. Nat., Gr. 220
610	aK†	XII	Paris, Bibl. Nat., Gr. 221
611	ap† (2)	XII	Turin, Bibl. Naz., C. VI. 19 (Brandschaden)
612	ap† (2)	XII	Turin, Bibl. Naz., B. V. 19, 33 fol. in B. VI. 43 (Brandschaden)
613	ap (2)	XII	Turin, Bibl. Naz., C. V. 1 (Brandschaden)
614	ap	XIII	Mailand, Bibl. Ambros., E 97 sup.
616	apr	1434	Mailand, Bibl. Ambros., H 104 sup.
617	aprK†	XI	Venedig, Bibl. Naz. Marc., 786 (Fondo ant. 546)
618	ap	XII	Modena, Bibl. Estense, G. 243 (III. B. 17)
619	apK	984	Florenz, Bibl. Medicea Laur., Conv. Sopp. 191

HS.-NR	INHALT	JH.	AUFBEWAHRUNGSORT
621	apP(K)	XIV	Rom, Bibl. Vatic., Gr. 1270
623	apK†	1037	Rom, Bibl. Vatic., Gr. 1650
624	apP	XI	Rom, Bibl. Vatic., Gr. 1714
625	ap	XII/XIII	Rom, Bibl. Vatic., Gr. 1761
626	aP: Act Jc 1P†	X	Rom, Bibl. Vatic., Gr. 1968
627	apr†	X	Rom, Bibl. Vatic., Gr. 2062
628	apr (g-l)†	XIV	Rom, Bibl. Vatic., Ottob. Gr. 258
629	ap (g-l)	XIV	Rom, Bibl. Vatic., Ottob. Gr. 298
630	ap	XIV	Rom, Bibl. Vatic., Ottob. Gr. 325
632	apr	XII–XIV	Rom, Bibl. Vallicell., B. 86
633	ap†	XIV	Rom, Bibl. Vallicell., F. 13
634	ap	1394	Rom, Bibl. Vatic., Chis. Gr. 23
635	ap	XI	Neapel, Bibl. Naz., II. A. 8
636	ap	XV	Neapel, Bibl. Naz., II. A. 9
637	ap	XII	Messina, Bibl. Univ., 104
638	ap	XI	Oxford, Christ Church, Wake 38
639	ap†	XI	Oxford, Christ Church, Wake 37
641	apK†	XI	London, Brit. Libr., Add. 22734
642	ap†	XV	London, Lambeth Pal., 1185
644	apP† (4)	XIV	London, Brit. Libr., Add. 19388
656	eapP†	XII	Berlin, Staatsbibl.Preußischer Kulturbesitz, Graec. oct. 9
664	eapr	XV	Zittau, Stadtbibl., A 1
665	ap†	XIII	Oxford, Bodl. Libr., Auct. F. 6.24
676	eap†	XIII	Münster, Bibelmus., Ms. 2
680	eapr	XIV	New Haven, Yale Univ. Libr., Ziskind 16 (Phillipps 7682)
699	eapr†	XI	London, Brit. Libr., Add. 28815, 302 fol. (eap), ebda, Egerton 3145, 67 fol. (pr)
712 +[2164]	eap (3)	XI	Los Angeles, Univ. of California, Dept. Special Coll., 170/347, 240 fol.; St. Petersburg, Staatl.-Öfftl. Bibl., Gr. 320, 5 fol.
757	eapr†	XIII	Athen, Nat. Bibl., 150
794	eap†	XIV	Athen, Nat. Bibl., 122
796	eap†	XI	Athen, Nat. Bibl., 160
801	eap	XV	Athen, Nat. Bibl., 130
808	eapr	XII	Athen, Nat. Bibl., 2251
823	eap† (3)	XIII	Krakau, Bibl. Jagiellónska (Fonds der Berliner Hss), Graec. oct. 13 (früher: Berlin, Staatsbibl., Gr. Okt 13)
824	eapr	XIV	Grottaferrata, Bibl. della Badia, A. α. 1

HS.-NR	INHALT	JH.	AUFBEWAHRUNGSORT
876	ap	XII	Ann Arbor, Univ. of Michigan, Ms. 16
886	eaprPK†	1454?	Rom, Bibl. Vatic., Reg. Gr. 6
901	eap	XI	Uppsala, Univ.-Bibl., Gr. 12
909	ap (3)	1107	New York, Kraus Collection (Phillipps 7681)
910	ap	1009	London, Brit. Libr., Add. 39598
911	aprPK†	XII	London, Brit. Libr., Add. 39599, 318 fol. (ap); Add. 39601, 16 fol. (r)
912	ap	XIII	London, Brit. Libr., Add. 39600
913	ap†	XIV	London, Brit. Libr., Egerton 2787
914	ap†	XIII	Escorial, P. III. 4
915	ap†	XIII	Escorial, T. III. 12
916	aP:Act†	XII	Escorial, X. III. 3
917	ap	XII	Escorial, X. III. 10
919	apr	XI	Escorial, Ψ. III. 6
920	apr	X	Escorial, Ψ. III. 18
921 =[l 595]	ap	1332	Escorial, X. IV. 9
922	eapr	1116	Athos, Grigoriu, 3
927 =[2618]	eap	1133	zuletzt Los Angeles, Antiqu. O. Meyer
928 +[2165]	eap	1304	Athos, Dionysiu, 56 (9), 331 fol.; St. Petersburg, Staatl.-Öfftl. Bibl., Gr. 322, 2 fol.
935	eapr	XIV	Athos, Dionysiu, 141 (27)
941	eap	XIII/XIV	Athos, Dionysiu, 164 (33)
945	eap	XI	Athos, Dionysiu, 124 (37)
956	eaP†	XVII	Athos, Dionysiu, 251 (314)
959	eap	1331	Athos, Dionysiu, 254 (317)
986	eapr†	XIV	Athos, Esphigmenu, 186
996	eap	XIV	Athos, Iviron, 735 (28)
997	eap	XIII	Athos, Iviron, 679 (29)
999	eap	XIII	Athos, Iviron, 260 (31)
1003	eap	XV	Athos, Iviron, 689 (52)
1022	ap	XIV	Baltimore/Maryland, Walters Art Gall., Ms. 533
1040	eap†	XIV	Athos, Karakallu, 121 (268)
1058	eap	1145	Athos, Kutlumusiu, 90α´
1066	aK†	X	Athos, Kutlumusiu, 16, fol. 1-145
1067	apP	XIV	Athos, Kutlumusiu, 57
1069	ap	1262	Athos, Kutlumusiu, 80
1070	ap	XIII	Athos, Kutlumusiu, 81
1072	eapr	XIII	Athos, Lavras, Γ´ 80

HS.-NR	INHALT	JH.	AUFBEWAHRUNGSORT
1073	eaP	X/XI	Athos, Lavras, Λ´ 51
1075	eapr	XIV	Athos, Lavras, Λ´ 195
1094	eapr†	XIII	Athos, Panteleimonos, 29
1099	ap	XIV	Athos, Dionysiu, 135 (68)
1100	ap†	1376	Athos, Dionysiu, 8 (75)
1101	ap	1660	Athos, Dionysiu, 383 (382)
1102	ap	XIV	Athos, Dochiariu, 38
1103	ap	XIII	Athos, Dochiariu, 48
1104	ap	1702	Athos, Dochiariu, 136
1105	ap	XV	Athos, Dochiariu, 139
1106	ap	XIV	Athos, Dochiariu, 147
1107	ap	XIII	Athos, Esphigmenu, 63
1108	ap† (3)	XIII	Athos, Esphigmenu, 64
1109	ap (1)	XIV	(früher: Athos, Esphigmenu, 65)
1115	ap	XII	Athos, Esphigmenu, 66
1127	eap	XII	Athos, Philotheu, 1811 (48)
1140	apr (3)	ap: 1242 r: XIII	Athos, Esphigmenu, 67
1149	eap	XIII	Istanbul, Ökum. Patriarchat (früher: Chalki, Kamariotissis 130 [133])
1161	ap	1280	Patmos, Joannu, 14
1162	apK	XI	Patmos, Joannu, 15
1175	ap†	XI	Patmos, Joannu, 16
1240	eap	XII	Sinai, Katharinenkloster, 259
1241	eap†	XII	Sinai, Katharinenkloster, 260
1242	eap	XIII	Sinai, Katharinenkloster, 261
1243	eap	XI	Sinai, Katharinenkloster, 262
1244	ap	XI	Sinai, Katharinenkloster, 274
1245	ap	XII	Sinai, Katharinenkloster, 275
1246	eap (1)	?	(früher: Sinai, Katharinenkloster, 265)
1247	eap	XV	Sinai, Katharinenkloster, 266
1248	eapr	XIV	Sinai, Katharinenkloster, 267
1249	ap†	1324	Sinai, Katharinenkloster, 276
1250	eap†	XV	Sinai, Katharinenkloster, 269
1251	eap†	XIII	Sinai, Katharinenkloster, 270
1270	ap	XI	Modena, Bibl. Estense, G. 71 (II. C. 4)
1277	apPK†	XI	Cambridge, Univ. Libr., Add. 3046
1287	eap (1)	XIII	Besitzer unbekannt
1292	eap	XIII	Paris, Bibl. Nat., Suppl. Gr. 1224
1297	eap	1290	Paris, Bibl. Nat., Suppl. Gr. 1259
1311	ap	1090	Berlin, Deutsche Staatsbibl., Ham. 625
1315	eap†	XII	Jerusalem, Orthodoxes Patriarchat, Taphu 37

HS.-NR	INHALT	JH.	AUFBEWAHRUNGSORT
1319	eap†	XII	Jerusalem, Orthodoxes Patriarchat, Taphu 47
1352 =[1352a] +[2163]	eap	XIII	Jerusalem, Orthodoxes Patriarchat, Stavru 94, fol. 1-235; St. Petersburg, Staatl.-Öfftl. Bibl., Gr. 319, 2 fol.
1354	eap	XIV	Jerusalem, Orthodoxes Patriarchat, Stavru 101
1359 =[2327]	eap	XII	Paris, Bibl. Nat., Suppl. Gr. 1335
1360	apK	XII	Athen, Nat. Bibl., 207, 321 fol.; Odessa, Gorki-Bibl., 555, 7 fol.
1367	eap	XV/XVI	Athen, Nat. Bibl., 1882
1382	eap (3)	XIV	Andros, Nikolau, 26
1384	eapr (4)	XI	Andros, Panachrantu, 13
1390	eap	XII	Athos, Stavronikita, 45
1398	eap†	XIII	Athos, Pantokratoros, 56
1400	eap	XIII	Athos, Pantokratoros, 58
1404	eap	XIII	Athos, Pantokratoros, 234
1405	ap	XV	Athen, Nat. Bibl., 208
1409	eap†	XIV	Athos, Xiropotamu, 244 (2806)
1424	eapKr	IX/X	Chicago/Ill., Jesuit-Krauss-McCormick Libr., Gruber Ms. 152
1425	eap (1)	XII	Sofia, 'Iwan Dujčev' Research Centre
1433	eap† (3)	XII	Athos, Andreu, 9
1448	eap	XI	Athos, Lavras, A´ 13
1456	eap†	XIII	Athos, Lavras, A´ 24
1482	eap	1404	Athos, Lavras, A´ 54
1490	eap	XII	Athos, Lavras, A´ 65
1501	eap	XIII	Athos, Lavras, A´ 79
1503	eapr	1317	Athos, Lavras, A´ 99
1505	eap	XII	Athos, Lavras, B´ 26
1508	eap†	XV	Athos, Lavras, Γ´ 30
1509	eap†	XIII	Athos, Lavras, B´ 53
1518	ap (1)	XIV	Anf. 19. Jh. von Lambeth Palace (1181) an Patriarchat Jerusalem zurückgesandt
1521	eap	1084	Washington/D. C., Dumbarton Oaks, Ms. 3, fol. 88-341; Cleveland/Ohio, Mus. of Art, no. 50.154, fol. 254
1522	ap (1)	XV	1814 von Lambeth Palace (1184) an Patriarchat Jerusalem zurückgesdandt
1524	apK	XIV	Wien, Österr. Nat. Bibl., Theol. Gr. 150

HS.-NR	INHALT	JH.	AUFBEWAHRUNGSORT
1525	ap† (3)	XIII	Krakau, Bibl. Jagiellónska (Fonds der Berliner Hss), Graec. qu. 57, fol. 101-187, (früher: Berlin, Staatsbibl., Gr. Qu. 57)
1526	aP: Act Jc	XII	Paris, Bibl. Nat., Suppl. Gr. 906
1548	eap†	1359	Athos, Vatopediu, 902
1563	eapP†	XIII	Athos, Vatopediu, 929
1573	eap†	XII/XIII	Athos, Vatopediu, 939
1594	eap†	1284	Athos, Vatopediu, 962
1595	eap	XII	Athos, Vatopediu, 964
1597	eapr	1289	Athos, Vatopediu, 966
1598	eap†	XIV	Athos, Vatopediu, 967
1599	eap†	XIV	Athos, Vatopediu, 963
1609	eap	XIII	Athos, Lavras, Λ´90
1610	ap	1463	Athen, Nat. Bibl., 209
1611	apr†	X	Athen, Nat. Bibl., 94
1617	eapr	XV	Athos, Lavras, E´157
1618	eapP†	XIV	Athos, Lavras, E´164
1619	eapP	XIV	Athos, Lavras, E´175
1622	eap†	XIV	Athos, Lavras, Ω´1
1626	eapr†	XV	Athos, Lavras, Ω´16
1628	eap	1400	Athos, Lavras, Ω´20
1636	eap†	XV	Athos, Lavras, Ω´139
1637	eapr	1328	Athos, Lavras, Ω´141
1642	eap	1278	Athos, Lavras, Λ´128
1643	eap†	XIV	Athos, Lavras, Λ´134
1646	eap	1172	Athos, Lavras, Λ´173
1649	eap	XV	Athos, Lavras, Λ´182
1652	eapr†	XVI	Athos, Lavras, Θ´152
1656	eapP†	XV	Athos, Lavras, H´64
1668	eapr†	XI+XVI	Athos, Panteleimonos, 15
1673	eapP†	XII	Athos, Panteleimonos, 94
1678	eaprK	XIV	Athos, Panteleimonos, 770
1702	eap	1560	Athos, Konstamonitu, 6
1704	eapr	1541	Athos, Kutlumusiu, 356
1706	a†? (3)	XIII-XVI	Tirana, Staatsarchiv, Koder-Trapp 18
1717	ap	XIII	Athos, Vatopediu, 850
1718	ap	XII	Athos, Vatopediu, 851
1719	apr	1287	Athos, Vatopediu, 852
1720	ap	X	Athos, Vatopediu, 853
1721	ap	XVII	Athos, Vatopediu, 863
1722	ap	XIII	Athos, Vatopediu, 864
1723	ap†	XIV	Athos, Vatopediu, 858

HS.-NR	INHALT	JH.	AUFBEWAHRUNGSORT
1724	ap†	XI/XII	Athos, Vatopediu, 865
1725	ap	1367	Athos, Vatopediu, 859
1726	ap†	XIV	Athos, Vatopediu, 860
1727	ap	XIII	Athos, Vatopediu, 861
1728	apr	XIII	Athos, Vatopediu, 862
1729	apP†	XVI	Athos, Vatopediu, 968
1730	apP†	XI	Athos, Vatopediu, 972
1731	ap†	XIII	Athos, Vatopediu, 973
1732	apr	1384	Athos, Lavras, Λ´ 91
1733	apr	XIV	Athos, Lavras, B´ 5
1734	apr†	1015	Athos, Lavras, B´ 18
1735	ap†	X	Athos, Lavras, B´ 42
1736	ap	XIII	Athos, Lavras, B´ 45
1737	ap	XII	Athos, Lavras, B´ 56
1738	apP†	XI	Athos, Lavras, B´ 61
1739	ap	X	Athos, Lavras, B´ 64
1740	apr	XII	Athos, Lavras, B´ 80
1741	ap†	XIV	Athos, Lavras, Γ´ 57
1742	ap	XIII	Athos, Lavras, Γ´ 75
1743	ap	XII	Athos, Lavras, Γ´ 78
1744	ap†	XIV+XVI	Athos, Lavras, Ω´ 8
1745	apr†	XV	Athos, Lavras, Ω´ 49
1746	apr	XIV	Athos, Lavras, Ω´ 114
1747	apP†	XIV	Athos, Lavras, Ω´ 128
1748	ap	1662	Athos, Lavras, Ω´ 131
1749	ap	XVI	Athos, Lavras, Ω´ 137
1750	ap	XV	Athos, Lavras, Λ´ 118
1751	ap	1479	Athos, Lavras, K´ 190
1752	ap†	XII	Athos, Panteleimonos, 24
1753	ap	XIV	Athos, Panteleimonos, 66
1754	ap†	XII	Athos, Panteleimonos, 68
[1755b]	aP siehe 2829		
1756	apP	X	Athos, Panteleimonos, 99,1
1757	apr†	XV	Kalloni/Lesbos, Limonos, 132
1758	ap†	XIII	Kalloni/Lesbos, Limonos, 195
1759	ap†	XIII	Thessaloniki, Vlatadon 68 (32)
1760	apr† (1) (4)	X	(früher: Serres, Prodromu γ´ 23)
1761	ap	XIV	Athen, Nat. Bibl., 2521
1762	apP†	XIV	Athen, Nat. Bibl., 2489
1763	ap†	XV	Athen, Nat. Bibl., 2450
1764	aKP: Act (4)	1158?	Tirana, Staatsarchiv, Koder-Trapp 10
1765	ap	XIV	London, Brit. Libr., Add. 33214
1766	apP (1) (4)	1344	(früher: Kosinitza, 54)

HS.-NR	INHALT	JH.	AUFBEWAHRUNGSORT
1767	ap†	XV	Athos, Iviron, 702 (642)
1768	ap	1519	Athos, Iviron, 771 (643)
1780	eapr	XIII	Durham/N. C., Duke Univ., Gr. 1
1785	eapr (1)	XIII/XIV	(früher: Drama, Kosinitsis, 208)
1795 +[2349]	apr (1)	XII	(früher: Drama, Kosinitsis, 53, 225 fol.?); New York, Pierpont Morgan Libr., 714, 46 fol.
1796	aP: Act (1)	?	(früher: Ossa/Thessalien, Dimitriu)
1799	ap (3)	XII/XIII	(Princeton/N. J., Univ. Libr., Med. a. Ren. Mss., Garrett 8) verbrannt
1809	ap† (1)	XIV	(früher: Trapezunt, Sumela, 56)
1827	ap†	1295	Athen, Nat. Bibl., 131
1828	apr†	XI	Athen, Nat. Bibl., 91
1829	a†	X	Athen, Nat. Bibl., 105
1830	ap	XV	Athen, Nat. Bibl., 129
1831	ap†	XIV	Athen, Nat. Bibl., 119
1832	ap†	XIV	Athen, Nat. Bibl., 89
1833	aP:Act (2)	1580	(Zakynthos, Stadtbibl., Katrames 10) verbrannt
1834	ap (3)	1301	St. Petersburg, Staatl.-Öfftl. Bibl., Gr. 225
1835	a†	XI	Madrid, Bibl. Nac., 4588
1837	ap†	XI	Grottaferrata, Bibl. della Badia, Λ. β. 3
1838	ap†	XI	Grottaferrata, Bibl. della Badia, Λ. β. 6
1839	ap†	XIII	Messina, Bibl. Univ., 40
1841	apr†	IX/X	Kalloni/Lesbos, Limonos, 55
1842	aK	XIV	Rom, Bibl. Vatic., Gr. 652
1843	ap	XIII	Rom, Bibl. Vatic., Gr. 1208
1845	ap	X	Rom, Bibl. Vatic., Gr. 1971
1846	apP†	XI	Rom, Bibl. Vatic., Gr. 2099
1847	ap	XI	Rom, Bibl. Vatic., Palat. Gr. 38
1849	apr	1069	Venedig, Bibl. Naz. Marc., 1170 (II.114)
1850	ap	XIII	Cambridge, Univ. Libr., Add. 6678
1851	ap†	X	Linköping, Stiftsbibl., T. 14
1852	apr†	XIII	Uppsala, Univ.-Bibl., Ms. Gr. 11
1853	ap	XII	Athos, Esphigmenu, 68
1854	apr	XI	Athos, Iviron, 231 (25)
1855	ap	XIII	Athos, Iviron, 404 (37)
1856	ap	XIV	Athos, Iviron, 362 (57)
1857	apr	ap: XIII r: XIV	Athos, Iviron, 424 (60)

HS.-NR	INHALT	JH.	AUFBEWAHRUNGSORT
1858	ap†	XIII	Athos, Konstamonitu, 108, 152 fol.; St. Petersburg, Akad.-Bibl., Dimitr. 33, 16 fol.
1859	arK†	XIV	Athos, Kutlumusiu, 82
1860	ap	XIII	Athos, Kutlumusiu, 83
1861	ap†	XVI	Athos, Kutlumusiu, 275
1862	aprK†	IX	Athos, Pavlu, 117 (2)
1863	ap	XII	Athos, Protatu, 32
1864	apr	XIII	Athos, Stavronikita, 52
1865	apr	XIII	Athos, Philotheu, 1801 (38)
1867	ap†	XII	Alexandria, Griech. Patriarchat, 117 (5)
1868	ap	XII	Istanbul, Ökum. Patriarchat, ehem. Chalki, Triados, 14 (16)
1869	ap	1688	Istanbul, Ökum. Patriarchat, ehem. Chalki, Theol. Schule, 9
1870	apr	XI	Istanbul, Ökum. Patriarchat, ehem. Chalki, Kamariotissis, 26
1871	ap†	X	Istanbul, Ökum. Patriarchat, ehem. Chalki, Kamariotissis, 33
1872	apr	XII	Istanbul, Ökum. Patriarchat, ehem. Chalki, Kamariotissis, 93 (96)
1873 =[2556]	ap	XIII	Athen, Gennadios-Bibl., Ms. 1.8
1874	ap	X	Sinai, Katharinenkloster, 273
1875 =[1898]	ap†	X/XI	Athen, Nat. Bibl., 149
1876	apr†	XV	Sinai, Katharinenkloster, 279
1877	ap	XIV	Sinai, Katharinenkloster, 280
1880	ap†	X	Sinai, Katharinenkloster, 283
1883	aP: Act	XVI	Venedig, Bibl. Naz. Marc., 955 (II.61), fol. 200-296
1884	aP: Act	XVI	Gotha, Landesbibl., Chart. B. 1767
1885 +[l 1414]	ap	1101	Paris, Bibl. Nat., Suppl. Gr. 1262; St. Petersburg, Staatl.-Öfftl. Bibl., Gr. 321
1886	ap	XIV	Paris, Bibl. Nat., Suppl. Gr. 1263
1887	aP: Act (3)	XII	Amorgos, Chozoviotissis, 5?
1888	aprK	XI	Jerusalem, Orthodoxes Patriarchat, Taphu, 38
1889	ap†	XII	Jerusalem, Orthodoxes Patriarchat, Taphu, 43
1890	ap	XIV	Jerusalem, Orthodoxes Patriarchat, Taphu, 462

HS.-NR	INHALT	JH.	AUFBEWAHRUNGSORT
1891 +[2162]	ap	X	Jerusalem, Orthodoxes Patriarchat, Saba, 107, 233 fol.; St. Petersburg, Staatl.-Öfftl. Bibl., Gr. 317, 2 fol.
1892	ap	XIV	Jerusalem, Orthodoxes Patriarchat, Saba, 204
1893	apr	XII	Jerusalem, Orthodoxes Patriarchat, Saba, 665
1894	ap(r)†	XII	Jerusalem, Orthodoxes Patriarchat, Saba, 676
1895	aK†	IX	Jerusalem, Orthodoxes Patriarchat, Stavru, 25
1896	ap	XIV/XV	Jerusalem, Orthodoxes Patriarchat, Stavru, 37
1897	apP†	XII/XIII	Jerusalem, Orthodoxes Patriarchat, Stavru, 57
[1898]	ap siehe 1875		
1899	ap†	XIV	Patmos, Joannu, 664
1902	ap†	XIV	Athos, Esphigmenu, 198
1903	apr	1636	Athos, Xiropotamu, 243 (2805)
1904	apP	XI	Athos, Kutlumusiu, 86
2005	apP†	XIV	Escorial, Ψ. III. 2
2009	ap†	XVI	Kopenhagen, Kgl. Bibl., Thott. 14, 2⁰
2080	apr†	XIV	Patmos, Joannu, 12
2085	ap	1308	Sinai, Katharinenkloster, 277
2086	ap	XIV	Sinai, Katharinenkloster, 278
2088	a (2)	?	(früher: Zakynthos, Stadtbibl., Katra- mes κδ´)
2093	eap (2)	XIII	(früher: Serres, Gymnasium, 5) verbrannt?
2115	ap (1)	XII	(früher: Athen, Bournias)
2125	apPK (4)¹	X	Modena, Bibl. Estense, G. 196 (II. G. 3), fol. 52-321
2127	eap†	XII	Palermo, Bibl. Naz., Dep. Mus. 4, 294 fol.; Philadelphia/Pa., Free Libr., Lewis M 44: 27-28, 2 fol.
2131	eap	XV	Kiew, Ukrain. Nat. Bibl., Petrov 10 (Geistl. Akad. O. 8.14)
2136	eapr (g-sl) (3)	XVII	Moskau, Hist. Mus., V. 26, S. 472
2137	eaP (g-sl) (4)	XVII	Moskau, Hist. Mus., V. 27, S. 473

---

¹ zu 2125 s. Bd. 1, S. 685f.

HS.-NR	INHALT	JH.	AUFBEWAHRUNGSORT
2138	aprǂ	1072	Moskau, Univ., Gorkij-Bibl. 2280
2143	ap	XII	St. Petersburg, Staatl.-Öfftl. Bibl., Gr. 211
2147	eapǂ	XI/XII	St. Petersburg, Staatl.-Öfftl. Bibl., Gr. 224
2175	eapPǂ	XIV	St. Petersburg, Staatl.-Öfftl. Bibl., Gr. 517
2180	apPǂ	XIII/XIV	St. Petersburg, Staatl.-Öfftl. Bibl., Gr. 543
2191	eap	XII	Athos, Vatopediu, 762, 349 fol.; Baltimore, Walters Art Gall., Ms. 530c, 1 fol.
2194	ap	1118	Athos, Lavras, A´ 58
2200	eapr	XIV	Elasson, Olympiotissis, 79
2201	eaprǂ	XV	Elasson, Olympiotissis, 6
2218	ap	XVI	Kalloni/Lesbos, Limonos, 297
2221	eap	1432	Sparta, Mitropolis, 5
2225	ap (2)	1292	(früher: Kalavryta, Megalu Spileu, 4) zerstört
2233	apǂ (2)	XII	(früher: Kalavryta, Megalu Spileu, 27) zerstört
2242	apPK	XII	Paris, Bibl. Nat., Suppl. Gr. 1299
2243	ap	XII	Athen, Nat. Bibl., 222, fol. 144-246
2249	eaǂ (1)	XIV	(früher: Drama, Kosinitsis 221)
2255	eap	XVI	Athos, Iviron, 813 (503)
2261	eap	XIV	Kalavryta, Lavras, 31
2279	apǂ	XIV	London, Brit. Libr., Add. 37003
2288 +[1944]	ap	XV	Modena, Bibl. Estense, G. 13 (II. A. 13), 104 fol.; Göteborg, Stadsbibl., Cod. Gr. 2, 122 fol.
2289	ap	XII	Athos, Vatopediu, 857
2298	ap	XII	Paris, Bibl. Nat., Gr. 102
2303	aPǂ	XIV	Jerusalem, Orthod. Patriarchat, Saba 605, fol. 1-15; 617, fol. 1-8
[2306d]	aP siehe 2833		
2344	apr	XI	Paris, Bibl. Nat., Coislin Gr. 18, fol. 170-230
2352	eapr	XV	Meteora, Metamorphosis, 237
2356	eapǂ	XIV	Sinai, Katharinenkloster, 1594
2374	eap	XIII	Baltimore, Walters Art Gall., Ms. 525
2378	apǂ	1511	Athen, Byzant. Mus., 132
2385	eapP (3)	XI	New York, Pierp. Morg. Libr., 745
2400	eapǂ	XIII	Chicago/Ill., Univ. Libr., Ms. 965

HS.-NR	INHALT	JH.	AUFBEWAHRUNGSORT
2401	ap†	XII	Chicago/Ill., Univ. Libr., Ms. 142, 152 fol.; Montreal, McGill Univ., s. n., 2 fol.
2404	eap	XIII	Chicago/Ill., Univ. Libr., Ms. 126
2412	ap†	XII	Chicago/Ill., Univ. Libr., Ms. 922
2423	apP†	XIII	Durham/N. C., Duke Univ., Gr. 3
2431	apr(K)	1332	Athos, Kavsokalyvia, 4
2441	apP†	XIV	Göteborg, Stadsbibl., Cod. Gr. 3
2448	ap† (1) (4)	XII	(früher: Athen, Mus. Loverdu, Nr. 125)
2464	apP†	IX	Patmos, Joannu, 742
2466 =[2294]	eap	1329	Patmos, Joannu, 759
2473	a	1634	Athen, Nat. Bibl., Taphu, 545
2475	eap	XI	Jerusalem, Orthod. Patriarchat, Skevophylakion s. n.
2483	eap	XIII	Bulligny, Château Tumejus, s. n.
2484	ap†	1311/12	London, Brit. Libr., Add. 38538
2488	eaP	XVI	Cambridge, Univ. Libr., Add. 4173
2492	eap	XIII	Sinai, Katharinenkloster, 1342, fol. 1-178
2494	eapr	1316	Sinai, Katharinenkloster, 1991
2495	eapr†	XV	Sinai, Katharinenkloster, 1992
2501	ap	XVI	Sinai, Katharinenkloster, 2051
2502	eap	1242	Sinai, Katharinenkloster, 2123
2505	ap† (3)	X	Istanbul, Ökum. Patriarchat, 6
2508	eap†	XIV	Athen, Nat. Bibl., 20
2511	eap	XIV	Athos, Lavras, H´ 114a
2516	eap†	XIII	Dimitsana, Stadtbibl., 27
2523	eap	1453	Athen, Nat. Bibl., 2720
2541	ap	XII	St. Petersburg, Staatl.-Öfftl. Bibl., Gr. 693
2544	ap	XVI/XVII	St. Petersburg, Staatl.-Öfftl. Bibl., Kir. Belozersk 120/125
2554	eapr	1434	Bukarest, Rumän. Akad., 3/12610
[2556]	ap siehe 1873		
2558	ap	XIII	Athen, Mus. Benaki, Ms. 34 (E)
2570	apP	XII	Athos, Vatopediu, 1219, fol. 9-11
2576	apPK	1287	Mailand, Bibl. Ambros., F 104 sup.
2587	ap	XI	Rom, Bibl. Vatic., Gr. 2503, fol. 1-237
2619	arP	XVIII	New Haven/Conn., Yale Univ., Ziskind 17 (Phillipps 4527)
2625	aprP†	XII	Ochrida, Nat.-Mus., 13
2626	apr†	XIV	Ochrida, Nat.-Mus., 14
2627	ap†	1202	Ochrida, Nat.-Mus., 15

HS.-NR	INHALT	JH.	AUFBEWAHRUNGSORT
2652 =[*l* 1306]	ap	XV	Athen, Nat. Bibl., 103
2653	eap†	XIV	Athen, Nat. Bibl., 2925
2671	aP: Act	XII	Athos, Panteleimonos 98,4
2674	ap	1651	Elasson, Olympiotissis, 7
2675	ap†	XIV	Almyros, Xenias, 5
2691	eap	XV	Meteora, Metamorphosis, 114
2696	ap	XIII	Meteora, Metamorphosis, 302
2704	ap	XV	Meteora, Metamorphosis, 542
2705	eap	XIV	Meteora, Metamorphosis, 543
2712	ap	XII	Meteora, Stephanu, 4
2716	aprP†	XIV	Meteora, Stephanu, Triados 25
2718	eap†	XIII	Lindos/Rhodos, Panagias, 4
2723	apr	XI	Trikala, Vissarionos, 4
2731	ap (3)	XIV	Zavorda, Nikanoros, 80
2733	apPK (3)	1227	Zavorda, Nikanoros, 99
2737	eaP	1558/59	Rom, Archivio di S. Pietro, D 157
2746	ap†	XI	Brüssel, Bibl. Royale, IV. 303
2772	apP†	XIII	Sofia, Kirchl. Mus., 236
2774	eap	XIV	Sofia, Kirchl. Mus., 852
2776	aprK (3)	XVII	Athen, Hl. Synode, s. n.
2777	ap†	XIV	Karditsa, Koronis, 34
2778	aP†: Act	XII	Karditsa, Koronis, s. n.
2797	aP†: Act	XIV	Sinai, Katharinenkloster, M 29
2799	apP†	XIV	Sinai, Katharinenkloster, M 120
2803	eap† (3)	XIV	Athos, Dimitriu, 53
2805	ap†	XII/XIII	Athen, Studitu, 1
2815 =[2 ap]	ap	XII	Basel, Univ. Bibl., A. N. IV. 4
2816 =[4 ap]	ap	XV	Basel, Univ. Bibl., A. N. IV. 5
2818 =[36 aK]	aK	XII	Oxford, New Coll., 58
2829 =[1755b]	aP†: Act	XII	Athos, Panteleimonos, 98, 2
2833 =[2306d]	aP†: Act	XI	Athos, Vatopediu, 889, fol. 249-256

2. VERZEICHNENDE BESCHREIBUNG DER HANDSCHRIFTEN

Dieser Abteilung kommt in diesen Bänden besondere Bedeutung zu. Denn hier werden **sämtliche** Handschriften vorgeführt, während die "Hauptliste" zwar auch Handschriften mit byzantinischem Textcharakter aufnimmt, aber nur bis hin zu einer gewissen Qualitätsgrenze und die "Ergänzungsliste" das zwar vollständig tut, aber nur bis zu dem jeweils angegebenen niedrigsten Prozentsatz. In der "Verzeichnenden Beschreibung" werden bei jeder Handschrift auch alle Einzelheiten verzeichnet bis hin zu den in der "Hauptliste" nicht einzeln behandelten Singulärlesarten, den Sonderlesarten sowie den Korrekturen und den Marginallesarten.

Bei ihnen ist, wie bei den Katholischen Briefen, jeweils der griechische Text zugefügt, um Übersicht und Gesamturteil zu erleichtern. Auch die Lesarten des Mehrheitstextes treten hier zum ersten Mal einzeln in Erscheinung, wenn auch nur mit den Nummern ihrer Lesarten (mehr war aus räumlichen Gründen nicht möglich, aber wohl auch aus sachlichen Gründen nicht erforderlich).

■ ■ HS.-NR.:   P8   TESTSTELLEN: 3

A. LA   2 : 23   SUMME: 1 TST

B. LA 1/2 : 18   SUMME: 1 TST

C. LA   1 : 19   SUMME: 1 TST

I. NICHT ERFASSTE STELLEN (101)

      Z (LUECKE)   TST: 1- 17, 20- 22, 24-104
===

■ ■ HS.-NR.:   P29   TESTSTELLEN: 0
===

■ ■ HS.-NR.:   P33   TESTSTELLEN: 1

B. LA 1/2 : 52   SUMME: 1 TST

I. NICHT ERFASSTE STELLEN (103)

      Z (LUECKE)   TST: 1- 51, 53-104
===

■ ■ HS.-NR.:   P38   TESTSTELLEN: 3

D. SINGULAERLESARTEN AN   3 TESTSTELLEN

     TST. 67:   ACTA 19,1.2   LA: 4   και ειπεν τοις μαθηταις
     TST. 68:   ACTA 19,3   LA: 18   ο δε παυλος προς αυτους
     TST. 69:   ACTA 19,14   LA: 16   εν οις και υιοι σκευα
     ιουδαιου τινος αρχιερεως ηθελησαν το αυτο ποιησαι:
     εθος εχοντες εξορκιζειν τους τοιουτους. και
     εισελθοντες προς δαιμονιζομενον ... (S. VAR. 16B)
     ... σοι εν ιησου ον παυλος ο αποστολος κηρυσσει
     εξελθειν

E. SONDERLESARTEN AN   3 TESTSTELLEN

     TST. 67:   ACTA 19,1.2   LA: 4   και ειπεν τοις μαθηταις
     TST. 68:   ACTA 19,3   LA: 18   ο δε παυλος προς αυτους
     TST. 69:   ACTA 19,14   LA: 16   εν οις και υιοι σκευα
     ιουδαιου τινος αρχιερεως ηθελησαν το αυτο ποιησαι:
     εθος εχοντες εξορκιζειν τους τοιουτους. και
     εισελθοντες προς δαιμονιζομενον ... (S. VAR. 16B)
     ... σοι εν ιησου ον παυλος ο αποστολος κηρυσσει
     εξελθειν

I. NICHT ERFASSTE STELLEN (101)

      Z (LUECKE)   TST: 1- 66, 70-104
===

■ ■ HS.-NR.:   P41   TESTSTELLEN: 7

A. LA   2 : 60, 69, 72, 73, 75   SUMME: 5 TST

B. LA 1/2 : 76   SUMME: 1 TST

E. SONDERLESARTEN AN   1 TESTSTELLE

   TST. 68:   ACTA 19,3   LA: 4   ο δε ειπεν

I. NICHT ERFASSTE STELLEN (97)

      X (UNLESERLICH) TST: 66, 67
      Z (LUECKE)   TST: 1- 59, 61- 65, 70, 71, 74, 77-104
==

■ ■ HS.-NR.:   P45   TESTSTELLEN: 18

A. LA   2 : 22- 24, 38, 40, 51   SUMME: 6 TST

B. LA 1/2 : 28, 29, 35, 41, 45, 56   SUMME: 6 TST

C. LA   1 : 27, 57   SUMME: 2 TST

D. SINGULAERLESARTEN AN   3 TESTSTELLEN

      TST. 32:   ACTA 10,10   LA: 4   ηλθεν
      TST. 33:   ACTA 10,11   LA: 9   δεδεμενον {σκευος τι}
            καθιεμενον
      TST. 55:   ACTA 16,33   LA: 3   ο οικος αυτου ολος

E. SONDERLESARTEN AN   4 TESTSTELLEN

      TST. 25:   ACTA 7,17   LA: 3   επηγγειλατο
      TST. 32:   ACTA 10,10   LA: 4   ηλθεν
      TST. 33:   ACTA 10,11   LA: 9   δεδεμενον {σκευος τι}
            καθιεμενον
      TST. 55:   ACTA 16,33   LA: 3   ο οικος αυτου ολος

I. NICHT ERFASSTE STELLEN (86)

      X (UNLESERLICH) TST: 21
      Y (FILMFEHLER) TST: 18- 20, 34
      Z (LUECKE)   TST: 1- 17, 26, 30, 31, 36, 37, 39, 42- 44, 46- 50,
                            52- 54, 58-104
==

■ ■ HS.-NR.:   P48   TESTSTELLEN: 2

D. SINGULAERLESARTEN AN   2 TESTSTELLEN

      TST. 87:   ACTA 23,25(1) LA: 3   ADD. εφοβηθη γαρ μηποτε
            εξαρπασαντες αυτον οι ιουδαιοι αποκτεινωσιν και
            αυτος μεταξυ εγκλημα εχη ως ειληφως αργυρια
      TST. 88:   ACTA 23,25(2) LA: 8   γραψας δε αυτοις επιστολη εν
            η εγεγραπτο

E. SONDERLESARTEN AN 2 TESTSTELLEN

    TST. 87:   ACTA 23,25(1) LA: 3   ADD. εφοβηθη γαρ μηποτε
    εξαρπασαντες αυτον οι ιουδαιοι αποκτεινωσιν και
    αυτος μεταξυ εγκλημα εχη ως ειληφως αργυρια
    TST. 88:   ACTA 23,25(2) LA: 8   γραψας δε αυτοις επιστολη εν
    η εγεγραπτο

I. NICHT ERFASSTE STELLEN (102)

    Z (LUECKE)   TST: 1- 86, 89-104
==

■ ■ HS.-NR.: P50   TESTSTELLEN: 1

C. LA   1D: 37   SUMME: 1 TST

I. NICHT ERFASSTE STELLEN (103)

    Z (LUECKE)   TST: 1- 36, 38-104
==

■ ■ HS.-NR.: P53   TESTSTELLEN: 0
==

■ ■ HS.-NR.: P56   TESTSTELLEN: 0
==

■ ■ HS.-NR.: P57   TESTSTELLEN: 0
==

■ ■ HS.-NR.: P74   TESTSTELLEN: 96

A. LA   2 :   2, 5, 6, 12, 14- 17, 19, 21- 26, 30- 34, 37- 40, 43, 46, 47,
              49, 51, 57- 64, 67, 71, 72, 75, 77, 78, 80- 83, 85, 89, 90,
              92- 94, 96, 98, 99,101,103,104
      2B: 13, 79, 86   SUMME: 62 TST

B. LA 1/2 : 20, 28, 29, 36, 41, 45, 48, 52, 53, 55, 56, 65, 66, 76, 84, 87,
              88, 91, 97,100,102
      1/2I: 11   SUMME: 22 TST

C. LA   1 :   1, 27   SUMME: 2 TST

D. SINGULAERLESARTEN AN 2 TESTSTELLEN

    TST. 73:   ACTA 20,24(1) LA: 6B ουδενος λογον εχω ουδε
    ποιουμε την ψυχην
    TST. 79:   ACTA 21,20   LA: 2B τοις ιουδαιοις

E. SONDERLESARTEN AN 10 TESTSTELLEN

    TST. 10:   ACTA 2,43.44 LA: 3   ADD. εν ιερουσαλημ φοβος τε
    ην μεγας επι παντας
    TST. 35:   ACTA 10,19   LA: 3   το πνευμα αυτω
    TST. 42:   ACTA 12,25   LA: 3   εξ ιερουσαλημ

```
TST. 44:    ACTA 13,33(1)   LA:  4   τοις τεκνοις ημων
TST. 50:    ACTA 15,18      LA:  3   ταυτα γνωστον απ αιωνος τω
     κυριω το εργον αυτου
TST. 54:    ACTA 16,28      LA:  3   μεγαλη φωνη παυλος
TST. 68:    ACTA 19,3       LA:  4   ο δε ειπεν
TST. 69:    ACTA 19,14      LA:  3   ησαν δε τινες σκευα ιουδαιου
     αρχιερεως επτα υιοι τουτο ποιουντες
TST. 70:    ACTA 19,39      LA:  3B  περ ετερω
TST. 73:    ACTA 20,24(1)   LA:  6B  ουδενος λογον εχω ουδε
     ποιουμε την ψυχην
```

I. NICHT ERFASSTE STELLEN (8)

```
     X (UNLESERLICH) TST:   7, 74
     Y (FILMFEHLER)  TST:   8
     Z (LUECKE)      TST:   3,  4,  9, 18, 95
```
===

■ ■ HS.-NR.: P91   TESTSTELLEN: 0
===

■ ■ HS.-NR.: 01   TESTSTELLEN: 104

A. LA 2 :   1- 3, 5- 9, 12- 17, 19, 21- 24, 26, 27, 30- 34, 37- 40, 43,
            46, 47, 49- 51, 57- 60, 62- 64, 67, 71- 75, 77, 80, 82, 83, 85,
            86, 90, 92- 96, 98, 99,101,103,104
      2B: 25, 81   SUMME: 68 TST

B. LA 1/2 : 11, 20, 28, 29, 36, 41, 42, 45, 53, 56, 66, 76, 87, 88, 91, 97,
            100
      1/2B: 55
      1/2K: 65   SUMME: 19 TST

C. LA   1 : 70   SUMME: 1 TST

D. SINGULAERLESARTEN AN   3 TESTSTELLEN

```
     TST.  4:    ACTA 2,7(1)    LA:  3   δε απαντες και
     TST. 48:    ACTA 15,2      LA:  3   εταξαν αναβαινειν παυλον και
          βαρναβαν και τινας εξ αυτων αλλους
     TST. 81:    ACTA 22,9      LA:  2B  εθεατο
```

E. SONDERLESARTEN AN 16 TESTSTELLEN

```
     TST.  4:    ACTA 2,7(1)    LA:  3   δε απαντες και
     TST. 10:    ACTA 2,43.44   LA:  3   ADD. εν ιερουσαλημ φοβος τε
          ην μεγας επι παντας
     TST. 18:    ACTA 4,33      LA:  5   της αναστασεως ιησου χριστου
          του κυριου
     TST. 35:    ACTA 10,19     LA:  3   το πνευμα αυτω
     TST. 44:    ACTA 13,33(1)  LA:  4   τοις τεκνοις ημων
     TST. 48:    ACTA 15,2      LA:  3   εταξαν αναβαινειν παυλον και
          βαρναβαν και τινας εξ αυτων αλλους
     TST. 52:    ACTA 15,24     LA:  4   OM. εξελθοντες
     TST. 54:    ACTA 16,28     LA:  4   φωνη μεγαλη παυλος
     TST. 61:    ACTA 18,3      LA:  4   ηργαζοντο
```

```
TST. 68:    ACTA 19,3      LA:  4   ο δε ειπεν
TST. 69:    ACTA 19,14     LA:  3   ησαν δε τινες σκευα ιουδαιου
            αρχιερεως επτα υιοι τουτο ποιουντες
TST. 78:    ACTA 21,10     LA:  3   δε αυτων
TST. 79:    ACTA 21,20     LA:  5   OM. εν τοις ιουδαιοις
TST. 84:    ACTA 23,1      LA:  3   τω συνεδριω ο παυλος
TST. 89:    ACTA 23,30     LA: 14   εσεσθαι εξ αυτων
TST.102:    ACTA 27,41     LA:  3   της βιας
```

F. KORREKTUREN AN 17 TESTSTELLEN

```
TST.  1:    ACTA 1,5
            C2: LA   1   βαπτισθησεσθε εν πνευματι αγιω
TST.  4:    ACTA 2,7(1)
            C2: LA   1   δε παντες και
TST.  6:    ACTA 2,23
            C2: LA   1   εκδοτον λαβοντες
TST. 14:    ACTA 3,21
            C2: LA   3   των απ αιωνος αυτου προφητων
TST. 51:    ACTA 15,23
            C2: LA   1   δια χειρος αυτων ταδε
TST. 52:    ACTA 15,24
            C2: LA 1/2   εξελθοντες
TST. 58:    ACTA 17,23
            C2: LA   1   ον ουν αγνοουντες ευσεβειτε τουτον
TST. 61:    ACTA 18,3
            C2: LA   1   ειργαζετο
TST. 64:    ACTA 18,20
            C2: LA   2B  επιμειναι
TST. 65:    ACTA 18,21.22
            C2: LA 1/2   ανηχθη απο της εφεσου, και κατελθων
TST. 73:    ACTA 20,24(1)
            C2: LA   6   ουδενος λογον εχω ουδε ποιουμαι την ψυχην
TST. 75:    ACTA 20,29
            C2: LA   5   δε οιδα
TST. 78:    ACTA 21,10
            C2: LA   1   δε ημων
TST. 81:    ACTA 22,9
            C2: LA   2   εθεασαντο
TST. 86:    ACTA 23,20
            C2: LA   3   μελλοντων
TST. 92:    ACTA 24,14
            C2: LA   1   OM. εν τοις
TST.102:    ACTA 27,41
            C2: LA 1/2   της βιας των κυματων
```
==

■ ■ HS.-NR.:   02   TESTSTELLEN: 104

A. LA 2 :   2, 3, 5- 9, 12, 14- 17, 19, 21- 26, 30, 32- 34, 37- 40, 43,
              46, 47, 49, 51, 54, 57- 59, 61- 64, 67, 72, 74, 75, 77- 83, 85,
              90, 93- 96, 98, 99,101,103,104
       2B: 13, 31, 86   SUMME: 65 TST

B. LA 1/2 :   11, 20, 28, 29, 36, 41, 45, 48, 52, 53, 56, 65, 66, 76, 87, 88,
              91, 97,100   SUMME: 19 TST

C. LA 1 :   1, 4, 27, 60, 70, 71, 92

SUMME: 7 TST

D. SINGULAERLESARTEN AN   2 TESTSTELLEN

TST. 31:   ACTA 9,31   LA: 2B η μεν ουν εκκλησια ... ειχεν
        ειρηνη οικοδομουμενη και πορευομενη ... επληθυνετο
TST. 55:   ACTA 16,33   LA: 4   οι οικιοι αυτου παντες

E. SONDERLESARTEN AN   13 TESTSTELLEN

TST. 10:   ACTA 2,43.44   LA: 3   ADD. εν ιερουσαλημ φοβος τε
        ην μεγας επι παντας
TST. 18:   ACTA 4,33   LA: 5   της αναστασεως ιησου χριστου
        του κυριου
TST. 35:   ACTA 10,19   LA: 3   το πνευμα αυτω
TST. 42:   ACTA 12,25   LA: 3   εξ ιερουσαλημ
TST. 44:   ACTA 13,33(1) LA: 4   τοις τεκνοις ημων
TST. 50:   ACTA 15,18   LA: 3   ταυτα γνωστον απ αιωνος τω
        κυριω το εργον αυτου
TST. 55:   ACTA 16,33   LA: 4   οι οικιοι αυτου παντες
TST. 68:   ACTA 19,3   LA: 4   ο δε ειπεν
TST. 69:   ACTA 19,14   LA: 3   ησαν δε τινες σκευα ιουδαιου
        αρχιερεως επτα υιοι τουτο ποιουντες
TST. 73:   ACTA 20,24(1) LA: 6   ουδενος λογον εχω ουδε
        ποιουμαι την ψυχην
TST. 84:   ACTA 23,1   LA: 3   τω συνεδριω ο παυλος
TST. 89:   ACTA 23,30   LA: 14   εσεσθαι εξ αυτων
TST.102:   ACTA 27,41   LA: 3   της βιας

F. KORREKTUREN AN   4 TESTSTELLEN

TST. 29:   ACTA 8,39
        C : LA   5   πνευμα αγιον επεπεσεν επι τον ευνουχον
        αγγελος δε κυριου
TST. 31:   ACTA 9,31
        C : LA   2   η μεν ουν εκκλησια ... ειχεν ειρηνην
        οικοδομουμενη και πορευομενη ... επληθυνετο
TST. 37:   ACTA 10,30
        C : LA   1D νηστευων και την εν(ν)ατην προσευχομενος
TST. 58:   ACTA 17,23
        C : LA   1   ον ουν αγνοουντες ευσεβειτε τουτον
==

■ ■ HS.-NR.:   03   TESTSTELLEN: 104

A. LA   2 :   1- 9, 12- 17, 21- 27, 30- 34, 37- 40, 43, 46, 47, 49- 51,
        57- 60, 62- 64, 67, 68, 70- 75, 78- 83, 85, 89, 90, 92- 96, 98,
        99,101,103,104
      2B: 77, 86   SUMME: 73 TST

B. LA 1/2 : 10, 11, 20, 28, 29, 36, 41, 42, 45, 48, 53, 56, 65, 66, 76, 87,
        88, 91,100
      1/2B: 55   SUMME: 20 TST

D. SINGULAERLESARTEN AN   4 TESTSTELLEN

TST. 18:   ACTA 4,33   LA: 3   του κυριου ιησου της
        αναστασεως

```
TST. 19:    ACTA 4,34      LA:  3   ην {τις}
TST. 35:    ACTA 10,19     LA:  4   το πνευμα
TST. 54:    ACTA 16,28     LA:  7   παυλος φωνη μεγαλη
```

E. SONDERLESARTEN AN 11 TESTSTELLEN

```
TST. 18:    ACTA 4,33      LA:  3   του κυριου ιησου της
            αναστασεως
TST. 19:    ACTA 4,34      LA:  3   ην {τις}
TST. 35:    ACTA 10,19     LA:  4   το πνευμα
TST. 44:    ACTA 13,33(1)  LA:  4   τοις τεκνοις ημων
TST. 52:    ACTA 15,24     LA:  4   ΟΜ. εξελθοντες
TST. 54:    ACTA 16,28     LA:  7   παυλος φωνη μεγαλη
TST. 61:    ACTA 18,3      LA:  4   ηργαζοντο
TST. 69:    ACTA 19,14     LA:  3   ησαν δε τινες σκευα ιουδαιου
            αρχιερεως επτα υιοι τουτο ποιουντες
TST. 84:    ACTA 23,1      LA:  4   παυλος τω συνεδριω
TST. 97:    ACTA 25,17     LA:  4   ουν ενθαδε
TST.102:    ACTA 27,41     LA:  3   της βιας
```

F. KORREKTUREN AN   3 TESTSTELLEN

```
TST. 14:    ACTA 3,21
            C2: LA   3   των απ αιωνος αυτου προφητων
TST. 61:    ACTA 18,3
            C2: LA   5   ειργαζοντο
TST.101:    ACTA 27,14
            C2: LA   3   ευρυκλυδων
```
===

■ ■ HS.-NR.:   04   TESTSTELLEN: 63

```
A. LA   2 :   2,  3,  5- 7, 12, 14, 15, 24- 26, 30- 32, 37, 43, 46, 47, 49,
              50, 72, 73, 75, 77- 79, 83, 85, 93- 96, 98
        2B:  13
        2C:   8                                      SUMME: 35 TST
```

```
B. LA 1/2 :  28, 29, 36, 45, 48, 55, 56, 76,102
      1/2D:  52                                      SUMME: 10 TST
```

```
C. LA   1 :   1,  4, 27, 33, 38, 74                  SUMME:  6 TST
```

D. SINGULAERLESARTEN AN   4 TESTSTELLEN

```
TST.  8:    ACTA 2,31      LA:  2C  εγκατελημφθη
TST. 35:    ACTA 10,19     LA:  3B  τον πνευμα αυτω
TST. 51:    ACTA 15,23     LA:  3B  επιστολην δια χειρος αυτου
            περιεχουσαν ταδε
TST. 52:    ACTA 15,24     LA:1/2D  εξελθοτες
```

E. SONDERLESARTEN AN 12 TESTSTELLEN

```
TST.  9:    ACTA 2,38      LA:  3   των αμαρτιων ημων
TST. 10:    ACTA 2,43.44   LA:  3   ADD. εν ιερουσαλημ φοβος τε
            ην μεγας επι παντας
TST. 11:    ACTA 2,46      LA:  5   καθ ημεραν τε
            προσκαρτερουντες εν τω ιερω ομοθυμαδον κλωντες τε
            κατ οικον αρτον
```

```
TST. 34:   ACTA 10,12      LA: 11   παντα τα τετραποδα και τα
           θηρια και τα ερπετα της γης και τα πετεινα του
           ουρανου
TST. 35:   ACTA 10,19      LA: 3B   τον πνευμα αυτω
TST. 44:   ACTA 13,33(1)   LA: 4    τοις τεκνοις ημων
TST. 51:   ACTA 15,23      LA: 3B   επιστολην δια χειρος αυτου
           περιεχουσαν ταδε
TST. 53:   ACTA 15,34      LA: 4    εδοξεν δε τω σιλα επιμειναι
           αυτους
TST. 54:   ACTA 16,28      LA: 4    φωνη μεγαλη παυλος
TST. 80:   ACTA 21,25      LA: 3    ADD. μηδεν τοιουτο τηρειν
           αυτους ει μη
TST. 84:   ACTA 23,1       LA: 3    τω συνεδριω ο παυλος
TST. 97:   ACTA 25,17      LA: 3    ουν ενθαδε αυτων
```

F. KORREKTUREN AN 12 TESTSTELLEN

```
TST.  2:   ACTA 1,14
           C3: LA   1   προσευχη και τη δεησει
TST.  3:   ACTA 2,1
           C3: LA   1   ομοθυμαδον
TST.  5:   ACTA 2,7(2)
           C3: LA   1   λεγοντες προς αλληλους
TST.  6:   ACTA 2,23
           C3: LA   1   εκδοτον λαβοντες
TST.  8:   ACTA 2,31
           C3: LA   3   εγκατελειφθη η ψυχη αυτου
TST. 33:   ACTA 10,11
           C2: LA   2   καθιεμενον
TST. 34:   ACTA 10,12
           C2: LA   2   παντα τα τετραποδα και ερπετα της γης και
           πετεινα του ουρανου
TST. 44:   ACTA 13,33(1)
           C3: LA 1/2B  τοις τεκνοις αυτον ημιν
TST. 51:   ACTA 15,23
           C3: LA   3C  επιστολην δια χειρος αυτου περιεχουσα
           ταδε
TST. 52:   ACTA 15,24
           C3: LA 1/2  εξελθοντες
TST. 54:   ACTA 16,28
           C2: LA   1   φωνη μεγαλη ο παυλος
TST. 75:   ACTA 20,29
           C3: LA   1   γαρ οιδα τουτο
```

I. NICHT ERFASSTE STELLEN (41)

```
     Z (LUECKE)      TST:  16- 23, 39- 42, 57- 71, 81, 82, 86- 92, 99-101,
                           103,104
```
===

■ ■ HS.-NR.:   05   TESTSTELLEN: 72

A. LA   2 :   2, 4, 21, 23, 26, 46, 58, 61, 62, 74, 75
     2B: 8
     2D: 57   SUMME: 13 TST

B. LA 1/2 : 10, 35, 52, 55, 76
     1/2L: 65

```
                                                SUMME:  6 TST
C. LA   1 :   5,   6,   9, 16,  19, 27, 38, 47, 54, 59, 63, 64, 67, 70, 80
        1B:  81                                 SUMME: 16 TST
```

D. SINGULAERLESARTEN AN 31 TESTSTELLEN

TST. 1:   ACTA 1,5   LA: 3   εν πνευματι αγιω
      βαπτισθησεσθε
TST. 3:   ACTA 2,1   LA: 4   οντων αυτων παντων
TST. 7:   ACTA 2,30   LA: 14   κατα σαρκα αναστησαι τον
      χριστον και καθισαι
TST. 8:   ACTA 2,31   LA: 2B   ενκαταλειφθη
TST. 11:   ACTA 2,46   LA: 16   παντες τε προσκαρτερουν εν
      τω ιερω και κατ οικουσαν επι το αυτο κλωντες τε
      αρτον
TST. 12:   ACTA 2,47.3,1   LA: 7   επι το αυτο εν τη εκκλησια.
      εν δε ταις ημεραις ταυταις πετρος
TST. 13:   ACTA 3,11   LA: 14   εκπορευομενου δε του πετρου
      και ιωαννου συνεξεπορευετο κρατων αυτους οι δε
      θαμβηθεντες εστησαν
TST. 14:   ACTA 3,21   LA: 7   των προφητων
TST. 17:   ACTA 4,25   LA: 10   ος δια πνευματος αγιου δια
      του στοματος λαλησας δαυιδ παιδος σου
TST. 20:   ACTA 5,21   LA: 3   εγερθεντες το πρωι και
      συγκαλεσαμενοι
TST. 22:   ACTA 5,34   LA: 5   {εκελευσεντους} αποστολους
      {εξω βραχυ}
TST. 24:   ACTA 7,11   LA: 3   ολης της αιγυπτου
TST. 36:   ACTA 10,25   LA: 4   προσεγγιζοντος δε του πετρου
      εις την καισαρειαν προδραμων εις των δουλων
      διεσαφησεν παραγεγονεναι αυτον. ο δε κορνηλιος
      εκπηδησας και συναντησας αυτω
TST. 37:   ACTA 10,30   LA: 3   νηστευων την εν(ν)ατην τε
      προσευχομενος
TST. 39:   ACTA 10,47   LA: 3B   κωλαι τις δυναται
TST. 40:   ACTA 11,2   LA: 6B   ο μεν ουν πετρος δια ικανου
      χρονου ηθελησαι πορευθηναι ... (S. VAR. 6) ... δια
      των χωρων διδασκων αυτους: ος και κατηντησαν αυτοις
      και απηγγειλεν αυτοις την χαριν του θεου. οι δε εκ
      περιτομης αδελφοι διεκρινοντο προς αυτον
TST. 41:   ACTA 12,3   LA: 3   η επιχειρησις αυτου επι τους
      πιστους προσεθετο
TST. 43:   ACTA 13,20   LA: 5   και εως ετεσιν τετρακοσιοις
      και πεντηκοντα
TST. 45:   ACTA 13,33(2)   LA: 3   ADD. αιτησαι παρ εμου και
      δωσω σοι εθνη την κληρονομιαν σου και την
      κατασχεσιν σου τα περατας της γης
TST. 48:   ACTA 15,2   LA: 13   ελεγεν γαρ ο παυλος μενειν
      ουτως καθως επιστευσαν διισχυριζομενος: οι δε
      εληλυθοτες απο ιερουσαλημ παρηγγειλαν αυτοις τω
      παυλω και βαρναβα και τισιν αλλοις αναβαινειν
TST. 50:   ACTA 15,18   LA: 3B   ταυτα γνωστον απ αιωνος
      εστιν τω κυριω το εργον αυτου
TST. 51:   ACTA 15,23   LA: 3   επιστολην δια χειρος αυτων
      περιεχουσαν ταδε
TST. 53:   ACTA 15,34   LA: 10   εδοξεν δε τω σελεα επιμειναι
      αυτουσ, μονος δε ιουδας επορευθη

TST. 56:   ACTA 16,35   LA: 3   συνηλθον οις στρατηγοι επι
το αυτο εις την αγοραν και αναμνησθεντες τον
σεισμον τον γεγονοτα εφοβηθησαν και απευιειλυν
TST. 57:   ACTA 17,13   LA: 2D   και τασσοντες
TST. 60:   ACTA 18,1   LA: 3   απο
TST. 65:   ACTA 18,21.22   LA:1/2L   ανηχθη απο του εφεσου, και
κατελθων
TST. 66:   ACTA 18,27   LA: 16   εν δε τη εφεσω επιδημουντες
τινες κορινθιοι και ακουσαντες αυτου παρεκαλουν
διελθειν συν αυτοις εις την πατριδα αυτων
συγκατανευσαντος δε αυτου οι εφεσιοι εγραψαν τοις
εν κορινθω μαθηταις οπως αποδεξωνται τον ανδρα
TST. 69:   ACTA 19,14   LA: 16B   εν οις και υιοι σκευα τινος
ιερεως ηθελησαν το αυτο ποιησαι: εθος ειχαν τους
τοιουτους εξορκιζειν: και εισελθοντες προς τον
δαιμονιζομενον ηρξαντο επικαλεισθαι το ονομα
λεγοντες: παραγγελλομεν σοι εν ιησου ον παυλος
εξελθειν κηρυσσει
TST. 73:   ACTA 20,24(1)   LA: 8   ουδενος λογον εχω μοι ουδε
ποιουμαι την ψυχην μου
TST. 79:   ACTA 21,20   LA: 3   εν τη ιουδαια

E. SONDERLESARTEN AN 37 TESTSTELLEN

TST. 1:   ACTA 1,5   LA: 3   εν πνευματι αγιω
βαπτισθησεσθε
TST. 3:   ACTA 2,1   LA: 4   οντων αυτων παντων
TST. 7:   ACTA 2,30   LA: 14   κατα σαρκα αναστησαι τον
χριστον και καθισαι
TST. 11:   ACTA 2,46   LA: 16   παντες τε προσκαρτερουν εν
τω ιερω και κατ οικουσαν επι το αυτο κλωντες τε
αρτον
TST. 12:   ACTA 2,47.3,1   LA: 7   επι το αυτο εν τη εκκλησια.
εν δε ταις ημεραις ταυταις πετρος
TST. 13:   ACTA 3,11   LA: 14   εκπορευομενου δε του πετρου
και ιωαννου συνεξεπορευετο κρατων αυτους οι δε
θαμβηθεντες εστησαν
TST. 14:   ACTA 3,21   LA: 7   των προφητων
TST. 15:   ACTA 3,22   LA: 4   ειπεν προς τους πατερας ημων
TST. 17:   ACTA 4,25   LA: 10   ος δια πνευματος αγιου δια
του στοματος λαλησας δαυιδ παιδος σου
TST. 18:   ACTA 4,33   LA: 4   της αναστασεως του κυριου
ιησου χριστου
TST. 20:   ACTA 5,21   LA: 3   εγερθεντες το πρωι και
συγκαλεσαμενοι
TST. 22:   ACTA 5,34   LA: 5   {εκελευσεντους} αποστολους
{εξω βραχυ}
TST. 24:   ACTA 7,11   LA: 3   ολης της αιγυπτου
TST. 25:   ACTA 7,17   LA: 3   επηγγειλατο
TST. 36:   ACTA 10,25   LA: 4   προσεγγιζοντος δε του πετρου
εις την καισαρειαν προδραμων εις των δουλων
διεσαφησεν παραγεγονεναι αυτον. ο δε κορνηλιος
εκπηδησας και συναντησας αυτω
TST. 37:   ACTA 10,30   LA: 3   νηστευων την εν(ν)ατην τε
προσευχομενος
TST. 39:   ACTA 10,47   LA: 3B   κωλαι τις δυναται

TST. 40:   ACTA 11,2   LA: 6B ο μεν ουν πετρος δια ικανου
χρονου ηθελησαι πορευθηναι ... (S. VAR. 6) ... δια
των χωρων διδασκων αυτους: ος και κατηντησαν αυτοις
και απηγγειλεν αυτοις την χαριν του θεου. οι δε εκ
περιτομης αδελφοι διεκρινοντο προς αυτον
TST. 41:   ACTA 12,3   LA: 3 η επιχειρησις αυτου επι τους
πιστους προσεθετο
TST. 42:   ACTA 12,25   LA: 4 απο ιερουσαλημ
TST. 43:   ACTA 13,20   LA: 5 και εως ετεσιν τετρακοσιοις
και πεντηκοντα
TST. 44:   ACTA 13,33(1) LA: 4 τοις τεκνοις ημων
TST. 45:   ACTA 13,33(2) LA: 3 ADD. αιτησαι παρ εμου και
δωσω σοι εθνη την κληρονομιαν σου και την
κατασχεσιν σου τα περατας της γης
TST. 48:   ACTA 15,2   LA: 13 ελεγεν γαρ ο παυλος μενειν
ουτως καθως επιστευσαν διισχυριζομενος: οι δε
εληλυθοτες απο ιερουσαλημ παρηγγειλαν αυτοις τω
παυλω και βαρναβα και τισιν αλλοις αναβαινειν
TST. 49:   ACTA 15,7   LA: 4 ημιν
TST. 50:   ACTA 15,18   LA: 3B ταυτα γνωστον απ αιωνος
εστιν τω κυριω το εργον αυτου
TST. 51:   ACTA 15,23   LA: 3 επιστολην δια χειρος αυτων
περιεχουσαν ταδε
TST. 53:   ACTA 15,34   LA: 10 εδοξεν δε τω σελεα επιμειναι
αυτουσ, μονος δε ιουδας επορευθη
TST. 56:   ACTA 16,35   LA: 3 συνηλθον οις στρατηγοι επι
το αυτο εις την αγοραν και αναμνησθεντες τον
σεισμον τον γεγονοτα εφοβηθησαν και απεστειλαν
TST. 60:   ACTA 18,1   LA: 3 απο
TST. 66:   ACTA 18,27   LA: 16 εν δε τη εφεσω επιδημουντες
τινες κορινθιοι και ακουσαντες αυτου παρεκαλουν
διελθειν συν αυτοις εις την πατριδα αυτων
συγκατανευσαντος δε αυτου οι εφεσιοι εγραψαν τοις
εν κορινθω μαθηταις οπως αποδεξωνται τον ανδρα
TST. 68:   ACTA 19,3   LA: 3 ειπε(ν) δε
TST. 69:   ACTA 19,14   LA: 16B εν οις και υιοι σκευα τινος
ιερεως ηθελησαν το αυτο ποιησαι: εθος ειχαν τους
τοιουτους εξορκιζειν: και εισελθοντες προς τον
δαιμονιζομενον ηρξαντο επικαλεισθαι το ονομα
λεγοντες: παραγγελλομεν σοι εν ιησου ον παυλος
εξελθειν κηρυσσει
TST. 71:   ACTA 20,4   LA: 3 ADD. μεχρι της ασιας
TST. 72:   ACTA 20,15   LA: 4 και μειναντες εν τρωγυλιω
(ET SIM.) τη ερχομενη
TST. 73:   ACTA 20,24(1) LA: 8 ουδενος λογον εχω μοι ουδε
. ποιουμαι την ψυχην μου
TST. 79:   ACTA 21,20   LA: 3 εν τη ιουδαια

F. KORREKTUREN AN 15 TESTSTELLEN

TST. 7:   ACTA 2,30
           C2: LA   2B και καθισαι
TST. 8:   ACTA 2,31
           C1: LA   2   εγκατελειφθη
TST. 11:   ACTA 2,46
           C2: LA   15 καθ ημεραν παντες τε προσκαρτερουν εν τω
                         ιερω και κατ οικους επι το αυτο κλωντες τε αρτον

TST. 14:   ACTA 3,21
      C : LA   8   αυτου προφητων
TST. 24ι   ΛCTΛ 7,11
      C2: LA   4   ολης της γης αιγυπτου
TST. 37:   ACTA 10,30
      C : LA   3B νηστευων την εν(ν)ατην προσευχομενος
TST. 39:   ACTA 10,47
      C2: LA   1   κωλυσαι δυναται τις
TST. 40:   ACTA 11,2
      C : LA   6   ο μεν ουν πετρος δια ικανου χρονου
                   ηθελησαν πορευθηναι εις ιερουσαλημ και
                   προσφωνησας τους αδελφους και επιστηριξας αυτους
                   πολυν λογον ποιουμενος δια των χωρων διδασκων
                   αυτους: ος και κατηντησεν αυτοις ... (S. VAR.
                   6B)
TST. 43:   ACTA 13,20
      C1: LA   1   και μετα ταυτα ως ετεσιν τετρακοσιοις και
                   πεντηκοντα
TST. 49:   ACTA 15,7
      C1: LA   1   εν ημιν
TST. 53:   ACTA 15,34
      C1: LA   10B εδοξεν δε τω σελεα επιμειναι προς αυτουσ,
                   μονος δε ιουδας επορευθη
TST. 57:   ACTA 17,13
      C1: LA   2   και ταρασσοντες
TST. 69:   ACTA 19,14
      C2: LA   15 εν οις και υιοι σκευα τινος ιερεως
                   ηθελησαν το αυτο ποιησαι: εθος ειχαν τους
                   τοιουτους εξορκιζειν: και εισελθοντες προς τον
                   δαιμονιζομενον ηρξαντο επικαλεισθαι το ονομα
                   λεγοντες: παραγγελλομεν σοι εν ιησου ον παυλος
                   κηρυσσει εξελθειν
TST. 72:   ACTA 20,15
      C2: LA   1   και μειναντες εν
                   τρωγυλιω/τρογυλιω/τρωγυλλιω (ET SIM.) τη εχομενη
TST. 73:   ACTA 20,24(1)
      C1: LA   2   ουδενος λογου ποιουμαι την ψυχην

I. NICHT ERFASSTE STELLEN (32)

      Z (LUECKE)   TST: 28- 34, 77, 78, 82-104
===

■ ■ HS.-NR.:   08   TESTSTELLEN: 100

A. LA   2 :   2, 17, 26, 33, 40, 46, 61, 62, 72, 77, 79, 82, 83, 85, 90, 92,
               94- 96,104
        2B: 86
        2C: 98   SUMME: 22 TST

B. LA 1/2 :   11, 20, 29, 35, 36, 41, 44, 45, 52, 53, 55, 56, 76, 87, 88, 97
      1/2F: 65   SUMME: 17 TST

C. LA   1 :   1, 3- 6, 9, 12, 16, 19, 22, 24, 27, 30, 32, 38, 43, 49- 51,
               54, 57, 59, 60, 63, 64, 71, 74, 75, 78, 93, 99
        1B: 73, 81
        1C: 67
        1D: 58

IG: 31

D. SINGULAERLESARTEN AN   5 TESTSTELLEN

   TST. 34:   ACTA 10,12   LA: 9 παντα τα τετραποδα και τα
   ερπετα της γης και τα θηρια και τα πετεινα του
   ουρανου
   TST. 39:   ACTA 10,47   LA: 6 δυναται τις
   TST. 47:   ACTA 13,45   LA: 4 εναντιουμενοι και
   βλασφημουντες
   TST. 48:   ACTA 15,2   LA: 6 εταραξαντο αναβαινειν παυλον
   και βαρναβαν και τινας αλλους εξ αυτων
   TST. 73:   ACTA 20,24(1) LA: 1B ουδενος λογον ποιουμε ουδε
   εχω την ψυχην μου

E. SONDERLESARTEN AN 25 TESTSTELLEN

   TST. 7:   ACTA 2,30   LA: 15 αναστησαι τον χριστον και
   καθισαι
   TST. 8:   ACTA 2,31   LA: 3 εγκατελειφθη η ψυχη αυτου
   TST. 10:   ACTA 2,43.44 LA: 11 ADD. εν ιερουσαλημ
   TST. 13:   ACTA 3,11   LA: 3 κρατουντος δε αυτου τον
   πετρον και ιωαννην συνεδραμεν προς αυτους πας ο
   λαος
   TST. 14:   ACTA 3,21   LA: 3 των απ αιωνος αυτου προφητων
   TST. 15:   ACTA 3,22   LA: 5 ειπεν προς τους πατερας υμων
   TST. 18:   ACTA 4,33   LA: 4 της αναστασεως του κυριου
   ιησου χριστου
   TST. 21:   ACTA 5,24   LA: 4 οι ιερεις και ο στρατηγος
   TST. 23:   ACTA 6,8   LA: 3 χαριτος και πιστεως
   TST. 25:   ACTA 7,17   LA: 3 επηγγειλατο
   TST. 28:   ACTA 8,37   LA: 5 ειπεν δε αυτω: ο φιλιππος
   εαν πιστευεις εξ ολης της καρδιας σου σωθησει.
   αποκριθεις δε ειπεν: πιστευω εις τον χριστον τον
   υιον του θεου
   TST. 34:   ACTA 10,12   LA: 9 παντα τα τετραποδα και τα
   ερπετα της γης και τα θηρια και τα πετεινα του
   ουρανου
   TST. 37:   ACTA 10,30   LA: 6 νηστευων και προσευχομενος
   απο εκ της ωρας εως ενατης
   TST. 39:   ACTA 10,47   LA: 6 δυναται τις
   TST. 42:   ACTA 12,25   LA: 6 απο ιερουσαλημ εις
   αντιοχειαν
   TST. 47:   ACTA 13,45   LA: 4 εναντιουμενοι και
   βλασφημουντες
   TST. 48:   ACTA 15,2   LA: 6 εταραξαντο αναβαινειν παυλον
   και βαρναβαν και τινας αλλους εξ αυτων
   TST. 66:   ACTA 18,27   LA: 3 βουλομενου δε αυτου εις την
   αχαιαν διελθειν προτρεψαμενοι οι αδελφοι εγραψαν
   τοις μαθηταις αποδεξασθαι αυτον
   TST. 68:   ACTA 19,3   LA: 4 ο δε ειπεν
   TST. 69:   ACTA 19,14   LA: 3B ησαν δε τινες σκευα ιουδαιου
   αρχιερεως επτα υιοι οι τουτο ποιουντες
   TST. 70:   ACTA 19,39   LA: 4 περ ετερον
   TST. 80:   ACTA 21,25   LA: 3 ADD. μηδεν τοιουτο τηρειν
   αυτους ει μη

```
            TST. 84:   ACTA 23,1      LA:  3  τω συνεδριω ο παυλος
            TST. 89:   ACTA 23,30     LA: 14  εσεσθαι εξ αυτων
            TST. 91:   ACTΛ 24,6-8    LA:  4  ADD. και κατα τον ημετερον
            νομον ηθελησαμεν κριναι παρελθων δε λυσιας ο
            χιλιαρχος μετα πολλης βιας εκ των χειρων ημων
            απηγαγεν. κελευσας τους κατηγορους αυτου ερχεσθαι
            προς σε
```

F. KORREKTUREN AN   1 TESTSTELLE

```
            TST. 39:   ACTA 10,47
                   C : LA   4  δυναται τις κωλυσαι
```

I. NICHT ERFASSTE STELLEN (4)

```
            Z (LUECKE)      TST: 100-103
```
===

■ ■ HS.-NR.: 014   TESTSTELLEN: 73

A. LA   2 : 78, 81   SUMME: 2 TST

B. LA 1/2 : 28, 29, 41, 42, 44, 45, 48, 53, 55, 56, 66, 76, 84, 87, 88, 91,
             97,100
      1/2F: 36, 65   SUMME: 20 TST

C. LA   1 : 22- 27, 30, 31, 37, 38, 40, 43, 49- 51, 54, 57, 59- 64, 67- 75,
             77, 79, 80, 82, 83, 85, 86, 89, 90, 92- 96, 99
        1B: 39
        1C: 58   SUMME: 49 TST

D. SINGULAERLESARTEN AN   1 TESTSTELLE

```
            TST. 58:   ACTA 17,23     LA: 1C  ον ουν ανοουντες ευσεβειτε
            τουτον
```

E. SONDERLESARTEN AN   2 TESTSTELLEN

```
            TST. 52:   ACTA 15,24     LA:  3  ελθοντες
            TST. 98:   ACTA 26,14     LA:  3  λαλουσαν προς με
```

F. KORREKTUREN AN   1 TESTSTELLE

```
            TST. 58:   ACTA 17,23
                   C : LA   1  ον ουν αγνοουντες ευσεβειτε τουτον
```

I. NICHT ERFASSTE STELLEN (31)

```
            Z (LUECKE)      TST:  1- 21, 32- 35, 46, 47,101-104
```
===

■ ■ HS.-NR.: 020   TESTSTELLEN: 79

A. LA   2 : 47   SUMME: 1 TST

B. LA 1/2 : 28, 29, 35, 36, 41, 42, 44, 45, 48, 53, 55, 56, 66, 76, 84, 87,
             88, 91, 97,100,102
      1/2F: 65

SUMME: 22 TST
C. LA   1 :   26, 27, 30- 34, 38- 40, 43, 49- 51, 54, 57, 59- 64, 67, 68,
              70- 72, 74, 75, 77- 83, 85, 86, 89, 90, 92- 96, 98, 99,101,104
        1D: 73
        1F: 58
        1O: 103   SUMME: 52 TST

D. SINGULAERLESARTEN AN   2 TESTSTELLEN

    TST. 37:   ACTA 10,30   LA: 8 νηστευων ET OM. και την
               ενατην προσευχομενος εν τω οικω μου
    TST.103:   ACTA 28,16   LA: 10 ο εκατονταρχος παρεδωκε τους
               δεσμιους τω στρατοπαιδαρχω τω δε παυλω επετραπει

E. SONDERLESARTEN AN   4 TESTSTELLEN

    TST. 37:   ACTA 10,30   LA: 8 νηστευων ET OM. και την
               ενατην προσευχομενος εν τω οικω μου
    TST. 46:   ACTA 13,42   LA: 3 εξιοντων δε αυτων εκ της
               συναγωγης των ιουδαιων
    TST. 52:   ACTA 15,24   LA: 3 ελθοντες
    TST. 69:   ACTA 19,14   LA: 9 ησαν δε τινες υιοι σκευα
               ιουδαιοι αρχιερεως επτα οι τουτο ποιουντες

I. NICHT ERFASSTE STELLEN (25)

    Z (LUECKE)   TST: 1- 25
===

■ ■ HS.-NR.: 025   TESTSTELLEN: 99

A. LA   2 :   32   SUMME: 1 TST

B. LA 1/2 :   10, 11, 18, 20, 28, 29, 35, 36, 41, 42, 44, 45, 48, 52, 53, 55,
              56, 66, 76, 84, 87, 88, 91, 97,100,102
      1/2F: 65   SUMME: 27 TST

C. LA   1 :   6- 9, 12- 17, 21- 27, 30, 31, 33, 34, 37- 40, 43, 46, 47,
              49- 51, 54, 57- 64, 67- 72, 74, 75, 77- 83, 85, 86, 89, 90,
              92- 96, 98, 99,103,104
        1B: 19   SUMME: 69 TST

D. SINGULAERLESARTEN AN   1 TESTSTELLE

    TST.101:   ACTA 27,14   LA: 4 OM. ευρακυλων

E. SONDERLESARTEN AN   2 TESTSTELLEN

    TST. 73:   ACTA 20,24(1)   LA: 3 ουδενος λογου ποιουμαι ουδε
               εχω την ψυχην
    TST.101:   ACTA 27,14   LA: 4 OM. ευρακυλων

F. KORREKTUREN AN   1 TESTSTELLE

    TST.101:   ACTA 27,14
          C : LA   1 ευροκλυδων

I. NICHT ERFASSTE STELLEN (5)

    Z (LUECKE)   TST: 1- 5
===

■ ■ HS.-NR.:   044   TESTSTELLEN: 104

A. LA   2 :   2, 17, 24, 46, 47, 50, 57, 62, 64, 77, 78, 83, 85, 89, 90, 92,
           96,103,104
      2D: 13   SUMME: 20 TST

B. LA 1/2 :   11, 18, 20, 28, 29, 35, 36, 41, 45, 48, 52, 53, 55, 56, 66, 76,
           84, 87, 88, 97,100
      1/2F: 65   SUMME: 22 TST

C. LA   1 :   1, 3, 4, 6, 8, 9, 12, 16, 19, 21, 22, 25- 27, 30, 32, 34,
           37- 40, 43, 49, 58, 60, 61, 63, 67, 70, 71, 74, 75, 79, 81, 82,
           93, 98, 99,101
      1B: 14
      1D: 73   SUMME: 41 TST

D. SINGULAERLESARTEN AN   7 TESTSTELLEN

    TST. 13:   ACTA 3,11   LA: 2D κρατουντος δε αυτου πετρον
    και ιωαννην συνεδραμεν πας ο λαος προς αυτους
    TST. 23:   ACTA 6,8   LA: 7   πιστεως χαριτος πνευματος
    TST. 31:   ACTA 9,31   LA: 3   η μεν ουν εκκλησια ... ειχον
    ειρηνην οικοδομουμενοι και πορευομενοι ...
    επληθυνετο
    TST. 44:   ACTA 13,33(1)   LA: 5   τοις τεκνοις υμων
    TST. 51:   ACTA 15,23   LA: 9   επιστολην δια χειρος αυτου
    εχουσαν τυπου τουτον
    TST. 59:   ACTA 17,26   LA: 4   εξ ενος στοματος
    TST. 72:   ACTA 20,15   LA: 7   μεινοντες εις το γυλλιον τη
    εχομενη

E. SONDERLESARTEN AN   21 TESTSTELLEN

    TST. 5:   ACTA 2,7(2)   LA: 3   προς αλληλους λεγοντες
    TST. 7:   ACTA 2,30   LA: 5   το κατα σαρκα αναστησειν τον
    χριστον και καθισαι
    TST. 10:   ACTA 2,43.44   LA: 4   ADD. εν ιερουσαλημ φοβος τε
    ην μεγας επι παντας αυτους
    TST. 15:   ACTA 3,22   LA: 3   ειπεν προς τους πατερας
    TST. 23:   ACTA 6,8   LA: 7   πιστεως χαριτος πνευματος
    TST. 31:   ACTA 9,31   LA: 3   η μεν ουν εκκλησια ... ειχον
    ειρηνην οικοδομουμενοι και πορευομενοι ...
    επληθυνετο
    TST. 33:   ACTA 10,11   LA: 8   δεδεμενον {σκευος τι ως
    οδωννη μεγαλην καταβαινον} και καθιεμενον
    TST. 42:   ACTA 12,25   LA: 4   απο ιερουσαλημ
    TST. 44:   ACTA 13,33(1)   LA: 5   τοις τεκνοις υμων
    TST. 51:   ACTA 15,23   LA: 9   επιστολην δια χειρος αυτου
    εχουσαν τυπου τουτον
    TST. 54:   ACTA 16,28   LA: 3   μεγαλη φωνη παυλος
    TST. 59:   ACTA 17,26   LA: 4   εξ ενος στοματος

```
TST. 68:    ACTA 19,3      LA:  3   ειπε(ν) δε
TST. 69:    ACTA 19,14     LA:  3B  ησαν δε τινες σκευα ιουδαιου
            αρχιερεως επτα υιοι οι τουτο ποιουντες
TST. 72:    ACTA 20,15     LA:  7   μεινοντες εις το γυλλιον τη
            εχομενη
TST. 80:    ACTA 21,25     LA:  3   ADD. μηδεν τοιουτο τηρειν
            αυτους ει μη
TST. 86:    ACTA 23,20     LA:  3   μελλοντων
TST. 91:    ACTA 24,6-8    LA:  3   ADD. και κατα τον ημετερον
            νομον ηθελησαμεν κριναι παρελθων δε λυσιας ο
            χιλιαρχος μετα πολλης βιας εκ των χειρων ημων
            απηγαγεν. κελευσας τους κατηγορους αυτου ερχεσθαι
            επι σε
TST. 94:    ACTA 24,22     LA:  4   ανεβαλετο δε ο φηλιξ αυτον
TST. 95:    ACTA 25,5      LA:  3   τουτω ατοπον
TST.102:    ACTA 27,41     LA:  4   των κυματων
```
===

■ ■ HS.-NR.: 048   TESTSTELLEN: 4

A. LA   2 : 98, 99,103,104   SUMME: 4 TST

I. NICHT ERFASSTE STELLEN (100)

    Z (LUECKE)   TST: 1- 97,100-102
===

■ ■ HS.-NR.: 049   TESTSTELLEN: 104

A. LA   2 : 78, 81   SUMME: 2 TST

B. LA 1/2 : 10, 11, 18, 20, 28, 29, 35, 41, 42, 44, 45, 48, 52, 53, 55, 56,
             66, 76, 84, 87, 88, 91, 97,100,102
    1/2F: 36, 65   SUMME: 27 TST

C. LA   1 :   2- 9, 12- 17, 19, 21- 27, 31- 34, 37- 40, 43, 47, 49- 51, 54,
             57- 64, 68, 69, 72- 75, 77, 79, 80, 82, 83, 85, 86, 89, 90, 92,
             93, 99,101,103,104
    1B: 1, 95, 96
    1C: 67, 71   SUMME: 70 TST

D. SINGULAERLESARTEN AN   2 TESTSTELLEN

    TST. 70:   ACTA 19,39   LA: 7   περι ετερων ετι
    TST. 71:   ACTA 20,4   LA: 1C ADD. αχρι της ασιαι

E. SONDERLESARTEN AN   5 TESTSTELLEN

    TST. 30:   ACTA 9,25   LA: 5   οι μαθηται νυκτος
    TST. 46:   ACTA 13,42   LA: 3   εξιοντων δε αυτων εκ της
            συναγωγης των ιουδαιων
    TST. 70:   ACTA 19,39   LA: 7   περι ετερων ετι
    TST. 94:   ACTA 24,22   LA: 10   ακουσας δε ταυτα ο φηλιξ
            ανελαβετο αυτους
    TST. 98:   ACTA 26,14   LA: 3   λαλουσαν προς με

F. KORREKTUREN AN   1 TESTSTELLE

    TST. 96:   ACTA 25,16
         C : LA   1   ADD. εις απωλειαν
==

■ ■ HS.-NR.: 056   TESTSTELLEN: 104

A. LA   2 : 4   SUMME: 1 TST

B. LA 1/2 :   10, 11, 18, 20, 28, 29, 35, 36, 41, 42, 44, 45, 48, 52, 53, 55,
              56, 66, 76, 84, 87, 88,100
      1/2B: 102   SUMME: 24 TST

C. LA   1 :   1- 3, 5- 9, 12- 17, 19, 21- 27, 30- 34, 37- 40, 43, 46, 47,
              50, 51, 54, 57- 64, 68- 75, 78- 83, 85, 86, 89, 90, 92- 96, 98,
              99,101,103,104
      1B: 77
      1C: 67   SUMME: 75 TST

D. SINGULAERLESARTEN AN   1 TESTSTELLE

    TST.102:   ACTA 27,41   LA:1/2B της βιας τω κυματων

E. SONDERLESARTEN AN   4 TESTSTELLEN

    TST. 49:   ACTA 15,7   LA: 4 ημιν
    TST. 65:   ACTA 18,21.22 LA: 4 και ανηχθη απο της εφεσου,
    και καταβας
    TST. 91:   ACTA 24,6-8   LA: 5F ADD. κατα τον ημετερον νομον
              ηθελησαμεν κριναι παρελθων δε λυσιας ο χιλιαρχος
              μετα πολλης βιας εκ των χειρων ημων απηγαγεν.
              κελευσας τους κατηγορους αυτου ερχεσθαι επι σου
    TST. 97:   ACTA 25,17   LA: 4 ουν ενθαδε

F. KORREKTUREN AN   1 TESTSTELLE

    TST.102:   ACTA 27,41
         C : LA 1/2 της βιας των κυματων
==

■ ■ HS.-NR.: 057   TESTSTELLEN: 1

A. LA   2 : 13   SUMME: 1 TST

I. NICHT ERFASSTE STELLEN (103)

    Z (LUECKE)   TST: 1- 12, 14-104
==

■ ■ HS.-NR.: 066   TESTSTELLEN: 1

A. LA   2 : 103   SUMME: 1 TST

I. NICHT ERFASSTE STELLEN (103)

    Z (LUECKE)   TST: 1-102,104
==

```
■ ■ HS.-NR.: 076        TESTSTELLEN:  0
=====================================================================
■ ■ HS.-NR.: 077        TESTSTELLEN:  1

C. LA   1 : 98                                    SUMME:  1 TST

I. NICHT ERFASSTE STELLEN (103)

        Z (LUECKE)      TST:  1- 97, 99-104
=====================================================================
■ ■ HS.-NR.: 093        TESTSTELLEN:  1

C. LA   1 : 94                                    SUMME:  1 TST

I. NICHT ERFASSTE STELLEN (103)

        Z (LUECKE)      TST:  1- 93, 95-104
=====================================================================
■ ■ HS.-NR.: 095        TESTSTELLEN:  1

A. LA   2 : 12                                    SUMME:  1 TST

I. NICHT ERFASSTE STELLEN (103)

        X (UNLESERLICH) TST:  11
        Z (LUECKE)      TST:  1- 10, 13-104
=====================================================================
■ ■ HS.-NR.: 096        TESTSTELLEN:  3

A. LA   2 : 98                                    SUMME:  1 TST

C. LA   1 : 4, 5                                  SUMME:  2 TST

I. NICHT ERFASSTE STELLEN (101)

        Z (LUECKE)      TST:  1- 3,  6- 97, 99-104
=====================================================================
■ ■ HS.-NR.: 097        TESTSTELLEN:  3

A. LA   2 : 46                                    SUMME:  1 TST

C. LA   1 : 37, 47                                SUMME:  2 TST

I. NICHT ERFASSTE STELLEN (101)

        Z (LUECKE)      TST:  1- 36, 38- 45, 48-104
=====================================================================
■ ■ HS.-NR.: 0120       TESTSTELLEN:  6

A. LA   2 : 64                                    SUMME:  1 TST

B. LA 1/2 : 55, 56
```

```
        1/2F:  65                               SUMME:  3 TST

C. LA   1 :  57, 63                             SUMME:  2 TST

I. NICHT ERFASSTE STELLEN ( 98)

        X (UNLESERLICH) TST:  58
        Z (LUECKE)      TST:  1- 54, 59- 62, 66-104
============================================================================

   ■ ■ HS.-NR.: 0140      TESTSTELLEN:   1

C. LA   1 :  22                                 SUMME:  1 TST

I. NICHT ERFASSTE STELLEN (103)

        Z (LUECKE)      TST:  1- 21, 23-104
============================================================================

   ■ ■ HS.-NR.: 0142      TESTSTELLEN: 104

A. LA   2 :   4                                 SUMME:  1 TST

B. LA 1/2 :  10, 11, 18, 20, 28, 29, 35, 36, 41, 42, 44, 45, 48, 52, 53, 55,
             56, 76, 84, 87, 88,100,102            SUMME: 23 TST

C. LA   1 :   1- 3,  5- 9, 12- 17, 19, 21- 27, 30- 34, 37- 40, 43, 46, 47,
             50, 51, 54, 57- 64, 68- 75, 78- 83, 85, 86, 89, 90, 92- 96, 98,
             99,101,103,104
        1B:  77
        1C:  67                                 SUMME: 75 TST

D. SINGULAERLESARTEN AN   1 TESTSTELLE

     TST. 97:   ACTA 25,17      LA:  6   δε ενθαδε

E. SONDERLESARTEN AN   5 TESTSTELLEN

     TST. 49:   ACTA 15,7       LA:  4   ημιν
     TST. 65:   ACTA 18,21.22   LA:  4   και ανηχθη απο της εφεσου,
        και καταβας
     TST. 66:   ACTA 18,27      LA: 10C  βουλομενου δε αυτου ελθειν
        εις την αχαιαν προπεμψαμενοι οι αδελφοι εγραψαν
        τοις μαθηταις αποδεξασθαι αυτον
     TST. 91:   ACTA 24,6-8     LA:  5F ADD. κατα τον ημετερον νομον
        ηθελησαμεν κριναι παρελθων δε λυσιας ο χιλιαρχος
        μετα πολλης βιας εκ των χειρων ημων απηγαγεν.
        κελευσας τους κατηγορους αυτου ερχεσθαι επι σου
     TST. 97:   ACTA 25,17      LA:  6   δε ενθαδε

F. KORREKTUREN AN   1 TESTSTELLE

     TST. 68:   ACTA 19,3
         C : LA  1B ειπε τε προς αυτους
============================================================================
```

■ ■ HS.-NR.: 0165   TESTSTELLEN: 1

A. LA 2 : 16   SUMME: 1 TST

I. NICHT ERFASSTE STELLEN (103)

     Z (LUECKE)   TST: 1- 15, 17-104
===

■ ■ HS.-NR.: 0166   TESTSTELLEN: 1

B. LA 1/2 : 36   SUMME: 1 TST

I. NICHT ERFASSTE STELLEN (103)

     Z (LUECKE)   TST: 1- 35, 37-104
===

■ ■ HS.-NR.: 0175   TESTSTELLEN: 1

A. LA 2 : 23   SUMME: 1 TST

I. NICHT ERFASSTE STELLEN (103)

     Z (LUECKE)   TST: 1- 22, 24-104
===

■ ■ HS.-NR.: 0189   TESTSTELLEN: 1

B. LA 1/2 : 20   SUMME: 1 TST

I. NICHT ERFASSTE STELLEN (103)

     Z (LUECKE)   TST: 1- 19, 21-104
===

■ ■ HS.-NR.: 0236   TESTSTELLEN: 0
===

■ ■ HS.-NR.: 0244   TESTSTELLEN: 2

B. LA 1/2 : 35, 41   SUMME: 2 TST

I. NICHT ERFASSTE STELLEN (102)

     Z (LUECKE)   TST: 1- 34, 36- 40, 42-104
===

■ ■ HS.-NR.: 0294   TESTSTELLEN: 2

B. LA 1/2 : 35, 48   SUMME: 2 TST

I. NICHT ERFASSTE STELLEN (102)

     Z (LUECKE)   TST: 1- 34, 36- 47, 49-104
===

■ ■ HS.-NR.:   1   TESTSTELLEN: 104

A. LA   2 : 78   SUMME: 1 TST

B. LA 1/2 : 10, 11, 18, 20, 28, 29, 35, 36, 41, 42, 44, 45, 48, 52, 53, 55,
             56, 66, 76, 84, 87, 88, 91, 97,100,102
      1/2F: 65   SUMME: 27 TST

C. LA   1 :   1- 9, 12- 17, 19, 21- 27, 30- 34, 37- 40, 43, 46, 47, 49- 51,
             54, 57- 64, 67- 75, 77, 79, 81- 83, 85, 86, 89, 90, 92- 96, 98,
             99,101,104
      1L: 103   SUMME: 75 TST

E. SONDERLESARTEN AN   1 TESTSTELLE

    TST. 80:   ACTA 21,25   LA: 11   ADD. μηδεν τοιουτον τηρειν
    αυτους
==

■ ■ HS.-NR.:   3   TESTSTELLEN: 104

A. LA   2 : 38, 49, 81   SUMME: 3 TST

B. LA 1/2 : 10, 18, 20, 28, 29, 35, 36, 41, 44, 45, 48, 52, 53, 55, 56, 66,
             76, 84, 87, 88, 91,100,102
      1/2F: 65   SUMME: 24 TST

C. LA   1 :   1- 9, 12, 13, 15- 17, 19, 21- 27, 30- 34, 37, 39, 40, 43, 46,
             47, 50, 51, 54, 57- 64, 67- 75, 78, 80, 82, 83, 85, 89, 90,
             92- 96, 98, 99,101,104
      1B: 77
      1G: 103   SUMME: 71 TST

E. SONDERLESARTEN AN   6 TESTSTELLEN

    TST. 11:   ACTA 2,46   LA: 6   καθ ημεραν τε
    προσκαρτερουντες εν τω ιερω κλωντες τε κατ οικον
    αρτον
    TST. 14:   ACTA 3,21   LA: 5   προφητων αυτου απ αιωνος
    TST. 42:   ACTA 12,25   LA: 4   απο ιερουσαλημ
    TST. 79:   ACTA 21,20   LA: 5   OM. εν τοις ιουδαιοις
    TST. 86:   ACTA 23,20   LA: 3   μελλοντων
    TST. 97:   ACTA 25,17   LA: 4   συν ενθαδε
==

■ ■ HS.-NR.:   5   TESTSTELLEN: 104

A. LA   2 : 23, 26, 31, 47, 49, 57, 61, 77, 81, 90, 92, 95
      2C: 98   SUMME: 13 TST

B. LA 1/2 : 10, 11, 18, 20, 28, 29, 35, 41, 42, 44, 45, 48, 52, 55, 56, 65,
             66, 76, 84, 87, 88, 97,100,102
      1/2D: 36   SUMME: 25 TST

C. LA   1 :   1- 7, 9, 12, 13, 16, 17, 19, 21, 22, 24, 25, 27, 30, 32,
             37- 40, 43, 50, 51, 54, 58- 60, 62- 64, 67, 69- 75, 78, 82, 83,
             85, 89, 94, 96, 99,101,104
      1B: 79

SUMME: 53 TST

D. SINGULAERLESARTEN AN   2 TESTSTELLEN

TST. 86:   ACTA 23,20   LA: 5   μελλοντι
TST.103:   ACTA 28,16   LA: 3E ο εκατονταρχης παρεδωκεν
τους δεσμιους τω στρατοπεδαρχη επετραπη δε τω παυλω

E. SONDERLESARTEN AN   13 TESTSTELLEN

TST. 8:   ACTA 2,31   LA: 3   εγκατελειφθη η ψυχη αυτου
TST. 14:   ACTA 3,21   LA: 4   αυτου των απ αιωνος προφητων
TST. 15:   ACTA 3,22   LA: 4   ειπεν προς τους πατερας ημων
TST. 33:   ACTA 10,11   LA: 8   δεδεμενον {σκευος τι ως
οδωννη μεγαλην καταβαινον} και καθιεμενον
TST. 34:   ACTA 10,12   LA: 11 παντα τα τετραποδα και τα
θηρια και τα ερπετα της γης και τα πετεινα του
ουρανου
TST. 46:   ACTA 13,42   LA: 3   εξιοντων δε αυτων εκ της
συναγωγης των ιουδαιων
TST. 53:   ACTA 15,34   LA: 3   εδοξεν δε τω σιλα επιμειναι
αυτου
TST. 68:   ACTA 19,3   LA: 4   ο δε ειπεν
TST. 80:   ACTA 21,25   LA: 7   ADD. {κριναντες φυλαξασθαι}
μηδεν τοιουτον τηρειν αυτους αλλα
TST. 86:   ACTA 23,20   LA: 5   μελλοντι
TST. 91:   ACTA 24,6-8 LA: 3   ADD. και κατα τον ημετερον
νομον ηθελησαμεν κριναι παρελθων δε λυσιας ο
χιλιαρχος μετα πολλης βιας εκ των χειρων ημων
απηγαγεν. κελευσας τους κατηγορους αυτου ερχεσθαι
επι σε
TST. 93:   ACTA 24,15   LA: 3   νεκρων {μελλειν εσεσθαι}
δικαιων
TST.103:   ACTA 28,16   LA: 3E ο εκατονταρχης παρεδωκεν
τους δεσμιους τω στρατοπεδαρχη επετραπη δε τω παυλω

F. KORREKTUREN AN   1 TESTSTELLE

TST. 61:   ACTA 18,3
C : LA   1   ειργαζετο

==

■ ■ HS.-NR.:   6   TESTSTELLEN: 104

A. LA   2 :   43, 57, 90, 92
2C: 98   SUMME: 5 TST

B. LA 1/2 :   10, 11, 18, 20, 28, 29, 36, 41, 44, 45, 48, 52, 55, 56, 65, 66,
76, 84, 87, 88, 97,100,102   SUMME: 23 TST

C. LA   1 :   1- 5, 7, 8, 14- 17, 19, 21- 27, 31- 33, 37, 38, 40, 46, 47,
49- 51, 54, 58- 64, 67- 72, 74, 75, 78- 83, 85, 93, 94, 96, 99,
101,104
1B: 77
1D: 73
1G: 103   SUMME: 62 TST

48 Apostelgeschichte

D. SINGULAERLESARTEN AN 1 TESTSTELLE

TST. 6: ACTA 2,23 LA: 4 εκδοτον αυτον λυβυντες

E. SONDERLESARTEN AN 14 TESTSTELLEN

TST. 6: ACTA 2,23 LA: 4 εκδοτον αυτον λαβοντες
TST. 9: ACTA 2,38 LA: 5 αμαρτιων υμων
TST. 12: ACTA 2,47.3,1 LA: 3 τη εκκλησια επι το αυτο. πετρος δε
TST. 13: ACTA 3,11 LA: 9 κρατουντος δε του ιαθεντος χωλου τον πετρον και τον ιωαννην συνεδραμεν πας ο λαος προς αυτους
TST. 30: ACTA 9,25 LA: 3 οι μαθηται αυτον νυκτος
TST. 34: ACTA 10,12 LA: 8 παντα τα τετραποδα της γης και τα ερπετα και τα θηρια και τα πετεινα του ουρανου
TST. 35: ACTA 10,19 LA: 3 το πνευμα αυτω
TST. 39: ACTA 10,47 LA: 4 δυναται τις κωλυσαι
TST. 42: ACTA 12,25 LA: 3 εξ ιερουσαλημ
TST. 53: ACTA 15,34 LA: 3 εδοξεν δε τω σιλα επιμειναι αυτου
TST. 86: ACTA 23,20 LA: 3 μελλοντων
TST. 89: ACTA 23,30 LA: 8 εσεσθαι υπο των ιουδαιων εξαυτης
TST. 91: ACTA 24,6-8 LA: 12B ADD. και κατα τον ημετερον νομον ηβουληθημεν κριναι παρελθων δε λυσιας ο χιλιαρχος μετα πολλης βιας απηγαγεν αυτον εκ των χειρων ημων. κελευσας τους κατηγορους αυτου επι σου ερχεσθαι
TST. 95: ACTA 25,5 LA: 3 τουτω ατοπον

F. KORREKTUREN AN 1 TESTSTELLE

TST. 17: ACTA 4,25
    C : LA 1C ο δια στοματος δαυιδ του παιδος σου ειπων
==

■ ■ HS.-NR.: 18 TESTSTELLEN: 104

A. LA 2 : 19, 49, 67, 77 SUMME: 4 TST

B. LA 1/2 : 10, 11, 18, 20, 28, 29, 35, 36, 41, 44, 45, 48, 52, 53, 55, 56, 65, 66, 76, 84, 87, 88, 91, 97,100,102 SUMME: 26 TST

C. LA 1 : 1- 9, 12- 16, 22- 27, 30- 34, 37- 40, 43, 46, 47, 50, 51, 54, 57- 64, 68- 75, 78- 83, 85, 89, 90, 92- 96, 98, 99,101,103,104
    1B: 86
    1C: 17 SUMME: 72 TST

E. SONDERLESARTEN AN 2 TESTSTELLEN

TST. 21: ACTA 5,24 LA: 3 ο ιερευς και ο στρατηγος
TST. 42: ACTA 12,25 LA: 4 απο ιερουσαλημ
==

■ ■ HS.-NR.:   33   TESTSTELLEN: 86

A. LA   2 :   17, 23, 26, 33, 43, 47, 49, 50, 57, 59- 62, 64, 71, 72, 74, 75,
              77- 81, 85, 86, 90, 93- 96, 99,104   SUMME: 32 TST

B. LA 1/2 :   11, 20, 28, 35, 41, 44, 45, 48, 52, 76, 87, 88, 97,100,102
   1/2C: 66
   1/2D: 65   SUMME: 17 TST

C. LA   1 :   2- 4, 6, 9, 12, 13, 16, 19, 22, 27, 32, 39, 40, 58, 63, 92
   1B: 1, 51
   1D: 82
   1H: 101   SUMME: 21 TST

D. SINGULAERLESARTEN AN   4 TESTSTELLEN

   TST. 65:   ACTA 18,21.22   LA:1/2D απηχθη απο της εφεσου, και
       κατελθων
   TST. 73:   ACTA 20,24(1)   LA: 14   ουδενος λογον εχω ουδε
       ποιουμαι την ευχην
   TST. 89:   ACTA 23,30   LA: 10   εσεσθαι {εις τον ανδρα} εξ
       αυτων
   TST.101:   ACTA 27,14   LA: 1H   ευροκοιδον

E. SONDERLESARTEN AN 16 TESTSTELLEN

   TST. 5:   ACTA 2,7(2)   LA: 5   προς αλληλους
   TST. 7:   ACTA 2,30   LA: 4   το κατα σαρκα αναστησαι τον
       χριστον καθισαι
   TST. 10:   ACTA 2,43.44   LA: 11   ADD. εν ιερουσαλημ
   TST. 14:   ACTA 3,21   LA: 4   αυτου των απ αιωνος προφητων
   TST. 34:   ACTA 10,12   LA: 11   παντα τα τετραποδα και τα
       θηρια και τα ερπετα της γης και τα πετεινα του
       ουρανου
   TST. 42:   ACTA 12,25   LA: 3   εξ ιερουσαλημ
   TST. 53:   ACTA 15,34   LA: 3   εδοξεν δε τω σιλα επιμειναι
       αυτου
   TST. 54:   ACTA 16,28   LA: 4   φωνη μεγαλη παυλος
   TST. 68:   ACTA 19,3   LA: 4   ο δε ειπεν
   TST. 69:   ACTA 19,14   LA: 3   ησαν δε τινες σκευα ιουδαιου
       αρχιερεως επτα υιοι τουτο ποιουντες
   TST. 70:   ACTA 19,39   LA: 3B   περ ετερω
   TST. 73:   ACTA 20,24(1)   LA: 14   ουδενος λογον εχω ουδε
       ποιουμαι την ευχην
   TST. 84:   ACTA 23,1   LA: 3   τω συνεδριω ο παυλος
   TST. 89:   ACTA 23,30   LA: 10   εσεσθαι {εις τον ανδρα} εξ
       αυτων
   TST. 91:   ACTA 24,6-8   LA: 3   ADD. και κατα τον ημετερον
       νομον ηθελησαμεν κριναι παρελθων δε λυσιας ο
       χιλιαρχος μετα πολλης βιας εκ των χειρων ημων
       απηγαγεν. κελευσας τους κατηγορους αυτου ερχεσθαι
       επι σε
   TST. 98:   ACTA 26,14   LA: 7   OM. λεγουσαν προς με

I. NICHT ERFASSTE STELLEN (18)

   X (UNLESERLICH) TST: 8, 15, 18, 21, 24, 25, 29- 31, 36- 38, 46, 55,
                          56, 67, 83,103

■ ■ HS.-NR.: 35   TESTSTELLEN: 104

A. LA   2 : 19, 46, 49, 59, 67, 77   <u>SUMME:</u> 6 TST

B. LA 1/2 : 10, 11, 18, 20, 28, 29, 35, 36, 41, 45, 48, 52, 53, 55, 56, 65,
             66, 76, 84, 87, 88, 97,100,102   <u>SUMME:</u> 24 TST

C. LA   1 : 1- 9, 12- 14, 16, 17, 22- 27, 30- 34, 37- 40, 43, 47, 50, 51,
             54, 57, 58, 60- 64, 68- 75, 78- 83, 85, 89, 90, 92- 96, 98, 99,
             101,103,104
       1B: 86   <u>SUMME:</u> 69 TST

E. SONDERLESARTEN AN   5 TESTSTELLEN

    TST. 15:   ACTA 3,22   LA: 3   ειπεν προς τους πατερας
    TST. 21:   ACTA 5,24   LA: 3   ο ιερευς και ο στρατηγος
    TST. 42:   ACTA 12,25   LA: 6   απο ιερουσαλημ εις
               αντιοχειαν
    TST. 44:   ACTA 13,33(1) LA: 6   τοις τεκνοις αυτων
    TST. 91:   ACTA 24,6-8   LA: 3   ADD. και κατα τον ημετερον
               νομον ηθελησαμεν κριναι παρελθων δε λυσιας ο
               χιλιαρχος μετα πολλης βιας εκ των χειρων ημων
               απηγαγεν. κελευσας τους κατηγορους αυτου ερχεσθαι
               επι σε

F. KORREKTUREN AN   3 TESTSTELLEN

    TST. 42:   ACTA 12,25
               C : LA 1/2   εις ιερουσαλημ
    TST. 46:   ACTA 13,42
               C : LA   1   εξιοντων δε εκ της συναγωγης των ιουδαιων
    TST. 59:   ACTA 17,26
               C : LA   1   εξ ενος αιματος
===

■ ■ HS.-NR.: 38   TESTSTELLEN: 102

B. LA 1/2 : 11, 18, 20, 28, 29, 35, 36, 41, 44, 45, 48, 52, 53, 55, 56, 65,
             66, 76, 84, 87, 88, 91, 97,100,102   <u>SUMME:</u> 25 TST

C. LA   1 : 1- 6, 8, 9, 13- 17, 19, 21- 27, 30, 31, 33, 34, 37- 40, 43,
             46, 47, 49, 51, 54, 57- 64, 68- 70, 72- 75, 77- 83, 85, 89, 90,
             92- 96, 98, 99,104
       1D: 7,101
       1L: 103   <u>SUMME:</u> 71 TST

D. SINGULAERLESARTEN AN   1 TESTSTELLE

    TST. 7:   ACTA 2,30   LA: 1D το κατα σαρκα αναστησειν τον
               χριστον καθησαι

E. SONDERLESARTEN AN   6 TESTSTELLEN

    TST. 10:   ACTA 2,43.44 LA: 3   ADD. εν ιερουσαλημ φοβος τε
               ην μεγας επι παντας
    TST. 12:   ACTA 2,47.3,1 LA: 10   επι το αυτο τη εκκλησια.
               πετρος δε

```
TST. 32:    ACTA 10,10      LA:  3   επεσεν
TST. 42:    ACTA 12,25      LA:  3   εξ ιερουσαλημ
TST. 50:    ACTA 15,18      LA: 13   παντα ταυτα γνωστα απ αιωνος
     εστιν τω κυριω παντα τα εργα αυτου
TST. 86:    ACTA 23,20      LA:  4   μελλοντας
```

F. KORREKTUREN AN   2 TESTSTELLEN

```
TST. 67:    ACTA 19,1.2
     C : LA    1   και ευρων τινας μαθητας ειπεν προς αυτους
TST. 91:    ACTA 24,6-8
     C : LA    3B ADD. και κατα τον ημετερον νομον
     εθελησαμεν κριναι παρελθων δε λυσιας ο χιλιαρχος
     μετα πολλης βιας εκ των χειρων ημων απηγαγεν.
     κελευσας τους κατηγορους αυτου ερχεσθαι επι σε
```

I. NICHT ERFASSTE STELLEN (2)

     V (AUSLASSUNG) TST: 67, 71

===

■ ■ HS.-NR.:   42   TESTSTELLEN: 99

B. LA 1/2 :   10, 11, 20, 28, 29, 35, 41, 44, 45, 48, 52, 55, 56, 65, 66, 76,
          84, 87, 88,100,102
     1/2M: 36   SUMME: 22 TST

C. LA   1 :   1- 3, 9, 12- 16, 19, 21- 27, 30- 34, 37- 40, 43, 47, 49, 51,
          54, 57- 64, 67- 73, 75, 77- 83, 85, 89, 90, 92- 94, 96, 98, 99,
          101,103,104
     1B: 86
     1C: 17   SUMME: 68 TST

D. SINGULAERLESARTEN AN   1 TESTSTELLE

```
TST. 53:    ACTA 15,34      LA:  9   εδοξεν δε τω σιλα επιμειναι
```

E. SONDERLESARTEN AN   9 TESTSTELLEN

```
TST. 18:    ACTA 4,33       LA:  4   της αναστασεως του κυριου
     ιησου χριστου
TST. 42:    ACTA 12,25      LA:  5   εξ ιερουσαλημ εις αντιοχειαν
TST. 46:    ACTA 13,42      LA:  3   εξιοντων δε αυτων εκ της
     συναγωγης των ιουδαιων
TST. 50:    ACTA 15,18      LA: 17   παντα ταυτα α εστι γνωστα απ
     αιωνος αυτω
TST. 53:    ACTA 15,34      LA:  9   εδοξεν δε τω σιλα επιμειναι
TST. 74:    ACTA 20,24(2)   LA:  3   μετα χαρας
TST. 91:    ACTA 24,6-8     LA: 11   ADD. και κατα ημετερον νομον
     ηθελησαμεν κριναι παρελθων δε λυσιας ο χιλιαρχος
     μετα πολλης βιας εκ των χειρων ημων αφειλετο και
     προς σε απεστειλε. κελευσας και τους κατηγορους
     αυτου ερχεσθαι επι σου
TST. 95:    ACTA 25,5       LA:  3   τουτω ατοπον
TST. 97:    ACTA 25,17      LA:  4   ουν ενθαδε
```

I. NICHT ERFASSTE STELLEN (5)

    Z (LUECKE)   TST: 4- 8
===

■ ■ HS.-NR.:   43   TESTSTELLEN: 96

A. LA   2 : 103,104   SUMME: 2 TST

B. LA 1/2 : 10, 11, 18, 28, 29, 35, 36, 41, 42, 44, 45, 48, 52, 53, 55, 56,
          65, 66, 76, 84, 87, 88, 91, 97,100,102   SUMME: 26 TST

C. LA   1 :   1- 9, 12, 14- 17, 19, 30- 34, 37, 38, 40, 43, 46, 47, 49- 51,
          54, 57- 64, 67, 69- 75, 77- 79, 81- 83, 85, 86, 89, 90, 92- 96,
          98, 99,101
     1B: 80   SUMME: 65 TST

E. SONDERLESARTEN AN   3 TESTSTELLEN

    TST. 13:   ACTA 3,11   LA: 7 κρατουντος δε του ιαθεντος
      χωλου τον πετρον και ιωαννην συνεδραμεν προς αυτον
      πας ο λαος
    TST. 39:   ACTA 10,47   LA: 4 δυναται τις κωλυσαι
    TST. 68:   ACTA 19,3   LA: 7 ειπεν δε προς αυτους

I. NICHT ERFASSTE STELLEN (8)

    Z (LUECKE)   TST: 20- 27
===

■ ■ HS.-NR.:   51   TESTSTELLEN: 104

A. LA   2 : 77   SUMME: 1 TST

B. LA 1/2 : 10, 11, 20, 28, 29, 35, 41, 44, 45, 48, 52, 55, 56, 65, 76, 84,
          87, 88,100,102
     1/2F: 36   SUMME: 21 TST

C. LA   1 :   1- 7, 9, 12- 16, 19, 21- 27, 30- 34, 37- 40, 43, 47, 49, 51,
          54, 57- 64, 67- 75, 78- 83, 85, 89, 90, 92- 94, 96, 98, 99,101,
          103,104
     1B: 86
     1C: 17   SUMME: 72 TST

E. SONDERLESARTEN AN 10 TESTSTELLEN

    TST. 8:   ACTA 2,31   LA: 3 εγκατελειφθη η ψυχη αυτου
    TST. 18:   ACTA 4,33   LA: 4 της αναστασεως του κυριου
      ιησου χριστου
    TST. 42:   ACTA 12,25   LA: 5 εξ ιερουσαλημ εις αντιοχειαν
    TST. 46:   ACTA 13,42   LA: 3 εξιοντων δε αυτων εκ της
      συναγωγης των ιουδαιων
    TST. 50:   ACTA 15,18   LA: 17 παντα ταυτα α εστι γνωστα απ
      αιωνος αυτω
    TST. 53:   ACTA 15,34   LA: 8 εδοξεν δε τω σιλα επιμειναι
      αυτοθι

```
TST. 66:   ACTA 18,27     LA: 4  βουλομενου δε αυτου διελθειν
           την αχαιαν προτρεψαμενοι οι αδελφοι εγραψαν τοις
           μαθηταις αποδεξασθαι αυτον
TST. 91:   ACTA 24,6-8    LA: 11  ADD. και κατα ημετερον νομον
           ηθελησαμεν κριναι παρελθων δε λυσιας ο χιλιαρχος
           μετα πολλης βιας εκ των χειρων ημων αφειλετο και
           προς σε απεστειλε. κελευσας και τους κατηγορους
           αυτου ερχεσθαι επι σου
TST. 95:   ACTA 25,5      LA: 3  τουτω ατοπον
TST. 97:   ACTA 25,17     LA: 4  ουν ενθαδε
```
==

■ ■ HS.-NR.:   57   TESTSTELLEN: 81

A. LA   2 : 86   SUMME: 1 TST

B. LA 1/2 : 28, 29, 35, 36, 41, 42, 44, 45, 48, 52, 53, 55, 56, 65, 66, 76,
             87, 88, 91, 97,100,102   SUMME: 22 TST

C. LA   1 : 13- 15, 23- 27, 30, 31, 33, 34, 37- 40, 43, 46, 47, 49- 51, 54,
             57, 59- 64, 67- 75, 77- 81, 89, 90, 92- 96, 99,101,103,104
                                                            SUMME: 55 TST

D. SINGULAERLESARTEN AN   1 TESTSTELLE

    TST. 58:   ACTA 17,23   LA: 7 τουτον

E. SONDERLESARTEN AN   3 TESTSTELLEN

    TST. 32:   ACTA 10,10   LA: 3 επεσεν
    TST. 58:   ACTA 17,23   LA: 7 τουτον
    TST. 98:   ACTA 26,14   LA: 3 λαλουσαν προς με

I. NICHT ERFASSTE STELLEN (23)

    Y (FILMFEHLER) TST: 1- 12, 16- 22, 82- 85
==

■ ■ HS.-NR.:   61   TESTSTELLEN: 100

A. LA   2 : 23, 39, 46, 47, 57, 79, 81   SUMME: 7 TST

B. LA 1/2 : 11, 18, 20, 28, 29, 35, 42, 44, 45, 48, 52, 53, 55, 76, 84, 91,
             97,100,102
     1/2B: 41, 56
     1/2G: 36   SUMME: 22 TST

C. LA   1 :   2- 6, 9, 12- 14, 19, 21, 22, 24- 26, 30- 33, 37, 38, 43, 49,
             51, 54, 59- 64, 67- 75, 78, 80, 82, 83, 85, 90, 92- 96, 99,101,
             104
      1B: 27, 77
      1C: 17
      1D: 1, 40
      1G: 50
      1L: 58,103   SUMME: 62 TST

D. SINGULAERLESARTEN AN   5 TESTSTELLEN

TST. 10:   ACIA 2,43.44   LA: 10   ADD. εν ιερουσαλημ φοβος ην
            επι παντας
TST. 36:   ACTA 10,25   LA:1/2G ως δε εγενετο εισελθειν τον
            πετρον συναντησας αυτω κορνηλιος
TST. 41:   ACTA 12,3   LA:1/2B προσετεθετο
TST. 50:   ACTA 15,18   LA: 1G   ταυτα γνωστα απ αιωνος εισιν
            τω θεω τα παντα τα εργα αυτου
TST. 65:   ACTA 18,21.22   LA: 7   και ανηχθη απο της εφεσου,
            κατελθων ο παυλος

E. SONDERLESARTEN AN   9 TESTSTELLEN

TST. 7:   ACTA 2,30   LA: 4   το κατα σαρκα αναστησαι τον
            χριστον καθισαι
TST. 8:   ACTA 2,31   LA: 6   εγκατελειφθη {εις αδου} η
            ψυχη αυτου
TST. 10:   ACTA 2,43.44   LA: 10   ADD. εν ιερουσαλημ φοβος ην
            επι παντας
TST. 15:   ACTA 3,22   LA: 4   ειπεν προς τους πατερας ημων
TST. 16:   ACTA 4,8   LA: 4   πρεσβυτεροι του λαου ισραηλ
TST. 34:   ACTA 10,12   LA: 4   παντα τα τετραποδα και τα
            ερπετα της γης και τα πετεινα του ουρανου και τα
            θηρια της γης
TST. 65:   ACTA 18,21.22   LA: 7   και ανηχθη απο της εφεσου,
            κατελθων ο παυλος
TST. 66:   ACTA 18,27   LA: 14   καλουμενου δε αυτου διελθειν
            εις την αχαιαν προτρεψαμενοι οι αδελφοι εγραψαν
            τοις μαθηταις αποδεξασθαι αυτον
TST. 98:   ACTA 26,14   LA: 3   λαλουσαν προς με

F. KORREKTUREN AN   3 TESTSTELLEN

TST. 36:   ACTA 10,25
            C : LA 1/2F ως δε εγενετο εισελθειν τον πετρον
            συναντησας αυτω ο κορνηλιος
TST. 46:   ACTA 13,42
            C : LA   1   εξιοντων δε εκ της συναγωγης των ιουδαιων
TST. 50:   ACTA 15,18
            C : LA   1D ταυτα παντα γνωστα απ αιωνος εισιν τω θεω
            παντα τα εργα αυτου

I. NICHT ERFASSTE STELLEN (4)

    Y (FILMFEHLER) TST: 86- 89
===

■ ■ HS.-NR.: 62   TESTSTELLEN: 27

A. LA   2 : 38   SUMME: 1 TST

B. LA 1/2 : 28, 29, 35, 36, 41, 42, 97,100,102   SUMME: 9 TST

C. LA   1 : 26, 27, 30- 34, 37, 39, 40, 43, 99,101
        1B: 96
        1H: 104
        1L: 103

SUMME: 16 TST
D. SINGULAERLESARTEN AN   1 TESTSTELLE

    TST.104:   ACTA 28,29   LA: 1H ADD. και ταυτα αυτου
      ειποντος απηλθον οι ιδαιοι πολλην εχοντες εν
      εαυτοις συζητησιν

E. SONDERLESARTEN AN   1 TESTSTELLE

    TST. 98:   ACTA 26,14   LA: 3   λαλουσαν προς με

I. NICHT ERFASSTE STELLEN (77)

    Z (LUECKE)   TST: 1- 25, 44- 95
==

■ ■ HS.-NR.:   69   TESTSTELLEN: 94

A. LA   2 :   57, 90, 92
    2C: 98   SUMME: 4 TST

B. LA 1/2 :   10, 11, 20, 28, 29, 36, 48, 52, 53, 65, 66, 76, 84, 87, 88, 97,
      100,102   SUMME: 18 TST

C. LA   1 :   1, 3- 5, 7- 9, 14- 17, 19, 21- 27, 31, 32, 37, 38, 50, 51,
      54, 58- 64, 67, 68, 70, 71, 73- 75, 77- 82, 85, 86, 89, 93, 94,
      96, 99,101
    1B: 33, 83
    1C: 2, 12
    1D: 13
    1K: 104
    1P: 103   SUMME: 61 TST

D. SINGULAERLESARTEN AN   5 TESTSTELLEN

    TST. 2:   ACTA 1,14   LA: 1C προσευχη και δεησει
    TST. 6:   ACTA 2,23   LA: 3   ενδοτον λαβοντες
    TST. 33:   ACTA 10,11   LA: 1B δεδεμενον και καθιημενον
    TST. 69:   ACTA 19,14   LA: 11 ησαν δε τινας σκευα ιουδαιου
      αρχιερεως επτα οι τουτο ποιουντες
    TST.103:   ACTA 28,16   LA: 1P ο εκατονταρχος παραδεδωκε
      τους δεσμιους τω στρατοπεδαρχω τω δε παυλω επετραπη

E. SONDERLESARTEN AN 11 TESTSTELLEN

    TST. 6:   ACTA 2,23   LA: 3   ενδοτον λαβοντες
    TST. 18:   ACTA 4,33   LA: 7   του κυριου ιησου
    TST. 30:   ACTA 9,25   LA: 3   οι μαθηται αυτον νυκτος
    TST. 34:   ACTA 10,12   LA: 8   παντα τα τετραποδα της γης
      και τα ερπετα και τα θηρια και τα πετεινα του
      ουρανου
    TST. 35:   ACTA 10,19   LA: 3   το πνευμα αυτω
    TST. 49:   ACTA 15,7   LA: 3   OM. εν υμιν
    TST. 55:   ACTA 16,33   LA: 10 υιοι αυτου παντες
    TST. 69:   ACTA 19,14   LA: 11 ησαν δε τινας σκευα ιουδαιου
      αρχιερεως επτα οι τουτο ποιουντες
    TST. 72:   ACTA 20,15   LA: 4   και μειναντες εν τρωγυλιω
      (ET SIM.) τη ερχομενη

TST. 91:   ACTA 24,6-8   LA: 12B ADD. και κατα τον ημετερον
          νομον ηβουληθημεν κριναι παρελθων δε λυσιας ο
          χιλιαρχος μετα πολλης βιας απηγαγεν αυτον εκ των
          χειρων ημων. κελευσας τους κατηγορους αυτου επι σου
          ερχεσθαι
TST. 95:   ACTA 25,5   LA: 3   τουτω ατοπον

F. KORREKTUREN AN   3 TESTSTELLEN

    TST. 6:   ACTA 2,23
          C : LA   1   εκδοτον λαβοντες
    TST. 12:   ACTA 2,47.3,1
          C : LA   1   τη εκκλησια. επι το αυτο δε πετρος
    TST. 83:   ACTA 22,30
          C : LA   1   αυτον απο των δεσμων

I. NICHT ERFASSTE STELLEN (10)

    Y (FILMFEHLER) TST: 56
    Z (LUECKE)   TST: 39- 47
===

■ ■ HS.-NR.:   76   TESTSTELLEN: 103

A. LA 2 : 57, 77   <u>SUMME:</u> 2 TST

B. LA 1/2 : 11, 18, 20, 28, 29, 35, 36, 41, 44, 45, 48, 52, 53, 55, 56, 66,
          76, 84, 87, 88, 97,100,102
    1/2F: 65   <u>SUMME:</u> 24 TST

C. LA 1 :   1- 9, 13, 14, 16, 17, 19, 21- 27, 30- 34, 37- 40, 43, 47, 50,
          51, 54, 58- 64, 67- 72, 74, 75, 78- 83, 85, 89, 90, 92- 96, 98,
          99,101,104
    1B: 86   <u>SUMME:</u> 69 TST

E. SONDERLESARTEN AN   8 TESTSTELLEN

    TST. 10:   ACTA 2,43.44   LA: 8   ADD. εν ιερουσαλημ φοβος τε
          ην μεγας
    TST. 15:   ACTA 3,22   LA: 7   γαρ προς τους πατερας υμων
          ειπεν
    TST. 42:   ACTA 12,25   LA: 4   απο ιερουσαλημ
    TST. 46:   ACTA 13,42   LA: 3   εξιοντων δε αυτων εκ της
          συναγωγης των ιουδαιων
    TST. 49:   ACTA 15,7   LA: 4   ημιν
    TST. 73:   ACTA 20,24(1) LA: 10 ουδενος τουτων λογον
          ποιουμαι ουδε εχω την ψυχην μου
    TST. 91:   ACTA 24,6-8   LA: 3   ADD. και κατα τον ημετερον
          νομον ηθελησαμεν κριναι παρελθων δε λυσιας ο
          χιλιαρχος μετα πολλης βιας εκ των χειρων ημων
          απηγαγεν. κελευσας τους κατηγορους αυτου ερχεσθαι
          επι σε
    TST.103:   ACTA 28,16   LA: 3   ο εκατονταρχος παρεδωκεν
          τους δεσμιους τω στρατοπεδαρχη επετραπη τω παυλω

F. KORREKTUREN AN   2 TESTSTELLEN

```
    TST. 10:    ACTA 2,43.44
           C : LA 1/2   SINE ADD.

    TST. 12:    ACTA 2,47.3,1
           C : LA   1   τη εκκλησια. επι το αυτο δε πετρος
```

I. NICHT ERFASSTE STELLEN (1)

       X (UNLESERLICH) TST: 12
===

■ ■ HS.-NR.:   81   TESTSTELLEN: 70

```
A. LA   2 :   1- 3,  5- 9, 12- 15, 26, 31, 32, 37- 40, 43, 46, 47, 49, 50,
              57, 59, 85, 90, 92, 93, 95, 96, 98, 99,103,104
       2B:  86
       2C:  34
       2D:  94                                          SUMME: 39 TST
```

```
B. LA 1/2 :   28, 29, 36, 41, 42, 44, 45, 48, 52, 53, 55, 56, 87, 88, 91, 97,
              100,102
       1/2L:  11                                        SUMME: 19 TST
```

```
C. LA   1 :   4, 25, 27, 33, 51, 54,101              SUMME:  7 TST
```

D. SINGULAERLESARTEN AN   3 TESTSTELLEN

```
    TST. 34:    ACTA 10,12      LA: 2C παντα τα τετραποδα και
            ερπετα της γης και πετεινα αυτου ουρανου
    TST. 58:    ACTA 17,23      LA: 3  ο ουν αγνοουντες ευσεβειτε
            τουτον
    TST. 94:    ACTA 24,22      LA: 2D ανεβαλετο δε αυτοις ο φηλιξ
```

E. SONDERLESARTEN AN   5 TESTSTELLEN

```
    TST. 10:    ACTA 2,43.44    LA: 14   ADD. και
    TST. 30:    ACTA 9,25       LA: 3   οι μαθηται αυτον νυκτος
    TST. 35:    ACTA 10,19      LA: 3   το πνευμα αυτω
    TST. 58:    ACTA 17,23      LA: 3   ο ουν αγνοουντες ευσεβειτε
            τουτον
    TST. 89:    ACTA 23,30      LA: 14  εσεσθαι εξ αυτων
```

F. KORREKTUREN AN   1 TESTSTELLE

```
    TST. 30:    ACTA 9,25
           C : LA   2   οι μαθηται αυτου νυκτος
```

I. NICHT ERFASSTE STELLEN (34)

       Z (LUECKE)   TST: 16- 24, 60- 84
===

■ ■ HS.-NR.:   82   TESTSTELLEN: 104

```
B. LA 1/2 :   10, 11, 18, 20, 28, 29, 35, 36, 41, 42, 44, 45, 48, 52, 53, 55,
              56, 65, 66, 76, 84, 87, 88, 91, 97,100,102   SUMME: 27 TST
```

```
C. LA   1 :   1- 9, 12- 17, 19, 21- 27, 30, 31, 33, 34, 37- 40, 43, 46, 47,
```

49- 51, 54, 57- 64, 67- 75, 77- 83, 85, 89, 90, 92- 96, 98, 99,
101,104
1L: 103   SUMME: 75 TST

E. SONDERLESARTEN AN   2 TESTSTELLEN

    TST. 32:   ACTA 10,10   LA: 3 επεσεν
    TST. 86:   ACTA 23,20   LA: 3 μελλοντων
==

■ ■ HS.-NR.:   88   TESTSTELLEN: 102

A. LA   2 : 13, 17, 21, 23, 24, 30- 33, 40, 47, 49, 80, 90   SUMME: 14 TST

B. LA 1/2 : 11, 18, 20, 28, 29, 35, 36, 41, 42, 44, 45, 48, 55, 56, 65, 66,
             76, 84, 87, 88, 97,100,102   SUMME: 23 TST

C. LA   1 :   2- 4, 6, 9, 12, 19, 22, 25- 27, 37- 39, 43, 50, 51, 57,
             59- 64, 67, 69- 72, 74, 75, 77- 79, 81, 85, 89, 92- 96, 99,101,
             104
         1B: 1, 83
         1D: 58
         1F: 103   SUMME: 49 TST

D. SINGULAERLESARTEN AN   1 TESTSTELLE

    TST. 68:   ACTA 19,3   LA: 6 ο δε ειπεν αυτους

E. SONDERLESARTEN AN 16 TESTSTELLEN

    TST. 5:   ACTA 2,7(2)   LA: 3 προς αλληλους λεγοντες
    TST. 7:   ACTA 2,30   LA: 4 το κατα σαρκα αναστησαι τον
    χριστον καθισαι
    TST. 8:   ACTA 2,31   LA: 3B εγκατεληφθη η ψυχη αυτου
    TST. 10:   ACTA 2,43.44 LA: 3 ADD. εν ιερουσαλημ φοβος τε
    ην μεγας επι παντας
    TST. 14:   ACTA 3,21   LA: 4 αυτου των απ αιωνος προφητων
    TST. 15:   ACTA 3,22   LA: 4 ειπεν προς τους πατερας ημων
    TST. 34:   ACTA 10,12   LA: 7 παντα τα θηρια και τα
    τετραποδα και τα ερπετα της γης και τα πετεινα του
    ουρανου
    TST. 46:   ACTA 13,42   LA: 3 εξιοντων δε αυτων εκ της
    συναγωγης των ιουδαιων
    TST. 52:   ACTA 15,24   LA: 4 OM. εξελθοντες
    TST. 53:   ACTA 15,34   LA: 3 εδοξεν δε τω σιλα επιμειναι
    αυτου
    TST. 54:   ACTA 16,28   LA: 4 φωνη μεγαλη παυλος
    TST. 68:   ACTA 19,3   LA: 6 ο δε ειπεν αυτους
    TST. 73:   ACTA 20,24(1) LA: 9 ουδενος τουτων λογον
    ποιουμαι ουδε εχω την ψυχην
    TST. 86:   ACTA 23,20   LA: 4 μελλοντας
    TST. 91:   ACTA 24,6-8   LA: 3 ADD. και κατα τον ημετερον
    νομον ηθελησαμεν κριναι παρελθων δε λυσιας ο
    χιλιαρχος μετα πολλης βιας εκ των χειρων ημων
    απηγαγεν. κελευσας τους κατηγορους αυτου ερχεσθαι
    επι σε

TST. 98:   ACTA 26,14   LA: 6   λεγουσαν μοι

F. KORREKTUREN AN   2 TESTSTELLEN

TST. 28:   ACTA 8,37
      C : LA   6   ειπεν δε αυτω: ει πιστευεις εξ ολης της
      καρδιας σου εξεστιν. αποκριθεις δε ευνουχος
      ειπεν αυτω: πιστευω τον υιον του θεου ειναι
      ιησουν χριστον
TST. 29:   ACTA 8,39
      C : LA   6   πνευμα θεου επεπεσεν επι τον ευνουχον
      αγγελος δε κυριου

I. NICHT ERFASSTE STELLEN (2)

      X (UNLESERLICH) TST: 16, 82
==

■ ■ HS.-NR.:   90   TESTSTELLEN: 104

B. LA 1/2 :   10, 11, 20, 28, 29, 35, 36, 41, 42, 44, 45, 53, 55, 56, 65, 66,
              76, 84, 87, 88, 91, 97,100,102   SUMME: 24 TST

C. LA   1 :   1- 6,   9, 13, 15- 17, 19, 21- 27, 30- 32, 37- 40, 43, 46, 47,
              49- 51, 54, 57- 64, 67- 71, 73- 75, 78- 83, 85, 86, 89, 90,
              92- 96, 98, 99,101,103
      1C: 7, 34
      1N: 104   SUMME: 71 TST

D. SINGULAERLESARTEN AN   4 TESTSTELLEN

TST. 14:   ACTA 3,21   LA: 11   των προφητων {αγιων} των απ
      αιωνος
TST. 34:   ACTA 10,12   LA: 1C παντα τετραποδα της γης και
      τα θηρια και τα ερπετα και τα πετεινα του ουρανου
TST. 48:   ACTA 15,2   LA: 10   εταξαν αναβαινετιν και τινας
      αλλους εξ αυτων
TST.104:   ACTA 28,29   LA: 1N ADD. και ταυτα αυτου
      ειποντες απηλθον οι ιουδαιοι πολλην εχοντες εν
      εαυτοις συζητησιν

E. SONDERLESARTEN AN   9 TESTSTELLEN

TST. 8:   ACTA 2,31   LA: 3   εγκατελειφθη η ψυχη αυτου
TST. 12:   ACTA 2,47.3,1 LA: 11B τη εκκλησια επι το αυτο. επι
      το αυτο πετρος
TST. 14:   ACTA 3,21   LA: 11   των προφητων {αγιων} των απ
      αιωνος
TST. 18:   ACTA 4,33   LA: 4   της αναστασεως του κυριου
      ιησου χριστου
TST. 33:   ACTA 10,11   LA: 6   δεδεμενην και καθιεμενην
TST. 48:   ACTA 15,2   LA: 10   εταξαν αναβαινετιν και τινας
      αλλους εξ αυτων
TST. 52:   ACTA 15,24   LA: 3   ελθοντες
TST. 72:   ACTA 20,15 ●   LA: 4   και μειναντες εν τρωγυλιω
      (ET SIM.) τη ερχομενη

TST. 77:	ACTA 21,8	LA:	5	οι αποστολοι ηλθον

F. KORREKTUREN AN	2 TESTSTELLEN

TST. 12:	ACTA 2,47.3,1
	C : LA	1	τη εκκλησια. επι το αυτο δε πετρος
TST. 42:	ACTA 12,25
	C : LA	6	απο ιερουσαλημ εις αντιοχειαν
==

■ ■ HS.-NR.:	93	TESTSTELLEN: 104

A. LA	2 :	96, 98, 99	SUMME:	3 TST

B. LA 1/2 :	10, 11, 18, 20, 28, 29, 35, 36, 41, 42, 44, 45, 48, 52, 53, 55,
	56, 66, 76, 84, 87, 88, 91, 97,100,102
	1/2F:	65	SUMME: 27 TST

C. LA	1 :	1- 9, 12- 17, 19, 21- 27, 30- 34, 37- 40, 43, 46, 47, 49- 51,
	54, 57- 64, 67, 69- 75, 77- 83, 85, 86, 89, 90, 92- 95,101,104
	1S: 103	SUMME: 73 TST

D. SINGULAERLESARTEN AN	1 TESTSTELLE

TST.103:	ACTA 28,16	LA:	1S	εκατοναρχος παρεδωκε(ν) τους
δεσμιους τω στρατοπεδαρχη τω δε παυλω επετραπη

E. SONDERLESARTEN AN	1 TESTSTELLE

TST. 68:	ACTA 19,3	LA:	7	ειπεν δε προς αυτους
==

■ ■ HS.-NR.:	94	TESTSTELLEN: 104

A. LA	2 :	3, 15, 19, 23, 31, 32, 38, 40, 43, 46, 47, 49, 57, 64, 70, 77,
	78, 92
	2C: 13, 21, 50, 98	SUMME: 22 TST

B. LA 1/2 :	20, 41, 44, 45, 48, 52, 55, 56, 65, 76, 84, 87, 88, 97,100,102
	1/2B:	66
	1/2F:	36
	1/2L:	11	SUMME: 19 TST

C. LA	1 :	1, 2, 4, 6, 9, 12, 16, 22, 24- 27, 33, 37, 51, 59- 62, 67,
	71, 74, 75, 79- 83, 85, 89, 90, 93, 94, 96, 99,101,103,104
	1D:	73
	1L:	58	SUMME: 40 TST

D. SINGULAERLESARTEN AN	3 TESTSTELLEN

TST.	5:	ACTA 2,7(2)	LA:	4	ελεγον προς αλληλους
TST.	17:	ACTA 4,25	LA:	5	ο δια του αγιου στοματος
δαυιδ παιδος σου ειπων
TST.	34:	ACTA 10,12	LA:	11B	παντα τα τετραποδα και τα
θηρια και τα ερπετα επι της γης και τα πετεινα του
ουρανου

E. SONDERLESARTEN AN   23 TESTSTELLEN

TST. 5:   ACTA 2,7(2)   LA: 4   ελεγον προς αλληλους
TST. 7:   ACTA 2,30   LA: 13   κατα σαρκα αναστησαι τον
            χριστον καθισαι τε
TST. 8:   ACTA 2,31   LA: 3   εγκατελειφθη η ψυχη αυτου
TST. 10:   ACTA 2,43.44   LA: 6   ADD. εις ιερουσαλημ φοβος τε
            ην μεγας επι παντας αυτους
TST. 14:   ACTA 3,21   LA: 3   των απ αιωνος αυτου προφητων
TST. 17:   ACTA 4,25   LA: 5   ο δια του αγιου στοματος
            δαυιδ παιδος σου ειπων
TST. 18:   ACTA 4,33   LA: 5B   της αναστασεως ιησου χριστου
            του κυριου ημων
TST. 28:   ACTA 8,37   LA: 3D   ειπεν δε αυτω: ει πιστευεις
            εξ ολης της καρδιας σου εξεστιν. αποκριθεις δε
            ειπεν: πιστευω τον υιον του θεου ειναι ιησουν
            χριστον
TST. 29:   ACTA 8,39   LA: 5   πνευμα αγιον επεπεσεν επι
            τον ευνουχον αγγελος δε κυριου
TST. 30:   ACTA 9,25   LA: 5   οι μαθηται νυκτος
TST. 34:   ACTA 10,12   LA: 11B   παντα τα τετραποδα και τα
            θηρια και τα ερπετα επι της γης και τα πετεινα του
            ουρανου
TST. 35:   ACTA 10,19   LA: 3   το πνευμα αυτω
TST. 39:   ACTA 10,47   LA: 4   δυναται τις κωλυσαι
TST. 42:   ACTA 12,25   LA: 4   απο ιερουσαλημ
TST. 53:   ACTA 15,34   LA: 3   εδοξεν δε τω σιλα επιμειναι
            αυτου
TST. 54:   ACTA 16,28   LA: 5   ο παυλος φωνη μεγαλη
TST. 63:   ACTA 18,17   LA: 4   παντες οι ιουδαιοι
TST. 68:   ACTA 19,3   LA: 3   ειπε(ν) δε
TST. 69:   ACTA 19,14   LA: 3   ησαν δε τινες σκευα ιουδαιου
            αρχιερεως επτα υιοι τουτο ποιουντες
TST. 72:   ACTA 20,15   LA: 3   τη δε ερχομενη
TST. 86:   ACTA 23,20   LA: 3   μελλοντων
TST. 91:   ACTA 24,6-8   LA: 3   ADD. και κατα τον ημετερον
            νομον ηθελησαμεν κριναι παρελθων δε λυσιας ο
            χιλιαρχος μετα πολλης βιας εκ των χειρων ημων
            απηγαγεν. κελευσας τους κατηγορους αυτου ερχεσθαι
            επι σε
TST. 95:   ACTA 25,5   LA: 3   τουτω ατοπον
===

■ ■ HS.-NR.:   97   TESTSTELLEN: 103

A. LA   2 :   32
          2B: 86   SUMME: 2 TST

B. LA 1/2 :   10, 11, 18, 20, 28, 29, 35, 36, 41, 42, 44, 45, 48, 52, 53, 55,
              56, 76, 84, 87, 88, 91,100,102   SUMME: 24 TST

C. LA   1 :   1- 9, 12- 16, 19, 21- 27, 30, 31, 33, 34, 37- 40, 43, 46, 47,
              49- 51, 54, 58- 64, 67- 75, 77, 78, 80- 83, 85, 89, 90, 92- 94,
              98, 99,101,104
          1B: 96
          1C: 17
          1L: 103

E. SONDERLESARTEN AN   5 TESTSTELLEN

    TST. 65:   ACTA 18,21.??   LA: 10   ανηχθη απο της εφεσου: τον
        δε ακυλαν ειασεν εν εφεσω, και κατελθων
    TST. 66:   ACTA 18,27   LA: 6   βουλομενου δε αυτου ελθειν
        εις την αχαιαν προτρεψαμενοι οι αδελφοι εγραψαν
        τοις μαθηταις αποδεξασθαι αυτον
    TST. 79:   ACTA 21,20   LA: 5   OM. εν τοις ιουδαιοις
    TST. 95:   ACTA 25,5   LA: 3   τουτω ατοπον
    TST. 97:   ACTA 25,17   LA: 4   ουν ενθαδε

F. KORREKTUREN AN   3 TESTSTELLEN

    TST. 42:   ACTA 12,25
        C : LA   5   εξ ιερουσαλημ εις αντιοχειαν
    TST. 53:   ACTA 15,34
        C : LA   3   εδοξεν δε τω σιλα επιμειναι αυτου
    TST. 79:   ACTA 21,20
        C : LA   1   ιουδαιων

G. MARGINALLESARTEN AN   1 TESTSTELLE

    TST. 32:   ACTA 10,10
        L : LA   1   επεπεσεν

I. NICHT ERFASSTE STELLEN (1)

    Z (LUECKE)   TST: 57
===

  ■ ■ HS.-NR.: 102   TESTSTELLEN: 104

A. LA   2 : 57, 81   SUMME: 2 TST

B. LA 1/2 : 10, 11, 20, 28, 29, 35, 36, 41, 42, 44, 45, 48, 52, 55, 65, 66,
        76, 84, 87, 88, 97,100,102
    1/2C: 56   SUMME: 24 TST

C. LA   1 :   1- 9, 12- 14, 16, 17, 19, 21- 27, 30- 34, 37- 40, 43, 47, 50,
        51, 54, 58- 63, 67- 72, 74, 75, 77- 80, 82, 83, 85, 89, 90,
        92- 94, 96, 98, 99,101,104
    1B: 64, 86
    1L: 103   SUMME: 70 TST

D. SINGULAERLESARTEN AN   1 TESTSTELLE

    TST. 64:   ACTA 18,20   LA: 1B   μηναι παρ αυτοις

E. SONDERLESARTEN AN   8 TESTSTELLEN

    TST. 15:   ACTA 3,22   LA: 6   γαρ προς τους πατερας ημων
        ειπεν
    TST. 18:   ACTA 4,33   LA: 4   της αναστασεως του κυριου
        ιησου χριστου
    TST. 46:   ACTA 13,42   LA: 3   εξιοντων δε αυτων εκ της
        συναγωγης των ιουδαιων

```
TST. 49:   ACTA 15,7      LA: 3   OM. εν υμιν
TST. 53:   ACTA 15,34     LA: 3   εδοξεν δε τω σιλα επιμειναι
           αυτου
TST. 73:   ACTA 20,24(1)  LA: 10  ουδενος τουτων λογον
           ποιουμαι ουδε εχω την ψυχην μου
TST. 91:   ACTA 24,6-8    LA: 3   ADD. και κατα τον ημετερον
           νομον ηθελησαμεν κριναι παρελθων δε λυσιας ο
           χιλιαρχος μετα πολλης βιας εκ των χειρων ημων
           απηγαγεν. κελευσας τους κατηγορους αυτου ερχεσθαι
           επι σε
TST. 95:   ACTA 25,5      LA: 3   τουτω ατοπον
```

==

■ ■ HS.-NR.: 103   TESTSTELLEN: 104

A. LA   2 : 23, 24, 39, 46, 47
        2C: 21, 50   SUMME: 7 TST

B. LA 1/2 : 10, 11, 20, 35, 36, 41, 44, 45, 48, 52, 53, 55, 56, 76, 84, 87,
             88, 91, 97,100,102   SUMME: 21 TST

C. LA   1 : 1- 9, 14- 17, 19, 22, 25- 27, 30- 34, 38, 40, 43, 49, 51, 54,
             57, 59- 64, 67- 75, 78, 79, 81- 83, 85, 89, 90, 92- 96, 98, 99,
             101,103,104
        1B: 77, 86
        1D: 37
        1I: 58   SUMME: 67 TST

E. SONDERLESARTEN AN   9 TESTSTELLEN

```
TST. 12:   ACTA 2,47.3,1  LA: 3   τη εκκλησια επι το αυτο.
           πετρος δε
TST. 13:   ACTA 3,11      LA: 3D  κρατουντος δε αυτου τον
           πετρον και τον ιωαννην συνεδραμεν προς αυτους πας ο
           λαος
TST. 18:   ACTA 4,33      LA: 4   της αναστασεως του κυριου
           ιησου χριστου
TST. 28:   ACTA 8,37      LA: 3D  ειπεν δε αυτω: ει πιστευεις
           εξ ολης της καρδιας σου εξεστιν. αποκριθεις δε
           ειπεν: πιστευω τον υιον του θεου ειναι ιησουν
           χριστον
TST. 29:   ACTA 8,39      LA: 5   πνευμα αγιον επεπεσεν επι
           τον ευνουχον αγγελος δε κυριου
TST. 42:   ACTA 12,25     LA: 5   εξ ιερουσαλημ εις αντιοχειαν
TST. 65:   ACTA 18,21.22  LA: 5   ανηχθη απο της εφεσου, και
           καταβας
TST. 66:   ACTA 18,27     LA: 10  βουλομενου δε αυτου διελθειν
           εις την αχαιαν προπεμψαμενοι οι αδελφοι εγραψαν
           τοις μαθηταις αποδεξασθαι αυτον
TST. 80:   ACTA 21,25     LA: 3   ADD. μηδεν τοιουτο τηρειν
           αυτους ει μη
```

==

■ ■ HS.-NR.: 104   TESTSTELLEN: 102

A. LA   2 : 23, 40, 46, 57, 92, 95, 96, 98   SUMME: 8 TST

B. LA 1/2 : 18, 20, 28, 29, 35, 36, 41, 44, 45, 48, 52, 53, 55, 56, 65, 66,

```
                76, 84, 87, 88, 97,100,102
    1/2M:  11                                              SUMME: 24 TST

C. LA   1 :    1- 5,  9, 12- 17, 19, 21, 22, 24- 27, 30- 34, 37- 39, 43, 47,
              49, 51, 54, 58- 63, 67- 70, 72- 75, 78- 83, 85, 86, 89, 94, 99,
             101,103
        1C:  50                                           SUMME: 60 TST
```

E. SONDERLESARTEN AN 10 TESTSTELLEN

```
    TST.  7:   ACTA 2,30      LA:  5   το κατα σαρκα αναστησειν τον
          χριστον και καθισαι
    TST.  8:   ACTA 2,31      LA:  3   εγκατελειφθη η ψυχη αυτου
    TST. 10:   ACTA 2,43.44   LA: 11   ADD. εν ιερουσαλημ
    TST. 42:   ACTA 12,25     LA:  7   εις ιερουσαλημ εις
          αντιοχειαν
    TST. 64:   ACTA 18,20     LA:  6   παραμειναι αυτοις
    TST. 71:   ACTA 20,4      LA:  3   ADD. μεχρι της ασιας
    TST. 77:   ACTA 21,8      LA:  3   εισηλθομεν
    TST. 90:   ACTA 24,1      LA:  4   πρεσβυτερων
    TST. 91:   ACTA 24,6-8    LA:  5   ADD. και κατα τον ημετερον
          νομον ηθελησαμεν κριναι παρελθων δε λυσιας ο
          χιλιαρχος μετα πολλης βιας εκ των χειρων ημων
          απηγαγεν. κελευσας τους κατηγορους αυτου ερχεσθαι
          επι σου
    TST.104:   ACTA 28,29     LA:  3D ADD. και ταυτα αυτου
          ειποντος απηλθον οι ιουδαιοι πολλην εχοντες εν
          εαυτοις ζητησιν
```

F. KORREKTUREN AN 1 TESTSTELLE

```
    TST.  7:   ACTA 2,30
        C : LA   5C  το κατα σαρκα αναστησεις τον χριστον και
          καθισαι
```

I. NICHT ERFASSTE STELLEN (2)

```
    V (AUSLASSUNG) TST:  6, 93
```
===

```
■ ■ HS.-NR.:  105        TESTSTELLEN: 104

B. LA 1/2 :   10, 11, 18, 20, 28, 29, 35, 36, 41, 42, 44, 45, 48, 52, 53, 55,
             56, 65, 66, 76, 84, 87, 88, 91, 97,100,102   SUMME: 27 TST

C. LA   1 :    1- 9, 12- 17, 19, 21- 27, 30- 34, 37- 40, 43, 46, 47, 49- 51,
             54, 57- 64, 67- 75, 77- 83, 85, 89, 90, 92- 96, 98, 99,101,103,
            104
        1B:  86                                           SUMME: 77 TST
```
===

```
■ ■ HS.-NR.:  110        TESTSTELLEN: 94

A. LA   2 :  86, 98                                       SUMME:  2 TST

B. LA 1/2 :   10, 11, 20, 28, 29, 35, 36, 41, 44, 45, 48, 52, 53, 55, 56, 66,
             76, 84, 87, 88, 91, 97,100,102
        1/2Q:  65
```

SUMME: 25 TST
C. LA   1 :   3- 9, 12, 13, 16, 19, 22, 26, 27, 30- 33, 37- 40, 43, 46, 47,
              49- 51, 54, 57- 64, 67- 75, 77- 83, 85, 89, 90, 92- 96, 99,101,
              104
        1C: 17
        1L: 103   SUMME: 66 TST

E. SONDERLESARTEN AN   1 TESTSTELLE

    TST. 42:   ACTA 12,25   LA: 8   εις αντιοχειαν

I. NICHT ERFASSTE STELLEN (10)

        X (UNLESERLICH) TST: 1, 2, 14, 15, 18, 21, 34
        Z (LUECKE)   TST: 23- 25
===

■ ■ HS.-NR.: 122   TESTSTELLEN: 99

A. LA   2 :   4   SUMME: 1 TST

B. LA 1/2 :   10, 11, 18, 20, 28, 29, 35, 36, 42, 44, 45, 48, 52, 53, 55, 56,
              66, 76, 84, 87, 88, 91, 97,100,102
      1/2D: 41
      1/2F: 65   SUMME: 27 TST

C. LA   1 :   2, 3, 5, 6, 9, 12- 16, 19, 21- 27, 31- 34, 37, 38, 40, 43,
              46, 47, 49- 51, 54, 57- 64, 67- 75, 77, 78, 83, 85, 86, 89, 90,
              92- 96, 98, 99,101,103,104
        1C: 17
        1D: 30   SUMME: 68 TST

E. SONDERLESARTEN AN   3 TESTSTELLEN

    TST. 7:   ACTA 2,30   LA: 3   το κατα σαρκα αναστησειν τον
           χριστον καθισαι τε
    TST. 8:   ACTA 2,31   LA: 3   εγκατελειφθη η ψυχη αυτου
    TST. 39:   ACTA 10,47   LA: 5   κωλυσαι δυναται

F. KORREKTUREN AN   2 TESTSTELLEN

    TST. 4:   ACTA 2,7(1)
           C : LA   1   δε παντες και
    TST. 39:   ACTA 10,47
           C : LA   1   κωλυσαι δυναται τις

I. NICHT ERFASSTE STELLEN (5)

        Z (LUECKE)   TST: 1, 79- 82
===

■ ■ HS.-NR.: 131   TESTSTELLEN: 104

A. LA   2 :   78, 81   SUMME: 2 TST

B. LA 1/2 :   10, 18, 20, 28, 29, 35, 41, 42, 44, 45, 48, 52, 53, 55, 56, 65,
              66, 76, 87, 88, 91, 97,100,102
      1/2F: 36
      1/2M: 11

SUMME: 26 TST
C. LA   1 :   1- 9, 12- 17, 19, 21- 27, 30- 34, 37- 40, 43, 46, 47, 49- 51,
                54, 57- 64, 67- 75, 77, 79, 80, 82, 83, 86, 89, 90, 92- 96, 98,
                99,101,104
         1C: 85
         1L: 103   SUMME: 75 TST

E. SONDERLESARTEN AN   1 TESTSTELLE

     TST. 84:   ACTA 23,1   LA: 4   παυλος τω συνεδριω
==

   ■ ■ HS.-NR.:   133   TESTSTELLEN: 104

A. LA   2 :   61, 86   SUMME: 2 TST

B. LA 1/2 :   10, 18, 20, 28, 29, 35, 36, 41, 42, 44, 45, 48, 52, 53, 55, 56,
               65, 66, 76, 84, 87, 88, 91, 97,100,102
       1/20:   11   SUMME: 27 TST

C. LA   1 :   1- 9, 12- 17, 19, 21- 27, 30- 34, 37- 40, 43, 46, 47, 49- 51,
                54, 57- 60, 62- 64, 67, 68, 70- 75, 77- 83, 85, 89, 90, 92- 96,
                98, 99,101,104
         1L: 103   SUMME: 74 TST

E. SONDERLESARTEN AN   1 TESTSTELLE

     TST. 69:   ACTA 19,14   LA: 5   ησαν δε τινες υιοι σκευα
              ιουδαιου αρχιερεως οι τουτο ποιουντες
==

   ■ ■ HS.-NR.:   141   TESTSTELLEN: 104

A. LA   2 :   19, 49, 68, 77   SUMME: 4 TST

B. LA 1/2 :   10, 11, 18, 20, 28, 29, 35, 36, 41, 44, 45, 48, 52, 53, 55, 56,
               65, 66, 76, 84, 87, 88, 91, 97,100,102   SUMME: 26 TST

C. LA   1 :   1- 9, 12- 17, 21- 27, 30- 34, 37- 40, 43, 46, 47, 50, 51, 54,
                57- 64, 67, 69- 75, 78- 83, 85, 89, 90, 92- 96, 98, 99,101,103,
                104
         1B: 86   SUMME: 73 TST

E. SONDERLESARTEN AN   1 TESTSTELLE

     TST. 42:   ACTA 12,25   LA: 8   εις αντιοχειαν

F. KORREKTUREN AN   1 TESTSTELLE

     TST. 53:   ACTA 15,34
              C : LA   3   εδοξεν δε τω σιλα επιμειναι αυτου
==

   ■ ■ HS.-NR.:   142   TESTSTELLEN: 104

A. LA   2 :   46, 49, 92   SUMME: 3 TST

B. LA 1/2 :   10, 11, 18, 20, 28, 29, 35, 36, 41, 44, 45, 48, 52, 53, 55, 56,
               65, 76, 84, 87, 88, 97,100,102

<pre>
                                                    SUMME: 24 TST
C. LA   1 :   1- 9, 12- 16, 19, 21- 27, 30- 34, 37- 40, 43, 47, 50, 51, 54,
              57- 64, 67- 75, 78- 83, 85, 89, 90, 93- 96, 99,101,103,104
      1B: 77
      1C: 17   SUMME: 72 TST
</pre>

E. SONDERLESARTEN AN   5 TESTSTELLEN

<pre>
   TST. 42:   ACTA 12,25   LA: 4   απο ιερουσαλημ
   TST. 66:   ACTA 18,27   LA: 11   βουλομενου δε αυτου διελθειν
      εις την αχαιαν προτρεψαμενοι οι αδελφοι εγραψαν
      τοις αδελφοις αποδεξασθαι αυτον
   TST. 86:   ACTA 23,20   LA: 3   μελλοντων
   TST. 91:   ACTA 24,6-8   LA: 4K ADD. και κατα τον ημετερον
      νομον ηθελησαμεν κριναι παρελθων δε λυσιας ο
      χιλιαρχος μετα πολλης βιας εκ των χειρων ημων
      απηγαγεν. κελευσας τους κατηγορους αυτου ερχεσθαι
      προς σου
   TST. 98:   ACTA 26,14   LA: 3   λαλουσαν προς με
</pre>

F. KORREKTUREN AN   1 TESTSTELLE

<pre>
   TST. 42:   ACTA 12,25
      C : LA 6 απο ιερουσαλημ εις αντιοχειαν
</pre>
==

■ ■ HS.-NR.: 149   TESTSTELLEN: 104

A. LA   2 : 19, 49, 68, 77   SUMME: 4 TST

<pre>
B. LA 1/2 : 10, 11, 18, 20, 28, 29, 35, 36, 41, 42, 44, 45, 48, 52, 53, 55,
             56, 65, 66, 76, 84, 87, 88, 91, 97,100,102   SUMME: 27 TST

C. LA   1 :   1- 9, 12- 17, 21- 27, 30- 34, 37- 40, 43, 46, 47, 50, 51, 54,
              57, 59- 64, 67, 69- 75, 78- 83, 85, 89, 90, 92- 96, 98, 99,101,
             103,104
      1B: 86
      1L: 58   SUMME: 73 TST
</pre>
==

■ ■ HS.-NR.: 172   TESTSTELLEN: 67

<pre>
B. LA 1/2 : 18, 20, 28, 36, 44, 45, 48, 52, 53, 55, 56, 65, 66, 76, 87, 88,
             97,100,102   SUMME: 19 TST

C. LA   1 : 17, 19, 21, 22, 24, 26, 27, 30, 37, 38, 43, 46, 47, 49- 51, 54,
             57- 64, 67, 69- 75, 78- 82, 89, 94- 96, 99,101
      1B: 77
      1L: 103   SUMME: 46 TST
</pre>

E. SONDERLESARTEN AN   2 TESTSTELLEN

<pre>
   TST. 68:   ACTA 19,3   LA: 7   ειπεν δε προς αυτους
   TST. 98:   ACTA 26,14   LA: 3   λαλουσαν προς με
</pre>

I. NICHT ERFASSTE STELLEN (37)

<pre>
   Z (LUECKE)   TST: 1- 16, 23, 25, 29, 31- 35, 39- 42, 83- 86,
                       90- 93,104
</pre>

■ ■ HS.-NR.: 175   TESTSTELLEN: 103

A. LA   2 : 32, 95
        2B: 86   SUMME: 3 TST

B. LA 1/2 : 10, 11, 18, 20, 28, 29, 35, 36, 41, 42, 44, 45, 48, 52, 53, 55,
             56, 65, 66, 76, 84, 87, 88, 91, 97,100,102   SUMME: 27 TST

C. LA   1 :   1- 9, 12- 14, 16, 17, 19, 21- 25, 27, 30, 31, 33, 34, 37- 40,
             43, 46, 47, 49- 51, 54, 57- 64, 67- 75, 77- 83, 85, 89, 90,
             92- 94, 96, 98, 99,101,104
        1L: 103   SUMME: 72 TST

E. SONDERLESARTEN AN   1 TESTSTELLE

   TST. 15:   ACTA 3,22   LA: 6   γαρ προς τους πατερας ημων
      ειπεν

I. NICHT ERFASSTE STELLEN (1)

      V (AUSLASSUNG) TST: 26
===
■ ■ HS.-NR.: 177   TESTSTELLEN: 104

A. LA   2 : 49   SUMME: 1 TST

B. LA 1/2 : 11, 18, 20, 28, 29, 35, 36, 41, 42, 45, 48, 52, 53, 55, 56, 65,
             66, 76, 84, 87, 88, 91, 97,100,102
        1/2B: 44   SUMME: 26 TST

C. LA   1 :   1- 9, 12- 17, 19, 22- 27, 30, 31, 33, 34, 37- 40, 43, 47, 50,
             51, 54, 57- 64, 67- 75, 77- 83, 85, 86, 89, 90, 92- 96, 98, 99,
             101,103,104   SUMME: 73 TST

E. SONDERLESARTEN AN   4 TESTSTELLEN

   TST. 10:   ACTA 2,43.44   LA: 14   ADD. και
   TST. 21:   ACTA 5,24   LA: 8   ο τε στρατηγος και ο ιερευς
   TST. 32:   ACTA 10,10   LA: 3   επεσεν
   TST. 46:   ACTA 13,42   LA: 3   εξιοντων δε αυτων εκ της
      συναγωγης των ιουδαιων

F. KORREKTUREN AN   1 TESTSTELLE

   TST. 10:   ACTA 2,43.44
        C : LA 1/2   SINE ADD.
===
■ ■ HS.-NR.: 180   TESTSTELLEN: 101

A. LA   2 : 13, 15, 19, 21, 23, 31, 32, 43, 46, 47, 49, 50, 57, 61, 64, 67,
             70, 72, 75, 83, 90, 92, 98
        2C: 69   SUMME: 24 TST

B. LA 1/2 : 11, 20, 41, 44, 45, 48, 52, 55, 56, 65, 66, 76, 84, 87, 88,100,
             102
        1/2F: 36

C. LA   1 :   1- 6, 9, 12, 16, 17, 22, 24- 27, 30, 33, 37, 38, 40, 51,
              58- 60, 62, 71, 74, 80- 82, 85, 93, 94, 96, 99,101,103,104
                                                      SUMME: 38 TST

D. SINGULAERLESARTEN AN   4 TESTSTELLEN

    TST. 7:   ACTA 2,30   LA: 11   κατα σαρκα αναστησαι τον
                χριστον καθισαι
    TST. 14:   ACTA 3,21   LA: 3B των απ αιωνος προφητων αυτου
    TST. 73:   ACTA 20,24(1)   LA: 5   ουδενος λογου ποιουμαι ουδε
                γαρ εχω την ψυχην μου
    TST. 89:   ACTA 23,30   LA: 9   εσεσθαι {τον ανδρα} υπο των
                ιουδαιων εξαυτης

E. SONDERLESARTEN AN   21 TESTSTELLEN

    TST. 7:   ACTA 2,30   LA: 11   κατα σαρκα αναστησαι τον
                χριστον καθισαι
    TST. 8:   ACTA 2,31   LA: 3   εγκατελειφθη η ψυχη αυτου
    TST. 10:   ACTA 2,43.44   LA: 6   ADD. εις ιερουσαλημ φοβος τε
                ην μεγας επι παντας αυτους
    TST. 14:   ACTA 3,21   LA: 3B των απ αιωνος προφητων αυτου
    TST. 18:   ACTA 4,33   LA: 5B της αναστασεως ιησου χριστου
                του κυριου ημων
    TST. 28:   ACTA 8,37   LA: 3E ειπεν δε αυτω: ει πιστευεις
                εξ ολης καρδιας σου εξεστιν. αποκριθεις δε ειπεν:
                πιστευω τον υιον του θεου ειναι ιησουν χριστον
    TST. 29:   ACTA 8,39   LA: 5   πνευμα αγιον επεπεσεν επι
                τον ευνουχον αγγελος δε κυριου
    TST. 34:   ACTA 10,12   LA: 11C παντα τα τετραποδα και τα
                θηρια και τα ερπετα τα επι της γης και τα πετεινα
                του ουρανου
    TST. 35:   ACTA 10,19   LA: 3   το πνευμα αυτω
    TST. 39:   ACTA 10,47   LA: 4   δυναται τις κωλυσαι
    TST. 42:   ACTA 12,25   LA: 4   απο ιερουσαλημ
    TST. 53:   ACTA 15,34   LA: 3   εδοξεν δε τω σιλα επιμειναι
                αυτου
    TST. 54:   ACTA 16,28   LA: 5   ο παυλος φωνη μεγαλη
    TST. 63:   ACTA 18,17   LA: 4   παντες οι ιουδαιοι
    TST. 68:   ACTA 19,3   LA: 3   ειπε(ν) δε
    TST. 73:   ACTA 20,24(1)   LA: 5   ουδενος λογου ποιουμαι ουδε
                γαρ εχω την ψυχην μου
    TST. 86:   ACTA 23,20   LA: 3   μελλοντων
    TST. 89:   ACTA 23,30   LA: 9   εσεσθαι {τον ανδρα} υπο των
                ιουδαιων εξαυτης
    TST. 91:   ACTA 24,6-8   LA: 4   ADD. και κατα τον ημετερον
                νομον ηθελησαμεν κριναι παρελθων δε λυσιας ο
                χιλιαρχος μετα πολλης βιας εκ των χειρων ημων
                απηγαγεν. κελευσας τους κατηγορους αυτου ερχεσθαι
                προς σε
    TST. 95:   ACTA 25,5   LA: 3   τουτω ατοπον
    TST. 97:   ACTA 25,17   LA: 3   ουν ενθαδε αυτων

F. KORREKTUREN AN   7 TESTSTELLEN

    TST. 47:   ACTA 13,45
           C : LA   1   αντιλεγοντες και βλασφημουντες

```
TST. 50:   ACTA 15,18
     C : LA   1F  ταυτα γνωστα απ αιωνος εστι τω θεω παντα
               τα εργα αυτου
TST. 64:   ACTA 18,20
     C : LA   1   μειναι παρ αυτοις
TST. 66:   ACTA 18,27
     C : LA 1/2B  βουλομενου τε αυτου διελθειν εις την
               αχαιαν προτρεψαμενοι οι αδελφοι εγραψαν τοις
               μαθηταις αποδεξασθαι αυτον
TST. 72:   ACTA 20,15
     C : LA   1C  και μειναντες εν τρωγυλιω τη δε εχομενη
TST. 75:   ACTA 20,29
     C : LA   3   γαρ οιδα
TST. 83:   ACTA 22,30
     C : LA   1   αυτον απο των δεσμων
```

G. MARGINALLESARTEN AN   1 TESTSTELLE

```
TST. 46:   ACTA 13,42
     L : LA   1   εξιοντων δε εκ της συναγωγης των ιουδαιων
```

I. NICHT ERFASSTE STELLEN (3)

```
     Z (LUECKE)      TST:  77- 79
```
===

■ ■ HS.-NR.:   181   TESTSTELLEN: 103

A. LA   2 :   9, 23, 26, 31- 33, 40, 43, 46, 49, 57, 59, 61, 62, 64, 74, 77,
               79, 81- 83, 85, 86, 90, 92- 96, 98, 99,103,104
       2B: 34   SUMME: 34 TST

B. LA 1/2 :   18, 20, 28, 29, 41, 44, 45, 48, 52, 56, 65, 66, 76, 87, 88,100,
              102
     1/2C: 84   SUMME: 18 TST

C. LA   1 :   2- 5, 13- 17, 19, 22, 24, 25, 27, 30, 38, 47, 51, 63, 67,
               70- 72, 78
       1B: 1
       1C: 75
       1D: 58
       1H: 21   SUMME: 28 TST

D. SINGULAERLESARTEN AN   4 TESTSTELLEN

```
     TST.  6:   ACTA 2,23      LA:  5   OM. εκδοτον
     TST. 21:   ACTA 5,24      LA:  1H  ιερευς και ο στρατηγος
     TST. 37:   ACTA 10,30     LA:  4B  νηστευων την εν(ν)ατην και
               προσευχομενος
     TST. 54:   ACTA 16,28     LA:  6   ο παυλος μεγαλη φωνη
```

E. SONDERLESARTEN AN 23 TESTSTELLEN

```
     TST.  6:   ACTA 2,23      LA:  5   OM. εκδοτον
     TST.  7:   ACTA 2,30      LA:  4   το κατα σαρκα αναστησαι τον
               χριστον καθισαι
```

```
TST.  8:   ACTA 2,31        LA:  3B   εγκατεληφθη η ψυχη αυτου
TST. 10:   ACTA 2,43.44     LA: 11   ADD. εν ιερουσαλημ
TST. 11:   ACTA 2,46        LA: 11   καθ ημεραν τε
    προσκαρτερουντες ομοθυμαδον εν τω ιερω κλωντες τε
    και κατ οικον αρτον
TST. 12:   ACTA 2,47.3,1    LA:  4   εν τη εκκλησια. επι το αυτο
    δε πετρος
TST. 35:   ACTA 10,19       LA:  3   το πνευμα αυτω
TST. 36:   ACTA 10,25       LA:  3   ως δε εγενετο του εισελθειν
    τον πετρον εις καισαρειαν συναντησας αυτω ο
    κορνηλιος
TST. 37:   ACTA 10,30       LA:  4B  νηστευων την εν(ν)ατην και
    προσευχομενος
TST. 39:   ACTA 10,47       LA:  4   δυναται τις κωλυσαι
TST. 42:   ACTA 12,25       LA:  4   απο ιερουσαλημ
TST. 50:   ACTA 15,18       LA: 10   ταυτα γνωστα απ αιωνος εστιν
    τω θεω τα εργα αυτου
TST. 53:   ACTA 15,34       LA:  3G  εδοξεν δε τω σιλα επιμενειν
    αυτου
TST. 54:   ACTA 16,28       LA:  6   ο παυλος μεγαλη φωνη
TST. 55:   ACTA 16,33       LA:  5   ο οικος αυτου απαντες
TST. 68:   ACTA 19,3        LA: 12   ειπεν τε αυτοις
TST. 69:   ACTA 19,14       LA:  3B  ησαν δε τινες σκευα ιουδαιου
    αρχιερεως επτα υιοι οι τουτο ποιουντες
TST. 73:   ACTA 20,24(1)    LA:  6   ουδενος λογον εχω ουδε
    ποιουμαι την ψυχην
TST. 80:   ACTA 21,25       LA:  3   ADD. μηδεν τοιουτο τηρειν
    αυτους ει μη
TST. 89:   ACTA 23,30       LA: 14   εσεσθαι εξ αυτων
TST. 91:   ACTA 24,6-8      LA: 12   ADD. και κατα τον ημετερον
    νομον ηβουληθημεν κριναι παρελθων δε λυσιας ο
    χιλιαρχος μετα πολλης βιας εκ των χειρων ημων
    απηγαγεν. κελευσας τους κατηγορους αυτου ερχεσθαι
    επι σου
TST. 97:   ACTA 25,17       LA:  4   ουν ενθαδε
TST.101:   ACTA 27,14       LA:  3   ευρυκλυδων
```

F. KORREKTUREN AN 2 TESTSTELLEN

```
TST. 10:   ACTA 2,43.44
    C : LA   9   ADD. εν ιερουσαλημ φοβος τε ην επι παντας
TST. 60:   ACTA 18,1
    C : LA   1   ο παυλος εκ
```

I. NICHT ERFASSTE STELLEN (1)

```
    X (UNLESERLICH) TST:  60
```
===

■ ■ HS.-NR.: 189   TESTSTELLEN: 104

A. LA   2 : 57   SUMME: 1 TST

B. LA 1/2 : 11, 20, 28, 29, 35, 36, 41, 42, 44, 45, 48, 52, 55, 56, 65, 66,
             76, 84, 87, 88, 97,100,102   SUMME: 23 TST

C. LA   1 : 1- 9, 12- 14, 16, 17, 19, 21- 27, 30- 34, 37- 40, 43, 47, 51,
             54, 58- 64, 67- 72, 74, 75, 77- 83, 85, 86, 89, 90, 92- 94, 96,

```
              98, 99,101,103,104
     1E:  50                                              SUMME: 71 TST
```

E. SONDERLESARTEN AN   9 TESTSTELLEN

```
    TST. 10:   ACTA 2,43.44    LA:  8   ADD. εν ιερουσαλημ φοβος τε
               ην μεγας
    TST. 15:   ACTA 3,22       LA:  6   γαρ προς τους πατερας ημων
               ειπεν
    TST. 18:   ACTA 4,33       LA:  4   της αναστασεως του κυριου
               ιησου χριστου
    TST. 46:   ACTA 13,42      LA:  3   εξιοντων δε αυτων εκ της
               συναγωγης των ιουδαιων
    TST. 49:   ACTA 15,7       LA:  3   ΟΜ. εν υμιν
    TST. 53:   ACTA 15,34      LA:  3   εδοξεν δε τω σιλα επιμειναι
               αυτου
    TST. 73:   ACTA 20,24(1)   LA: 10   ουδενος τουτων λογον
               ποιουμαι ουδε εχω την ψυχην μου
    TST. 91:   ACTA 24,6-8     LA:  3   ADD. και κατα τον ημετερον
               νομον ηθελησαμεν κριναι παρελθων δε λυσιας ο
               χιλιαρχος μετα πολλης βιας εκ των χειρων ημων
               απηγαγεν. κελευσας τους κατηγορους αυτου ερχεσθαι
               επι σε
    TST. 95:   ACTA 25,5       LA:  3   τουτω ατοπον
```
===

■ ■ HS.-NR.: 201   TESTSTELLEN: 104

```
A. LA   2 :  19, 49, 68, 77                              SUMME:  4 TST

B. LA 1/2 :  10, 11, 18, 20, 28, 29, 35, 36, 41, 42, 44, 45, 48, 52, 53, 55,
             56, 65, 66, 76, 84, 87, 88, 91, 97,100,102   SUMME: 27 TST

C. LA   1 :   1-  9, 12- 17, 21- 27, 30- 34, 37- 40, 43, 46, 47, 50, 51, 54,
             57- 64, 67, 69- 75, 78- 83, 85, 89, 90, 92- 96, 98, 99,101,103,
             104
     1B:  86                                              SUMME: 73 TST
```
===

■ ■ HS.-NR.: 203   TESTSTELLEN: 104

```
A. LA   2 :  49, 92
     2B:  86                                              SUMME:  3 TST

B. LA 1/2 :  10, 11, 18, 20, 28, 29, 35, 36, 41, 42, 44, 45, 48, 52, 53, 55,
             56, 65, 66, 76, 84, 87, 88, 91, 97,100,102   SUMME: 27 TST

C. LA   1 :   1-  9, 12- 17, 19, 21- 27, 30- 34, 37- 40, 43, 47, 50, 51, 54,
             57- 64, 67- 75, 77- 83, 85, 89, 90, 93, 94, 96, 98, 99,101,103,
             104                                          SUMME: 72 TST
```

E. SONDERLESARTEN AN   2 TESTSTELLEN

```
    TST. 46:   ACTA 13,42      LA:  3   εξιοντων δε αυτων εκ της
               συναγωγης των ιουδαιων
    TST. 95:   ACTA 25,5       LA:  4   ατοπον {εν τω ανδρι} τουτω
```
===

■ ■ HS.-NR.: 204   TESTSTELLEN: 104

A. LA   2 : 19, 49, 68, 77   SUMME: 4 TST

B. LA 1/2 : 10, 11, 18, 20, 28, 29, 35, 36, 41, 44, 45, 48, 52, 53, 55, 56,
             65, 66, 76, 84, 87, 88, 91, 97,100,102   SUMME: 26 TST

C. LA   1 :   1- 9, 12- 17, 21- 27, 30- 34, 37- 40, 43, 46, 47, 50, 51, 54,
             57- 64, 67, 69- 75, 78- 83, 85, 89, 90, 92- 96, 98, 99,101,103,
             104
         1B: 86   SUMME: 73 TST

E. SONDERLESARTEN AN   1 TESTSTELLE

   TST. 42:   ACTA 12,25   LA: 8   εις αντιοχειαν
===

■ ■ HS.-NR.: 205   TESTSTELLEN: 104

A. LA   2 : 49, 77   SUMME: 2 TST

B. LA 1/2 : 10, 18, 20, 28, 29, 35, 36, 41, 42, 44, 45, 48, 52, 55, 56, 65,
             66, 76, 84, 87, 88, 91, 97,100,102   SUMME: 25 TST

C. LA   1 :   1- 9, 12, 13, 15- 17, 19, 21- 27, 30- 34, 37, 38, 40, 43, 46,
             47, 50, 51, 54, 57- 64, 67- 71, 74, 75, 78- 83, 85, 89, 90,
             92- 96, 98, 99,101,103,104   SUMME: 70 TST

D. SINGULAERLESARTEN AN   1 TESTSTELLE

   TST. 73:   ACTA 20,24(1)   LA: 13   ουδενος ποιουμαι ουδε εχω
             την ψυχην μου

E. SONDERLESARTEN AN   7 TESTSTELLEN

   TST. 11:   ACTA 2,46   LA: 6   καθ ημεραν τε
             προσκαρτερουντες εν τω ιερω κλωντες τε κατ οικον
             αρτον
   TST. 14:   ACTA 3,21   LA: 5   προφητων αυτου απ αιωνος
   TST. 39:   ACTA 10,47   LA: 4   δυναται τις κωλυσαι
   TST. 53:   ACTA 15,34   LA: 3   εδοξεν δε τω σιλα επιμειναι
             αυτου
   TST. 72:   ACTA 20,15   LA: 4   και μειναντες εν τρωγυλιω
             (ET SIM.) τη ερχομενη
   TST. 73:   ACTA 20,24(1)   LA: 13   ουδενος ποιουμαι ουδε εχω
             την ψυχην μου
   TST. 86:   ACTA 23,20   LA: 4   μελλοντας
===

■ ■ HS.-NR.: 206   TESTSTELLEN: 61

A. LA   2 : 46, 47, 57, 79, 83   SUMME: 5 TST

B. LA 1/2 : 41, 44, 45, 48, 55, 56, 65, 66, 76, 87, 88, 97,100,102
                                                         SUMME: 14 TST

C. LA   1 : 43, 49, 51, 54, 58- 63, 67, 70, 71, 73, 74, 78, 81, 82, 85, 86,
             90, 92- 94, 96, 99,101

            1B: 77
            1D: 98

E. SONDERLESARTEN AN 13 TESTSTELLEN

    TST. 42:   ACTA 12,25   LA: 5   εξ ιερουσαλημ εις αντιοχειαν
    TST. 50:   ACTA 15,18   LA: 19   ταυτα παντα α εστι γνωστα
                αυτω απ αιωνος
    TST. 52:   ACTA 15,24   LA: 4   OM. εξελθοντες
    TST. 53:   ACTA 15,34   LA: 8   εδοξεν δε τω σιλα επιμειναι
                αυτοθι
    TST. 68:   ACTA 19,3   LA: 3   ειπε(ν) δε
    TST. 69:   ACTA 19,14   LA: 3   ησαν δε τινες σκευα ιουδαιου
                αρχιερεως επτα υιοι τουτο ποιουντες
    TST. 72:   ACTA 20,15   LA: 3   τη δε ερχομενη
    TST. 75:   ACTA 20,29   LA: 3   γαρ οιδα
    TST. 80:   ACTA 21,25   LA: 6   ADD. μηδεν τοιουτον τηρειν
                αυτους αλλα
    TST. 84:   ACTA 23,1   LA: 3   τω συνεδριω ο παυλος
    TST. 89:   ACTA 23,30   LA: 14   εσεσθαι εξ αυτων
    TST. 91:   ACTA 24,6-8   LA: 4E   ADD. και κατα τον ημετερον
                νομον ηθελησαμεν κριναι παρελθων δε λυσιας ο
                χιλιαρχος μετα πολλης βιας εκ των χειρων ημων
                απηγαγεν. κελευσας και τους κατηγορους ερχεσθαι
                προς σε
    TST. 95:   ACTA 25,5   LA: 3   τουτω ατοπον

F. KORREKTUREN AN   2 TESTSTELLEN

    TST. 52:   ACTA 15,24
            C : LA 1/2   εξελθοντες
    TST. 64:   ACTA 18,20
            C : LA 1   μειναι παρ αυτοις

H. SUPPLEMENTE AN 40 TESTSTELLEN

    TST. 1:   ACTA 1,5
            S : LA 1F   βαπτισθησεται εν πνευματι αγιω
    TST. 2:   ACTA 1,14
            S : LA 1   προσευχη και τη δεησει
    TST. 3:   ACTA 2,1
            S : LA 1   ομοθυμαδον
    TST. 4:   ACTA 2,7(1)
            S : LA 2   δε και
    TST. 5:   ACTA 2,7(2)
            S : LA 1   λεγοντες προς αλληλους
    TST. 6:   ACTA 2,23
            S : LA 1   εκδοτον λαβοντες
    TST. 7:   ACTA 2,30
            S : LA 1   το κατα σαρκα αναστησειν τον χριστον
                καθισαι
    TST. 8:   ACTA 2,31
            S : LA 1   κατελειφθη η ψυχη αυτου
    TST. 9:   ACTA 2,38
            S : LA 1   αμαρτιων

TST. 10:   ACTA 2,43.44
       S : LA 1/2   SINE ADD.
TST. 11:   ACTA 2,46
       S : LA 1/2   καθ ημεραν τε προσκαρτερουντες ομοθυμαδον
                     εν τω ιερω κλωντες τε κατ οικον αρτον
TST. 12:   ACTA 2,47.3,1
       S : LA   1   τη εκκλησια. επι το αυτο δε πετρος
TST. 13:   ACTA 3,11
       S : LA   1   κρατουντος δε του ιαθεντος χωλου τον
                     πετρον και ιωαννην συνεδραμεν προς αυτους πας ο
                     λαος
TST. 14:   ACTA 3,21
       S : LA   1   αυτου προφητων απ αιωνος
TST. 15:   ACTA 3,22
       S : LA   1   γαρ προς τους πατερας ειπεν
TST. 16:   ACTA 4,8
       S : LA   1   πρεσβυτεροι του ισραηλ
TST. 17:   ACTA 4,25
       S : LA   1   ο δια στοματος δαυιδ παιδος σου ειπων
TST. 18:   ACTA 4,33
       S : LA 1/2   της αναστασεως του κυριου ιησου
TST. 19:   ACTA 4,34
       S : LA   2   ην
TST. 20:   ACTA 5,21
       S : LA 1/2   συνεκαλεσαν
TST. 21:   ACTA 5,24
       S : LA   1   ο τε ιερευς` και ο στρατηγος
TST. 22:   ACTA 5,34
       S : LA   1   αποστολους
TST. 23:   ACTA 6,8
       S : LA   1   πιστεως
TST. 24:   ACTA 7,11
       S : LA   1   ολην την γην αιγυπτου
TST. 25:   ACTA 7,17
       S : LA   1   ωμοσεν/ωμωσεν/ομωσεν
TST. 26:   ACTA 8,10
       S : LA   1   OM. καλουμενη
TST. 27:   ACTA 8,18
       S : LA   1   το πνευμα το αγιον
TST. 28:   ACTA 8,37
       S : LA 1/2   OM. VS 37
TST. 29:   ACTA 8,39
       S : LA 1/2   πνευμα κυριου
TST. 30:   ACTA 9,25
       S : LA   1   αυτον οι μαθηται νυκτος
TST. 31:   ACTA 9,31
       S : LA   1   αι μεν ουν εκκλησιαι ... ειχον ειρηνην
                     οικοδομουμεναι και πορευομεναι ... επληθυνοντο
TST. 32:   ACTA 10,10
       S : LA   1   επεπεσεν
TST. 33:   ACTA 10,11
       S : LA   1   δεδεμενον και καθιεμενον
TST. 34:   ACTA 10,12
       S : LA   1   παντα τα τετραποδα της γης και τα θηρια
                     και τα ερπετα και τα πετεινα του ουρανου

```
TST. 35:   ACTA 10,19
       S : LA 1/2   αυτω το πνευμα
ISI. 36:   ACTA 10,25
       S : LA 1/2   ως δε εγενετο του εισελθειν τον πετρον
                    συναντησας αυτω ο κορνηλιος
TST. 37:   ACTA 10,30
       S : LA    1   νηστευων και την εν(ν)ατην ωραν
                     προσευχομενος
TST. 38:   ACTA 10,32
       S : LA    1   ADD. ος παραγενομενος λαλησαι σοι
TST. 39:   ACTA 10,47
       S : LA    1   κωλυσαι δυναται τις
TST. 40:   ACTA 11,2
       S : LA    1   και οτε ανεβη πετρος εις
                     ιερουσαλημ/ιεροσολυμα διεκρινοντο προς αυτον οι
                     εκ περιτομης
```

I. NICHT ERFASSTE STELLEN (43)

```
     X (UNLESERLICH) TST:   64
     Z (LUECKE)      TST:   1- 40,103,104
```
===

■ ■ HS.-NR.:   209   TESTSTELLEN: 104

A. LA   2 : 38, 49   SUMME: 2 TST

B. LA 1/2 :   10, 18, 20, 28, 29, 35, 36, 41, 42, 44, 45, 48, 52, 55, 56, 65,
              66, 76, 84, 87, 88, 91,100,102   SUMME: 24 TST

C. LA   1 :   1- 9, 12, 13, 15- 17, 19, 21- 27, 31- 34, 37, 40, 43, 46, 47,
              50, 51, 54, 57- 64, 67- 75, 78, 80- 83, 85, 89, 90, 92- 96, 98,
              99,101,104
        1B: 77, 86
        1L: 103   SUMME: 71 TST

E. SONDERLESARTEN AN   7 TESTSTELLEN

```
     TST. 11:   ACTA 2,46     LA:  6   καθ ημεραν τε
           προσκαρτερουντες εν τω ιερω κλωντες τε κατ οικον
           αρτον
     TST. 14:   ACTA 3,21     LA:  5   προφητων αυτου απ αιωνος
     TST. 30:   ACTA 9,25     LA:  5   οι μαθηται νυκτος
     TST. 39:   ACTA 10,47    LA:  3   κωλυσαι τις δυναται
     TST. 53:   ACTA 15,34    LA:  3   εδοξεν δε τω σιλα επιμειναι
           αυτου
     TST. 79:   ACTA 21,20    LA:  5   ΟΜ. εν τοις ιουδαιοις
     TST. 97:   ACTA 25,17    LA:  4   ουν ενθαδε
```

F. KORREKTUREN AN   7 TESTSTELLEN

```
     TST. 30:   ACTA 9,25
           C : LA    1   αυτον οι μαθηται νυκτος
     TST. 38:   ACTA 10,32
           C : LA    1   ADD. ος παραγενομενος λαλησαι σοι
```

```
TST. 42:    ACTA 12,25
     C : LA   4   απο ιερουσαλημ
TST. 77:    ACTA 21,8
     C : LA   2   ηλθομεν
TST. 79:    ACTA 21,20
     C : LA   1   ιουδαιων
TST. 97:    ACTA 25,17
     C : LA 1/2   ουν αυτων ενθαδε
TST.103:    ACTA 28,16
     C : LA   1   ο εκατονταρχος παρεδωκε(ν) τους δεσμιους
                  τω στρατοπεδαρχη τω δε παυλω επετραπη
```
===

■ ■ HS.-NR.: 216   TESTSTELLEN: 104

A. LA   2 : 86, 92   SUMME: 2 TST

B. LA 1/2 : 10, 11, 18, 20, 28, 29, 35, 36, 41, 44, 45, 48, 52, 55, 56, 65,
             66, 76, 84, 87, 88, 97,100,102   SUMME: 24 TST

C. LA   1 :   1- 9, 12- 16, 19, 21- 27, 31- 34, 37- 40, 43, 47, 49, 51, 54,
             57- 64, 67- 75, 78- 83, 85, 89, 90, 93, 94, 96, 99,101,103,104
     1B: 77
     1C: 17, 30
     1D: 50   SUMME: 72 TST

E. SONDERLESARTEN AN   6 TESTSTELLEN

```
   TST. 42:    ACTA 12,25      LA:  6  .απο ιερουσαλημ εις
              αντιοχειαν
   TST. 46:    ACTA 13,42      LA:  3   εξιοντων δε αυτων εκ της
              συναγωγης των ιουδαιων
   TST. 53:    ACTA 15,34      LA:  3   εδοξεν δε τω σιλα επιμειναι
              αυτου
   TST. 91:    ACTA 24,6-8     LA: 4K ADD. και κατα τον ημετερον
              νομον ηθελησαμεν κριναι παρελθων δε λυσιας ο
              χιλιαρχος μετα πολλης βιας εκ των χειρων ημων
              απηγαγεν. κελευσας τους κατηγορους αυτου ερχεσθαι
              προς σου
   TST. 95:    ACTA 25,5       LA:  4   ατοπον {εν τω ανδρι} τουτω
   TST. 98:    ACTA 26,14      LA:  3   λαλουσαν προς με
```

F. KORREKTUREN AN   2 TESTSTELLEN

```
   TST. 50:    ACTA 15,18
        C1: LA   1   ταυτα παντα γνωστα απ αιωνος εστιν τω θεω
                  παντα τα εργα αυτου
   TST. 86:    ACTA 23,20
        C : LA   1B μελλοντες
```
===

■ ■ HS.-NR.: 218   TESTSTELLEN: 104

A. LA   2 : 19, 47, 50, 59, 64, 70, 77, 92, 95, 98   SUMME: 10 TST

B. LA 1/2 : 10, 18, 20, 28, 29, 35, 36, 41, 42, 44, 45, 48, 52, 53, 55, 56,
             66, 76, 84, 87, 88, 91, 97,100,102
     1/2C: 11

```
      1/2F:   65                                           SUMME: 27 TST

C. LA   1 :    1-  9, 13- 17, 21- 23, 25- 27, 30- 34, 37- 40, 43, 46, 49, 51,
              54, 57, 58, 60- 63, 67, 69, 71, 72, 74, 75, 78- 83, 85, 86, 89,
              90, 93, 94, 96, 99,101,103,104
        1B:   24                                           SUMME: 64 TST
```

D. SINGULAERLESARTEN AN   2 TESTSTELLEN

```
    TST. 11:    ACTA 2,46        LA:1/2C   καθ ημεραν τε
    προσκαρτερουντες ομοθυμαδον εν το ιερω κλωντες τε
    κατ οικον αρτον
    TST. 73:    ACTA 20,24(1)   LA: 11B   ουδενος ποιουμε λογον ουδε
    εχω την ψυχην μου
```

E. SONDERLESARTEN AN   3 TESTSTELLEN

```
    TST. 12:    ACTA 2,47.3,1    LA: 12   τη εκκλησια. πετρος δε
    TST. 68:    ACTA 19,3        LA: 7    ειπεν δε προς αυτους
    TST. 73:    ACTA 20,24(1)    LA: 11B  ουδενος ποιουμε λογον ουδε
    εχω την ψυχην μου
```
==

■ ■ HS.-NR.:   221   TESTSTELLEN: 104

```
A. LA   2 :    4, 78                                      SUMME:  2 TST

B. LA 1/2 :    10, 11, 18, 20, 28, 29, 35, 36, 41, 42, 44, 45, 48, 52, 53, 55,
              56, 66, 76, 84, 87, 88, 91, 97,100,102      SUMME: 26 TST

C. LA   1 :    1-  3,  5-  9, 12- 17, 19, 21- 27, 30, 31, 33, 34, 37- 40, 43,
              46, 47, 49- 51, 54, 57- 64, 67- 75, 77, 79- 83, 85, 86, 89, 90,
              92- 96, 98, 99,101,104
        1L:   103                                         SUMME: 74 TST
```

E. SONDERLESARTEN AN   2 TESTSTELLEN

```
    TST. 32:    ACTA 10,10       LA: 3    επεσεν
    TST. 65:    ACTA 18,21.22    LA: 5    ανηχθη απο της εφεσου, και
    καταβας
```

F. KORREKTUREN AN   1 TESTSTELLE

```
    TST. 91:    ACTA 24,6-8
        C : LA   9   ADD. και κατα τον ημετερον νομον
    ηθελησαμεν κρινειν παρελθων δε λυσιας ο
    χιλιαρχος μετα πολλης βιας εκ των χειρων ημων
    απηγαγεν. κελευσας τους κατηγορους αυτου
    ερχεσθαι επι σε
```

G. MARGINALLESARTEN AN   9 TESTSTELLEN

```
    TST.  4:    ACTA 2,7(1)
        L : LA   1   δε παντες και
    TST. 14:    ACTA 3,21
        L : LA   8   αυτου προφητων
```

```
TST. 17:   ACTA 4,25
    L : LA   1C  ο δια στοματος δαυιδ του παιδος σου ειπων
TST. 28:   ACTA 8,37
    L : LA   4   ειπεν δε αυτω: ο φιλιππος ει πιστευεις εξ
                 ολης της καρδιας σου εξεστιν. αποκριθεις δε
                 ειπεν: πιστευω τον υιον του θεου ειναι τον
                 ιησουν χριστον
TST. 32:   ACTA 10,10
    L : LA   1   επεπεσεν
TST. 53:   ACTA 15,34
    L : LA   3   εδοξεν δε τω σιλα επιμειναι αυτου
TST. 78:   ACTA 21,10
    L : LA   1   δε ημων
TST. 92:   ACTA 24,14
    L : LA   2   εν τοις
TST.103:   ACTA 28,16
    L : LA   1   ο εκατονταρχος παρεδωκε(ν) τους δεσμιους
                 τω στρατοπεδαρχη τω δε παυλω επετραπη
```
===

■ ■ HS.-NR.:   223   TESTSTELLEN: 104

B. LA 1/2 :   10, 11, 20, 28, 29, 35, 41, 44, 45, 48, 52, 55, 56, 66, 76, 84,
              87, 88, 97,100,102
   1/2F: 65
   1/2K: 36   SUMME: 23 TST

C. LA   1 :   1- 5, 7, 9, 12- 16, 19, 21- 27, 30- 32, 34, 38- 40, 43, 47,
              49, 51, 54, 57- 64, 67- 75, 77- 83, 85, 89, 90, 92- 94, 96, 98,
              99,101,104
   1B: 6, 37, 86
   1C: 17
   1N: 103   SUMME: 72 TST

E. SONDERLESARTEN AN   9 TESTSTELLEN

```
TST.  8:   ACTA 2,31     LA:  3   εγκατελειφθη η ψυχη αυτου
TST. 18:   ACTA 4,33     LA:  4   της αναστασεως του κυριου
           ιησου χριστου
TST. 33:   ACTA 10,11    LA:  6   δεδεμενην και καθιεμενην
TST. 42:   ACTA 12,25    LA:  5   εξ ιερουσαλημ εις αντιοχειαν
TST. 46:   ACTA 13,42    LA:  3   εξιοντων δε αυτων εκ της
           συναγωγης των ιουδαιων
TST. 50:   ACTA 15,18    LA: 17   παντα ταυτα α εστι γνωστα απ
           αιωνος αυτω
TST. 53:   ACTA 15,34    LA:  8   εδοξεν δε τω σιλα επιμειναι
           αυτοθι
TST. 91:   ACTA 24,6-8   LA: 11   ADD. και κατα ημετερον νομον
           ηθελησαμεν κριναι παρελθων δε λυσιας ο χιλιαρχος
           μετα πολλης βιας εκ των χειρων ημων αφειλετο και
           προς σε απεστειλε. κελευσας και τους κατηγορους
           αυτου ερχεσθαι επι σου
TST. 95:   ACTA 25,5     LA:  3   τουτω ατοπον
```
===

■ ■ HS.-NR.:   226   TESTSTELLEN: 103

Λ. LA   2 : 49   SUMME: 1 TST

B. LA 1/2 :   10, 11, 18, 20, 28, 29, 35, 36, 41, 42, 44, 45, 48, 52, 53, 55,
              56, 66, 76, 84, 87, 88, 97,100,102
      1/2F: 65   SUMME: 26 TST

C. LA   1 :   1- 9, 12- 17, 19, 21- 27, 30- 34, 37- 40, 43, 46, 47, 50, 51,
              54, 57- 63, 67, 69- 75, 77- 79, 81- 83, 85, 89, 90, 92- 96, 98,
              99,101,103,104
        1B: 86   SUMME: 73 TST

D. SINGULAERLESARTEN AN   1 TESTSTELLE

    TST. 64:   ACTA 18,20   LA: 3   παρ αυτοις μειναι

E. SONDERLESARTEN AN   3 TESTSTELLEN

    TST. 64:   ACTA 18,20   LA: 3   παρ αυτοις μειναι
    TST. 80:   ACTA 21,25   LA: 11   ADD. μηδεν τοιουτον τηρειν
               αυτους
    TST. 91:   ACTA 24,6-8   LA: 13B ADD. ηβουληθημεν κριναι κατα
               τον νομον ημων ελθων δε λυσιας ο χιλιαρχος βια
               πολλη εκ των χειρων ημων αφειλετο και προς σε
               απεστειλε. κελευσας τους κατηγορους αυτου ελθειν
               προς σε

F. KORREKTUREN AN   4 TESTSTELLEN

    TST. 19:   ACTA 4,34
         C : LA   2   ην
    TST. 42:   ACTA 12,25
         C : LA   4   απο ιερουσαλημ
    TST. 68:   ACTA 19,3
         C : LA   2   ειπε(ν) τε
    TST. 80:   ACTA 21,25
         C : LA   1   ADD. μηδεν τοιουτον τηρειν αυτους ει μη

I. NICHT ERFASSTE STELLEN (1)

    X (UNLESERLICH) TST: 68
===
■ ■ HS.-NR.:   228   TESTSTELLEN: 104

A. LA   2 : 19, 21, 23, 47, 49, 57, 77, 92, 98
       2C: 13   SUMME: 10 TST

B. LA 1/2 :   10, 11, 20, 28, 29, 35, 36, 41, 44, 45, 48, 52, 53, 55, 56, 76,
              84, 87, 88, 97,100,102
      1/2F: 65   SUMME: 23 TST

C. LA   1 :   1- 6, 9, 12, 14- 17, 22, 25- 27, 30- 34, 37- 40, 43, 50, 51,
              54, 58- 64, 67, 69- 71, 73- 75, 78, 79, 81- 83, 85, 86, 89, 90,
              93, 95, 96, 99,101,103,104
        1B: 24

SUMME: 60 TST

D. SINGULAERLESARTEN AN   2 TESTSTELLEN

TST. 72:   ACTA 20,15   LA: 8   και μειναντες εν τρογγιλιω
τη επιουση
TST. 94:   ACTA 24,22   LA: 7   ακουσας και ταυτα ο φηλιξ
ανεβαλετο προς αυτους

E. SONDERLESARTEN AN   11 TESTSTELLEN

TST. 7:   ACTA 2,30   LA: 3   το κατα σαρκα αναστησειν τον
χριστον καθισαι τε
TST. 8:   ACTA 2,31   LA: 3   εγκατελειφθη η ψυχη αυτου
TST. 18:   ACTA 4,33   LA: 4   της αναστασεως του κυριου
ιησου χριστου
TST. 42:   ACTA 12,25   LA: 5   εξ ιερουσαλημ εις αντιοχειαν
TST. 46:   ACTA 13,42   LA: 3   εξιοντων δε αυτων εκ της
συναγωγης των ιουδαιων
TST. 66:   ACTA 18,27   LA: 11 βουλομενου δε αυτου διελθειν
εις την αχαιαν προτρεψαμενοι οι αδελφοι εγραψαν
τοις αδελφοις αποδεξασθαι αυτον
TST. 68:   ACTA 19,3   LA: 7   ειπεν δε προς αυτους
TST. 72:   ACTA 20,15   LA: 8   και μειναντες εν τρογγιλιω
τη επιουση
TST. 80:   ACTA 21,25   LA: 5   ADD. μηδεν τοιουτον τηρειν
ει μη
TST. 91:   ACTA 24,6-8 LA: 5H ADD. και κατα τον ημετερον
νομον ηθελησαμεν κριναι παρελθων δε λυσιας ο
χιλιαρχος μετα πολλης βιας εκ των χειρων ημων
απηγαγεν αυτον. κελευσας τους κατηγορους αυτου
ερχεσθαι επι σου
TST. 94:   ACTA 24,22   LA: 7   ακουσας και ταυτα ο φηλιξ
ανεβαλετο προς αυτους
===

■ ■ HS.-NR.: 234   TESTSTELLEN: 103

A. LA 2 : 77   SUMME: 1 TST

B. LA 1/2 : 10, 11, 20, 28, 29, 35, 41, 44, 45, 48, 56, 66, 76, 87, 88,100,
102
1/2F: 65
1/2M: 36   SUMME: 19 TST

C. LA 1 :   1- 6, 9, 12- 16, 19, 21- 27, 30- 34, 37- 40, 43, 47, 49, 51,
54, 57- 64, 67- 75, 78- 83, 85, 89, 90, 92- 94, 96, 98, 99,101,
103,104
1B: 86
1C: 17   SUMME: 71 TST

D. SINGULAERLESARTEN AN   1 TESTSTELLE

TST. 7:   ACTA 2,30   LA: 8   το κατα σαρκα αναστησας τον
χριστον καθισαι

E. SONDERLESARTEN AN   12 TESTSTELLEN

TST. 7:   ACTA 2,30   LA: 8   το κατα σαρκα αναστησας τον
χριστον καθισαι

```
TST.  8:   ACTA 2,31      LA:  3   εγκατελειφθη η ψυχη αυτου
TST. 18:   ACTA 4,33      LA:  4   της αναστασεως του κυριου
           ιησου χριστου
TST. 42:   ACTA 12,25     LA:  5   εξ ιερουσαλημ εις αντιοχειιν
TST. 46:   ACTA 13,42     LA:  3   εξιοντων δε αυτων εκ της
           συναγωγης των ιουδαιων
TST. 50:   ACTA 15,18     LA: 17   παντα ταυτα α εστι γνωστα απ
           αιωνος αυτω
TST. 53:   ACTA 15,34     LA:  8   εδοξεν δε τω σιλα επιμειναι
           αυτοθι
TST. 55:   ACTA 16,33     LA:  8   οι αυτου
TST. 84:   ACTA 23,1      LA:  4   παυλος τω συνεδριω
TST. 91:   ACTA 24,6-8    LA: 11   ADD. και κατα ημετερον νομον
           ηθελησαμεν κριναι παρελθων δε λυσιας ο χιλιαρχος
           μετα πολλης βιας εκ των χειρων ημων αφειλετο και
           προς σε απεστειλε. κελευσας και τους κατηγορους
           αυτου ερχεσθαι επι σου
TST. 95:   ACTA 25,5      LA:  3   τουτω ατοπον
TST. 97:   ACTA 25,17     LA:  4   ουν ενθαδε
```

F. KORREKTUREN AN   3 TESTSTELLEN

```
TST. 50:   ACTA 15,18
           C : LA 15   παντα ταυτα γνωστα απ αιωνος εισιν τα
                       εργα αυτου τω θεω παντα
TST. 52:   ACTA 15,24
           C : LA 1/2   εξελθοντες
TST. 77:   ACTA 21,8
           C : LA  1B  οι περι τον παυλον ηλθομεν
```

I. NICHT ERFASSTE STELLEN (1)

    X (UNLESERLICH) TST: 52
===

■ ■ HS.-NR.: 250   TESTSTELLEN: 104

A. LA   2 : 78   SUMME: 1 TST

B. LA 1/2 : 10, 11, 18, 28, 29, 35, 36, 41, 42, 44, 45, 48, 52, 53, 55, 56,
             76, 84, 87, 88, 91, 97,100,102
       1/2B: 20   SUMME: 25 TST

C. LA   1 :   1- 9, 12- 17, 19, 21- 27, 30- 34, 37- 40, 43, 47, 49- 51, 54,
             57- 64, 67- 75, 77, 79- 83, 85, 86, 89, 90, 92- 96, 98, 99,101,
             104
         1L: 103   SUMME: 75 TST

E. SONDERLESARTEN AN   3 TESTSTELLEN

```
TST. 46:   ACTA 13,42     LA:  3   εξιοντων δε αυτων εκ της
           συναγωγης των ιουδαιων
TST. 65:   ACTA 18,21.22  LA:  4   και ανηχθη απο της εφεσου,
           και καταβας
TST. 66:   ACTA 18,27     LA: 10   βουλομενου δε αυτου διελθειν
           εις την αχαιαν προπεμψαμενοι οι αδελφοι εγραψαν
           τοις μαθηταις αποδεξασθαι αυτον
```

F. KORREKTUREN AN   1 TESTSTELLE

    TST. 98:   ACTA 26,14
        C : LA   1D λαλουσης προς με και λεγουσης
===

■ ■ HS.-NR.:   254   TESTSTELLEN: 103

A. LA   2 : 90   SUMME: 1 TST

B. LA 1/2 :   10, 11, 18, 20, 28, 29, 35, 36, 41, 42, 45, 48, 52, 53, 55, 56,
        65, 66, 76, 84, 87, 88, 97,100,102   SUMME: 25 TST

C. LA   1 :   1, 2, 4- 7, 9, 12- 17, 19, 22- 27, 30- 34, 37- 40, 43, 46,
        47, 49- 51, 54, 57- 63, 67- 75, 77- 83, 85, 89, 92- 96, 98, 99,
        101,104
    1G: 103   SUMME: 71 TST

E. SONDERLESARTEN AN   6 TESTSTELLEN

    TST. 8:   ACTA 2,31   LA: 3   εγκατελειφθη η ψυχη αυτου
    TST. 21:   ACTA 5,24   LA: 6   ο τε αρχιερευς και ο
    στρατηγος
    TST. 44:   ACTA 13,33(1) LA: 3   τοις τεκνοις αυτων υμιν
    TST. 64:   ACTA 18,20   LA: 8   ειναι παρ αυτοις
    TST. 86:   ACTA 23,20   LA: 4   μελλοντας
    TST. 91:   ACTA 24,6-8   LA: 5   ADD. και κατα τον ημετερον
    νομον ηθελησαμεν κριναι παρελθων δε λυσιας ο
    χιλιαρχος μετα πολλης βιας εκ των χειρων ημων
    απηγαγεν. κελευσας τους κατηγορους αυτου ερχεσθαι
    επι σου

I. NICHT ERFASSTE STELLEN (1)

    Z (LUECKE)   TST: 3
===

■ ■ HS.-NR.:   256   TESTSTELLEN: 80

A. LA   2 : 86   SUMME: 1 TST

B. LA 1/2 :   18, 20, 28, 29, 41, 44, 45, 52, 53, 56, 65, 66, 76, 84, 87, 88,
        91, 97,100,102
    1/2B: 55   SUMME: 21 TST

C. LA   1 :   17, 19, 21- 27, 30, 31, 39, 40, 43, 46, 47, 49, 51, 54, 57- 64,
        67- 75, 77- 83, 85, 89, 92- 96, 98, 99
    1L: 103   SUMME: 53 TST

E. SONDERLESARTEN AN   5 TESTSTELLEN

    TST. 42:   ACTA 12,25   LA: 3   εξ ιερουσαλημ
    TST. 50:   ACTA 15,18   LA: 13   παντα ταυτα γνωστα απ αιωνος
    εστιν τω κυριω παντα τα εργα αυτου
    TST. 90:   ACTA 24,1   LA: 4   πρεσβυτερων
    TST.101:   ACTA 27,14   LA: 3   ευρυκλυδων

TST.104: ACTA 28,29   LA: 3D ADD. και ταυτα αυτου
ειποντος απηλθον οι ιουδαιοι πολλην εχοντες εν
εαυτοις ζητησιν

I. NICHT ERFASSTE STELLEN (24)

Z (LUECKE)   TST: 1- 16, 32- 38, 48
==

■ ■ HS.-NR.: 263   TESTSTELLEN: 104

A. LA   2 : 81, 86   SUMME: 2 TST

B. LA 1/2 : 10, 18, 20, 28, 29, 35, 41, 42, 44, 45, 48, 52, 53, 55, 56, 65,
             76, 84, 87, 88, 91, 97,100,102
       1/2F: 36
       1/2L: 11   SUMME: 26 TST

C. LA   1 : 1- 7, 9, 12- 17, 19, 21- 27, 30- 34, 37- 39, 43, 46, 47, 49,
             50, 54, 57- 64, 67- 75, 77- 80, 82, 83, 85, 89, 90, 92, 93, 95,
             96, 98, 99,101
       1B: 8, 51
       1C: 40
       1L: 103   SUMME: 73 TST

D. SINGULAERLESARTEN AN   1 TESTSTELLE

    TST.104: ACTA 28,29   LA: 3 ADD. και ταυτα αυτου
    ειποντος απηλθον οι ιουδαιοι πολλην εχοντες εαυτοις
    ζητησιν

E. SONDERLESARTEN AN   3 TESTSTELLEN

    TST. 66: ACTA 18,27   LA: 6 βουλομενου δε αυτου ελθειν
    εις την αχαιαν προτρεψαμενοι οι αδελφοι εγραψαν
    τοις μαθηταις αποδεξασθαι αυτον
    TST. 94: ACTA 24,22   LA: 6 ακουσας δε ταυτα ο φηλιξ
    ανεβαλετο αυτοις
    TST.104: ACTA 28,29   LA: 3 ADD. και ταυτα αυτου
    ειποντος απηλθον οι ιουδαιοι πολλην εχοντες εαυτοις
    ζητησιν
==

■ ■ HS.-NR.: 296   TESTSTELLEN: 104

A. LA   2 : 57   SUMME: 1 TST

B. LA 1/2 : 10, 11, 18, 20, 29, 35, 41, 42, 44, 45, 48, 52, 55, 56, 65, 66,
             76, 84, 87, 88, 97,100,102
       1/2F: 36   SUMME: 24 TST

C. LA   1 : 1- 6, 9, 12- 17, 19, 21- 27, 30- 34, 37- 40, 43, 46, 47,
             49- 51, 54, 58- 64, 67- 75, 77- 83, 85, 89, 90, 92, 93, 95, 96,
             98, 99,101,103,104
       1B: 86
       1F: 94   SUMME: 74 TST

D. SINGULAERLESARTEN AN 1 TESTSTELLE

TST. 94: ACTA 24,22 LA: 1F ακουσας δε ταυτα ο φηλιξ
ανεβαλλε αυτους

E. SONDERLESARTEN AN 5 TESTSTELLEN

TST. 7: ACTA 2,30 LA: 5 το κατα σαρκα αναστησειν τον
χριστον και καθισαι
TST. 8: ACTA 2,31 LA: 3B εγκατεληφθη η ψυχη αυτου
TST. 28: ACTA 8,37 LA: 9 ειπεν δε ο φιλιππος ει
πιστευεις εξεστιν. αποκριθεις δε ειπεν: πιστευω τον
υιον του θεου ειναι ιησουν χριστον
TST. 53: ACTA 15,34 LA: 4 εδοξεν δε τω σιλα επιμειναι
αυτους
TST. 91: ACTA 24,6-8 LA: 9 ADD. και κατα τον ημετερον
νομον ηθελησαμεν κρινειν παρελθων δε λυσιας ο
χιλιαρχος μετα πολλης βιας εκ των χειρων ημων
απηγαγεν. κελευσας τους κατηγορους αυτου ερχεσθαι
επι σε

===

■ ■ HS.-NR.: 302 TESTSTELLEN: 101

A. LA 2B: 86 SUMME: 1 TST

B. LA 1/2 : 10, 11, 20, 28, 29, 35, 41, 42, 44, 45, 48, 52, 53, 55, 56, 65,
66, 76, 84, 87, 88, 91, 97,100,102
1/2K: 36 SUMME: 26 TST

C. LA 1 : 1- 5, 8, 9, 12- 17, 19, 21- 27, 30, 32- 34, 37- 40, 43, 46,
47, 49- 51, 54, 57- 64, 67- 75, 77- 83, 85, 89, 90, 92- 96, 98,
99,101,104 SUMME: 72 TST

D. SINGULAERLESARTEN AN 1 TESTSTELLE

TST. 31: ACTA 9,31 LA: 5C αι μεν ουν αι εκκλησιαι ...
ειχον ειρηνην οικοδομουμεναι ... επληθυνοντο

E. SONDERLESARTEN AN 2 TESTSTELLEN

TST. 18: ACTA 4,33 LA: 4 της αναστασεως του κυριου
ιησου χριστου
TST. 31: ACTA 9,31 LA: 5C αι μεν ουν αι εκκλησιαι ...
ειχον ειρηνην οικοδομουμεναι ... επληθυνοντο

I. NICHT ERFASSTE STELLEN (3)

W (UNSICHER) TST: 103
Z (LUECKE) TST: 6, 7

===

■ ■ HS.-NR.: 307 TESTSTELLEN: 104

A. LA 2 : 13- 15, 17, 19, 21, 23, 25, 31, 32, 38, 40, 43, 46, 47, 49, 57,
58, 64, 67, 68, 72, 75, 77- 79, 83, 89, 90, 92, 98
2C: 50, 69

SUMME: 33 TST
B. LA 1/2 :   11, 20, 41, 44, 45, 48, 52, 55, 56, 65, 76, 87, 88, 100, 102
   1/2B: 66
   1/2F: 36   SUMME: 17 TST

C. LA   1 :   1- 6, 16, 22, 24, 26, 27, 33, 37, 51, 59- 62, 71, 74, 82, 85,
              93, 94, 96, 99, 101, 103, 104
        1D: 12, 73   SUMME: 31 TST

D. SINGULAERLESARTEN AN   1 TESTSTELLE

    TST. 12:   ACTA 2,47.3,1   LA: 1D τη εκκλησια. επι το αυτο δε
    πετρος δε

E. SONDERLESARTEN AN 23 TESTSTELLEN

    TST. 7:   ACTA 2,30   LA: 13   κατα σαρκα αναστησαι τον
    χριστον καθισαι τε
    TST. 8:   ACTA 2,31   LA: 3   εγκατελειφθη η ψυχη αυτου
    TST. 9:   ACTA 2,38   LA: 4   των αμαρτιων
    TST. 10:   ACTA 2,43.44   LA: 6   ADD. εις ιερουσαλημ φοβος τε
    ην μεγας επι παντας αυτους
    TST. 18:   ACTA 4,33   LA: 5B της αναστασεως ιησου χριστου
    του κυριου ημων
    TST. 28:   ACTA 8,37   LA: 3E ειπεν δε αυτω: ει πιστευεις
    εξ ολης καρδιας σου εξεστιν. αποκριθεις δε ειπεν:
    πιστευω τον υιον του θεου ειναι ιησουν χριστον
    TST. 29:   ACTA 8,39   LA: 5   πνευμα αγιον επεπεσεν επι
    τον ευνουχον αγγελος δε κυριου
    TST. 30:   ACTA 9,25   LA: 5   οι μαθηται νυκτος
    TST. 34:   ACTA 10,12   LA: 11C παντα τα τετραποδα και τα
    θηρια και τα ερπετα τα επι της γης και τα πετεινα
    του ουρανου
    TST. 35:   ACTA 10,19   LA: 3   το πνευμα αυτω
    TST. 39:   ACTA 10,47   LA: 4   δυναται τις κωλυσαι
    TST. 42:   ACTA 12,25   LA: 4   απο ιερουσαλημ
    TST. 53:   ACTA 15,34   LA: 3   εδοξεν δε τω σιλα επιμειναι
    αυτου
    TST. 54:   ACTA 16,28   LA: 5   ο παυλος φωνη μεγαλη
    TST. 63:   ACTA 18,17   LA: 4   παντες οι ιουδαιοι
    TST. 70:   ACTA 19,39   LA: 3   περ εταιρω
    TST. 80:   ACTA 21,25   LA: 3   ADD. μηδεν τοιουτο τηρειν
    αυτους ει μη
    TST. 81:   ACTA 22,9   LA: 3   εθεασαντο και εμφοβοι
    γενομενοι
    TST. 84:   ACTA 23,1   LA: 4   παυλος τω συνεδριω
    TST. 86:   ACTA 23,20   LA: 3   μελλοντων
    TST. 91:   ACTA 24,6-8   LA: 3   ADD. και κατα τον ημετερον
    νομον ηθελησαμεν κριναι παρελθων δε λυσιας ο
    χιλιαρχος μετα πολλης βιας εκ των χειρων ημων
    απηγαγεν. κελευσας τους κατηγορους αυτου ερχεσθαι
    επι σε
    TST. 95:   ACTA 25,5   LA: 3   τουτω ατοπον
    TST. 97:   ACTA 25,17   LA: 3   ουν ενθαδε αυτων

G. MARGINALLESARTEN AN 1 TESTSTELLE

    TST. 58:   ACTA 17,23
        L : LA   1   ον ουν αγνοουντες ευσεβειτε τουτον
===

■ ■ HS.-NR.: 308   TESTSTELLEN: 91

B. LA 1/2 :   10, 11, 18, 20, 28, 29, 36, 41, 44, 45, 52, 53, 55, 56, 65, 66,
               87, 88, 97,100,102   SUMME: 21 TST

C. LA   1 :   1- 9, 12- 17, 19, 21- 27, 30- 34, 38- 40, 43, 46, 50, 54,
               57- 60, 62- 64, 67, 68, 71- 73, 77- 82, 85, 86, 89, 90, 92- 96,
               98, 99,101,103,104   SUMME: 67 TST

D. SINGULAERLESARTEN AN 1 TESTSTELLE

    TST. 48:   ACTA 15,2   LA: 5   εταξαν αναβαινειν παυλον και
        βαρναβαν και τινας εξ αυτων

E. SONDERLESARTEN AN 3 TESTSTELLEN

    TST. 42:   ACTA 12,25   LA: 4   απο ιερουσαλημ
    TST. 48:   ACTA 15,2   LA: 5   εταξαν αναβαινειν παυλον και
        βαρναβαν και τινας εξ αυτων
    TST. 91:   ACTA 24,6-8   LA: 5   ADD. και κατα τον ημετερον
        νομον ηθελησαμεν κριναι παρελθων δε λυσιας ο
        χιλιαρχος μετα πολλης βιας εκ των χειρων ημων
        απηγαγεν. κελευσας τους κατηγορους αυτου ερχεσθαι
        επι σου

I. NICHT ERFASSTE STELLEN (13)

    X (UNLESERLICH) TST: 35, 37, 47, 49, 51, 61, 69, 70, 74, 83, 84
    Y (FILMFEHLER) TST: 75, 76
===

■ ■ HS.-NR.: 309   TESTSTELLEN: 62

B. LA 1/2 :   41, 44, 45, 52, 53, 55, 56, 66, 76, 84, 87, 88, 91, 97,100,102
    1/20: 65   SUMME: 17 TST

C. LA   1 :   43, 46, 47, 50, 51, 54, 57- 64, 67, 69- 75, 77- 83, 85, 86, 89,
               90, 92- 95, 98, 99,101,104
    1B: 96
    1M: 103   SUMME: 43 TST

D. SINGULAERLESARTEN AN 1 TESTSTELLE

    TST. 65:   ACTA 18,21.22   LA:1/20   ανηχθη απο της εφεσου, και
        κατελων

E. SONDERLESARTEN AN 2 TESTSTELLEN

    TST. 42:   ACTA 12,25   LA: 4   απο ιερουσαλημ
    TST. 68:   ACTA 19,3   LA: 7   ειπεν δε προς αυτους

I. NICHT ERFASSTE STELLEN (42)

    Z (LUECKE)   TST: 1- 40, 48, 49
===

■ ■ HS.-NR.:   312   TESTSTELLEN: 101

B. LA 1/2 :   10, 11, 18, 20, 28, 29, 35, 36, 41, 42, 44, 45, 48, 52, 53, 55,
           56, 66, 76, 84, 87, 88, 91, 97,100,102   SUMME: 26 TST

C. LA   1 :   2- 9, 12, 13, 16, 17, 19, 21- 27, 30- 34, 37- 40, 43, 47,
           49- 51, 54, 57- 64, 67- 75, 77- 83, 85, 89, 90, 92- 96, 98, 99,
           101,103,104   SUMME: 72 TST

E. SONDERLESARTEN AN   3 TESTSTELLEN

    TST. 46:   ACTA 13,42   LA: 3   εξιοντων δε αυτων εκ της
    συναγωγης των ιουδαιων
    TST. 65:   ACTA 18,21.22   LA: 5   ανηχθη απο της εφεσου, και
    καταβας
    TST. 86:   ACTA 23,20   LA: 4   μελλοντας

I. NICHT ERFASSTE STELLEN (3)

    Z (LUECKE)   TST: 1, 14, 15
===

■ ■ HS.-NR.:   314   TESTSTELLEN: 19

B. LA 1/2 :   41, 42, 44, 45, 97,100,102   SUMME: 7 TST

C. LA   1 :   43, 46, 92- 96, 98, 99,101,104
    1L: 103   SUMME: 12 TST

I. NICHT ERFASSTE STELLEN (85)

    Z (LUECKE)   TST: 1- 40, 47- 91
===

■ ■ HS.-NR.:   319   TESTSTELLEN: 95

B. LA 1/2 :   10, 11, 18, 20, 28, 29, 35, 41, 42, 44, 45, 48, 52, 53, 55, 56,
           76, 84, 87, 88, 91, 97,100,102
    1/2K: 36   SUMME: 25 TST

C. LA   1 :   2- 9, 12- 16, 19, 21- 27, 30, 31, 33, 34, 37- 40, 43, 46, 47,
           49, 50, 54, 57- 63, 72- 75, 77- 83, 85, 86, 89, 90, 92- 96, 98,
           99,101,104
    1B: 51
    1C: 17
    1L: 103   SUMME: 69 TST

E. SONDERLESARTEN AN   1 TESTSTELLE

    TST. 32:   ACTA 10,10   LA: 3   επεσεν

I. NICHT ERFASSTE STELLEN (9)

    Z (LUECKE)   TST: 1, 64- 71
==

■ ■ HS.-NR.: 321   TESTSTELLEN: 103

A. LA 2 : 5   SUMME: 1 TST

B. LA 1/2 : 10, 20, 28, 29, 35, 41, 42, 44, 45, 48, 52, 53, 55, 56, 65, 76,
           87, 88, 91, 97,100,102
   1/2B: 84
   1/2K: 36
   1/2M: 11   SUMME: 25 TST

C. LA 1 : 2, 4, 6- 9, 12- 17, 19, 21- 27, 30- 33, 37, 39, 40, 43, 46,
          47, 49- 51, 54, 57- 64, 67- 75, 77- 83, 86, 89, 90, 92- 95, 98,
          99,101,103,104
   1B: 3, 96
   1C: 85   SUMME: 73 TST

D. SINGULAERLESARTEN AN 2 TESTSTELLEN

    TST. 34:   ACTA 10,12   LA: 10B παντα τα τετραποδα και τα
       θηρια της γης και τα ερπετα και πετεινα του ουρανου
    TST. 66:   ACTA 18,27   LA: 6B βουλομενου δε αυτου ελθειν
       εις την αχαιαν προτρεψαμενοι οι αδελφοι εγραψαν
       τοις μαθηταις αποδεξασθε αυτον

E. SONDERLESARTEN AN 4 TESTSTELLEN

    TST. 18:   ACTA 4,33   LA: 7 του κυριου ιησου
    TST. 34:   ACTA 10,12   LA: 10B παντα τα τετραποδα και τα
       θηρια της γης και τα ερπετα και πετεινα του ουρανου
    TST. 38:   ACTA 10,32   LA: 5 ADD. ος παραγενομενος UND
       HOM.TEL. VON λαλησει/ος παραγενομενος (VS 32) ZU
       παραγενομενος (VS 33)
    TST. 66:   ACTA 18,27   LA: 6B βουλομενου δε αυτου ελθειν
       εις την αχαιαν προτρεψαμενοι οι αδελφοι εγραψαν
       τοις μαθηταις αποδεξασθε αυτον

I. NICHT ERFASSTE STELLEN (1)

    Z (LUECKE)   TST: 1
==

■ ■ HS.-NR.: 322   TESTSTELLEN: 104

A. LA 2 : 3, 6, 17, 19, 23, 26, 31, 32, 37, 46, 47, 50, 57, 59, 77, 90,
          92, 96
   2C: 13   SUMME: 19 TST

B. LA 1/2 : 10, 11, 20, 35, 36, 41, 44, 45, 48, 52, 55, 56, 66, 76, 84, 87,
          88, 97,100,102
   1/2C: 65   SUMME: 21 TST

C. LA 1 : 1, 2, 4, 5, 9, 12, 14- 16, 21, 22, 24, 25, 27, 30, 33, 38,
          40, 43, 49, 51, 54, 58, 60- 64, 67- 75, 78, 79, 81- 83, 85, 86,

89, 93, 94, 99,101,103,104   SUMME: 51 TST

D. SINGULAERLESARTEN AN   3 TESTSTELLEN

TST. 7:   ACTA 2,30   LA: 17 αναστησειν τον χριστον
καθισαι τε
TST. 28:   ACTA 8,37   LA: 8 ειπεν δε ει πιστευεις
εξεστιν. αποκριθεις δε ειπεν: πιστευω τον υιον του
θεου ειναι ιησουν χριστον
TST. 53:   ACTA 15,34   LA: 3F εδοξεν δε τω σιλα επιμειναι
εαυτου

E. SONDERLESARTEN AN 13 TESTSTELLEN

TST. 7:   ACTA 2,30   LA: 17 αναστησειν τον χριστον
καθισαι τε
TST. 8:   ACTA 2,31   LA: 3 εγκατελειφθη η ψυχη αυτου
TST. 18:   ACTA 4,33   LA: 4 της αναστασεως του κυριου
ιησου χριστου
TST. 28:   ACTA 8,37   LA: 8 ειπεν δε ει πιστευεις
εξεστιν. αποκριθεις δε ειπεν: πιστευω τον υιον του
θεου ειναι ιησουν χριστον
TST. 29:   ACTA 8,39   LA: 5 πνευμα αγιον επεπεσεν επι
τον ευνουχον αγγελος δε κυριου
TST. 34:   ACTA 10,12   LA: 11 παντα τα τετραποδα και τα
θηρια και τα ερπετα της γης και τα πετεινα του
ουρανου
TST. 39:   ACTA 10,47   LA: 4 δυναται τις κωλυσαι
TST. 42:   ACTA 12,25   LA: 6 απο ιερουσαλημ εις
αντιοχειαν
TST. 53:   ACTA 15,34   LA: 3F εδοξεν δε τω σιλα επιμειναι
εαυτου
TST. 80:   ACTA 21,25   LA: 6 ADD. μηδεν τοιουτον τηρειν
αυτους αλλα
TST. 91:   ACTA 24,6-8   LA: 5 ADD. και κατα τον ημετερον
νομον ηθελησαμεν κριναι παρελθων δε λυσιας ο
χιλιαρχος μετα πολλης βιας εκ των χειρων ημων
απηγαγεν. κελευσας τους κατηγορους αυτου ερχεσθαι
επι σου
TST. 95:   ACTA 25,5   LA: 4 ατοπον {εν τω ανδρι} τουτω
TST. 98:   ACTA 26,14   LA: 3 λαλουσαν προς με

===

■ ■ HS.-NR.: 323   TESTSTELLEN: 102

A. LA 2 :   3, 6, 13, 17, 19, 23, 26, 31, 32, 37, 46, 47, 50, 57, 59, 77,
90, 92, 96   SUMME: 19 TST

B. LA 1/2 : 11, 20, 35, 36, 41, 44, 45, 48, 52, 55, 56, 66, 76, 84, 87, 88,
97,100,102
1/2C: 65   SUMME: 20 TST

C. LA 1 :   1, 2, 4, 5, 12, 14- 16, 21, 22, 24, 25, 27, 30, 33, 38, 40,
43, 49, 51, 54, 58, 60- 64, 67- 75, 78, 79, 81- 83, 85, 86, 89,
93, 94, 99,101,103,104   SUMME: 50 TST

D. SINGULAERLESARTEN AN   2 TESTSTELLEN

    TST. 7:   ACTA 2,30   LA: 1B αναστησεις τον χριστον
           καθισαι τε
    TST. 28:   ACTA 8,37   LA: 3C ειπεν δε αυτω: ει πιστευεις
           εξ ολης της καρδιας εξεστιν. αποκριθεις δε ειπεν:
           πιστευω τον υιον του θεου ειναι ιησουν χριστον

E. SONDERLESARTEN AN 13 TESTSTELLEN

    TST. 7:   ACTA 2,30   LA: 1B αναστησεις τον χριστον
           καθισαι τε
    TST. 8:   ACTA 2,31   LA: 3   εγκατελειφθη η ψυχη αυτου
    TST. 18:   ACTA 4,33   LA: 4   της αναστασεως του κυριου
           ιησου χριστου
    TST. 28:   ACTA 8,37   LA: 3C ειπεν δε αυτω: ει πιστευεις
           εξ ολης της καρδιας εξεστιν. αποκριθεις δε ειπεν:
           πιστευω τον υιον του θεου ειναι ιησουν χριστον
    TST. 29:   ACTA 8,39   LA: 5   πνευμα αγιον επεπεσεν επι
           τον ευνουχον αγγελος δε κυριου
    TST. 34:   ACTA 10,12   LA: 11 παντα τα τετραποδα και τα
           θηρια και τα ερπετα της γης και τα πετεινα του
           ουρανου
    TST. 39:   ACTA 10,47   LA: 4   δυναται τις κωλυσαι
    TST. 42:   ACTA 12,25   LA: 6   απο ιερουσαλημ εις
           αντιοχειαν
    TST. 53:   ACTA 15,34   LA: 3   εδοξεν δε τω σιλα επιμειναι
           αυτου
    TST. 80:   ACTA 21,25   LA: 6   ADD. μηδεν τοιουτον τηρειν
           αυτους αλλα
    TST. 91:   ACTA 24,6-8   LA: 5   ADD. και κατα τον ημετερον
           νομον ηθελησαμεν κριναι παρελθων δε λυσιας ο
           χιλιαρχος μετα πολλης βιας εκ των χειρων ημων
           απηγαγεν. κελευσας τους κατηγορους αυτου ερχεσθαι
           επι σου
    TST. 95:   ACTA 25,5   LA: 4   ατοπον {εν τω ανδρι} τουτω
    TST. 98:   ACTA 26,14   LA: 3   λαλουσαν προς με

H. SUPPLEMENTE AN   2 TESTSTELLEN

    TST. 9:   ACTA 2,38
        S : LA   1   αμαρτιων
    TST. 10:   ACTA 2,43.44
        S : LA 1/2   SINE ADD.

I. NICHT ERFASSTE STELLEN (2)

    Z (LUECKE)   TST: 9, 10
==

■ ■ HS.-NR.: 325   TESTSTELLEN: 54

A. LA   2B: 86   <u>SUMME:</u> 1 TST

B. LA 1/2 : 52, 53, 55, 56, 65, 66, 76, 84, 87, 88, 91, 97,100,102
                                        <u>SUMME:</u> 14 TST

C. LA   1 : 51, 54, 57, 59- 64, 67- 75, 77- 83, 85, 89, 90, 92- 96, 98, 99,

                      101,103,104   SUMME: 38 TST

E. SONDERLESARTEN AN   1 TESTSTELLE

    TST. 58:   ACTA 17,23   LA: 6   ον ουν αγνοουντες
               προσκυνειτε τουτον

I. NICHT ERFASSTE STELLEN (50)

        Z (LUECKE)   TST: 1- 50
===

    ■ ■ HS.-NR.: 326   TESTSTELLEN: 104

A. LA   2 : 23, 39, 46, 47, 57, 79, 81   SUMME: 7 TST

B. LA 1/2 : 11, 18, 20, 28, 29, 35, 36, 41, 42, 44, 45, 48, 52, 55, 65, 76,
             84, 87, 88, 91, 97,100,102
      1/2B: 56   SUMME: 24 TST

C. LA   1 :   1- 7, 9, 12- 14, 19, 21, 22, 24- 27, 30- 33, 37, 38, 40, 43,
             49- 51, 54, 59- 64, 67, 69- 75, 78, 80, 82, 83, 85, 86, 89, 90,
             92- 96, 99,101,104
        1B: 77
        1C: 17
        1L: 58,103   SUMME: 64 TST

E. SONDERLESARTEN AN   9 TESTSTELLEN

    TST. 8:   ACTA 2,31   LA: 3   εγκατελειφθη η ψυχη αυτου
    TST. 10:   ACTA 2,43.44 LA: 7   ADD. εν ιερουσαλημ φοβος τε
               ην μεγας επι παντας
    TST. 15:   ACTA 3,22   LA: 4   ειπεν προς τους πατερας ημων
    TST. 16:   ACTA 4,8   LA: 4   πρεσβυτεροι του λαου ισραηλ
    TST. 34:   ACTA 10,12   LA: 4   παντα τα τετραποδα και τα
               ερπετα της γης και τα πετεινα του ουρανου και τα
               θηρια της γης
    TST. 53:   ACTA 15,34   LA: 3B εδοξεν τω σιλα επιμειναι
               αυτου
    TST. 66:   ACTA 18,27   LA: 14   καλουμενου δε αυτου διελθειν
               εις την αχαιαν προτρεψαμενοι οι αδελφοι εγραψαν
               τοις μαθηταις αποδεξασθαι αυτον
    TST. 68:   ACTA 19,3   LA: 5   ο δε ειπεν προς αυτους
    TST. 98:   ACTA 26,14   LA: 3   λαλουσαν προς με
===

    ■ ■ HS.-NR.: 327   TESTSTELLEN: 104

A. LA   2 : 78   SUMME: 1 TST

B. LA 1/2 : 10, 11, 18, 28, 29, 35, 36, 41, 42, 44, 45, 48, 52, 53, 55, 56,
             76, 84, 87, 88, 91, 97,100,102
      1/2B: 20   SUMME: 25 TST

C. LA   1 :   1- 9, 12- 17, 19, 21- 27, 30, 31, 33, 34, 37- 40, 43, 46, 47,
             49- 51, 54, 57- 64, 67- 75, 77, 79- 83, 85, 86, 89, 90, 92, 93,
             95, 96, 98, 99,101,103,104
        1C: 94

D. SINGULAERLESARTEN AN   1 TESTSTELLE   SUMME: 75 TST

TST. 66:   ACTA 18,27   LA: 11C βουλομενου δε αυτου ελθειν
           εις την αχαιαν προτρεψαμενοι οι αδελφοι εγραψαν
           τοις αδελφοις αποδεξασθαι αυτον

E. SONDERLESARTEN AN   3 TESTSTELLEN

TST. 32:   ACTA 10,10   LA: 3   επεσεν
TST. 65:   ACTA 18,21.22 LA: 5   ανηχθη απο της εφεσου, και
           καταβας
TST. 66:   ACTA 18,27   LA: 11C βουλομενου δε αυτου ελθειν
           εις την αχαιαν προτρεψαμενοι οι αδελφοι εγραψαν
           τοις αδελφοις αποδεξασθαι αυτον
==

■ ■ HS.-NR.:   328   TESTSTELLEN: 104

A. LA   2 : 19, 68, 77   SUMME: 3 TST

B. LA 1/2 :   10, 11, 18, 20, 28, 29, 35, 36, 41, 44, 45, 48, 52, 53, 55, 56,
              65, 66, 76, 84, 87, 88, 91, 97,100,102   SUMME: 26 TST

C. LA   1 :   1- 9, 12- 17, 21- 27, 30- 34, 37- 40, 43, 46, 47, 49- 51, 54,
              57- 64, 67, 69- 72, 74, 75, 78- 83, 85, 89, 90, 92- 96, 98, 99,
              101,103
         1B: 86
         1C: 73
         1E: 104   SUMME: 74 TST

E. SONDERLESARTEN AN   1 TESTSTELLE

TST. 42:   ACTA 12,25   LA: 8   εις αντιοχειαν
==

■ ■ HS.-NR.:   330   TESTSTELLEN: 104

A. LA   2 : 78
        2C: 98   SUMME: 2 TST

B. LA 1/2 :   10, 18, 20, 28, 29, 35, 36, 41, 42, 44, 45, 48, 52, 53, 56, 65,
              66, 76, 84, 87, 88, 91, 97,100
      1/2D: 102
      1/2G: 55
      1/2M: 11   SUMME: 27 TST

C. LA   1 :   1- 9, 12, 14- 16, 19, 21- 27, 30- 34, 37- 40, 43, 46, 47,
              49- 51, 54, 57- 64, 67- 75, 77, 79- 83, 85, 86, 89, 90, 92- 96,
              99,101
         1C: 13, 17
         1D: 103
         1L: 104   SUMME: 75 TST

D. SINGULAERLESARTEN AN   2 TESTSTELLEN

TST. 55:   ACTA 16,33   LA:1/2G αι αυτου παντες

```
    TST.102:    ACTA 27,41      LA:1/2D  της βιας των καματων
===============================================================================
```

■ ■ HS.-NR.:   337   TESTSTELLEN: 99

A. LA   2 :   4, 49   SUMME: 2 TST

B. LA 1/2 :   10, 11, 18, 28, 29, 35, 36, 41, 42, 44, 45, 48, 52, 53, 55, 56,
              65, 66, 76, 84, 87, 88, 91, 97,100,102   SUMME: 26 TST

C. LA   1 :   1- 3, 5- 9, 12, 16, 17, 19, 22- 27, 30, 31, 33, 34, 37- 40,
              43, 47, 50, 51, 54, 57- 64, 67- 71, 73- 75, 77, 78, 80- 83, 85,
              86, 89, 90, 92- 96, 98, 99,101,103,104
       1B: 79   SUMME: 68 TST

E. SONDERLESARTEN AN   3 TESTSTELLEN

    TST. 32:   ACTA 10,10   LA: 3   επεσεν
    TST. 46:   ACTA 13,42   LA: 3   εξιοντων δε αυτων εκ της
        συναγωγης των ιουδαιων
    TST. 72:   ACTA 20,15   LA: 4   και μειναντες εν τρωγυλιω
        (ET SIM.) τη ερχομενη

I. NICHT ERFASSTE STELLEN (5)

    Z (LUECKE)   TST: 13- 15, 20, 21
===

■ ■ HS.-NR.:   363   TESTSTELLEN: 101

A. LA   2 :   8, 19   SUMME: 2 TST

B. LA 1/2 :   10, 20, 28, 29, 35, 41, 42, 44, 45, 48, 52, 53, 55, 56, 65, 76,
              84, 87, 88, 91, 97,100
       1/2K: 36   SUMME: 23 TST

C. LA   1 :   1- 7, 9, 12, 16, 17, 22- 27, 30- 34, 37- 40, 43, 47, 49, 51,
              54, 57- 59, 61- 64, 67- 75, 77- 83, 85, 89, 90, 92- 96, 98, 99,
              101,103,104   SUMME: 67 TST

E. SONDERLESARTEN AN   9 TESTSTELLEN

    TST. 13:   ACTA 3,11   LA: 3   κρατουντος δε αυτου τον
        πετρον και ιωαννην συνεδραμεν προς αυτους πας ο
        λαος
    TST. 14:   ACTA 3,21   LA: 3   των απ αιωνος αυτου προφητων
    TST. 15:   ACTA 3,22   LA: 3   ειπεν προς τους πατερας
    TST. 18:   ACTA 4,33   LA: 4   της αναστασεως του κυριου
        ιησου χριστου
    TST. 21:   ACTA 5,24   LA: 6   ο τε αρχιερευς και ο
        στρατηγος
    TST. 46:   ACTA 13,42   LA: 3   εξιοντων δε αυτων εκ της
        συναγωγης των ιουδαιων
    TST. 50:   ACTA 15,18   LA: 21   ταυτα παντα φανερα γαρ απ
        αρχης εστιν τω θεω παντα τα εργα αυτου
    TST. 66:   ACTA 18,27   LA: 4   βουλομενου δε αυτου διελθειν
        την αχαιαν προτρεψαμενοι οι αδελφοι εγραψαν τοις
        μαθηταις αποδεξασθαι αυτον
```
```

TST.102:   ACTA 27,41   LA: 3   της βιας

F. KORREKTUREN AN   3 TESTSTELLEN

TST. 11:   ACTA 2,46
            C : LA   5B καθ ημεραν τε προσκαρτερουντες εν τω ιερω
            ομοθυμαδον κλωντες κατ οικον αρτον
TST. 60:   ACTA 18,1
            C : LA   1   ο παυλος εκ
TST. 86:   ACTA 23,20
            C : LA   1B μελλοντες

I. NICHT ERFASSTE STELLEN (3)

    X (UNLESERLICH) TST: 11, 60, 86
==

■ ■ HS.-NR.: 365   TESTSTELLEN: 73

B. LA 1/2 : 11, 18, 20, 28, 29, 35, 41, 42, 44, 45, 48, 52, 53, 55, 56, 65,
             100,102
      1/2K: 36   SUMME: 19 TST

C. LA   1 : 1- 9, 13- 17, 19, 21- 27, 30, 31, 33, 34, 37- 40, 43, 46, 47,
             49, 51, 57- 64, 67, 68
      1L: 103   SUMME: 46 TST

E. SONDERLESARTEN AN   8 TESTSTELLEN

TST. 10:   ACTA 2,43.44   LA: 3   ADD. εν ιερουσαλημ φοβος τε
            ην μεγας επι παντας
TST. 12:   ACTA 2,47.3,1 LA: 12   τη εκκλησια. πετρος δε
TST. 32:   ACTA 10,10   LA: 3   επεσεν
TST. 50:   ACTA 15,18   LA: 13   παντα ταυτα γνωστα απ αιωνος
            εστιν τω κυριω παντα τα εργα αυτου
TST. 54:   ACTA 16,28   LA: 8   φωνη μεγαλη {λεγων} ο παυλος
TST. 66:   ACTA 18,27   LA: 10   βουλομενου δε αυτου διελθειν
            εις την αχαιαν προπεμψαμενοι οι αδελφοι εγραψαν
            τοις μαθηταις αποδεξασθαι αυτον
TST.101:   ACTA 27,14   LA: 3   ευρυκλυδων
TST.104:   ACTA 28,29   LA: 3D ADD. και ταυτα αυτου
            ειποντος απηλθον οι ιουδαιοι πολλην εχοντες εν
            εαυτοις ζητησιν

F. KORREKTUREN AN   1 TESTSTELLE

TST.101:   ACTA 27,14
            C : LA   1   ευροκλυδων

I. NICHT ERFASSTE STELLEN (31)

    Z (LUECKE)   TST: 69- 99
==

■ ■ HS.-NR.:   367   TESTSTELLEN: 104

B. LA 1/2 :   10, 11, 18, 20, 28, 29, 35, 41, 42, 44, 45, 48, 52, 53, 55, 56,
              65, 66, 76, 87, 88, 97,100,102
     1/2I: 36   SUMME: 25 TST

C. LA   1 :   1- 7, 9, 12- 16, 19, 21- 27, 30- 34, 37- 40, 43, 47, 49- 51,
              54, 57- 59, 61- 64, 67- 75, 78- 83, 85, 89, 90, 92- 94, 96, 98,
              99,101,103,104
       1B: 77
       1C: 17   SUMME: 72 TST

D. SINGULAERLESARTEN AN   2 TESTSTELLEN

    TST. 36:   ACTA 10,25   LA:1/2I ως δε εγενετο του συνελθειν
        τον πετρον συναντησας αυτω ο κορνηλιος
    TST. 91:   ACTA 24,6-8   LA: 11B ADD. και κατα ημετερον νομον
        ηθελησαμεν κριναι παρελθων δε λυσιας ο χιλιαρχος
        βια πολλη εκ των χειρων ημων αφειλετο και προς σε
        απεστειλε. κελευσας και τους κατηγορους αυτου
        ερχεσθαι επι σου

E. SONDERLESARTEN AN   7 TESTSTELLEN

    TST. 8:   ACTA 2,31   LA: 3   εγκατελειφθη η ψυχη αυτου
    TST. 46:   ACTA 13,42   LA: 3   εξιοντων δε αυτων εκ της
        συναγωγης των ιουδαιων
    TST. 60:   ACTA 18,1   LA: 4   ο παυλος απο
    TST. 84:   ACTA 23,1   LA: 4   παυλος τω συνεδριω
    TST. 86:   ACTA 23,20   LA: 3   μελλοντων
    TST. 91:   ACTA 24,6-8   LA: 11B ADD. και κατα ημετερον νομον
        ηθελησαμεν κριναι παρελθων δε λυσιας ο χιλιαρχος
        βια πολλη εκ των χειρων ημων αφειλετο και προς σε
        απεστειλε. κελευσας και τους κατηγορους αυτου
        ερχεσθαι επι σου
    TST. 95:   ACTA 25,5   LA: 3   τουτω ατοπον
==

■ ■ HS.-NR.:   378   TESTSTELLEN: 101

A. LA   2 :   93
       2B: 86   SUMME: 2 TST

B. LA 1/2 :   10, 11, 20, 28, 29, 41, 42, 44, 45, 48, 53, 56, 65, 66, 76, 84,
              87, 88, 91, 97,100,102
     1/2E: 55   SUMME: 23 TST

C. LA   1 :   1- 7, 9, 12- 17, 19, 21- 27, 30- 34, 38- 40, 43, 46, 47,
              49- 51, 54, 57- 64, 67- 75, 77- 83, 85, 89, 90, 92, 94- 96, 98,
              99,101,104
       1L: 103   SUMME: 73 TST

E. SONDERLESARTEN AN   3 TESTSTELLEN

    TST. 8:   ACTA 2,31   LA: 3   εγκατελειφθη η ψυχη αυτου
    TST. 18:   ACTA 4,33   LA: 4   της αναστασεως του κυριου
        ιησου χριστου

TST. 52:   ACTA 15,24   LA: 4   OM. εξελθοντες

I. NICHT ERFASSTE STELLEN (3)

    Z (LUECKE)   TST: 35- 37
==

■ ■ HS.-NR.: 383   TESTSTELLEN: 103

A. LA 2 :   5, 57, 77   SUMME: 3 TST

B. LA 1/2 : 10, 11, 18, 20, 28, 29, 35, 36, 41, 42, 44, 45, 48, 52, 56, 84,
             87, 88, 91, 97,100,102
    1/2B: 55   SUMME: 23 TST

C. LA 1 :   1- 4, 6- 9, 12- 17, 19, 21- 23, 25- 27, 30, 31, 33, 34,
             37- 40, 43, 46, 47, 49, 50, 54, 58- 64, 67- 75, 78- 83, 85, 86,
             89, 90, 92- 96, 98, 99,101,103,104   SUMME: 71 TST

E. SONDERLESARTEN AN   6 TESTSTELLEN

    TST. 32:   ACTA 10,10   LA: 3   επεσεν
    TST. 51:   ACTA 15,23   LA: 8   δια χειρος αυτων επιστολην
       και πεμψαντες περιεχουσαν ταδε
    TST. 53:   ACTA 15,34   LA: 3   εδοξεν δε τω σιλα επιμειναι
       αυτου
    TST. 65:   ACTA 18,21.22 LA: 10B και ανηχθη απο της εφεσου:
       τον δε ακυλαν ειασεν εν εφεσω, και κατελθων
    TST. 66:   ACTA 18,27   LA: 10B βουλομενου δε αυτου διελθειν
       την αχαιαν προπεμψαμενοι οι αδελφοι εγραψαν τοις
       μαθηταις αποδεξασθαι αυτον
    TST. 76:   ACTA 20,32   LA: 4   ADD. αυτω η δοξα εις τους
       αιωνας των αιωνων αμην

F. KORREKTUREN AN   3 TESTSTELLEN

    TST. 17:   ACTA 4,25
       C : LA   1C ο δια στοματος δαυιδ του παιδος σου ειπων
    TST. 21:   ACTA 5,24
       C : LA   6   ο τε αρχιερευς και ο στρατηγος
    TST. 24:   ACTA 7,11
       C : LA   6   ολην την γην

I. NICHT ERFASSTE STELLEN (1)

    U (H.TEL/ARK.)   TST: 24
==

■ ■ HS.-NR.: 384   TESTSTELLEN: 104

B. LA 1/2 : 10, 18, 20, 28, 29, 35, 36, 41, 42, 44, 45, 52, 53, 55, 56, 66,
             76, 84, 87, 88, 91, 97,100,102
    1/2O: 11   SUMME: 25 TST

C. LA 1 :   1- 6, 9, 12, 13, 15- 17, 19, 21- 27, 30- 34, 37- 40, 43, 46,
             47, 49, 51, 54, 57- 64, 67- 71, 74, 75, 78- 83, 85, 86, 89, 90,
             92- 96, 98, 99,101,103,104
    1C: 7

```
        1D:  50, 73                              SUMME: 73 TST

D. SINGULAERLESARTEN AN    1 TESTSTELLE

    TST. 14:   ACTA 3,21      LA: 12   των προφητων {των αγιων} των
    απ αιωνος

E. SONDERLESARTEN AN    6 TESTSTELLEN

    TST.  8:   ACTA 2,31      LA:  3   εγκατελειφθη η ψυχη αυτου
    TST. 14:   ACTA 3,21      LA: 12   των προφητων {των αγιων} των
    απ αιωνος
    TST. 48:   ACTA 15,2      LA:  9   εταξαν αναβαινειν και τινας
    αλλους εξ αυτων
    TST. 65:   ACTA 18,21.22  LA:  8   ανηχθη απο της εφεσου, εν
    ταις ημεραις εκειναις κατελθων ο παυλος
    TST. 72:   ACTA 20,15     LA:  4   και μειναντες εν τρωγυλιω
    (ET SIM.) τη ερχομενη
    TST. 77:   ACTA 21,8      LA:  5   οι αποστολοι ηλθον

F. KORREKTUREN AN    1 TESTSTELLE

    TST. 73:   ACTA 20,24(1)
        C : LA   1   ουδενος λογον ποιουμαι ουδε εχω την ψυχην
        μου
==============================================================================

■ ■ HS.-NR.:  385        TESTSTELLEN: 103

A. LA   2 :  49, 78                                 SUMME:  2 TST

B. LA 1/2 :  10, 11, 18, 20, 35, 36, 41, 44, 45, 48, 52, 56, 65, 76, 84, 87,
             88, 97,100,102
      1/2F:  55                                     SUMME: 21 TST

C. LA   1 :   1,  3-  9, 12- 17, 19, 21- 27, 30- 33, 37- 40, 43, 46, 47, 50,
             51, 54, 57- 64, 67- 75, 77, 79, 80, 82, 83, 85, 89, 90, 92- 96,
             98, 99,101,103,104
      1E:  81
      1F:  34                                       SUMME: 73 TST

D. SINGULAERLESARTEN AN    1 TESTSTELLE

    TST. 81:   ACTA 22,9      LA: 1E   εθεασαντο και εκθαμβοι
    εγενοντο

E. SONDERLESARTEN AN    7 TESTSTELLEN

    TST. 28:   ACTA 8,37      LA: 3D   ειπεν δε αυτω: ει πιστευεις
    εξ ολης της καρδιας σου εξεστιν. αποκριθεις δε
    ειπεν: πιστευω τον υιον του θεου ειναι ιησουν
    χριστον
    TST. 29:   ACTA 8,39      LA:  5   πνευμα αγιον επεπεσεν επι
    τον ευνουχον αγγελος δε κυριου
    TST. 42:   ACTA 12,25     LA:  5   εξ ιερουσαλημ εις αντιοχειαν
    TST. 53:   ACTA 15,34     LA:  3   εδοξεν δε τω σιλα επιμειναι
    αυτου
```

TST. 66:   ACTA 18,27   LA: 6   βουλομενου δε αυτου ελθειν
      εις την αχαιαν προτρεψαμενοι οι αδελφοι εγραψαν
      τοις μαθηταις αποδεξασθαι αυτον
TST. 86:   ACTA 23,20   LA: 4   μελλοντας
TST. 91:   ACTA 24,6-8   LA: 3   ADD. και κατα τον ημετερον
      νομον ηθελησαμεν κριναι παρελθων δε λυσιας ο
      χιλιαρχος μετα πολλης βιας εκ των χειρων ημων
      απηγαγεν. κελευσας τους κατηγορους αυτου ερχεσθαι
      επι σε

I. NICHT ERFASSTE STELLEN (1)

   X (UNLESERLICH) TST: 2
===

■ ■ HS.-NR.: 386   TESTSTELLEN: 104

A. LA   2 : 19, 49, 68, 77   SUMME: 4 TST

B. LA 1/2 : 10, 11, 18, 20, 28, 29, 35, 36, 41, 44, 45, 48, 52, 53, 55, 56,
             65, 66, 76, 84, 87, 88, 91, 97,100,102   SUMME: 26 TST

C. LA   1 :   1- 9, 12- 17, 21- 27, 30- 34, 37- 40, 43, 46, 47, 50, 51, 54,
             57- 64, 67, 69- 75, 78- 83, 85, 89, 90, 92- 96, 98, 99,101,103,
             104
       1B: 86   SUMME: 73 TST

E. SONDERLESARTEN AN   1 TESTSTELLE

   TST. 42:   ACTA 12,25   LA: 4   απο ιερουσαλημ
===

■ ■ HS.-NR.: 390   TESTSTELLEN: 104

A. LA   2 : 77   SUMME: 1 TST

B. LA 1/2 : 10, 11, 18, 20, 28, 29, 35, 41, 44, 45, 48, 52, 56, 65, 66, 76,
             87, 88, 91,100,102
       1/2M: 36   SUMME: 22 TST

C. LA   1 :   1- 7, 9, 12- 16, 19, 21- 27, 30- 34, 37- 40, 43, 47, 49, 51,
             54, 57- 64, 67- 75, 78- 83, 85, 89, 90, 92- 94, 96, 98, 99,101,
             103,104
       1B: 86
       1C: 17   SUMME: 72 TST

E. SONDERLESARTEN AN   9 TESTSTELLEN

   TST. 8:   ACTA 2,31   LA: 3B εγκατεληφθη η ψυχη αυτου
   TST. 42:   ACTA 12,25   LA: 5   εξ ιερουσαλημ εις αντιοχειαν
   TST. 46:   ACTA 13,42   LA: 3   εξιοντων δε αυτων εκ της
      συναγωγης των ιουδαιων
   TST. 50:   ACTA 15,18   LA: 17   παντα ταυτα α εστι γνωστα απ
      αιωνος αυτω
   TST. 53:   ACTA 15,34   LA: 8   εδοξεν δε τω σιλα επιμειναι
      αυτοθι

```
TST. 55:    ACTA 16,33    LA: 8    οι αυτου
TST. 84:    ACTA 23,1     LA: 4    παυλος τω συνεδριω
TST. 95:    ACTA 25,5     LA: 3    τουτω ατοπον
TST. 97:    ACTA 25,17    LA: 4    ουν ενθαδε
```
==

■ ■ HS.-NR.: 393   TESTSTELLEN: 104

A. LA 2 : 78   SUMME: 1 TST

B. LA 1/2 : 10, 18, 20, 28, 29, 35, 36, 41, 42, 44, 45, 48, 52, 53, 55, 56,
             66, 76, 84, 87, 88, 91, 97,100,102
      1/2L: 11   SUMME: 26 TST

C. LA 1 : 1- 9, 12- 17, 19, 21- 27, 30, 31, 33, 34, 37- 40, 43, 46, 47,
            49- 51, 54, 57- 64, 67- 75, 77, 79- 83, 85, 86, 89, 90, 92- 96,
            98, 99,101,103,104   SUMME: 75 TST

E. SONDERLESARTEN AN   2 TESTSTELLEN

```
TST. 32:    ACTA 10,10      LA: 3    επεσεν
TST. 65:    ACTA 18,21.22   LA: 5    ανηχθη απο της εφεσου, και
            καταβας
```
==

■ ■ HS.-NR.: 394   TESTSTELLEN: 104

A. LA 2 : 19, 49, 68, 77   SUMME: 4 TST

B. LA 1/2 : 10, 11, 18, 20, 28, 29, 35, 36, 41, 44, 45, 48, 52, 53, 55, 56,
             65, 66, 76, 84, 87, 88, 91, 97,100,102 SUMME: 26 TST

C. LA 1 : 1- 9, 12- 17, 22- 27, 30- 34, 37- 40, 43, 46, 47, 50, 51, 54,
            57- 64, 67, 69- 75, 78- 83, 85, 89, 90, 92- 96, 98, 99,101,103,
            104
      1B: 86   SUMME: 72 TST

E. SONDERLESARTEN AN   2 TESTSTELLEN

```
TST. 21:    ACTA 5,24      LA: 6    ο τε αρχιερευς και ο
            στρατηγος
TST. 42:    ACTA 12,25     LA: 8    εις αντιοχειαν
```
==

■ ■ HS.-NR.: 398   TESTSTELLEN: 103

B. LA 1/2 : 10, 11, 18, 20, 28, 29, 35, 36, 41, 42, 44, 45, 48, 52, 53, 55,
             56, 65, 66, 76, 84, 87, 88, 97,100,102 SUMME: 26 TST

C. LA 1 : 1- 9, 12, 14- 17, 19, 22- 27, 30- 34, 37- 40, 43, 46, 47,
            49- 51, 54, 57- 64, 67- 75, 77- 83, 85, 86, 89, 90, 92- 96, 98,
            99,101,103,104   SUMME: 75 TST

E. SONDERLESARTEN AN   2 TESTSTELLEN

```
TST. 21:    ACTA 5,24      LA: 6    ο τε αρχιερευς και ο
            στρατηγος
```

```
TST. 91:    ACTA 24,6-8    LA:  5   ADD. και κατα τον ημετερον
            νομον ηθελησαμεν κριναι παρελθων δε λυσιας ο
            χιλιαρχος μετα πολλης βιας εκ των χειρων ημων
            απηγαγεν. κελευσας τους κατηγορους αυτου ερχεσθαι
            επι σου
```

I. NICHT ERFASSTE STELLEN (1)

```
    Z (LUECKE)    TST: 13
```
==

■ ■ HS.-NR.: 400   TESTSTELLEN: 78

A. LA   2 : 47, 49, 54, 77   <u>SUMME:</u> 4 TST

B. LA 1/2 : 10, 18, 20, 28, 29, 36, 41, 45, 48, 52, 55, 56, 76, 84, 97,100,
             102
   1/2L: 11   <u>SUMME:</u> 18 TST

C. LA   1 :   1, 6- 9, 12- 17, 19, 21, 22, 24- 27, 30, 31, 37- 40, 43, 50,
             51, 57- 62, 64, 72, 74, 75, 78, 79, 83, 92- 96, 98, 99,101,104
   1B: 86   <u>SUMME:</u> 50 TST

D. SINGULAERLESARTEN AN   1 TESTSTELLE

```
    TST.103:    ACTA 28,16    LA:  7B  ο εκατονταρχος παρεδωκε τους
    δεσμιους τω στρατοπεδαρχω τω δε σαυλω επετραπη
```

E. SONDERLESARTEN AN   6 TESTSTELLEN

```
    TST. 32:    ACTA 10,10    LA:  3    επεσεν
    TST. 34:    ACTA 10,12    LA: 11    παντα τα τετραποδα και τα
    θηρια και τα ερπετα της γης και τα πετεινα του
    ουρανου
    TST. 46:    ACTA 13,42    LA:  6    εξιοντων δε αυτων εκ της
    συναγωγης
    TST. 73:    ACTA 20,24(1)  LA: 10    ουδενος τουτων λογον
    ποιουμαι ουδε εχω την ψυχην μου
    TST. 91:    ACTA 24,6-8    LA:  5   ADD. και κατα τον ημετερον
    νομον ηθελησαμεν κριναι παρελθων δε λυσιας ο
    χιλιαρχος μετα πολλης βιας εκ των χειρων ημων
    απηγαγεν. κελευσας τους κατηγορους αυτου ερχεσθαι
    επι σου
    TST.103:    ACTA 28,16    LA:  7B  ο εκατονταρχος παρεδωκε τους
    δεσμιους τω στρατοπεδαρχω τω δε σαυλω επετραπη
```

F. KORREKTUREN AN   1 TESTSTELLE

```
    TST. 55:    ACTA 16,33
                C : LA   X   UNLESERLICH
```

I. NICHT ERFASSTE STELLEN (26)

```
    W (UNSICHER)     TST: 42, 53
    X (UNLESERLICH) TST: 33, 35, 44, 63, 65- 71, 80- 82, 85, 87- 90
    Y (FILMFEHLER)   TST: 23
    Z (LUECKE)       TST: 2- 5
```
==

■ ■ HS.-NR.: 404   TESTSTELLEN: 104

A. LA   2 : 32, 95
        2B: 86   SUMME: 3 TST

B. LA 1/2 : 10, 11, 18, 20, 28, 29, 35, 36, 41, 42, 44, 45, 48, 52, 53, 55,
             56, 65, 66, 76, 84, 87, 88, 91, 97,100,102   SUMME: 27 TST

C. LA   1 : 1- 7, 9, 12- 14, 16, 17, 19, 21- 27, 30, 31, 33, 34, 37- 40,
             43, 46, 47, 49- 51, 57- 64, 67- 75, 77- 83, 85, 89, 90, 92- 94,
             96, 98, 99,101,104
        1F: 8
        1L: 103   SUMME: 72 TST

D. SINGULAERLESARTEN AN   2 TESTSTELLEN

     TST. 8:   ACTA 2,31   LA: 1F κατελειφθη η ψυχη αυτον
     TST. 15:   ACTA 3,22   LA: 6B γαρ προς τους πατερας ημιν
               ειπεν

E. SONDERLESARTEN AN   2 TESTSTELLEN

     TST. 15:   ACTA 3,22   LA: 6B γαρ προς τους πατερας ημιν
               ειπεν
     TST. 54:   ACTA 16,28   LA: 9   μεγαλη ο παυλος

F. KORREKTUREN AN   1 TESTSTELLE

     TST. 54:   ACTA 16,28
               C : LA   1   φωνη μεγαλη ο παυλος
===

■ ■ HS.-NR.: 421   TESTSTELLEN: 104

A. LA   2 : 24, 86   SUMME: 2 TST

B. LA 1/2 : 10, 18, 20, 28, 29, 35, 36, 41, 42, 44, 45, 48, 52, 55, 56, 76,
             84, 87, 88, 91, 97,100,102
       1/2K: 11   SUMME: 24 TST

C. LA   1 : 1, 2, 4- 9, 12- 16, 19, 21- 23, 25- 27, 30- 33, 37, 38, 43,
             46, 47, 49- 51, 54, 57- 64, 67- 75, 77- 83, 85, 89, 90, 92- 94,
             96, 98, 99,101,104
        1B: 3
        1C: 17
        1D: 39
        1H: 40
        1L: 103   SUMME: 73 TST

D. SINGULAERLESARTEN AN   4 TESTSTELLEN

     TST. 11:   ACTA 2,46   LA:1/2K καθ ημεραν τε
               προσκαρτερουντες ομοθυμαδων εν τω ιερω κλωντες δε
               κατ οικον αρτον
     TST. 34:   ACTA 10,12   LA: 5   παντα τα θηρια της γης και
               τα τετραποδα και τα ερπετα και τα πετεινα του
               ουρανου

TST. 40:   ACTA 11,2   LA: 1H και οτε ανεβη πετρος εις
ιερουσαλημ/ιεροσολυμα διεκρινοντο προς αυτον οι εκ
περιτομη
TST. 65:   ACTA 18,21.22   LA: 10C ανηχθη απο της εφεσου: τον
δε ακυλαν ειασεν εν εφεσου, και κατελθων

E. SONDERLESARTEN AN   5 TESTSTELLEN

TST. 34:   ACTA 10,12   LA: 5 παντα τα θηρια της γης και
τα τετραποδα και τα ερπετα και τα πετεινα του
ουρανου
TST. 53:   ACTA 15,34   LA: 3 εδοξεν δε τω σιλα επιμειναι
αυτου
TST. 65:   ACTA 18,21.22   LA: 10C ανηχθη απο της εφεσου: τον
δε ακυλαν ειασεν εν εφεσου, και κατελθων
TST. 66:   ACTA 18,27   LA: 10 βουλομενου δε αυτου διελθειν
εις την αχαιαν προπεμψαμενοι οι αδελφοι εγραψαν
τοις μαθηταις αποδεξασθαι αυτον
TST. 95:   ACTA 25,5   LA: 3 τουτω ατοπον

F. KORREKTUREN AN   1 TESTSTELLE

TST. 24:   ACTA 7,11
C : LA 1 ολην την γην αιγυπτου
===
■ ■ HS.-NR.:   424   TESTSTELLEN: 103

A. LA 2 : 32
      2B: 86   SUMME: 2 TST

B. LA 1/2 : 10, 11, 18, 20, 28, 29, 35, 36, 41, 42, 44, 45, 48, 52, 53, 55,
             56, 65, 66, 76, 84, 87, 88, 91, 97,100,102   SUMME: 27 TST

C. LA 1 :   1- 9, 12- 17, 19, 21- 27, 30, 31, 33, 34, 37- 40, 43, 47,
             49- 51, 54, 57- 64, 67- 75, 77- 83, 85, 89, 90, 92- 96, 98, 99,
             101,104
        1L: 103   SUMME: 74 TST

F. KORREKTUREN AN   7 TESTSTELLEN

TST. 34:   ACTA 10,12
C : LA 11 παντα τα τετραποδα και τα θηρια και τα
ερπετα της γης και τα πετεινα του ουρανου
TST. 42:   ACTA 12,25
C : LA 6 απο ιερουσαλημ εις αντιοχειαν
TST. 46:   ACTA 13,42
C : LA 2 εξιοντων δε αυτων
TST. 80:   ACTA 21,25
C : LA 6 ADD. μηδεν τοιουτον τηρειν αυτους αλλα
TST. 86:   ACTA 23,20
C : LA 3 μελλοντων
TST. 91:   ACTA 24,6-8
C : LA 5 ADD. και κατα τον ημετερον νομον
ηθελησαμεν κριναι παρελθων δε λυσιας ο χιλιαρχος
μετα πολλης βιας εκ των χειρων ημων απηγαγεν.
κελευσας τους κατηγορους αυτου ερχεσθαι επι σου

```
TST. 92:   ACTA 24,14
        C : LA   2   εν τοις
```

I. NICHT ERFASSTE STELLEN (1)

    X (UNLESERLICH) TST: 46
==

■ ■ HS.-NR.: 425   TESTSTELLEN: 104

B. LA 1/2 : 10, 11, 18, 20, 28, 29, 35, 41, 44, 45, 48, 52, 53, 55, 56, 65,
             66, 76, 84, 87, 88, 91, 97,100,102
    1/2K: 36   SUMME: 26 TST

C. LA   1 :   1- 9, 12- 17, 22- 27, 30- 34, 37- 40, 43, 46, 47, 49- 51, 54,
             57- 64, 67, 70, 71, 73- 75, 77- 83, 85, 89, 90, 92- 96, 98, 99,
             101,103
    1B: 19, 86
    1F: 104   SUMME: 73 TST

E. SONDERLESARTEN AN   5 TESTSTELLEN

    TST. 21:   ACTA 5,24   LA: 6   ο τε αρχιερευς και ο
        στρατηγος
    TST. 42:   ACTA 12,25   LA: 8   εις αντιοχειαν
    TST. 68:   ACTA 19,3   LA: 7   ειπεν δε προς αυτους
    TST. 69:   ACTA 19,14   LA: 10   ησαν δε τινες υιοι σκευα
        ιουδαιους αρχιερεως επτα οι τουτο ποιουντες
    TST. 72:   ACTA 20,15   LA: 4   και μειναντες εν τρωγυλιω
        (ET SIM.) τη ερχομενη

F. KORREKTUREN AN   3 TESTSTELLEN

    TST. 12:   ACTA 2,47.3,1
        C : LA   6   τη εκκλησια. εν ταις ημεραις εκειναις
           πετρος
    TST. 69:   ACTA 19,14
        C : LA   1   ησαν/εισαν δε τινες υιοι σκευα ιουδαιου
           αρχιερεως επτα οι τουτο ποιουντες
    TST.104:   ACTA 28,29
        C : LA   1   ADD. και ταυτα αυτου ειποντος απηλθον οι
           ιουδαιοι πολλην εχοντες εν εαυτοις συζητησιν
==

■ ■ HS.-NR.: 429   TESTSTELLEN: 104

A. LA   2 : 14, 19, 21, 23, 32, 46, 47, 49, 57, 72, 79, 83
    2B: 34   SUMME: 13 TST

B. LA 1/2 : 10, 20, 29, 35, 41, 44, 45, 48, 52, 55, 56, 65, 66, 76, 87, 88,
             97,100,102
    1/2F: 36   SUMME: 20 TST

C. LA   1 :   1- 6, 9, 16, 22, 24- 27, 31, 33, 37, 38, 40, 43, 51, 54,
             58- 64, 67, 70, 71, 73, 74, 78, 81, 82, 85, 86, 90, 92- 94, 96,
             99,101,103,104
    1B: 77
    1C: 17
```
```

ID: 98   SUMME: 50 TST

E. SONDERLESARTEN AN 21 TESTSTELLEN

TST. 7:   ACTA 2,30   LA: 5   το κατα σαρκα αναστησειν τον
           χριστον και καθισαι
TST. 8:   ACTA 2,31   LA: 3   εγκατελειφθη η ψυχη αυτου
TST. 11:   ACTA 2,46   LA: 5   καθ ημεραν τε
           προσκαρτερουντες εν τω ιερω ομοθυμαδον κλωντες τε
           κατ οικον αρτον
TST. 12:   ACTA 2,47.3,1 LA: 8   τη εκκλησια επι το αυτο. εν
           ταις ημεραις εκειναις πετρος
TST. 13:   ACTA 3,11   LA: 3D κρατουντος δε αυτου τον
           πετρον και τον ιωαννην συνεδραμεν προς αυτους πας ο
           λαος
TST. 15:   ACTA 3,22   LA: 3   ειπεν προς τους πατερας
TST. 18:   ACTA 4,33   LA: 4   της αναστασεως του κυριου
           ιησου χριστου
TST. 28:   ACTA 8,37   LA: 3D ειπεν δε αυτω: ει πιστευεις
           εξ ολης της καρδιας σου εξεστιν. αποκριθεις δε
           ειπεν: πιστευω τον υιον του θεου ειναι ιησουν
           χριστον
TST. 30:   ACTA 9,25   LA: 5   οι μαθηται νυκτος
TST. 39:   ACTA 10,47   LA: 4   δυναται τις κωλυσαι
TST. 42:   ACTA 12,25   LA: 5   εξ ιερουσαλημ εις αντιοχειαν
TST. 50:   ACTA 15,18   LA: 19   ταυτα παντα α εστι γνωστα
           αυτω απ αιωνος
TST. 53:   ACTA 15,34   LA: 8   εδοξεν δε τω σιλα επιμειναι
           αυτοθι
TST. 68:   ACTA 19,3   LA: 3   ειπε(ν) δε
TST. 69:   ACTA 19,14   LA: 3   ησαν δε τινες σκευα ιουδαιου
           αρχιερεως επτα υιοι τουτο ποιουντες
TST. 75:   ACTA 20,29   LA: 3   γαρ οιδα
TST. 80:   ACTA 21,25   LA: 6   ADD. μηδεν τοιουτον τηρειν
           αυτους αλλα
TST. 84:   ACTA 23,1   LA: 3   τω συνεδριω ο παυλος
TST. 89:   ACTA 23,30   LA: 14   εσεσθαι εξ αυτων
TST. 91:   ACTA 24,6-8   LA: 4E   ADD. και κατα τον ημετερον
           νομον ηθελησαμεν κριναι παρελθων δε λυσιας ο
           χιλιαρχος μετα πολλης βιας εκ των χειρων ημων
           απηγαγεν. κελευσας και τους κατηγορους ερχεσθαι
           προς σε
TST. 95:   ACTA 25,5   LA: 3   τουτω ατοπον

F. KORREKTUREN AN   1 TESTSTELLE

TST. 28:   ACTA 8,37
           C : LA   3   ειπεν δε αυτω: ει πιστευεις εξ ολης της
               καρδιας σου εξεστιν. αποκριθεις δε ειπεν:
               πιστευω τον υιον του θεου ειναι τον ιησουν
               χριστον
===

■ ■ HS.-NR.: 431   TESTSTELLEN: 103

A. LA   2 : 23, 32, 33, 38, 40, 43, 46, 47, 49, 57, 61, 64, 67, 68, 70, 72,
             75, 77, 79, 83, 89, 90, 92
        2B: 73

```
        2C:  50, 69                                         SUMME: 26 TST

B. LA 1/2 :  10, 11, 18, 20, 28, 29, 36, 41, 44, 45, 48, 52, 55, 56, 65, 76,
             87, 88,100,102
    1/2B:  66                                               SUMME: 21 TST

C. LA   1 :   1- 7,  9, 13, 15, 16, 19, 21, 22, 24, 25, 27, 30, 31, 37, 51,
             58- 60, 62, 71, 78, 80- 82, 85, 93, 94, 96, 99,101,103,104
       1C:  17                                              SUMME: 39 TST
```

D. SINGULAERLESARTEN AN   3 TESTSTELLEN

```
    TST. 12:   ACTA 2,47.3,1   LA: 13   επι το αυτο δε πετρος ET OM.
               VS 47B
    TST. 73:   ACTA 20,24(1)   LA:  2B  ουδενος λογου ποιουμαι την
               ψυχην μου
    TST. 91:   ACTA 24,6-8     LA: 14   ADD. και κατα τον ημετερον
               νομον ηθελησαμεν κριναι παρελθων δε λυσιας ο
               χιλιαρχος μετα πολλης βιας εκ των χειρων ημων
               απηγαγεν. κελευσασθαι επι σε παραγγειλας και τοις
               κατηγοροις ερχεσθαι επι σοι
```

E. SONDERLESARTEN AN 17 TESTSTELLEN

```
    TST.  8:   ACTA 2,31      LA:  3B  εγκατεληφθη η ψυχη αυτου
    TST. 12:   ACTA 2,47.3,1  LA: 13   επι το αυτο δε πετρος ET OM.
               VS 47B
    TST. 14:   ACTA 3,21      LA: 10   προφητων {αγιων} αυτου απ
               αιωνος
    TST. 26:   ACTA 8,10      LA:  3   λεγομενη
    TST. 34:   ACTA 10,12     LA:  3   παντα τα τετραποδα της γης
               και τα ερπετα και τα πετεινα του ουρανου
    TST. 35:   ACTA 10,19     LA:  3   το πνευμα αυτω
    TST. 39:   ACTA 10,47     LA:  4   δυναται τις κωλυσαι
    TST. 42:   ACTA 12,25     LA:  4   απο ιερουσαλημ
    TST. 53:   ACTA 15,34     LA:  3   εδοξεν δε τω σιλα επιμειναι
               αυτου
    TST. 54:   ACTA 16,28     LA:  5   ο παυλος φωνη μεγαλη
    TST. 63:   ACTA 18,17     LA:  4   παντες οι ιουδαιοι
    TST. 74:   ACTA 20,24(2)  LA:  3   μετα χαρας
    TST. 84:   ACTA 23,1      LA:  4   παυλος τω συνεδριω
    TST. 86:   ACTA 23,20     LA:  3   μελλοντων
    TST. 91:   ACTA 24,6-8    LA: 14   ADD. και κατα τον ημετερον
               νομον ηθελησαμεν κριναι παρελθων δε λυσιας ο
               χιλιαρχος μετα πολλης βιας εκ των χειρων ημων
               απηγαγεν. κελευσασθαι επι σε παραγγειλας και τοις
               κατηγοροις ερχεσθαι επι σοι
    TST. 95:   ACTA 25,5      LA:  3   τουτω ατοπον
    TST. 97:   ACTA 25,17     LA:  3   ουν ενθαδε αυτων
```

I. NICHT ERFASSTE STELLEN (1)

```
    W (UNSICHER)    TST:  98
```
===

■ ■ HS.-NR.: 432   TESTSTELLEN: 103

A. LA 2 : 19, 49, 68, 77   SUMME: 4 TST

B. LA 1/2 : 10, 11, 18, 20, 28, 29, 35, 36, 41, 44, 45, 48, 53, 55, 56, 65,
             66, 76, 84, 87, 88, 91, 97,100,102   SUMME: 25 TST

C. LA 1 :   1- 3, 5- 7, 9, 12- 16, 21- 27, 30- 34, 37- 40, 43, 46, 47,
            50, 51, 54, 57- 64, 67, 69- 75, 78- 83, 85, 89, 90, 92- 96, 98,
            99,101,103,104
       1B: 86
       1C: 17   SUMME: 71 TST

E. SONDERLESARTEN AN   3 TESTSTELLEN

   TST. 8:   ACTA 2,31   LA: 3B εγκατεληφθη η ψυχη αυτου
   TST. 42:   ACTA 12,25   LA: 5   εξ ιερουσαλημ εις αντιοχειαν
   TST. 52:   ACTA 15,24   LA: 3   ελθοντες

I. NICHT ERFASSTE STELLEN (1)

   V (AUSLASSUNG) TST: 4
===

■ ■ HS.-NR.: 436   TESTSTELLEN: 104

A. LA 2 : 46, 47, 49, 57, 62, 64, 77, 78, 83, 90, 92, 95, 98
       2B: 72   SUMME: 14 TST

B. LA 1/2 : 10, 20, 28, 29, 35, 36, 41, 44, 45, 48, 52, 55, 56, 65, 66, 76,
             87, 88, 97,100,102
      1/2L: 11   SUMME: 22 TST

C. LA 1 :   1- 9, 12- 17, 19, 21- 27, 30- 34, 37- 40, 43, 50, 51, 54,
            58- 61, 63, 67, 69- 71, 74, 75, 79- 82, 85, 96, 99,101,103,104
       1D: 73   SUMME: 58 TST

D. SINGULAERLESARTEN AN   2 TESTSTELLEN

   TST. 53:   ACTA 15,34   LA: 4C εδοξεν δε τω σιλα επιμειναι
              αυτοις
   TST. 94:   ACTA 24,22   LA: 11   ανελαβετο δε ο φηλιξ αυτους

E. SONDERLESARTEN AN 10 TESTSTELLEN

   TST. 18:   ACTA 4,33   LA: 4   της αναστασεως του κυριου
              ιησου χριστου
   TST. 42:   ACTA 12,25   LA: 4   απο ιερουσαλημ
   TST. 53:   ACTA 15,34   LA: 4C εδοξεν δε τω σιλα επιμειναι
              αυτοις
   TST. 68:   ACTA 19,3   LA: 4   ο δε ειπεν
   TST. 84:   ACTA 23,1   LA: 4   παυλος τω συνεδριω
   TST. 86:   ACTA 23,20   LA: 3   μελλοντων
   TST. 89:   ACTA 23,30   LA: 14   εσεσθαι εξ αυτων
   TST. 91:   ACTA 24,6-8   LA: 3   ADD. και κατα τον ημετερον
              νομον ηθελησαμεν κριναι παρελθων δε λυσιας ο
              χιλιαρχος μετα πολλης βιας εκ των χειρων ημων
              απηγαγεν. κελευσας τους κατηγορους αυτου ερχεσθαι

```
            επι σε
TST. 93:   ACTA 24,15    LA: 3   νεκρων {μελλειν εσεσθαι}
            δικαιων
TST. 94:   ACTA 24,22    LA: 11  ανελαβετο δε ο φηλιξ αυτους
```

F. KORREKTUREN AN   1 TESTSTELLE

```
TST. 47:   ACTA 13,45
   C : LA   1   αντιλεγοντες και βλασφημουντες
```
==

■ ■ HS.-NR.: 437   TESTSTELLEN: 104

A. LA   2 :   23, 33, 46, 47, 57, 77, 81   SUMME: 7 TST

B. LA 1/2 :   10, 11, 18, 20, 28, 29, 35, 41, 42, 44, 45, 48, 52, 53, 55, 56,
              65, 66, 76, 84, 87, 88, 91, 97,100,102
       1/2K: 36   SUMME: 27 TST

C. LA   1 :   1- 9, 12- 16, 19, 21, 22, 24- 27, 30- 32, 37- 40, 43, 49- 51,
              54, 58- 64, 67, 69- 71, 74, 75, 78- 80, 82, 85, 86, 89, 90, 92,
              94- 96, 99,101,103,104
       1C: 83
       1I: 17   SUMME: 64 TST

D. SINGULAERLESARTEN AN   1 TESTSTELLE

```
TST. 72:   ACTA 20,15    LA: 5   μειναντες εν τρωγυλιω τη
            ερχομενη
```

E. SONDERLESARTEN AN   6 TESTSTELLEN

```
TST. 34:   ACTA 10,12    LA: 11  παντα τα τετραποδα και τα
   θηρια και τα ερπετα της γης και τα πετεινα του
   ουρανου
TST. 68:   ACTA 19,3     LA: 15  ο δε ειπεν αυτοις
TST. 72:   ACTA 20,15    LA: 5   μειναντες εν τρωγυλιω τη
   ερχομενη
TST. 73:   ACTA 20,24(1) LA: 9   ουδενος τουτων λογον
   ποιουμαι ουδε εχω την ψυχην
TST. 93:   ACTA 24,15    LA: 3   νεκρων {μελλειν εσεσθαι}
            δικαιων
TST. 98:   ACTA 26,14    LA: 6   λεγουσαν μοι
```
==

■ ■ HS.-NR.: 440   TESTSTELLEN: 104

A. LA   2 :   49, 92
       2B: 86   SUMME: 3 TST

B. LA 1/2 :   10, 11, 18, 20, 28, 29, 35, 36, 41, 44, 45, 48, 52, 55, 56, 65,
              66, 76, 84, 87, 88, 97,100,102   SUMME: 24 TST

C. LA   1 :   1- 9, 12- 16, 19, 21- 27, 30- 33, 37- 40, 43, 47, 51, 54,
              57- 64, 67- 75, 78- 83, 85, 89, 90, 93, 94, 96, 99,101,103,104
       1B: 77
       1C: 17
       1D: 50
```
```

SUMME: 70 TST

E. SONDERLESARTEN AN 7 TESTSTELLEN

TST. 34: ACTA 10,12 LA: 11 παντα τα τετραποδα και τα
θηρια και τα ερπετα της γης και τα πετεινα του
ουρανου
TST. 42: ACTA 12,25 LA: 6 απο ιερουσαλημ εις
αντιοχειαν
TST. 46: ACTA 13,42 LA: 3 εξιοντων δε αυτων εκ της
συναγωγης των ιουδαιων
TST. 53: ACTA 15,34 LA: 3 εδοξεν δε τω σιλα επιμειναι
αυτου
TST. 91: ACTA 24,6-8 LA: 4K ADD. και κατα τον ημετερον
νομον ηθελησαμεν κριναι παρελθων δε λυσιας ο
χιλιαρχος μετα πολλης βιας εκ των χειρων ημων
απηγαγεν. κελευσας τους κατηγορους αυτου ερχεσθαι
προς σου
TST. 95: ACTA 25,5 LA: 4 ατοπον {εν τω ανδρι} τουτω
TST. 98: ACTA 26,14 LA: 3 λαλουσαν προς με

==

■ ■ HS.-NR.: 441 TESTSTELLEN: 78

A. LA 2 : 31, 46, 47, 49, 57, 64, 68, 77, 83, 90, 93,104
2C: 94, 98 SUMME: 14 TST

B. LA 1/2 : 28, 29, 35, 36, 41, 44, 45, 48, 55, 56, 76, 84, 87, 88, 97,100,
102
1/2K: 65 SUMME: 18 TST

C. LA 1 : 30, 32- 34, 37- 39, 43, 51, 54, 58- 63, 67, 69, 71, 72, 74,
78- 82, 85, 92, 96, 99,101
1B: 27 SUMME: 32 TST

D. SINGULAERLESARTEN AN 2 TESTSTELLEN

TST. 50: ACTA 15,18 LA: 6 ταυτα γνωστα απ αιωνος εστιν
τα εργα αυτου παντα τω θεω
TST. 91: ACTA 24,6-8 LA: 5D ADD. και κατα τον ημετερον
νομον ηθελησαμεν κριναι παρελθων δε λυσιας ο
χιλιαρχος μετα πολλης βιας εκ των χειρων ημων
απηγαγεν. κελευσας ους κατηγορους αυτου ερχεσθαι
επι σου

E. SONDERLESARTEN AN 14 TESTSTELLEN

TST. 40: ACTA 11,2 LA: 3 και οτε ανεβη πετρος εις
ιερουσαλημ/ιεροσολυμα διεκρινοντο οι εκ περιτομης
προς αυτον
TST. 42: ACTA 12,25 LA: 4 απο ιερουσαλημ
TST. 50: ACTA 15,18 LA: 6 ταυτα γνωστα απ αιωνος εστιν
τα εργα αυτου παντα τω θεω
TST. 52: ACTA 15,24 LA: 3 ελθοντες
TST. 53: ACTA 15,34 LA: 3 εδοξεν δε τω σιλα επιμειναι
αυτου
TST. 66: ACTA 18,27 LA: 8 βουλομενου δε αυτου εξελθειν
και διελθειν εις την αχαιαν προτρεψαμενοι οι
αδελφοι εγραψαν τοις μαθηταις αποδεξασθαι αυτον

```
TST. 70:   ACTA 19,39     LA: 3   περ εταιρω
TST. 73:   ACTA 20,24(1)  LA: 6C  ουδενος λογον εχω ουδε
    ποιουμαι την ψυχην μου
TST. 75:   ACTA 20,29     LA: 3   γαρ οιδα
TST. 86:   ACTA 23,20     LA: 3   μελλοντων
TST. 89:   ACTA 23,30     LA: 14  εσεσθαι εξ αυτων
TST. 91:   ACTA 24,6-8    LA: 5D  ADD. και κατα τον ημετερον
    νομον ηθελησαμεν κριναι παρελθων δε λυσιας ο
    χιλιαρχος μετα πολλης βιας εκ των χειρων ημων
    απηγαγεν. κελευσας ους κατηγορους αυτου ερχεσθαι
    επι σου
TST. 95:   ACTA 25,5      LA: 3   τουτω ατοπον
TST.103:   ACTA 28,16     LA: 3D  ο εκατονταρχος παρεδωκεν
    τους δεσμιους τω στρατοπεδαρχω επετραπη δε τω παυλω
```

I. NICHT ERFASSTE STELLEN (26)

    Z (LUECKE)   TST: 1- 26

===

■ ■ HS.-NR.:   444   TESTSTELLEN: 101

A. LA   2 : 19, 33, 49, 68, 77   SUMME: 5 TST

B. LA 1/2 : 10, 11, 18, 20, 28, 29, 35, 36, 41, 44, 45, 48, 52, 53, 55, 56,
             65, 66, 76, 84, 87, 88, 91, 97,100,102   SUMME: 26 TST

C. LA   1 :   1- 9, 12- 17, 21- 27, 30- 32, 34, 40, 43, 46, 47, 50, 51, 54,
             57- 64, 67, 69- 75, 78- 83, 85, 89, 90, 92- 96, 98, 99,101,103,
             104
        1B: 86   SUMME: 69 TST

E. SONDERLESARTEN AN   1 TESTSTELLE

    TST. 42:   ACTA 12,25   LA: 6   απο ιερουσαλημ εις
    αντιοχειαν

I. NICHT ERFASSTE STELLEN (3)

    Z (LUECKE)   TST: 37- 39

===

■ ■ HS.-NR.:   450   TESTSTELLEN: 104

B. LA 1/2 : 10, 11, 18, 20, 28, 29, 35, 41, 42, 44, 45, 48, 52, 53, 55, 56,
             65, 66, 76, 84, 87, 88, 91, 97,100,102
        1/2K: 36   SUMME: 27 TST

C. LA   1 :   1- 9, 12, 13, 15- 17, 19, 21- 27, 30, 31, 33, 34, 37- 40, 43,
             46, 47, 49- 51, 54, 57- 64, 67- 75, 77- 83, 85, 86, 89, 90,
             92- 96, 98, 99,101,103,104   SUMME: 75 TST

E. SONDERLESARTEN AN   2 TESTSTELLEN

    TST. 14:   ACTA 3,21   LA: 5   προφητων αυτου απ αιωνος
    TST. 32:   ACTA 10,10   LA: 3   επεσεν

F. KORREKTUREN AN   1 TESTSTELLE

    TST. 92:   ACTA 24,14
         C : LA   4   ε ν
==

■ ■ HS.-NR.:   451   TESTSTELLEN: 104

A. LA   2 :   78
        2C: 98   SUMME: 2 TST

B. LA 1/2 :   10, 18, 20, 28, 29, 35, 36, 41, 42, 44, 45, 48, 52, 53, 56, 65,
              66, 76, 84, 87, 88, 91, 97,100,102
        1/2M: 11   SUMME: 26 TST

C. LA   1 :   1- 9, 12- 16, 19, 21- 27, 30- 34, 37- 40, 43, 46, 47, 49- 51,
              54, 57- 64, 67- 74, 77, 79- 83, 85, 86, 89, 90, 92- 96, 99,101
        1C: 17, 75
        1D: 103
        1L: 104   SUMME: 75 TST

E. SONDERLESARTEN AN   1 TESTSTELLE

    TST. 55:   ACTA 16,33   LA: 10   υ ι ο ι α υ τ ο υ π α ν τ ε ς
==

■ ■ HS.-NR.:   452   TESTSTELLEN: 104

A. LA   2B: 86   SUMME: 1 TST

B. LA 1/2 :   10, 11, 18, 20, 28, 29, 35, 36, 41, 42, 44, 45, 48, 52, 53, 55,
              56, 65, 76, 84, 87, 88, 91, 97,100,102   SUMME: 26 TST

C. LA   1 :   1- 9, 12- 17, 19, 21- 27, 30- 34, 37- 40, 43, 46, 47, 49- 51,
              54, 57- 64, 67- 75, 78- 83, 85, 89, 90, 92- 96, 98, 99,101,103,
              104
        1B: 77   SUMME: 76 TST

E. SONDERLESARTEN AN   1 TESTSTELLE

    TST. 66:   ACTA 18,27   LA: 10   β ο υ λ ο μ ε ν ο υ δ ε α υ τ ο υ δ ι ε λ θ ε ι ν
         ε ι ς τ η ν α χ α ι α ν π ρ ο π ε μ ψ α μ ε ν ο ι ο ι α δ ε λ φ ο ι ε γ ρ α ψ α ν
         τ ο ι ς μ α θ η τ α ι ς α π ο δ ε ξ α σ θ α ι α υ τ ο ν

F. KORREKTUREN AN   1 TESTSTELLE

    TST. 28:   ACTA 8,37
         C : LA 12   ε ι π ε ν δ ε α υ τ ω: ε ι π ι σ τ ε υ ε ι ς ε ξ ο λ η ς
                κ α ρ δ ι α ς σ ο υ ε ξ ε σ τ ι ν
==

■ ■ HS.-NR.:   453   TESTSTELLEN: 104

A. LA   2 :   13- 15, 17, 19, 21, 23, 25, 31, 32, 38, 40, 43, 46, 47, 49, 57,
              64, 67, 68, 72, 75, 77- 79, 83, 89, 92, 98
        2B: 70, 86
        2C: 50, 69

SUMME: 33 TST
B. LA 1/2 :   11, 20, 41, 44, 45, 48, 52, 55, 56, 65, 76, 87, 88,100,102
    1/2B: 66
    1/2F: 36   SUMME: 17 TST

C. LA   1 :   1- 6, 12, 16, 22, 24, 26, 27, 33, 37, 51, 54, 58- 62, 71, 73,
              74, 82, 85, 90, 93, 94, 96, 99,101,103,104   SUMME: 34 TST

D. SINGULAERLESARTEN AN   2 TESTSTELLEN

    TST. 70:   ACTA 19,39   LA: 2B περετερω
    TST. 91:   ACTA 24,6-8   LA: 6B ADD. και κατα τον νομον τον
        ημετερον ηθελησαμεν κριναι παρελθων δε ο χιλιαρχος
        λυσιας μετα πολλης βιας εκ των χειρων ημων
        απηγαγεν. κελευσας τους κατηγορους αυτου ερχεσθαι
        επι σου

E. SONDERLESARTEN AN   20 TESTSTELLEN

    TST. 7:   ACTA 2,30   LA: 13   κατα σαρκα αναστησαι τον
        χριστον καθισαι τε
    TST. 8:   ACTA 2,31   LA: 3   εγκατελειφθη η ψυχη αυτου
    TST. 9:   ACTA 2,38   LA: 4   των αμαρτιων
    TST. 10:   ACTA 2,43.44 LA: 6   ADD. εις ιερουσαλημ φοβος τε
        ην μεγας επι παντας αυτους
    TST. 18:   ACTA 4,33   LA: 5B της αναστασεως ιησου χριστου
        του κυριου ημων
    TST. 28:   ACTA 8,37   LA: 3E ειπεν δε αυτω: ει πιστευεις
        εξ ολης καρδιας σου εξεστιν. αποκριθεις δε ειπεν:
        πιστευω τον υιον του θεου ειναι ιησουν χριστον
    TST. 29:   ACTA 8,39   LA: 5   πνευμα αγιον επεπεσεν επι
        τον ευνουχον αγγελος δε κυριου
    TST. 30:   ACTA 9,25   LA: 5   οι μαθηται νυκτος
    TST. 34:   ACTA 10,12   LA: 11C παντα τα τετραποδα και τα
        θηρια και τα ερπετα τα επι της γης και τα πετεινα
        του ουρανου
    TST. 35:   ACTA 10,19   LA: 3   το πνευμα αυτω
    TST. 39:   ACTA 10,47   LA: 4   δυναται τις κωλυσαι
    TST. 42:   ACTA 12,25   LA: 4   απο ιερουσαλημ
    TST. 53:   ACTA 15,34   LA: 3   εδοξεν δε τω σιλα επιμειναι
        αυτου
    TST. 63:   ACTA 18,17   LA: 4   παντες οι ιουδαιοι
    TST. 80:   ACTA 21,25   LA: 3   ADD. μηδεν τοιουτο τηρειν
        αυτους ει μη
    TST. 81:   ACTA 22,9   LA: 3   εθεασαντο και εμφοβοι
        γενομενοι
    TST. 84:   ACTA 23,1   LA: 4   παυλος τω συνεδριω
    TST. 91:   ACTA 24,6-8 LA: 6B ADD. και κατα τον νομον τον
        ημετερον ηθελησαμεν κριναι παρελθων δε ο χιλιαρχος
        λυσιας μετα πολλης βιας εκ των χειρων ημων
        απηγαγεν. κελευσας τους κατηγορους αυτου ερχεσθαι
        επι σου
    TST. 95:   ACTA 25,5   LA: 3   τουτω ατοπον
    TST. 97:   ACTA 25,17   LA: 3   ουν ενθαδε αυτων
==

■ ■ HS.-NR.:   454   TESTSTELLEN: 104

A. LA   2 : 78   SUMME: 1 TST

B. LA 1/2 : 10, 18, 20, 28, 29, 35, 36, 41, 42, 44, 45, 48, 52, 53, 55, 56,
             66, 76, 84, 87, 88, 91, 97,100,102
      1/2O: 11   SUMME: 26 TST

C. LA   1 :   1- 9, 12- 17, 19, 21- 27, 30, 31, 33, 34, 37- 40, 43, 46, 47,
             49- 51, 54, 57- 64, 67- 75, 77, 79- 83, 85, 86, 89, 90, 92- 96,
             98, 99,101,103,104   SUMME: 75 TST

E. SONDERLESARTEN AN   2 TESTSTELLEN

    TST. 32: ACTA 10,10   LA: 3 επεσεν
    TST. 65: ACTA 18,21.22 LA: 5 ανηχθη απο της εφεσου, και
        καταβας
===

■ ■ HS.-NR.:   455   TESTSTELLEN: 104

A. LA   2 : 23, 86   SUMME: 2 TST

B. LA 1/2 : 10, 11, 20, 29, 35, 36, 41, 42, 44, 45, 48, 52, 53, 56, 65, 66,
             76, 84, 87, 88, 91,100,102
      1/2E: 55   SUMME: 24 TST

C. LA   1 :   1- 9, 12, 14- 17, 19, 21, 22, 24- 27, 30- 34, 37- 40, 43, 46,
             47, 49- 51, 54, 57, 59- 64, 67- 75, 77- 83, 85, 89, 90, 92- 96,
             98, 99,101,103,104
       1L: 58   SUMME: 74 TST

E. SONDERLESARTEN AN   4 TESTSTELLEN

    TST. 13: ACTA 3,11   LA: 8 κρατουντος δε του ιαθεντος
        χωλου τον πετρον και ιωαννην συνεδραμεν πας ο λαος
        προς αυτους
    TST. 18: ACTA 4,33   LA: 4 της αναστασεως του κυριου
        ιησου χριστου
    TST. 28: ACTA 8,37   LA: 3 ειπεν δε αυτω: ει πιστευεις
        εξ ολης της καρδιας σου εξεστιν. αποκριθεις δε
        ειπεν: πιστευω τον υιον του θεου ειναι τον ιησουν
        χριστον
    TST. 97: ACTA 25,17   LA: 4 ουν ενθαδε
===

■ ■ HS.-NR.:   456   TESTSTELLEN: 104

A. LA   2 : 17, 47, 49
       2B: 86   SUMME: 4 TST

B. LA 1/2 : 10, 11, 18, 20, 28, 29, 35, 36, 41, 42, 44, 45, 48, 52, 55, 56,
             65, 66, 76, 84, 87, 88, 91, 97,100,102   SUMME: 26 TST

C. LA   1 :   1- 9, 12- 14, 16, 19, 21- 27, 30- 34, 37- 40, 43, 50, 51, 54,
             57- 64, 67- 71, 74, 75, 77- 83, 85, 89, 90, 92- 96, 98, 99,101,
             103,104
       1D: 73

SUMME: 70 TST
E. SONDERLESARTEN AN   4 TESTSTELLEN

TST. 15:   ACTA 3,22   LA: 6   γαρ προς τους πατερας ημων
ειπεν
TST. 46:   ACTA 13,42   LA: 3   εξιοντων δε αυτων εκ της
συναγωγης των ιουδαιων
TST. 53:   ACTA 15,34   LA: 3   εδοξεν δε τω σιλα επιμειναι
αυτου
TST. 72:   ACTA 20,15   LA: 4   και μειναντες εν τρωγυλιω
(ET SIM.) τη ερχομενη
===

■ ■ HS.-NR.:   457   TESTSTELLEN: 104

B. LA 1/2 :   10, 11, 18, 20, 28, 29, 35, 36, 41, 42, 44, 45, 48, 52, 53, 55,
56, 65, 66, 76, 84, 87, 88, 97,100,102   SUMME: 26 TST

C. LA   1 :   1- 6, 8, 9, 12- 17, 19, 21- 27, 30- 34, 37- 40, 43, 46, 47,
49- 51, 54, 57- 64, 67- 75, 77, 78, 80- 83, 85, 86, 89, 90,
92- 96, 98, 99,101,103,104   SUMME: 75 TST

D. SINGULAERLESARTEN AN   1 TESTSTELLE

TST. 91:   ACTA 24,6-8   LA: 13E ADD. ηβουληθημεν κριναι κατα
τον νομον ημων ελθων λυσιας ο χιλιαρχος βια πολλη
εκ των χειρων ημων αφειλετο και προς σε απεστειλε.
κελευσας τους κατηγορους αυτου προς σε ελθειν

E. SONDERLESARTEN AN   3 TESTSTELLEN

TST. 7:   ACTA 2,30   LA: 5   το κατα σαρκα αναστησειν τον
χριστον και καθισαι
TST. 79:   ACTA 21,20   LA: 5   OM. εν τοις ιουδαιοις
TST. 91:   ACTA 24,6-8   LA: 13E ADD. ηβουληθημεν κριναι κατα
τον νομον ημων ελθων λυσιας ο χιλιαρχος βια πολλη
εκ των χειρων ημων αφειλετο και προς σε απεστειλε.
κελευσας τους κατηγορους αυτου προς σε ελθειν

F. KORREKTUREN AN   2 TESTSTELLEN

TST. 79:   ACTA 21,20
C : LA   1   ιουδαιων
TST. 91:   ACTA 24,6-8
C : LA 13D ADD. ηβουληθημεν κριναι κατα τον νομον
ημων ελθων δε λυσιας ο χιλιαρχος βια πολλη εκ
των χειρων ημων αφειλετο και προς σε απεστειλε.
κελευσας τους κατηγορους αυτου προς σε ελθειν
===

■ ■ HS.-NR.:   458   TESTSTELLEN: 102

B. LA 1/2 :   10, 11, 18, 28, 29, 35, 36, 41, 42, 44, 45, 48, 52, 53, 55, 56,
65, 66, 76, 84, 87, 88, 91,100,102
1/2D: 20   SUMME: 26 TST

C. LA   1 :   2- 9, 12- 17, 21- 27, 30- 34, 37- 40, 43, 47, 49- 51, 54,
57- 64, 67, 68, 70- 72, 74, 75, 77- 83, 85, 86, 89, 90, 92- 96,
98, 99,101,104

```
      1D:  73
      1L: 103                                        SUMME: 73 TST
```

D. SINGULAERLESARTEN AN   2 TESTSTELLEN

```
    TST. 20:   ACTA 5,21      LA:1/2D  παρεκαλεσαν
    TST. 69:   ACTA 19,14     LA:  8   ησαν δε τινες υιοι σκευα
    ιουδαιου αρχιερεως επτα οι ποιουντες
```

E. SONDERLESARTEN AN   3 TESTSTELLEN

```
    TST. 46:   ACTA 13,42     LA:  3   εξιοντων δε αυτων εκ της
    συναγωγης των ιουδαιων
    TST. 69:   ACTA 19,14     LA:  8   ησαν δε τινες υιοι σκευα
    ιουδαιου αρχιερεως επτα οι ποιουντες
    TST. 97:   ACTA 25,17     LA:  4   ουν ενθαδε
```

F. KORREKTUREN AN   1 TESTSTELLE

```
    TST. 19:   ACTA 4,34
          C : LA   1   υπηρχεν
```

I. NICHT ERFASSTE STELLEN (2)

```
    V (AUSLASSUNG) TST:  19
    X (UNLESERLICH) TST:   1
```
===
■ ■ HS.-NR.:   459   TESTSTELLEN: 103

A. LA   2 : 23, 57, 92, 95, 96, 98
       2B: 50   SUMME: 7 TST

B. LA 1/2 : 18, 20, 28, 29, 35, 36, 41, 44, 45, 48, 52, 53, 55, 56, 65, 66,
             76, 84, 87, 88, 97,100,102   SUMME: 23 TST

C. LA   1 :   1- 7, 9, 13- 17, 19, 21, 22, 24- 27, 30- 34, 37- 40, 43, 47,
             49, 51, 54, 58- 63, 67- 75, 78, 80- 83, 85, 86, 89, 94, 99,101,
            103
       1C: 12   SUMME: 62 TST

D. SINGULAERLESARTEN AN   1 TESTSTELLE

```
    TST.104:   ACTA 28,29     LA:  3G  ADD. και ταυτα αυτου
    ειποντος απηλθον οι ιουδαιοι πλην εχοντες εν αυτοις
    ζητησιν
```

E. SONDERLESARTEN AN   11 TESTSTELLEN

```
    TST.  8:   ACTA 2,31      LA:  3   εγκατελειφθη η ψυχη αυτου
    TST. 10:   ACTA 2,43.44   LA: 11   ADD. εν ιερουσαλημ
    TST. 11:   ACTA 2,46      LA:  9   καθ ημεραν τε
    προσκαρτερουντες ομοθυμαδον εν τω ιερω κλωντες τε
    κατ οικον τον αρτον
    TST. 42:   ACTA 12,25     LA:  3   εξ ιερουσαλημ
    TST. 46:   ACTA 13,42     LA:  3   εξιοντων δε αυτων εκ της
    συναγωγης των ιουδαιων
```

```
TST. 64:    ACTA 18,20      LA:  6    παραμειναι αυτοις
TST. 77:    ACTA 21,8       LA:  3    εισηλθομεν
TST. 79:    ACTA 21,20      LA:  4    ιουδαιοι
TST. 90:    ACTA 24,1       LA:  4    πρεσβυτερων
TST. 91:    ACTA 24,6-8     LA:  5    ADD. και κατα τον ημετερον
            νομον ηθελησαμεν κριναι παρελθων δε λυσιας ο
            χιλιαρχος μετα πολλης βιας εκ των χειρων ημων
            απηγαγεν. κελευσας τους κατηγορους αυτου ερχεσθαι
            επι σου
TST.104:    ACTA 28,29      LA:  3G   ADD. και ταυτα αυτου
            ειποντος απηλθον οι ιουδαιοι πλην εχοντες εν αυτοις
            ζητησιν
```

I. NICHT ERFASSTE STELLEN (1)

    V (AUSLASSUNG) TST: 93
===

■ ■ HS.-NR.: 460   TESTSTELLEN: 102

A. LA   2 : 23, 26, 49, 59   SUMME: 4 TST

B. LA 1/2 : 11, 18, 20, 28, 29, 35, 41, 42, 44, 45, 48, 52, 53, 55, 56, 66,
             76, 84, 87, 88, 91, 97,100,102
    1/2E: 36
    1/2R: 65   SUMME: 26 TST

C. LA   1 :   2- 6, 13- 15, 17, 19, 22, 24, 25, 27, 30, 31, 33, 34, 37- 40,
             43, 47, 50, 51, 54, 57, 58, 60- 64, 67- 71, 74, 75, 77, 78,
             80- 83, 85, 86, 89, 90, 92- 96, 99,101,103,104
    1B: 79
    1C: 16   SUMME: 62 TST

D. SINGULAERLESARTEN AN   2 TESTSTELLEN

```
TST. 16:    ACTA 4,8        LA:  1C   πρεσβυτεροι ισραηλ
TST. 65:    ACTA 18,21.22   LA:1/2R  ανηχθη υπο της εφεσου, και
            κατελθων
```

E. SONDERLESARTEN AN 10 TESTSTELLEN

```
TST.  7:    ACTA 2,30       LA:  5    το κατα σαρκα αναστησειν τον
            χριστον και καθισαι
TST.  8:    ACTA 2,31       LA:  3    εγκατελειφθη η ψυχη αυτου
TST.  9:    ACTA 2,38       LA:  5    αμαρτιων υμων
TST. 10:    ACTA 2,43.44    LA:  3    ADD. εν ιερουσαλημ φοβος τε
            ην μεγας επι παντας
TST. 12:    ACTA 2,47.3,1   LA:  9    τη εκκλησια. εν ταις ημεραις
            εκειναις επι το αυτο πετρος
TST. 21:    ACTA 5,24       LA:  8    ο τε στρατηγος και ο ιερευς
TST. 32:    ACTA 10,10      LA:  3    επεσεν
TST. 46:    ACTA 13,42      LA:  3    εξιοντων δε αυτων εκ της
            συναγωγης των ιουδαιων
TST. 72:    ACTA 20,15      LA:  4    και μειναντες εν τρωγυλιω
            (ET SIM.) τη ερχομενη
TST. 73:    ACTA 20,24(1)   LA:  4    ουδενος λογου ποιουμαι ουδε
            εχω την ψυχην μου
```

F. KORREKTUREN AN   1 TESTSTELLE

    TST. 53:   ACTA 15,34
       C : LA   5   εδοξεν δε τω σιλα επιμενειν αυτοις

I. NICHT ERFASSTE STELLEN (2)

    Z (LUECKE)   TST: 1, 98
==

■ ■ HS.-NR.:   462   TESTSTELLEN: 104

A. LA   2B: 86   SUMME: 1 TST

B. LA 1/2 :   10, 11, 18, 20, 28, 29, 35, 36, 41, 42, 44, 45, 48, 52, 53, 55,
          56, 65, 66, 76, 84, 87, 88, 91, 97,100,102   SUMME: 27 TST

C. LA   1 :   1- 9, 12- 17, 19, 21- 27, 30, 33, 34, 37- 40, 43, 46, 47,
          49- 51, 54, 57- 64, 67- 75, 77- 83, 85, 89, 90, 92- 96, 98, 99,
          101,104
      1N: 103   SUMME: 74 TST

D. SINGULAERLESARTEN AN   1 TESTSTELLE

    TST. 31:   ACTA 9,31   LA: 7   αι μεν ουν εκκλησιαι ...
       ειχον ειρηνην οικοδομουμεναι και πορευομεναι ... ΕΤ
       ΟΜ. και τη παρα κλησει BIS επληθυνετο

E. SONDERLESARTEN AN   2 TESTSTELLEN

    TST. 31:   ACTA 9,31   LA: 7   αι μεν ουν εκκλησιαι ...
       ειχον ειρηνην οικοδομουμεναι και πορευομεναι ... ΕΤ
       ΟΜ. και τη παρα κλησει BIS επληθυνετο
    TST. 32:   ACTA 10,10   LA: 3   επεσεν
==

■ ■ HS.-NR.:   464   TESTSTELLEN: 104

B. LA 1/2 :   10, 18, 20, 29, 35, 36, 41, 42, 44, 45, 48, 52, 55, 56, 65, 66,
          76, 84, 87, 88, 91, 97,100,102   SUMME: 24 TST

C. LA   1 :   1- 9, 12- 16, 19, 21- 27, 30, 31, 33, 34, 37- 40, 43, 46, 47,
          49- 51, 54, 57- 64, 67- 75, 77- 83, 85, 89, 90, 92- 96, 98, 99,
          101,104
      1B: 86
      1C: 17
      1L: 103   SUMME: 76 TST

E. SONDERLESARTEN AN   4 TESTSTELLEN

    TST. 11:   ACTA 2,46   LA: 10   καθ ημεραν τε
       προσκαρτερουντες ομοθυμαδον εν τω ιερω κλωντες τε
       αρτον κατ οικον
    TST. 28:   ACTA 8,37   LA: 3D   ειπεν δε αυτω: ει πιστευεις
       εξ ολης της καρδιας σου εξεστιν. αποκριθεις δε
       ειπεν: πιστευω τον υιον του θεου ειναι ιησουν
       χριστον

```
     TST. 32:    ACTA 10,10    LA:  3  επεσεν
     TST. 53:    ACTA 15,34    LA:  3  εδοξεν δε τω σιλα επιμειναι
                 αυτου
```

F. KORREKTUREN AN   5 TESTSTELLEN

```
     TST.  4:    ACTA 2,7(1)
           C : LA   2   δε και
     TST.  7:    ACTA 2,30
           C : LA   3   το κατα σαρκα αναστησειν τον χριστον
                        καθισαι τε
     TST. 42:    ACTA 12,25
           C : LA   6   απο ιερουσαλημ εις αντιοχειαν
     TST. 91:    ACTA 24,6-8
           C : LA   5   ADD. και κατα τον ημετερον νομον
                        ηθελησαμεν κριναι παρελθων δε λυσιας ο χιλιαρχος
                        μετα πολλης βιας εκ των χειρων ημων απηγαγεν.
                        κελευσας τους κατηγορους αυτου ερχεσθαι επι σου
     TST.103:    ACTA 28,16
           C : LA   3   ο εκατονταρχος παρεδωκεν τους δεσμιους τω
                        στρατοπεδαρχη επετραπη τω παυλω
```
==

■ ■ HS.-NR.:   465   TESTSTELLEN: 104

B. LA 1/2 :   10, 11, 18, 20, 28, 29, 35, 41, 42, 44, 45, 48, 52, 53, 55, 56,
              65, 66, 76, 84, 87, 88, 97,100,102
     1/2H: 36   SUMME: 26 TST

C. LA   1 :   1- 9, 12- 17, 19, 21- 27, 30- 34, 37- 40, 43, 46, 47, 49- 51,
               54, 57- 64, 67- 75, 77- 83, 85, 89, 90, 92- 96, 98, 99,101,104
     1B: 86
     1G: 103   SUMME: 77 TST

D. SINGULAERLESARTEN AN   1 TESTSTELLE

     TST. 36:   ACTA 10,25   LA:1/2H ως δε εγενετο εισελθειν τον
                 πετρον συναντησαντος αυτω ο κορνηλιος

E. SONDERLESARTEN AN   1 TESTSTELLE

     TST. 91:   ACTA 24,6-8   LA: 13B ADD. ηβουληθημεν κριναι κατα
                 τον νομον ημων ελθων δε λυσιας ο χιλιαρχος βια
                 πολλη εκ των χειρων ημων αφειλετο και προς σε
                 απεστειλε. κελευσας τους κατηγορους αυτου ελθειν
                 προς σε
==

■ ■ HS.-NR.:   466   TESTSTELLEN: 57

A. LA   2 : 61, 78   SUMME: 2 TST

B. LA 1/2 :   48, 52, 53, 55, 56, 65, 76, 84, 87, 88, 91, 97,100,102
                                                            SUMME: 14 TST

C. LA   1 : 49- 51, 54, 57- 60, 62- 64, 67- 75, 77, 79- 83, 85, 86, 89, 90,
              92- 96, 98, 99,101,104
     1L: 103

SUMME: 40 TST
E. SONDERLESARTEN AN 1 TESTSTELLE

TST. 66: ACTA 18,27 LA: 6 βουλομενου δε αυτου ελθειν
εις την αχαιαν προτρεψαμενοι οι αδελφοι εγραψαν
τοις μαθηταις αποδεξασθαι αυτον

I. NICHT ERFASSTE STELLEN (47)

Z (LUECKE) TST: 1- 47
==

■ ■ HS.-NR.: 467 TESTSTELLEN: 104

A. LA 2 : 2, 9, 19, 23, 26, 43, 46, 47, 57, 90, 93
2C: 98 SUMME: 12 TST

B. LA 1/2 : 11, 20, 35, 36, 41, 42, 44, 45, 48, 52, 55, 56, 65, 66, 76, 84,
87, 88, 97,100,102 SUMME: 21 TST

C. LA 1 : 3, 4, 6, 12, 16, 21, 22, 25, 27, 30- 32, 34, 37, 38, 40, 49,
50, 54, 58- 64, 67, 69, 71- 75, 78- 83, 85, 89, 92, 94, 96, 99,
101,104
1B: 1, 24, 51, 77
1D: 13
1L: 103 SUMME: 53 TST

D. SINGULAERLESARTEN AN 5 TESTSTELLEN

TST. 7: ACTA 2,30 LA: 5B το κατα σαρκα αναστησειν τον
χριστον και καθησαι
TST. 17: ACTA 4,25 LA: 13 ο του πατρος ημων δια
στοματος αγιου στοματος δαυιδ παιδος σου ειπων
TST. 28: ACTA 8,37 LA: 6B ειπεν τε αυτω: ει πιστευεις
εξ ολης της καρδιας σου εξεστιν. αποκριθεις δε ο
ευνουχος ειπεν αυτω: πιστευω τον υιον του θεου
ειναι ιησουν χριστον
TST. 70: ACTA 19,39 LA: 5 επι ετερων
TST. 91: ACTA 24,6-8 LA: 4I ADD. και κατα τον νομον τον
ημετερον ηθελησαμεν κριναι παρελθων δε λυσιας ο
χιλιαρχος μετα πολλης βιας εκ των χειρων ημων
απηγαγεν. κελευσας και τους κατηγορους ερχεσθαι
προς σε

E. SONDERLESARTEN AN 18 TESTSTELLEN

TST. 5: ACTA 2,7(2) LA: 3 προς αλληλους λεγοντες
TST. 7: ACTA 2,30 LA: 5B το κατα σαρκα αναστησειν τον
χριστον και καθησαι
TST. 8: ACTA 2,31 LA: 3 εγκατελειφθη η ψυχη αυτου
TST. 10: ACTA 2,43.44 LA: 4 ADD. εν ιερουσαλημ φοβος τε
ην μεγας επι παντας αυτους
TST. 14: ACTA 3,21 LA: 8 αυτου προφητων
TST. 15: ACTA 3,22 LA: 3 ειπεν προς τους πατερας
TST. 17: ACTA 4,25 LA: 13 ο του πατρος ημων δια
στοματος αγιου στοματος δαυιδ παιδος σου ειπων
TST. 18: ACTA 4,33 LA: 4 της αναστασεως του κυριου
ιησου χριστου

```
TST. 28:   ACTA 8,37      LA:  6B  ειπεν τε αυτω: ει πιστευεις
 εξ ολης της καρδιας σου εξεστιν. αποκριθεις δε ο
ευνουχος ειπεν αυτω: πιστευω τον υιον του θεου
ειναι ιησουν χριστον
TST. 29:   ACTA 8,39      LA:  5   πνευμα αγιον επεπεσεν επι
τον ευνουχον αγγελος δε κυριου
TST. 33:   ACTA 10,11     LA:  6   δεδεμενην και καθιεμενην
TST. 39:   ACTA 10,47     LA:  4   δυναται τις κωλυσαι
TST. 53:   ACTA 15,34     LA:  3   εδοξεν δε τω σιλα επιμειναι
αυτου
TST. 68:   ACTA 19,3      LA:  7   ειπεν δε προς αυτους
TST. 70:   ACTA 19,39     LA:  5   επι ετερων
TST. 86:   ACTA 23,20     LA:  4   μελλοντας
TST. 91:   ACTA 24,6-8    LA:  4I  ADD. και κατα τον νομον τον
ημετερον ηθελησαμεν κριναι παρελθων δε λυσιας ο
χιλιαρχος μετα πολλης βιας εκ των χειρων ημων
απηγαγεν. κελευσας και τους κατηγορους ερχεσθαι
προς σε
TST. 95:   ACTA 25,5      LA:  3   τουτω ατοπον
```

F. KORREKTUREN AN   4 TESTSTELLEN

```
TST.  1:   ACTA 1,5
C : LA   1   βαπτισθησεσθε εν πνευματι αγιω
TST.  7:   ACTA 2,30
C : LA   5   το κατα σαρκα αναστησειν τον χριστον και
καθισαι
TST. 17:   ACTA 4,25
C : LA   3   ο του πατρος ημων δια στοματος δαυιδ
παιδος σου ειπων
TST. 91:   ACTA 24,6-8
C : LA   4C  ADD. και κατα τον ημετερον νομον
ηθελησαμεν κριναι παρελθων δε λυσιας ο χιλιαρχος
μετα πολλης βιας εκ των χειρων ημων απηγαγεν.
κελευσας και τους κατηγορους αυτου ερχεσθαι προς
σε
```

G. MARGINALLESARTEN AN   1 TESTSTELLE

```
TST. 91:   ACTA 24,6-8
L : LA   4H  ADD. και κατα τον ημετερον νομον
ηθελησαμεν κριναι ζων παρελθων δε λυσιας ο
χιλιαρχος μετα πολλης βιας εκ των χειρων ημων
απηγαγεν. κελευσας και τους κατηγορους αυτου
ερχεσθαι προς σε
```

===

■ ■ HS.-NR.: 468   TESTSTELLEN: 103

A. LA   2 : 14, 43, 47
          2C: 98
                                              SUMME: 4 TST

B. LA 1/2 : 10, 11, 18, 20, 28, 29, 35, 36, 41, 42, 44, 45, 48, 52, 53, 55,
            56, 65, 76, 87, 88, 97,100,102
       1/2B: 66
                                              SUMME: 25 TST

C. LA   1 : 1- 6, 9, 12, 15, 16, 19, 21- 27, 31- 33, 37, 38, 40, 46,
            49- 51, 57- 64, 67- 75, 78- 83, 85, 89, 90, 92- 96, 99,101,104

```
     1B:  77, 86
     1C:  17
     1D:  13                                        SUMME: 66 TST
```

D. SINGULAERLESARTEN AN   1 TESTSTELLE

    TST. 91: ACTA 24,6-8   LA: 4D ADD. και κατα τον ημετερον
    νομον ηθελησαμεν κριναι παρελθων λυσιας ο χιλιαρχος
    μετα πολλης βιας εκ των χειρων ημων απηγαγεν.
    κελευσας και τους κατηγορους αυτου ερχεσθαι προς σε

E. SONDERLESARTEN AN   8 TESTSTELLEN

    TST. 7: ACTA 2,30   LA: 3 το κατα σαρκα αναστησειν τον
    χριστον καθισαι τε
    TST. 8: ACTA 2,31   LA: 3 εγκατελειφθη η ψυχη αυτου
    TST. 30: ACTA 9,25   LA: 3 οι μαθηται αυτον νυκτος
    TST. 34: ACTA 10,12   LA: 11 παντα τα τετραποδα και τα
    θηρια και τα ερπετα της γης και τα πετεινα του
    ουρανου
    TST. 39: ACTA 10,47   LA: 4 δυναται τις κωλυσαι
    TST. 54: ACTA 16,28   LA: 5 ο παυλος φωνη μεγαλη
    TST. 84: ACTA 23,1   LA: 4 παυλος τω συνεδριω
    TST. 91: ACTA 24,6-8   LA: 4D ADD. και κατα τον ημετερον
    νομον ηθελησαμεν κριναι παρελθων λυσιας ο χιλιαρχος
    μετα πολλης βιας εκ των χειρων ημων απηγαγεν.
    κελευσας και τους κατηγορους αυτου ερχεσθαι προς σε

I. NICHT ERFASSTE STELLEN (1)

    W (UNSICHER)   TST: 103
==

■ ■ HS.-NR.: 469   TESTSTELLEN: 104

B. LA 1/2 : 10, 11, 18, 20, 28, 29, 35, 41, 42, 44, 45, 48, 52, 53, 55, 56,
            76, 84, 87, 88, 91, 97,100,102
    1/2I: 65
    1/2M: 36   SUMME: 26 TST

C. LA 1 :   1- 7, 9, 12, 14- 16, 19, 21- 27, 30, 31, 33, 34, 37- 40, 43,
            46, 47, 49, 54, 57- 64, 67- 75, 77- 79, 81, 82, 85, 89, 90,
            92- 96, 99,101,104
    1B: 8, 51
    1C: 17, 80, 83
    1D: 50, 98
    1I: 13
    1K: 103   SUMME: 75 TST

D. SINGULAERLESARTEN AN   3 TESTSTELLEN

    TST. 13: ACTA 3,11   LA: 1I κρατουντος δε του ιαθεντος
    χωλου τον πετρον και ιωαννην συνεδραμεν επ αυτους
    πας ο λαος
    TST. 65: ACTA 18,21.22   LA:1/2I ανηχθη μεν απο της εφεσου,
    και κατελθων

TST. 66:   ACTA 18,27   LA: 6C βουλομενου δε αυτου ελθειν
εις την αχαιαν προτρεψαμενοι οι αδελφοι εγραψαν
τοις μαθηταις υποδεξασθαι αυτον

E. SONDERLESARTEN AN   3 TESTSTELLEN

TST. 32:   ACTA 10,10   LA: 3   επεσεν
TST. 66:   ACTA 18,27   LA: 6C βουλομενου δε αυτου ελθειν
εις την αχαιαν προτρεψαμενοι οι αδελφοι εγραψαν
τοις μαθηταις υποδεξασθαι αυτον
TST. 86:   ACTA 23,20   LA: 4   μελλοντας
==

■ ■ HS.-NR.:   479   TESTSTELLEN: 102

B. LA 1/2 :   10, 11, 18, 20, 28, 29, 35, 36, 41, 42, 44, 45, 48, 52, 53, 55,
              56, 65, 66, 76, 84, 87, 88, 91, 97,100,102   SUMME: 27 TST

C. LA   1 :   1- 9, 12- 17, 19, 21- 23, 26, 27, 30- 34, 37- 40, 43, 46, 47,
              49, 51, 54, 57- 64, 67- 75, 77- 83, 85, 89, 90, 92, 93, 95, 96,
              98, 99,101,103,104
        1C: 94
        1E: 50   SUMME: 74 TST

E. SONDERLESARTEN AN   1 TESTSTELLE

TST. 86:   ACTA 23,20   LA: 3   μελλοντων

F. KORREKTUREN AN   2 TESTSTELLEN

TST. 91:   ACTA 24,6-8
        C : LA 11H ADD. κατα τον ημετερον νομον ηθελησαμεν
            κριναι ελθων δε λυσιας ο χιλιαρχος βια πολλη εκ
            των χειρων ημων αφειλετο και προς σε απεστειλε.
            κελευσας και τους κατηγορους αυτου ερχεσθαι
TST. 95:   ACTA 25,5
        C : LA 3   τουτω ατοπον

I. NICHT ERFASSTE STELLEN (2)

    Z (LUECKE)   TST: 24, 25
==

■ ■ HS.-NR.:   483   TESTSTELLEN: 104

B. LA 1/2 :   10, 11, 18, 20, 28, 29, 35, 36, 41, 42, 44, 45, 48, 52, 53, 55,
              56, 65, 66, 76, 84, 87, 88, 97,100,102   SUMME: 26 TST

C. LA   1 :   1- 9, 12- 17, 19, 21- 27, 30- 34, 37- 40, 43, 46, 47, 49- 51,
              54, 57- 64, 67- 75, 78- 83, 85, 89, 90, 92- 96, 98, 99,101,103,
              104
        1B: 77   SUMME: 76 TST

E. SONDERLESARTEN AN   2 TESTSTELLEN

TST. 86:   ACTA 23,20   LA: 3   μελλοντων

TST. 91:   ACTA 24,6-8   LA: 17   ADD. και κατα τον ημετερον
νομον ηβουληθημεν ανελειν παρελθων δε λυσιας ο
χιλιαρχος ηρπασεν αυτον εκ των χειρων ημων πεμψας
προς σε
==

■ ■ HS.-NR.:   489   TESTSTELLEN: 104

A. LA   2 :   23, 49, 61, 77, 78, 90, 92, 93   SUMME: 8 TST

B. LA 1/2 :   10, 18, 20, 28, 29, 35, 41, 42, 44, 45, 48, 52, 55, 56, 65, 66,
              76, 84, 87, 88, 97,100,102
      1/2F: 36   SUMME: 24 TST

C. LA   1 :   1- 6, 9, 12, 15, 16, 19, 21, 22, 24- 27, 30- 34, 37- 40, 43,
              47, 51, 57- 60, 62- 64, 67- 72, 74, 75, 79- 83, 85, 89, 94- 96,
              98, 99,101,103,104
      1B: 50
      1C: 13   SUMME: 61 TST

E. SONDERLESARTEN AN 11 TESTSTELLEN

    TST. 7:   ACTA 2,30   LA: 3   το κατα σαρκα αναστησειν τον
            χριστον καθισαι τε
    TST. 8:   ACTA 2,31   LA: 3   εγκατελειφθη η ψυχη αυτου
    TST. 11:   ACTA 2,46   LA: 12   καθ ημεραν τε
            προσκαρτερουντες ομοθυμαδον εν τω ιερω κλωντες τε
            κατ οικον
    TST. 14:   ACTA 3,21   LA: 4   αυτου των απ αιωνος προφητων
    TST. 17:   ACTA 4,25   LA: 11   ο δια του πατρος ημων εν
            πνευματι αγιω στοματος δαυιδ παιδος σου ειπων
    TST. 46:   ACTA 13,42   LA: 6   εξιοντων δε αυτων εκ της
            συναγωγης
    TST. 53:   ACTA 15,34   LA: 3D   εδοξεν δε σιλαν επιμειναι
            αυτου
    TST. 54:   ACTA 16,28   LA: 5   ο παυλος φωνη μεγαλη
    TST. 73:   ACTA 20,24(1) LA: 10   ουδενος τουτων λογον
            ποιουμαι ουδε εχω την ψυχην μου
    TST. 86:   ACTA 23,20   LA: 3   μελλοντων
    TST. 91:   ACTA 24,6-8   LA: 5   ADD. και κατα τον ημετερον
            νομον ηθελησαμεν κριναι παρελθων δε λυσιας ο
            χιλιαρχος μετα πολλης βιας εκ των χειρων ημων
            απηγαγεν. κελευσας τους κατηγορους αυτου ερχεσθαι
            επι σου
==

■ ■ HS.-NR.:   491   TESTSTELLEN: 99

A. LA   2 :   86, 99   SUMME: 2 TST

B. LA 1/2 :   10, 18, 20, 28, 29, 35, 36, 41, 44, 45, 48, 52, 53, 55, 56, 66,
              76, 84, 87, 88, 91, 97,100,102
      1/2F: 65
      1/20:   11   SUMME: 26 TST

C. LA   1 :   3- 9, 12- 17, 19, 21- 23, 26, 27, 30- 34, 37- 40, 43, 46, 47,
              49- 51, 54, 57- 64, 67, 68, 70- 75, 77- 83, 85, 89, 90, 92- 96,
              98,101,104

```
        1L: 103                                    SUMME: 70 TST

C. SONDERLESARTEN AN    1 TESTSTELLE

    TST. 69:    ACTA 19,14    LA: 5   ησαν δε τινες υιοι σκευα
                ιουδαιου αρχιερεως οι τουτο ποιουντες

I. NICHT ERFASSTE STELLEN ( 5)

        W (UNSICHER)    TST: 42
        Z (LUECKE)      TST: 1, 2, 24, 25
```
==

■ ■ HS.-NR.:   496   TESTSTELLEN: 104

A. LA   2 : 49, 92   SUMME: 2 TST

B. LA 1/2 : 10, 11, 18, 20, 28, 29, 35, 36, 41, 44, 45, 48, 52, 55, 56, 65,
             66, 76, 84, 87, 88, 97,100,102   SUMME: 24 TST

C. LA   1 :   1- 9, 12- 16, 19, 21- 27, 30- 33, 37- 40, 43, 47, 51, 54,
             57- 64, 67- 75, 78- 83, 85, 86, 89, 90, 93, 94, 96, 98, 99,101,
             103,104
        1B: 77
        1C: 17
        1D: 50   SUMME: 72 TST

E. SONDERLESARTEN AN   6 TESTSTELLEN

```
    TST. 34:    ACTA 10,12    LA: 11  παντα τα τετραποδα και τα
                θηρια και τα ερπετα της γης και τα πετεινα του
                ουρανου
    TST. 42:    ACTA 12,25    LA: 6   απο ιερουσαλημ εις
                αντιοχειαν
    TST. 46:    ACTA 13,42    LA: 3   εξιοντων δε αυτων εκ της
                συναγωγης των ιουδαιων
    TST. 53:    ACTA 15,34    LA: 3   εδοξεν δε τω σιλα επιμειναι
                αυτου
    TST. 91:    ACTA 24,6-8   LA: 4K ADD. και κατα τον ημετερον
                νομον ηθελησαμεν κριναι παρελθων δε λυσιας ο
                χιλιαρχος μετα πολλης βιας εκ των χειρων ημων
                απηγαγεν. κελευσας τους κατηγορους αυτου ερχεσθαι
                προς σου
    TST. 95:    ACTA 25,5     LA: 4   ατοπον {εν τω ανδρι} τουτω
```
==

■ ■ HS.-NR.:   498   TESTSTELLEN: 82

B. LA 1/2 : 20, 28, 29, 35, 41, 42, 44, 45, 48, 52, 53, 55, 56, 65, 66, 76,
             84, 87, 88, 91, 97,100,102
        1/2K: 36   SUMME: 24 TST

C. LA   1 : 21, 22, 26, 27, 30- 34, 37- 40, 43, 46, 47, 49- 51, 54, 57- 63,
             67- 75, 77- 83, 85, 86, 89, 90, 92- 96, 98, 99,101,103,104
                                                      SUMME: 57 TST

E. SONDERLESARTEN AN   1 TESTSTELLE

    TST. 64:   ACTA 18,20   LA: 5 μειναι συν αυτοις

I. NICHT ERFASSTE STELLEN (22)

    Z (LUECKE)   TST: 1- 19, 23- 25
===

■ ■ HS.-NR.: 506   TESTSTELLEN: 22

A. LA 2 : 49   SUMME: 1 TST

B. LA 1/2 : 28, 29, 48, 55, 56, 84   SUMME: 6 TST

C. LA 1 : 26, 27, 30- 34, 54, 57- 59, 81- 83, 85   SUMME: 15 TST

I. NICHT ERFASSTE STELLEN (82)

    Z (LUECKE)   TST: 1- 25, 35- 47, 50- 53, 60- 80, 86-104
===

■ ■ HS.-NR.: 517   TESTSTELLEN: 7

B. LA 1/2 : 20   SUMME: 1 TST

C. LA 1 : 51, 59- 62, 67   SUMME: 6 TST

I. NICHT ERFASSTE STELLEN (97)

    Z (LUECKE)   TST: 1- 19, 21- 50, 52- 58, 63- 66, 68-104
===

■ ■ HS.-NR.: 522   TESTSTELLEN: 102

A. LA 2 : 14, 19, 21, 23, 46, 47, 57, 79, 83
    2B: 34   SUMME: 10 TST

B. LA 1/2 : 10, 20, 29, 35, 41, 44, 45, 48, 52, 55, 56, 65, 66, 76, 87, 88,
       97,100,102
    1/2F: 36   SUMME: 20 TST

C. LA 1 : 1- 6, 9, 16, 22, 24- 27, 31- 33, 37, 38, 40, 43, 49, 51, 54,
       58- 64, 67, 71, 73, 74, 78, 81, 82, 85, 86, 90, 92- 94, 96, 99,
       101,103
    1B: 77
    1C: 17
    1D: 98   SUMME: 50 TST

D. SINGULAERLESARTEN AN   3 TESTSTELLEN

    TST. 80:   ACTA 21,25   LA: 6C ADD. μηδεν τουτον τηρειν
      αυτους αλλα
    TST. 91:   ACTA 24,6-8   LA: 4F ADD. και κατα μετερον νομον
      ηθελησαμεν κριναι παρελθων δε λυσιας ο χιλιαρχος
      μετα πολλης βιας εκ των χειρων ημων απηγαγεν.
      κελευσας και τους κατηγορους αυτων ερχεσθαι προς σε

TST.104:   ACTA 28,29   LA: 3E ADD. και ταυτα αυτου
ειποντος απηλθον οι ιουδαιοι πολλην εχοντες εν
αυτοις ζητησιν

E. SONDERLESARTEN AN 22 TESTSTELLEN

TST. 7:   ACTA 2,30   LA: 7 το κατα σαρκα αναστησαι τον
χριστον και καθισαι
TST. 8:   ACTA 2,31   LA: 3 εγκατελειφθη η ψυχη αυτου
TST. 11:   ACTA 2,46   LA: 5 καθ ημεραν τε
προσκαρτερουντες εν τω ιερω ομοθυμαδον κλωντες τε
κατ οικον αρτον
TST. 12:   ACTA 2,47.3,1 LA: 3 τη εκκλησια επι το αυτο.
πετρος δε
TST. 13:   ACTA 3,11   LA: 3D κρατουντος δε αυτου τον
πετρον και τον ιωαννην συνεδραμεν προς αυτους πας ο
λαος
TST. 15:   ACTA 3,22   LA: 3 ειπεν προς τους πατερας
TST. 18:   ACTA 4,33   LA: 4 της αναστασεως του κυριου
ιησου χριστου
TST. 28:   ACTA 8,37   LA: 11 ει πιστευεις εξ ολης της
καρδιας σου εξεστιν. αποκριθεις δε ειπεν: πιστευω
τον υιον του θεου ειναι ιησουν χριστον
TST. 30:   ACTA 9,25   LA: 5 οι μαθηται νυκτος
TST. 39:   ACTA 10,47   LA: 4 δυναται τις κωλυσαι
TST. 42:   ACTA 12,25   LA: 5 εξ ιερουσαλημ εις αντιοχειαν
TST. 50:   ACTA 15,18   LA: 19 ταυτα παντα α εστι γνωστα
αυτω απ αιωνος
TST. 53:   ACTA 15,34   LA: 8 εδοξεν δε τω σιλα επιμειναι
αυτοθι
TST. 68:   ACTA 19,3   LA: 3 ειπε(ν) δε
TST. 69:   ACTA 19,14   LA: 3 ησαν δε τινες σκευα ιουδαιου
αρχιερεως επτα υιοι τουτο ποιουντες
TST. 75:   ACTA 20,29   LA: 3 γαρ οιδα
TST. 80:   ACTA 21,25   LA: 6C ADD. μηδεν τουτον τηρειν
αυτους αλλα
TST. 84:   ACTA 23,1   LA: 3 τω συνεδριω ο παυλος
TST. 89:   ACTA 23,30   LA: 14 εσεσθαι εξ αυτων
TST. 91:   ACTA 24,6-8 LA: 4F ADD. και κατα μετερον νομον
ηθελησαμεν κριναι παρελθων δε λυσιας ο χιλιαρχος
μετα πολλης βιας εκ των χειρων ημων απηγαγεν.
κελευσας και τους κατηγορους αυτων ερχεσθαι προς σε
TST. 95:   ACTA 25,5   LA: 3 τουτω ατοπον
TST.104:   ACTA 28,29   LA: 3E ADD. και ταυτα αυτου
ειποντος απηλθον οι ιουδαιοι πολλην εχοντες εν
αυτοις ζητησιν

I. NICHT ERFASSTE STELLEN (2)

V (AUSLASSUNG) TST: 72
Z (LUECKE)   TST: 70
===

■ ■ HS.-NR.: 547   TESTSTELLEN: 104

A. LA 2 : 40, 49   SUMME: 2 TST

B. LA 1/2 : 10, 11, 18, 20, 28, 29, 35, 36, 41, 44, 45, 48, 52, 53, 55, 56,

```
              66, 76, 84, 87, 88, 91, 97,100,102
    1/2M:  65                                      SUMME: 26 TST

C. LA   1 :    1- 7,  9, 12- 17, 19, 21- 27, 30- 34, 37- 39, 43, 46, 47, 54,
              57- 64, 67- 75, 77- 79, 81- 83, 85, 89, 90, 92- 96, 98, 99,101,
             103,104
       1B:  50, 51, 86                              SUMME: 73 TST
```

D. SINGULAERLESARTEN AN   1 TESTSTELLE

    TST. 65:   ACTA 18,21.22   LA:1/2M ανηχθη απο εφεσου, και
       κατελθων

E. SONDERLESARTEN AN   3 TESTSTELLEN

    TST. 8:   ACTA 2,31   LA: 3   εγκατελειφθη η ψυχη αυτου
    TST. 42:   ACTA 12,25   LA: 3   εξ ιερουσαλημ
    TST. 80:   ACTA 21,25   LA: 6   ADD. μηδεν τοιουτον τηρειν
       αυτους αλλα
==

■ ■ HS.-NR.: 567   TESTSTELLEN: 38

B. LA 1/2 :   28, 35, 84, 87, 88, 97,100,102
    1/2M: 36   SUMME: 9 TST

C. LA   1 :   24- 27, 30- 34, 46, 79- 83, 85, 89, 90, 92- 96, 99,101
       1G: 103   SUMME: 26 TST

D. SINGULAERLESARTEN AN   1 TESTSTELLE

    TST. 29:   ACTA 8,39   LA: 3   αγγελος θεου

E. SONDERLESARTEN AN   3 TESTSTELLEN

    TST. 29:   ACTA 8,39   LA: 3   αγγελος θεου
    TST. 86:   ACTA 23,20   LA: 4   μελλοντας
    TST. 98:   ACTA 26,14   LA: 3   λαλουσαν προς με

F. KORREKTUREN AN   1 TESTSTELLE

    TST. 91:   ACTA 24,6-8
         C : LA 17   ADD. και κατα τον ημετερον νομον
             ηβουληθημεν ανελειν παρελθων δε λυσιας ο
             χιλιαρχος ηρπασεν αυτον εκ των χειρων ημων
             πεμψας προς σε

I. NICHT ERFASSTE STELLEN (66)

    X (UNLESERLICH) TST: 91
    Z (LUECKE)   TST: 1- 23, 37- 45, 47- 78,104
==

■ ■ HS.-NR.: 582   TESTSTELLEN: 104

A. LA   2 : 77   SUMME: 1 TST

B. LA 1/2 :   10, 18, 20, 28, 29, 35, 41, 44, 45, 48, 52, 56, 65, 76, 87, 88,

```
                97,100,102
      1/2K:  36                                         SUMME: 20 TST

C. LA    1 :    1-  7,  9, 12, 13, 15, 16, 19, 21- 27, 30- 34, 37- 40, 43, 47,
               54, 57- 63, 67- 71, 73- 75, 78- 83, 85, 90, 92- 94, 96, 98, 99,
              101,103,104
         1B:   51, 86
         1C:   17, 89
         1E:   64                                       SUMME: 69 TST
```

D. SINGULAERLESARTEN AN   1 TESTSTELLE

```
   TST. 64:    ACTA 18,20     LA:  1E  μειναι παρ αυτων
```

E. SONDERLESARTEN AN   14 TESTSTELLEN

```
   TST.  8:    ACTA 2,31      LA:  3   εγκατελειφθη η ψυχη αυτου
   TST. 11:    ACTA 2,46      LA:  6   καθ ημεραν τε
      προσκαρτερουντες εν τω ιερω κλωντες τε κατ οικον
      αρτον
   TST. 14:    ACTA 3,21      LA:  5   προφητων αυτου απ αιωνος
   TST. 42:    ACTA 12,25     LA:  5   εξ ιερουσαλημ εις αντιοχειαν
   TST. 46:    ACTA 13,42     LA:  3   εξιοντων δε αυτων εκ της
      συναγωγης των ιουδαιων
   TST. 49:    ACTA 15,7      LA:  4   ημιν
   TST. 50:    ACTA 15,18     LA: 17   παντα ταυτα α εστι γνωστα απ
      αιωνος αυτω
   TST. 53:    ACTA 15,34     LA:  8   εδοξεν δε τω σιλα επιμειναι
      αυτοθι
   TST. 55:    ACTA 16,33     LA:  8   οι αυτου
   TST. 66:    ACTA 18,27     LA:  6   βουλομενου δε αυτου ελθειν
      εις την αχαιαν προτρεψαμενοι οι αδελφοι εγραψαν
      τοις μαθηταις αποδεξασθαι αυτον
   TST. 72:    ACTA 20,15     LA:  4   και μειναντες εν τρωγυλιω
      (ET SIM.) τη ερχομενη
   TST. 84:    ACTA 23,1      LA:  4   παυλος τω συνεδριω
   TST. 91:    ACTA 24,6-8    LA: 11F ADD. και κατα ημετερον νομον
      ηθελησαμεν κριναι παρελθων δε λυσιας ο χιλιαρχος
      βια πολλη εκ των χειρων αφειλετο και προς σε
      απεστειλε. κελευσας και τους κατηγορους αυτου
      ερχεσθαι
   TST. 95:    ACTA 25,5      LA:  3   τουτω ατοπον
```
==

■ ■ HS.-NR.:   592   TESTSTELLEN: 104

```
B. LA 1/2 :  10, 11, 28, 29, 35, 36, 41, 44, 45, 48, 52, 53, 55, 56, 65, 66,
             76, 84, 87, 88, 97,100,102
     1/2B:  20
     1/2C:  18                                          SUMME: 25 TST

C. LA    1 :   1-  9, 12, 13, 15- 17, 19, 21- 27, 30- 34, 37- 40, 43, 47,
              49- 51, 54, 57- 64, 67- 75, 78- 83, 85, 86, 89, 90, 92- 96, 98,
              99,101,103,104
         1B:  77                                        SUMME: 75 TST
```

D. SINGULAERLESARTEN AN   1 TESTSTELLE

    TST. 18:   ACTA 4,33   LA:1/2C της αναστασεως του χριστου
    ιησου

E. SONDERLESARTEN AN   4 TESTSTELLEN

    TST. 14:   ACTA 3,21   LA: 5   προφητων αυτου απ αιωνος
    TST. 42:   ACTA 12,25   LA: 6   απο ιερουσαλημ εις
    αντιοχειαν
    TST. 46:   ACTA 13,42   LA: 3   εξιοντων δε αυτων εκ της
    συναγωγης των ιουδαιων
    TST. 91:   ACTA 24,6-8   LA: 5   ADD. και κατα τον ημετερον
    νομον ηθελησαμεν κριναι παρελθων δε λυσιας ο
    χιλιαρχος μετα πολλης βιας εκ των χειρων ημων
    απηγαγεν. κελευσας τους κατηγορους αυτου ερχεσθαι
    επι σου
==

■ ■ HS.-NR.: 601   TESTSTELLEN: 103

B. LA 1/2 :   10, 18, 20, 28, 29, 35, 36, 41, 42, 45, 48, 52, 53, 55, 56, 76,
              84, 87, 88, 91, 97,100,102
    1/2G: 66
    1/2N: 65
    1/2O: 11   SUMME: 26 TST

C. LA   1 :   1- 9, 12- 16, 21- 27, 30, 31, 33, 34, 37- 40, 43, 46, 47, 49,
              51, 54, 57- 64, 67, 68, 70, 71, 73- 75, 77- 83, 85, 89, 90, 92,
              93, 95, 96, 98, 99,101,104
    1B: 86, 94
    1C: 19
    1L: 103   SUMME: 72 TST

D. SINGULAERLESARTEN AN   4 TESTSTELLEN

    TST. 19:   ACTA 4,34   LA: 1C υπηργεν
    TST. 50:   ACTA 15,18   LA: 22   ταυτα παντα απ αιωνος
    γνωσται τω θεω παντα τα εργα αυτου
    TST. 65:   ACTA 18,21.22 LA:1/2N ανηχθη απο της εφεσω, και
    κατελθων
    TST. 69:   ACTA 19,14   LA: 12   ησαν δε τινες η οι σκευα
    ιουδαιου αρχιερεως επτα οι ποιουντες

E. SONDERLESARTEN AN   5 TESTSTELLEN

    TST. 32:   ACTA 10,10   LA: 3   επεσεν
    TST. 44:   ACTA 13,33(1) LA: 6   τοις τεκνοις αυτων
    TST. 50:   ACTA 15,18   LA: 22   ταυτα παντα απ αιωνος
    γνωσται τω θεω παντα τα εργα αυτου
    TST. 69:   ACTA 19,14   LA: 12   ησαν δε τινες η οι σκευα
    ιουδαιου αρχιερεως επτα οι ποιουντες
    TST. 72:   ACTA 20,15   LA: 4   και μειναντες εν τρωγυλιω
    (ET SIM.) τη ερχομενη

F. KORREKTUREN AN 2 TESTSTELLEN

TST. 17: ACTA 4,25
  C : LA 1 ο δια στοματος δαυιδ παιδος σου ειπων
TST. 65: ACTA 18,21.22
  C : LA 10 ανηχθη απο της εφεσου: τον δε ακυλαν
  ειασεν εν εφεσω, και κατελθων

I. NICHT ERFASSTE STELLEN (1)

  X (UNLESERLICH) TST: 17
===

■ ■ HS.-NR.: 602   TESTSTELLEN: 49

A. LA   2 : 61   SUMME: 1 TST

B. LA 1/2 : 48, 53, 55, 56, 65, 76, 84, 87, 88, 91,100,102   SUMME: 12 TST

C. LA   1 : 46, 47, 49, 50, 54, 57- 60, 62- 64, 69- 71, 73- 75, 77- 83, 85,
            89, 90, 92- 95, 98, 99
       1L: 103   SUMME: 35 TST

E. SONDERLESARTEN AN 1 TESTSTELLE

   TST. 86: ACTA 23,20   LA: 3 μελλοντων

I. NICHT ERFASSTE STELLEN (55)

   Z (LUECKE)   TST: 1- 45, 51, 52, 66- 68, 72, 96, 97,101,104
===

■ ■ HS.-NR.: 603   TESTSTELLEN: 103

B. LA 1/2 : 10, 11, 18, 20, 28, 29, 35, 36, 41, 42, 44, 45, 48, 53, 55, 56,
            65, 66, 76, 84, 87, 88, 97,100,102   SUMME: 25 TST

C. LA   1 : 1- 4, 6- 9, 12, 14- 17, 19, 21- 27, 30, 31, 33, 34, 37- 40,
            43, 47, 49- 51, 54, 57- 64, 67- 75, 78- 83, 85, 89, 90, 92- 96,
            98, 99,101,103,104
       1B: 77, 86   SUMME: 73 TST

E. SONDERLESARTEN AN 5 TESTSTELLEN

   TST. 5: ACTA 2,7(2)   LA: 3 προς αλληλους λεγοντες
   TST. 13: ACTA 3,11   LA: 7 κρατουντος δε του ιαθεντος
   χωλου τον πετρον και ιωαννην συνεδραμεν προς αυτον
   πας ο λαος
   TST. 32: ACTA 10,10   LA: 3 επεσεν
   TST. 46: ACTA 13,42   LA: 3 εξιοντων δε αυτων εκ της
   συναγωγης των ιουδαιων
   TST. 52: ACTA 15,24   LA: 3 ελθοντες

F. KORREKTUREN AN 4 TESTSTELLEN

   TST. 5: ACTA 2,7(2)
     C : LA 1 λεγοντες προς αλληλους

TST. 17: ACTA 4,25
    C : LA 1C ο δια στοματος δαυιδ του παιδος σου ειπων
TST. 42: ACTA 12,25
    C : LA 5 εξ ιερουσαλημ εις αντιοχειαν
TST. 91: ACTA 24,6-8
    C : LA 13B ADD. ηβουληθημεν κριναι κατα τον νομον
    ημων ελθων δε λυσιας ο χιλιαρχος βια πολλη εκ
    των χειρων ημων αφειλετο και προς σε απεστειλε.
    κελευσας τους κατηγορους αυτου ελθειν προς σε

I. NICHT ERFASSTE STELLEN (1)

   X (UNLESERLICH) TST: 91
===

■ ■ HS.-NR.: 604   TESTSTELLEN: 104

A. LA 2 : 49, 68, 77   SUMME: 3 TST

B. LA 1/2 : 10, 11, 18, 20, 28, 29, 35, 36, 41, 44, 45, 48, 52, 53, 55, 56,
           65, 66, 76, 84, 87, 88, 91, 97,100,102   SUMME: 26 TST

C. LA 1 :   1- 9, 12- 17, 21- 27, 30- 34, 37- 40, 43, 46, 47, 50, 51, 54,
          57- 64, 67, 69- 75, 78- 83, 85, 89, 90, 92- 96, 98, 99,101,103,
          104
     1B: 19, 86   SUMME: 74 TST

E. SONDERLESARTEN AN 1 TESTSTELLE

   TST. 42: ACTA 12,25   LA: 5 εξ ιερουσαλημ εις αντιοχειαν
===

■ ■ HS.-NR.: 605   TESTSTELLEN: 104

A. LA 2B: 86   SUMME: 1 TST

B. LA 1/2 : 10, 11, 18, 20, 28, 29, 35, 41, 42, 44, 45, 48, 52, 53, 55, 56,
           65, 66, 76, 84, 87, 88, 91, 97,100,102
     1/2K: 36   SUMME: 27 TST

C. LA 1 :   1- 9, 12- 17, 19, 21- 27, 30- 34, 37- 40, 43, 46, 47, 49- 51,
          54, 57- 64, 67- 75, 77- 83, 85, 89, 90, 92- 96, 98, 99,101,104
     1L: 103   SUMME: 76 TST

F. KORREKTUREN AN 3 TESTSTELLEN

   TST. 42: ACTA 12,25
        C : LA 6 απο ιερουσαλημ εις αντιοχειαν
   TST. 69: ACTA 19,14
        C : LA 4 ησαν δε τινος υιοι σκευα ιουδαιου
        αρχιερεως επτα οι τουτο ποιουντες
   TST. 91: ACTA 24,6-8
        C : LA 18 ADD. και κατα τον νομον τον ημετερον
        ηθελησαμεν κριναι
===

■ ■ HS.-NR.: 606   TESTSTELLEN: 98

A. LΛ   2 :   21, 23, 39, 46, 47
        2C: 50   SUMME: 6 TST

B. LA 1/2 : 10, 11, 20, 41, 44, 45, 48, 52, 53, 55, 56, 76, 84, 87, 88, 91,
             97,100,102   SUMME: 19 TST

C. LA   1 :   1- 9, 14- 17, 19, 22, 24- 27, 30, 31, 38, 40, 43, 49, 51, 54,
             57- 64, 67- 75, 78, 79, 81- 83, 85, 89, 90, 92- 96, 98, 99,101,
             103,104
        1B: 77, 86   SUMME: 64 TST

E. SONDERLESARTEN AN   9 TESTSTELLEN

    TST. 12:   ACTA 2,47.3,1   LA: 3   τη εκκλησια επι το αυτο.
    πετρος δε
    TST. 13:   ACTA 3,11   LA: 3D κρατουντος δε αυτου τον
    πετρον και τον ιωαννην συνεδραμεν προς αυτους πας ο
    λαος
    TST. 18:   ACTA 4,33   LA: 4   της αναστασεως του κυριου
    ιησου χριστου
    TST. 28:   ACTA 8,37   LA: 3D ειπεν δε αυτω: ει πιστευεις
    εξ ολης της καρδιας σου εξεστιν. αποκριθεις δε
    ειπεν: πιστευω τον υιον του θεου ειναι ιησουν
    χριστον
    TST. 29:   ACTA 8,39   LA: 5   πνευμα αγιον επεπεσεν επι
    τον ευνουχον αγγελος δε κυριου
    TST. 42:   ACTA 12,25   LA: 5   εξ ιερουσαλημ εις αντιοχειαν
    TST. 65:   ACTA 18,21.22   LA: 5   ανηχθη απο της εφεσου, και
    καταβας
    TST. 66:   ACTA 18,27   LA: 10   βουλομενου δε αυτου διελθειν
    εις την αχαιαν προπεμψαμενοι οι αδελφοι εγραψαν
    τοις μαθηταις αποδεξασθαι αυτον
    TST. 80:   ACTA 21,25   LA: 3   ADD. μηδεν τοιουτο τηρειν
    αυτους ει μη

I. NICHT ERFASSTE STELLEN (6)

    Z (LUECKE)   TST: 32- 37
===

■ ■ HS.-NR.: 607   TESTSTELLEN: 103

A. LA   2B: 86   SUMME: 1 TST

B. LA 1/2 : 10, 11, 20, 29, 35, 41, 42, 44, 45, 48, 52, 53, 65, 66, 76, 84,
             87, 88, 91, 97,100,102
        1/2C: 56
        1/2E: 55
        1/2K: 36   SUMME: 25 TST

C. LA   1 :   1, 3- 9, 12- 17, 19, 21- 27, 30- 34, 37- 40, 43, 46, 47, 50,
             51, 54, 57, 59- 64, 67- 75, 77- 83, 85, 89, 90, 92- 96, 98, 99,
             101,103,104
        1L: 58   SUMME: 74 TST

E. SONDERLESARTEN AN   3 TESTSTELLEN

TST. 18:   ACTA 4,33   LA: 4 της αναστασεως του κυριου
ιησου χριστου
TST. 28:   ACTA 8,37   LA: 3D ειπεν δε αυτω: ει πιστευεις
εξ ολης της καρδιας σου εξεστιν. αποκριθεις δε
ειπεν: πιστευω τον υιον του θεου ειναι ιησουν
χριστον
TST. 49:   ACTA 15,7   LA: 4 ημιν

F. KORREKTUREN AN   2 TESTSTELLEN

TST. 67:   ACTA 19,1.2
C : LA   1B και ευρων τινας μαθητας ειπε προς αυτους
TST. 68:   ACTA 19,3
C : LA   1B ειπε τε προς αυτους

I. NICHT ERFASSTE STELLEN (1)

Z (LUECKE)   TST: 2
===

■ ■ HS.-NR.:   608   TESTSTELLEN: 102

A. LA   2 : 89
2C: 98   SUMME: 2 TST

B. LA 1/2 : 10, 18, 20, 28, 29, 35, 41, 42, 44, 45, 48, 52, 53, 56, 65, 66,
76, 84, 87, 88, 97,100,102
1/2E: 55
1/2M: 11, 36   SUMME: 26 TST

C. LA   1 : 1- 7, 9, 12, 16, 17, 19, 21- 27, 30- 34, 37- 40, 43, 46, 47,
49- 51, 54, 57, 59- 64, 67- 75, 78, 80- 83, 85, 90, 92- 94, 96,
99,101,104
1B: 77
1L: 58   SUMME: 67 TST

D. SINGULAERLESARTEN AN   2 TESTSTELLEN

TST. 91:   ACTA 24,6-8   LA: 3E ADD. και κατα τον ημετερον
νομον ηθελησαμεν κριναι παρελθων δε λυσιας
χιλιαρχος μετα πολλης βιας εκ των χειρων ημων
απηγαγεν. κελευσας τους κατηγορους αυτου ερχεσθαι
επι σε
TST.103:   ACTA 28,16   LA: 8 ο εκατονταρχος παρεδωκε τους
δεσμιους τω χιλιαρχω τω δε παυλω επετραπη

E. SONDERLESARTEN AN   7 TESTSTELLEN

TST. 8:   ACTA 2,31   LA: 3 εγκατελειφθη η ψυχη αυτου
TST. 13:   ACTA 3,11   LA: 9 κρατουντος δε του ιαθεντος
χωλου τον πετρον και τον ιωαννην συνεδραμεν πας ο
λαος προς αυτους
TST. 79:   ACTA 21,20   LA: 4 ιουδαιοι
TST. 86:   ACTA 23,20   LA: 3 μελλοντων

TST. 91:   ACTA 24,6-8   LA: 3E ADD. και κατα τον ημετερον
νομον ηθελησαμεν κριναι παρελθων δε λυσιας
χιλιαρχος μετα πολλης βιας εκ των χειρων ημων
απηγαγεν. κελευσας τους κατηγορους αυτου ερχεσθαι
επι σε
TST. 95:   ACTA 25,5   LA: 3   τουτω ατοπον
TST.103:   ACTA 28,16   LA: 8   ο εκατονταρχος παρεδωκε τους
δεσμιους τω χιλιαρχω τω δε παυλω επετραπη

I. NICHT ERFASSTE STELLEN (2)

   X (UNLESERLICH) TST: 14, 15
==

■ ■ HS.-NR.: 610   TESTSTELLEN: 96

A. LA   2 : 13, 15, 17, 19, 21, 23, 25, 31, 32, 38, 40, 43, 46, 47, 49, 57,
             64, 67, 68, 70, 75, 83, 89, 90, 92, 98
        2C: 50, 69   SUMME: 28 TST

B. LA 1/2 : 11, 20, 41, 44, 45, 48, 52, 55, 56, 65, 76, 87, 88,100,102
      1/2B: 66
      1/2F: 36   SUMME: 17 TST

C. LA   1 :   1- 6, 12, 16, 22, 24, 37, 51, 58- 62, 71, 74, 78, 82, 85, 93,
             94, 96, 99,101,103,104   SUMME: 29 TST

E. SONDERLESARTEN AN 22 TESTSTELLEN

      TST. 7:   ACTA 2,30   LA: 13   κατα σαρκα αναστησαι τον
      χριστον καθισαι τε
      TST. 8:   ACTA 2,31   LA: 3   εγκατελειφθη η ψυχη αυτου
      TST. 9:   ACTA 2,38   LA: 4   των αμαρτιων
      TST. 10:   ACTA 2,43.44   LA: 6   ADD. εις ιερουσαλημ φοβος τε
      ην μεγας επι παντας αυτους
      TST. 14:   ACTA 3,21   LA: 3   των απ αιωνος αυτου προφητων
      TST. 18:   ACTA 4,33   LA: 5B   της αναστασεως ιησου χριστου
      του κυριου ημων
      TST. 28:   ACTA 8,37   LA: 3E   ειπεν δε αυτω: ει πιστευεις
      εξ ολης καρδιας σου εξεστιν. αποκριθεις δε ειπεν:
      πιστευω τον υιον του θεου ειναι ιησουν χριστον
      TST. 29:   ACTA 8,39   LA: 5   πνευμα αγιον επεπεσεν επι
      τον ευνουχον αγγελος δε κυριου
      TST. 30:   ACTA 9,25   LA: 5   οι μαθηται νυκτος
      TST. 35:   ACTA 10,19   LA: 3   το πνευμα αυτω
      TST. 39:   ACTA 10,47   LA: 4   δυναται τις κωλυσαι
      TST. 42:   ACTA 12,25   LA: 4   απο ιερουσαλημ
      TST. 53:   ACTA 15,34   LA: 3   εδοξεν δε τω σιλα επιμειναι
      αυτου
      TST. 54:   ACTA 16,28   LA: 5   ο παυλος φωνη μεγαλη
      TST. 63:   ACTA 18,17   LA: 4   παντες οι ιουδαιοι
      TST. 73:   ACTA 20,24(1)   LA: 3   ουδενος λογου ποιουμαι ουδε
      εχω την ψυχην
      TST. 81:   ACTA 22,9   LA: 3   εθεασαντο και εμφοβοι
      γενομενοι
      TST. 84:   ACTA 23,1   LA: 4   παυλος τω συνεδριω

```
TST. 86:   ACTA 23,20     LA: 3   μελλοντων
TST. 91:   ACTA 24,6-8    LA: 3   ADD. και κατα τον ημετερον
    νομον ηθελησαμεν κριναι παρελθων δε λυσιας ο
    χιλιαρχος μετα πολλης βιας εκ των χειρων ημων
    απηγαγεν. κελευσας τους κατηγορους αυτου ερχεσθαι
    επι σε
TST. 95:   ACTA 25,5      LA: 3   τουτω ατοπον
TST. 97:   ACTA 25,17     LA: 3   ουν ενθαδε αυτων
```

I. NICHT ERFASSTE STELLEN (8)

```
    Z (LUECKE)      TST:  26, 27, 33, 34, 72, 77, 79, 80
```
==

■ ■ HS.-NR.:   614   TESTSTELLEN: 104

A. LA   2 :   23, 46, 57, 62, 77, 89, 90, 92   SUMME: 8 TST

B. LA 1/2 :   10, 11, 18, 20, 28, 29, 35, 36, 41, 44, 45, 48, 52,102
   1/2B: 55
   1/2D: 56   SUMME: 16 TST

C. LA   1 :   1- 7, 9, 12, 13, 15- 17, 19, 21, 22, 24, 25, 27, 30- 34,
              37- 40, 47, 50, 54, 58- 61, 63, 64, 67, 69- 72, 74, 75, 78- 83,
              85, 93, 96, 98, 99,101,103,104
   1C: 94
   1D: 73   SUMME: 60 TST

D. SINGULAERLESARTEN AN   1 TESTSTELLE

```
TST. 66:   ACTA 18,27     LA: 15  φοβουμενου δε αυτου διελθειν
    την αχαιαν προτρεψαμενοι οι αδελφοι εγραψαν τοις
    μαθηταις αποδεξασθαι αυτον
```

E. SONDERLESARTEN AN   20 TESTSTELLEN

```
TST.  8:   ACTA 2,31      LA: 3B  εγκατεληφθη η ψυχη αυτου
TST. 14:   ACTA 3,21      LA: 10  προφητων {αγιων} αυτου απ
    αιωνος
TST. 26:   ACTA 8,10      LA: 3   λεγομενη
TST. 42:   ACTA 12,25     LA: 4   απο ιερουσαλημ
TST. 43:   ACTA 13,20     LA: 4B  ετεσιν τετρακοσιοις και
    πεντηκοντα και
TST. 49:   ACTA 15,7      LA: 4   ημιν
TST. 51:   ACTA 15,23     LA: 8   δια χειρος αυτων επιστολην
    και πεμψαντες περιεχουσαν ταδε
TST. 53:   ACTA 15,34     LA: 3   εδοξεν δε τω σιλα επιμειναι
    αυτου
TST. 65:   ACTA 18,21.22  LA: 11  και ανηχθη απο της εφεσου:
    τον δε ακυλαν ειασεν εν εφεσω, αυτος δε ανεχθεις
    ηλθεν εις καισαρειαν και κατελθων
TST. 66:   ACTA 18,27     LA: 15  φοβουμενου δε αυτου διελθειν
    την αχαιαν προτρεψαμενοι οι αδελφοι εγραψαν τοις
    μαθηταις αποδεξασθαι αυτον
TST. 68:   ACTA 19,3      LA: 17  ειπεν ουν
TST. 76:   ACTA 20,32     LA: 3   ADD. αυτω η δοξα εις τους
    αιωνας αμην
```

```
TST. 84:   ACTA 23,1      LA:  4   παυλος τω συνεδριω
TST. 86:   ACTA 23,20     LA:  3   μελλοντων
TST. 87:   ACTA 23,25(1)  LA:  5   ADD. {γραψας επιστολην
           εχουσαν τον τυπον τουτον} εφοβηθη γαρ μηποτε
           αρπασαντες αυτον οι ιουδαιοι αποκτεινωσι και αυτος
           μεταξυ εγκλη σχη ως αργυριον ειληφως
TST. 88:   ACTA 23,25(2)  LA:  9   εγραψε δε επιστολην
           περιεχουσαν ταδε
TST. 91:   ACTA 24,6-8    LA:  8   ADD. και κατα τον ημετερον
           νομον ηθελησαμεν κρινειν παρελθων δε λυσιας ο
           χιλιαρχος μετα πολλης βιας εκ των χειρων ημων
           απηγαγεν. κελευσας τους κατηγορους αυτου ερχεσθαι
           επι σου
TST. 95:   ACTA 25,5      LA:  3   τουτω ατοπον
TST. 97:   ACTA 25,17     LA:  3   ουν ενθαδε αυτων
TST.100:   ACTA 27,5      LA:  4   διαπλευσαντες δι ημερων
           δεκαπεντε κατηλθομεν
```

F. KORREKTUREN AN   2 TESTSTELLEN

```
TST. 68:   ACTA 19,3
           C : LA   2   ειπε(ν) τε
TST. 87:   ACTA 23,25(1)
           C : LA   5B  ADD. {γραψας επιστολην εχουσαν τον τυπον
           τουτον} εφοβηθη γαρ μηποτε αρπασαντες αυτον οι
           ιουδαιοι αποκτεινωσι και αυτος μεταξυ εγκλησιν
           σχη ως αργυριον ειληφως
```
==

■ ■ HS.-NR.:   616   TESTSTELLEN: 104

A. LA   2 : 78   SUMME: 1 TST

B. LA 1/2 :   10, 18, 28, 29, 35, 36, 41, 42, 44, 45, 52, 53, 55, 56, 76, 84,
              87, 88, 91, 97,100,102
       1/2B: 11, 20   SUMME: 24 TST

C. LA   1 :   2, 4- 6, 8, 9, 12- 14, 16, 17, 19, 21- 27, 30- 33, 37- 40,
              43, 47, 49- 51, 54, 57- 64, 67- 75, 77, 79, 81- 83, 85, 86, 89,
              90, 92, 93, 95, 96, 99,101,104
       1B: 1, 3, 7
       1D: 34, 98
       1M: 103   SUMME: 72 TST

D. SINGULAERLESARTEN AN   4 TESTSTELLEN

```
TST. 34:   ACTA 10,12     LA: 1D  παντα τα τετραποδα επι της
           γης και τα θηρια και τα ερπετα και τα πετεινα του
           ουρανου
TST. 48:   ACTA 15,2      LA: 12  εταξαν αναβαινειν παυλον και
           βαρναβαν και τινας αποστολους εξ αυτων
TST. 80:   ACTA 21,25     LA:  9  ADD. μηδεν τοιουτον τηρειν
           {κριναντες} ει μη
TST. 94:   ACTA 24,22     LA: 6B  ακουσας δε ταυτα ο φηλιξ
           ανεβαλλετο αυτοις
```

E. SONDERLESARTEN AN   7 TESTSTELLEN

TST. 15:   ACTA 3,22   LA: 7 γαρ προς τους πατερας υμων
            ειπεν
TST. 46:   ACTA 13,42   LA: 3 εξιοντων δε αυτων εκ της
            συναγωγης των ιουδαιων
TST. 48:   ACTA 15,2   LA: 12 εταξαν αναβαινειν παυλον και
            βαρναβαν και τινας αποστολους εξ αυτων
TST. 65:   ACTA 18,21.22 LA: 5 ανηχθη απο της εφεσου, και
            καταβας
TST. 66:   ACTA 18,27   LA: 10 βουλομενου δε αυτου διελθειν
            εις την αχαιαν προπεμψαμενοι οι αδελφοι εγραψαν
            τοις μαθηταις αποδεξασθαι αυτον
TST. 80:   ACTA 21,25   LA: 9 ADD. μηδεν τοιουτον τηρειν
            {κριναντες} ει μη
TST. 94:   ACTA 24,22   LA: 6B ακουσας δε ταυτα ο φηλιξ
            ανεβαλλετο αυτοις
==

■ ■ HS.-NR.: 617   TESTSTELLEN: 104

A. LA   2 : 19, 95
        2B: 86   SUMME: 3 TST

B. LA 1/2 : 28, 29, 35, 36, 41, 42, 44, 45, 48, 52, 53, 55, 56, 76, 84, 87,
             88, 91, 97,100,102
      1/2B: 20
      1/2M: 11   SUMME: 23 TST

C. LA   1 : 1- 6, 9, 12- 16, 21- 23, 25- 27, 30, 31, 33, 34, 37, 38, 40,
             43, 46, 47, 49- 51, 54, 57- 62, 64, 67- 75, 77- 83, 85, 89, 90,
             92- 94, 96, 98, 99,101,104
        1B: 39
        1C: 24
        1L: 103   SUMME: 69 TST

D. SINGULAERLESARTEN AN   3 TESTSTELLEN

TST. 10:   ACTA 2,43.44   LA: 8B ADD. ε ιερουσαλημ φοβος τε
            ην μεγας
TST. 24:   ACTA 7,11   LA: 1C ολην την αιγυπτου
TST. 63:   ACTA 18,17   LA: 3C παντες οι ελληναις

E. SONDERLESARTEN AN   9 TESTSTELLEN

TST. 7:   ACTA 2,30   LA: 5 το κατα σαρκα αναστησειν τον
            χριστον και καθισαι
TST. 8:   ACTA 2,31   LA: 3 εγκατελειφθη η ψυχη αυτου
TST. 10:   ACTA 2,43.44   LA: 8B ADD. ε ιερουσαλημ φοβος τε
            ην μεγας
TST. 17:   ACTA 4,25   LA: 11 ο δια του πατρος ημων εν
            πνευματι αγιω στοματος δαυιδ παιδος σου ειπων
TST. 18:   ACTA 4,33   LA: 4 της αναστασεως του κυριου
            ιησου χριστου
TST. 32:   ACTA 10,10   LA: 3 επεσεν
TST. 63:   ACTA 18,17   LA: 3C παντες οι ελληναις

```
TST. 65:  ACTA 18,21.22   LA:  5  ανηχθη απο της εφεσου, και
     καταβας
TST. 66:  ACTA 18,27     LA:  6  βουλομενου δε αυτου ελθειν
     εις την αχαιαν προτρεψαμενοι οι αδελφοι εγραψαν
     τοις μαθηταις αποδεξασθαι αυτον
```

F. KORREKTUREN AN   2 TESTSTELLEN

```
TST. 24:  ACTA 7,11
     C : LA  1  ολην την γην αιγυπτου
TST. 66:  ACTA 18,27
     C : LA 1/2  βουλομενου δε αυτου διελθειν εις την
     αχαιαν προτρεψαμενοι οι αδελφοι εγραψαν τοις
     μαθηταις αποδεξασθαι αυτον
```

G. MARGINALLESARTEN AN   1 TESTSTELLE

```
TST. 23:  ACTA 6,8
     L : LA  8  πιστεως και πνευματος αγιου
```
===

■ ■ HS.-NR.: 618   TESTSTELLEN: 104

A. LA   2 : 24, 49   SUMME: 2 TST

B. LA 1/2 : 10, 11, 18, 28, 29, 35, 36, 41, 42, 44, 45, 48, 52, 53, 55, 56,
             65, 66, 76, 84, 87, 88, 91, 97,100,102
      1/2C: 20   SUMME: 27 TST

C. LA   1 :   1- 6, 8, 9, 12- 17, 19, 22, 23, 25- 27, 30, 31, 33, 34,
             37- 40, 43, 47, 50, 51, 54, 57- 64, 67- 71, 73- 75, 77- 83, 85,
             86, 89, 90, 92- 94, 96, 98, 99,101,103,104
      1B: 95
      1E: 7   SUMME: 71 TST

D. SINGULAERLESARTEN AN   2 TESTSTELLEN

```
TST.  7:  ACTA 2,30     LA:  1E  το κατα σαρκα αναστησειν τον
     χριστον καθισε
TST. 20:  ACTA 5,21     LA:1/2C  συνεκαλετο
```

E. SONDERLESARTEN AN   4 TESTSTELLEN

```
TST. 21:  ACTA 5,24     LA:  8  ο τε στρατηγος και ο ιερευς
TST. 32:  ACTA 10,10    LA:  3  επεσεν
TST. 46:  ACTA 13,42    LA:  3  εξιοντων δε αυτων εκ της
     συναγωγης των ιουδαιων
TST. 72:  ACTA 20,15    LA:  4  και μειναντες εν τρωγυλιω
     (ET SIM.) τη ερχομενη
```
===

■ ■ HS.-NR.: 619   TESTSTELLEN: 103

A. LA   2 : 23, 26, 31, 46, 47, 49, 57, 61, 74, 77, 78, 81, 85, 90, 93
                                                        SUMME: 15 TST

B. LA 1/2 : 10, 18, 20, 28, 29, 35, 36, 41, 44, 45, 48, 52, 55, 56, 65, 66,
             76, 84, 87, 88, 91, 97,100,102

```
    1/2L:  11                                      SUMME: 25 TST

C. LA   1 :   1- 7,  9, 12- 17, 19, 21, 22, 24, 25, 27, 30, 32, 33, 37, 38,
             40, 43, 50, 51, 58- 60, 62, 64, 67, 69, 71, 75, 82, 83, 86, 89,
             92, 94- 96, 99,101,103,104
       1B:   39, 72, 79                            SUMME: 53 TST

D. SINGULAERLESARTEN AN   3 TESTSTELLEN

   TST. 70:    ACTA 19,39     LA:  4B  περ ετερων
   TST. 80:    ACTA 21,25     LA:  3B  ADD. μηδεν τοιουτο τηρειν
               αυτους η μη
   TST. 98:    ACTA 26,14     LA:  6B  λεγουσαν μη

E. SONDERLESARTEN AN  10 TESTSTELLEN

   TST.  8:    ACTA 2,31      LA:  3   εγκατελειφθη η ψυχη αυτου
   TST. 34:    ACTA 10,12     LA: 11   παντα τα τετραποδα και τα
               θηρια και τα ερπετα της γης και τα πετεινα του
               ουρανου
   TST. 42:    ACTA 12,25     LA:  4   απο ιερουσαλημ
   TST. 53:    ACTA 15,34     LA:  3   εδοξεν δε τω σιλα επιμειναι
               αυτου
   TST. 54:    ACTA 16,28     LA:  4   φωνη μεγαλη παυλος
   TST. 68:    ACTA 19,3      LA: 15   ο δε ειπεν αυτοις
   TST. 70:    ACTA 19,39     LA:  4B  περ ετερων
   TST. 73:    ACTA 20,24(1)  LA:  9   ουδενος τουτων λογον
               ποιουμαι ουδε εχω την ψυχην
   TST. 80:    ACTA 21,25     LA:  3B  ADD. μηδεν τοιουτο τηρειν
               αυτους η μη
   TST. 98:    ACTA 26,14     LA:  6B  λεγουσαν μη

F. KORREKTUREN AN   1 TESTSTELLE

   TST. 63:    ACTA 18,17
               C : LA   1   παντες οι ελληνες

I. NICHT ERFASSTE STELLEN (   1)

   U (H.TEL/ARK.)   TST:  63
===============================================================================

■ ■ HS.-NR.:  621        TESTSTELLEN: 104

A. LA   2 :   19, 31, 46, 47, 57, 64, 68, 70, 77, 83, 90, 92, 93,104
       2C:   94, 98                                SUMME: 16 TST

B. LA 1/2 :   10, 18, 28, 29, 35, 36, 41, 44, 45, 48, 55, 56, 65, 76, 84, 87,
             88, 97,100,102
      1/2B:   20
      1/2C:   11                                   SUMME: 22 TST

C. LA   1 :   1- 3,  5- 7,  9, 12, 14- 17, 21- 27, 30, 32, 34, 37- 39, 43,
             49- 51, 58- 63, 67, 69, 71, 72, 74, 78- 82, 85, 96, 99,101
       1C:   4                                     SUMME: 50 TST
```

D. SINGULAERLESARTEN AN   2 TESTSTELLEN

TST. 4:   ACTA 2,7(1)   LA: 1C   παντες και
TST.103:   ACTA 28,16   LA: 3C   ο εκατονταρχος παρεδωκεν
τους δεσμιους τω στρατοπεδαρχη επετραπει δε τω
παυλω

E. SONDERLESARTEN AN   16 TESTSTELLEN

TST. 8:   ACTA 2,31   LA: 3   εγκατελειφθη η ψυχη αυτου
TST. 13:   ACTA 3,11   LA: 8   κρατουντος δε του ιαθεντος
χωλου τον πετρον και ιωαννην συνεδραμεν πας ο λαος
προς αυτους
TST. 33:   ACTA 10,11   LA: 8   δεδεμενον {σκευος τι ως
οδωννη μεγαλην καταβαινον} και καθιεμενον
TST. 40:   ACTA 11,2   LA: 3   και οτε ανεβη πετρος εις
ιερουσαλημ/ιεροσολυμα διεκρινοντο οι εκ περιτομης
προς αυτον
TST. 42:   ACTA 12,25   LA: 4   απο ιερουσαλημ
TST. 52:   ACTA 15,24   LA: 3   ελθοντες
TST. 53:   ACTA 15,34   LA: 3B εδοξεν τω σιλα επιμειναι
αυτου
TST. 54:   ACTA 16,28   LA: 8   φωνη μεγαλη {λεγων} ο παυλος
TST. 66:   ACTA 18,27   LA: 8   βουλομενου δε αυτου εξελθειν
και διελθειν εις την αχαιαν προτρεψαμενοι οι
αδελφοι εγραψαν τοις μαθηταις αποδεξασθαι αυτον
TST. 73:   ACTA 20,24(1) LA: 6C ουδενος λογον εχω ουδε
ποιουμαι την ψυχην μου
TST. 75:   ACTA 20,29   LA: 3   γαρ οιδα
TST. 86:   ACTA 23,20   LA: 3   μελλοντων
TST. 89:   ACTA 23,30   LA: 14 εσεσθαι εξ αυτων
TST. 91:   ACTA 24,6-8   LA: 5   ADD. και κατα τον ημετερον
νομον ηθελησαμεν κριναι παρελθων δε λυσιας ο
χιλιαρχος μετα πολλης βιας εκ των χειρων ημων
απηγαγεν. κελευσας τους κατηγορους αυτου ερχεσθαι
επι σου
TST. 95:   ACTA 25,5   LA: 3   τουτω ατοπον
TST.103:   ACTA 28,16   LA: 3C ο εκατονταρχος παρεδωκεν
τους δεσμιους τω στρατοπεδαρχη επετραπει δε τω
παυλω

===

■ ■ HS.-NR.: 623   TESTSTELLEN: 85

A. LA   2 :   23, 26, 31, 46, 47, 49, 57, 62, 64, 77, 81, 85, 86, 90, 92, 95
        2B: 72
        2C: 98   SUMME: 18 TST

B. LA 1/2 :   20, 28, 29, 35, 36, 41, 44, 45, 48, 52, 55, 56, 66, 76, 87, 88,
              97,100
       1/2F: 65   SUMME: 19 TST

C. LA   1 :   21, 22, 24, 25, 27, 30, 32, 37- 40, 43, 50, 51, 59- 61, 63, 67,
              69- 71, 74, 75, 78, 82, 83, 89, 94, 96, 99,101,104
        1B: 79
        1D: 73
        1L: 58

E. SONDERLESARTEN AN 12 TESTSTELLEN

TST. 33:   ACTA 10,11   LA: 8 δεδεμενον {σκευος τι ως
οδωννη μεγαλην καταβαινον} και καθιεμενον

TST. 34:   ACTA 10,12   LA: 11 παντα τα τετραποδα και τα
θηρια και τα ερπετα της γης και τα πετεινα του
ουρανου

TST. 42:   ACTA 12,25   LA: 4 απο ιερουσαλημ

TST. 53:   ACTA 15,34   LA: 3 εδοξεν δε τω σιλα επιμειναι
αυτου

TST. 54:   ACTA 16,28   LA: 4 φωνη μεγαλη παυλος

TST. 68:   ACTA 19,3   LA: 4 ο δε ειπεν

TST. 80:   ACTA 21,25   LA: 7 ADD. {κριναντες φυλαξασθαι}
μηδεν τοιουτον τηρειν αυτους αλλα

TST. 84:   ACTA 23,1   LA: 4 παυλος τω συνεδριω

TST. 91:   ACTA 24,6-8   LA: 3 ADD. και κατα τον ημετερον
νομον ηθελησαμεν κριναι παρελθων δε λυσιας ο
χιλιαρχος μετα πολλης βιας εκ των χειρων ημων
απηγαγεν. κελευσας τους κατηγορους αυτου ερχεσθαι
επι σε

TST. 93:   ACTA 24,15   LA: 3 νεκρων {μελλειν εσεσθαι}
δικαιων

TST.102:   ACTA 27,41   LA: 3 της βιας

TST.103:   ACTA 28,16   LA: 3B ο εκατονταρχος παρεδωκεν
τους δεσμιους τω στρατοπεδαρχη επετραπη δε τω παυλω

F. KORREKTUREN AN 12 TESTSTELLEN

TST. 46:   ACTA 13,42
C : LA 3 εξιοντων δε αυτων εκ της συναγωγης των
ιουδαιων

TST. 47:   ACTA 13,45
C : LA 1 αντιλεγοντες και βλασφημουντες

TST. 54:   ACTA 16,28
C : LA 1 φωνη μεγαλη ο παυλος

TST. 58:   ACTA 17,23
C : LA 1 ον ουν αγνοουντες ευσεβειτε τουτον

TST. 64:   ACTA 18,20
C : LA 1 μειναι παρ αυτοις

TST. 72:   ACTA 20,15
C : LA 1 και μειναντες εν
τρωγυλιω/τρογυλιω/τρωγυλλιω (ET SIM.) τη εχομενη

TST. 73:   ACTA 20,24(1)
C : LA 1 ουδενος λογον ποιουμαι ουδε εχω την ψυχην
μου

TST. 77:   ACTA 21,8
C : LA 1B οι περι τον παυλον ηλθομεν

TST. 84:   ACTA 23,1
C : LA 1/2 ο παυλος τω συνεδριω

TST. 85:   ACTA 23,9
C : LA 1 αγγελος μη θεομαχωμεν

TST. 95:   ACTA 25,5
C : LA 3 τουτω ατοπον

TST.102:   ACTA 27,41
C : LA 1/2 της βιας των κυματων

G. MARGINALLESARTEN AN 1 TESTSTELLE

```
      TST. 62:    ACTA 18,5
             L : LA   1   τω πνευματι

I. NICHT ERFASSTE STELLEN ( 19)

      Z (LUECKE)      TST:   1- 19
========================================================================

   ■ ■ HS.-NR.:  624        TESTSTELLEN:  31

B. LA 1/2 :  35, 36, 65, 66, 76, 87, 88, 91, 97,100,102      SUMME: 11 TST

C. LA   1 :  37, 38, 51, 63, 64, 68, 73- 75, 89, 90, 92- 96, 98, 99,101
        1C: 67                                               SUMME: 20 TST

I. NICHT ERFASSTE STELLEN ( 73)

      W (UNSICHER)    TST:  72
      Z (LUECKE)      TST:  1- 34, 39- 50, 52- 62, 69- 71, 77- 86,103,104
========================================================================

   ■ ■ HS.-NR.:  625        TESTSTELLEN: 103

A. LA   2 :  78                                              SUMME:  1 TST

B. LA 1/2 :  10, 11, 18, 20, 28, 29, 35, 36, 41, 42, 44, 45, 48, 52, 53, 55,
             56, 65, 66, 76, 84, 87, 88, 91, 97,100,102     SUMME: 27 TST

C. LA   1 :  1- 5,  7- 9, 12- 17, 19, 21- 27, 30- 34, 37- 39, 43, 46, 47,
            49- 51, 54, 57- 64, 67- 75, 77, 79- 83, 85, 86, 89, 90, 92, 93,
            95, 96, 98, 99,101,103,104
        1C: 94
        1E: 40                                               SUMME: 75 TST

D. SINGULAERLESARTEN AN   1 TESTSTELLE

      TST. 40:    ACTA 11,2      LA: 1E  και οτε ανεβη πετρος εις τα
           ιερουσαλημ/ιεροσολυμα διεκρινοντο προς αυτον οι εκ
           περιτομης

F. KORREKTUREN AN   1 TESTSTELLE

      TST. 72:    ACTA 20,15
             C : LA   4   και μειναντες εν τρωγυλιω (ET SIM.) τη
             ερχομενη

I. NICHT ERFASSTE STELLEN (  1)

      Z (LUECKE)      TST:  6
========================================================================

   ■ ■ HS.-NR.:  626        TESTSTELLEN:  81

A. LA   2B: 86                                               SUMME:  1 TST

B. LA 1/2 :  28, 29, 35, 41, 42, 44, 45, 48, 52, 53, 55, 56, 65, 66, 76, 84,
             87, 88, 91, 97,100,102
           1/2K: 36
```

SUMME: 23 TST
C. LA 1 : 22- 27, 30- 34, 37- 40, 43, 46, 47, 49- 51, 54, 57- 64, 67- 69,
72- 75, 77- 83, 85, 89, 90, 92- 96, 98, 99,101,104
1L: 103 SUMME: 57 TST

I. NICHT ERFASSTE STELLEN (23)

Z (LUECKE) TST: 1- 21, 70, 71
===

■ ■ HS.-NR.: 627 TESTSTELLEN: 2

C. LA 1 : 46,104 SUMME: 2 TST

I. NICHT ERFASSTE STELLEN (102)

Z (LUECKE) TST: 1- 45, 47-103
===

■ ■ HS.-NR.: 628 TESTSTELLEN: 93

A. LA 2 : 47 SUMME: 1 TST

B. LA 1/2 : 10, 18, 28, 29, 35, 36, 41, 42, 44, 45, 48, 52, 53, 55, 56, 65,
76, 84, 87, 88,100,102
1/2B: 11, 66 SUMME: 24 TST

C. LA 1 : 7- 9, 12- 17, 19, 23- 27, 32- 34, 37- 40, 43, 46, 49- 51, 54,
57- 64, 67, 69, 70, 72- 75, 77- 83, 85, 89, 90, 92- 95, 98, 99,
101,103,104
1B: 86 SUMME: 63 TST

E. SONDERLESARTEN AN 5 TESTSTELLEN

TST. 30: ACTA 9,25 LA: 5 οι μαθηται νυκτος
TST. 31: ACTA 9,31 LA: 6 αι μεν ουν εκκλησιαι ...
ειχον ειρηνην οικοδομουμεναι και πορευομεναι ...
επληθυνετο
TST. 68: ACTA 19,3 LA: 7 ειπεν δε προς αυτους
TST. 71: ACTA 20,4 LA: 4 ADD. αχρι της μακεδονιας
TST. 91: ACTA 24,6-8 LA: 4 ADD. και κατα τον ημετερον
νομον ηθελησαμεν κριναι παρελθων δε λυσιας ο
χιλιαρχος μετα πολλης βιας εκ των χειρων ημων
απηγαγεν. κελευσας τους κατηγορους αυτου ερχεσθαι
προς σε

F. KORREKTUREN AN 2 TESTSTELLEN

TST. 28: ACTA 8,37
C : LA 3 ειπεν δε αυτω: ει πιστευεις εξ ολης της
καρδιας σου εξεστιν. αποκριθεις δε ειπεν:
πιστευω τον υιον του θεου ειναι τον ιησουν
χριστον
TST. 30: ACTA 9,25
C : LA 1 αυτον οι μαθηται νυκτος

I. NICHT ERFASSTE STELLEN (11)

Z (LUECKE) TST: 1- 6, 20- 22, 96, 97

■ ■ HS.-NR.: 629   TESTSTELLEN: 97

A. LA   2 :   7, 12, 15, 16, 38, 46, 47, 51, 57, 59, 62- 64, 71, 74, 77, 78,
              82, 83, 85, 93,104
        2B: 72,103   SUMME: 24 TST

B. LA 1/2 :   20, 29, 35, 36, 41, 42, 45, 52, 53, 56, 65, 76, 91, 97,100
      1/2H: 66
      1/2L: 11   SUMME: 17 TST

C. LA   1 :   1- 6, 19, 21, 23- 27, 30- 32, 34, 37, 39, 43, 49, 58, 60, 61,
              67, 68, 70, 79, 80, 89, 92, 95, 96, 99,101
        1I: 40   SUMME: 36 TST

D. SINGULAERLESARTEN AN 10 TESTSTELLEN

    TST. 10:   ACTA 2,43.44   LA: 12   ADD. εν ιερουσαλημ {εγινετο}
               και φοβος ην μεγας επι παντας τους ανθρωπους
    TST. 13:   ACTA 3,11   LA: 13   και μετα ταυτα ιδοντες τον
               πετρον και ιωαννην συνεδραμε πας ο λαος προς αυτους
    TST. 17:   ACTA 4,25   LA: 9   ο πνευματι αγιω δια στοματος
               του πατρος ημιν δαυιδ του παιδος σου ειπων
    TST. 28:   ACTA 8,37   LA: 7   ειπεν δε φιλιππος: εαν
               πιστευης εξ ολης καρδιας και αποκριθη ο ευνουχος
               αυτω: πιστευω τον υιον του θεου ειναι ιησουν
               χριστον
    TST. 73:   ACTA 20,24(1)   LA: 15   ουδενος λογου ποιουμαι
    TST. 88:   ACTA 23,25(2)   LA: 6   γραψας αυτω επιστολην
               περιεχουσαν τον τυπον τουτον
    TST. 90:   ACTA 24,1   LA: 3   των πρεσβυτερων του θεου
    TST. 94:   ACTA 24,22   LA: 14   ακουσας δε ταυτα ο φηλιξ
    TST.102:   ACTA 27,41   LA: 6   της βιας των ανεμων
    TST.103:   ACTA 28,16   LA: 2B   επετραπη δε τω παυλω

E. SONDERLESARTEN AN 20 TESTSTELLEN

    TST. 9:   ACTA 2,38   LA: 5   αμαρτιων υμων
    TST. 10:   ACTA 2,43.44   LA: 12   ADD. εν ιερουσαλημ {εγινετο}
               και φοβος ην μεγας επι παντας τους ανθρωπους
    TST. 13:   ACTA 3,11   LA: 13   και μετα ταυτα ιδοντες τον
               πετρον και ιωαννην συνεδραμε πας ο λαος προς αυτους
    TST. 14:   ACTA 3,21   LA: 8   αυτου προφητων
    TST. 17:   ACTA 4,25   LA: 9   ο πνευματι αγιω δια στοματος
               του πατρος ημιν δαυιδ του παιδος σου ειπων
    TST. 18:   ACTA 4,33   LA: 5B   της αναστασεως ιησου χριστου
               του κυριου ημων
    TST. 28:   ACTA 8,37   LA: 7   ειπεν δε φιλιππος: εαν
               πιστευης εξ ολης καρδιας και αποκριθη ο ευνουχος
               αυτω: πιστευω τον υιον του θεου ειναι ιησουν
               χριστον
    TST. 44:   ACTA 13,33(1)   LA: 6   τοις τεκνοις αυτων
    TST. 48:   ACTA 15,2   LA: 4   εταξαν παυλον και βαρναβαν
               αναβαινειν και τινας αλλους εξ αυτων
    TST. 54:   ACTA 16,28   LA: 5   ο παυλος φωνη μεγαλη
    TST. 55:   ACTA 16,33   LA: 7   ο οικος αυτου
    TST. 69:   ACTA 19,14   LA: 3B   ησαν δε τινες σκευα ιουδαιου
               αρχιερεως επτα υιοι οι τουτο ποιουντες

```
TST. 73:   ACTA 20,24(1)   LA: 15   ουδενος λογου ποιουμαι
TST. 75:   ACTA 20,29      LA:  3   γαρ οιδα
TST. 84:   ACTA 23,1       LA:  3   τω συνεδριω ο παυλος
TST. 88:   ACTA 23,25(2)   LA:  6   γραψας αυτω επιστολην
           περιεχουσαν τον τυπον τουτον
TST. 90:   ACTA 24,1       LA:  3   των πρεσβυτερων του θεου
TST. 94:   ACTA 24,22      LA: 14   ακουσας δε ταυτα ο φηλιξ
TST. 98:   ACTA 26,14      LA:  3   λαλουσαν προς με
TST.102:   ACTA 27,41      LA:  6   της βιας των ανεμων
```

F. KORREKTUREN AN 15 TESTSTELLEN

```
TST.  7:   ACTA 2,30
      C : LA   3   το κατα σαρκα αναστησειν τον χριστον
                   καθισαι τε
TST.  8:   ACTA 2,31
      C : LA   3   εγκατελειφθη η ψυχη αυτου
TST. 12:   ACTA 2,47.3,1
      C : LA   3   τη εκκλησια επι το αυτο. πετρος δε
TST. 22:   ACTA 5,34
      C : LA   1   αποστολους
TST. 33:   ACTA 10,11
      C : LA   1   δεδεμενον και καθιεμενον
TST. 50:   ACTA 15,18
      C : LA  14   ταυτα γνωστα εστιν απ αιωνος τω κυριω τα
                   εργα αυτου
TST. 73:   ACTA 20,24(1)
      C : LA   1   ουδενος λογον ποιουμαι ουδε εχω την ψυχην
                   μου
TST. 81:   ACTA 22,9
      C : LA   2   εθεασαντο
TST. 82:   ACTA 22,20
      C : LA   1   ADD. τη αναιρησει/αναιρεσει αυτου
TST. 85:   ACTA 23,9
      C : LA   1   αγγελος μη θεομαχωμεν
TST. 86:   ACTA 23,20
      C : LA   3   μελλοντων
TST. 87:   ACTA 23,25(1)
      C : LA 1/2   SINE ADD.
TST. 94:   ACTA 24,22
      C : LA   1   ακουσας δε ταυτα ο φηλιξ ανεβαλετο αυτους
TST.103:   ACTA 28,16
      C : LA  3D   ο εκατονταρχος παρεδωκεν τους δεσμιους τω
                   στρατοπεδαρχω επετραπη δε τω παυλω
TST.104:   ACTA 28,29
      C : LA   1   ADD. και ταυτα αυτου ειποντος απηλθον οι
                   ιουδαιοι πολλην εχοντες εν εαυτοις συζητησιν
```

I. NICHT ERFASSTE STELLEN (7)

    X (UNLESERLICH) TST: 8, 22, 33, 50, 81, 86, 87
==

■ ■ HS.-NR.: 630   TESTSTELLEN: 101

```
A. LA   2 :  14, 21, 23, 32, 37, 40, 46, 47, 49, 57, 59, 77, 79, 83, 90, 92,
             94- 96, 98
        2B:  34, 67
```

```
        2C:  50, 69                                    SUMME: 24 TST

B. LA 1/2 :  10, 11, 20, 29, 35, 41, 44, 45, 48, 52, 55, 56, 65, 66, 76, 87,
             88, 97,100,102
      1/2F:  36                                        SUMME: 21 TST

C. LA   1 :   1- 7,  9, 16, 22, 25- 27, 31, 33, 38, 43, 51, 54, 58, 60- 64,
             70, 71, 73, 74, 78, 81, 82, 85, 93, 99,101,103,104
       1B:  24, 86                                     SUMME: 40 TST
```

D. SINGULAERLESARTEN AN   1 TESTSTELLE

```
    TST. 13:   ACTA 3,11      LA:  4   κρατουντος δε αυτου τον
        πετρον και ιωαννην συνεδραμεν προς αυτον πας ο λαος
```

E. SONDERLESARTEN AN   16 TESTSTELLEN

```
    TST.  8:   ACTA 2,31      LA:  3   εγκατελειφθη η ψυχη αυτου
    TST. 12:   ACTA 2,47.3,1  LA:  3   τη εκκλησια επι το αυτο.
        πετρος δε
    TST. 13:   ACTA 3,11      LA:  4   κρατουντος δε αυτου τον
        πετρον και ιωαννην συνεδραμεν προς αυτον πας ο λαος
    TST. 15:   ACTA 3,22      LA:  3   ειπεν προς τους πατερας
    TST. 28:   ACTA 8,37      LA: 3D   ειπεν δε αυτω: ει πιστευεις
        εξ ολης της καρδιας σου εξεστιν. αποκριθεις δε
        ειπεν: πιστευω τον υιον του θεου ειναι ιησουν
        χριστον
    TST. 30:   ACTA 9,25      LA:  5   οι μαθηται νυκτος
    TST. 39:   ACTA 10,47     LA:  4   δυναται τις κωλυσαι
    TST. 42:   ACTA 12,25     LA:  6   απο ιερουσαλημ εις
        αντιοχειαν
    TST. 53:   ACTA 15,34     LA:  8   εδοξεν δε τω σιλα επιμειναι
        αυτοθι
    TST. 68:   ACTA 19,3      LA:  3   ειπε(ν) δε
    TST. 72:   ACTA 20,15     LA:  3   τη δε ερχομενη
    TST. 75:   ACTA 20,29     LA:  3   γαρ οιδα
    TST. 80:   ACTA 21,25     LA:  6   ADD. μηδεν τοιουτον τηρειν
        αυτους αλλα
    TST. 84:   ACTA 23,1      LA:  3   τω συνεδριω ο παυλος
    TST. 89:   ACTA 23,30     LA:  3   μελλειν εσεσθαι εξαυτης
    TST. 91:   ACTA 24,6-8    LA:  3   ADD. και κατα τον ημετερον
        νομον ηθελησαμεν κριναι παρελθων δε λυσιας ο
        χιλιαρχος μετα πολλης βιας εκ των χειρων ημων
        απηγαγεν. κελευσας τους κατηγορους αυτου ερχεσθαι
        επι σε
```

I. NICHT ERFASSTE STELLEN (3)

```
    Z (LUECKE)      TST:  17- 19
```
===

■ ■ HS.-NR.:   632   TESTSTELLEN: 103

A. LA   2 : 86   SUMME: 1 TST

B. LA 1/2 : 10, 11, 18, 20, 28, 29, 35, 36, 41, 44, 45, 48, 52, 53, 55, 56,
             65, 76, 84, 87, 88, 91, 97,100,102

```
                                                    SUMME: 25 TST
C. LA    1 :    1-  9, 12- 17, 19, 21- 27, 30, 31, 33, 34, 37- 40, 43, 46, 47,
               49- 51, 54, 57- 64, 67- 75, 77- 83, 85, 89, 90, 92- 96, 98, 99,
              101,104
         1L: 103                                    SUMME: 75 TST

E. SONDERLESARTEN AN    2 TESTSTELLEN

    TST. 32:    ACTA 10,10      LA:  3   επεσεν
    TST. 66:    ACTA 18,27      LA:  6   βουλομενου δε αυτου ελθειν
        εις την αχαιαν προτρεψαμενοι οι αδελφοι εγραψαν
        τοις μαθηταις αποδεξασθαι αυτον

F. KORREKTUREN AN    4 TESTSTELLEN

    TST. 32:    ACTA 10,10
          C : LA   1   επεπεσεν
    TST. 42:    ACTA 12,25
          C : LA   6   απο ιερουσαλημ εις αντιοχειαν
    TST. 77:    ACTA 21,8
          C : LA   1B  οι περι τον παυλον ηλθομεν
    TST. 86:    ACTA 23,20
          C : LA   1B  μελλοντες

I. NICHT ERFASSTE STELLEN (   1)

    X (UNLESERLICH) TST:   42
==============================================================================
■ ■ HS.-NR.:   633        TESTSTELLEN:   95

A. LA    2 :   49, 61, 98, 99                       SUMME:   4 TST

B. LA 1/2 :    10, 11, 18, 20, 28, 29, 35, 48, 52, 53, 55, 56, 65, 76, 84, 87,
               88, 97,100,102
       1/2L: 36                                     SUMME: 21 TST

C. LA    1 :    2-  7,  9, 12- 16, 19, 21- 27, 30- 33, 37, 38, 51, 54, 57- 60,
               62- 64, 67- 71, 73- 75, 77- 83, 85, 89, 90, 92, 93, 95, 96,101,
              103,104
         1B:   1
         1C:  17, 94
         1D:  50                                    SUMME: 64 TST

D. SINGULAERLESARTEN AN    1 TESTSTELLE

    TST. 91:    ACTA 24,6-8     LA:  3F  ADD.  και κατα τον ημετερον
        νομον ηθελησαμεν κριναι παρελεων δε λυσιας ο
        χιλιαρχος μετα πολλης βιας εκ των χειρων ημων
        απηγαγεν. και κελευσας τους κατηγορους αυτου
        ερχεσθαι επι σε

E. SONDERLESARTEN AN    6 TESTSTELLEN

    TST.  8:    ACTA 2,31       LA:  3   εγκατελειφθη η ψυχη αυτου
    TST. 34:    ACTA 10,12      LA: 14   και τα θηρια και τα ερπετα
        και τα πετεινα του ουρανου ABER ZUVOR HOM.TEL. VON
        επι της γης (VS 11) ZU τετραποδα της γης (VS 12)
```

TST. 66:   ACTA 18,27   LA: 10 βουλομενου δε αυτου διελθειν
           εις την αχαιαν προπεμψαμενοι οι αδελφοι εγραψαν
           τοις μαθηιμις απυδεξασθαι αυτον
TST. 72:   ACTA 20,15   LA: 4   και μειναντες εν τρωγυλιω
           (ET SIM.) τη ερχομενη
TST. 86:   ACTA 23,20   LA: 3   μελλοντων
TST. 91:   ACTA 24,6-8   LA: 3F ADD. και κατα τον ημετερον
           νομον ηθελησαμεν κριναι παρελεων δε λυσιας ο
           χιλιαρχος μετα πολλης βιας εκ των χειρων ημων
           απηγαγεν. και κελευσας τους κατηγορους αυτου
           ερχεσθαι επι σε

I. NICHT ERFASSTE STELLEN (9)

        Z (LUECKE)   TST: 39- 47
===

■ ■ HS.-NR.:   634   TESTSTELLEN: 104

A. LA   2 : 19, 49, 68, 77, 92   SUMME: 5 TST

B. LA 1/2 : 10, 11, 18, 20, 28, 29, 35, 36, 41, 44, 45, 48, 52, 53, 55, 56,
             65, 66, 76, 84, 87, 88, 91, 97,100,102   SUMME: 26 TST

C. LA   1 :   1- 9, 12- 17, 21- 27, 30- 34, 37, 38, 40, 43, 46, 47, 50, 51,
             54, 57- 64, 67, 69- 75, 78- 83, 85, 89, 90, 93- 96, 98, 99,101,
             103,104
       1B: 86   SUMME: 71 TST

E. SONDERLESARTEN AN   2 TESTSTELLEN

   TST. 39:   ACTA 10,47   LA: 5   κωλυσαι δυναται
   TST. 42:   ACTA 12,25   LA: 4   απο ιερουσαλημ
===

■ ■ HS.-NR.:   635   TESTSTELLEN: 104

A. LA   2 : 4, 81
       2B: 86   SUMME: 3 TST

B. LA 1/2 : 10, 11, 18, 20, 28, 29, 35, 36, 41, 42, 44, 45, 48, 52, 53, 55,
             56, 65, 66, 76, 84, 87, 88, 97,100,102   SUMME: 26 TST

C. LA   1 :   1- 3, 5- 9, 12- 17, 19, 21- 27, 30, 31, 33, 34, 37- 40, 43,
             46, 47, 49- 51, 54, 57- 64, 67- 75, 77- 80, 82, 83, 85, 89, 90,
             92- 96, 98, 99,101,103,104   SUMME: 73 TST

D. SINGULAERLESARTEN AN   1 TESTSTELLE

   TST. 91:   ACTA 24,6-8   LA: 13C ADD. ηβουληθημεν κριναι κατα
           τον νομον ημων ελθων δε λυσιας ο χιλιαρχος βια
           πολλη εκ των χειρων ημων αφειλετο και προς σε
           απεστειλε. κελευσας τους κατηγορους του ελθειν προς
           σε

E. SONDERLESARTEN AN   2 TESTSTELLEN

   TST. 32:   ACTA 10,10   LA: 3   επεσεν
   TST. 91:   ACTA 24,6-8   LA: 13C ADD. ηβουληθημεν κριναι κατα
   τον νομον ημων ελθων δε λυσιας ο χιλιαρχος βια
   πολλη εκ των χειρων ημων αφειλετο και προς σε
   απεστειλε. κελευσας τους κατηγορους του ελθειν προς
   σε

F. KORREKTUREN AN   3 TESTSTELLEN

   TST. 4:   ACTA 2,7(1)
      C : LA   1   δε παντες και
   TST. 14:   ACTA 3,21
      C : LA   2   απ αιωνος αυτου προφητων
   TST. 18:   ACTA 4,33
      C : LA   4   της αναστασεως του κυριου ιησου χριστου

G. MARGINALLESARTEN AN   2 TESTSTELLEN

   TST. 7:   ACTA 2,30
      L : LA   2   καθισαι
   TST. 23:   ACTA 6,8
      L : LA   2   χαριτος

==

■ ■ HS.-NR.: 636   TESTSTELLEN: 104

A. LA   2 :   23, 32, 46, 47, 49, 57, 61, 92
     2B: 34   SUMME: 9 TST

B. LA 1/2 :   10, 11, 18, 20, 29, 35, 41, 44, 45, 48, 52, 55, 56, 76, 84, 87,
          97,100
    1/2B: 88
    1/2C: 102
    1/2F: 36, 65, 66   SUMME: 23 TST

C. LA   1 :   1- 9, 13, 15, 16, 19, 24- 27, 31, 33, 37, 43, 51, 54, 59, 60,
          62- 64, 67- 75, 78, 79, 81- 83, 85, 86, 89, 90, 93, 94, 96, 98,
          99,101,103,104
    1B: 77
    1C: 12, 17
    1E: 80
    1F: 40
    1L: 58   SUMME: 60 TST

D. SINGULAERLESARTEN AN   4 TESTSTELLEN

   TST. 22:   ACTA 5,34   LA: 4   {εξω τους} αποστολους
      {βραχυ}
   TST. 80:   ACTA 21,25   LA: 1E ADD. μηδεν τοιουτον τηρουν
      τε αυτους ει μη
   TST. 88:   ACTA 23,25(2)   LA:1/2B γραψασα επιστολην
      περιεχουσαν τον τυπον τουτον
   TST.102:   ACTA 27,41   LA:1/2C της βιας των κοιματων

E. SONDERLESARTEN AN 12 TESTSTELLEN

TST. 14:   ACTA 3,21   LA: 6   προφητων απ αιωνος
TST. 21:   ACTA 5,24   LA: 6   ο τε αρχιερευς και ο
           στρατηγος
TST. 22:   ACTA 5,34   LA: 4   {εξω τους} αποστολους
           {βραχυ}
TST. 28:   ACTA 8,37   LA: 11   ει πιστευεις εξ ολης της
           καρδιας σου εξεστιν. αποκριθεις δε ειπεν: πιστευω
           τον υιον του θεου ειναι ιησουν χριστον
TST. 30:   ACTA 9,25   LA: 5   οι μαθηται νυκτος
TST. 38:   ACTA 10,32   LA: 5   ADD. ος παραγενομενος UND
           HOM.TEL. VON λαλησει/ος παραγενομενος (VS 32) ZU
           παραγενομενος (VS 33)
TST. 39:   ACTA 10,47   LA: 4   δυναται τις κωλυσαι
TST. 42:   ACTA 12,25   LA: 5   εξ ιερουσαλημ εις αντιοχειαν
TST. 50:   ACTA 15,18   LA: 19   ταυτα παντα α εστι γνωστα
           αυτω απ αιωνος
TST. 53:   ACTA 15,34   LA: 8   εδοξεν δε τω σιλα επιμειναι
           αυτοθι
TST. 91:   ACTA 24,6-8   LA: 5C ADD. και κατα τον ημετερον
           νομον ηθελησαμεν κριναι παρελθων δε λυσιας ο
           χιλιαρχος μετα πολλης βιας εκ των χειρων ημων
           απηγαγεν. κελευσας τους κατηγορους ερχεσθαι επι σου
TST. 95:   ACTA 25,5   LA: 4   ατοπον {εν τω ανδρι} τουτω

F. KORREKTUREN AN 9 TESTSTELLEN

TST. 12:   ACTA 2,47.3,1
           C : LA 1   τη εκκλησια. επι το αυτο δε πετρος
TST. 23:   ACTA 6,8
           C : LA 1   πιστεως
TST. 30:   ACTA 9,25
           C : LA 1   αυτον οι μαθηται νυκτος
TST. 38:   ACTA 10,32
           C : LA 1   ADD. ος παραγενομενος λαλησαι σοι
TST. 46:   ACTA 13,42
           C : LA 3   εξιοντων δε αυτων εκ της συναγωγης των
           ιουδαιων
TST. 47:   ACTA 13,45
           C : LA 1D αντιλεγοντες βλασφημουντες
TST. 50:   ACTA 15,18
           C : LA 20 ταυτα παντα α εστι γνωστα αυτω απ αιωνος
           εστι τω θεω
TST. 58:   ACTA 17,23
           C : LA 1   ον ουν αγνοουντες ευσεβειτε τουτον
TST. 86:   ACTA 23,20
           C : LA 1B μελλοντες

G. MARGINALLESARTEN AN 1 TESTSTELLE

TST. 22:   ACTA 5,34
           L : LA 1   αποστολους
===

■ ■ HS.-NR.: 637   TESTSTELLEN: 104

A. LA 2B: 86   SUMME: 1 TST

B. LA 1/2 : 10, 11, 18, 20, 28, 29, 35, 41, 42, 44, 45, 48, 52, 53, 55, 56,
             65, 66, 76, 84, 87, 88, 97,100,102
   1/2K: 36   SUMME: 26 TST

C. LA 1 :   1- 6, 8, 9, 14- 17, 19, 21- 27, 30- 33, 37- 40, 43, 46, 47,
            49- 51, 54, 57, 59- 64, 67- 75, 77- 83, 85, 89, 90, 92- 96, 98,
            99,101,104
   1B: 13, 58
   1L: 103   SUMME: 73 TST

D. SINGULAERLESARTEN AN 1 TESTSTELLE

   TST. 34:   ACTA 10,12   LA: 12 παντα τα τετραποδα της γης
              και τα θηρια και τα πετεινα του ουρανου

E. SONDERLESARTEN AN 4 TESTSTELLEN

   TST. 7:   ACTA 2,30   LA: 4 το κατα σαρκα αναστησαι τον
              χριστον καθισαι
   TST. 12:   ACTA 2,47.3,1 LA: 9 τη εκκλησια. εν ταις ημεραις
              εκειναις επι το αυτο πετρος
   TST. 34:   ACTA 10,12   LA: 12 παντα τα τετραποδα της γης
              και τα θηρια και τα πετεινα του ουρανου
   TST. 91:   ACTA 24,6-8   LA: 3 ADD. και κατα τον ημετερον
              νομον ηθελησαμεν κριναι παρελθων δε λυσιας ο
              χιλιαρχος μετα πολλης βιας εκ των χειρων ημων
              απηγαγεν. κελευσας τους κατηγορους αυτου ερχεσθαι
              επι σε
==

■ ■ HS.-NR.: 638   TESTSTELLEN: 103

A. LA 2 : 86   SUMME: 1 TST

B. LA 1/2 : 10, 11, 18, 20, 28, 29, 35, 36, 41, 42, 44, 45, 48, 52, 53, 55,
             56, 65, 66, 76, 84, 87, 88, 97,100,102   SUMME: 26 TST

C. LA 1 :   2- 9, 12- 16, 19, 21- 27, 30- 34, 37- 40, 43, 46, 47, 49- 51,
            54, 57- 64, 68- 75, 78- 83, 85, 89, 90, 92- 96, 98, 99,101,104
   1B: 77
   1C: 17, 67
   1L: 103   SUMME: 75 TST

E. SONDERLESARTEN AN 1 TESTSTELLE

   TST. 91:   ACTA 24,6-8   LA: 18 ADD. και κατα τον νομον τον
              ημετερον ηθελησαμεν κριναι

I. NICHT ERFASSTE STELLEN (1)

   Z (LUECKE)   TST: 1
==

■ ■ HS.-NR.: 639   TESTSTELLEN: 91

B. LA 1/2 : 10, 11, 18, 20, 28, 29, 35, 36, 41, 42, 45, 52, 53, 55, 56, 65,
             76, 91, 97,100,102
   1/2B: 44
   1/2E: 48   SUMME: 23 TST

C. LA   1 : 1- 9, 14- 17, 19, 21- 27, 30, 33, 34, 37- 40, 43, 46, 47,
             49- 51, 54, 57- 64, 67- 75, 90, 92- 96, 98, 99,101,104
   1B: 13
   1L: 103   SUMME: 64 TST

D. SINGULAERLESARTEN AN   1 TESTSTELLE

    TST. 48:   ACTA 15,2   LA:1/2E εταξαν αναβαινειν παυλω και
               βαρναβαν και τινας αλλους εξ αυτων

E. SONDERLESARTEN AN   4 TESTSTELLEN

    TST. 12:   ACTA 2,47.3,1 LA: 6   τη εκκλησια. εν ταις ημεραις
               εκειναις πετρος
    TST. 31:   ACTA 9,31   LA: 6   αι μεν ουν εκκλησιαι ...
               ειχον ειρηνην οικοδομουμεναι και πορευομεναι ...
               επληθυνετο
    TST. 32:   ACTA 10,10   LA: 3   επεσεν
    TST. 66:   ACTA 18,27   LA: 10   βουλομενου δε αυτου διελθειν
               εις την αχαιαν προπεμψαμενοι οι αδελφοι εγραψαν
               τοις μαθηταις αποδεξασθαι αυτον

G. MARGINALLESARTEN AN   2 TESTSTELLEN

    TST. 40:   ACTA 11,2
           L : LA   1K και οτε ανεβησαν πετρος εις
               ιερουσαλημ/ιεροσολυμα διεκρινοντο προς αυτον οι
               εκ περιτομης
    TST. 44:   ACTA 13,33(1)
           L : LA 1/2   τοις τεκνοις αυτων ημιν

I. NICHT ERFASSTE STELLEN (13)

     Z (LUECKE)   TST: 77- 89
==

■ ■ HS.-NR.: 641   TESTSTELLEN: 100

A. LA   2 : 21, 23, 39, 46, 47
   2C: 50   SUMME: 6 TST

B. LA 1/2 : 10, 11, 20, 35, 36, 41, 44, 45, 48, 52, 53, 55, 56, 76, 84, 91,
             97,100,102   SUMME: 19 TST

C. LA   1 : 1- 9, 14- 16, 19, 22, 25- 27, 30- 34, 37, 38, 40, 43, 49, 51,
             54, 57- 64, 67- 75, 78, 79, 81- 83, 85, 90, 92- 96, 98, 99,101,
             103,104
   1B: 24, 77   SUMME: 65 TST

E. SONDERLESARTEN AN 10 TESTSTELLEN

TST. 12: ACTA 2,47.3,1 LA: 3 τη εκκλησια επι το αυτο.
          · πετρος δε
TST. 13: ACTA 3,11   LA: 3D κρατουντος δε αυτου τον
          πετρον και τον ιωαννην συνεδραμεν προς αυτους πας ο
          λαος
TST. 18: ACTA 4,33   LA: 4 της αναστασεως του κυριου
          ιησου χριστου
TST. 28: ACTA 8,37   LA: 3D ειπεν δε αυτω: ει πιστευεις
          εξ ολης της καρδιας σου εξεστιν. αποκριθεις δε
          ειπεν: πιστευω τον υιον του θεου ειναι ιησουν
          χριστον
TST. 29: ACTA 8,39   LA: 5 πνευμα αγιον επεπεσεν επι
          τον ευνουχον αγγελος δε κυριου
TST. 42: ACTA 12,25   LA: 5 εξ ιερουσαλημ εις αντιοχειαν
TST. 65: ACTA 18,21.22 LA: 5 ανηχθη απο της εφεσου, και
          καταβας
TST. 66: ACTA 18,27   LA: 10 βουλομενου δε αυτου διελθειν
          εις την αχαιαν προπεμψαμενοι οι αδελφοι εγραψαν
          τοις μαθηταις αποδεξασθαι αυτον
TST. 80: ACTA 21,25   LA: 3 ADD. μηδεν τοιουτο τηρειν
          αυτους ει μη
TST. 86: ACTA 23,20   LA: 4 μελλοντας

F. KORREKTUREN AN 1 TESTSTELLE

TST. 6: ACTA 2,23
          C : LA 2 εκδοτον

I. NICHT ERFASSTE STELLEN (4)

     Z (LUECKE)   TST: 17, 87- 89
==

■ ■ HS.-NR.: 642   TESTSTELLEN: 87

A. LA 2 : 32, 47, 70, 95   SUMME: 4 TST

B. LA 1/2 : 18, 20, 28, 29, 35, 36, 41, 44, 45, 48, 52, 53, 55, 56, 76, 87,
             88, 91, 97,100,102   SUMME: 21 TST

C. LA 1 : 1- 7, 12- 17, 19, 21- 23, 26, 27, 30, 31, 33, 34, 37- 40, 43,
            46, 49- 51, 54, 57- 63, 71- 75, 77- 80, 89, 90, 92- 94, 96, 98,
            99,101,103,104
       1B: 86   SUMME: 61 TST

E. SONDERLESARTEN AN 1 TESTSTELLE

TST. 8: ACTA 2,31   LA: 3 εγκατελειφθη η ψυχη αυτου

I. NICHT ERFASSTE STELLEN (17)

     Z (LUECKE)   TST: 9- 11, 24, 25, 42, 64- 69, 81- 85
==

■　■　HS.-NR.:　656　　　　TESTSTELLEN: 104

A. LA　2 :　86　　　　　　　　　　　　　　　　　　　SUMME:　1 TST

B. LA 1/2 :　10, 18, 20, 28, 29, 35, 36, 41, 42, 44, 45, 48, 52, 53, 55, 56,
　　　　　　　65, 66, 76, 84, 87, 88, 91, 97,100,102
　　　1/20:　11　　　　　　　　　　　　　　　　　　SUMME: 27 TST

C. LA　1 :　1- 9, 12- 16, 19, 21- 27, 30- 34, 37- 40, 43, 46, 47, 49- 51,
　　　　　　54, 57- 64, 67- 75, 77- 79, 81- 83, 85, 89, 90, 92- 96, 98, 99,
　　　　　　101,104
　　　1C:　17
　　　1F:　80
　　　1L:　103　　　　　　　　　　　　　　　　　　SUMME: 76 TST

D. SINGULAERLESARTEN AN　1 TESTSTELLE

　　TST. 80:　ACTA 21,25　　　LA:　1F ADD. μηδεν τοιουτον τηρειν
　　　αυτοις ει μη
===

■　■　HS.-NR.:　664　　　　TESTSTELLEN: 104

A. LA　2 :　19, 49, 68, 77　　　　　　　　　　　　SUMME:　4 TST

B. LA 1/2 :　10, 11, 18, 20, 28, 29, 35, 36, 41, 44, 45, 48, 52, 53, 55, 56,
　　　　　　　65, 66, 76, 84, 87, 88, 91, 97,100,102　　SUMME: 26 TST

C. LA　1 :　1- 9, 12- 17, 22- 27, 30- 34, 37- 40, 43, 46, 47, 50, 51, 54,
　　　　　　57- 64, 67, 69- 71, 73- 75, 78- 83, 85, 89, 90, 92- 96, 98, 99,
　　　　　　101,103,104
　　　1B:　86
　　　1G:　21　　　　　　　　　　　　　　　　　　SUMME: 72 TST

E. SONDERLESARTEN AN　2 TESTSTELLEN

　　TST. 42:　ACTA 12,25　　　LA:　6　απο ιερουσαλημ εις
　　　αντιοχειαν
　　TST. 72:　ACTA 20,15　　　LA:　4　και μειναντες εν τρωγυλιω
　　　(ET SIM.) τη ερχομενη
===

■　■　HS.-NR.:　665　　　　TESTSTELLEN: 104

A. LA　2 :　96, 98, 99　　　　　　　　　　　　　SUMME:　3 TST

B. LA 1/2 :　10, 11, 18, 28, 29, 35, 36, 41, 42, 44, 45, 48, 52, 53, 55, 56,
　　　　　　　65, 66, 76, 84, 87, 88, 91, 97,100,102
　　　1/2B:　20　　　　　　　　　　　　　　　　　SUMME: 27 TST

C. LA　1 :　1- 9, 12- 17, 19, 21- 27, 30- 34, 37- 40, 43, 46, 47, 49- 51,
　　　　　　54, 57- 64, 67, 69- 75, 77- 83, 85, 86, 89, 90, 92- 95,103,104
　　　1B:　101　　　　　　　　　　　　　　　　　SUMME: 73 TST

E. SONDERLESARTEN AN　1 TESTSTELLE

　　TST. 68:　ACTA 19,3　　　LA:　7　ειπεν δε προς αυτους
===

■ ■ HS.-NR.: 676   TESTSTELLEN: 104

A. LA 2B: 12, 86   SUMME: 2 TST

B. LA 1/2 : 10, 11, 18, 20, 28, 29, 35, 41, 42, 44, 45, 48, 52, 53, 55, 56,
             65, 66, 76, 87, 88, 91, 97,100,102
   1/2K: 36   SUMME: 26 TST

C. LA   1 :   1- 9, 13- 17, 19, 21- 27, 30- 34, 37- 40, 43, 46, 47, 49, 51,
             54, 57- 64, 67, 69- 75, 77- 83, 85, 89, 90, 92- 96, 98, 99,103,
             104
   1B: 50   SUMME: 73 TST

E. SONDERLESARTEN AN 3 TESTSTELLEN

    TST. 68:   ACTA 19,3   LA: 11   ειπεν τε προς αυτοις
    TST. 84:   ACTA 23,1   LA: 4   παυλος τω συνεδριω
    TST.101:   ACTA 27,14   LA: 3   ευρυκλυδων
==

■ ■ HS.-NR.: 680   TESTSTELLEN: 103

A. LA 2 : 61   SUMME: 1 TST

B. LA 1/2 : 10, 11, 18, 20, 28, 29, 35, 36, 41, 42, 44, 45, 52, 53, 55, 56,
             65, 76, 84, 87, 88, 91, 97,100,102   SUMME: 25 TST

C. LA   1 :   1- 6, 9, 12- 17, 19, 21- 27, 31- 34, 37- 40, 43, 46, 47,
             49- 51, 54, 57- 60, 62- 64, 67, 68, 70, 73- 75, 78- 83, 85, 86,
             89, 90, 92, 93, 95, 96, 98, 99,101,103,104
   1B: 7, 77
   1D: 30   SUMME: 71 TST

D. SINGULAERLESARTEN AN 3 TESTSTELLEN

    TST. 66:   ACTA 18,27   LA: 5   βουλομενος διελθειν εις την
    αχαιαν προτρεψαμενοι οι αδελφοι εγραψαν τοις
    μαθηταις αποδεξασθαι αυτον
    TST. 69:   ACTA 19,14   LA: 6   ησαν δε τινες υιοι σκευα
    ιουδαιων αρχιερεως επτα οι τουτο ποιουντες
    TST. 94:   ACTA 24,22   LA: 13   ακουσας δε ταυτα φηλιξ
    ανεβαλετο

E. SONDERLESARTEN AN 6 TESTSTELLEN

    TST. 8:   ACTA 2,31   LA: 3   εγκατελειφθη η ψυχη αυτου
    TST. 66:   ACTA 18,27   LA: 5   βουλομενος διελθειν εις την
    αχαιαν προτρεψαμενοι οι αδελφοι εγραψαν τοις
    μαθηταις αποδεξασθαι αυτον
    TST. 69:   ACTA 19,14   LA: 6   ησαν δε τινες υιοι σκευα
    ιουδαιων αρχιερεως επτα οι τουτο ποιουντες
    TST. 71:   ACTA 20,4   LA: 4   ADD. αχρι της μακεδονιας
    TST. 72:   ACTA 20,15   LA: 4   και μειναντες εν τρωγυλιω
    (ET SIM.) τη ερχομενη
    TST. 94:   ACTA 24,22   LA: 13   ακουσας δε ταυτα φηλιξ
    ανεβαλετο

F. KORREKTUREN AN   1 TESTSTELLE

    TST. 42:   ACTA 12,25
       C : LA   7   εις ιερουσαλημ εις αντιοχειαν

I. NICHT ERFASSTE STELLEN (1)

    V (AUSLASSUNG) TST: 48
===

■ ■ HS.-NR.: 699   TESTSTELLEN: 98

A. LA   2 : 86   SUMME: 1 TST

B. LA 1/2 :   10, 11, 20, 28, 29, 35, 36, 41, 42, 44, 45, 48, 52, 53, 55, 56,
          65, 66, 76, 84, 87, 88, 91, 97,100,102   SUMME: 26 TST

C. LA   1 :   1- 5, 9, 12- 16, 21- 27, 30, 31, 33, 34, 37- 40, 43, 47,
          49- 51, 54, 57- 64, 67- 75, 77- 83, 85, 90, 92- 96, 98, 99,101,
          104
      1B: 89
      1L: 103   SUMME: 69 TST

D. SINGULAERLESARTEN AN   1 TESTSTELLE

    TST. 89:   ACTA 23,30   LA: 1B μελλειν εσεσθαι υπο των
    ιουδαιων εξαυτις

E. SONDERLESARTEN AN   2 TESTSTELLEN

    TST. 32:   ACTA 10,10   LA: 3   επεσεν
    TST. 46:   ACTA 13,42   LA: 3   εξιοντων δε αυτων εκ της
    συναγωγης των ιουδαιων

I. NICHT ERFASSTE STELLEN (6)

    Z (LUECKE)   TST: 6- 8, 17- 19
===

■ ■ HS.-NR.: 757   TESTSTELLEN: 101

A. LA   2 : 19, 49, 68, 77   SUMME: 4 TST

B. LA 1/2 :   10, 11, 18, 20, 28, 29, 35, 36, 41, 42, 45, 48, 52, 53, 55, 56,
          65, 66, 76, 87, 88, 91, 97,100,102   SUMME: 25 TST

C. LA   1 :   1- 9, 12- 16, 21- 27, 30- 34, 37- 40, 43, 46, 47, 50, 51, 54,
          57- 64, 67, 69- 75, 78- 81, 85, 89, 90, 92- 96, 98, 99,101,103,
          104
      1B: 86
      1C: 17   SUMME: 71 TST

E. SONDERLESARTEN AN   1 TESTSTELLE

    TST. 44:   ACTA 13,33(1) LA: 3   τοις τεκνοις αυτων υμιν

I. NICHT ERFASSTE STELLEN (3)

    Z (LUECKE)   TST: 82- 84

==

■ ■ HS.-NR.:   794   TESTSTELLEN: 104

B. LA 1/2 :   10, 11, 18, 20, 28, 29, 35, 36, 41, 42, 44, 45, 48, 52, 53, 55,
           56, 65, 76, 84, 87, 88, 91,100,102   SUMME: 25 TST

C. LA   1 :   1- 7, 9, 12- 17, 19, 21- 27, 31- 34, 37- 40, 43, 46, 47,
           49- 51, 54, 57- 64, 67- 74, 77- 83, 85, 86, 89, 90, 92- 96, 98,
           99,101,104
      1B: 30
      1L: 103   SUMME: 75 TST

D. SINGULAERLESARTEN AN   2 TESTSTELLEN

    TST. 75:   ACTA 20,29   LA: 4   οιδα τουτο
    TST. 97:   ACTA 25,17   LA: 7   ουν ενταυθα

E. SONDERLESARTEN AN   4 TESTSTELLEN

    TST. 8:   ACTA 2,31   LA: 3   εγκατελειφθη η ψυχη αυτου
    TST. 66:   ACTA 18,27   LA: 6   βουλομενου δε αυτου ελθειν
    εις την αχαιαν προτρεψαμενοι οι αδελφοι εγραψαν
    τοις μαθηταις αποδεξασθαι αυτον
    TST. 75:   ACTA 20,29   LA: 4   οιδα τουτο
    TST. 97:   ACTA 25,17   LA: 7   ουν ενταυθα

F. KORREKTUREN AN   1 TESTSTELLE

    TST. 75:   ACTA 20,29
        C : LA   1   γαρ οιδα τουτο

==

■ ■ HS.-NR.:   796   TESTSTELLEN: 101

A. LA   2 :   38, 49, 81   SUMME: 3 TST

B. LA 1/2 :   10, 18, 20, 28, 29, 35, 36, 41, 44, 45, 48, 52, 53, 55, 56, 65,
           66, 76, 84, 87, 88, 91, 97,100,102   SUMME: 25 TST

C. LA   1 :   1- 9, 12- 17, 19, 21- 23, 26, 27, 30- 34, 37, 39, 40, 43, 46,
           47, 50, 51, 54, 57- 64, 67, 69- 75, 78- 80, 82, 83, 85, 89, 90,
           92- 96, 98, 99,101,103,104
      1B: 77   SUMME: 70 TST

E. SONDERLESARTEN AN   3 TESTSTELLEN

    TST. 11:   ACTA 2,46   LA: 6   καθ ημεραν τε
    προσκαρτερουντες εν τω ιερω κλωντες τε κατ οικον
    αρτον
    TST. 42:   ACTA 12,25   LA: 4   απο ιερουσαλημ
    TST. 86:   ACTA 23,20   LA: 3B μελλωντων

F. KORREKTUREN AN   6 TESTSTELLEN

```
TST. 11:    ACTA 2,46
     C : LA   5   καθ ημεραν τε προσκαρτερουντες εν τω ιερω
                   υμυθυμαδον κλωντες τε κατ οικον αρτον
TST. 38:    ACTA 10,32
     C : LA   1   ADD. ος παραγενομενος λαλησαι σοι
TST. 42:    ACTA 12,25
     C : LA   6   απο ιερουσαλημ εις αντιοχειαν
TST. 68:    ACTA 19,3
     C : LA   16  ειπεν τε παρ αυτους
TST. 72:    ACTA 20,15
     C : LA   4   και μειναντες εν τρωγυλιω (ET SIM.) τη
                   ερχομενη
TST. 91:    ACTA 24,6-8
     C : LA   3   ADD. και κατα τον ημετερον νομον
                   ηθελησαμεν κριναι παρελθων δε λυσιας ο χιλιαρχος
                   μετα πολλης βιας εκ των χειρων ημων απηγαγεν.
                   κελευσας τους κατηγορους αυτου ερχεσθαι επι σε
```

I. NICHT ERFASSTE STELLEN (3)

```
     U (H.TEL/ARK.)  TST:  68
     Z (LUECKE)      TST:  24, 25
```

===

■ ■ HS.-NR.: 801   TESTSTELLEN: 104

A. LA   2 : 19, 49, 68, 77   SUMME: 4 TST

B. LA 1/2 : 10, 11, 18, 20, 28, 29, 35, 36, 41, 44, 45, 48, 52, 53, 55, 56,
             65, 66, 76, 84, 87, 88, 97,100,102   SUMME: 25 TST

C. LA   1 :   2- 9, 12- 17, 21- 27, 30- 34, 37- 40, 43, 46, 47, 50, 51, 54,
             57- 64, 67, 69- 75, 78- 83, 85, 89, 90, 92- 96, 98, 99,101,103,
             104
        1B: 86
        1C: 1   SUMME: 73 TST

D. SINGULAERLESARTEN AN   1 TESTSTELLE

     TST. 1: ACTA 1,5   LA: 1C βαπτιθησεσθε εν πνευματι
     αγιω

E. SONDERLESARTEN AN   2 TESTSTELLEN

     TST. 42: ACTA 12,25   LA: 8 εις αντιοχειαν
     TST. 91: ACTA 24,6-8   LA: 4E ADD. και κατα τον ημετερον
              νομον ηθελησαμεν κριναι παρελθων δε λυσιας ο
              χιλιαρχος μετα πολλης βιας εκ των χειρων ημων
              απηγαγεν. κελευσας και τους κατηγορους ερχεσθαι
              προς σε

===

■ ■ HS.-NR.: 808   TESTSTELLEN: 104

A. LA   2 : 32, 47, 49, 70, 77, 81, 92, 95   SUMME: 8 TST

B. LA 1/2 : 10, 20, 28, 29, 35, 36, 41, 42, 44, 45, 48, 52, 55, 56, 66, 76,
```
```

```
              84, 87, 88, 97,100,102
      1/2F:  65
      1/2L:  11                                          SUMME: 24 TST

C. LA   1 :   1- 7,  9, 12- 14, 16, 19, 21- 27, 30, 31, 33, 34, 37- 40, 43,
             46, 50, 51, 54, 57- 64, 67- 69, 71- 75, 78- 80, 82, 83, 85, 90,
             93, 94, 96, 98, 99,101,103,104
      1B:   86
      1H:   17                                           SUMME: 66 TST
```

D. SINGULAERLESARTEN AN   3 TESTSTELLEN

```
   TST. 17:   ACTA 4,25      LA:  1H   ο δια στοματος παιδος σου
              ειπων
   TST. 89:   ACTA 23,30     LA:  7    εσεσθαι μελλειν υπο των
              ιουδαιων εξαυτης
   TST. 91:   ACTA 24,6-8    LA:  6    ADD. και κατα τον ημετερον
              νομον ηθελησαμεν κριναι παρελθων δε ο χιλιαρχος
              λυσιας μετα πολλης βιας εκ των χειρων ημων
              απηγαγεν. κελευσας τους κατηγορους αυτου ερχεσθαι
              επι σου
```

E. SONDERLESARTEN AN   6 TESTSTELLEN

```
   TST.  8:   ACTA 2,31      LA:  3    εγκατελειφθη η ψυχη αυτου
   TST. 15:   ACTA 3,22      LA:  7    γαρ προς τους πατερας υμων
              ειπεν
   TST. 18:   ACTA 4,33      LA:  6    της αναστασεως ιησου χριστου
   TST. 53:   ACTA 15,34     LA:  3    εδοξεν δε τω σιλα επιμειναι
              αυτου
   TST. 89:   ACTA 23,30     LA:  7    εσεσθαι μελλειν υπο των
              ιουδαιων εξαυτης
   TST. 91:   ACTA 24,6-8    LA:  6    ADD. και κατα τον ημετερον
              νομον ηθελησαμεν κριναι παρελθων δε ο χιλιαρχος
              λυσιας μετα πολλης βιας εκ των χειρων ημων
              απηγαγεν. κελευσας τους κατηγορους αυτου ερχεσθαι
              επι σου
```

F. KORREKTUREN AN   1 TESTSTELLE

```
   TST. 28:   ACTA 8,37
              C : LA   X   UNLESERLICH
```

G. MARGINALLESARTEN AN   1 TESTSTELLE

```
   TST. 18:   ACTA 4,33
              L : LA 1/2   της αναστασεως του κυριου ιησου
```
==

■ ■ HS.-NR.: 824   TESTSTELLEN: 104

A. LA   2 : 19, 49, 61, 68, 77   SUMME: 5 TST

B. LA 1/2 : 10, 11, 18, 20, 28, 29, 35, 36, 41, 42, 44, 45, 48, 52, 53, 55,
             56, 65, 66, 76, 84, 87, 88, 91, 97,100,102   SUMME: 27 TST

C. LA   1 :   1- 9, 12- 17, 21- 27, 30- 34, 37- 40, 43, 46, 47, 50, 51, 54,
             57- 60, 62- 64, 67, 69- 75, 78- 83, 85, 89, 90, 92- 96, 98, 99,

```
        101,103,104
   1B:  86                                              SUMME: 72 TST
===========================================================================
```

■ ■ HS.-NR.:   876   TESTSTELLEN: 104

A. LA   2 : 23, 39, 46, 92
         2C: 50   SUMME: 5 TST

B. LA 1/2 : 10, 11, 18, 20, 35, 36, 41, 44, 45, 48, 52, 53, 55, 56, 76, 84,
             87, 88, 97,100,102   SUMME: 21 TST

C. LA   1 :   1- 4, 6, 9, 12, 16, 17, 19, 21, 22, 25- 27, 30- 34, 37, 38,
              40, 43, 47, 49, 51, 54, 57- 63, 67- 75, 78- 81, 83, 85, 89, 90,
              93- 96, 98, 99,101,103,104
         1B: 14, 24, 77
         1C: 82   SUMME: 65 TST

D. SINGULAERLESARTEN AN   1 TESTSTELLE

   TST. 91:   ACTA 24,6-8   LA: 8B ADD. κατα τον ημετερον νομον
           ηθελησαμεν κρινειν παρελθων δε λυσιας ο χιλιαρχος
           μετα πολλης βιας εκ των χειρων ημων απηγαγεν.
           κελευσας τους κατηγορους αυτου ερχεσθαι επι σου

E. SONDERLESARTEN AN   13 TESTSTELLEN

   TST. 5:   ACTA 2,7(2)   LA: 5   προς αλληλους
   TST. 7:   ACTA 2,30   LA: 5   το κατα σαρκα αναστησειν τον
           χριστον και καθισαι
   TST. 8:   ACTA 2,31   LA: 6   εγκατελειφθη {εις αδου} η
           ψυχη αυτου
   TST. 13:   ACTA 3,11   LA: 3C κρατουντος δε αυτου πετρον
           και ιωαννην συνεδραμεν προς αυτους πας ο λαος
   TST. 15:   ACTA 3,22   LA: 3   ειπεν προς τους πατερας
   TST. 28:   ACTA 8,37   LA: 3D ειπεν δε αυτω: ει πιστευεις
           εξ ολης της καρδιας σου εξεστιν. αποκριθεις δε
           ειπεν: πιστευω τον υιον του θεου ειναι ιησουν
           χριστον
   TST. 29:   ACTA 8,39   LA: 5   πνευμα αγιον επεπεσεν επι
           τον ευνουχον αγγελος δε κυριου
   TST. 42:   ACTA 12,25   LA: 5   εξ ιερουσαλημ εις αντιοχειαν
   TST. 64:   ACTA 18,20   LA: 5   μειναι συν αυτοις
   TST. 65:   ACTA 18,21.22   LA: 4   και ανηχθη απο της εφεσου,
           και καταβας
   TST. 66:   ACTA 18,27   LA: 10   βουλομενου δε αυτου διελθειν
           εις την αχαιαν προπεμψαμενοι οι αδελφοι εγραψαν
           τοις μαθηταις αποδεξασθαι αυτον
   TST. 86:   ACTA 23,20   LA: 3   μελλοντων
   TST. 91:   ACTA 24,6-8   LA: 8B ADD. κατα τον ημετερον νομον
           ηθελησαμεν κρινειν παρελθων δε λυσιας ο χιλιαρχος
           μετα πολλης βιας εκ των χειρων ημων απηγαγεν.
           κελευσας τους κατηγορους αυτου ερχεσθαι επι σου
```
```

F. KORREKTUREN AN   1 TESTSTELLE

    TST. 91:   ACTA 24,6-8
         C : LA   8   ADD. και κατα τον ημετερον νομον
         ηθελησαμεν κρινειν παρελθων δε λυσιας ο
         χιλιαρχος μετα πολλης βιας εκ των χειρων ημων
         απηγαγεν. κελευσας τους κατηγορους αυτου
         ερχεσθαι επι σου
===

■ ■ HS.-NR.: 886   TESTSTELLEN: 25

A. LA   2 : 15, 23   SUMME: 2 TST

B. LA 1/2 : 11, 18, 20   SUMME: 3 TST

C. LA   1 :   1- 8, 13, 16, 19, 21, 22, 24, 25   SUMME: 15 TST

D. SINGULAERLESARTEN AN   1 TESTSTELLE

    TST. 17:   ACTA 4,25   LA: 6   ο δια στοματος δαυιδ παιδος
         σου

E. SONDERLESARTEN AN   5 TESTSTELLEN

    TST. 9:   ACTA 2,38   LA: 4   των αμαρτιων
    TST. 10:   ACTA 2,43.44   LA: 4   ADD. εν ιερουσαλημ φοβος τε
         ην μεγας επι παντας αυτους
    TST. 12:   ACTA 2,47.3,1 LA: 11   τη εκκλησια επι το αυτο. επι
         το αυτο δε πετρος
    TST. 14:   ACTA 3,21   LA: 8   αυτου προφητων
    TST. 17:   ACTA 4,25   LA: 6   ο δια στοματος δαυιδ παιδος
         σου

I. NICHT ERFASSTE STELLEN (79)

    Z (LUECKE)   TST: 26-104
===

■ ■ HS.-NR.: 901   TESTSTELLEN: 104

B. LA 1/2 :   10, 11, 18, 20, 28, 29, 35, 36, 41, 42, 44, 45, 48, 52, 53, 55,
              56, 65, 76, 84, 87, 88, 97,100,102   SUMME: 25 TST

C. LA   1 :   1- 7, 9, 12- 17, 19, 21- 27, 30- 34, 37- 40, 43, 46, 47,
              49- 51, 54, 57- 64, 67- 71, 73, 75, 78- 83, 85, 89, 90, 92- 96,
              98, 99,101,103,104
         1B: 77, 86   SUMME: 74 TST

D. SINGULAERLESARTEN AN   1 TESTSTELLE

    TST. 8:   ACTA 2,31   LA: 5   απεληφθη αυτου η ψυχη

E. SONDERLESARTEN AN   5 TESTSTELLEN

    TST. 8:   ACTA 2,31   LA: 5   απεληφθη αυτου η ψυχη

TST. 66:   ACTA 18,27   LA: 6 βουλομενου δε αυτου ελθειν
           εις την αχαιαν προτρεψαμενοι οι αδελφοι εγραψαν
           τοις μαθηταις αποδεξωθαι αυτον
TST. 72:   ACTA 20,15   LA: 4 και μειναντες εν τρωγυλιω
           (ET SIM.) τη ερχομενη
TST. 74:   ACTA 20,24(2) LA: 3 μετα χαρας
TST. 91:   ACTA 24,6-8   LA: 13B ADD. ηβουληθημεν κριναι κατα
           τον νομον ημων ελθων δε λυσιας ο χιλιαρχος βια
           πολλη εκ των χειρων ημων αφειλετο και προς σε
           απεστειλε. κελευσας τους κατηγορους αυτου ελθειν
           προς σε
==

■ ■ HS.-NR.: 910   TESTSTELLEN: 100

A. LA 2 : 4, 61   SUMME: 2 TST

B. LA 1/2 : 10, 11, 18, 20, 28, 29, 35, 36, 41, 44, 45, 48, 52, 53, 55, 56,
             65, 66, 84, 87, 88, 91, 97,100,102   SUMME: 25 TST

C. LA 1 :   1- 3, 5- 9, 12- 17, 19, 21- 27, 30- 34, 37- 40, 43, 46, 47,
             49- 51, 54, 57- 60, 62- 64, 67- 72, 77- 83, 85, 86, 89, 90,
             92- 96, 98, 99,101,103,104   SUMME: 72 TST

D. SINGULAERLESARTEN AN   1 TESTSTELLE

   TST. 42:   ACTA 12,25   LA: 9 εις ισραηλ

E. SONDERLESARTEN AN   1 TESTSTELLE

   TST. 42:   ACTA 12,25   LA: 9 εις ισραηλ

F. KORREKTUREN AN   5 TESTSTELLEN

   TST. 4:   ACTA 2,7(1)
             C : LA 1 δε παντες και
   TST. 42:   ACTA 12,25
             C : LA 4 απο ιερουσαλημ
   TST. 77:   ACTA 21,8
             C : LA 1B οι περι τον παυλον ηλθομεν
   TST. 86:   ACTA 23,20
             C : LA 3 μελλοντων
   TST. 91:   ACTA 24,6-8
             C : LA 5 ADD. και κατα τον ημετερον νομον
             ηθελησαμεν κριναι παρελθων δε λυσιας ο χιλιαρχος
             μετα πολλης βιας εκ των χειρων ημων απηγαγεν.
             κελευσας τους κατηγορους αυτου ερχεσθαι επι σου

G. MARGINALLESARTEN AN   1 TESTSTELLE

   TST.103:   ACTA 28,16
             L : LA 1L ο εκατονταρχος παρεδωκε(ν) τους δεσμιους
             τω στρατοπεδαρχω τω δε παυλω επετραπη

I. NICHT ERFASSTE STELLEN (4)

   Z (LUECKE)   TST: 73- 76
==

■ ■ HS.-NR.:   911   TESTSTELLEN: 104

A. LA   2 : 49, 78   SUMME: 2 TST

B. LA 1/2 : 10, 11, 18, 28, 29, 35, 36, 41, 42, 44, 45, 48, 52, 53, 55, 56,
             76, 84, 87, 88, 91, 97,100,102
   1/2B: 20   SUMME: 25 TST

C. LA   1 :   1- 9, 12- 17, 19, 21- 27, 30, 31, 33, 34, 37- 40, 43, 46, 47,
             50, 51, 54, 57- 64, 67- 75, 77, 79- 83, 85, 86, 89, 90, 92- 96,
             98, 99,101,104   SUMME: 73 TST

D. SINGULAERLESARTEN AN   1 TESTSTELLE

   TST.103:   ACTA 28,16   LA: 9   ο εκατονταρχος παρεδωκε τους
   δεσμιους τω εκατονταρχω τω δε παυλω επετραπη

E. SONDERLESARTEN AN   4 TESTSTELLEN

   TST. 32:   ACTA 10,10   LA: 3   επεσεν
   TST. 65:   ACTA 18,21.22 LA: 5   ανηχθη απο της εφεσου, και
      καταβας
   TST. 66:   ACTA 18,27   LA: 10   βουλομενου δε αυτου διελθειν
   εις την αχαιαν προπεμψαμενοι οι αδελφοι εγραψαν
   τοις μαθηταις αποδεξασθαι αυτον
   TST.103:   ACTA 28,16   LA: 9   ο εκατονταρχος παρεδωκε τους
   δεσμιους τω εκατονταρχω τω δε παυλω επετραπη

F. KORREKTUREN AN   1 TESTSTELLE

   TST.103:   ACTA 28,16
      C : LA   1L ο εκατονταρχος παρεδωκε(ν) τους δεσμιους
   τω στρατοπεδαρχω τω δε παυλω επετραπη
==

■ ■ HS.-NR.:   912   TESTSTELLEN: 103

A. LA   2 : 77   SUMME: 1 TST

B. LA 1/2 : 10, 11, 20, 28, 29, 35, 41, 44, 45, 48, 52, 56, 65, 66, 76, 87,
             88,100,102
   1/2M: 36   SUMME: 20 TST

C. LA   1 :   1- 7, 9, 12- 16, 19, 21- 27, 30- 34, 37- 40, 43, 47, 49, 51,
             54, 57- 64, 67- 75, 78- 83, 85, 89, 90, 92, 93, 96, 98, 99,101,
             103,104
   1B: 86
   1C: 17, 94   SUMME: 72 TST

E. SONDERLESARTEN AN 10 TESTSTELLEN

   TST. 8:   ACTA 2,31   LA: 3   εγκατελειφθη η ψυχη αυτου
   TST. 18:   ACTA 4,33   LA: 4   της αναστασεως του κυριου
      ιησου χριστου
   TST. 42:   ACTA 12,25   LA: 5   εξ ιερουσαλημ εις αντιοχειαν
   TST. 46:   ACTA 13,42   LA: 3   εξιοντων δε αυτων εκ της
      συναγωγης των ιουδαιων

TST. 50:   ACTA 15,18   LA: 17   παντα ταυτα α εστι γνωστα απ
αιωνος αυτω
TST. 53:   ACTA 15,34   LA: 8   εδοξεν δε τω σιλα επιμειναι
αυτοθι
TST. 55:   ACTA 16,33   LA: 8   οι αυτου
TST. 84:   ACTA 23,1   LA: 4   παυλος τω συνεδριω
TST. 95:   ACTA 25,5   LA: 3   τουτω ατοπον
TST. 97:   ACTA 25,17   LA: 4   ουν ενθαδε

F. KORREKTUREN AN   1 TESTSTELLE

TST. 91:   ACTA 24,6-8
C : LA 11   ADD. και κατα ημετερον νομον ηθελησαμεν
κριναι παρελθων δε λυσιας ο χιλιαρχος μετα
πολλης βιας εκ των χειρων ημων αφειλετο και προς
σε απεστειλε. κελευσας και τους κατηγορους αυτου
ερχεσθαι επι σου

I. NICHT ERFASSTE STELLEN (1)

X (UNLESERLICH) TST: 91
===

■ ■ HS.-NR.:   913   TESTSTELLEN: 97

A. LA   2 :   46, 57, 62, 90, 92   SUMME: 5 TST

B. LA 1/2 :   20, 35, 36, 41, 44, 45, 48, 52, 53, 66, 76, 84, 87, 88,102
1/2B: 55
1/2D: 56
1/2F: 65   SUMME: 18 TST

C. LA   1 :   1- 8, 16, 17, 19, 22- 27, 30- 32, 34, 37- 40, 43, 47, 49- 51,
54, 58- 61, 63, 64, 67- 72, 74, 75, 78, 79, 81- 83, 85, 89, 93,
95, 96, 98, 99,101,103,104
1B: 77   SUMME: 61 TST

E. SONDERLESARTEN AN   13 TESTSTELLEN

TST. 18:   ACTA 4,33   LA: 4   της αναστασεως του κυριου
ιησου χριστου
TST. 21:   ACTA 5,24   LA: 6   ο τε αρχιερευς και ο
στρατηγος
TST. 28:   ACTA 8,37   LA: 3D   ειπεν δε αυτω: ει πιστευεις
εξ ολης της καρδιας σου εξεστιν. αποκριθεις δε
ειπεν: πιστευω τον υιον του θεου ειναι ιησουν
χριστον
TST. 29:   ACTA 8,39   LA: 5   πνευμα αγιον επεπεσεν επι
τον ευνουχον αγγελος δε κυριου
TST. 33:   ACTA 10,11   LA: 8   δεδεμενον {σκευος τι ως
οδωννη μεγαλην καταβαινον} και καθιεμενον
TST. 42:   ACTA 12,25   LA: 5   εξ ιερουσαλημ εις αντιοχειαν
TST. 73:   ACTA 20,24(1) LA: 9   ουδενος τουτων λογον
ποιουμαι ουδε εχω την ψυχην
TST. 80:   ACTA 21,25   LA: 3   ADD. μηδεν τοιουτο τηρειν
αυτους ει μη

```
TST. 86:   ACTA 23,20    LA: 3   μελλοντων
TST. 91:   ACTA 24,6-8   LA: 8   ADD. και κατα τον ημετερον
      νομον ηθελησαμεν κρινειν παρελθων δε λυσιας ο
      χιλιαρχος μετα πολλης βιας εκ των χειρων ημων
      απηγαγεν. κελευσας τους κατηγορους αυτου ερχεσθαι
      επι σου
TST. 94:   ACTA 24,22    LA: 3B  ανεβαλλετο δε ο φηλιξ αυτους
TST. 97:   ACTA 25,17    LA: 5   δε αυτων ενθαδε
TST.100:   ACTA 27,5     LA: 4   διαπλευσαντες δι ημερων
      δεκαπεντε κατηλθομεν
```

I. NICHT ERFASSTE STELLEN (7)

```
    Z (LUECKE)     TST:   9- 15
```
==

■ ■ HS.-NR.: 914   TESTSTELLEN: 104

B. LA 1/2 :   10, 18, 20, 28, 29, 35, 36, 41, 42, 44, 45, 48, 52, 53, 55, 56,
              76, 84, 87, 88, 91, 97,100,102
   1/2F: 65   SUMME: 25 TST

C. LA   1 :   1- 9, 13, 15- 17, 19, 21- 27, 30- 32, 34, 37- 40, 43, 46, 47,
              49- 51, 54, 57- 64, 67- 75, 77- 83, 85, 89, 90, 92- 96, 98, 99,
              101,103,104   SUMME: 73 TST

D. SINGULAERLESARTEN AN   1 TESTSTELLE

```
TST. 33:   ACTA 10,11    LA: 4   δεδεμενον και καθιεμενην
```

E. SONDERLESARTEN AN   6 TESTSTELLEN

```
TST. 11:   ACTA 2,46     LA: 6   καθ ημεραν τε
      προσκαρτερουντες εν τω ιερω κλωντες τε κατ οικον
      αρτον
TST. 12:   ACTA 2,47.3,1 LA: 4   εν τη εκκλησια. επι το αυτο
      δε πετρος
TST. 14:   ACTA 3,21     LA: 5   προφητων αυτου απ αιωνος
TST. 33:   ACTA 10,11    LA: 4   δεδεμενον και καθιεμενην
TST. 66:   ACTA 18,27    LA: 6   βουλομενου δε αυτου ελθειν
      εις την αχαιαν προτρεψαμενοι οι αδελφοι εγραψαν
      τοις μαθηταις αποδεξασθαι αυτον
TST. 86:   ACTA 23,20    LA: 4   μελλοντας
```

F. KORREKTUREN AN   1 TESTSTELLE

```
TST. 39:   ACTA 10,47
      C : LA   1C  κωλησαι δυναται τις
```
==

■ ■ HS.-NR.: 915   TESTSTELLEN: 104

A. LA   2 :   17, 21, 23, 24, 31- 33, 40, 47, 80, 90   SUMME: 11 TST

B. LA 1/2 :   18, 20, 28, 29, 35, 41, 42, 44, 45, 48, 55, 56, 66, 76, 84, 87,
              88, 97,100,102
   1/2E: 11, 36
   1/2P: 65

SUMME: 23 TST
C. LA   1 :   2- 4, 6, 9, 12, 16, 19, 22, 25- 27, 37- 39, 43, 49, 51, 57,
              59- 64, 67, 69- 72, 74, 75, 77- 79, 81- 83, 85, 86, 89, 92- 96,
              99,101,104
         1B: 1, 58
         1F: 103   SUMME: 52 TST

D. SINGULAERLESARTEN AN   4 TESTSTELLEN

    TST. 11:   ACTA 2,46   LA:1/2E καθ ημεραν τε
    προσκαρτερουντες ομοθυμαδον εν τω ιερω κλωντες τε
    κατ οικων αρτον
    TST. 13:   ACTA 3,11   LA: 10   κρατουντος του ιαθεντος τον
    πετρον και τον ιωαννην συνεδραμεν πας ο λαος προς
    αυτους
    TST. 50:   ACTA 15,18   LA: 9   ταυτα παντα γνωστα απ αιωνος
    εστιν παντα τω θεω τα εργα αυτου
    TST. 65:   ACTA 18,21.22 LA:1/2P ανηχθη απο της εφεσου,
    κατελθων

E. SONDERLESARTEN AN   18 TESTSTELLEN

    TST. 5:   ACTA 2,7(2)   LA: 3   προς αλληλους λεγοντες
    TST. 7:   ACTA 2,30   LA: 4   το κατα σαρκα αναστησαι τον
    χριστον καθισαι
    TST. 8:   ACTA 2,31   LA: 3B   εγκατεληφθη η ψυχη αυτου
    TST. 10:   ACTA 2,43.44   LA: 3   ADD. εν ιερουσαλημ φοβος τε
    ην μεγας επι παντας
    TST. 13:   ACTA 3,11   LA: 10   κρατουντος του ιαθεντος τον
    πετρον και τον ιωαννην συνεδραμεν πας ο λαος προς
    αυτους
    TST. 14:   ACTA 3,21   LA: 4   αυτου των απ αιωνος προφητων
    TST. 15:   ACTA 3,22   LA: 4   ειπεν προς τους πατερας ημων
    TST. 30:   ACTA 9,25   LA: 3   οι μαθηται αυτον νυκτος
    TST. 34:   ACTA 10,12   LA: 7   παντα τα θηρια και τα
    τετραποδα και τα ερπετα της γης και τα πετεινα του
    ουρανου
    TST. 46:   ACTA 13,42   LA: 3   εξιοντων δε αυτων εκ της
    συναγωγης των ιουδαιων
    TST. 50:   ACTA 15,18   LA: 9   ταυτα παντα γνωστα απ αιωνος
    εστιν παντα τω θεω τα εργα αυτου
    TST. 52:   ACTA 15,24   LA: 4   ΟΜ. εξελθοντες
    TST. 53:   ACTA 15,34   LA: 3   εδοξεν δε τω σιλα επιμειναι
    αυτου
    TST. 54:   ACTA 16,28   LA: 4   φωνη μεγαλη παυλος
    TST. 68:   ACTA 19,3   LA: 15   ο δε ειπεν αυτοις
    TST. 73:   ACTA 20,24(1) LA: 10   ουδενος τουτων λογον
    ποιουμαι ουδε εχω την ψυχην μου
    TST. 91:   ACTA 24,6-8   LA: 3   ADD. και κατα τον ημετερον
    νομον ηθελησαμεν κριναι παρελθων δε λυσιας ο
    χιλιαρχος μετα πολλης βιας εκ των χειρων ημων
    απηγαγεν. κελευσας τους κατηγορους αυτου ερχεσθαι
    επι σε
    TST. 98:   ACTA 26,14   LA: 6   λεγουσαν μοι

F. KORREKTUREN AN   2 TESTSTELLEN

    TST. 11:   ACTA 2,46
        C : LA 1/2   καθ ημεραν τε προσκαρτερουντες ομοθυμαδον
                εν τω ιερω κλωντες τε κατ οικον αρτον
    TST. 25:   ACTA 7,17
        C : LA   2B ομολογησεν
==

■ ■ HS.-NR.: 916   TESTSTELLEN: 39

B. LA 1/2 :   10, 11, 18, 20, 28, 29, 35, 36   SUMME: 8 TST

C. LA   1 :   1- 9, 12, 13, 15- 17, 19, 21- 25, 27, 30- 34, 37- 39
                                                    SUMME: 29 TST

E. SONDERLESARTEN AN   2 TESTSTELLEN

    TST. 14:   ACTA 3,21   LA: 10   προφητων {αγιων} αυτου απ
        αιωνος
    TST. 26:   ACTA 8,10   LA: 3   λεγομενη

I. NICHT ERFASSTE STELLEN (65)

    Z (LUECKE)   TST: 40-104
==

■ ■ HS.-NR.: 917   TESTSTELLEN: 104

A. LA   2 :   21, 31- 33
        2B: 34   SUMME: 5 TST

B. LA 1/2 :   10, 11, 18, 20, 28, 29, 35, 36, 41, 42, 44, 45, 48, 52, 53, 55,
              56, 65, 66, 76, 84, 87, 88, 91, 97,100,102   SUMME: 27 TST

C. LA   1 :   1- 6, 8, 9, 12- 17, 19, 22- 27, 30, 37- 40, 43, 47, 49, 51,
              54, 57- 64, 67- 71, 74, 75, 77- 83, 85, 89, 90, 92- 95, 98, 99,
              101,104
        1B: 72, 96
        1D: 73
        1N: 103   SUMME: 68 TST

D. SINGULAERLESARTEN AN   2 TESTSTELLEN

    TST. 50:   ACTA 15,18   LA: 11   ταυτα παντα γνωστα απ αιωνος
        εστιν τω θεω τα εργα αυτου
    TST. 86:   ACTA 23,20   LA: 4B μελλωντας

E. SONDERLESARTEN AN   4 TESTSTELLEN

    TST. 7:   ACTA 2,30   LA: 4   το κατα σαρκα αναστησαι τον
        χριστον καθισαι
    TST. 46:   ACTA 13,42   LA: 3   εξιοντων δε αυτων εκ της
        συναγωγης των ιουδαιων
    TST. 50:   ACTA 15,18   LA: 11   ταυτα παντα γνωστα απ αιωνος
        εστιν τω θεω τα εργα αυτου

```
     TST. 86:    ACTA 23,20     LA:  4B  μελλωντας
================================================================================

■ ■ HS.-NR.:  919              TESTSTELLEN: 104

B. LA 1/2 :   10, 11, 18, 20, 28, 29, 35, 36, 41, 42, 44, 45, 48, 52, 53, 55,
              56, 76, 84, 87, 88, 91, 97,100,102
       1/2F:  65                                              SUMME: 26 TST

C. LA   1 :    1-  9, 12- 17, 19, 21- 27, 30, 31, 33, 34, 37- 40, 43, 46, 47,
              49- 51, 54, 57, 59- 64, 67- 75, 77- 83, 85, 89, 90, 92- 96, 98,
              99,101,104
        1K:  58
        1L: 103                                              SUMME: 75 TST

D. SINGULAERLESARTEN AN    1 TESTSTELLE

     TST. 58:    ACTA 17,23     LA:  1K  ον νυν αγνωουντες ευσεβειτε
              τουτον νυν

E. SONDERLESARTEN AN    3 TESTSTELLEN

     TST. 32:    ACTA 10,10     LA:  3   επεσεν
     TST. 66:    ACTA 18,27     LA:  4   βουλομενου δε αυτου διελθειν
              την αχαιαν προτρεψαμενοι οι αδελφοι εγραψαν τοις
              μαθηταις αποδεξασθαι αυτον
     TST. 86:    ACTA 23,20     LA:  3   μελλοντων

F. KORREKTUREN AN    4 TESTSTELLEN

     TST. 34:    ACTA 10,12
              C : LA   3   παντα τα τετραποδα της γης και τα ερπετα
              και τα πετεινα του ουρανου
     TST. 43:    ACTA 13,20
              C : LA   1B  και μετα ταυτα ως ετεσι τετρακοσιοις και
              πεντηκοντα
     TST. 68:    ACTA 19,3
              C : LA   1B  ειπε τε προς αυτους
     TST. 80:    ACTA 21,25
              C : LA   3   ADD. μηδεν τοιουτο τηρειν αυτους ει μη

G. MARGINALLESARTEN AN    1 TESTSTELLE

     TST. 33:    ACTA 10,11
              L : LA   5   δεδεμενην και καθιεμενον
================================================================================

■ ■ HS.-NR.:  920              TESTSTELLEN:  74

B. LA 1/2 :   28, 29, 35, 42, 44, 45, 48, 53, 55, 56, 76, 84, 87, 88, 91, 97,
              100,102
       1/2F:  65
       1/2L:  36                                             SUMME: 20 TST

C. LA   1 :   27, 30- 34, 37- 40, 43, 46, 47, 49, 54, 57- 64, 67- 75, 77- 83,
              85, 89, 90, 92, 93, 98, 99,101,104
        1B:  95, 96
        1L: 103
```

E. SONDERLESARTEN AN 3 TESTSTELLEN

SUMME: 51 TST

TST. 66: ACTA 18,27 LA: 11 βουλομενου δε αυτου διελθειν
εις την αχαιαν προτρεψαμενοι οι αδελφοι εγραψαν
τοις αδελφοις αποδεξασθαι αυτον
TST. 86: ACTA 23,20 LA: 3 μελλοντων
TST. 94: ACTA 24,22 LA: 8 ακουσας δε ο φηλιξ ανεβαλετο
αυτους

I. NICHT ERFASSTE STELLEN (30)

Z (LUECKE) TST: 1- 26, 41, 50- 52
==

■ ■ HS.-NR.: 921 TESTSTELLEN: 101

A. LA 2 : 78, 81

SUMME: 2 TST

B. LA 1/2 : 10, 11, 20, 28, 29, 35, 41, 42, 44, 45, 48, 53, 55, 56, 65, 66,
76, 84, 87, 88, 97,100,102
1/2F: 36

SUMME: 24 TST

C. LA 1 : 1- 6, 8, 9, 12- 17, 21- 27, 30, 32- 34, 37- 40, 43, 47,
49- 51, 54, 57- 64, 67- 74, 77, 79, 80, 82, 83, 85, 86, 89, 90,
92- 96, 98, 99,101,104
1B: 7, 75
1L: 103

SUMME: 72 TST

E. SONDERLESARTEN AN 3 TESTSTELLEN

TST. 31: ACTA 9,31 LA: 5 αι μεν ουν εκκλησιαι ...
ειχον ειρηνην οικοδομουμεναι ... επληθυνοντο
TST. 46: ACTA 13,42 LA: 3 εξιοντων δε αυτων εκ της
συναγωγης των ιουδαιων
TST. 52: ACTA 15,24 LA: 3 ελθοντες

I. NICHT ERFASSTE STELLEN (3)

Z (LUECKE) TST: 18, 19, 91
==

■ ■ HS.-NR.: 922 TESTSTELLEN: 104

A. LA 2B: 50

SUMME: 1 TST

B. LA 1/2 : 10, 18, 20, 28, 29, 35, 36, 41, 42, 44, 45, 52, 53, 55, 56, 65,
66, 76, 84, 87, 88, 91, 97,100,102
1/2G: 48

SUMME: 26 TST

C. LA 1 : 1, 2, 4- 9, 12- 17, 19, 21- 27, 30- 34, 37- 40, 43, 46, 47,
49, 51, 54, 57- 64, 67- 75, 77- 83, 85, 89, 90, 92- 96, 98, 99,
101,103,104
1B: 3, 86

SUMME: 76 TST

D. SINGULAERLESARTEN AN 1 TESTSTELLE

TST. 48: ACTA 15,2 LA:1/2G εταξαν αναβαινειν παυλω και
βαρναβα και τινας αλλους εξ αυτων

E. SONDERLESARTEN AN   1 TESTSTELLE

    TST. 11:   ACTA 2,46   LA: 9   καθ ημεραν τε
    προσκαρτερουντες ομοθυμαδον εν τω ιερω κλωντες τε
    κατ οικον τον αρτον
==

■ ■ HS.-NR.: 927   TESTSTELLEN: 104

A. LA   2 :   23, 49, 61, 77, 78, 90, 92, 93   SUMME: 8 TST

B. LA 1/2 :   10, 18, 20, 28, 29, 35, 41, 42, 44, 45, 48, 52, 55, 56, 66, 76,
              84, 87, 88, 97,100,102
     1/2F: 36, 65   SUMME: 24 TST

C. LA   1 :   1- 6, 9, 12, 13, 15, 16, 19, 21, 22, 24- 27, 30- 34, 37- 40,
              43, 47, 51, 57- 60, 62- 64, 67, 69- 72, 74, 75, 79- 83, 85, 89,
              94- 96, 98, 99,101,103,104
      1B: 50   SUMME: 60 TST

E. SONDERLESARTEN AN   12 TESTSTELLEN

    TST. 7:   ACTA 2,30   LA: 3   το κατα σαρκα αναστησειν τον
    χριστον καθισαι τε
    TST. 8:   ACTA 2,31   LA: 3   εγκατελειφθη η ψυχη αυτου
    TST. 11:   ACTA 2,46   LA: 12   καθ ημεραν τε
    προσκαρτερουντες ομοθυμαδον εν τω ιερω κλωντες τε
    κατ οικον
    TST. 14:   ACTA 3,21   LA: 4   αυτου των απ αιωνος προφητων
    TST. 17:   ACTA 4,25   LA: 11   ο δια του πατρος ημων εν
    πνευματι αγιω στοματος δαυιδ παιδος σου ειπων
    TST. 46:   ACTA 13,42   LA: 6   εξιοντων δε αυτων εκ της
    συναγωγης
    TST. 53:   ACTA 15,34   LA: 3D   εδοξεν δε σιλαν επιμειναι
    αυτου
    TST. 54:   ACTA 16,28   LA: 5   ο παυλος φωνη μεγαλη
    TST. 68:   ACTA 19,3   LA: 15   ο δε ειπεν αυτοις
    TST. 73:   ACTA 20,24(1) LA: 10   ουδενος τουτων λογον
    ποιουμαι ουδε εχω την ψυχην μου
    TST. 86:   ACTA 23,20   LA: 3   μελλοντων
    TST. 91:   ACTA 24,6-8   LA: 5   ADD. και κατα τον ημετερον
    νομον ηθελησαμεν κριναι παρελθων δε λυσιας ο
    χιλιαρχος μετα πολλης βιας εκ των χειρων ημων
    απηγαγεν. κελευσας τους κατηγορους αυτου ερχεσθαι
    επι σου

F. KORREKTUREN AN   1 TESTSTELLE

    TST. 53:   ACTA 15,34
        C : LA 3   εδοξεν δε τω σιλα επιμειναι αυτου
==

■ ■ HS.-NR.: 928   TESTSTELLEN: 104

A. LA   2 :   19, 49, 68, 77   SUMME: 4 TST

B. LA 1/2 :   10, 11, 18, 20, 28, 29, 35, 36, 41, 44, 45, 48, 52, 53, 55, 56,
              65, 66, 76, 84, 87, 88, 91, 97,100,102

SUMME: 26 TST
C. LA   1 :   1- 9, 12, 14- 16, 22- 27, 30- 34, 37- 40, 43, 46, 47, 50, 51,
                54, 57- 64, 67, 69- 75, 78- 83, 85, 89, 90, 92- 96, 98, 99,101,
                103,104
        1B: 86
        1C: 17
        1D: 13   SUMME: 72 TST

E. SONDERLESARTEN AN   2 TESTSTELLEN

    TST. 21:   ACTA 5,24   LA: 3   ο ιερευς και ο στρατηγος
    TST. 42:   ACTA 12,25   LA: 8   εις αντιοχειαν
==

■ ■ HS.-NR.:   935   TESTSTELLEN: 101

A. LA   2 :   49, 86, 92, 95   SUMME: 4 TST

B. LA 1/2 :   10, 11, 18, 20, 28, 29, 35, 36, 41, 44, 45, 48, 52, 55, 56, 66,
               76, 84, 87, 88, 97,100,102   SUMME: 23 TST

C. LA   1 :   1- 9, 12- 17, 19, 23- 27, 31- 33, 37- 40, 43, 47, 51, 57- 64,
                67- 75, 78- 83, 85, 89, 90, 93, 94, 96, 99,101,103,104
        1B: 77   SUMME: 65 TST

D. SINGULAERLESARTEN AN   2 TESTSTELLEN

    TST. 46:   ACTA 13,42   LA: 5   εξιοντων δε αυτων απο της
                συναγωγης των ιουδαιων
    TST. 65:   ACTA 18,21.22   LA: 9   ανηχθη απο της εφεσου, και
                τις κατελθων

E. SONDERLESARTEN AN   9 TESTSTELLEN

    TST. 30:   ACTA 9,25   LA: 3   οι μαθηται αυτον νυκτος
    TST. 34:   ACTA 10,12   LA: 11   παντα τα τετραποδα και τα
                θηρια και τα ερπετα της γης και τα πετεινα του
                ουρανου
    TST. 42:   ACTA 12,25   LA: 6   απο ιερουσαλημ εις
                αντιοχειαν
    TST. 46:   ACTA 13,42   LA: 5   εξιοντων δε αυτων απο της
                συναγωγης των ιουδαιων
    TST. 53:   ACTA 15,34   LA: 3   εδοξεν δε τω σιλα επιμειναι
                αυτου
    TST. 54:   ACTA 16,28   LA: 4   φωνη μεγαλη παυλος
    TST. 65:   ACTA 18,21.22   LA: 9   ανηχθη απο της εφεσου, και
                τις κατελθων
    TST. 91:   ACTA 24,6-8   LA: 5C   ADD. και κατα τον ημετερον
                νομον ηθελησαμεν κριναι παρελθων δε λυσιας ο
                χιλιαρχος μετα πολλης βιας εκ των χειρων ημων
                απηγαγεν. κελευσας τους κατηγορους ερχεσθαι επι σου
    TST. 98:   ACTA 26,14   LA: 3   λαλουσαν προς με

F. KORREKTUREN AN   1 TESTSTELLE

    TST. 50:   ACTA 15,18
        C : LA   1   ταυτα παντα γνωστα απ αιωνος εστιν τω θεω
                παντα τα εργα αυτου

I. NICHT ERFASSTE STELLEN (3)

    X (UNLESERLICH) TST: 50
    Z (LUECKE)   TST: 21, 22
===

■ ■ HS.-NR.: 941   TESTSTELLEN: 100

A. LA   2 :   4, 23, 24, 30, 47, 49, 57, 81, 92   SUMME: 9 TST

B. LA 1/2 :   10, 11, 20, 28, 29, 35, 41, 44, 45, 48, 52, 55, 56, 66, 76, 87,
              88, 91, 97,100
     1/2F: 36, 65   SUMME: 22 TST

C. LA   1 :   1- 3, 5- 9, 12- 17, 19, 22, 25- 27, 31- 34, 37- 39, 43, 46,
              50, 51, 54, 58- 62, 64, 67- 69, 71- 75, 78- 80, 82, 83, 85, 89,
              90, 93, 96, 98, 99,101,103,104
      1B: 77
      1C: 21, 94   SUMME: 63 TST

D. SINGULAERLESARTEN AN   2 TESTSTELLEN

      TST. 18:   ACTA 4,33   LA: 8   της αναστασεως {οι
      αποστολοι} του κυριου ιησου χριστου
      TST. 21:   ACTA 5,24   LA: 1C   ο τε ιερευς και στρατηγος

E. SONDERLESARTEN AN   6 TESTSTELLEN

      TST. 18:   ACTA 4,33   LA: 8   της αναστασεως {οι
      αποστολοι} του κυριου ιησου χριστου
      TST. 42:   ACTA 12,25   LA: 4   απο ιερουσαλημ
      TST. 53:   ACTA 15,34   LA: 3   εδοξεν δε τω σιλα επιμειναι
      αυτου
      TST. 84:   ACTA 23,1   LA: 4   παυλος τω συνεδριω
      TST. 86:   ACTA 23,20   LA: 3   μελλοντων
      TST. 95:   ACTA 25,5   LA: 4   ατοπον {εν τω ανδρι} τουτω

F. KORREKTUREN AN   1 TESTSTELLE

      TST. 36:   ACTA 10,25
         C : LA 1/2   ως δε εγενετο του εισελθειν τον πετρον
         συναντησας αυτω ο κορνηλιος

I. NICHT ERFASSTE STELLEN (4)

    Y (FILMFEHLER) TST: 40, 63, 70,102
===

■ ■ HS.-NR.: 945   TESTSTELLEN: 104

A. LA   2 :   3, 19, 21, 23, 26, 31, 32, 37, 40, 46, 47, 49, 57, 64, 70, 77,
              79, 83, 85, 90, 92- 96, 98
      2B: 34, 67   SUMME: 28 TST

B. LA 1/2 :   10, 11, 20, 35, 36, 41, 44, 45, 48, 52, 55, 56, 65, 66, 76, 87,
              88, 97,100,102   SUMME: 20 TST

C. LA   1 :   1, 2, 4- 7, 9, 16, 22, 25, 27, 30, 33, 38, 43, 51, 54,

```
        58- 63, 71, 81, 82, 99,101,103
   1B:  24, 78
   1D:  73
   1E:  104                                              SUMME: 33 TST
```

D. SINGULAERLESARTEN AN   1 TESTSTELLE

```
   TST. 13:    ACTA 3,11       LA:  3E  κρατουντος δε αυτου τον
   πετρον και τον ιωαννην συνεδραμον προς αυτους πας ο
   λαος
```

E. SONDERLESARTEN AN   23 TESTSTELLEN

```
   TST.  8:    ACTA 2,31       LA:  3   εγκατελειφθη η ψυχη αυτου
   TST. 12:    ACTA 2,47.3,1   LA:  3   τη εκκλησια επι το αυτο.
   πετρος δε
   TST. 13:    ACTA 3,11       LA:  3E  κρατουντος δε αυτου τον
   πετρον και τον ιωαννην συνεδραμον προς αυτους πας ο
   λαος
   TST. 14:    ACTA 3,21       LA:  3   των απ αιωνος αυτου προφητων
   TST. 15:    ACTA 3,22       LA:  3   ειπεν προς τους πατερας
   TST. 17:    ACTA 4,25       LA:  11  ο δια του πατρος ημων εν
   πνευματι αγιω στοματος δαυιδ παιδος σου ειπων
   TST. 18:    ACTA 4,33       LA:  4   της αναστασεως του κυριου
   ιησου χριστου
   TST. 28:    ACTA 8,37       LA:  3D  ειπεν δε αυτω: ει πιστευεις
   εξ ολης της καρδιας σου εξεστιν. αποκριθεις δε
   ειπεν: πιστευω τον υιον του θεου ειναι ιησουν
   χριστον
   TST. 29:    ACTA 8,39       LA:  5   πνευμα αγιον επεπεσεν επι
   τον ευνουχον αγγελος δε κυριου
   TST. 39:    ACTA 10,47      LA:  4   δυναται τις κωλυσαι
   TST. 42:    ACTA 12,25      LA:  5   εξ ιερουσαλημ εις αντιοχειαν
   TST. 50:    ACTA 15,18      LA:  19  ταυτα παντα α εστι γνωστα
   αυτω απ αιωνος
   TST. 53:    ACTA 15,34      LA:  8C  εδοξεν δε τω σιλα επιμειναι
   αυτοθε
   TST. 68:    ACTA 19,3       LA:  3   ειπε(ν) δε
   TST. 69:    ACTA 19,14      LA:  3   ησαν δε τινες σκευα ιουδαιου
   αρχιερεως επτα υιοι τουτο ποιουντες
   TST. 72:    ACTA 20,15      LA:  6   και μειναντες εν στρογγυλοω
   {ηλθομεν} τη εχομενη
   TST. 74:    ACTA 20,24(2)   LA:  3   μετα χαρας
   TST. 75:    ACTA 20,29      LA:  3   γαρ οιδα
   TST. 80:    ACTA 21,25      LA:  6B  ADD. μηδεν τοιουτο τηρειν
   αυτους αλλα
   TST. 84:    ACTA 23,1       LA:  3   τω συνεδριω ο παυλος
   TST. 86:    ACTA 23,20      LA:  3   μελλοντων
   TST. 89:    ACTA 23,30      LA:  5   μελλειν εσεσθαι εξ αυτων
   TST. 91:    ACTA 24,6-8     LA:  3   ADD. και κατα τον ημετερον
   νομον ηθελησαμεν κριναι παρελθων δε λυσιας ο
   χιλιαρχος μετα πολλης βιας εκ των χειρων ημων
   απηγαγεν. κελευσας τους κατηγορους αυτου ερχεσθαι
   επι σε
```

F. KORREKTUREN AN   1 TESTSTELLE

    TST. 85:   ACTA 23,9
        C : LA   1   αγγελος μη θεομαχωμεν
==

■ ■ HS.-NR.: 956   TESTSTELLEN: 6

C. LA   1 :   1- 6   SUMME: 6 TST

I. NICHT ERFASSTE STELLEN (98)

    Z (LUECKE)   TST: 7-104
==

■ ■ HS.-NR.: 959   TESTSTELLEN: 104

B. LA 1/2 :   10, 11, 18, 20, 28, 29, 35, 36, 41, 42, 44, 45, 48, 52, 53, 55,
              56, 65, 66, 76, 84, 87, 88, 97,100,102   SUMME: 26 TST

C. LA   1 :   1- 6, 8, 9, 12, 14- 16, 19, 21- 27, 31- 34, 37- 40, 43, 46,
              47, 49- 51, 54, 57- 64, 67- 71, 73- 75, 77- 79, 81- 83, 85, 86,
              89, 90, 92- 96, 98, 99,101,103
        1C: 17
        1D: 13, 30
        1F: 104   SUMME: 74 TST

E. SONDERLESARTEN AN   4 TESTSTELLEN

    TST. 7:   ACTA 2,30   LA: 3   το κατα σαρκα αναστησειν τον
        χριστον καθισαι τε
    TST. 72:   ACTA 20,15   LA: 4   και μειναντες εν τρωγυλιω
        (ET SIM.) τη ερχομενη
    TST. 80:   ACTA 21,25   LA: 5   ADD. μηδεν τοιουτον τηρειν
        ει μη
    TST. 91:   ACTA 24,6-8   LA: 13B ADD. ηβουληθημεν κριναι κατα
        τον νομον ημων ελθων δε λυσιας ο χιλιαρχος βια
        πολλη εκ των χειρων ημων αφειλετο και προς σε
        απεστειλε. κελευσας τους κατηγορους αυτου ελθειν
        προς σε
==

■ ■ HS.-NR.: 986   TESTSTELLEN: 100

A. LA   2 :   4, 19, 49, 68, 77   SUMME: 5 TST

B. LA 1/2 :   18, 20, 28, 29, 35, 36, 41, 44, 45, 48, 52, 53, 55, 56, 65, 66,
              76, 84, 87, 88, 91, 97,100,102   SUMME: 24 TST

C. LA   1 :   1- 3, 5- 8, 13- 17, 21- 27, 30- 34, 37- 40, 43, 46, 47, 50,
              51, 54, 57- 64, 67, 69- 75, 78- 83, 85, 89, 90, 92- 96, 98, 99,
              101,103,104
        1B: 86   SUMME: 70 TST

E. SONDERLESARTEN AN   1 TESTSTELLE

    TST. 42:   ACTA 12,25   LA: 8   εις αντιοχειαν

I. NICHT ERFASSTE STELLEN (4)

   Z (LUECKE)   TST: 9- 12
===

■ ■ HS.-NR.: 996   TESTSTELLEN: 104

A. LA 2 : 19, 47, 49, 57, 61, 92, 98
   2B: 21, 77
   2C: 13   SUMME: 10 TST

B. LA 1/2 : 10, 11, 20, 28, 29, 35, 36, 41, 44, 45, 48, 53, 55, 56, 65, 76,
   84, 87, 88, 97,100,102   SUMME: 22 TST

C. LA 1 :   2- 6, 9, 12, 14- 17, 22- 27, 30, 31, 33, 34, 37- 40, 43, 50,
   54, 58- 60, 62- 64, 67, 70- 75, 78, 79, 81- 83, 85, 89, 90, 93,
   94, 96, 99,101
   1B: 1, 51
   1K: 103   SUMME: 57 TST

E. SONDERLESARTEN AN 15 TESTSTELLEN

   TST. 7:   ACTA 2,30   LA: 3   το κατα σαρκα αναστησειν τον
   χριστον καθισαι τε
   TST. 8:   ACTA 2,31   LA: 3   εγκατελειφθη η ψυχη αυτου
   TST. 18:   ACTA 4,33   LA: 4   της αναστασεως του κυριου
   ιησου χριστου
   TST. 32:   ACTA 10,10   LA: 3   επεσεν
   TST. 42:   ACTA 12,25   LA: 6   απο ιερουσαλημ εις
   αντιοχειαν
   TST. 46:   ACTA 13,42   LA: 3   εξιοντων δε αυτων εκ της
   συναγωγης των ιουδαιων
   TST. 52:   ACTA 15,24   LA: 3   ελθοντες
   TST. 66:   ACTA 18,27   LA: 10   βουλομενου δε αυτου διελθειν
   εις την αχαιαν προπεμψαμενοι οι αδελφοι εγραψαν
   τοις μαθηταις αποδεξασθαι αυτον
   TST. 68:   ACTA 19,3   LA: 7   ειπεν δε προς αυτους
   TST. 69:   ACTA 19,14   LA: 9   ησαν δε τινες υιοι σκευα
   ιουδαιοι αρχιερεως επτα οι τουτο ποιουντες
   TST. 80:   ACTA 21,25   LA: 5   ADD. μηδεν τοιουτον τηρειν
   ει μη
   TST. 86:   ACTA 23,20   LA: 4   μελλοντας
   TST. 91:   ACTA 24,6-8   LA: 5H ADD. και κατα τον ημετερον
   νομον ηθελησαμεν κριναι παρελθων δε λυσιας ο
   χιλιαρχος μετα πολλης βιας εκ των χειρων ημων
   απηγαγεν αυτον. κελευσας τους κατηγορους αυτου
   ερχεσθαι επι σου
   TST. 95:   ACTA 25,5   LA: 4   ατοπον {εν τω ανδρι} τουτω
   TST.104:   ACTA 28,29   LA: 3D ADD. και ταυτα αυτου
   ειποντος απηλθον οι ιουδαιοι πολλην εχοντες εν
   εαυτοις ζητησιν
===

■ ■ HS.-NR.: 997   TESTSTELLEN: 104

B. LA 1/2 : 10, 18, 20, 28, 29, 35, 36, 41, 42, 44, 45, 48, 52, 53, 55, 56,
   65, 66, 76, 84, 87, 88, 91, 97,100,102

SUMME: 26 TST
C. LA   1 :   1- 9, 13- 16, 19, 21- 27, 30- 34, 37- 40, 43, 46, 47, 49- 51,
               54, 57- 63, 67, 69- 75, 77- 83, 85, 86, 89, 90, 92- 96, 98, 99,
               101,103,104
         1C: 17   SUMME: 74 TST

D. SINGULAERLESARTEN AN   1 TESTSTELLE

    TST. 12:   ACTA 2,47.3,1   LA: 8B τη εκκλησια επι το αυτο δε
                εν ταις ημεραις εκειναις πετρος

E. SONDERLESARTEN AN   4 TESTSTELLEN

    TST. 11:   ACTA 2,46   LA: 5   καθ ημεραν τε
                προσκαρτερουντες εν τω ιερω ομοθυμαδον κλωντες τε
                κατ οικον αρτον
    TST. 12:   ACTA 2,47.3,1   LA: 8B τη εκκλησια επι το αυτο δε
                εν ταις ημεραις εκειναις πετρος
    TST. 64:   ACTA 18,20   LA: 5   μειναι συν αυτοις
    TST. 68:   ACTA 19,3   LA: 7   ειπεν δε προς αυτους
==

■ ■ HS.-NR.: 999   TESTSTELLEN: 104

A. LA   2 :   49   SUMME: 1 TST

B. LA 1/2 :   10, 11, 18, 20, 28, 29, 35, 41, 42, 44, 45, 48, 52, 55, 56, 65,
               66, 84, 87, 88,100,102
     1/2L: 36   SUMME: 23 TS1

C. LA   1 :   1- 9, 12- 16, 19, 21- 27, 30- 34, 37- 40, 43, 46, 47, 51, 54,
               57- 64, 67- 75, 77- 83, 85, 89, 90, 92- 96, 98, 99,101,103,104
         1C: 17
         1D: 50   SUMME: 75 TST

D. SINGULAERLESARTEN AN   2 TESTSTELLEN

    TST. 53:   ACTA 15,34   LA: 3E εδοξεν δε τω σιλα επιμειναι
                αυτω
    TST. 91:   ACTA 24,6-8   LA: 7   ADD. και κατα τον ημετερον
                νομον ηθελησαμεν κριναι παρελθων δε λυσιας ο
                χιλιαρχος βια εκ των χειρων ημων ηρπασε. κελευσας
                τους κατηγορους ερχεσθαι επι σου

E. SONDERLESARTEN AN   5 TESTSTELLEN

    TST. 53:   ACTA 15,34   LA: 3E εδοξεν δε τω σιλα επιμειναι
                αυτω
    TST. 76:   ACTA 20,32   LA: 3   ADD. αυτω η δοξα εις τους
                αιωνας αμην
    TST. 86:   ACTA 23,20   LA: 3   μελλοντων
    TST. 91:   ACTA 24,6-8   LA: 7   ADD. και κατα τον ημετερον
                νομον ηθελησαμεν κριναι παρελθων δε λυσιας ο
                χιλιαρχος βια εκ των χειρων ημων ηρπασε. κελευσας
                τους κατηγορους ερχεσθαι επι σου
    TST. 97:   ACTA 25,17   LA: 4   συν ενθαδε
==

■ ■ HS.-NR.: 1003   TESTSTELLEN: 98

A. LA   2 : 77   SUMME: 1 TST

B. LA 1/2 :   10, 18, 20, 28, 29, 35, 41, 44, 45, 48, 52, 56, 65, 66, 76, 87,
              88,100,102
     1/2M: 36   SUMME: 20 TST

C. LA   1 :   1- 9, 12- 16, 19, 22- 27, 30- 33, 37- 40, 43, 47, 49, 51, 54,
              62- 64, 67- 71, 73- 75, 78- 83, 85, 89, 90, 92- 94, 96, 98, 99,
              101,103,104
     1B: 86
     1C: 17   SUMME: 65 TST

D. SINGULAERLESARTEN AN   1 TESTSTELLE

    TST. 11:   ACTA 2,46   LA: 8   καθ ημεραν τε
             προσκαρτερουντες ομοθυμαδον επι τω ιερω κλωντες τε
             κατ οικον αρτον

E. SONDERLESARTEN AN 12 TESTSTELLEN

    TST. 11:   ACTA 2,46   LA: 8   καθ ημεραν τε
             προσκαρτερουντες ομοθυμαδον επι τω ιερω κλωντες τε
             κατ οικον αρτον
    TST. 21:   ACTA 5,24   LA: 6   ο τε αρχιερευς και ο
             στρατηγος
    TST. 42:   ACTA 12,25   LA: 5   εξ ιερουσαλημ εις αντιοχειαν
    TST. 46:   ACTA 13,42   LA: 3   εξιοντων δε αυτων εκ της
             συναγωγης των ιουδαιων
    TST. 50:   ACTA 15,18   LA: 17   παντα ταυτα α εστι γνωστα απ
             αιωνος αυτω
    TST. 53:   ACTA 15,34   LA: 8   εδοξεν δε τω σιλα επιμειναι
             αυτοθι
    TST. 55:   ACTA 16,33   LA: 8   οι αυτου
    TST. 72:   ACTA 20,15   LA: 4   και μειναντες εν τρωγυλιω
             (ET SIM.) τη ερχομενη
    TST. 84:   ACTA 23,1   LA: 4   παυλος τω συνεδριω
    TST. 91:   ACTA 24,6-8   LA: 11   ADD. και κατα ημετερον νομον
             ηθελησαμεν κριναι παρελθων δε λυσιας ο χιλιαρχος
             μετα πολλης βιας εκ των χειρων ημων αφειλετο και
             προς σε απεστειλε. κελευσας και τους κατηγορους
             αυτου ερχεσθαι επι σου
    TST. 95:   ACTA 25,5   LA: 3   τουτω ατοπον
    TST. 97:   ACTA 25,17   LA: 4   ουν ενθαδε

F. KORREKTUREN AN   1 TESTSTELLE

    TST. 34:   ACTA 10,12
          C : LA   1   παντα τα τετραποδα της γης και τα θηρια
             και τα ερπετα και τα πετεινα του ουρανου

I. NICHT ERFASSTE STELLEN (6)

    X (UNLESERLICH) TST: 34
    Z (LUECKE)   TST: 57- 61
===

■ ■ HS.-NR.: 1022 TESTSTELLEN: 103

B. LA 1/2 : 10, 11, 18, 20, 28, 29, 35, 36, 41, 42, 44, 45, 48, 52, 53, 55,
     56, 65, 66, 76, 84, 87, 88, 91, 97,100,102 SUMME: 27 TST

C. LA 1 : 1- 9, 12- 17, 19, 21- 27, 30- 34, 37- 40, 43, 46, 47, 49, 51,
     54, 57- 64, 67- 75, 77- 83, 85, 89, 90, 92- 96, 98, 99,101,104
   1L: 103   SUMME: 75 TST

E. SONDERLESARTEN AN 1 TESTSTELLE

  TST. 86: ACTA 23,20 LA: 3 μελλοντων

I. NICHT ERFASSTE STELLEN (1)

  V (AUSLASSUNG) TST: 50
==

■ ■ HS.-NR.: 1040 TESTSTELLEN: 104

A. LA 2 : 4, 49, 68, 77   SUMME: 4 TST

B. LA 1/2 : 10, 11, 18, 20, 28, 29, 35, 36, 41, 42, 44, 45, 48, 52, 53, 55,
     56, 65, 66, 76, 84, 87, 88, 91, 97,100,102 SUMME: 27 TST

C. LA 1 : 1- 3, 5- 9, 12- 17, 19, 21- 27, 30- 34, 37- 40, 43, 46, 47,
     50, 51, 54, 57- 64, 67, 69- 75, 78, 79, 81- 83, 85, 89, 90,
     92- 96, 98, 99,101,103,104
   1B: 86   SUMME: 72 TST

E. SONDERLESARTEN AN 1 TESTSTELLE

  TST. 80: ACTA 21,25 LA: 6 ADD. μηδεν τοιουτον τηρειν
  αυτους αλλα
==

■ ■ HS.-NR.: 1058 TESTSTELLEN: 104

A. LA 2 : 19, 49, 68, 77, 81   SUMME: 5 TST

B. LA 1/2 : 10, 11, 18, 20, 28, 29, 35, 36, 41, 44, 45, 48, 52, 53, 55, 56,
     65, 66, 76, 84, 87, 88, 91, 97,100,102 SUMME: 26 TST

C. LA 1 : 1- 7, 9, 12- 17, 21- 27, 30- 34, 37- 40, 43, 46, 47, 50, 51,
     54, 57- 64, 67, 69- 75, 78- 80, 82, 83, 85, 89, 90, 92- 96, 98,
     99,101,103,104
   1B: 86   SUMME: 71 TST

E. SONDERLESARTEN AN 2 TESTSTELLEN

  TST. 8: ACTA 2,31 LA: 3 εγκατελειφθη η ψυχη αυτου
  TST. 42: ACTA 12,25 LA: 6 απο ιερουσαλημ εις
  αντιοχειαν

F. KORREKTUREN AN 1 TESTSTELLE

```
TST. 81:   ACTA 22,9
    C : LA   1   εθεασαντο και εμφοβοι εγενοντο
==============================================================================
```

■ ■ HS.-NR.: 1066   TESTSTELLEN: 91

A. LA   2 : 61   SUMME: 1 TST

B. LA 1/2 : 10, 11, 20, 28, 29, 35, 36, 41, 42, 44, 45, 48, 52, 53, 55, 56,
             66, 76, 84, 87, 88
     1/2B: 18   SUMME: 22 TST

C. LA   1 : 1- 9, 12, 13, 15- 17, 19, 21- 25, 27, 31- 34, 37- 40, 43, 46,
             47, 50, 51, 54, 57, 58, 60, 62- 64, 67- 75, 78- 83, 85, 86, 89,
             90, 92, 93
      1B: 14, 77   SUMME: 64 TST

D. SINGULAERLESARTEN AN   2 TESTSTELLEN

     TST. 18:   ACTA 4,33   LA:1/2B της αναστασεως κυριου ιησου
     TST. 91:   ACTA 24,6-8   LA: 5G ADD. κατα τον ημετερον νομον
        θελησαντες κριναι παρελθων δε λυσιας ο χιλιαρχος
        μετα πολλης βιας εκ των χειρων ημων απηγαγεν.
        κελευσας τους κατηγορους αυτου ερχεσθαι επι σου

E. SONDERLESARTEN AN   4 TESTSTELLEN

     TST. 30:   ACTA 9,25   LA: 5   οι μαθηται νυκτος
     TST. 49:   ACTA 15,7   LA: 4   ημιν
     TST. 65:   ACTA 18,21.22 LA: 5   ανηχθη απο της εφεσου, και
        καταβας
     TST. 91:   ACTA 24,6-8   LA: 5G ADD. κατα τον ημετερον νομον
        θελησαντες κριναι παρελθων δε λυσιας ο χιλιαρχος
        μετα πολλης βιας εκ των χειρων ημων απηγαγεν.
        κελευσας τους κατηγορους αυτου ερχεσθαι επι σου

I. NICHT ERFASSTE STELLEN (13)

     U (H.TEL/ARK.) TST: 26
     V (AUSLASSUNG) TST: 59
     Z (LUECKE)   TST: 94-104
==

■ ■ HS.-NR.: 1067   TESTSTELLEN: 3

B. LA 1/2 : 102   SUMME: 1 TST

C. LA   1 : 103,104   SUMME: 2 TST

I. NICHT ERFASSTE STELLEN (101)

     X (UNLESERLICH) TST: 101
     Z (LUECKE)   TST: 1-100
==
```
```

■ ■ HS.-NR.: 1069   TESTSTELLEN: 103

B. LA 1/2 :   10, 11, 18, 20, 28, 29, 35, 41, 42, 44, 45, 48, 52, 53, 55, 56,
              65, 66, 76, 84, 87, 88, 91, 97,100,102
       1/2K: 36   SUMME: 27 TST

C. LA   1 :   1- 9, 12- 16, 19, 21, 22, 24- 27, 30- 34, 37, 38, 40, 43, 46,
              47, 49- 51, 54, 57- 64, 67- 75, 77- 83, 85, 89, 90, 92- 96, 98,
              99,101,104
       1C: 17
       1L: 103   SUMME: 74 TST

E. SONDERLESARTEN AN   2 TESTSTELLEN

     TST. 39:   ACTA 10,47   LA: 4   δυναται τις κωλυσαι
     TST. 86:   ACTA 23,20   LA: 3   μελλοντων

I. NICHT ERFASSTE STELLEN (1)

       Z (LUECKE)   TST: 23
===

■ ■ HS.-NR.: 1070   TESTSTELLEN: 104

B. LA 1/2 :   10, 20, 28, 29, 35, 41, 42, 44, 45, 48, 53, 55, 56, 65, 66, 76,
              84, 87, 88, 91, 97,100,102
       1/2K: 36   SUMME: 24 TST

C. LA   1 :   1- 9, 12- 16, 19, 21- 27, 30- 34, 37- 40, 43, 46, 47, 49- 51,
              54, 57- 64, 67- 75, 77- 83, 85, 89, 90, 92, 93, 95, 96, 98, 99,
              101,104
       1C: 17, 94
       1L: 103   SUMME: 76 TST

E. SONDERLESARTEN AN   4 TESTSTELLEN

     TST. 11:   ACTA 2,46   LA: 5B καθ ημεραν τε
                προσκαρτερουντες εν τω ιερω ομοθυμαδον κλωντες κατ
                οικον αρτον
     TST. 18:   ACTA 4,33   LA: 4   της αναστασεως του κυριου
                ιησου χριστου
     TST. 52:   ACTA 15,24   LA: 3   ελθοντες
     TST. 86:   ACTA 23,20   LA: 3   μελλοντων
===

■ ■ HS.-NR.: 1072   TESTSTELLEN: 104

A. LA   2 :   19, 49, 68, 77   SUMME: 4 TST

B. LA 1/2 :   10, 11, 18, 20, 28, 29, 35, 36, 41, 42, 44, 45, 48, 52, 53, 55,
              56, 65, 66, 76, 84, 87, 88, 91, 97,100,102   SUMME: 27 TST

C. LA   1 :   1- 9, 12- 17, 21- 27, 30- 34, 37- 40, 43, 46, 47, 50, 51, 54,
              57- 64, 67, 69- 75, 78- 83, 85, 89, 90, 92- 96, 98, 99,101,103,
              104
       1B: 86   SUMME: 73 TST
===

■ ■ HS.-NR.: 1073   TESTSTELLEN: 104

B. LA 1/2 :   10, 11, 18, 20, 28, 29, 35, 36, 41, 42, 44, 45, 48, 52, 53, 55,
              56, 65, 66, 76, 84, 87, 88, 91, 97,100,102   SUMME: 27 TST

C. LA   1 :   1- 9, 12- 17, 19, 21- 27, 30- 34, 37- 40, 43, 46, 47, 49- 51,
              54, 57- 64, 67- 71, 73- 75, 77- 83, 85, 86, 89, 90, 92- 96, 98,
              99,101,104
         1L: 103   SUMME: 76 TST

D. SINGULAERLESARTEN AN   1 TESTSTELLE

     TST. 72:   ACTA 20,15   LA: 9   και μειναντες εν τρωγυλιω

E. SONDERLESARTEN AN   1 TESTSTELLE

     TST. 72:   ACTA 20,15   LA: 9   και μειναντες εν τρωγυλιω
==

■ ■ HS.-NR.: 1075   TESTSTELLEN: 100

A. LA   2 :   49, 68, 77   SUMME: 3 TST

B. LA 1/2 :   10, 11, 18, 20, 28, 29, 35, 36, 41, 42, 44, 45, 48, 52, 53, 55,
              56, 65, 66, 76, 84, 87, 88, 91, 97,100,102   SUMME: 27 TST

C. LA   1 :   1, 6- 9, 12- 17, 19, 21- 27, 30- 34, 37- 40, 43, 46, 47, 50,
              51, 54, 57- 64, 67, 69- 75, 78- 83, 85, 89, 90, 92- 96, 98, 99,
              101,103,104
         1B: 86   SUMME: 70 TST

I. NICHT ERFASSTE STELLEN (4)

     Z (LUECKE)   TST: 2- 5
==

◪ ■ HS.-NR.: 1094   TESTSTELLEN: 79

A. LA   2 :   86, 99
         2C: 98   SUMME: 3 TST

B. LA 1/2 :   28, 29, 35, 36, 41, 42, 44, 45, 48, 52, 53, 55, 56, 65, 66, 76,
              84, 87, 88, 91, 97,100,102   SUMME: 23 TST

C. LA   1 :   26, 27, 30- 34, 37- 40, 43, 46, 47, 49- 51, 54, 57- 64, 67, 68,
              70- 75, 77- 83, 85, 89, 90, 92- 96,101,104
         1C: 103   SUMME: 52 TST

D. SINGULAERLESARTEN AN   1 TESTSTELLE

     TST.103:   ACTA 28,16   LA: 1C ο εκατονταρχος παρεδωκε τους
        δεσμιους τω στρατοπεδαρχη και τω παυλω επετραπη

E. SONDERLESARTEN AN   1 TESTSTELLE

     TST. 69:   ACTA 19,14   LA: 5 ησαν δε τινες υιοι σκευα
        ιουδαιου αρχιερεως οι τουτο ποιουντες

I. NICHT ERFASSTE STELLEN (25)

    Z (LUECKE)   TST: 1- 25
==

■ ■ HS.-NR.: 1099   TESTSTELLEN: 104

A. LA   2 :   2   SUMME: 1 TST

B. LA 1/2 :   10, 11, 18, 20, 28, 29, 35, 41, 42, 44, 45, 48, 52, 53, 55, 56,
            65, 66, 76, 87, 88, 97,100,102
    1/2K: 36   SUMME: 25 TST

C. LA   1 :   1, 3- 9, 12, 14- 17, 19, 21- 27, 30- 34, 37- 40, 43, 46, 47,
            49, 51, 54, 57- 64, 67- 75, 77- 83, 85, 89, 90, 92- 96, 98, 99,
            101,103,104
    1B: 13, 50, 86   SUMME: 76 TST

E. SONDERLESARTEN AN   2 TESTSTELLEN

    TST. 84:   ACTA 23,1   LA: 3   τω συνεδριω ο παυλος
    TST. 91:   ACTA 24,6-8   LA: 3   ADD. και κατα τον ημετερον
    νομον ηθελησαμεν κριναι παρελθων δε λυσιας ο
    χιλιαρχος μετα πολλης βιας εκ των χειρων ημων
    απηγαγεν. κελευσας τους κατηγορους αυτου ερχεσθαι
    επι σε
==

■ ■ HS.-NR.: 1100   TESTSTELLEN: 104

A. LA   2 :   19, 49, 68, 77   SUMME: 4 TST

B. LA 1/2 :   10, 11, 18, 20, 28, 29, 35, 36, 41, 44, 45, 48, 52, 53, 55, 56,
            65, 66, 76, 84, 87, 88, 91, 97,100,102   SUMME: 26 TST

C. LA   1 :   1- 9, 12- 17, 21- 27, 30- 34, 37- 40, 43, 46, 47, 50, 51, 54,
            57- 64, 67, 69- 75, 78- 83, 85, 89, 90, 92- 96, 98, 99,101,103,
            104
    1B: 86   SUMME: 73 TST

E. SONDERLESARTEN AN   1 TESTSTELLE

    TST. 42:   ACTA 12,25   LA: 4   απο ιερουσαλημ
==

■ ■ HS.-NR.: 1101   TESTSTELLEN: 22

B. LA 1/2 :   10, 11, 18, 20   SUMME: 4 TST

C. LA   1 :   1- 9, 12- 17, 19, 21, 22   SUMME: 18 TST

I. NICHT ERFASSTE STELLEN (82)

    Z (LUECKE)   TST: 23-104
==

■ ■ HS.-NR.: 1102   TESTSTELLEN: 103

A. LA   2 : 57, 81   SUMME: 2 TST

B. LA 1/2 : 10, 11, 20, 28, 29, 35, 36, 41, 42, 44, 45, 48, 52, 55, 56, 65,
             66, 76, 84, 87, 88, 97,100,102   SUMME: 24 TST

C. LA   1 :   1- 9, 12- 14, 16, 17, 19, 21- 27, 30- 34, 37- 40, 43, 47, 51,
             54, 58- 64, 67, 68, 70- 72, 74, 75, 77- 80, 82, 83, 85, 89, 90,
             92- 94, 96, 98, 99,101,103,104
      1B: 86
      1D: 50   SUMME: 69 TST

E. SONDERLESARTEN AN   8 TESTSTELLEN

    TST. 15:   ACTA 3,22   LA: 6   γαρ προς τους πατερας ημων
               ειπεν
    TST. 18:   ACTA 4,33   LA: 4   της αναστασεως του κυριου
               ιησου χριστου
    TST. 46:   ACTA 13,42   LA: 3   εξιοντων δε αυτων εκ της
               συναγωγης των ιουδαιων
    TST. 49:   ACTA 15,7   LA: 3   OM. εν υμιν
    TST. 53:   ACTA 15,34   LA: 3   εδοξεν δε τω σιλα επιμειναι
               αυτου
    TST. 73:   ACTA 20,24(1) LA: 10   ουδενος τουτων λογον
               ποιουμαι ουδε εχω την ψυχην μου
    TST. 91:   ACTA 24,6-8   LA: 3   ADD. και κατα τον ημετερον
               νομον ηθελησαμεν κριναι παρελθων δε λυσιας ο
               χιλιαρχος μετα πολλης βιας εκ των χειρων ημων
               απηγαγεν. κελευσας τους κατηγορους αυτου ερχεσθαι
               επι σε
    TST. 95:   ACTA 25,5   LA: 3   τουτω ατοπον

I. NICHT ERFASSTE STELLEN (1)

    Z (LUECKE)   TST: 69
===
■ ■ HS.-NR.: 1103   TESTSTELLEN: 104

A. LA   2 : 47, 77, 92   SUMME: 3 TST

B. LA 1/2 : 10, 11, 18, 20, 28, 29, 35, 36, 41, 42, 44, 45, 48, 52, 53, 55,
             56, 65, 76, 84, 87, 88, 91, 97,100,102   SUMME: 26 TST

C. LA   1 :   1- 9, 12- 17, 19, 21- 27, 30- 34, 37- 40, 43, 46, 49- 51, 54,
             57- 64, 67- 75, 78- 83, 85, 89, 90, 93, 94, 96, 98, 99,101,103,
             104   SUMME: 72 TST

E. SONDERLESARTEN AN   3 TESTSTELLEN

    TST. 66:   ACTA 18,27   LA: 12   βουλομενου δε αυτου διελθειν
               εις την αχαιαν προπεμψαμενοι οι αδελφοι εγραψαν
               τοις αδελφοις αποδεξασθαι αυτον
    TST. 86:   ACTA 23,20   LA: 3   μελλοντων
    TST. 95:   ACTA 25,5   LA: 4   ατοπον {εν τω ανδρι} τουτω
===

■ ■ HS.-NR.: 1104   TESTSTELLEN: 104

A. LA   2 :   7   SUMME: 1 TST

B. LA 1/2 : 10, 11, 18, 20, 29, 35, 36, 41, 42, 44, 45, 48, 52, 56, 65, 76,
             84, 87, 88, 97,100,102
     1/2F: 55   SUMME: 23 TST

C. LA   1 :   2- 6, 9, 12- 16, 19, 21- 27, 30- 34, 37- 40, 43, 46, 47,
             49- 51, 54, 57, 59- 64, 67- 75, 77- 83, 85, 90, 92, 93, 95, 96,
             98, 99,101,104
     1B: 1, 86
     1C: 17
     1D: 89
     1E: 94
     1L: 103   SUMME: 74 TST

D. SINGULAERLESARTEN AN   3 TESTSTELLEN

    TST. 28:   ACTA 8,37   LA: 4D ειπεν δε ο φιλιππος αυτω: ει
        πιστευεις εξ ολης της καρδιας σου εξεστιν.
        αποκριθεις δε ειπεν: πιστευω τον υιον του θεου
        ειναι τον ιησουν χριστον
    TST. 58:   ACTA 17,23   LA: 4   ον ουν αγνοουντες τουτον
    TST. 66:   ACTA 18,27   LA: 11B βουλομενου αυτου διελθειν
        εις την αχαιαν προτρεψαμενοι οι αδελφοι εγραψαν
        τοις αδελφοις αποδεξασθαι αυτον

E. SONDERLESARTEN AN   6 TESTSTELLEN

    TST. 8:   ACTA 2,31   LA: 3   εγκατελειφθη η ψυχη αυτου
    TST. 28:   ACTA 8,37   LA: 4D ειπεν δε ο φιλιππος αυτω: ει
        πιστευεις εξ ολης της καρδιας σου εξεστιν.
        αποκριθεις δε ειπεν: πιστευω τον υιον του θεου
        ειναι τον ιησουν χριστον
    TST. 53:   ACTA 15,34   LA: 3   εδοξεν δε τω σιλα επιμειναι
        αυτου
    TST. 58:   ACTA 17,23   LA: 4   ον ουν αγνοουντες τουτον
    TST. 66:   ACTA 18,27   LA: 11B βουλομενου αυτου διελθειν
        εις την αχαιαν προτρεψαμενοι οι αδελφοι εγραψαν
        τοις αδελφοις αποδεξασθαι αυτον
    TST. 91:   ACTA 24,6-8   LA: 9C ADD. και κατα τον ημετερον
        νομον ηθελησαμεν κρινειν παρελθων δε λυσιας ο
        χιλιαρχος μετα πολλης βιας εκ των χειρων ημων
        απηγαγεν. κελευων τους κατηγορους αυτου ερχεσθαι
        επι σε

F. KORREKTUREN AN   1 TESTSTELLE

    TST. 1:   ACTA 1,5
        C : LA   1 βαπτισθησεσθε εν πνευματι αγιω
===
■ ■ HS.-NR.: 1105   TESTSTELLEN: 101

A. LA   2B: 86   SUMME: 1 TST

B. LA 1/2 : 10, 11, 18, 20, 28, 29, 35, 41, 44, 45, 48, 52, 53, 55, 56, 65,

```
                66, 76, 84, 87, 88, 97,100,102
     1/2K:  36                                        SUMME: 25 TST

C. LA   1 :    1- 9, 12- 17, 19, 21- 27, 30- 34, 37, 40, 43, 47, 49- 51, 54,
              59- 64, 67- 69, 72- 75, 77- 83, 85, 89, 90, 92- 96, 98, 99,101,
              103,104
        1C:  38
        1D:  39
        1L:  58                                       SUMME: 72 TST
```

D. SINGULAERLESARTEN AN   1 TESTSTELLE

    TST. 91:   ACTA 24,6-8   LA: 5B ADD. και κατα τον ημετερον
    νομον ηθελησαμεν κριναι παρελθων δε λυσιας ο
    χιλιαρχος μετα πολλης βιας εκ των χειρων ημων
    απηγαγεν. καιλευσας τους κατηγορους αυτου ερχεσθαι
    επι σου

E. SONDERLESARTEN AN   3 TESTSTELLEN

    TST. 42:   ACTA 12,25   LA: 6 απο ιερουσαλημ εις
    αντιοχειαν
    TST. 46:   ACTA 13,42   LA: 3 εξιοντων δε αυτων εκ της
    συναγωγης των ιουδαιων
    TST. 91:   ACTA 24,6-8   LA: 5B ADD. και κατα τον ημετερον
    νομον ηθελησαμεν κριναι παρελθων δε λυσιας ο
    χιλιαρχος μετα πολλης βιας εκ των χειρων ημων
    απηγαγεν. καιλευσας τους κατηγορους αυτου ερχεσθαι
    επι σου

F. KORREKTUREN AN   2 TESTSTELLEN

    TST. 39:   ACTA 10,47
        C : LA   1   κωλυσαι δυναται τις
    TST. 75:   ACTA 20,29
        C : LA   2   οιδα

I. NICHT ERFASSTE STELLEN (3)

    Z (LUECKE)   TST: 57, 70, 71
===

■ ■ HS.-NR.: 1106   TESTSTELLEN: 103

A. LA   2 : 19
        2B: 86   SUMME: 2 TST

B. LA 1/2 : 10, 20, 28, 29, 35, 41, 42, 44, 45, 48, 52, 53, 55, 56, 65, 66,
             76, 84, 87, 88, 91, 97,100,102
     1/2K: 36   SUMME: 25 TST

C. LA   1 :   1- 7, 9, 12, 16, 17, 21, 22, 24- 27, 30- 34, 37- 40, 43, 47,
             49, 51, 57- 64, 67- 75, 77- 83, 85, 89, 90, 92- 96, 98, 99,101,
             103,104   SUMME: 67 TST
```
```

E. SONDERLESARTEN AN   9 TESTSTELLEN

TST. 8:   ACTA 2,31   LA: 3   εγκατελειφθη η ψυχη αυτου
TST. 11:   ACTA 2,46   LA: 5   καθ ημεραν τε
προσκαρτερουντες εν τω ιερω ομοθυμαδον κλωντες τε
κατ οικον αρτον
TST. 13:   ACTA 3,11   LA: 3   κρατουντος δε αυτου τον
πετρον και ιωαννην συνεδραμεν προς αυτους πας ο
λαος
TST. 14:   ACTA 3,21   LA: 3   των απ αιωνος αυτου προφητων
TST. 15:   ACTA 3,22   LA: 3   ειπεν προς τους πατερας
TST. 18:   ACTA 4,33   LA: 4   της αναστασεως του κυριου
ιησου χριστου
TST. 46:   ACTA 13,42   LA: 3   εξιοντων δε αυτων εκ της
συναγωγης των ιουδαιων
TST. 50:   ACTA 15,18   LA: 21   ταυτα παντα φανερα γαρ απ
αρχης εστιν τω θεω παντα τα εργα αυτου
TST. 54:   ACTA 16,28   LA: 4   φωνη μεγαλη παυλος

I. NICHT ERFASSTE STELLEN (1)

    Z (LUECKE)   TST: 23
===

■ ■ HS.-NR.: 1107   TESTSTELLEN: 104

A. LA   2 : 78   SUMME: 1 TST

B. LA 1/2 :   10, 11, 18, 20, 28, 29, 35, 36, 41, 42, 44, 45, 48, 52, 53, 55,
              56, 65, 66, 76, 84, 87, 88, 91, 97,100,102   SUMME: 27 TST

C. LA   1 :   1- 9, 12- 17, 19, 22- 27, 30- 34, 37- 40, 43, 46, 47, 49- 51,
              54, 57- 64, 67, 69- 71, 73- 75, 77, 79- 83, 85, 86, 89, 90,
              92- 96, 98, 99,101,104
         1L: 103   SUMME: 73 TST

E. SONDERLESARTEN AN   3 TESTSTELLEN

TST. 21:   ACTA 5,24   LA: 3   ο ιερευς και ο στρατηγος
TST. 68:   ACTA 19,3   LA: 11   ειπεν τε προς αυτοις
TST. 72:   ACTA 20,15   LA: 4   και μειναντες εν τρωγυλιω
(ET SIM.) τη ερχομενη
===

■ ■ HS.-NR.: 1115   TESTSTELLEN: 5

A. LA   2 : 104   SUMME: 1 TST

B. LA 1/2 : 100   SUMME: 1 TST

C. LA   1 : 69, 99,101   SUMME: 3 TST

I. NICHT ERFASSTE STELLEN (99)

    Z (LUECKE)   TST: 1- 68, 70- 98,102,103
===

■ ■ HS.-NR.: 1127   TESTSTELLEN: 104

A. LA   2 :   23, 47, 57, 70, 92   SUMME: 5 TST

B. LA 1/2 :   10, 11, 18, 20, 28, 29, 35, 36, 41, 44, 45, 48, 52, 53, 55, 56,
              66, 76, 84, 87, 88, 91, 97,102   SUMME: 24 TST

C. LA   1 :   2- 9, 12, 14, 16, 17, 19, 21, 22, 25- 27, 30- 34, 37- 40, 43,
              49- 51, 54, 58- 64, 67- 69, 71- 75, 78- 83, 85, 89, 90, 93- 96,
              98, 99,101,103,104
        1B: 24, 77, 86
        1C: 13
        1D: 1   SUMME: 70 TST

D. SINGULAERLESARTEN AN   2 TESTSTELLEN

     TST. 65:   ACTA 18,21.22   LA: 1OD ανηχθη απο της εφεσου: τον
                 δε ακυλαν ειασεν εις εφεσον, και κατελθων
     TST.100:   ACTA 27,5   LA: 5   διαπλευσαντες δι ημερων
                 δεκαπεντε κατηχθημεν

E. SONDERLESARTEN AN   5 TESTSTELLEN

     TST. 15:   ACTA 3,22   LA: 6   γαρ προς τους πατερας ημων
                 ειπεν
     TST. 42:   ACTA 12,25   LA: 4   απο ιερουσαλημ
     TST. 46:   ACTA 13,42   LA: 6   εξιοντων δε αυτων εκ της
                 συναγωγης
     TST. 65:   ACTA 18,21.22   LA: 1OD ανηχθη απο της εφεσου: τον
                 δε ακυλαν ειασεν εις εφεσον, και κατελθων
     TST.100:   ACTA 27,5   LA: 5   διαπλευσαντες δι ημερων
                 δεκαπεντε κατηχθημεν
==

■ ■ HS.-NR.: 1149   TESTSTELLEN: 104

B. LA 1/2 :   10, 11, 18, 20, 28, 29, 35, 41, 42, 44, 45, 48, 52, 53, 55, 56,
              66, 76, 84, 87, 88, 91, 97,100,102
       1/2F: 65
       1/2K: 36   SUMME: 27 TST

C. LA   1 :   1- 9, 12- 17, 19, 21- 27, 30- 34, 37- 40, 43, 46, 47, 49- 51,
              54, 57- 64, 67- 75, 77- 83, 85, 86, 89, 90, 92- 96, 98, 99,101,
              104
        1L: 103   SUMME: 77 TST
==

■ ■ HS.-NR.: 1161   TESTSTELLEN: 104

A. LA   2 :   47, 49, 81   SUMME: 3 TST

B. LA 1/2 :   10, 11, 18, 20, 28, 29, 35, 36, 41, 42, 44, 45, 48, 52, 53, 55,
              56, 65, 66, 76, 84, 87, 88, 97,100,102   SUMME: 26 TST

C. LA   1 :   1- 9, 12- 17, 19, 21- 27, 30- 33, 37- 40, 43, 46, 50, 51, 54,
              57- 64, 67, 69, 70, 72- 75, 77- 80, 82, 83, 85, 89, 90, 92- 96,
              98, 99,101,103,104
        1B: 86

SUMME: 71 TST
D. SINGULAERLESARTEN AN　　1 TESTSTELLE

TST. 34:　ACTA 10,12　　LA: 13　παντα τα τετραποδα της γης
και τα πετεινα του ουρανου θηρια. και τα ερπετα και
τα πετεινα του ουρανου

E. SONDERLESARTEN AN　　4 TESTSTELLEN

TST. 34:　ACTA 10,12　　LA: 13　παντα τα τετραποδα της γης
και τα πετεινα του ουρανου θηρια. και τα ερπετα και
τα πετεινα του ουρανου
TST. 68:　ACTA 19,3　　LA: 7　ειπεν δε προς αυτους
TST. 71:　ACTA 20,4　　LA: 4　ADD. αχρι της μακεδονιας
TST. 91:　ACTA 24,6-8　　LA: 4　ADD. και κατα τον ημετερον
νομον ηθελησαμεν κριναι παρελθων δε λυσιας ο
χιλιαρχος μετα πολλης βιας εκ των χειρων ημων
απηγαγεν. κελευσας τους κατηγορους αυτου ερχεσθαι
προς σε
===

■ ■ HS.-NR.: 1162　　　TESTSTELLEN: 104

A. LA　2 :　23, 26, 31, 46, 47, 49, 57, 61, 74, 77, 78, 81, 85, 90, 93
SUMME: 15 TST

B. LA 1/2 :　10, 20, 28, 29, 35, 36, 41, 44, 45, 48, 52, 55, 56, 65, 66, 76,
84, 87, 88, 91, 97,100,102
1/2L:　11　　　　　　　　　　　　　　　　　　　SUMME: 24 TST

C. LA　1 :　1- 4,　6,　7,　9, 12, 14- 17, 19, 21, 22, 24, 25, 27, 30, 32,
37- 40, 43, 50, 51, 58- 60, 62- 64, 67, 69- 71, 75, 82, 83, 86,
89, 92, 94- 96, 99,101,104
1B:　72, 79
1N: 103　　　　　　　　　　　　　　　　　　　SUMME: 52 TST

E. SONDERLESARTEN AN　13 TESTSTELLEN

TST.　5:　ACTA 2,7(2)　　LA: 5　προς αλληλους
TST.　8:　ACTA 2,31　　LA: 3B　εγκατελημφθη η ψυχη αυτου
TST. 13:　ACTA 3,11　　LA: 7　κρατουντος δε του ιαθεντος
χωλου τον πετρον και ιωαννην συνεδραμεν προς αυτον
πας ο λαος
TST. 18:　ACTA 4,33　　LA: 4　της αναστασεως του κυριου
ιησου χριστου
TST. 33:　ACTA 10,11　　LA: 8　δεδεμενον {σκευος τι ως
οδωννη μεγαλην καταβαινον} και καθιεμενον
TST. 34:　ACTA 10,12　　LA: 11　παντα τα τετραποδα και τα
θηρια και τα ερπετα της γης και τα πετεινα του
ουρανου
TST. 42:　ACTA 12,25　　LA: 4　απο ιερουσαλημ
TST. 53:　ACTA 15,34　　LA: 3　εδοξεν δε τω σιλα επιμειναι
αυτου
TST. 54:　ACTA 16,28　　LA: 4　φωνη μεγαλη παυλος
TST. 68:　ACTA 19,3　　LA: 15　ο δε ειπεν αυτοις
TST. 73:　ACTA 20,24(1)　　LA: 9　ουδενος τουτων λογον
ποιουμαι ουδε εχω την ψυχην

```
TST. 80:   ACTA 21,25    LA:  3   ADD. μηδεν τοιουτο τηρειν
           αυτους ει μη
TST. 98:   ACTA 26,14    LA:  6   λεγουσαν μοι
```

F. KORREKTUREN AN   1 TESTSTELLE

```
TST. 85:   ACTA 23,9
           C : LA    1   αγγελος μη θεομαχωμεν
```
==

■ ■ HS.-NR.: 1175   TESTSTELLEN: 104

A. LA   2 :   2,   5,   7,   8, 12- 17, 19, 21, 23, 24, 26, 31- 34, 40, 43, 46,
             47, 49, 50, 59, 61, 64, 67, 68, 73, 75, 77, 79- 81, 83, 85, 90,
             93- 96, 99,103,104
       2B: 25, 58
       2C: 57, 98   SUMME: 50 TST

B. LA 1/2 : 20, 28, 29, 36, 41, 45, 48, 55, 56, 65, 76, 84, 87, 88, 91,100,
            102
     1/2B: 66, 97
     1/2D: 11   SUMME: 20 TST

C. LA   1 :   4,   6, 22, 27, 38, 51, 54, 60, 62, 63, 70, 71, 74, 82, 92,101
       1B: 1
       1C: 30, 37   SUMME: 19 TST

D. SINGULAERLESARTEN AN   6 TESTSTELLEN

```
TST.  3:   ACTA 2,1      LA:  3   ομοθυμαδον ομου
TST. 11:   ACTA 2,46     LA:1/2D  καθ ημεραν τε
     προσκαρτερουντες ομοθυμαδον εν τω ιερω κλοντες τε
     κατ οικον αρτον
TST. 37:   ACTA 10,30    LA:  1C  νηστευων και τη εννατη ωρα
     προσευχομενος
TST. 39:   ACTA 10,47    LA:  4B  δυναται τι κωλυσαι
TST. 57:   ACTA 17,13    LA:  2C  και ταρατγοντες
TST. 58:   ACTA 17,23    LA:  2B  ο ουν αγνοουντες ευσεβειται
     τουτο
```

E. SONDERLESARTEN AN   15 TESTSTELLEN

```
TST.  3:   ACTA 2,1        LA:  3   ομοθυμαδον ομου
TST.  9:   ACTA 2,38       LA:  4   των αμαρτιων
TST. 10:   ACTA 2,43.44    LA:  3   ADD. εν ιερουσαλημ φοβος τε
     ην μεγας επι παντας
TST. 18:   ACTA 4,33       LA:  5   της αναστασεως ιησου χριστου
     του κυριου
TST. 35:   ACTA 10,19      LA:  3   το πνευμα αυτω
TST. 39:   ACTA 10,47      LA:  4B  δυναται τι κωλυσαι
TST. 42:   ACTA 12,25      LA:  6   απο ιερουσαλημ εις
     αντιοχειαν
TST. 44:   ACTA 13,33(1)   LA:  6   τοις τεκνοις αυτων
TST. 52:   ACTA 15,24      LA:  4   OM. εξελθοντες
TST. 53:   ACTA 15,34      LA:  3   εδοξεν δε τω σιλα επιμειναι
     αυτου
```

```
    TST. 69:    ACTA 19,14     LA:  3   ησαν δε τινες σκευα ιουδαιου
         αρχιερεως επτα υιοι τουτο ποιουντες
    151. 72:    ACTA 20,15     LA:  3   τη δε ερχομενη
    TST. 78:    ACTA 21,10     LA:  3   δε αυτων
    TST. 86:    ACTA 23,20     LA:  3   μελλοντων
    TST. 89:    ACTA 23,30     LA: 14   εσεσθαι εξ αυτων
============================================================================

    ■ ■ HS.-NR.: 1240         TESTSTELLEN: 103

B. LA 1/2 :   10, 18, 20, 28, 29, 35, 36, 41, 42, 44, 45, 48, 52, 53, 55, 56,
              65, 76, 84, 87, 88, 91,100,102                    SUMME: 24 TST

C. LA   1 :    1- 6,  8,  9, 12, 13, 15- 17, 19, 21- 27, 31- 34, 37- 40, 43,
              46, 47, 49- 51, 54, 57- 64, 67- 75, 77- 83, 85, 89, 90, 92- 96,
              98, 99,101,103,104                                SUMME: 73 TST

E. SONDERLESARTEN AN   6 TESTSTELLEN

    TST.  7:    ACTA 2,30      LA: 10   κατα σαρκα αναστησειν τον
         χριστον καθισαι
    TST. 11:    ACTA 2,46      LA:  6   καθ ημεραν τε
         προσκαρτερουντες εν τω ιερω κλωντες τε κατ οικον
         αρτον
    TST. 14:    ACTA 3,21      LA:  5   προφητων αυτου απ αιωνος
    TST. 66:    ACTA 18,27     LA:  6   βουλομενου δε αυτου ελθειν
         εις την αχαιαν προτρεψαμενοι οι αδελφοι εγραψαν
         τοις μαθηταις αποδεξασθαι αυτον
    TST. 86:    ACTA 23,20     LA:  4   μελλοντας
    TST. 97:    ACTA 25,17     LA:  4   ουν ενθαδε

I. NICHT ERFASSTE STELLEN (  1)

    U (H.TEL/ARK.)   TST:  30
============================================================================

    ■ ■ HS.-NR.: 1241         TESTSTELLEN: 103

A. LA   2 : 81                                                  SUMME:  1 TST

B. LA 1/2 :   10, 11, 18, 20, 28, 29, 35, 36, 41, 42, 44, 45, 48, 52, 53, 55,
              56, 65, 66, 76, 84, 87, 88, 91, 97,100,102        SUMME: 27 TST

C. LA   1 :    1- 9, 12- 17, 19, 21- 27, 30- 34, 37- 40, 43, 47, 49- 51, 54,
              59- 64, 67- 75, 77- 80, 82, 83, 85, 86, 89, 90, 92- 96, 98, 99,
              101,104
         1L: 58,103                                             SUMME: 74 TST

E. SONDERLESARTEN AN   1 TESTSTELLE

    TST. 46:    ACTA 13,42     LA:  3   εξιοντων δε αυτων εκ της
         συναγωγης των ιουδαιων

I. NICHT ERFASSTE STELLEN (  1)

    Z (LUECKE)      TST:  57
============================================================================
```

■ ■ HS.-NR.: 1242   TESTSTELLEN: 104

B. LA 1/2 :   10, 11, 18, 20, 28, 29, 35, 36, 42, 44, 45, 48, 52, 53, 55, 56,
              65, 76, 84, 87, 88, 91, 97,100,102
      1/2D: 41   SUMME: 26 TST

C. LA   1 :   1- 6, 8, 9, 12- 16, 19, 21- 27, 31- 34, 37- 40, 46, 47,
              49- 51, 54, 57- 64, 67- 75, 77- 83, 85, 86, 89, 90, 92- 96, 98,
              99,101,103,104
       1C: 17
       1D: 30, 43   SUMME: 76 TST

D. SINGULAERLESARTEN AN   1 TESTSTELLE

    TST. 43:   ACTA 13,20   LA: 1D και μετα ταυτα ως ετεσιν
    τετρακοσιοις πεντηκοντα

E. SONDERLESARTEN AN   2 TESTSTELLEN

    TST. 7:   ACTA 2,30   LA: 3   το κατα σαρκα αναστησειν τον
    χριστον καθισαι τε
    TST. 66:   ACTA 18,27   LA: 10 βουλομενου δε αυτου διελθειν
    εις την αχαιαν προπεμψαμενοι οι αδελφοι εγραψαν
    τοις μαθηταις αποδεξασθαι αυτον

F. KORREKTUREN AN   1 TESTSTELLE

    TST. 7:   ACTA 2,30
         C : LA   1   το κατα σαρκα αναστησειν τον χριστον
         καθισαι
==
■ ■ HS.-NR.: 1243   TESTSTELLEN: 104

A. LA   2 :   61, 86, 96, 99,103,104
       2C: 98   SUMME: 7 TST

B. LA 1/2 :   10, 18, 20, 28, 29, 35, 36, 41, 42, 44, 45, 52, 53, 56, 65, 76,
              84, 87, 88, 91,100
      1/2B: 55, 97
      1/2C: 66   SUMME: 24 TST

C. LA   1 :   2- 9, 14- 16, 19, 21- 27, 30, 31, 33, 37- 40, 46, 47, 49- 51,
              54, 57- 60, 62- 64, 67, 70- 75, 77- 79, 81- 83, 85, 89, 90,
              92- 95,101
       1B: 1, 12
       1C: 17   SUMME: 63 TST

D. SINGULAERLESARTEN AN   7 TESTSTELLEN

    TST. 12:   ACTA 2,47.3,1   LA: 1B τη εκκλησια. και επι το αυτο
    πετρος
    TST. 13:   ACTA 3,11   LA: 12   κρατουντος δε του ιαθεντος
    χωλου τον πετρον και ιωαννην συνεδραμον προς αυτους
    TST. 34:   ACTA 10,12   LA: 3B   τα τετραποδα παντα της γης
    και τα ερπετα και τα πετεινα του ουρανου

TST. 48:   ACTA 15,2   LA: 8   εταξαν αναμενειν παυλον και
βαρναβαν και τινας αλλους εξ αυτων
TST. 68:   ACTA 19,3   LA: 8   ειπεν προς αυτους
TST. 69:   ACTA 19,14   LA: 7   ησαν δε τινες υιοι σκευα
ιουδαιοι αρχιερεως οι τουτο ποιουντες
TST. 80:   ACTA 21,25   LA: 13 ADD. μηδεν τηρειν αυτους

E. SONDERLESARTEN AN 10 TESTSTELLEN

TST. 11:   ACTA 2,46   LA: 3   καθ ημεραν προσκαρτερουντες
ομοθυμαδον εν τω ιερω κλωντες κατ οικον αρτον
TST. 13:   ACTA 3,11   LA: 12 κρατουντος δε του ιαθεντος
χωλου τον πετρον και ιωαννην συνεδραμον προς αυτους
TST. 32:   ACTA 10,10   LA: 3   επεσεν
TST. 34:   ACTA 10,12   LA: 3B τα τετραποδα παντα της γης
και τα ερπετα και τα πετεινα του ουρανου
TST. 43:   ACTA 13,20   LA: 6   και μετα ταυτα ως ετεσιν
τριακοσιοις και πεντηκοντα
TST. 48:   ACTA 15,2   LA: 8   εταξαν αναμενειν παυλον και
βαρναβαν και τινας αλλους εξ αυτων
TST. 68:   ACTA 19,3   LA: 8   ειπεν προς αυτους
TST. 69:   ACTA 19,14   LA: 7   ησαν δε τινες υιοι σκευα
ιουδαιοι αρχιερεως οι τουτο ποιουντες
TST. 80:   ACTA 21,25   LA: 13 ADD. μηδεν τηρειν αυτους
TST.102:   ACTA 27,41   LA: 3   της βιας
===

■ ■ HS.-NR.: 1244   TESTSTELLEN: 104

A. LA   2 : 78
        2B: 86   SUMME: 2 TST

B. LA 1/2 : 10, 11, 18, 20, 28, 29, 35, 36, 41, 42, 44, 45, 48, 52, 53, 55,
             56, 76, 84, 87, 88, 91, 97,100,102   SUMME: 25 TST

C. LA   1 :   1- 9, 12- 17, 19, 21- 27, 30, 31, 33, 34, 37- 40, 43, 46, 47,
             49- 51, 54, 57- 64, 67- 75, 79- 83, 85, 89, 90, 92- 96, 98, 99,
             101,103,104
        1B: 77   SUMME: 74 TST

E. SONDERLESARTEN AN   3 TESTSTELLEN

TST. 32:   ACTA 10,10   LA: 3   επεσεν
TST. 65:   ACTA 18,21.22 LA: 5   ανηχθη απο της εφεσου, και
καταβας
TST. 66:   ACTA 18,27   LA: 10 βουλομενου δε αυτου διελθειν
εις την αχαιαν προπεμψαμενοι οι αδελφοι εγραψαν
τοις μαθηταις αποδεξασθαι αυτον

F. KORREKTUREN AN   6 TESTSTELLEN

TST. 32:   ACTA 10,10
       C : LA   1   επεπεσεν
TST. 65:   ACTA 18,21.22
       C : LA 1/2   ανηχθη απο της εφεσου, και κατελθων

```
TST. 66:   ACTA 18,27
      C : LA  12  βουλομενου δε αυτου διελθειν εις την
                  αχαιαν προπεμψαμενοι οι αδελφοι εγραψαν τοις
                  αδελφοις αποδεξασθαι αυτον
TST. 77:   ACTA 21,8
      C : LA   2  ηλθομεν
TST. 78:   ACTA 21,10
      C : LA   1  δε ημων
TST. 86:   ACTA 23,20
      C : LA   3  μελλοντων
```

===

■ ■ HS.-NR.: 1245   TESTSTELLEN: 103

A. LA   2 : 61   SUMME: 1 TST

B. LA 1/2 : 10, 18, 20, 28, 29, 35, 36, 41, 42, 44, 45, 48, 52, 53, 55, 56,
             65, 66, 76, 84, 87, 88, 91, 97,100,102   SUMME: 26 TST

C. LA   1 :   1- 9, 12- 17, 19, 21- 27, 30- 34, 37- 39, 43, 46, 47, 49, 51,
             54, 57, 59, 60, 62- 64, 67- 75, 78- 83, 85, 89, 90, 92, 93, 95,
             96, 98, 99,101,103
      1C: 40, 94
      1F: 58
      1G: 104   SUMME: 73 TST

D. SINGULAERLESARTEN AN   1 TESTSTELLE

   TST. 77:   ACTA 21,8   LA: 4 οι περι τον παυλον διηλθον

E. SONDERLESARTEN AN   3 TESTSTELLEN

   TST. 11:   ACTA 2,46   LA: 5 καθ ημεραν τε
          προσκαρτερουντες εν τω ιερω ομοθυμαδον κλωντες τε
          κατ οικον αρτον
   TST. 77:   ACTA 21,8   LA: 4 οι περι τον παυλον διηλθον
   TST. 86:   ACTA 23,20   LA: 3 μελλοντων

I. NICHT ERFASSTE STELLEN (1)

   V (AUSLASSUNG) TST: 50

===

■ ■ HS.-NR.: 1247   TESTSTELLEN: 104

A. LA   2 : 19, 49   SUMME: 2 TST

B. LA 1/2 : 10, 11, 18, 20, 28, 29, 35, 36, 41, 44, 45, 48, 53, 55, 56, 65,
             66, 76, 84, 87, 88, 91, 97,100,102   SUMME: 25 TST

C. LA   1 :   1- 7, 9, 12- 16, 21- 23, 25- 27, 30- 34, 37- 39, 43, 46, 47,
             50, 51, 54, 57- 64, 67- 72, 74, 75, 78- 83, 85, 89, 90, 92- 96,
             98, 99,101,103,104
      1B: 24, 77, 86
      1C: 17, 40   SUMME: 73 TST

E. SONDERLESARTEN AN   4 TESTSTELLEN

```
TST.  8:   ACTA 2,31       LΛι  3   εγκατελειφθη η ψυχη αυτου
TST. 42:   ACTA 12,25      LA:  8   εις αντιοχειαν
TST. 52:   ACTA 15,24      LA:  3   ελθοντες
TST. 73:   ACTA 20,24(1)   LA:  4   ουδενος λογου ποιουμαι ουδε
           εχω την ψυχην μου
```

==

■ ■ HS.-NR.: 1248   TESTSTELLEN: 103

A. LA   2 :   19, 49, 68, 77   SUMME: 4 TST

B. LA 1/2 :   10, 11, 18, 20, 28, 29, 35, 36, 41, 42, 44, 45, 48, 52, 53, 55,
              56, 65, 66, 76, 84, 87, 88, 91, 97,100,102   SUMME: 27 TST

C. LA   1 :   1- 9, 12, 14- 17, 21- 27, 31- 34, 37, 39, 40, 43, 46, 47, 50,
              51, 54, 57- 64, 67, 69- 75, 78- 83, 85, 89, 90, 92- 96, 98, 99,
              101,103,104
       1B: 86
       1F: 13   SUMME: 71 TST

D. SINGULAERLESARTEN AN   1 TESTSTELLE

```
TST. 13:   ACTA 3,11      LA: 1F  κρατουντος δε του ιαθεντος
           χωλου τον πετρον και ιωαννην συνεδραμεν δε προς
           αυτους πας ο λαος
```

E. SONDERLESARTEN AN   1 TESTSTELLE

```
TST. 38:   ACTA 10,32     LA:  3   ADD. λαλησει σοι
```

I. NICHT ERFASSTE STELLEN (1)

```
U (H.TEL/ARK.)   TST:  30
```

==

■ ■ HS.-NR.: 1249   TESTSTELLEN: 104

A. LA   2 :   19, 49, 68, 77   SUMME: 4 TST

B. LA 1/2 :   10, 11, 18, 20, 28, 29, 35, 36, 41, 44, 45, 48, 53, 55, 56, 65,
              66, 76, 84, 87, 88, 91, 97,100,102   SUMME: 25 TST

C. LA   1 :   1- 9, 12- 17, 21- 27, 30- 34, 37- 40, 43, 46, 47, 50, 51, 54,
              57- 64, 67, 69- 75, 78- 83, 85, 89, 90, 92- 96, 98, 99,101,103,
              104
       1B: 86   SUMME: 73 TST

E. SONDERLESARTEN AN   2 TESTSTELLEN

```
TST. 42:   ACTA 12,25     LA:  8   εις αντιοχειαν
TST. 52:   ACTA 15,24     LA:  3   ελθοντες
```

F. KORREKTUREN AN   2 TESTSTELLEN

TST. 42:   ACTA 12,25
     C : LA 1/2   εις ιερουσαλημ

TST. 91:   ACTA 24,6-8
     C : LA   3   ADD. και κατα τον ημετερον νομον
              ηθελησαμεν κριναι παρελθων δε λυσιας ο χιλιαρχος
              μετα πολλης βιας εκ των χειρων ημων απηγαγεν.
              κελευσας τους κατηγορους αυτου ερχεσθαι επι σε
==

■ ■ HS.-NR.: 1250   TESTSTELLEN: 104

A. LA   2 :   77   SUMME: 1 TST

B. LA 1/2 :   10, 11, 18, 20, 28, 29, 35, 41, 44, 45, 48, 52, 56, 65, 66, 76,
              87, 88, 97,100,102
     1/2M: 36   SUMME: 22 TST

C. LA   1 :   1- 7, 9, 12- 17, 19, 21- 27, 30- 34, 37- 40, 43, 47, 49, 51,
              54, 57- 64, 67- 75, 78- 83, 85, 89, 90, 92- 94, 96, 98, 99,101,
              103,104
     1B: 86   SUMME: 72 TST

E. SONDERLESARTEN AN   9 TESTSTELLEN

     TST. 8:   ACTA 2,31   LA: 3   εγκατελειφθη η ψυχη αυτου
     TST. 42:   ACTA 12,25   LA: 5   εξ ιερουσαλημ εις αντιοχειαν
     TST. 46:   ACTA 13,42   LA: 3   εξιοντων δε αυτων εκ της
                συναγωγης των ιουδαιων
     TST. 50:   ACTA 15,18   LA: 17   παντα ταυτα α εστι γνωστα απ
                αιωνος αυτω
     TST. 53:   ACTA 15,34   LA: 8   εδοξεν δε τω σιλα επιμειναι
                αυτοθι
     TST. 55:   ACTA 16,33   LA: 8   οι αυτου
     TST. 84:   ACTA 23,1   LA: 4   παυλος τω συνεδριω
     TST. 91:   ACTA 24,6-8   LA: 11   ADD. και κατα ημετερον νομον
                ηθελησαμεν κριναι παρελθων δε λυσιας ο χιλιαρχος
                μετα πολλης βιας εκ των χειρων ημων αφειλετο και
                προς σε απεστειλε. κελευσας και τους κατηγορους
                αυτου ερχεσθαι επι σου
     TST. 95:   ACTA 25,5   LA: 3   τουτω ατοπον

F. KORREKTUREN AN   1 TESTSTELLE

     TST. 8:   ACTA 2,31
          C : LA   1   κατελειφθη η ψυχη αυτου
==

■ ■ HS.-NR.: 1251   TESTSTELLEN: 104

A. LA   2 :   14, 19
     2B: 86   SUMME: 3 TST

B. LA 1/2 :   10, 20, 28, 29, 35, 36, 41, 45, 48, 52, 55, 56, 65, 66, 76, 84,
              87, 88, 91, 97,100,102   SUMME: 22 TST

C. LA   1 :   1- 6, 9, 12, 16, 21- 27, 30, 32- 34, 37- 40, 43, 46, 47,
              49- 51, 54, 57- 64, 67- 75, 77- 83, 85, 89, 90, 92- 96, 98, 99,

```
         101,103,104
   1C:   17                                              SUMME: 69 TST
```

E. SONDERLESARTEN AN 10 TESTSTELLEN

```
   TST.  7:   ACTA 2,30      LA: 5   το κατα σαρκα αναστησειν τον
              χριστον και καθισαι
   TST.  8:   ACTA 2,31      LA: 3   εγκατελειφθη η ψυχη αυτου
   TST. 11:   ACTA 2,46      LA: 5   καθ ημεραν τε
              προσκαρτερουντες εν τω ιερω ομοθυμαδον κλωντες τε
              κατ οικον αρτον
   TST. 13:   ACTA 3,11      LA: 3   κρατουντος δε αυτου τον
              πετρον και ιωαννην συνεδραμεν προς αυτους πας ο
              λαος
   TST. 15:   ACTA 3,22      LA: 3   ειπεν προς τους πατερας
   TST. 18:   ACTA 4,33      LA: 4   της αναστασεως του κυριου
              ιησου χριστου
   TST. 31:   ACTA 9,31      LA: 5   αι μεν ουν εκκλησιαι ...
              ειχον ειρηνην οικοδομουμεναι ... επληθυνοντο
   TST. 42:   ACTA 12,25     LA: 5   εξ ιερουσαλημ εις αντιοχειαν
   TST. 44:   ACTA 13,33(1)  LA: 3   τοις τεκνοις αυτων υμιν
   TST. 53:   ACTA 15,34     LA: 8   εδοξεν δε τω σιλα επιμειναι
              αυτοθι
```
==

■ ■ HS.-NR.: 1270   TESTSTELLEN: 104

A. LA 2 : 23, 47, 49, 57, 77, 81   SUMME: 6 TST

B. LA 1/2 : 10, 11, 18, 28, 29, 35, 36, 41, 44, 45, 48, 52, 55, 56, 65, 66,
             76, 84, 87, 88, 97,100,102
   1/2B: 20   SUMME: 24 TST

C. LA 1 :   1- 9, 12- 14, 16, 17, 19, 21, 22, 24- 27, 30- 33, 37- 40, 43,
             50, 51, 54, 58- 64, 67, 69- 72, 74, 75, 78- 80, 82, 83, 85, 89,
             90, 92, 93, 95, 96, 98, 99,101,104
   1B: 86
   1C: 94   SUMME: 65 TST

E. SONDERLESARTEN AN   9 TESTSTELLEN

```
   TST. 15:   ACTA 3,22      LA: 6   γαρ προς τους πατερας ημων
              ειπεν
   TST. 34:   ACTA 10,12     LA: 11  παντα τα τετραποδα και τα
              θηρια και τα ερπετα της γης και τα πετεινα του
              ουρανου
   TST. 42:   ACTA 12,25     LA: 4   απο ιερουσαλημ
   TST. 46:   ACTA 13,42     LA: 6   εξιοντων δε αυτων εκ της
              συναγωγης
   TST. 53:   ACTA 15,34     LA: 3   εδοξεν δε τω σιλα επιμειναι
              αυτου
   TST. 68:   ACTA 19,3      LA: 15  ο δε ειπεν αυτοις
   TST. 73:   ACTA 20,24(1)  LA: 10  ουδενος τουτων λογον
              ποιουμαι ουδε εχω την ψυχην μου
   TST. 91:   ACTA 24,6-8    LA: 3   ADD. και κατα τον ημετερον
              νομον ηθελησαμεν κριναι παρελθων δε λυσιας ο
              χιλιαρχος μετα πολλης βιας εκ των χειρων ημων
              απηγαγεν. κελευσας τους κατηγορους αυτου ερχεσθαι
```

```
                  επι σε
TST.103:    ACTA 28,16      LA:  7  ο εκατονταρχος παρεδωκε τους
            δεσμιους τω στρατοπεδαρχη τω δε σαυλω επετραπη
```

F. KORREKTUREN AN   1 TESTSTELLE

```
TST. 46:    ACTA 13,42
            C : LA   1   εξιοντων δε εκ της συναγωγης των ιουδαιων
```
==

■ ■ HS.-NR.: 1277   TESTSTELLEN: 88

B. LA 1/2 :   11, 18, 20, 28, 29, 35, 41, 42, 44, 45, 48, 52, 53, 55, 56, 65,
              66, 76, 84,102
    1/2L: 36   SUMME: 21 TST

C. LA   1 :   1- 9, 12- 17, 19, 21- 27, 30- 34, 37- 40, 43, 46, 47, 49, 51,
              54, 57- 64, 67- 75, 77- 80, 82, 83, 85,104
    1L: 103   SUMME: 64 TST

E. SONDERLESARTEN AN   3 TESTSTELLEN

```
TST. 10:    ACTA 2,43.44     LA:  8   ADD. εν ιερουσαλημ φοβος τε
            ην μεγας
TST. 50:    ACTA 15,18       LA:  6B  ταυτα παντα γνωστα απ αιωνος
            εισιν τα εργα αυτου τω θεω παντα
TST. 86:    ACTA 23,20       LA:  3   μελλοντων
```

I. NICHT ERFASSTE STELLEN (16)

    Z (LUECKE)   TST: 81, 87-101
==

■ ■ HS.-NR.: 1292   TESTSTELLEN: 104

A. LA   2 :   23, 57, 58, 77, 89, 90, 92   SUMME: 7 TST

B. LA 1/2 :   10, 11, 18, 20, 28, 29, 35, 36, 41, 44, 45, 48, 52, 65, 87, 88,
              102
    1/2B: 55
    1/2D: 56   SUMME: 19 TST

C. LA   1 :   1- 7, 9, 12, 13, 15, 16, 19, 21, 22, 24, 25, 27, 30- 34,
              37- 40, 47, 49, 50, 54, 59- 64, 67, 69- 75, 78- 83, 85, 93, 96,
              98, 99,101,104
    1C: 17, 94   SUMME: 60 TST

E. SONDERLESARTEN AN 18 TESTSTELLEN

```
TST.  8:    ACTA 2,31        LA:  3B  εγκατελήφθη η ψυχη αυτου
TST. 14:    ACTA 3,21        LA: 10   προφητων {αγιων} αυτου απ
            αιωνος
TST. 26:    ACTA 8,10        LA:  3   λεγομενη
TST. 42:    ACTA 12,25       LA:  4   απο ιερουσαλημ
TST. 43:    ACTA 13,20       LA:  4B  ετεσιν τετρακοσιοις και
            πεντηκοντα και
```

TST. 46:   ACTA 13,42   LA: 3   εξιοντων δε αυτων εκ της
συναγωγης των ιουδαιων
TST. 51:   ACTA 15,23   LA: 8   δια χειρος αυτων επιστολην
και πεμψαντες περιεχουσαν ταδε
TST. 53:   ACTA 15,34   LA: 3   εδοξεν δε τω σιλα επιμειναι
αυτου
TST. 66:   ACTA 18,27   LA: 4   βουλομενου δε αυτου διελθειν
την αχαιαν προτρεψαμενοι οι αδελφοι εγραψαν τοις
μαθηταις αποδεξασθαι αυτον
TST. 68:   ACTA 19,3   LA: 17 ειπεν ουν
TST. 76:   ACTA 20,32   LA: 3   ADD. αυτω η δοξα εις τους
αιωνας αμην
TST. 84:   ACTA 23,1   LA: 4   παυλος τω συνεδριω
TST. 86:   ACTA 23,20   LA: 3   μελλοντων
TST. 91:   ACTA 24,6-8   LA: 8   ADD. και κατα τον ημετερον
νομον ηθελησαμεν κρινειν παρελθων δε λυσιας ο
χιλιαρχος μετα πολλης βιας εκ των χειρων ημων
απηγαγεν. κελευσας τους κατηγορους αυτου ερχεσθαι
επι σου
TST. 95:   ACTA 25,5   LA: 3   τουτω ατοπον
TST. 97:   ACTA 25,17   LA: 3   ουν ενθαδε αυτων
TST.100:   ACTA 27,5   LA: 4   διαπλευσαντες δι ημερων
δεκαπεντε κατηλθομεν
TST.103:   ACTA 28,16   LA: 3   ο εκατονταρχος παρεδωκεν
τους δεσμιους τω στρατοπεδαρχη επετραπη τω παυλω
==

■ ■ HS.-NR.: 1297   TESTSTELLEN: 104

A. LA   2 :   23, 47, 49, 57, 77, 81   SUMME: 6 TST

B. LA 1/2 :   10, 11, 18, 28, 29, 35, 36, 41, 44, 45, 48, 52, 55, 56, 66, 76,
84, 87, 88, 97,100,102
1/2B: 20
1/2F: 65   SUMME: 24 TST

C. LA   1 :   1- 9, 12- 14, 16, 17, 19, 21, 22, 24- 27, 30- 33, 37- 40, 43,
50, 51, 54, 58- 64, 67, 69- 72, 74, 75, 78- 80, 82, 83, 85, 89,
90, 92, 93, 95, 98, 99,101,104
1B: 86, 96
1C: 94   SUMME: 65 TST

E. SONDERLESARTEN AN   9 TESTSTELLEN

TST. 15:   ACTA 3,22   LA: 6   γαρ προς τους πατερας ημων
ειπεν
TST. 34:   ACTA 10,12   LA: 11 παντα τα τετραποδα και τα
θηρια και τα ερπετα της γης και τα πετεινα του
ουρανου
TST. 42:   ACTA 12,25   LA: 4   απο ιερουσαλημ
TST. 46:   ACTA 13,42   LA: 6   εξιοντων δε αυτων εκ της
συναγωγης
TST. 53:   ACTA 15,34   LA: 3   εδοξεν δε τω σιλα επιμειναι
αυτου
TST. 68:   ACTA 19,3   LA: 15 ο δε ειπεν αυτοις
TST. 73:   ACTA 20,24(1) LA: 10 ουδενος τουτων λογον
ποιουμαι ουδε εχω την ψυχην μου

TST. 91: ACTA 24,6-8   LA: 3   ADD. και κατα τον ημετερον
νομον ηθελησαμεν κριναι παρελθων δε λυσιας ο
χιλιαρχος μετα πολλης βιας εκ των χειρων ημων
απηγαγεν. κελευσας τους κατηγορους αυτου ερχεσθαι
επι σε
TST.103: ACTA 28,16   LA: 7   ο εκατονταρχος παρεδωκε τους
δεσμιους τω στρατοπεδαρχη τω δε σαυλω επετραπη
===

■ ■ HS.-NR.: 1311   TESTSTELLEN: 104

A. LA 2 : 23, 38, 61   SUMME: 3 TST

B. LA 1/2 : 10, 11, 18, 20, 28, 29, 35, 36, 41, 42, 44, 45, 52, 53, 55, 56,
            65, 66, 76, 84, 87, 88, 97,100,102   SUMME: 25 TST

C. LA 1 :   1, 2, 4- 6, 9, 12- 16, 19, 21, 22, 24- 27, 30- 33, 37, 39,
            40, 43, 46, 47, 49- 51, 54, 57- 60, 62- 64, 67- 71, 74, 75,
            79- 83, 85, 86, 89, 90, 92, 93, 96, 99,101,103,104
      1B: 3, 95
      1C: 8, 17, 78
      1D: 73, 94   SUMME: 69 TST

D. SINGULAERLESARTEN AN 7 TESTSTELLEN

TST. 7: ACTA 2,30   LA: 3C το κατα σαρκα αναστησειν τον
χριστον καθησε τε
TST. 8: ACTA 2,31   LA: 1C κατεληφθει η ψυχη αυτου
TST. 48: ACTA 15,2   LA: 11 επεταξεν αναβαινειν και
τινας αλλους εξ αυτω
TST. 77: ACTA 21,8   LA: 6B οι αποστολοι απο τυρου ηλθων
TST. 78: ACTA 21,10   LA: 1C δε ημας
TST. 91: ACTA 24,6-8 LA: 10D ADD. και κατα τον ημετερον
νομον ηθελησαμεν κριναι παρελθων δε λυσιας ο
χιλιαρχος μετα πολλης βιας εκ των χειρων ημων
απηγαγεν. παραγγειλας και τοις κατηγοροις ερχεσθαι
επι σου
TST. 94: ACTA 24,22   LA: 1D ακουσας δε ταυτα ο φηλιξ
ανεβαλετω αυτους

E. SONDERLESARTEN AN 7 TESTSTELLEN

TST. 7: ACTA 2,30   LA: 3C το κατα σαρκα αναστησειν τον
χριστον καθησε τε
TST. 34: ACTA 10,12   LA: 14 και τα θηρια και τα ερπετα
και τα πετεινα του ουρανου ABER ZUVOR HOM.TEL. VON
επι της γης (VS 11) ZU τετραποδα της γης (VS 12)
TST. 48: ACTA 15,2   LA: 11 επεταξεν αναβαινειν και
τινας αλλους εξ αυτω
TST. 72: ACTA 20,15   LA: 4   και μειναντες εν τρωγυλιω
(ET SIM.) τη ερχομενη
TST. 77: ACTA 21,8   LA: 6B οι αποστολοι απο τυρου ηλθων
TST. 91: ACTA 24,6-8 LA: 10D ADD. και κατα τον ημετερον
νομον ηθελησαμεν κριναι παρελθων δε λυσιας ο
χιλιαρχος μετα πολλης βιας εκ των χειρων ημων
απηγαγεν. παραγγειλας και τοις κατηγοροις ερχεσθαι
επι σου

TST. 98:   ACTA 26,14   LA: 3   λαλουσαν προς με
==

■ ■ HS.-NR.: 1315   TESTSTELLEN: 104

A. LA   2 : 49, 77, 92, 95   SUMME: 4 TST

B. LA 1/2 : 10, 11, 18, 20, 28, 29, 35, 36, 41, 44, 45, 48, 52, 55, 56, 65,
             66, 76, 84, 87, 88, 97,100,102   SUMME: 24 TST

C. LA   1 :   1- 9, 12- 14, 16, 19, 21- 27, 30- 33, 37- 40, 43, 47, 51, 54,
             57- 64, 67- 75, 78- 83, 85, 86, 89, 90, 93, 94, 96, 98, 99,101,
            103,104
        1C: 17   SUMME: 69 TST

D. SINGULAERLESARTEN AN   1 TESTSTELLE

    TST. 50:   ACTA 15,18   LA: 12   ταυτα παντα γνωστα απ αιωνος
    εστιν τω κυριω παντα τα εργα αυτου

E. SONDERLESARTEN AN   7 TESTSTELLEN

    TST. 15:   ACTA 3,22   LA: 6   γαρ προς τους πατερας ημων
    ειπεν
    TST. 34:   ACTA 10,12   LA: 11   παντα τα τετραποδα και τα
    θηρια και τα ερπετα της γης και τα πετεινα του
    ουρανου
    TST. 42:   ACTA 12,25   LA: 6   απο ιερουσαλημ εις
    αντιοχειαν
    TST. 46:   ACTA 13,42   LA: 3   εξιοντων δε αυτων εκ της
    συναγωγης των ιουδαιων
    TST. 50:   ACTA 15,18   LA: 12   ταυτα παντα γνωστα απ αιωνος
    εστιν τω κυριω παντα τα εργα αυτου
    TST. 53:   ACTA 15,34   LA: 8C   εδοξεν δε τω σιλα επιμειναι
    αυτοθε
    TST. 91:   ACTA 24,6-8 LA: 5C ADD. και κατα τον ημετερον
    νομον ηθελησαμεν κριναι παρελθων δε λυσιας ο
    χιλιαρχος μετα πολλης βιας εκ των χειρων ημων
    απηγαγεν. κελευσας τους κατηγορους ερχεσθαι επι σου
==

■ ■ HS.-NR.: 1319   TESTSTELLEN: 76

B. LA 1/2 : 18, 20, 28, 29, 35, 41, 44, 45, 52, 53, 76, 84, 87, 88, 91, 97,
            100,102
       1/2C: 48
       1/2K: 36   SUMME: 20 TST

C. LA   1 :   3, 5- 9, 13- 15, 17, 19, 21- 27, 30, 31, 33, 34, 37- 40, 43,
             46, 47, 49, 81, 82, 85, 89, 90, 92- 96, 98, 99,101,104
        1B: 4, 51
        1D: 83
        1L: 103   SUMME: 48 TST

D. SINGULAERLESARTEN AN   2 TESTSTELLEN

    TST. 4:   ACTA 2,7(1)   LA: 1B   δε παντες

TST. 83:   ACTA 22,30   LA: 1D αυτον απο δεσμων

E. SONDERLESARTEN AN   8 TESTSTELLEN

TST. 10:   ACTA 2,43.44   LA: 3   ADD. εν ιερουσαλημ φοβος τε
            ην μεγας επι παντας
TST. 11:   ACTA 2,46   LA: 11   καθ ημεραν τε
            προσκαρτερουντες ομοθυμαδον εν τω ιερω κλωντες τε
            και κατ οικον αρτον
TST. 12:   ACTA 2,47.3,1 LA: 10   επι το αυτο τη εκκλησια.
            πετρος δε
TST. 16:   ACTA 4,8   LA: 3   πρεσβυτεροι του λαου
TST. 32:   ACTA 10,10   LA: 3   επεσεν
TST. 42:   ACTA 12,25   LA: 3   εξ ιερουσαλημ
TST. 50:   ACTA 15,18   LA: 13   παντα ταυτα γνωστα απ αιωνος
            εστιν τω κυριω παντα τα εργα αυτου
TST. 86:   ACTA 23,20   LA: 4   μελλοντας

F. KORREKTUREN AN   4 TESTSTELLEN

TST. 4:   ACTA 2,7(1)
            C : LA   1   δε παντες και
TST. 7:   ACTA 2,30
            C : LA   3   το κατα σαρκα αναστησειν τον χριστον
            καθισαι τε
TST. 83:   ACTA 22,30
            C : LA   1   αυτον απο των δεσμων
TST. 91:   ACTA 24,6-8
            C : LA   3   ADD. και κατα τον ημετερον νομον
            ηθελησαμεν κριναι παρελθων δε λυσιας ο χιλιαρχος
            μετα πολλης βιας εκ των χειρων ημων απηγαγεν.
            κελευσας τους κατηγορους αυτου ερχεσθαι επι σε

G. MARGINALLESARTEN AN   1 TESTSTELLE

TST. 16:   ACTA 4,8
            L : LA   1   πρεσβυτεροι του ισραηλ

H. SUPPLEMENTE AN   26 TESTSTELLEN

TST. 54:   ACTA 16,28
            S : LA   5   ο παυλος φωνη μεγαλη
TST. 55:   ACTA 16,33
            S : LA 1/2   οι αυτου παντες
TST. 56:   ACTA 16,35
            S : LA 1/2   απεστειλαν οι στρατηγοι
TST. 57:   ACTA 17,13
            S : LA   2   και ταρασσοντες
TST. 58:   ACTA 17,23
            S : LA   1   ον ουν αγνοουντες ευσεβειτε τουτον
TST. 59:   ACTA 17,26
            S : LA   1   εξ ενος αιματος
TST. 60:   ACTA 18,1
            S : LA   1   ο παυλος εκ
TST. 61:   ACTA 18,3

```
                  S : LA    1    ειργαζετο
        TST. 62:  ACTA 18,5
                  S : LA    1    τω πνευματι
        TST. 63:  ACTA 18,17
                  S : LA    4    παντες οι ιουδαιοι
        TST. 64:  ACTA 18,20
                  S : LA    1    μειναι παρ αυτοις
        TST. 65:  ACTA 18,21.22
                  S : LA 1/2   ανηχθη απο της εφεσου, και κατελθων
        TST. 66:  ACTA 18,27
                  S : LA 1/2   βουλομενου δε αυτου διελθειν εις την
                               αχαιαν προτρεψαμενοι οι αδελφοι εγραψαν τοις
                               μαθηταις αποδεξασθαι αυτον
        TST. 67:  ACTA 19,1.2
                  S : LA    1    και ευρων τινας μαθητας ειπεν προς αυτους
        TST. 68:  ACTA 19,3
                  S : LA    2    ειπε(ν) τε
        TST. 69:  ACTA 19,14
                  S : LA    3B   ησαν δε τινες σκευα ιουδαιου αρχιερεως
                               επτα υιοι οι τουτο ποιουντες
        TST. 70:  ACTA 19,39
                  S : LA    2    περαιτερω
        TST. 71:  ACTA 20,4
                  S : LA    1    ADD. αχρι της ασιας
        TST. 72:  ACTA 20,15
                  S : LA    2    τη δε εχομενη
        TST. 73:  ACTA 20,24(1)
                  S : LA    1    ουδενος λογον ποιουμαι ουδε εχω την ψυχην
                               μου
        TST. 74:  ACTA 20,24(2)
                  S : LA    1    μου μετα χαρας
        TST. 75:  ACTA 20,29
                  S : LA    2    οιδα
        TST. 77:  ACTA 21,8
                  S : LA    2    ηλθομεν
        TST. 78:  ACTA 21,10
                  S : LA    1    δε ημων
        TST. 79:  ACTA 21,20
                  S : LA    2    εν τοις ιουδαιοις
        TST. 80:  ACTA 21,25
                  S : LA    X    UNLESERLICH
```

I. NICHT ERFASSTE STELLEN (28)

```
     Z (LUECKE)      TST:   1,  2, 54- 75, 77- 80
==========================================================================
```

■ ■ HS.-NR.: 1352   TESTSTELLEN: 102

B. LA 1/2 :   10, 11, 18, 20, 28, 29, 35, 36, 41, 44, 45, 48, 52, 53, 56, 65,
              66, 76, 84, 87, 88, 91, 97,100,102   SUMME: 25 TST

C. LA   1 :   1- 9, 12- 17, 19, 21- 27, 30- 34, 37- 40, 43, 49- 51, 54,
              57- 64, 67- 75, 78- 83, 85, 86, 89, 90, 92- 96, 98, 99,101,103,
              104   SUMME: 74 TST

D. SINGULAERLESARTEN AN   1 TESTSTELLE

    TST. 47:   ACTA 13,45   LA: 3   βλασφημουντες και
    αντιλεγοντες

E. SONDERLESARTEN AN   3 TESTSTELLEN

    TST. 42:   ACTA 12,25   LA: 7   εις ιερουσαλημ εις
    αντιοχειαν
    TST. 46:   ACTA 13,42   LA: 3   εξιοντων δε αυτων εκ της
    συναγωγης των ιουδαιων
    TST. 47:   ACTA 13,45   LA: 3   βλασφημουντες και
    αντιλεγοντες

F. KORREKTUREN AN   1 TESTSTELLE

    TST. 55:   ACTA 16,33
    C : LA 1/2   οι αυτου παντες

I. NICHT ERFASSTE STELLEN (2)

    U (H.TEL/ARK.) TST: 77
    X (UNLESERLICH) TST: 55
===

■ ■ HS.-NR.: 1354   TESTSTELLEN: 104

A. LA   2B: 86   SUMME: 1 TST

B. LA 1/2 : 10, 11, 18, 20, 28, 29, 35, 41, 42, 44, 45, 48, 52, 53, 55, 56,
        65, 66, 76, 84, 87, 88, 91, 97,100,102
    1/2K: 36   SUMME: 27 TST

C. LA   1 :   1- 9, 12- 17, 19, 21- 27, 30- 34, 37- 40, 43, 46, 47, 49- 51,
        54, 57- 64, 67- 75, 77- 83, 85, 89, 90, 92- 96, 98, 99,101,103,
    104   SUMME: 76 TST
===

■ ■ HS.-NR.: 1359   TESTSTELLEN: 104

A. LA   2 : 19, 47, 50, 64, 70, 92, 95, 98   SUMME: 8 TST

B. LA 1/2 : 10, 11, 18, 20, 28, 29, 35, 41, 42, 44, 45, 48, 52, 53, 56, 66,
        76, 84, 87, 88, 97,100,102
    1/2C: 55
    1/2D: 36
    1/2F: 65   SUMME: 26 TST

C. LA   1 :   2- 7, 9, 13- 17, 22, 23, 25- 27, 30- 34, 37- 40, 43, 46, 49,
        54, 57- 63, 67, 69, 71, 72, 74, 75, 78- 83, 85, 86, 89, 90, 93,
        94, 96, 99,101,103,104
    1B: 1, 24, 77
    1C: 51   SUMME: 64 TST

D. SINGULAERLESARTEN AN   2 TESTSTELLEN

    TST. 55:   ACTA 16,33   LA:1/2C αυτου παντες

TST. 91:   ACTA 24,6-8   LA: 4G ADD. και κατα τον ημετερον
            νομον ηθελησαμεν κριναι ζτων παρελθων δε λυσιας ο
            χιλιαρχος μετα πολλης βιας εκ των χειρων ημων
            απηγαγεν. κελευσας και τους κατηγορους αυτου
            ερχεσθαι προς σε

E. SONDERLESARTEN AN   6 TESTSTELLEN

TST. 8:   ACTA 2,31   LA: 3   εγκατελειφθη η ψυχη αυτου
TST. 12:   ACTA 2,47.3,1   LA: 12   τη εκκλησια. πετρος δε
TST. 21:   ACTA 5,24   LA: 7   οτε ο αρχιερευς και ο
            στρατηγος
TST. 68:   ACTA 19,3   LA: 7   ειπεν δε προς αυτους
TST. 73:   ACTA 20,24(1)   LA: 11   ουδενος ποιουμαι λογον ουδε
            εχω την ψυχην μου
TST. 91:   ACTA 24,6-8   LA: 4G ADD. και κατα τον ημετερον
            νομον ηθελησαμεν κριναι ζτων παρελθων δε λυσιας ο
            χιλιαρχος μετα πολλης βιας εκ των χειρων ημων
            απηγαγεν. κελευσας και τους κατηγορους αυτου
            ερχεσθαι προς σε

F. KORREKTUREN AN   1 TESTSTELLE

TST. 55:   ACTA 16,33
            C : LA 1/2   οι αυτου παντες
===

■ ■ HS.-NR.: 1360   TESTSTELLEN: 98

A. LA   2 : 78   SUMME: 1 TST

B. LA 1/2 : 10, 11, 18, 28, 29, 35, 36, 41, 42, 44, 45, 48, 52, 53, 55, 56,
             76, 84, 87, 88, 91, 97,100,102
      1/2B: 20   SUMME: 25 TST

C. LA   1 :   2, 7- 9, 12, 13, 15- 17, 19, 21- 27, 30, 31, 34, 37- 40, 43,
             46, 47, 51, 54, 57- 64, 67- 75, 77, 79- 82, 85, 86, 89, 90,
             92- 96, 98, 99,101,104
      1B: 50, 83
      1C: 33
      1L: 103   SUMME: 68 TST

D. SINGULAERLESARTEN AN   1 TESTSTELLE

TST. 33:   ACTA 10,11   LA: 1C δεδομενον και καθιεμενον

E. SONDERLESARTEN AN   4 TESTSTELLEN

TST. 32:   ACTA 10,10   LA: 3   επεσεν
TST. 49:   ACTA 15,7   LA: 3   OM. εν υμιν
TST. 65:   ACTA 18,21.22 LA: 5   ανηχθη απο της εφεσου, και
            καταβας
TST. 66:   ACTA 18,27   LA: 10C βουλομενου δε αυτου ελθειν
            εις την αχαιαν προπεμψαμενοι οι αδελφοι εγραψαν
            τοις μαθηταις αποδεξασθαι αυτον

F. KORREKTUREN AN   2 TESTSTELLEN

    TST. 14:   ACTA 3,21
        C : LA   1B αυτου προφητων των απ αιωνος
    TST. 66:   ACTA 18,27
        C : LA   10 βουλομενου δε αυτου διελθειν εις την
        αχαιαν προπεμψαμενοι οι αδελφοι εγραψαν τοις
        μαθηταις αποδεξασθαι αυτον

I. NICHT ERFASSTE STELLEN (6)

    X (UNLESERLICH) TST: 1, 3- 6, 14
==

■ ■ HS.-NR.: 1367   TESTSTELLEN: 104

B. LA 1/2 :   10, 11, 18, 20, 28, 29, 35, 41, 42, 44, 45, 48, 52, 53, 55, 56,
          65, 76, 84, 87, 88, 91, 97,100,102
    1/2K: 36   SUMME: 26 TST

C. LA   1 :   1- 7, 9, 12- 16, 19, 22- 27, 30- 33, 37, 39, 40, 43, 46, 49,
          51, 54, 57- 64, 67- 75, 77, 78, 80- 83, 89, 90, 92, 93, 95, 96,
          98, 99,101,103,104
    1B: 8, 85
    1C: 17
    1D: 50
    1E: 47   SUMME: 71 TST

D. SINGULAERLESARTEN AN   5 TESTSTELLEN

    TST. 34:   ACTA 10,12   LA: 10   παντα τα τετραποδα και τα
    θηρια της γης και τα ερπετα και τα πετεινα του
    ουρανου
    TST. 38:   ACTA 10,32   LA: 4   ADD. ος παραγενομενος
    λαλησει σοι τις εδει ποιειν
    TST. 47:   ACTA 13,45   LA: 1E αντιλεγοντες δε και
    βλασφημουντες
    TST. 66:   ACTA 18,27   LA: 13 βουλομενου δε αυτου διελθειν
    εις την αχαιαν προπεμψαμενοι οι αδελφοι εγραψαν
    τοις αδελφοις και μαθηταις αποδεξασθαι αυτον
    TST. 85:   ACTA 23,9   LA: 1B αγγελος μη θεωμαχωμεν

E. SONDERLESARTEN AN   7 TESTSTELLEN

    TST. 21:   ACTA 5,24   LA: 7   οτε ο αρχιερευς και ο
    στρατηγος
    TST. 34:   ACTA 10,12   LA: 10   παντα τα τετραποδα και τα
    θηρια της γης και τα ερπετα και τα πετεινα του
    ουρανου
    TST. 38:   ACTA 10,32   LA: 4   ADD. ος παραγενομενος
    λαλησει σοι τις εδει ποιειν
    TST. 66:   ACTA 18,27   LA: 13 βουλομενου δε αυτου διελθειν
    εις την αχαιαν προπεμψαμενοι οι αδελφοι εγραψαν
    τοις αδελφοις και μαθηταις αποδεξασθαι αυτον
    TST. 79:   ACTA 21,20   LA: 4   ιουδαιοι
    TST. 86:   ACTA 23,20   LA: 3   μελλοντων

```
    TST. 94:   ACTA 24,22     LA:  6  ακουσας δε ταυτα ο φηλιξ
               ανεβαλετο αυτοις
```

F. KORREKTUREN AN   3 TESTSTELLEN

```
    TST.  7:   ACTA 2,30
               C : LA 12   κατα σαρκα αναστησειν τον χριστον καθισαι
                   τε
    TST. 42:   ACTA 12,25
               C : LA  5   εξ ιερουσαλημ εις αντιοχειαν
    TST. 91:   ACTA 24,6-8
               C : LA  4E  ADD. και κατα τον ημετερον νομον
                   ηθελησαμεν κριναι παρελθων δε λυσιας ο χιλιαρχος
                   μετα πολλης βιας εκ των χειρων ημων απηγαγεν.
                   κελευσας και τους κατηγορους ερχεσθαι προς σε
```
==

■ ■ HS.-NR.: 1390   TESTSTELLEN: 100

A. LA   2 :   4, 78, 81   SUMME: 3 TST

B. LA 1/2 :   10, 11, 18, 20, 28, 29, 35, 36, 41, 42, 48, 52, 53, 55, 56, 65,
              66, 76, 84, 87, 88, 91,100,102   SUMME: 24 TST

C. LA   1 :   1- 3, 5- 9, 12- 17, 19, 22- 27, 31- 34, 37- 40, 43, 49, 54,
              57- 59, 61- 64, 69- 71, 73- 75, 77, 79, 80, 82, 83, 85, 86, 89,
              90, 92, 93, 95, 96, 98, 99,101,103
          1B: 51
          1C: 104
          1D: 30, 67   SUMME: 66 TST

D. SINGULAERLESARTEN AN   2 TESTSTELLEN

```
    TST. 50:   ACTA 15,18     LA: 22B  ταυτα παντα απ αιωνος εστιν
               γνωστα τω θεω παντα τα εργα αυτου
    TST. 67:   ACTA 19,1.2    LA: 1D  και ευροντα τινας μαθητας
               ειπεν προς αυτους
```

E. SONDERLESARTEN AN   7 TESTSTELLEN

```
    TST. 21:   ACTA 5,24      LA:  6  ο τε αρχιερευς και ο
               στρατηγος
    TST. 50:   ACTA 15,18     LA: 22B  ταυτα παντα απ αιωνος εστιν
               γνωστα τω θεω παντα τα εργα αυτου
    TST. 60:   ACTA 18,1      LA:  4  ο παυλος απο
    TST. 68:   ACTA 19,3      LA:  7  ειπεν δε προς αυτους
    TST. 72:   ACTA 20,15     LA:  4  και μειναντες εν τρωγυλιω
               (ET SIM.) τη ερχομενη
    TST. 94:   ACTA 24,22     LA: 10  ακουσας δε ταυτα ο φηλιξ
               ανελαβετο αυτους
    TST. 97:   ACTA 25,17     LA:  4  ουν ενθαδε
```

F. KORREKTUREN AN   1 TESTSTELLE

```
    TST. 73:   ACTA 20,24(1)
               C : LA 10  ουδενος τουτων λογον ποιουμαι ουδε εχω
                   την ψυχην μου
```

I. NICHT ERFASSTE STELLEN (4)

   Z (LUECKE)   TST: 44- 47
===

■ ■ HS.-NR.: 1398   TESTSTELLEN: 104

A. LA   2 : 86   SUMME: 1 TST

B. LA 1/2 : 10, 18, 20, 28, 29, 35, 36, 41, 42, 44, 45, 48, 52, 53, 55, 56,
             66, 76, 84, 87, 88, 91, 97,100,102
     1/2F: 65   SUMME: 26 TST

C. LA   1 :   1- 9, 13- 17, 19, 21- 27, 30, 32- 34, 37- 40, 43, 46, 47,
             49- 51, 54, 57- 64, 67, 68, 70- 75, 77- 83, 85, 89, 90, 92- 95,
             98, 99,101,104
       1B: 31, 96
       1L: 103   SUMME: 74 TST

D. SINGULAERLESARTEN AN   1 TESTSTELLE

     TST. 31:   ACTA 9,31   LA: 1B αι μεν ουν αικκλησιαι ...
       ειχον ειρηνην οικοδομουμεναι και πορευομεναι ...
       επληθυνοντο

E. SONDERLESARTEN AN   3 TESTSTELLEN

     TST. 11:   ACTA 2,46   LA: 3   καθ ημεραν προσκαρτερουντες
       ομοθυμαδον εν τω ιερω κλωντες κατ οικον αρτον
     TST. 12:   ACTA 2,47.3,1 LA: 4   εν τη εκκλησια. επι το αυτο
       δε πετρος
     TST. 69:   ACTA 19,14   LA: 5   ησαν δε τινες υιοι σκευα
       ιουδαιου αρχιερεως οι τουτο ποιουντες
===

■ ■ HS.-NR.: 1400   TESTSTELLEN: 104

A. LA   2 : 19, 49, 68, 77   SUMME: 4 TST

B. LA 1/2 : 10, 11, 18, 20, 28, 29, 35, 36, 41, 44, 45, 48, 52, 53, 55, 56,
             66, 76, 84, 87, 88, 91, 97,100,102
     1/2F: 65   SUMME: 26 TST

C. LA   1 :   1- 9, 12- 17, 21- 27, 30- 34, 37- 40, 43, 46, 47, 50, 51, 54,
             57- 64, 67, 69- 75, 78- 83, 85, 89, 90, 92- 95, 98, 99,101,104
       1B: 86, 96
       1L: 103   SUMME: 73 TST

E. SONDERLESARTEN AN   1 TESTSTELLE

     TST. 42:   ACTA 12,25   LA: 6   απο ιερουσαλημ εις
       αντιοχειαν
===

■ ■ HS.-NR.: 1404   TESTSTELLEN: 104

A. LA   2 : 46, 49, 92   SUMME: 3 TST

B. LA 1/2 : 10, 11, 18, 20, 28, 29, 35, 36, 41, 44, 45, 48, 52, 55, 56, 65,
             66, 76, 84, 87, 88, 97,100,102   SUMME: 24 TST

C. LA   1 : 1- 9, 12- 16, 19, 21- 27, 30- 33, 37- 40, 43, 47, 51, 54,
             57- 64, 67- 75, 78- 83, 85, 89, 90, 93- 96, 99,101,103,104
        1B: 77, 86
        1C: 17
        1D: 50   SUMME: 72 TST

E. SONDERLESARTEN AN   5 TESTSTELLEN

    TST. 34:   ACTA 10,12   LA: 11 παντα τα τετραποδα και τα
    θηρια και τα ερπετα της γης και τα πετεινα του
    ουρανου
    TST. 42:   ACTA 12,25   LA: 6 απο ιερουσαλημ εις
    αντιοχειαν
    TST. 53:   ACTA 15,34   LA: 3 εδοξεν δε τω σιλα επιμειναι
    αυτου
    TST. 91:   ACTA 24,6-8   LA: 5C ADD. και κατα τον ημετερον
    νομον ηθελησαμεν κριναι παρελθων δε λυσιας ο
    χιλιαρχος μετα πολλης βιας εκ των χειρων ημων
    απηγαγεν. κελευσας τους κατηγορους ερχεσθαι επι σου
    TST. 98:   ACTA 26,14   LA: 3 λαλουσαν προς με
===

■ ■ HS.-NR.: 1405   TESTSTELLEN: 104

A. LA   2 : 77   SUMME: 1 TST

B. LA 1/2 : 10, 11, 20, 28, 29, 35, 41, 44, 45, 48, 52, 56, 65, 66, 76, 87,
             88,100,102
       1/2M: 36   SUMME: 20 TST

C. LA   1 : 2- 7, 9, 12- 16, 19, 21- 27, 30- 34, 37- 40, 43, 47, 49, 51,
             54, 57- 64, 67- 71, 73- 75, 78- 83, 85, 89, 90, 92- 94, 96, 98,
             99,103
        1B: 86
        1C: 17
        1D: 1   SUMME: 69 TST

E. SONDERLESARTEN AN 14 TESTSTELLEN

    TST. 8:   ACTA 2,31   LA: 3 εγκατελειφθη η ψυχη αυτου
    TST. 18:   ACTA 4,33   LA: 4 της αναστασεως του κυριου
    ιησου χριστου
    TST. 42:   ACTA 12,25   LA: 5 εξ ιερουσαλημ εις αντιοχειαν
    TST. 46:   ACTA 13,42   LA: 3 εξιοντων δε αυτων εκ της
    συναγωγης των ιουδαιων
    TST. 50:   ACTA 15,18   LA: 17 παντα ταυτα α εστι γνωστα απ
    αιωνος αυτω
    TST. 53:   ACTA 15,34   LA: 8 εδοξεν δε τω σιλα επιμειναι
    αυτοθι

```
TST. 55:    ACTA 16,33     LA:  8   οι αυτου
TST. 72:    ACTA 20,15     LA:  4   και μειναντες εν τρωγυλιω
        (ET SIM.) τη ερχομενη
TST. 84:    ACTA 23,1      LA:  4   παυλος τω συνεδριω
TST. 91:    ACTA 24,6-8    LA: 11   ADD. και κατα ημετερον νομον
        ηθελησαμεν κριναι παρελθων δε λυσιας ο χιλιαρχος
        μετα πολλης βιας εκ των χειρων ημων αφειλετο και
        προς σε απεστειλε. κελευσας και τους κατηγορους
        αυτου ερχεσθαι επι σου
TST. 95:    ACTA 25,5      LA:  3   τουτω ατοπον
TST. 97:    ACTA 25,17     LA:  4   ουν ενθαδε
TST.101:    ACTA 27,14     LA:  3   ευρυκλυδων
TST.104:    ACTA 28,29     LA: 3D   ADD. και ταυτα αυτου
        ειποντος απηλθον οι ιουδαιοι πολλην εχοντες εν
        εαυτοις ζητησιν
```

===

■ ■ HS.-NR.: 1409   TESTSTELLEN: 98

A. LA   2 :   2, 5, 16, 17, 19, 21, 23, 24, 26, 43, 47, 49, 67, 70, 74, 77,
              80- 83, 92, 95   SUMME: 22 TST

B. LA 1/2 : 11, 20, 28, 29, 35, 41, 42, 45, 48, 55, 56, 66, 76, 84, 87, 88,
             97,100,102
   1/2F: 65
   1/2K: 36   SUMME: 21 TST

C. LA   1 :   1, 3, 4, 6- 8, 13, 15, 22, 25, 27, 30- 34, 38- 40, 51, 54,
             63, 64, 71, 72, 78, 85, 90, 93, 94, 96, 99,101,103,104
                                                                SUMME: 35 TST

D. SINGULAERLESARTEN AN   2 TESTSTELLEN

```
TST. 37:    ACTA 10,30     LA:  7   νηστευων και προσευχομενος
TST. 50:    ACTA 15,18     LA: 13B  ταυτα γνωστα απ αιωνος τω
        κυριω παντα τα εργα αυτου
```

E. SONDERLESARTEN AN   20 TESTSTELLEN

```
TST.  9:    ACTA 2,38      LA:  5   αμαρτιων υμων
TST. 10:    ACTA 2,43.44   LA: 11   ADD. εν ιερουσαλημ
TST. 12:    ACTA 2,47.3,1  LA: 12   τη εκκλησια. πετρος δε
TST. 14:    ACTA 3,21      LA:  3   των απ αιωνος αυτου προφητων
TST. 18:    ACTA 4,33      LA:  5   της αναστασεως ιησου χριστου
        του κυριου
TST. 37:    ACTA 10,30     LA:  7   νηστευων και προσευχομενος
TST. 44:    ACTA 13,33(1)  LA:  4   τοις τεκνοις ημων
TST. 46:    ACTA 13,42     LA:  3   εξιοντων δε αυτων εκ της
        συναγωγης των ιουδαιων
TST. 50:    ACTA 15,18     LA: 13B  ταυτα γνωστα απ αιωνος τω
        κυριω παντα τα εργα αυτου
TST. 52:    ACTA 15,24     LA:  3   ελθοντες
TST. 53:    ACTA 15,34     LA:  3   εδοξεν δε τω σιλα επιμειναι
        αυτου
TST. 68:    ACTA 19,3      LA:  4   ο δε ειπεν
TST. 69:    ACTA 19,14     LA: 3B   ησαν δε τινες σκευα ιουδαιου
        αρχιερεως επτα υιοι οι τουτο ποιουντες
```

TST. 73:   ACTA 20,24(1)   LA: 6C ουδενος λογον εχω ουδε
    ποιουμαι την ψυχην μου
TST. 75:   ACTA 20,29   LA: 3   γαρ οιδα
TST. 79:   ACTA 21,20   LA: 5   OM. εν τοις ιουδαιοις
TST. 86:   ACTA 23,20   LA: 3   μελλοντων
TST. 89:   ACTA 23,30   LA: 8   εσεσθαι υπο των ιουδαιων
    εξαυτης
TST. 91:   ACTA 24,6-8   LA: 4   ADD. και κατα τον ημετερον
    νομον ηθελησαμεν κριναι παρελθων δε λυσιας ο
    χιλιαρχος μετα πολλης βιας εκ των χειρων ημων
    απηγαγεν. κελευσας τους κατηγορους αυτου ερχεσθαι
    προς σε
TST. 98:   ACTA 26,14   LA: 3   λαλουσαν προς με

F. KORREKTUREN AN   2 TESTSTELLEN

    TST. 9:   ACTA 2,38
        C : LA   2   των αμαρτιων υμων
    TST. 16:   ACTA 4,8
        C : LA   1   πρεσβυτεροι του ισραηλ

I. NICHT ERFASSTE STELLEN (6)

    Z (LUECKE)   TST: 57- 62
===

■ ■ HS.-NR.: 1424   TESTSTELLEN: 104

B. LA 1/2 :   10, 18, 20, 28, 29, 35, 41, 42, 44, 45, 48, 52, 53, 55, 56, 65,
              66, 76, 84, 87, 88, 91, 97,100,102
    1/2K: 36   SUMME: 26 TST

C. LA   1 :   1- 7, 9, 12- 17, 19, 21- 27, 30, 33, 34, 37- 40, 43, 46, 47,
              49- 51, 54, 57- 64, 67- 75, 77- 83, 85, 86, 89, 90, 92- 96, 98,
              99,101,104
    1B: 8
    1H: 31
    1L: 103   SUMME: 76 TST

E. SONDERLESARTEN AN   2 TESTSTELLEN

    TST. 11:   ACTA 2,46   LA: 5   καθ ημεραν τε
        προσκαρτερουντες εν τω ιερω ομοθυμαδον κλωντες τε
        κατ οικον αρτον
    TST. 32:   ACTA 10,10   LA: 3   επεσεν

F. KORREKTUREN AN   2 TESTSTELLEN

    TST. 7:   ACTA 2,30
        C : LA   3   το κατα σαρκα αναστησειν τον χριστον
        καθισαι τε
    TST. 11:   ACTA 2,46
        C : LA 1/2   καθ ημεραν τε προσκαρτερουντες ομοθυμαδον
        εν τω ιερω κλωντες τε κατ οικον αρτον
===

■ ■ HS.-NR.: 1448   TESTSTELLEN: 103

A. LA 2 : 77, 95   SUMME: 2 TST

B. LA 1/2 : 10, 11, 20, 28, 29, 35, 36, 41, 42, 44, 45, 48, 52, 53, 55, 56,
             65, 66, 76, 87, 88, 97,100,102   SUMME: 24 TST

C. LA 1 :   1- 9, 12- 14, 16, 17, 19, 21- 25, 27, 30- 34, 37- 40, 43, 46,
             47, 49- 51, 54, 57- 62, 64, 67- 75, 78- 83, 85, 89, 90, 92- 94,
             96, 98, 99,101,103,104   SUMME: 71 TST

D. SINGULAERLESARTEN AN   1 TESTSTELLE

    TST. 63:   ACTA 18,17   LA: 3B οι {δε} παντες ελληνες

E. SONDERLESARTEN AN   6 TESTSTELLEN

    TST. 15:   ACTA 3,22   LA: 6   γαρ προς τους πατερας ημων
               ειπεν
    TST. 18:   ACTA 4,33   LA: 7   του κυριου ιησου
    TST. 63:   ACTA 18,17   LA: 3B οι {δε} παντες ελληνες
    TST. 84:   ACTA 23,1   LA: 4   παυλος τω συνεδριω
    TST. 86:   ACTA 23,20   LA: 3   μελλοντων
    TST. 91:   ACTA 24,6-8   LA: 13B ADD. ηβουληθημεν κριναι κατα
               τον νομον ημων ελθων δε λυσιας ο χιλιαρχος βια
               πολλη εκ των χειρων ημων αφειλετο και προς σε
               απεστειλε. κελευσας τους κατηγορους αυτου ελθειν
               προς σε

F. KORREKTUREN AN   2 TESTSTELLEN

    TST. 18:   ACTA 4,33
               C : LA 1/2 της αναστασεως του κυριου ιησου
    TST. 53:   ACTA 15,34
               C : LA 3B εδοξεν τω σιλα επιμειναι αυτου

I. NICHT ERFASSTE STELLEN (1)

    V (AUSLASSUNG) TST: 26
==

■ ■ HS.-NR.: 1456   TESTSTELLEN: 73

B. LA 1/2 : 10, 11, 20, 28, 29, 35, 41, 44, 45, 87, 88, 97,100,102
   1/2K: 36   SUMME: 15 TST

C. LA 1 :   1- 7, 9, 12, 13, 15, 16, 19, 21- 27, 30, 31, 33, 34, 37- 40,
             43, 47, 79- 83, 85, 89, 90, 92- 94, 96, 98, 99,101,103,104
        1B: 14, 86
        1C: 17   SUMME: 50 TST

E. SONDERLESARTEN AN   8 TESTSTELLEN

    TST. 8:   ACTA 2,31   LA: 3   εγκατελειφθη η ψυχη αυτου
    TST. 18:   ACTA 4,33   LA: 4   της αναστασεως του κυριου
               ιησου χριστου

```
TST. 32:    ACTA 10,10     LA:  3   επεσεν
TST. 42:    ACTA 12,25     LA:  5   εξ ιερουσαλημ εις αντιοχειαν
ISI. 46:    ACTA 13,42     LA:  3   εξιοντων δε αυτων εκ της
            συναγωγης των ιουδαιων
TST. 84:    ACTA 23,1      LA:  4   παυλος τω συνεδριω
TST. 91:    ACTA 24,6-8    LA: 11F  ADD. και κατα ημετερον νομον
            ηθελησαμεν κριναι παρελθων δε λυσιας ο χιλιαρχος
            βια πολλη εκ των χειρων αφειλετο και προς σε
            απεστειλε. κελευσας και τους κατηγορους αυτου
            ερχεσθαι
TST. 95:    ACTA 25,5      LA:  3   τουτω ατοπον
```

I. NICHT ERFASSTE STELLEN (31)

    Z (LUECKE)   TST: 48- 78
==

■ ■ HS.-NR.: 1482   TESTSTELLEN: 104

A. LA   2 : 19, 49, 68, 77   SUMME: 4 TST

B. LA 1/2 : 10, 11, 18, 20, 28, 29, 35, 36, 41, 44, 45, 48, 52, 53, 55, 56,
             65, 66, 76, 84, 87, 88, 91, 97,100,102   SUMME: 26 TST

C. LA   1 :   1- 9, 12- 17, 21- 27, 30- 34, 37- 40, 43, 46, 47, 50, 51, 54,
             57- 64, 67, 69- 75, 78- 83, 85, 89, 90, 92- 96, 98, 99,101,103,
             104
       1B: 86   SUMME: 73 TST

E. SONDERLESARTEN AN   1 TESTSTELLE

    TST. 42:   ACTA 12,25   LA: 8   εις αντιοχειαν
==

■ ■ HS.-NR.: 1490   TESTSTELLEN: 104

A. LA   2 : 14, 19, 32, 47, 57, 79, 83
       2B: 34   SUMME: 8 TST

B. LA 1/2 : 10, 20, 28, 29, 35, 41, 44, 45, 48, 52, 55, 56, 76, 87, 88, 97,
             100,102
      1/2F: 65
      1/2K: 36   SUMME: 20 TST

C. LA   1 :   1- 6, 9, 12, 16, 17, 22- 27, 31, 33, 37, 40, 46, 49, 51, 54,
             58- 64, 67, 70- 74, 78, 81, 82, 85, 90, 92- 96, 99,101,103,104
       1B: 38, 43, 77, 86
       1D: 21, 98   SUMME: 57 TST

D. SINGULAERLESARTEN AN   2 TESTSTELLEN

    TST. 15:   ACTA 3,22   LA: 3B   γαρ ειπεν προς τους πατερας
    TST. 89:   ACTA 23,30   LA: 4   μελλειν εσεσθαι εξαυτης
            αυτον

E. SONDERLESARTEN AN 19 TESTSTELLEN

TST. 7: ACTA 2,30 LA: 5 το κατα σαρκα αναστησειν τον
χριστον και καθισαι
TST. 8: ACTA 2,31 LA: 3 εγκατελειφθη η ψυχη αυτου
TST. 11: ACTA 2,46 LA: 5 καθ ημεραν τε
προσκαρτερουντες εν τω ιερω ομοθυμαδον κλωντες τε
κατ οικον αρτον
TST. 13: ACTA 3,11 LA: 3 κρατουντος δε αυτου τον
πετρον και ιωαννην συνεδραμεν προς αυτους πας ο
λαος
TST. 15: ACTA 3,22 LA: 3B γαρ ειπεν προς τους πατερσς
TST. 18: ACTA 4,33 LA: 4 της αναστασεως του κυριου
ιησου χριστου
TST. 30: ACTA 9,25 LA: 5 οι μαθηται νυκτος
TST. 39: ACTA 10,47 LA: 4 δυναται τις κωλυσαι
TST. 42: ACTA 12,25 LA: 5 εξ ιερουσαλημ εις αντιοχειαν
TST. 50: ACTA 15,18 LA: 19 ταυτα παντα α εστι γνωστα
αυτω απ αιωνος
TST. 53: ACTA 15,34 LA: 8 εδοξεν δε τω σιλα επιμειναι
αυτοθι
TST. 66: ACTA 18,27 LA: 6 βουλομενου δε αυτου ελθειν
εις την αχαιαν προτρεψαμενοι οι αδελφοι εγραψαν
τοις μαθηταις αποδεξασθαι αυτον
TST. 68: ACTA 19,3 LA: 3 ειπε(ν) δε
TST. 69: ACTA 19,14 LA: 3 ησαν δε τινες σκευα ιουδαιου
αρχιερεως επτα υιοι τουτο ποιουντες
TST. 75: ACTA 20,29 LA: 3 γαρ οιδα
TST. 80: ACTA 21,25 LA: 6 ADD. μηδεν τοιουτον τηρειν
αυτους αλλα
TST. 84: ACTA 23,1 LA: 3 τω συνεδριω ο παυλος
TST. 89: ACTA 23,30 LA: 4 μελλειν εσεσθαι εξαυτης
αυτον
TST. 91: ACTA 24,6-8 LA: 4E ADD. και κατα τον ημετερον
νομον ηθελησαμεν κριναι παρελθων δε λυσιας ο
χιλιαρχος μετα πολλης βιας εκ των χειρων ημων
απηγαγεν. κελευσας και τους κατηγορους ερχεσθαι
προς σε

===

■ ■ HS.-NR.: 1501 TESTSTELLEN: 104

A. LA 2 : 23, 24, 57, 62, 63, 78
2C: 98   SUMME: 7 TST

B. LA 1/2 : 20, 29, 35, 41, 42, 44, 45, 48, 52, 55, 76, 84, 87, 88, 91, 97,
100,102
1/2D: 56
1/2K: 36   SUMME: 20 TST

C. LA 1 : 1- 6, 9, 12- 16, 19, 21, 22, 25- 27, 31- 33, 37- 40, 43, 47,
49, 50, 54, 58- 61, 67, 70- 75, 77, 79- 83, 85, 86, 89, 90,
92- 96, 99,101,103,104
1C: 17   SUMME: 61 TST

D. SINGULAERLESARTEN AN 1 TESTSTELLE

   TST. 68: ACTA 19,3 LA: 13 ειπεν ουν αυτοις

E. SONDERLESARTEN AN 16 TESTSTELLEN

   TST. 7: ACTA 2,30 LA: 5 το κατα σαρκα αναστησειν τον
               χριστον και καθισαι
   TST. 8: ACTA 2,31 LA: 3 εγκατελειφθη η ψυχη αυτου
   TST. 10: ACTA 2,43.44 LA: 6 ADD. εις ιερουσαλημ φοβος τε
               ην μεγας επι παντας αυτους
   TST. 11: ACTA 2,46 LA: 5 καθ ημεραν τε
               προσκαρτερουντες εν τω ιερω ομοθυμαδον κλωντες τε
               κατ οικον αρτον
   TST. 18: ACTA 4,33 LA: 4 της αναστασεως του κυριου
               ιησου χριστου
   TST. 28: ACTA 8,37 LA: 3D ειπεν δε αυτω: ει πιστευεις
               εξ ολης της καρδιας σου εξεστιν. αποκριθεις δε
               ειπεν: πιστευω τον υιον του θεου ειναι ιησουν
               χριστον
   TST. 30: ACTA 9,25 LA: 3 οι μαθηται αυτον νυκτος
   TST. 34: ACTA 10,12 LA: 7 παντα τα θηρια και τα
               τετραποδα και τα ερπετα της γης και τα πετεινα του
               ουρανου
   TST. 46: ACTA 13,42 LA: 3 εξιοντων δε αυτων εκ της
               συναγωγης των ιουδαιων
   TST. 51: ACTA 15,23 LA: 8 δια χειρος αυτων επιστολην
               και πεμψαντες περιεχουσαν ταδε
   TST. 53: ACTA 15,34 LA: 3 εδοξεν δε τω σιλα επιμειναι
               αυτου
   TST. 64: ACTA 18,20 LA: 5 μειναι συν αυτοις
   TST. 65: ACTA 18,21.22 LA: 10 ανηχθη απο της εφεσου: τον
               δε ακυλαν ειασεν εν εφεσω, και κατελθων
   TST. 66: ACTA 18,27 LA: 4 βουλομενου δε αυτου διελθειν
               την αχαιαν προτρεψαμενοι οι αδελφοι εγραψαν τοις
               μαθηταις αποδεξασθαι αυτον
   TST. 68: ACTA 19,3 LA: 13 ειπεν ουν αυτοις
   TST. 69: ACTA 19,14 LA: 4 ησαν δε τινος υιοι σκευα
               ιουδαιου αρχιερεως επτα οι τουτο ποιουντες
==

■ ■ HS.-NR.: 1503 TESTSTELLEN: 104

A. LA 2 : 19, 49, 68, 77 SUMME: 4 TST

B. LA 1/2 : 10, 11, 18, 20, 28, 29, 35, 36, 41, 42, 44, 45, 48, 52, 53, 55,
          56, 65, 66, 76, 84, 87, 88, 91, 97,ː00,102 SUMME: 27 TST

C. LA 1 : 1- 9, 12- 17, 21- 27, 30- 34, 37- 40, 43, 46, 47, 50, 51, 54,
          57- 64, 67, 69- 75, 78- 83, 85, 89, 90, 92- 96, 98, 99,101,103,
          104
       1B: 86 SUMME: 73 TST
==

■ ■ HS.-NR.: 1505   TESTSTELLEN: 104

A. LA   2 : 19, 47, 50, 57, 62, 64, 77, 78, 83, 90, 92, 96,103
                                              SUMME: 13 TST

B. LA 1/2 : 10, 11, 18, 20, 28, 29, 35, 41, 42, 44, 45, 48, 52, 53, 65, 76,
             87, 88,100,102
   1/2B: 55
   1/2D: 36, 56   SUMME: 23 TST

C. LA   1 :   1- 9, 13, 15, 16, 22- 27, 30- 32, 34, 37- 40, 43, 46, 49, 54,
             58- 61, 63, 67, 69- 72, 74, 75, 79, 81, 82, 85, 93, 98, 99,101
   1B: 14
   1C: 17, 51
   1D: 73
   1E: 104   SUMME: 55 TST

E. SONDERLESARTEN AN 13 TESTSTELLEN

   TST. 12:   ACTA 2,47.3,1   LA: 12   τη εκκλησια. πετρος δε
   TST. 21:   ACTA 5,24   LA: 7   οτε ο αρχιερευς και ο
              στρατηγος
   TST. 33:   ACTA 10,11   LA: 5   δεδεμενην και καθιεμενον
   TST. 66:   ACTA 18,27   LA: 6   βουλομενου δε αυτου ελθειν
              εις την αχαιαν προτρεψαμενοι οι αδελφοι εγραψαν
              τοις μαθηταις αποδεξασθαι αυτον
   TST. 68:   ACTA 19,3   LA: 17   ειπεν ουν
   TST. 80:   ACTA 21,25   LA: 3   ADD. μηδεν τοιουτο τηρειν
              αυτους ει μη
   TST. 84:   ACTA 23,1   LA: 4   παυλος τω συνεδριω
   TST. 86:   ACTA 23,20   LA: 3   μελλοντων
   TST. 89:   ACTA 23,30   LA: 14   εσεσθαι εξ αυτων
   TST. 91:   ACTA 24,6-8   LA: 8   ADD. και κατα τον ημετερον
              νομον ηθελησαμεν κρινειν παρελθων δε λυσιας ο
              χιλιαρχος μετα πολλης βιας εκ των χειρων ημων
              απηγαγεν. κελευσας τους κατηγορους αυτου ερχεσθαι
              επι σου
   TST. 94:   ACTA 24,22   LA: 3   ανεβαλετο δε ο φηλιξ αυτους
   TST. 95:   ACTA 25,5   LA: 3   τουτω ατοπον
   TST. 97:   ACTA 25,17   LA: 3   ουν ενθαδε αυτων
==

■ ■ HS.-NR.: 1508   TESTSTELLEN: 100

A. LA   2 : 19, 49, 68, 77   SUMME: 4 TST

B. LA 1/2 : 10, 11, 18, 20, 28, 29, 35, 36, 41, 42, 44, 45, 48, 52, 55, 56,
             65, 66, 76, 84, 87, 88, 91, 97,100,102   SUMME: 26 TST

C. LA   1 :   1- 9, 12- 17, 21- 27, 30- 34, 37- 40, 43, 46, 47, 50, 51, 54,
             57- 64, 67, 69, 73- 75, 78- 83, 85, 89, 90, 92- 96, 98, 99,101,
             103,104
   1B: 86   SUMME: 70 TST

I. NICHT ERFASSTE STELLEN (4)

     Z (LUECKE)   TST: 53, 70- 72
==

■ ■ HS.-NR.: 1509   TESTSTELLEN: 101

A. LA   2 : 19, 23, 32, 47, 49, 57, 77, 83   SUMME: 8 TST

B. LA 1/2 : 10, 20, 29, 35, 41, 44, 45, 52, 55, 56, 66, 76, 87, 88, 97,100,
             102
      1/2F: 36, 65
      1/2I: 11
      1/2K: 48   SUMME: 21 TST

C. LA   1 :   1- 7, 9, 14- 16, 21, 22, 24- 27, 31, 33, 34, 37, 38, 40, 43,
             46, 50, 51, 54, 58- 64, 67, 69, 71- 74, 78, 81, 82, 85, 86, 90,
             92- 94, 96, 98, 99,101,103,104
        1C: 17   SUMME: 57 TST

D. SINGULAERLESARTEN AN   1 TESTSTELLE

   TST. 48:   ACTA 15,2   LA:1/2K επεταξεν αναβαινειν παυλον
             και βαρναβαν και τινας αλλους εξ αυτων

E. SONDERLESARTEN AN   15 TESTSTELLEN

   TST. 8:   ACTA 2,31   LA: 3   εγκατελειφθη η ψυχη αυτου
   TST. 12:   ACTA 2,47.3,1   LA: 3   τη εκκλησια επι το αυτο.
             πετρος δε
   TST. 13:   ACTA 3,11   LA: 8   κρατουντος δε του ιαθεντος
             χωλου τον πετρον και ιωαννην συνεδραμεν πας ο λαος
             προς αυτους
   TST. 18:   ACTA 4,33   LA: 4   της αναστασεως του κυριου
             ιησου χριστου
   TST. 28:   ACTA 8,37   LA: 3D   ειπεν δε αυτω: ει πιστευεις
             εξ ολης της καρδιας σου εξεστιν. αποκριθεις δε
             ειπεν: πιστευω τον υιον του θεου ειναι ιησουν
             χριστον
   TST. 39:   ACTA 10,47   LA: 4   δυναται τις κωλυσαι
   TST. 42:   ACTA 12,25   LA: 5   εξ ιερουσαλημ εις αντιοχειαν
   TST. 53:   ACTA 15,34   LA: 8   εδοξεν δε τω σιλα επιμειναι
             αυτοθι
   TST. 68:   ACTA 19,3   LA: 3   ειπε(ν) δε
   TST. 75:   ACTA 20,29   LA: 3   γαρ οιδα
   TST. 80:   ACTA 21,25   LA: 6   ADD. μηδεν τοιουτον τηρειν
             αυτους αλλα
   TST. 84:   ACTA 23,1   LA: 3   τω συνεδριω ο παυλος
   TST. 89:   ACTA 23,30   LA: 14   εσεσθαι εξ αυτων
   TST. 91:   ACTA 24,6-8   LA: 4E   ADD. και κατα τον ημετερον
             νομον ηθελησαμεν κριναι παρελθων δε λυσιας ο
             χιλιαρχος μετα πολλης βιας εκ των χειρων ημων
             απηγαγεν. κελευσας και τους κατηγορους ερχεσθαι
             προς σε
   TST. 95:   ACTA 25,5   LA: 3   τουτω ατοπον

F. KORREKTUREN AN   9 TESTSTELLEN

   TST. 12:   ACTA 2,47.3,1
             C : LA   1 τη εκκλησια. επι το αυτο δε πετρος

```
TST. 18:    ACTA 4,33
        C : LA 1/2   της αναστασεως του κυριου ιησου
TST. 23:    ACTA 6,8
        C : LA  1   πιστεως
TST. 30:    ACTA 9,25
        C : LA  1   αυτον οι μαθηται νυκτος
TST. 47:    ACTA 13,45
        C : LA  1   αντιλεγοντες και βλασφημουντες
TST. 70:    ACTA 19,39
        C : LA  1   περι ετερων
TST. 79:    ACTA 21,20
        C : LA  1   ιουδαιων
TST. 83:    ACTA 22,30
        C : LA  1   αυτον απο των δεσμων
TST. 89:    ACTA 23,30
        C : LA  1   μελλειν εσεσθαι υπο των ιουδαιων εξαυτης
```

I. NICHT ERFASSTE STELLEN (3)

   X (UNLESERLICH) TST: 30, 70, 79
===

■ ■ HS.-NR.: 1521   TESTSTELLEN: 103

B. LA 1/2 :   10, 11, 18, 20, 28, 29, 35, 41, 42, 44, 45, 48, 52, 53, 55, 56,
              65, 76, 84, 87, 88, 97,100,102
       1/2L: 36   SUMME: 25 TST

C. LA 1 :   2- 9, 12- 17, 19, 21- 27, 30- 34, 37- 40, 43, 46, 47, 49, 51,
              54, 57- 64, 67- 75, 77- 83, 85, 89, 90, 92, 93, 95, 96, 98, 99,
              101,103,104   SUMME: 73 TST

E. SONDERLESARTEN AN   5 TESTSTELLEN

   TST. 50:   ACTA 15,18   LA: 7   ταυτα παντα γνωστα απ αιωνος
     εισιν τα εργα αυτου τω θεω
   TST. 66:   ACTA 18,27   LA: 11   βουλομενου δε αυτου διελθειν
     εις την αχαιαν προτρεψαμενοι οι αδελφοι εγραψαν
     τοις αδελφοις αποδεξασθαι αυτον
   TST. 86:   ACTA 23,20   LA: 3   μελλοντων
   TST. 91:   ACTA 24,6-8   LA: 5   ADD. και κατα τον ημετερον
     νομον ηθελησαμεν κριναι παρελθων δε λυσιας ο
     χιλιαρχος μετα πολλης βιας εκ των χειρων ημων
     απηγαγεν. κελευσας τους κατηγορους αυτου ερχεσθαι
     επι σου
   TST. 94:   ACTA 24,22   LA: 8   ακουσας δε ο φηλιξ ανεβαλετο
     αυτους

I. NICHT ERFASSTE STELLEN (1)

   Z (LUECKE)   TST: 1
===

■ ■ HS.-NR.: 1524   TESTSTELLEN: 104

A. LA 2 : 90   SUMME: 1 TST

B. LA 1/2 :   10, 11, 18, 20, 28, 29, 35, 36, 41, 42, 45, 48, 52, 53, 55, 56,

```
                65, 66, 76, 84, 87, 88, 97,100,102              SUMME: 25 TST

C. LA    1 :    1,  3-  7,  9, 12- 17, 19, 22- 27, 30- 34, 37- 40, 43, 46, 47,
               49- 51, 57- 63, 67- 75, 77- 83, 85, 89, 92- 96, 98, 99,101,103,
              104
          1B:    2                                              SUMME: 71 TST

D. SINGULAERLESARTEN AN    1 TESTSTELLE

    TST.  2:    ACTA 1,14       LA:  1B  ευχη και τη δεησει

E. SONDERLESARTEN AN    7 TESTSTELLEN

    TST.  8:    ACTA 2,31       LA:  3   εγκατελειφθη η ψυχη αυτου
    TST. 21:    ACTA 5,24       LA:  6   ο τε αρχιερευς και ο
                στρατηγος
    TST. 44:    ACTA 13,33(1)   LA:  3   τοις τεκνοις αυτων υμιν
    TST. 54:    ACTA 16,28      LA:  4   φωνη μεγαλη παυλος
    TST. 64:    ACTA 18,20      LA:  8   ειναι παρ αυτοις
    TST. 86:    ACTA 23,20      LA:  4   μελλοντας
    TST. 91:    ACTA 24,6-8     LA:  5   ADD. και κατα τον ημετερον
                νομον ηθελησαμεν κριναι παρελθων δε λυσιας ο
                χιλιαρχος μετα πολλης βιας εκ των χειρων ημων
                απηγαγεν. κελευσας τους κατηγορους αυτου ερχεσθαι
                επι σου
```
==

■ ■ HS.-NR.: 1526   TESTSTELLEN: 64

```
A. LA    2 :   77                                               SUMME:  1 TST

B. LA 1/2 :    18, 20, 28, 29, 35, 36, 41, 42, 44, 45, 48, 52, 53, 55, 56, 66,
               76
       1/2F:   65                                               SUMME: 18 TST

C. LA    1 :    1,  2, 17, 19, 21- 27, 30, 31, 37, 38, 40, 43, 46, 47, 49- 51,
               54, 57- 64, 67- 75, 78- 81               SUMME: 44 TST

E. SONDERLESARTEN AN    1 TESTSTELLE

    TST. 39:    ACTA 10,47      LA:  4   δυναται τις κωλυσαι

I. NICHT ERFASSTE STELLEN ( 40)

    Z (LUECKE)      TST:  3- 16, 32- 34, 82-104
```
==

■ ■ HS.-NR.: 1548   TESTSTELLEN: 101

```
A. LA    2 :   19, 68, 77                                       SUMME:  3 TST

B. LA 1/2 :    10, 11, 18, 20, 28, 29, 35, 36, 41, 44, 45, 48, 52, 53, 55, 56,
               65, 66, 76, 84, 87, 88, 91, 97,100,102          SUMME: 26 TST

C. LA    1 :    1-  9, 12- 17, 21- 27, 31- 34, 37- 40, 43, 46, 47, 49- 51, 54,
               57- 64, 67, 69- 71, 75, 78- 83, 85, 89, 90, 92- 96, 98, 99,101,
              103,104
          1B:   86
```

SUMME: 70 TST

E. SONDERLESARTEN AN   2 TESTSTELLEN

TST. 30:   ACTA 9,25   LA: 3   οι μαθηται αυτον νυκτος
TST. 42:   ACTA 12,25   LA: 6   απο ιερουσαλημ εις
            αντιοχειαν

I. NICHT ERFASSTE STELLEN (3)

   Z (LUECKE)   TST: 72- 74
===

■ ■ HS.-NR.: 1563   TESTSTELLEN: 104

A. LA   2 : 49, 77, 92, 95, 98   SUMME: 5 TST

B. LA 1/2 : 10, 18, 20, 28, 29, 35, 36, 41, 42, 44, 45, 48, 52, 53, 55, 56,
             65, 66, 76, 84, 87, 88, 91, 97,100,102
   1/2O: 11   SUMME: 27 TST

C. LA   1 :   1- 9, 12- 16, 19, 21- 27, 30- 34, 38- 40, 43, 46, 47, 50, 51,
             54, 57- 61, 63, 64, 67- 69, 71, 72, 74, 75, 78- 83, 85, 86, 89,
             90, 93, 94, 96, 99,101,103,104
   1C: 17   SUMME: 68 TST

D. SINGULAERLESARTEN AN   1 TESTSTELLE

TST. 37:   ACTA 10,30   LA: 5   νηστευων {εν τω οικω μου}
            περι δε ωραν ενατην προσευχομενος

E. SONDERLESARTEN AN   4 TESTSTELLEN

TST. 37:   ACTA 10,30   LA: 5   νηστευων {εν τω οικω μου}
            περι δε ωραν ενατην προσευχομενος
TST. 62:   ACTA 18,5   LA: 3   το πνευμα
TST. 70:   ACTA 19,39   LA: 4   περ ετερον
TST. 73:   ACTA 20,24(1) LA: 11   ουδενος ποιουμαι λογον ουδε
            εχω την ψυχην μου
===

■ ■ HS.-NR.: 1573   TESTSTELLEN: 104

A. LA   2 : 78   SUMME: 1 TST

B. LA 1/2 : 11, 18, 20, 28, 29; 35, 41, 44, 45, 52, 53, 55, 56, 65, 76, 84,
             87, 88, 91, 97,100,102
   1/2C: 48
   1/2H: 66
   1/2K: 36   SUMME: 25 TST

C. LA   1 :   1- 9, 13- 17, 19, 21- 27, 30- 34, 37- 40, 43, 46, 47, 49, 51,
             54, 57- 63, 67, 69- 75, 77, 79- 83, 85, 89, 90, 92- 96, 98, 99,
             101,104
   1Q: 103   SUMME: 71 TST

D. SINGULAERLESARTEN AN   2 TESTSTELLEN

TST. 68:   ACTA 19,3   LA: 9   ειπατε προς αυτους

TST.103:   ACTA 28,16   LA: 1Q ο εκατονταρχος παρεδωκε τους
            δεσμιους των στρατοπεδαρχων τω δε παυλω επετραπη

E. SONDERLESARTEN AN   7 TESTSTELLEN

    TST. 10:   ACTA 2,43.44   LA: 3   ADD. εν ιερουσαλημ φοβος τε
                ην μεγας επι παντας
    TST. 12:   ACTA 2,47.3,1   LA: 10   επι το αυτο τη εκκλησια.
                πετρος δε
    TST. 42:   ACTA 12,25   LA: 3   εξ ιερουσαλημ
    TST. 50:   ACTA 15,18   LA: 13   παντα ταυτα γνωστα απ αιωνος
                εστιν τω κυριω παντα τα εργα αυτου
    TST. 64:   ACTA 18,20   LA: 5   μειναι συν αυτοις
    TST. 68:   ACTA 19,3   LA: 9   ειπατε προς αυτους
    TST. 86:   ACTA 23,20   LA: 4   μελλοντας
==

■ ■ HS.-NR.: 1594   TESTSTELLEN: 103

A. LA   2 : 77   SUMME: 1 TST

B. LA 1/2 :   10, 11, 20, 28, 29, 35, 41, 44, 45, 48, 52, 56, 65, 66, 76, 87,
              88,100,102
   1/2M: 36   SUMME: 20 TST

C. LA   1 :   2- 9, 12- 16, 19, 21- 27, 30- 34, 37- 40, 43, 47, 49, 51, 54,
             57- 64, 67- 75, 78- 83, 85, 89, 90, 92- 94, 96, 98, 99,101,103,
             104
   1B: 86
   1C: 17   SUMME: 72 TST

E. SONDERLESARTEN AN 10 TESTSTELLEN

    TST. 18:   ACTA 4,33   LA: 4   της αναστασεως του κυριου
                ιησου χριστου
    TST. 42:   ACTA 12,25   LA: 5   εξ ιερουσαλημ εις αντιοχειαν
    TST. 46:   ACTA 13,42   LA: 3   εξιοντων δε αυτων εκ της
                συναγωγης των ιουδαιων
    TST. 50:   ACTA 15,18   LA: 17   παντα ταυτα α εστι γνωστα απ
                αιωνος αυτω
    TST. 53:   ACTA 15,34   LA: 8   εδοξεν δε τω σιλα επιμειναι
                αυτοθι
    TST. 55:   ACTA 16,33   LA: 8   οι αυτου
    TST. 84:   ACTA 23,1   LA: 4   παυλος τω συνεδριω
    TST. 91:   ACTA 24,6-8   LA: 11   ADD. και κατα ημετερον νομον
                ηθελησαμεν κριναι παρελθων δε λυσιας ο χιλιαρχος
                μετα πολλης βιας εκ των χειρων ημων αφειλετο και
                προς σε απεστειλε. κελευσας και τους κατηγορους
                αυτου ερχεσθαι επι σου
    TST. 95:   ACTA 25,5   LA: 3   τουτω ατοπον
    TST. 97:   ACTA 25,17   LA: 4   ουν ενθαδε

I. NICHT ERFASSTE STELLEN (1)

    Z (LUECKE)   TST: 1
==

■ ■ HS.-NR.: 1595   TESTSTELLEN: 104

A. LA   2 : 23, 47, 49, 57, 77, 81   SUMME: 6 TST

B. LA 1/2 : 10, 11, 18, 20, 28, 29, 35, 36, 41, 44, 45, 48, 52, 55, 56, 65,
             66, 76, 84, 87, 88, 97,100,102   SUMME: 24 TST

C. LA   1 : 1- 9, 12- 14, 16, 17, 19, 21, 22, 24- 27, 30- 33, 37- 40, 43,
             50, 51, 54, 58- 64, 67, 69- 72, 74, 75, 78- 80, 82, 83, 85, 89,
             90, 92, 93, 95, 96, 98, 99,101,103,104
       1B: 86
       1C: 94   SUMME: 66 TST

E. SONDERLESARTEN AN   8 TESTSTELLEN

    TST. 15:   ACTA 3,22   LA: 7   γαρ προς τους πατερας υμων
       ειπεν
    TST. 34:   ACTA 10,12   LA: 11   παντα τα τετραποδα και τα
       θηρια και τα ερπετα της γης και τα πετεινα του
       ουρανου
    TST. 42:   ACTA 12,25   LA: 4   απο ιερουσαλημ
    TST. 46:   ACTA 13,42   LA: 3   εξιοντων δε αυτων εκ της
       συναγωγης των ιουδαιων
    TST. 53:   ACTA 15,34   LA: 3   εδοξεν δε τω σιλα επιμειναι
       αυτου
    TST. 68:   ACTA 19,3   LA: 15   ο δε ειπεν αυτοις
    TST. 73:   ACTA 20,24(1)   LA: 10   ουδενος τουτων λογον
       ποιουμαι ουδε εχω την ψυχην μου
    TST. 91:   ACTA 24,6-8   LA: 3   ADD. και κατα τον ημετερον
       νομον ηθελησαμεν κριναι παρελθων δε λυσιας ο
       χιλιαρχος μετα πολλης βιας εκ των χειρων ημων
       απηγαγεν. κελευσας τους κατηγορους αυτου ερχεσθαι
       επι σε

F. KORREKTUREN AN   1 TESTSTELLE

    TST. 77:   ACTA 21,8
        C : LA   1   οι περι τον παυλον ηλθον
==

■ ■ HS.-NR.: 1597   TESTSTELLEN: 102

A. LA   2 : 4, 57, 61   SUMME: 3 TST

B. LA 1/2 : 11, 20, 28, 29, 35, 36, 41, 42, 44, 45, 48, 52, 53, 55, 56, 65,
             66, 76, 84, 87, 88, 97,100,102   SUMME: 24 TST

C. LA   1 : 1- 3, 5- 9, 12- 14, 16, 17, 19, 21- 27, 30- 33, 37- 40, 43,
             47, 50, 51, 54, 58- 60, 62- 64, 67- 72, 74, 75, 77- 83, 85, 86,
             89, 90, 92- 94, 96, 98, 99,101,103,104   SUMME: 68 TST

E. SONDERLESARTEN AN   7 TESTSTELLEN

    TST. 10:   ACTA 2,43.44   LA: 8   ADD. εν ιερουσαλημ φοβος τε
       ην μεγας
    TST. 15:   ACTA 3,22   LA: 6   γαρ προς τους πατερας ημων
       ειπεν

TST. 18:   ACTA 4,33   LA: 4   της αναστασεως του κυριου
           ιησου χριστου
TST. 34:   ACTA 10,12   LA: 11 παντα τα τετραποδα και τα
           θηρια και τα ερπετα της γης και τα πετεινα του
           ουρανου
TST. 46:   ACTA 13,42   LA: 3   εξιοντων δε αυτων εκ της
           συναγωγης των ιουδαιων
TST. 73:   ACTA 20,24(1) LA: 10 ουδενος τουτων λογον
           ποιουμαι ουδε εχω την ψυχην μου
TST. 95:   ACTA 25,5   LA: 3   τουτω ατοπον

F. KORREKTUREN AN   3 TESTSTELLEN

TST. 4:   ACTA 2,7(1)
    C : LA   1   δε παντες και
TST. 49:   ACTA 15,7
    C : LA   1   εν ημιν
TST. 91:   ACTA 24,6-8
    C : LA   3   ADD. και κατα τον ημετερον νομον
           ηθελησαμεν κριναι παρελθων δε λυσιας ο χιλιαρχος
           μετα πολλης βιας εκ των χειρων ημων απηγαγεν.
           κελευσας τους κατηγορους αυτου ερχεσθαι επι σε

I. NICHT ERFASSTE STELLEN (2)

    X (UNLESERLICH) TST: 49, 91
===

■ ■ HS.-NR.: 1598   TESTSTELLEN: 103

A. LA   2 :   23, 47, 49, 57, 77, 81   SUMME: 6 TST

B. LA 1/2 :   10, 11, 18, 28, 29, 35, 36, 41, 44, 45, 48, 52, 55, 56, 65, 66,
              76, 84, 87, 88, 97,100,102
      1/2B: 20   SUMME: 24 TST

C. LA   1 :   1- 9, 12- 14, 16, 17, 19, 21, 22, 24, 25, 27, 30- 33, 37- 40,
              43, 50, 51, 54, 58- 64, 67, 69- 72, 74, 75, 78- 80, 82, 83, 85,
              89, 90, 92, 93, 95, 96, 98, 99,101,104
      1B: 86
      1C: 94
      1I: 103   SUMME: 65 TST

D. SINGULAERLESARTEN AN   1 TESTSTELLE

    TST.103:   ACTA 28,16   LA: 1I ο εκατονταρχος παρεδωκε τους
           δεσμιους τω στρατοπεδαρχη τω δε παυλω επετραπησαν

E. SONDERLESARTEN AN   8 TESTSTELLEN

TST. 15:   ACTA 3,22   LA: 6   γαρ προς τους πατερας ημων
           ειπεν
TST. 34:   ACTA 10,12   LA: 11 παντα τα τετραποδα και τα
           θηρια και τα ερπετα της γης και τα πετεινα του
           ουρανου
TST. 42:   ACTA 12,25   LA: 4   απο ιερουσαλημ

```
TST. 46:   ACTA 13,42     LA: 6   εξιοντων δε αυτων εκ της
           συναγωγης
TST. 53:   ACTA 15,34     LA: 3   εδοξεν δε τω σιλα επιμειναι
           αυτου
TST. 68:   ACTA 19,3      LA: 15  ο δε ειπεν αυτοις
TST. 73:   ACTA 20,24(1)  LA: 10  ουδενος τουτων λογον
           ποιουμαι ουδε εχω την ψυχην μου
TST. 91:   ACTA 24,6-8    LA: 3   ADD. και κατα τον ημετερον
           νομον ηθελησαμεν κριναι παρελθων δε λυσιας ο
           χιλιαρχος μετα πολλης βιας εκ των χειρων ημων
           απηγαγεν. κελευσας τους κατηγορους αυτου ερχεσθαι
           επι σε
```

I. NICHT ERFASSTE STELLEN (1)

    Z (LUECKE)   TST: 26
===

■ ■ HS.-NR.: 1599   TESTSTELLEN: 100

B. LA 1/2 : 10, 11, 18, 20, 28, 29, 35, 36, 41, 42, 44, 45, 48, 52, 53, 55,
             56, 76, 84, 87, 88, 91, 97,100,102   SUMME: 25 TST

C. LA   1 : 1- 9, 12- 17, 19, 21- 27, 30- 34, 37- 40, 43, 46, 47, 49, 51,
             54, 57, 59- 61, 67- 75, 77- 83, 85, 89, 90, 92, 93, 95, 96, 98,
             99,101,103
        1C: 94
        1E: 50
        1G: 104
        1L: 58   SUMME: 73 TST

E. SONDERLESARTEN AN   2 TESTSTELLEN

```
TST. 66:   ACTA 18,27     LA: 10  βουλομενου δε αυτου διελθειν
           εις την αχαιαν προπεμψαμενοι οι αδελφοι εγραψαν
           τοις μαθηταις αποδεξασθαι αυτον
TST. 86:   ACTA 23,20     LA: 3   μελλοντων
```

F. KORREKTUREN AN   1 TESTSTELLE

```
TST. 91:   ACTA 24,6-8
      C :  LA  13   ADD. ηβουληθημεν κριναι κατα τον ημετερον
           νομον ελθων δε λυσιας ο χιλιαρχος βια πολλη εκ
           των χειρων ημων αφειλετο και προς σε απεστειλε.
           κελευσας τους κατηγορους αυτου ελθειν προς σε
```

I. NICHT ERFASSTE STELLEN (4)

    Z (LUECKE)   TST: 62- 65
===

■ ■ HS.-NR.: 1609   TESTSTELLEN: 101

A. LA   2 : 57, 77, 86, 92   SUMME: 4 TST

B. LA 1/2 : 10, 11, 18, 20, 29, 35, 36, 41, 42, 44, 45, 48, 52, 55, 56, 66,
             76, 84, 87, 88,100,102

SUMME: 22 TST
C. LA   1 :   1- 9, 12- 17, 19, 21- 27, 30- 34, 37- 40, 43, 47, 49- 51, 54,
               58- 64, 67- 71, 73- 75, 78- 83, 85, 89, 90, 93, 94, 99,101,103,
               104   SUMME: 68 TST

E. SONDERLESARTEN AN   7 TESTSTELLEN

    TST. 28:   ACTA 8,37   LA: 3D ειπεν δε αυτω: ει πιστευεις
               εξ ολης της καρδιας σου εξεστιν. αποκριθεις δε
               ειπεν: πιστευω τον υιον του θεου ειναι ιησουν
               χριστον
    TST. 46:   ACTA 13,42   LA: 3   εξιοντων δε αυτων εκ της
               συναγωγης των ιουδαιων
    TST. 53:   ACTA 15,34   LA: 3   εδοξεν δε τω σιλα επιμειναι
               αυτου
    TST. 65:   ACTA 18,21.22   LA: 5   ανηχθη απο της εφεσου, και
               καταβας
    TST. 72:   ACTA 20,15   LA: 4   και μειναντες εν τρωγυλιω
               (ET SIM.) τη ερχομενη
    TST. 91:   ACTA 24,6-8   LA: 5   ADD. και κατα τον ημετερον
               νομον ηθελησαμεν κριναι παρελθων δε λυσιας ο
               χιλιαρχος μετα πολλης βιας εκ των χειρων ημων
               απηγαγεν. κελευσας τους κατηγορους αυτου ερχεσθαι
               επι σου
    TST. 98:   ACTA 26,14   LA: 3   λαλουσαν προς με

I. NICHT ERFASSTE STELLEN (3)

    Z (LUECKE)   TST: 95- 97
===

■ ■ HS.-NR.: 1610   TESTSTELLEN: 90

A. LA   2 :   46, 57, 62, 90, 92   SUMME: 5 TST

B. LA 1/2 :   10, 20, 35, 36, 41, 44, 45, 53, 76, 87, 88,102
    1/2B: 55
    1/2D: 56
    1/2L: 11   SUMME: 15 TST

C. LA   1 :   1- 9, 12, 15- 17, 19, 21- 27, 30- 32, 34, 37- 40, 43, 47, 54,
               58- 61, 70- 72, 74, 75, 78, 79, 81, 82, 85, 89, 93, 95, 96, 98,
               99,101,103,104
    1B: 14, 77
    1E: 13   SUMME: 58 TST

D. SINGULAERLESARTEN AN   2 TESTSTELLEN

    TST. 13:   ACTA 3,11   LA: 1E κρατουντος δε του ιαθεντος
               χωλου τον πετρον και ιωαννην ανεδραμεν προς αυτους
               πας ο λαος
    TST. 80:   ACTA 21,25   LA: 3C ADD. μηδεν τοιουτο τοιρειν
               α‹ τους ει μη

E. SONDERLESARTEN AN   12 TESTSTELLEN

    TST. 18:   ACTA 4,33   LA: 4   της αναστασεως του κυριου
               ιησου χριστου

```
TST. 28:   ACTA 8,37     LA: 3D  ειπεν δε αυτω: ει πιστευεις
εξ ολης της καρδιας σου εξεστιν. αποκριθεις δε
ειπεν: πιστευω τον υιον του θεου ειναι ιησουν
χριστον
TST. 29:   ACTA 8,39     LA: 5   πνευμα αγιον επεπεσεν επι
τον ευνουχον αγγελος δε κυριου
TST. 33:   ACTA 10,11    LA: 8   δεδεμενον {σκευος τι ως
οδωννη μεγαλην καταβαινον} και καθιεμενον
TST. 42:   ACTA 12,25    LA: 5   εξ ιερουσαλημ εις αντιοχειαν
TST. 73:   ACTA 20,24(1) LA: 10  ουδενος τουτων λογον
ποιουμαι ουδε εχω την ψυχην μου
TST. 80:   ACTA 21,25    LA: 3C  ADD. μηδεν τοιουτο τοιρειν
αυτους ει μη
TST. 86:   ACTA 23,20    LA: 3   μελλοντων
TST. 91:   ACTA 24,6-8   LA: 8   ADD. και κατα τον ημετερον
νομον ηθελησαμεν κρινειν παρελθων δε λυσιας ο
χιλιαρχος μετα πολλης βιας εκ των χειρων ημων
απηγαγεν. κελευσας τους κατηγορους αυτου ερχεσθαι
επι σου
TST. 94:   ACTA 24,22    LA: 3   ανεβαλετο δε ο φηλιξ αυτους
TST. 97:   ACTA 25,17    LA: 5   δε αυτων ενθαδε
TST.100:   ACTA 27,5     LA: 4   διαπλευσαντες δι ημερων
δεκαπεντε κατηλθομεν
```

I. NICHT ERFASSTE STELLEN (14)

    Z (LUECKE)   TST: 48- 52, 63- 69, 83, 84
===

■ ■ HS.-NR.: 1611   TESTSTELLEN: 103

A. LA 2 : 23, 46, 57, 62, 64, 77, 90, 92   SUMME: 8 TST

B. LA 1/2 : 10, 11, 18, 20, 28, 29, 35, 36, 41, 44, 45, 48, 52, 55, 65, 66,
             76, 87, 88,102
   1/2D: 56   SUMME: 21 TST

C. LA 1 :   1- 6, 9, 12, 16, 19, 21, 22, 24, 25, 27, 30- 34, 37- 40, 47,
             49, 50, 54, 58- 61, 63, 67, 69- 72, 74, 75, 78, 79, 81- 83, 85,
             93, 94, 96, 98, 99,101,104
   1B: 14, 51
   1D: 73   SUMME: 56 TST

D. SINGULAERLESARTEN AN 1 TESTSTELLE

    TST. 89:   ACTA 23,30   LA: 13 εσεσθαι εξ αυτων εξαυτης

E. SONDERLESARTEN AN 18 TESTSTELLEN

    TST. 7:   ACTA 2,30   LA: 5   το κατα σαρκα αναστησειν τον
    χριστον και καθισαι
    TST. 8:   ACTA 2,31   LA: 6   εγκατελειφθη {εις αδου} η
    ψυχη αυτου
    TST. 13:   ACTA 3,11   LA: 3C κρατουντος δε αυτου πετρον
    και ιωαννην συνεδραμεν προς αυτους πας ο λαος
    TST. 15:   ACTA 3,22   LA: 3   ειπεν προς τους πατερας

```
TST. 26:    ACTA 8,10      LA:  3   λεγομενη
TST. 42:    ACTA 12,25     LA:  4   απο ιερουσαλημ
TST. 43:    ACTA 13,20     LA:  4   ως ετευιν ιειρακοσιοις και
            πεντηκοντα και
TST. 53:    ACTA 15,34     LA:  3B  εδοξεν τω σιλα επιμειναι
            αυτου
TST. 68:    ACTA 19,3      LA: 17   ειπεν ουν
TST. 80:    ACTA 21,25     LA:  3   ADD. μηδεν τοιουτο τηρειν
            αυτους ει μη
TST. 84:    ACTA 23,1      LA:  4   παυλος τω συνεδριω
TST. 86:    ACTA 23,20     LA:  3   μελλοντων
TST. 89:    ACTA 23,30     LA: 13   εσεσθαι εξ αυτων εξαυτης
TST. 91:    ACTA 24,6-8    LA:  8   ADD. και κατα τον ημετερον
            νομον ηθελησαμεν κρινειν παρελθων δε λυσιας ο
            χιλιαρχος μετα πολλης βιας εκ των χειρων ημων
            απηγαγεν. κελευσας τους κατηγορους αυτου ερχεσθαι
            επι σου
TST. 95:    ACTA 25,5      LA:  3   τουτω ατοπον
TST. 97:    ACTA 25,17     LA:  3   ουν ενθαδε αυτων
TST.100:    ACTA 27,5      LA:  4   διαπλευσαντες δι ημερων
            δεκαπεντε κατηλθομεν
TST.103:    ACTA 28,16     LA:  3   ο εκατονταρχος παρεδωκεν
            τους δεσμιους τω στρατοπεδαρχη επετραπη τω παυλω
```

H. SUPPLEMENTE AN 1 TESTSTELLE

```
TST. 17:    ACTA 4,25
            S : LA  1   ο δια στοματος δαυιδ παιδος σου ειπων
```

I. NICHT ERFASSTE STELLEN (1)

```
    Z (LUECKE)      TST:  17
```
===

■ ■ HS.-NR.: 1617   TESTSTELLEN: 104

A. LA 2 : 19, 49, 68, 77   SUMME: 4 TST

B. LA 1/2 : 10, 11, 18, 20, 28, 29, 35, 36, 41, 42, 44, 45, 48, 52, 53, 55,
             56, 65, 66, 76, 84, 87, 88, 91, 97,100,102   SUMME: 27 TST

C. LA 1 :   1- 9, 12- 17, 21- 27, 30- 34, 37- 40, 43, 46, 47, 50, 51, 54,
             57- 64, 67, 69- 75, 78- 83, 85, 89, 90, 92- 96, 98, 99,101,103,
             104
        1B: 86   SUMME: 73 TST
===

■ ■ HS.-NR.: 1618   TESTSTELLEN: 104

A. LA 2 : 19, 49, 68, 77   SUMME: 4 TST

B. LA 1/2 : 10, 11, 18, 20, 28, 29, 35, 36, 41, 42, 44, 45, 48, 52, 53, 55,
             56, 65, 66, 76, 84, 87, 88, 97,100,102   SUMME: 26 TST

C. LA 1 :   1- 9, 12, 14- 16, 21- 27, 30- 34, 37- 40, 43, 46, 47, 50, 51,
             54, 57- 64, 67, 69- 75, 78- 83, 85, 89, 90, 92- 96, 98, 99,101,
             103,104
        1B: 86

```
     1C:  17
     1H:  13                                              SUMME: 73 TST
```

D. SINGULAERLESARTEN AN   1 TESTSTELLE

    TST. 13:   ACTA 3,11   LA: 1H κρατουντος δε ου ιαθεντος
    χωλου τον πετρον και ιωαννην συνεδραμεν προς αυτους
    πας ο λαος

E. SONDERLESARTEN AN   1 TESTSTELLE

    TST. 91:   ACTA 24,6-8   LA: 13B ADD. ηβουληθημεν κριναι κατα
    τον νομον ημων ελθων δε λυσιας ο χιλιαρχος βια
    πολλη εκ των χειρων ημων αφειλετο και προς σε
    απεστειλε. κελευσας τους κατηγορους αυτου ελθειν
    προς σε
==

■ ■ HS.-NR.: 1619   TESTSTELLEN: 104

A. LA   2 : 49, 68, 77   SUMME: 3 TST

B. LA 1/2 : 10, 11, 18, 20, 28, 29, 35, 36, 41, 42, 44, 45, 48, 52, 53, 55,
             56, 65, 66, 76, 84, 87, 88, 91, 97,100,102   SUMME: 27 TST

C. LA   1 : 1- 9, 12- 17, 19, 21- 27, 30- 34, 37- 40, 43, 46, 47, 50, 51,
             54, 57- 64, 67, 69- 75, 78- 80, 82, 83, 85, 89, 90, 92- 96, 98,
             99,101,103,104
     1B: 86
     1C: 81   SUMME: 74 TST
==

■ ■ HS.-NR.: 1622   TESTSTELLEN: 104

A. LA   2B: 86   SUMME: 1 TST

B. LA 1/2 : 10, 11, 18, 20, 28, 29, 35, 36, 41, 42, 44, 45, 48, 52, 55, 56,
             76, 84, 87, 88, 91,100,102   SUMME: 23 TST

C. LA   1 : 1- 9, 12- 16, 19, 21- 27, 30- 34, 37- 40, 43, 46, 47, 49- 51,
             54, 57- 64, 67- 75, 77- 82, 85, 89, 90, 92- 94, 96, 98, 99,101,
             104
     1C: 17
     1E: 83
     1L: 103   SUMME: 75 TST
```

E. SONDERLESARTEN AN   5 TESTSTELLEN

    TST. 53:   ACTA 15,34     LA: 3   εδοξεν δε τω σιλα επιμειναι
       αυτου
    TST. 65:   ACTA 18,21.22  LA: 10  ανηχθη απο της εφεσου: τον
       δε ακυλαν ειασεν εν εφεσω, και κατελθων
    TST. 66:   ACTA 18,27     LA: 10C βουλομενου δε αυτου ελθειν
       εις την αχαιαν προπεμψαμενοι οι αδελφοι εγραψαν
       τοις μαθηταις αποδεξασθαι αυτον
    TST. 95:   ACTA 25,5      LA: 3   τουτω ατοπον
```

TST. 97:   ACTA 25,17   LA: 4   ουν ενθαδε
==

■ ■ HS.-NR.: 1626   TESTSTELLEN: 104

A. LA   2 : 78, 81   SUMME: 2 TST

B. LA 1/2 : 10, 11, 18, 20, 28, 29, 35, 36, 41, 42, 44, 45, 48, 52, 53, 55,
             56, 66, 76, 84, 87, 88, 91, 97,100,102
    1/2F: 65   SUMME: 27 TST

C. LA   1 :   1- 9, 12, 14- 17, 19, 21- 27, 30, 32- 34, 37- 40, 43, 47, 49,
             50, 54, 57, 59- 64, 67- 75, 77, 79, 80, 82, 83, 85, 86, 89, 90,
             92- 96, 98, 99,101,103,104
    1B: 51
    1G: 13
    1H: 58   SUMME: 73 TST

D. SINGULAERLESARTEN AN   3 TESTSTELLEN

    TST. 13:   ACTA 3,11   LA: 1G και κρατουντος δε του
        ιαθεντος χωλου τον πετρον και ιωαννην συνεδραμεν
        προς αυτους πας ο λαος
    TST. 31:   ACTA 9,31   LA: 5B αι μεν ουν εκκλησιαι ...
        ειχον ειρηνην οικοδομουμενοι ... επληθυνοντο
    TST. 58:   ACTA 17,23   LA: 1H τον ουν αγνοουντες ευσεβειτε
        τουτον

E. SONDERLESARTEN AN   2 TESTSTELLEN

    TST. 31:   ACTA 9,31   LA: 5B αι μεν ουν εκκλησιαι ...
        ειχον ειρηνην οικοδομουμενοι ... επληθυνοντο
    TST. 46:   ACTA 13,42   LA: 3   εξιοντων δε αυτων εκ της
        συναγωγης των ιουδαιων

F. KORREKTUREN AN   1 TESTSTELLE

    TST. 7:   ACTA 2,30
        C : LA   3   το κατα σαρκα αναστησειν τον χριστον
        καθισαι τε
==

■ ■ HS.-NR.: 1628   TESTSTELLEN: 104

A. LA   2 : 19, 49, 68, 77   SUMME: 4 TST

B. LA 1/2 : 10, 11, 18, 20, 28, 29, 35, 36, 41, 42, 44, 45, 48, 52, 53, 55,
             56, 65, 66, 76, 84, 87, 88, 91, 97,100,102   SUMME: 27 TST

C. LA   1 :   1- 9, 12- 17, 21- 27, 30- 34, 37- 40, 43, 46, 47, 50, 51, 54,
             57- 64, 67, 69- 75, 78- 83, 85, 89, 90, 92- 96, 98, 99,101,103,
             104
    1B: 86   SUMME: 73 TST
==

■ ■ HS.-NR.: 1636   TESTSTELLEN: 104

A. LA   2 : 49, 68, 77   SUMME: 3 TST

B. LA 1/2 : 10, 11, 18, 20, 28, 29, 35, 36, 41, 42, 44, 45, 48, 52, 53, 55,
             56, 65, 66, 76, 84, 87, 88, 91, 97,100,102   SUMME: 27 TST

C. LA   1 :   1- 9, 12- 17, 19, 21- 27, 30- 34, 37- 40, 43, 46, 47, 50, 51,
             54, 57- 64, 67, 69- 75, 78- 83, 85, 89, 90, 92- 96, 98, 99,101,
             103,104
       1B: 86   SUMME: 74 TST
==

■ ■ HS.-NR.: 1637   TESTSTELLEN: 104

A. LA   2 : 19, 49, 68, 77   SUMME: 4 TST

B. LA 1/2 : 10, 11, 18, 20, 28, 29, 35, 36, 41, 42, 44, 45, 48, 52, 53, 55,
             56, 65, 66, 76, 84, 87, 88, 91, 97,100,102   SUMME: 27 TST

C. LA   1 :   1- 9, 12- 17, 21- 27, 30- 34, 37- 40, 43, 46, 47, 50, 51, 54,
             57- 64, 67, 69- 75, 78- 83, 85, 89, 90, 92- 96, 98, 99,101,103,
             104
       1B: 86   SUMME: 73 TST
==

■ ■ HS.-NR.: 1642   TESTSTELLEN: 103

A. LA   2 :   1, 2, 6, 14, 17, 19, 21, 23- 26, 31, 32, 37, 43, 46, 47, 49,
             57, 64, 67, 81
       2B: 34
       2C: 13   SUMME: 24 TST

B. LA 1/2 : 20, 36, 41, 42, 44, 45, 48, 52, 55, 56, 65, 66, 76, 84, 87, 88,
             91,100,102   SUMME: 19 TST

C. LA   1 :   3- 5, 16, 22, 27, 38, 39, 51, 54, 58- 62, 70- 75, 78, 80, 82,
             83, 85, 90, 92- 96, 99,101,103,104
       1B: 40, 77
       1C: 89   SUMME: 39 TST

D. SINGULAERLESARTEN AN   4 TESTSTELLEN

    TST. 9:   ACTA 2,38   LA: 6   αμαρτιων ημων
    TST. 11:   ACTA 2,46   LA: 14   καθ ημεραν τε
    προσκαρτερουντες ομοθυμαδον εν τω ναω κλωντες κατ
    οικον αρτον
    TST. 40:   ACTA 11,2   LA: 1B και οτε ανευη πετρος εις
    ιερουσαλημ/ιεροσολυμα διεκρινοντο προς αυτον οι εκ
    περιτομης
    TST. 69:   ACTA 19,14   LA: 13   ησαν δε τινες υιοι σκευα
    ιουδαιου αρχιερεως οι τουτο ποιουντες

E. SONDERLESARTEN AN   21 TESTSTELLEN

    TST. 7:   ACTA 2,30   LA: 10   κατα σαρκα αναστησειν τον
    χριστον καθισαι

TST. 8:   ACTA 2,31   LA: 3   εγκατελειφθη η ψυχη αυτου
TST. 9:   ACTA 2,38   LA: 6   αμαρτιων ημων
TST. 10:   ACTA 2,43.44   LA: 3   ADD. εν ιερουσαλημ φοβος τε
           ην μεγας επι παντας
TST. 11:   ACTA 2,46   LA: 14   καθ ημεραν τε
           προσκαρτερουντες ομοθυμαδον εν τω ναω κλωντες κατ
           οικον αρτον
TST. 12:   ACTA 2,47.3,1 LA: 3   τη εκκλησια επι το αυτο.
           πετρος δε
TST. 15:   ACTA 3,22   LA: 3   ειπεν προς τους πατερας
TST. 18:   ACTA 4,33   LA: 4   της αναστασεως του κυριου
           ιησου χριστου
TST. 28:   ACTA 8,37   LA: 3G   ειπεν δε αυτω: ει πιστευεις
           εξ ολης καρδιας σου εξεστιν. και αποκριθεις ειπεν:
           πιστευω τον υιον του θεου ειναι τον ιησουν χριστον
TST. 29:   ACTA 8,39   LA: 5   πνευμα αγιον επεπεσεν επι
           τον ευνουχον αγγελος δε κυριου
TST. 30:   ACTA 9,25   LA: 5   οι μαθηται νυκτος
TST. 33:   ACTA 10,11   LA: 8   δεδεμενον {σκευος τι ως
           οδωννη μεγαλην καταβαινον} και καθιεμενον
TST. 35:   ACTA 10,19   LA: 3   το πνευμα αυτω
TST. 50:   ACTA 15,18   LA: 3   ταυτα γνωστον απ αιωνος τω
           κυριω το εργον αυτου
TST. 53:   ACTA 15,34   LA: 3B   εδοξεν τω σιλα επιμειναι
           αυτου
TST. 68:   ACTA 19,3   LA: 4   ο δε ειπεν
TST. 69:   ACTA 19,14   LA: 13   ησαν δε τινες υιοι σκευα
           ιουδαιου αρχιερεως οι τουτο ποιουντες
TST. 79:   ACTA 21,20   LA: 5   OM. εν τοις ιουδαιοις
TST. 86:   ACTA 23,20   LA: 3   μελλοντων
TST. 97:   ACTA 25,17   LA: 4   ουν ενθαδε
TST. 98:   ACTA 26,14   LA: 3   λαλουσαν προς με

F. KORREKTUREN AN   8 TESTSTELLEN

TST. 1:   ACTA 1,5
           C : LA   1   βαπτισθησεσθε εν πνευματι αγιω
TST. 7:   ACTA 2,30
           C : LA   1   το κατα σαρκα αναστησειν τον χριστον
           καθισαι
TST. 8:   ACTA 2,31
           C : LA   1   κατελειφθη η ψυχη αυτου
TST. 9:   ACTA 2,38
           C : LA   3   των αμαρτιων ημων
TST. 13:   ACTA 3,11
           C : LA   8   κρατουντος δε του ιαθεντος χωλου τον
           πετρον και ιωαννην συνεδραμεν πας ο λαος προς
           αυτους
TST. 37:   ACTA 10,30
           C : LA   1   νηστευων και την εν(ν)ατην ωραν
           προσευχομενος
TST. 46:   ACTA 13,42
           C : LA   1   εξιοντων δε εκ της συναγωγης των ιουδαιων
TST. 64:   ACTA 18,20
           C : LA   1D μειναι παρα αυτοις

I. NICHT ERFASSTE STELLEN (1)

    U (H.TEL/ARK.) TST: 63
===
■ ■ HS.-NR.: 1643   TESTSTELLEN: 104

A. LA 2 : 57   <u>SUMME:</u> 1 TST

B. LA 1/2 : 11, 20, 28, 29, 35, 36, 41, 42, 44, 45, 48, 52, 55, 56, 65, 66,
         76, 84, 87, 88, 97,100,102   <u>SUMME:</u> 23 TST

C. LA 1 :   1- 9, 12- 17, 19, 21- 27, 30- 34, 37- 40, 43, 47, 49- 51, 54,
         58- 64, 67- 72, 74, 75, 77- 83, 85, 86, 89, 90, 92- 94, 96, 99,
         101,103,104   <u>SUMME:</u> 72 TST

E. SONDERLESARTEN AN   8 TESTSTELLEN

    TST. 10:   ACTA 2,43.44   LA: 8   ADD. εν ιερουσαλημ φοβος τε
       ην μεγας
    TST. 18:   ACTA 4,33   LA: 4   της αναστασεως του κυριου
       ιησου χριστου
    TST. 46:   ACTA 13,42   LA: 3   εξιοντων δε αυτων εκ της
       συναγωγης των ιουδαιων
    TST. 53:   ACTA 15,34   LA: 3   εδοξεν δε τω σιλα επιμειναι
       αυτου
    TST. 73:   ACTA 20,24(1) LA: 10   ουδενος τουτων λογον
       ποιουμαι ουδε εχω την ψυχην μου
    TST. 91:   ACTA 24,6-8   LA: 3   ADD. και κατα τον ημετερον
       νομον ηθελησαμεν κριναι παρελθων δε λυσιας ο
       χιλιαρχος μετα πολλης βιας εκ των χειρων ημων
       απηγαγεν. κελευσας τους κατηγορους αυτου ερχεσθαι
       επι σε
    TST. 95:   ACTA 25,5   LA: 3   τουτω ατοπον
    TST. 98:   ACTA 26,14   LA: 3   λαλουσαν προς με

F. KORREKTUREN AN   1 TESTSTELLE

    TST. 92:   ACTA 24,14
       C : LA 4   εν
===
■ ■ HS.-NR.: 1646   TESTSTELLEN: 104

A. LA 2 : 21, 26, 30- 33, 61, 92
      2B: 34   <u>SUMME:</u> 9 TST

B. LA 1/2 : 10, 18, 20, 28, 29, 35, 36, 41, 42, 44, 45, 48, 52, 53, 55, 56,
         65, 66, 76, 84, 87, 88, 91, 97,100,102
      1/2B: 11   <u>SUMME:</u> 27 TST

C. LA 1 :   2- 7, 9, 12- 17, 19, 22- 25, 27, 37- 40, 43, 47, 49- 51, 54,
         57- 60, 62, 63, 67- 71, 74, 75, 77- 81, 83, 86, 89, 90, 93- 96,
         98, 99,101,104
      1B: 82
      1C: 64, 85
      1D: 73
      1E: 1

        1L: 103   SUMME: 65 TST

D. SINGULAERLESARTEN AN   3 TESTSTELIFN

    TST. 1:   ACTA 1,5   LA: 1E βαπτισησθε εν πνευματι αγιω
    TST. 64:   ACTA 18,20   LA: 1C μεινε παρ αυτοις
    TST. 82:   ACTA 22,20   LA: 1B ADD. τη ανερεσει αυτου

E. SONDERLESARTEN AN   3 TESTSTELLEN

    TST. 8:   ACTA 2,31   LA: 3   εγκατελειφθη η ψυχη αυτου
    TST. 46:   ACTA 13,42   LA: 3   εξιοντων δε αυτων εκ της
                συναγωγης των ιουδαιων
    TST. 72:   ACTA 20,15   LA: 4   και μειναντες εν τρωγυλιω
                (ET SIM.) τη ερχομενη
===

■ ■ HS.-NR.: 1649   TESTSTELLEN: 104

B. LA 1/2 :   10, 11, 18, 20, 28, 29, 35, 36, 42, 44, 45, 48, 52, 53, 55, 56,
              65, 76, 84, 87, 88, 97,100,102
    1/2D: 41   SUMME: 25 TST

C. LA   1 :   1- 6, 8, 9, 12- 16, 19, 21- 27, 31- 34, 37- 40, 47, 50, 51,
              54, 57- 64, 67- 75, 77- 83, 85, 86, 89, 90, 92- 96, 99,101,103,
              104
    1C: 17
    1D: 30   SUMME: 72 TST

D. SINGULAERLESARTEN AN   2 TESTSTELLEN

    TST. 43:   ACTA 13,20   LA: 7   και μετα ταυτα ως επι
                τετρακοσιοις και πεντηκοντα
    TST. 98:   ACTA 26,14   LA: 5   λεγουσαν προς με και
                λεγουσαν

E. SONDERLESARTEN AN   7 TESTSTELLEN

    TST. 7:   ACTA 2,30   LA: 3   το κατα σαρκα αναστησειν τον
                χριστον καθισαι τε
    TST. 43:   ACTA 13,20   LA: 7   και μετα ταυτα ως επι
                τετρακοσιοις και πεντηκοντα
    TST. 46:   ACTA 13,42   LA: 3   εξιοντων δε αυτων εκ της
                συναγωγης των ιουδαιων
    TST. 49:   ACTA 15,7   LA: 4   ημιν
    TST. 66:   ACTA 18,27   LA: 10   βουλομενου δε αυτου διελθειν
                εις την αχαιαν προπεμψαμενοι οι αδελφοι εγραψαν
                τοις μαθηταις αποδεξασθαι αυτον
    TST. 91:   ACTA 24,6-8   LA: 13B ADD. ηβουληθημεν κριναι κατα
                τον νομον ημων ελθων δε λυσιας ο χιλιαρχος βια
                πολλη εκ των χειρων ημων αφειλετο και προς σε
                απεστειλε. κελευσας τους κατηγορους αυτου ελθειν
                προς σε
    TST. 98:   ACTA 26,14   LA: 5   λεγουσαν προς με και
                λεγουσαν
===

■ ■ HS.-NR.: 1652   TESTSTELLEN: 103

A. LA   2 :   4, 19, 68, 77   SUMME: 4 TST

B. LA 1/2 :   10, 11, 18, 20, 28, 29, 35, 36, 41, 44, 45, 48, 52, 53, 55, 56,
              65, 66, 76, 84, 87, 88, 91, 97,102   SUMME: 25 TST

C. LA   1 :   1- 3, 5- 9, 12- 17, 21- 27, 30- 34, 37, 39, 40, 43, 46, 47,
              49- 51, 54, 57- 59, 61- 64, 69- 75, 78- 83, 85, 89, 90, 92- 96,
              98, 99,101,103,104
         1B: 38, 67, 86   SUMME: 72 TST

E. SONDERLESARTEN AN   2 TESTSTELLEN

    TST. 60:   ACTA 18,1   LA: 5   ο παυλος
    TST.100:   ACTA 27,5   LA: 3   διαπλευσαντες κατηχθημεν

F. KORREKTUREN AN   1 TESTSTELLE

    TST. 60:   ACTA 18,1
         C : LA   1   ο παυλος εκ

I. NICHT ERFASSTE STELLEN (1)

    Z (LUECKE)   TST: 42
==

■ ■ HS.-NR.: 1656   TESTSTELLEN: 104

A. LA   2 :   19, 49, 68, 77   SUMME: 4 TST

B. LA 1/2 :   10, 11, 18, 20, 28, 29, 35, 36, 41, 42, 44, 45, 48, 52, 53, 55,
              56, 65, 66, 76, 84, 87, 88, 91, 97,100,102   SUMME: 27 TST

C. LA   1 :   1- 9, 12- 17, 21- 27, 30- 34, 37- 40, 43, 46, 47, 50, 51, 54,
              57- 64, 67, 69- 75, 78- 83, 85, 89, 90, 92- 96, 98, 99,101,103,
              104
         1B: 86   SUMME: 73 TST
==

■ ■ HS.-NR.: 1668   TESTSTELLEN: 104

B. LA 1/2 :   10, 11, 18, 20, 28, 29, 35, 36, 41, 42, 44, 45, 48, 52, 53, 55,
              56, 66, 76, 84, 87, 88, 91, 97,100,102
        1/2F: 65   SUMME: 27 TST

C. LA   1 :   1- 9, 12- 17, 19, 21- 27, 30, 31, 33, 34, 37- 40, 43, 46, 47,
              49- 51, 54, 57- 64, 67- 75, 77- 83, 85, 86, 89, 90, 92- 96, 98,
              99,101,104
         1L: 103   SUMME: 76 TST

E. SONDERLESARTEN AN   1 TESTSTELLE

    TST. 32:   ACTA 10,10   LA: 3   επεσεν
==

■ ■ HS.-NR.: 1673   TESTSTELLEN: 104

A. LA   2 : 86   SUMME: 1 TST

B. LA 1/2 : 10, 18, 20, 28, 29, 35, 36, 41, 42, 44, 45, 48, 52, 53, 55, 56,
             66, 76, 84, 87, 88, 91, 97,100,102
      1/2F: 65
      1/2O: 11   SUMME: 27 TST

C. LA   1 :   1- 9, 12- 17, 19, 21- 27, 30- 34, 37- 40, 43, 46, 47, 50, 51,
             54, 57- 64, 67- 75, 77- 83, 85, 89, 90, 92- 96, 98, 99,101,104
       1N: 103   SUMME: 75 TST

E. SONDERLESARTEN AN   1 TESTSTELLE

     TST. 49:   ACTA 15,7   LA: 4 ημιν

F. KORREKTUREN AN   1 TESTSTELLE

     TST. 49:   ACTA 15,7
               C : LA   1   εν ημιν
===
■ ■ HS.-NR.: 1678   TESTSTELLEN: 104

A. LA   2 : 13, 15, 19, 21, 23, 25, 31, 32, 38, 40, 43, 46, 47, 49, 57, 64,
             67, 68, 70, 75, 77- 79, 83, 89, 90, 92, 98
       2C: 50, 69   SUMME: 30 TST

B. LA 1/2 : 11, 20, 41, 44, 45, 48, 52, 55, 56, 65, 76, 87, 88,100
      1/2B: 66
      1/2F: 36   SUMME: 16 TST

C. LA   1 :   1- 6, 8, 12, 16, 22, 24, 26, 27, 30, 33, 37, 51, 58- 62, 71,
             72, 74, 80, 82, 85, 93, 94, 96, 99,101,103,104
       1D: 73   SUMME: 36 TST

D. SINGULAERLESARTEN AN   1 TESTSTELLE

     TST. 17:   ACTA 4,25   LA: 8   ο δια πνευματος αγιου
           στοματος δαυιδ παιδος σου ειπων

E. SONDERLESARTEN AN 22 TESTSTELLEN

     TST. 7:   ACTA 2,30   LA: 10   κατα σαρκα αναστησειν τον
           χριστον καθισαι
     TST. 9:   ACTA 2,38   LA: 4   των αμαρτιων
     TST. 10:   ACTA 2,43.44   LA: 6   ADD. εις ιερουσαλημ φοβος τε
           ην μεγας επι παντας αυτους
     TST. 14:   ACTA 3,21   LA: 3   των απ αιωνος αυτου προφητων
     TST. 17:   ACTA 4,25   LA: 8   ο δια πνευματος αγιου
           στοματος δαυιδ παιδος σου ειπων
     TST. 18:   ACTA 4,33   LA: 5B   της αναστασεως ιησου χριστου
           του κυριου ημων
     TST. 28:   ACTA 8,37   LA: 3D   ειπεν δε αυτω: ει πιστευεις
           εξ ολης της καρδιας σου εξεστιν. αποκριθεις δε
           ειπεν: πιστευω τον υιον του θεου ειναι ιησουν
           χριστον

```
TST. 29:   ACTA 8,39    LA: 5  πνευμα αγιον επεπεσεν επι
   τον ευνουχον αγγελος δε κυριου
TST. 34:   ACTA 10,12   LA: 11C παντα τα τετραποδα και τα
   θηρια και τα ερπετα τα επι της γης και τα πετεινα
   του ουρανου
TST. 35:   ACTA 10,19   LA: 3  το πνευμα αυτω
TST. 39:   ACTA 10,47   LA: 4  δυναται τις κωλυσαι
TST. 42:   ACTA 12,25   LA: 4  απο ιερουσαλημ
TST. 53:   ACTA 15,34   LA: 3  εδοξεν δε τω σιλα επιμειναι
   αυτου
TST. 54:   ACTA 16,28   LA: 5  ο παυλος φωνη μεγαλη
TST. 63:   ACTA 18,17   LA: 4  παντες οι ιουδαιοι
TST. 81:   ACTA 22,9    LA: 3  εθεασαντο και εμφοβοι
   γενομενοι
TST. 84:   ACTA 23,1    LA: 4  παυλος τω συνεδριω
TST. 86:   ACTA 23,20   LA: 3  μελλοντων
TST. 91:   ACTA 24,6-8  LA: 3  ADD. και κατα τον ημετερον
   νομον ηθελησαμεν κριναι παρελθων δε λυσιας ο
   χιλιαρχος μετα πολλης βιας εκ των χειρων ημων
   απηγαγεν. κελευσας τους κατηγορους αυτου ερχεσθαι
   επι σε
TST. 95:   ACTA 25,5    LA: 3  τουτω ατοπον
TST. 97:   ACTA 25,17   LA: 3  ουν ενθαδε αυτων
TST.102:   ACTA 27,41   LA: 4  των κυματων
```
===

■ ■ HS.-NR.: 1702   TESTSTELLEN: 104

B. LA 1/2 :   10, 20, 28, 29, 35, 36, 41, 45, 48, 52, 53, 55, 56, 65, 66, 76,
              84, 87, 88, 97,100,102   SUMME: 22 TST

C. LA   1 :   1- 9, 12- 17, 19, 21- 27, 30- 34, 37- 40, 43, 46, 49- 51, 54,
              57- 64, 67- 75, 77- 79, 81- 83, 85, 86, 89, 90, 92- 96, 99,101,
              104
     1B: 80
     1C: 47
     1L: 103   SUMME: 76 TST

D. SINGULAERLESARTEN AN   1 TESTSTELLE

```
   TST. 47:   ACTA 13,45   LA: 1C  αντελεγον και βλασφημουντες
```

E. SONDERLESARTEN AN   6 TESTSTELLEN

```
   TST. 11:   ACTA 2,46    LA: 5  καθ ημεραν τε
   προσκαρτερουντες εν τω ιερω ομοθυμαδον κλωντες τε
   κατ οικον αρτον
   TST. 18:   ACTA 4,33    LA: 4  της αναστασεως του κυριου
   ιησου χριστου
   TST. 42:   ACTA 12,25   LA: 6  απο ιερουσαλημ εις
   αντιοχειαν
   TST. 44:   ACTA 13,33(1) LA: 3  τοις τεκνοις αυτων υμιν
   TST. 91:   ACTA 24,6-8  LA: 5  ADD. και κατα τον ημετερον
   νομον ηθελησαμεν κριναι παρελθων δε λυσιας ο
   χιλιαρχος μετα πολλης βιας εκ των χειρων ημων
   απηγαγεν. κελευσας τους κατηγορους αυτου ερχεσθαι
   επι σου
```

TST. 98:   ACTA 26,14   LA: 3   λαλουσαν προς με
===

■ ■ HS.-NR.: 1704   TESTSTELLEN: 104

A. LA   2 :   3, 12, 14, 19, 21, 23, 26, 32, 37, 40, 46, 47, 49, 64, 70, 77,
              79, 83, 92- 96, 98
        2B: 34, 57, 67   SUMME: 27 TST

B. LA 1/2 :   10, 11, 20, 35, 36, 41, 44, 45, 48, 52, 55, 56, 65, 66, 76, 87,
              88, 97,100,102   SUMME: 20 TST

C. LA   1 :   1, 2, 4- 7, 9, 16, 22, 25, 27, 30, 33, 38, 43, 51, 54,
              58- 63, 71, 74, 81, 82, 85, 99,101,103,104
        1B: 24, 78
        1D: 73   SUMME: 35 TST

D. SINGULAERLESARTEN AN   3 TESTSTELLEN

    TST. 13:   ACTA 3,11   LA: 5   κρατουντος δε αυτου τον
       πετρον και τον ιωαννην συνεδραμεν προς αυτον πας ο
       λαος
    TST. 31:   ACTA 9,31   LA: 4   η μεν ουν εκκλησια ... ειχεν
       ειρηνην οικοδομουμενη ... επληθυνετο
    TST. 57:   ACTA 17,13   LA: 2B και ταρασσον

E. SONDERLESARTEN AN 22 TESTSTELLEN

    TST. 8:   ACTA 2,31   LA: 3   εγκατελειφθη η ψυχη αυτου
    TST. 13:   ACTA 3,11   LA: 5   κρατουντος δε αυτου τον
       πετρον και τον ιωαννην συνεδραμεν προς αυτον πας ο
       λαος
    TST. 15:   ACTA 3,22   LA: 5   ειπεν προς τους πατερας υμων
    TST. 17:   ACTA 4,25   LA: 11   ο δια του πατρος ημων εν
       πνευματι αγιω στοματος δαυιδ παιδος σου ειπων
    TST. 18:   ACTA 4,33   LA: 4   της αναστασεως του κυριου
       ιησου χριστου
    TST. 28:   ACTA 8,37   LA: 3D ειπεν δε αυτω: ει πιστευεις
       εξ ολης της καρδιας σου εξεστιν. αποκριθεις δε
       ειπεν: πιστευω τον υιον του θεου ειναι ιησουν
       χριστον
    TST. 29:   ACTA 8,39   LA: 5   πνευμα αγιον επεπεσεν επι
       τον ευνουχον αγγελος δε κυριου
    TST. 31:   ACTA 9,31   LA: 4   η μεν ουν εκκλησια ... ειχεν
       ειρηνην οικοδομουμενη ... επληθυνετο
    TST. 39:   ACTA 10,47   LA: 4   δυναται τις κωλυσαι
    TST. 42:   ACTA 12,25   LA: 5   εξ ιερουσαλημ εις αντιοχειαν
    TST. 50:   ACTA 15,18   LA: 19   ταυτα παντα α εστι γνωστα
       αυτω απ αιωνος
    TST. 53:   ACTA 15,34   LA: 8   εδοξεν δε τω σιλα επιμειναι
       αυτοθι
    TST. 68:   ACTA 19,3   LA: 3   ειπε(ν) δε
    TST. 69:   ACTA 19,14   LA: 3   ησαν δε τινες σκευα ιουδαιου
       αρχιερεως επτα υιοι τουτο ποιουντες
    TST. 72:   ACTA 20,15   LA: 6   και μειναντες εν στρογγυλω
       {ηλθομεν} τη εχομενη

```
TST. 75:    ACTA 20,29      LA:  3   γαρ οιδα
TST. 80:    ACTA 21,25      LA:  6B  ADD. μηδεν τοιουτο τηρειν
            αυτους αλλα
TST. 84:    ACTA 23,1       LA:  3   τω συνεδριω ο παυλος
TST. 86:    ACTA 23,20      LA:  3   μελλοντων
TST. 89:    ACTA 23,30      LA:  5   μελλειν εσεσθαι εξ αυτων
TST. 90:    ACTA 24,1       LA:  4   πρεσβυτερων
TST. 91:    ACTA 24,6-8     LA:  3   ADD. και κατα τον ημετερον
      νομον ηθελησαμεν κριναι παρελθων δε λυσιας ο
      χιλιαρχος μετα πολλης βιας εκ των χειρων ημων
      απηγαγεν. κελευσας τους κατηγορους αυτου ερχεσθαι
      επι σε
```

F. KORREKTUREN AN   3 TESTSTELLEN

```
TST. 13:    ACTA 3,11
       C : LA   6   κρατουντος δε του ιαθεντος χωλου τον
                    πετρον και τον ιωαννην συνεδραμον προς αυτον πας
                    ο λαος
TST. 23:    ACTA 6,8
       C : LA   1   πιστεως
TST. 96:    ACTA 25,16
       C : LA   1   ADD. εις απωλειαν
```
===

■ ■ HS.-NR.: 1717   TESTSTELLEN: 103

A. LA   2 : 78   SUMME: 1 TST

B. LA 1/2 : 10, 11, 18, 20, 28, 29, 35, 36, 41, 42, 44, 45, 48, 52, 53, 55,
             56, 76, 84, 87, 88, 91, 97,100,102   SUMME: 25 TST

C. LA   1 : 1- 9, 12- 16, 19, 21- 27, 30- 34, 37- 40, 43, 46, 47, 49- 51,
             54, 57- 59, 62- 64, 67- 75, 77, 80- 83, 85, 86, 89, 90, 92- 96,
             98, 99,101,103,104
       1C: 17   SUMME: 73 TST

E. SONDERLESARTEN AN   4 TESTSTELLEN

```
TST. 60:    ACTA 18,1       LA:  4   ο παυλος απο
TST. 65:    ACTA 18,21.22   LA:  5   ανηχθη απο της εφεσου, και
      καταβας
TST. 66:    ACTA 18,27      LA: 10   βουλομενου δε αυτου διελθειν
      εις την αχαιαν προπεμψαμενοι οι αδελφοι εγραψαν
      τοις μαθηταις αποδεξασθαι αυτον
TST. 79:    ACTA 21,20      LA:  5   OM. εν τοις ιουδαιοις
```

I. NICHT ERFASSTE STELLEN (1)

       X (UNLESERLICH) TST: 61
===

■ ■ HS.-NR.: 1718   TESTSTELLEN: 104

A. LA   2 : 19, 47, 50, 64, 70, 78, 92, 95, 98   SUMME: 9 TST

B. LA 1/2 : 10, 11, 18, 20, 28, 29, 35, 41, 42, 44, 45, 48, 52, 53, 55, 56,
             65, 76, 84, 87, 88, 91, 97,100,102

```
        1/2G:  66
        1/2K:  36                                              SUMME: 27 TST

C. LA   1 :   1-  6,  9, 12, 14, 16, 22, 23, 25- 27, 30- 34, 37- 40, 43, 46,
             49, 54, 57- 63, 67, 69, 71, 72, 74, 75, 79- 83, 85, 86, 89, 90,
             93, 94, 96, 99,101,103,104
        1B:  24, 77
        1C:  51                                                SUMME: 60 TST
```

D. SINGULAERLESARTEN AN   2 TESTSTELLEN

```
    TST. 17:   ACTA 4,25      LA: 12B  ο του πατρος υμων δια
        πνευματος αγιου στομα στοματος δαυιδ παιδος σου
        ειπων
    TST. 73:   ACTA 20,24(1)  LA: 11C  ουδενος ποιουμαι λογον ουδε
        εγω εχω την ψυχην μου
```

E. SONDERLESARTEN AN   8 TESTSTELLEN

```
    TST.  7:   ACTA 2,30      LA:  5   το κατα σαρκα αναστησειν τον
        χριστον και καθισαι
    TST.  8:   ACTA 2,31      LA:  6   εγκατελειφθη {εις αδου} η
        ψυχη αυτου
    TST. 13:   ACTA 3,11      LA:  3   κρατουντος δε αυτου τον
        πετρον και ιωαννην συνεδραμεν προς αυτους πας ο
        λαος
    TST. 15:   ACTA 3,22      LA:  3   ειπεν προς τους πατερας
    TST. 17:   ACTA 4,25      LA: 12B  ο του πατρος υμων δια
        πνευματος αγιου στομα στοματος δαυιδ παιδος σου
        ειπων
    TST. 21:   ACTA 5,24      LA:  6   ο τε αρχιερευς και ο
        στρατηγος
    TST. 68:   ACTA 19,3      LA:  7   ειπεν δε προς αυτους
    TST. 73:   ACTA 20,24(1)  LA: 11C  ουδενος ποιουμαι λογον ουδε
        εγω εχω την ψυχην μου
```

F. KORREKTUREN AN   1 TESTSTELLE

```
    TST. 17:   ACTA 4,25
        C : LA 12   ο του πατρος ημων δια πνευματος αγιου
        στομα στοματος δαυιδ παιδος σου ειπων
```
===

■ ■ HS.-NR.: 1719   TESTSTELLEN: 103

```
A. LA   2 :   32, 86, 95                                       SUMME:  3 TST

B. LA 1/2 :   10, 18, 20, 28, 29, 35, 36, 41, 42, 44, 45, 48, 52, 55, 56, 66,
             76, 84, 87, 88, 91, 97,100,102
        1/2B: 11, 65                                            SUMME: 26 TST

C. LA   1 :    2,  4- 9, 12- 17, 19, 21- 25, 27, 31, 33, 34, 37- 40, 43, 46,
             47, 49- 51, 54, 57- 64, 67- 75, 77- 83, 85, 89, 90, 92- 94, 96,
             98, 99,101
        1B:  1,  3, 30
        1L: 103                                                SUMME: 72 TST
```

E. SONDERLESARTEN AN   2 TESTSTELLEN

    TST. 53:   ACTA 15,34   LA: 3   εδοξεν δε τω σιλα επιμειναι
        αυτου
    TST.104:   ACTA 28,29   LA: 3D ADD. και ταυτα αυτου
        ειποντος απηλθον οι ιουδαιοι πολλην εχοντες εν
        εαυτοις ζητησιν

F. KORREKTUREN AN   1 TESTSTELLE

    TST. 65:   ACTA 18,21.22
      C : LA 1/2   ανηχθη απο της εφεσου, και κατελθων

I. NICHT ERFASSTE STELLEN (1)

    V (AUSLASSUNG) TST: 26
==

■ ■ HS.-NR.: 1720   TESTSTELLEN: 104

A. LA   2 : 40, 81   SUMME: 2 TST

B. LA 1/2 : 10, 11, 18, 20, 28, 29, 35, 36, 41, 42, 44, 45, 48, 52, 53, 55,
         56, 65, 66, 76, 84, 87, 88, 91, 97,100,102   SUMME: 27 TST

C. LA   1 :   1- 9, 12- 17, 19, 21- 27, 30- 34, 37- 39, 43, 46, 47, 49, 51,
         57- 64, 67- 72, 74, 75, 77- 80, 82, 83, 85, 86, 89, 90, 92- 96,
         98, 99,101,104
    1D: 73
    1E: 50
    1L: 103   SUMME: 74 TST

E. SONDERLESARTEN AN   1 TESTSTELLE

    TST. 54:   ACTA 16,28   LA: 9   μεγαλη ο παυλος
==

■ ■ HS.-NR.: 1721   TESTSTELLEN: 100

A. LA   2 : 47, 78   SUMME: 2 TST

B. LA 1/2 : 10, 11, 18, 20, 28, 29, 35, 36, 41, 42, 44, 45, 48, 53, 55, 56,
         65, 66, 76, 87, 88, 97,100,102   SUMME: 24 TST

C. LA   1 :   1- 7, 9, 12- 14, 16, 19, 21- 27, 32, 37- 40, 49, 54, 57- 64,
         67- 72, 74, 75, 77, 80- 83, 85, 89, 90, 92- 96, 98, 99,101,103,
         104
    1C: 17
    1D: 31, 33, 73   SUMME: 65 TST

D. SINGULAERLESARTEN AN   2 TESTSTELLEN

    TST. 31:   ACTA 9,31   LA: 1D αι μεν ουν εκκλησιαι ...
       ειχον ειρηνην οικοδομουμεναι και πορευο ...
       επληθυνοντο
    TST. 33:   ACTA 10,11   LA: 1D δεδεμενος και καθιεμενον

E. SONDERLESARTEN AN   9 TESTSTELLEN

```
TST.  8:    ACTA 2,31      LA:  3    εγκατελειφθη η ψυχη αυιου
TST. 15:    ACTA 3,22      LA:  6    γαρ προς τους πατερας ημων
            ειπεν
TST. 30:    ACTA 9,25      LA:  5    οι μαθηται νυκτος
TST. 43:    ACTA 13,20     LA:  6    και μετα ταυτα ως ετεσιν
            τριακοσιοις και πεντηκοντα
TST. 46:    ACTA 13,42     LA:  3    εξιοντων δε αυτων εκ της
            συναγωγης των ιουδαιων
TST. 79:    ACTA 21,20     LA:  4    ιουδαιοι
TST. 84:    ACTA 23,1      LA:  4    παυλος τω συνεδριω
TST. 86:    ACTA 23,20     LA:  4    μελλοντας
TST. 91:    ACTA 24,6-8    LA:  3    ADD. και κατα τον ημετερον
            νομον ηθελησαμεν κριναι παρελθων δε λυσιας ο
            χιλιαρχος μετα πολλης βιας εκ των χειρων ημων
            απηγαγεν. κελευσας τους κατηγορους αυτου ερχεσθαι
            επι σε
```

F. KORREKTUREN AN   1 TESTSTELLE

```
TST. 31:    ACTA 9,31
            C : LA   1   αι μεν ουν εκκλησιαι ... ειχον ειρηνην
            οικοδομουμεναι και πορευομεναι ... επληθυνοντο
```

I. NICHT ERFASSTE STELLEN (4)

```
    Y (FILMFEHLER) TST:  34, 50- 52
```

==

■ ■ HS.-NR.: 1722   TESTSTELLEN: 103

A. LA   2 :   57, 86, 92   SUMME: 3 TST

B. LA 1/2 :   11, 18, 28, 29, 35, 36, 41, 44, 45, 48, 52, 53, 55, 56, 76, 84,
              87, 88, 97,100,102
        1/2B: 20
        1/2Q: 65   SUMME: 23 TST

C. LA   1 :   1- 7, 12- 14, 16, 17, 19, 21- 27, 30- 34, 37- 40, 43, 47,
              49- 51, 54, 58- 64, 67- 75, 78- 83, 85, 89, 90, 93, 94, 96, 99,
              101,104
        1B: 77   SUMME: 67 TST

D. SINGULAERLESARTEN AN   1 TESTSTELLE

```
TST.103:    ACTA 28,16      LA:  4    ο εκατονταρχος τους δεσμιους
            παρεδωκε τω στρατοπεδαρχη τω δε παυλω επετραπη
```

E. SONDERLESARTEN AN   10 TESTSTELLEN

```
TST.  8:    ACTA 2,31      LA:  3    εγκατελειφθη η ψυχη αυτου
TST.  9:    ACTA 2,38      LA:  5    αμαρτιων υμων
TST. 15:    ACTA 3,22      LA:  7    γαρ προς τους πατερας υμων
            ειπεν
TST. 42:    ACTA 12,25     LA:  4    απο ιερουσαλημ
```

TST. 46:   ACTA 13,42   LA: 3   εξιοντων δε αυτων εκ της
συναγωγης των ιουδαιων
TST. 66:   ACTA 18,27   LA: 6   βουλομενου δε αυτου ελθειν
εις την αχαιαν προτρεψαμενοι οι αδελφοι εγραψαν
τοις μαθηταις αποδεξασθαι αυτον
TST. 91:   ACTA 24,6-8   LA: 5C ADD. και κατα τον ημετερον
νομον ηθελησαμεν κριναι παρελθων δε λυσιας ο
χιλιαρχος μετα πολλης βιας εκ των χειρων ημων
απηγαγεν. κελευσας τους κατηγορους ερχεσθαι επι σου
TST. 95:   ACTA 25,5   LA: 4   ατοπον {εν τω ανδρι} τουτω
TST. 98:   ACTA 26,14   LA: 3   λαλουσαν προς με
TST.103:   ACTA 28,16   LA: 4   ο εκατονταρχος τους δεσμιους
παρεδωκε τω στρατοπεδαρχη τω δε παυλω επετραπη

F. KORREKTUREN AN   1 TESTSTELLE

TST. 10:   ACTA 2,43.44
C : LA 11   ADD. εν ιερουσαλημ

I. NICHT ERFASSTE STELLEN (1)

X (UNLESERLICH) TST: 10
===

■ ■ HS.-NR.: 1723   TESTSTELLEN: 87

A. LA   2 : 19, 49, 68, 77   SUMME: 4 TST

B. LA 1/2 : 18, 20, 28, 29, 35, 36, 41, 44, 45, 48, 52, 53, 55, 56, 66, 76,
84, 87, 88, 91, 97,100,102
1/2F: 65   SUMME: 24 TST

C. LA   1 : 17, 21- 27, 30- 34, 37- 40, 43, 46, 47, 50, 51, 54, 57- 64, 67,
69- 75, 78- 83, 85, 89, 90, 92- 96, 98, 99,101,103,104
1B: 86   SUMME: 59 TST

F. KORREKTUREN AN   2 TESTSTELLEN

TST. 42:   ACTA 12,25
C : LA 1/2   εις ιερουσαλημ
TST. 77:   ACTA 21,8
C : LA 1   οι περι τον παυλον ηλθον

I. NICHT ERFASSTE STELLEN (17)

X (UNLESERLICH) TST: 42
Z (LUECKE)   TST: 1- 16
===

■ ■ HS.-NR.: 1724   TESTSTELLEN: 104

A. LA   2 : 19, 21, 23
2C: 13   SUMME: 4 TST

B. LA 1/2 : 10, 11, 20, 28, 29, 35, 41, 42, 44, 45, 48, 53, 55, 56, 65, 76,
87, 88, 91, 97,100,102
1/2B: 52
1/2D: 36

                                                              SUMME: 24 TST
C. LA   1 :   2, 4- 6, 9, 12, 14- 17, 22, 24- 27, 30- 34, 37- 40, 43, 46,
               47, 49, 51, 54, 58- 64, 67- 75, 77- 83, 89, 90, 92- 96, 98, 99,
               101,104
         1B: 1, 3, 7
         1C: 85
         1N: 103   SUMME: 69 TST

D. SINGULAERLESARTEN AN   3 TESTSTELLEN

    TST. 8:   ACTA 2,31   LA: 3D εγκατελημφθη η ψυχη αυτου
    TST. 52:   ACTA 15,24   LA:1/2B εξελθωντες
    TST. 57:   ACTA 17,13   LA: 3   OM. {σαλευοντες} και
    ταρασσοντες

E. SONDERLESARTEN AN   7 TESTSTELLEN

    TST. 8:   ACTA 2,31   LA: 3D εγκατελημφθη η ψυχη αυτου
    TST. 18:   ACTA 4,33   LA: 4   της αναστασεως του κυριου
    ιησου χριστου
    TST. 50:   ACTA 15,18   LA: 7   ταυτα παντα γνωστα απ αιωνος
    εισιν τα εργα αυτου τω θεω
    TST. 57:   ACTA 17,13   LA: 3   OM. {σαλευοντες} και
    ταρασσοντες
    TST. 66:   ACTA 18,27   LA: 11   βουλομενου δε αυτου διελθειν
    εις την αχαιαν προτρεψαμενοι οι αδελφοι εγραψαν
    τοις αδελφοις αποδεξασθαι αυτον
    TST. 84:   ACTA 23,1   LA: 4   παυλος τω συνεδριω
    TST. 86:   ACTA 23,20   LA: 3   μελλοντων
==

  ■ ■ HS.-NR.: 1725   TESTSTELLEN: 104

A. LA   2 :   49, 68, 77   SUMME: 3 TST

B. LA 1/2 :   10, 11, 18, 20, 28, 29, 35, 36, 41, 45, 48, 52, 53, 55, 56, 65,
               66, 76, 84, 87, 88, 91, 97,100,102
       1/2B: 44   SUMME: 26 TST

C. LA   1 :   1- 4, 6- 9, 12- 17, 19, 21- 27, 30- 34, 37- 40, 43, 46, 47,
               50, 51, 54, 57- 64, 67, 69- 75, 78- 82, 85, 89, 90, 92- 96, 98,
               99,101,103,104
         1B: 86
         1C: 83   SUMME: 73 TST

E. SONDERLESARTEN AN   2 TESTSTELLEN

    TST. 5:   ACTA 2,7(2)   LA: 3   προς αλληλους λεγοντες
    TST. 42:   ACTA 12,25   LA: 8   εις αντιοχειαν
==

  ■ ■ HS.-NR.: 1726   TESTSTELLEN: 100

A. LA   2 :   77   SUMME: 1 TST

B. LA 1/2 :   10, 20, 28, 29, 35, 41, 44, 45, 48, 52, 53, 55, 56, 66, 76, 84,
               87, 88, 91, 97,100,102
       1/2F: 65
       1/2K: 36

SUMME: 24 TST
C. LA   1 :   2- 9, 12- 15, 17, 21- 27, 30- 34, 37- 40, 43, 47, 49- 51, 54,
             57- 64, 67- 75, 78- 83, 85, 89, 90, 92- 96, 98, 99,101,103,104
      1B: 86   SUMME: 72 TST

E. SONDERLESARTEN AN   3 TESTSTELLEN

   TST. 11:   ACTA 2,46   LA: 5   καθ ημεραν τε
   προσκαρτερουντες εν τω ιερω ομοθυμαδον κλωντες τε
   κατ οικον αρτον
   TST. 42:   ACTA 12,25   LA: 6   απο ιερουσαλημ εις
   αντιοχειαν
   TST. 46:   ACTA 13,42   LA: 3   εξιοντων δε αυτων εκ της
   συναγωγης των ιουδαιων

F. KORREKTUREN AN   1 TESTSTELLE

   TST. 77:   ACTA 21,8
              C : LA   1   οι περι τον παυλον ηλθον

I. NICHT ERFASSTE STELLEN (4)

   Z (LUECKE)   TST: 1, 16, 18, 19
===

■ ■ HS.-NR.: 1727   TESTSTELLEN: 98

B. LA 1/2 :   10, 20, 35, 36, 41, 44, 45, 48, 52, 53, 55, 56, 65, 66, 76, 84,
             87, 88, 97,100,102   SUMME: 21 TST

C. LA   1 :   1- 9, 12- 17, 19, 21- 25, 32- 34, 37- 40, 43, 47, 49- 51, 54,
             57- 64, 67- 75, 77- 83, 85, 86, 89, 90, 92- 96, 99,101,104
      1L: 103   SUMME: 71 TST

E. SONDERLESARTEN AN   6 TESTSTELLEN

   TST. 11:   ACTA 2,46   LA: 5   καθ ημεραν τε
   προσκαρτερουντες εν τω ιερω ομοθυμαδον κλωντες τε
   κατ οικον αρτον
   TST. 18:   ACTA 4,33   LA: 4   της αναστασεως του κυριου
   ιησου χριστου
   TST. 42:   ACTA 12,25   LA: 6   απο ιερουσαλημ εις
   αντιοχειαν
   TST. 46:   ACTA 13,42   LA: 3   εξιοντων δε αυτων εκ της
   συναγωγης των ιουδαιων
   TST. 91:   ACTA 24,6-8   LA: 5   ADD. και κατα τον ημετερον
   νομον ηθελησαμεν κριναι παρελθων δε λυσιας ο
   χιλιαρχος μετα πολλης βιας εκ των χειρων ημων
   απηγαγεν. κελευσας τους κατηγορους αυτου ερχεσθαι
   επι σου
   TST. 98:   ACTA 26,14   LA: 3   λαλουσαν προς με

F. KORREKTUREN AN   1 TESTSTELLE

   TST. 17:   ACTA 4,25
              C : LA 1C ο δια στοματος δαυιδ του παιδος σου ειπων

I. NICHT ERFASSTE STELLEN (6)

    Z (LUECKE)   TST: 26- 31
===

■ ■ HS.-NR.: 1728   TESTSTELLEN: 2

C. LA   1 : 104
        1L: 103   SUMME: 2 TST

I. NICHT ERFASSTE STELLEN (102)

    Z (LUECKE)   TST: 1-102
===

■ ■ HS.-NR.: 1729   TESTSTELLEN: 87

A. LA   2 : 23, 49, 77, 78, 90, 92, 93   SUMME: 7 TST

B. LA 1/2 : 18, 20, 28, 29, 35, 41, 42, 44, 45, 48, 52, 56, 65, 66, 76, 84,
             87, 88, 97,100,102
      1/2F: 36   SUMME: 22 TST

C. LA   1 : 21, 22, 24- 27, 30- 32, 34, 37- 40, 43, 47, 51, 57- 64, 69- 72,
             74, 75, 79, 81- 83, 85, 89, 94- 96, 98, 99,104
        1B: 50
        1C: 67,101
        1G: 17,103   SUMME: 48 TST

D. SINGULAERLESARTEN AN   5 TESTSTELLEN

      TST. 17:   ACTA 4,25   LA: 1G ο δια στοματος παιδος σου
                 δαυιδ ειπων
      TST. 46:   ACTA 13,42   LA: 7   εξηοντων δε αυτων απο της
                 συναγωγης
      TST. 55:   ACTA 16,33   LA: 6   ο οικος αυτου συμπας
      TST. 80:   ACTA 21,25   LA: 8   ADD. μηδεν {κριναντες}
                 τοιουτον τηρειν αυτους ει μη
      TST.101:   ACTA 27,14   LA: 1C ευρωκλυδον

E. SONDERLESARTEN AN 10 TESTSTELLEN

      TST. 33:   ACTA 10,11   LA: 3   δεδεμενον
      TST. 46:   ACTA 13,42   LA: 7   εξηοντων δε αυτων απο της
                 συναγωγης
      TST. 53:   ACTA 15,34   LA: 3   εδοξεν δε τω σιλα επιμειναι
                 αυτου
      TST. 54:   ACTA 16,28   LA: 5   ο παυλος φωνη μεγαλη
      TST. 55:   ACTA 16,33   LA: 6   ο οικος αυτου συμπας
      TST. 68:   ACTA 19,3   LA: 15 ο δε ειπεν αυτοις
      TST. 73:   ACTA 20,24(1) LA: 10 ουδενος τουτων λογον
                 ποιουμαι ουδε εχω την ψυχην μου
      TST. 80:   ACTA 21,25   LA: 8   ADD. μηδεν {κριναντες}
                 τοιουτον τηρειν αυτους ει μη
      TST. 86:   ACTA 23,20   LA: 3B μελλωντων
      TST. 91:   ACTA 24,6-8   LA: 5   ADD. και κατα τον ημετερον
                 νομον ηθελησαμεν κριναι παρελθων δε λυσιας ο
                 χιλιαρχος μετα πολλης βιας εκ των χειρων ημων

απηγαγεν. κελευσας τους κατηγορους αυτου ερχεσθαι
επι σου

F. KORREKTUREN AN   1 TESTSTELLE

TST.103:   ACTA 28,16
    C : LA   1   ο εκατονταρχος παρεδωκε(ν) τους δεσμιους
             τω στρατοπεδαρχη τω δε παυλω επετραπη

I. NICHT ERFASSTE STELLEN (17)

    V (AUSLASSUNG) TST: 19
    Z (LUECKE)   TST: 1- 16
===

■ ■ HS.-NR.: 1730   TESTSTELLEN: 36

A. LA   2B: 86   SUMME: 1 TST

B. LA 1/2 : 76, 84, 87, 88, 91, 97,100,102   SUMME: 8 TST

C. LA   1 : 27, 70- 75, 77- 83, 85, 89, 90, 92- 96, 98, 99,101,104
     1L: 103   SUMME: 27 TST

I. NICHT ERFASSTE STELLEN (68)

    Z (LUECKE)   TST: 1- 26, 28- 69
===

■ ■ HS.-NR.: 1731   TESTSTELLEN: 63

A. LA   2 : 78   SUMME: 1 TST

B. LA 1/2 : 41, 42, 44, 45, 48, 52, 53, 55, 56, 65, 66, 76, 84, 87, 88, 97,
     100,102   SUMME: 18 TST

C. LA   1 : 43, 46, 47, 49- 51, 54, 57- 64, 67- 71, 73- 75, 77, 79, 80, 82,
     83, 85, 89, 90, 92- 96, 98, 99,101,104
     1B: 86
     1L: 103   SUMME: 42 TST

E. SONDERLESARTEN AN   2 TESTSTELLEN

TST. 72:   ACTA 20,15   LA: 4   και μειναντες εν τρωγυλιω
    (ET SIM.) τη ερχομενη
TST. 91:   ACTA 24,6-8   LA: 4C ADD. και κατα τον ημετερον
    νομον ηθελησαμεν κριναι παρελθων δε λυσιας ο
    χιλιαρχος μετα πολλης βιας εκ των χειρων ημων
    απηγαγεν. κελευσας και τους κατηγορους αυτου
    ερχεσθαι προς σε

I. NICHT ERFASSTE STELLEN (41)

    Y (FILMFEHLER) TST: 81
    Z (LUECKE)   TST: 1- 40
===

■ ■ HS.-NR.: 1732   TESTSTELLEN: 104

A. LA   2 : 19, 49, 68, 77   SUMME: 4 TST

B. LA 1/2 : 10, 11, 18, 20, 28, 29, 35, 36, 41, 44, 45, 48, 52, 53, 55, 56,
             65, 66, 76, 84, 87, 88, 91, 97,100,102   SUMME: 26 TST

C. LA   1 :   1- 9, 12- 17, 21- 27, 30- 34, 37- 40, 43, 47, 50, 51, 54,
             57- 64, 67, 69- 75, 78- 83, 85, 89, 90, 92- 96, 98, 99,101,103,
             104
         1B: 46, 86   SUMME: 73 TST

D. SINGULAERLESARTEN AN   1 TESTSTELLE

   TST. 46:   ACTA 13,42   LA: 1B εξιοντες δε εκ της συναγωγης
               των ιουδαιων

E. SONDERLESARTEN AN   1 TESTSTELLE

   TST. 42:   ACTA 12,25   LA: 8   εις αντιοχειαν

G. MARGINALLESARTEN AN   1 TESTSTELLE

   TST. 77:   ACTA 21,8
               L : LA   1   οι περι τον παυλον ηλθον
===

■ ■ HS.-NR.: 1733   TESTSTELLEN: 104

A. LA   2 : 19, 49, 68, 77   SUMME: 4 TST

B. LA 1/2 : 10, 11, 18, 20, 28, 29, 35, 36, 41, 44, 45, 48, 52, 53, 55, 56,
             65, 66, 76, 84, 87, 88, 91, 97,100,102   SUMME: 26 TST

C. LA   1 :   1- 9, 12- 17, 21- 27, 30- 34, 37- 40, 43, 46, 47, 50, 51, 54,
             57- 64, 67, 69- 75, 78- 83, 85, 89, 90, 92- 96, 98, 99,101,103,
             104
         1B: 86   SUMME: 73 TST

E. SONDERLESARTEN AN   1 TESTSTELLE

   TST. 42:   ACTA 12,25   LA: 4   απο ιερουσαλημ
===

■ ■ HS.-NR.: 1734   TESTSTELLEN: 104

A. LA   2 : 86   SUMME: 1 TST

B. LA 1/2 : 10, 18, 20, 28, 29, 35, 41, 42, 44, 45, 48, 52, 53, 55, 56, 65,
             66, 76, 84, 87, 88, 91, 97,100,102
        1/2D: 36
        1/2L: 11   SUMME: 27 TST

C. LA   1 :   1- 7, 9, 12- 17, 19, 21- 27, 30- 34, 37- 40, 43, 46, 47,
             49- 51, 54, 57- 64, 67- 75, 77- 80, 82, 83, 85, 89, 90, 92- 96,
             98, 99,101,104
         1B: 81
         1L: 103

D. SINGULAERLESARTEN AN   1 TESTSTELLE

SUMME: 75 TST

TST. 8:   ACTA 2,31   LA: 3C εκατελειφθη η ψυχη αυτου

E. SONDERLESARTEN AN   1 TESTSTELLE

TST. 8:   ACTA 2,31   LA: 3C εκατελειφθη η ψυχη αυτου
==

■ ■ HS.-NR.: 1735   TESTSTELLEN: 100

A. LA   2 : 47, 49, 57, 61, 67, 72, 74, 77, 78
        2B: 46, 54   SUMME: 11 TST

B. LA 1/2 : 10, 11, 18, 20, 29, 35, 41, 42, 44, 45, 48, 52, 55, 56, 65, 66,
             76, 84, 87, 88, 97,100,102
        1/2K: 36   SUMME: 24 TST

C. LA   1 : 1- 6, 9, 12- 17, 19, 21- 27, 30, 31, 33, 34, 37, 38, 40, 50,
             51, 58- 60, 62, 63, 70, 71, 79- 83, 85, 86, 89, 90, 92, 93, 95,
             96, 98, 99,101
        1B: 7, 8
        1D: 39   SUMME: 56 TST

D. SINGULAERLESARTEN AN   5 TESTSTELLEN

TST. 43:   ACTA 13,20   LA: 3   και μετα ταυτα ως ετεσιν
      τετρακοσιοις και πεντηκοντα και μετα ταυτα
TST. 46:   ACTA 13,42   LA: 2B εξιοντων τε αυτων
TST. 53:   ACTA 15,34   LA: 6   εδοξεν δε τον σιλαν
      παραμειναι αυτου
TST. 54:   ACTA 16,28   LA: 2B μεγαλη τη φωνη ο παυλος
TST. 64:   ACTA 18,20   LA: 10 παραμειναι

E. SONDERLESARTEN AN   9 TESTSTELLEN

TST. 28:   ACTA 8,37   LA: 3D ειπεν δε αυτω: ει πιστευεις
      εξ ολης της καρδιας σου εξεστιν. αποκριθεις δε
      ειπεν: πιστευω τον υιον του θεου ειναι ιησουν
      χριστον
TST. 32:   ACTA 10,10   LA: 3   επεσεν
TST. 43:   ACTA 13,20   LA: 3   και μετα ταυτα ως ετεσιν
      τετρακοσιοις και πεντηκοντα και μετα ταυτα
TST. 53:   ACTA 15,34   LA: 6   εδοξεν δε τον σιλαν
      παραμειναι αυτου
TST. 64:   ACTA 18,20   LA: 10 παραμειναι
TST. 68:   ACTA 19,3   LA: 4   ο δε ειπεν
TST. 69:   ACTA 19,14   LA: 3   ησαν δε τινες σκευα ιουδαιου
      αρχιερεως επτα υιοι τουτο ποιουντες
TST. 75:   ACTA 20,29   LA: 3   γαρ οιδα
TST. 94:   ACTA 24,22   LA: 10 ακουσας δε ταυτα ο φηλιξ
      ανελαβετο αυτους

F. KORREKTUREN AN   3 TESTSTELLEN

TST. 48:   ACTA 15,2
      C : LA 9   εταξαν αναβαινειν και τινας αλλους εξ
      αυτων

TST. 73:   ACTA 20,24(1)
     C : LA   6   ουδενος λογον εχω ουδε ποιουμαι την ψυχην
TST. 91:   ΛCTA 24,6-8
     C : LA   3C ADD. και κατα τον ημετερον νομον
              ηθελησαμεν κριναι παρελθων δε λυσιας ο χιλιαρχος
              μετα πολλης βιας εκ των χειρων ημων απηγαγεν.
              κελευσας και τους κατηγορους αυτου ερχεσθαι επι
              σε

I. NICHT ERFASSTE STELLEN (4)

     X (UNLESERLICH) TST: 73, 91
     Z (LUECKE)   TST: 103,104
==

■ ■ HS.-NR.: 1736   TESTSTELLEN: 104

A. LA   2 :   47
        2B: 86   SUMME: 2 TST

B. LA 1/2 :   10, 11, 18, 20, 28, 29, 35, 36, 41, 42, 44, 45, 48, 52, 53, 55,
              56, 65, 66, 76, 84, 87, 91, 97,100,102   SUMME: 26 TST

C. LA   1 :   1- 7, 9, 12- 17, 19, 21- 27, 30- 34, 37- 40, 43, 46, 51, 54,
              57- 64, 67- 75, 77- 83, 85, 89, 90, 92- 96, 98, 99,101,103,104
        1B: 50   SUMME: 73 TST

E. SONDERLESARTEN AN   3 TESTSTELLEN

     TST. 8:   ACTA 2,31   LA: 3   εγκατελειφθη η ψυχη αυτου
     TST. 49:   ACTA 15,7   LA: 3   OM. εν υμιν
     TST. 88:   ACTA 23,25(2)   LA: 3   γραψας και επιστολην
                 περιεχουσαν τον τυπον τουτον

F. KORREKTUREN AN   1 TESTSTELLE

     TST. 49:   ACTA 15,7
          C : LA   1   εν ημιν
==

■ ■ HS.-NR.: 1737   TESTSTELLEN: 104

A. LA   2 :   19, 49, 68, 77   SUMME: 4 TST

B. LA 1/2 :   10, 11, 18, 20, 28, 29, 35, 41, 42, 44, 45, 48, 52, 53, 55, 56,
              65, 66, 76, 84, 87, 88, 91, 97,100,102
        1/2F: 36   SUMME: 27 TST

C. LA   1 :   1- 9, 12- 16, 21- 27, 30- 34, 37- 40, 43, 46, 47, 50, 51, 54,
              57- 64, 67, 69- 71, 73- 75, 78- 83, 85, 89, 90, 92- 96, 98, 99,
              101,103,104
        1B: 86
        1C: 17   SUMME: 72 TST

E. SONDERLESARTEN AN   1 TESTSTELLE

     TST. 72:   ACTA 20,15   LA: 4   και μειναντες εν τρωγυλιω
              (ET SIM.) τη ερχομενη

■ ■ HS.-NR.: 1738   TESTSTELLEN: 20

B. LA 1/2 : 87, 88, 91, 97,100,102   SUMME: 6 TST

C. LA   1 : 71, 86, 89, 90, 92- 96, 98, 99,101,103,104   SUMME: 14 TST

I. NICHT ERFASSTE STELLEN (84)

    Z (LUECKE)   TST: 1- 70, 72- 85
===

■ ■ HS.-NR.: 1739   TESTSTELLEN: 104

A. LA   2 :   6, 14, 17, 19, 21, 23, 26, 31, 32, 37, 40, 46, 47, 49, 57, 59,
             64, 69, 70, 72, 75, 77, 79, 83, 85, 90, 92- 96, 98,103,104
    2B: 34, 67
    2C: 50   SUMME: 37 TST

B. LA 1/2 : 10, 11, 20, 35, 36, 41, 44, 45, 48, 52, 55, 56, 65, 66, 76, 87,
             88, 97,100,102   SUMME: 20 TST

C. LA   1 :   1- 5, 9, 16, 22, 25, 27, 30, 33, 38, 43, 51, 54, 58, 60- 63,
             71, 74, 78, 81, 82, 99,101
    1B: 24
    1D: 73   SUMME: 30 TST

E. SONDERLESARTEN AN 17 TESTSTELLEN

    TST. 7:   ACTA 2,30   LA: 16 αναστησειν τον χριστον
       καθισαι
    TST. 8:   ACTA 2,31   LA: 3 εγκατελειφθη η ψυχη αυτου
    TST. 12:   ACTA 2,47.3,1 LA: 3 τη εκκλησια επι το αυτο.
       πετρος δε
    TST. 13:   ACTA 3,11   LA: 3D κρατουντος δε αυτου τον
       πετρον και τον ιωαννην συνεδραμεν προς αυτους πας ο
       λαος
    TST. 15:   ACTA 3,22   LA: 3 ειπεν προς τους πατερας
    TST. 18:   ACTA 4,33   LA: 4 της αναστασεως του κυριου
       ιησου χριστου
    TST. 28:   ACTA 8,37   LA: 3D ειπεν δε αυτω: ει πιστευεις
       εξ ολης της καρδιας σου εξεστιν. αποκριθεις δε
       ειπεν: πιστευω τον υιον του θεου ειναι ιησουν
       χριστον
    TST. 29:   ACTA 8,39   LA: 5 πνευμα αγιον επεπεσεν επι
       τον ευνουχον αγγελος δε κυριου
    TST. 39:   ACTA 10,47   LA: 4 δυναται τις κωλυσαι
    TST. 42:   ACTA 12,25   LA: 5 εξ ιερουσαλημ εις αντιοχειαν
    TST. 53:   ACTA 15,34   LA: 3 εδοξεν δε τω σιλα επιμειναι
       αυτου
    TST. 68:   ACTA 19,3   LA: 3 ειπε(ν) δε
    TST. 80:   ACTA 21,25   LA: 6B ADD. μηδεν τοιουτο τηρειν
       αυτους αλλα
    TST. 84:   ACTA 23,1   LA: 3 τω συνεδριω ο παυλος
    TST. 86:   ACTA 23,20   LA: 3 μελλοντων
    TST. 89:   ACTA 23,30   LA: 14 εσεσθαι εξ αυτων
    TST. 91:   ACTA 24,6-8   LA: 3 ADD. και κατα τον ημετερον
       νομον ηθελησαμεν κριναι παρελθων δε λυσιας ο
       χιλιαρχος μετα πολλης βιας εκ των χειρων ημων

```
          απηγαγεν. κελευσας τους κατηγορους αυτου ερχεσθαι
          επι σε
========================================================================

   ■  ■ HS.-NR.: 1740        TESTSTELLEN: 104

A. LA   2 :  19, 49, 68, 77                              SUMME:  4 TST

B. LA 1/2 :  10, 11, 18, 20, 28, 29, 35, 36, 41, 42, 44, 45, 48, 52, 53, 55,
             56, 65, 66, 76, 84, 87, 88, 91, 97,100,102   SUMME: 27 TST

C. LA   1 :   1-  9, 12- 17, 21- 27, 30- 34, 37- 40, 43, 46, 47, 50, 51, 54,
             57- 64, 67, 69- 75, 78- 83, 85, 89, 90, 92- 96, 98, 99,101,103,
             104
       1B:  86                                           SUMME: 73 TST
========================================================================

   ■  ■ HS.-NR.: 1741        TESTSTELLEN: 101

B. LA 1/2 :  10, 11, 18, 20, 28, 29, 35, 41, 42, 44, 45, 48, 52, 53, 55, 56,
             65, 66, 76, 84, 87, 88, 97,100,102
      1/2F: 36                                           SUMME: 26 TST

C. LA   1 :   2-  6,  8,  9, 12- 16, 19, 21- 27, 31- 34, 37- 40, 43, 46, 47,
             49- 51, 54, 57- 64, 67- 70, 73- 75, 77- 83, 85, 86, 89, 90,
             92- 96, 99,103
       1B: 101
       1C:  17, 98
       1D:  30
       1F: 104                                           SUMME: 73 TST

D. SINGULAERLESARTEN AN    1 TESTSTELLE

       TST. 98:   ACTA 26,14     LA: 1C  λαλουσης προς με και
             λεγουσαν

E. SONDERLESARTEN AN    2 TESTSTELLEN

       TST.  7:   ACTA 2,30      LA: 3   το κατα σαρκα αναστησειν τον
             χριστον καθισαι τε
       TST. 91:   ACTA 24,6-8    LA: 13B ADD. ηβουληθημεν κριναι κατα
             τον νομον ημων ελθων δε λυσιας ο χιλιαρχος βια
             πολλη εκ των χειρων ημων αφειλετο και προς σε
             απεστειλε. κελευσας τους κατηγορους αυτου ελθειν
             προς σε

I. NICHT ERFASSTE STELLEN (  3)

       Z (LUECKE)     TST:  1, 71, 72
========================================================================

   ■  ■ HS.-NR.: 1742        TESTSTELLEN: 103

A. LA   2 :  49, 78                                      SUMME:  2 TST

B. LA 1/2 :  10, 11, 18, 20, 28, 29, 35, 41, 42, 44, 45, 48, 52, 53, 56, 65,
             76, 84, 87, 88, 91, 97,100,102
      1/2F: 36, 55
```

```
                                                   SUMME: 26 TST
C. LA   1 :    2-  9, 12- 17,  19,  21- 27,  30- 34, 37- 40, 43, 46, 47, 50, 51,
              54, 57- 64, 67- 75, 77, 79- 83, 85, 89, 90, 92, 93, 95, 96, 98,
              99,101,103,104
        1C:   94                                   SUMME: 73 TST
```

E. SONDERLESARTEN AN   2 TESTSTELLEN

```
    TST. 66:   ACTA 18,27     LA: 10   βουλομενου δε αυτου διελθειν
               εις την αχαιαν προπεμψαμενοι οι αδελφοι εγραψαν
               τοις μαθηταις αποδεξασθαι αυτον
    TST. 86:   ACTA 23,20     LA:  4   μελλοντας
```

I. NICHT ERFASSTE STELLEN (1)

```
    Z (LUECKE)    TST:  1
```
===

■ ■ HS.-NR.: 1743   TESTSTELLEN: 102

```
A. LA   2 :  57, 77                                SUMME:  2 TST

B. LA 1/2 :  11, 18, 20, 28, 29, 35, 36, 41, 44, 45, 48, 55, 56, 65, 66, 76,
             84, 87, 88, 97,100,102                SUMME: 22 TST

C. LA   1 :   1-  9, 12- 14, 16, 17, 19, 21- 27, 30- 34, 37- 40, 43, 47,
             49- 51, 54, 58- 64, 67- 72, 74, 75, 78- 83, 85, 89, 90, 92, 93,
             96, 98, 99,101,103,104
        1B:  86
        1C:  94                                     SUMME: 71 TST
```

E. SONDERLESARTEN AN   7 TESTSTELLEN

```
    TST. 10:   ACTA 2,43.44    LA:  8   ADD. εν ιερουσαλημ φοβος τε
               ην μεγας
    TST. 15:   ACTA 3,22       LA:  7   γαρ προς τους πατερας υμων
               ειπεν
    TST. 42:   ACTA 12,25      LA:  4   απο ιερουσαλημ
    TST. 46:   ACTA 13,42      LA:  3   εξιοντων δε αυτων εκ της
               συναγωγης των ιουδαιων
    TST. 73:   ACTA 20,24(1)   LA: 10   ουδενος τουτων λογον
               ποιουμαι ουδε εχω την ψυχην μου
    TST. 91:   ACTA 24,6-8     LA:  3   ADD. και κατα τον ημετερον
               νομον ηθελησαμεν κριναι παρελθων δε λυσιας ο
               χιλιαρχος μετα πολλης βιας εκ των χειρων ημων
               απηγαγεν. κελευσας τους κατηγορους αυτου ερχεσθαι
               επι σε
    TST. 95:   ACTA 25,5       LA:  4   ατοπον {εν τω ανδρι} τουτω
```

I. NICHT ERFASSTE STELLEN (2)

```
    Z (LUECKE)    TST: 52, 53
```
===

■ ■ HS.-NR.: 1744   TESTSTELLEN: 104

```
A. LA   2 :  61                                    SUMME:  1 TST

B. LA 1/2 :  10, 11, 18, 20, 28, 29, 35, 41, 42, 44, 45, 48, 52, 53, 55, 56,
```

```
            65, 76, 84, 87, 88, 91, 97,100,102
    1/2L:   36                                           SUMME: 26 TST
```

C. LA   1 :   1- 6, 8, 9, 12, 14- 17, 19, 22- 27, 30- 34, 37- 40, 43, 46,
             47, 49- 51, 54, 57- 60, 62- 64, 67- 75, 77- 8ɔ, 85, 89, 90,
             92- 94, 96, 98, 99,101,104
        1L: 103   SUMME: 71 TST

E. SONDERLESARTEN AN   6 TESTSTELLEN

    TST. 7:   ACTA 2,30   LA: 3   το κατα σαρκα αναστησειν τον
               χριστον καθισαι τε
    TST. 13:   ACTA 3,11   LA: 9   κρατουντος δε του ιαθεντος
               χωλου τον πετρον και τον ιωαννην συνεδραμεν πας ο
               λαος προς αυτους
    TST. 21:   ACTA 5,24   LA: 6   ο τε αρχιερευς και ο
               στρατηγος
    TST. 66:   ACTA 18,27   LA: 11   βουλομενου δε αυτου διελθειν
               εις την αχαιαν προτρεψαμενοι οι αδελφοι εγραψαν
               τοις αδελφοις αποδεξασθαι αυτον
    TST. 86:   ACTA 23,20   LA: 3   μελλοντων
    TST. 95:   ACTA 25,5   LA: 4   ατοπον {εν τω ανδρι} τουτω

F. KORREKTUREN AN   2 TESTSTELLEN

    TST. 18:   ACTA 4,33
           C : LA   4   της αναστασεως του κυριου ιησου χριστου
    TST. 51:   ACTA 15,23
           C : LA   6   δια χειρος επιστολην αυτων ταδε

G. MARGINALLESARTEN AN   1 TESTSTELLE

    TST.103:   ACTA 28,16
           L : LA   1   ο εκατονταρχος παρεδωκε(ν) τους δεσμιους
               τω στρατοπεδαρχη τω δε παυλω επετραπη
===

■ ■ HS.-NR.: 1745   TESTSTELLEN: 15

B. LA 1/2 : 87, 88, 91,100,102   SUMME: 5 TST

C. LA   1 : 89, 90, 92, 93, 98, 99,101,103,104
        1B: 86   SUMME: 10 TST

I. NICHT ERFASSTE STELLEN (89)

      Z (LUECKE)   TST: 1- 85, 94- 97
===

■ ■ HS.-NR.: 1746   TESTSTELLEN: 103

A. LA   2 : 19, 49, 68, 77   SUMME: 4 TST

B. LA 1/2 : 10, 11, 18, 20, 28, 29, 35, 36, 41, 42, 44, 45, 48, 52, 53, 55,
             56, 65, 66, 76, 84, 87, 88, 91, 97,100,102 SUMME: 27 TST

C. LA   1 :   1- 7, 9, 12- 16, 21- 27, 30- 34, 37- 40, 43, 46, 47, 50, 51,
             54, 57- 64, 67, 69- 75, 78- 83, 85, 89, 90, 92- 96, 98, 99,101,

```
              103,104
        1B:  17, 86                                    SUMME: 72 TST
```

D. SINGULAERLESARTEN AN   1 TESTSTELLE

    TST. 17:   ACTA 4,25   LA: 1B ο δια στοματος δαυιδ παιδος
         σου ηπον

F. KORREKTUREN AN   1 TESTSTELLE

    TST. 8:   ACTA 2,31
         C : LA   1   κατελειφθη η ψυχη αυτου

I. NICHT ERFASSTE STELLEN (1)

    X (UNLESERLICH) TST: 8
===

■ ■ HS.-NR.: 1747   TESTSTELLEN: 76

B. LA 1/2 :   10, 11, 18, 20, 28, 29, 35, 36, 42, 44, 45, 48, 52, 53, 55, 56,
              65,100,102
    1/2D: 41   SUMME: 20 TST

C. LA   1 :   1- 6, 8, 9, 12- 16, 19, 21- 27, 31- 34, 37- 40, 43, 46, 47,
              49- 51, 54, 57- 64, 67- 69, 98, 99,101,103,104
    1C: 17
    1D: 30   SUMME: 54 TST

E. SONDERLESARTEN AN   2 TESTSTELLEN

    TST. 7:   ACTA 2,30   LA: 3   το κατα σαρκα αναστησειν τον
         χριστον καθισαι τε
    TST. 66:   ACTA 18,27   LA: 10 βουλομενου δε αυτου διελθειν
         εις την αχαιαν προπεμψαμενοι οι αδελφοι εγραψαν
         τοις μαθηταις αποδεξασθαι αυτον

I. NICHT ERFASSTE STELLEN (28)

    Z (LUECKE)   TST: 70- 97
===

■ ■ HS.-NR.: 1748   TESTSTELLEN: 103

A. LA   2 :   19, 49, 68, 77, 86   SUMME: 5 TST

B. LA 1/2 :   10, 11, 18, 20, 28, 29, 35, 36, 41, 42, 44, 45, 48, 52, 53, 55,
              56, 65, 66, 76, 84, 87, 88, 91,100,102   SUMME: 26 TST

C. LA   1 :   1- 9, 12- 16, 21- 27, 30- 34, 37- 40, 43, 46, 47, 50, 51, 54,
              57- 64, 67, 69- 75, 78- 83, 85, 89, 90, 92- 96, 98, 99,101,104
    1L: 103   SUMME: 71 TST

E. SONDERLESARTEN AN   1 TESTSTELLE

    TST. 97:   ACTA 25,17   LA: 4   ουν ενθαδε
```
```

I. NICHT ERFASSTE STELLEN (1)

    Z (LUECKE)   TST: 17
==

■ ■ HS.-NR.: 1749   TESTSTELLEN: 104

A. LA   2 : 19, 49, 68, 77   SUMME: 4 TST

B. LA 1/2 : 10, 11, 18, 20, 28, 29, 35, 36, 41, 44, 45, 48, 52, 53, 55, 56,
            65, 66, 76, 84, 87, 88, 91, 97,100,102   SUMME: 26 TST

C. LA   1 :   1- 9, 12- 17, 21- 27, 31- 34, 37- 40, 43, 47, 50, 51, 54,
            57- 64, 67, 69- 75, 78- 83, 85, 89, 90, 92- 96, 98, 99,101,103,
            104
       1B: 86   SUMME: 71 TST

E. SONDERLESARTEN AN   3 TESTSTELLEN

      TST. 30:   ACTA 9,25   LA: 5   οι μαθηται νυκτος
      TST. 42:   ACTA 12,25   LA: 8   εις αντιοχειαν
      TST. 46:   ACTA 13,42   LA: 3   εξιοντων δε αυτων εκ της
      συναγωγης των ιουδαιων
==

■ ■ HS.-NR.: 1750   TESTSTELLEN: 102

A. LA   2 : 19   SUMME: 1 TST

B. LA 1/2 : 10, 11, 18, 20, 28, 29, 35, 41, 42, 44, 45, 48, 52, 53, 55, 56,
            65, 66, 76, 84, 87, 88, 97,100,102
     1/2C: 36   SUMME: 26 TST

C. LA   1 :   1- 6, 8, 9, 12- 15, 21- 27, 30- 34, 37- 40, 43, 46, 47,
            49- 51, 54, 57- 64, 67- 75, 77- 83, 85, 86, 89, 90, 92- 96, 98,
            99,103,104
       1B: 101   SUMME: 73 TST

D. SINGULAERLESARTEN AN   1 TESTSTELLE

      TST. 36:   ACTA 10,25   LA:1/2C ως δε εγενετο του εισελθον
      τον πετρον συναντησας αυτω ο κορνηλιος

E. SONDERLESARTEN AN   2 TESTSTELLEN

      TST. 7:   ACTA 2,30   LA: 3   το κατα σαρκα αναστησειν τον
      χριστον καθισαι τε
      TST. 91:   ACTA 24,6-8   LA: 13B ADD. ηβουληθημεν κριναι κατα
      τον νομον ημων ελθων δε λυσιας ο χιλιαρχος βια
      πολλη εκ των χειρων ημων αφειλετο και προς σε
      απεστειλε. κελευσας τους κατηγορους αυτου ελθειν
      προς σε

I. NICHT ERFASSTE STELLEN (2)

    Z (LUECKE)   TST: 16, 17
==

■ ■ HS.-NR.: 1751   TESTSTELLEN: 102

A. LA   2 : 14, 19, 23, 32, 46, 47, 49, 57, 61, 79, 83, 90, 92, 94, 95, 98
        2B: 67
        2D: 21   SUMME: 18 TST

B. LA 1/2 : 10, 11, 20, 29, 35, 41, 44, 45, 52, 55, 56, 76, 87, 88,100,102
      1/2C: 84
      1/2E: 66
      1/2F: 36   SUMME: 19 TST

C. LA   1 :   1, 2, 4, 5, 9, 16, 22, 25- 27, 31, 33, 37, 38, 43, 51, 54,
             59, 60, 62- 64, 69, 71- 74, 78, 82, 85, 86, 93, 99,104
        1B: 3, 6, 7, 13, 24, 70, 75,103
        1C: 17
        1F: 101   SUMME: 44 TST

D. SINGULAERLESARTEN AN   9 TESTSTELLEN

    TST. 21:   ACTA 5,24   LA: 2D οτι ο στρατηγος
    TST. 34:   ACTA 10,12   LA: 9B παντα τα τετραποδα και τα
    ερπετα της γης και τα θυρια και τα πετεινα του
    ουρανου
    TST. 48:   ACTA 15,2   LA: 7 εταξαν αναβαινειν παυλον και
    βαρναβαν προς αυτους και τινας αλλους εξ αυτων
    TST. 50:   ACTA 15,18   LA: 5B ταυτα γνωστα απ αιωνος εστιν
    παντα τα εργα αυτου
    TST. 58:   ACTA 17,23   LA: 3B ο ουν αγνοουντες ευσεβειται
    τουτον
    TST. 66:   ACTA 18,27   LA:1/2E βουλομενος δε αυτου διελθειν
    εις την αχαιαν προτρεψαμενοι οι αδελφοι εγραψαν
    τοις μαθηταις αποδεξασθαι αυτον
    TST. 91:   ACTA 24,6-8   LA: 3H ADD. και κατα τον ημετερον
    νομον ηθελησαμεν κριναι παρελθων δε λυσιας ο
    χιλιαρχος μετα πολλης βιας εκ των χειρων υμων
    απηγαγεν. κελευσας τους κατηγορους αυτου ερχεσθαι
    επι σε
    TST.101:   ACTA 27,14   LA: 1F ευρικλιδου
    TST.103:   ACTA 28,16   LA: 1B ο εκατονταρχος παρεδωκε τους
    δεσμιους τω στρατοπεδαρχη τω παυλω δε επετραπη

E. SONDERLESARTEN AN 21 TESTSTELLEN

    TST. 8:   ACTA 2,31   LA: 3B εγκατεληφθη η ψυχη αυτου
    TST. 12:   ACTA 2,47.3,1 LA: 8 τη εκκλησια επι το αυτο. εν
    ταις ημεραις εκειναις πετρος
    TST. 15:   ACTA 3,22   LA: 3 ειπεν προς τους πατερας
    TST. 18:   ACTA 4,33   LA: 4 της αναστασεως του κυριου
    ιησου χριστου
    TST. 28:   ACTA 8,37   LA: 3D ειπεν δε αυτω: ει πιστευεις
    εξ ολης της καρδιας σου εξεστιν. αποκριθεις δε
    ειπεν: πιστευω τον υιον του θεου ειναι ιησουν
    χριστον
    TST. 30:   ACTA 9,25   LA: 5 οι μαθηται νυκτος
    TST. 34:   ACTA 10,12   LA: 9B παντα τα τετραποδα και τα
    ερπετα της γης και τα θυρια και τα πετεινα του
    ουρανου

```
TST. 39:    ACTA 10,47    LA:  4   δυναται τις κωλυσαι
TST. 40:    ACTA 11,2     LA:  4   οτε δε ανεβη πετρος εις
ιερουσαλημ/ιερυσολυμα διεκρινοντο προς αυτον
TST. 42:    ACTA 12,25    LA:  5   εξ ιερουσαλημ εις αντιοχειαν
TST. 48:    ACTA 15,2     LA:  7   εταξαν αναβαινειν παυλον και
βαρναβαν προς αυτους και τινας αλλους εξ αυτων
TST. 50:    ACTA 15,18    LA:  5B  ταυτα γνωστα απ αιωνος εστιν
παντα τα εργα αυτου
TST. 53:    ACTA 15,34    LA:  8   εδοξεν δε τω σιλα επιμειναι
αυτοθι
TST. 58:    ACTA 17,23    LA:  3B  ο ουν αγνοουντες ευσεβειται
τουτον
TST. 65:    ACTA 18,21.22 LA:  8   ανηχθη απο της εφεσου, εν
ταις ημεραις εκειναις κατελθων ο παυλος
TST. 68:    ACTA 19,3     LA:  3   ειπε(ν) δε
TST. 77:    ACTA 21,8     LA:  5   οι αποστολοι ηλθον
TST. 80:    ACTA 21,25    LA:  6   ADD. μηδεν τοιουτον τηρειν
αυτους αλλα
TST. 81:    ACTA 22,9     LA:  3   εθεασαντο και εμφοβοι
γενομενοι
TST. 89:    ACTA 23,30    LA: 14   εσεσθαι εξ αυτων
TST. 91:    ACTA 24,6-8   LA:  3H  ADD. και κατα τον ημετερον
νομον ηθελησαμεν κριναι παρελθων δε λυσιας ο
χιλιαρχος μετα πολλης βιας εκ των χειρων υμων
απηγαγεν. κελευσας τους κατηγορους αυτου ερχεσθαι
επι σε
```

I. NICHT ERFASSTE STELLEN (2)

    Z (LUECKE)   TST: 96, 97

===

■ ■ HS.-NR.: 1752   TESTSTELLEN: 79

A. LA 2 : 49, 68, 77   SUMME: 3 TST

B. LA 1/2 : 28, 29, 35, 36, 41, 44, 45, 48, 52, 53, 55, 56, 65, 66, 76, 84,
        87, 88, 91, 97,100,102   SUMME: 22 TST

C. LA 1 : 26, 27, 31- 34, 37- 40, 43, 46, 47, 50, 51, 54, 57- 64, 67,
        69- 75, 78- 83, 85, 89, 90, 92- 96, 98, 99,101,103,104
      1B: 86   SUMME: 52 TST

E. SONDERLESARTEN AN 2 TESTSTELLEN

    TST. 30:   ACTA 9,25   LA: 3   οι μαθηται αυτον νυκτος
    TST. 42:   ACTA 12,25   LA: 6   απο ιερουσαλημ εις
    αντιοχειαν

I. NICHT ERFASSTE STELLEN (25)

    Z (LUECKE)   TST: 1- 25

===

■ ■ HS.-NR.: 1753   TESTSTELLEN: 104

A. LA 2 : 77   SUMME: 1 TST

B. LA 1/2 : 10, 11, 20, 28, 29, 35, 41, 44, 45, 48, 52, 56, 65, 66, 76, 87,
             88,100,102
   1/2K: 36   SUMME: 20 TST

C. LA 1 : 1- 7, 9, 12- 16, 19, 21- 27, 30- 34, 37- 40, 43, 47, 49, 51,
            54, 57- 64, 67- 75, 78- 83, 85, 89, 90, 92- 94, 96, 98, 99,101,
            103,104
   1B: 86
   1C: 17   SUMME: 72 TST

E. SONDERLESARTEN AN 11 TESTSTELLEN

TST. 8:   ACTA 2,31   LA: 3   εγκατελειφθη η ψυχη αυτου
TST. 18:   ACTA 4,33   LA: 4   της αναστασεως του κυριου
           ιησου χριστου
TST. 42:   ACTA 12,25   LA: 5   εξ ιερουσαλημ εις αντιοχειαν
TST. 46:   ACTA 13,42   LA: 3   εξιοντων δε αυτων εκ της
           συναγωγης των ιουδαιων
TST. 50:   ACTA 15,18   LA: 17 παντα ταυτα α εστι γνωστα απ
           αιωνος αυτω
TST. 53:   ACTA 15,34   LA: 8   εδοξεν δε τω σιλα επιμειναι
           αυτοθι
TST. 55:   ACTA 16,33   LA: 8   οι αυτου
TST. 84:   ACTA 23,1   LA: 4   παυλος τω συνεδριω
TST. 91:   ACTA 24,6-8   LA: 11 ADD. και κατα ημετερον νομον
           ηθελησαμεν κριναι παρελθων δε λυσιας ο χιλιαρχος
           μετα πολλης βιας εκ των χειρων ημων αφειλετο και
           προς σε απεστειλε. κελευσας και τους κατηγορους
           αυτου ερχεσθαι επι σου
TST. 95:   ACTA 25,5   LA: 3   τουτω ατοπον
TST. 97:   ACTA 25,17   LA: 4   ουν ενθαδε
==

■ ■ HS.-NR.: 1754   TESTSTELLEN: 101

A. LA 2 : 19, 49, 68, 77   SUMME: 4 TST

B. LA 1/2 : 10, 18, 20, 28, 29, 35, 41, 44, 45, 52, 53, 55, 56, 65, 66, 76,
             84, 87, 88, 91, 97,100,102
   1/2B: 48
   1/2K: 36   SUMME: 25 TST

C. LA 1 : 1- 6, 12, 14- 17, 22, 24- 27, 30- 34, 37- 40, 43, 47, 51, 54,
            57- 64, 67, 69- 71, 73- 75, 78- 83, 85, 89, 90, 92- 96, 98, 99,
            101,103,104
   1B: 13, 86
   1E: 50   SUMME: 66 TST

D. SINGULAERLESARTEN AN 2 TESTSTELLEN

TST. 11:   ACTA 2,46   LA: 7   καθ ημεραν τε
           προσκαρτερουντες εν τω ιερω κλωντες τε αρτον

TST. 48:   ACTA 15,2   LA:1/2B   εταξαν αναβαινειν παυλον τε
και βαρναβαν και τινας αλλους εξ αυτων

E. SONDERLESARTEN AN   6 TESTSTELLEN

    TST. 11:   ACTA 2,46   LA: 7   καθ ημεραν τε
                             προσκαρτερουντες εν τω ιερω κλωντες τε αρτον
    TST. 21:   ACTA 5,24   LA: 3   ο ιερευς και ο στρατηγος
    TST. 23:   ACTA 6,8   LA: 6   πνευματος
    TST. 42:   ACTA 12,25   LA: 5   εξ ιερουσαλημ εις αντιοχειαν
    TST. 46:   ACTA 13,42   LA: 3   εξιοντων δε αυτων εκ της
                             συναγωγης των ιουδαιων
    TST. 72:   ACTA 20,15   LA: 4   και μειναντες εν τρωγυλιω
         (ET SIM.) τη ερχομενη

I. NICHT ERFASSTE STELLEN (3)

    Z (LUECKE)   TST: 7- 9
===

  ■ ■ HS.-NR.: 1756   TESTSTELLEN: 1

C. LA   1 :   54   SUMME: 1 TST

I. NICHT ERFASSTE STELLEN (103)

    Z (LUECKE)   TST: 1- 53, 55-104
===

  ■ ■ HS.-NR.: 1757   TESTSTELLEN: 93

A. LA   2 :   47   SUMME: 1 TST

B. LA 1/2 :   10, 11, 18, 20, 28, 29, 41, 42, 44, 45, 48, 52, 53, 55, 56, 66,
           76, 84, 87, 88, 97,100,102
    1/2G: 65   SUMME: 24 TST

C. LA   1 :   6- 9, 12- 17, 19, 21, 23- 27, 30, 31, 37- 40, 43, 46, 49, 50,
           57- 64, 67, 69, 70, 72- 75, 77- 83, 85, 89, 90, 92- 96, 98, 99,
           101,103,104   SUMME: 62 TST

D. SINGULAERLESARTEN AN   1 TESTSTELLE

    TST. 51:   ACTA 15,23   LA: 5   δια χειρος αυτοις ταδε

E. SONDERLESARTEN AN   6 TESTSTELLEN

    TST. 51:   ACTA 15,23   LA: 5   δια χειρος αυτοις ταδε
    TST. 54:   ACTA 16,28   LA: 4   φωνη μεγαλη παυλος
    TST. 68:   ACTA 19,3   LA: 7   ειπεν δε προς αυτους
    TST. 71:   ACTA 20,4   LA: 4   ADD. αχρι της μακεδονιας
    TST. 86:   ACTA 23,20   LA: 4   μελλοντας
    TST. 91:   ACTA 24,6-8   LA: 3   ADD. και κατα τον ημετερον
         νομον ηθελησαμεν κριναι παρελθων δε λυσιας ο
         χιλιαρχος μετα πολλης βιας εκ των χειρων ημων
         απηγαγεν. κελευσας τους κατηγορους αυτου ερχεσθαι
         επι σε

I. NICHT ERFASSTE STELLEN (11)

    Z (LUECKE)   TST: 1- 5, 22, 32- 36
===

■ ■ HS.-NR.: 1758   TESTSTELLEN: 87

A. LA   2 :   14, 32, 47, 57, 83
        2B: 34   SUMME: 6 TST

B. LA 1/2 :   10, 20, 29, 35, 41, 44, 45, 48, 52, 55, 56, 65, 66, 87, 88,100,
              102
       1/2K: 36   SUMME: 18 TST

C. LA   1 :   2- 6, 8, 9, 12, 16, 19, 21- 27, 31, 33, 37, 38, 40, 43, 50,
              51, 54, 60, 63, 64, 67, 70, 73, 74, 78, 79, 81, 82, 85, 90,
              92- 95, 99,101,103,104
        1C: 17   SUMME: 48 TST

E. SONDERLESARTEN AN 15 TESTSTELLEN

    TST. 7:   ACTA 2,30   LA: 5   το κατα σαρκα αναστησειν τον
              χριστον και καθισαι
    TST. 11:   ACTA 2,46   LA: 5   καθ ημεραν τε
              προσκαρτερουντες εν τω ιερω ομοθυμαδον κλωντες τε
              κατ οικον αρτον
    TST. 13:   ACTA 3,11   LA: 3   κρατουντος δε αυτου τον
              πετρον και ιωαννην συνεδραμεν προς αυτους πας ο
              λαος
    TST. 15:   ACTA 3,22   LA: 3   ειπεν προς τους πατερας
    TST. 30:   ACTA 9,25   LA: 5   οι μαθηται νυκτος
    TST. 39:   ACTA 10,47   LA: 4   δυναται τις κωλυσαι
    TST. 42:   ACTA 12,25   LA: 5   εξ ιερουσαλημ εις αντιοχειαν
    TST. 53:   ACTA 15,34   LA: 8   εδοξεν δε τω σιλα επιμειναι
              αυτοθι
    TST. 68:   ACTA 19,3   LA: 3   ειπε(ν) δε
    TST. 69:   ACTA 19,14   LA: 3   ησαν δε τινες σκευα ιουδαιου
              αρχιερεως επτα υιοι τουτο ποιουντες
    TST. 75:   ACTA 20,29   LA: 3   γαρ οιδα
    TST. 80:   ACTA 21,25   LA: 6   ADD. μηδεν τοιουτον τηρειν
              αυτους αλλα
    TST. 84:   ACTA 23,1   LA: 3   τω συνεδριω ο παυλος
    TST. 89:   ACTA 23,30   LA: 3   μελλειν εσεσθαι εξαυτης
    TST. 91:   ACTA 24,6-8   LA: 4E   ADD. και κατα τον ημετερον
              νομον ηθελησαμεν κριναι παρελθων δε λυσιας ο
              χιλιαρχος μετα πολλης βιας εκ των χειρων ημων
              απηγαγεν. κελευσας και τους κατηγορους ερχεσθαι
              προς σε

I. NICHT ERFASSTE STELLEN (17)

    X (UNLESERLICH) TST: 28, 46, 58, 59, 61, 62, 71, 72, 76, 77, 86,
                           96- 98
    Y (FILMFEHLER) TST: 18, 49
    Z (LUECKE)   TST: 1
===

■ ■ HS.-NR.: 1759   TESTSTELLEN: 90

A. LA 2 : 30, 60, 78   SUMMF: 3 TST

B. LA 1/2 : 18, 20, 28, 29, 35, 41, 42, 44, 45, 52, 53, 55, 56, 65, 66, 76,
            84, 87, 88, 91, 97,100   SUMME: 22 TST

C. LA 1 : 14- 17, 19, 21- 27, 31, 33, 34, 37- 40, 43, 46, 47, 49, 51, 54,
           57- 59, 61- 64, 67- 75, 77, 79- 83, 85, 86, 89, 90, 94- 96, 98,
           99,101,103,104   SUMME: 59 TST

D. SINGULAERLESARTEN AN   2 TESTSTELLEN

   TST. 36: ACTA 10,25   LA: 5 ως δε εγενετο εισελθειν τον
             πετρον UND HOM.ARCT. VON τον πετρον (VS 25) ZU ο δε
             πετρος (VS 26)
   TST.102: ACTA 27,41   LA: 5 των κυματων και της βιας

E. SONDERLESARTEN AN   6 TESTSTELLEN

   TST. 13: ACTA 3,11   LA: 7 κρατουντος δε του ιαθεντος
             χωλου τον πετρον και ιωαννην συνεδραμεν προς αυτον
             πας ο λαος
   TST. 32: ACTA 10,10   LA: 3 επεσεν
   TST. 36: ACTA 10,25   LA: 5 ως δε εγενετο εισελθειν τον
             πετρον UND HOM.ARCT. VON τον πετρον (VS 25) ZU ο δε
             πετρος (VS 26)
   TST. 48: ACTA 15,2   LA: 4 εταξαν παυλον και βαρναβαν
             αναβαινειν και τινας αλλους εξ αυτων
   TST. 92: ACTA 24,14   LA: 3 τοις
   TST.102: ACTA 27,41   LA: 5 των κυματων και της βιας

F. KORREKTUREN AN   2 TESTSTELLEN

   TST. 30: ACTA 9,25
             C : LA 1 αυτον οι μαθηται νυκτος
   TST. 36: ACTA 10,25
             C : LA 1/2F ως δε εγενετο εισελθειν τον πετρον
             συναντησας αυτω ο κορνηλιος

I. NICHT ERFASSTE STELLEN (14)

   V (AUSLASSUNG) TST: 93
   X (UNLESERLICH) TST: 50
   Z (LUECKE)   TST: 1- 12
===

■ ■ HS.-NR.: 1761   TESTSTELLEN: 100

A. LA 2 : 19, 38, 49, 68   SUMME: 4 TST

B. LA 1/2 : 10, 11, 18, 20, 28, 29, 35, 36, 41, 44, 45, 48, 52, 53, 55, 56,
            66, 84, 87, 88, 97,100,102
     1/2F: 65   SUMME: 24 TST

C. LA 1 : 1- 9, 12- 17, 21- 27, 30- 34, 37, 39, 40, 43, 46, 47, 50, 51,
           54, 57- 64, 67, 69- 74, 79- 83, 85, 89, 90, 92- 96, 98, 99,101,
           103,104

1B: 86   SUMME: 70 TST

E. SONDERLESARTEN AN   2 TESTSTELLEN

TST. 42:   ACTA 12,25   LA: 8   ειc αντιοχειαν
TST. 91:   ACTA 24,6-8   LA: 4C ADD. και κατα τον ημετερον
    νομον ηθελησαμεν κριναι παρελθων δε λυσιαc ο
    χιλιαρχοc μετα πολληc βιαc εκ των χειρων ημων
    απηγαγεν. κελευσαc και τουc κατηγορουc αυτου
    ερχεσθαι προc σε

I. NICHT ERFASSTE STELLEN (4)

    Z (LUECKE)   TST: 75- 78
===

■ ■ HS.-NR.: 1762   TESTSTELLEN: 70

B. LA 1/2 : 20, 28, 29, 35, 36, 41, 42, 44, 45, 52, 55, 56, 65, 66, 76, 84,
    100,102
    1/2H: 48   SUMME: 19 TST

C. LA   1 : 22- 27, 30, 31, 33, 34, 37- 40, 43, 46, 47, 50, 51, 54, 57- 64,
    67- 75, 77- 83,101,103,104   SUMME: 47 TST

D. SINGULAERLESARTEN AN   3 TESTSTELLEN

TST. 21:   ACTA 5,24   LA: 9   ο τε ιερευc
TST. 48:   ACTA 15,2   LA:1/2H εταξαν ανβαινην παυλω και τω
    βαρναβαν και τιναc αλλουc εξ αυτων
TST. 53:   ACTA 15,34   LA: 8B εδοξεν δε τω σιλω επιμειναι
    αυτοθι

E. SONDERLESARTEN AN   4 TESTSTELLEN

TST. 21:   ACTA 5,24   LA: 9   ο τε ιερευc
TST. 32:   ACTA 10,10   LA: 3   επεσεν
TST. 49:   ACTA 15,7   LA: 4   ημιν
TST. 53:   ACTA 15,34   LA: 8B εδοξεν δε τω σιλω επιμειναι
    αυτοθι

F. KORREKTUREN AN   2 TESTSTELLEN

TST. 21:   ACTA 5,24
    C : LA   1   ο τε ιερευc και ο στρατηγοc
TST. 48:   ACTA 15,2
    C : LA 1/2F εταξαν αναβαινειν παυλω και τω βαρναβαν
    και τιναc αλλουc εξ αυτων

I. NICHT ERFASSTE STELLEN (34)

    Z (LUECKE)   TST: 1- 19, 85- 99
===

■ ■ HS.-NR.: 1763   TESTSTELLEN: 104

A. LA   ? : 19, 68, 77   SUMME: 3 TST

B. LA 1/2 : 10, 11, 18, 20, 28, 29, 35, 36, 41, 44, 45, 48, 52, 53, 55, 56,
             76, 84, 87, 88, 97,100,102
      1/2F: 65   SUMME: 24 TST

C. LA   1 :   2- 9, 12- 16, 21- 27, 30- 34, 37- 40, 43, 46, 47, 49- 51, 54,
             57- 64, 67, 69- 75, 78- 83, 85, 89, 90, 92- 96, 98, 99,101,103,
             104
      1B: 1, 86
      1C: 17   SUMME: 74 TST

D. SINGULAERLESARTEN AN   1 TESTSTELLE

    TST. 91:   ACTA 24,6-8   LA: 11C ADD. και κατα ημετερον νομον
    ηθελησαμεν κριναι παρελθων δε λυσιας ο χιλιαρχος
    βια πολλη εκ των χειρων ημων αφειλετο και προς σε
    απεστειλε. κελευσας και τους κατηγορους αυτου
    ερχεσθαι επι σε

E. SONDERLESARTEN AN   3 TESTSTELLEN

    TST. 42:   ACTA 12,25   LA: 6 απο ιερουσαλημ εις
    αντιοχειαν
    TST. 66:   ACTA 18,27   LA: 10 βουλομενου δε αυτου διελθειν
    εις την αχαιαν προπεμψαμενοι οι αδελφοι εγραψαν
    τοις μαθηταις αποδεξασθαι αυτον
    TST. 91:   ACTA 24,6-8   LA: 11C ADD. και κατα ημετερον νομον
    ηθελησαμεν κριναι παρελθων δε λυσιας ο χιλιαρχος
    βια πολλη εκ των χειρων ημων αφειλετο και προς σε
    απεστειλε. κελευσας και τους κατηγορους αυτου
    ερχεσθαι επι σε
==

■ ■ HS.-NR.: 1765   TESTSTELLEN: 104

A. LA   2 : 23, 39, 46, 92
      2C: 50   SUMME: 5 TST

B. LA 1/2 : 10, 11, 18, 20, 35, 36, 41, 44, 45, 48, 52, 53, 55, 56, 76, 84,
             87, 88, 97,100,102   SUMME: 21 TST

C. LA   1 :   1- 4, 6, 9, 12, 16, 19, 21, 22, 25- 27, 30- 34, 37, 38, 40,
             43, 47, 49, 51, 54, 57- 63, 67- 75, 78- 83, 85, 89, 90, 93- 96,
             98, 99,101,104
      1B: 14, 24, 77
      1F: 17
      1G: 103   SUMME: 65 TST

D. SINGULAERLESARTEN AN   2 TESTSTELLEN

    TST. 13:   ACTA 3,11   LA: 3B κρατουντος δε αυτου τον
    περον και ιωαννην συνεδραμεν προς αυτους πας ο λαος
    TST. 17:   ACTA 4,25   LA: 1F ο δια στοματος δαυιδ του
    παιδος ειπων

E. SONDERLESARTEN AN 13 TESTSTELLEN

TST. 5:   ACTA 2,7(2)   LA: 5   προς αλληλους
TST. 7:   ACTA 2,30   LA: 5   το κατα σαρκα αναστησειν τον
            χριστον και καθισαι
TST. 8:   ACTA 2,31   LA: 6   εγκατελειφθη {εις αδου} η
            ψυχη αυτου
TST. 13:   ACTA 3,11   LA: 3B κρατουντος δε αυτου τον
            περον και ιωαννην συνεδραμεν προς αυτους πας ο λαος
TST. 15:   ACTA 3,22   LA: 3   ειπεν προς τους πατερας
TST. 28:   ACTA 8,37   LA: 3D ειπεν δε αυτω: ει πιστευεις
            εξ ολης της καρδιας σου εξεστιν. αποκριθεις δε
            ειπεν: πιστευω τον υιον του θεου ειναι ιησουν
            χριστον
TST. 29:   ACTA 8,39   LA: 5   πνευμα αγιον επεπεσεν επι
            τον ευνουχον αγγελος δε κυριου
TST. 42:   ACTA 12,25   LA: 5   εξ ιερουσαλημ εις αντιοχειαν
TST. 64:   ACTA 18,20   LA: 5   μειναι συν αυτοις
TST. 65:   ACTA 18,21.22 LA: 5   ανηχθη απο της εφεσου, και
            καταβας
TST. 66:   ACTA 18,27   LA: 10   βουλομενου δε αυτου διελθειν
            εις την αχαιαν προπεμψαμενοι οι αδελφοι εγραψαν
            τοις μαθηταις αποδεξασθαι αυτον
TST. 86:   ACTA 23,20   LA: 3   μελλοντων
TST. 91:   ACTA 24,6-8   LA: 8   ADD. και κατα τον ημετερον
            νομον ηθελησαμεν κρινειν παρελθων δε λυσιας ο
            χιλιαρχος μετα πολλης βιας εκ των χειρων ημων
            απηγαγεν. κελευσας τους κατηγορους αυτου ερχεσθαι
            επι σου
===

■ ■ HS.-NR.: 1767   TESTSTELLEN: 102

A. LA 2 : 19, 68, 77   SUMME: 3 TST

B. LA 1/2 : 10, 18, 20, 28, 29, 35, 36, 41, 44, 45, 48, 53, 55, 56, 65, 66,
             76, 84, 87, 88, 91, 97,100,102
      1/2C: 52   SUMME: 25 TST

C. LA 1 :   3- 9, 12- 17, 21- 27, 30- 34, 37- 40, 43, 46, 47, 49- 51, 54,
            57- 64, 67, 69- 71, 73- 75, 78- 83, 85, 89, 90, 92- 96, 98, 99,
            101,103,104
      1B: 86   SUMME: 71 TST

D. SINGULAERLESARTEN AN   1 TESTSTELLE

TST. 52:   ACTA 15,24   LA:1/2C εξελθεντες

E. SONDERLESARTEN AN   3 TESTSTELLEN

TST. 11:   ACTA 2,46   LA: 6   καθ ημεραν τε
            προσκαρτερουντες εν τω ιερω κλωντες τε κατ οικον
            αρτον
TST. 42:   ACTA 12,25   LA: 5   εξ ιερουσαλημ εις αντιοχειαν
TST. 72:   ACTA 20,15   LA: 4   και μειναντες εν τρωγυλιω
            (ET SIM.) τη ερχομενη

I. NICHT ERFASSTE STELLEN (2)

    Z (LUECKE)   TST: 1, 2
===

■ ■ HS.-NR.: 1768   TESTSTELLEN: 102

A. LA   2 : 19, 49, 68, 77   SUMME: 4 TST

B. LA 1/2 : 10, 11, 18, 20, 28, 29, 35, 36, 41, 44, 45, 48, 52, 55, 56, 65,
             76, 84, 87, 88, 91, 97,100,102   SUMME: 24 TST

C. LA   1 : 1- 7, 9, 12- 16, 21- 27, 32- 34, 37- 40, 43, 46, 47, 50, 51,
             54, 57- 64, 67, 69- 75, 78- 83, 85, 89, 90, 92- 96, 98, 99,101,
             103,104
        1B: 86
        1C: 17   SUMME: 70 TST

E. SONDERLESARTEN AN   4 TESTSTELLEN

    TST. 8:   ACTA 2,31   LA: 3   εγκατελειφθη η ψυχη αυτου
    TST. 42:   ACTA 12,25   LA: 5   εξ ιερουσαλημ εις αντιοχειαν
    TST. 53:   ACTA 15,34   LA: 3   εδοξεν δε τω σιλα επιμειναι
               αυτου
    TST. 66:   ACTA 18,27   LA: 6   βουλομενου δε αυτου ελθειν
               εις την αχαιαν προτρεψαμενοι οι αδελφοι εγραψαν
               τοις μαθηταις αποδεξασθαι αυτον

I. NICHT ERFASSTE STELLEN (2)

    Z (LUECKE)   TST: 30, 31
===

■ ■ HS.-NR.: 1780   TESTSTELLEN: 104

B. LA 1/2 : 10, 11, 18, 20, 29, 35, 36, 41, 42, 44, 45, 48, 52, 53, 55, 56,
             65, 66, 76, 84, 87, 88, 91, 97,100,102   SUMME: 26 TST

C. LA   1 : 2, 4- 6, 8, 9, 12- 16, 19, 21- 27, 30, 31, 33, 34, 37- 40,
             46, 47, 49- 51, 57- 64, 67- 72, 74, 75, 77- 79, 81, 82, 85, 86,
             89, 90, 92- 96, 98, 99,101,104
        1B: 1, 3, 83
        1D: 17, 73
        1N: 103   SUMME: 72 TST

D. SINGULAERLESARTEN AN   2 TESTSTELLEN

    TST. 17:   ACTA 4,25   LA: 1D ο δια στοματος του δαυιδ του
               παιδος σου ειπων
    TST. 28:   ACTA 8,37   LA: 3F ειπεν τε αυτω: ει πιστευεις
               εξ ολης της καρδιας σου εξεστιν. αποκριθεις ειπεν:
               πιστευω τον υιον του θεου ειναι ιησουν χριστον

E. SONDERLESARTEN AN   6 TESTSTELLEN

    TST. 7:   ACTA 2,30   LA: 5   το κατα σαρκα αναστησειν τον
               χριστον και καθισαι

TST. 28:   ACTA 8,37   LA: 3F ειπεν τε αυτω: ει πιστευεις
  εξ ολης της καρδιας σου εξεστιν. αποκριθεις ειπεν:
  πιστευω τον υιον του θεου ειναι ιησουν χριστον
TST. 32:   ACTA 10,10   LA: 3   επεσεν
TST. 43:   ACTA 13,20   LA: 6B και μετα ταυτα ως ετεσιν
  τρακοσιοις και πεντηκοντα
TST. 54:   ACTA 16,28   LA: 5   ο παυλος φωνη μεγαλη
TST. 80:   ACTA 21,25   LA: 10 ADD. μηδεν τοιουτον κρινειν
  αυτους ει μη

F. KORREKTUREN AN   1 TESTSTELLE

TST. 51:   ACTA 15,23
  C1: LA 10   OM. δια χειρος αυτων
==

■ ■ HS.-NR.: 1827   TESTSTELLEN: 102

A. LA 2 : 17, 23, 31, 46, 57, 74, 77, 90, 93   SUMME: 9 TST

B. LA 1/2 : 10, 18, 20, 28, 29, 35, 36, 41, 44, 45, 48, 52, 55, 56, 65, 66,
  76, 84, 87, 88, 91, 97,100,102
  1/2B: 11   SUMME: 25 TST

C. LA 1 :   4- 7, 9, 12, 13, 16, 19, 21, 22, 24- 27, 30, 32, 37- 40, 43,
  47, 49- 51, 54, 58- 64, 67, 69- 72, 75, 78, 81- 83, 85, 86, 89,
  92, 95, 96, 99,101,103,104
  1B: 3, 79
  1C: 94
  1D: 80   SUMME: 58 TST

D. SINGULAERLESARTEN AN   1 TESTSTELLE

TST. 80:   ACTA 21,25   LA: 1D ADD. μηδεν το τοιουτον
  τηρειν αυτους ει μη

E. SONDERLESARTEN AN 10 TESTSTELLEN

TST. 8:   ACTA 2,31   LA: 3B εγκατεληφθη η ψυχη αυτου
TST. 14:   ACTA 3,21   LA: 4   αυτου των απ αιωνος προφητων
TST. 15:   ACTA 3,22   LA: 4   ειπεν προς τους πατερας ημων
TST. 33:   ACTA 10,11   LA: 3   δεδεμενον
TST. 34:   ACTA 10,12   LA: 11 παντα τα τετραποδα και τα
  θηρια και τα ερπετα της γης και τα πετεινα του
  ουρανου
TST. 42:   ACTA 12,25   LA: 4   απο ιερουσαλημ
TST. 53:   ACTA 15,34   LA: 3   εδοξεν δε τω σιλα επιμειναι
  αυτου
TST. 68:   ACTA 19,3   LA: 7   ειπεν δε προς αυτους
TST. 73:   ACTA 20,24(1) LA: 9   ουδενος τουτων λογον
  ποιουμαι ουδε εχω την ψυχην
TST. 98:   ACTA 26,14   LA: 6   λεγουσαν μοι

F. NICHT ERFASSTE STELLEN (2)

  Z (LUECKE)   TST: 1, 2
==

■ ■ HS.-NR.: 1828   TESTSTELLEN: 104

B. LA 1/2 : 10, 11, 18, 20, 28, 29, 35, 36, 41, 42, 44, 45, 48, 52, 53, 55,
             56, 65, 66, 76, 84, 87, 88, 9¹, 97,100,102   SUMME: 27 ISI

C. LA   1 :   1- 7, 9, 12- 17, 19, 21- 27, 30- 34, 37- 40, 43, 46, 47,
             49- 51, 54, 57- 64, 67- 71, 74, 75, 77- 83, 85, 89, 90, 92- 96,
             98, 99,101,104
        1B: 86
        1D: 73
        1E: 103   SUMME: 75 TST

D. SINGULAERLESARTEN AN   1 TESTSTELLE

    TST.103:   ACTA 28,16   LA: 1E ο εκατονταρχος παρεδωκε τους
    δεσμιους τω στρατοπεδαρχει τω δε παυλω επετραπη

E. SONDERLESARTEN AN   2 TESTSTELLEN

    TST. 8: ACTA 2,31   LA: 3   εγκατελειφθη η ψυχη αυτου
    TST. 72: ACTA 20,15   LA: 4   και μειναντες εν τρωγυλιω
    (ET SIM.) τη ερχομενη

F. KORREKTUREN AN   1 TESTSTELLE

    TST. 86: ACTA 23,20
    C : LA   3   μελλοντων
===

■ ■ HS.-NR.: 1829   TESTSTELLEN: 103

B. LA 1/2 : 10, 18, 20, 28, 29, 35, 36, 41, 42, 44, 45, 48, 52, 53, 55, 56,
             65, 76, 84, 87, 88, 91,100,102
        1/2H: 11   SUMME: 25 TST

C. LA   1 :   1- 7, 9, 12- 17, 19, 21- 26, 30- 34, 37- 40, 46, 47, 51, 54,
             57, 59- 61, 63, 64, 67- 71, 73- 75, 77- 80, 82, 83, 85, 89, 90,
             92- 96, 99,104
        1D: 81
        1L: 103   SUMME: 66 TST

D. SINGULAERLESARTEN AN   3 TESTSTELLEN

    TST. 11: ACTA 2,46   LA:1/2H καθ ημεραν τε
    προσκαρτερουντες ομοθυμαδον εν τω ιερω κλωντες τε
    κατ εικον αρτον
    TST. 58: ACTA 17,23   LA: 3C ο νυν αγνοουντες ευσεβειτε
    τουτον
    TST. 81: ACTA 22,9   LA: 1D εθεασαντο και εμφοβοι
    γεγενοντο

E. SONDERLESARTEN AN   12 TESTSTELLEN

    TST. 8: ACTA 2,31   LA: 3   εγκατελειφθη η ψυχη αυτου
    TST. 43: ACTA 13,20   LA: 6   και μετα ταυτα ως ετεσιν
    τριακοσιοις και πεντηκοντα

```
TST. 49:   ACTA 15,7     LA:  4  ημιν
TST. 50:   ACTA 15,18    LA:  6B ταυτα παντα γνωστα απ αιωνος
   εισιν τα εργα αυτου τω θεω παντα
TST. 58:   ACTA 17,23    LA:  3C ο νυν αγνοουντες ευσεβειτε
   τουτον
TST. 62:   ACTA 18,5     LA:  3  το πνευμα
TST. 66:   ACTA 18,27    LA: 12 βουλομενου δε αυτου διελθειν
   εις την αχαιαν προπεμψαμενοι οι αδελφοι εγραψαν
   τοις αδελφοις αποδεξασθαι αυτον
TST. 72:   ACTA 20,15    LA:  4  και μειναντες εν τρωγυλιω
   (ET SIM.) τη ερχομενη
TST. 86:   ACTA 23,20    LA:  3  μελλοντων
TST. 97:   ACTA 25,17    LA:  4  ουν ενθαδε
TST. 98:   ACTA 26,14    LA:  3  λαλουσαν προς με
TST.101:   ACTA 27,14    LA:  3  ευρυκλυδων
```

F. KORREKTUREN AN 3 TESTSTELLEN

```
TST. 66:   ACTA 18,27
   C : LA 10  βουλομενου δε αυτου διελθειν εις την
      αχαιαν προπεμψαμενοι οι αδελφοι εγραψαν τοις
      μαθηταις αποδεξασθαι αυτον
TST. 97:   ACTA 25,17
   C : LA 1/2  ουν αυτων ενθαδε
TST.101:   ACTA 27,14
   C : LA  1  ευροκλυδων
```

G. MARGINALLESARTEN AN 1 TESTSTELLE

```
TST.103:   ACTA 28,16
   L : LA  1  ο εκατονταρχος παρεδωκε(ν) τους δεσμιους
      τω στρατοπεδαρχη τω δε παυλω επετραπη
```

I. NICHT ERFASSTE STELLEN (1)

```
   Z (LUECKE)     TST:  27
```
===

■ ■ HS.-NR.: 1830   TESTSTELLEN: 104

A. LA 2 : 46, 57, 62, 90, 92   SUMME: 5 TST

B. LA 1/2 : 10, 20, 35, 36, 41, 44, 45, 48, 52, 53, 65, 66, 76, 84, 87, 88,
             97,102
    1/2B: 55
    1/2D: 56
    1/2L: 11   SUMME: 21 TST

C. LA 1 :   2- 9, 12, 15- 17, 19, 22, 23, 25, 27, 30, 32, 34, 37- 39, 43,
            49, 50, 54, 58- 61, 63, 64, 67- 72, 74, 75, 78, 79, 81- 83, 85,
            89, 93, 95, 96, 98, 99,101,103,104
     1B: 1, 14, 24, 47, 77
     1D: 13, 40
     1F: 21   SUMME: 64 TST
```
```

D. SINGULAERLESARTEN AN   3 TESTSTELLEN

TST. 47:   ACTA 13,45   LA: 1B αντιλεγονγοντες και
           βλασφημουντες
TST. 51:   ACTA 15,23   LA: 4   δια χειρος ταδε
TST. 73:   ACTA 20,24(1) LA: 12   ουδενος τουτων λογον
           ποιουμαι ουδε εχω

E. SONDERLESARTEN AN 14 TESTSTELLEN

TST. 18:   ACTA 4,33   LA: 4   της αναστασεως του κυριου
           ιησου χριστου
TST. 26:   ACTA 8,10   LA: 3   λεγομενη
TST. 28:   ACTA 8,37   LA: 3D ειπεν δε αυτω: ει πιστευεις
           εξ ολης της καρδιας σου εξεστιν. αποκριθεις δε
           ειπεν: πιστευω τον υιον του θεου ειναι ιησουν
           χριστον
TST. 29:   ACTA 8,39   LA: 5   πνευμα αγιον επεπεσεν επι
           τον ευνουχον αγγελος δε κυριου
TST. 31:   ACTA 9,31   LA: 6   αι μεν ουν εκκλησιαι ...
           ειχον ειρηνην οικοδομουμεναι και πορευομεναι ...
           επληθυνετο
TST. 33:   ACTA 10,11   LA: 8   δεδεμενον {σκευος τι ως
           οδωννη μεγαλην καταβαινον} και καθιεμενον
TST. 42:   ACTA 12,25   LA: 5   εξ ιερουσαλημ εις αντιοχειαν
TST. 51:   ACTA 15,23   LA: 4   δια χειρος ταδε
TST. 73:   ACTA 20,24(1) LA: 12   ουδενος τουτων λογον
           ποιουμαι ουδε εχω
TST. 80:   ACTA 21,25   LA: 3   ADD. μηδεν τοιουτο τηρειν
           αυτους ει μη
TST. 86:   ACTA 23,20   LA: 3   μελλοντων
TST. 91:   ACTA 24,6-8   LA: 3   ADD. και κατα τον ημετερον
           νομον ηθελησαμεν κρινειν παρελθων δε λυσιας ο
           χιλιαρχος μετα πολλης βιας εκ των χειρων ημων
           απηγαγεν. κελευσας τους κατηγορους αυτου ερχεσθαι
           επι σου
TST. 94:   ACTA 24,22   LA: 3   ανεβαλετο δε ο φηλιξ αυτους
TST.100:   ACTA 27,5   LA: 4   διαπλευσαντες δι ημερων
           δεκαπεντε κατηλθομεν

F. KORREKTUREN AN   1 TESTSTELLE

TST. 3:   ACTA 2,1
           C : LA 1B ομοθυμαδων
==

■ ■ HS.-NR.: 1831   TESTSTELLEN: 100

A. LA   2 :   19, 32, 47, 57, 79, 83
        2B: 34, 69   SUMME: 8 TST

B. LA 1/2 :   10, 20, 28, 29, 35, 41, 44, 45, 48, 52, 55, 56, 65, 76, 87, 88,
              100,102
        1/2C: 97
        1/2K: 36   SUMME: 20 TST

C. LA   1 :   2- 4, 6, 9, 12, 13, 16, 22- 27, 31, 33, 43, 49, 51, 54,
              58- 64, 67, 70- 74, 78, 81, 82, 85, 90, 92- 96, 99,101,103,104

```
      1B:    1,   5,  14,  21,  77,  86
      1C:   17                                          SUMME: 54 TST
```

D. SINGULAERLESARTEN AN   7 TESTSTELLEN

```
TST.  5:   ACTA 2,7(2)    LA:  1B  λεγοντες προς αληλους
TST. 11:   ACTA 2,46      LA:  8B  καθ ημεραν δε
προσκαρτερουντες ομοθυμαμαδον επι τω ιερω κλωντες
κατ οικον αρτον
TST. 21:   ACTA 5,24      LA:  1B  ο τε ιερεις και ο στρατηγος
TST. 69:   ACTA 19,14     LA:  2B  ησαν δε τινος σκευα ιουδαιου
αρχιερεως υιοι επτα τουτο ποιουντες
TST. 91:   ACTA 24,6-8    LA:  3D  ADD. και κατα τον ημετερον
νομον ηθελησαμεν κριναι παρελθων δε ο λυσιας ο
χιλιαρχος μετα πολλης βιας εκ των χειρων ημων
απηγαγεν. κελευσας τους κατηγορους αυτου ερχεσθαι
επι σε
TST. 97:   ACTA 25,17     LA:1/2C συν αυτων ενθαδε
TST. 98:   ACTA 26,14     LA:  3B  λαλουσης προς με
```

E. SONDERLESARTEN AN 18 TESTSTELLEN

```
TST.  7:   ACTA 2,30      LA:  3   το κατα σαρκα αναστησειν τον
χριστον καθισαι τε
TST.  8:   ACTA 2,31      LA:  3B  εγκατελη φθη η ψυχη αυτου
TST. 11:   ACTA 2,46      LA:  8B  καθ ημεραν δε
προσκαρτερουντες ομοθυμαμαδον επι τω ιερω κλωντες
κατ οικον αρτον
TST. 15:   ACTA 3,22      LA:  3   ειπεν προς τους πατερας
TST. 18:   ACTA 4,33      LA:  6   της αναστασεως ιησου χριστου
TST. 30:   ACTA 9,25      LA:  5   οι μαθηται νυκτος
TST. 42:   ACTA 12,25     LA:  5   εξ ιερουσαλημ εις αντιοχειαν
TST. 46:   ACTA 13,42     LA:  3   εξιοντων δε αυτων εκ της
συναγωγης των ιουδαιων
TST. 50:   ACTA 15,18     LA: 19   ταυτα παντα α εστι γνωστα
αυτω απ αιωνος
TST. 53:   ACTA 15,34     LA:  8   εδοξεν δε τω σιλα επιμειναι
αυτοθι
TST. 66:   ACTA 18,27     LA:  6   βουλομενου δε αυτου ελθειν
εις την αχαιαν προτρεψαμενοι οι αδελφοι εγραψαν
τοις μαθηταις αποδεξασθαι αυτον
TST. 68:   ACTA 19,3      LA:  3   ειπε(ν) δε
TST. 75:   ACTA 20,29     LA:  3   γαρ οιδα
TST. 80:   ACTA 21,25     LA:  6   ADD. μηδεν τοιουτον τηρειν
αυτους αλλα
TST. 84:   ACTA 23,1      LA:  3   τω συνεδριω ο παυλος
TST. 89:   ACTA 23,30     LA:  3   μελλειν εσεσθαι εξαυτης
TST. 91:   ACTA 24,6-8    LA:  3D  ADD. και κατα τον ημετερον
νομον ηθελησαμεν κριναι παρελθων δε ο λυσιας ο
χιλιαρχος μετα πολλης βιας εκ των χειρων ημων
απηγαγεν. κελευσας τους κατηγορους αυτου ερχεσθαι
επι σε
TST. 98:   ACTA 26,14     LA:  3B  λαλουσης προς με
```

F. KORREKTUREN AN   2 TESTSTELLEN

TST. 18:   ACTA 4,33
      C : LA   4   της αναστασεως του κυριου ιησου χριστου
TST. 91:   ACTA 24,6-8
      C : LA   4C ADD. και κατα τον ημετερον νομον
ηθελησαμεν κριναι παρελθων δε λυσιας ο χιλιαρχος
μετα πολλης βιας εκ των χειρων ημων απηγαγεν.
κελευσας και τους κατηγορους αυτου ερχεσθαι προς
σε

H. SUPPLEMENTE AN   4 TESTSTELLEN

TST. 37:   ACTA 10,30
      S : LA   1   νηστευων και την εν(ν)ατην ωραν
προσευχομενος
TST. 38:   ACTA 10,32
      S : LA   1   ADD. ος παραγενομενος λαλησαι σοι
TST. 39:   ACTA 10,47
      S : LA   4D   δυναται τις κολυει
TST. 40:   ACTA 11,2
      S : LA   1   και οτε ανεβη πετρος εις
ιερουσαλημ/ιεροσολυμα διεκρινοντο προς αυτον οι
εκ περιτομης

I. NICHT ERFASSTE STELLEN (4)

   Z (LUECKE)   TST: 37- 40
===

■ ■ HS.-NR.: 1832   TESTSTELLEN: 78

A. LA   2 : 39, 46, 92
      2C: 50   SUMME: 4 TST

B. LA 1/2 : 35, 36, 41, 44, 45, 48, 52, 53, 55, 56, 76, 84, 87, 88, 97,100,
      102   SUMME: 17 TST

C. LA   1 : 26, 27, 30- 34, 37, 38, 40, 43, 47, 49, 51, 54, 57- 63, 67- 70,
             72- 75, 78, 79, 81, 83, 85, 89, 90, 93- 96, 98, 99,101,103,104
      1B: 77, 80
      1C: 82   SUMME: 49 TST

E. SONDERLESARTEN AN   8 TESTSTELLEN

TST. 28:   ACTA 8,37   LA: 3D ειπεν δε αυτω: ει πιστευεις
εξ ολης της καρδιας σου εξεστιν. αποκριθεις δε
ειπεν: πιστευω τον υιον του θεου ειναι ιησουν
χριστον
TST. 29:   ACTA 8,39   LA: 5 πνευμα αγιον επεπεσεν επι
τον ευνουχον αγγελος δε κυριου
TST. 42:   ACTA 12,25   LA: 5 εξ ιερουσαλημ εις αντιοχειαν
TST. 64:   ACTA 18,20   LA: 5 μειναι συν αυτοις
TST. 65:   ACTA 18,21.22 LA: 4 και ανηχθη απο της εφεσου,
και καταβας
TST. 66:   ACTA 18,27   LA: 10 βουλομενου δε αυτου διελθειν
εις την αχαιαν προπεμψαμενοι οι αδελφοι εγραψαν
τοις μαθηταις αποδεξασθαι αυτον

```
TST. 86:    ACTA 23,20     LA:  3   μελλοντων
TST. 91:    ACTA 24,6-8    LA:  8   ADD. και κατα τον ημετερον
    νομον ηθελησαμεν κρινειν παρελθων δε λυσιας ο
    χιλιαρχος μετα πολλης βιας εκ των χειρων ημων
    απηγαγεν. κελευσας τους κατηγορους αυτου ερχεσθαι
    επι σου
```

F. KORREKTUREN AN   1 TESTSTELLE

```
TST. 71:    ACTA 20,4
    C : LA   1   ADD. αχρι της ασιας
```

I. NICHT ERFASSTE STELLEN (26)

```
    U (H.TEL/ARK.)   TST:  71
    Z (LUECKE)       TST:  1- 25
```
===

■ ■ HS.-NR.: 1835   TESTSTELLEN: 42

B. LA 1/2 :   65, 66, 76, 84, 87, 88, 91, 97,100,102   SUMME: 10 TST

C. LA   1 :   63, 64, 67- 75, 77- 83, 85, 89, 90, 92- 96, 98, 99,101,104
        1L: 103   SUMME: 31 TST

E. SONDERLESARTEN AN   1 TESTSTELLE

```
    TST. 86:    ACTA 23,20     LA:  3   μελλοντων
```

I. NICHT ERFASSTE STELLEN (62)

```
    Z (LUECKE)       TST:  1- 62
```
===

■ ■ HS.-NR.: 1837   TESTSTELLEN: 100

A. LA   2 :   23, 39, 46, 47, 57, 79, 81   SUMME: 7 TST

B. LA 1/2 :   11, 28, 29, 35, 36, 41, 42, 44, 45, 48, 52, 55, 65, 76, 84, 87,
        88, 91, 97,100,102
        1/2B: 56   SUMME: 22 TST

C. LA   1 :   1- 6, 9, 12- 14, 16, 22, 24- 27, 30- 33, 37, 38, 43, 49- 51,
        54, 59- 64, 67, 69- 75, 78, 80, 82, 85, 86, 89, 90, 92- 96, 99,
        101,104
        1B: 7, 77, 83
        1G: 40
        1I: 17
        1L: 58,103   SUMME: 63 TST

D. SINGULAERLESARTEN AN   1 TESTSTELLE
```

```
    TST. 40:    ACTA 11,2     LA:  1G και οτε ανεβη πετρος εις
    ιερουσαλημ/ιεροσολυμα διεκρινοντο προς αυτον οι εκ
    περιταμης
```

E. SONDERLESARTEN AN   8 TESTSTELLEN

```
    TST.  8:    ACTA 2,31     LA:  7   εγκατελειφθη {εις αδην} η
    ψυχη αυτου
```
```

TST. 10:   ACTA 2,43.44   LA: 7   ADD. εν ιερουσαλημ φοβος τε
ην μεγας επι παντας
TST. 15:   ΛCTΛ 3,22   LA: 4   ειπεν προς τους πατερας ημων
TST. 34:   ACTA 10,12   LA: 4   παντα τα τετραποδα και τα
ερπετα της γης και τα πετεινα του ουρανου και τα
θηρια της γης
TST. 53:   ACTA 15,34   LA: 3B εδοξεν τω σιλα επιμειναι
αυτου
TST. 66:   ACTA 18,27   LA: 14   καλουμενου δε αυτου διελθειν
εις την αχαιαν προτρεψαμενοι οι αδελφοι εγραψαν
τοις μαθηταις αποδεξασθαι αυτον
TST. 68:   ACTA 19,3   LA: 5   ο δε ειπεν προς αυτους
TST. 98:   ACTA 26,14   LA: 3   λαλουσαν προς με

I. NICHT ERFASSTE STELLEN (4)

    Z (LUECKE)   TST: 18- 21
===

■ ■ HS.-NR.: 1838   TESTSTELLEN: 98

A. LA   2 :   23, 40, 46, 57, 92, 95, 98
        2B: 43   SUMME: 8 TST

B. LA 1/2 :   18, 20, 28, 29, 35, 41, 44, 45, 48, 52, 53, 55, 56, 66, 76, 84,
              87, 88,100,102
        1/2N: 11
        1/2P: 36   SUMME: 22 TST

C. LA   1 :   2- 5, 9, 12, 14- 16, 19, 21, 22, 24- 27, 30- 32, 37- 39, 47,
              49, 51, 54, 59, 63, 67- 70, 72, 74, 75, 78- 83, 85, 86, 89, 94,
              96, 99,101,103,104
        1B: 1, 13
        1C: 17, 50
        1E: 34
        1I: 58   SUMME: 56 TST

D. SINGULAERLESARTEN AN   7 TESTSTELLEN

    TST. 7:   ACTA 2,30   LA: 9   το κατα σαρκα αναστησας τον
    χριστον και καθισαι
    TST. 11:   ACTA 2,46   LA:1/2N καθ ημεραν δε
    προσκαρτερουντες ομοθυμαδον εν τω ιερω κλωντες κατ
    οικον αρτους
    TST. 34:   ACTA 10,12   LA: 1E   τα τετραποδα της γης και τα
    θηρια και ερπετα και τα πετεινα του ουρανου
    TST. 36:   ACTA 10,25   LA:1/2P ως δε εγενετο του εισελθειν
    τον πετρον συναντα αυτω ο κορνηλιος
    TST. 43:   ACTA 13,20   LA: 2B ως ετεσιν τετρακοσιοις και
    πεντηκοντα και μετα τουτο
    TST. 77:   ACTA 21,8   LA: 6   οι αποστολοι απο τυρου ηλθον
    TST. 91:   ACTA 24,6-8   LA: 5E ADD. και κατα τον ημετερον
    νομον ηθελησαμεν κριναι παρελθων δε λυσιας ο
    χιλιαρχος μετα πολλης βιας εκ των χειρων ημων
    απηγαγεν· κελευσα δε τους κατηγορους αυτου ερχεσθαι
    επι σου

E. SONDERLESARTEN AN 12 TESTSTELLEN

TST. 7:   ACTA 2,30   LA: 9   το κατα σαρκα αναστησας τον
      χριστον και καθισαι
TST. 8:   ACTA 2,31   LA: 3B εγκατεληφθη η ψυχη αυτου
TST. 10:   ACTA 2,43.44   LA: 11   ADD. εν ιερουσαλημ
TST. 33:   ACTA 10,11   LA: 3   δεδεμενον
TST. 42:   ACTA 12,25   LA: 5   εξ ιερουσαλημ εις αντιοχειαν
TST. 64:   ACTA 18,20   LA: 6   παραμειναι αυτοις
TST. 65:   ACTA 18,21.22 LA: 8   ανηχθη απο της εφεσου, εν
      ταις ημεραις εκειναις κατελθων ο παυλος
TST. 71:   ACTA 20,4   LA: 3   ADD. μεχρι της ασιας
TST. 77:   ACTA 21,8   LA: 6   οι αποστολοι απο τυρου ηλθον
TST. 90:   ACTA 24,1   LA: 4   πρεσβυτερων
TST. 91:   ACTA 24,6-8   LA: 5E ADD. και κατα τον ημετερον
      νομον ηθελησαμεν κριναι παρελθων δε λυσιας ο
      χιλιαρχος μετα πολλης βιας εκ των χειρων ημων
      απηγαγεν. κελευσα δε τους κατηγορους αυτου ερχεσθαι
      επι σου
TST. 97:   ACTA 25,17   LA: 4   ουν ενθαδε

I. NICHT ERFASSTE STELLEN (6)

    V (AUSLASSUNG) TST: 6, 93
    Z (LUECKE)   TST: 60- 62, 73
==

■ ■ HS.-NR.: 1839   TESTSTELLEN: 78

A. LA   2 :   32
        2B: 86   SUMME: 2 TST

B. LA 1/2 :   28, 29, 35, 36, 41, 42, 44, 45, 48, 52, 53, 55, 56, 65, 66, 76,
              84, 87, 88, 97,100,102   SUMME: 22 TST

C. LA   1 :   27, 30, 31, 33, 34, 37- 40, 43, 46, 47, 49, 51, 54, 57- 59,
              61- 63, 68- 72, 74, 75, 77- 83, 85, 89, 90, 92- 94, 96, 98, 99,
              101,103,104
        1C: 73   SUMME: 48 TST

D. SINGULAERLESARTEN AN   3 TESTSTELLEN

TST. 50:   ACTA 15,18   LA: 5   ταυτα παντα γνωστα απ αιωνος
      εισι παντα τα εργα αυτου
TST. 64:   ACTA 18,20   LA: 7   προσμειναι αυτοις
TST. 67:   ACTA 19,1.2   LA: 3   και ευρων τινας μαθητας
      ειπεν αυτοις

E. SONDERLESARTEN AN   6 TESTSTELLEN

TST. 50:   ACTA 15,18   LA: 5   ταυτα παντα γνωστα απ αιωνος
      εισι παντα τα εργα αυτου
TST. 60:   ACTA 18,1   LA: 5   ο παυλος
TST. 64:   ACTA 18,20   LA: 7   προσμειναι αυτοις
TST. 67:   ACTA 19,1.2   LA: 3   και ευρων τινας μαθητας
      ειπεν αυτοις

TST. 91: ACTA 24,6-8 LA: 18 ADD. και κατα τον νομον τον
ημετερον ηθελησαμεν κριναι
TSI. 95: ACTA 25,5 LA: 3 τουτω ατοπον

I. NICHT ERFASSTE STELLEN (26)

V (AUSLASSUNG) TST: 26
Z (LUECKE)   TST: 1- 25
==

■ ■ HS.-NR.: 1841   TESTSTELLEN: 101

A. LA 2B: 86   SUMME: 1 TST

B. LA 1/2 : 10, 11, 18, 28, 29, 35, 41, 42, 44, 45, 48, 52, 53, 56, 66, 76,
            84, 87, 88, 91, 97,100,102
   1/2B: 20
   1/2D: 36
   1/2E: 55
   1/2F: 65   SUMME: 27 TST

C. LA 1 :   1- 9, 12, 17, 19, 21, 22, 25- 27, 30- 33, 37- 40, 43, 47,
            49- 51, 54, 57- 64, 67- 75, 77- 83, 85, 89, 90, 92- 96, 98, 99,
            101,104
   1F: 34
   1L: 103   SUMME: 69 TST

D. SINGULAERLESARTEN AN   2 TESTSTELLEN

   TST. 23: ACTA 6,8   LA: 5 και χαριτος πιστεως
   TST. 24: ACTA 7,11 LA: 5 ολην την αιγυπτου γην

E. SONDERLESARTEN AN 4 TESTSTELLEN

   TST. 13: ACTA 3,11   LA: 7 κρατουντος δε του ιαθεντος
            χωλου τον πετρον και ιωαννην συνεδραμεν προς αυτον
            πας ο λαος
   TST. 23: ACTA 6,8   LA: 5 και χαριτος πιστεως
   TST. 24: ACTA 7,11 · LA: 5 ολην την αιγυπτου γην
   TST. 46: ACTA 13,42 LA: 3 εξιοντων δε αυτων εκ της
            συναγωγης των ιουδαιων

F. KORREKTUREN AN   1 TESTSTELLE

   TST. 36: ACTA 10,25
            C : LA 1/2 ως δε εγενετο του εισελθειν τον πετρον
            συναντησας αυτω ο κορνηλιος

I. NICHT ERFASSTE STELLEN (3)

   Y (FILMFEHLER) TST: 14- 16
==

■ ■ HS.-NR.: 1842   TESTSTELLEN: 104

A. LA 2 : 31, 46, 47, 49, 64, 70, 77, 83, 90, 92- 94,104
   2C: 98

SUMME: 14 TST
B. LA 1/2 :   10, 18, 20, 28, 29, 35, 36, 41, 42, 44, 45, 48, 56, 65, 66, 76,
              87, 88,100,102
   1/2C: 84
   1/2F: 55
   1/20: 11   SUMME: 23 TST

C. LA   1 :   1- 7, 9, 12, 14- 16, 19, 21- 27, 30, 32, 34, 37- 39, 43, 50,
              51, 54, 57- 63, 67, 69, 71, 74, 78, 79, 81, 82, 85, 96, 99,101
       1C: 17   SUMME: 50 TST

D. SINGULAERLESARTEN AN   1 TESTSTELLE

TST. 73:   ACTA 20,24(1)   LA: 7   ουδενος λογον εχων ουδε
ποιουμαι την ψυχην μου

E. SONDERLESARTEN AN   17 TESTSTELLEN

TST. 8:   ACTA 2,31   LA: 3   εγκατελειφθη η ψυχη αυτου
TST. 13:   ACTA 3,11   LA: 8   κρατουντος δε του ιαθεντος
χωλου τον πετρον και ιωαννην συνεδραμεν πας ο λαος
προς αυτους
TST. 33:   ACTA 10,11   LA: 8   δεδεμενον {σκευος τι ως
οδωννη μεγαλην καταβαινον} και καθιεμενον
TST. 40:   ACTA 11,2   LA: 3   και οτε ανεβη πετρος εις
ιερουσαλημ/ιεροσολυμα διεκρινοντο οι εκ περιτομης
προς αυτον
TST. 52:   ACTA 15,24   LA: 3   ελθοντες
TST. 53:   ACTA 15,34   LA: 3   εδοξεν δε τω σιλα επιμειναι
αυτου
TST. 68:   ACTA 19,3   LA: 15 ο δε ειπεν αυτοις
TST. 72:   ACTA 20,15   LA: 4   και μειναντες εν τρωγυλιω
(ET SIM.) τη ερχομενη
TST. 73:   ACTA 20,24(1) LA: 7   ουδενος λογον εχων ουδε
ποιουμαι την ψυχην μου
TST. 75:   ACTA 20,29   LA: 3   γαρ οιδα
TST. 80:   ACTA 21,25   LA: 5   ADD. μηδεν τοιουτον τηρειν
ει μη
TST. 86:   ACTA 23,20   LA: 4   μελλοντας
TST. 89:   ACTA 23,30   LA: 14 εσεσθαι εξ αυτων
TST. 91:   ACTA 24,6-8   LA: 5   ADD. και κατα τον ημετερον
νομον ηθελησαμεν κριναι παρελθων δε λυσιας ο
χιλιαρχος μετα πολλης βιας εκ των χειρων ημων
απηγαγεν. κελευσας τους κατηγορους αυτου ερχεσθαι
επι σου
TST. 95:   ACTA 25,5   LA: 3   τουτω ατοπον
TST. 97:   ACTA 25,17   LA: 5   δε αυτων ενθαδε
TST.103:   ACTA 28,16   LA: 3B ο εκατονταρχος παρεδωκεν
τους δεσμιους τω στρατοπεδαρχη επετραπη δε τω παυλω

. KORREKTUREN AN   10 TESTSTELLEN

TST. 10:   ACTA 2,43.44
    C : LA 11   ADD. εν ιερουσαλημ
TST. 46:   ACTA 13,42
    C : LA   3   εξιοντων δε αυτων εκ της συναγωγης των
ιουδαιων

TST. 47:   ACTA 13,45
    C : LA   1   αντιλεγοντες και βλασφημουντες
TST. 57:   ACTA 17,13
    C : LA   2   και ταρασσοντες
TST. 64:   ACTA 18,20
    C : LA   9   μειναι αυτοις
TST. 70:   ACTA 19,39
    C : LA   1   περι ετερων
TST. 75:   ACTA 20,29
    C : LA   1   γαρ οιδα τουτο
TST. 83:   ACTA 22,30
    C : LA   1   αυτον απο των δεσμων
TST. 89:   ACTA 23,30
    C : LA   1   μελλειν εσεσθαι υπο των ιουδαιων εξαυτης
TST. 94:   ACTA 24,22
    C : LA   12   ακουσας δε ταυτα ο φηλιξ ανεβαλετο

G. MARGINALLESARTEN AN   1 TESTSTELLE

TST. 23:   ACTA 6,8
    L : LA   2   χαριτος
===

■ ■ HS.-NR.: 1843   TESTSTELLEN: 104

A. LA   2 :   23, 77, 78, 90, 92, 93   SUMME: 6 TST

B. LA 1/2 :   10, 11, 18, 20, 28, 29, 35, 41, 42, 44, 45, 48, 52, 55, 56, 65,
              66, 76, 84, 87, 88, 97,100,102
    1/2K: 36   SUMME: 25 TST

C. LA   1 :   1- 6, 9, 12, 13, 15, 16, 19, 21, 22, 24- 27, 30- 34, 37- 40,
              43, 47, 49- 51, 54, 57- 64, 67, 69- 72, 74, 75, 79- 83, 85, 89,
              94- 96, 99,101,103,104   SUMME: 62 TST

D. SINGULAERLESARTEN AN   1 TESTSTELLE

TST. 46:   ACTA 13,42   LA: 4   εξιοντων δε αυτων εκ της
    συναγωγης ιουδαιων

E. SONDERLESARTEN AN   11 TESTSTELLEN

TST. 7:   ACTA 2,30   LA: 3   το κατα σαρκα αναστησειν τον
    χριστον καθισαι τε
TST. 8:   ACTA 2,31   LA: 3   εγκατελειφθη η ψυχη αυτου
TST. 14:   ACTA 3,21   LA: 4   αυτου των απ αιωνος προφητων
TST. 17:   ACTA 4,25   LA: 4   ο δια στοματος δαυιδ παιδος
    σου εν πνευματι αγιω ειπων
TST. 46:   ACTA 13,42   LA: 4   εξιοντων δε αυτων εκ της
    συναγωγης ιουδαιων
TST. 53:   ACTA 15,34   LA: 3   εδοξεν δε τω σιλα επιμειναι
    αυτου
TST. 68:   ACTA 19,3   LA: 15 ο δε ειπεν αυτοις
TST. 73:   ACTA 20,24(1) LA: 10 ουδενος τουτων λογον
    ποιουμαι ουδε εχω την ψυχην μου
TST. 86:   ACTA 23,20   LA: 3   μελλοντων

```
TST. 91:    ACTA 24,6-8    LA:  5  ADD. και κατα τον ημετερον
            νομον ηθελησαμεν κριναι παρελθων δε λυσιας ο
            χιλιαρχος μετα πολλης βιας εκ των χειρων ημων
            απηγαγεν. κελευσας τους κατηγορους αυτου ερχεσθαι
            επι σου
TST. 98:    ACTA 26,14    LA:  6  λεγουσαν μοι
```
==

■ ■ HS.-NR.: 1845   TESTSTELLEN: 103

B. LA 1/2 :   10, 18, 20, 28, 29, 35, 36, 41, 42, 44, 45, 48, 52, 53, 56, 65,
              66, 76, 84, 87, 88, 97,100,102   SUMME: 24 TST

C. LA   1 :   1- 7, 9, 12- 17, 19, 21- 27, 31- 34, 37- 40, 43, 46, 47,
              49- 51, 54, 57- 64, 67, 69- 71, 74, 75, 77- 83, 85, 86, 89, 90,
              92- 96, 98, 99,101,103,104
        1C: 30
        1D: 73   SUMME: 74 TST

E. SONDERLESARTEN AN   5 TESTSTELLEN

```
    TST.  8:    ACTA 2,31    LA:  3  εγκατελειφθη η ψυχη αυτου
    TST. 11:    ACTA 2,46    LA: 10  καθ ημεραν τε
            προσκαρτερουντες ομοθυμαδον εν τω ιερω κλωντες τε
            αρτον κατ οικον
    TST. 55:    ACTA 16,33   LA:  8  οι αυτου
    TST. 68:    ACTA 19,3    LA:  7  ειπεν δε προς αυτους
    TST. 72:    ACTA 20,15   LA:  4  και μειναντες εν τρωγυλιω
            (ET SIM.) τη ερχομενη
```

F. KORREKTUREN AN   5 TESTSTELLEN

```
    TST. 11:    ACTA 2,46
            C : LA 1/2  καθ ημεραν τε προσκαρτερουντες ομοθυμαδον
            εν τω ιερω κλωντες τε κατ οικον αρτον
    TST. 46:    ACTA 13,42
            C : LA   3  εξιοντων δε αυτων εκ της συναγωγης των
            ιουδαιων
    TST. 77:    ACTA 21,8
            C : LA   2  ηλθομεν
    TST. 91:    ACTA 24,6-8
            C : LA 10C ADD. και κατα τον ημετερον νομον
            ηθελησαμεν κριναι παρελθων δε λυσιας ο χιλιαρχος
            μετα πολλης βιας εκ των χειρων ημων απηγαγεν.
            παραγγειλας και τοις κατηγοροις ερχεσθαι επι σοι
    TST. 95:    ACTA 25,5
            C : LA   3  τουτω ατοπον
```

G. MARGINALLESARTEN AN   1 TESTSTELLE

```
    TST.103:    ACTA 28,16
            L : LA  1L  ο εκατονταρχος παρεδωκε(ν) τους δεσμιους
            τω στρατοπεδαρχω τω δε παυλω επετραπη
```

I. NICHT ERFASSTE STELLEN (1)

    X (UNLESERLICH) TST: 91
==

■ ■ HS.-NR.: 1846   TESTSTELLEN: 23

Λ. LΛ   2 : 92   SUMME: 1 TST

B. LA 1/2 : 84, 87, 88, 97,100,102   SUMME: 6 TST

C. LA   1 : 81- 83, 85, 86, 89, 90, 93, 96, 98, 99,101,103,104
                                                            SUMME: 14 TST

D. SINGULAERLESARTEN AN   1 TESTSTELLE

    TST. 94:   ACTA 24,22   LA: 9   ακουσας δε ταυτα παντα ο
    φηλιξ ανεβαλετο αυτους

E. SONDERLESARTEN AN   2 TESTSTELLEN

    TST. 94:   ACTA 24,22   LA: 9   ακουσας δε ταυτα παντα ο
    φηλιξ ανεβαλετο αυτους
    TST. 95:   ACTA 25,5   LA: 3   τουτω ατοπον

F. KORREKTUREN AN   1 TESTSTELLE

    TST. 91:   ACTA 24,6-8
        C : LA 10C ADD. και κατα τον ημετερον νομον
        ηθελησαμεν κριναι παρελθων δε λυσιας ο χιλιαρχος
        μετα πολλης βιας εκ των χειρων ημων απηγαγεν.
        παραγγειλας και τοις κατηγοροις ερχεσθαι επι σοι

I. NICHT ERFASSTE STELLEN (81)

    X (UNLESERLICH) TST: 91
    Z (LUECKE)   TST: 1- 80
==
■ ■ HS.-NR.: 1847   TESTSTELLEN: 104

A. LA   2 : 47   SUMME: 1 TST

B. LA 1/2 : 10, 11, 18, 20, 28, 29, 35, 36, 41, 42, 44, 45, 48, 52, 53, 55,
             56, 65, 66, 76, 84, 87, 88, 97,100,102   SUMME: 26 TST

C. LA   1 : 1- 9, 12- 17, 19, 21- 27, 30- 34, 37, 39, 40, 43, 46, 49- 51,
             54, 57- 64, 67, 69, 70, 73- 75, 77- 83, 85, 89, 90, 92- 96, 98,
             99,101,103,104
          1B: 86
          1C: 38   SUMME: 73 TST

E. SONDERLESARTEN AN   4 TESTSTELLEN

    TST. 68:   ACTA 19,3   LA: 7   ειπεν δε προς αυτους
    TST. 71:   ACTA 20,4   LA: 4   ADD. αχρι της μακεδονιας
    TST. 72:   ACTA 20,15   LA: 4   και μειναντες εν τρωγυλιω
    (ET SIM.) τη ερχομενη
    TST. 91:   ACTA 24,6-8   LA: 4   ADD. και κατα τον ημετερον
    νομον ηθελησαμεν κριναι παρελθων δε λυσιας ο
    χιλιαρχος μετα πολλης βιας εκ των χειρων ημων
    απηγαγεν. κελευσας τους κατηγορους αυτου ερχεσθαι
    προς σε

■ ■ HS.-NR.: 1849   TESTSTELLEN: 104

B. LA 1/2 :   10, 11, 18, 20, 28, 29, 35, 41, 42, 44, 45, 48, 52, 53, 55, 56,
              65, 66, 76, 84, 87, 88, 91, 97,100,102
   1/2K: 36   SUMME: 27 TST

C. LA   1 :   1- 9, 12- 17, 19, 21- 27, 30- 34, 37- 40, 43, 46, 47, 49- 51,
              54, 57- 64, 67- 75, 77- 83, 85, 89, 90, 92, 93, 95, 96, 98, 99,
              101,103,104
   1C: 94   SUMME: 76 TST

E. SONDERLESARTEN AN   1 TESTSTELLE

   TST. 86:   ACTA 23,20   LA: 3   μελλοντων
==

■ ■ HS.-NR.: 1850   TESTSTELLEN: 104

A. LA   2 :   23, 38   SUMME: 2 TST

B. LA 1/2 :   10, 18, 20, 28, 29, 35, 36, 41, 42, 44, 45, 48, 52, 53, 55, 56,
              65, 76, 84, 87, 88, 97,100,102
   1/2G: 11   SUMME: 25 TST

C. LA   1 :   1- 9, 12- 16, 19, 21, 22, 24- 27, 30- 33, 37, 39, 40, 43, 46,
              47, 49- 51, 54, 57- 64, 67- 75, 77- 83, 85, 86, 89, 90, 92- 96,
              99,101,104
   1C: 17
   1R: 103   SUMME: 73 TST

D. SINGULAERLESARTEN AN   2 TESTSTELLEN

   TST. 11:   ACTA 2,46   LA:1/2G καθ ημεραν τε
   προσκαρτερουντες ομοθυμαδον εν τω ιερω κλωντες κατ
   οικον αρτων
   TST.103:   ACTA 28,16   LA: 1R ο εκατονταρχος παρεδωκε τους
   δεσμιους τω στρατοπεδαρχω του δε παυλω επετραπη

E. SONDERLESARTEN AN   4 TESTSTELLEN

   TST. 34:   ACTA 10,12   LA: 3   παντα τα τετραποδα της γης
   και τα ερπετα και τα πετεινα του ουρανου
   TST. 66:   ACTA 18,27   LA: 6   βουλομενου δε αυτου ελθειν
   εις την αχαιαν προτρεψαμενοι οι αδελφοι εγραψαν
   τοις μαθηταις αποδεξασθαι αυτον
   TST. 91:   ACTA 24,6-8   LA: 10C ADD. και κατα τον ημετερον
   νομον ηθελησαμεν κριναι παρελθων δε λυσιας ο
   χιλιαρχος μετα πολλης βιας εκ των χειρων ημων
   απηγαγεν. παραγγειλας και τοις κατηγοροις ερχεσθαι
   επι σοι
   TST. 98:   ACTA 26,14   LA: 3   λαλουσαν προς με

F. KORREKTUREN AN   1 TESTSTELLE

   TST. 72:   ACTA 20,15
              C : LA 4   και μειναντες εν τρωγυλιω (ET SIM.) τη
              ερχομενη
==

■ ■ HS.-NR.: 1851   TESTSTELLEN: 104

B. LA 1/2 : 10, 11, 18, 20, 29, 35, 36, 41, 42, 44, 45, 48, 52, 53, 55, 56,
             65, 66, 76, 84, 87, 88, 91, 97,100,102   SUMME: 26 ISI

C. LA   1 : 1- 6, 8, 9, 12- 17, 19, 21- 27, 30- 34, 37- 40, 43, 46, 47,
             49- 51, 54, 57, 59- 64, 67- 72, 74, 75, 77- 83, 85, 86, 89, 90,
             92- 96, 99,101,104
          1B: 98
          1D: 73
          1I: 58
          1L: 103   SUMME: 76 TST

D. SINGULAERLESARTEN AN   1 TESTSTELLE

    TST. 98:   ACTA 26,14   LA: 1B λαλουσαν προς με λεγουσαν

E. SONDERLESARTEN AN   2 TESTSTELLEN

    TST. 7:   ACTA 2,30   LA: 7   το κατα σαρκα αναστησαι τον
               χριστον και καθ.σαι
    TST. 28:   ACTA 8,37   LA: 6   ειπεν δε αυτω: ει πιστευεις
               εξ ολης της καρδιας σου εξεστιν. αποκριθεις δε
               ευνουχος ειπεν αυτω: πιστευω τον υιον του θεου
               ειναι ιησουν χριστον
===

■ ■ HS.-NR.: 1852   TESTSTELLEN: 73

A. LA   2 : 78, 81, 90, 92, 96, 99,103   SUMME: 7 TST

B. LA 1/2 : 35, 36, 41, 42, 44, 45, 48, 52, 53, 55, 56, 65, 66, 76, 84, 87,
             88, 97,100,102   SUMME: 20 TST

C. LA   1 : 32- 34, 37- 40, 43, 47, 49- 51, 54, 57- 60, 62- 64, 67- 75, 77,
             79, 80, 82, 83, 85, 86, 93, 98,101,104   SUMME: 40 TST

D. SINGULAERLESARTEN AN   1 TESTSTELLE

    TST. 61:   ACTA 18,3   LA: 3   εργαζετο

E. SONDERLESARTEN AN   6 TESTSTELLEN

    TST. 46:   ACTA 13,42   LA: 3   εξιοντων δε αυτων εκ της
               συναγωγης των ιουδαιων
    TST. 61:   ACTA 18,3   LA: 3   εργαζετο
    TST. 89:   ACTA 23,30   LA: 14 εσεσθαι εξ αυτων
    TST. 91:   ACTA 24,6-8   LA: 5   ADD. και κατα τον ημετερον
               νομον ηθελησαμεν κριναι παρελθων δε λυσιας ο
               χιλιαρχος μετα πολλης βιας εκ των χειρων ημων
               απηγαγεν. κελευσας τους κατηγορους αυτου ερχεσθαι
               επι σου
    TST. 94:   ACTA 24,22   LA: 3   ανεβαλετο δε ο φηλιξ αυτους
    TST. 95:   ACTA 25,5   LA: 3   τουτω ατοπον

F. KORREKTUREN AN   1 TESTSTELLE

TST. 96:   ACTA 25,16
      C : LA   X   UNLESERLICH

I. NICHT ERFASSTE STELLEN (31)

    Z (LUECKE)   TST: 1- 31
==

■ ■ HS.-NR.: 1853   TESTSTELLEN: 104

A. LA   2 :   4, 46, 57, 62, 90, 92   SUMME: 6 TST

B. LA 1/2 :   10, 11, 20, 35, 36, 41, 44, 45, 48, 52, 53, 55, 65, 66, 76, 84,
               87, 88, 97,102
      1/2D: 56   SUMME: 21 TST

C. LA   1 :   1- 3, 5- 9, 12, 13, 15- 17, 19, 21- 23, 25, 27, 30- 32, 34,
               37- 40, 43, 47, 49- 51, 54, 58- 61, 63, 64, 67- 71, 74, 75,
               77- 79, 81- 83, 85, 89, 93, 95, 96, 98, 99,101,103,104
       1B: 14, 24   SUMME: 64 TST

E. SONDERLESARTEN AN   13 TESTSTELLEN

    TST. 18:   ACTA 4,33   LA: 4   της αναστασεως του κυριου
               ιησου χριστου
    TST. 26:   ACTA 8,10   LA: 3   λεγομενη
    TST. 28:   ACTA 8,37   LA: 3D   ειπεν δε αυτω: ει πιστευεις
               εξ ολης της καρδιας σου εξεστιν. αποκριθεις δε
               ειπεν: πιστευω τον υιον του θεου ειναι ιησουν
               χριστον
    TST. 29:   ACTA 8,39   LA: 5   πνευμα αγιον επεπεσεν επι
               τον ευνουχον αγγελος δε κυριου
    TST. 33:   ACTA 10,11   LA: 3   δεδεμενον
    TST. 42:   ACTA 12,25   LA: 5   εξ ιερουσαλημ εις αντιοχειαν
    TST. 72:   ACTA 20,15   LA: 4   και μειναντες εν τρωγυλιω
               (ET SIM.) τη ερχομενη
    TST. 73:   ACTA 20,24(1) LA: 10   ουδενος τουτων λογον
               ποιουμαι ουδε εχω την ψυχην μου
    TST. 80:   ACTA 21,25   LA: 3   ADD. μηδεν τοιουτο τηρειν
               αυτους ει μη
    TST. 86:   ACTA 23,20   LA: 3   μελλοντων
    TST. 91:   ACTA 24,6-8   LA: 8   ADD. και κατα τον ημετερον
               νομον ηθελησαμεν κρινειν παρελθων δε λυσιας ο
               χιλιαρχος μετα πολλης βιας εκ των χειρων ημων
               απηγαγεν. κελευσας τους κατηγορους αυτου ερχεσθαι
               επι σου
    TST. 94:   ACTA 24,22   LA: 3   ανεβαλετο δε ο φηλιξ αυτους
    TST.100:   ACTA 27,5   LA: 4   διαπλευσαντες δι ημερων
               δεκαπεντε κατηλθομεν

F. KORREKTUREN AN   1 TESTSTELLE

    TST. 72:   ACTA 20,15
          C : LA   1   και μειναντες εν
               τρωγυλιω/τρογυλιω/τρωγυλλιω (ET SIM.) τη εχομενη
==

■ ■ HS.-NR.: 1854   TESTSTELLEN: 104

A. LA   2 : 78, 81   SUMME: 2 TST

B. LA 1/2 : 10, 11, 20, 28, 29, 35, 36, 41, 42, 44, 45, 48, 52, 53, 55, 56,
             65, 66, 76, 84, 87, 88, 91, 97,100,102   SUMME: 26 TST

C. LA   1 : 1- 9, 12- 17, 19, 21- 27, 30- 34, 37- 40, 43, 47, 49- 51, 54,
             57- 64, 67- 75, 77, 79, 80, 82, 83, 85, 86, 89, 90, 92- 96, 98,
             99,101,104
        1L: 103   SUMME: 74 TST

E. SONDERLESARTEN AN   2 TESTSTELLEN

    TST. 18:   ACTA 4,33   LA: 4   της αναστασεως του κυριου
    ιησου χριστου
    TST. 46:   ACTA 13,42   LA: 3   εξιοντων δε αυτων εκ της
    συναγωγης των ιουδαιων

F. KORREKTUREN AN   2 TESTSTELLEN

    TST. 78:   ACTA 21,10
         C : LA   1   δε ημων
    TST. 91:   ACTA 24,6-8
         C : LA 10B ADD. και κατα τον νομον ημων ηθελησαμεν
    κριναι παρελθων δε λυσιας ο χιλιαρχος μετα
    πολλης βιας εκ των χειρων ημων απηγαγεν.
    παραγγειλας και τοις κατηγοροις ερχεσθαι επι σου
===

■ ■ HS.-NR.: 1855   TESTSTELLEN: 104

A. LA   2 : 19, 49, 68, 77   SUMME: 4 TST

B. LA 1/2 : 10, 11, 18, 20, 28, 29, 35, 36, 41, 44, 45, 48, 52, 53, 55, 56,
             65, 66, 76, 84, 87, 88, 91, 97,100,102   SUMME: 26 TST

C. LA   1 : 1- 9, 12- 17, 21- 27, 30- 34, 37- 40, 43, 46, 47, 50, 51, 54,
             57- 64, 67, 69- 75, 78- 83, 85, 89, 90, 92- 96, 98, 99,101,103,
             104
        1B: 86   SUMME: 73 TST

E. SONDERLESARTEN AN   1 TESTSTELLE

    TST. 42:   ACTA 12,25   LA: 8   εις αντιοχειαν
===

■ ■ HS.-NR.: 1856   TESTSTELLEN: 86

A. LA   2 : 19, 49, 68, 77   SUMME: 4 TST

B. LA 1/2 : 10, 11, 18, 20, 28, 29, 35, 36, 41, 44, 45, 48, 52, 53, 55, 56,
             65, 66, 76,100,102   SUMME: 21 TST

C. LA   1 : 1- 9, 12- 17, 21- 27, 30- 34, 37- 40, 43, 46, 47, 50, 51, 54,
             57- 64, 67, 69- 75, 78- 80, 99,101,103,104   SUMME: 60 TST

E. SONDERLESARTEN AN 1 TESTSTELLE

    TST. 42:   ACTA 12,25   LA: 8   ε ι ς α ν τ ι ο χ ε ι α ν

I. NICHT ERFASSTE STELLEN (18)

    Z (LUECKE)   TST: 81- 98
==

■ ■ HS.-NR.: 1857   TESTSTELLEN: 104

A. LA 2 : 49   SUMME: 1 TST

B. LA 1/2 : 10, 11, 18, 20, 28, 29, 35, 36, 41, 42, 44, 45, 48, 52, 53, 55,
              56, 76, 84, 87, 88, 91,100,102
    1/2B: 97   SUMME: 25 TST

C. LA 1 : 1- 9, 12- 17, 19, 21- 27, 30, 32, 33, 37- 40, 43, 46, 47, 50,
            51, 54, 57- 64, 67- 75, 78- 83, 85, 86, 89, 90, 92- 95, 99,101,
           103,104
    1B: 77, 96
    1H: 31   SUMME: 74 TST

E. SONDERLESARTEN AN 4 TESTSTELLEN

    TST. 34:   ACTA 10,12   LA: 8   π α ν τ α τ α τ ε τ ρ α π ο δ α τ η ς γ η ς
           κ α ι τ α ε ρ π ε τ α κ α ι τ α θ η ρ ι α κ α ι τ α π ε τ ε ι ν α τ ο υ
           ο υ ρ α ν ο υ
    TST. 65:   ACTA 18,21.22   LA: 4   κ α ι α ν η χ θ η α π ο τ η ς ε φ ε σ ο υ,
           κ α ι κ α τ α β α ς
    TST. 66:   ACTA 18,27   LA: 10   β ο υ λ ο μ ε ν ο υ δ ε α υ τ ο υ δ ι ε λ θ ε ι ν
           ε ι ς τ η ν α χ α ι α ν π ρ ο π ε μ ψ α μ ε ν ο ι ο ι α δ ε λ φ ο ι ε γ ρ α ψ α ν
           τ ο ι ς μ α θ η τ α ι ς α π ο δ ε ξ α σ θ α ι α υ τ ο ν
    TST. 98:   ACTA 26,14   LA: 3   λ α λ ο υ σ α ν π ρ ο ς μ ε

F. KORREKTUREN AN 1 TESTSTELLE

    TST. 96:   ACTA 25,16
        C : LA   1 ADD. ε ι ς α π ω λ ε ι α ν

G. MARGINALLESARTEN AN 1 TESTSTELLE

    TST. 65:   ACTA 18,21.22
        L : LA 8B α ν η χ θ η α π ο τ η ς ε φ ε σ ο υ, ε ν τ α ι ς η μ ε ρ α ι ς
          ε κ ε ι ν α ι ς κ α τ ε λ θ ω ν
==

■ ■ HS.-NR.: 1858   TESTSTELLEN: 20

B. LA 1/2 : 87, 88, 91, 97,100,102   SUMME: 6 TST

C. LA 1 : 85, 89, 90, 92- 96, 98, 99,101,103,104
    1B: 86   SUMME: 14 TST

I. NICHT ERFASSTE STELLEN (84)

    Z (LUECKE)   TST: 1- 84
==

■ ■ HS.-NR.: 1859   TESTSTELLEN: 103

B. LA 1/2 :   10, 18, 20, 28, 29, 35, 41, 42, 44, 45, 48, 52, 53, 55, 56, 65,
              76, 84, 87, 88, 91, 97,100,102
   1/2F: 36
   1/2M: 11   SUMME: 26 TST

C. LA   1 :   1- 9, 12- 16, 19, 21- 27, 30- 34, 37- 40, 43, 46, 47, 49, 51,
              54, 57- 64, 67- 75, 77- 83, 85, 89, 90, 92, 93, 96, 98, 99,101,
              104
   1C: 17
   1L: 103   SUMME: 73 TST

E. SONDERLESARTEN AN   4 TESTSTELLEN

   TST. 50:   ACTA 15,18   LA: 6B ταυτα παντα γνωστα απ αιωνος
   εισιν τα εργα αυτου τω θεω παντα
   TST. 66:   ACTA 18,27   LA: 11 βουλομενου δε αυτου διελθειν
   εις την αχαιαν προτρεψαμενοι οι αδελφοι εγραψαν
   τοις αδελφοις αποδεξασθαι αυτον
   TST. 86:   ACTA 23,20   LA: 3 μελλοντων
   TST. 94:   ACTA 24,22   LA: 8 ακουσας δε ο φηλιξ ανεβαλετο
   αυτους

I. NICHT ERFASSTE STELLEN (1)

   Z (LUECKE)   TST: 95
==
■ ■ HS.-NR.: 1860   TESTSTELLEN: 104

A. LA   2B: 86   SUMME: 1 TST

B. LA 1/2 :   10, 11, 18, 20, 28, 29, 35, 36, 41, 42, 44, 45, 48, 52, 55, 56,
              76, 84, 87, 88, 91,100,102   SUMME: 23 TST

C. LA   1 :   1- 9, 12- 16, 19, 21- 27, 30- 34, 37- 40, 43, 46, 47, 49- 51,
              54, 57- 64, 67- 75, 77- 82, 85, 89, 90, 92- 94, 96, 98, 99,101,
              104
   1C: 17
   1E: 83
   1L: 103   SUMME: 75 TST

E. SONDERLESARTEN AN   5 TESTSTELLEN

   TST. 53:   ACTA 15,34   LA: 3 εδοξεν δε τω σιλα επιμειναι
   αυτου
   TST. 65:   ACTA 18,21.22 LA: 10 ανηχθη απο της εφεσου: τον
   δε ακυλαν ειασεν εν εφεσω, και κατελθων
   TST. 66:   ACTA 18,27   LA: 10C βουλομενου δε αυτου ελθειν
   εις την αχαιαν προπεμψαμενοι οι αδελφοι εγραψαν
   τοις μαθηταις αποδεξασθαι αυτον
   TST. 95:   ACTA 25,5   LA: 3 τουτω ατοπον
   TST. 97:   ACTA 25,17   LA: 4 ουν ενθαδε
==

■ ■ HS.-NR.: 1861   TESTSTELLEN: 85

A. LA   2 : 77   SUMME: 1 TST

B. LA 1/2 : 20, 28, 29, 35, 41, 44, 45, 48, 52, 56, 65, 66, 76, 87, 88, 97,
             100,102
   1/2M: 36   SUMME: 19 TST

C. LA   1 : 21- 27, 30- 34, 37- 40, 43, 47, 49, 51, 54, 57- 64, 67- 75,
             78- 83, 85, 89, 90, 92- 94, 96, 98, 99,101,103,104
   1B: 86   SUMME: 57 TST

E. SONDERLESARTEN AN   8 TESTSTELLEN

   TST. 42:   ACTA 12,25   LA: 5   εξ ιερουσαλημ εις αντιοχειαν
   TST. 46:   ACTA 13,42   LA: 3   εξιοντων δε αυτων εκ της
              συναγωγης των ιουδαιων
   TST. 50:   ACTA 15,18   LA: 17   παντα ταυτα α εστι γνωστα απ
              αιωνος αυτω
   TST. 53:   ACTA 15,34   LA: 8   εδοξεν δε τω σιλα επιμειναι
              αυτοθι
   TST. 55:   ACTA 16,33   LA: 8   οι αυτου
   TST. 84:   ACTA 23,1   LA: 4   παυλος τω συνεδριω
   TST. 91:   ACTA 24,6-8   LA: 11   ADD. και κατα ημετερον νομον
              ηθελησαμεν κριναι παρελθων δε λυσιας ο χιλιαρχος
              μετα πολλης βιας εκ των χειρων ημων αφειλετο και
              προς σε απεστειλε. κελευσας και τους κατηγορους
              αυτου ερχεσθαι επι σου
   TST. 95:   ACTA 25,5   LA: 3   τουτω ατοπον

I. NICHT ERFASSTE STELLEN (19)

   Z (LUECKE)   TST: 1- 19
===
■ ■ HS.-NR.: 1862   TESTSTELLEN: 102

A. LA   2 : 78   SUMME: 1 TST

B. LA 1/2 : 10, 11, 18, 20, 28, 29, 35, 36, 41, 42, 44, 45, 48, 52, 53, 55,
             56, 66, 76, 84, 87, 88, 91, 97,100,102   SUMME: 26 TST

C. LA   1 :   1- 9, 12, 13, 16, 19, 21- 27, 30, 31, 33, 34, 37- 40, 43, 46,
             47, 49, 51, 54, 57- 64, 67- 75, 77, 79- 83, 85, 86, 89, 90,
             92- 96, 98, 99,101,104
   1B: 50
   1C: 17
   1L: 103   SUMME: 73 TST

E. SONDERLESARTEN AN   2 TESTSTELLEN

   TST. 32:   ACTA 10,10   LA: 3   επεσεν
   TST. 65:   ACTA 18,21.22   LA: 5   ανηχθη απο της εφεσου, και
              καταβας

I. NICHT ERFASSTE STELLEN (2)

   Z (LUECKE)   TST: 14, 15

■ ■ HS.-NR.: 1863   TESTSTELLEN: 104

A. LA 2 : 77   SUMME: 1 TST

B. LA 1/2 : 10, 11, 20, 28, 29, 35, 41, 44, 45, 48, 52, 56, 65, 66, 76, 87,
             88,100,102
   1/2M: 36   SUMME: 20 TST

C. LA   1 : 1- 7, 9, 12- 16, 19, 22- 27, 30- 34, 37- 40, 43, 47, 49, 51,
             54, 57- 64, 67- 75, 78- 83, 85, 89, 90, 93, 94, 96, 98, 99,101,
             103,104
        1B: 86
        1C: 17   SUMME: 70 TST

E. SONDERLESARTEN AN 13 TESTSTELLEN

   TST. 8: ACTA 2,31   LA: 3   εγκατελειφθη η ψυχη αυτου
   TST. 18: ACTA 4,33   LA: 4   της αναστασεως του κυριου
             ιησου χριστου
   TST. 21: ACTA 5,24   LA: 6   ο τε αρχιερευς και ο
             στρατηγος
   TST. 42: ACTA 12,25   LA: 5   εξ ιερουσαλημ εις αντιοχειαν
   TST. 46: ACTA 13,42   LA: 3   εξιοντων δε αυτων εκ της
             συναγωγης των ιουδαιων
   TST. 50: ACTA 15,18   LA: 17   παντα ταυτα α εστι γνωστα απ
             αιωνος αυτω
   TST. 53: ACTA 15,34   LA: 8   εδοξεν δε τω σιλα επιμειναι
             αυτοθι
   TST. 55: ACTA 16,33   LA: 8   οι αυτου
   TST. 84: ACTA 23,1   LA: 4   παυλος τω συνεδριω
   TST. 91: ACTA 24,6-8   LA: 11   ADD. και κατα ημετερον νομον
             ηθελησαμεν κριναι παρελθων δε λυσιας ο χιλιαρχος
             μετα πολλης βιας εκ των χειρων ημων αφειλετο και
             προς σε απεστειλε. κελευσας και τους κατηγορους
             αυτου ερχεσθαι επι σου
   TST. 92: ACTA 24,14   LA: 3   τοις
   TST. 95: ACTA 25,5   LA: 3   τουτω ατοπον
   TST. 97: ACTA 25,17   LA: 4   ουν ενθαδε

F. KORREKTUREN AN 1 TESTSTELLE

   TST. 77: ACTA 21,8
             C : LA   1   οι περι τον παυλον ηλθον
===

■ ■ HS.-NR.: 1864   TESTSTELLEN: 91

A. LA 2 : 19, 49, 68, 77   SUMME: 4 TST

B. LA 1/2 : 18, 20, 28, 29, 35, 36, 41, 42, 44, 45, 48, 52, 53, 55, 56, 65,
             66, 76, 84, 87, 88, 91, 97,100,102   SUMME: 25 TST

C. LA   1 : 14- 17, 21- 27, 30- 34, 37- 40, 43, 46, 47, 50, 51, 54, 57- 64,
             67, 69- 75, 78- 83, 85, 89, 90, 92- 96, 98, 99,101,103,104
        1B: 86   SUMME: 62 TST

I. NICHT ERFASSTE STELLEN (13)

    Z (LUECKE)   TST: 1- 13
===

■ ■ HS.-NR.: 1865   TESTSTELLEN: 104

A. LA   2 :   4, 19, 49, 68, 77   SUMME: 5 TST

B. LA 1/2 :   10, 11, 18, 20, 28, 29, 35, 36, 41, 42, 44, 45, 48, 52, 53, 55,
            56, 65, 66, 76, 84, 87, 88, 91, 97,100,102   SUMME: 27 TST

C. LA   1 :   1- 3, 5- 9, 12- 17, 21- 27, 30- 34, 37- 40, 43, 46, 47, 50,
            51, 54, 57- 64, 67, 69- 75, 78- 83, 85, 89, 90, 92- 96, 98, 99,
            101,103,104
    1B: 86   SUMME: 72 TST

F. KORREKTUREN AN   1 TESTSTELLE

    TST. 42:   ACTA 12,25
        C : LA   5   εξ ιερουσαλημ εις αντιοχειαν
===

■ ■ HS.-NR.: 1867   TESTSTELLEN: 85

A. LA   2C: 98   SUMME: 1 TST

B. LA 1/2 : 18, 20, 28, 29, 35, 36, 41, 42, 44, 45, 48, 52, 53, 55, 56, 65,
           66, 76, 84, 87, 88, 97,100,102   SUMME: 24 TST

C. LA   1 : 19, 21- 27, 30- 34, 37- 40, 43, 46, 47, 49- 51, 54, 57- 64,
           67- 75, 77- 83, 85, 92, 93, 96, 99,101,103,104
    1E: 89   SUMME: 57 TST

D. SINGULAERLESARTEN AN   2 TESTSTELLEN

    TST. 89:   ACTA 23,30   LA: 1E μελλουσης εσεσθαι υπο των
        ιουδαιων εξαυτης
    TST. 90:   ACTA 24,1   LA: 5   πρεσβυτερου

E. SONDERLESARTEN AN   3 TESTSTELLEN

    TST. 86:   ACTA 23,20   LA: 3   μελλοντων
    TST. 90:   ACTA 24,1   LA: 5   πρεσβυτερου
    TST. 91:   ACTA 24,6-8   LA: 3   ADD. και κατα τον ημετερον
    νομον ηθελησαμεν κριναι παρελθων δε λυσιας ο
    χιλιαρχος μετα πολλης βιας εκ των χειρων ημων
    απηγαγεν. κελευσας τους κατηγορους αυτου ερχεσθαι
    επι σε

I. NICHT ERFASSTE STELLEN (19)

    Z (LUECKE)   TST: 1- 17, 94, 95
===

■ ■ HS.-NR.: 1868   TESTSTELLEN: 104

A. LA   2 : 23, 77, 86, 90, 92   SUMME: 5 TST

B. LA 1/2 : 10, 11, 18, 20, 28, 29, 35, 41, 42, 44, 45, 48, 52, 55, 56, 66,
             76, 84, 87, 88, 97,100,102
   1/2F: 36, 65   SUMME: 25 TST

C. LA   1 :   1- 6, 9, 12- 16, 19, 21, 22, 24- 27, 30- 34, 37- 40, 43, 47,
             49, 51, 57- 64, 67, 69- 72, 74, 75, 78- 83, 85, 89, 93, 95, 98,
             99,101,103,104
      1B: 50, 96
      1C: 94   SUMME: 65 TST

D. SINGULAERLESARTEN AN   1 TESTSTELLE

    TST. 7:   ACTA 2,30   LA: 3B το κατα σαρκα αναστησειν τον
               χριστον καθισειν τε

E. SONDERLESARTEN AN   9 TESTSTELLEN

    TST. 7:   ACTA 2,30   LA: 3B το κατα σαρκα αναστησειν τον
               χριστον καθισειν τε
    TST. 8:   ACTA 2,31   LA: 3   εγκατελειφθη η ψυχη αυτου
    TST. 17:   ACTA 4,25   LA: 11   ο δια του πατρος ημων εν
               πνευματι αγιω στοματος δαυιδ παιδος σου ειπων
    TST. 46:   ACTA 13,42   LA: 6   εξιοντων δε αυτων εκ της
               συναγωγης
    TST. 53:   ACTA 15,34   LA: 3   εδοξεν δε τω σιλα επιμειναι
               αυτου
    TST. 54:   ACTA 16,28   LA: 5   ο παυλος φωνη μεγαλη
    TST. 68:   ACTA 19,3   LA: 15   ο δε ειπεν αυτοις
    TST. 73:   ACTA 20,24(1)   LA: 10   ουδενος τουτων λογον
               ποιουμαι ουδε εχω την ψυχην μου
    TST. 91:   ACTA 24,6-8   LA: 5   ADD. και κατα τον ημετερον
               νομον ηθελησαμεν κριναι παρελθων δε λυσιας ο
               χιλιαρχος μετα πολλης βιας εκ των χειρων ημων
               απηγαγεν. κελευσας τους κατηγορους αυτου ερχεσθαι
               επι σου

F. KORREKTUREN AN   1 TESTSTELLE

    TST. 17:   ACTA 4,25
               C : LA   1   ο δια στοματος δαυιδ παιδος σου ειπων
==
■ ■ HS.-NR.: 1869   TESTSTELLEN: 104

B. LA 1/2 : 10, 11, 20, 29, 35, 41, 42, 44, 45, 48, 52, 55, 56, 65, 66, 76,
             84, 87, 88, 97,100,102
   1/2F: 36   SUMME: 23 TST

C. LA   1 :   1- 6, 9, 12- 16, 19, 21- 27, 30- 34, 37- 40, 43, 46, 47,
             49- 51, 54, 57- 64, 67, 69- 75, 77- 83, 85, 89, 90, 93, 95, 96,
             98, 99,101,103
      1B: 86
      1C: 17
      1E: 94

1I: 104   SUMME: 73 TST

D. SINGULAERLESARTEN AN   3 TESTSTELLEN

TST. 7:   ACTA 2,30   LA: 19   καθισαι {επι του θρονου
       αυτου} το κατα σαρκα αναστησαι
TST. 28:   ACTA 8,37   LA: 3B ειπεν δε ει πιστευω εξ ολης
       της καρδιας σου εξεστιν. αποκριθεις δε ειπεν:
       πιστευω τον υιον του θεου ειναι τον ιησουν χριστον
TST.104:   ACTA 28,29   LA: 1I ADD. και ταυτα αυτου
       ειποντος απηλθον οι ιουδαιοι πολλην εχοντες εν εαυ
       συζητησιν

E. SONDERLESARTEN AN   8 TESTSTELLEN

TST. 7:   ACTA 2,30   LA: 19   καθισαι {επι του θρονου
       αυτου} το κατα σαρκα αναστησαι
TST. 8:   ACTA 2,31   LA: 3   εγκατελειφθη η ψυχη αυτου
TST. 18:   ACTA 4,33   LA: 4   της αναστασεως του κυριου
       ιησου χριστου
TST. 28:   ACTA 8,37   LA: 3B ειπεν δε ει πιστευω εξ ολης
       της καρδιας σου εξεστιν. αποκριθεις δε ειπεν:
       πιστευω τον υιον του θεου ειναι τον ιησουν χριστον
TST. 53:   ACTA 15,34   LA: 3   εδοξεν δε τω σιλα επιμειναι
       αυτου
TST. 68:   ACTA 19,3   LA: 15   ο δε ειπεν αυτοις
TST. 91:   ACTA 24,6-8   LA: 9C ADD. και κατα τον ημετερον
       νομον ηθελησαμεν κρινειν παρελθων δε λυσιας ο
       χιλιαρχος μετα πολλης βιας εκ των χειρων ημων
       απηγαγεν. κελευων τους κατηγορους αυτου ερχεσθαι
       επι σε
TST. 92:   ACTA 24,14   LA: 3   τοις
===

■ ■ HS.-NR.: 1870   TESTSTELLEN: 104

A. LA 2 : 61, 86   SUMME: 2 TST

B. LA 1/2 : 10, 11, 18, 20, 28, 29, 35, 41, 42, 44, 45, 48, 52, 53, 55, 56,
             65, 66, 76, 84, 87, 88, 91, 97,100,102
   1/2E: 36   SUMME: 27 TST

C. LA 1 : 1- 5, 7- 9, 12- 17, 19, 21- 27, 30- 34, 37- 40, 43, 46, 47,
            49- 51, 54, 57- 60, 62- 64, 67- 75, 77- 83, 85, 89, 90, 92- 96,
            98, 99,101,104
   1B: 6
   1L: 103   SUMME: 75 TST
===

■ ■ HS.-NR.: 1871   TESTSTELLEN: 9

B. LA 1/2 : 97,100,102   SUMME: 3 TST

C. LA 1 : 96, 99,101,103,104   SUMME: 5 TST

E. SONDERLESARTEN AN   1 TESTSTELLE

TST. 90:   ΛCTΛ 26,14   LA: 3   λαλουσαν προς με

I. NICHT ERFASSTE STELLEN (95)

    Z (LUECKE)   TST: 1- 95
===
■ ■ HS.-NR.: 1872   TESTSTELLEN: 104

A. LA   2 : 49   SUMME: 1 TST

B. LA 1/2 :   10, 11, 18, 20, 28, 29, 35, 41, 42, 44, 45, 48, 52, 55, 56, 76,
              84, 87, 88, 91, 97,100,102
       1/2D: 36
       1/2F: 65   SUMME: 25 TST

C. LA   1 :   1- 9, 12- 16, 19, 21- 27, 30- 34, 37- 40, 43, 47, 51, 54, 57,
             59- 64, 67- 75, 77- 83, 85, 89, 90, 92, 93, 95, 96, 98, 99,101,
             103
       1C: 17
       1D: 50
       1G: 104
       1L: 58   SUMME: 73 TST

D. SINGULAERLESARTEN AN   2 TESTSTELLEN

    TST. 46:   ACTA 13,42   LA: 9   εξιοντων δε εκ της συναγωγης
    UND HOM.TEL. VON της συναγωγης (VS 42) ZU της
    συναγωγης (VS 43)
    TST. 53:   ACTA 15,34   LA: 3C εδοξεν δε και τω σιλα
    επιμειναι αυτου

E. SONDERLESARTEN AN   5 TESTSTELLEN

    TST. 46:   ACTA 13,42   LA: 9   εξιοντων δε εκ της συναγωγης
    UND HOM.TEL. VON της συναγωγης (VS 42) ZU της
    συναγωγης (VS 43)
    TST. 53:   ACTA 15,34   LA: 3C εδοξεν δε και τω σιλα
    επιμειναι αυτου
    TST. 66:   ACTA 18,27   LA: 11   βουλομενου δε αυτου διελθειν
    εις την αχαιαν προτρεψαμενοι οι αδελφοι εγραψαν
    τοις αδελφοις αποδεξασθαι αυτον
    TST. 86:   ACTA 23,20   LA: 3   μελλοντων
    TST. 94:   ACTA 24,22   LA: 8   ακουσας δε ο φηλιξ ανεβαλετο
    αυτους

F. KORREKTUREN AN   4 TESTSTELLEN

    TST. 36:   ACTA 10,25
    C : LA 1/2   ως δε εγενετο του εισελθειν τον πετρον
    συναντησας αυτω ο κορνηλιος
    TST. 46:   ACTA 13,42
    C : LA   1   εξιοντων δε εκ της συναγωγης των ιουδαιων

```
TST. 58:    ACTA 17,23
  C : LA   1   ον ουν αγνοουντες ευσεβειτε τουτον
TST.104:    ACTA 28,29
  C : LA   1   ADD. και ταυτα αυτου ειποντος απηλθον οι
             ιουδαιοι πολλην εχοντες εν εαυτοις συζητησιν
```
==

■ ■ HS.-NR.: 1873   TESTSTELLEN: 102

◣. LA   2 : 23, 77, 78, 90, 92, 93   SUMME: 6 TST

◤. LA 1/2 : 10, 11, 18, 20, 28, 29, 35, 41, 42, 44, 45, 48, 52, 55, 56, 66,
             76, 84, 87, 88,100,102
    1/2F: 65
    1/2K: 36   SUMME: 24 TST

◤. LA   1 : 1, 3- 7, 9, 12, 13, 15, 16, 19, 21, 22, 24- 27, 30- 34,
             37- 40, 43, 47, 49- 51, 54, 57- 64, 67, 69- 72, 74, 75, 79- 83,
             85, 89, 94, 95, 99,101,103,104
      1B: 96   SUMME: 62 TST

◤. SONDERLESARTEN AN 10 TESTSTELLEN

```
TST.  8:    ACTA 2,31     LA: 3   εγκατελειφθη η ψυχη αυτου
TST. 14:    ACTA 3,21     LA: 4   αυτου των απ αιωνος προφητων
TST. 17:    ACTA 4,25     LA: 4   ο δια στοματος δαυιδ παιδος
            σου εν πνευματι αγιω ειπων
TST. 46:    ACTA 13,42    LA: 6   εξιοντων δε αυτων εκ της
            συναγωγης
TST. 53:    ACTA 15,34    LA: 3   εδοξεν δε τω σιλα επιμειναι
            αυτου
TST. 68:    ACTA 19,3     LA: 4   ο δε ειπεν
TST. 73:    ACTA 20,24(1) LA: 10  ουδενος τουτων λογον
            ποιουμαι ουδε εχω την ψυχην μου
TST. 86:    ACTA 23,20    LA: 3   μελλοντων
TST. 91:    ACTA 24,6-8   LA: 5   ADD. και κατα τον ημετερον
            νομον ηθελησαμεν κριναι παρελθων δε λυσιας ο
            χιλιαρχος μετα πολλης βιας εκ των χειρων ημων
            απηγαγεν. κελευσας τους κατηγορους αυτου ερχεσθαι
            επι σου
TST. 98:    ACTA 26,14    LA: 6   λεγουσαν μοι
```

. SUPPLEMENTE AN   2 TESTSTELLEN

```
TST. 96:    ACTA 25,16
  S : LA   1   ADD. εις απωλειαν
TST. 97:    ACTA 25,17
  S : LA   4   ουν ενθαδε
```

. NICHT ERFASSTE STELLEN (2)

    Z (LUECKE)   TST: 2, 97
==

■ ■ HS.-NR.: 1874   TESTSTELLEN: 104

A. LA   2 :   21, 31- 33
        2B: 34   SUMME: 5 TST

B. LA 1/2 :   10, 11, 18, 20, 28, 29, 35, 36, 41, 42, 44, 45, 48, 52, 53, 56,
              65, 66, 76, 84, 87, 88, 91, 97,100,102
       1/2D: 55   SUMME: 27 TST

C. LA   1 :   1- 6, 9, 12- 17, 19, 22- 27, 37- 40, 47, 49, 51, 54, 57- 64,
              67- 72, 74, 75, 77- 83, 85, 86, 89, 90, 92- 96, 98, 99,101
        1D: 73
        1L: 103   SUMME: 65 TST

D. SINGULAERLESARTEN AN   3 TESTSTELLEN

   TST. 50:   ACTA 15,18   LA: 11B παντα ταυτα γνωστα απ αιωνος
              εστιν τω θεω τα εργα αυτου
   TST. 55:   ACTA 16,33   LA:1/2D οι συν αυτου παντες
   TST.104:   ACTA 28,29   LA: 3B ADD. και ταυτα αυτου
              ειποντος απηλθον οι ιουδαιοι πολλην εχοντες εαυτοις
              την ζητησιν

E. SONDERLESARTEN AN   7 TESTSTELLEN

   TST. 7:   ACTA 2,30   LA: 4   το κατα σαρκα αναστησαι τον
              χριστον καθισαι
   TST. 8:   ACTA 2,31   LA: 3   εγκατελειφθη η ψυχη αυτου
   TST. 30:   ACTA 9,25   LA: 3   οι μαθηται αυτον νυκτος
   TST. 43:   ACTA 13,20   LA: 8   και μετα ταυτα
   TST. 46:   ACTA 13,42   LA: 3   εξιοντων δε αυτων εκ της
              συναγωγης των ιουδαιων
   TST. 50:   ACTA 15,18   LA: 11B παντα ταυτα γνωστα απ αιωνος
              εστιν τω θεω τα εργα αυτου
   TST.104:   ACTA 28,29   LA: 3B ADD. και ταυτα αυτου
              ειποντος απηλθον οι ιουδαιοι πολλην εχοντες εαυτοις
              την ζητησιν

F. KORREKTUREN AN   2 TESTSTELLEN

   TST. 73:   ACTA 20,24(1)
              C : LA   1 ουδενος λογον ποιουμαι ουδε εχω την ψυχην
              μου
   TST.104:   ACTA 28,29
              C : LA   3C ADD. και ταυτα αυτου ειποντος απηλθον οι
              ιουδαιοι πολλην εχοντες εν εαυτοις την ζητησιν
===

■ ■ HS.-NR.: 1875   TESTSTELLEN: 89

A. LA   2 :   23, 26, 31- 33, 40, 46, 49, 54, 57, 59, 62, 64, 77, 79, 81- 83,
              85, 86, 90, 92- 96, 98, 99
        2B: 34   SUMME: 29 TST

B. LA 1/2 :   18, 20, 41, 44, 45, 48, 52, 56, 76, 87, 88, 97,100,102
       1/2C: 84
       1/2F: 65

SUMME: 16 TST
C. LA   1 :   1, 2, 15- 17, 19, 21, 22, 24, 25, 27, 30, 38, 47, 51, 58, 60,
             61, 63, 67, 70- 72, 74, 75, 78, 80
      1M: 104   SUMME: 28 TST

D. SINGULAERLESARTEN AN   4 TESTSTELLEN

TST. 37:   ACTA 10,30   LA: 4   νηστευων και την εν(ν)ατην
           και προσευχομενος
TST. 50:   ACTA 15,18   LA: 4   ταυτα γνωστα απ αιωνος εστιν
           τα εργα αυτου
TST. 66:   ACTA 18,27   LA: 7   βουλομενου δε αυτου εξελθειν
           εις την αχαιαν προτρεψαμενοι οι αδελφοι εγραψαν
           τοις μαθηταις αποδεξασθαι αυτον
TST.104:   ACTA 28,29   LA: 1M ADD. και ταυτα αυτου
           ειποντος απηλθον οι ιουδαιοι πλην εχοντες εαυτοις
           συζητησιν

E. SONDERLESARTEN AN   16 TESTSTELLEN

TST. 14:   ACTA 3,21   LA: 6   προφητων απ αιωνος
TST. 35:   ACTA 10,19   LA: 3   το πνευμα αυτω
TST. 36:   ACTA 10,25   LA: 3   ως δε εγενετο του εισελθειν
           τον πετρον εις καισαρειαν συναντησας αυτω ο
           κορνηλιος
TST. 37:   ACTA 10,30   LA: 4   νηστευων και την εν(ν)ατην
           και προσευχομενος
TST. 42:   ACTA 12,25   LA: 6   απο ιερουσαλημ εις
           αντιοχειαν
TST. 50:   ACTA 15,18   LA: 4   ταυτα γνωστα απ αιωνος εστιν
           τα εργα αυτου
TST. 53:   ACTA 15,34   LA: 3G εδοξεν δε τω σιλα επιμενειν
           αυτου
TST. 55:   ACTA 16,33   LA: 5   ο οικος αυτου απαντες
TST. 66:   ACTA 18,27   LA: 7   βουλομενου δε αυτου εξελθειν
           εις την αχαιαν προτρεψαμενοι οι αδελφοι εγραψαν
           τοις μαθηταις αποδεξασθαι αυτον
TST. 68:   ACTA 19,3   LA: 12 ειπεν τε αυτοις
TST. 69:   ACTA 19,14   LA: 3B ησαν δε τινες σκευα ιουδαιου
           αρχιερεως επτα υιοι οι τουτο ποιουντες
TST. 73:   ACTA 20,24(1)   LA: 6   ουδενος λογον εχω ουδε
           ποιουμαι την ψυχην
TST. 89:   ACTA 23,30   LA: 14 εσεσθαι εξ αυτων
TST. 91:   ACTA 24,6-8   LA: 12 ADD. και κατα τον ημετερον
           νομον ηβουληθημεν κριναι παρελθων δε λυσιας ο
           χιλιαρχος μετα πολλης βιας εκ των χειρων ημων
           απηγαγεν. κελευσας τους κατηγορους αυτου ερχεσθαι
           επι σου
TST.101:   ACTA 27,14   LA: 3   ευρυκλυδων
TST.103:   ACTA 28,16   LA: 3B ο εκατονταρχος παρεδωκεν
           τους δεσμιους τω στρατοπεδαρχη επετραπη δε τω παυλω

F. KORREKTUREN AN   2 TESTSTELLEN

TST. 39:   ACTA 10,47
           C : LA   4C δυναται τις κολυσαι

TST. 66:   ACTA 18,27
C : LA   7B βουλομενου δε αυτου εξελθειν εις της
αχαιαν προτρεψαμενοι οι αδελφοι εγραψαν τοις
μαθηταις αποδεξασθαι αυτον

I. NICHT ERFASSTE STELLEN (15)

X (UNLESERLICH) TST: 3- 13, 39
Z (LUECKE)   TST: 28, 29, 43
===

■ ■ HS.-NR.: 1876   TESTSTELLEN: 104

A. LA   2 :   19, 49, 68, 77   SUMME: 4 TST

B. LA 1/2 :   10, 11, 18, 20, 28, 29, 35, 36, 41, 44, 45, 48, 52, 53, 55, 56,
              65, 66, 76, 84, 87, 88, 97,100,102   SUMME: 25 TST

C. LA   1 :   1- 9, 12- 17, 21- 27, 30- 33, 37- 40, 43, 46, 47, 50, 51, 54,
              57- 64, 67, 69- 75, 78- 83, 85, 89, 90, 92, 93, 95, 96, 98, 99,
              101,103,104
         1B: 86
         1C: 94   SUMME: 72 TST

E. SONDERLESARTEN AN   3 TESTSTELLEN

TST. 34:   ACTA 10,12   LA: 14   και τα θηρια και τα ερπετα
και τα πετεινα του ουρανου ABER ZUVOR HOM.TEL. VON
επι της γης (VS 11) ZU τετραποδα της γης (VS 12)
TST. 42:   ACTA 12,25   LA: 8   εις αντιοχειαν
TST. 91:   ACTA 24,6-8   LA: 4E ADD. και κατα τον ημετερον
νομον ηθελησαμεν κριναι παρελθων δε λυσιας ο
χιλιαρχος μετα πολλης βιας εκ των χειρων ημων
απηγαγεν. κελευσας και τους κατηγορους ερχεσθαι
προς σε

F. KORREKTUREN AN   1 TESTSTELLE

TST. 34:   ACTA 10,12
C : LA   1   παντα τα τετραποδα της γης και τα θηρια
και τα ερπετα και τα πετεινα του ουρανου
===

■ ■ HS.-NR.: 1877   TESTSTELLEN: 104

A. LA   2 :   21, 31- 33
         2B: 34   SUMME: 5 TST

B. LA 1/2 :   10, 11, 18, 20, 28, 35, 36, 41, 42, 44, 45, 48, 52, 53, 56, 66,
              76, 84, 87, 88, 91, 97,100,102
        1/2E: 55
        1/2F: 65   SUMME: 26 TST

C. LA   1 :   1- 6, 9, 12, 14- 17, 19, 22- 27, 37- 40, 47, 49, 51, 54,
              57- 64, 67, 69- 75, 77- 83, 85, 89, 90, 92- 96, 98, 99,101,103
         1B: 86
         1C: 13

SUMME: 64 TST

D. SINGULAERLESARTEN AN   1 TESTSTELLE

TST. 29:   ACTA 8,39   LA: 4   αγγελος δε κυριου

E. SONDERLESARTEN AN   9 TESTSTELLEN

TST. 7:   ACTA 2,30   LA: 4   το κατα σαρκα αναστησαι τον
                                 χριστον καθισαι
TST. 8:   ACTA 2,31   LA: 3   εγκατελειφθη η ψυχη αυτου
TST. 29:   ACTA 8,39   LA: 4   αγγελος δε κυριου
TST. 30:   ACTA 9,25   LA: 3   οι μαθηται αυτον νυκτος
TST. 43:   ACTA 13,20   LA: 8   και μετα ταυτα
TST. 46:   ACTA 13,42   LA: 3   εξιοντων δε αυτων εκ της
                                 συναγωγης των ιουδαιων
TST. 50:   ACTA 15,18   LA: 10 ταυτα γνωστα απ αιωνος εστιν
                                 τω θεω τα εργα αυτου
TST. 68:   ACTA 19,3   LA: 7   ειπεν δε προς αυτους
TST.104:   ACTA 28,29   LA: 3C ADD. και ταυτα αυτου
          ειποντος απηλθον οι ιουδαιοι πολλην εχοντες εν
          εαυτοις την ζητησιν

F. KORREKTUREN AN   4 TESTSTELLEN

TST. 17:   ACTA 4,25
          C : LA   1C ο δια στοματος δαυιδ του παιδος σου ειπων
TST. 28:   ACTA 8,37
          C : LA   3G ειπεν δε αυτω: ει πιστευεις εξ ολης
          καρδιας σου εξεστιν. και αποκριθεις ειπεν:
          πιστευω τον υιον του θεου ειναι τον ιησουν
          χριστον
TST. 29:   ACTA 8,39
          C : LA   5   πνευμα αγιον επεπεσεν επι τον ευνουχον
          αγγελος δε κυριου
TST. 43:   ACTA 13,20
          C : LA   1   και μετα ταυτα ως ετεσιν τετρακοσιοις και
          πεντηκοντα
===

■ ■ HS.-NR.: 1880   TESTSTELLEN: 102

B. LA 1/2 :   10, 11, 18, 20, 28, 29, 35, 41, 42, 44, 45, 48, 52, 53, 55, 56,
              65, 66, 76, 84, 87, 88, 91, 97,100,102   SUMME: 26 TST

C. LA   1 :   1- 9, 12- 16, 19, 21- 27, 30- 34, 37- 40, 43, 47, 49- 51, 54,
              57- 64, 67- 69, 71- 75, 77- 83, 85, 86, 89, 90, 92- 96, 98, 99,
              101,104
       1L: 103   SUMME: 74 TST

D. SINGULAERLESARTEN AN   1 TESTSTELLE

TST. 46:   ACTA 13,42   LA: 8   εξιοντες δε εκ της συναγωγης

E. SONDERLESARTEN AN   2 TESTSTELLEN

TST. 46:   ACTA 13,42   LA: 8   εξιοντες δε εκ της συναγωγης
TST. 70:   ACTA 19,39   LA: 3B περ ετερω

F. KORREKTUREN AN   3 TESTSTELLEN

TST. 17:   ACTA 4,25
       C : LA   1   ο δια στοματος δαυιδ παιδος σου ειπων
TST. 36:   ACTA 10,25
       C : LA 1/2   ως δε εγενετο του εισελθειν τον πετρον
                    συναντησας αυτω ο κορνηλιος
TST. 53:   ACTA 15,34
       C : LA   5   εδοξεν δε τω σιλα επιμενειν αυτοις

I. NICHT ERFASSTE STELLEN (2)

    X (UNLESERLICH) TST: 17, 36
===

■ ■ HS.-NR.: 1883   TESTSTELLEN: 104

B. LA 1/2 :   10, 11, 20, 29, 35, 41, 44, 45, 48, 52, 55, 56, 65, 76, 84, 87,
              88, 97,100,102
   1/2F: 36
   1/2I: 66   SUMME: 22 TST

C. LA   1 :   1- 9, 12- 16, 19, 21- 27, 30- 33, 37- 40, 43, 46, 47, 49- 51,
              54, 57- 64, 67- 75, 77- 83, 85, 89, 90, 92- 96, 98, 99,101,103,
              104
   1B: 86
   1C: 17   SUMME: 76 TST

D. SINGULAERLESARTEN AN   3 TESTSTELLEN

    TST. 28:   ACTA 8,37   LA: 4C ειπεν δε ο φιλιππος ει
        πιστευεις εξ ολης της καρδιας εξεστιν. αποκριθεις
        δε ειπεν: πιστευω τον υιον του θεου ειναι τον
        ιησουν χριστον
    TST. 66:   ACTA 18,27   LA:1/2I βουλομενου δε αυτου διελθειν
        εις την αχαιαν προτρεψαμενοι δε αυτου οι αδελφοι
        εγραψαν τοις μαθηταις αποδεξασθαι αυτον
    TST. 91:   ACTA 24,6-8   LA: 9B ADD. και κατα τον ημετερον
        νομον ηθελησαμεν κρινειν παρελθων δε λυσιας ο
        χιλιαρχος μετα πολλης εκ των χειρων ημων απηγαγεν.
        κελευσας τους κατηγορους αυτου ερχεσθαι επι σε

E. SONDERLESARTEN AN   6 TESTSTELLEN

    TST. 18:   ACTA 4,33   LA: 4 της αναστασεως του κυριου
        ιησου χριστου
    TST. 28:   ACTA 8,37   LA: 4C ειπεν δε ο φιλιππος ει
        πιστευεις εξ ολης της καρδιας εξεστιν. αποκριθεις
        δε ειπεν: πιστευω τον υιον του θεου ειναι τον
        ιησουν χριστον
    TST. 34:   ACTA 10,12   LA: 11 παντα τα τετραποδα και τα
        θηρια και τα ερπετα της γης και τα πετεινα του
        ουρανου
    TST. 42:   ACTA 12,25   LA: 5 εξ ιερουσαλημ εις αντιοχειαν
    TST. 53:   ACTA 15,34   LA: 3 εδοξεν δε τω σιλα επιμειναι
        αυτου

TST. 91: ACTA 24,6-8 LA: 9B ADD. και κατα τον ημετερον
νομον ηθελησαμεν κρινειν παρελθων δε λυσιας ο
χιλιαρχος μετα πολλης εκ των χειρων ημων απηγαγεν.
κελευσας τους κατηγορους αυτου ερχεσθαι επι σε

F. KORREKTUREN AN 2 TESTSTELLEN

TST. 66: ACTA 18,27
C : LA 1/2 βουλομενου δε αυτου διελθειν εις την
αχαιαν προτρεψαμενοι οι αδελφοι εγραψαν τοις
μαθηταις αποδεξασθαι αυτον
TST. 91: ACTA 24,6-8
C : LA 9 ADD. και κατα τον ημετερον νομον
ηθελησαμεν κρινειν παρελθων δε λυσιας ο
χιλιαρχος μετα πολλης βιας εκ των χειρων ημων
απηγαγεν. κελευσας τους κατηγορους αυτου
ερχεσθαι επι σε
===

■ ■ HS.-NR.: 1884 TESTSTELLEN: 98

A. LA 2 : 2, 26, 33, 40, 46, 61, 62, 72, 77, 79, 82, 83, 85, 90, 92, 95,
96, 98,104
2B: 17, 86, 94
2C: 69 SUMME: 23 TST

B. LA 1/2 : 11, 20, 29, 35, 36, 41, 44, 45, 52, 53, 55, 56, 76, 87, 88, 97
SUMME: 16 TST

C. LA 1 : 1, 3- 6, 9, 12, 16, 22, 24, 27, 30, 32, 38, 43, 49- 51, 54,
57, 59, 60, 63, 64, 71, 73- 75, 78, 81, 93, 99
1C: 67
1E: 58
1G: 31 SUMME: 35 TST

D. SINGULAERLESARTEN AN 7 TESTSTELLEN

TST. 17: ACTA 4,25 LA: 2B ο του πατρος ημων δια
πνευματος αγιου δια στοματος δαυιδ παιδος σου ειπων
TST. 18: ACTA 4,33 LA: 6B της αναστασεως του ιησου
χριστου
TST. 34: ACTA 10,12 LA: 9C παντα τα τετραποδα και
ερπετα της γης και τα θηρια και τα πετεινα του
ουρανου
TST. 47: ACTA 13,45 LA: 4B εναντιομενοι και
βλασφημουντες
TST. 58: ACTA 17,23 LA: 1E ον ουν αγνοουντες ευσεβηται
τουτον
TST. 65: ACTA 18,21.22 LA: 6 ανηχθη απο της εφεσου
TST. 94: ACTA 24,22 LA: 2B ανεβαλετο δε αυτους φηλιξ

E. SONDERLESARTEN AN 24 TESTSTELLEN

TST. 7: ACTA 2,30 LA: 15 αναστησαι τον χριστον και
καθισαι
TST. 8: ACTA 2,31 LA: 3 εγκατελειφθη η ψυχη αυτου

```
TST. 10:   ACTA 2,43.44    LA: 11   ADD. εν ιερουσαλημ
TST. 13:   ACTA 3,11       LA: 3    κρατουντος δε αυτου τον
πετρον και ιωαννην συνεδραμεν προς αυτους πας ο
λαος
TST. 14:   ACTA 3,21       LA: 3    των απ αιωνος αυτου προφητων
TST. 15:   ACTA 3,22       LA: 4    ειπεν προς τους πατερας ημων
TST. 18:   ACTA 4,33       LA: 6B   της αναστασεως του ιησου
χριστου
TST. 21:   ACTA 5,24       LA: 4    οι ιερεις και ο στρατηγος
TST. 23:   ACTA 6,8        LA: 3    χαριτος και πιστεως
TST. 25:   ACTA 7,17       LA: 3    επηγγειλατο
TST. 28:   ACTA 8,37       LA: 5    ειπεν δε αυτω: ο φιλιππος
εαν πιστευεις εξ ολης της καρδιας σου σωθησει.
αποκριθεις δε ειπεν: πιστευω εις τον χριστον τον
υιον του θεου
TST. 34:   ACTA 10,12      LA: 9C   παντα τα τετραποδα και
ερπετα της γης και τα θηρια και τα πετεινα του
ουρανου
TST. 37:   ACTA 10,30      LA: 6    νηστευων και προσευχομενος
απο εκ της ωρας εως ενατης
TST. 39:   ACTA 10,47      LA: 4    δυναται τις κωλυσαι
TST. 42:   ACTA 12,25      LA: 6    απο ιερουσαλημ εις
αντιοχειαν
TST. 47:   ACTA 13,45      LA: 4B   εναντιομενοι και
βλασφημοντες
TST. 65:   ACTA 18,21.22   LA: 6    ανηχθη απο της εφεσου
TST. 66:   ACTA 18,27      LA: 3    βουλομενου δε αυ,ου εις την
αχαιαν διελθειν προτρεψαμενοι οι αδελφοι εγραψαν
τοις μαθηταις αποδεξασθαι αυτον
TST. 68:   ACTA 19,3       LA: 4    ο δε ειπεν
TST. 70:   ACTA 19,39      LA: 4    περ ετερον
TST. 80:   ACTA 21,25      LA: 3    ADD. μηδεν τοιουτο τηρειν
αυτους ει μη
TST. 84:   ACTA 23,1       LA: 3    τω συνεδριω ο παυλος
TST. 89:   ACTA 23,30      LA: 14   εσεσθαι εξ αυτων
TST. 91:   ACTA 24,6-8     LA: 4    ADD. και κατα τον ημετερον
νομον ηθελησαμεν κριναι παρελθων δε λυσιας ο
χιλιαρχος μετα πολλης βιας εκ των χειρων ημων
απηγαγεν. κελευσας τους κατηγορους αυτου ερχεσθαι
προς σε
```

I. NICHT ERFASSTE STELLEN (6)

```
    U (H.TEL/ARK.)  TST:  19, 48
    Z (LUECKE)      TST: 100-103
```
===

■ ■ HS.-NR.: 1885   TESTSTELLEN: 104

B. LA 1/2 :   10, 11, 18, 20, 28, 29, 35, 36, 41, 42, 44, 45, 48, 52, 53, 55,
              56, 65, 76, 84, 87, 88, 91, 97,100,102
     1/2F: 66   SUMME: 27 TST

C. LA 1 :   1- 9, 12- 16, 19, 21- 27, 30- 34, 37- 40, 43, 47, 49- 51, 54,
             57- 64, 67, 69, 71- 75, 77- 83, 85, 86, 89, 90, 92- 96, 98, 99,
             101,104
      1C: 17
      1L: 103

D. SINGULAERLESARTEN AN   1 TESTSTELLE

SUMME: 74 TST

TST. 70:   ACTA 19,39   LA: 6   περι ετερων εστιν

E. SONDERLESARTEN AN   3 TESTSTELLEN

TST. 46:   ACTA 13,42   LA: 3   εξιοντων δε αυτων εκ της
           συναγωγης των ιουδαιων
TST. 68:   ACTA 19,3   LA: 7   ειπεν δε προς αυτους
TST. 70:   ACTA 19,39   LA: 6   περι ετερων εστιν
==

■ ■ HS.-NR.: 1886   TESTSTELLEN: 103

B. LA 1/2 :   10, 11, 18, 20, 28, 29, 35, 36, 41, 42, 44, 45, 52, 53, 55, 56,
              65, 76, 84, 87, 88, 91,100,102
      1/2D: 48   SUMME: 25 TST

C. LA   1 :   1- 6, 8, 9, 12, 13, 15- 17, 19, 21- 27, 31, 32, 34, 37- 39,
              43, 46, 47, 49- 51, 54, 57- 64, 67, 68, 70- 75, 77- 83, 85, 89,
              90, 93- 96, 98, 99,101,104
      1C: 40   SUMME: 69 TST

D. SINGULAERLESARTEN AN   3 TESTSTELLEN

TST. 48:   ACTA 15,2   LA:1/2D εταξαν αναβαινειν παυλον και
           βαρναβαν και τοινας αλλους εξ αυτων
TST. 66:   ACTA 18,27   LA: 9   βουλομενου δε αυτου
           εισελθειν εις την αχαιαν προτρεψαμενοι οι αδελφοι
           εγραψαν τοις μαθηταις αποδεξασθαι αυτον
TST.103:   ACTA 28,16   LA: 5   ο εκατονταρχος παρεδωκε τους
           δεσμωτας τω στρατοπεδαρχη τω δε παυλω επετραπη

E. SONDERLESARTEN AN   9 TESTSTELLEN

TST. 7:   ACTA 2,30   LA: 10   κατα σαρκα αναστησειν τον
           χριστον καθισαι
TST. 14:   ACTA 3,21   LA: 5   προφητων αυτου απ αιωνος
TST. 33:   ACTA 10,11   LA: 6   δεδεμενην και καθιεμενην
TST. 66:   ACTA 18,27   LA: 9   βουλομενου δε αυτου
           εισελθειν εις την αχαιαν προτρεψαμενοι οι αδελφοι
           εγραψαν τοις μαθηταις αποδεξασθαι αυτον
TST. 69:   ACTA 19,14   LA: 10   ησαν δε τινες υιοι σκευα
           ιουδαιους αρχιερεως επτα οι τουτο ποιουντες
TST. 86:   ACTA 23,20   LA: 4   μελλοντας
TST. 92:   ACTA 24,14   LA: 3   τοις
TST. 97:   ACTA 25,17   LA: 4   ουν ενθαδε
TST.103:   ACTA 28,16   LA: 5   ο εκατονταρχος παρεδωκε τους
           δεσμωτας τω στρατοπεδαρχη τω δε παυλω επετραπη

I. NICHT ERFASSTE STELLEN (1)

   U (H.TEL/ARK.) TST: 30
==

■ ■ HS.-NR.: 1888   TESTSTELLEN: 104

A. LA 2 : 78   SUMME: 1 TST

B. LA 1/2 : 10, 11, 18, 20, 28, 29, 35, 36, 41, 42, 44, 45, 48, 52, 53, 55,
             56, 76, 84, 87, 88, 91, 97,100,102   SUMME: 25 TST

C. LA 1 : 1- 9, 12- 17, 19, 21- 27, 30, 31, 33, 34, 37- 40, 43, 46, 47,
            49- 51, 54, 57- 64, 67- 75, 77, 79- 83, 85, 86, 89, 90, 92- 96,
            98, 99,101,104
       1L: 103   SUMME: 75 TST

E. SONDERLESARTEN AN 3 TESTSTELLEN

    TST. 32:   ACTA 10,10   LA: 3 επεσεν
    TST. 65:   ACTA 18,21.22 LA: 5 ανηχθη απο της εφεσου, και
    καταβας
    TST. 66:   ACTA 18,27   LA: 10 βουλομενου δε αυτου διελθειν
    εις την αχαιαν προπεμψαμενοι οι αδελφοι εγραψαν
    τοις μαθηταις αποδεξασθαι αυτον
==

■ ■ HS.-NR.: 1889   TESTSTELLEN: 63

A. LA 2B: 86   SUMME: 1 TST

B. LA 1/2 : 42, 44, 45, 48, 52, 53, 55, 56, 65, 66, 76, 87, 88, 91, 97,100,
             102   SUMME: 17 TST

C. LA 1 : 43, 46, 47, 49- 51, 54, 57- 64, 67- 75, 77- 83, 85, 89, 90,
            92- 96, 98, 99,101,103,104   SUMME: 44 TST

E. SONDERLESARTEN AN 1 TESTSTELLE

    TST. 84:   ACTA 23,1   LA: 4 παυλος τω συνεδριω

I. NICHT ERFASSTE STELLEN (41)

    Z (LUECKE)   TST: 1- 41
==

■ ■ HS.-NR.: 1890   TESTSTELLEN: 91

A. LA 2 : 46, 57, 62, 64, 77, 78, 83, 90, 92, 96,103   SUMME: 11 TST

B. LA 1/2 : 18, 20, 28, 29, 35, 36, 41, 44, 45, 48, 52, 53, 76, 87, 88,102
      1/2B: 55
      1/2D: 56
      1/2F: 65   SUMME: 19 TST

C. LA 1 :   2, 3, 16, 19, 21, 23- 25, 27, 30- 32, 34, 37- 40, 47, 49- 51,
            54, 58- 61, 63, 67, 69- 72, 74, 75, 79- 82, 85, 93, 98, 99,101,
            104
      1B: 14
      1C: 17
      1D: 73   SUMME: 47 TST

D. SINGULAERLESARTEN AN 1 TESTSTELLE

TST. 15: ACTA 3,22   LA: 8 γαρ προς τους πατερας

E. SONDERLESARTEN AN 14 TESTSTELLEN

TST. 13: ACTA 3,11   LA: 3C κρατουντος δε αυτου πετρον
και ιωαννην συνεδραμεν προς αυτους πας ο λαος
TST. 15: ACTA 3,22   LA: 8 γαρ προς τους πατερας
TST. 33: ACTA 10,11   LA: 8 δεδεμενον {σκευος τι ως
οδωννη μεγαλην καταβαινον} και καθιεμενον
TST. 42: ACTA 12,25   LA: 4 απο ιερουσαλημ
TST. 43: ACTA 13,20   LA: 4 ως ετεσιν τετρακοσιοις και
πεντηκοντα και
TST. 66: ACTA 18,27   LA: 6 βουλομενου δε αυτου ελθειν
εις την αχαιαν προτρεψαμενοι οι αδελφοι εγραψαν
τοις μαθηταις αποδεξασθαι αυτον
TST. 68: ACTA 19,3   LA: 17 ειπεν ουν
TST. 84: ACTA 23,1   LA: 4 παυλος τω συνεδριω
TST. 89: ACTA 23,30   LA: 14 εσεσθαι εξ αυτων
TST. 91: ACTA 24,6-8 LA: 8 ADD. και κατα τον ημετερον
νομον ηθελησαμεν κρινειν παρελθων δε λυσιας ο
χιλιαρχος μετα πολλης βιας εκ των χειρων ημων
απηγαγεν. κελευσας τους κατηγορους αυτου ερχεσθαι
επι σου
TST. 94: ACTA 24,22   LA: 3B ανεβαλλετο δε ο φηλιξ αυτους
TST. 95: ACTA 25,5   LA: 3 τουτω ατοπον
TST. 97: ACTA 25,17   LA: 3 ουν ενθαδε αυτων
TST.100: ACTA 27,5   LA: 4 διαπλευσαντες δι ημερων
δεκαπεντε κατηλθομεν

F. KORREKTUREN AN 10 TESTSTELLEN

TST. 15: ACTA 3,22
C : LA 1 γαρ προς τους πατερας ειπεν
TST. 17: ACTA 4,25
C : LA 1 ο δια στοματος δαυιδ παιδος σου ειπων
TST. 36: ACTA 10,25
C : LA 1/2K ως δε εγενετο του ελθειν τον πετρον
συναντησας αυτω ο κορνηλιος
TST. 43: ACTA 13,20
C : LA 1 και μετα ταυτα ως ετεσιν τετρακοσιοις και
πεντηκοντα
TST. 46: ACTA 13,42
C : LA 3 εξιοντων δε αυτων εκ της συναγωγης των
ιουδαιων
TST. 50: ACTA 15,18
C : LA 1B ταυτα παντα γνωστα γαρ απ αιωνος εστιν τω
θεω παντα τα εργα αυτου
TST. 78: ACTA 21,10
C : LA 1 δε ημων
TST. 83: ACTA 22,30
C : LA 1 αυτον απο των δεσμων
TST. 89: ACTA 23,30
C : LA 5 μελλειν εσεσθαι εξ αυτων

```
TST.103:    ACTA 28,16
     C : LA   1   ο εκατονταρχος παρεδωκε(ν) τους δεσμιους
              τω στρατοπεδαρχη τω δε παυλω επετραπη
```

H. SUPPLEMENTE AN 10 TESTSTELLEN

```
TST.  1:    ACTA 1,5
     S : LA   1   βαπτισθησεσθε εν πνευματι αγιω
TST.  4:    ACTA 2,7(1)
     S : LA   1   δε παντες και
TST.  5:    ACTA 2,7(2)
     S : LA   1   λεγοντες προς αλληλους
TST.  6:    ACTA 2,23
     S : LA   1   εκδοτον λαβοντες
TST.  7:    ACTA 2,30
     S : LA   1Β  το κατα σαρκα αναστησει τον χριστον
              καθισαι
TST.  8:    ACTA 2,31
     S : LA   1   κατελειφθη η ψυχη αυτου
TST.  9:    ACTA 2,38
     S : LA   1   αμαρτιων
TST. 10:    ACTA 2,43.44
     S : LA 1/2   SINE ADD.
TST. 11:    ACTA 2,46
     S : LA 1/2   καθ ημεραν τε προσκαρτερουντες ομοθυμαδον
              εν τω ιερω κλωντες τε κατ οικον αρτον
TST. 12:    ACTA 2,47.3,1
     S : LA   1   τη εκκλησια. επι το αυτο δε πετρος
```

I. NICHT ERFASSTE STELLEN (13)

```
     Z (LUECKE)      TST:   1, 4- 12, 22, 26, 86
```
===

■ ■ HS.-NR.: 1891   TESTSTELLEN: 104

A. LA   2 :   6, 17, 19, 21, 23, 26, 31, 32, 37, 40, 46, 47, 49, 57, 59, 64,
              69, 70, 75, 77, 79, 83, 86, 90, 92- 96, 98
        2B: 34, 67
        2C: 50   SUMME: 33 TST

B. LA 1/2 :   10, 11, 20, 35, 41, 44, 45, 48, 52, 55, 56, 65, 66, 76, 87, 88,
              97,100,102
      1/2F: 36   SUMME: 20 TST

C. LA   1 :   1- 5, 9, 16, 22, 25, 27, 33, 38, 43, 51, 54, 58, 60- 63, 71,
              74, 78, 81, 82, 85, 99,101,104
        1B: 24
        1D: 73
        1L: 103   SUMME: 32 TST

D. SINGULAERLESARTEN AN   2 TESTSTELLEN

```
TST. 14:    ACTA 3,21      LA:  9   απ αιωνος {αγιων} αυτου
            προφητων
TST. 30:    ACTA 9,25      LA:  4   οι μαθηται νυκτος αυτον
```

E. SONDERLESARTEN AN 19 TESTSTELLEN

TST.	7:	ACTA 2,30	LA: 16	αναστησειν τον χριστον

TST. 7:   ACTA 2,30   LA: 16   αναστησειν τον χριστον
           καθισαι
TST. 8:   ACTA 2,31   LA: 3   εγκατελειφθη η ψυχη αυτου
TST. 12:   ACTA 2,47.3,1 LA: 3   τη εκκλησια επι το αυτο.
           πετρος δε
TST. 13:   ACTA 3,11   LA: 3D   κρατουντος δε αυτου τον
           πετρον και τον ιωαννην συνεδραμεν προς αυτους πας ο
           λαος
TST. 14:   ACTA 3,21   LA: 9   απ αιωνος {αγιων} αυτου
           προφητων
TST. 15:   ACTA 3,22   LA: 3   ειπεν προς τους πατερας
TST. 18:   ACTA 4,33   LA: 4   της αναστασεως του κυριου
           ιησου χριστου
TST. 28:   ACTA 8,37   LA: 3D   ειπεν δε αυτω: ει πιστευεις
           εξ ολης της καρδιας σου εξεστιν. αποκριθεις δε
           ειπεν: πιστευω τον υιον του θεου ειναι ιησουν
           χριστον
TST. 29:   ACTA 8,39   LA: 5   πνευμα αγιον επεπεσεν επι
           τον ευνουχον αγγελος δε κυριου
TST. 30:   ACTA 9,25   LA: 4   οι μαθηται νυκτος αυτον
TST. 39:   ACTA 10,47   LA: 4   δυναται τις κωλυσαι
TST. 42:   ACTA 12,25   LA: 5   εξ ιερουσαλημ εις αντιοχειαν
TST. 53:   ACTA 15,34   LA: 3   εδοξεν δε τω σιλα επιμειναι
           αυτου
TST. 68:   ACTA 19,3   LA: 3   ειπε(ν) δε
TST. 72:   ACTA 20,15   LA: 3   τη δε ερχομενη
TST. 80:   ACTA 21,25   LA: 6   ADD. μηδεν τοιουτον τηρειν
           αυτους αλλα
TST. 84:   ACTA 23,1   LA: 3   τω συνεδριω ο παυλος
TST. 89:   ACTA 23,30   LA: 14   εσεσθαι εξ αυτων
TST. 91:   ACTA 24,6-8   LA: 3   ADD. και κατα τον ημετερον
           νομον ηθελησαμεν κριναι παρελθων δε λυσιας ο
           χιλιαρχος μετα πολλης βιας εκ των χειρων ημων
           απηγαγεν. κελευσας τους κατηγορους αυτου ερχεσθαι
           επι σε

F. KORREKTUREN AN 1 TESTSTELLE

TST. 14:   ACTA 3,21
           C : LA 1   αυτου προφητων απ αιωνος
===

■ ■ HS.-NR.: 1892   TESTSTELLEN: 104

A. LA 2 : 12, 19, 49, 68, 77   SUMME: 5 TST

B. LA 1/2 : 10, 11, 18, 20, 28, 29, 35, 36, 41, 42, 44, 45, 48, 52, 53, 55,
            56, 65, 66, 76, 87, 88, 91, 97,100,102   SUMME: 26 TST

C. LA 1 :   1- 9, 13- 17, 21- 27, 30- 34, 37- 40, 43, 46, 47, 50, 51, 54,
            57- 64, 67, 69- 75, 78- 83, 85, 89, 90, 92- 96, 98, 99,101,103
       1B: 86
       1F: 104   SUMME: 72 TST

E. SONDERLESARTEN AN   1 TESTSTELLE

TST. 84:   ACTA 23,1   LA: 4   παυλος τω συνεδριω

F. KORREKTUREN AN   3 TESTSTELLEN

TST. 28:   ACTA 8,37
     C : LA   3D ειπεν δε αυτω: ει πιστευεις εξ ολης της
          καρδιας σου εξεστιν. αποκριθεις δε ειπεν:
          πιστευω τον υιον του θεου ειναι ιησουν χριστον
TST. 53:   ACTA 15,34
     C : LA   8   εδοξεν δε τω σιλα επιμειναι αυτοθι
TST. 91:   ACTA 24,6-8
     C : LA 16   ADD. και κατα τον ημετερον νομον
          εβουληθημεν κριναι παρελθων δε λυσιας ο
          χιλιαρχος ηρπασεν αυτον εκ των χειρων ημων
          πεμψας προς σε
===

■ ■ HS.-NR.: 1893   TESTSTELLEN: 86

A. LA   2 :   23, 46, 47, 49, 57, 74, 77, 81, 90, 93   SUMME: 10 TST

B. LA 1/2 :   10, 11, 18, 20, 28, 29, 41, 44, 45, 52, 55, 56, 76, 87, 88, 91,
              97,100,102   SUMME: 19 TST

C. LA   1 :   1- 9, 12, 16, 17, 19, 21, 22, 24- 27, 30, 31, 37- 40, 43, 50,
              51, 54, 58- 62, 70- 72, 75, 78, 80, 82, 83, 89, 92, 95, 96, 99,
              101,103,104
          1B: 79, 86
          1C: 94   SUMME: 53 TST

E. SONDERLESARTEN AN   4 TESTSTELLEN

TST. 42:   ACTA 12,25   LA: 4   απο ιερουσαλημ
TST. 53:   ACTA 15,34   LA: 3   εδοξεν δε τω σιλα επιμειναι
           αυτου
TST. 73:   ACTA 20,24(1) LA: 9   ουδενος τουτων λογον
           ποιουμαι ουδε εχω την ψυχην
TST. 98:   ACTA 26,14   LA: 6   λεγουσαν μοι

I. NICHT ERFASSTE STELLEN (18)

     X (UNLESERLICH) TST: 13- 15
     Z (LUECKE)   TST: 32- 36, 48, 63- 69, 84, 85
===

■ ■ HS.-NR.: 1894   TESTSTELLEN: 100

A. LA   2 :   37, 83, 90, 92, 95   SUMME: 5 TST

B. LA 1/2 :   10, 11, 18, 20, 28, 29, 35, 36, 41, 44, 45, 48, 52, 53, 55, 56,
              65, 66, 76, 87, 97,100,102   SUMME: 23 TST

C. LA   1 :   1- 9, 12- 17, 19, 21- 27, 30, 31, 33, 38, 43, 47, 49- 51, 54,
              57- 64, 68- 70, 73- 75, 77- 82, 85, 93, 94, 96, 98, 99,101,103,
              104
          1C: 67

SUMME: 63 TST

D. SINGULAERLESARTEN AN   1 TESTSTELLE

TST. 88:   ACTA 23,25(2)   LA: 7   γραψαντες επιστολην εχουσαν
τον τυπον τουτον

E. SONDERLESARTEN AN   9 TESTSTELLEN

TST. 32:   ACTA 10,10   LA: 3   επεσεν
TST. 34:   ACTA 10,12   LA: 11   παντα τα τετραποδα και τα
θηρια και τα ερπετα της γης και τα πετεινα του
ουρανου
TST. 42:   ACTA 12,25   LA: 5   εξ ιερουσαλημ εις αντιοχειαν
TST. 46:   ACTA 13,42   LA: 3   εξιοντων δε αυτων εκ της
συναγωγης των ιουδαιων
TST. 84:   ACTA 23,1   LA: 3   τω συνεδριω ο παυλος
TST. 86:   ACTA 23,20   LA: 3   μελλοντων
TST. 88:   ACTA 23,25(2)   LA: 7   γραψαντες επιστολην εχουσαν
τον τυπον τουτον
TST. 89:   ACTA 23,30   LA: 14   εσεσθαι εξ αυτων
TST. 91:   ACTA 24,6-8   LA: 3   ADD. και κατα τον ημετερον
νομον ηθελησαμεν κριναι παρελθων δε λυσιας ο
χιλιαρχος μετα πολλης βιας εκ των χειρων ημων
απηγαγεν. κελευσας τους κατηγορους αυτου ερχεσθαι
επι σε

I. NICHT ERFASSTE STELLEN (4)

Z (LUECKE)   TST: 39, 40, 71, 72
===

■ ■ HS.-NR.: 1895   TESTSTELLEN: 104

A. LA   2 :   15, 23, 32, 77   SUMME: 4 TST

B. LA 1/2 :   11, 18, 20, 28, 29, 35, 36, 41, 42, 44, 45, 48, 52, 53, 55, 56,
65, 66, 76, 84, 87, 88, 91, 97,100,102   SUMME: 26 TST

C. LA   1 :   1- 9, 13, 16, 17, 19, 24- 27, 30, 31, 33, 34, 37- 39, 43, 46,
47, 49- 51, 57, 58, 60- 64, 67- 72, 74, 75, 78- 83, 85, 86, 89,
90, 92, 93, 95, 96, 98, 99,101,104
1B: 94
1D: 73
1F: 21
1I: 40
1L: 103   SUMME: 68 TST

D. SINGULAERLESARTEN AN   2 TESTSTELLEN

TST. 22:   ACTA 5,34   LA: 3   ανθρωπους αποστολους
TST. 59:   ACTA 17,26   LA: 3   εξ ουδενος

E. SONDERLESARTEN AN   6 TESTSTELLEN

TST. 10:   ACTA 2,43.44   LA: 4   ADD. εν ιερουσαλημ φοβος τε
ην μεγας επι παντας αυτους
TST. 12:   ACTA 2,47.3,1   LA: 11   τη εκκλησια επι το αυτο. επι
το αυτο δε πετρος

```
TST. 14:    ACTA 3,21     LA:  8   αυτου προφητων
TST. 22:    ACTA 5,34     LA:  3   ανθρωπους αποστολους
TST. 54:    ACTA 16,28    LA:  4   φωνη μεγαλη παυλος
TST. 59:    ACTA 17,26    LA:  3   εξ ουδενος
```

F. KORREKTUREN AN   1 TESTSTELLE

```
TST. 22:    ACTA 5,34
            C : LA    1   αποστολους
```
===

■ ■ HS.-NR.: 1896   TESTSTELLEN: 104

A. LA   2 :   47, 59, 63, 77, 92
        2B: 21   SUMME: 6 TST

B. LA 1/2 :   10, 11, 20, 28, 29, 35, 36, 41, 44, 45, 48, 55, 56, 66, 76, 84,
              87, 88, 97,100,102
        1/2F: 65   SUMME: 22 TST

C. LA   1 :   2- 9, 12- 14, 16, 17, 19, 22- 27, 30- 34, 37- 40, 43, 49- 51,
              54, 57, 58, 60- 62, 64, 68- 75, 78- 83, 85, 89, 90, 93, 96, 98,
              99,101,103,104
        1C: 67, 94
        1D: 1   SUMME: 67 TST

E. SONDERLESARTEN AN   9 TESTSTELLEN

```
TST. 15:    ACTA 3,22     LA:  6   γαρ προς τους πατερας ημων
                                   ειπεν
TST. 18:    ACTA 4,33     LA:  6   της αναστασεως ιησου χριστου
TST. 42:    ACTA 12,25    LA:  5   εξ ιερουσαλημ εις αντιοχειαν
TST. 46:    ACTA 13,42    LA:  3   εξιοντων δε αυτων εκ της
            συναγωγης των ιουδαιων
TST. 52:    ACTA 15,24    LA:  3   ελθοντες
TST. 53:    ACTA 15,34    LA:  8   εδοξεν δε τω σιλα επιμειναι
            αυτοθι
TST. 86:    ACTA 23,20    LA:  3   μελλοντων
TST. 91:    ACTA 24,6-8   LA:  3   ADD. και κατα τον ημετερον
            νομον ηθελησαμεν κριναι παρελθων δε λυσιας ο
            χιλιαρχος μετα πολλης βιας εκ των χειρων ημων
            απηγαγεν. κελευσας τους κατηγορους αυτου ερχεσθαι
            επι σε
TST. 95:    ACTA 25,5     LA:  4   ατοπον {εν τω ανδρι} τουτω
```

F. KORREKTUREN AN   2 TESTSTELLEN

```
TST. 1:     ACTA 1,5
            C : LA    1   βαπτισθησεσθε εν πνευματι αγιω
TST. 63:    ACTA 18,17
            C : LA    1   παντες οι ελληνες
```
===

■ ■ HS.-NR.: 1897   TESTSTELLEN: 104

A. LA   2 :   19, 49, 68, 77   SUMME: 4 TST

B. LA 1/2 :   10, 11, 18, 20, 28, 29, 35, 36, 41, 44, 45, 48, 52, 53, 55, 56,

```
        65, 66, 76, 84, 87, 88, 91, 97,100,102          SUMME: 26 TST

C. LA   1 :   1-  9, 12- 17, 21- 27, 30- 34, 37- 40, 43, 46, 47, 50, 51, 54,
              57- 64, 67, 69- 75, 78- 83, 85, 89, 90, 92- 96, 98, 99,101,103,
              104
        1B:  86                                         SUMME: 73 TST

E. SONDERLESARTEN AN   1 TESTSTELLE

    TST. 42:   ACTA 12,25     LA:  8   ειϛ αντιοχειαν
===============================================================================

■ ■ HS.-NR.: 1899        TESTSTELLEN:  16

B. LA 1/2 :   84, 87, 88, 91,102                        SUMME:  5 TST

C. LA   1 :   83, 85, 89, 90, 92- 94,101,103,104
        1B:  86                                         SUMME: 11 TST

I. NICHT ERFASSTE STELLEN ( 88)

    Z (LUECKE)     TST:  1- 82, 95-100
===============================================================================

■ ■ HS.-NR.: 1902        TESTSTELLEN:  91

A. LA   2 :   95                                        SUMME:  1 TST

B. LA 1/2 :   10, 11, 18, 20, 35, 36, 41, 44, 45, 48, 52, 55, 56, 76, 87, 88,
              91, 97,100,102                            SUMME: 20 TST

C. LA   1 :   1-  9, 12- 17, 19, 21- 26, 30- 34, 37- 40, 43, 47, 49- 51, 54,
              57, 58, 69- 75, 77- 83, 85, 86, 89, 90, 92- 94, 96, 98, 99,103,
              104
        1B:  27                                         SUMME: 66 TST

E. SONDERLESARTEN AN   4 TESTSTELLEN

    TST. 42:   ACTA 12,25     LA:  6   απο ιερουσαλημ ειϛ
               αντιοχειαν
    TST. 46:   ACTA 13,42     LA:  3   εξιοντων δε αυτων εκ τηϛ
               συναγωγηϛ των ιουδαιων
    TST. 53:   ACTA 15,34     LA:  3   εδοξεν δε τω σιλα επιμειναι
               αυτου
    TST. 84:   ACTA 23,1      LA:  4   παυλος τω συνεδριω

F. KORREKTUREN AN   1 TESTSTELLE

    TST. 42:   ACTA 12,25
         C : LA 1/2   ειϛ ιερουσαλημ

I. NICHT ERFASSTE STELLEN ( 13)

    Z (LUECKE)     TST: 28, 29, 59- 68,101
===============================================================================
```

■ ■ HS.-NR.: 1903   TESTSTELLEN: 104

B. LA 1/2 : 10, 11, 20, 29, 35, 36, 41, 42, 44, 45, 48, 52, 55, 56, 65, 66,
             76, 84, 87, 88, 97,100,102   SUMME: 23 TST

C. LA   1 : 1- 7, 9, 12- 16, 19, 21- 27, 30- 34, 37- 40, 43, 46, 47,
             49- 51, 54, 57- 64, 67- 75, 77- 83, 85, 89, 90, 92- 96, 98, 99,
             101,103,104
        1B: 86
        1C: 17   SUMME: 76 TST

E. SONDERLESARTEN AN   5 TESTSTELLEN

    TST. 8:   ACTA 2,31   LA: 3   εγκατελειφθη η ψυχη αυτου
    TST. 18:   ACTA 4,33   LA: 4   της αναστασεως του κυριου
    ιησου χριστου
    TST. 28:   ACTA 8,37   LA: 9   ειπεν δε ο φιλιππος ει
    πιστευεις εξεστιν. αποκριθεις δε ειπεν: πιστευω τον
    υιον του θεου ειναι ιησουν χριστον
    TST. 53:   ACTA 15,34   LA: 3   εδοξεν δε τω σιλα επιμειναι
    αυτου
    TST. 91:   ACTA 24,6-8   LA: 9   ADD. και κατα τον ημετερον
    νομον ηθελησαμεν κρινειν παρελθων δε λυσιας ο
    χιλιαρχος μετα πολλης βιας εκ των χειρων ημων
    απηγαγεν. κελευσας τους κατηγορους αυτου ερχεσθαι
    επι σε
===
■ ■ HS.-NR.: 1904   TESTSTELLEN: 3

B. LA 1/2 : 102   SUMME: 1 TST

C. LA   1 : 103,104   SUMME: 2 TST

I. NICHT ERFASSTE STELLEN (101)

    X (UNLESERLICH) TST: 101
    Z (LUECKE)   TST: 1-100
===

```
■ ■ HS.-NR.: 2005      TESTSTELLEN:   0
===============================================================================
■ ■ HS.-NR.: 2009      TESTSTELLEN:   0
===============================================================================
■ ■ HS.-NR.: 2080      TESTSTELLEN: 101

A. LA   2 :  19, 57                                      SUMME:   2 TST

B. LA 1/2 :  10, 11, 18, 20, 28, 29, 35, 36, 41, 44, 45, 48, 52, 53, 55, 56,
             65, 66, 76, 84, 87, 88, 97,100,102          SUMME:  25 TST

C. LA   1 :   2-  9, 12- 17, 21- 27, 30- 34, 37- 40, 43, 46, 47, 49- 51, 54,
             58- 64, 67, 69- 75, 78- 83, 85, 89, 92- 96, 98, 99,101,103,104
       1B:  77, 86                                       SUMME:  72 TST

E. SONDERLESARTEN AN   2 TESTSTELLEN

   TST. 42:   ACTA 12,25      LA:  8   ε ι ς  α ν τ ι ο χ ε ι α ν
   TST. 68:   ACTA 19,3       LA:  3   ε ι π ε ( ν )  δ ε

I. NICHT ERFASSTE STELLEN (  3)

   Y (FILMFEHLER)   TST:  90, 91
   Z (LUECKE)       TST:   1
===============================================================================
■ ■ HS.-NR.: 2085      TESTSTELLEN: 104

A. LA   2 :  49                                          SUMME:   1 TST

B. LA 1/2 :  10, 11, 18, 20, 28, 29, 35, 36, 41, 42, 44, 45, 48, 52, 55, 56,
             66, 76, 84, 87, 88, 97,100,102
     1/2B:  65                                           SUMME:  25 TST

C. LA   1 :   1-  6,  8,  9, 12- 14, 16, 19, 22- 27, 30- 34, 37- 40, 43, 47,
             50, 51, 54, 57- 64, 67- 75, 78- 83, 85, 89, 90, 92- 96, 99,101,
             104
       1B:  77
       1C:  17
       1G: 103                                           SUMME:  70 TST

E. SONDERLESARTEN AN   8 TESTSTELLEN

   TST.  7:   ACTA 2,30       LA:  3   τ ο  κ α τ α  σ α ρ κ α  α ν α σ τ η σ ε ι ν  τ ο ν
              χ ρ ι σ τ ο ν  κ α θ ι σ α ι  τ ε
   TST. 15:   ACTA 3,22       LA:  6   γ α ρ  π ρ ο ς  τ ο υ ς  π α τ ε ρ α ς  η μ ω ν
              ε ι π ε ν
   TST. 21:   ACTA 5,24       LA:  6   ο  τ ε  α ρ χ ι ε ρ ε υ ς  κ α ι  ο
              σ τ ρ α τ η γ ο ς
   TST. 46:   ACTA 13,42      LA:  3   ε ξ ι ο ν τ ω ν  δ ε  α υ τ ω ν  ε κ  τ η ς
              σ υ ν α γ ω γ η ς  τ ω ν  ι ο υ δ α ι ω ν
   TST. 53:   ACTA 15,34      LA:  8   ε δ ο ξ ε ν  δ ε  τ ω  σ ι λ α  ε π ι μ ε ι ν α ι
              α υ τ ο θ ι
   TST. 86:   ACTA 23,20      LA:  4   μ ε λ λ ο ν τ α ς
```

TST. 91:   ACTA 24,6-8   LA: 17   ADD. και κατα τον ημετερον
νομον ηβουληθημεν ανελειν παρελθων δε λυσιας ο
χιλιαρχος ηρπασεν αυτον εκ των χειρων ημων πεμψας
προς σε
TST. 98:   ACTA 26,14   LA: 3   λαλουσαν προς με
===

■ ■ HS.-NR.: 2086   TESTSTELLEN: 103

A. LA   2 : 47   SUMME: 1 TST

B. LA 1/2 : 10, 18, 20, 28, 29, 35, 41, 42, 44, 45, 48, 52, 53, 55, 56, 65,
             66, 76, 84, 87, 88, 97,100,102
   1/2K: 36   SUMME: 25 TST

C. LA   1 :   1- 9, 12- 16, 19, 21- 27, 30- 34, 37, 39, 40, 43, 46, 49, 50,
             54, 57, 59- 63, 67- 75, 77- 83, 85, 86, 89, 90, 92- 96, 99,101,
             103,104
   1B: 51
   1M: 58   SUMME: 72 TST

D. SINGULAERLESARTEN AN   1 TESTSTELLE

TST. 58:   ACTA 17,23   LA: 1M ον ως αγνοουντες ευσεβειτε
τουτον

E. SONDERLESARTEN AN   5 TESTSTELLEN

TST. 11:   ACTA 2,46   LA: 5   καθ ημεραν τε
προσκαρτερουντες εν τω ιερω ομοθυμαδον κλωντες τε
κατ οικον αρτον
TST. 38:   ACTA 10,32   LA: 3   ADD. λαλησει σοι
TST. 64:   ACTA 18,20   LA: 5   μειναι συν αυτοις
TST. 91:   ACTA 24,6-8   LA: 5   ADD. και κατα τον ημετερον
νομον ηθελησαμεν κριναι παρελθων δε λυσιας ο
χιλιαρχος μετα πολλης βιας εκ των χειρων ημων
απηγαγεν. κελευσας τους κατηγορους αυτου ερχεσθαι
επι σου
TST. 98:   ACTA 26,14   LA: 3   λαλουσαν προς με

F. KORREKTUREN AN   2 TESTSTELLEN

TST. 38:   ACTA 10,32
     C : LA   1 ADD. ος παραγενομενος λαλησαι σοι
TST. 47:   ACTA 13,45
     C : LA   1 αντιλεγοντες και βλασφημουντες

I. NICHT ERFASSTE STELLEN (1)

     Y (FILMFEHLER) TST: 17
===

■ ■ HS.-NR.: 2125   TESTSTELLEN: 27

B. LA 1/2 : 10, 11, 18, 20, 35   SUMME: 5 TST

C. LA   1 :   1- 7, 9, 12, 14- 17, 19, 21, 32- 34, 46, 47

SUMME: 20 TST
D. SINGULAERLESARTEN AN   1 TESTSTELLE

TST. 13:   ACTA 3,11   LA: 11   κρατουντος δε του ιαθεντος
χωλου τον πετρον και ιωαννην συνεδραμεν προς τον
λαον αυτους πας ο λαος

E. SONDERLESARTEN AN   2 TESTSTELLEN

TST. 8:   ACTA 2,31   LA: 3   εγκατελειφθη η ψυχη αυτου
TST. 13:   ACTA 3,11   LA: 11   κρατουντος δε του ιαθεντος
χωλου τον πετρον και ιωαννην συνεδραμεν προς τον
λαον αυτους πας ο λαος

I. NICHT ERFASSTE STELLEN (77)

Z (LUECKE)   TST: 22- 31, 36- 45, 48-104
==

■ ■ HS.-NR.: 2127   TESTSTELLEN: 104

A. LA 2 : 15, 82   SUMME: 2 TST

B. LA 1/2 : 11, 18, 20, 28, 29, 35, 41, 44, 45, 48, 52, 53, 55, 56, 65, 66,
             76, 84, 87, 88, 91, 97,100,102
    1/2K: 36   SUMME: 25 TST

C. LA 1 :   1- 9, 13, 14, 16, 17, 19, 21- 27, 30, 31, 33, 34, 37- 40, 43,
            46, 47, 49, 51, 54, 57- 64, 67- 75, 77- 81, 83, 85, 89, 90,
            92- 96, 98, 99,101,104   SUMME: 70 TST

D. SINGULAERLESARTEN AN   2 TESTSTELLEN

TST. 50:   ACTA 15,18   LA: 23   ταυτα παντα τα εργα αυτου
TST.103:   ACTA 28,16   LA: 10   ο εκατονταρχος παρεδωκεν
τους δεσμιους τω στρατοπεδαρχω

E. SONDERLESARTEN AN   7 TESTSTELLEN

TST. 10:   ACTA 2,43.44   LA: 3   ADD. εν ιερουσαλημ φοβος τε
ην μεγας επι παντας
TST. 12:   ACTA 2,47.3,1   LA: 10   επι το αυτο τη εκκλησια.
πετρος δε
TST. 32:   ACTA 10,10   LA: 3   επεσεν
TST. 42:   ACTA 12,25   LA: 3   εξ ιερουσαλημ
TST. 50:   ACTA 15,18   LA: 23   ταυτα παντα τα εργα αυτου
TST. 86:   ACTA 23,20   LA: 4   μελλοντας
TST.103:   ACTA 28,16   LA: 10   ο εκατονταρχος παρεδωκεν
τους δεσμιους τω στρατοπεδαρχω
==

■ ■ HS.-NR.: 2131   TESTSTELLEN: 104

A. LA 2 : 21   SUMME: 1 TST

B. LA 1/2 : 10, 18, 20, 28, 29, 35, 36, 41, 42, 44, 45, 48, 52, 53, 55, 56,
             65, 66, 76, 84, 87, 88, 91, 97,100,102   SUMME: 26 TST

C. LA 1 :   1- 9, 12- 14, 16, 17, 19, 22- 27, 30- 34, 37- 40, 43, 47,

49- 51, 54, 57- 64, 67- 75, 77- 83, 85, 89, 90, 92- 96, 98, 99,
101,103,104   SUMME: 73 TST

E. SONDERLESARTEN AN 4 TESTSTELLEN

TST. 11:   ACTA 2,46   LA: 5 καθ ημεραν τε
προσκαρτερουντες εν τω ιερω ομοθυμαδον κλωντες τε
κατ οικον αρτον
TST. 15:   ACTA 3,22   LA: 6 γαρ προς τους πατερας ημων
ειπεν
TST. 46:   ACTA 13,42   LA: 3 εξιοντων δε αυτων εκ της
συναγωγης των ιουδαιων
TST. 86:   ACTA 23,20   LA: 3 μελλοντων

F. KORREKTUREN AN 2 TESTSTELLEN

TST. 91:   ACTA 24,6-8
C1: LA 11G ADD. και κατα ημετερον νομον ηθελησαμεν
κριναι ελθων δε λυσιας ο χιλιαρχος βια πολλη εκ
των χειρων ημων αφειλετο και προς σε απεστειλε.
κελευσας και τους κατηγορους αυτου ερχεσθαι
TST. 95:   ACTA 25,5
C : LA 3 τουτω ατοπον
==

■ ■ HS.-NR.: 2138   TESTSTELLEN: 100

A. LA 2 : 46, 57, 62, 64, 77, 78, 83, 90, 92, 96,103   SUMME: 11 TST

B. LA 1/2 : 10, 11, 18, 20, 28, 29, 35, 41, 44, 45, 48, 52, 53, 66, 76, 87,
88,102
1/2B: 36, 55
1/2D: 56
1/2F: 65   SUMME: 22 TST

C. LA 1 : 1, 2, 6, 9, 12, 16, 17, 19, 21- 25, 27, 30- 32, 34, 37, 38,
40, 47, 49, 50, 54, 58- 61, 63, 67, 69- 72, 74, 75, 79, 81, 82,
85, 93, 98, 99,101
1B: 14, 51,104
1D: 73   SUMME: 49 TST

D. SINGULAERLESARTEN AN 2 TESTSTELLEN

TST. 36:   ACTA 10,25   LA:1/2B ως δε εγενετο του εισελθει
τον πετρον συναντησας αυτω ο κορνηλιος
TST.104:   ACTA 28,29   LA: 1B ADD. και ταυτα αυτου
ειποντος απηλθον ιουδαιοι πολλην εχοντες εν εαυτοις
συζητησιν

E. SONDERLESARTEN AN 18 TESTSTELLEN

TST. 7:   ACTA 2,30   LA: 5 το κατα σαρκα αναστησειν τον
χριστον και καθισαι
TST. 8:   ACTA 2,31   LA: 6 εγκατελειφθη {εις αδου} η
ψυχη αυτου
TST. 13:   ACTA 3,11   LA: 3C κρατουντος δε αυτου πετρον
και ιωαννην συνεδραμεν προς αυτους πας ο λαος

TST. 15:	ACTA 3,22	LA: 3	ειπεν προς τους πατερας
TST. 26:	ACTA 8,10	LA: 3	λεγομενη
TST. 33:	ACTA 10,11	LA: 8	δεδεμενον {σκευος τι ως

οδωννη μεγαλην καταβαινον} και καθιεμενον

TST. 42:	ACTA 12,25	LA: 4	απο ιερουσαλημ
TST. 43:	ACTA 13,20	LA: 4	ως ετεσιν τετρακοσιοις και

πεντηκοντα και

TST. 68:	ACTA 19,3	LA: 17	ειπεν ουν
TST. 80:	ACTA 21,25	LA: 3	ADD. μηδεν τοιουτο τηρειν

αυτους ει μη

TST. 84:	ACTA 23,1	LA: 4	παυλος τω συνεδριω
TST. 86:	ACTA 23,20	LA: 3	μελλοντων
TST. 89:	ACTA 23,30	LA: 14	εσεσθαι εξ αυτων
TST. 91:	ACTA 24,6-8	LA: 8	ADD. και κατα τον ημετερον

νομον ηθελησαμεν κρινειν παρελθων δε λυσιας ο
χιλιαρχος μετα πολλης βιας εκ των χειρων ημων
απηγαγεν. κελευσας τους κατηγορους αυτου ερχεσθαι
επι σου

TST. 94:	ACTA 24,22	LA: 3	ανεβαλετο δε ο φηλιξ αυτους
TST. 95:	ACTA 25,5	LA: 3	τουτω ατοπον
TST. 97:	ACTA 25,17	LA: 3	ουν ενθαδε αυτων
TST.100:	ACTA 27,5	LA: 4	διαπλευσαντες δι ημερων

δεκαπεντε κατηλθομεν

I. NICHT ERFASSTE STELLEN (4)

    Z (LUECKE)   TST: 3- 5, 39
==

■ ■ HS.-NR.: 2143   TESTSTELLEN: 104

A. LA 2 : 23, 46, 57, 77, 78, 92   SUMME: 6 TST

B. LA 1/2 : 10, 18, 20, 28, 29, 35, 41, 42, 44, 45, 48, 52, 55, 56, 66, 76,
             84, 87, 88, 97,100,102
    1/2F: 36, 65   SUMME: 24 TST

C. LA 1 :   1- 6, 8, 9, 12, 13, 15, 16, 19, 21, 22, 24- 27, 31- 34,
            37- 40, 43, 47, 49- 51, 54, 58- 64, 67, 69- 72, 74, 75, 79- 83,
            85, 89, 93- 96, 99,101,103,104
    1D: 73   SUMME: 63 TST

E. SONDERLESARTEN AN 11 TESTSTELLEN

TST. 7:	ACTA 2,30	LA: 3	το κατα σαρκα αναστησειν τον

χριστον καθισαι τε

TST. 11:	ACTA 2,46	LA: 5	καθ ημεραν τε

προσκαρτερουντες εν τω ιερω ομοθυμαδον κλωντες τε
κατ οικον αρτον

TST. 14:	ACTA 3,21	LA: 4	αυτου των απ αιωνος προφητων
TST. 17:	ACTA 4,25	LA: 11	ο δια του πατρος ημων εν

πνευματι αγιω στοματος δαυιδ παιδος σου ειπων

TST. 30:	ACTA 9,25	LA: 3	οι μαθηται αυτον νυκτος
TST. 53:	ACTA 15,34	LA: 3	εδοξεν δε τω σιλα επιμειναι

αυτου

TST. 68:	ACTA 19,3	LA: 15	ο δε ειπεν αυτοις

TST. 86:   ACTA 23,20   LA: 3   μελλοντων
TST. 90:   ACTA 24,1   LA: 4   πρεσβυτερων
TST. 91:   ACTA 24,6-8   LA: 5   ADD. και κατα τον ημετερον
νομον ηθελησαμεν κριναι παρελθων δε λυσιας ο
χιλιαρχος μετα πολλης βιας εκ των χειρων ημων
απηγαγεν. κελευσας τους κατηγορους αυτου ερχεσθαι
επι σου
TST. 98:   ACTA 26,14   LA: 6   λεγουσαν μοι
===

■ ■ HS.-NR.: 2147   TESTSTELLEN: 104

A. LA   2 :   21, 57, 77, 86, 90   SUMME: 5 TST

B. LA 1/2 :   18, 20, 28, 29, 35, 41, 42, 45, 48, 52, 84,100,102
   1/2B: 55
   1/2D: 56
   1/2K: 36
   1/2M: 11   SUMME: 17 TST

C. LA   1 :   1, 2, 4- 6, 9, 12, 13, 16, 19, 22- 27, 30- 34, 37, 38, 40,
              43, 46, 47, 49, 54, 59- 64, 67, 69- 75, 78- 83, 85, 92, 93, 96,
              98, 99,101,104
   1B: 3, 14
   1C: 94
   1D: 58
   1E: 17, 39
   1F: 7
   1N: 103   SUMME: 65 TST

D. SINGULAERLESARTEN AN 10 TESTSTELLEN

TST. 7:   ACTA 2,30   LA: 1F το κατα σαρκα αναστησιν τον
χριστον καθησαι
TST. 8:   ACTA 2,31   LA: 4   καταληφθησετε η ψυχη αυτου
TST. 10:   ACTA 2,43.44   LA: 5   ADD. εν ιερουσαλημ ο φοβος
τε ην μεγας επι παντας αυτους
TST. 17:   ACTA 4,25   LA: 1E ο δια στοματος δαυιδ του
παιδος σου ειπον
TST. 39:   ACTA 10,47   LA: 1E κολυσαι δυναται τι
TST. 44:   ACTA 13,33(1) LA: 6B τοις τεκνοις αυτον
TST. 50:   ACTA 15,18   LA: 24   ταυτα παντα γνωστα απ αιωνος
εστιν παντα τα εργα του τω θεω
TST. 68:   ACTA 19,3   LA: 10   ειπετε προς αυτους
TST. 87:   ACTA 23,25(1) LA: 4   ADD. εφοβηθη γαρ ο χιλιαρχος
μητε αρπασαντες τον παυλον οι ιουδαιοι αποκτεινωσι
και αυτος μεταξυ εγκλη σχη ως αργυριον ειληφως
TST. 88:   ACTA 23,25(2) LA: 4   εγραψε δε και επιστολην
περιεχουσαν τον τυπον τουτον

E. SONDERLESARTEN AN 17 TESTSTELLEN

TST. 8:   ACTA 2,31   LA: 4   καταληφθησετε η ψυχη αυτου
TST. 10:   ACTA 2,43.44   LA: 5   ADD. εν ιερουσαλημ ο φοβος
τε ην μεγας επι παντας αυτους
TST. 15:   ACTA 3,22   LA: 3   ειπεν προς τους πατερας

TST. 44:   ACTA 13,33(1)   LA: 6B   τοις τεκνοις αυτον
TST. 50:   ACTA 15,18   LA: 24   ταυτα παντα γνωστα απ αιωνος
εστιν παντα τα εργα του τω θεω
TST. 51:   ACTA 15,23   LA: 8   δια χειρος αυτων επιστολην
και πεμψαντες περιεχουσαν ταδε
TST. 53:   ACTA 15,34   LA: 3   εδοξεν δε τω σιλα επιμειναι
αυτου
TST. 65:   ACTA 18,21.22   LA: 10B   και ανηχθη απο της εφεσου:
τον δε ακυλαν ειασεν εν εφεσω, και κατελθων
TST. 66:   ACTA 18,27   LA: 10B   βουλομενου δε αυτου διελθειν
την αχαιαν προπεμψαμενοι οι αδελφοι εγραψαν τοις
μαθηταις αποδεξασθαι αυτον
TST. 68:   ACTA 19,3   LA: 10   ειπετε προς αυτους
TST. 76:   ACTA 20,32   LA: 4   ADD. αυτω η δοξα εις τους
αιωνας των αιωνων αμην
TST. 87:   ACTA 23,25(1)   LA: 4   ADD. εφοβηθη γαρ ο χιλιαρχος
μητε αρπασαντες τον παυλον οι ιουδαιοι αποκτεινωσι
και αυτος μεταξυ εγκλη σχη ως αργυριον ειληφως
TST. 88:   ACTA 23,25(2)   LA: 4   εγραψε δε και επιστολην
περιεχουσαν τον τυπον τουτον
TST. 89:   ACTA 23,30   LA: 8   εσεσθαι υπο των ιουδαιων
εξαυτης
TST. 91:   ACTA 24,6-8   LA: 8   ADD. και κατα τον ημετερον
νομον ηθελησαμεν κρινειν παρελθων δε λυσιας ο
χιλιαρχος μετα πολλης βιας εκ των χειρων ημων
απηγαγεν. κελευσας τους κατηγορους αυτου ερχεσθαι
επι σου
TST. 95:   ACTA 25,5   LA: 3   τουτω ατοπον
TST. 97:   ACTA 25,17   LA: 3   ουν ενθαδε αυτων

KORREKTUREN AN 3 TESTSTELLEN

TST. 44:   ACTA 13,33(1)
C : LA 6   τοις τεκνοις αυτων
TST. 50:   ACTA 15,18
C : LA 8   ταυτα παντα γνωστα απ αιωνος εστιν παντα
τα εργα αυτου τω θεω
TST. 87:   ACTA 23,25(1)
C : LA 4B   ADD. εφοβηθη γαρ ο χιλιαρχος μηποτε
αρπασαντες τον παυλον οι ιουδαιοι αποκτεινωσι
και αυτος μεταξυ εγκλημα σχη ως αργυριον ειληφως

MARGINALLESARTEN AN 1 TESTSTELLE

TST. 11:   ACTA 2,46
L : LA 1/2   καθ ημεραν τε προσκαρτερουντες ομοθυμαδον
εν τω ιερω κλωντες τε κατ οικον αρτον
===

▌ ■ HS.-NR.: 2175   TESTSTELLEN: 41

LA 2 : 19   SUMME: 1 TST

LA 1/2 : 10, 11, 18, 20, 28, 29, 35, 36, 41   SUMME: 9 TST

LA 1 : 1- 9, 12- 17, 21- 27, 30- 34, 37- 40   SUMME: 31 TST

I. NICHT ERFASSTE STELLEN (63)

    Z (LUECKE)   TST: 42-104

==

■ ■ HS.-NR.: 2180   TESTSTELLEN: 88

A. LA 2 : 57, 78   SUMME: 2 TST

B. LA 1/2 : 20, 28, 29, 35, 41, 42, 44, 45, 48, 52, 53, 56, 65, 66, 76, 84,
           87, 88, 97,100,102
    1/2K: 36   SUMME: 22 TST

C. LA 1 : 19, 21- 27, 30- 34, 37- 39, 43, 46, 47, 49- 51, 54, 59- 64,
          67- 71, 74, 75, 77, 79- 83, 85, 89, 90, 92, 93, 95, 96, 98, 99,
          101,104
    1B: 86
    1C: 17, 94
    1D: 73
    1F: 40
    1L: 58,103   SUMME: 60 TST

D. SINGULAERLESARTEN AN 2 TESTSTELLEN

    TST. 55:   ACTA 16,33   LA: 9 παντες οι αυτου
    TST. 91:   ACTA 24,6-8 LA: 8C ADD. και κατα τον νομον τον
    ημετερον ηθελησαμεν κρινειν παρελθων δε λυσιας ο
    χιλιαρχος μετα πολλης βιας εκ των χειρων ημων
    απηγαγεν. κελευσας τους κατηγορους ερχεσθαι επι σου

E. SONDERLESARTEN AN 4 TESTSTELLEN

    TST. 18:   ACTA 4,33   LA: 4 της αναστασεως του κυριου
    ιησου χριστου
    TST. 55:   ACTA 16,33   LA: 9 παντες οι αυτου
    TST. 72:   ACTA 20,15   LA: 4 και μειναντες εν τρωγυλιω
    (ET SIM.) τη ερχομενη
    TST. 91:   ACTA 24,6-8   LA: 8C ADD. και κατα τον νομον τον
    ημετερον ηθελησαμεν κρινειν παρελθων δε λυσιας ο
    χιλιαρχος μετα πολλης βιας εκ των χειρων ημων
    απηγαγεν. κελευσας τους κατηγορους ερχεσθαι επι σου

I. NICHT ERFASSTE STELLEN (16)

    Z (LUECKE)   TST: 1- 16

==

■ ■ HS.-NR.: 2191   TESTSTELLEN: 104

A. LA 2 : 47   SUMME: 1 TST

B. LA 1/2 : 10, 11, 18, 20, 28, 29, 35, 36, 41, 42, 44, 45, 48, 52, 53, 55,
          56, 65, 66, 76, 84, 87, 88, 91, 97,100,102   SUMME: 27 TST

C. LA 1 : 1- 9, 12- 17, 19, 21- 27, 30- 34, 37- 40, 43, 49- 51, 54,
          57- 64, 67- 72, 74, 75, 77- 83, 85, 86, 89, 90, 92- 96, 98, 99,
          101,103,104
    1D: 73

SUMME: 75 TST

E. SONDERLESARTEN AN   1 TESTSTELLE

    TST. 46:   ACTA 13,42   LA: 3   εξιοντων δε αυτων εκ της
    συναγωγης των ιουδαιων
==

■ ■ HS.-NR.: 2194   TESTSTELLEN: 103

A. LA 2 :   4, 81   SUMME: 2 TST

B. LA 1/2 : 10, 11, 18, 20, 28, 29, 35, 41, 42, 44, 45, 48, 52, 53, 55, 56,
             65, 66, 76, 84, 87, 88, 97,100,102
    1/2K: 36   SUMME: 26 TST

C. LA 1 :   1- 3, 5- 9, 12- 17, 19, 21- 27, 30- 34, 37- 40, 43, 46, 47,
             49- 51, 54, 57- 64, 67- 72, 74, 75, 77- 80, 82, 83, 85, 86, 89,
             90, 92- 96, 98, 99,101,103,104   SUMME: 74 TST

E. SONDERLESARTEN AN   1 TESTSTELLE

    TST. 73:   ACTA 20,24(1)   LA: 4   ουδενος λογου ποιουμαι ουδε
    εχω την ψυχην μου

I. NICHT ERFASSTE STELLEN (1)

    V (AUSLASSUNG) TST: 91
==

■ ■ HS.-NR.: 2200   TESTSTELLEN: 98

A. LA 2 :   14, 19, 21, 23, 32, 37, 40, 47, 49, 57, 59, 69, 79, 83, 90, 92,
             94- 96, 98
    2B: 34, 67
    2C: 50   SUMME: 23 TST

B. LA 1/2 : 10, 11, 20, 29, 35, 41, 44, 45, 48, 52, 55, 56, 65, 66, 87, 88,
             97,100,102
    1/2F: 36   SUMME: 20 TST

C. LA 1 :   1- 7, 9, 16, 22, 25- 27, 31, 33, 38, 43, 46, 51, 54, 58,
             60- 64, 71, 81, 82, 85, 86, 93, 99,101,103,104
    1B: 24, 70
    1C: 17   SUMME: 39 TST

E. SONDERLESARTEN AN   16 TESTSTELLEN

    TST. 8:   ACTA 2,31   LA: 3   εγκατελειφθη η ψυχη αυτου
    TST. 12:   ACTA 2,47.3,1 LA: 3   τη εκκλησια επι το αυτο.
    πετρος δε
    TST. 13:   ACTA 3,11   LA: 3D   κρατουντος δε αυτου τον
    πετρον και τον ιωαννην συνεδραμεν προς αυτους πας ο
    λαος
    TST. 15:   ACTA 3,22   LA: 3   ειπεν προς τους πατερας
    TST. 18:   ACTA 4,33   LA: 4   της αναστασεως του κυριου
    ιησου χριστου
    TST. 28:   ACTA 8,37   LA: 3D   ειπεν δε αυτω: ει πιστευεις
    εξ ολης της καρδιας σου εξεστιν. αποκριθεις δε
    ειπεν: πιστευω τον υιον του θεου ειναι ιησουν

```
        χριστον
TST. 30:   ACTA  9,25   LA:  5   οι μαθηται νυκτος
TST. 39:   ACTA 10,47   LA:  4   δυναται τις κωλυσαι
TST. 42:   ACTA 12,25   LA:  5   εξ ιερουσαλημ εις αντιοχειαν
TST. 53:   ACTA 15,34   LA:  8   εδοξεν δε τω σιλα επιμειναι
        αυτοθι
TST. 68:   ACTA 19,3    LA:  3   ειπε(ν) δε
TST. 72:   ACTA 20,15   LA:  3   τη δε ερχομενη
TST. 80:   ACTA 21,25   LA:  6   ADD. μηδεν τοιουτον τηρειν
        αυτους αλλα
TST. 84:   ACTA 23,1    LA:  3   τω συνεδριω ο παυλος
TST. 89:   ACTA 23,30   LA: 14   εσεσθαι εξ αυτων
TST. 91:   ACTA 24,6-8  LA:  3   ADD. και κατα τον ημετερον
        νομον ηθελησαμεν κριναι παρελθων δε λυσιας ο
        χιλιαρχος μετα πολλης βιας εκ των χειρων ημων
        απηγαγεν. κελευσας τους κατηγορους αυτου ερχεσθαι
        επι σε
```

F. KORREKTUREN AN   1 TESTSTELLE

```
TST. 37:   ACTA 10,30
        C : LA   1   νηστευων και την εν(ν)ατην ωραν
        προσευχομενος
```

I. NICHT ERFASSTE STELLEN (6)

```
    Z (LUECKE)      TST:  73- 78
```

===

■ ■ HS.-NR.: 2201   TESTSTELLEN: 90

A. LA   2 : 23, 46, 49, 57, 77, 78, 81, 90, 92, 93   SUMME: 10 TST

B. LA 1/2 : 20, 28, 29, 35, 41, 42, 44, 45, 48, 52, 55, 56, 65, 66, 76, 84,
             87, 88, 97,100,102
    1/2F: 36   SUMME: 22 TST

C. LA   1 :   1- 5, 21, 22, 24- 27, 30- 32, 37- 40, 43, 47, 50, 51, 54,
             58- 64, 67- 72, 74, 75, 79, 80, 82, 83, 85, 89, 94- 96, 99,101,
             103,104
    1E: 73   SUMME: 52 TST

D. SINGULAERLESARTEN AN   1 TESTSTELLE

```
    TST. 73:   ACTA 20,24(1)   LA:  1E   ουδενος λογον ποιουμαι ουδ
    εχω την ψυχην
```

E. SONDERLESARTEN AN   6 TESTSTELLEN

```
    TST. 33:   ACTA 10,11     LA:  8   δεδεμενον {σκευος τι ως
    οδωννη μεγαλην καταβαινον} και καθιεμενον
    TST. 34:   ACTA 10,12     LA: 11   παντα τα τετραποδα και τα
    θηρια και τα ερπετα της γης και τα πετεινα του
    ουρανου
    TST. 53:   ACTA 15,34     LA:  3   εδοξεν δε τω σιλα επιμειναι
    αυτου
```

TST. 86:   ACTA 23,20   LA: 3   μελλοντων
TST. 91:   ACTA 24,6-8   LA: 5   ADD. και κατα τον ημετερον
    νομον ηθελησαμεν κριναι παρελθων δε λυσιας ο
    χιλιαρχος μετα πολλης βιας εκ των χειρων ημων
    απηγαγεν. κελευσας τους κατηγορους αυτου ερχεσθαι
    επι σου
TST. 98:   ACTA 26,14   LA: 6   λεγουσαν μοι

F. KORREKTUREN AN   4 TESTSTELLEN

TST. 33:   ACTA 10,11
    C : LA   1   δεδεμενον και καθιεμενον
TST. 34:   ACTA 10,12
    C : LA   1   παντα τα τετραποδα της γης και τα θηρια
    και τα ερπετα και τα πετεινα του ουρανου
TST. 68:   ACTA 19,3
    C : LA   15 ο δε ειπεν αυτοις
TST. 81:   ACTA 22,9
    C : LA   1   εθεασαντο και εμφοβοι εγενοντο

I. NICHT ERFASSTE STELLEN (14)

    Z (LUECKE)   TST: 6- 19
===

■ ■ HS.-NR.: 2218   TESTSTELLEN: 103

A. LA   2 :   19, 49, 68, 77   SUMME: 4 TST

B. LA 1/2 :   10, 11, 18, 20, 28, 29, 35, 36, 41, 44, 45, 48, 52, 53, 55, 56,
    65, 66, 76, 84, 87, 88, 91, 97,100,102   SUMME: 26 TST

C. LA   1 :   1- 9, 12- 16, 21- 27, 30- 34, 37- 40, 43, 46, 47, 50, 51, 54,
    57- 64, 67, 69- 71, 73- 75, 78- 83, 85, 89, 90, 92- 96, 98, 99,
    101,103,104
    1B: 86
    1C: 17   SUMME: 72 TST

E. SONDERLESARTEN AN   1 TESTSTELLE

    TST. 72:   ACTA 20,15   LA: 4   και μειναντες εν τρωγυλιω
    (ET SIM.) τη ερχομενη

I. NICHT ERFASSTE STELLEN (1)

    V (AUSLASSUNG) TST: 42
===

■ ■ HS.-NR.: 2221   TESTSTELLEN: 104

A. LA   2 :   19, 68, 77   SUMME: 3 TST

B. LA 1/2 :   10, 11, 18, 20, 28, 29, 35, 36, 41, 44, 45, 48, 52, 53, 55, 56,
    65, 66, 76, 84, 87, 88, 91, 97,100,102   SUMME: 26 TST

C. LA   1 :   1- 9, 12- 16, 21- 27, 30- 34, 37- 40, 43, 46, 47, 49- 51, 54,
    57- 64, 67, 69- 75, 78- 83, 85, 89, 90, 92- 96, 98, 99,101,103,
    104

```
        1B:  86
        1C:  17                                        SUMME: 74 TST
E. SONDERLESARTEN AN    1 TESTSTELLE

    TST. 42:  ACTA 12,25    LA:  6   απο ιερουσαλημ εις
    αντιοχειαν

F. KORREKTUREN AN    1 TESTSTELLE

    TST. 47:  ACTA 13,45
    C : LA    2   βλασφημουντες
```
===
■ ■ HS.-NR.: 2242   TESTSTELLEN: 104

A. LA   2 :   2, 47, 49   SUMME: 3 TST

B. LA 1/2 :   18, 20, 28, 29, 35, 36, 41, 44, 45, 48, 52, 55, 56, 66, 76, 87,
              88, 91, 97,100,102
   1/2B: 84   SUMME: 22 TST

C. LA   1 :   1, 4, 5, 7- 9, 12, 14- 17, 19, 21- 27, 30- 33, 37- 39, 43,
              50, 51, 57, 59- 64, 67- 72, 74, 75, 78, 79, 81- 83, 85, 86, 89,
              90, 92- 96, 98, 99,103,104
        1B: 3, 13,101
        1C: 6, 77
        1D: 73
        1F: 58   SUMME: 69 TST

D. SINGULAERLESARTEN AN   6 TESTSTELLEN

    TST. 6: ACTA 2,23   LA: 1C εκδοτον λαβωντες
    TST. 11: ACTA 2,46   LA: 13 καθ ημεραν τε
    προσκαρτερουντες επι το αυτο ομοθυμαδον εν τω ιερω
    κλωντες τε κατ οικον αρτον
    TST. 40: ACTA 11,2   LA: 5 και οτι ανεβη πετρος εις
    ιερουσαλημ/ιεροσολυμα διεκρινοντο προς αυτον
    TST. 53: ACTA 15,34   LA: 4B εδοξεν δε το σιλα επιμειναι
    αυτοις
    TST. 77: ACTA 21,8   LA: 1C οι περι τον παυλον ηλθωμεν
    TST. 80: ACTA 21,25   LA: 12 ADD. μηδεν τοιουτον τηρειν
    αυτους ET OM. φυλασσεσθαι

E. SONDERLESARTEN AN   10 TESTSTELLEN

    TST. 10: ACTA 2,43.44 LA: 3 ADD. εν ιερουσαλημ φοβος τε
    ην μεγας επι παντας
    TST. 11: ACTA 2,46   LA: 13 καθ ημεραν τε
    προσκαρτερουντες επι το αυτο ομοθυμαδον εν τω ιερω
    κλωντες τε κατ οικον αρτον
    TST. 34: ACTA 10,12   LA: 11 παντα τα τετραποδα και τα
    θηρια και τα ερπετα της γης και τα πετεινα του
    ουρανου
    TST. 40: ACTA 11,2   LA: 5 και οτι ανεβη πετρος εις
    ιερουσαλημ/ιεροσολυμα διεκρινοντο προς αυτον
```
```

```
TST. 42:    ACTA 12,25    LA: 4    απο ιερουσαλημ
TST. 46:    ACTA 13,42    LA: 3    εξιοντων δε αυτων εκ της
            συναγωγης των ιουδαιων
TST. 53:    ACTA 15,34    LA: 4B   εδοξεν δε το σιλα επιμειναι
            αυτοις
TST. 54:    ACTA 16,28    LA: 5    ο παυλος φωνη μεγαλη
TST. 65:    ACTA 18,21.22 LA: 3    και ανηχθη απο της εφεσου,
            κατελθων
TST. 80:    ACTA 21,25    LA: 12   ADD. μηδεν τοιουτον τηρειν
            αυτους ET OM. φυλασσεσθαι
```
==

■ ■ HS.-NR.: 2243   TESTSTELLEN: 104

A. LA   2 : 46, 92   SUMME: 2 TST

B. LA 1/2 : 10, 11, 20, 28, 29, 35, 36, 41, 42, 44, 45, 48, 52, 53, 55, 56,
             66, 76, 84, 87, 88, 97,100,102
   1/2D: 18   SUMME: 25 TST

C. LA   1 : 1, 3- 9, 12- 15, 17, 19, 21, 22, 24- 27, 30- 34, 37- 40, 43,
             47, 49- 51, 54, 57- 62, 67- 75, 78, 80- 83, 85, 89, 90, 93- 96,
             98, 99,101,103
   1B: 16, 77   SUMME: 68 TST

D. SINGULAERLESARTEN AN   4 TESTSTELLEN

```
TST.  2:    ACTA 1,14     LA: 3     προσευχη και νηστεια και τη
            δεησει
TST. 16:    ACTA 4,8      LA: 1B    πρεσβυτεροι του γισραηλ
TST. 18:    ACTA 4,33     LA:1/2D   της αναστασεως του κυριου
TST. 63:    ACTA 18,17    LA: 3     οι ελληνες παντες
```

E. SONDERLESARTEN AN   9 TESTSTELLEN

```
TST.  2:    ACTA 1,14     LA: 3     προσευχη και νηστεια και τη
            δεησει
TST. 23:    ACTA 6,8      LA: 6     πνευματος
TST. 63:    ACTA 18,17    LA: 3     οι ελληνες παντες
TST. 64:    ACTA 18,20    LA: 5     μειναι συν αυτοις
TST. 65:    ACTA 18,21.22 LA: 5     ανηχθη απο της εφεσου, και
            καταβας
TST. 79:    ACTA 21,20    LA: 5     OM. εν τοις ιουδαιοις
TST. 86:    ACTA 23,20    LA: 3     μελλοντων
TST. 91:    ACTA 24,6-8   LA: 8     ADD. και κατα τον ημετερον
            νομον ηθελησαμεν κρινειν παρελθων δε λυσιας ο
            χιλιαρχος μετα πολλης βιας εκ των χειρων ημων
            απηγαγεν. κελευσας τους κατηγορους αυτου ερχεσθαι
            επι σου
TST.104:    ACTA 28,29    LA: 3D ADD. και ταυτα αυτου
            ειποντος απηλθον οι ιουδαιοι πολλην εχοντες εν
            εαυτοις ζητησιν
```

F. KORREKTUREN AN   2 TESTSTELLEN

```
TST.  7:    ACTA 2,30
            C : LA 3     το κατα σαρκα αναστησειν τον χριστον
            καθισαι τε
```

TST. 63:   ACTA 18,17
       C : LA   1   παντες οι ελληνες

G. MARGINALLESARTEN AN   3 TESTSTELLEN

TST. 13:   ACTA 3,11
       L : LA   7   κρατουντος δε του ιαθεντος χωλου τον
                     πετρον και ιωαννην συνεδραμεν προς αυτον πας ο
                     λαος
TST. 17:   ACTA 4,25
       L : LA   1C ο δια στοματος δαυιδ του παιδος σου ειπων
TST. 80:   ACTA 21,25
       L : LA   1B ADD. μηδεν τοιουτων τηρειν αυτους ει μη
==

■ ■ HS.-NR.: 2255   TESTSTELLEN: 104

A. LA   2 :   4, 19, 49, 68, 77   SUMME: 5 TST

B. LA 1/2 :   10, 11, 18, 20, 28, 29, 35, 36, 41, 44, 45, 48, 52, 53, 55, 56,
               65, 66, 76, 84, 87, 88, 91, 97,100,102   SUMME: 26 TST

C. LA   1 :   1- 3, 5, 6, 8, 9, 12- 17, 21- 27, 30- 34, 37- 40, 43, 46,
               47, 50, 51, 54, 57- 64, 67, 69- 75, 78- 83, 85, 89, 90, 92- 96,
               98, 99,101,103,104
        1B: 86   SUMME: 71 TST

E. SONDERLESARTEN AN   2 TESTSTELLEN

    TST. 7:   ACTA 2,30   LA: 10   κατα σαρκα αναστησειν τον
               χριστον καθισαι
    TST. 42:   ACTA 12,25   LA: 8   εις αντιοχειαν
==

■ ■ HS.-NR.: 2261   TESTSTELLEN: 104

A. LA   2 :   19, 49, 68, 77   SUMME: 4 TST

B. LA 1/2 :   10, 11, 18, 20, 28, 29, 35, 36, 41, 44, 45, 48, 52, 53, 55, 56,
               65, 66, 76, 84, 87, 88, 91, 97,100,102   SUMME: 26 TST

C. LA   1 :   1- 9, 12- 17, 21- 27, 30- 34, 37- 40, 43, 46, 47, 50, 51, 54,
               57- 64, 67, 69- 75, 78- 83, 85, 89, 90, 92- 94, 96, 98, 99,101,
               103,104
        1B: 86   SUMME: 72 TST

E. SONDERLESARTEN AN   2 TESTSTELLEN

    TST. 42:   ACTA 12,25   LA: 8   εις αντιοχειαν
    TST. 95:   ACTA 25,5   LA: 3   τουτω ατοπον

F. KORREKTUREN AN   1 TESTSTELLE

    TST. 91:   ACTA 24,6-8
           C : LA   3   ADD. και κατα τον ημετερον νομον
               ηθελησαμεν κριναι παρελθων δε λυσιας ο χιλιαρχος
               μετα πολλης βιας εκ των χειρων ημων απηγαγεν.
               κελευσας τους κατηγορους αυτου ερχεσθαι επι σε

■ ■ HS.-NR.: 2279   TESTSTELLEN: 101

A. LA 2 : 77   SUMME: 1 TST

B. LA 1/2 : 10, 11, 20, 28, 29, 35, 41, 44, 45, 48, 52, 56, 65, 66, 76, 87,
             88,100,102
   1/2M: 36   SUMME: 20 TST

C. LA 1 : 1- 7, 9, 12- 16, 19, 21- 27, 30- 34, 37- 40, 43, 47, 49, 51,
            54, 57- 64, 67- 69, 72- 75, 78- 80, 82, 83, 85, 89, 90, 92- 94,
            96, 98, 99,101,103,104
   1B: 86
   1C: 17   SUMME: 69 TST

E. SONDERLESARTEN AN 11 TESTSTELLEN

   TST. 8: ACTA 2,31   LA: 3   εγκατελειφθη η ψυχη αυτου
   TST. 18: ACTA 4,33   LA: 4   της αναστασεως του κυριου
             ιησου χριστου
   TST. 42: ACTA 12,25   LA: 5   εξ ιερουσαλημ εις αντιοχειαν
   TST. 46: ACTA 13,42   LA: 3   εξιοντων δε αυτων εκ της
             συναγωγης των ιουδαιων
   TST. 50: ACTA 15,18   LA: 17   παντα ταυτα α εστι γνωστα απ
             αιωνος αυτω
   TST. 53: ACTA 15,34   LA: 8   εδοξεν δε τω σιλα επιμειναι
             αυτοθι
   TST. 55: ACTA 16,33   LA: 8   οι αυτου
   TST. 84: ACTA 23,1   LA: 4   παυλος τω συνεδριω
   TST. 91: ACTA 24,6-8   LA: 11   ADD. και κατα ημετερον νομον
             ηθελησαμεν κριναι παρελθων δε λυσιας ο χιλιαρχος
             μετα πολλης βιας εκ των χειρων ημων αφειλετο και
             προς σε απεστειλε. κελευσας και τους κατηγορους
             αυτου ερχεσθαι επι σου
   TST. 95: ACTA 25,5   LA: 3   τουτω ατοπον
   TST. 97: ACTA 25,17   LA: 4   ουν ενθαδε

I. NICHT ERFASSTE STELLEN (3)

   Z (LUECKE)   TST: 70, 71, 81
==

■ ■ HS.-NR.: 2288   TESTSTELLEN: 104

A. LA 2 : 23, 77, 78, 90, 92, 93   SUMME: 6 TST

B. LA 1/2 : 10, 11, 18, 20, 28, 29, 35, 41, 42, 44, 45, 48, 52, 55, 56, 66,
             76, 84, 87, 88, 97,100,102
   1/2F: 65
   1/2K: 36   SUMME: 25 TST

C. LA 1 : 1- 9, 12- 17, 19, 22, 24- 27, 30- 33, 37- 40, 43, 47, 49- 51,
            54, 57- 64, 67, 69- 72, 74, 75, 79- 83, 85, 89, 94- 96, 99,101,
            103,104   SUMME: 64 TST

D. SINGULAERLESARTEN AN 4 TESTSTELLEN

   TST. 21: ACTA 5,24   LA: 5   ο αρχιερευς και ο στρατηγος

TST. 34:   ACTA 10,12   LA: 6   παντα τα θηρια και τα
τετραποδα της γης και τα ερπετα και τα πετεινα του
ουρανου
TST. 68:   ACTA 19,3   LA: 14 ειπεν αυτοις
TST. 91:   ACTA 24,6-8   LA: 11E ADD. και κατα τον ημετερον
νομον ηθελησαμεν κριναι παρελθων δε λυσιας ο
χιλιαρχος βια πολλη εκ των χειρων ημων αφειλετο και
προς σε απoστειλε. κελευσας και τους κατηγορους
αυτου ερχεσθαι

E. SONDERLESARTEN AN   9 TESTSTELLEN

TST. 21:   ACTA 5,24   LA: 5   ο αρχιερευς και ο στρατηγος
TST. 34:   ACTA 10,12   LA: 6   παντα τα θηρια και τα
τετραποδα της γης και τα ερπετα και τα πετεινα του
ουρανου
TST. 46:   ACTA 13,42   LA: 6   εξιοντων δε αυτων εκ της
συναγωγης
TST. 53:   ACTA 15,34   LA: 3   εδοξεν δε τω σιλα επιμειναι
αυτου
TST. 68:   ACTA 19,3   LA: 14 ειπεν αυτοις
TST. 73:   ACTA 20,24(1)   LA: 10 ουδενος τουτων λογον
ποιουμαι ουδε εχω την ψυχην μου
TST. 86:   ACTA 23,20   LA: 3   μελλοντων
TST. 91:   ACTA 24,6-8   LA: 11E ADD. και κατα τον ημετερον
νομον ηθελησαμεν κριναι παρελθων δε λυσιας ο
χιλιαρχος βια πολλη εκ των χειρων ημων αφειλετο και
προς σε απoστειλε. κελευσας και τους κατηγορους
αυτου ερχεσθαι
TST. 98:   ACTA 26,14   LA: 6   λεγουσαν μοι

F. KORREKTUREN AN   1 TESTSTELLE

TST. 21:   ACTA 5,24
C : LA   1   ο τε ιερευς και ο στρατηγος
==

■ ■ HS.-NR.: 2289   TESTSTELLEN: 54

A. LA   2 : 68, 77   SUMME: 2 TST

B. LA 1/2 : 52, 53, 55, 56, 65, 66, 76, 84, 87, 88, 91, 97,100,102
                                                            SUMME: 14 TST

C. LA   1 : 51, 54, 57- 64, 67, 69- 75, 78- 83, 85, 89, 90, 92- 96, 98, 99,
             101,103,104
        1B: 86   SUMME: 38 TST

I. NICHT ERFASSTE STELLEN (50)

Z (LUECKE)   TST: 1- 50
==

■ ■ HS.-NR.: 2298   TESTSTELLEN: 104

A. LA   2 : 14, 19, 23, 26, 47, 49, 57, 70, 77, 79, 90, 92, 95, 96, 98
        2B: 67

SUMME: 16 TST
B. LA 1/2 :   10, 20, 35, 36, 41, 44, 45, 48, 52, 55, 56, 65, 66, 76, 87, 88,
              97,100,102
   1/2L: 11   SUMME: 20 TST

C. LA   1 :   1- 9, 12, 16, 21, 22, 25, 27, 30, 32, 33, 37, 38, 43, 51, 54,
              58- 64, 71, 72, 74, 75, 78, 81- 83, 85, 93, 99,101,104
     1B: 24
     1D: 13, 50, 73   SUMME: 47 TST

D. SINGULAERLESARTEN AN   3 TESTSTELLEN

   TST. 17:   ACTA 4,25   LA: 11B ο δια του πατρος ημων
              πνευματι αγιω στοματος δαυιδ παιδος σου ειπων
   TST. 89:   ACTA 23,30   LA: 12   εσεσθαι υπο των ιουδαιων
   TST. 94:   ACTA 24,22   LA: 5   ακουσας δε ταυτα ανεβαλετο
              αυτους ο φηλιξ

E. SONDERLESARTEN AN   21 TESTSTELLEN

   TST. 15:   ACTA 3,22   LA: 3   ειπεν προς τους πατερας
   TST. 17:   ACTA 4,25   LA: 11B ο δια του πατρος ημων
              πνευματι αγιω στοματος δαυιδ παιδος σου ειπων
   TST. 18:   ACTA 4,33   LA: 4   της αναστασεως του κυριου
              ιησου χριστου
   TST. 28:   ACTA 8,37   LA: 3D   ειπεν δε αυτω: ει πιστευεις
              εξ ολης της καρδιας σου εξεστιν. αποκριθεις δε
              ειπεν: πιστευω τον υιον του θεου ειναι ιησουν
              χριστον
   TST. 29:   ACTA 8,39   LA: 5   πνευμα αγιον επεπεσεν επι
              τον ευνουχον αγγελος δε κυριου
   TST. 31:   ACTA 9,31   LA: 6   αι μεν ουν εκκλησιαι ...
              ειχον ειρηνην οικοδομουμεναι και πορευομεναι ...
              επληθυνετο
   TST. 34:   ACTA 10,12   LA: 11   παντα τα τετραποδα και τα
              θηρια και τα ερπετα της γης και τα πετεινα του
              ουρανου
   TST. 39:   ACTA 10,47   LA: 4   δυναται τις κωλυσαι
   TST. 40:   ACTA 11,2   LA: 4   οτε δε ανεβη πετρος εις
              ιερουσαλημ/ιεροσολυμα διεκρινοντο προς αυτον
   TST. 42:   ACTA 12,25   LA: 5   εξ ιερουσαλημ εις αντιοχειαν
   TST. 46:   ACTA 13,42   LA: 3   εξιοντων δε αυτων εκ της
              συναγωγης των ιουδαιων
   TST. 53:   ACTA 15,34   LA: 3   εδοξεν δε τω σιλα επιμειναι
              αυτου
   TST. 68:   ACTA 19,3   LA: 3   ειπε(ν) δε
   TST. 69:   ACTA 19,14   LA: 3   ησαν δε τινες σκευα ιουδαιου
              αρχιερεως επτα υιοι τουτο ποιουντες
   TST. 80:   ACTA 21,25   LA: 6   ADD. μηδεν τοιουτον τηρειν
              αυτους αλλα
   TST. 84:   ACTA 23,1   LA: 3   τω συνεδριω ο παυλος
   TST. 86:   ACTA 23,20   LA: 3   μελλοντων
   TST. 89:   ACTA 23,30   LA: 12   εσεσθαι υπο των ιουδαιων
   TST. 91:   ACTA 24,6-8   LA: 3   ADD. και κατα τον ημετερον
              νομον ηθελησαμεν κριναι παρελθων δε λυσιας ο
              χιλιαρχος μετα πολλης βιας εκ των χειρων ημων
              απηγαγεν. κελευσας τους κατηγορους αυτου ερχεσθαι
              επι σε

TST. 94:   ACTA 24,22   LA: 5 ακουσας δε ταυτα ανεβαλετο
αυτους ο φηλιξ
TST.103:   ACTA 28,16   LA: 3Β ο εκατονταρχος παρεδωκεν
τους δεσμιους τω στρατοπεδαρχη επετραπη δε τω παυλω

F. KORREKTUREN AN   1 TESTSTELLE

TST. 40:   ACTA 11,2
C : LA   2   οτε δε ανεβη πετρος εις
ιερουσαλημ/ιεροσολυμα διεκρινοντο προς αυτον οι
εκ περιτομης
===

■ ■ HS.-NR.: 2303   TESTSTELLEN: 35

A. LA   2 : 49   SUMME: 1 TST

B. LA 1/2 : 28, 29, 35, 36, 41, 44, 45, 48, 52, 97,102   SUMME: 11 TST

C. LA   1 : 30- 34, 37- 40, 43, 46, 47, 50, 51, 92- 96,101,103,104
                                                            SUMME: 22 TST

E. SONDERLESARTEN AN   1 TESTSTELLE

TST. 42:   ACTA 12,25   LA: 4   απο ιερουσαλημ

I. NICHT ERFASSTE STELLEN (69)

Z (LUECKE)   TST: 1- 27, 53- 91, 98-100
===

■ ■ HS.-NR.: 2344   TESTSTELLEN: 103

A. LA   2 : 17, 23, 26, 32, 34, 43, 46, 47, 50, 57, 60- 62, 64, 72, 74,
             77- 81, 83, 85, 86, 90, 93- 96,103,104
       2C: 67   SUMME: 32 TST

B. LA 1/2 : 11, 18, 20, 28, 29, 35, 36, 41, 44, 45, 48, 52, 55, 56, 66, 76,
             87, 88, 97,100,102
      1/2E: 65   SUMME: 22 TST

C. LA   1 :   2- 4, 6, 7, 9, 12, 13, 16, 19, 21, 22, 24, 25, 27, 30, 33,
             37- 40, 49, 58, 59, 63, 71, 92, 99,101
       1B: 1, 51
       1D: 82
       1E: 31   SUMME: 33 TST

D. SINGULAERLESARTEN AN   5 TESTSTELLEN

TST. 31:   ACTA 9,31   LA: 1E αι μεν ουν εκκλησιαι ...
ειχον ειρηνην οικοδομουμεναι και πρωπορευομεναι ...
επληθυνοντο
TST. 65:   ACTA 18,21.22 LA:1/2E απηχθησαν απο της εφεσου,
και κατελθων
TST. 67:   ACTA 19,1.2   LA: 2C και ευρειν τινας μαθητας
ειπεν προς αυτους

```
TST. 89:   ACTA 23,30     LA: 11   εσεσθαι {τον ανδρα} εξ αυτων
TST. 91:   ACTA 24,6-8    LA: 3G   ADD. και κατα τον ημετερον
           νομον ηθελησαμεν κριναι παρελθων δε λυσιας ο
           χιλιαρχος μετα πολλης βιας εκ των χειρων ημων
           απηγαγεν. καιλευσας τους κατηγορους αυτου ερχεται
           επι σε
```

E. SONDERLESARTEN AN 16 TESTSTELLEN

```
TST.  5:   ACTA 2,7(2)    LA:  5   προς αλληλους
TST.  8:   ACTA 2,31      LA:  3   εγκατελειφθη η ψυχη αυτου
TST. 10:   ACTA 2,43.44   LA: 11   ADD. εν ιερουσαλημ
TST. 15:   ACTA 3,22      LA:  4   ειπεν προς τους πατερας ημων
TST. 42:   ACTA 12,25     LA:  3   εξ ιερουσαλημ
TST. 53:   ACTA 15,34     LA:  3   εδοξεν δε τω σιλα επιμειναι
           αυτου
TST. 54:   ACTA 16,28     LA:  4   φωνη μεγαλη παυλος
TST. 68:   ACTA 19,3      LA:  4   ο δε ειπεν
TST. 69:   ACTA 19,14     LA:  3   ησαν δε τινες σκευα ιουδαιου
           αρχιερεως επτα υιοι τουτο ποιουντες
TST. 70:   ACTA 19,39     LA: 3B   περ ετερω
TST. 73:   ACTA 20,24(1)  LA:  6   ουδενος λογον εχω ουδε
           ποιουμαι την ψυχην
TST. 75:   ACTA 20,29     LA:  3   γαρ οιδα
TST. 84:   ACTA 23,1      LA:  3   τω συνεδριω ο παυλος
TST. 89:   ACTA 23,30     LA: 11   εσεσθαι {τον ανδρα} εξ αυτων
TST. 91:   ACTA 24,6-8    LA: 3G   ADD. και κατα τον ημετερον
           νομον ηθελησαμεν κριναι παρελθων δε λυσιας ο
           χιλιαρχος μετα πολλης βιας εκ των χειρων ημων
           απηγαγεν. καιλευσας τους κατηγορους αυτου ερχεται
           επι σε
TST. 98:   ACTA 26,14     LA:  7   OM. λεγουσαν προς με
```

I. NICHT ERFASSTE STELLEN (1)

   X (UNLESERLICH) TST: 14
===

■ ■ HS.-NR.: 2352   TESTSTELLEN: 104

A. LA 2 : 19, 49, 68, 77   SUMME: 4 TST

B. LA 1/2 : 10, 11, 18, 20, 28, 29, 35, 36, 41, 42, 44, 45, 48, 52, 53, 55,
             56, 65, 66, 76, 84, 87, 88, 91, 97,100,102   SUMME: 27 TST

C. LA 1 :   1- 9, 12- 17, 21- 27, 30- 34, 37- 40, 43, 46, 47, 50, 51, 54,
             57- 64, 67, 69- 75, 78- 83, 85, 89, 90, 92- 96, 98, 99,101,103,
             104
   1B: 86   SUMME: 73 TST
===

■ ■ HS.-NR.: 2356   TESTSTELLEN: 104

A. LA 2B: 86   SUMME: 1 TST

B. LA 1/2 : 10, 11, 18, 20, 28, 29, 35, 41, 44, 45, 48, 52, 53, 55, 56, 65,
             66, 76, 84, 87, 88, 91, 97,100,102
   1/2K: 36

SUMME: 26 TST
C. LA   1 :   1- 9, 12- 17, 19, 21- 27, 30, 32- 34, 37- 40, 43, 46, 47,
               49- 51, 54, 57- 64, 67- 71, 73- 75, 77- 83, 85, 89, 90, 92- 96,
               98, 99,101,103,104
        1F: 31   SUMME: 75 TST

D. SINGULAERLESARTEN AN   1 TESTSTELLE

    TST. 31:   ACTA 9,31   LA: 1F αι μεν ουν εκκλησιαι ...
               ειχον ειρηνην οικοδομουμεναι και πορευομεναι ...
               επληθυοντο

E. SONDERLESARTEN AN   2 TESTSTELLEN

    TST. 42:   ACTA 12,25   LA: 4   απο ιερουσαλημ
    TST. 72:   ACTA 20,15   LA: 4   και μειναντες εν τρωγυλιω
               (ET SIM.) τη ερχομενη
===

■ ■ HS.-NR.: 2374   TESTSTELLEN: 104

A. LA   2 :   21, 32, 40, 43, 49, 50, 57, 63, 89, 95,103
        2B: 47
        2C: 98   SUMME: 13 TST

B. LA 1/2 :   10, 11, 18, 20, 28, 29, 35, 36, 41, 44, 45, 48, 52, 55, 56, 66,
               76, 84, 87, 88, 97,100,102   SUMME: 23 TST

C. LA   1 :   1- 9, 12- 14, 16, 19, 22- 27, 30, 31, 33, 34, 37- 39, 54,
               58- 62, 64, 67, 70- 75, 78- 83, 85, 90, 92, 93, 96, 99,101,104
        1B: 69, 77
        1C: 17   SUMME: 58 TST

D. SINGULAERLESARTEN AN   1 TESTSTELLE

    TST. 47:   ACTA 13,45   LA: 2B βλασφεμουντες

E. SONDERLESARTEN AN   10 TESTSTELLEN

    TST. 15:   ACTA 3,22   LA: 6   γαρ προς τους πατερας ημων
               ειπεν
    TST. 42:   ACTA 12,25   LA: 4   απο ιερουσαλημ
    TST. 46:   ACTA 13,42   LA: 3   εξιοντων δε αυτων εκ της
               συναγωγης των ιουδαιων
    TST. 51:   ACTA 15,23   LA: 7   δια χειρος αυτων επιστολην
               εχουσαν ταδε
    TST. 53:   ACTA 15,34   LA: 3   εδοξεν δε τω σιλα επιμειναι
               αυτου
    TST. 65:   ACTA 18,21.22 LA: 3   και ανηχθη απο της εφεσου,
               κατελθων
    TST. 68:   ACTA 19,3   LA: 4   ο δε ειπεν
    TST. 86:   ACTA 23,20   LA: 3   μελλοντων
    TST. 91:   ACTA 24,6-8   LA: 3   ADD. και κατα τον ημετερον
               νομον ηθελησαμεν κριναι παρελθων δε λυσιας ο
               χιλιαρχος μετα πολλης βιας εκ των χειρων ημων
               απηγαγεν. κελευσας τους κατηγορους αυτου ερχεσθαι
               επι σε

TST. 94: ACTA 24,22 LA: 4 ανεβαλετο δε ο φηλιξ αυτον
==

■ ■ HS.-NR.: 2378 TESTSTELLEN: 57

A. LA 2 : 49, 68, 77 SUMME: 3 TST

B. LA 1/2 : 44, 45, 52, 53, 55, 65, 66, 76, 84, 87, 88, 91, 97,100,102
  1/2E: 56 SUMME: 16 TST

C. LA 1 : 43, 46, 47, 50, 51, 54, 59- 64, 67, 69- 75, 78- 83, 85, 89, 90,
  92- 94, 98, 99,101,103,104
  1B: 86 SUMME: 38 TST

D. SINGULAERLESARTEN AN 1 TESTSTELLE

TST. 56: ACTA 16,35 LA:1/2E απεστειλαν οι στρατηγοι προς

I. NICHT ERFASSTE STELLEN (47)

  X (UNLESERLICH) TST: 41
  Y (FILMFEHLER) TST: 42
  Z (LUECKE) TST: 1- 40, 48, 57, 58, 95, 96
==

■ ■ HS.-NR.: 2400 TESTSTELLEN: 96

A. LA 2 : 5, 49 SUMME: 2 TST

B. LA 1/2 : 10, 11, 18, 20, 35, 41, 42, 44, 45, 48, 52, 53, 55, 56, 65, 76,
  84, 87, 88, 97,100,102
  1/2K: 36 SUMME: 23 TST

C. LA 1 : 2- 4, 6- 9, 13, 15- 17, 19, 21- 23, 25, 30- 33, 37- 40, 43,
  46, 47, 50, 51, 54, 58- 64, 67- 69, 72- 75, 78, 79, 81- 83, 85,
  86, 89, 90, 92- 96, 98, 99,101,104
  1B: 14, 24, 77 SUMME: 65 TST

D. SINGULAERLESARTEN AN 1 TESTSTELLE

TST.103: ACTA 28,16 LA: 6 ο εκατονταρχος παρεδωκε τους
  δεσμιους τω στρατοπεδαρχη τω δε παυλω επιτρεπομενον

E. SONDERLESARTEN AN 6 TESTSTELLEN

TST. 12: ACTA 2,47.3,1 LA: 3 τη εκκλησια επι το αυτο.
  πετρος δε
TST. 34: ACTA 10,12 LA: 14 και τα θηρια και τα ερπετα
  και τα πετεινα του ουρανου ABER ZUVOR HOM.TEL. VON
  επι της γης (VS 11) ZU τετραποδα της γης (VS 12)
TST. 66: ACTA 18,27 LA: 6 βουλομενου δε αυτου ελθειν
  εις την αχαιαν προτρεψαμενοι οι αδελφοι εγραψαν
  τοις μαθηταις αποδεξασθαι αυτον
TST. 80: ACTA 21,25 LA: 10 ADD. μηδεν τοιουτον κρινειν
  αυτους ει μη
TST. 91: ACTA 24,6-8 LA: 4C ADD. και κατα τον ημετερον
  νομον ηθελησαμεν κριναι παρελθων δε λυσιας ο
  χιλιαρχος μετα πολλης βιας εκ των χειρων ημων

απηγαγεν. κελευσας και τους κατηγορους αυτου
ερχεσθαι προς σε
TST.103: ACTA 28,16 LA: 6 ο εκατονταρχος παρεδωκε τους
δεσμιους τω στρατοπεδαρχη τω δε παυλω επιτρεπομενον

I. NICHT ERFASSTE STELLEN (8)

Z (LUECKE) TST: 1, 26- 29, 57, 70, 71
===

■ ■ HS.-NR.: 2401 TESTSTELLEN: 101

A. LA 2 : 96 SUMME: 1 TST

B. LA 1/2 : 10, 11, 18, 20, 28, 29, 35, 36, 41, 42, 44, 45, 48, 52, 53, 56,
66, 76, 84, 87, 88, 97,102 SUMME: 23 TST

C. LA 1 : 1- 7, 9, 12- 15, 19, 21- 27, 30- 34, 37- 40, 43, 46, 47, 49,
51, 54, 57, 59- 64, 67, 69- 75, 77- 83, 85, 86, 89, 90, 92- 95,
99,101,103
1C: 17
1L: 58
10: 104 SUMME: 71 TST

D. SINGULAERLESARTEN AN 2 TESTSTELLEN

TST. 91: ACTA 24,6-8 LA: 7B ADD. και κατα τον ημετερον
νομον ηθελησαμεν κρινειν παρελθων δε λυσιας ο
χιλιαρχος μετα βιας εκ των χειρων ημων εξηγαγε.
κελευσας τους κατηγορους αυτου ερχεσθαι επι σου
TST.104: ACTA 28,29 LA: 10 ADD. και ταυτα αυτου
ειποντος απηλθον οι ιουδαιοι πολλας εχοντες εν
εαυτοις συζητησεις

E. SONDERLESARTEN AN 6 TESTSTELLEN

TST. 8: ACTA 2,31 LA: 3 εγκατελειφθη η ψυχη αυτου
TST. 55: ACTA 16,33 LA: 8 οι αυτου
TST. 68: ACTA 19,3 LA: 7 ειπεν δε προς αυτους
TST. 91: ACTA 24,6-8 LA: 7B ADD. και κατα τον ημετερον
νομον ηθελησαμεν κρινειν παρελθων δε λυσιας ο
χιλιαρχος μετα βιας εκ των χειρων ημων εξηγαγε.
κελευσας τους κατηγορους αυτου ερχεσθαι επι σου
TST. 98: ACTA 26,14 LA: 3 λαλουσαν προς με
TST.100: ACTA 27,5 LA: 4 διαπλευσαντες δι ημερων
δεκαπεντε κατηλθομεν

F. KORREKTUREN AN 3 TESTSTELLEN

TST. 50: ACTA 15,18
C : LA 1 ταυτα παντα γνωστα απ αιωνος εστιν τω θεω
παντα τα εργα αυτου
TST. 53: ACTA 15,34
C : LA 4 εδοξεν δε τω σιλα επιμειναι αυτους
TST. 65: ACTA 18,21.22
C : LA 10B και ανηχθη απο της εφεσου: τον δε ακυλαν
ειασεν εν εφεσω, και κατελθων

I. NICHT ERFASSTE STELLEN (3)

   V (AUSLASSUNG) TST: 50
   X (UNLESERLICH) TST: 16, 65
===

■ ■ HS.-NR.: 2404   TESTSTELLEN: 104

B. LA 1/2 : 10, 11, 18, 20, 28, 29, 35, 41, 42, 44, 45, 48, 52, 53, 55, 56,
          66, 76, 84, 87, 88, 91, 97,100,102
   1/2F: 65
   1/2K: 36   SUMME: 27 TST

C. LA 1 :   1- 9, 12- 17, 19, 21- 27, 30- 34, 37- 40, 43, 46, 47, 49, 51,
         54, 57- 64, 67- 75, 77- 80, 82, 83, 85, 89, 90, 92, 93, 95, 96,
         98, 99,101,103,104
   1C: 94
   1D: 50   SUMME: 75 TST

E. SONDERLESARTEN AN   2 TESTSTELLEN

   TST. 81:   ACTA 22,9   LA: 3   εθεασαντο και εμφοβοι
                       γενομενοι
   TST. 86:   ACTA 23,20   LA: 3   μελλοντων
===

■ ■ HS.-NR.: 2412   TESTSTELLEN: 104

A. LA 2 : 23, 46, 57, 62, 77, 89, 90, 92   SUMME: 8 TST

B. LA 1/2 : 10, 11, 18, 20, 28, 29, 35, 36, 41, 44, 45, 48, 52,102
   1/2B: 55
   1/2D: 56   SUMME: 16 TST

C. LA 1 :   1- 7, 9, 12, 13, 15- 17, 19, 22, 24, 25, 27, 30- 34, 37- 40,
         47, 50, 54, 58- 61, 63, 64, 67, 70, 71, 74, 75, 78- 83, 85, 93,
         96, 98, 99,101,103,104
   1C: 94
   1D: 73
   1G: 21   SUMME: 58 TST

D. SINGULAERLESARTEN AN   1 TESTSTELLE

   TST. 69:   ACTA 19,14   LA: 14   ησαν δε τινες υιοι σκευα
   ιουδαιου αρχιερεως επτα ου τουτο ποιουντες

E. SONDERLESARTEN AN 22 TESTSTELLEN

   TST. 8:   ACTA 2,31   LA: 3   εγκατελειφθη η ψυχη αυτου
   TST. 14:   ACTA 3,21   LA: 10   προφητων {αγιων} αυτου απ
   αιωνος
   TST. 26:   ACTA 8,10   LA: 3   λεγομενη
   TST. 42:   ACTA 12,25   LA: 4   απο ιερουσαλημ
   TST. 43:   ACTA 13,20   LA: 4B   ετεσιν τετρακοσιοις και
   πεντηκοντα και
   TST. 49:   ACTA 15,7   LA: 4   ημιν

TST. 51:   ACTA 15,23   LA: 8   δια χειρος αυτων επιστολην
και πεμψαντες περιεχουσαν ταδε
TST. 53:   ACTA 15,34   LA: 3   εδοξεν δε τω σιλα επιμειναι
αυτου
TST. 65:   ACTA 18,21.22 LA: 11   και ανηχθη απο της εφεσου:
τον δε ακυλαν ειασεν εν εφεσω, αυτος δε ανεχθεις
ηλθεν εις καισαρειαν και κατελθων
TST. 66:   ACTA 18,27   LA: 4   βουλομενου δε αυτου διελθειν
την αχαιαν προτρεψαμενοι οι αδελφοι εγραψαν τοις
μαθηταις αποδεξασθαι αυτον
TST. 68:   ACTA 19,3   LA: 17   ειπεν ουν
TST. 69:   ACTA 19,14   LA: 14   ησαν δε τινες υιοι σκευα
ιουδαιου αρχιερεως επτα ου τουτο ποιουντες
TST. 72:   ACTA 20,15   LA: 4   και μειναντες εν τρωγυλιω
(ET SIM.) τη ερχομενη
TST. 76:   ACTA 20,32   LA: 3   ADD. αυτω η δοξα εις τους
αιωνας αμην
TST. 84:   ACTA 23,1   LA: 4   παυλος τω συνεδριω
TST. 86:   ACTA 23,20   LA: 3   μελλοντων
TST. 87:   ACTA 23,25(1) LA: 5   ADD. {γραψας επιστολην
εχουσαν τον τυπον τουτον} εφοβηθη γαρ μηποτε
αρπασαντες αυτον οι ιουδαιοι αποκτεινωσι και αυτος
μεταξυ εγκλη σχη ως αργυριον ειληφως
TST. 88:   ACTA 23,25(2) LA: 9   εγραψε δε επιστολην
περιεχουσαν ταδε
TST. 91:   ACTA 24,6-8   LA: 8   ADD. και κατα τον ημετερον
νομον ηθελησαμεν κρινειν παρελθων δε λυσιας ο
χιλιαρχος μετα πολλης βιας εκ των χειρων ημων
απηγαγεν. κελευσας τους κατηγορους αυτου ερχεσθαι
επι σου
TST. 95:   ACTA 25,5   LA: 3   τουτω ατοπον
TST. 97:   ACTA 25,17   LA: 3   ουν ενθαδε αυτων
TST.100:   ACTA 27,5   LA: 4   διαπλευσαντες δι ημερων
δεκαπεντε κατηλθομεν
===

■ ■ HS.-NR.: 2423   TESTSTELLEN: 103

B. LA 1/2 :   10, 11, 20, 28, 29, 35, 36, 41, 42, 44, 45, 48, 52, 53, 55, 56,
65, 66, 76, 84, 87, 88, 91, 97,100,102   SUMME: 26 TST

C. LA 1 :   1- 9, 12- 17, 19, 21- 27, 30- 34, 37- 40, 43, 47, 49- 51, 54,
57- 64, 67- 72, 74, 75, 78- 83, 85, 89, 90, 92- 96, 98, 99,101,
104
1B: 77
1L: 103   SUMME: 74 TST

E. SONDERLESARTEN AN   3 TESTSTELLEN

TST. 18:   ACTA 4,33   LA: 4   της αναστασεως του κυριου
ιησου χριστου
TST. 46:   ACTA 13,42   LA: 3   εξιοντων δε αυτων εκ της
συναγωγης των ιουδαιων
TST. 73:   ACTA 20,24(1) LA: 10   ουδενος τουτων λογον
ποιουμαι ουδε εχω την ψυχην μου

F. KORREKTUREN AN   6 TESTSTELLEN

```
TST. 36:   ACTA 10,25
        C : LA 1/2K  ως δε εγενετο του ελθειν τον πετρον
            συναντησας αυτω ο κορνηλιος
TST. 46:   ACTA 13,42
        C : LA  1  εξιοντων δε εκ της συναγωγης των ιουδαιων
TST. 66:   ACTA 18,27
        C : LA 10  βουλομενου δε αυτου διελθειν εις την
            αχαιαν προπεμψαμενοι οι αδελφοι εγραψαν τοις
            μαθηταις αποδεξασθαι αυτον
TST. 73:   ACTA 20,24(1)
        C : LA  1  ουδενος λογον ποιουμαι ουδε εχω την ψυχην
            μου
TST. 77:   ACTA 21,8
        C : LA  1  οι περι τον παυλον ηλθον
TST. 86:   ACTA 23,20
        C : LA  2B μελλων
```

I. NICHT ERFASSTE STELLEN (1)

    X (UNLESERLICH) TST: 86
===

■ ■ HS.-NR.: 2431   TESTSTELLEN: 92

A. LA 2 : 49, 68, 77   SUMME: 3 TST

B. LA 1/2 : 10, 11, 20, 28, 29, 41, 42, 44, 45, 48, 52, 53, 55, 56, 66, 76,
             84, 87, 88, 91,100,102
      1/2G: 65   SUMME: 23 TST

C. LA 1 :   2- 9, 12- 15, 21- 27, 30, 31, 37- 40, 43, 50, 51, 54, 57- 64,
            67, 69- 75, 78- 83, 85, 89, 90, 92- 96, 98, 99,101,103,104
      1B: 86   SUMME: 65 TST

E. SONDERLESARTEN AN 1 TESTSTELLE

    TST. 97: ACTA 25,17   LA: 4   ουν ενθαδε

I. NICHT ERFASSTE STELLEN (12)

    Y (FILMFEHLER) TST: 1, 16- 19, 32- 36, 46, 47
===

■ ■ HS.-NR.: 2441   TESTSTELLEN: 41

A. LA 2 : 49, 77   SUMME: 2 TST

B. LA 1/2 : 48, 52, 53, 55, 56, 76, 87, 88, 91, 97,102   SUMME: 11 TST

C. LA 1 :   43, 46, 47, 50, 51, 54, 57, 73- 75, 78- 82, 89, 90, 92- 96, 98,
             99,103,104
      1B: 86   SUMME: 27 TST

E. SONDERLESARTEN AN 1 TESTSTELLE

    TST. 42: ACTA 12,25   LA: 8   εις αντιοχειαν

I. NICHT ERFASSTE STELLEN (63)

    Z (LUECKE)   TST: 1- 41, 44, 45, 58- 72, 03- 05,100,101
==

■ ■ HS.-NR.: 2464   TESTSTELLEN: 35

A. LA   2 :   77, 81, 83, 85, 89, 90, 92, 94- 96,103,104
     2B: 72
     2C: 98   SUMME: 14 TST

B. LA 1/2 :   76, 87, 88, 97   SUMME: 4 TST

C. LA   1 :   71, 73- 75, 78, 79, 82, 99,101   SUMME: 9 TST

D. SINGULAERLESARTEN AN   3 TESTSTELLEN

   TST. 70:   ACTA 19,39   LA: 8   ετερον
   TST. 86:   ACTA 23,20   LA: 3C μελοντων
   TST. 91:   ACTA 24,6-8   LA: 4B ADD. και κατα τον ημετερον
   νομον ηθελησαμεν κριναι παρελθων δε λυσιας ο
   χιλιαρχος μετα πολης βειας εκ των χειρων ημων
   απηγαγεν. κελευσας τους κατηγορους αυτου ερχεσθαι
   προς σε

E. SONDERLESARTEN AN   8 TESTSTELLEN

   TST. 70:   ACTA 19,39   LA: 8   ετερον
   TST. 80:   ACTA 21,25   LA: 6   ADD. μηδεν τοιουτον τηρειν
   αυτους αλλα
   TST. 84:   ACTA 23,1   LA: 4   παυλος τω συνεδριω
   TST. 86:   ACTA 23,20   LA: 3C μελοντων
   TST. 91:   ACTA 24,6-8   LA: 4B ADD. και κατα τον ημετερον
   νομον ηθελησαμεν κριναι παρελθων δε λυσιας ο
   χιλιαρχος μετα πολης βειας εκ των χειρων ημων
   απηγαγεν. κελευσας τους κατηγορους αυτου ερχεσθαι
   προς σε
   TST. 93:   ACTA 24,15   LA: 3   νεκρων {μελλειν εσεσθαι}
   δικαιων
   TST.100:   ACTA 27,5   LA: 3   διαπλευσαντες κατηχθημεν
   TST.102:   ACTA 27,41   LA: 4   των κυματων

I. NICHT ERFASSTE STELLEN (69)

    Z (LUECKE)   TST: 1- 69
==

■ ■ HS.-NR.: 2466   TESTSTELLEN: 104

A. LA   2 :   19, 49, 68, 77   SUMME: 4 TST

B. LA 1/2 :   10, 11, 18, 20, 28, 29, 35, 36, 41, 42, 44, 45, 48, 52, 53, 55,
    56, 65, 66, 76, 84, 87, 88, 91, 97,100,102   SUMME: 27 TST

C. LA   1 :   1- 9, 12- 17, 21- 27, 30, 31, 33, 34, 37- 40, 43, 46, 47, 50,
    51, 54, 57- 64, 67, 69- 75, 78- 83, 85, 89, 90, 92- 96, 98, 99,
    101,103,104
    1B: 86

SUMME: 72 TST

E. SONDERLESARTEN AN   1 TESTSTELLE

TST. 32:   ACTA 10,10   LA: 3   επεσεν

F. KORREKTUREN AN   1 TESTSTELLE

TST. 32:   ACTA 10,10
        C : LA   1   επεπεσεν
===

■ ■ HS.-NR.: 2473   TESTSTELLEN: 104

B. LA 1/2 :   10, 11, 18, 20, 29, 35, 41, 44, 45, 48, 52, 55, 56, 65, 66, 76,
              84, 87, 88, 97,100,102
   1/2F: 36   SUMME: 23 TST

C. LA   1 :   1- 9, 12, 14- 17, 19, 21- 27, 30- 34, 37- 40, 43, 46, 47, 49,
             50, 54, 57- 64, 67, 69- 75, 77- 79, 81- 83, 85, 89, 90, 92- 96,
             98, 99,101,103,104
       1B: 51, 86
       1C: 68   SUMME: 75 TST

D. SINGULAERLESARTEN AN   1 TESTSTELLE

TST. 68:   ACTA 19,3   LA: 1C   ειπεν τε προς αυτου

E. SONDERLESARTEN AN   6 TESTSTELLEN

TST. 13:   ACTA 3,11   LA: 7   κρατουντος δε του ιαθεντος
        χωλου τον πετρον και ιωαννην συνεδραμεν προς αυτον
        πας ο λαος
TST. 28:   ACTA 8,37   LA: 9   ειπεν δε ο φιλιππος ει
        πιστευεις εξεστιν. αποκριθεις δε ειπεν: πιστευω τον
        υιον του θεου ειναι ιησουν χριστον
TST. 42:   ACTA 12,25   LA: 5   εξ ιερουσαλημ εις αντιοχειαν
TST. 53:   ACTA 15,34   LA: 3   εδοξεν δε τω σιλα επιμειναι
        αυτου
TST. 80:   ACTA 21,25   LA: 3   ADD. μηδεν τοιουτο τηρειν
        αυτους ει μη
TST. 91:   ACTA 24,6-8 LA: 9   ADD. και κατα τον ημετερον
        νομον ηθελησαμεν κρινειν παρελθων δε λυσιας ο
        χιλιαρχος μετα πολλης βιας εκ των χειρων ημων
        απηγαγεν. κελευσας τους κατηγορους αυτου ερχεσθαι
        επι σε

F. KORREKTUREN AN   2 TESTSTELLEN

TST. 51:   ACTA 15,23
        C : LA   1   δια χειρος αυτων ταδε
TST. 72:   ACTA 20,15
        C : LA   4   και μειναντες εν τρωγυλιω (ET SIM.) τη
        ερχομενη
===

■ ■ HS.-NR.: 2475   TESTSTELLEN: 99

B. LA 1/2 :   10, 11, 18, 20, 28, 29, 35, 36, 41, 44, 45, 48, 52, 53, 55, 56,
              65, 66, 76, 84, 87, 88, 91, 97,100,102   SUMME: 26 TST

C. LA   1 :   1- 9, 12- 17, 19, 21- 27, 30- 34, 37- 40, 43, 46, 47, 49- 51,
              54, 60- 64, 67, 69, 70, 72- 75, 77, 79- 83, 85, 86, 89, 90,
              92- 96, 98, 99,101,103,104   SUMME: 71 TST

E. SONDERLESARTEN AN   2 TESTSTELLEN

   TST. 42:   ACTA 12,25   LA: 6   απο ιερουσαλημ εις
              αντιοχειαν
   TST. 68:   ACTA 19,3   LA: 11 ειπεν τε προς αυτοις

I. NICHT ERFASSTE STELLEN (5)

   X (UNLESERLICH) TST: 71, 78
   Z (LUECKE)   TST: 57- 59
==

■ ■ HS.-NR.: 2483   TESTSTELLEN: 103

A. LA   2 :   49, 92
        2B: 86   SUMME: 3 TST

B. LA 1/2 :   10, 11, 18, 20, 28, 29, 35, 36, 41, 44, 45, 48, 52, 55, 56, 66,
              76, 84, 87, 88, 97,100,102
        1/2F: 65   SUMME: 24 TST

C. LA   1 :   1- 9, 12- 16, 19, 22- 27, 30- 33, 37- 40, 43, 47, 50, 51, 54,
              57- 64, 67- 75, 78- 83, 85, 89, 90, 93, 94, 96, 99,101,103,104
        1C: 17
        1D: 21   SUMME: 69 TST

D. SINGULAERLESARTEN AN   1 TESTSTELLE

   TST. 95:   ACTA 25,5   LA: 3B ατοπον τουτω

E. SONDERLESARTEN AN   7 TESTSTELLEN

   TST. 34:   ACTA 10,12   LA: 11 παντα τα τετραποδα και τα
              θηρια και τα ερπετα της γης και τα πετεινα του
              ουρανου
   TST. 42:   ACTA 12,25   LA: 6   απο ιερουσαλημ εις
              αντιοχειαν
   TST. 46:   ACTA 13,42   LA: 3   εξιοντων δε αυτων εκ της
              συναγωγης των ιουδαιων
   TST. 53:   ACTA 15,34   LA: 3   εδοξεν δε τω σιλα επιμειναι
              αυτου
   TST. 91:   ACTA 24,6-8   LA: 5C ADD. και κατα τον ημετερον
              νομον ηθελησαμεν κριναι παρελθων δε λυσιας ο
              χιλιαρχος μετα πολλης βιας εκ των χειρων ημων
              απηγαγεν. κελευσας τους κατηγορους ερχεσθαι επι σου
   TST. 95:   ACTA 25,5   LA: 3B ατοπον τουτω
   TST. 98:   ACTA 26,14   LA: 3   λαλουσαν προς με

F. KORREKTUREN AN 2 TESTSTELLEN

    TST. 21: ACTA 5,24
       C : LA 1E ο τε ο ιερευς και στρατηγος
    TST. 77: ACTA 21,8
       C : LA 1B οι περι τον παυλον ηλθομεν

I. NICHT ERFASSTE STELLEN (1)

    U (H.TEL/ARK.) TST: 77
===

■ ■ HS.-NR.: 2484   TESTSTELLEN: 92

A. LA 2B: 4   SUMME: 1 TST

B. LA 1/2 : 10, 11, 28, 29, 35, 36, 41, 42, 44, 45, 48, 52, 53, 55, 56, 66,
          76, 84, 87, 88, 91, 97,100,102
    1/2F: 65   SUMME: 25 TST

C. LA 1 : 1- 3, 5- 9, 12- 15, 26, 27, 30, 31, 33, 34, 37- 40, 43, 46,
        47, 49- 51, 54, 57- 64, 67, 70- 75, 77- 83, 85, 89, 90, 92- 96,
        98, 99,101,104
    1B: 86
    1M: 103   SUMME: 65 TST

D. SINGULAERLESARTEN AN 1 TESTSTELLE

    TST. 4: ACTA 2,7(1)   LA: 2B και

E. SONDERLESARTEN AN 1 TESTSTELLE

    TST. 32: ACTA 10,10   LA: 3 επεσεν

I. NICHT ERFASSTE STELLEN (12)

    Z (LUECKE)   TST: 16- 25, 68, 69
===

■ ■ HS.-NR.: 2488   TESTSTELLEN: 104

A. LA 2 : 7   SUMME: 1 TST

B. LA 1/2 : 10, 11, 18, 20, 29, 35, 41, 42, 44, 45, 48, 52, 55, 56, 65, 66,
         76, 84, 87, 88, 97,100,102
    1/2N: 36   SUMME: 24 TST

C. LA 1 : 1- 6, 9, 12- 17, 19, 21- 27, 30- 34, 37- 40, 43, 46, 47,
        49- 51, 54, 57- 64, 67- 75, 77- 83, 85, 89, 90, 92, 93, 95, 96,
        98, 99,101,103,104
    1B: 86
    1E: 94   SUMME: 75 TST

D. SINGULAERLESARTEN AN 1 TESTSTELLE

    TST. 28: ACTA 8,37   LA: 4B ειπεν δε αυτω: ο φιλιππος ει
    πιστευεις εξ ολης της καρδιας εξεστιν. αποκριθεις
    δε ειπεν: πιστευω τον υιον του θεου ειναι τον

ιησουν χριστον

E. SONDERLESARTEN AN   4 TESTSTELLEN

TST. 8:   ACTA 2,31   LA: 3   εγκατελειφθη η ψυχη αυτου
TST. 28:   ACTA 8,37   LA: 4B ειπεν δε αυτω: ο φιλιππος ει
               πιστευεις εξ ολης της καρδιας εξεστιν. αποκριθεις
               δε ειπεν: πιστευω τον υιον του θεου ειναι τον
               ιησουν χριστον
TST. 53:   ACTA 15,34   LA: 3   εδοξεν δε τω σιλα επιμειναι
               αυτου
TST. 91:   ACTA 24,6-8   LA: 9C ADD. και κατα τον ημετερον
               νομον ηθελησαμεν κρινειν παρελθων δε λυσιας ο
               χιλιαρχος μετα πολλης βιας εκ των χειρων ημων
               απηγαγεν. κελευων τους κατηγορους αυτου ερχεσθαι
               επι σε

==

■ ■ HS.-NR.: 2492   TESTSTELLEN: 104

A. LA   2 : 81   SUMME: 1 TST

B. LA 1/2 : 10, 18, 20, 28, 29, 35, 36, 41, 42, 44, 45, 48, 52, 53, 55, 56,
            65, 66, 76, 84, 87, 88, 91, 97,100,102
     1/2M: 11   SUMME: 27 TST

C. LA   1 : 1- 9, 12- 17, 19, 22- 27, 30, 31, 33, 34, 37- 40, 43, 47, 50,
            51, 54, 57- 64, 67- 75, 77- 80, 82, 83, 85, 89, 90, 92, 93, 95,
            96, 98, 99,101,103,104
      1B: 86
      1F: 21   SUMME: 72 TST

E. SONDERLESARTEN AN   4 TESTSTELLEN

TST. 32:   ACTA 10,10   LA: 3   επεσεν
TST. 46:   ACTA 13,42   LA: 3   εξιοντων δε αυτων εκ της
               συναγωγης των ιουδαιων
TST. 49:   ACTA 15,7   LA: 3   OM. εν υμιν
TST. 94:   ACTA 24,22   LA: 12 ακουσας δε ταυτα ο φηλιξ
               ανεβαλετο

==

■ ■ HS.-NR.: 2494   TESTSTELLEN: 104

A. LA   2 : 39   SUMME: 1 TST

B. LA 1/2 : 10, 18, 20, 35, 36, 41, 44, 45, 48, 52, 53, 55, 56, 76, 84, 87,
            88, 97,100,102   SUMME: 20 TST

C. LA   1 : 1- 9, 12, 13, 15, 16, 19, 21- 27, 30- 34, 37, 38, 40, 43, 46,
            47, 49- 51, 54, 57- 63, 67- 75, 78- 83, 85, 89, 90, 92- 96, 98,
            99,101,103,104
      1B: 14, 77
      1C: 17   SUMME: 74 TST

E. SONDERLESARTEN AN   9 TESTSTELLEN

TST. 11:   ACTA 2,46   LA: 6   καθ ημεραν τε
προσκαρτερουντες εν τω ιερω κλωντες τε κατ οικον
αρτον
TST. 28:   ACTA 8,37   LA: 3D ειπεν δε αυτω: ει πιστευεις
εξ ολης της καρδιας σου εξεστιν. αποκριθεις δε
ειπεν: πιστευω τον υιον του θεου ειναι ιησουν
χριστον
TST. 29:   ACTA 8,39   LA: 5   πνευμα αγιον επεπεσεν επι
τον ευνουχον αγγελος δε κυριου
TST. 42:   ACTA 12,25   LA: 5   εξ ιερουσαλημ εις αντιοχειαν
TST. 64:   ACTA 18,20   LA: 5   μειναι συν αυτοις
TST. 65:   ACTA 18,21.22 LA: 5   ανηχθη απο της εφεσου, και
καταβας
TST. 66:   ACTA 18,27   LA: 10 βουλομενου δε αυτου διελθειν
εις την αχαιαν προπεμψαμενοι οι αδελφοι εγραψαν
τοις μαθηταις αποδεξασθαι αυτον
TST. 86:   ACTA 23,20   LA: 3   μελλοντων
TST. 91:   ACTA 24,6-8   LA: 8   ADD. και κατα τον ημετερον
νομον ηθελησαμεν κρινειν παρελθων δε λυσιας ο
χιλιαρχος μετα πολλης βιας εκ των χειρων ημων
απηγαγεν. κελευσας τους κατηγορους αυτου ερχεσθαι
επι σου
==
■ ■ HS.-NR.: 2495   TESTSTELLEN: 104

A. LA 2 : 23, 47, 50, 57, 62, 64, 77, 78, 83, 90, 96,103   SUMME: 12 TST

B. LA 1/2 : 11, 20, 28, 29, 35, 41, 42, 44, 45, 48, 52, 53, 76, 87, 88,100,
             102
     1/2B: 55
     1/2D: 36, 56
     1/2F: 65   SUMME: 21 TST

C. LA 1 :   1- 7, 9, 13, 14, 16, 19, 22, 24- 27, 30- 32, 34, 37- 40, 43,
            46, 49, 54, 58- 61, 63, 67, 69- 72, 74, 75, 79, 81, 82, 85, 92,
            93, 98, 99,101
      1C: 17, 51
      1D: 73,104   SUMME: 54 TST

D. SINGULAERLESARTEN AN   4 TESTSTELLEN

TST. 10:   ACTA 2,43.44   LA: 7B ADD. εν ιερουσαλημ φοβος δε
ην μεγας επι παντας
TST. 12:   ACTA 2,47.3,1 LA: 5   της εκκλησιας επι το αυτο.
πετρος
TST. 15:   ACTA 3,22   LA: 4B ειπεν {μεν} προς τους
πατερας ημων
TST.104:   ACTA 28,29   LA: 1D ADD. ταυτα ειποντος αυτου
απηλθον οι ιουδαιοι πολλην εχοντες εν εαυτοις
συζητησιν

E. SONDERLESARTEN AN 17 TESTSTELLEN

TST. 8:   ACTA 2,31   LA: 7   εγκατελειφθη {εις αδην} η
ψυχη αυτου

TST. 10:   ACTA 2,43.44   LA: 7B ADD. εν ιερουσαλημ φοβος δε
ην μεγας επι παντας
TST. 12:   ACTA 2,47.3,1 LA: 5   της εκκλησιας επι το αυτο.
πετρος
TST. 15:   ACTA 3,22   LA: 4B ειπεν {μεν} προς τους
πατερας ημων
TST. 18:   ACTA 4,33   LA: 4   της αναστασεως του κυριου
ιησου χριστου
TST. 21:   ACTA 5,24   LA: 6   ο τε αρχιερευς και ο
στρατηγος
TST. 33:   ACTA 10,11   LA: 5   δεδεμενην και καθιεμενον
TST. 66:   ACTA 18,27   LA: 6   βουλομενου δε αυτου ελθειν
εις την αχαιαν προτρεψαμενοι οι αδελφοι εγραψαν
τοις μαθηταις αποδεξασθαι αυτον
TST. 68:   ACTA 19,3   LA: 17   ειπεν ουν
TST. 80:   ACTA 21,25   LA: 3   ADD. μηδεν τοιουτο τηρειν
αυτους ει μη
TST. 84:   ACTA 23,1   LA: 4   παυλος τω συνεδριω
TST. 86:   ACTA 23,20   LA: 3   μελλοντων
TST. 89:   ACTA 23,30   LA: 14   εσεσθαι εξ αυτων
TST. 91:   ACTA 24,6-8   LA: 8   ADD. και κατα τον ημετερον
νομον ηθελησαμεν κρινειν παρελθων δε λυσιας ο
χιλιαρχος μετα πολλης βιας εκ των χειρων ημων
απηγαγεν. κελευσας τους κατηγορους αυτου ερχεσθαι
επι σου
TST. 94:   ACTA 24,22   LA: 3   ανεβαλετο δε ο φηλιξ αυτους
TST. 95:   ACTA 25,5   LA: 3   τουτω ατοπον
TST. 97:   ACTA 25,17   LA: 3   ουν ενθαδε αυτων
===

■ ■ HS.-NR.: 2501   TESTSTELLEN: 104

A. LA 2 : 68, 77   SUMME: 2 TST

B. LA 1/2 : 10, 11, 20, 28, 29, 35, 41, 44, 45, 48, 52, 56, 65, 66, 76, 84,
             87, 88, 91, 97,100,102
   1/2K: 36   SUMME: 23 TST

C. LA 1 :   1- 7, 9, 12- 16, 19, 21- 27, 30- 34, 37, 38, 40, 43, 47, 49,
            51, 54, 57- 64, 67, 69, 70, 73- 75, 78- 83, 85, 89, 90, 92- 96,
            98, 99,101,103,104
   1B: 71, 86
   1C: 17   SUMME: 70 TST

D. SINGULAERLESARTEN AN 1 TESTSTELLE

   TST. 71:   ACTA 20,4   LA: 1B ADD. αχρι ασιας

E. SONDERLESARTEN AN 9 TESTSTELLEN

   TST. 8:   ACTA 2,31   LA: 3 εγκατελειφθη η ψυχη αυτου
   TST. 18:   ACTA 4,33   LA: 4 της αναστασεως του κυριου
   ιησου χριστου
   TST. 39:   ACTA 10,47   LA: 3 κωλυσαι τις δυναται
   TST. 42:   ACTA 12,25   LA: 5 εξ ιερουσαλημ εις αντιοχειαν
   TST. 46:   ACTA 13,42   LA: 3 εξιοντων δε αυτων εκ της
   συναγωγης των ιουδαιων

```
TST. 50:    ACTA 15,18     LA: 17   παντα ταυτα α εστι γνωστα απ
            αιωνος αυτω
TST. 53:    ACTA 15,34     LA: 8    εδοξεν δε τω σιλα επιμειναι
            αυτοθι
TST. 55:    ACTA 16,33     LA: 8    οι αυτου
TST. 72:    ACTA 20,15     LA: 4    και μειναντες εν τρωγυλιω
            (ET SIM.) τη ερχομενη
```
===

■ ■ HS.-NR.: 2502   TESTSTELLEN: 102

A. LA   2 :   49, 78, 81, 98   SUMME: 4 TST

B. LA 1/2 :   10, 11, 18, 20, 28, 29, 35, 44, 45, 48, 52, 53, 55, 56, 65, 66,
              76, 87, 88, 91, 97,100,102
     1/2C: 84
     1/2M: 36   SUMME: 25 TST

C. LA   1 :   1- 9, 12- 17, 19, 21- 27, 30- 34, 37- 40, 43, 46, 47, 50, 51,
              57- 64, 67- 75, 77, 79, 80, 82, 83, 85, 86, 89, 90, 92, 93, 95,
              96, 99,101,103,104
     1C: 94   SUMME: 72 TST

E. SONDERLESARTEN AN   1 TESTSTELLE

    TST. 54:   ACTA 16,28   LA: 5   ο παυλος φωνη μεγαλη

I. NICHT ERFASSTE STELLEN (2)

    Y (FILMFEHLER) TST: 41, 42
===

■ ■ HS.-NR.: 2508   TESTSTELLEN: 104

A. LA   2 :   5   SUMME: 1 TST

B. LA 1/2 :   10, 11, 18, 20, 28, 29, 35, 36, 41, 42, 44, 45, 48, 53, 55, 56,
              66, 76, 84, 87, 88, 91, 97,100,102
     1/2F: 65   SUMME: 26 TST

C. LA   1 :   1- 4, 6- 9, 12- 17, 19, 21- 27, 30- 34, 37- 40, 43, 46, 47,
              49, 51, 54, 57- 64, 67- 72, 74, 75, 78- 83, 85, 89, 90, 92- 96,
              98, 99,101,103,104
     1B: 50, 77, 86   SUMME: 75 TST

E. SONDERLESARTEN AN   2 TESTSTELLEN

    TST. 52:   ACTA 15,24   LA: 3   ελθοντες
    TST. 73:   ACTA 20,24(1) LA: 9   ουδενος τουτων λογον
    ποιουμαι ουδε εχω την ψυχην
===

■ ■ HS.-NR.: 2511   TESTSTELLEN: 104

A. LA   2 :   77   SUMME: 1 TST

B. LA 1/2 :   10, 11, 20, 28, 29, 35, 41, 44, 45, 48, 52, 56, 65, 66, 76, 84,
              87, 88,100,102
```
```

1/2M: 36   SUMME: 21 TST

C. LA   1 :   1- 7,   9, 12- 16, 19, 21- 27, 31, 32, 34, 37- 40, 43, 47, 49,
              51, 54, 57- 64, 67- 75, 78- 83, 85, 89, 90, 92, 93, 96, 98, 99,
              101,103,104
        1B: 86
        1C: 17, 94   SUMME: 70 TST

E. SONDERLESARTEN AN   12 TESTSTELLEN

TST. 8:   ACTA 2,31   LA: 3   εγκατελειφθη η ψυχη αυτου
TST. 18:   ACTA 4,33   LA: 4   της αναστασεως του κυριου
           ιησου χριστου
TST. 30:   ACTA 9,25   LA: 5   οι μαθηται νυκτος
TST. 33:   ACTA 10,11   LA: 5   δεδεμενην και καθιεμενον
TST. 42:   ACTA 12,25   LA: 5   εξ ιερουσαλημ εις αντιοχειαν
TST. 46:   ACTA 13,42   LA: 3   εξιοντων δε αυτων εκ της
           συναγωγης των ιουδαιων
TST. 50:   ACTA 15,18   LA: 17   παντα ταυτα α εστι γνωστα απ
           αιωνος αυτω
TST. 53:   ACTA 15,34   LA: 8   εδοξεν δε τω σιλα επιμειναι
           αυτοθι
TST. 55:   ACTA 16,33   LA: 8   οι αυτου
TST. 91:   ACTA 24,6-8   LA: 11   ADD. και κατα ημετερον νομον
           ηθελησαμεν κριναι παρελθων δε λυσιας ο χιλιαρχος
           μετα πολλης βιας εκ των χειρων ημων αφειλετο και
           προς σε απεστειλε. κελευσας και τους κατηγορους
           αυτου ερχεσθαι επι σου
TST. 95:   ACTA 25,5   LA: 3   τουτω ατοπον
TST. 97:   ACTA 25,17   LA: 4   ουν ενθαδε

F. KORREKTUREN AN   1 TESTSTELLE

TST. 50:   ACTA 15,18
           C : LA 16   ταυτα παντα γνωστα απ αιωνος εστι τω θεω
==

■ ■ HS.-NR.: 2516   TESTSTELLEN: 104

A. LA   2 :   32, 57, 92
        2B: 34   SUMME: 4 TST

B. LA 1/2 :   10, 18, 20, 28, 29, 35, 36, 41, 42, 44, 45, 48, 52, 53, 56, 66,
              76, 84, 87, 97,100,102
        1/2B: 11
        1/2E: 55
        1/2F: 65   SUMME: 25 TST

C. LA   1 :   1- 9, 12- 17, 19, 21- 27, 31, 37- 40, 43, 47, 49, 51, 58- 63,
              67, 69- 75, 77- 83, 85, 90, 93- 96, 99,101,103,104
        1B: 54, 86
        1C: 30   SUMME: 66 TST

D. SINGULAERLESARTEN AN   6 TESTSTELLEN

TST. 50:   ACTA 15,18   LA: 10B   παντα ταυτα γνωστα απ αιωνος
           εστιν τω θεω τα εργα αυτου

TST. 54:   ACTA 16,28   LA: 1B φωνην μεγαλην ο παυλος
TST. 64:   ACTA 18,20   LA: 4   μειναι προς αυτοις
TST. 89:   ACTA 23,30   LA: 6   μελλειν εσεσθαι υπο των
            ιουδαιων
TST. 91:   ACTA 24,6-8   LA: 10   ADD. και κατα τον ημετερον
     νομον ηθελησαμεν κριναι παρελθων δε λυσιας ο
     χιλιαρχος μετα πολλης βιας εκ των χειρων ημων
     απηγαγεν. παραγγειλας και τοις κατηγοροις ερχεσθαι
     επι σου
TST. 98:   ACTA 26,14   LA: 4   λεγουσαν προς με και
            λαλουσαν

E. SONDERLESARTEN AN 9 TESTSTELLEN

TST. 33:   ACTA 10,11   LA: 6   δεδεμενην και καθιεμενην
TST. 46:   ACTA 13,42   LA: 3   εξιοντων δε αυτων εκ της
            συναγωγης των ιουδαιων
TST. 50:   ACTA 15,18   LA: 10B παντα ταυτα γνωστα απ αιωνος
            εστιν τω θεω τα εργα αυτου
TST. 64:   ACTA 18,20   LA: 4   μειναι προς αυτοις
TST. 68:   ACTA 19,3   LA: 7   ειπεν δε προς αυτους
TST. 88:   ACTA 23,25(2) LA: 3   γραψας και επιστολην
            περιεχουσαν τον τυπον τουτον
TST. 89:   ACTA 23,30   LA: 6   μελλειν εσεσθαι υπο των
            ιουδαιων
TST. 91:   ACTA 24,6-8   LA: 10   ADD. και κατα τον ημετερον
     νομον ηθελησαμεν κριναι παρελθων δε λυσιας ο
     χιλιαρχος μετα πολλης βιας εκ των χειρων ημων
     απηγαγεν. παραγγειλας και τοις κατηγοροις ερχεσθαι
     επι σου
TST. 98:   ACTA 26,14   LA: 4   λεγουσαν προς με και
            λαλουσαν
===

■ ■ HS.-NR.: 2523   TESTSTELLEN: 104

B. LA 1/2 :   10, 11, 18, 20, 28, 29, 35, 36, 41, 42, 44, 45, 48, 52, 53, 56,
              66, 76, 84, 87, 88, 97,100,102
     1/2F: 65   SUMME: 25 TST

C. LA 1 :   1- 9, 12- 15, 17, 19, 21- 27, 30- 34, 37- 40, 43, 46, 47,
              49- 51, 54, 57- 64, 67- 75, 77- 83, 85, 89, 90, 92- 96, 98, 99,
              101,103,104
       1B: 86   SUMME: 76 TST

E. SONDERLESARTEN AN 3 TESTSTELLEN

TST. 16:   ACTA 4,8   LA: 3   πρεσβυτεροι του λαου
TST. 55:   ACTA 16,33   LA: 7   ο οικος αυτου
TST. 91:   ACTA 24,6-8   LA: 13B ADD. ηβουληθημεν κριναι κατα
     τον νομον ημων ελθων δε λυσιας ο χιλιαρχος βια
     πολλη εκ των χειρων ημων αφειλετο και προς σε
     απεστειλε. κελευσας τους κατηγορους αυτου ελθειν
     προς σε

F. KORREKTUREN AN 1 TESTSTELLE

TST. 16:   ACTA 4,8
C : LA   1   πρεσβυτεροι του ισραηλ
==

■ ■ HS.-NR.: 2541   TESTSTELLEN: 104

A. LA   2 :   83, 92, 95, 98
       2B: 86   SUMME: 5 TST

B. LA 1/2 :   10, 11, 18, 20, 28, 29, 35, 36, 41, 42, 44, 45, 48, 52, 53, 55,
              56, 65, 66, 76, 87, 88, 97,100,102   SUMME: 25 TST

C. LA   1 :   1- 7, 9, 12- 17, 19, 21- 27, 31- 34, 37- 40, 43, 46, 47,
              49- 51, 54, 57- 64, 67- 70, 72- 75, 77- 82, 85, 90, 93, 94, 96,
              99,101,103,104
       1D: 30   SUMME: 69 TST

E. SONDERLESARTEN AN   5 TESTSTELLEN

    TST. 8:   ACTA 2,31   LA: 3   εγκατελειφθη η ψυχη αυτου
    TST. 71:   ACTA 20,4   LA: 4   ADD. αχρι της μακεδονιας
    TST. 84:   ACTA 23,1   LA: 4   παυλος τω συνεδριω
    TST. 89:   ACTA 23,30   LA: 8   εσεσθαι υπο των ιουδαιων
               εξαυτης
    TST. 91:   ACTA 24,6-8   LA: 4   ADD. και κατα τον ημετερον
               νομον ηθελησαμεν κριναι παρελθων δε λυσιας ο
               χιλιαρχος μετα πολλης βιας εκ των χειρων ημων
               απηγαγεν. κελευσας τους κατηγορους αυτου ερχεσθαι
               προς σε
==

■ ■ HS.-NR.: 2544   TESTSTELLEN: 104

A. LA   2 :   4, 21, 40   SUMME: 3 TST

B. LA 1/2 :   10, 11, 18, 20, 28, 35, 36, 41, 44, 45, 52, 55, 56, 65, 66, 76,
              84, 87, 88, 97,100,102
       1/2I: 48   SUMME: 23 TST

C. LA   1 :   2, 3, 5, 6, 8, 9, 12- 17, 19, 22- 27, 30- 34, 37- 39, 43,
              46, 47, 49- 51, 54, 57- 59, 61- 64, 67- 75, 77, 78, 81- 83, 85,
              89, 90, 92, 93, 95, 96, 98, 99,101,103
       1B: 79, 86
       1C: 94
       1D: 1
       1F: 104   SUMME: 71 TST

D. SINGULAERLESARTEN AN   4 TESTSTELLEN

    TST. 7:   ACTA 2,30   LA: 6   το κατα σαρκα αναστησειν τον
               χριστον και καθισαι αυτον
    TST. 48:   ACTA 15,2   LA:1/2I εταξαν αναβηναι παυλον και
               βαρναβαν και τινας αλλους εξ αυτων
    TST. 53:   ACTA 15,34   LA: 7   εδοξεν δε τω σιλα καταμειναι
               αυτου
    TST. 91:   ACTA 24,6-8   LA: 15 ADD. και κατα τον ημετερον
               νομον ηθελησαμεν κριναι επελθων δε λυσιας ο
               χιλιαρχος δια πολλης βιας των χειρων ημων εξηρπασε

και προς σε απεστειλε. κελευσας και τους κατηγορους
αυτου παραγενεσθαι

E. SONDERLESARTEN AN   7 TESTSTELLEN

TST. 7: ACTA 2,30   LA: 6   το κατα σαρκα αναστησειν τον
χριστον και καθισαι αυτον
TST. 29: ACTA 8,39   LA: 5   πνευμα αγιον επεπεσεν επι
τον ευνουχον αγγελος δε κυριου
TST. 42: ACTA 12,25   LA: 3   εξ ιερουσαλημ
TST. 53: ACTA 15,34   LA: 7   εδοξεν δε τω σιλα καταμειναι
αυτου
TST. 60: ACTA 18,1   LA: 5   ο παυλος
TST. 80: ACTA 21,25   LA: 3   ADD. μηδεν τοιουτο τηρειν
αυτους ει μη
TST. 91: ACTA 24,6-8   LA: 15   ADD. και κατα τον ημετερον
νομον ηθελησαμεν κριναι επελθων δε λυσιας ο
χιλιαρχος δια πολλης βιας των χειρων ημων εξηρπασε
και προς σε απεστειλε. κελευσας και τους κατηγορους
αυτου παραγενεσθαι

F. KORREKTUREN AN   5 TESTSTELLEN

TST. 1: ACTA 1,5
C : LA 1   βαπτισθησεσθε εν πνευματι αγιω
TST. 4: ACTA 2,7(1)
C : LA 1   δε παντες και
TST. 10: ACTA 2,43.44
C : LA 13 ADD. φοβος τε μεγας ην επι παντας αυτους
TST. 28: ACTA 8,37
C : LA 4E ειπεν δε αυτω: ο φιλιππος ει πιστευεις εξ
ολης της καρδιας σου δυνατον σοι εστιν.
αποκριθεις δε ειπεν: πιστευω υιον του θεου ειναι
τον ιησουν χριστον
TST. 91: ACTA 24,6-8
C : LA 15B ADD. και κατα τον ημετερον νομον
ηθελησαμεν κριναι αυτον επελθων δε λυσιας ο
χιλιαρχος δια πολλης βιας των χειρων ημων
εξηρπασε και προς σε απεστειλε. κελευσας και
τους κατηγορους αυτου παραγενεσθαι

===

■ ■ HS.-NR.: 2554   TESTSTELLEN: 104

A. LA 2 : 19, 49, 68, 77   SUMME: 4 TST

B. LA 1/2 : 10, 11, 18, 20, 28, 29, 35, 36, 41, 44, 45, 48, 52, 53, 55, 56,
65, 66, 76, 84, 87, 88, 91, 97,100,102   SUMME: 26 TST

C. LA 1 :   1- 9, 12- 16, 21- 27, 30- 34, 37- 40, 43, 47, 50, 51, 54,
57- 64, 67, 69- 75, 78- 83, 85, 89, 90, 92- 96, 98, 99,101,103,
104
1B: 86
1C: 17   SUMME: 72 TST

E. SONDERLESARTEN AN   2 TESTSTELLEN

```
  TST. 42:   ACTA 12,25    LA:  4   απο ιερουσαλημ
  TST. 46:   ACTA 13,42    LA:  3   εξιοντων δε αυτων εκ της
  συναγωγης των ιουδαιων
```
==

■ ■ HS.-NR.: 2558   TESTSTELLEN: 104

A. LA   2 : 78   SUMME: 1 TST

B. LA 1/2 : 10, 11, 18, 20, 28, 29, 35, 36, 41, 42, 44, 45, 48, 52, 53, 55,
             56, 76, 84, 87, 88, 91, 97,100,102   SUMME: 25 TST

C. LA   1 : 1- 6, 8, 9, 12- 17, 19, 21- 27, 30- 33, 37- 40, 43, 46, 47,
             49- 51, 54, 57- 64, 67- 75, 77, 79- 83, 85, 89, 90, 92- 96, 98,
             99,101,103,104
        1B: 86   SUMME: 74 TST

E. SONDERLESARTEN AN   4 TESTSTELLEN

```
  TST.  7:   ACTA 2,30     LA:  3   το κατα σαρκα αναστησειν τον
  χριστον καθισαι τε
  TST. 34:   ACTA 10,12    LA: 14   και τα θηρια και τα ερπετα
  και τα πετεινα του ουρανου ABER ZUVOR HOM.TEL. VON
  επι της γης (VS 11) ZU τετραποδα της γης (VS 12)
  TST. 65:   ACTA 18,21.22 LA:  5   ανηχθη απο της εφεσου, και
  καταβας
  TST. 66:   ACTA 18,27    LA: 10   βουλομενου δε αυτου διελθειν
  εις την αχαιαν προπεμψαμενοι οι αδελφοι εγραψαν
  τοις μαθηταις αποδεξασθαι αυτον
```
==

■ ■ HS.-NR.: 2570   TESTSTELLEN: 2

C. LA   1 : 2   SUMME: 1 TST

E. SONDERLESARTEN AN   1 TESTSTELLE

```
  TST. 95:   ACTA 25,5     LA:  3   τουτω ατοπον
```

I. NICHT ERFASSTE STELLEN (102)

```
  Z (LUECKE)      TST:  1, 3- 94, 96-104
```
==

■ ■ HS.-NR.: 2576   TESTSTELLEN: 104

A. LA   2 : 86   SUMME: 1 TST

B. LA 1/2 : 10, 20, 28, 29, 35, 41, 42, 44, 45, 48, 52, 53, 56, 66, 76, 84,
             87, 88, 91,100,102
       1/2E: 55
       1/2F: 65
       1/2M: 11, 36   SUMME: 25 TST

C. LA   1 : 1- 9, 12, 14- 17, 19, 21, 22, 24- 27, 30- 32, 34, 37- 40, 43,
             46, 47, 49- 51, 54, 57, 59- 64, 67- 71, 73- 75, 77- 83, 85, 89,

```
        90, 92- 96, 98, 99,101,103
   1L:  58                                          SUMME: 71 TST
```

D. SINGULAERLESARTEN AN   3 TESTSTELLEN

```
TST. 23:   ACTA 6,8      LA:  4  πιστεως χαριτος
TST. 33:   ACTA 10,11    LA:  7  δεδεμενον και καταφερομενον
TST.104:   ACTA 28,29    LA:  3F ADD. και ταυτα ειποντος
   απηλθον οι ιουδαιοι πολλην εχοντες εν αυτοις
   ζητησιν
```

E. SONDERLESARTEN AN   7 TESTSTELLEN

```
TST. 13:   ACTA 3,11     LA:  9  κρατουντος δε του ιαθεντος
   χωλου τον πετρον και τον ιωαννην συνεδραμεν πας ο
   λαος προς αυτους
TST. 18:   ACTA 4,33     LA:  4  της αναστασεως του κυριου
   ιησου χριστου
TST. 23:   ACTA 6,8      LA:  4  πιστεως χαριτος
TST. 33:   ACTA 10,11    LA:  7  δεδεμενον και καταφερομενον
TST. 72:   ACTA 20,15    LA:  4  και μειναντες εν τρωγυλιω
   (ET SIM.) τη ερχομενη
TST. 97:   ACTA 25,17    LA:  4  ουν ενθαδε
TST.104:   ACTA 28,29    LA:  3F ADD. και ταυτα ειποντος
   απηλθον οι ιουδαιοι πολλην εχοντες εν αυτοις
   ζητησιν
```
==

■ ■ HS.-NR.: 2587   TESTSTELLEN: 83

A. LA 2 : 49, 68, 77   SUMME: 3 TST

B. LA 1/2 : 20, 28, 29, 35, 36, 41, 44, 45, 48, 52, 53, 55, 56, 66, 76, 84,
             87, 88, 91, 97,100,102
   1/2F: 65   SUMME: 23 TST

C. LA 1 : 21- 23, 26, 27, 30- 34, 37- 40, 43, 46, 47, 50, 51, 54, 57- 64,
            67, 69- 75, 78- 83, 85, 89, 90, 92- 96, 98, 99,101,103,104
   1B: 86   SUMME: 56 TST

E. SONDERLESARTEN AN   1 TESTSTELLE

```
TST. 42:   ACTA 12,25    LA:  6  απο ιερουσαλημ εις
   αντιοχειαν
```

I. NICHT ERFASSTE STELLEN (21)

```
   Z (LUECKE)    TST:  1- 19, 24, 25
```
==

■ ■ HS.-NR.: 2619   TESTSTELLEN: 104

A. LA 2 : 7   SUMME: 1 TST

B. LA 1/2 : 10, 11, 18, 20, 29, 35, 41, 42, 44, 45, 48, 52, 55, 56, 65, 66,
             76, 84, 87, 88, 97,100,102
   1/2N: 36

SUMME: 24 TST
C. LA   1 :   1- 6,   9, 12- 17, 1̄5, 21- 27, 30- 34, 37- 40, 43, 46, 47,
               49- 51, 54, 57- 64, 67- 75, 77- 83, 85, 90, 92, 93, 95, 96, 98,
               99,101,103,104
        1B: 86
        1D: 89
        1E: 94   SUMME: 75 TST

E. SONDERLESARTEN AN   4 TESTSTELLEN

TST. 8:   ACTA 2,31   LA: 3   εγκατελειφθη η ψυχη αυτου
TST. 28:   ACTA 8,37   LA: 9   ειπεν δε ο φιλιππος ει
   πιστευεις εξεστιν. αποκριθεις δε ειπεν: πιστευω τον
   υιον του θεου ειναι ιησουν χριστον
TST. 53:   ACTA 15,34   LA: 3   εδοξεν δε τω σιλα επιμειναι
   αυτου
TST. 91:   ACTA 24,6-8   LA: 9C ADD. και κατα τον ημετερον
   νομον ηθελησαμεν κρινειν παρελθων δε λυσιας ο
   χιλιαρχος μετα πολλης βιας εκ των χειρων ημων
   απηγαγεν. κελευων τους κατηγορους αυτου ερχεσθαι
   επι σε

F. KORREKTUREN AN   2 TESTSTELLEN

TST. 7:   ACTA 2,30
   C : LA   7   το κατα σαρκα αναστησαι τον χριστον και
   καθισαι
TST. 36:   ACTA 10,25
   C : LA 1/20 και δε εγενετο εισελθειν τον πετρον
   συναντησας αυτω ο κορνηλιος
===
■ ■ HS.-NR.: 2625   TESTSTELLEN: 94

A. LA   2B: 86   SUMME: 1 TST

B. LA 1/2 :   10, 18, 20, 35, 41, 42, 44, 45, 48, 52, 53, 56, 65, 66, 84, 87,
               88, 91, 97,100,102
       1/2E: 55
       1/2K: 36
       1/2O: 11   SUMME: 24 TST

C. LA   1 :   2- 9, 12, 17, 19, 21- 27, 30- 34, 37- 40, 43, 46, 47, 49- 51,
               54, 57- 64, 67- 75, 79- 83, 85, 89, 90, 92- 96, 98, 99,101
        1L: 103   SUMME: 68 TST

E. SONDERLESARTEN AN   1 TESTSTELLE

TST.104:   ACTA 28,29   LA: 3D ADD. και ταυτα αυτου
   ειποντος απηλθον οι ιουδαιοι πολλην εχοντες εν
   εαυτοις ζητησιν

F. KORREKTUREN AN   1 TESTSTELLE

TST. 11:   ACTA 2,46
   C : LA 1/2 καθ ημεραν τε προσκαρτερουντες ομοθυμαδον
   εν τω ιερω κλωντες τε κατ οικον αρτον

I. NICHT ERFASSTE STELLEN (10)

    Z (LUECKE)   TST: 1, 13- 16, 28, 29, 76- 78
==

■ ■ HS.-NR.: 2626   TESTSTELLEN: 26

B. LA 1/2 :   84, 87, 88, 97,100,102   SUMME: 6 TST

C. LA   1 :   79- 83, 85, 89, 90, 92- 96, 98, 99,101,103,104
        1B: 86   SUMME: 19 TST

E. SONDERLESARTEN AN   1 TESTSTELLE

    TST. 91:   ACTA 24,6-8   LA: 4E   ADD. και κατα τον ημετερον
        νομον ηθελησαμεν κριναι παρελθων δε λυσιας ο
        χιλιαρχος μετα πολλης βιας εκ των χειρων ημων
        απηγαγεν. κελευσας και τους κατηγορους ερχεσθαι
        προς σε

I. NICHT ERFASSTE STELLEN (78)

    Z (LUECKE)   TST: 1- 78
==

■ ■ HS.-NR.: 2627   TESTSTELLEN: 16

B. LA 1/2 :   28, 29, 35, 36   SUMME: 4 TST

C. LA   1 :   26, 27, 30, 31, 33, 34, 38- 40, 98
        1B: 37   SUMME: 11 TST

E. SONDERLESARTEN AN   1 TESTSTELLE

    TST. 32:   ACTA 10,10   LA: 3   επεσεν

I. NICHT ERFASSTE STELLEN (88)

    Z (LUECKE)   TST: 1- 25, 41- 97, 99-104
==

■ ■ HS.-NR.: 2652   TESTSTELLEN: 94

A. LA   2 :   57, 77, 90, 92
        2B: 86   SUMME: 5 TST

B. LA 1/2 :   18, 20, 28, 29, 35, 36, 41, 42, 44, 45, 48, 84,102
      1/2B: 55
      1/2D: 56   SUMME: 15 TST

C. LA   1 :   1- 6, 14, 16, 19, 21- 27, 30- 34, 37- 40, 43, 46, 47, 49, 54,
        58- 64, 67- 75, 78- 83, 85, 93, 94, 96, 98, 99,101,104
        1C: 17
        1H: 103   SUMME: 62 TST

D. SINGULAERLESARTEN AN   2 TESTSTELLEN

TST. AA: ACTA 23,25(2)   LA: 5 εγραψε δε και επιστολην
περιεχουσα τον τυπον τουτον
TST.103:   ACTA 28,16   LA: 1H ο εκατονταρχος παρεδωκε τους
δεσμιους τω στρατοπεδαρχη τω δε παυλω επετραπειν

E. SONDERLESARTEN AN   12 TESTSTELLEN

TST. 15:   ACTA 3,22   LA: 7 γαρ προς τους πατερας υμων
ειπεν
TST. 53:   ACTA 15,34   LA: 3 εδοξεν δε τω σιλα επιμειναι
αυτου
TST. 65:   ACTA 18,21.22   LA: 10 ανηχθη απο της εφεσου: τον
δε ακυλαν ειασεν εν εφεσω, και κατελθων
TST. 66:   ACTA 18,27   LA: 4 βουλομενου δε αυτου διελθειν
την αχαιαν προτρεψαμενοι οι αδελφοι εγραψαν τοις
μαθηταις αποδεξασθαι αυτον
TST. 76:   ACTA 20,32   LA: 4 ADD. αυτω η δοξα εις τους
αιωνας των αιωνων αμην
TST. 87:   ACTA 23,25(1)   LA: 4B ADD. εφοβηθη γαρ ο χιλιαρχος
μηποτε αρπασαντες τον παυλον οι ιουδαιοι
αποκτεινωσι και αυτος μεταξυ εγκλημα σχη ως
αργυριον ειληφως
TST. 88:   ACTA 23,25(2)   LA: 5 εγραψε δε και επιστολην
περιεχουσα τον τυπον τουτον
TST. 89:   ACTA 23,30   LA: 8 εσεσθαι υπο των ιουδαιων
εξαυτης
TST. 91:   ACTA 24,6-8   LA: 8 ADD. και κατα τον ημετερον
νομον ηθελησαμεν κρινειν παρελθων δε λυσιας ο
χιλιαρχος μετα πολλης βιας εκ των χειρων ημων
απηγαγεν. κελευσας τους κατηγορους αυτου ερχεσθαι
επι σου
TST. 95:   ACTA 25,5   LA: 3 τουτω ατοπον
TST. 97:   ACTA 25,17   LA: 3 ουν ενθαδε αυτων
TST.100:   ACTA 27,5   LA: 4 διαπλευσαντες δι ημερων
δεκαπεντε κατηλθομεν

I. NICHT ERFASSTE STELLEN (10)

Z (LUECKE)   TST: 7- 13, 50- 52
===

■ ■ HS.-NR.: 2653   TESTSTELLEN: 104

A. LA 2 : 19, 49, 68, 77   SUMME: 4 TST

B. LA 1/2 : 10, 11, 18, 20, 28, 29, 35, 36, 42, 44, 45, 48, 52, 53, 56, 65,
            66, 76, 84, 87, 88, 91, 97,100,102
    1/2B: 55
    1/2C: 41   SUMME: 27 TST

C. LA 1 :   1- 9, 12- 17, 21- 27, 30- 34, 37- 40, 46, 47, 50, 51, 54,
            57- 64, 67, 69- 71, 73- 75, 78- 83, 85, 89, 90, 92- 96, 98, 99,
            101,103,104
     1B: 86
     1C: 43

D. SINGULAERLESARTEN AN   2 TESTSTELLEN   SUMME: 72 TST

TST. 41:   ACTA 12,3   LA:1/2C προσετιθετο
TST. 43:   ACTA 13,20   LA: 1C και μετα ταυτα ως ετεσιν
τρετρακοσιοις και πεντηκοντα

E. SONDERLESARTEN AN   1 TESTSTELLE

TST. 72:   ACTA 20,15   LA: 4 και μειναντες εν τρωγυλιω
(ET SIM.) τη ερχομενη

F. KORREKTUREN AN   2 TESTSTELLEN

TST. 31:   ACTA 9,31
C : LA   1C αι μεν ουν εκκλησιαι ... ειχον ειρηνην
ωκοδομουμεναι και πορευομεναι ... επληθυνοντο
TST. 68:   ACTA 19,3
C : LA   1 ειπεν τε προς αυτους
==

■ ■ HS.-NR.: 2671   TESTSTELLEN: 3

B. LA 1/2 : 36   SUMME: 1 TST

C. LA 1 : 37, 38   SUMME: 2 TST

I. NICHT ERFASSTE STELLEN (101)

Z (LUECKE)   TST: 1- 35, 39-104
==

■ ■ HS.-NR.: 2674   TESTSTELLEN: 104

A. LA 2 : 61, 86   SUMME: 2 TST

B. LA 1/2 : 10, 20, 28, 29, 35, 36, 41, 42, 44, 45, 48, 52, 53, 55, 56, 65,
66, 76, 84, 87, 88, 91, 97,100,102
1/2F: 11   SUMME: 26 TST

C. LA 1 :   1, 2, 4- 7, 9, 12- 16, 19, 21- 27, 30- 34, 37- 40, 46, 47,
49- 51, 54, 57- 60, 62, 63, 67- 73, 75, 77- 83, 85, 89, 90,
92- 96, 98, 99,104
1B: 3, 74
1C: 17
1E: 8
1F: 64
1G: 101
1L: 103   SUMME: 74 TST

D. SINGULAERLESARTEN AN   5 TESTSTELLEN

TST. 8:   ACTA 2,31   LA: 1E κατεληφη η ψυχη αυτου
TST. 11:   ACTA 2,46   LA:1/2F καθ ημεραν προσκαρτερουντες
ομοθυμαδων εν τω ιερω κλωντες τε κατ οικον αρτον
TST. 64:   ACTA 18,20   LA: 1F μειναι παρ αυτας
TST. 74:   ACTA 20,24(2) LA: 1B μου μετα ραχας

TST.101:   ACTA 27,14   LA: 1G κλυδων ευρο

E. SONDERLESARTEN AN 2 TESTSTELLEN

TST. 18:   ACTA 4,33   LA: 4   της αναστασεως του κυριου
           ιησου χριστου
TST. 43:   ACTA 13,20   LA: 6B και μετα ταυτα ως ετεσιν
           τρακοσιοις και πεντηκοντα
==

■ ■ HS.-NR.: 2675   TESTSTELLEN: 101

A. LA 2 : 61, 77   SUMME: 2 TST

B. LA 1/2 : 10, 20, 28, 29, 35, 41, 44, 45, 48, 52, 56, 76, 84, 87, 88,100,
             102
      1/2D: 66
      1/2F: 65
      1/2M: 36   SUMME: 20 TST

C. LA 1 :   1- 6, 9, 12- 17, 19, 21- 27, 32- 34, 37- 40, 43, 47, 49, 51,
            54, 57- 60, 62- 64, 67- 75, 78- 81, 83, 85, 89, 90, 92- 94, 96,
            98, 99,101,104
       1B: 7, 86
       1D: 8
       1G: 103   SUMME: 69 TST

D. SINGULAERLESARTEN AN 4 TESTSTELLEN

    TST. 8:   ACTA 2,31   LA: 1D καταλειφθη η ψυχη αυτου
    TST. 11:   ACTA 2,46   LA: 4   καθ ημεραν τε
    προσκαρτερουντες ομοθυμαδον εν τω ιερω κλωντες τα
    κατ οικον αρτον
    TST. 50:   ACTA 15,18   LA: 1B ταυτα παντα α εστι γνωστα απ
    αιωνος αυτω
    TST. 66:   ACTA 18,27   LA:1/2D βουλομενου δε αυτον διελθειν
    εις την αχαιαν προτρεψαμενοι οι αδελφοι εγραψαν
    τοις μαθηταις αποδεξασθαι αυτον

E. SONDERLESARTEN AN 10 TESTSTELLEN

    TST. 11:   ACTA 2,46   LA: 4   καθ ημεραν τε
    προσκαρτερουντες ομοθυμαδον εν τω ιερω κλωντες τα
    κατ οικον αρτον
    TST. 18:   ACTA 4,33   LA: 4   της αναστασεως του κυριου
    ιησου χριστου
    TST. 42:   ACTA 12,25   LA: 3   εξ ιερουσαλημ
    TST. 46:   ACTA 13,42   LA: 3   εξιοντων δε αυτων εκ της
    συναγωγης των ιουδαιων
    TST. 50:   ACTA 15,18   LA: 1B ταυτα παντα α εστι γνωστα απ
    αιωνος αυτω
    TST. 53:   ACTA 15,34   LA: 8   εδοξεν δε τω σιλα επιμειναι
    αυτοθι
    TST. 55:   ACTA 16,33   LA: 8   οι αυτου
    TST. 91:   ACTA 24,6-8   LA: 11   ADD. και κατα ημετερον νομον
    ηθελησαμεν κριναι παρελθων δε λυσιας ο χιλιαρχος
    μετα πολλης βιας εκ των χειρων ημων αφειλετο και
    προς σε απεστειλε. κελευσας και τους κατηγορους

```
        αυτου ερχεσθαι επι σου
TST. 95:    ACTA 25,5      LA:  3   τουτω ατοπον
TST. 97:    ACTA 25,17     LA:  4   ουν ενθαδε
```

G. MARGINALLESARTEN AN   1 TESTSTELLE

```
TST. 66:    ACTA 18,27
    L : LA 1/2  βουλομενου δε αυτου διελθειν εις την
               αχαιαν προτρεψαμενοι οι αδελφοι εγραψαν τοις
               μαθηταις αποδεξασθαι αυτον
```

I. NICHT ERFASSTE STELLEN (3)

    Z (LUECKE)   TST: 30, 31, 82
==

■ ■ HS.-NR.: 2691   TESTSTELLEN: 102

A. LA   2 : 68, 77   SUMME: 2 TST

B. LA 1/2 : 10, 11, 18, 20, 28, 29, 35, 36, 41, 42, 44, 45, 48, 52, 53, 55,
             56, 65, 66, 76, 84, 87, 88, 91, 97,100,102   SUMME: 27 TST

C. LA   1 :   3- 6, 8,   9, 12- 16, 19, 21- 27, 30- 34, 37- 40, 43, 46, 47,
             49- 51, 54, 57- 64, 67, 69- 75, 78- 83, 85, 89, 90, 92- 96, 98,
             99,101,103
         1B: 7, 86
         1C: 17
         1K: 104   SUMME: 73 TST

I. NICHT ERFASSTE STELLEN (2)

    Z (LUECKE)   TST: 1, 2
==

■ ■ HS.-NR.: 2696   TESTSTELLEN: 102

A. LA   2 : 49, 92   SUMME: 2 TST

B. LA 1/2 : 10, 11, 18, 20, 28, 29, 35, 41, 44, 45, 48, 52, 53, 55, 56, 65,
             66, 76, 84, 87, 88, 97,100,102
         1/2E: 36   SUMME: 25 TST

C. LA   1 :   1- 9, 13- 16, 19, 21- 25, 30- 33, 37- 40, 43, 47, 51, 54,
             57- 64, 67- 75, 78- 83, 85, 86, 89, 90, 93- 96, 98, 99,101,103,
             104
         1B: 77
         1C: 12, 17
         1D: 50   SUMME: 71 TST

E. SONDERLESARTEN AN   4 TESTSTELLEN

TST. 34:   ACTA 10,12   LA: 11   παντα τα τετραποδα και τα
            θηρια και τα ερπετα της γης και τα πετεινα του
            ουρανου
TST. 42:   ACTA 12,25   LA: 6   απο ιερουσαλημ εις
            αντιοχειαν
```
```

TST. 46:   ACTA 13,42   LA: 3   εξιοντων δε αυτων εκ της
συναγωγης των ιουδαιων
TST. 91ι   ΛCTΛ 24,6-8   LA: 5C ADD. και κατα τον ημετερον
νομον ηθελησαμεν κριναι παρελθων δε λυσιας ο
χιλιαρχος μετα πολλης βιας εκ των χειρων ημων
απηγαγεν. κελευσας τους κατηγορους ερχεσθαι επι σου

I. NICHT ERFASSTE STELLEN (2)

Y (FILMFEHLER) TST: 26, 27
==

■ ■ HS.-NR.: 2704   TESTSTELLEN: 104

A. LA   2 : 19, 68, 77   SUMME: 3 TST

B. LA 1/2 : 10, 11, 18, 20, 28, 29, 35, 36, 41, 44, 45, 48, 52, 53, 55, 56,
66, 76, 84, 87, 88, 91, 97,100,102   SUMME: 25 TST

C. LA   1 :   1- 9, 12- 17, 21- 27, 30- 34, 37- 40, 43, 46, 47, 49- 51, 54,
57- 64, 67, 69- 75, 78- 83, 85, 89, 90, 92- 96, 98, 99,101,103,
104
1B: 86   SUMME: 74 TST

D. SINGULAERLESARTEN AN 1 TESTSTELLE

TST. 65:   ACTA 18,21.22   LA: 12   και κατελθων

E. SONDERLESARTEN AN 2 TESTSTELLEN

TST. 42:   ACTA 12,25   LA: 6   απο ιερουσαλημ εις
αντιοχειαν
TST. 65:   ACTA 18,21.22   LA: 12   και κατελθων

F. KORREKTUREN AN 1 TESTSTELLE

TST. 17:   ACTA 4,25
C : LA 1C ο δια στοματος δαυιδ του παιδος σου ειπων
==

■ ■ HS.-NR.: 2705   TESTSTELLEN: 104

A. LA   2 : 78   SUMME: 1 TST

B. LA 1/2 : 10, 11, 18, 20, 28, 29, 35, 36, 41, 42, 45, 48, 52, 53, 55, 56,
66, 76, 84, 87, 88, 91, 97,100,102
1/2F: 65   SUMME: 26 TST

C. LA   1 :   1- 7, 9, 12, 14- 17, 19, 21- 27, 30, 32- 34, 37- 40, 43, 47,
49, 50, 54, 57- 64, 67- 75, 77, 79- 83, 85, 86, 89, 90, 92- 96,
98, 99,101,103,104
1B: 8, 13, 51   SUMME: 74 TST

E. SONDERLESARTEN AN 3 TESTSTELLEN

TST. 31:   ACTA 9,31   LA: 5   αι μεν ουν εκκλησιαι ...
ειχον ειρηνην οικοδομουμεναι ... επληθυνοντο

```
TST. 44:   ACTA 13,33(1)   LA:  6   τοις τεκνοις αυτων
TST. 46:   ACTA 13,42      LA:  3   εξιοντων δε αυτων εκ της
           συναγωγης των ιουδαιων
```
===

■ ■ HS.-NR.: 2712   TESTSTELLEN: 58

. LA   2B: 12   SUMME: 1 TST

. LA 1/2 : 10, 11, 18, 20, 28, 29, 35, 41, 84, 87, 88, 91, 97
     1/2F: 36   SUMME: 14 TST

. LA   1 : 1- 9, 13- 17, 19, 21- 27, 30, 32- 34, 37- 40, 47, 83, 85, 89,
            90, 92, 93, 95, 96,103,104
       1C: 94   SUMME: 42 TST

. SONDERLESARTEN AN   1 TESTSTELLE

   TST. 86:   ACTA 23,20   LA: 4   μελλοντας

. KORREKTUREN AN   1 TESTSTELLE

   TST. 31:   ACTA 9,31
           C : LA   1   αι μεν ουν εκκλησιαι ... ειχον ειρηνην
               οικοδομουμεναι και πορευομεναι ... επληθυνοντο

. NICHT ERFASSTE STELLEN (46)

   X (UNLESERLICH) TST: 31
   Z (LUECKE)   TST: 42- 46, 48- 82, 98-102
===

■ ■ HS.-NR.: 2716   TESTSTELLEN: 70

. LA 1/2 : 28, 29, 36, 41, 42, 44, 45, 48, 52, 53, 55, 56, 66, 76, 84, 87,
            88, 91, 97,102
     1/2H: 65   SUMME: 21 TST

. LA   1 : 6, 38- 40, 43, 46, 47, 49, 54, 57- 64, 67- 75, 77- 79, 82, 85,
            89, 90, 92, 93, 95, 96,104
       1B: 37, 51
       1C: 80, 81, 83, 94
       1D: 50, 98,101
       1K: 103   SUMME: 48 TST

. SINGULAERLESARTEN AN   1 TESTSTELLE

   TST. 65:   ACTA 18,21.22   LA:1/2H   και ανηχθημεν απο της
           εφεσου, και κατελθων

. SONDERLESARTEN AN   1 TESTSTELLE

   TST. 86:   ACTA 23,20   LA: 4   μελλοντας

F. KORREKTUREN AN   1 TESTSTELLE

    TST. 81:   ACTA 22,9
       C : LA   1   εθεασαντο και εμφοβοι εγενοντο

I. NICHT ERFASSTE STELLEN (34)

    Z (LUECKE)   TST: 1- 5,   7- 27,   30- 35,   99,100
==

■ ■ HS.-NR.: 2718   TESTSTELLEN: 78

A. LA   2 :   23, 38, 43, 46, 47, 49, 50, 57, 59, 62, 64, 96,103,104
       2C: 69, 98   SUMME: 16 TST

B. LA 1/2 :   10, 11, 18, 20, 28, 29, 35, 36, 41, 44, 45, 48, 55, 56, 97,100,
              102
       1/2F: 65   SUMME: 18 TST

C. LA   1 :   1- 7,   9, 15- 17, 19, 21, 22, 24- 27, 30- 34, 37, 39, 40, 51,
             54, 58, 60, 61, 63, 67, 99,101
       1B: 14
       1C: 13   SUMME: 37 TST

E. SONDERLESARTEN AN   7 TESTSTELLEN

    TST.   8:   ACTA 2,31   LA: 3B   εγκατεληφθη η ψυχη αυτου
    TST. 12:   ACTA 2,47.3,1   LA: 12   τη εκκλησια. πετρος δε
    TST. 42:   ACTA 12,25   LA: 4   απο ιερουσαλημ
    TST. 52:   ACTA 15,24   LA: 4   OM. εξελθοντες
    TST. 53:   ACTA 15,34   LA: 3   εδοξεν δε τω σιλα επιμειναι
       αυτου
    TST. 66:   ACTA 18,27   LA: 6   βουλομενου δε αυτου ελθειν
       εις την αχαιαν προτρεψαμενοι οι αδελφοι εγραψαν
       τοις μαθηταις αποδεξασθαι αυτον
    TST. 68:   ACTA 19,3   LA: 3   ειπε(ν) δε

I. NICHT ERFASSTE STELLEN (26)

    Z (LUECKE)   TST: 70- 95
==

■ ■ HS.-NR.: 2723   TESTSTELLEN: 104

A. LA   2 :   4, 19, 49, 68, 77   SUMME: 5 TST

B. LA 1/2 :   10, 11, 18, 20, 28, 29, 35, 36, 41, 42, 44, 45, 48, 52; 53, 55,
              56, 65, 66, 76, 84, 87, 88, 91, 97,100,102   SUMME: 27 TST

C. LA   1 :   1- 3,   5- 9, 12- 17, 21- 27, 30- 34, 37- 40, 43, 46, 47, 50,
              51, 54, 57- 64, 67, 69- 75, 78- 83, 85, 89, 90, 92- 96, 98, 99,
              101,103,104
       1B: 86   SUMME: 72 TST
==

■ ■ HS.-NR.: 2737   TESTSTELLEN: 104

A. LA   2 :   23, 31, 40, 47, 57, 90, 92
         2B: 98
         2C: 69   SUMME: 9 TST

B. LA 1/2 :   10, 11, 18, 20, 29, 35, 36, 41, 44, 45, 48, 52, 55, 56, 66, 76,
              84, 87, 88, 97,100,102
         1/2F: 65   SUMME: 23 TST

C. LA   1 :   1- 4, 6, 9, 12, 13, 16, 19, 21, 22, 24- 27, 30, 32- 34,
              37- 39, 43, 46, 49- 51, 54, 58- 64, 67, 70- 75, 77- 83, 85, 89,
              93- 96, 99,101,103,104
         1B: 86   SUMME: 61 TST

D. SINGULAERLESARTEN AN   4 TESTSTELLEN

   TST. 17:   ACTA 4,25   LA: 7   ο δια πνευματος αγιου δια
              στοματος δαυιδ του παιδος σου ειπων
   TST. 28:   ACTA 8,37   LA: 10   ειπεν δε ο φιλιππος ει
              πιστευεις εξεστιν. αποκριθεις δε ευνουχος ειπεν
              αυτω: πιστευω τον υιον του θεου ειναι ιησου χριστου
   TST. 91:   ACTA 24,6-8   LA: 11D ADD. και κατα ημετερον νομον
              ηθελησαμεν κριναι παρελθων δε λυσιας ο χιλιαρχος
              βια πολλη εκ των χειρων ημων αφειλετο και προς σε
              απεστειλε. κελευσας τους κατηγορους αυτου ερχεσθαι
              επι σε
   TST. 98:   ACTA 26,14   LA: 2B   προς με λεγουσαν

E. SONDERLESARTEN AN 11 TESTSTELLEN

   TST. 5:   ACTA 2,7(2)   LA: 3   προς αλληλους λεγοντες
   TST. 7:   ACTA 2,30   LA: 4   το κατα σαρκα αναστησαι τον
              χριστον καθισαι
   TST. 8:   ACTA 2,31   LA: 3   εγκατελειφθη η ψυχη αυτου
   TST. 14:   ACTA 3,21   LA: 4   αυτου των απ αιωνος προφητων
   TST. 15:   ACTA 3,22   LA: 4   ειπεν προς τους πατερας ημων
   TST. 17:   ACTA 4,25   LA: 7   ο δια πνευματος αγιου δια
              στοματος δαυιδ του παιδος σου ειπων
   TST. 28:   ACTA 8,37   LA: 10   ειπεν δε ο φιλιππος ει
              πιστευεις εξεστιν. αποκριθεις δε ευνουχος ειπεν
              αυτω: πιστευω τον υιον του θεου ειναι ιησου χριστου
   TST. 42:   ACTA 12,25   LA: 3   εξ ιερουσαλημ
   TST. 53:   ACTA 15,34   LA: 3   εδοξεν δε τω σιλα επιμειναι
              αυτου
   TST. 68:   ACTA 19,3   LA: 15   ο δε ειπεν αυτοις
   TST. 91:   ACTA 24,6-8   LA: 11D ADD. και κατα ημετερον νομον
              ηθελησαμεν κριναι παρελθων δε λυσιας ο χιλιαρχος
              βια πολλη εκ των χειρων ημων αφειλετο και προς σε
              απεστειλε. κελευσας τους κατηγορους αυτου ερχεσθαι
              επι σε

===

■ ■ HS.-NR.: 2746   TESTSTELLEN: 70

A. LA   2 :   57, 77   SUMME: 2 TST

B. LA 1/2 :   28, 29, 35, 36, 41, 52, 55, 56, 66, 76, 84, 87, 88, 97,100,102

```
1/2F:  65                                              SUMME: 17 TST

C. IA   1 :  26, 27, 30- 34, 38  40, 51, 54, 50- 64, 67- 72, 74, 75, 78- 83,
            85, 89, 90, 92- 96, 98, 99,101,103,104
        1B:  37, 86                                    SUMME: 48 TST

E. SONDERLESARTEN AN   3 TESTSTELLEN

  TST. 53:   ACTA 15,34    LA:  3  εδοξεν δε τω σιλα επιμειναι
             αυτου
  TST. 73:   ACTA 20,24(1) LA: 10  ουδενος τουτων λογον
             ποιουμαι ουδε εχω την ψυχην μου
  TST. 91:   ACTA 24,6-8   LA:  3  ADD. και κατα τον ημετερον
             νομον ηθελησαμεν κριναι παρελθων δε λυσιας ο
             χιλιαρχος μετα πολλης βιας εκ των χειρων ημων
             απηγαγεν. κελευσας τους κατηγορους αυτου ερχεσθαι
             επι σε

I. NICHT ERFASSTE STELLEN ( 34)

         Z (LUECKE)     TST:  1- 25, 42- 50
===============================================================================
■ ■ HS.-NR.: 2772       TESTSTELLEN:  89

B. LA 1/2 :  10, 11, 18, 20, 28, 29, 35, 41, 44, 45, 48, 52, 53, 55, 56, 66,
            76, 84, 87, 88, 91
        1/2F:  65
        1/2K:  36                                      SUMME: 23 TST

C. LA   1 :  1- 3,  6-  9, 12- 17, 19, 21- 27, 30, 31, 33, 34, 37- 40, 43,
            46, 47, 49, 51, 54, 59- 64, 67- 75, 77- 79, 83, 85, 86, 89, 90,
            92- 95,104                                 SUMME: 63 TST

E. SONDERLESARTEN AN   3 TESTSTELLEN

  TST. 32:   ACTA 10,10    LA:  3  επεσεν
  TST. 42:   ACTA 12,25    LA:  3  εξ ιερουσαλημ
  TST. 50:   ACTA 15,18    LA: 13  παντα ταυτα γνωστα απ αιωνος
             εστιν τω κυριω παντα τα εργα αυτου

I. NICHT ERFASSTE STELLEN ( 15)

         Z (LUECKE)     TST:  4,  5, 57, 58, 80- 82, 96-103
===============================================================================
■ ■ HS.-NR.: 2774       TESTSTELLEN: 104

A. LA   2 :  2, 9, 21, 23, 49, 86, 92                  SUMME:  7 TST

B. LA 1/2 :  11, 18, 20, 28, 29, 35, 36, 41, 44, 45, 48, 52, 55, 56, 66, 76,
            84, 87, 88, 91, 97,100,102
        1/2F:  65                                      SUMME: 24 TST

C. LA   1 :  1,  3-  8, 13- 16, 19, 22, 24- 27, 31- 34, 37- 40, 43, 47, 50,
            51, 54, 57, 59- 64, 67- 75, 78- 83, 85, 89, 90, 93- 96, 99,101,
            103,104
        1B:  77
```

```
      1C:   17                                     SUMME: 65 TST
```

). SINGULAERLESARTEN AN   1 TESTSTELLE

TST. 58:   ACTA 17,23   LA: 5   ον ευσεβοοντες αγνοειτε
            τουτον

Ε. SONDERLESARTEN AN   8 TESTSTELLEN

TST. 10:   ACTA 2,43.44   LA: 11   ADD. εν ιερουσαλημ
TST. 12:   ACTA 2,47.3,1   LA: 11B τη εκκλησια επι το αυτο. επι
            το αυτο πετρος
TST. 30:   ACTA 9,25   LA: 3   οι μαθηται αυτον νυκτος
TST. 42:   ACTA 12,25   LA: 6   απο ιερουσαλημ εις
            αντιοχειαν
TST. 46:   ACTA 13,42   LA: 3   εξιοντων δε αυτων εκ της
            συναγωγης των ιουδαιων
TST. 53:   ACTA 15,34   LA: 3   εδοξεν δε τω σιλα επιμειναι
            αυτου
TST. 58:   ACTA 17,23   LA: 5   ον ευσεβοοντες αγνοειτε
            τουτον
TST. 98:   ACTA 26,14   LA: 3   λαλουσαν προς με
```
============================================================================

■ ■ HS.-NR.: 2777        TESTSTELLEN:  30

Α. LA   2 :  77                                    SUMME:  1 TST

Β. LA 1/2 :  87, 88, 91, 97,100,102                SUMME:  6 TST

C. LA   1 :  19, 60- 62, 73- 75, 78, 79, 85, 89, 90, 92- 96, 98, 99,101,103,
             104
        1B:  86                                     SUMME: 23 TST

Κ. NICHT ERFASSTE STELLEN ( 74)

        Y (FILMFEHLER)  TST:  76
        Z (LUECKE)      TST:  1- 18, 20- 59, 63- 72, 80- 84
============================================================================

■ ■ HS.-NR.: 2778        TESTSTELLEN:  12

Α. LA   2 :  49                                    SUMME:  1 TST

Β. LA 1/2 :  48, 52, 53, 55, 56                    SUMME:  5 TST

C. LA   1 :  51, 54, 57- 59
        1D:  50                                     SUMME:  6 TST

Κ. NICHT ERFASSTE STELLEN ( 92)

        Z (LUECKE)      TST:  1- 47, 60-104
============================================================================
```

■ ■ HS.-NR.: 2797   TESTSTELLEN: 8

B. LA 1/2 : 84   SUMME: 1 IS

C. LA   1 : 79- 83, 85, 86   SUMME: 7 TS'

I. NICHT ERFASSTE STELLEN (96)

     X (UNLESERLICH) TST: 77, 78
     Z (LUECKE)   TST: 1- 76, 87-104
===

■ ■ HS.-NR.: 2799   TESTSTELLEN: 94

A. LA   2 : 77   SUMME: 1 TS'

B. LA 1/2 : 10, 11, 18, 35, 36, 41, 42, 44, 45, 48, 52, 55, 56, 65, 66, 76,
             84, 87, 88, 97,100,102   SUMME: 22 TS'

C. LA   1 :   1- 9, 12- 14, 16, 19, 30- 34, 37- 40, 43, 46, 47, 49- 51, 54,
             57- 64, 67- 75, 78- 83, 85, 89, 90, 92- 96, 99,101,103,104
          1C: 17   SUMME: 66 TS'

E. SONDERLESARTEN AN   5 TESTSTELLEN

     TST. 15:   ACTA 3,22   LA: 6   γαρ προς τους πατερας ημων
                ειπεν
     TST. 53:   ACTA 15,34   LA: 8   εδοξεν δε τω σιλα επιμειναι
                αυτοθι
     TST. 86:   ACTA 23,20   LA: 3   μελλοντων
     TST. 91:   ACTA 24,6-8   LA: 17   ADD. και κατα τον ημετερον
                νομον ηβουληθημεν ανελειν παρελθων δε λυσιας ο
                χιλιαρχος ηρπασεν αυτον εκ των χειρων ημων πεμψας
                προς σε
     TST. 98:   ACTA 26,14   LA: 3   λαλουσαν προς με

I. NICHT ERFASSTE STELLEN (10)

     Z (LUECKE)   TST: 20- 29
===

■ ■ HS.-NR.: 2805   TESTSTELLEN: 99

A. LA   2 : 14, 17, 19, 24, 26, 40, 46, 47, 49, 57, 62, 77, 83, 90, 92
          2C: 98   SUMME: 16 TS'

B. LA 1/2 : 35, 36, 41, 44, 45, 48, 52, 55, 56, 66, 76, 84, 87, 88, 97,100
         1/2F: 65   SUMME: 17 TS'

C. LA   1 :   1- 7, 9, 12, 16, 25, 27, 30- 34, 37- 39, 43, 50, 58- 61, 63,
             64, 67, 70- 74, 78, 79, 81, 82, 85, 93, 96, 99
          1B: 69
          1C: 104
          1E: 101
          1L: 103   SUMME: 46 TST

D. SINGULAERLESARTEN AN   3 TESTSTELLEN

TST. 68:   ACTA 19,3   LA: 4B   ο δε ειπον
TST. 80:   ACTA 21,25   LA: 4   ADD. {κριναντες φυλασσεσθαι}
           μηδεν τοιουτο τηρειν αυτους ει μη
TST.101:   ACTA 27,14   LA: 1E   ευροκλυδιων

E. SONDERLESARTEN AN   20 TESTSTELLEN

TST. 8:   ACTA 2,31   LA: 3B   εγκατεληφθη η ψυχη αυτου
TST. 10:   ACTA 2,43.44   LA: 4   ADD. εν ιερουσαλημ φοβος τε
           ην μεγας επι παντας αυτους
TST. 11:   ACTA 2,46   LA: 10   καθ ημεραν τε
           προσκαρτερουντες ομοθυμαδον εν τω ιερω κλωντες τε
           αρτον κατ οικον
TST. 13:   ACTA 3,11   LA: 3D   κρατουντος δε αυτου τον
           πετρον και τον ιωαννην συνεδραμεν προς αυτους πας ο
           λαος
TST. 15:   ACTA 3,22   LA: 3   ειπεν προς τους πατερας
TST. 18:   ACTA 4,33   LA: 4   της αναστασεως του κυριου
           ιησου χριστου
TST. 28:   ACTA 8,37   LA: 6   ειπεν δε αυτω: ει πιστευεις
           εξ ολης της καρδιας σου εξεστιν. αποκριθεις δε
           ευνουχος ειπεν αυτω: πιστευω τον υιον του θεου
           ειναι ιησουν χριστον
TST. 29:   ACTA 8,39   LA: 6   πνευμα θεου επεπεσεν επι τον
           ευνουχον αγγελος δε κυριου
TST. 42:   ACTA 12,25   LA: 4   απο ιερουσαλημ
TST. 51:   ACTA 15,23   LA: 7   δια χειρος αυτων επιστολην
           εχουσαν ταδε
TST. 53:   ACTA 15,34   LA: 3   εδοξεν δε τω σιλα επιμειναι
           αυτου
TST. 54:   ACTA 16,28   LA: 4   φωνη μεγαλη παυλος
TST. 68:   ACTA 19,3   LA: 4B   ο δε ειπον
TST. 75:   ACTA 20,29   LA: 3   γαρ οιδα
TST. 80:   ACTA 21,25   LA: 4   ADD. {κριναντες φυλασσεσθαι}
           μηδεν τοιουτο τηρειν αυτους ει μη
TST. 86:   ACTA 23,20   LA: 3   μελλοντων
TST. 89:   ACTA 23,30   LA: 3   μελλειν εσεσθαι εξαυτης
TST. 91:   ACTA 24,6-8   LA: 3   ADD. και κατα τον ημετερον
           νομον ηθελησαμεν κριναι παρελθων δε λυσιας ο
           χιλιαρχος μετα πολλης βιας εκ των χειρων ημων
           απηγαγεν. κελευσας τους κατηγορους αυτου ερχεσθαι
           επι σε
TST. 94:   ACTA 24,22   LA: 4   ανεβαλετο δε ο φηλιξ αυτον
TST. 95:   ACTA 25,5   LA: 3   τουτω ατοπον

F. KORREKTUREN AN   1 TESTSTELLE

TST.104:   ACTA 28,29
           C : LA   1   ADD. και ταυτα αυτου ειποντος απηλθον οι
           ιουδαιοι πολλην εχοντες εν εαυτοις συζητησιν

G. NICHT ERFASSTE STELLEN (5)

    Z (LUECKE)   TST: 20- 23,102
===

■ ■ HS.-NR.: 2815   TESTSTELLEN: 103

A. LA   2Bı 86   SUMME: 1 TS¹

B. LA 1/2 :   10, 11, 18, 20, 28, 29, 35, 36, 41, 42, 44, 45, 48, 52, 53, 55,
              56, 66, 76, 84, 87, 88, 97,100,102
   1/2F: 65   SUMME: 26 TS¹

C. LA   1 :   1- 5, 7, 9, 12- 17, 19, 21- 27, 30- 33, 37- 40, 43, 46, 47,
              49- 51, 54, 57, 59- 64, 67- 75, 77- 83, 85, 89, 90, 92- 96, 98,
              99,101,103,104
   1B: 34   SUMME: 73 TS¹

D. SINGULAERLESARTEN AN   1 TESTSTELLE

   TST. 34:   ACTA 10,12   LA: 1B παντα τα τετραποδα της γης
   και τα θηρια και τα ερπετα και πετεινα του ουρανου

E. SONDERLESARTEN AN   3 TESTSTELLEN

   TST. 8:   ACTA 2,31   LA: 3B εγκατεληφθη η ψυχη αυτου
   TST. 58:   ACTA 17,23   LA: 6   ον ουν αγνοουντες
   προσκυνειτε τουτον
   TST. 91:   ACTA 24,6-8   LA: 4E ADD. και κατα τον ημετερον
   νομον ηθελησαμεν κριναι παρελθων δε λυσιας ο
   χιλιαρχος μετα πολλης βιας εκ των χειρων ημων
   απηγαγεν. κελευσας και τους κατηγορους ερχεσθαι
   προς σε

F. KORREKTUREN AN   2 TESTSTELLEN

   TST. 34:   ACTA 10,12
      C : LA   1   παντα τα τετραποδα της γης και τα θηρια
      και τα ερπετα και τα πετεινα του ουρανου
   TST. 58:   ACTA 17,23
      C : LA   1G ον ουν αγνοουντες ευσεειτε τουτον

I. NICHT ERFASSTE STELLEN (1)

   V (AUSLASSUNG) TST: 6

===

■ ■ HS.-NR.: 2816   TESTSTELLEN: 104

A. LA   2 :   4, 78   SUMME: 2 TS¹

B. LA 1/2 :   10, 11, 18, 20, 28, 29, 35, 36, 41, 42, 44, 45, 48, 52, 53, 55,
              56, 66, 76, 84, 87, 88, 91, 97,100,102   SUMME: 26 TS¹

C. LA   1 :   1- 3, 5, 6, 8, 9, 12, 15- 17, 19, 21- 27, 30- 32, 37- 40,
              43, 46, 47, 49, 51, 54, 57- 64, 67- 71, 73- 75, 77, 80- 83, 85,
              86, 89, 90, 92- 96, 98, 99,101,103,104
   1B: 50   SUMME: 68 TS¹

E. SONDERLESARTEN AN   8 TESTSTELLEN

   TST. 7:   ACTA 2,30   LA: 16   αναστησειν τον χριστον
   καθισαι

TST. 13:   ACTA 3,11   LA: 7   κρατουντος δε του ιαθεντος
           χωλου τον πετρον και ιωαννην συνεδραμεν προς αυτον
           πας ο λαος
TST. 14:   ACTA 3,21   LA: 4   αυτου των απ αιωνος προφητων
TST. 33:   ACTA 10,11   LA: 6   δεδεμενην και καθιεμενην
TST. 34:   ACTA 10,12   LA: 8   παντα τα τετραποδα της γης
           και τα ερπετα και τα θηρια και τα πετεινα του
           ουρανου
TST. 65:   ACTA 18,21.22 LA: 4   και ανηχθη απο της εφεσου,
           και καταβας
TST. 72:   ACTA 20,15   LA: 4   και μειναντες εν τρωγυλιω
           (ET SIM.) τη ερχομενη
TST. 79:   ACTA 21,20   LA: 5   OM. εν τοις ιουδαιοις

F. KORREKTUREN AN   8 TESTSTELLEN

TST. 4:   ACTA 2,7(1)
           C : LA   1   δε παντες και
TST. 28:   ACTA 8,37
           C : LA   3H ειπεν δε αυτω: ει πιστευεις εξ ολης της
           καρδιας σου εξεστιν. αποκριθεις δε ειπεν:
           πιστευω τον υιον του θεου ειναι τον χριστον
           ιησουν
TST. 53:   ACTA 15,34
           C : LA   3   εδοξεν δε τω σιλα επιμειναι αυτου
TST. 57:   ACTA 17,13
           C : LA   2   και ταρασσοντες
TST. 78:   ACTA 21,10
           C : LA   1   δε ημων
TST. 79:   ACTA 21,20
           C : LA   1   ιουδαιων
TST. 91:   ACTA 24,6-8
           C : LA   3   ADD. και κατα τον ημετερον νομον
           ηθελησαμεν κριναι παρελθων δε λυσιας ο χιλιαρχος
           μετα πολλης βιας εκ των χειρων ημων απηγαγεν.
           κελευσας τους κατηγορους αυτου ερχεσθαι επι σε
TST. 95:   ACTA 25,5
           C : LA   3   τουτω ατοπον
==

■ ■ HS.-NR.: 2818   TESTSTELLEN: 104

A. LA 2 : 13, 15, 17, 19, 21, 23, 25, 31, 32, 38, 40, 43, 46, 47, 49, 57,
            64, 67, 68, 70, 72, 75, 77- 79, 83, 89, 90, 92, 98
    2C: 50, 69   SUMME: 32 TST

B. LA 1/2 : 11, 20, 41, 44, 45, 48, 52, 55, 56, 65, 76, 87, 88,100,102
    1/2B: 66
    1/2F: 36   SUMME: 17 TST

C. LA 1 :   1- 6, 16, 22, 24, 26, 27, 37, 51, 58- 62, 71, 74, 80, 82, 85,
            93, 94, 96, 99,101,103,104
    1C: 12   SUMME: 31 TST

E. SONDERLESARTEN AN 24 TESTSTELLEN

TST. 7:   ACTA 2,30   LA: 13   κατα σαρκα αναστησαι τον
           χριστον καθισαι τε

```
TST.  8:    ACTA 2,31       LA:  3   εγκατελειφθη η ψυχη αυτου
TST.  9:    ACTA 2,38       LA:  4   των αμαρτιων
TST. 10:    ACTA 2,43.44    LA:  6   ADD. εις ιερουσαλημ φοβος ιι
     ην μεγας επι παντας αυτους
TST. 14:    ACTA 3,21       LA:  3   των απ αιωνος αυτου προφητων
TST. 18:    ACTA 4,33       LA:  5B  της αναστασεως ιησου χριστου
     του κυριου ημων
TST. 28:    ACTA 8,37       LA:  3E  ειπεν δε αυτω: ει πιστευεις
     εξ ολης καρδιας σου εξεστιν. αποκριθεις δε ειπεν:
     πιστευω τον υιον του θεου ειναι ιησουν χριστον
TST. 29:    ACTA 8,39       LA:  5   πνευμα αγιον επεπεσεν επι
     τον ευνουχον αγγελος δε κυριου
TST. 30:    ACTA 9,25       LA:  5   οι μαθηται νυκτος
TST. 33:    ACTA 10,11      LA:  3   δεδεμενον
TST. 34:    ACTA 10,12      LA:  11C πάντα τα τετραποδα και τα
     θηρια και τα ερπετα τα επι της γης και τα πετεινα
     του ουρανου
TST. 35:    ACTA 10,19      LA:  3   το πνευμα αυτω
TST. 39:    ACTA 10,47      LA:  4   δυναται τις κωλυσαι
TST. 42:    ACTA 12,25      LA:  4   απο ιερουσαλημ
TST. 53:    ACTA 15,34      LA:  3   εδοξεν δε τω σιλα επιμειναι
     αυτου
TST. 54:    ACTA 16,28      LA:  5   ο παυλος φωνη μεγαλη
TST. 63:    ACTA 18,17      LA:  4   παντες οι ιουδαιοι
TST. 73:    ACTA 20,24(1)   LA:  3   ουδενος λογου ποιουμαι ουδε
     εχω την ψυχην
TST. 81:    ACTA 22,9       LA:  3   εθεασαντο και εμφοβοι
     γενομενοι
TST. 84:    ACTA 23,1       LA:  4   παυλος τω συνεδριω
TST. 86:    ACTA 23,20      LA:  3   μελλοντων
TST. 91:    ACTA 24,6-8     LA:  3   ADD. και κατα τον ημετερον
     νομον ηθελησαμεν κριναι παρελθων δε λυσιας ο
     χιλιαρχος μετα πολλης βιας εκ των χειρων ημων
     απηγαγεν. κελευσας τους κατηγορους αυτου ερχεσθαι
     επι σε
TST. 95:    ACTA 25,5       LA:  3   τουτω ατοπον
TST. 97:    ACTA 25,17      LA:  3   ουν ενθαδε αυτων
```

F. KORREKTUREN AN   2 TESTSTELLEN

```
TST. 12:    ACTA 2,47.3,1
     C : LA  1   τη εκκλησια. επι το αυτο δε πετρος
TST. 25:    ACTA 7,17
     C : LA  1   ωμοσεν/ωμωσεν/ομωσεν
```
==

■ ■ HS.-NR.: 2829   TESTSTELLEN: 8

B. LA 1/2 :   18, 20, 84   SUMME: 3 TST

C. LA   1 :   17, 19, 21- 23   SUMME: 5 TST

I. NICHT ERFASSTE STELLEN (96)

     Z (LUECKE)   TST: 1- 16, 24- 83, 85-104
==

```
■  ■  HS.-NR.: 2833        TESTSTELLEN:   6

B. LA 1/2 :  28, 29                              SUMME:  2 TST

C. LA   1 :  26, 27, 30, 31                      SUMME:  4 TST

I. NICHT ERFASSTE STELLEN ( 98)

    Z (LUECKE)      TST:   1- 25, 32-104
===============================================================================
```

3. LÜCKEN, SUPPLEMENTE, SINGULÄRLESARTEN, MARGINALLESARTEN UND KORREKTUREN

Diese Übersichten besitzen sozusagen den Charakter eines Registers zur vorangehenden "Verzeichnenden Beschreibung". Gewiß finden sich dort alle Lücken, Supplemente, Singulärlesarten, Marginallesarten und Korrekturen verzeichnet, aber das geschieht nur bei den einzelnen Handschriften, und sie zusammenzustellen, was für die Beurteilung der Gesamtüberlieferung interessant und wichtig sein kann, bedeutet ein mühsames Geschäft, während es für den Computer lediglich eine Routinehandlung ist. Deshalb schien es zweckmäßig, diese (relativ kurze) Zusammenfassung einzufügen.

$\mathfrak{P}^8$	(101)	1-17, 20-22, 24-104
$\mathfrak{P}^{29}$	(104)	1-104
$\mathfrak{P}^{33}$	(103)	1-51, 53-104
$\mathfrak{P}^{38}$	(101)	1-66, 70-104
$\mathfrak{P}^{41}$	(95)	1-59, 61-65, 70, 71, 74, 77-104
$\mathfrak{P}^{45}$	(81)	1-17, 26, 30, 31, 36, 37, 39, 42-44, 46-50, 52-54, 58-104
$\mathfrak{P}^{48}$	(102)	1-86, 89-104
$\mathfrak{P}^{50}$	(103)	1-36, 38-104
$\mathfrak{P}^{53}$	(104)	1-104
$\mathfrak{P}^{56}$	(104)	1-104
$\mathfrak{P}^{57}$	(104)	1-104
$\mathfrak{P}^{74}$	(5)	3, 4, 9, 18, 95
$\mathfrak{P}^{91}$	(102)	1-10, 13-104
04	(41)	16-23, 39-42, 57-71, 81, 82, 86-92, 99-101, 103, 104
05	(32)	28-34, 77, 78, 82-104
08	(4)	100-103
014	(31)	1-21, 32-35, 46, 47, 101-104
020	(25)	1-25
025	(5)	1-5
048	(100)	1-97, 100-102
057	(103)	1-12, 14-104
066	(103)	1-102, 104
076	(104)	1-104
077	(103)	1-97, 99-104
093	(103)	1-93, 95-104
095	(102)	1-10, 13-104
096	(101)	1-3, 6-97, 99-104
097	(101)	1-36, 38-45, 48-104
0120	(97)	1-54, 59-62, 66-104
0140	(103)	1-21, 23-104
0165	(103)	1-15, 17-104
0166	(103)	1-35, 37-104
0175	(103)	1-22, 24-104
0189	(103)	1-19, 21-104
0236	(104)	1-104
0244	(102)	1-34, 36-40, 42-104
0294	(102)	1-34, 36-47, 49-104
42	(5)	4-8
43	(8)	20-27
62	(77)	1-25, 44-95
69	(9)	39-47
81	(34)	16-24, 60-84
97	(1)	57
110	(3)	23-25

122	(5)	1, 79-82
172	(37)	1-16, 23, 25, 29, 31-35, 39-42, 83-86, 90-93, 104
180	(3)	77-79
206	(42)	1-40, 103, 104
206S	(64)	41-104
254	(1)	3
256	(24)	1-16, 32-38, 48
302	(2)	6, 7
309	(42)	1-40, 48, 49
312	(3)	1, 14, 15
314	(85)	1-40, 47-91
319	(9)	1, 64-71
321	(1)	1
323	(2)	9, 10
323S	(102)	1-8, 11-104
325	(50)	1-50
337	(5)	13-15, 20, 21
365	(31)	69-99
378	(3)	35-37
398	(1)	13
400	(4)	2-5
441	(26)	1-26
444	(3)	37-39
460	(2)	1, 98
466	(47)	1-47
479	(2)	24, 25
491	(4)	1, 2, 24, 25
498	(22)	1-19, 23-25
506	(82)	1-25, 35-47, 50-53, 60-80, 86-104
517	(97)	1-19, 21-50, 52-58, 63-66, 68-104
522	(1)	70
567	(65)	1-23, 37-45, 47-78, 104
602	(55)	1-45, 51, 52, 66-68, 72, 96, 97, 101, 104
606	(6)	32-37
607	(1)	2
610	(8)	26, 27, 33, 34, 72, 77, 79, 80
623	(19)	1-19
624	(72)	1-34, 39-50, 52-62, 69-71, 77-86, 103, 104
625	(1)	6
626	(23)	1-21, 70, 71
627	(102)	1-45, 47-103
628	(11)	1-6, 20-22, 96, 97
630	(3)	17-19
633	(9)	39-47

638	(1)	1
639	(13)	77-89
641	(4)	17, 87-89
642	(17)	9-11, 24, 25, 42, 64-69, 81-85
699	(6)	6-8, 17-19
757	(3)	82-84
796	(2)	24, 25
886	(79)	26-104
910	(4)	73-76
913	(7)	9-15
916	(65)	40-104
920	(30)	1-26, 41, 50-52
921	(3)	18, 19, 91
935	(2)	21, 22
956	(98)	7-104
986	(4)	9-12
1003	(5)	57-61
1066	(11)	94-104
1067	(100)	1-100
1069	(1)	23
1075	(4)	2-5
1094	(25)	1-25
1101	(82)	23-104
1102	(1)	69
1105	(3)	57, 70, 71
1106	(1)	23
1115	(99)	1-68, 70-98, 102, 103
1241	(1)	57
1277	(16)	81, 87-101
1319	(28)	1, 2, 54-75, 77-80
1319S	(78)	1-53, 76, 81-104
1390	(4)	44-47
1409	(6)	57-62
1456	(31)	48-78
1508	(4)	53, 70-72
1521	(1)	1
1526	(40)	3-16, 32-34, 82-104
1548	(3)	72-74
1594	(1)	1
1598	(1)	26
1599	(4)	62-65
1609	(3)	95-97
1610	(14)	48-52, 63-69, 83, 84
1611	(1)	17

1611S	(103)	1-16, 18-104
1652	(1)	42
1723	(16)	1-16
1726	(4)	1, 16, 18, 19
1727	(6)	26-31
1728	(102)	1-102
1729	(16)	1-16
1730	(68)	1-26, 28-69
1731	(40)	1-40
1735	(2)	103, 104
1738	(84)	1-70, 72-85
1741	(3)	1, 71, 72
1742	(1)	1
1743	(2)	52, 53
1745	(89)	1-85, 94-97
1747	(28)	70-97
1748	(1)	17
1750	(2)	16, 17
1751	(2)	96, 97
1752	(25)	1-25
1754	(3)	7-9
1756	(103)	1-53, 55-104
1757	(11)	1-5, 22, 32-36
1758	(1)	1
1759	(12)	1-12
1761	(4)	75-78
1762	(34)	1-19, 85-99
1767	(2)	1, 2
1768	(2)	30, 31
1827	(2)	1, 2
1829	(1)	27
1831	(4)	37-40
1831S	(100)	1-36, 41-104
1832	(25)	1-25
1835	(62)	1-62
1837	(4)	18-21
1838	(4)	60-62, 73
1839	(25)	1-25
1846	(80)	1-80
1852	(31)	1-31
1856	(18)	81-98
1858	(84)	1-84
1859	(1)	95
1861	(19)	1-19

1862	(2)	14, 15
1864	(13)	1-13
1867	(19)	1-17, 94, 95
1871	(95)	1-95
1873	(2)	2, 97
1873S	(102)	1-95, 98-104
1875	(3)	28, 29, 43
1884	(4)	100-103
1889	(41)	1-41
1890	(13)	1, 4-12, 22, 26, 86
1890S	(94)	2, 3, 13-104
1893	(15)	32-36, 48, 63-69, 84, 85
1894	(4)	39, 40, 71, 72
1899	(88)	1-82, 95-100
1902	(13)	28, 29, 59-68, 101
1904	(100)	1-100
2005	(104)	1-104
2009	(104)	1-104
2080	(1)	1
2125	(77)	22-31, 36-45, 48-104
2138	(4)	3-5, 39
2175	(63)	42-104
2180	(16)	1-16
2200	(6)	73-78
2201	(14)	6-19
2279	(3)	70, 71, 81
2289	(50)	1-50
2303	(69)	1-27, 53-91, 98-100
2378	(45)	1-40, 48, 57, 58, 95, 96
2400	(8)	1, 26-29, 57, 70, 71
2441	(63)	1-41, 44, 45, 58-72, 83-85, 100, 101
2464	(69)	1-69
2475	(3)	57-59
2484	(12)	16-25, 68, 69
2570	(102)	1, 3-94, 96-104
2587	(21)	1-19, 24, 25
2625	(10)	1, 13-16, 28, 29, 76-78
2626	(78)	1-78
2627	(88)	1-25, 41-97, 99-104
2652	(10)	7-13, 50-52
2671	(101)	1-35, 39-104
2675	(3)	30, 31, 82
2691	(2)	1, 2
2712	(45)	42-46, 48-82, 98-102

2716	(34)	1-5, 7-27, 30-35, 99, 100
2718	(26)	70-95
2746	(34)	1-25, 42-50
2772	(15)	4, 5, 57, 58, 80-82, 96-103
2777	(73)	1-18, 20-59, 63-72, 80-84
2778	(92)	1-47, 60-104
2797	(94)	1-76, 87-104
2799	(10)	20-29
2805	(5)	20-23, 102
2829	(96)	1-16, 24-83, 85-104
2833	(98)	1-25, 32-104

206S	(40)	1-40
323S	(2)	9, 10
1319S	(26)	54-75, 77-80
1611S	(1)	17
1831S	(4)	37-40
1873S	(2)	96, 97
1890S	(10)	1, 4-12

$\mathfrak{P}^{38}$	(3)	67-69
$\mathfrak{P}^{45}$	(3)	32, 33, 55
$\mathfrak{P}^{48}$	(2)	87, 88
$\mathfrak{P}^{74}$	(2)	73, 79
01	(3)	4, 48, 81
01C2	(2)	64, 75
02	(2)	31, 55
03	(4)	18, 19, 35, 54
03C2	(1)	61
04	(4)	8, 35, 51, 52
04C3	(1)	51
05	(31)	1, 3, 7, 8, 11-14, 17, 20, 22, 24, 36, 37, 39-41, 43, 45, 48, 50, 51, 53, 56, 57, 60, 65, 66, 69, 73, 79
05C	(2)	37, 40
05C1	(1)	53
05C2	(4)	7, 11, 24, 69
08	(5)	34, 39, 47, 48, 73
014	(1)	58
020	(2)	37, 103
025	(1)	101
044	(7)	13, 23, 31, 44, 51, 59, 72
049	(2)	70, 71
056	(1)	102
0142	(1)	97
5	(2)	86, 103
6	(1)	6
33	(4)	65, 73, 89, 101
38	(1)	7
38C	(1)	91
42	(1)	53
57	(1)	58
61	(5)	10, 36, 41, 50, 65
62	(1)	104
69	(5)	2, 6, 33, 69, 103
81	(3)	34, 58, 94
88	(1)	68
90	(4)	14, 34, 48, 104
93	(1)	103
94	(3)	5, 17, 34
102	(1)	64
104C	(1)	7
180	(4)	7, 14, 73, 89
180C	(2)	50, 72
181	(4)	6, 21, 37, 54

181C	(1)	10
205	(1)	73
206S	(1)	1
218	(2)	11, 73
221L	(1)	28
226	(1)	64
228	(2)	72, 94
234	(1)	7
234C	(1)	50
263	(1)	104
296	(1)	94
302	(1)	31
307	(1)	12
308	(1)	48
309	(1)	65
321	(2)	34, 66
322	(3)	7, 28, 53
323	(2)	7, 28
327	(1)	66
330	(2)	55, 102
367	(2)	36, 91
383C	(1)	24
384	(1)	14
385	(1)	81
400	(1)	103
404	(2)	8, 15
421	(4)	11, 34, 40, 65
431	(3)	12, 73, 91
436	(2)	53, 94
437	(1)	72
441	(2)	50, 91
452C	(1)	28
453	(2)	70, 91
457	(1)	91
457C	(1)	91
458	(2)	20, 69
459	(1)	104
460	(2)	16, 65
462	(1)	31
465	(1)	36
467	(5)	7, 17, 28, 70, 91
467C	(1)	17
467L	(1)	91
468	(1)	91

469	(3)	13, 65, 66
479C	(1)	91
522	(3)	80, 91, 104
547	(1)	65
567	(1)	29
582	(1)	64
592	(1)	18
601	(4)	19, 50, 65, 69
608	(2)	91, 103
614	(1)	66
614C	(1)	87
616	(4)	34, 48, 80, 94
617	(3)	10, 24, 63
617L	(1)	23
618	(2)	7, 20
619	(3)	70, 80, 98
621	(2)	4, 103
625	(1)	40
629	(10)	10, 13, 17, 28, 73, 88, 90, 94, 102, 103
630	(1)	13
633	(1)	91
635	(1)	91
636	(4)	22, 80, 88, 102
636C	(2)	47, 50
637	(1)	34
639	(1)	48
639L	(1)	40
656	(1)	80
680	(3)	66, 69, 94
699	(1)	89
794	(2)	75, 97
796C	(1)	68
801	(1)	1
808	(3)	17, 89, 91
876	(1)	91
886	(1)	17
901	(1)	8
910	(1)	42
911	(1)	103
914	(1)	33
914C	(1)	39
915	(4)	11, 13, 50, 65
917	(2)	50, 86
919	(1)	58

922	(1)	48
935	(2)	46, 65
941	(2)	18, 21
945	(1)	13
997	(1)	12
999	(2)	53, 91
1003	(1)	11
1066	(2)	18, 91
1073	(1)	72
1094	(1)	103
1104	(3)	28, 58, 66
1105	(1)	91
1127	(2)	65, 100
1161	(1)	34
1175	(6)	3, 11, 37, 39, 57, 58
1242	(1)	43
1243	(7)	12, 13, 34, 48, 68, 69, 80
1245	(1)	77
1248	(1)	13
1311	(7)	7, 8, 48, 77, 78, 91, 94
1315	(1)	50
1319	(2)	4, 83
1352	(1)	47
1359	(2)	55, 91
1360	(1)	33
1367	(5)	34, 38, 47, 66, 85
1367C	(1)	7
1390	(2)	50, 67
1398	(1)	31
1409	(2)	37, 50
1448	(1)	63
1490	(2)	15, 89
1501	(1)	68
1509	(1)	48
1524	(1)	2
1563	(1)	37
1573	(2)	68, 103
1598	(1)	103
1599C	(1)	91
1610	(2)	13, 80
1611	(1)	89
1618	(1)	13
1626	(3)	13, 31, 58
1642	(4)	9, 11, 40, 69

1642C	(1)	64
1646	(3)	1, 64, 82
1649	(2)	43, 98
1678	(1)	17
1702	(1)	47
1704	(3)	13, 31, 57
1704C	(1)	13
1718	(2)	17, 73
1718C	(1)	17
1721	(2)	31, 33
1722	(1)	103
1724	(3)	8, 52, 57
1729	(5)	17, 46, 55, 80 101
1732	(1)	46
1734	(1)	8
1735	(5)	43, 46, 53, 54, 64
1735C	(1)	91
1741	(1)	98
1744C	(1)	51
1746	(1)	17
1750	(1)	36
1751	(9)	21, 34, 48, 50, 58, 66, 91, 101, 103
1754	(2)	11, 48
1757	(1)	51
1759	(2)	36, 102
1762	(3)	21, 48, 53
1762C	(1)	48
1763	(1)	91
1765	(2)	13, 17
1767	(1)	52
1780	(2)	17, 28
1780C	1(1)	51
1827	(1)	80
1828	(1)	103
1829	(3)	11, 58, 81
1830	(3)	47, 51, 73
1831	(7)	5, 11, 21, 69, 91, 97, 98
1831S	(1)	39
1837	(1)	40
1838	(7)	7, 11, 34, 36, 43, 77, 91
1839	(3)	50, 64, 67
1841	(2)	23, 24
1842	(1)	73
1842C	(1)	64

1843	(1)	46
1846	(1)	94
1850	(2)	11, 103
1851	(1)	98
1852	(1)	61
1854C	(1)	91
1857L	(1)	65
1867	(2)	89, 90
1868	(1)	7
1869	(3)	7, 28, 104
1872	(2)	46, 53
1874	(3)	50, 55, 104
1875	(4)	37, 50, 66, 104
1875C	(2)	39, 66
1877	(1)	29
1880	(1)	46
1883	(3)	28, 66, 91
1884	(7)	17, 18, 34, 47, 58, 65, 94
1885	(1)	70
1886	(3)	48, 66, 103
1890	(1)	15
1891	(2)	14, 30
1892C	(1)	91
1894	(1)	88
1895	(2)	22, 59
2086	(1)	58
2125	(1)	13
2127	(2)	50, 103
2131C	1(1)	91
2138	(2)	36, 104
2147	(10)	7, 8, 10, 17, 39, 44, 50, 68, 87, 88
2147C	(1)	50
2180	(2)	55, 91
2201	(1)	73
2242	(6)	6, 11, 40, 53, 77, 80
2243	(4)	2, 16, 18, 63
2288	(4)	21, 34, 68, 91
2298	(3)	17, 89, 94
2344	(5)	31, 65, 67, 89, 91
2356	(1)	31
2374	(1)	47
2378	(1)	56
2400	(1)	103
2401	(2)	91, 104

2412	(1)	69
2464	(3)	70, 86, 91
2473	(1)	68
2483	(1)	95
2483C	(1)	21
2484	(1)	4
2488	(1)	28
2495	(4)	10, 12, 15, 104
2501	(1)	71
2511C	(1)	50
2516	(6)	50, 54, 64, 89, 91, 98
2544	(4)	7, 48, 53, 91
2544C	(3)	10, 28, 91
2576	(3)	23, 33, 104
2619C	(1)	36
2652	(2)	88, 103
2653	(2)	41, 43
2653C	(1)	31
2674	(5)	8, 11, 64, 74, 101
2675	(4)	8, 11, 50, 66
2704	(1)	65
2716	(1)	65
2737	(4)	17, 28, 91, 98
2774	(1)	58
2805	(3)	68, 80, 101
2815	(1)	34
2815C	(1)	58
2816C	(1)	28

Marginallesarten

97L	(1)	32
180L	(1)	46
221L	(9)	4, 14, 17, 28, 32, 53, 78, 92, 103
307L	(1)	58
467L	(1)	91
617L	(1)	23
623L	(1)	62
635L	(2)	7, 23
636L	(1)	22
639L	(2)	40, 44
808L	(1)	18
910L	(1)	103

919L	(1)	33
1319L	(1)	16
1732L	(1)	77
1744L	(1)	103
1829L	(1)	103
1842L	(1)	23
1845L	(1)	103
1857L	(1)	65
2147L	(1)	11
2243L	(3)	13, 17, 80
2675L	(1)	66

Korrekturen

01C2	(17)	1, 4, 6, 14, 51, 52, 58, 61, 64, 65, 73, 75, 78, 81, 86, 92, 102
02C	(4)	29, 31, 37, 58
03C2	(3)	14, 61, 101
04C2	(3)	33, 34, 54
04C3	(9)	2, 3, 5, 6, 8, 44, 51, 52, 75
05C	(3)	14, 37, 40
05C1	(6)	8, 43, 49, 53, 57, 73
05C2	(6)	7, 11, 24, 39, 69, 72
08C	(1)	39
014C	(1)	58
025C	(1)	101
049C	(1)	96
056C	(1)	102
0142C	(1)	68
5C	(1)	61
6C	(1)	17
35C	(3)	42, 46, 59
38C	(2)	67, 91
61C	(3)	36, 46, 50
69C	(3)	6, 12, 83
76C	(2)	10, 12
81C	(1)	30
88C	(2)	28, 29
90C	(2)	12, 42
97C	(3)	42, 53, 79
104C	(1)	7
122C	(2)	4, 39
141C	(1)	53

142C	(1)	42
177C	(1)	10
180C	(7)	47, 50, 64, 66, 72, 75, 83
181C	(2)	10, 60
206C	(2)	52, 64
209C	(7)	30, 38, 42, 77, 79, 97, 103
216C	(1)	86
216C1	(1)	50
221C	(1)	91
226C	(4)	19, 42, 68, 80
234C	(3)	50, 52, 77
250C	(1)	98
363C	(3)	11, 60, 86
365C	(1)	101
383C	(3)	17, 21, 24
384C	(1)	73
400C	(1)	55
404C	(1)	54
421C	(1)	24
424C	(7)	34, 42, 46, 80, 86, 91, 92
425C	(3)	12, 69, 104
429C	(1)	28
436C	(1)	47
450C	(1)	92
452C	(1)	28
457C	(2)	79, 91
458C	(1)	19
460C	(1)	53
464C	(5)	4, 7, 42, 91, 103
467C	(4)	1, 7, 17, 91
479C	(2)	91, 95
567C	(1)	91
601C	(2)	17, 65
603C	(4)	5, 17, 42, 91
605C	(3)	42, 69, 91
607C	(2)	67, 68
614C	(2)	68, 87
617C	(2)	24, 66
619C	(1)	63
623C	(12)	46, 47, 54, 58, 64, 72, 73, 77, 84, 85, 95, 102
625C	(1)	72
628C	(2)	28, 30
629C	(15)	7, 8, 12, 22, 33, 50, 73, 81, 82, 85-87, 94, 103, 104
632C	(4)	32, 42, 77, 86

635C	(3)	4, 14, 18
636C	(9)	12, 23, 30, 38, 46, 47, 50, 58, 86
641C	(1)	6
680C	(1)	42
794C	(1)	75
796C	(6)	11, 38, 42, 68, 72, 91
808C	(1)	28
876C	(1)	91
910C	(5)	4, 42, 77, 86, 91
911C	(1)	103
912C	(1)	91
914C	(1)	39
915C	(2)	11, 25
919C	(4)	34, 43, 68, 80
927C	(1)	53
935C	(1)	50
941C	(1)	36
945C	(1)	85
1003C	(1)	34
1058C	(1)	81
1104C	(1)	1
1105C	(2)	39, 75
1162C	(1)	85
1242C	(1)	7
1244C	(6)	32, 65, 66, 77, 78, 86
1249C	(2)	42, 91
1250C	(1)	8
1270C	(1)	46
1319C	(4)	4, 7, 83, 91
1352C	(1)	55
1359C	(1)	55
1360C	(2)	14, 66
1367C	(3)	7, 42, 91
1390C	(1)	73
1409C	(2)	9, 16
1424C	(2)	7, 11
1448C	(2)	18, 53
1509C	(9)	12, 18, 23, 30, 47, 70, 79, 83, 89
1595C	(1)	77
1597C	(3)	4, 49, 91
1599C	(1)	91
1626C	(1)	7
1642C	(8)	1, 7-9, 13, 37, 46, 64
1643C	(1)	92

1652C	(1)	60
1673C	(1)	49
1704C	(3)	13, 23, 96
1718C	(1)	17
1719C	(1)	65
1721C	(1)	31
1722C	(1)	10
1723C	(2)	42, 77
1726C	(1)	77
1727C	(1)	17
1729C	(1)	103
1735C	(3)	48, 73, 91
1736C	(1)	49
1744C	(2)	18, 51
1746C	(1)	8
1759C	(2)	30, 36
1762C	(2)	21, 48
1780C1	(1)	51
1828C	(1)	86
1829C	(3)	66, 97, 101
1830C	(1)	3
1831C	(2)	18, 91
1832C	(1)	71
1841C	(1)	36
1842C	(10)	10, 46, 47, 57, 64, 70, 75, 83, 89, 94
1845C	(5)	11, 46, 77, 91, 95
1846C	(1)	91
1850C	(1)	72
1852C	(1)	96
1853C	(1)	72
1854C	(2)	78, 91
1857C	(1)	96
1863C	(1)	77
1865C	(1)	42
1868C	(1)	17
1872C	(4)	36, 46, 58, 104
1874C	(2)	73, 104
1875C	(2)	39, 66
1876C	(1)	34
1877C	(4)	17, 28, 29, 43
1880C	(3)	17, 36, 53
1883C	(2)	66, 91
1890C	(10)	15, 17, 36, 43, 46, 50, 78, 83, 89, 103
1891C	(1)	14

1892C	(3)	28, 53, 91
1895C	(1)	22
1896C	(2)	1, 63
1902C	(1)	42
2086C	(2)	38, 47
2131C	(1)	95
2131C1	(1)	91
2147C	(3)	44, 50, 87
2200C	(1)	37
2201C	(4)	33, 34, 68, 81
2221C	(1)	47
2243C	(2)	7, 63
2261C	(1)	91
2288C	(1)	21
2298C	(1)	40
2401C	(3)	50, 53, 65
2423C	(6)	36, 46, 66, 73, 77, 86
2466C	(1)	32
2473C	(2)	51, 72
2483C	(2)	21, 77
2511C	(1)	50
2523C	(1)	16
2544C	(5)	1, 4, 10, 28, 91
2619C	(2)	7, 36
2625C	(1)	11
2653C	(2)	31, 68
2704C	(1)	17
2712C	(1)	31
2716C	(1)	81
2805C	(1)	104
2815C	(2)	34, 58
2816C	(8)	4, 28, 53, 57, 78, 79, 91, 95
2818C	(2)	12, 25

4. GESAMTÜBERSICHT ÜBER DIE LESARTEN

Auch diese Zusammenstellung hat Kompendiencharakter. Sie
soll (vergleichbar der "Gesamtübersicht über Inhalt und Textcha-
rakter bei den Paulinen") dem Benutzer eine rasche Orientierung
m ganzen wie im einzelnen ermöglichen. Sie ist mit Rücksicht
darauf nach Handschriftennummern angeordnet (anders als die
Liste S. 695ff, die nach Wertigkeit ordnet, aber deswegen umständ-
icher zu benutzen ist). In vielen Fällen dürfte sich ihm Weiteres
erübrigen. Die Altersangabe ist zur zusätzlichen Information
hinzugefügt.

Hs.-Nr.	LA2	LA1/2	LA1	LA3ff	Belege	Jh
$\mathfrak{P}^8$	1	1	1	0	3	4
$\mathfrak{P}^{29}$	0	0	0	0	0	3
$\mathfrak{P}^{33}$	0	1	0	0	1	6
$\mathfrak{P}^{38}$	0	0	0	3	3	um 300
$\mathfrak{P}^{41}$	5	1	0	1	7	8
$\mathfrak{P}^{45}$	6	6	2	4	18	3
$\mathfrak{P}^{48}$	0	0	0	2	2	E 3
$\mathfrak{P}^{50}$	0	0	1	0	1	4/5
$\mathfrak{P}^{53}$	0	0	0	0	0	3
$\mathfrak{P}^{56}$	0	0	0	0	0	5/6
$\mathfrak{P}^{57}$	0	0	0	0	0	4/5
$\mathfrak{P}^{74}$	62	22	2	10	96	7
$\mathfrak{P}^{91}$	0	0	0	0	0	3
01	68	19	1	16	104	4
02	65	19	7	13	104	5
03	73	20	0	11	104	4
04	35	10	6	12	63	5
05	13	6	16	37	72	5
08	22	17	36	25	100	6
014	2	20	49	2	73	9
020	1	22	52	4	79	9
025	1	27	69	2	99	9
044	20	22	41	21	104	8/9
048	4	0	0	0	4	5
049	2	27	70	5	104	9
056	1	24	75	4	104	10
057	1	0	0	0	1	4/5
066	1	0	0	0	1	6
076	0	0	0	0	0	5/6
077	0	0	1	0	1	5
093	0	0	1	0	1	6
095	1	0	0	0	1	8
096	1	0	2	0	3	7
097	1	0	2	0	3	7
0120	1	3	2	0	6	9
0140	0	0	1	0	1	10
0142	1	23	75	5	104	10
0165	1	0	0	0	1	5
0166	0	1	0	0	1	5
0175	1	0	0	0	1	5
0189	0	1	0	0	1	2/3
0236	0	0	0	0	0	5
0244	0	2	0	0	2	4
0294	0	2	0	0	2	6/7
1	1	27	75	1	104	12
3	3	24	71	6	104	12
5	13	25	53	13	104	13

Hs.-Nr.	LA2	LA1/2	LA1	LA3ff	Belege	Jh
6	5	23	62	14	104	13
18	4	26	72	2	104	1364
33	32	17	21	16	86	9
35	6	24	69	5	104	11
38	0	25	71	6	102	13
42	0	22	68	9	99	11
43	2	26	65	3	96	12
51	1	21	72	10	104	13
57	1	22	55	3	81	12
61	7	22	62	9	100	16
62	1	9	16	1	27	14
69	4	18	61	11	94	15
76	2	24	69	8	103	14
81	39	19	7	5	70	1044
82	0	27	75	2	104	10
88	14	23	49	16	102	12
90	0	24	71	9	104	16
93	3	27	73	1	104	11
94	22	19	40	23	104	13
97	2	24	72	5	103	12
102	2	24	70	8	104	1444
103	7	21	67	9	104	12
104	8	24	60	10	102	1087
105	0	27	77	0	104	12
110	2	25	66	1	94	12
122	1	27	68	3	99	12
131	2	26	75	1	104	14
133	2	27	74	1	104	11
141	4	26	73	1	104	13
142	3	24	72	5	104	11
149	4	27	73	0	104	15
172	0	19	46	2	67	13/14
175	3	27	72	1	103	10
177	1	26	73	4	104	11
180	24	18	38	21	101	1273
181	34	18	28	23	103	11
189	1	23	71	9	104	12
201	4	27	73	0	104	1357
203	3	27	72	2	104	1111
204	4	26	73	1	104	13
205	2	25	70	7	104	15
206	5	14	29	13	61	13
209	2	24	71	7	104	14
216	2	24	72	6	104	1358
218	10	27	64	3	104	13
221	2	26	74	2	104	10
223	0	23	72	9	104	14
226	1	26	73	3	103	12

Hs.-Nr.	LA2	LA1/2	LA1	LA3ff	Belege	Jh
228	10	23	60	11	104	14
234	1	19	71	12	103	1278
250	1	25	75	3	104	11
254	1	25	71	6	103	14
256	1	21	53	5	80	11/12
263	2	26	73	3	104	13
296	1	24	74	5	104	16
302	1	26	72	2	101	11
307	33	17	31	23	104	10
308	0	21	67	3	91	14
309	0	17	43	2	62	13
312	0	26	72	3	101	11
314	0	7	12	0	19	11
319	0	25	69	1	95	12
321	1	25	73	4	103	12
322	19	21	51	13	104	15
323	19	20	50	13	102	12
325	1	14	38	1	54	11
326	7	24	64	9	104	12
327	1	25	75	3	104	13
328	3	26	74	1	104	13
330	2	27	75	0	104	12
337	2	26	68	3	99	12
363	2	23	67	9	101	14
365	0	19	46	8	73	13
367	0	25	72	7	104	1331
378	2	23	73	3	101	12
383	3	23	71	6	103	13
384	0	25	73	6	104	13
385	2	21	73	7	103	1407
386	4	26	73	1	104	14
390	1	22	72	9	104	1282
393	1	26	75	2	104	14
394	4	26	72	2	104	1330
398	0	26	75	2	103	11
400	4	18	50	6	78	15
404	3	27	72	2	104	14
421	2	24	73	5	104	12
424	2	27	74	0	103	11
425	0	26	73	5	104	1330
429	13	20	50	21	104	14
431	26	21	39	17	103	12
432	4	25	71	3	103	15
436	14	22	58	10	104	10
437	7	27	64	6	104	11
440	3	24	70	7	104	12
441	14	18	32	14	78	13

Hs.-Nr.	LA2	LA1/2	LA1	LA3ff	Belege	Jh
444	5	26	69	1	101	15
450	0	27	75	2	104	10
451	2	26	75	1	104	11
452	1	26	76	1	104	12
453	33	17	34	20	104	14
454	1	26	75	2	104	10
455	2	24	74	4	104	13/14
456	4	26	70	4	104	10
457	0	26	75	3	104	10
458	0	26	73	3	102	11
459	7	23	62	11	103	1892
460	4	26	62	10	102	13
462	1	27	74	2	104	11/12
464	0	24	76	4	104	11
465	0	26	77	1	104	11
466	2	14	40	1	57	11
467	12	21	53	18	104	15
468	4	25	66	8	103	13
469	0	26	75	3	104	13
479	0	27	74	1	102	13
483	0	26	76	2	104	1295
489	8	24	61	11	104	1316
491	2	26	70	1	99	11
496	2	24	72	6	104	13
498	0	24	57	1	82	14
506	1	6	15	0	22	11
517	0	1	6	0	7	11/12
522	10	20	50	22	102	1515/16
547	2	26	73	3	104	11
567	0	9	26	3	38	13
582	1	20	69	14	104	1334
592	0	25	75	4	104	1289
601	0	26	72	5	103	13
602	1	12	35	1	49	10
603	0	25	73	5	103	14
604	3	26	74	1	104	14
605	1	27	76	0	104	10
606	6	19	64	9	98	11
607	1	25	74	3	103	11
608	2	26	67	7	102	14
610	28	17	29	22	96	12
614	8	16	60	20	104	13
616	1	24	72	7	104	1434
617	3	23	69	9	104	11
618	2	27	71	4	104	12
619	15	25	53	10	103	984
621	16	22	50	16	104	14
623	18	19	36	12	85	1037

Hs.-Nr.	LA2	LA1/2	LA1	LA3ff	Belege	Jh
624	0	11	20	0	31	11
625	1	27	75	0	103	12/13
626	1	23	57	0	81	10
627	0	0	2	0	2	10
628	1	24	63	5	93	14
629	24	17	36	20	97	14
630	24	21	40	16	101	14
632	1	25	75	2	103	12-14
633	4	21	64	6	95	14
634	5	26	71	2	104	1394
635	3	26	73	2	104	11
636	9	23	60	12	104	15
637	1	26	73	4	104	12
638	1	26	75	1	103	11
639	0	23	64	4	91	11
641	6	19	65	10	100	11
642	4	21	61	1	87	15
656	1	27	76	0	104	12
664	4	26	72	2	104	15
665	3	27	73	1	104	13
676	2	26	73	3	104	13
680	1	25	71	6	103	14
699	1	26	69	2	98	11
757	4	25	71	1	101	13
794	0	25	75	4	104	14
796	3	25	70	3	101	11
801	4	25	73	2	104	15
808	8	24	66	6	104	12
824	5	27	72	0	104	14
876	5	21	65	13	104	12
886	2	3	15	5	25	1454?
901	0	25	74	5	104	11
910	2	25	72	1	100	1009
911	2	25	73	4	104	12
912	1	20	72	10	103	13
913	5	18	61	13	97	14
914	0	25	73	6	104	13
915	11	23	52	18	104	13
916	0	8	29	2	39	12
917	5	27	68	4	104	12
919	0	26	75	3	104	11
920	0	20	51	3	74	10
921	2	24	72	3	101	1332
922	1	26	76	1	104	1116
927	8	24	60	12	104	1133
928	4	26	72	2	104	1304
935	4	23	65	9	101	14

Hs.-Nr.	LA2	LA1/2	LA1	LA3ff	Belege	Jh
941	9	22	63	6	100	13/14
945	28	20	33	23	104	11
956	0	0	6	0	6	17
959	0	26	74	4	104	1331
986	5	24	70	1	100	14
996	10	22	57	15	104	14
997	0	26	74	4	104	13
999	1	23	75	5	104	13
1003	1	20	65	12	98	15
1022	0	27	75	1	103	14
1040	4	27	72	1	104	14
1058	5	26	71	2	104	1145
1066	1	22	64	4	91	10
1067	0	1	2	0	3	14
1069	0	27	74	2	103	1262
1070	0	24	76	4	104	13
1072	4	27	73	0	104	13
1073	0	27	76	1	104	10/11
1075	3	27	70	0	100	14
1094	3	23	52	1	79	13
1099	1	25	76	2	104	14
1100	4	26	73	1	104	1376
1101	0	4	18	0	22	1660
1102	2	24	69	8	103	14
1103	3	26	72	3	104	13
1104	1	23	74	6	104	1702
1105	1	25	72	3	101	15
1106	2	25	67	9	103	14
1107	1	27	73	3	104	13
1115	1	1	3	0	5	12
1127	5	24	70	5	104	12
1149	0	27	77	0	104	13
1161	3	26	71	4	104	1280
1162	15	24	52	13	104	11
1175	50	20	19	15	104	11
1240	0	24	73	6	103	12
1241	1	27	74	1	103	12
1242	0	26	76	2	104	13
1243	7	24	63	10	104	11
1244	2	25	74	3	104	11
1245	1	26	73	3	103	12
1247	2	25	73	4	104	15
1248	4	27	71	1	103	14
1249	4	25	73	2	104	1324
1250	1	22	72	9	104	15
1251	3	22	69	10	104	13
1270	6	24	65	9	104	11
1277	0	21	64	3	88	11

Hs.-Nr.	LA2	LA1/2	LA1	LA3ff	Belege	Jh
1292	7	19	60	18	104	13
1297	6	24	65	9	104	1290
1311	3	25	69	7	104	1090
1315	4	24	69	7	104	12
1319	0	20	48	8	76	12
1352	0	25	74	3	102	13
1354	1	27	76	0	104	14
1359	8	26	64	6	104	12
1360	1	25	68	4	98	12
1367	0	26	71	7	104	15/16
1390	3	24	66	7	100	12
1398	1	26	74	3	104	13
1400	4	26	73	1	104	13
1404	3	24	72	5	104	13
1405	1	20	69	14	104	15
1409	22	21	35	20	98	14
1424	0	26	76	2	104	9/10
1448	2	24	71	6	103	11
1456	0	15	50	8	73	13
1482	4	26	73	1	104	1404
1490	8	20	57	19	104	12
1501	7	20	61	16	104	13
1503	4	27	73	0	104	1317
1505	13	23	55	13	104	12
1508	4	26	70	0	100	15
1509	8	21	57	15	101	13
1521	0	25	73	5	103	1084
1524	1	25	71	7	104	14
1526	1	18	44	1	64	12
1548	3	26	70	2	101	1359
1563	5	27	68	4	104	13
1573	1	25	71	7	104	12/13
1594	1	20	72	10	103	1284
1595	6	24	66	8	104	12
1597	3	24	68	7	102	1289
1598	6	24	65	8	103	14
1599	0	25	73	2	100	14
1609	4	22	68	7	101	13
1610	5	15	58	12	90	1463
1611	8	21	56	18	103	10
1617	4	27	73	0	104	15
1618	4	26	73	1	104	14
1619	3	27	74	0	104	14
1622	1	23	75	5	104	14
1626	2	27	73	2	104	15
1628	4	27	73	0	104	1400
1636	3	27	74	0	104	15
1637	4	27	73	0	104	1328

Hs.-Nr.	LA2	LA1/2	LA1	LA3ff	Belege	Jh
1642	24	19	39	21	103	1278
1643	1	23	72	8	104	14
1646	9	27	65	3	104	1172
1649	0	25	72	7	104	15
1652	4	25	72	2	103	16
1656	4	27	73	0	104	15
1668	0	27	76	1	104	11+16
1673	1	27	75	1	104	12
1678	30	16	36	22	104	14
1702	0	22	76	6	104	1560
1704	27	20	35	22	104	1541
1717	1	25	73	4	103	13
1718	9	27	60	8	104	12
1719	3	26	72	2	103	1287
1720	2	27	74	1	104	10
1721	2	24	65	9	100	17
1722	3	23	67	10	103	13
1723	4	24	59	0	87	14
1724	4	24	69	7	104	11/12
1725	3	26	73	2	104	1367
1726	1	24	72	3	100	14
1727	0	21	71	6	98	13
1728	0	0	2	0	2	13
1729	7	22	48	10	87	16
1730	1	8	27	0	36	11
1731	1	18	42	2	63	13
1732	4	26	73	1	104	1384
1733	4	26	73	1	104	14
1734	1	27	75	1	104	1015
1735	11	24	56	9	100	10
1736	2	26	73	3	104	13
1737	4	27	72	1	104	12
1738	0	6	14	0	20	11
1739	37	20	30	17	104	10
1740	4	27	73	0	104	12
1741	0	26	73	2	101	14
1742	2	26	73	2	103	13
1743	2	22	71	7	102	12
1744	1	26	71	6	104	14+16
1745	0	5	10	0	15	15
1746	4	27	72	0	103	14
1747	0	20	54	2	76	14
1748	5	26	71	1	103	1662
1749	4	26	71	3	104	16
1750	1	26	73	2	102	15
1751	18	19	44	21	102	1479
1752	3	22	52	2	79	12

Hs.-Nr.	LA2	LA1/2	LA1	LA3ff	Belege	Jh
1753	1	20	72	11	104	14
1754	4	25	66	6	101	12
1756	0	0	1	0	1	10
1757	1	24	62	6	93	15
1758	6	18	48	15	87	13
1759	3	22	59	6	90	13
1761	4	24	70	2	100	14
1762	0	19	47	4	70	14
1763	3	24	74	3	104	15
1765	5	21	65	13	104	14
1767	3	25	71	3	102	15
1768	4	24	70	4	102	1519
1780	0	26	72	6	104	13
1827	9	25	58	10	102	1295
1828	0	27	75	2	104	11
1829	0	25	66	12	103	10
1830	5	21	64	14	104	15
1831	8	20	54	18	100	14
1832	4	17	49	8	78	14
1835	0	10	31	1	42	11
1837	7	22	63	8	100	11
1838	8	22	56	12	98	11
1839	2	22	48	6	78	13
1841	1	27	69	4	101	9/10
1842	14	23	50	17	104	14
1843	6	25	62	11	104	13
1845	0	24	74	5	103	10
1846	1	6	14	2	23	11
1847	1	26	73	4	104	11
1849	0	27	76	1	104	1069
1850	2	25	73	4	104	13
1851	0	26	76	2	104	10
1852	7	20	40	6	73	13
1853	6	21	64	13	104	12
1854	2	26	74	2	104	11
1855	4	26	73	1	104	13
1856	4	21	60	1	86	14
1857	1	25	74	4	104	13
1858	0	6	14	0	20	13
1859	0	26	73	4	103	14
1860	1	23	75	5	104	13
1861	1	19	57	8	85	16
1862	1	26	73	2	102	9
1863	1	20	70	13	104	12
1864	4	25	62	0	91	13
1865	5	27	72	0	104	13
1867	1	24	57	3	85	12
1868	5	25	65	9	104	12

Hs.-Nr.	LA2	LA1/2	LA1	LA3ff	Belege	Jh
1869	0	23	73	8	104	1688
1870	2	27	75	0	104	11
1871	0	3	5	1	9	10
1872	1	25	73	5	104	12
1873	6	24	62	10	102	13
1874	5	27	65	7	104	10
1875	29	16	28	16	89	10/11
1876	4	25	72	3	104	15
1877	5	26	64	9	104	14
1880	0	26	74	2	102	10
1883	0	22	76	6	104	16
1884	23	16	35	24	98	16
1885	0	27	74	3	104	1101
1886	0	25	69	9	103	14
1888	1	25	75	3	104	11
1889	1	17	44	1	63	12
1890	11	19	47	14	91	14
1891	33	20	32	19	104	10
1892	5	26	72	1	104	14
1893	10	19	53	4	86	12
1894	5	23	63	9	100	12
1895	4	26	68	6	104	9
1896	6	22	67	9	104	14/15
1897	4	26	73	1	104	12/13
1899	0	5	11	0	16	14
1902	1	20	66	4	91	14
1903	0	23	76	5	104	1636
1904	0	1	2	0	3	11
2005	0	0	0	0	0	14
2009	0	0	0	0	0	16
2080	2	25	72	2	101	14
2085	1	25	70	8	104	1308
2086	1	25	72	5	103	14
2125	0	5	20	2	27	10
2127	2	25	70	7	104	12
2131	1	26	73	4	104	15
2138	11	22	49	18	100	1072
2143	6	24	63	11	104	12
2147	5	17	65	17	104	11/12
2175	1	9	31	0	41	14
2180	2	22	60	4	88	13/14
2191	1	27	75	1	104	12
2194	2	26	74	1	103	1118
2200	23	20	39	16	98	14
2201	10	22	52	6	90	15
2218	4	26	72	1	103	16
2221	3	26	74	1	104	1432

Hs.-Nr.	LA2	LA1/2	LA1	LA3ff	Belege	Jh
2242	3	22	69	10	104	12
2243	2	25	68	9	104	12
2255	5	26	71	2	104	16
2261	4	26	72	2	104	14
2279	1	20	69	11	101	14
2288	6	25	64	9	104	15
2289	2	14	38	0	54	12
2298	16	20	47	21	104	12
2303	1	11	22	1	35	14
2344	32	22	33	16	103	11
2352	4	27	73	0	104	15
2356	1	26	75	2	104	14
2374	13	23	58	10	104	13
2378	3	16	38	0	57	1511
2400	2	23	65	6	96	13
2401	1	23	71	6	101	12
2404	0	27	75	2	104	13
2412	8	16	58	22	104	12
2423	0	26	74	3	103	13
2431	3	23	65	1	92	1332
2441	2	11	27	1	41	14
2464	14	4	9	8	35	9
2466	4	27	72	1	104	1329
2473	0	23	75	6	104	1634
2475	0	26	71	2	99	11
2483	3	24	69	7	103	13
2484	1	25	65	1	92	1311/12
2488	1	24	75	4	104	16
2492	1	27	72	4	104	13
2494	1	20	74	9	104	1316
2495	12	21	54	17	104	15
2501	2	23	70	9	104	16
2502	4	25	72	1	102	1242
2508	1	26	75	2	104	14
2511	1	21	70	12	104	14
2516	4	25	66	9	104	13
2523	0	25	76	3	104	1453
2541	5	25	69	5	104	12
2544	3	23	71	7	104	16/17
2554	4	26	72	2	104	1434
2558	1	25	74	4	104	13
2570	0	0	1	1	2	12
2576	1	25	71	7	104	1287
2587	3	23	56	1	83	11
2619	1	24	75	4	104	18
2625	1	24	68	1	94	12
2626	0	6	19	1	26	14

Hs.-Nr.	LA2	LA1/2	LA1	LA3ff	Belege	Jh
2627	0	4	11	1	16	1202
2652	5	15	62	12	94	15
2653	4	27	72	1	104	14
2671	0	1	2	0	3	12
2674	2	26	74	2	104	1651
2675	2	20	69	10	101	14
2691	2	27	73	0	102	15
2696	2	25	71	4	102	13
2704	3	25	74	2	104	15
2705	1	26	74	3	104	14
2712	1	14	42	1	58	12
2716	0	21	48	1	70	14
2718	16	18	37	7	78	13
2723	5	27	72	0	104	11
2737	9	23	61	11	104	1558/59
2746	2	17	48	3	70	11
2772	0	23	63	3	89	13
2774	7	24	65	8	104	14
2777	1	6	23	0	30	14
2778	1	5	6	0	12	12
2797	0	1	7	0	8	14
2799	1	22	66	5	94	14
2805	16	17	46	20	99	12/13
2815	1	26	73	3	103	12
2816	2	26	68	8	104	15
2818	32	17	31	24	104	12
2829	0	3	5	0	8	12
2833	0	2	4	0	6	11

5. RESULTATE DER KOLLATION

Diese Abteilung des Werkes stellt, wie schon bei den früheren Bänden betont, das Zentrum der Arbeit dar. Denn die Zusammenstellung der Kollationsresultate an den 104 Teststellen für die Apostelgeschichte bedeutet die Basis für alle mit Hilfe der Datenverarbeitung zusammengestellten Listen, mit Ausnahme der "Handschriftenliste", die mit konventionellen Methoden erstellt worden ist.

Als erstes stellt sich die Frage nach der Zuverlässigkeit der Angaben. Hier ist (um das Selbstverständliche ausdrücklich hervorzuheben) das Menschenmögliche geschehen (ebenso wie bei den kommentierenden Einleitungen zu den einzelnen Abteilungen): Jede Teststelle ist von Mitarbeitern des Instituts für Neutestamentliche Textforschung in vieljähriger Arbeit unabhängig voneinander zweimal kollationiert worden. Bei Widersprüchen zwischen ihnen ist eine dritte Kollation erfolgt, ebenso bei paläographisch besonders problematischen Stellen (Irrtümer sind bei der Unzahl der Kollationen hier - wie auch sonst - möglich und hoffentlich verzeihlich). Diese Resultate habe ich dann in eine systematische Anordnung gebracht, von der gleich noch zu reden sein wird, und zwar in immer neuen Anläufen. In vielen Fällen war die Anordnung nach den gemachten Erfahrungen klar, in ebenso zahlreichen Fällen bedurfte es vielfacher erneuter Bemühungen, bis das Ziel erreicht war. Diese Zusammenstellungen sind dann in den Computer eingegeben worden, wieder zweimal unabhängig voneinander. Im Gegenlauf wurden dann die Widersprüche festgestellt und in mühsamer Arbeit die Ursachen dafür beseitigt, wobei sich Klaus Witte (ebenso wie schon vorher bei der Kollationskontrolle) große Verdienste erworben hat. Zum Technischen kann wiederholt werden, was bei den Katholischen Briefen wie bei den Paulinen gesagt wurde, denn der Aufbau des Berichtes über die Resultate der Kollation erfolgt stets auf die gleiche Weise: die Leitzeile bietet den (postulierten) alten Text, der Teil des Textes, auf den die Kollationen sich beziehen, ist dabei unterstrichen; ist die Variante durch eine Textzufügung gegeben, wird an der betr. Stelle ein ADD. (= additio) gesetzt. Die Varianten tragen Nummern, die eine bestimmte Wertigkeit ausdrücken:

1   =   Mehrheitstext (enthält den byzantinischen Text)

2   =   alter Text, d. h. (postulierter) ursprünglicher Text

3ff = Sonderlesarten, wobei diese nach der Abhängigkeit voneinander in auf- (d.h. eigentlich) absteigender Folge angeordnet sind; je höher eine Nummer ist, umso geringer scheint (mir) in der Regel ihre Bedeutung für die Gewinnung des ursprünglichen Textes

1/2 (1/) = Lesarten, bei denen alter Text und Mehrheitstext übereinstimmen, d. h. bei denen der Mehrheitstext den ursprünglichen Text bewahrt hat.

Dabei ist mir klar, daß lediglich Ziffer 1 und 1/2 absolut objektiven Charakter haben, weil durch den Computer zahlenmäßig feststellbar, und daß bei allen anderen Ziffern ein gewisses Element der persönlichen Entscheidung mitspielt, zumal bei den Sonderlesarten durch die Reihenfolge der Nummern nach Möglichkeit ihre Entstehung auseinander bzw. ihre Abhängigkeit voneinander angegeben werden soll. Allerdings kommt es, wenn verschiedene Überlieferungsstränge vorliegen, nicht selten vor, daß bei deren notgedrungener Hintereinanderordnung sich hohe Zahlen auch für interessante Handschriften ergeben. Sie lassen sich den vom alten Text bzw. Mehrheitstext herkommenden Handschriften nicht einfügen, sondern nur anfügen. Dieses subjektive Element hat auch bei der Festsetzung der Subvarianten gewaltet. Aber mir schien, daß diese "Vorordnung" die Übersichtlichkeit und Benutzbarkeit des Berichtes über die Resultate der Kollation wesentlich erhöhen würde, so habe ich das Risiko, das in jeder derartigen Gruppierung enthalten ist, auf mich genommen. Denn auch der Benutzer, der anderer Meinung ist, was die Numerierung der Lesarten und ihre Zueinanderordnung angeht, kann mit dem objektiven Material arbeiten, das hier geboten wird. Er braucht nur die Nummern zu ändern.

Er kann auch, wenn er will und ihm die Zusatzbuchstaben bei den Nummern für die Lesart zu viel und zu wenig aussagekräftig werden, diese einfach übersehen und diese unter die Hauptlesart subsumieren, er kann aber auch an den Itazismen (zu ihnen vgl. Bd. 1, S. 154 zu den Paulinen) den Bildungsgrad und die Sorgfalt des Schreibers ablesen und vielleicht sogar mit ihrer Hilfe verwandte Handschriften feststellen. Auf jeden Fall, möchte ich meinen, weist der Aufbau der Kollationsresultate darauf hin, daß die Nummern der Varianten, je höher sie steigen, um so mehr auf den Unverstand des Schreibers und die mangelnde Qualität der hier genannten Handschriften zurückzuführen sind. Das bestätigt sich immer wieder. Faustregel also: Varianten mit Zusatzbuchstaben zur Nummer können der Nummer der Variante zugeordnet werden. Je höher die Nummern selbst steigen, um so weniger sind die ihnen zugeordneten Lesarten wert. Aber: keine Regel ohne Ausnahme.

■■   1   ACTA 1,5

υμεις δε εν πνευματι <u>βαπτισθησεσθε</u> αγιω
ου μετα πολλας ταυτας ημερας

1   βαπτισθησεσθε εν πνευματι αγιω

P74	01C2	02	04	08	044	056	0142	1	3
5	6	18	35	38	42	43	51	69	76
82	90	93	94	97	102	103	104	105	131
133	141	142	149	175	177	180	189	201	203
204	205	209	216	218	221	223	226	228	234
250	254	263	296	302	307	308	322	323	326
327	328	330	337	363	365	367	378	383	384
385	386	390	393	394	398	400	404	421	424
425	429	431	432	436	437	440	444	450	451
452	453	454	455	456	457	459	462	464	465
467C	468	469	479	483	489	496	522	547	582
592	601	603	604	605	606	607	608	610	614
617	618	619	621	625	629	630	632	634	635
636	637	639	641	642	656	664	665	676	680
699	757	794	796	808	824	876	886	901	910
911	912	913	914	916	917	919	921	922	927
928	935	941	945	956	959	986	997	999	1003
1022	1040	1058	1066	1069	1070	1072	1073	1075	1099
1100	1101	1102	1103	1104C	1105	1106	1107	1149	1161
1162	1240	1241	1242	1244	1245	1247	1248	1249	1250
1251	1270	1277	1292	1297	1311	1315	1352	1354	1367
1390	1398	1400	1404	1409	1424	1448	1456	1482	1490
1501	1503	1505	1508	1509	1524	1526	1548	1563	1573
1595	1597	1598	1599	1609	1610	1611	1617	1618	1619
1622	1626	1628	1636	1637	1642C	1643	1649	1652	1656
1668	1673	1678	1702	1704	1717	1718	1720	1721	1722
1725	1727	1732	1733	1734	1735	1736	1737	1739	1740
1743	1744	1746	1747	1748	1749	1750	1751	1753	1754
1761	1765	1768	1828	1829		1837	1841	1842	1843
1845	1847	1849	1850	1851	1853	1854	1855	1856	1857
1859	1860	1862	1863	1865	1868	1869	1870	1872	1873
1874	1875	1876	1877	1880	1883	1884	1885	1886	1888
1890S	1891	1892	1893	1894	1895	1896C	1897	1902	1903
2085	2086	2125	2127	2131	2138	2143	2147	2175	2191
2194	2200	2201	2218	2221	2242	2243	2255	2261	2279
2288	2298	2352	2356	2374	2401	2404	2412	2423	2466
2473	2475	2483	2484	2488	2492	2494	2495	2501	2502
2508	2511	2516	2523	2541	2544C	2554	2558	2576	2619
2652	2653	2674	2675	2696	2704	2705	2712	2718	2723
2737	2772	2774	2799	2805	2815	2816	2818		

ANZAHL DER ZEUGEN: 398

1B   βαπτισθησεσθαι εν πνευματι αγιω

049	33	88	181	467*	616	633	915	996	1104*
1175	1243	1359	1719	1724	1763	1780	1830	1831	1838
2344									

ANZAHL DER ZEUGEN: 21

1C   βαπτιθησεσθε εν πνευματι αγιω

  801

ANZAHL DER ZEUGEN: 1

1D   βαπτισεσθε εν πνευματι αγιω

  61   1127   1405   1896*   2544*

ANZAHL DER ZEUGEN: 5

1E   βαπτισησθε εν πνευματι αγιω

  1646

ANZAHL DER ZEUGEN: 1

1F   βαπτισθησεται εν πνευματι αγιω

  2065

ANZAHL DER ZEUGEN: 1

2   εν πνευματι βαπτισθησεσθε αγιω

  01*   03   81   1642*

ANZAHL DER ZEUGEN: 4

3   εν πνευματι αγιω βαπτισθησεσθε

  05

ANZAHL DER ZEUGEN: 1

X   UNLESERLICH

  110   458   1360

ANZAHL DER ZEUGEN: 3

Y   FILMFEHLER

  57   2431

ANZAHL DER ZEUGEN: 2

Z   LUECKE

P8	P29	P33	P38	P41	P45	P48	P50	P53	P56
P57	P91	014	020	025	048	057	066	076	077
093	095	096	097	0120	0140	0165	0166	0175	0189
0236	0244	0294	62	122	172	206	256	309	312
314	319	321	325	441	460	466	491	498	506
517	567	602	623	624	626	627	628	638	920
1067	1094	1115	1319	1521	1594	1723	1726	1728	1729
1730	1731	1738	1741	1742	1745	1752	1756	1757	1758

1759	1762	1767	1827	1832	1839	1846	1852	1858	1861
1864	1867	1871	1889	1890	1899	1904	1835	2005	2009
2080	2180	2289	2303	2378	2400	2441	2464	2570	2587
2625	2626	2627	2671	2691	2716	2746	2777	2778	2797
2829	2833								

ANZAHL DER ZEUGEN: 122

==

■■   2   ACTA 1,14

προσκαρτερουντες ομοθυμαδον τη προσευχη
συν γυναιξιν

1   προσευχη και τη δεησει

04C3	049	056	0142	1	3	5	6	18	33
35	38	42	43	51	61	76	82	88	90
93	94	97	102	103	104	105	122	131	133
141	142	149	175	177	180	181	189	201	203
204	205	206S	209	216	218	221	223	226	228
234	250	254	263	296	302	307	308	312	319
321	322	323	326	327	328	330	337	363	365
367	378	383	384	386	390	393	394	398	404
421	424	425	429	431	432	436	437	440	444
450	451	452	453	454	455	456	457	458	459
460	462	464	465	468	469	479	483	489	496
522	547	582	592	601	603	604	605	606	608
610	614	616	617	618	619	621	625	629	630
632	633	634	635	636	637	638	639	641	642
656	664	665	676	680	699	757	794	796	801
808	824	876	886	901	910	911	912	913	914
915	916	917	919	921	922	927	928	935	941
945	956	959	986	996	997	999	1003	1022	1040
1058	1066	1069	1070	1072	1073	1100	1101	1102	1103
1104	1105	1106	1107	1127	1149	1161	1162	1240	1241
1242	1243	1244	1245	1247	1248	1249	1250	1251	1270
1277	1292	1297	1311	1315	1352	1354	1359	1360	1367
1390	1398	1400	1404	1405	1424	1448	1456	1482	1490
1501	1503	1505	1508	1509	1521	1526	1548	1563	1573
1594	1595	1597	1598	1599	1609	1610	1611	1617	1618
1619	1622	1626	1628	1636	1637	1643	1646	1649	1652
1656	1668	1673	1678	1702	1704	1717	1718	1719	1720
1721	1722	1724	1725	1726	1727	1732	1733	1734	1735
1736	1737	1739	1740	1741	1742	1743	1744	1746	1747
1748	1749	1750	1751	1753	1754	1758	1761	1763	1765
1768	1780	1828	1829	1830	1831		1837	1838	1841
1842	1843	1845	1847	1849	1850	1851	1853	1854	1855
1856	1857	1859	1860	1862	1863	1865	1868	1869	1870
1872	1874	1875	1876	1877	1880	1883	1885	1886	1888
1890	1891	1892	1893	1894	1895	1896	1897	1902	1903
2080	2085	2086	2125	2127	2131	2138	2143	2147	2175
2191	2194	2200	2201	2218	2221	2255	2261	2279	2288
2298	2344	2352	2356	2374	2400	2401	2404	2412	2423
2431	2466	2473	2475	2483	2484	2488	2492	2494	2495
2501	2502	2508	2511	2516	2523	2541	2544	2554	2558
2570	2576	2619	2625	2652	2653	2674	2675	2696	2704

```
2705   2712   2718   2723   2737   2772   2799   2805   2815   2816
2818
```

ANZAHL DER ZEUGEN: 421

1B   ευχη και τη δεησει

1524

ANZAHL DER ZEUGEN: 1

1C   προσευχη και δεησει

69

ANZAHL DER ZEUGEN: 1

2   προσευχη

```
P74    01     02     03     04*    05     08     044    81     467
1099   1175   1409   1642   1884   2242   2774
```

ANZAHL DER ZEUGEN: 17

3   προσευχη και νηστεια και τη δεησει

2243

ANZAHL DER ZEUGEN: 1

X   UNLESERLICH

110   385

ANZAHL DER ZEUGEN: 2

Y   FILMFEHLER

57

ANZAHL DER ZEUGEN: 1

Z   LUECKE

```
P8     P29    P33    P38    P41    P45    P48    P50    P53    P56
P57    P91    014    020    025    048    057    066    076    077
093    095    096    097    0120   0140   0165   0166   0175   0189
0236   0244   0294   62     172    206    256    309    314    325
400    441    466    491    498    506    517    567    602    607
623    624    626    627    628    920    1067   1075   1094   1115
1319   1723   1728   1729   1730   1731   1738   1745   1752   1756
1757   1759   1762   1767   1827   1832   1839   1846   1852   1858
1861   1864   1867   1871   1873   1889   1899   1904   1835   2005
2009   2180   2289   2303   2378   2441   2464   2587   2626   2627
2671   2691   2716   2746   2777   2778   2797   2829   2833
```

ANZAHL DER ZEUGEN: 109

■■   3 ACTA 2,1

ησαν παντες ο̱μ̱ο̱υ̱ επι το αυτο

1   ομοθυμαδον

04C3	08	044	049	056	0142	1	3	5	6
18	33	35	38	42	43	51	61	69	76
82	88	90	93	97	102	103	104	105	110
122	131	133	141	142	149	175	177	180	181
189	201	203	204	205	206S	209	216	218	221
223	226	228	234	250	263	296	302	307	308
312	319	326	327	328	330	337	363	365	367
378	383	384	385	386	390	393	394	398	404
424	425	429	431	432	436	437	440	444	450
451	452	453	454	455	456	457	458	459	460
462	464	465	467	468	469	479	483	489	491
496	522	547	582	592	601	603	604	605	606
607	608	610	614	617	618	619	621	625	629
630	632	633	634	635	636	637	638	639	641
642	656	664	665	676	680	699	757	794	796
801	808	824	876	886	901	910	911	912	913
914	915	916	917	919	921	927	928	935	941
956	959	986	996	997	999	1003	1022	1040	1058
1066	1069	1070	1072	1073	1099	1100	1101	1102	1103
1104	1105	1106	1107	1127	1149	1161	1162	1240	1241
1242	1243	1244	1245	1247	1248	1249	1250	1251	1270
1277	1292	1297	1315	1319	1352	1354	1359	1367	1390
1398	1400	1404	1405	1409	1424	1448	1456	1482	1490
1501	1503	1505	1508	1509	1521	1524	1548	1563	1573
1594	1595	1597	1598	1599	1609	1610	1611	1617	1618
1619	1622	1626	1628	1636	1637	1642	1643	1646	1649
1652	1656	1668	1673	1678	1702	1717	1718	1720	1721
1722	1725	1726	1727	1732	1733	1734	1735	1736	1737
1739	1740	1741	1742	1743	1744	1746	1747	1748	1749
1750	1753	1754	1758	1761	1763	1765	1767	1768	1828
1829	1830*	1831		1837	1838	1841	1842	1843	1845
1847	1849	1850	1851	1853	1854	1855	1856	1857	1859
1860	1862	1863	1865	1868	1869	1870	1872	1873	1874
1876	1877	1880	1883	1884	1885	1886	1888	1890	1891
1892	1893	1894	1895	1896	1897	1902	1903	2080	2085
2086	2125	2127	2131	2143	2175	2191	2194	2200	2201
2218	2221	2243	2255	2261	2279	2288	2298	2344	2352
2356	2374	2400	2401	2404	2412	2423	2431	2466	2473
2475	2483	2484	2488	2492	2494	2495	2501	2502	2508
2511	2516	2523	2541	2544	2554	2558	2576	2619	2625
2652	2653	2675	2691	2696	2704	2705	2712	2718	2723
2737	2772	2774	2799	2805	2815	2816	2818		

ANZAHL DER ZEUGEN: 418

1B   ομοθυμαδων

321	421	616	922	1311	1719	1724	1751	1780	1827
1830C	2147	2242	2674					

ANZAHL DER ZEUGEN: 14

2   οµου

    01   02   03   04*   81   94   322   323   945   1704

ANZAHL DER ZEUGEN: 10

3   οµοθυµαδον οµου

    1175

ANZAHL DER ZEUGEN: 1

4   οντων αυτων παντων

    05

ANZAHL DER ZEUGEN: 1

X   UNLESERLICH

    1360   1875

ANZAHL DER ZEUGEN: 2

Y   FILMFEHLER

    57

ANZAHL DER ZEUGEN: 1

Z   LUECKE

P8	P29	P33	P38	P41	P45	P48	P50	P53	P56
P57	P74	P91	014	020	025	048	057	066	076
077	093	095	096	097	0120	0140	0165	0166	0175
0189	0236	0244	0294	62	172	206	254	256	309
314	325	400	441	466	498	506	517	567	602
623	624	626	627	628	920	1067	1075	1094	1115
1526	1723	1728	1729	1730	1731	1738	1745	1752	1756
1757	1759	1762	1832	1839	1846	1852	1858	1861	1864
1867	1871	1889	1899	1904	1835	2005	2009	2138	2180
2289	2303	2378	2441	2464	2570	2587	2626	2627	2671
2716	2746	2777	2778	2797	2829	2833			

ANZAHL DER ZEUGEN: 107

==

■■   4   ACTA 2,7(1)
                εξισταντο δε και εθαυµαζον

1   δε παντες και

01C2	02	04	08	044	049	096	1	3	5
6	18	33	35	38	43	51	61	69	76
81	82	88	90	93	94	97	102	103	104
105	110	122C	131	133	141	142	149	175	177

180	181	189	201	203	204	205	209	216	218
221L	223	226	228	234	250	254	263	296	302
307	308	312	319	321	322	323	326	327	328
330	363	365	367	378	383	384	385	386	390
393	394	398	404	421	424	425	429	431	436
437	440	444	450	451	452	453	454	455	456
457	458	459	460	462	464*	465	467	468	469
479	483	489	491	496	522	547	582	592	601
603	604	605	606	607	608	610	614	616	617
618	619	625	629	630	632	633	634	635C	636
637	638	639	641	642	656	664	665	676	680
699	757	794	796	801	808	824	876	886	901
910C	911	912	913	914	915	916	917	919	921
922	927	928	935	945	956	959	996	997	999
1003	1022	1058	1066	1069	1070	1072	1073	1099	1100
1101	1102	1103	1104	1105	1106	1107	1127	1149	1161
1162	1175	1240	1241	1242	1243	1244	1245	1247	1248
1249	1250	1251	1270	1277	1292	1297	1311	1315	1319C
1352	1354	1359	1367	1398	1400	1404	1405	1409	1424
1448	1456	1482	1490	1501	1503	1505	1508	1509	1521
1524	1548	1563	1573	1594	1595	1597C	1598	1599	1609
1610	1611	1617	1618	1619	1622	1626	1628	1636	1637
1642	1643	1646	1649	1656	1668	1673	1678	1702	1704
1717	1718	1719	1720	1721	1722	1724	1725	1726	1727
1732	1733	1734	1735	1736	1737	1739	1740	1741	1742
1743	1744	1746	1747	1748	1749	1750	1751	1753	1754
1758	1761	1763	1765	1767	1768	1780	1827	1828	1829
1830	1831		1837	1838	1841	1842	1843	1845	1847
1849	1850	1851	1854	1855	1856	1857	1859	1860	1862
1863	1868	1869	1870	1872	1873	1874	1876	1877	1880
1883	1884	1885	1886	1888	1890S	1891	1892	1893	1894
1895	1896	1897	1902	1903	2080	2085	2086	2125	2127
2131	2143	2147	2175	2191	2200	2201	2218	2221	2242
2243	2261	2279	2288	2298	2344	2352	2356	2374	2400
2401	2404	2412	2423	2431	2466	2473	2475	2483	2488
2492	2494	2495	2501	2502	2508	2511	2516	2523	2541
2544C	2554	2558	2576	2619	2625	2652	2653	2674	2675
2691	2696	2704	2705	2712	2718	2737	2774	2799	2805
2815	2816C	2818							

ANZAHL DER ZEUGEN: 423

1B　　δε παντες

1319*

ANZAHL DER ZEUGEN:　1

1C　　παντες και

621

ANZAHL DER ZEUGEN:　1

2　　δε και

03	05	056	0142	122*	206S	221T	337	464C	635*
910*	941	986	1040	1390	1597*	1652	1853	1865	2194

```
2255   2544*  2723   2816*
ANZAHL DER ZEUGEN:  24
```

2B   και

2484

ANZAHL DER ZEUGEN: 1

3   δε απαντες και

01*

ANZAHL DER ZEUGEN: 1

V   AUSLASSUNG VON εξισταντο δε και εθαυμαζον

432

ANZAHL DER ZEUGEN: 1

X   UNLESERLICH

1360   1875

ANZAHL DER ZEUGEN: 2

Y   FILMFEHLER

57

ANZAHL DER ZEUGEN: 1

Z   LUECKE

P8	P29	P33	P38	P41	P45	P48	P50	P53	P56
P57	P74	P91	014	020	025	048	057	066	076
077	093	095	097	0120	0140	0165	0166	0175	0189
0236	0244	0294	42	62	172	206	256	309	314
325	400	441	466	498	506	517	567	602	623
624	626	627	628	920	1067	1075	1094	1115	1526
1723	1728	1729	1730	1731	1738	1745	1752	1756	1757
1759	1762	1832	1839	1846	1852	1858	1861	1864	1867
1871	1889	1890	1899	1904	1835	2005	2009	2138	2180
2289	2303	2378	2441	2464	2570	2587	2626	2627	2671
2716	2746	2772	2777	2778	2797	2829	2833		

ANZAHL DER ZEUGEN: 108

■■ 5 ACTA 2,7(2)

κ α ι ε θ α υ μ α ζ ο ν λ ε γ ο ν τ ε ς

1 λ ε γ ο ν τ ε ς π ρ ο ς α λ λ η λ ο υ ς

04C3	05	08	049	056	096	0142	1	3	5
6	18	35	38	43	51	61	69	76	82
90	93	97	102	103	104	105	110	122	131
133	141	142	149	175	177	180	181	189	201
203	204	205	206S	209	216	218	221	223	226
228	234	250	254	263	296	302	307	308	312
319	322	323	326	327	328	330	337	363	365
367	378	384	385	386	390	393	394	398	404
421	424	425	429	431	432	436	437	440	444
450	451	452	453	454	455	456	457	458	459
460	462	464	465	468	469	479	483	489	491
496	522	547	582	592	601	603C	604	605	606
607	608	610	614	616	617	618	619	621	625
629	630	632	633	634	635	636	637	638	639
641	642	656	664	665	676	680	699	757	794
796	801	808	824	886	901	910	911	912	913
914	916	917	919	921	922	927	928	935	941
945	956	959	986	996	997	999	1003	1022	1040
1058	1066	1069	1070	1072	1073	1099	1100	1101	1102
1103	1104	1105	1106	1107	1127	1149	1161	1240	1241
1242	1243	1244	1245	1247	1248	1249	1250	1251	1270
1277	1292	1297	1311	1315	1319	1352	1354	1359	1367
1390	1398	1400	1404	1405	1424	1448	1456	1482	1490
1501	1503	1505	1508	1509	1521	1524	1548	1563	1573
1594	1595	1597	1598	1599	1609	1610	1611	1617	1618
1619	1622	1626	1628	1636	1637	1642	1643	1646	1649
1652	1656	1668	1673	1678	1702	1704	1717	1718	1719
1720	1721	1722	1724	1726	1727	1732	1733	1734	1735
1736	1737	1739	1740	1741	1742	1743	1744	1746	1747
1748	1749	1750	1751	1753	1754	1758	1761	1763	1767
1768	1780	1827	1828	1829	1830		1837	1838	1841
1842	1843	1845	1847	1849	1850	1851	1853	1854	1855
1856	1857	1859	1860	1862	1863	1865	1868	1869	1870
1872	1873	1874	1876	1877	1880	1883	1884	1885	1886
1888	1890S	1891	1892	1893	1894	1895	1896	1897	1902
1903	2080	2085	2086	2125	2127	2131	2143	2147	2175
2191	2194	2200	2201	2218	2221	2242	2243	2255	2261
2279	2288	2298	2352	2356	2374	2401	2404	2412	2423
2431	2466	2473	2475	2483	2484	2488	2492	2494	2495
2501	2502	2511	2516	2523	2541	2544	2554	2558	2576
2619	2625	2652	2653	2674	2675	2691	2696	2704	2705
2712	2718	2723	2774	2799	2805	2815	2816	2818	

ANZAHL DER ZEUGEN: 419

1B λ ε γ ο ν τ ε ς π ρ ο ς α λ η λ ο υ ς

1831

ANZAHL DER ZEUGEN: 1

2   λεγοντες

P74	01	02	03	04*	Λ1	321	383	1175	1409
2400	2508								

ANZAHL DER ZEUGEN: 12

3   προς αλληλους λεγοντες

044	88	467	603*	915	1725	2737

ANZAHL DER ZEUGEN: 7

4   ελεγον προς αλληλους

94

ANZAHL DER ZEUGEN: 1

5   προς αλληλους

33	876	1162	1765	2344

ANZAHL DER ZEUGEN: 5

X   UNLESERLICH

1360   1875

ANZAHL DER ZEUGEN: 2

Y   FILMFEHLER

57

ANZAHL DER ZEUGEN: 1

Z   LUECKE

P8	P29	P33	P38	P41	P45	P48	P50	P53	P56
P57	P91	014	020	025	048	057	066	076	077
093	095	097	0120	0140	0165	0166	0175	0189	0236
0244	0294	42	62	172	206	256	309	314	325
400	441	466	498	506	517	567	602	623	624
626	627	628	920	1067	1075	1094	1115	1526	1723
1728	1729	1730	1731	1738	1745	1752	1756	1757	1759
1762	1832	1839	1846	1852	1858	1861	1864	1867	1871
1889	1890	1899	1904	1835	2005	2009	2138	2180	2289
2303	2378	2441	2464	2570	2587	2626	2627	2671	2716
2746	2772	2777	2778	2797	2829	2833			

ANZAHL DER ZEUGEN: 107

■■   6   ACTA 2,23

         τουτον ... προγνωσει του θεου <u>εκδοτον</u> δια

         χειρος ανομων ... ανειλατε

1   εκδοτον λαβοντες

01C2	04C3	05	08	025	044	049	056	0142	1
3	5	18	33	35	38	43	51	61	69C
76	82	88	90	93	94	97	102	103	105
110	122	131	133	141	142	149	175	177	180
189	201	203	204	205	206S	209	216	218	221
226	228	234	250	254	263	296	307	308	312
319	321	326	327	328	330	337	363	365	367
378	383	384	385	386	390	393	394	398	400
404	421	424	425	429	431	432	436	437	440
444	450	451	452	453	454	455	456	457	458
459	460	462	464	465	467	468	469	479	483
489	491	496	522	547	582	592	601	603	604
605	606	607	608	610	614	616	617	618	619
621	629	630	632	633	634	635	636	637	638
639	641*	642	656	664	665	676	680	757	794
796	801	808	824	876	886	901	910	911	912
913	914	915	916	917	919	921	922	927	928
935	941	945	956	959	986	996	997	999	1003
1022	1040	1058	1066	1069	1070	1072	1073	1075	1099
1100	1101	1102	1103	1104	1105	1106	1107	1127	1149
1161	1162	1175	1240	1241	1242	1243	1244	1245	1247
1248	1249	1250	1251	1270	1277	1292	1297	1311	1315
1319	1352	1354	1359	1367	1390	1398	1400	1404	1405
1409	1424	1448	1456	1482	1490	1501	1503	1505	1508
1509	1521	1524	1548	1563	1573	1594	1595	1597	1598
1599	1609	1610	1611	1617	1618	1619	1622	1626	1628
1636	1637	1643	1646	1649	1652	1656	1668	1673	1678
1702	1704	1717	1718	1719	1720	1721	1722	1724	1725
1726	1727	1732	1733	1734	1735	1736	1737	1740	1741
1742	1743	1744	1746	1747	1748	1749	1750	1753	1754
1757	1758	1761	1763	1765	1767	1768	1780	1827	1828
1829	1830	1831		1837	1841	1842	1843	1845	1847
1849	1850	1851	1853	1854	1855	1856	1857	1859	1860
1862	1863	1865	1868	1869	1872	1873	1874	1876	1877
1880	1883	1884	1885	1886	1888	1890S	1892	1893	1894
1895	1896	1897	1902	1903	2080	2085	2086	2125	2127
2131	2138	2143	2147	2175	2191	2194	2200	2218	2221
2243	2255	2261	2279	2288	2298	2344	2352	2356	2374
2400	2401	2404	2412	2423	2431	2466	2473	2475	2483
2484	2488	2492	2494	2495	2501	2502	2508	2511	2516
2523	2541	2544	2554	2558	2576	2619	2625	2652	2653
2674	2675	2691	2696	2704	2705	2712	2716	2718	2723
2737	2772	2774	2799	2805	2816	2818			

ANZAHL DER ZEUGEN: 427

1B   εκδωτον λαβοντες

   223   1751   1870

ANZAHL DER ZEUGEN: 3

1C   εκδοτον λαβωντες

2242

ANZAHL DER ZEUGEN: 1

2   εκδοτον

P74   01*   02   03   04*   81   322   323   641C   1642
1739   1891

ANZAHL DER ZEUGEN: 12

3   ενδοτον λαβοντες

69*

ANZAHL DER ZEUGEN: 1

4   εκδοτον αυτον λαβοντες

6

ANZAHL DER ZEUGEN: 1

5   OM. εκδοτον

181

ANZAHL DER ZEUGEN: 1

V1   AUSLASSUNG VON και προνωσει του θεου εκδοτον

2815

ANZAHL DER ZEUGEN: 1

V2   AUSLASSUNG VON του θεου εκδοτον

104   1838

ANZAHL DER ZEUGEN: 2

X   UNLESERLICH

1360   1875

ANZAHL DER ZEUGEN: 2

Y   FILMFEHLER

57

ANZAHL DER ZEUGEN: 1

Z   LUECKE

P8	P29	P33	P38	P41	P45	P48	P50	P53	P56
P57	P91	014	020	048	057	066	076	077	093
095	096	097	0120	0140	0165	0166	0175	0189	0236
0244	0294	42	62	172	206	256	302	309	314
325	441	466	498	506	517	567	602	623	624
625	626	627	628	699	920	1067	1094	1115	1526
1723	1728	1729	1730	1731	1738	1745	1752	1756	1759
1762	1832	1839	1846	1852	1858	1861	1864	1867	1871
1889	1890	1899	1904	1835	2005	2009	2180	2201	2289
2303	2378	2441	2464	2570	2587	2626	2627	2671	2746
2777	2778	2797	2829	2833					

ANZAHL DER ZEUGEN: 105

==

■■   7   ACTA 2,30

εκ καρπου της οσφυος αυτου καθισαι επι
τον θρονον

1   το κατα σαρκα αναστησειν τον χριστον καθισαι

025	049	056	0142	1	3	5	6	18	35
43	51	69	76	82	93	97	102	103	105
110	131	133	141	142	149	175	177	189	201
203	204	205	206S	209	216	218	221	223	226
250	254	263	308	312	319	321	326	327	328
330	337	363	365	367	378	383	385	386	390
393	394	398	400	404	421	424	425	431	432
436	437	440	444	450	451	452	454	455	456
458	459	462	464*	465	469	479	483	491	496
547	582	592	601	603	604	605	606	607	608
614	619	621	625	628	630	632	633	634	635T
636	638	639	641	642	656	664	665	676	757
794	796	801	808	824	886	901	910	911	912
913	914	916	919	922	928	935	941	945	986
997	999	1003	1022	1040	1058	1066	1069	1070	1072
1073	1075	1099	1100	1101	1102	1103	1105	1106	1107
1127	1149	1161	1162	1241	1242C	1243	1244	1245	1247
1248	1249	1250	1270	1277	1292	1297	1315	1319*	1352
1354	1359	1360	1367*	1390	1398	1400	1404	1405	1409
1424*	1448	1456	1482	1503	1505	1508	1509	1521	1524
1548	1563	1573	1594	1595	1597	1598	1599	1609	1610
1617	1618	1619	1622	1626*	1628	1636	1637	1642C	1643
1646	1652	1656	1668	1673	1702	1704	1717	1719	1720
1721	1722	1725	1726	1727	1732	1733	1734	1736	1737
1740	1742	1743	1746	1748	1749	1753	1757	1761	1763
1767	1768	1827	1828	1829	1830		1841	1842	1845
1847	1849	1850	1853	1854	1855	1856	1857	1859	1860
1862	1863	1865	1870	1872	1873	1876	1880	1883	1885
1888	1892	1893	1894	1895	1896	1897	1902	1903	2080
2086	2125	2127	2131	2175	2191	2194	2200	2218	2221
2242	2243*	2261	2279	2288	2298	2344	2352	2356	2374
2400	2401	2404	2412	2423	2431	2466	2473	2475	2483
2484	2492	2494	2495	2501	2502	2508	2511	2516	2523

```
2541   2554   2576   2625   2653   2674   2696   2704   2705   2712
2718   2723   2772   2774   2799   2805   2815
```

ANZAHL DER ZEUGEN: 347

1B   το κατα σαρκα αναστησει τον χριστον καθισαι

```
616    680    921    1724   1735   1751   1837   1890S  2675   2691
```

ANZAHL DER ZEUGEN: 10

1C   το κατα σαρκα αναστησειν τον χριστον καθισειν

```
90     384
```

ANZAHL DER ZEUGEN: 2

1D   το κατα σαρκα αναστησειν τον χριστον καθησαι

```
38
```

ANZAHL DER ZEUGEN: 1

1E   το κατα σαρκα αναστησειν τον χριστον καθισε

```
618
```

ANZAHL DER ZEUGEN: 1

1F   το κατα σαρκα αναστησιν τον χριστον καθησαι

```
2147
```

ANZAHL DER ZEUGEN: 1

2   καθισαι

```
01     02     03     04     81     629*   635L   1104   1175   2488
2619*
```

ANZAHL DER ZEUGEN: 11

2B   και καθισαι

```
05C2
```

ANZAHL DER ZEUGEN: 1

3   το κατα σαρκα αναστησειν τον χριστον καθισαι τε

```
122    228    464C   468    489    629C   927    959    996    1242*
1319C  1424C  1626C  1649   1741   1744   1747   1750   1831   1843
2085   2143   2243C  2558
```

ANZAHL DER ZEUGEN: 24

3B　　το κατα σαρκα αναστησειν τον χριστον καθισειν τε

1868

ANZAHL DER ZEUGEN:　1

3C　　το κατα σαρκα αναστησειν τον χριστον καθησε τε

1311

ANZAHL DER ZEUGEN:　1

4　　　το κατα σαρκα αναστησαι τον χριστον καθισαι

33　　61　　88　　181　　637　　915　　917　　1874　　1877　　2737

ANZAHL DER ZEUGEN:　10

5　　　το κατα σαρκα αναστησειν τον χριστον και καθισαι

044　　104*　　296　　429　　457　　460　　467C　　617　　876　　1251
1490　　1501　　1611　　1718　　1758　　1765　　1780　　2138

ANZAHL DER ZEUGEN:　18

5B　　το κατα σαρκα αναστησειν τον χριστον και καθησαι

467*

ANZAHL DER ZEUGEN:　1

5C　　το κατα σαρκα αναστησεις τον χριστον και καθισαι

104C

ANZAHL DER ZEUGEN:　1

6　　　το κατα σαρκα αναστησειν τον χριστον και καθισαι
　　　αυτον

2544

ANZAHL DER ZEUGEN:　1

7　　　το κατα σαρκα αναστησαι τον χριστον και καθισαι

522　　1851　　2619C

ANZAHL DER ZEUGEN:　3

8　　　το κατα σαρκα αναστησας τον χριστον καθισαι

234

ANZAHL DER ZEUGEN:　1

9   το κατα σαρκα αναστησας τον χριστον και καθισαι

1838

ANZAHL DER ZEUGEN: 1

10   κατα σαρκα αναστησειν τον χριστον καθισαι

1240   1642*   1678   1886   2255

ANZAHL DER ZEUGEN: 5

11   κατα σαρκα αναστησαι τον χριστον καθισαι

180

ANZAHL DER ZEUGEN: 1

12   κατα σαρκα αναστησειν τον χριστον καθισαι τε

1367C

ANZAHL DER ZEUGEN: 1

13   κατα σαρκα αναστησαι τον χριστον καθισαι τε

94   307   453   610   2818

ANZAHL DER ZEUGEN: 5

14   κατα σαρκα αναστησαι τον χριστον και καθισαι

05*

ANZAHL DER ZEUGEN: 1

15   αναστησαι τον χριστον και καθισαι

08   1884

ANZAHL DER ZEUGEN: 2

16   αναστησειν τον χριστον καθισαι

1739   1891   2816

ANZAHL DER ZEUGEN: 3

17   αναστησειν τον χριστον καθισαι τε

322

ANZAHL DER ZEUGEN: 1

18   αναστησεις τον χριστον καθισαι τε

323

ANZAHL DER ZEUGEN: 1

19   καθισαι {επι του θρονου αυτου} το κατα σαρκα
      αναστησαι

1869

ANZAHL DER ZEUGEN: 1

X   UNLESERLICH

P74   1875

ANZAHL DER ZEUGEN: 2

Y   FILMFEHLER

57

ANZAHL DER ZEUGEN: 1

Z   LUECKE

P8	P29	P33	P38	P41	P45	P48	P50	P53	P56
P57	P91	014	020	048	057	066	076	077	093
095	096	097	0120	0140	0165	0166	0175	0189	0236
0244	0294	42	62	172	206	256	302	309	314
325	441	466	498	506	517	567	602	623	624
626	627	699	920	956	1067	1094	1115	1526	1723
1728	1729	1730	1731	1738	1745	1752	1754	1756	1759
1762	1832	1839	1846	1852	1858	1861	1864	1867	1871
1889	1890	1899	1904	1835	2005	2009	2180	2201	2289
2303	2378	2441	2464	2570	2587	2626	2627	2652	2671
2716	2746	2777	2778	2797	2829	2833			

ANZAHL DER ZEUGEN: 107

==

■■   8 ACTA 2,31
             οτι ουτε εγκατελειφθη εις αδην

1   κατελειφθη η ψυχη αυτου

025	044	049	056	0142	1	3	6	18	35
38	43	69	76	82	93	97	102	103	105
110	131	133	141	142	149	175	177	189	201
203	204	205	206S	209	216	218	221	226	250
302	308	312	319	321	327	328	330	337	365
383	385	386	393	394	398	400	421	424	425
436	437	440	444	450	451	452	454	455	456
457	458	462	464	465	479	483	491	496	592
601	603	604	605	606	607	616	618	625	628
632	634	635	636	637	638	639	641	656	664
665	676	757	796	801	824	886	910	911	913
914	916	917	919	921	922	928	935	941	959
986	997	999	1003	1022	1040	1066	1069	1070	1072

1073	1075	1099	1100	1101	1102	1103	1105	1107	1127
1149	1161	1240	1241	1242	1243	1244	1245	1248	1249
1250C	1270	1277	1297	1315	1319	1352	1354	1360	1390
1398	1400	1404	1409	1448	1482	1503	1505	1508	1521
1548	1563	1573	1594	1595	1597	1598	1599	1609	1610
1617	1618	1619	1622	1626	1628	1636	1637	1642C	1643
1649	1652	1656	1668	1673	1678	1702	1717	1719	1720
1725	1726	1727	1732	1733	1737	1740	1741	1742	1743
1744	1746C	1747	1748	1749	1750	1757	1758	1761	1763
1767	1780	1830		1841	1847	1849	1850	1851	1853
1854	1855	1856	1857	1859	1860	1862	1865	1870	1872
1876	1880	1883	1885	1886	1888	1890S	1892	1893	1894
1895	1896	1897	1902	2080	2085	2086	2127	2131	2143
2175	2191	2194	2218	2221	2242	2243	2255	2261	2288
2298	2352	2356	2374	2400	2404	2423	2431	2466	2473
2475	2483	2484	2492	2494	2502	2508	2516	2523	2544
2554	2558	2576	2625	2653	2691	2696	2704	2712	2723
2772	2774	2799	2816						

ANZAHL DER ZEUGEN: 304

1B   κατεληφθη η ψυχη αυτου

263   469   1367   1424   1735   2705

ANZAHL DER ZEUGEN: 6

1C   κατεληφθει η ψυχη αυτου

1311

ANZAHL DER ZEUGEN: 1

1D   καταλειφθη η ψυχη αυτου

2675

ANZAHL DER ZEUGEN: 1

1E   κατεληφη η ψυχη αυτου

2674

ANZAHL DER ZEUGEN: 1

1F   κατελειφθη η ψυχη αυτον

404

ANZAHL DER ZEUGEN: 1

2   εγκατελειφθη

01   02   03   05C1   81   363   1175

ANZAHL DER ZEUGEN: 7

2B　　ενκαταλειφθη

　05*

ANZAHL DER ZEUGEN:　1

2C　　εγκατεληµφθη

　04*

ANZAHL DER ZEUGEN:　1

3　　εγκατελειφθη η ψυχη αυτου

04C3	08	5	51	90	94	104	122	180	223
228	234	254	307	322	323	326	367	378	384
429	453	459	460	467	468	489	522	547	582
608	610	617	619	621	629C	630	633	642	680
794	808	912	927	945	996	1058	1104	1106	1247
1250*	1251	1359	1405	1456	1490	1501	1509	1524	1642*
1646	1704	1721	1722	1736	1739	1753	1768	1828	1829
1842	1843	1845	1863	1868	1869	1873	1874	1877	1884
1891	1903	2125	2200	2279	2344	2401	2412	2488	2501
2511	2541	2619	2737	2818					

ANZAHL DER ZEUGEN:　95

3B　　εγκατεληφθη η ψυχη αυτου

88	181	296	390	431	432	614	915	1162	1292
1751	1827	1831	1838	2718	2805	2815			

ANZAHL DER ZEUGEN:　17

3C　　εκατελειφθη η ψυχη αυτου

　1734

ANZAHL DER ZEUGEN:　1

3D　　εγκατεληµφθη η ψυχη αυτου

　1724

ANZAHL DER ZEUGEN:　1

4　　καταληφθησετε η ψυχη αυτου

　2147

ANZAHL DER ZEUGEN:　1

5　　απεληφθη αυτου η ψυχη

　901

ANZAHL DER ZEUGEN:　1

6   εγκατελειφθη {εις αδου} η ψυχη αυτου

    61   876   1611   1718   1765   2138

ANZAHL DER ZEUGEN: 6

7   εγκατελειφθη {εις αδην} η ψυχη αυτου

    1837   2495

ANZAHL DER ZEUGEN: 2

X   UNLESERLICH

    33   629*   1746*   1875

ANZAHL DER ZEUGEN: 4

Y   FILMFEHLER

    P74   57

ANZAHL DER ZEUGEN: 2

Z   LUECKE

P8	P29	P33	P38	P41	P45	P48	P50	P53	P56
P57	P91	014	020	048	057	066	076	077	093
095	096	097	0120	0140	0165	0166	0175	0189	0236
0244	0294	42	62	172	206	256	309	314	325
441	466	498	506	517	567	602	623	624	626
627	699	920	956	1067	1094	1115	1526	1723	1728
1729	1730	1731	1738	1745	1752	1754	1756	1759	1762
1832	1839	1846	1852	1858	1861	1864	1867	1871	1889
1890	1899	1904	1835	2005	2009	2180	2201	2289	2303
2378	2441	2464	2570	2587	2626	2627	2652	2671	2716
2746	2777	2778	2797	2829	2833				

ANZAHL DER ZEUGEN: 106

==

■■   9   ACTA 2,38
        βαπτισθητω εκαστος υμων ... εις αφεσιν
        των αμαρτιων υμων

1   αμαρτιων

05	08	025	044	049	056	0142	1	3	5
18	33	35	38	42	43	51	61	69	76
82	88	90	93	94	97	102	103	104	105
110	122	131	133	141	142	149	175	177	180
189	201	203	204	205	206S	209	216	218	221
223	226	228	234	250	254	263	296	302	308
312	319	321	322	323S	326	327	328	330	337
363	365	367	378	383	384	385	386	390	393
394	398	400	404	421	424	425	429	431	432

436	437	440	444	450	451	452	454	455	456
457	458	459	462	464	465	468	469	479	483
489	491	496	522	547	582	592	601	603	604
605	606	607	608	614	616	617	618	619	621
625	628	630	632	633	634	635	636	637	638
639	641	656	664	665	676	680	699	757	794
796	801	808	824	876	901	910	911	912	914
915	916	917	919	921	922	927	928	935	941
945	959	996	997	999	1003	1022	1040	1058	1066
1069	1070	1072	1073	1075	1099	1100	1101	1102	1103
1104	1105	1106	1107	1127	1149	1161	1162	1240	1241
1242	1243	1244	1245	1247	1248	1249	1250	1251	1270
1277	1292	1297	1311	1315	1319	1352	1354	1359	1360
1367	1390	1398	1400	1404	1405	1424	1448	1456	1482
1490	1501	1503	1505	1508	1509	1521	1524	1548	1563
1573	1594	1595	1597	1598	1599	1609	1610	1611	1617
1618	1619	1622	1626	1628	1636	1637	1643	1646	1649
1652	1656	1668	1673	1702	1704	1717	1718	1719	1720
1721	1724	1725	1726	1727	1732	1733	1734	1735	1736
1737	1739	1740	1741	1742	1743	1744	1746	1747	1748
1749	1750	1751	1753	1757	1758	1761	1763	1765	1767
1768	1780	1827	1828	1829	1830	1831		1837	1838
1841	1842	1843	1845	1847	1849	1850	1851	1853	1854
1855	1856	1857	1859	1860	1862	1863	1865	1868	1869
1870	1872	1873	1874	1876	1877	1880	1883	1884	1885
1886	1888	1890S	1891	1892	1893	1894	1895	1896	1897
1902	1903	2080	2085	2086	2125	2127	2131	2138	2143
2147	2175	2191	2194	2200	2218	2221	2242	2243	2255
2261	2279	2288	2298	2344	2352	2356	2374	2400	2401
2404	2412	2423	2431	2466	2473	2475	2483	2484	2488
2492	2494	2495	2501	2502	2508	2511	2516	2523	2541
2544	2554	2558	2576	2619	2625	2653	2674	2675	2691
2696	2704	2705	2712	2718	2723	2737	2772	2799	2805
2815	2816								

ANZAHL DER ZEUGEN: 422

2   των αμαρτιων υμων

    01   02   03   81   181   467   1409C   2774

ANZAHL DER ZEUGEN: 8

3   των αμαρτιων ημων

    04   1642C

ANZAHL DER ZEUGEN: 2

4   των αμαρτιων

    307   453   610   886   1175   1678   2818

ANZAHL DER ZEUGEN: 7

5   αμαρτιων υμων

  6 460 629 1409* 1722

ANZAHL DER ZEUGEN: 5

6   αμαρτιων ημων

1642*

ANZAHL DER ZEUGEN: 1

X   UNLESERLICH

1875

ANZAHL DER ZEUGEN: 1

Y   FILMFEHLER

  57

ANZAHL DER ZEUGEN: 1

Z   LUECKE

P8	P29	P33	P38	P41	P45	P48	P50	P53	P56
P57	P74	P91	014	020	048	057	066	076	077
093	095	096	097	0120	0140	0165	0166	0175	0189
0236	0244	0294	62	172	206	256	309	314	323
325	441	466	498	506	517	567	602	623	624
626	627	642	913	920	956	986	1067	1094	1115
1526	1723	1728	1729	1730	1731	1738	1745	1752	1754
1756	1759	1762	1832	1839	1846	1852	1858	1861	1864
1867	1871	1889	1890	1899	1904	1835	2005	2009	2180
2201	2289	2303	2378	2441	2464	2570	2587	2626	2627
2652	2671	2716	2746	2777	2778	2797	2829	2833	

ANZAHL DER ZEUGEN: 109

==

■■ 10 ACTA 2,43.44
              σημεια δια των αποστολων εγινετο <u>ADD.</u>
              (44) παντες δε

1/2 SINE ADD.

03	05	025	049	056	0142	1	3	5	6
18	35	42	43	51	69	76C	82	90	93
97	102	103	105	110	122	131	133	141	142
149	175	177C	201	203	204	205	206S	209	216
218	221	223	226	228	234	250	254	263	296
302	308	312	319	321	322	323S	327	328	330
337	363	367	378	383	384	385	386	390	393
394	398	400	404	421	424	425	429	431	432
436	437	440	444	450	451	452	454	455	456

457	458	462	464	465	468	469	479	483	489
491	496	522	547	582	592	601	603	604	605
606	607	608	614	616	618	619	621	625	628
630	632	633	634	635	636	637	638	639	641
656	664	665	676	680	699	757	794	796	801
808	824	876	901	910	911	912	914	916	917
919	921	922	927	928	935	941	945	959	996
997	999	1003	1022	1040	1058	1066	1069	1070	1072
1073	1075	1099	1100	1101	1102	1103	1104	1105	1106
1107	1127	1149	1161	1162	1240	1241	1242	1243	1244
1245	1247	1248	1249	1250	1251	1270	1292	1297	1311
1315	1352	1354	1359	1360	1367	1390	1398	1400	1404
1405	1424	1448	1456	1482	1490	1503	1505	1508	1509
1521	1524	1548	1563	1594	1595	1598	1599	1609	1610
1611	1617	1618	1619	1622	1626	1628	1636	1637	1646
1649	1652	1656	1668	1673	1702	1704	1717	1718	1719
1720	1721	1724	1725	1726	1727	1732	1733	1734	1735
1736	1737	1739	1740	1741	1742	1744	1746	1747	1748
1749	1750	1751	1753	1754	1757	1758	1761	1763	1765
1767	1768	1780	1827	1828	1829	1830	1831		1841
1842*	1843	1845	1847	1849	1850	1851	1853	1854	1855
1856	1857	1859	1860	1862	1863	1865	1868	1869	1870
1872	1873	1874	1876	1877	1880	1883	1885	1886	1888
1890S	1891	1892	1893	1894	1896	1897	1902	1903	2080
2085	2086	2125	2131	2138	2143	2175	2191	2194	2200
2218	2221	2243	2255	2261	2279	2288	2298	2352	2356
2374	2400	2401	2404	2412	2423	2431	2466	2473	2475
2483	2484	2488	2492	2494	2501	2502	2508	2511	2516
2523	2541	2544*	2554	2558	2576	2619	2625	2653	2674
2675	2691	2696	2704	2705	2712	2718	2723	2737	2772
2799	2815	2816							

ANZAHL DER ZEUGEN: 393

3   ADD. εν ιερουσαλημ φοβος τε ην μεγας επι παντας

P74	01	02	04	38	88	365	460	915	1175
1319	1573	1642	2127	2242					

ANZAHL DER ZEUGEN: 15

4   ADD. εν ιερουσαλημ φοβος τε ην μεγας επι παντας
     αυτους

044	467	886	1895	2805

ANZAHL DER ZEUGEN: 5

5   ADD. εν ιερουσαλημ ο φοβος τε ην μεγας επι παντας
     αυτους

2147

ANZAHL DER ZEUGEN: 1

6   ADD. εις ιερουσαλημ φοβος τε ην μεγας επι παντας
αυτους

94   180   307   453   610   1501   1678   2818

ANZAHL DER ZEUGEN: 8

7   ADD. εν ιερουσαλημ φοβος τε ην μεγας επι παντας

326   1837

ANZAHL DER ZEUGEN: 2

7B   ADD. εν ιερουσαλημ φοβος δε ην μεγας επι παντας

2495

ANZAHL DER ZEUGEN: 1

8   ADD. εν ιερουσαλημ φοβος τε ην μεγας

76*   189   1277   1597   1643   1743

ANZAHL DER ZEUGEN: 6

8B   ADD. ε ιερουσαλημ φοβος τε ην μεγας

617

ANZAHL DER ZEUGEN: 1

9   ADD. εν ιερουσαλημ φοβος τε ην επι παντας

181C

ANZAHL DER ZEUGEN: 1

10   ADD. εν ιερουσαλημ φοβος ην επι παντας

61

ANZAHL DER ZEUGEN: 1

11   ADD. εν ιερουσαλημ

08   33   104   181*   459   1409   1722C   1838   1842C   1884
2344   2774

ANZAHL DER ZEUGEN: 12

12   ADD. εν ιερουσαλημ {εγινετο} και φοβος ην μεγας επι
παντας τους ανθρωπους

629

ANZAHL DER ZEUGEN: 1

13   ADD. φοβος τε μεγας ην επι παντας αυτους

    2544C

    ANZAHL DER ZEUGEN: 1

14   ADD. και

    81   177*

    ANZAHL DER ZEUGEN: 2

X   UNLESERLICH

    1722*   1875

    ANZAHL DER ZEUGEN: 2

Y   FILMFEHLER

     57

    ANZAHL DER ZEUGEN: 1

Z   LUECKE

P8	P29	P33	P38	P41	P45	P48	P50	P53	P56
P57	P91	014	020	048	057	066	076	077	093
095	096	097	0120	0140	0165	0166	0175	0189	0236
0244	0294	62	172	206	256	309	314	323	325
441	466	498	506	517	567	602	623	624	626
627	642	913	920	956	986	1067	1094	1115	1526
1723	1728	1729	1730	1731	1738	1745	1752	1756	1759
1762	1832	1839	1846	1852	1858	1861	1864	1867	1871
1889	1890	1899	1904	1835	2005	2009	2180	2201	2289
2303	2378	2441	2464	2570	2587	2626	2627	2652	2671
2716	2746	2777	2778	2797	2829	2833			

    ANZAHL DER ZEUGEN: 107

==

■■   11   ACTA 2,46   <u>καθ ημεραν τε προσκαρτερουντες ομοθυμαδον</u>
                                 <u>εν τω ιερω κλωντες τε κατ οικον αρτον</u>

1/2   καθ ημεραν τε προσκαρτερουντες ομοθυμαδον εν τω ιερω
        κλωντες τε κατ οικον αρτον

01	02	03	08	025	044	049	056	0142	1
5	6	18	33	35	38	42	43	51	61
69	76	82	88	90	93	97	102	103	105
110	122	141	142	149	175	177	180	189	201
203	204	206S	216	221	223	226	228	234	250
254	296	302	307	308	312	319	322	323	326
327	328	337	365	367	378	383	385	386	390
394	398	404	424	425	431	432	437	440	444

450	452	453	455	456	457	458	460	462	465
467	468	469	479	483	496	547	592	603	604
605	606	607	610	614	618	625	630	632	633
634	635	636	637	638	639	641	664	665	676
680	699	757	794	801	824	876	886	901	910
911	912	915C	916	917	919	921	928	935	941
945	959	996	999	1022	1040	1058	1066	1069	1072
1073	1075	1099	1100	1101	1102	1103	1104	1105	1107
1127	1149	1161	1241	1242	1244	1247	1248	1249	1250
1270	1277	1292	1297	1311	1315	1352	1354	1359	1360
1367	1390	1400	1404	1405	1409	1424C	1448	1456	1482
1503	1505	1508	1521	1524	1548	1573	1594	1595	1597
1598	1599	1609	1611	1617	1618	1619	1622	1626	1628
1636	1637	1643	1649	1652	1656	1668	1678	1704	1717
1718	1720	1721	1722	1724	1725	1732	1733	1735	1736
1737	1739	1740	1741	1742	1743	1744	1746	1747	1748
1749	1750	1751	1753	1757	1761	1763	1765	1768	1780
1828		1837	1841	1843	1845C	1847	1849	1851	1853
1854	1855	1856	1857	1860	1862	1863	1865	1868	1869
1870	1872	1873	1874	1876	1877	1880	1883	1884	1885
1886	1888	1890S	1891	1892	1893	1894	1895	1896	1897
1902	1903	2080	2085	2125	2127	2138	2147L	2175	2191
2194	2200	2218	2221	2243	2255	2261	2279	2288	2344
2352	2356	2374	2400	2401	2404	2412	2423	2431	2466
2473	2475	2483	2484	2488	2495	2501	2502	2508	2511
2523	2541	2544	2554	2558	2619	2625C	2653	2691	2696
2704	2705	2712	2718	2723	2737	2772	2774	2799	2815
2816	2818								

ANZAHL DER ZEUGEN: 352

1/2B   καθ ημεραν τε προσκαρτερουντες ομοθυμαδων εν τω ιερω
        κλωντες τε κατ οικον αρτον

616   628   1646   1719   1827   2516

ANZAHL DER ZEUGEN: 6

1/2C   καθ ημεραν τε προσκαρτερουντες ομοθυμαδον εν το ιερω
        κλωντες τε κατ οικον αρτον

218

ANZAHL DER ZEUGEN: 1

1/2D   καθ ημεραν τε προσκαρτερουντες ομοθυμαδον εν τω ιερω
        κλοντες τε κατ οικον αρτον

1175

ANZAHL DER ZEUGEN: 1

1/2E   καθ ημεραν τε προσκαρτερουντες ομοθυμαδον εν τω ιερω
        κλωντες τε κατ οικων αρτον

915*

ANZAHL DER ZEUGEN: 1

1/2F   καθ ημεραν προσκαρτερουντες ομοθυμαδων εν τω ιερω
       κλωντες τε κατ οικον αρτον

2674

ANZAHL DER ZEUGEN: 1

1/2G   καθ ημεραν τε προσκαρτερουντες ομοθυμαδον εν τω ιερω
       κλωντες κατ οικον αρτων

1850

ANZAHL DER ZEUGEN: 1

1/2H   καθ ημεραν τε προσκαρτερουντες ομοθυμαδον εν τω ιερω
       κλωντες τε κατ εικον αρτον

1829

ANZAHL DER ZEUGEN: 1

1/2I   καθ ημεραν τε προσκαρτερουντες ομοθυμαδον εν τω ιερω
       κλωντες δε κατ οικον αρτον

   P74   1509

ANZAHL DER ZEUGEN: 2

1/2K   καθ ημεραν τε προσκαρτερουντες ομοθυμαδων εν τω ιερω
       κλωντες δε κατ οικον αρτον

   421

ANZAHL DER ZEUGEN: 1

1/2L   καθ ημεραν τε προσκαρτερουντες ομοθυμαδον εν τω ιερω
       κλωντες κατ οικον αρτον

   81   94   263   393   400   436   619   629   808   1162
  1610   1734   1830   2298

ANZAHL DER ZEUGEN: 14

1/2M   καθ ημεραν δε προσκαρτερουντες ομοθυμαδον εν τω ιερω
       κλωντες τε κατ οικον αρτον

   104   131   321   330   451   608   617   1859   2147T   2492
  2576

ANZAHL DER ZEUGEN: 11

1/2N   καθ ημεραν δε προσκαρτερουντες ομοθυμαδον εν τω ιερω
       κλωντες κατ οικον αρτους

1838

ANZAHL DER ZEUGEN: 1

1/20   καθ ημεραν προσκαρτερουντες ομοθυμαδον εν τω ιερω
         κλωντες τε κατ οικον αρτον

         133   384   454   491   601   621   656   1563   1673   1842
         2625*

ANZAHL DER ZEUGEN: 11

3   καθ ημεραν προσκαρτερουντες ομοθυμαδον εν τω ιερω
         κλωντες κατ οικον αρτον

         1243   1398

ANZAHL DER ZEUGEN: 2

4   καθ ημεραν τε προσκαρτερουντες ομοθυμαδον εν τω ιερω
         κλωντες τα κατ οικον αρτον

         2675

ANZAHL DER ZEUGEN: 1

5   καθ ημεραν τε προσκαρτερουντες εν τω ιερω ομοθυμαδον
         κλωντες τε κατ οικον αρτον

         04   429   522   796C   997   1106   1245   1251   1424*   1490
         1501   1702   1726   1727   1758   2086   2131   2143

ANZAHL DER ZEUGEN: 18

5B   καθ ημεραν τε προσκαρτερουντες εν τω ιερω ομοθυμαδον
         κλωντες κατ οικον αρτον

         363C   1070

ANZAHL DER ZEUGEN: 2

6   καθ ημεραν τε προσκαρτερουντες εν τω ιερω κλωντες τε
         κατ οικον αρτον

         3   205   209   582   796*   914   1240   1767   2494

ANZAHL DER ZEUGEN: 9

7   καθ ημεραν τε προσκαρτερουντες εν τω ιερω κλωντες τε
         αρτον

         1754

ANZAHL DER ZEUGEN: 1

8   καθ ημεραν τε προσκαρτερουντες ομοθυμαδον επι τω
         ιερω κλωντες τε κατ οικον αρτον

         1003

ANZAHL DER ZEUGEN: 1

8B　　καθ ημεραν δε προσκαρτερουντες ομοθυμαμαδον επι τω
　　　ιερω κλωντες κατ οικον αρτον

1831

ANZAHL DER ZEUGEN:　1

9　　καθ ημεραν τε προσκαρτερουντες ομοθυμαδον εν τω ιερω
　　κλωντες τε κατ οικον τον αρτον

459　922

ANZAHL DER ZEUGEN:　2

10　καθ ημεραν τε προσκαρτερουντες ομοθυμαδον εν τω ιερω
　　κλωντες τε αρτον κατ οικον

464　1845*　2805

ANZAHL DER ZEUGEN:　3

11　καθ ημεραν τε προσκαρτερουντες ομοθυμαδον εν τω ιερω
　　κλωντες τε και κατ οικον αρτον

181　1319

ANZAHL DER ZEUGEN:　2

12　καθ ημεραν τε προσκαρτερουντες ομοθυμαδον εν τω ιερω
　　κλωντες τε κατ οικον

489　927

ANZAHL DER ZEUGEN:　2

13　καθ ημεραν τε προσκαρτερουντες επι το αυτο
　　ομοθυμαδον εν τω ιερω κλωντες τε κατ οικον αρτον

2242

ANZAHL DER ZEUGEN:　1

14　καθ ημεραν τε προσκαρτερουντες ομοθυμαδον εν τω ναω
　　κλωντες κατ οικον αρτον

1642

ANZAHL DER ZEUGEN:　1

15　καθ ημεραν παντες τε προσκαρτερουν εν τω ιερω και
　　κατ οικους επι το αυτο κλωντες τε αρτον

05C2

ANZAHL DER ZEUGEN:　1

16   παντες τε προσκαρτερουν εν τω ιερω και κατ οικουσαν
        επι το αυτο κλωντες τε αρτον

05*

ANZAHL DER ZEUGEN: 1

X   UNLESERLICH

        P91   095   363* 1875

ANZAHL DER ZEUGEN: 4

Y   FILMFEHLER

        57

ANZAHL DER ZEUGEN: 1

Z   LUECKE

P8	P29	P33	P38	P41	P45	P48	P50	P53	P56
P57	014	020	048	057	066	076	077	093	096
097	0120	0140	0165	0166	0175	0189	0236	0244	0294
62	172	206	256	309	314	325	441	466	498
506	517	567	602	623	624	626	627	642	913
920	956	986	1067	1094	1115	1526	1723	1728	1729
1730	1731	1738	1745	1752	1756	1759	1762	1832	1839
1846	1852	1858	1861	1864	1867	1871	1889	1890	1899
1904	1835	2005	2009	2180	2201	2289	2303	2378	2441
2464	2570	2587	2626	2627	2652	2671	2716	2746	2777
2778	2797	2829	2833						

ANZAHL DER ZEUGEN: 104

==

■■ 12 ACTA 2,47.3,1
                προσετιθει τους σωζομενους καθ ημεραν επι
                το αυτο (3,1) πετρος δε και ιωαννης
                ανεβαινον

1   τη εκκλησια. επι το αυτο δε πετρος

08	025	044	049	056	0142	1	3	5	18
33	35	42	43	51	61	69C	76C	82	88
90C	93	94	97	102	104	105	110	122	131
133	141	142	149	175	177	180	189	201	203
204	205	206S	209	216	221	223	226	228	234
250	254	263	296	302	308	312	319	321	322
323	326	327	328	330	337	363	367	378	383
384	385	386	390	393	394	398	400	404	421
424	425*	432	436	437	440	444	450	451	452
453	454	455	456	457	458	462	464	465	467
468	469	479	483	489	491	496	547	582	592
601	603	604	605	607	608	610	614	616	617
618	619	621	625	628	632	633	634	635	636C

638	642	656	664	665	680	699	757	794	796
801	808	824	876	901	910	911	912	915	916
917	919	921	922	927	928	935	941	959	996
999	1003	1022	1040	1058	1066	1069	1070	1072	1073
1075	1099	1100	1101	1102	1103	1104	1105	1106	1107
1127	1149	1161	1162	1240	1241	1242	1244	1245	1247
1248	1249	1250	1251	1270	1277	1292	1297	1311	1315
1352	1354	1360	1367	1390	1400	1404	1405	1424	1448
1456	1482	1490	1501	1503	1508	1509C	1521	1524	1548
1563	1594	1595	1597	1598	1599	1609	1610	1611	1617
1618	1619	1622	1626	1628	1636	1637	1643	1646	1649
1652	1656	1668	1673	1678	1702	1717	1718	1719	1720
1721	1722	1724	1725	1726	1727	1732	1733	1734	1735
1736	1737	1740	1741	1742	1743	1744	1746	1747	1748
1749	1750	1753	1754	1757	1758	1761	1763	1765	1767
1768	1780	1827	1828	1829	1830	1831		1837	1838
1841	1842	1843	1845	1847	1849	1850	1851	1853	1854
1855	1856	1857	1859	1860	1862	1863	1865	1868	1869
1870	1872	1873	1874	1876	1877	1880	1883	1884	1885
1886	1888	1890S	1893	1894	1896	1897	1902	1903	2080
2085	2086	2125	2131	2138	2143	2147	2175	2191	2194
2218	2221	2242	2243	2255	2261	2279	2288	2298	2344
2352	2356	2374	2401	2404	2412	2423	2431	2466	2473
2475	2483	2484	2488	2492	2494	2501	2502	2508	2511
2516	2523	2541	2544	2554	2558	2576	2619	2625	2653
2674	2675	2691	2704	2705	2723	2737	2772	2799	2805
2815	2816	2818C							

ANZAHL DER ZEUGEN: 393

1B   τη εκκλησια. και επι το αυτο πετρος

1243

ANZAHL DER ZEUGEN: 1

1C   τη εκκλησια. επι το αυτο πετρος

     69*   459   636*   2696   2818*

ANZAHL DER ZEUGEN: 5

1D   τη εκκλησια. επι το αυτο δε πετρος δε

     307

ANZAHL DER ZEUGEN: 1

2   επι το αυτο. πετρος δε

     P74   01   02   03   04   095   81   629*   1175   1704
     1892

ANZAHL DER ZEUGEN: 11

2B   επι το αυτο δε πετρος

676   2712

ANZAHL DER ZEUGEN: 2

3   τη εκκλησια επι το αυτο. πετρος δε

6   103   522   606   629C   630   641   945   1509*   1642
1739   1891   2200   2400

ANZAHL DER ZEUGEN: 14

4   εν τη εκκλησια. επι το αυτο δε πετρος

181   914   1398

ANZAHL DER ZEUGEN: 3

5   της εκκλησιας επι το αυτο. πετρος

2495

ANZAHL DER ZEUGEN: 1

6   τη εκκλησια. εν ταις ημεραις εκειναις πετρος

425C   639

ANZAHL DER ZEUGEN: 2

7   επι το αυτο εν τη εκκλησια. εν δε ταις ημεραις
       ταυταις πετρος

05

ANZAHL DER ZEUGEN: 1

8   τη εκκλησια επι το αυτο. εν ταις ημεραις εκειναις
       πετρος

429   1751

ANZAHL DER ZEUGEN: 2

8B   τη εκκλησια επι το αυτο δε εν ταις ημεραις εκειναις
       πετρος

997

ANZAHL DER ZEUGEN: 1

9   τη εκκλησια. εν ταις ημεραις εκειναις επι το αυτο
       πετρος

460   637

ANZAHL DER ZEUGEN: 2

10   επι το αυτο τη εκκλησια. πετρος δε

    38   1319   1573   2127

ANZAHL DER ZEUGEN: 4

11   τη εκκλησια επι το αυτο. επι το αυτο δε πετρος

    886   1895

ANZAHL DER ZEUGEN: 2

11B   τη εκκλησια επι το αυτο. επι το αυτο πετρος

    90*   2774

ANZAHL DER ZEUGEN: 2

12   τη εκκλησια. πετρος δε

    218   365   1359   1409   1505   2718

ANZAHL DER ZEUGEN: 6

13   επι το αυτο δε πετρος ET OM. VS 47B

    431

ANZAHL DER ZEUGEN: 1

X   UNLESERLICH

    P91   76*   1875

ANZAHL DER ZEUGEN: 3

Y   FILMFEHLER

    57

ANZAHL DER ZEUGEN: 1

Z   LUECKE

P8	P29	P33	P38	P41	P45	P48	P50	P53	P56
P57	014	020	048	057	066	076	077	093	096
097	0120	0140	0165	0166	0175	0189	0236	0244	0294
62	172	206	256	309	314	325	441	466	498
506	517	567	602	623	624	626	627	913	920
956	986	1067	1094	1115	1526	1723	1728	1729	1730
1731	1738	1745	1752	1756	1759	1762	1832	1839	1846
1852	1858	1861	1864	1867	1871	1889	1890	1899	1904
1835	2005	2009	2180	2201	2289	2303	2378	2441	2464
2570	2587	2626	2627	2652	2671	2716	2746	2777	2778
2797	2829	2833							

ANZAHL DER ZEUGEN: 103

■■ 13 ACTA 3,11

κρατουντος δε αυτου τον πετρον και τον
ιωαννην συνεδραμεν πας ο λαος προς αυτους

1   κρατουντος δε του ιαθεντος χωλου τον πετρον και
       ιωαννην συνεδραμεν προς αυτους πας ο λαος

025	049	056	0142	1	3	5	18	33	35
38	42	51	57	61	76	82	90	93	97
102	104	105	110	122	131	133	141	142	149
175	177	181	189	201	203	204	205	206S	209
216	218	221	223	226	234	250	254	263	296
302	308	312	319	321	326	327	328	365	367
378	383	384	385	386	390	393	394	400	404
421	424	425	431	432	436	437	440	444	450
451	452	454	456	457	458	459	460	462	464
465	479	483	491	496	547	582	592	601	604
605	607	614	616	617	618	619	625	628	632
633	634	635	636	638	642	656	664	665	676
680	699	757	794	796	801	808	824	886	901
910	911	912	914	916	917	919	921	922	927
935	941	986	997	999	1003	1022	1040	1058	1066
1069	1070	1072	1073	1075	1100	1101	1102	1103	1104
1105	1107	1149	1161	1240	1241	1242	1244	1245	1247
1249	1250	1270	1277	1292	1297	1311	1315	1319	1352
1354	1359	1360	1367	1390	1398	1400	1404	1405	1409
1424	1448	1456	1482	1501	1503	1505	1508	1521	1524
1548	1563	1573	1594	1595	1597	1598	1599	1609	1617
1619	1622	1628	1636	1637	1643	1646	1649	1652	1656
1668	1673	1702	1717	1719	1720	1721	1722	1725	1726
1727	1732	1733	1734	1735	1736	1737	1740	1741	1742
1743	1746	1747	1748	1749	1750	1753	1757	1761	1763
1767	1768	1780	1827	1828	1829	1831		1837	1843
1845	1847	1849	1850	1851	1853	1854	1855	1856	1857
1859	1860	1862	1863	1865	1868	1869	1870	1872	1873
1874	1876	1880	1883	1885	1886	1888	1892	1894	1895
1896	1897	1902	1903	2080	2085	2086	2127	2131	2143
2147	2175	2191	2194	2218	2221	2243T	2255	2261	2279
2288	2344	2352	2356	2374	2400	2401	2404	2412	2423
2431	2466	2475	2483	2484	2488	2492	2494	2495	2501
2502	2508	2511	2516	2523	2541	2544	2554	2558	2619
2653	2674	2675	2691	2696	2704	2712	2723	2737	2772
2774	2799	2815							

ANZAHL DER ZEUGEN: 353

1B   κρατουντος του ιαθεντος χωλου τον πετρον και ιωαννην
       συνεδραμεν προς αυτους πας ο λαος

       637   639   1099   1751   1754   1838   2242   2705

ANZAHL DER ZEUGEN: 8

1C   κρατουντος δε του ιαθεντος χωλου τον πετρον και
       ιωαννην συνεδραμον προς αυτους πας ο λαος

       330   489   1127   1877   2718

ANZAHL DER ZEUGEN: 5

1D   κρατουντος δε του ιαθεντος χωλου τον πετρον και τον
        ιωαννην συνεδραμεν προς αυτους πας ο λαος

    69   467   468   928   959   1830   2298

ANZAHL DER ZEUGEN: 7

1E   κρατουντος δε του ιαθεντος χωλου τον πετρον και
        ιωαννην ανεδραμεν προς αυτους πας ο λαος

    1610

ANZAHL DER ZEUGEN: 1

1F   κρατουντος δε του ιαθεντος χωλου τον πετρον και
        ιωαννην συνεδραμεν δε προς αυτους πας ο λαος

    1248

ANZAHL DER ZEUGEN: 1

1G   και κρατουντος δε του ιαθεντος χωλου τον πετρον και
        ιωαννην συνεδραμεν προς αυτους πας ο λαος

    1626

ANZAHL DER ZEUGEN: 1

1H   κρατουντος δε ου ιαθεντος χωλου τον πετρον και
        ιωαννην συνεδραμεν προς αυτους πας ο λαος

    1618

ANZAHL DER ZEUGEN: 1

1I   κρατουντος δε του ιαθεντος χωλου τον πετρον και
        ιωαννην συνεδραμεν επ αυτους πας ο λαος

    469

ANZAHL DER ZEUGEN: 1

2   κρατουντος δε αυτου τον πετρον και τον ιωαννην
        συνεδραμεν πας ο λαος προς αυτους

    01   03   057   81   88   180   307   323   453   610
    1175   1678   2818

ANZAHL DER ZEUGEN: 13

2B   κρατουντος τε αυτου τον πετρον και τον ιωαννην
        συνεδραμεν πας ο λαος προς αυτους

    P74   02   04

ANZAHL DER ZEUGEN: 3

2C   κρατουντος δε αυτου τον πετρον και ιωαννην
        συνεδραμεν πας ο λαος προς αυτους

    94   228   322   996   1642*   1724

ANZAHL DER ZEUGEN: 6

2D   κρατουντος δε αυτου πετρον και ιωαννην συνεδραμεν
        πας ο λαος προς αυτους

    044

ANZAHL DER ZEUGEN: 1

3   κρατουντος δε αυτου τον πετρον και ιωαννην
        συνεδραμεν προς αυτους πας ο λαος

    08   363   1106   1251   1490   1718   1758   1884

ANZAHL DER ZEUGEN: 8

3B   κρατουντος δε αυτου τον περον και ιωαννην συνεδραμεν
        προς αυτους πας ο λαος

    1765

ANZAHL DER ZEUGEN: 1

3C   κρατουντος δε αυτου πετρον και ιωαννην συνεδραμεν
        προς αυτους πας ο λαος

    876   1611   1890   2138

ANZAHL DER ZEUGEN: 4

3D   κρατουντος δε αυτου τον πετρον και τον ιωαννην
        συνεδραμεν προς αυτους πας ο λαος

    103   429   522   606   641   1739   1891   2200   2805

ANZAHL DER ZEUGEN: 9

3E   κρατουντος δε αυτου τον πετρον και τον ιωαννην
        συνεδραμον προς αυτους πας ο λαος

    945

ANZAHL DER ZEUGEN: 1

4   κρατουντος δε αυτου τον πετρον και ιωαννην
        συνεδραμεν προς αυτον πας ο λαος

    630

ANZAHL DER ZEUGEN: 1

5   κρατουντος δε αυτου τον πετρον και τον ιωαννην
συνεδραμεν προς αυτον πας ο λαος

1704*

ANZAHL DER ZEUGEN: 1

6   κρατουντος δε του ιαθεντος χωλου τον πετρον και τον
ιωαννην συνεδραμον προς αυτον πας ο λαος

1704C

ANZAHL DER ZEUGEN: 1

7   κρατουντος δε του ιαθεντος χωλου τον πετρον και
ιωαννην συνεδραμεν προς αυτον πας ο λαος

     43   603   1162   1759   1841   2243L 2473   2816

ANZAHL DER ZEUGEN: 8

8   κρατουντος δε του ιαθεντος χωλου τον πετρον και
ιωαννην συνεδραμεν πας ο λαος προς αυτους

   455   621   1509   1642C 1842

ANZAHL DER ZEUGEN: 5

9   κρατουντος δε του ιαθεντος χωλου τον πετρον και τον
ιωαννην συνεδραμεν πας ο λαος προς αυτους

     6   608   1744   2576

ANZAHL DER ZEUGEN: 4

10   κρατουντος του ιαθεντος τον πετρον και τον ιωαννην
συνεδραμεν πας ο λαος προς αυτους

   915

ANZAHL DER ZEUGEN: 1

11   κρατουντος δε του ιαθεντος χωλου τον πετρον και
ιωαννην συνεδραμεν προς τον λαον αυτους πας ο λαος

  2125

ANZAHL DER ZEUGEN: 1

12   κρατουντος δε του ιαθεντος χωλου τον πετρον και
ιωαννην συνεδραμον προς αυτους

  1243

ANZAHL DER ZEUGEN: 1

13   και μετα ταυτα ιδοντες τον πετρον και ιωαννην
          συνεδραμε πας ο λαος προς αυτους

629

ANZAHL DER ZEUGEN: 1

14   εκπορευομενου δε του πετρου και ιωαννου
          συνεξεπορευετο κρατων αυτους οι δε θαμβηθεντες
          εστησαν

05

ANZAHL DER ZEUGEN: 1

X   UNLESERLICH

1875   1893

ANZAHL DER ZEUGEN: 2

Z   LUECKE

P8	P29	P33	P38	P41	P45	P48	P50	P53	P56
P57	P91	014	020	048	066	076	077	093	095
096	097	0120	0140	0165	0166	0175	0189	0236	0244
0294	62	172	206	256	309	314	325	337	398
441	466	498	506	517	567	602	623	624	626
627	913	920	956	1067	1094	1115	1526	1723	1728
1729	1730	1731	1738	1745	1752	1756	1762	1832	1839
1846	1852	1858	1861	1864	1867	1871	1889	1899	1904
1835	2005	2009	2180	2201	2289	2303	2378	2441	2464
2570	2587	2625	2626	2627	2652	2671	2716	2746	2777
2778	2797	2829	2833						

ANZAHL DER ZEUGEN: 104

===

■■ 14 ACTA 3,21
                    ων ελαλησεν ο θεος δια στοματος των αγιων
                    απ αιωνος αυτου προφητων

1   αυτου προφητων απ αιωνος

025	049	056	0142	1	6	18	35	38	42
43	51	57	61	69	76	82	93	97	102
103	104	105	122	131	133	141	142	149	175
177	181	189	201	203	204	206S	216	218	221T
223	226	228	234	250	254	263	296	302	308
319	321	322	323	326	327	328	330	365	367
378	383	385	386	390	393	394	398	400	404
421	424	425	432	436	437	440	444	451	452
454	455	456	457	458	459	460	462	464	465
469	479	483	491	496	547	601	603	604	605
606	607	616	617	618	619	621	625	628	632
633	634	635*	637	638	639	641	642	656	664

665	676	680	699	757	794	796	801	808	824
901	910	911	912	917	919	921	922	928	935
941	959	986	996	997	999	1003	1022	1040	1058
1069	1070	1072	1073	1075	1099	1100	1101	1102	1103
1104	1105	1107	1127	1149	1161	1162	1241	1242	1243
1244	1245	1247	1248	1249	1250	1270	1277	1297	1311
1315	1319	1352	1354	1359	1367	1390	1398	1400	1404
1405	1424	1448	1482	1501	1503	1508	1509	1521	1524
1548	1563	1573	1594	1595	1597	1598	1599	1609	1617
1618	1619	1622	1626	1628	1636	1637	1643	1646	1649
1652	1656	1668	1673	1702	1717	1718	1719	1720	1721
1722	1724	1725	1726	1727	1732	1733	1734	1735	1736
1737	1740	1741	1742	1743	1744	1746	1747	1748	1749
1750	1753	1754	1757	1759	1761	1763	1767	1768	1780
1828	1829		1837	1838	1842	1845	1847	1849	1850
1851	1854	1855	1856	1857	1859	1860	1863	1864	1865
1868	1869	1870	1872	1874	1876	1877	1880	1883	1885
1888	1891C	1892	1894	1896	1897	1902	1903	2080	2085
2086	2125	2127	2131	2175	2191	2194	2218	2221	2242
2243	2255	2261	2279	2288	2352	2356	2374	2401	2404
2423	2431	2466	2473	2475	2483	2484	2488	2492	2495
2501	2502	2508	2511	2516	2523	2541	2544	2554	2558
2576	2619	2652	2653	2674	2675	2691	2696	2704	2705
2712	2723	2772	2774	2799	2815				

ANZAHL DER ZEUGEN: 356

1B   αυτου προφητων των απ αιωνος

044	876	1066	1360C	1456	1505	1610	1611	1765	1830
1831	1853	1890	2138	2147	2400	2494	2718		

ANZAHL DER ZEUGEN: 18

2   απ αιωνος αυτου προφητων

P74	01*	02	03*	04	81	307	429	453	468
522	630	635C	1175	1251	1490	1642	1704	1739	1751
1758	2200	2298	2805						

ANZAHL DER ZEUGEN: 24

3   των απ αιωνος αυτου προφητων

01C2	03C2	08	94	363	610	945	1106	1409	1678
1884	2818								

ANZAHL DER ZEUGEN: 12

3B   των απ αιωνος προφητων αυτου

180

ANZAHL DER ZEUGEN: 1

4   αυτου των απ αιωνος προφητων

    5   33   88   489   915   927   1827   1843   1873   2143
2737 2816

ANZAHL DER ZEUGEN: 12

5   προφητων αυτου απ αιωνος

    3   205   209   450   582   592   914   1240   1886

ANZAHL DER ZEUGEN: 9

6   προφητων απ αιωνος

636 1875

ANZAHL DER ZEUGEN: 2

7   των προφητων

05*

ANZAHL DER ZEUGEN: 1

8   αυτου προφητων

05C   221L   467   629   886   1895

ANZAHL DER ZEUGEN: 6

9   απ αιωνος {αγιων} αυτου προφητων

1891*

ANZAHL DER ZEUGEN: 1

10   προφητων {αγιων} αυτου απ αιωνος

431   614   916   1292   2412

ANZAHL DER ZEUGEN: 5

11   των προφητων {αγιων} των απ αιωνος

90

ANZAHL DER ZEUGEN: 1

12   των προφητων {των αγιων} των απ αιωνος

384

ANZAHL DER ZEUGEN: 1

X   UNLESERLICH

    110   608   1360*   1893   2344

    ANZAHL DER ZEUGEN: 5

Y   FILMFEHLER

    1841

    ANZAHL DER ZEUGEN: 1

Z   LUECKE

P8	P29	P33	P38	P41	P45	P48	P50	P53	P56
P57	P91	014	020	048	057	066	076	077	093
095	096	097	0120	0140	0165	0166	0175	0189	0236
0244	0294	62	172	206	256	309	312	314	325
337	441	466	498	506	517	567	602	623	624
626	627	913	920	956	1067	1094	1115	1526	1723
1728	1729	1730	1731	1738	1745	1752	1756	1762	1832
1839	1846	1852	1858	1861	1862	1867	1871	1889	1899
1904	1835	2005	2009	2180	2201	2289	2303	2378	2441
2464	2570	2587	2625	2626	2627	2671	2716	2746	2777
2778	2797	2829	2833						

    ANZAHL DER ZEUGEN: 104

==

■■   15   ACTA 3,22

                         μωυσης μεν ειπεν οτι

1   γαρ προς τους πατερας ειπεν

025	049	056	0142	1	3	6	18	38	42
43	51	57	69	82	90	93	97	103	104
105	122	131	133	141	142	149	177	181	201
203	204	205	206S	209	216	218	221	223	226
228	234	250	254	263	296	302	308	319	321
322	323	327	328	330	365	367	378	383	384
385	386	390	393	394	398	400	421	424	425
431	432	436	437	440	444	450	451	452	454
455	457	458	459	460	462	464	465	468	469
479	483	489	491	496	547	582	592	601	603
604	605	606	607	614	617	618	619	621	625
628	632	633	634	635	636	637	638	639	641
642	656	664	665	676	680	699	757	794	796
801	824	901	910	911	912	914	916	917	919
921	922	927	928	935	941	959	986	996	997
999	1003	1022	1040	1058	1066	1069	1070	1072	1073
1075	1099	1100	1101	1103	1104	1105	1107	1149	1161
1162	1240	1241	1242	1243	1244	1245	1247	1248	1249
1250	1277	1292	1311	1319	1352	1354	1359	1360	1367
1390	1398	1400	1404	1405	1409	1424	1456	1482	1501
1503	1505	1508	1509	1521	1524	1548	1563	1573	1594
1599	1609	1610	1617	1618	1619	1622	1626	1628	1636

1637	1643	1646	1649	1652	1656	1668	1673	1702	1717
1719	1720	1724	1725	1726	1727	1732	1733	1734	1735
1736	1737	1740	1741	1742	1744	1746	1747	1748	1749
1750	1753	1754	1757	1759	1761	1763	1767	1768	1780
1828	1829	1830		1838	1842	1843	1845	1847	1849
1850	1851	1853	1854	1855	1856	1857	1859	1860	1863
1864	1865	1868	1869	1870	1872	1873	1874	1875	1876
1877	1880	1883	1885	1886	1888	1890C	1892	1894	1897
1902	1903	2080	2086	2125	2143	2175	2191	2194	2218
2221	2242	2243	2255	2261	2279	2288	2352	2356	2400
2401	2404	2412	2423	2431	2466	2473	2475	2483	2484
2488	2492	2494	2501	2502	2508	2511	2516	2523	2541
2544	2554	2558	2576	2619	2653	2674	2675	2691	2696
2704	2705	2712	2718	2723	2772	2774	2815	2816	

ANZAHL DER ZEUGEN: 359

2   ειπεν

P74	01	02	03	04	81	94	180	307	453
610	629	886	1175	1678	1895	2127	2818		

ANZAHL DER ZEUGEN: 18

3   ειπεν προς τους πατερας

044	35	363	429	467	522	630	876	945	1106
1251	1611	1642	1718	1739	1751	1758	1765	1831	1891
2138	2147	2200	2298	2805					

ANZAHL DER ZEUGEN: 25

3B   γαρ ειπεν προς τους πατερας

1490

ANZAHL DER ZEUGEN: 1

4   ειπεν προς τους πατερας ημων

05	5	61	88	326	915	1827	1837	1884	2344
2737									

ANZAHL DER ZEUGEN: 11

4B   ειπεν {μεν} προς τους πατερας ημων

2495

ANZAHL DER ZEUGEN: 1

5   ειπεν προς τους πατερας υμων

08   1704

ANZAHL DER ZEUGEN: 2

6   γαρ προς τους πατερας ημων ειπεν

  102   175   189   456   1102   1127   1270   1297   1315   1448
  1597   1598   1721   1896 2085   2131   2374   2799

ANZAHL DER ZEUGEN: 18

6B   γαρ προς τους πατερας ημιν ειπεν

  404

ANZAHL DER ZEUGEN: 1

7   γαρ προς τους πατερας υμων ειπεν

  76   616   808   1595   1722   1743   2652

ANZAHL DER ZEUGEN: 7

8   γαρ προς τους πατερας

  1890*

ANZAHL DER ZEUGEN: 1

X   UNLESERLICH

  33   110   608   1893

ANZAHL DER ZEUGEN: 4

Y   FILMFEHLER

  1841

ANZAHL DER ZEUGEN: 1

Z   LUECKE

   P8   P29   P33   P38   P41   P45   P48   P50   P53   P56
   P57   P91   014   020   048   057   066   076   077   093
   095   096   097   0120   0140   0165   0166   0175   0189   0236
   0244   0294   62   172   206   256   309   312   314   325
   337   441   466   498   506   517   567   602   623   624
   626   627   913   920   956   1067   1094   1115   1526   1723
   1728   1729   1730   1731   1738   1745   1752   1756   1762   1832
   1839   1846   1852   1858   1861   1862   1867   1871   1889   1899
   1904   1835   2005   2009   2180   2201   2289   2303   2378   2441
   2464   2570   2587   2625   2626   2627   2671   2716   2746   2777
   2778   2797   2829   2833

ANZAHL DER ZEUGEN: 104

■■ 16 ACTA 4,8

αρχοντες του λαου και πρεσβυτεροι

1 πρεσβυτεροι του ισραηλ

05	08	025	044	049	056	0142	1	3	5
6	18	33	35	38	42	43	51	69	76
82	90	93	94	97	102	103	104	105	110
122	131	133	141	142	149	175	177	180	181
189	201	203	204	205	206S	209	216	218	221
223	226	228	234	250	254	263	296	302	307
308	312	319	321	322	323	327	328	330	337
363	365	367	378	383	384	385	386	390	393
394	398	400	404	421	424	425	429	431	432
436	437	440	444	450	451	452	453	454	455
456	457	458	459	462	464	465	467	468	469
479	483	489	491	496	522	547	582	592	601
603	604	605	606	607	608	610	614	616	617
618	619	621	625	628	630	632	633	634	635
636	637	638	639	641	642	656	664	665	676
680	699	757	794	796	801	808	824	876	886
901	910	911	912	913	914	915	916	917	919
921	922	927	928	935	941	945	959	986	996
997	999	1003	1022	1040	1058	1066	1069	1070	1072
1073	1075	1099	1100	1101	1102	1103	1104	1105	1106
1107	1127	1149	1161	1162	1240	1241	1242	1243	1244
1245	1247	1248	1249	1250	1251	1270	1277	1292	1297
1311	1315	1319L	1352	1354	1359	1360	1367	1390	1398
1400	1404	1405	1409C	1424	1448	1456	1482	1490	1501
1503	1505	1508	1509	1521	1524	1548	1563	1573	1594
1595	1597	1598	1599	1609	1610	1611	1617	1618	1619
1622	1626	1628	1636	1637	1642	1643	1646	1649	1652
1656	1668	1673	1678	1702	1704	1717	1718	1719	1720
1721	1722	1724	1725	1727	1732	1733	1734	1735	1736
1737	1739	1740	1741	1742	1743	1744	1746	1747	1748
1749	1751	1753	1754	1757	1758	1759	1761	1763	1765
1767	1768	1780	1827	1828	1829	1830	1831		1837
1838	1842	1843	1845	1847	1849	1850	1851	1853	1854
1855	1856	1857	1859	1860	1862	1863	1864	1865	1868
1869	1870	1872	1873	1874	1875	1876	1877	1880	1883
1884	1885	1886	1888	1890	1891	1892	1893	1894	1895
1896	1897	1902	1903	2080	2085	2086	2125	2127	2131
2138	2143	2147	2175	2191	2194	2200	2218	2221	2242
2255	2261	2279	2288	2298	2344	2352	2356	2374	2400
2404	2412	2423	2466	2473	2475	2483	2488	2492	2494
2495	2501	2502	2508	2511	2516	2523C	2541	2544	2554
2558	2576	2619	2652	2653	2674	2675	2691	2696	2704
2705	2712	2718	2723	2737	2772	2774	2799	2805	2815
2816	2818								

ANZAHL DER ZEUGEN: 432

1B πρεσβυτεροι του γισραηλ

2243

ANZAHL DER ZEUGEN: 1

1C   πρεσβυτεροι ισραηλ

    460

ANZAHL DER ZEUGEN: 1

2   πρεσβυτεροι

    P74   01   02   03   0165   629   1175   1409*

ANZAHL DER ZEUGEN: 8

3   πρεσβυτεροι του λαου

    1319T 2523*

ANZAHL DER ZEUGEN: 2

4   πρεσβυτεροι του λαου ισραηλ

    61   326

ANZAHL DER ZEUGEN: 2

X   UNLESERLICH

    88   2401

ANZAHL DER ZEUGEN: 2

Y   FILMFEHLER

    57   1841   2431

ANZAHL DER ZEUGEN: 3

Z   LUECKE

P8	P29	P33	P38	P41	P45	P48	P50	P53	P56
P57	P91	04	014	020	048	057	066	076	077
093	095	096	097	0120	0140	0166	0175	0189	0236
0244	0294	62	81	172	206	256	309	314	325
441	466	498	506	517	567	602	623	624	626
627	920	956	1067	1094	1115	1526	1723	1726	1728
1729	1730	1731	1738	1745	1750	1752	1756	1762	1832
1839	1846	1852	1858	1861	1867	1871	1889	1899	1904
1835	2005	2009	2180	2201	2289	2303	2378	2441	2464
2484	2570	2587	2625	2626	2627	2671	2716	2746	2777
2778	2797	2829	2833						

ANZAHL DER ZEUGEN: 104

■■   17   ACTA 4,25

<u>ο του πατρος ημων δια πνευματος αγιου</u>
<u>στοματος δαυιδ παιδος σου ειπων</u>

1   ο δια στοματος δαυιδ παιδος σου ειπων

025	049	056	0142	1	3	5	6*	35	38
43	69	76	82	90	93	102	103	104	105
131	133	141	149	172	175	177	180	181	189
201	203	204	205	206S	209	218	221T	226	228
250	254	256	263	296	302	308	312	321	327
328	337	363	365	378	383*	384	385	386	393
394	398	400	404	424	425	436	444	450	452
454	455	457	458	459	460	462	465	479	483
491	547	592	601C	603*	604	605	606	607	608
614	616	618	619	621	625	628	632	634	635
637	639	642	664	665	676	680	794	796	801
824	876	901	910	911	913	914	916	917	919
921	922	935	941	986	996	1022	1040	1058	1066
1072	1073	1075	1099	1100	1101	1102	1103	1105	1106
1107	1127	1149	1161	1162	1240	1241	1244	1245	1248
1249	1250	1270	1277	1297	1319	1352	1354	1359	1360
1390	1398	1400	1424	1448	1482	1490	1503	1508	1521
1524	1526	1548	1573	1595	1597	1598	1599	1609	1610
1611S	1617	1619	1626	1628	1636	1637	1643	1646	1652
1656	1668	1673	1702	1719	1720	1722	1723	1724	1725
1726	1727*	1732	1733	1734	1735	1736	1740	1742	1743
1744	1749	1754	1757	1759	1761	1767	1828	1829	1830
	1841	1845	1847	1849	1851	1853	1854	1855	1856
1857	1864	1865	1868C	1870	1874	1875	1876	1877*	1880C
1886	1888	1890C	1892	1893	1894	1895	1896	1897	1902
2080	2125	2127	2131	2138	2175	2191	2194	2242	2243T
2255	2261	2288	2352	2356	2400	2404	2412	2423	2466
2473	2475	2488	2492	2502	2508	2516	2523	2541	2544
2558	2576	2619	2625	2653	2675	2704*	2705	2712	2718
2723	2772	2815	2816	2829					

ANZAHL DER ZEUGEN: 295

1B   ο δια στοματος δαυιδ παιδος σου ηπον

    1746

ANZAHL DER ZEUGEN: 1

1C   ο δια στοματος δαυιδ του παιδος σου ειπων

6C	18	42	51	61	97	110	122	142	216
221L	223	234	319	326	330	367	383C	390	421
429	431	432	440	451	464	468	469	496	522
582	603C	633	636	638	656	757	912	928	959
997	999	1003	1069	1070	1104	1242	1243	1247	1251
1292	1311	1315	1367	1404	1405	1456	1501	1505	1509
1563	1594	1618	1622	1649	1717	1721	1727C	1737	1741
1747	1751	1753	1758	1763	1768	1831	1838	1842	1850
1859	1860	1862	1863	1869	1872	1877C	1883	1885	1890*
1903	2085	2180	2200	2218	2221	2243L	2279	2374	2401
2483	2494	2495	2501	2511	2554	2652	2674	2691	2696

```
2704C   2774   2799
ANZAHL DER ZEUGEN: 113
```

1D   ο δια στοματος του δαυιδ του παιδος σου ειπων

```
1780
```

ANZAHL DER ZEUGEN: 1

1E   ο δια στοματος δαυιδ του παιδος σου ειπον

```
2147
```

ANZAHL DER ZEUGEN: 1

1F   ο δια στοματος δαυιδ του παιδος ειπων

```
1765
```

ANZAHL DER ZEUGEN: 1

1G   ο δια στοματος παιδος σου δαυιδ ειπων

```
1729
```

ANZAHL DER ZEUGEN: 1

1H   ο δια στοματος παιδος σου ειπων

```
 808
```

ANZAHL DER ZEUGEN: 1

1I   ο δια στοματος του παιδος σου ειπων

```
 437   1837
```

ANZAHL DER ZEUGEN: 2

2   ο του πατρος ημων δια πνευματος αγιου στοματος δαυιδ
        παιδος σου ειπων

```
P74     01      02      03      08      044      33      88      307      322
323     453     456     610     915     1175    1409    1642    1739     1827
1891    2344    2805    2818
```

ANZAHL DER ZEUGEN: 24

2B   ο του πατρος ημων δια πνευματος αγιου δια στοματος
        δαυιδ παιδος σου ειπων

```
1884
```

ANZAHL DER ZEUGEN: 1

3   ο του πατρος ημων δια στοματος δαυιδ παιδος σου
         ειπων

    467C

ANZAHL DER ZEUGEN: 1

4   ο δια στοματος δαυιδ παιδος σου εν πνευματι αγιω
         ειπων

    1843   1873

ANZAHL DER ZEUGEN: 2

5   ο δια του αγιου στοματος δαυιδ παιδος σου ειπων

       94

ANZAHL DER ZEUGEN: 1

6   ο δια στοματος δαυιδ παιδος σου

    886

ANZAHL DER ZEUGEN: 1

7   ο δια πνευματος αγιου δια στοματος δαυιδ του παιδος
         σου ειπων

    2737

ANZAHL DER ZEUGEN: 1

8   ο δια πνευματος αγιου στοματος δαυιδ παιδος σου
         ειπων

    1678

ANZAHL DER ZEUGEN: 1

9   ο πνευματι αγιω δια στοματος του πατρος ημιν δαυιδ
         του παιδος σου ειπων

    629

ANZAHL DER ZEUGEN: 1

10   ος δια πνευματος αγιου δια του στοματος λαλησας
         δαυιδ παιδος σου

       05

ANZAHL DER ZEUGEN: 1

11   ο δια του πατρος ημων εν πνευματι αγιω στοματος
         δαυιδ παιδος σου ειπων

    489   617   927   945   1704   1868*   2143

ANZAHL DER ZEUGEN: 7

11B   ο δια του πατρος ημων πνευματι αγιω στοματος δαυιδ
        παιδος σου ειπων

2298

ANZAHL DER ZEUGEN: 1

12   ο του πατρος ημων δια πνευματος αγιου στομα στοματος
        δαυιδ παιδος σου ειπων

1718C

ANZAHL DER ZEUGEN: 1

12B   ο του πατρος υμων δια πνευματος αγιου στομα στοματος
        δαυιδ παιδος σου ειπων

1718*

ANZAHL DER ZEUGEN: 1

13   ο του πατρος ημων δια στοματος αγιου στοματος δαυιδ
        παιδος σου ειπων

467*

ANZAHL DER ZEUGEN: 1

X   UNLESERLICH

601* 1880*

ANZAHL DER ZEUGEN: 2

Y   FILMFEHLER

57   2086   2431

ANZAHL DER ZEUGEN: 3

Z   LUECKE

P8	P29	P33	P38	P41	P45	P48	P50	P53	P56
P57	P91	04	014	020	048	057	066	076	077
093	095	096	097	0120	0140	0165	0166	0175	0189
0236	0244	0294	62	81	206	309	314	325	441
466	498	506	517	567	602	623	624	626	627
630	641	699	920	956	1067	1094	1115	1611	1728
1730	1731	1738	1745	1748	1750	1752	1756	1762	1832
1839	1846	1852	1858	1861	1867	1871	1889	1899	1904
1835	2005	2009	2201	2289	2303	2378	2441	2464	2484
2570	2587	2626	2627	2671	2716	2746	2777	2778	2797
2833									

ANZAHL DER ZEUGEN: 101

■■ 18 ACTA 4,33

απεδιδουν το μαρτυριον οι αποστολοι <u>της</u>
<u>αναστασεως</u> <u>του</u> <u>κυριου</u> <u>ιησου</u>

1/2 της αναστασεως του κυριου ιησου

P8	025	044	049	056	0142	1	3	5	6
18	35	38	43	61	76	82	88	93	97
104	105	122	131	133	141	142	149	172	175
177	181	201	203	204	205	206S	209	216	218
221	226	250	254	256	263	296	308	312	319
326	327	328	330	337	365	367	383	384	385
386	390	393	394	398	400	404	421	424	425
431	432	437	440	444	450	451	452	454	456
457	458	459	460	462	464	465	468	469	479
483	489	491	496	547	582	601	603	604	605
608	614	616	618	619	621	625	628	632	633
634	635*	636	637	638	639	642	656	664	665
676	680	757	794	796	801	808L	824	876	886
901	910	911	914	915	916	917	919	922	927
928	935	959	986	997	999	1003	1022	1040	1058
1069	1072	1073	1075	1099	1100	1101	1103	1104	1105
1107	1127	1149	1161	1240	1241	1242	1243	1244	1245
1247	1248	1249	1250	1270	1277	1292	1297	1311	1315
1319	1352	1354	1359	1360	1367	1390	1398	1400	1404
1424	1448C	1482	1503	1505	1508	1509C	1521	1524	1526
1548	1563	1573	1595	1598	1599	1609	1611	1617	1618
1619	1622	1626	1628	1636	1637	1646	1649	1652	1656
1668	1673	1717	1718	1719	1720	1721	1722	1723	1725
1729	1732	1733	1734	1735	1736	1737	1740	1741	1742
1743	1744*	1746	1747	1748	1749	1750	1754	1757	1759
1761	1763	1765	1767	1768	1780	1827	1828	1829	
1838	1841	1842	1843	1845	1847	1849	1850	1851	1855
1856	1857	1859	1860	1862	1864	1865	1867	1868	1870
1872	1873	1874	1875	1876	1877	1880	1885	1886	1888
1890	1892	1893	1894	1895	1897	1902	2080	2085	2086
2125	2127	2131	2138	2143	2147	2175	2191	2194	2218
2221	2242	2255	2261	2288	2344	2352	2356	2374	2400
2401	2404	2412	2466	2473	2475	2483	2488	2492	2494
2502	2508	2516	2523	2541	2544	2554	2558	2619	2625
2652	2653	2691	2696	2704	2705	2712	2718	2723	2737
2772	2774	2799	2815	2816	2829				

ANZAHL DER ZEUGEN: 356

1/2B της αναστασεως κυριου ιησου

1066

ANZAHL DER ZEUGEN: 1

1/2C της αναστασεως του χριστου ιησου

592

ANZAHL DER ZEUGEN: 1

1/2D   της αναστασεως του κυριου

2243

ANZAHL DER ZEUGEN: 1

3   του κυριου ιησου της αναστασεως

03

ANZAHL DER ZEUGEN: 1

4   της αναστασεως του κυριου ιησου χριστου

05	08	42	51	90	102	103	189	223	228
234	302	322	323	363	378	429	436	455	467
522	606	607	617	635C	641	912	913	945	996
1070	1102	1106	1162	1251	1405	1456	1490	1501	1509*
1594	1597	1610	1642	1643	1702	1704	1724	1727	1739
1744C	1751	1753	1830	1831C	1853	1854	1863	1869	1883
1891	1903	2180	2200	2279	2298	2423	2495	2501	2511
2576	2674	2675	2805						

ANZAHL DER ZEUGEN: 74

5   της αναστασεως ιησου χριστου του κυριου

01   02   1175   1409

ANZAHL DER ZEUGEN: 4

5B   της αναστασεως ιησου χριστου του κυριου ημων

94   180   307   453   610   629   1678   2818

ANZAHL DER ZEUGEN: 8

6   της αναστασεως ιησου χριστου

808T   1831*   1896

ANZAHL DER ZEUGEN: 3

6B   της αναστασεως του ιησου χριστου

1884

ANZAHL DER ZEUGEN: 1

7   του κυριου ιησου

69   321   1448*

ANZAHL DER ZEUGEN: 3

8   της αναστασεως {οι αποστολοι} του κυριου ιησου
     χριστου

941

ANZAHL DER ZEUGEN: 1

X   UNLESERLICH

     33   110

ANZAHL DER ZEUGEN: 2

Y   FILMFEHLER

     P45   57   1758   2431

ANZAHL DER ZEUGEN: 4

Z   LUECKE

P29	P33	P38	P41	P48	P50	P53	P56	P57	P74
P91	04	014	020	048	057	066	076	077	093
095	096	097	0120	0140	0165	0166	0175	0189	0236
0244	0294	62	81	206	309	314	325	441	466
498	506	517	567	602	623	624	626	627	630
699	920	921	956	1067	1094	1115	1726	1728	1730
1731	1738	1745	1752	1756	1762	1832	1837	1839	1846
1852	1858	1861	1871	1889	1899	1904	1835	2005	2009
2201	2289	2303	2378	2441	2464	2484	2570	2587	2626
2627	2671	2716	2746	2777	2778	2797	2833		

ANZAHL DER ZEUGEN: 98

===

■■   19   ACTA 4,34

                    ουδε γαρ ενδεης τις ην εν αυτοις

1   υπηρχεν

P8	05	08	044	049	056	0142	1	3	5
6	33	38	42	43	51	61	69	76	82
88	90	93	97	102	103	104	105	110	122
131	133	142	172	175	177	181	189	203	205
209	216	221	223	226*	234	250	254	256	263
296	302	308	312	319	321	326	327	330	337
365	367	378	383	384	385	390	393	398	400
404	421	424	431	436	437	440	450	451	452
454	455	456	457	458C	459	460	462	464	465
468	469	479	483	489	491	496	547	582	592
603	605	606	607	608	614	616	618	619	625
628	629	632	633	635	636	637	638	639	641
642	656	665	676	680	794	796	808	876	886
901	910	911	912	913	914	915	916	917	919
922	927	935	941	959	997	999	1003	1022	1040
1066	1069	1070	1073	1075	1099	1101	1102	1103	1104

1105	1107	1127	1149	1161	1162	1240	1241	1242	1243
1244	1245	1250	1270	1277	1292	1297	1311	1315	1319
1352	1354	1360	1367	1390	1398	1404	1405	1424	1448
1456	1501	1521	1524	1526	1563	1573	1594	1595	1597
1598	1599	1609	1610	1611	1619	1622	1626	1636	1643
1646	1649	1668	1673	1702	1717	1719	1720	1721	1722
1725	1727	1734	1735	1736	1741	1742	1743	1744	1747
1753	1757	1758	1759	1765	1780	1827	1828	1829	1830
	1838	1841	1842	1843	1845	1847	1849	1850	1851
1853	1854	1857	1859	1860	1862	1863	1867	1868	1869
1870	1872	1873	1874	1875	1877	1880	1883	1885	1886
1888	1890	1893	1894	1895	1896	1902	1903	2085	2086
2125	2127	2131	2138	2143	2147	2180	2191	2194	2242
2243	2279	2288	2344	2356	2374	2400	2401	2404	2412
2423	2473	2475	2483	2488	2492	2494	2495	2501	2502
2508	2511	2516	2523	2541	2544	2558	2576	2619	2625
2652	2674	2675	2691	2696	2705	2712	2718	2737	2772
2774	2777	2799	2815	2816	2829				

ANZAHL DER ZEUGEN: 336

1B   υπηρχον

    025   425   604

ANZAHL DER ZEUGEN: 3

1C   υπηργεν

    601

ANZAHL DER ZEUGEN: 1

2   ην

P74	01	02	18	35	94	141	149	180	201
204	206S	218	226C	228	307	322	323	328	363
386	394	429	432	444	453	467	522	610	617
621	634	664	757	801	824	928	945	986	996
1058	1072	1100	1106	1175	1247	1248	1249	1251	1359
1400	1409	1482	1490	1503	1505	1508	1509	1548	1617
1618	1628	1637	1642	1652	1656	1678	1704	1718	1723
1724	1732	1733	1737	1739	1740	1746	1748	1749	1750
1751	1754	1761	1763	1767	1768	1831	1855	1856	1864
1865	1876	1891	1892	1897	2080	2175	2200	2218	2221
2255	2261	2298	2352	2466	2554	2653	2704	2723	2805
2818									

ANZAHL DER ZEUGEN: 111

3   ην {τις}

    03

ANZAHL DER ZEUGEN: 1

U   HOM.ARCT. VON τις ην/υπερχεν ZU οικιων υπερχον

1884

ANZAHL DER ZEUGEN: 1

V   AUSLASSUNG VON ουδε γαρ BIS εν αυτοις

458* 1729

ANZAHL DER ZEUGEN: 2

Y   FILMFEHLER

P45   57   2431

ANZAHL DER ZEUGEN: 3

Z   LUECKE

P29	P33	P38	P41	P48	P50	P53	P56	P57	P91
04	014	020	048	057	066	076	077	093	095
096	097	0120	0140	0165	0166	0175	0189	0236	0244
0294	62	81	206	309	314	325	441	466	498
506	517	567	602	623	624	626	627	630	699
920	921	956	1067	1094	1115	1726	1728	1730	1731
1738	1745	1752	1756	1762	1832	1837	1839	1846	1852
1858	1861	1871	1889	1899	1904	1835	2005	2009	2201
2289	2303	2378	2441	2464	2484	2570	2587	2626	2627
2671	2716	2746	2778	2797	2833				

ANZAHL DER ZEUGEN: 96

==

■■ 20 ACTA 5,21

               ο αρχιερευς και οι συν αυτω <u>συνεκαλησαν</u>
               το συνεδριον

1/2   συνεκαλεσαν

P74	01	02	03	08	025	044	049	056	0142
0189	1	3	5	6	18	33	35	38	42
51	61	69	76	82	88	90	93	94	97
102	103	104	105	110	122	131	133	141	142
149	172	175	177	180	181	189	201	203	204
205	206S	209	216	218	221	223	226	228	234
254	256	263	296	302	307	308	312	319	321
322	323	326	328	330	363	365	367	378	383
384	385	386	390	393	394	398	400	404	421
424	425	429	431	432	436	437	440	444	450
451	452	453	454	455	456	457	459	460	462
464	465	467	468	469	479	483	489	491	496
498	517	522	547	582	601	603	604	605	606
607	608	610	614	619	623	625	629	630	632
633	634	635	636	637	638	639	641	642	656
664	676	680	699	757	794	796	801	808	824

876	886	901	910	912	913	914	915	916	917
919	921	922	927	928	935	941	945	959	986
996	997	999	1003	1022	1040	1058	1066	1069	1070
1072	1073	1075	1099	1100	1101	1102	1103	1104	1105
1106	1107	1127	1149	1161	1162	1175	1240	1241	1242
1243	1244	1245	1247	1248	1249	1250	1251	1277	1292
1311	1315	1319	1352	1354	1359	1367	1390	1398	1400
1404	1405	1409	1424	1448	1456	1482	1490	1501	1503
1505	1508	1509	1521	1524	1526	1548	1563	1573	1594
1595	1597	1599	1609	1610	1611	1617	1618	1619	1622
1626	1628	1636	1637	1642	1643	1646	1649	1652	1656
1668	1673	1678	1702	1704	1717	1718	1719	1720	1721
1723	1724	1725	1726	1727	1729	1732	1733	1734	1735
1736	1737	1739	1740	1741	1742	1743	1744	1746	1747
1748	1749	1750	1751	1753	1754	1757	1758	1759	1761
1762	1763	1765	1767	1768	1780	1827	1828	1829	1830
1831		1838	1842	1843	1845	1847	1849	1850	1851
1853	1854	1855	1856	1857	1859	1860	1861	1862	1863
1864	1865	1867	1868	1869	1870	1872	1873	1874	1875
1876	1877	1880	1883	1884	1885	1886	1888	1890	1891
1892	1893	1894	1895	1896	1897	1902	1903	2080	2085
2086	2125	2127	2131	2138	2143	2147	2175	2180	2191
2194	2200	2201	2218	2221	2242	2243	2255	2261	2279
2288	2298	2344	2352	2356	2374	2400	2401	2404	2412
2423	2431	2466	2473	2475	2483	2488	2492	2494	2495
2501	2502	2508	2511	2516	2523	2541	2544	2554	2558
2576	2587	2619	2625	2652	2653	2674	2675	2691	2696
2704	2705	2712	2718	2723	2737	2772	2774	2815	2816
2818	2829								

ANZAHL DER ZEUGEN: 442

1/2B   συνεκαλεσαντο

250	327	592	616	617	621	665	911	1270	1297
1360	1598	1722	1841						

ANZAHL DER ZEUGEN: 14

1/2C   συνεκαλετο

618

ANZAHL DER ZEUGEN: 1

1/2D   παρεκαλεσαν

458

ANZAHL DER ZEUGEN: 1

3   εγερθεντες το πρωι και συγκαλεσαμενοι

05

ANZAHL DER ZEUGEN: 1

Y   FILMFEHLER

    P45   57

    ANZAHL DER ZEUGEN: 2

Z   LUECKE

P8	P29	P33	P38	P41	P48	P50	P53	P56	P57
P91	04	014	020	048	057	066	076	077	093
095	096	097	0120	0140	0165	0166	0175	0236	0244
0294	43	62	81	206	309	314	325	337	441
466	506	567	602	624	626	627	628	920	956
1067	1094	1115	1728	1730	1731	1738	1745	1752	1756
1832	1837	1839	1846	1852	1858	1871	1889	1899	1904
1835	2005	2009	2289	2303	2378	2441	2464	2484	2570
2626	2627	2671	2716	2746	2777	2778	2797	2799	2805
2833									

    ANZAHL DER ZEUGEN: 91

==

■■   21   ACTA 5,24

ως δε ηκουσαν ... ο τε στρατηγος του
ιερου και οι αρχιερεις διηπορουν

1   ο τε ιερευς και ο στρατηγος

025	044	049	056	0142	1	3	5	6	38
42	51	61	69	76	82	90	93	97	102
104	105	122	131	133	141	142	149	172	175
189	201	203	204	205	206S	209	216	218	221
223	226	234	250	256	263	296	302	308	312
319	321	322	323	326	327	328	330	365	367
378	383*	384	385	386	390	393	400	404	421
424	431	432	436	437	440	444	450	451	452
454	455	456	457	458	459	462	464	465	467
468	469	479	483	489	491	496	498	547	582
592	601	603	604	605	607	608	614	616	617
619	621	623	625	629	632	633	634	635	637
638	639	642	656	665	676	680	699	757	794
796	801	808	824	876	886	901	910	911	912
914	916	919	921	922	927	959	986	997	999
1022	1040	1058	1066	1069	1070	1072	1073	1075	1099
1100	1101	1102	1103	1104	1105	1106	1127	1149	1161
1162	1240	1241	1242	1243	1244	1245	1247	1248	1249
1250	1251	1270	1277	1292	1297	1311	1315	1319	1352
1354	1360	1398	1400	1404	1405	1424	1448	1456	1482
1501	1503	1508	1509	1521	1526	1548	1563	1573	1594
1595	1597	1598	1599	1609	1610	1611	1617	1618	1619
1622	1626	1628	1636	1637	1643	1649	1652	1656	1668
1673	1702	1717	1719	1720	1721	1722	1723	1725	1726
1727	1729	1732	1733	1734	1735	1736	1737	1740	1741
1742	1743	1746	1747	1748	1749	1750	1753	1757	1758
1759	1761	1762C	1763	1765	1767	1768	1780	1827	1828
1829		1838	1841	1842	1843	1845	1847	1849	1850

1851	1853	1854	1855	1856	1857	1859	1860	1861	1862
1864	1865	1867	1868	1869	1870	1872	1873	1875	1876
1880	1883	1885	1886	1888	1890	1892	1893	1894	1897
1902	1903	2080	2086	2125	2127	2138	2143	2175	2180
2191	2194	2201	2218	2221	2242	2243	2255	2261	2279
2288C	2298	2344	2352	2356	2400	2401	2404	2423	2431
2466	2473	2475	2488	2494	2501	2502	2508	2511	2516
2523	2541	2554	2558	2576	2587	2619	2625	2652	2653
2674	2675	2691	2696	2704	2705	2712	2718	2723	2737
2772	2815	2816	2829						

ANZAHL DER ZEUGEN: 374

1B   ο τε ιερεις και ο στρατηγος

1831

ANZAHL DER ZEUGEN: 1

1C   ο τε ιερευς και στρατηγος

941

ANZAHL DER ZEUGEN: 1

1D   ο τε ο ιερευς και ο στρατηγος

1490   2483*

ANZAHL DER ZEUGEN: 2

1E   ο τε ο ιερευς και στρατηγος

2483C

ANZAHL DER ZEUGEN: 1

1F   οτε ο ιερευς και ο στρατηγος

1830   1895   2492

ANZAHL DER ZEUGEN: 3

1G   οτι ιερευς και ο στρατηγος

664   2412

ANZAHL DER ZEUGEN: 2

1H   ιερευς και ο στρατηγος

181

ANZAHL DER ZEUGEN: 1

2   ο τε στρατηγος

P74	01	02	03	05	88	180	228	307	429
453	522	606	610	630	641	915	917	945	1175
1409	1642	1646	1678	1704	1724	1739	1874	1877	1891
2131	2147	2200	2374	2544	2774	2818			

ANZAHL DER ZEUGEN: 37

2B   οτε ο στρατηγος

996   1896

ANZAHL DER ZEUGEN: 2

2C   ο τε ο στρατηγος

94   103

ANZAHL DER ZEUGEN: 2

2D   οτι ο στρατηγος

1751

ANZAHL DER ZEUGEN: 1

3   ο ιερευς και ο στρατηγος

18   35   928   1107   1754

ANZAHL DER ZEUGEN: 5

4   οι ιερεις και ο στρατηγος

08   1884

ANZAHL DER ZEUGEN: 2

5   ο αρχιερευς και ο στρατηγος

2288*

ANZAHL DER ZEUGEN: 1

6   ο τε αρχιερευς και ο στρατηγος

254	363	383C	394	398	425	636	913	1003	1390
1524	1718	1744	1863	2085	2495				

ANZAHL DER ZEUGEN: 16

7   οτε ο αρχιερευς και ο στρατηγος

1359   1367   1505

ANZAHL DER ZEUGEN: 3

8　　　ο τε στρατηγος και ο ιερευς

　　177　　460　　618

ANZAHL DER ZEUGEN:　3

9　　　ο τε ιερευς

　　1762*

ANZAHL DER ZEUGEN:　1

X　　UNLESERLICH

　　P45　　33　　110

ANZAHL DER ZEUGEN:　3

Y　　FILMFEHLER

　　57

ANZAHL DER ZEUGEN:　1

Z　　LUECKE

P8	P29	P33	P38	P41	P48	P50	P53	P56	P57
P91	04	014	020	048	057	066	076	077	093
095	096	097	0120	0140	0165	0166	0175	0189	0236
0244	0294	43	62	81	206	309	314	325	337
441	466	506	517	567	602	624	626	627	628
920	935	956	1067	1094	1115	1728	1730	1731	1738
1745	1752	1756	1832	1837	1839	1846	1852	1858	1871
1889	1899	1904	1835	2005	2009	2289	2303	2378	2441
2464	2484	2570	2626	2627	2671	2716	2746	2777	2778
2797	2799	2805	2833						

ANZAHL DER ZEUGEN:　94

===

■■　22　ACTA 5,34
　　　　　　εκελευσεν εξω βραχυ τους ανθρωπους
　　　　　　ποιησαι

1　　　αποστολους

08	014	025	044	049	056	0140	0142	1	3
5	6	18	33	35	38	42	51	61	69
76	82	88	90	93	94	97	102	103	104
105	110	122	131	133	141	142	149	172	175
177	180	181	189	201	203	204	205	206S	209
216	218	221	223	226	228	234	250	254	256
263	296	302	307	308	312	319	321	322	323
326	327	328	330	337	363	365	367	378	383
384	385	386	390	393	394	398	400	404	421
424	425	429	431	432	436	437	440	444	450

451	452	453	454	455	456	457	458	459	460
462	464	465	467	468	469	479	483	489	491
496	498	522	547	582	592	601	603	604	605
606	607	608	610	614	616	617	618	619	621
623	625	626	629C	630	632	633	634	635	636L
637	638	639	641	642	656	664	665	676	680
699	757	794	796	801	808	824	876	886	901
910	911	912	913	914	915	916	917	919	921
922	927	928	941	945	959	986	996	997	999
1003	1022	1040	1058	1066	1069	1070	1072	1073	1075
1099	1100	1101	1102	1103	1104	1105	1106	1107	1127
1149	1161	1162	1175	1240	1241	1242	1243	1244	1245
1247	1248	1249	1250	1251	1270	1277	1292	1297	1311
1315	1319	1352	1354	1359	1360	1367	1390	1398	1400
1404	1405	1409	1424	1448	1456	1482	1490	1501	1503
1505	1508	1509	1521	1524	1526	1548	1563	1573	1594
1595	1597	1598	1599	1609	1610	1611	1617	1618	1619
1622	1626	1628	1636	1637	1642	1643	1646	1649	1652
1656	1668	1673	1678	1702	1704	1717	1718	1719	1720
1721	1722	1723	1724	1725	1726	1727	1729	1732	1733
1734	1735	1736	1737	1739	1740	1741	1742	1743	1744
1746	1747	1748	1749	1750	1751	1753	1754	1758	1759
1761	1762	1763	1765	1767	1768	1780	1827	1828	1829
1830	1831		1837	1838	1841	1842	1843	1845	1847
1849	1850	1851	1853	1854	1855	1856	1857	1859	1860
1861	1862	1863	1864	1865	1867	1868	1869	1870	1872
1873	1874	1875	1876	1877	1880	1883	1884	1885	1886
1888	1891	1892	1893	1894	1895C	1896	1897	1902	1903
2080	2085	2086	2127	2131	2138	2143	2147	2175	2180
2191	2194	2200	2201	2218	2221	2242	2243	2255	2261
2279	2288	2298	2344	2352	2356	2374	2400	2401	2404
2412	2423	2431	2466	2473	2475	2483	2488	2492	2494
2495	2501	2502	2508	2511	2516	2523	2541	2544	2554
2558	2576	2587	2619	2625	2652	2653	2674	2675	2691
2696	2704	2705	2712	2718	2723	2737	2772	2774	2815
2816	2818	2829							

ANZAHL DER ZEUGEN: 453

2 ανθρωπους

P45 P74 01 02 03

ANZAHL DER ZEUGEN: 5

3 ανθρωπους αποστολους

1895*

ANZAHL DER ZEUGEN: 1

4 {εξω τους} αποστολους {βραχυ}

636T

ANZAHL DER ZEUGEN: 1

5   {εκελευσεντους} αποστολους {εξω βραχυ}

   05

   ANZAHL DER ZEUGEN: 1

X   UNLESERLICH

   629*

   ANZAHL DER ZEUGEN: 1

Y   FILMFEHLER

   57

   ANZAHL DER ZEUGEN: 1

Z   LUECKE

P8	P29	P33	P38	P41	P48	P50	P53	P56	P57
P91	04	020	048	057	066	076	077	093	095
096	097	0120	0165	0166	0175	0189	0236	0244	0294
43	62	81	206	309	314	325	441	466	506
517	567	602	624	627	628	920	935	956	1067
1094	1115	1728	1730	1731	1738	1745	1752	1756	1757
1832	1839	1846	1852	1858	1871	1889	1890	1899	1904
1835	2005	2009	2125	2289	2303	2378	2441	2464	2484
2570	2626	2627	2671	2716	2746	2777	2778	2797	2799
2805	2833								

   ANZAHL DER ZEUGEN: 92

===

■■   23   ACTA 6,8

               στεφανος δε πληρης χαριτος και δυναμεως

1   πιστεως

014	025	049	056	0142	1	3	6	18	35
38	42	51	57	69	76	82	90	93	97
102	105	122	131	133	141	142	149	175	177
189	201	203	204	205	206S	209	216	218	221
223	226	234	250	254	256	263	296	302	308
312	319	321	327	328	330	337	363	365	367
378	383	384	385	386	390	393	394	398	404
421	424	425	432	436	440	444	450	451	452
454	456	457	458	462	464	465	468	469	479
483	491	496	547	582	592	601	603	604	605
607	608	616	617T	618	621	625	626	628	629
632	633	634	635T	636C	637	638	639	642	656
664	665	676	680	699	757	794	796	801	808
824	901	910	911	912	913	914	916	917	919
921	922	928	935	959	986	996	997	999	1003
1022	1040	1058	1066	1070	1072	1073	1075	1099	1100
1102	1103	1104	1105	1107	1149	1161	1240	1241	1242

```
1243  1244  1245  1247  1248  1249  1250  1251  1277  1315
1319  1352  1354  1359  1360  1367  1390  1398  1400  1404
1405  1424  1448  1456  1482  1490  1503  1505  1508  1509C
1521  1524  1526  1548  1563  1573  1594  1597  1599  1609
1610  1617  1618  1619  1622  1626  1628  1636  1637  1643
1646  1649  1652  1656  1668  1673  1702  1704C 1717  1718
1719  1720  1721  1722  1723  1725  1726  1727  1732  1733
1734  1735  1736  1737  1740  1741  1742  1743  1744  1746
1747  1748  1749  1750  1753  1757  1758  1759  1761  1762
1763  1767  1768  1780  1828  1829  1830  1831              1842T
1845  1847  1849  1851  1853  1854  1855  1856  1857  1859
1860  1861  1862  1863  1864  1865  1867  1869  1870  1872
1874  1876  1877  1880  1883  1885  1886  1888  1890  1892
1894  1896  1897  1902  1903  2080  2085  2086  2127  2131
2138  2147  2175  2180  2191  2194  2218  2221  2242  2255
2261  2279  2352  2356  2374  2400  2401  2404  2423  2431
2466  2473  2475  2483  2488  2492  2494  2501  2502  2508
2511  2516  2523  2541  2544  2554  2558  2587  2619  2625
2652  2653  2674  2675  2691  2696  2704  2705  2712  2723
2772  2815  2816  2829
```

ANZAHL DER ZEUGEN: 364

2   χαριτος

```
 P8   P45   P74    01    02    03    05  0175     5    33
 61    88    94   103   104   180   181   228   307   322
323   326   429   431   437   453   455   459   460   467
489   522   606   610   614   619   623   630  635L  636*
641   876   886   915   927   941   945  1127  1162  1175
1270  1292  1297  1311  1409  1501  1509* 1595  1598  1611
1642  1678  1704* 1724  1729  1739  1751  1765  1827  1837
1838  1842L 1843  1850  1868  1873  1875  1891  1893  1895
2143  2200  2201  2288  2298  2344  2412  2495  2718  2737
2774  2818
```

ANZAHL DER ZEUGEN: 92

3   χαριτος και πιστεως

   08 1884

ANZAHL DER ZEUGEN: 2

4   πιστεως χαριτος

2576

ANZAHL DER ZEUGEN: 1

5   και χαριτος πιστεως

1841

ANZAHL DER ZEUGEN: 1

6   πνευματος

    1754   2243

ANZAHL DER ZEUGEN: 2

7   πιστεως χαριτος πνευματος

    044

ANZAHL DER ZEUGEN: 1

8   πιστεως και πνευματος αγιου

    617L

ANZAHL DER ZEUGEN: 1

Y   FILMFEHLER

    400

ANZAHL DER ZEUGEN: 1

Z   LUECKE

P29	P33	P38	P41	P48	P50	P53	P56	P57	P91
04	020	048	057	066	076	077	093	095	096
097	0120	0140	0165	0166	0189	0236	0244	0294	43
62	81	110	172	206	309	314	325	441	466
498	506	517	567	602	624	627	920	956	1067
1069	1094	1101	1106	1115	1728	1730	1731	1738	1745
1752	1756	1832	1839	1846	1852	1858	1871	1889	1899
1904	1835	2005	2009	2125	2289	2303	2378	2441	2464
2484	2570	2626	2627	2671	2716	2746	2777	2778	2797
2799	2805	2833							

ANZAHL DER ZEUGEN: 93

===

■■   24   ACTA 7,11

                 ηλθεν δε λιμος εφ ολην την αιγυπτον και
                 χανααν

1   ολην την γην αιγυπτου

08	014	025	049	056	0142	1	3	5	6
18	35	38	42	51	57	61	69	76	82
90	93	94	97	102	104	105	122	131	133
141	142	149	172	175	177	180	181	189	201
203	204	205	206S	209	216	221	223	226	234
250	254	256	263	296	302	307	308	312	319
321	322	323	326	327	328	330	337	363	365
367	378	384	385	386	390	393	394	398	400
404	4010	404	405	400	471	472	476	477	000
444	450	451	452	453	454	455	456	457	458

459	460	462	464	465	468	469	483	489	496
522	547	567	582	592	601	603	604	605	606
607	608	610	614	616	617C	619	621	623	625
626	628	629	632	633	634	635	636	637	638
639	656	664	665	676	680	699	757	794	801
808	824	886	901	910	911	912	913	914	916
917	919	921	922	927	928	935	959	986	996
997	999	1003	1022	1040	1058	1066	1069	1070	1072
1073	1075	1099	1100	1102	1103	1104	1105	1106	1107
1149	1161	1162	1240	1241	1242	1243	1244	1245	1248
1249	1250	1251	1270	1277	1292	1297	1311	1315	1319
1352	1354	1360	1367	1390	1398	1400	1404	1405	1424
1448	1456	1482	1490	1503	1505	1508	1509	1521	1524
1526	1548	1563	1573	1594	1595	1597	1598	1599	1609
1610	1611	1617	1618	1619	1622	1626	1628	1636	1637
1643	1646	1649	1652	1656	1668	1673	1678	1702	1717
1719	1720	1721	1722	1723	1724	1725	1726	1727	1729
1732	1733	1734	1735	1736	1737	1740	1741	1742	1743
1744	1746	1747	1748	1749	1750	1753	1754	1757	1758
1759	1761	1762	1763	1767	1768	1780	1827	1828	1829
1831		1837	1838	1842	1843	1845	1847	1849	1850
1851	1854	1855	1856	1857	1859	1860	1861	1862	1863
1864	1865	1867	1868	1869	1870	1872	1873	1874	1875
1876	1877	1880	1883	1884	1885	1886	1888	1890	1892
1893	1894	1895	1896	1897	1902	1903	2080	2085	2086
2127	2131	2138	2143	2147	2175	2180	2191	2194	2201
2218	2221	2242	2243	2255	2261	2279	2288	2344	2352
2356	2374	2401	2404	2412	2423	2431	2466	2473	2475
2483	2488	2492	2494	2495	2501	2502	2508	2511	2516
2523	2541	2544	2554	2558	2576	2619	2625	2652	2653
2674	2675	2691	2696	2704	2705	2712	2718	2723	2737
2772	2774	2815	2816	2818					

ANZAHL DER ZEUGEN: 415

1B   ολην γην αιγυπτου

218	228	467	630	641	876	945	1127	1247	1359
1704	1718	1739	1751	1765	1830	1853	1891	2200	2298
2400									

ANZAHL DER ZEUGEN: 21

1C   ολην την αιγυπτου

617*

ANZAHL DER ZEUGEN: 1

2   ολην την αιγυπτον

P45	P74	01	02	03	04	044	88	103	421*
618	915	941	1175	1409	1501	1642	2805		

ANZAHL DER ZEUGEN: 18

3   ολης της αιγυπτου

   05*

ANZAHL DER ZEUGEN: 1

4   ολης της γης αιγυπτου

   05C2

ANZAHL DER ZEUGEN: 1

5   ολην την αιγυπτου γην

   1841

ANZAHL DER ZEUGEN: 1

6   ολην την γην

   383C

ANZAHL DER ZEUGEN: 1

U   HOM.TEL. VON αιγυπτου και (VS 10) ZU
         αιγυπτον/αιγυπτου και (VS 11)

   383*

ANZAHL DER ZEUGEN: 1

X   UNLESERLICH

   33

ANZAHL DER ZEUGEN: 1

Z   LUECKE

P8	P29	P33	P38	P41	P48	P50	P53	P56	P57
P91	020	048	057	066	076	077	093	095	096
097	0120	0140	0165	0166	0175	0189	0236	0244	0294
43	62	81	110	206	309	314	325	441	466
479	491	498	506	517	602	624	627	642	796
920	956	1067	1094	1101	1115	1728	1730	1731	1738
1745	1752	1756	1832	1839	1846	1852	1858	1871	1889
1899	1904	1835	2005	2009	2125	2289	2303	2378	2441
2464	2484	2570	2587	2626	2627	2671	2716	2746	2777
2778	2797	2799	2829	2833					

ANZAHL DER ZEUGEN: 95

■■ 25 ACTA 7,17

τ η ς ε π α γ γ ε λ ι α ς η ς ω μ ο λ ο γ η σ ε ν ο θ ε ο ς

1 ω μ ο σ ε ν/ω μ ω σ ε ν/ο μ ω σ ε ν

014	025	044	049	056	0142	1	3	5	6
18	35	38	42	51	57	61	69	76	81
82	88	90	93	94	97	102	103	104	105
122	131	133	141	142	149	175	177	180	181
189	201	203	204	205	206S	209	216	218	221
223	226	228	234	250	254	256	263	296	302
308	312	319	321	322	323	326	327	328	330
337	363	365	367	378	383	384	385	386	390
393	394	398	400	404	421	424	425	429	431
432	436	437	440	444	450	451	452	454	455
456	457	458	459	460	462	464	465	467	468
469	483	489	496	522	547	567	582	592	601
603	604	605	606	607	608	614	616	617	618
619	621	623	625	626	628	629	630	632	633
634	635	636	637	638	639	641	656	664	665
676	680	699	757	794	801	808	824	876	886
901	910	911	912	913	914	915*	916	917	919
921	922	927	928	935	941	945	959	986	996
997	999	1003	1022	1040	1058	1066	1069	1070	1072
1073	1075	1099	1100	1102	1103	1104	1105	1106	1107
1127	1149	1161	1162	1240	1241	1242	1243	1244	1245
1247	1248	1249	1250	1251	1270	1277	1292	1297	1311
1315	1319	1352	1354	1359	1360	1367	1390	1398	1400
1404	1405	1409	1424	1448	1456	1482	1490	1501	1503
1505	1508	1509	1521	1524	1526	1548	1563	1573	1594
1595	1597	1598	1599	1609	1610	1611	1617	1618	1619
1622	1626	1628	1636	1637	1643	1646	1649	1652	1656
1668	1673	1702	1704	1717	1718	1719	1720	1721	1722
1723	1724	1725	1726	1727	1729	1732	1733	1734	1735
1736	1737	1739	1740	1741	1742	1743	1744	1746	1747
1748	1749	1750	1751	1753	1754	1757	1758	1759	1761
1762	1763	1765	1767	1768	1780	1827	1828	1829	1830
1831		1837	1838	1841	1842	1843	1845	1847	1849
1850	1851	1853	1854	1855	1856	1857	1859	1860	1861
1862	1863	1864	1865	1867	1868	1869	1870	1872	1873
1874	1875	1876	1877	1880	1883	1885	1886	1888	1890
1891	1892	1893	1894	1895	1896	1897	1902	1903	2080
2085	2086	2127	2131	2138	2143	2147	2175	2180	2191
2194	2200	2201	2218	2221	2242	2243	2255	2261	2279
2288	2298	2344	2352	2356	2374	2400	2401	2404	2412
2423	2431	2466	2473	2475	2483	2488	2492	2494	2495
2501	2502	2508	2511	2516	2523	2541	2544	2554	2558
2576	2619	2625	2652	2653	2674	2675	2691	2696	2704
2705	2712	2718	2723	2737	2772	2774	2805	2815	2816
2818C									

ANZAHL DER ZEUGEN: 441

2 ω μ ο λ ο γ η σ ε ν

P74	02	03	04	307	453	610	1642	1678	2818*

ANZAHL DER ZEUGEN: 10

2B   ομολογησεν

    01   915C   1175

    ANZAHL DER ZEUGEN: 3

3   επηγγειλατο

    P45   05   08   1884

    ANZAHL DER ZEUGEN: 4

X   UNLESERLICH

    33

    ANZAHL DER ZEUGEN: 1

Z   LUECKE

P8	P29	P33	P38	P41	P48	P50	P53	P56	P57
P91	020	048	057	066	076	077	093	095	096
097	0120	0140	0165	0166	0175	0189	0236	0244	0294
43	62	110	172	206	309	314	325	441	466
479	491	498	506	517	602	624	627	642	796
920	956	1067	1094	1101	1115	1728	1730	1731	1738
1745	1752	1756	1832	1839	1846	1852	1858	1871	1889
1899	1904	1835	2005	2009	2125	2289	2303	2378	2441
2464	2484	2570	2587	2626	2627	2671	2716	2746	2777
2778	2797	2799	2829	2833					

    ANZAHL DER ZEUGEN: 95

==

■■   26   ACTA 8,10
                    ουτος εστιν η δυναμις του θεου η
                    καλουμενη μεγαλη

1   ΟΜ. καλουμενη

014	020	025	044	049	056	0142	1	3	6
18	35	38	42	51	57	61	62	69	76
82	88	90	93	94	97	102	103	104	105
110	122	131	133	141	142	149	172	177	180
189	201	203	204	205	206S	209	216	218	221
223	226	228	234	250	254	256	263	296	302
307	308	312	319	321	326	327	328	330	337
363	365	367	378	383	384	385	386	390	393
394	398	400	404	421	424	425	429	432	436
437	440	444	450	451	452	453	454	455	456
457	458	459	462	464	465	468	469	479	483
489	491	496	498	506	522	547	567	582	592
601	603	604	605	606	607	608	616	617	618
621	625	626	628	629	630	632	633	634	635
636	637	638	639	641	642	656	664	665	676
680	699	757	794	796	801	808	824	876	901

910	911	912	913	914	915	917	919	921	922
927	928	935	941	959	986	996	997	999	1003
1022	1040	1058	1069	1070	1072	1073	1075	1094	1099
1100	1102	1103	1104	1105	1106	1107	1127	1149	1161
1240	1241	1242	1243	1244	1245	1247	1248	1249	1250
1251	1270	1277	1297	1311	1315	1319	1352	1354	1359
1360	1367	1390	1398	1400	1404	1405	1424	1456	1482
1490	1501	1503	1505	1508	1509	1521	1524	1526	1548
1563	1573	1594	1595	1597	1599	1609	1610	1617	1618
1619	1622	1626	1628	1636	1637	1643	1649	1652	1656
1668	1673	1678	1702	1717	1718	1720	1721	1722	1723
1724	1725	1726	1729	1732	1733	1734	1735	1736	1737
1740	1741	1742	1743	1744	1746	1747	1748	1749	1750
1751	1752	1753	1754	1757	1758	1759	1761	1762	1763
1765	1767	1768	1780	1827	1828	1829	1831	1832	
1837	1838	1841	1842	1843	1845	1847	1849	1850	1851
1854	1855	1856	1857	1859	1860	1861	1862	1863	1864
1865	1867	1868	1869	1870	1872	1873	1874	1876	1877
1880	1883	1885	1886	1888	1892	1893	1894	1895	1896
1897	1902	1903	2080	2085	2086	2127	2131	2143	2147
2175	2180	2191	2194	2200	2201	2218	2221	2242	2243
2255	2261	2279	2288	2352	2356	2374	2401	2404	2423
2431	2466	2473	2475	2483	2484	2488	2492	2494	2495
2501	2502	2508	2511	2516	2523	2541	2544	2554	2558
2576	2587	2619	2625	2627	2652	2653	2674	2675	2691
2704	2705	2712	2718	2723	2737	2746	2772	2774	2815
2816	2818	2833							

ANZAHL DER ZEUGEN: 423

2 καλουμενη

P74	01	02	03	04	05	08	5	33	81
181	322	323	460	467	619	623	945	1162	1175
1409	1642	1646	1704	1739	1875	1884	1891	2298	2344
2805									

ANZAHL DER ZEUGEN: 31

3 λεγομενη

| 431 | 614 | 916 | 1292 | 1611 | 1830 | 1853 | 2138 | 2412 |

ANZAHL DER ZEUGEN: 9

U HOM.ARCT. VON μεγαν (VS 9) ZU μεγαλη (VS 10)

1066

ANZAHL DER ZEUGEN: 1

V1 AUSLASSUNG VON μεγαλου (VS 10) BIS προσειχον δε (VS 11)

175 1839

ANZAHL DER ZEUGEN: 2

V2   AUSLASSUNG VON μεγαλου (VS 10) BIS προσειχον δε αυτω
        (VS 11)

    1448   1719

    ANZAHL DER ZEUGEN: 2

Y   FILMFEHLER

    2696

    ANZAHL DER ZEUGEN: 1

Z   LUECKE

P8	P29	P33	P38	P41	P45	P48	P50	P53	P56
P57	P91	048	057	066	076	077	093	095	096
097	0120	0140	0165	0166	0175	0189	0236	0244	0294
43	206	309	314	325	441	466	517	602	610
624	627	886	920	956	1067	1101	1115	1598	1727
1728	1730	1731	1738	1745	1756	1846	1852	1858	1871
1889	1890	1899	1904	1835	2005	2009	2125	2289	2303
2378	2400	2441	2464	2570	2626	2671	2716	2777	2778
2797	2799	2829							

    ANZAHL DER ZEUGEN: 83

===

■■   27   ACTA 8,18
            οτι δια της επιθεσεως ... διδοται το
            πνευμα

1   το πνευμα το αγιον

P45	P74	02	04	05	08	014	020	025	044
049	056	0142	1	3	5	6	18	33	35
38	42	51	57	62	69	76	81	82	88
90	93	94	97	102	103	104	105	110	122
131	133	141	142	149	172	175	177	180	181
189	201	203	204	205	206S	209	216	218	221
223	226	228	234	250	254	256	263	296	302
307	308	312	319	321	322	323	326	327	328
330	337	363	365	367	378	383	384	385	386
390	393	394	398	400	404	421	424	425	429
431	432	436	437	440	444	450	451	452	453
454	455	456	457	458	459	460	462	464	465
467	468	469	479	483	489	491	496	498	506
522	547	567	582	592	601	603	604	605	606
607	608	614	616	617	618	619	621	623	625
626	628	629	630	632	633	634	635	636	637
638	639	641	642	656	664	665	676	680	699
757	794	796	801	808	824	876	901	910	911
912	913	914	915	916	917	919	920	921	922
927	928	935	941	945	959	986	996	997	999
1003	1022	1040	1058	1066	1069	1070	1072	1073	1075
1094	1099	1100	1102	1103	1104	1105	1106	1107	1127

1149	1161	1162	1175	1240	1241	1242	1243	1244	1245
1247	1248	1249	1250	1251	1270	1277	1292	1297	1311
1315	1319	1352	1354	1359	1360	1367	1390	1398	1400
1404	1405	1409	1424	1448	1456	1482	1490	1501	1503
1505	1508	1509	1521	1524	1526	1548	1563	1573	1594
1595	1597	1598	1599	1609	1610	1611	1617	1618	1619
1622	1626	1628	1636	1637	1642	1643	1646	1649	1652
1656	1668	1673	1678	1702	1704	1717	1718	1719	1720
1721	1722	1723	1724	1725	1726	1729	1730	1732	1733
1734	1735	1736	1737	1739	1740	1741	1742	1743	1744
1746	1747	1748	1749	1750	1751	1752	1753	1754	1757
1758	1759	1761	1762	1763	1765	1767	1768	1780	1827
1828	1830	1831	1832		1837	1838	1839	1841	1842
1843	1845	1847	1849	1850	1851	1853	1854	1855	1856
1857	1859	1860	1861	1862	1863	1864	1865	1867	1868
1869	1870	1872	1873	1874	1875	1876	1877	1880	1883
1884	1885	1886	1888	1890	1891	1892	1893	1894	1895
1896	1897	1903	2080	2085	2086	2127	2131	2138	2143
2147	2175	2180	2191	2194	2200	2201	2218	2221	2242
2243	2255	2261	2279	2288	2298	2344	2352	2356	2374
2401	2404	2412	2423	2431	2466	2473	2475	2483	2484
2488	2492	2494	2495	2501	2502	2508	2511	2516	2523
2541	2544	2554	2558	2576	2587	2619	2625	2627	2652
2653	2674	2675	2691	2704	2705	2712	2718	2723	2737
2746	2772	2774	2805	2815	2816	2818	2833		

ANZAHL DER ZEUGEN: 468

1B   το πνευμα αγιον

    61   441   1902

ANZAHL DER ZEUGEN: 3

2   το πνευμα

    01   03

ANZAHL DER ZEUGEN: 2

Y   FILMFEHLER

2696

ANZAHL DER ZEUGEN: 1

Z   LUECKE

P8	P29	P33	P38	P41	P48	P50	P53	P56	P57
P91	048	057	066	076	077	093	095	096	097
0120	0140	0165	0166	0175	0189	0236	0244	0294	43
206	309	314	325	466	517	602	610	624	627
886	956	1067	1101	1115	1727	1728	1731	1738	1745
1756	1829	1846	1852	1858	1871	1889	1899	1904	1835
2005	2009	2125	2289	2303	2378	2400	2441	2464	2570
2626	2671	2716	2777	2778	2797	2799	2829		

ANZAHL DER ZEUGEN: 78

■■   28   ACTA 8,37

(36)... τι κωλυει με βαπτισθηναι ADD. VS
37 (38) και εκελευσεν

1/2   OM. VS 37

P45	P74	01	02	03	04	014	020	025	044
049	056	0142	1	3	5	6	18	33	35
38	42	43	51	57	61	62	69	76	81
82	88*	90	93	97	102	104	105	110	122
131	133	141	142	149	172	175	177	181	189
201	203	204	205	206S	209	216	218	221T	223
226	228	234	250	254	256	263	302	308	312
319	321	326	327	328	330	337	363	365	367
378	383	384	386	390	393	394	398	400	404
421	424	425	431	432	436	437	440	441	444
450	451	452*	454	456	457	458	459	460	462
465	468	469	479	483	489	491	496	498	506
547	567	582	592	601	603	604	605	608	614
616	617	618	619	621	623	625	626	628*	632
633	634	635	637	638	639	642	656	664	665
676	680	699	757	794	796	801	808*	824	901
910	911	912	914	915	916	917	919	920	921
922	927	928	935	941	959	986	996	997	999
1003	1022	1040	1058	1066	1069	1070	1072	1073	1075
1094	1099	1100	1102	1103	1105	1106	1107	1127	1149
1161	1162	1175	1240	1241	1242	1243	1244	1245	1247
1248	1249	1250	1251	1270	1277	1292	1297	1311	1315
1319	1352	1354	1359	1360	1367	1390	1398	1400	1404
1405	1409	1424	1448	1456	1482	1490	1503	1505	1508
1521	1524	1526	1548	1563	1573	1594	1595	1597	1598
1599	1611	1617	1618	1619	1622	1626	1628	1636	1637
1643	1646	1649	1652	1656	1668	1673	1702	1717	1718
1719	1720	1721	1722	1723	1724	1725	1726	1729	1732
1733	1734	1736	1737	1740	1741	1742	1743	1744	1746
1747	1748	1749	1750	1752	1753	1754	1757	1759	1761
1762	1763	1767	1768	1827	1828	1829	1831		1837
1838	1839	1841	1842	1843	1845	1847	1849	1850	1854
1855	1856	1857	1859	1860	1861	1862	1863	1864	1865
1867	1868	1870	1872	1873	1874	1876	1877*	1880	1885
1886	1888	1890	1892*	1893	1894	1895	1896	1897	2080
2085	2086	2127	2131	2138	2143	2147	2175	2180	2191
2194	2201	2218	2221	2242	2243	2255	2261	2279	2288
2303	2344	2352	2356	2374	2401	2404	2412	2423	2431
2466	2475	2483	2484	2492	2495	2501	2502	2508	2511
2516	2523	2541	2544*	2554	2558	2576	2587	2627	2652
2653	2674	2675	2691	2696	2704	2705	2712	2716	2718
2723	2746	2772	2774	2815	2816*	2833			

ANZAHL DER ZEUGEN: 417

3   ειπεν δε αυτω: ει πιστευεις εξ ολης της καρδιας σου
      εξεστιν. αποκριθεις δε ειπεν: πιστευω τον υιον του
      θεου ειναι τον ιησουν χριστον

    429C   455   628C

ANZAHL DER ZEUGEN: 3

3B ειπεν δε ει πιστευω εξ ολης της καρδιας σου εξεστιν.
    αποκριθεις δε ειπεν: πιστευω τον υιον του θεου ειναι
    τον ιησουν χριστον

1869

ANZAHL DER ZEUGEN: 1

3C ειπεν δε αυτω: ει πιστευεις εξ ολης της καρδιας
    εξεστιν. αποκριθεις δε ειπεν: πιστευω τον υιον του
    θεου ειναι ιησουν χριστον

323

ANZAHL DER ZEUGEN: 1

3D ειπεν δε αυτω: ει πιστευεις εξ ολης της καρδιας σου
    εξεστιν. αποκριθεις δε ειπεν: πιστευω τον υιον του
    θεου ειναι ιησουν χριστον

94	103	385	429*	464	606	607	630	641	876
913	945	1501	1509	1609	1610	1678	1704	1735	1739
1751	1765	1830	1832	1853	1891	1892C	2200	2298	2494

ANZAHL DER ZEUGEN: 30

3E ειπεν δε αυτω: ει πιστευεις εξ ολης καρδιας σου
    εξεστιν. αποκριθεις δε ειπεν: πιστευω τον υιον του
    θεου ειναι ιησουν χριστον

180   307   453   610   2818

ANZAHL DER ZEUGEN: 5

3F ειπεν τε αυτω: ει πιστευεις εξ ολης της καρδιας σου
    εξεστιν. αποκριθεις ειπεν: πιστευω τον υιον του θεου
    ειναι ιησουν χριστον

1780

ANZAHL DER ZEUGEN: 1

3G ειπεν δε αυτω: ει πιστευεις εξ ολης καρδιας σου
    εξεστιν. και αποκριθεις ειπεν: πιστευω τον υιον του
    θεου ειναι τον ιησουν χριστον

1642   1877C

ANZAHL DER ZEUGEN: 2

3H ειπεν δε αυτω: ει πιστευεις εξ ολης της καρδιας σου
    εξεστιν. αποκριθεις δε ειπεν: πιστευω τον υιον του
    θεου ειναι τον χριστον ιησουν

2816C

ANZAHL DER ZEUGEN: 1

4   ειπεν δε αυτω: ο φιλιππος ει πιστευεις εξ ολης της
           καρδιας σου εξεστιν. αποκριθεις δε ειπεν: πιστευω
           τον υιον του θεου ειναι τον ιησουν χριστον

    221L

ANZAHL DER ZEUGEN: 1

4B   ειπεν δε αυτω: ο φιλιππος ει πιστευεις εξ ολης της
           καρδιας εξεστιν. αποκριθεις δε ειπεν: πιστευω τον
           υιον του θεου ειναι τον ιησουν χριστον

    2488

ANZAHL DER ZEUGEN: 1

4C   ειπεν δε ο φιλιππος ει πιστευεις εξ ολης της καρδιας
           εξεστιν. αποκριθεις δε ειπεν: πιστευω τον υιον του
           θεου ειναι τον ιησουν χριστον

    1883

ANZAHL DER ZEUGEN: 1

4D   ειπεν δε ο φιλιππος αυτω: ει πιστευεις εξ ολης της
           καρδιας σου εξεστιν. αποκριθεις δε ειπεν: πιστευω
           τον υιον του θεου ειναι τον ιησουν χριστον

    1104

ANZAHL DER ZEUGEN: 1

4E   ειπεν δε αυτω: ο φιλιππος ει πιστευεις εξ ολης της
           καρδιας σου δυνατον σοι εστιν. αποκριθεις δε ειπεν:
           πιστευω υιον του θεου ειναι τον ιησουν χριστον

    2544C

ANZAHL DER ZEUGEN: 1

5   ειπεν δε αυτω: ο φιλιππος εαν πιστευεις εξ ολης της
           καρδιας σου σωθησει. αποκριθεις δε ειπεν: πιστευω
           εις τον χριστον τον υιον του θεου

     08   1884

ANZAHL DER ZEUGEN: 2

6   ειπεν δε αυτω: ει πιστευεις εξ ολης της καρδιας σου
           εξεστιν. αποκριθεις δε ευνουχος ειπεν αυτω: πιστευω
           τον υιον του θεου ειναι ιησουν χριστον

    88C   1851   2805

ANZAHL DER ZEUGEN: 3

6B   ειπεν τε αυτω: ει πιστευεις εξ ολης της καρδιας σου
        εξεστιν. αποκριθεις δε ο ευνουχος ειπεν αυτω:
        πιστευω τον υιον του θεου ειναι ιησουν χριστον

        467

ANZAHL DER ZEUGEN: 1

7   ειπεν δε φιλιπποσ: εαν πιστευης εξ ολης καρδιας και
        αποκριθη ο ευνουχος αυτω: πιστευω τον υιον του θεου
        ειναι ιησουν χριστον

        629

ANZAHL DER ZEUGEN: 1

8   ειπεν δε ει πιστευεις εξεστιν. αποκριθεις δε ειπεν:
        πιστευω τον υιον του θεου ειναι ιησουν χριστον

        322

ANZAHL DER ZEUGEN: 1

9   ειπεν δε ο φιλιππος ει πιστευεις εξεστιν. αποκριθεις
        δε ειπεν: πιστευω τον υιον του θεου ειναι ιησουν
        χριστον

        296   1903   2473   2619

ANZAHL DER ZEUGEN: 4

10   ειπεν δε ο φιλιππος ει πιστευεις εξεστιν. αποκριθεις
        δε ευνουχος ειπεν αυτω: πιστευω τον υιον του θεου
        ειναι ιησου χριστου

        2737

ANZAHL DER ZEUGEN: 1

11   ει πιστευεις εξ ολης της καρδιας σου εξεστιν.
        αποκριθεις δε ειπεν: πιστευω τον υιον του θεου ειναι
        ιησουν χριστον

        522   636

ANZAHL DER ZEUGEN: 2

12   ειπεν δε αυτω: ει πιστευεις εξ ολης καρδιας σου
        εξεστιν

        452C

ANZAHL DER ZEUGEN: 1

X   UNLESERLICH

        808C   1758

ANZAHL DER ZEUGEN:　2

Z　　LUECKE

P8	P29	P33	P38	P41	P48	P50	P53	P56	P57
P91	05	048	057	066	076	077	093	095	096
097	0120	0140	0165	0166	0175	0189	0236	0244	0294
206	309	314	325	466	517	602	624	627	886
956	1067	1101	1115	1727	1728	1730	1731	1738	1745
1756	1846	1852	1858	1871	1875	1889	1899	1902	1904
1835	2005	2009	2125	2289	2378	2400	2441	2464	2570
2625	2626	2671	2777	2778	2797	2799	2829		

ANZAHL DER ZEUGEN:　78

===

■■　29　ACTA 8,39

πνευμα κυριου ηρπασεν τον φιλιππον

1/2　　πνευμα κυριου

P45	P74	01	02*	03	04	08	014	020	025
044	049	056	0142	1	3	5	6	18	35
38	42	43	51	57	61	62	69	76	81
82	88*	90	93	97	102	104	105	110	122
131	133	141	142	149	175	177	181	189	201
203	204	205	206S	209	216	218	221	223	226
228	234	250	254	256	263	296	302	308	312
319	321	326	327	328	330	337	363	365	367
378	383	384	386	390	393	394	398	400	404
421	424	425	429	431	432	436	437	440	441
444	450	451	452	454	455	456	457	458	459
460	462	464	465	468	469	479	483	489	491
496	498	506	522	547	582	592	601	603	604
605	607	608	614	616	617	618	619	621	623
625	626	628	629	630	632	633	634	635	636
637	638	639	642	656	664	665	676	680	699
757	794	796	801	808	824	901	910	911	912
914	915	916	917	919	920	921	922	927	928
935	941	959	986	996	997	999	1003	1022	1040
1058	1066	1069	1070	1072	1073	1075	1094	1099	1100
1102	1103	1104	1105	1106	1107	1127	1149	1161	1162
1175	1240	1241	1242	1243	1244	1245	1247	1248	1249
1250	1251	1270	1277	1292	1297	1311	1315	1319	1352
1354	1359	1360	1367	1390	1398	1400	1404	1405	1409
1424	1448	1456	1482	1490	1501	1503	1505	1508	1509
1521	1524	1526	1548	1563	1573	1594	1595	1597	1598
1599	1609	1611	1617	1618	1619	1622	1626	1628	1636
1637	1643	1646	1649	1652	1656	1668	1673	1702	1717
1718	1719	1720	1721	1722	1723	1724	1725	1726	1729
1732	1733	1734	1735	1736	1737	1740	1741	1742	1743
1744	1746	1747	1748	1749	1750	1751	1752	1753	1754
1757	1758	1759	1761	1762	1763	1767	1768	1780	1827
1828	1829	1831		1837	1838	1839	1841	1842	1843
1845	1847	1849	1850	1851	1854	1855	1856	1857	1859
1860	1861	1862	1863	1864	1865	1867	1868	1869	1870

1872	1873	1874	1876	1880	1883	1884	1885	1886	1888
1890	1892	1893	1894	1895	1896	1897	1903	2080	2085
2086	2127	2131	2138	2143	2147	2175	2180	2191	2194
2200	2201	2218	2221	2242	2243	2255	2261	2279	2288
2303	2344	2352	2356	2374	2401	2404	2412	2423	2431
2466	2473	2475	2483	2484	2488	2492	2495	2501	2502
2508	2511	2516	2523	2541	2554	2558	2576	2587	2619
2627	2652	2653	2674	2675	2691	2696	2704	2705	2712
2716	2718	2723	2737	2746	2772	2774	2815	2816	2833

ANZAHL DER ZEUGEN: 440

3   αγγελος θεου

567

ANZAHL DER ZEUGEN: 1

4   αγγελος δε κυριου

1877*

ANZAHL DER ZEUGEN: 1

5   πνευμα αγιον επεπεσεν επι τον ευνουχον αγγελος δε
        κυριου

02C	94	103	180	307	322	323	385	453	467
606	610	641	876	913	945	1610	1642	1678	1704
1739	1765	1830	1832	1853	1877C	1891	2298	2494	2544
2818									

ANZAHL DER ZEUGEN: 31

6   πνευμα θεου επεπεσεν επι τον ευνουχον αγγελος δε
        κυριου

88C   2805

ANZAHL DER ZEUGEN: 2

X   UNLESERLICH

33

ANZAHL DER ZEUGEN: 1

Z   LUECKE

P8	P29	P33	P38	P41	P48	P50	P53	P56	P57
P91	05	048	057	066	076	077	093	095	096
097	0120	0140	0165	0166	0175	0189	0236	0244	0294
172	206	309	314	325	466	517	602	624	627
886	956	1067	1101	1115	1727	1728	1730	1731	1738
1745	1756	1846	1852	1858	1871	1875	1889	1899	1902
1904	1835	2005	2009	2125	2289	2378	2400	2441	2464
2570	2625	2626	2671	2777	2778	2797	2799	2829	

ANZAHL DER ZEUGEN: 79

==

■■   30   ACTA 9,25

λαβοντες δε οι μαθηται αυτου νυκτος δια
του τειχους καθηκαν

1   αυτον οι μαθηται νυκτος

08	014	020	025	044	056	0142	1	3	5
18	35	38	42	43	51	57	61	62	76
82	90	93	97	102	103	104	105	110	131
133	141	142	149	172	175	177	180	181	189
201	203	204	205	206S	209C	218	221	223	226
228	234	250	254	256	263	296	302	308	312
319	321	322	323	326	327	328	330	337	363
365	367	378	383	384	385	386	390	393	394
398	400	404	421	424	425	431	432	436	437
440	441	444	450	451	452	454	455	456	457
458	459	460	462	464	465	467	469	479	483
489	491	496	498	506	547	567	582	592	601
603	604	605	606	607	608	614	616	617	618
619	621	623	625	626	628C	629	632	633	634
635	636C	637	638	639	641	642	656	664	665
676	699	757	796	801	808	824	876	901	910
911	912	913	914	916	917	919	920	921	922
927	928	945	986	996	997	999	1003	1022	1040
1058	1069	1070	1072	1073	1075	1094	1099	1100	1102
1103	1104	1105	1106	1107	1127	1149	1161	1162	1241
1243	1244	1245	1247	1249	1250	1251	1270	1277	1292
1297	1311	1315	1319	1352	1354	1359	1360	1367	1398
1400	1404	1405	1409	1424	1448	1456	1482	1503	1505
1508	1509C	1521	1524	1526	1563	1573	1594	1595	1597
1598	1599	1609	1610	1611	1617	1618	1619	1622	1626
1628	1636	1637	1643	1652	1656	1668	1673	1678	1702
1704	1717	1718	1720	1722	1723	1724	1725	1726	1729
1732	1733	1734	1735	1736	1737	1739	1740	1742	1743
1744	1746	1748	1750	1753	1754	1757	1759C	1761	1762
1763	1765	1767	1780	1827	1828	1829	1830	1832	
1837	1838	1839	1841	1842	1843	1847	1849	1850	1851
1853	1854	1855	1856	1857	1859	1860	1861	1862	1863
1864	1865	1867	1868	1869	1870	1872	1873	1875	1876
1880	1883	1884	1885	1888	1890	1892	1893	1894	1895
1896	1897	1902	1903	2080	2085	2086	2127	2131	2138
2147	2175	2180	2191	2194	2201	2218	2221	2242	2243
2255	2261	2279	2288	2298	2303	2344	2352	2356	2374
2400	2401	2404	2412	2423	2431	2466	2473	2475	2483
2484	2488	2492	2494	2495	2501	2502	2508	2523	2544
2554	2558	2576	2587	2619	2625	2627	2652	2653	2674
2691	2696	2704	2705	2712	2718	2723	2737	2746	2772
2799	2805	2815	2816	2833					

ANZAHL DER ZEUGEN: 415

1B   αυτων οι μαθηται νυκτος

    794   1719

    ANZAHL DER ZEUGEN: 2

1C   αυτον οι μαθηται αυτου νυκτος

    216   1175   1845   2516

    ANZAHL DER ZEUGEN: 4

1D   αυτον οι μαθηται δια της νυκτος

    122   680   959   1242   1390   1649   1741   1747   2541

    ANZAHL DER ZEUGEN: 9

2   οι μαθηται αυτου νυκτος

    P74   01   02   03   04   81C   88   941   1646   1759*

    ANZAHL DER ZEUGEN: 10

3   οι μαθηται αυτον νυκτος

      6   69   81*   468   915   935   1501   1548   1752   1874
    1877   2143   2774

    ANZAHL DER ZEUGEN: 13

4   οι μαθηται νυκτος αυτον

    1891

    ANZAHL DER ZEUGEN: 1

5   οι μαθηται νυκτος

    049   94   209*   307   429   453   522   610   628*   630
    636*   1066   1490   1642   1721   1749   1751   1758   1831   2200
    2511   2818

    ANZAHL DER ZEUGEN: 22

U   HOM.TEL. VON νυκτος (VS 24) ZU νυκτος (VS 25)

    1240   1248   1886

    ANZAHL DER ZEUGEN: 3

X   UNLESERLICH

    33   1509*

    ANZAHL DER ZEUGEN: 2

Z   LUECKE

P8	P29	P33	P38	P41	P45	P48	P50	P53	P56
P57	P91	05	048	057	066	076	077	093	095
096	097	0120	0140	0165	0166	0175	0189	0236	0244
0294	206	309	314	325	466	517	602	624	627
886	956	1067	1101	1115	1727	1728	1730	1731	1738
1745	1756	1768	1846	1852	1858	1871	1889	1899	1904
1835	2005	2009	2125	2289	2378	2441	2464	2570	2626
2671	2675	2716	2777	2778	2797	2829			

ANZAHL DER ZEUGEN: 77

===

■■   31   ACTA 9,31

η μεν ουν εκκλησια ... ειχεν ειρηνην
οικοδομουμενη και πορευομενη τω φοβω ...
και τη παρακλησει ... επληθυνετο

1   αι μεν ουν εκκλησιαι ... ειχον ειρηνην
οικοδομουμεναι και πορευομεναι ... επληθυνοντο

014	020	025	049	056	0142	1	3	6	18
35	38	42	43	51	57	61	62	69	76
82	90	93	97	102	103	104	105	110	122
131	133	141	142	149	175	177	189	201	203
204	205	206S	209	216	218	221	223	226	228
234	250	254	256	263	296	308	312	319	321
326	327	328	330	337	363	365	367	378	383
384	385	386	390	393	394	398	400	404	421
424	425	429	431	432	436	437	440	444	450
451	452	454	455	456	457	458	459	460	464
465	467	468	469	479	483	489	491	496	498
506	522	547	567	582	592	601	603	604	605
606	607	608	614	616	617	618	625	626	629
630	632	633	634	635	636	637	638	641	642
656	664	665	676	680	699	757	794	796	801
808	824	876	901	910	911	912	913	914	916
919	920	922	927	928	935	941	959	986	996
997	999	1003	1022	1040	1058	1066	1069	1070	1072
1073	1075	1094	1099	1100	1102	1103	1104	1105	1106
1107	1127	1149	1161	1240	1241	1242	1243	1244	1245
1247	1248	1249	1250	1270	1277	1292	1297	1311	1315
1319	1352	1354	1359	1360	1367	1390	1400	1404	1405
1409	1448	1456	1482	1490	1501	1503	1505	1508	1509
1521	1524	1526	1548	1563	1573	1594	1595	1597	1598
1599	1609	1610	1611	1617	1618	1619	1622	1628	1636
1637	1643	1649	1652	1656	1668	1673	1702	1717	1718
1719	1720	1721C	1722	1723	1724	1725	1726	1729	1732
1733	1734	1735	1736	1737	1740	1741	1742	1743	1744
1746	1747	1748	1749	1750	1751	1752	1753	1754	1757
1758	1759	1761	1762	1763	1765	1767	1780	1828	1829
1831	1832		1837	1838	1839	1841	1843	1845	1847
1849	1850	1851	1853	1854	1855	1856	1859	1860	1861
1862	1863	1864	1865	1867	1868	1869	1870	1872	1873
1876	1880	1883	1885	1886	1888	1890	1892	1893	1894

1895	1896	1897	1902	1903	2080	2085	2086	2127	2131
2138	2143	2147	2175	2180	2191	2194	2200	2201	2218
2221	2242	2243	2255	2261	2279	2288	2303	2352	2374
2400	2401	2404	2412	2423	2431	2466	2473	2475	2483
2484	2488	2492	2494	2495	2501	2502	2508	2511	2516
2523	2541	2544	2554	2558	2576	2587	2619	2625	2627
2652	2653*	2674	2691	2696	2704	2712C	2718	2723	2746
2772	2774	2799	2805	2815	2816	2833			

ANZAHL DER ZEUGEN: 417

1B   αι μεν ουν αικκλησιαι ... ειχον ειρηνην
        οικοδομουμεναι και πορευομεναι ... επληθυνοντο

1398

ANZAHL DER ZEUGEN: 1

1C   αι μεν ουν εκκλησιαι ... ειχον ειρηνην ωκοδομουμεναι
        και πορευομεναι ... επληθυνοντο

2653C

ANZAHL DER ZEUGEN: 1

1D   αι μεν ουν εκκλησιαι ... ειχον ειρηνην
        οικοδομουμεναι και πορευο ... επληθυνοντο

1721*

ANZAHL DER ZEUGEN: 1

1E   αι μεν ουν εκκλησιαι ... ειχον ειρηνην
        οικοδομουμεναι και πρωπορευομεναι ... επληθυνοντο

2344

ANZAHL DER ZEUGEN: 1

1F   αι μεν ουν εκκλησιαι ... ειχον ειρηνην
        οικοδομουμεναι και πορευομεναι ... επληθυονοντο

2356

ANZAHL DER ZEUGEN: 1

1G   αι μεν ουν εκκλησιαι πασαι ... ειχον ειρηνην
        οικοδομουμενοι και πορευομενοι ... επληθυνοντο

08 1884

ANZAHL DER ZEUGEN: 2

1H   αι μεν ουν αι εκκλησιαι ... ειχον ειρηνην
        οικοδομουμεναι και πορευομεναι ... επληθυνοντο

1424 1857

ANZAHL DER ZEUGEN: 2

2   η μεν ουν εκκλησια ... ειχεν ειρηνην οικοδομουμενη
      και πορευομενη ... επληθυνετο

P74	01	02C	03	04	5	81	88	94	180
181	307	322	323	441	453	610	619	621	623
915	917	945	1162	1175	1642	1646	1678	1739	1827
1842	1874	1875	1877	1891	2737	2818			

ANZAHL DER ZEUGEN: 37

2B   η μεν ουν εκκλησια ... ειχεν ειρηνη οικοδομουμενη
      και πορευομενη ... επληθυνετο

    02*

ANZAHL DER ZEUGEN: 1

3   η μεν ουν εκκλησια ... ειχον ειρηνην οικοδομουμενοι
      και πορευομενοι ... επληθυνετο

    044

ANZAHL DER ZEUGEN: 1

4   η μεν ουν εκκλησια ... ειχεν ειρηνην οικοδομουμενη
      ... επληθυνετο

    1704

ANZAHL DER ZEUGEN: 1

5   αι μεν ουν εκκλησιαι ... ειχον ειρηνην
      οικοδομουμεναι ... επληθυνοντο

    921   1251   2705

ANZAHL DER ZEUGEN: 3

5B   αι μεν ουν εκκλησιαι ... ειχον ειρηνην
      οικοδομουμενοι ... επληθυνοντο

    1626

ANZAHL DER ZEUGEN: 1

5C   αι μεν ουν αι εκκλησιαι ... ειχον ειρηνην
      οικοδομουμεναι ... επληθυνοντο

    302

ANZAHL DER ZEUGEN: 1

6   αι μεν ουν εκκλησιαι ... ειχον ειρηνην
      οικοδομουμεναι και πορευομεναι ... επληθυνετο

    628   639   1830   2298

ANZAHL DER ZEUGEN: 4

7   αι μεν ουν εκκλησιαι ... ειχον ειρηνην
     οικοδομουμεναι και πορευομεναι ... ET OM. και τη
     παρα κλησει BIS επληθυνετο

462

ANZAHL DER ZEUGEN: 1

X   UNLESERLICH

    33   2712*

ANZAHL DER ZEUGEN: 2

Z   LUECKE

P8	P29	P33	P38	P41	P45	P48	P50	P53	P56
P57	P91	05	048	057	066	076	077	093	095
096	097	0120	0140	0165	0166	0175	0189	0236	0244
0294	172	206	309	314	325	466	517	602	624
627	886	956	1067	1101	1115	1727	1728	1730	1731
1738	1745	1756	1768	1846	1852	1858	1871	1889	1899
1904	1835	2005	2009	2125	2289	2378	2441	2464	2570
2626	2671	2675	2716	2777	2778	2797	2829		

ANZAHL DER ZEUGEN: 78

==

■■   32   ACTA 10,10

    παρασκευαζοντων δε αυτων εγενετο επ αυτον
    εκστασις

1   επεπεσεν

08	020	044	049	056	0142	1	3	5	6
18	33	35	42	43	51	61	62	69	76
90	93	97L	102	103	104	105	110	122	131
133	141	142	149	189	201	203	204	205	206S
209	216	218	221L	223	226	228	234	250	254
263	296	302	308	312	321	326	328	330	363
367	378	384	385	386	390	394	398	421	425
432	436	437	440	441	444	451	452	455	456
457	458	459	465	467	468	479	483	489	491
496	498	506	522	547	567	582	592	604	605
607	608	614	616	619	621	623	625	626	628
629	632C	633	634	637	638	641	656	664	665
676	680	757	794	796	801	824	876	901	910
912	913	914	916	920	921	922	927	928	935
941	959	986	997	999	1003	1022	1040	1058	1066
1069	1070	1072	1073	1075	1094	1099	1100	1102	1103
1104	1105	1106	1107	1127	1149	1161	1162	1240	1241
1242	1244C	1245	1247	1248	1249	1250	1251	1270	1277
1292	1297	1311	1315	1352	1354	1359	1367	1390	1398
1400	1404	1405	1409	1448	1482	1501	1503	1505	1508

1521	1524	1548	1563	1573	1594	1595	1597	1598	1599
1609	1610	1611	1617	1618	1619	1622	1626	1628	1636
1637	1643	1649	1652	1656	1673	1702	1717	1718	1720
1721	1722	1723	1724	1725	1726	1727	1729	1732	1733
1734	1736	1737	1740	1741	1742	1743	1744	1746	1747
1748	1749	1750	1752	1753	1754	1761	1763	1765	1767
1768	1827	1828	1829	1830	1832		1837	1838	1841
1842	1843	1845	1847	1849	1850	1851	1852	1853	1854
1855	1856	1857	1859	1860	1861	1863	1864	1865	1867
1868	1869	1870	1872	1873	1876	1880	1883	1884	1885
1886	1890	1892	1896	1897	1902	1903	2080	2085	2086
2125	2131	2138	2143	2147	2175	2180	2191	2194	2201
2218	2221	2242	2243	2255	2261	2279	2288	2298	2303
2352	2356	2400	2401	2404	2412	2423	2466C	2473	2475
2483	2488	2494	2495	2501	2502	2508	2511	2523	2541
2544	2554	2558	2576	2587	2619	2625	2652	2653	2674
2675	2691	2696	2704	2705	2712	2718	2723	2737	2746
2774	2799	2805	2815	2816					

ANZAHL DER ZEUGEN: 375

2   ε γ ε ν ε τ ο

P74	01	02	03	04	025	81	88	94	97T
175	180	181	307	322	323	404	424	429	431
453	610	630	636	642	808	915	917	945	1175
1490	1509	1642	1646	1678	1704	1719	1739	1751	1758
1831	1839	1874	1875	1877	1891	1895	2200	2344	2374
2516	2818								

ANZAHL DER ZEUGEN: 52

3   ε π ε σ ε ν

38	57	82	177	221T	319	327	337	365	383
393	400	450	454	460	462	464	469	601	603
617	618	632*	635	639	699	911	919	996	1243
1244*	1319	1360	1424	1456	1668	1735	1759	1762	1780
1862	1888	1894	2127	2466*	2484	2492	2627	2772	

ANZAHL DER ZEUGEN: 49

4   η λ θ ε ν

P45

ANZAHL DER ZEUGEN: 1

Y   FILMFEHLER

2431

ANZAHL DER ZEUGEN: 1

Z   LUECKE

P8	P29	P33	P38	P41	P48	P50	P53	P56	P57
P91	05	014	048	057	066	076	077	093	095

```
096    097    0120   0140   0165   0166   0175   0189   0236   0244
0294   172    206    256    309    314    325    466    517    602
606    624    627    886    956    1067   1101   1115   1526   1728
1730   1731   1738   1745   1756   1757   1846   1858   1871   1889
1893   1899   1904   1835   2005   2009   2289   2378   2441   2464
2570   2626   2671   2716   2777   2778   2797   2829   2833
```

ANZAHL DER ZEUGEN: 79

==

■■   33 ACTA 10,11
              σκευος τι ως οθονην μεγαλην τεσσαρσιν
              αρχαις καθιεμενον

1   δεδεμενον και καθιεμενον

```
04*    020    025    049    056    0142   1      3      6      18
35     38     42     43     51     57     61     62     76     81
82     93     94     97     102    103    104    105    110    122
131    133    141    142    149    175    177    180    189    201
203    204    205    206S   209    216    218    221    226    228
234    250    254    263    296    302    307    308    312    319
321    322    323    326    327    328    330    337    363    365
367    378    383    384    385    386    390    393    394    398
404    421    424    425    429    432    436    440    441    450
451    452    453    454    455    456    457    458    459    460
462    464    465    468    469    479    483    489    491    496
498    506    522    547    567    582    592    601    603    604
605    607    608    614    616    617    618    619    625    626
628    629C   630    632    633    634    635    636    637    638
639    641    642    656    664    665    676    680    699    757
794    796    801    808    824    876    901    910    911    912
916    919T   920    921    922    927    928    935    941    945
959    986    996    997    999    1003   1022   1040   1058   1066
1069   1070   1072   1073   1075   1094   1099   1100   1102   1103
1104   1105   1106   1107   1127   1149   1161   1240   1241   1242
1243   1244   1245   1247   1248   1249   1250   1251   1270   1277
1292   1297   1311   1315   1319   1352   1354   1359   1367   1390
1398   1400   1404   1405   1409   1424   1448   1456   1482   1490
1501   1503   1508   1509   1521   1524   1548   1563   1573   1594
1595   1597   1598   1599   1609   1611   1617   1618   1619   1622
1626   1628   1636   1637   1643   1649   1652   1656   1668   1673
1678   1702   1704   1717   1718   1719   1720   1722   1723   1724
1725   1726   1727   1732   1733   1734   1735   1736   1737   1739
1740   1741   1742   1743   1744   1746   1747   1748   1749   1750
1751   1752   1753   1754   1758   1759   1761   1762   1763   1765
1767   1768   1780   1828   1829   1831   1832          1837   1839
1841   1843   1845   1847   1849   1850   1851   1852   1854   1855
1856   1857   1859   1860   1861   1862   1863   1864   1865   1867
1868   1869   1870   1872   1873   1876   1880   1883   1885   1888
1891   1892   1894   1895   1896   1897   1902   1903   2080   2085
2086   2125   2127   2131   2143   2147   2175   2180   2191   2194
2200   2201C  2218   2221   2242   2243   2255   2261   2279   2288
2298   2303   2344   2352   2356   2374   2400   2401   2404   2412
2423   2466   2473   2475   2483   2484   2488   2492   2494   2501
2502   2508   2523   2541   2544   2554   2558   2587   2619   2625
```

2627	2652	2653	2674	2675	2691	2696	2704	2705	2712
2718	2723	2737	2746	2772	2774	2799	2805	2815	

ANZAHL DER ZEUGEN: 419

1B   δεδεμενον και καθιημενον

69

ANZAHL DER ZEUGEN: 1

1C   δεδομενον και καθιεμενον

1360

ANZAHL DER ZEUGEN: 1

1D   δεδεμενος και καθιεμενον

1721

ANZAHL DER ZEUGEN: 1

2   καθιεμενον

P74	01	02	03	04C2	08	33	88	181	431
437	444	915	917	1175	1646	1874	1875	1877	1884

ANZAHL DER ZEUGEN: 20

3   δεδεμενον

1729   1827   1838   1853   2818

ANZAHL DER ZEUGEN: 5

4   δεδεμενον και καθιεμενην

914

ANZAHL DER ZEUGEN: 1

5   δεδεμενην και καθιεμενον

919L   1505   2495   2511

ANZAHL DER ZEUGEN: 4

6   δεδεμενην και καθιεμενην

90   223   467   1886   2516   2816

ANZAHL DER ZEUGEN: 6

7   δεδεμενον και καταφερομενον

2576

ANZAHL DER ZEUGEN: 1

B   δεδεμενον {σκευος τι ως οδωννη μεγαλην καταβαινον}
       και καθιεμενον

       044   5   621   623   913   1162   1610   1642   1830   1842
       1890   2138   2201*

ANZAHL DER ZEUGEN: 13

9   δεδεμενον {σκευος τι} καθιεμενον

       P45

ANZAHL DER ZEUGEN: 1

X   UNLESERLICH

       400   629*

ANZAHL DER ZEUGEN: 2

Y   FILMFEHLER

       2431

ANZAHL DER ZEUGEN: 1

Z   LUECKE

       P8   P29   P33   P38   P41   P48   P50   P53   P56   P57
       P91   05   014   048   057   066   076   077   093   095
       096   097   0120   0140   0165   0166   0175   0189   0236   0244
       0294   172   206   256   309   314   325   466   517   602
       606   610   624   627   886   956   1067   1101   1115   1526
       1728   1730   1731   1738   1745   1756   1757   1846   1858   1871
       1889   1893   1899   1904   1835   2005   2009   2289   2378   2441
       2464   2570   2626   2671   2716   2777   2778   2797   2829   2833

ANZAHL DER ZEUGEN: 80

==

■■   34   ACTA 10,12
                       εν ω υπηρχεν παντα τα τετραποδα και
                       ερπετα της γης και πετεινα του ουρανου

1   παντα τα τετραποδα της γης και τα θηρια και τα
       ερπετα και τα πετεινα του ουρανου

       020   025   044   049   056   0142   1   3   18   35
       38   42   43   51   57   62   76   82   93   97
       102   103   104   105   122   131   133   141   142   149
       175   177   189   201   203   204   205   206S   209   216
       218   221   223   226   228   234   250   254   263   296
       302   308   312   319   327   328   330   337   363   365
       367   378   383   384   386   390   393   394   398   404

424*	425	432	436	441	444	450	451	452	454
455	456	457	458	459	460	462	464	465	467
469	479	483	489	491	498	506	547	567	582
592	601	603	604	605	607	608	614	617	618
621	625	626	628	629	632	634	635	638	639
641	642	656	664	665	676	680	699	757	794
796	801	808	824	876	901	910	911	912	913
914	916	919*	920	921	922	927	928	941	959
986	996	997	999	1003C	1022	1040	1058	1066	1069
1070	1072	1073	1075	1094	1099	1100	1102	1103	1104
1105	1106	1107	1127	1149	1240	1241	1242	1244	1245
1247	1248	1249	1250	1251	1277	1292	1319	1352	1354
1359	1360	1390	1398	1400	1405	1409	1424	1448	1456
1482	1503	1505	1508	1509	1521	1524	1548	1563	1573
1594	1599	1609	1610	1611	1617	1618	1619	1622	1626
1628	1636	1637	1643	1649	1652	1656	1668	1673	1702
1717	1718	1719	1720	1722	1723	1724	1725	1726	1727
1729	1732	1733	1734	1735	1736	1737	1740	1741	1742
1743	1744	1746	1747	1748	1749	1750	1752	1753	1754
1759	1761	1762	1763	1765	1767	1768	1780	1828	1829
1830	1832		1839	1842	1843	1845	1847	1849	1851
1852	1853	1854	1855	1856	1859	1860	1861	1862	1863
1864	1865	1867	1868	1869	1870	1872	1873	1876C	1880
1885	1886	1888	1890	1892	1895	1896	1897	1902	1903
2080	2085	2086	2125	2127	2131	2138	2143	2147	2175
2180	2191	2194	2201C	2218	2221	2243	2255	2261	2279
2303	2352	2356	2374	2401	2404	2412	2423	2466	2473
2475	2484	2488	2492	2494	2495	2501	2502	2508	2511
2523	2541	2544	2554	2576	2587	2619	2625	2627	2652
2653	2674	2675	2691	2704	2705	2712	2718	2723	2737
2746	2772	2774	2799	2805	2815C				

ANZAHL DER ZEUGEN: 376

1B   παντα τα τετραποδα της γης και τα θηρια και τα
            ερπετα και πετεινα του ουρανου

    2815*

ANZAHL DER ZEUGEN: 1

1C   παντα τετραποδα της γης και τα θηρια και τα ερπετα
            και τα πετεινα του ουρανου

     90

ANZAHL DER ZEUGEN: 1

1D   παντα τα τετραποδα επι της γης και τα θηρια και τα
            ερπετα και τα πετεινα του ουρανου

     616

ANZAHL DER ZEUGEN: 1

1E   τα τετραποδα της γης και τα θηρια και ερπετα και τα
        πετεινα του ουρανου

    1838

    ANZAHL DER ZEUGEN: 1

1F   παντα τα τετραποδα της γης και τα θηρια και τα
        ερπετα και παντα τα πετεινα του ουρανου

    385   1841

    ANZAHL DER ZEUGEN: 2

2   παντα τα τετραποδα και ερπετα της γης και πετεινα
        του ουρανου

    P74   01   02   03   04C2 1175   2344

    ANZAHL DER ZEUGEN: 7

2B   παντα τα τετραποδα και τα ερπετα της γης και τα
        πετεινα του ουρανου

    181   429   522   630   636   917   945   1490   1642   1646
    1704   1739   1758   1831   1874   1875   1877   1891   2200   2516

    ANZAHL DER ZEUGEN: 20

2C   παντα τα τετραποδα και ερπετα της γης και πετεινα
        αυτου ουρανου

    81

    ANZAHL DER ZEUGEN: 1

3   παντα τα τετραποδα της γης και τα ερπετα και τα
        πετεινα του ουρανου

    431   919C   1850

    ANZAHL DER ZEUGEN: 3

3B   τα τετραποδα παντα της γης και τα ερπετα και τα
        πετεινα του ουρανου

    1243

    ANZAHL DER ZEUGEN: 1

4   παντα τα τετραποδα και τα ερπετα της γης και τα
        πετεινα του ουρανου και τα θηρια της γης

    61   326   1837

    ANZAHL DER ZEUGEN: 3

5   παντα τα θηρια της γης και τα τετραποδα και τα
ερπετα και τα πετεινα του ουρανου

   421

ANZAHL DER ZEUGEN: 1

6   παντα τα θηρια και τα τετραποδα της γης και τα
ερπετα και τα πετεινα του ουρανου

   2288

ANZAHL DER ZEUGEN: 1

7   παντα τα θηρια και τα τετραποδα και τα ερπετα της
γης και τα πετεινα του ουρανου

    88   915   1501

ANZAHL DER ZEUGEN: 3

8   παντα τα τετραποδα της γης και τα ερπετα και τα
θηρια και τα πετεινα του ουρανου

    6   69   1857   2816

ANZAHL DER ZEUGEN: 4

9   παντα τα τετραποδα και τα ερπετα της γης και τα
θηρια και τα πετεινα του ουρανου

    08

ANZAHL DER ZEUGEN: 1

9B   παντα τα τετραποδα και τα ερπετα της γης και τα
θυρια και τα πετεινα του ουρανου

   1751

ANZAHL DER ZEUGEN: 1

9C   παντα τα τετραποδα και ερπετα της γης και τα θηρια
και τα πετεινα του ουρανου

   1884

ANZAHL DER ZEUGEN: 1

10   παντα τα τετραποδα και τα θηρια της γης και τα
ερπετα και τα πετεινα του ουρανου

   1367

ANZAHL DER ZEUGEN: 1

10B   παντα τα τετραποδα και τα θηρια της γης και τα
      ερπετα και πετεινα του ουρανου

   321

ANZAHL DER ZEUGEN: 1

11   παντα τα τετραποδα και τα θηρια και τα ερπετα της
     γης και τα πετεινα του ουρανου

04*	5	33	322	323	400	424C	437	440	468
496	619	623	935	1162	1270	1297	1315	1404	1595
1597	1598	1827	1883	1894	2201*	2242	2298	2483	2696

ANZAHL DER ZEUGEN: 30

11B   παντα τα τετραποδα και τα θηρια και τα ερπετα επι
      της γης και τα πετεινα του ουρανου

   94

ANZAHL DER ZEUGEN: 1

11C   παντα τα τετραποδα και τα θηρια και τα ερπετα τα επι
      της γης και τα πετεινα του ουρανου

   180   307   453   1678   2818

ANZAHL DER ZEUGEN: 5

12   παντα τα τετραποδα της γης και τα θηρια και τα
     πετεινα του ουρανου

   637

ANZAHL DER ZEUGEN: 1

13   παντα τα τετραποδα της γης και τα πετεινα του
     ουρανου θηρια. και τα ερπετα και τα πετεινα του
     ουρανου

   1161

ANZAHL DER ZEUGEN: 1

14   και τα θηρια και τα ερπετα και τα πετεινα του
     ουρανου ABER ZUVOR HOM.TEL. VON επι της γης (VS 11)
     ZU τετραποδα της γης (VS 12)

   633   1311   1876*   2400   2558

ANZAHL DER ZEUGEN: 5

X   UNLESERLICH

   110   1003*

ANZAHL DER ZEUGEN: 2

10B   παντα τα τετραποδα και τα θηρια της γης και τα
      ερπετα και πετεινα του ουρανου

   321

ANZAHL DER ZEUGEN: 1

11   παντα τα τετραποδα και τα θηρια και τα ερπετα της
     γης και τα πετεινα του ουρανου

04*	5	33	322	323	400	424C	437	440	468
496	619	623	935	1162	1270	1297	1315	1404	1595
1597	1598	1827	1883	1894	2201*	2242	2298	2483	2696

ANZAHL DER ZEUGEN: 30

11B   παντα τα τετραποδα και τα θηρια και τα ερπετα επι
      της γης και τα πετεινα του ουρανου

   94

ANZAHL DER ZEUGEN: 1

11C   παντα τα τετραποδα και τα θηρια και τα ερπετα τα επι
      της γης και τα πετεινα του ουρανου

   180   307   453   1678   2818

ANZAHL DER ZEUGEN: 5

12   παντα τα τετραποδα της γης και τα θηρια και τα
     πετεινα του ουρανου

   637

ANZAHL DER ZEUGEN: 1

13   παντα τα τετραποδα της γης και τα πετεινα του
     ουρανου θηρια. και τα ερπετα και τα πετεινα του
     ουρανου

   1161

ANZAHL DER ZEUGEN: 1

14   και τα θηρια και τα ερπετα και τα πετεινα του
     ουρανου ABER ZUVOR HOM.TEL. VON επι της γης (VS 11)
     ZU τετραποδα της γης (VS 12)

   633   1311   1876*   2400   2558

ANZAHL DER ZEUGEN: 5

X   UNLESERLICH

   110   1003*

ANZAHL DER ZEUGEN: 2

Y   FILMFEHLER

P45   1721   2431

ANZAHL DER ZEUGEN: 3

Z   LUECKE

P8	P29	P33	P38	P41	P48	P50	P53	P56	P57
P91	05	014	048	057	066	076	077	093	095
096	097	0120	0140	0165	0166	0175	0189	0236	0244
0294	172	206	256	309	314	325	466	517	602
606	610	624	627	886	956	1067	1101	1115	1526
1728	1730	1731	1738	1745	1756	1757	1846	1858	1871
1889	1893	1899	1904	1835	2005	2009	2289	2378	2441
2464	2570	2626	2671	2716	2777	2778	2797	2829	2833

ANZAHL DER ZEUGEN: 80

==

■■   35   ACTA 10,19

ειπεν αυτω το πνευμα

1/2   αυτω το πνευμα

P45	05	08	020	025	044	049	056	0142	0244
0294	1	3	5	18	33	35	38	42	43
51	57	61	62	76	82	88	90	93	97
102	103	104	105	110	122	131	133	141	142
149	175	177	189	201	203	204	205	206S	209
216	218	221	223	226	228	234	250	254	263
296	302	312	319	321	322	323	326	327	328
330	337	363	365	367	383	384	385	386	390
393	394	398	404	421	424	425	429	432	436
437	440	441	444	450	451	452	454	455	456
457	458	459	460	462	464	465	467	468	469
479	483	489	491	496	498	522	547	567	582
592	601	603	604	605	607	608	614	616	617
618	619	621	623	624	625	626	628	629	630
632	633	634	635	636	637	638	639	641	642
656	664	665	676	680	699	757	794	796	801
808	824	876	901	910	911	912	913	914	915
916	917	919	920	921	922	927	928	935	941
945	959	986	996	997	999	1003	1022	1040	1058
1066	1069	1070	1072	1073	1075	1094	1099	1100	1102
1103	1104	1105	1106	1107	1127	1149	1161	1162	1240
1241	1242	1243	1244	1245	1247	1248	1249	1250	1251
1270	1277	1292	1297	1311	1315	1319	1352	1354	1359
1360	1367	1390	1398	1400	1404	1405	1409	1424	1448
1456	1482	1490	1501	1503	1505	1508	1509	1521	1524
1526	1548	1563	1573	1594	1595	1597	1598	1599	1609
1610	1611	1617	1618	1619	1622	1626	1628	1636	1637
1643	1646	1649	1652	1656	1668	1673	1702	1704	1717
1718	1719	1720	1721	1722	1723	1724	1725	1726	1727
1729	1732	1733	1734	1735	1736	1737	1739	1740	1741
1742	1743	1744	1746	1747	1748	1749	1750	1751	1752

1753	1754	1758	1759	1761	1762	1763	1765	1767	1768
1780	1827	1828	1829	1830	1831	1832		1837	1838
1839	1841	1842	1843	1845	1047	1849	1850	1851	1852
1853	1854	1855	1856	1857	1859	1860	1861	1862	1863
1864	1865	1867	1868	1869	1870	1872	1873	1874	1876
1877	1880	1883	1884	1885	1886	1888	1890	1891	1892
1894	1895	1896	1897	1902	1903	2080	2085	2086	2125
2127	2131	2138	2143	2147	2175	2180	2191	2194	2200
2201	2218	2221	2242	2243	2255	2261	2279	2288	2298
2303	2344	2352	2356	2374	2400	2401	2404	2412	2423
2466	2473	2475	2483	2484	2488	2492	2494	2495	2501
2502	2508	2511	2516	2523	2541	2544	2554	2558	2576
2587	2619	2625	2627	2652	2653	2674	2675	2691	2696
2704	2705	2712	2718	2723	2737	2746	2772	2774	2799
2805	2815	2816							

ANZAHL DER ZEUGEN: 453

3   το πνευμα αυτω

P74	01	02	6	69	81	94	180	181	307
431	453	610	1175	1642	1678	1875	2818		

ANZAHL DER ZEUGEN: 18

3B   τον πνευμα αυτω

    04

ANZAHL DER ZEUGEN: 1

4   το πνευμα

    03

ANZAHL DER ZEUGEN: 1

X   UNLESERLICH

    308   400

ANZAHL DER ZEUGEN: 2

Y   FILMFEHLER

    2431

ANZAHL DER ZEUGEN: 1

Z   LUECKE

P8	P29	P33	P38	P41	P48	P50	P53	P56	P57
P91	014	048	057	066	076	077	093	095	096
097	0120	0140	0165	0166	0175	0189	0236	172	206
256	309	314	325	378	466	506	517	602	606
627	886	956	1067	1101	1115	1728	1730	1731	1738
1745	1756	1757	1846	1858	1871	1889	1893	1899	1904
1835	2005	2009	2289	2378	2441	2464	2570	2626	2671

```
2716    2777    2778    2797    2829    2833
ANZAHL DER ZEUGEN:  76
```

==

■■ 36 ACTA 10,25

ως δε εγενετο του εισελθειν τον πετρον
συναντησας αυτω ο κορνηλιος ...
προσεκυνησεν

1/2   ως δε εγενετο του εισελθειν τον πετρον συναντησας
         αυτω ο κορνηλιος

P74	01	02	03	04	08	020	025	044	056
0142	0166	1	3	6	18	35	38	43	57
62	69	76	81	82	88	90	93	97	102
103	104	105	110	122	133	141	142	149	172
175	177	189	201	203	204	205	206S	209	216
218	221	226	228	250	254	308	312	322	323
326	327	328	330	337	383	384	385	386	393
394	398	400	404	421	424	431	432	436	440
441	444	451	452	454	455	456	457	458	459
462	464	467	468	479	483	491	496	547	592
601	603	604	614	616	617	618	619	621	623
624	625	628	629	632	634	635	638	639	641
642	656	664	665	680	699	757	794	796	801
808	824	876	901	910	911	913	914	916	917
919	922	928	935	941C	945	959	986	996	997
1022	1040	1058	1066	1072	1073	1075	1094	1100	1102
1103	1104	1107	1127	1161	1162	1175	1240	1241	1242
1243	1244	1245	1247	1248	1249	1251	1270	1292	1297
1311	1315	1352	1360	1390	1398	1400	1404	1448	1482
1503	1508	1524	1526	1548	1563	1595	1597	1598	1599
1609	1610	1611	1617	1618	1619	1622	1626	1628	1636
1637	1642	1643	1646	1649	1652	1656	1668	1673	1702
1704	1717	1719	1720	1721	1722	1723	1725	1727	1732
1733	1736	1739	1740	1743	1746	1747	1748	1749	1752
1761	1762	1763	1765	1767	1768	1780	1827	1828	1829
1830	1832		1837	1839	1841C	1842	1845	1847	1850
1851	1852	1853	1854	1855	1856	1857	1860	1862	1864
1865	1867	1872C	1874	1876	1877	1880C	1884	1885	1886
1888	1890*	1892	1894	1895	1896	1897	1902	1903	2080
2085	2131	2175	2191	2218	2221	2242	2243	2255	2261
2298	2303	2344	2352	2374	2401	2412	2423*	2466	2475
2483	2484	2492	2494	2508	2516	2523	2541	2544	2554
2558	2587	2627	2652	2653	2671	2674	2691	2704	2705
2716	2718	2723	2737	2746	2774	2799	2805	2815	2816

ANZAHL DER ZEUGEN: 340

1/2B   ως δε εγενετο του εισελθει τον πετρον συναντησας
         αυτω ο κορνηλιος

2138

ANZAHL DER ZEUGEN: 1

1/2C   ως δε εγενετο του εισελθον τον πετρον συναντησας
       αυτω ο κορνηλιος

   1750

   ANZAHL DER ZEUGEN: 1

1/2D   ως δε εγενετο του εισελθειν πετρον συναντησας αυτω ο
       κορνηλιος

     5   1359   1505   1724   1734   1841*   1872*   2495

   ANZAHL DER ZEUGEN: 8

1/2E   ως δε εγενετο του εισελθειν τον πετρον συναντισας
       αυτω ο κορνηλιος

   460   915   1870   2696

   ANZAHL DER ZEUGEN: 4

1/2F   ως δε εγενετο εισελθειν τον πετρον συναντησας αυτω ο
       κορνηλιος

   014   049   51   61C   94   131   180   263   296   307
   429   453   489   522   610   630   636   921   927   941*
   1509   1678   1729   1737 1741   1742   1751   1759C 1859   1868
   1869   1883   1891   2143 2200   2201   2473   2712   2818

   ANZAHL DER ZEUGEN: 39

1/2G   ως δε εγενετο εισελθειν τον πετρον συναντησας αυτω
       κορνηλιος

    61*

   ANZAHL DER ZEUGEN: 1

1/2H   ως δε εγενετο εισελθειν τον πετρον συναντησαντος
       αυτω ο κορνηλιος

   465

   ANZAHL DER ZEUGEN: 1

1/2I   ως δε εγενετο του συνελθειν τον πετρον συναντησας
       αυτω ο κορνηλιος

   367

   ANZAHL DER ZEUGEN: 1

1/2K   ως δε εγενετο του ελθειν τον πετρον συναντησας αυτω
       ο κορνηλιος

   223   302   319   321   363   365   425   437   450   498
   582   605   607   626   637   676   1069   1070   1099   1105
   1106   1149   1319   1354 1367   1409 1424   1456   1490   1501

Resultate der Kollation

1573	1718	1726	1735	1753	1754	1758	1831	1843	1849
1873	1890C	2086	2127	2147	2180	2194	2288	2356	2400
2404	2423C	2501	2625	2772					

ANZAHL DER ZEUGEN: 55

1/2L   ως δε εγενετο του ελθειν πετρον συναντησας αυτω ο
       κορνηλιος

   633   920   999   1277   1521   1744

ANZAHL DER ZEUGEN: 6

1/2M   ως δε εγενετο ελθειν τον πετρον συναντησας αυτω ο
       κορνηλιος

    42   234   390   469   567   608   912   1003   1250   1405
  1594 1861 1863 2279 2502 2511 2576 2675

ANZAHL DER ZEUGEN: 18

1/2N   και δε εγενετο του εισελθειν τον πετρον συναντησας
       αυτω ο κορνηλιος

  2488   2619*

ANZAHL DER ZEUGEN: 2

1/2O   και δε εγενετο εισελθειν τον πετρον συναντησας αυτω
       ο κορνηλιος

  2619C

ANZAHL DER ZEUGEN: 1

1/2P   ως δε εγενετο του εισελθειν τον πετρον συναντα αυτω
       ο κορνηλιος

  1838

ANZAHL DER ZEUGEN: 1

3   ως δε εγενετο του εισελθειν τον πετρον εις
       καισαρειαν συναντησας αυτω ο κορνηλιος

   181   1875

ANZAHL DER ZEUGEN: 2

4   προσεγγιζοντος δε του πετρου εις την καισαρειαν
       προδραμων εις των δουλων διεσαφησεν παραγεγονεναι
       αυτον. ο δε κορνηλιος εκπηδησας και συναντησας αυτω

    05

ANZAHL DER ZEUGEN: 1

5 ως δε εγενετο εισελθειν τον πετρον UND HOM.ARCT. VON
τον πετρον (VS 25) ZU ο δε πετρος (VS 26)

1759*

ANZAHL DER ZEUGEN: 1

X UNLESERLICH

33 1880*

ANZAHL DER ZEUGEN: 2

Y FILMFEHLER

2431

ANZAHL DER ZEUGEN: 1

Z LUECKE

P8	P29	P33	P38	P41	P45	P48	P50	P53	P56
P57	P91	048	057	066	076	077	093	095	096
097	0120	0140	0165	0175	0189	0236	0244	0294	206
256	309	314	325	378	466	506	517	602	606
627	886	956	1067	1101	1115	1728	1730	1731	1738
1745	1756	1757	1846	1858	1871	1889	1893	1899	1904
1835	2005	2009	2125	2289	2378	2441	2464	2570	2626
2777	2778	2797	2829	2833					

ANZAHL DER ZEUGEN: 75

==

■■ 37 ACTA 10,30

ημην την ενατην προσευχομενος εν τω οικω
μου

1 νηστευων και την εν(ν)ατην ωραν προσευχομενος

014	025	044	049	056	097	0142	1	3	5
6	18	35	38	42	43	51	57	61	62
69	76	82	88	90	93	94	97	102	104
105	110	122	131	133	141	142	149	172	175
177	180	189	201	203	204	205	206S	209	216
218	221	226	228	234	250	254	263	296	302
307	312	319	321	326	327	328	330	337	363
365	367	383	384	385	386	390	393	394	398
400	404	421	424	425	429	431	432	436	437
440	441	450	451	452	453	454	455	456	457
458	459	460	462	464	465	467	468	469	479
483	489	491	496	498	522	547	582	592	601
603	604	605	607	608	610	614	616	617	618
619	621	623	624	625	626	628	629	632	633
634	635	636	637	638	639	641	642	656	664
665	676	680	699	757	794	796	801	808	824
876	901	910	911	912	913	914	915	916	917

919	920	921	922	927	928	935	941	959	986
996	997	999	1003	1022	1040	1058	1066	1069	1070
1072	1073	1075	1094	1099	1100	1102	1103	1104	1105
1106	1107	1127	1149	1161	1162	1240	1241	1242	1243
1244	1245	1247	1248	1249	1250	1251	1270	1277	1292
1297	1311	1315	1319	1352	1354	1359	1360	1367	1390
1398	1400	1404	1405	1424	1448	1456	1482	1490	1501
1503	1505	1508	1509	1521	1524	1526	1548	1573	1594
1595	1597	1598	1599	1609	1610	1611	1617	1618	1619
1622	1626	1628	1636	1637	1642C	1643	1646	1649	1652
1656	1668	1673	1678	1702	1717	1718	1719	1720	1721
1722	1723	1724	1725	1726	1727	1729	1732	1733	1734
1735	1736	1737	1740	1741	1742	1743	1744	1746	1747
1748	1749	1750	1751	1752	1753	1754	1757	1758	1759
1761	1762	1763	1765	1767	1768	1780	1827	1828	1829
1830	1831S	1832		1837	1838	1839	1841	1842	1843
1845	1847	1849	1850	1851	1852	1853	1854	1855	1856
1857	1859	1860	1861	1862	1863	1864	1865	1867	1868
1869	1870	1872	1873	1874	1876	1877	1880	1883	1885
1886	1888	1890	1892	1893	1895	1896	1897	1902	1903
2080	2085	2086	2127	2131	2138	2143	2147	2175	2180
2191	2194	2200C	2201	2218	2221	2242	2243	2255	2261
2279	2288	2298	2303	2344	2352	2356	2374	2400	2401
2404	2412	2423	2431	2466	2473	2475	2483	2484	2488
2492	2494	2495	2501	2502	2508	2511	2516	2523	2541
2544	2554	2558	2576	2587	2619	2625	2652	2653	2671
2674	2675	2691	2696	2704	2705	2712	2718	2723	2737
2772	2774	2799	2805	2815	2816	2818			

ANZAHL DER ZEUGEN: 447

1B   νηστευων και την εν(ν)αντην ωραν προσευχομενος

223   2627   2716   2746

ANZAHL DER ZEUGEN: 4

1C   νηστευων και τη εννατη ωρα προσευχομενος

1175

ANZAHL DER ZEUGEN: 1

1D   νηστευων και την εν(ν)ατην προσευχομενος

P50   02C   103

ANZAHL DER ZEUGEN: 3

2   την εν(ν)ατην προσευχομενος

P74   01   02*   03   04   81   322   323   630   945
1642*   1704   1739   1891   1894   2200*

ANZAHL DER ZEUGEN: 16

3   νηστευων την εν(ν)ατην τε προσευχομενος

    05*

ANZAHL DER ZEUGEN: 1

3B   νηστευων την εν(ν)ατην προσευχομενος

    05C

ANZAHL DER ZEUGEN: 1

4   νηστευων και την εν(ν)ατην και προσευχομενος

    1875

ANZAHL DER ZEUGEN: 1

4B   νηστευων την εν(ν)ατην και προσευχομενος

    181

ANZAHL DER ZEUGEN: 1

5   νηστευων {εν τω οικω μου} περι δε ωραν ενατην
         προσευχομενος

    1563

ANZAHL DER ZEUGEN: 1

6   νηστευων και προσευχομενος απο εκ της ωρας εως
         ενατης

    08   1884

ANZAHL DER ZEUGEN: 2

7   νηστευων και προσευχομενος

    1409

ANZAHL DER ZEUGEN: 1

8   νηστευων ET OM. και την ενατην προσευχομενος εν τω
         οικω μου

    020

ANZAHL DER ZEUGEN: 1

X   UNLESERLICH

    33   308

ANZAHL DER ZEUGEN: 2

Z　　　LUECKE

P8	P29	P33	P38	P41	P45	P48	P53	P56	P57
P91	048	057	066	076	077	093	095	096	0120
0140	0165	0166	0175	0189	0236	0244	0294	206	256
309	314	325	378	444	466	506	517	567	602
606	627	886	956	1067	1101	1115	1728	1730	1731
1738	1745	1756	1831	1846	1858	1871	1889	1899	1904
1835	2005	2009	2125	2289	2378	2441	2464	2570	2626
2777	2778	2797	2829	2833					

ANZAHL DER ZEUGEN: 75

===

■■　38　ACTA 10,32

ουτος ξενιζεται εν οικια σιμωνος βυρσεως
παρα θαλασσαν ADD.

1　　　ADD. ος παραγενομενος λαλησαι σοι

04	05	08	014	020	025	044	049	056	0142
1	5	6	18	35	38	42	43	51	57
61	69	76	82	88	90	93	97	102	103
104	105	110	122	131	133	141	142	149	172
175	177	180	181	189	201	203	204	205	206S
209C	216	218	221	223	226	228	234	250	254
263	296	302	308	312	319	322	323	326	327
328	330	337	363	365	367	378	383	384	385
386	390	393	394	398	400	404	421	424	425
429	432	436	437	440	441	450	451	452	454
455	456	457	458	459	460	462	464	465	467
468	469	479	483	489	491	496	498	522	547
582	592	601	603	604	605	606	607	608	614
616	617	618	619	621	623	624	625	626	628
630	632	633	634	635	636C	637	638	639	641
642	656	664	665	676	680	699	757	794	796C
801	808	824	876	901	910	911	912	913	914
915	916	917	919	920	921	922	927	928	935
941	945	959	986	996	997	999	1003	1022	1040
1058	1066	1069	1070	1072	1073	1075	1094	1099	1100
1102	1103	1104	1106	1107	1127	1149	1161	1162	1175
1240	1241	1242	1243	1244	1245	1247	1249	1250	1251
1270	1277	1292	1297	1315	1319	1352	1354	1359	1360
1390	1398	1400	1404	1405	1409	1424	1448	1456	1482
1501	1503	1505	1508	1509	1521	1524	1526	1548	1563
1573	1594	1595	1597	1598	1599	1609	1610	1611	1617
1618	1619	1622	1626	1628	1636	1637	1642	1643	1646
1649	1656	1668	1673	1702	1704	1717	1718	1719	1720
1721	1722	1723	1724	1725	1726	1727	1729	1732	1733
1734	1735	1736	1737	1739	1740	1741	1742	1743	1744
1746	1747	1748	1749	1750	1751	1752	1753	1754	1757
1758	1759	1762	1763	1765	1767	1768	1780	1827	1828
1829	1830	1831S	1832		1837	1838	1839	1841	1842
1843	1845	1849	1851	1852	1853	1854	1855	1856	1857
1859	1860	1861	1862	1863	1864	1865	1867	1868	1869
1870	1872	1873	1874	1875	1876	1877	1880	1883	1884

1885	1886	1888	1890	1891	1892	1893	1894	1895	1896
1897	1902	1903	2080	2085	2086C	2127	2131	2138	2143
2147	2175	2180	2191	2194	2200	2201	2218	2221	2242
2243	2255	2261	2279	2288	2298	2303	2344	2352	2356
2374	2400	2401	2404	2412	2423	2431	2466	2473	2475
2483	2484	2488	2492	2494	2495	2501	2502	2508	2511
2516	2523	2541	2544	2554	2558	2576	2587	2619	2625
2627	2652	2653	2671	2674	2675	2691	2696	2704	2705
2712	2716	2723	2737	2746	2772	2774	2799	2805	2815
2816									

ANZAHL DER ZEUGEN: 451

1B   ADD. ος παραγενομενος λαλησει σοι

1490   1652

ANZAHL DER ZEUGEN: 2

1C   ADD. ος παραγενομενος λαλησοι

1105   1847

ANZAHL DER ZEUGEN: 2

2   SINE ADD.

P45	P74	01	02	03	3	62	81	94	209*
307	431	453	610	629	796*	1311	1678	1761	1850
2718	2818								

ANZAHL DER ZEUGEN: 22

3   ADD. λαλησει σοι

1248   2086*

ANZAHL DER ZEUGEN: 2

4   ADD. ος παραγενομενος λαλησει σοι τις εδει ποιειν

1367

ANZAHL DER ZEUGEN: 1

5   ADD. ος παραγενομενος UND HOM.TEL. VON λαλησει/ος
        παραγενομενος (VS 32) ZU παραγενομενος (VS 33)

321   636*

ANZAHL DER ZEUGEN: 2

X   UNLESERLICH

33

ANZAHL DER ZEUGEN: 1

Z   LUECKE

P8	P29	P33	P38	P41	P48	P50	P53	P56	P57
P91	048	057	066	076	077	093	095	096	097
0120	0140	0165	0166	0175	0189	0236	0244	0294	206
256	309	314	325	444	466	506	517	567	602
627	886	956	1067	1101	1115	1728	1730	1731	1738
1745	1756	1831	1846	1858	1871	1889	1899	1904	1835
2005	2009	2125	2289	2378	2441	2464	2570	2626	2777
2778	2797	2829	2833						

ANZAHL DER ZEUGEN: 74

==

■■   39   ACTA 10,47

μητι το υδωρ δυναται κωλυσαι τις του μη
βαπτισθηναι τουτους

1   κωλυσαι δυναται τις

05C2	020	025	044	049	056	0142	1	3	5
18	33	35	38	42	51	57	62	76	82
88	90	93	97	102	104	105	110	122C	131
133	141	142	149	175	177	189	201	203	204
206S	216	218	221	223	226	228	234	250	254
256	263	296	302	308	312	319	321	327	328
330	337	363	365	367	378	383	384	385	386
390	393	394	398	400	404	424	425	432	436
437	440	441	450	451	452	454	455	456	457
458	459	460	462	464	465	469	479	483	489
491	496	498	547	582	592	601	603	604	605
607	608	614	616	618	621	623	625	626	628
629	632	635	637	638	639	642	656	664	665
676	680	699	757	794	796	801	808	824	901
910	911	912	913	914*	915	916	917	919	920
921	922	927	928	935	941	959	986	996	997
999	1003	1022	1040	1058	1066	1070	1072	1073	1075
1094	1099	1100	1102	1103	1104	1105C	1106	1107	1127
1149	1161	1162	1240	1241	1242	1243	1244	1245	1247
1248	1249	1250	1251	1270	1277	1292	1297	1311	1315
1319	1352	1354	1359	1360	1367	1390	1398	1400	1404
1405	1409	1424	1448	1456	1482	1501	1503	1505	1508
1521	1524	1548	1563	1573	1594	1595	1597	1598	1599
1609	1610	1611	1617	1618	1619	1622	1626	1628	1636
1637	1642	1643	1646	1649	1652	1656	1668	1673	1702
1717	1718	1719	1720	1721	1722	1723	1724	1725	1726
1727	1729	1732	1733	1734	1736	1737	1740	1741	1742
1743	1744	1746	1747	1748	1749	1750	1752	1753	1754
1757	1759	1761	1762	1763	1767	1768	1780	1827	1828
1829	1830		1838	1839	1841	1842	1843	1845	1847
1849	1850	1851	1852	1853	1854	1855	1856	1857	1859
1860	1861	1862	1863	1864	1865	1867	1868	1869	1870
1872	1873	1874	1876	1877	1880	1883	1885	1886	1888
1890	1892	1893	1895	1896	1897	1902	1903	2080	2085
2086	2127	2131	2143	2175	2180	2191	2194	2201	2218
2221	2242	2243	2255	2261	2279	2288	2303	2344	2352

2356	2374	2400	2401	2404	2412	2423	2431	2466	2473
2475	2483	2484	2488	2492	2495	2502	2508	2511	2516
2523	2541	2544	2554	2558	2576	2587	2619	2625	2627
2652	2653	2674	2675	2691	2696	2704	2705	2712	2716
2718	2723	2737	2746	2772	2774	2799	2805	2815	2816

ANZAHL DER ZEUGEN: 410

1B   κολυσαι δυναται τις

014   617   619

ANZAHL DER ZEUGEN: 3

1C   κωλησαι δυναται τις

914C

ANZAHL DER ZEUGEN: 1

1D   κωλυσαι δυνατε τις

421   1105*   1735

ANZAHL DER ZEUGEN: 3

1E   κολυσαι δυναται τι

2147

ANZAHL DER ZEUGEN: 1

2   δυναται κωλυσαι τις

P74	01	02	03	61	81	103	326	606	641
876	1765	1832	1837	2494					

ANZAHL DER ZEUGEN: 15

3   κωλυσαι τις δυναται

209   2501

ANZAHL DER ZEUGEN: 2

3B   κωλαι τις δυναται

05*

ANZAHL DER ZEUGEN: 1

4   δυναται τις κωλυσαι

08C	6	43	94	180	181	205	307	322	323
429	431	453	467	468	522	610	630	636	945
1069	1490	1509	1526	1678	1704	1739	1751	1758	1884
1891	2200	2298	2818						

ANZAHL DER ZEUGEN: 34

4B   δυναται τι κωλυσαι

1175

ANZAHL DER ZEUGEN: 1

4C   δυναται τις κολυσαι

1875C

ANZAHL DER ZEUGEN: 1

4D   δυναται τις κολυει

1831S

ANZAHL DER ZEUGEN: 1

5   κωλυσαι δυναται

122* 634

ANZAHL DER ZEUGEN: 2

6   δυναται τις

08*

ANZAHL DER ZEUGEN: 1

X   UNLESERLICH

1875*

ANZAHL DER ZEUGEN: 1

Z   LUECKE

P8	P29	P33	P38	P41	P45	P48	P50	P53	P56
P57	P91	04	048	057	066	076	077	093	095
096	097	0120	0140	0165	0166	0175	0189	0236	0244
0294	69	172	206	309	314	325	444	466	506
517	567	602	624	627	633	886	956	1067	1101
1115	1728	1730	1731	1738	1745	1756	1831	1846	1858
1871	1889	1894	1899	1904	1835	2005	2009	2125	2138
2289	2378	2441	2464	2570	2626	2671	2777	2778	2797
2829	2833								

ANZAHL DER ZEUGEN: 82

■■ 40 ACTA 11,2 οτε δε ανεβη πετρος εις ιερουσαλημ/ιεροσολυμα
διεκρινοντο προς αυτον οι εκ περιτομης

1 και οτε ανεβη πετρος εις ιερουσαλημ/ιεροσολυμα
διεκρινοντο προς αυτον οι εκ περιτομης

014	020	025	044	049	056	0142	1	3	5
6	18	33	35	38	42	43	51	57	62
76	82	90	93	97	102	103	105	110	122
131	133	141	142	149	175	177	180	189	201
203	204	205	206S	209	216	218	221	223	226
228	234	250	254	256	296	302	308	312	319
321	322	323	326	327	328	330	337	363	365
367	378	383	384	385	386	390	393	394	398
400	404	424	425	429	432	436	437	440	444
450	451	452	454	455	456	457	458	459	460
462	464	465	467	468	469	479	483	489	491
496	498	522	582	592	601	603	604	605	606
607	608	614	616	617	618	619	623	626	628
632	634	635	637	638	639T	641	642	656	664
665	676	680	699	757	794	796	801	808	824
876	901	910	911	912	913	914	917	919	920
921	922	927	928	935	959	986	996	997	999
1003	1022	1040	1058	1066	1069	1070	1072	1073	1075
1094	1099	1100	1102	1103	1104	1105	1106	1107	1127
1149	1161	1162	1240	1241	1242	1243	1244	1248	1249
1250	1251	1270	1277	1292	1297	1311	1315	1319	1352
1354	1359	1360	1367	1390	1398	1400	1404	1405	1409
1424	1448	1456	1482	1490	1501	1503	1505	1508	1509
1521	1524	1526	1548	1563	1573	1594	1595	1597	1598
1599	1609	1610	1611	1617	1618	1619	1622	1626	1628
1636	1637	1643	1646	1649	1652	1656	1668	1673	1702
1717	1718	1719	1721	1722	1723	1724	1725	1726	1727
1729	1732	1733	1734	1735	1736	1737	1740	1741	1742
1743	1744	1746	1747	1748	1749	1750	1752	1753	1754
1757	1758	1759	1761	1762	1763	1765	1767	1768	1780
1827	1828	1829	1831S	1832		1839	1841	1843	1845
1847	1849	1850	1851	1852	1853	1854	1855	1856	1857
1859	1860	1861	1862	1863	1864	1865	1867	1868	1869
1870	1872	1873	1874	1876	1877	1880	1883	1885	1888
1890	1892	1893	1896	1897	1902	1903	2080	2085	2086
2127	2131	2138	2143	2147	2175	2191	2194	2201	2218
2221	2243	2255	2261	2279	2288	2303	2344	2352	2356
2400	2401	2404	2412	2423	2431	2466	2473	2475	2483
2484	2488	2492	2494	2495	2501	2502	2508	2511	2516
2523	2541	2554	2558	2576	2587	2619	2625	2627	2652
2653	2674	2675	2691	2696	2704	2705	2712	2716	2718
2723	2746	2772	2774	2799	2815	2816			

ANZAHL DER ZEUGEN: 417

1B και οτε ανευη πετρος εις ιερουσαλημ/ιεροσολυμα
διεκρινοντο προς αυτον οι εκ περιτομης

1642

ANZAHL DER ZEUGEN: 1

1C   και οτι ανεβη πετρος εις ιερουσαλημ/ιεροσολυμα
          διεκρινοντο προς αυτον οι εκ περιτομης

    263   1245   1247   1886

    ANZAHL DER ZEUGEN: 4

1D   και οτε ανεβη ο πετρος εις ιερουσαλημ/ιεροσολυμα
          διεκρινοντο προς αυτον οι εκ περιτομης

    61   1830

    ANZAHL DER ZEUGEN: 2

1E   και οτε ανεβη πετρος εις τα ιερουσαλημ/ιεροσολυμα
          διεκρινοντο προς αυτον οι εκ περιτομης

    625

    ANZAHL DER ZEUGEN: 1

1F   και οτε ανεβη πετρος εις ιερουσαλημ/ιεροσολυμα
          διεκρινοντο δε προς αυτον οι εκ περιτομης

    636   2180

    ANZAHL DER ZEUGEN: 2

1G   και οτε ανεβη πετρος εις ιερουσαλημ/ιεροσολυμα
          διεκρινοντο προς αυτον οι εκ περιταμης

    1837

    ANZAHL DER ZEUGEN: 1

1H   και οτε ανεβη πετρος εις ιερουσαλημ/ιεροσολυμα
          διεκρινοντο προς αυτον οι εκ περιτομη

    421

    ANZAHL DER ZEUGEN: 1

1I   και οτε δε ανεβη πετρος εις ιερουσαλημ/ιεροσολυμα
          διεκρινοντο προς αυτον οι εκ περιτομης

    629   1895

    ANZAHL DER ZEUGEN: 2

1K   και οτε ανεβησαν πετρος εις ιερουσαλημ/ιεροσολυμα
          διεκρινοντο προς αυτον οι εκ περιτομης

    639L

    ANZAHL DER ZEUGEN: 1

2   οτε δε ανεβη πετρος εις ιερουσαλημ/ιεροσολυμα
         διεκρινοντο προς αυτον οι εκ περιτομης

    P45   P74   01   02   03   08   81   88   94   104
    181   307   431   453   547   610   630   915   945   1175
    1678   1704   1720   1739   1838   1875   1884   1891   2200   2298C
    2374   2544   2737   2805   2818

    ANZAHL DER ZEUGEN: 35

3   και οτε ανεβη πετρος εις ιερουσαλημ/ιεροσολυμα
         διεκρινοντο οι εκ περιτομης προς αυτον

    441   621   1842

    ANZAHL DER ZEUGEN: 3

4   οτε δε ανεβη πετρος εις ιερουσαλημ/ιεροσολυμα
         διεκρινοντο προς αυτον

    1751   2298*

    ANZAHL DER ZEUGEN: 2

5   και οτι ανεβη πετρος εις ιερουσαλημ/ιεροσολυμα
         διεκρινοντο προς αυτον

    2242

    ANZAHL DER ZEUGEN: 1

6   ο μεν ουν πετρος δια ικανου χρονου ηθελησαν
         πορευθηναι εις ιερουσαλημ και προσφωνησας τους
         αδελφους και επιστηριξας αυτους πολυν λογον
         ποιουμενος δια των χωρων διδασκων αυτουσ: ος και
         κατηντησεν αυτοις ... (S. VAR. 6B)

    05C

    ANZAHL DER ZEUGEN: 1

6B   ο μεν ουν πετρος δια ικανου χρονου ηθελησαι
         πορευθηναι ... (S. VAR. 6) ... δια των χωρων
         διδασκων αυτουσ: ος και κατηντησαν αυτοις και
         απηγγειλεν αυτοις την χαριν του θεου. οι δε εκ
         περιτομης αδελφοι διεκρινοντο προς αυτον

    05*

    ANZAHL DER ZEUGEN: 1

Y   FILMFEHLER

    941

    ANZAHL DER ZEUGEN: 1

Z   LUECKE

P8	P29	P33	P38	P41	P48	P50	P53	P56	P57
P91	04	048	057	066	076	077	093	095	096
097	0120	0140	0165	0166	0175	0189	0236	0244	0294
69	172	206	309	314	325	466	506	517	567
602	624	627	633	886	916	956	1067	1101	1115
1728	1730	1731	1738	1745	1756	1831	1846	1858	1871
1889	1894	1899	1904	1835	2005	2009	2125	2289	2378
2441	2464	2570	2626	2671	2777	2778	2797	2829	2833

ANZAHL DER ZEUGEN: 80

==

■■   41   ACTA 12,3

            ιδων δε οτι αρεστον εστιν ... προσεθετο
            συλλαβειν και πετρον

1/2   προσεθετο

P45	P74	01	02	03	08	014	020	025	044
049	056	0142	0244	1	3	5	6	18	33
35	38	42	43	51	57	62	76	81	82
88	90	93	94	97	102	103	104	105	110
131	133	141	142	149	175	177	180	181	189
201	203	204	205	206	209	216	218	221	223
226	228	234	250	254	256	263	296	302	307
308	309	312	314	319	321	322	323	326	327
328	330	337	363	365	367	378	383	384	385
386	390	393	394	398	400	404	421	424	425
429	431	432	436	437	440	441	444	450	451
452	453	454	455	456	457	458	459	460	462
464	465	467	468	469	479	483	489	491	496
498	522	547	582	592	601	603	604	605	606
607	608	610	614	616	617	618	619	621	623
625	626	628	629	630	632	634	635	636	637
638	639	641	642	656	664	665	676	680	699
757	794	796	801	808	824	876	901	910	911
912	913	914	915	917	919	921	922	927	928
935	941	945	959	986	996	997	999	1003	1022
1040	1058	1066	1069	1070	1072	1073	1075	1094	1099
1100	1102	1103	1104	1105	1106	1107	1127	1149	1161
1162	1175	1240	1241	1243	1244	1245	1247	1248	1249
1250	1251	1270	1277	1292	1297	1311	1315	1319	1352
1354	1359	1360	1367	1390	1398	1400	1404	1405	1409
1424	1448	1456	1482	1490	1501	1503	1505	1508	1509
1521	1524	1526	1548	1563	1573	1594	1595	1597	1598
1599	1609	1610	1611	1617	1618	1619	1622	1626	1628
1636	1637	1642	1643	1646	1652	1656	1668	1673	1678
1702	1704	1717	1718	1719	1720	1721	1722	1723	1724
1725	1726	1727	1729	1731	1732	1733	1734	1735	1736
1737	1739	1740	1741	1742	1743	1744	1746	1748	1749
1750	1751	1752	1753	1754	1757	1758	1759	1761	1762
1763	1765	1767	1768	1780	1827	1828	1829	1830	1831
1832		1837	1838	1839	1841	1842	1843	1845	1847
1849	1850	1851	1852	1853	1854	1855	1856	1857	1859

1860	1861	1862	1863	1864	1865	1867	1868	1869	1870
1872	1873	1874	1875	1876	1877	1880	1883	1884	1885
1886	1888	1890	1891	1892	1893	1894	1895	1896	1897
1902	1903	2080	2085	2086	2127	2131	2138	2143	2147
2175	2180	2191	2194	2200	2201	2218	2221	2242	2243
2255	2261	2279	2288	2298	2303	2344	2352	2356	2374
2400	2401	2404	2412	2423	2431	2466	2473	2475	2483
2484	2488	2492	2494	2495	2501	2508	2511	2516	2523
2541	2544	2554	2558	2576	2587	2619	2625	2652	2674
2675	2691	2696	2704	2705	2712	2716	2718	2723	2737
2746	2772	2774	2799	2805	2815	2816	2818		

ANZAHL DER ZEUGEN: 468

1/2B   προσετεθετο

   61

ANZAHL DER ZEUGEN: 1

1/2C   προσετιθετο

   2653

ANZAHL DER ZEUGEN: 1

1/2D   συνεθετο

   122   1242   1649   1747

ANZAHL DER ZEUGEN: 4

3   η επιχειρησις αυτου επι τους πιστους προσεθετο

   05

ANZAHL DER ZEUGEN: 1

X   UNLESERLICH

   2378

ANZAHL DER ZEUGEN: 1

Y   FILMFEHLER

   2502

ANZAHL DER ZEUGEN: 1

Z   LUECKE

P8	P29	P33	P38	P41	P48	P50	P53	P56	P57
P91	04	048	057	066	076	077	093	095	096
097	0120	0140	0165	0166	0175	0189	0236	0294	69
172	325	466	506	517	567	602	624	627	633
886	916	920	956	1067	1101	1115	1728	1730	1738
1745	1756	1846	1858	1871	1889	1899	1904	1835	2005

| 2009 | 2125 | 2289 | 2441 | 2464 | 2570 | 2626 | 2627 | 2671 | 2777 |
| 2778 | 2797 | 2829 | 2833 | | | | | | |

ANZAHL DER ZEUGEN: 74

==

■■　42　ACTA 12,25

υπεστρεψαν ε ι ς ι ε ρ ο υ σ α λ η μ πληρωσαντες την
διακονιαν

1/2　　ε ι ς ι ε ρ ο υ σ α λ η μ

01	03	014	020	025	049	056	0142	1	5
35C	43	57	61	62	81	82	88	90*	93
97*	102	105	122	131	133	149	175	177	189
201	203	205	209*	218	221	226*	250	254	263
296	302	312	314	319	321	326	327	330	337
363	365	367	378	383	384	393	398	404	421
424*	437	450	451	452	454	455	456	457	458
460	462	464*	465	467	468	469	479	483	489
498	601	603*	605*	607	608	616	617	618	625
626	628	629	635	637	638	639	656	665	676
680*	699	757	794	808	824	901	911	914	915
917	919	920	921	922	927	959	997	999	1022
1040	1066	1069	1070	1072	1073	1075	1094	1099	1102
1103	1104	1106	1107	1149	1161	1240	1241	1242	1243
1244	1245	1248	1249C	1277	1311	1354	1359	1360	1367*
1390	1398	1409	1424	1448	1501	1503	1505	1508	1521
1524	1526	1563	1597	1599	1609	1617	1618	1619	1622
1626	1628	1636	1637	1642	1643	1646	1649	1656	1668
1673	1717	1718	1719	1720	1721	1723C	1724	1729	1731
1734	1735	1736	1737	1740	1741	1742	1744	1746	1747
1748	1750	1757	1759	1762	1780	1828	1829	1837	1839
1841	1842	1843	1845	1847	1849	1850	1851	1852	1854
1857	1859	1860	1862	1864	1865*	1867	1868	1869	1870
1872	1873	1874	1877	1880	1885	1886	1888	1889	1892
1895	1902C	1903	2004	2085	2086	2131	2143	2147	2180
2191	2194	2201	2243	2288	2352	2400	2401	2404	2423
2431	2466	2484	2488	2492	2495	2508	2516	2523	2541
2558	2576	2619	2625	2652	2653	2674	2691	2705	2716
2723	2799	2815	2816						

ANZAHL DER ZEUGEN: 284

3　　ε ξ ι ε ρ ο υ σ α λ η μ

| P74 | 02 | 6 | 33 | 38 | 256 | 459 | 547 | 1319 | 1573 |
| 2127 | 2344 | 2544 | 2675 | 2737 | 2772 | | | | |

ANZAHL DER ZEUGEN: 16

4　　απο ι ε ρ ο υ σ α λ η μ

05	044	3	18	76	94	142*	180	181	209C
226C	307	308	309	386	431	436	441	453	610
614	619	621	623	634	796*	910C	941	1100	1127

```
  1162   1270   1292   1297   1595   1598   1611   1678   1722   1733
  1743   1827   1890   1893   2138   2242   2303   2356   2374   2412
  2554   2718   2805   2818
```

ANZAHL DER ZEUGEN: 54

5   εξ ιερουσαλημ εις αντιοχειαν

```
    42     51    97C    103    206    223    228    234    385    390
   429    432    522    582   603C    604    606    636    641    876
   912    913    945   1003   1250   1251  1367C   1405   1456   1490
  1509   1594   1610   1704   1739   1751   1753   1754   1758   1765
  1767   1768   1830   1831   1832   1838   1853   1861   1863  1865C
  1883   1891   1894   1896   2200   2279   2298   2473   2494   2501
  2511
```

ANZAHL DER ZEUGEN: 61

6   απο ιερουσαλημ εις αντιοχειαν

```
    08    35*    90C   142C    216    322    323   424C    440    444
  464C    496    592   605C    630   632C    664   796C    935    996
  1058   1105   1175   1315   1400   1404   1548   1702   1726   1727
  1752   1763   1875   1884  1902*   2221   2475   2483   2587   2696
  2704   2774
```

ANZAHL DER ZEUGEN: 42

7   εις ιερουσαλημ εις αντιοχειαν

```
   104   680C   1352
```

ANZAHL DER ZEUGEN: 3

8   εις αντιοχειαν

```
   110    141    204    328    394    425    801    928    986   1247
  1249*  1482   1725   1732   1749   1761   1855   1856   1876   1897
  2080   2255   2261   2441
```

ANZAHL DER ZEUGEN: 24

9   εις ισραηλ

```
   910*
```

ANZAHL DER ZEUGEN: 1

V   AUSLASSUNG VON υπεστρεψαν εις ιερουσαλημ

```
  2218
```

ANZAHL DER ZEUGEN: 1

W   UNSICHER OB LA1/2 LA3 ODER LA4

```
   400    491
```

ANZAHL DER ZEUGEN: 2

X   UNLESERLICH

632*   1723*

ANZAHL DER ZEUGEN: 2

Y   FILMFEHLER

2378   2502

ANZAHL DER ZEUGEN: 2

Z   LUECKE

P8	P29	P33	P38	P41	P45	P48	P50	P53	P56
P57	P91	04	048	057	066	076	077	093	095
096	097	0120	0140	0165	0166	0175	0189	0236	0244
0294	69	172	325	466	506	517	567	602	624
627	633	642	886	916	956	1067	1101	1115	1652
1728	1730	1738	1745	1756	1835	1846	1858	1871	1899
1904	2005	2009	2125	2175	2289	2464	2570	2626	2627
2671	2712	2746	2777	2778	2797	2829	2833		

ANZAHL DER ZEUGEN: 78

===

■■   43   ACTA 13,20

κατεκληρονομησεν ... (20) ω̱ς̱ ε̱σ̱τ̱ι̱ν̱
τ̱ε̱τ̱ρ̱α̱κ̱ο̱σ̱ι̱ο̱ι̱ς̱ κ̱α̱ι̱ π̱ε̱ν̱τ̱η̱κ̱ο̱ν̱τ̱α̱ κ̱α̱ι̱ μ̱ε̱τ̱α̱
τ̱α̱υ̱τ̱α̱ ε̱δ̱ω̱κ̱ε̱ν̱ κ̱ρ̱ι̱τ̱α̱ς̱

1   και μετα ταυτα ως ετεσιν τετρακοσιοις και πεντηκοντα

05C1	08	014	020	025	044	049	056	0142	1
3	5	18	35	38	42	43	51	57	61
62	76	82	88	90	93	97	102	103	104
105	110	122	131	133	141	142	149	172	175
177	189	201	203	204	205	206	209	216	218
221	223	226	228	234	250	254	256	263	296
302	308	309	312	314	319	321	322	323	326
327	328	330	337	363	365	367	378	383	384
385	386	390	393	394	398	400	404	421	424
425	429	432	436	437	440	441	444	450	451
452	454	455	456	457	458	459	460	462	464
465	469	479	483	489	491	496	498	522	547
582	592	601	603	604	605	606	607	608	616
617	618	619	621	623	625	626	628	629	630
632	634	635	636	637	638	639	641	642	656
664	665	676	680	699	757	794	796	801	808
824	876	901	910	911	912	913	914	915	917
919*	920	921	922	927	928	935	941	945	959
986	996	997	999	1003	1022	1040	1058	1066	1069
1070	1072	1073	1075	1094	1099	1100	1102	1103	1104
1105	1106	1107	1127	1149	1161	1162	1240	1241	1244

1245	1247	1248	1249	1250	1251	1270	1277	1297	1311
1315	1319	1352	1354	1359	1360	1367	1390	1398	1400
1404	1405	1424	1448	1456	1482	1501	1503	1505	1508
1509	1521	1524	1526	1548	1563	1573	1594	1595	1597
1598	1599	1609	1610	1617	1618	1619	1622	1626	1628
1636	1637	1643	1646	1652	1656	1668	1673	1702	1704
1717	1718	1719	1720	1722	1723	1724	1725	1726	1727
1729	1731	1732	1733	1734	1736	1737	1739	1740	1741
1742	1743	1744	1746	1747	1748	1749	1750	1751	1752
1753	1754	1757	1758	1759	1761	1762	1763	1765	1767
1768	1827	1828	1830	1831	1832		1837	1839	1841
1842	1843	1845	1847	1849	1850	1851	1852	1853	1854
1855	1856	1857	1859	1860	1861	1862	1863	1864	1865
1867	1868	1869	1870	1872	1873	1876	1877C	1880	1883
1884	1885	1886	1888	1889	1890C	1891	1892	1893	1894
1895	1896	1897	1902	1903	2080	2085	2086	2127	2131
2143	2147	2180	2191	2194	2200	2201	2218	2221	2242
2243	2255	2261	2279	2288	2298	2303	2352	2356	2378
2400	2401	2404	2423	2431	2441	2466	2473	2475	2483
2484	2488	2492	2494	2495	2501	2502	2508	2511	2516
2523	2541	2544	2554	2558	2576	2587	2619	2625	2652
2675	2691	2696	2704	2705	2716	2723	2737	2772	2774
2799	2805	2815	2816						

ANZAHL DER ZEUGEN: 434

1B   και μετα ταυτα ως ετεσι τετρακοσιοις και πεντηκοντα

919C 1490

ANZAHL DER ZEUGEN: 2

1C   και μετα ταυτα ως ετεσιν τρετρακοσιοις και
      πεντηκοντα

2653

ANZAHL DER ZEUGEN: 1

1D   και μετα ταυτα ως ετεσιν τετρακοσιοις πεντηκοντα

1242

ANZAHL DER ZEUGEN: 1

2   ως ετεσιν τετρακοσιοις και πεντηκοντα και μετα ταυτα

P74	01	02	03	04	6	33	81	94	180
181	307	431	453	467	468	610	1175	1409	1642
1678	2344	2374	2718	2818					

ANZAHL DER ZEUGEN: 25

2B   ως ετεσιν τετρακοσιοις και πεντηκοντα και μετα τουτο

1838

ANZAHL DER ZEUGEN: 1

3   και μετα ταυτα ως ετεσιν τετρακοσιοις και πεντηκοντα
     και μετα ταυτα

1735

ANZAHL DER ZEUGEN: 1

4   ως ετεσιν τετρακοσιοις και πεντηκοντα και

1611   1890*   2138

ANZAHL DER ZEUGEN: 3

4B   ετεσιν τετρακοσιοις και πεντηκοντα και

614   1292   2412

ANZAHL DER ZEUGEN: 3

5   και εως ετεσιν τετρακοσιοις και πεντηκοντα

05*

ANZAHL DER ZEUGEN: 1

6   και μετα ταυτα ως ετεσιν τριακοσιοις και πεντηκοντα

1243   1721   1829

ANZAHL DER ZEUGEN: 3

6B   και μετα ταυτα ως ετεσιν τρακοσιοις και πεντηκοντα

1780   2674

ANZAHL DER ZEUGEN: 2

7   και μετα ταυτα ως επι τετρακοσιοις και πεντηκοντα

1649

ANZAHL DER ZEUGEN: 1

8   και μετα ταυτα

1874   1877*

ANZAHL DER ZEUGEN: 2

Z   LUECKE

P8	P29	P33	P38	P41	P45	P48	P50	P53	P56
P57	P91	048	057	066	076	077	093	095	096
097	0120	0140	0165	0166	0175	0189	0236	0244	0294
69	325	466	506	517	567	602	624	627	633
886	916	956	1067	1101	1115	1728	1730	1738	1745
1756	1846	1858	1871	1875	1899	1904	1835	2005	2009
2125	2175	2289	2464	2570	2626	2627	2671	2712	2746

2777 2778 2797 2829 2833
ANZAHL DER ZEUGEN: 75

==

■■ 44 ACTA 13,33(1)

εκπεπληρωκεν τοις τεκνοις αυτων ημιν
αναστησας ιησουν

1/2 τοις τεκνοις αυτων ημιν

08	014	020	025	049	056	0142	1	3	5
6	18	33	38	42	43	51	57	61	76
81	82	88	90	93	94	97	102	103	104
105	110	122	131	133	141	142	149	172	175
180	181	189	201	203	204	205	206	209	216
218	221	223	226	228	234	250	256	263	296
302	307	308	309	312	314	319	321	322	323
326	327	328	330	337	363	365	367	378	383
384	385	386	390	393	394	398	404	421	424
425	429	431	432	436	437	440	441	444	450
451	452	453	454	455	456	457	458	459	460
462	464	465	467	468	469	479	483	489	491
496	498	522	547	582	592	603	604	605	606
607	608	610	614	616	617	618	619	621	623
625	626	628	630	632	634	635	636	637	638
639L	641	642	656	664	665	676	680	699	794
796	801	808	824	876	901	910	911	912	913
914	915	917	919	920	921	922	927	928	935
941	945	959	986	996	997	999	1003	1022	1040
1058	1066	1069	1070	1072	1073	1075	1094	1099	1100
1102	1103	1104	1105	1106	1107	1127	1149	1161	1162
1240	1241	1242	1243	1244	1245	1247	1248	1249	1250
1270	1277	1292	1297	1311	1315	1319	1352	1354	1359
1360	1367	1398	1400	1404	1405	1424	1448	1456	1482
1490	1501	1503	1505	1508	1509	1521	1526	1548	1563
1573	1594	1595	1597	1598	1599	1609	1610	1611	1617
1618	1619	1622	1626	1628	1636	1637	1642	1643	1646
1649	1652	1656	1668	1673	1678	1704	1717	1718	1719
1720	1721	1722	1723	1724	1726	1727	1729	1731	1732
1733	1734	1735	1736	1737	1739	1740	1741	1742	1743
1744	1746	1747	1748	1749	1750	1751	1752	1753	1754
1757	1758	1759	1761	1762	1763	1765	1767	1768	1780
1827	1828	1829	1830	1831	1832		1837	1838	1839
1841	1842	1843	1845	1847	1849	1850	1851	1852	1853
1854	1855	1856	1857	1859	1860	1861	1862	1863	1864
1865	1867	1868	1869	1870	1872	1873	1874	1875	1876
1877	1880	1883	1884	1885	1886	1888	1889	1890	1891
1892	1893	1894	1895	1896	1897	1902	1903	2080	2085
2086	2127	2131	2138	2143	2180	2191	2194	2200	2201
2218	2221	2242	2243	2255	2261	2279	2288	2298	2303
2344	2352	2356	2374	2378	2400	2401	2404	2412	2423
2431	2466	2473	2475	2483	2484	2488	2492	2494	2495
2501	2502	2508	2511	2516	2523	2541	2544	2554	2558
2576	2587	2619	2625	2652	2653	2674	2675	2691	2696
2704	2716	2718	2723	2737	2772	2774	2799	2805	2815
2816	2818								

```
ANZAHL DER ZEUGEN: 452

1/2B     τοις τεκνοις αυτον ημιν

    04C3  177    639T   1725

ANZAHL DER ZEUGEN:   4

3        τοις τεκνοις αυτων υμιν

    254    757   1251   1524   1702

ANZAHL DER ZEUGEN:   5

4        τοις τεκνοις ημων

    P74    01     02     03     04*    05    1409

ANZAHL DER ZEUGEN:   7

5        τοις τεκνοις υμων

    044

ANZAHL DER ZEUGEN:   1

6        τοις τεκνοις αυτων

    35    601    629   1175   2147C   2705

ANZAHL DER ZEUGEN:   6

6B       τοις τεκνοις αυτον

    2147*

ANZAHL DER ZEUGEN:   1

X        UNLESERLICH

    400

ANZAHL DER ZEUGEN:   1

Z        LUECKE

    P8     P29    P33    P38    P41    P45    P48    P50    P53    P56
    P57    P91    048    057    066    076    077    093    095    096
    097    0120   0140   0165   0166   0175   0189   0236   0244   0294
    62     69     325    466    506    517    567    602    624    627
    633    886    916    956    1067   1101   1115   1390   1728   1730
    1738   1745   1756   1846   1858   1871   1899   1904   1835   2005
    2009   2125   2175   2289   2441   2464   2570   2626   2627   2671
    2712   2746   2777   2778   2797   2829   2833

ANZAHL DER ZEUGEN:  77
```

■■ 45 ACTA 13,33(2)

εγω σημερον γεγεννηκα σε ADD.

1/2 SINE ADD.

P45	P74	01	02	03	04	08	014	020	025
044	049	056	0142	1	3	5	6	18	33
35	38	42	43	51	57	61	76	81	82
88	90	93	94	97	102	103	104	105	110
122	131	133	141	142	149	172	175	177	180
181	189	201	203	204	205	206	209	216	218
221	223	226	228	234	250	254	256	263	296
302	307	308	309	312	314	319	321	322	323
326	327	328	330	337	363	365	367	378	383
384	385	386	390	393	394	398	400	404	421
424	425	429	431	432	436	437	440	441	444
450	451	452	453	454	455	456	457	458	459
460	462	464	465	467	468	469	479	483	489
491	496	498	522	547	582	592	601	603	604
605	606	607	608	610	614	616	617	618	619
621	623	625	626	628	629	630	632	634	635
636	637	638	639	641	642	656	664	665	676
680	699	757	794	796	801	808	824	876	901
910	911	912	913	914	915	917	919	920	921
922	927	928	935	941	945	959	986	996	997
999	1003	1022	1040	1058	1066	1069	1070	1072	1073
1075	1094	1099	1100	1102	1103	1104	1105	1106	1107
1127	1149	1161	1162	1175	1240	1241	1242	1243	1244
1245	1247	1248	1249	1250	1251	1270	1277	1292	1297
1311	1315	1319	1352	1354	1359	1360	1367	1398	1400
1404	1405	1409	1424	1448	1456	1482	1490	1501	1503
1505	1508	1509	1521	1524	1526	1548	1563	1573	1594
1595	1597	1598	1599	1609	1610	1611	1617	1618	1619
1622	1626	1628	1636	1637	1642	1643	1646	1649	1652
1656	1668	1673	1678	1702	1704	1717	1718	1719	1720
1721	1722	1723	1724	1725	1726	1727	1729	1731	1732
1733	1734	1735	1736	1737	1739	1740	1741	1742	1743
1744	1746	1747	1748	1749	1750	1751	1752	1753	1754
1757	1758	1759	1761	1762	1763	1765	1767	1768	1780
1827	1828	1829	1830	1831	1832		1837	1838	1839
1841	1842	1843	1845	1847	1849	1850	1851	1852	1853
1854	1855	1856	1857	1859	1860	1861	1862	1863	1864
1865	1867	1868	1869	1870	1872	1873	1874	1875	1876
1877	1880	1883	1884	1885	1886	1888	1889	1890	1891
1892	1893	1894	1895	1896	1897	1902	1903	2080	2085
2086	2127	2131	2138	2143	2147	2180	2191	2194	2200
2201	2218	2221	2242	2243	2255	2261	2279	2288	2298
2303	2344	2352	2356	2374	2378	2400	2401	2404	2412
2423	2431	2466	2473	2475	2483	2484	2488	2492	2494
2495	2501	2502	2508	2511	2516	2523	2541	2544	2554
2558	2576	2587	2619	2625	2652	2653	2674	2675	2691
2696	2704	2705	2716	2718	2723	2737	2772	2774	2799
2805	2815	2816	2818						

ANZAHL DER ZEUGEN: 474

3   ADD. αιτησαι παρ εμου και δωσω σοι εθνη την
        κληρονομιαν σου και την κατασχεσιν σου τα περατας
        της γης

05

ANZAHL DER ZEUGEN: 1

Z   LUECKE

P8	P29	P33	P38	P41	P48	P50	P53	P56	P57
P91	048	057	066	076	077	093	095	096	097
0120	0140	0165	0166	0175	0189	0236	0244	0294	62
69	325	466	506	517	567	602	624	627	633
886	916	956	1067	1101	1115	1390	1728	1730	1738
1745	1756	1846	1858	1871	1899	1904	1835	2005	2009
2125	2175	2289	2441	2464	2570	2626	2627	2671	2712
2746	2777	2778	2797	2829	2833				

ANZAHL DER ZEUGEN: 76

===

■■   46   ACTA 13,42

                    εξιοντων δε αυτων παρεκαλουν

1   εξιοντων δε εκ της συναγωγης των ιουδαιων

025	056	0142	1	3	6	18	35C	38	43
57	61C	82	90	93	97	105	110	122	131
133	141	149	172	175	180L	201	204	205	209
218	221	226	254	256	263	296	302	308	309
314	319	321	327	328	330	365	378	383	384
385	386	393	394	398	404	421	425	432	444
450	451	452	454	455	457	462	464	465	468
469	479	483	491	498	547	567	601	602	604
605	607	608	617	625	626	627	628	632	634
635	637	638	639	642	656	664	665	676	680
757	794	796	801	808	824	901	910	911	914
919	920	922	928	941	959	986	997	999	1022
1040	1058	1066	1069	1070	1072	1073	1075	1094	1099
1100	1103	1104	1107	1149	1161	1240	1242	1243	1244
1245	1247	1248	1249	1251	1270C	1277	1311	1319	1354
1359	1360	1367	1398	1400	1424	1448	1482	1490	1503
1505	1508	1509	1521	1524	1526	1548	1563	1573	1599
1617	1618	1619	1622	1628	1636	1637	1642C	1652	1656
1668	1673	1702	1717	1718	1719	1720	1723	1724	1725
1731	1733	1734	1736	1737	1740	1741	1742	1744	1746
1747	1748	1750	1752	1757	1759	1761	1762	1763	1767
1768	1780	1828	1829		1839	1845*	1847	1849	1850
1851	1855	1856	1857	1859	1860	1862	1864	1865	1867
1869	1870	1872C	1876	1883	1886	1888	1889	1892	1895
1897	1903	2080	2086	2125	2127	2147	2180	2194	2200
2218	2221	2255	2261	2303	2352	2356	2378	2400	2401
2404	2423C	2441	2466	2473	2475	2484	2488	2494	2495
2502	2508	2523	2541	2544	2558	2576	2587	2619	2625
2652	2653	2674	2691	2704	2716	2723	2737	2772	2799

```
2815   2816
ANZAHL DER ZEUGEN: 292
```

1B   εξιοντες δε εκ της συναγωγης των ιουδαιων

```
1732
```

```
ANZAHL DER ZEUGEN:    1
```

2   εξιοντων δε αυτων

P74	01	02	03	04	05	08	044	097	35*
61*	81	94	103	104	142	180T	181	206	307
322	323	326	424C	429	431	436	437	441	453
467	522	606	610	614	619	621	623*	629	630
636*	641	876	913	945	1162	1175	1404	1610	1611
1642*	1678	1704	1739	1751	1765	1827	1830	1832	1837
1838	1842*	1853	1875	1884	1890*	1891	1893	2138	2143
2201	2243	2344	2412	2718	2805	2818			

```
ANZAHL DER ZEUGEN:   77
```

2B   εξιοντων τε αυτων

```
1735
```

```
ANZAHL DER ZEUGEN:    1
```

3   εξιοντων δε αυτων εκ της συναγωγης των ιουδαιων

020	049	5	42	51	76	88	102	177	189
203	216	223	228	234	250	312	337	363	367
390	440	456	458	459	460	496	582	592	603
616	618	623C	636C	699	912	915	917	921	996
1003	1102	1105	1106	1241	1250	1292	1315	1352	1405
1409	1456	1501	1594	1595	1597	1609	1626	1643	1646
1649	1721	1722	1726	1727	1743	1749	1753	1754	1831
1841	1842C	1845C	1852	1854	1861	1863	1874	1877	1885
1890C	1894	1896	1902	2085	2131	2191	2242	2279	2298
2374	2423*	2483	2492	2501	2511	2516	2554	2675	2696
2705	2774								

```
ANZAHL DER ZEUGEN: 102
```

4   εξιοντων δε αυτων εκ της συναγωγης ιουδαιων

```
1843
```

```
ANZAHL DER ZEUGEN:    1
```

5   εξιοντων δε αυτων απο της συναγωγης των ιουδαιων

```
935
```

```
ANZAHL DER ZEUGEN:    1
```

6   εξιοντων δε αυτων εκ της συναγωγης

    400   489   927   1127   1270*   1297   1598   1868   1873   2288

    ANZAHL DER ZEUGEN: 10

7   εξηοντων δε αυτων απο της συναγωγης

    1729

    ANZAHL DER ZEUGEN: 1

8   εξιοντες δε εκ της συναγωγης

    1880

    ANZAHL DER ZEUGEN: 1

9   εξιοντων δε εκ της συναγωγης UND HOM.TEL. VON της
         συναγωγης (VS 42) ZU της συναγωγης (VS 43)

    1872*

    ANZAHL DER ZEUGEN: 1

X   UNLESERLICH

    33   424*   1758

    ANZAHL DER ZEUGEN: 3

Y   FILMFEHLER

    2431

    ANZAHL DER ZEUGEN: 1

Z   LUECKE

P8	P29	P33	P38	P41	P45	P48	P50	P53	P56
P57	P91	014	048	057	066	076	077	093	095
096	0120	0140	0165	0166	0175	0189	0236	0244	0294
62	69	325	466	506	517	624	633	886	916
956	1067	1101	1115	1390	1728	1730	1738	1745	1756
1846	1858	1871	1899	1904	1835	2005	2009	2175	2289
2464	2570	2626	2627	2671	2712	2746	2777	2778	2797
2829	2833								

    ANZAHL DER ZEUGEN: 72

■■ 47 ACTA 13,45

κ α ι   α ν τ ε λ ε γ ο ν   τ ο ι ς   υ π ο   π α υ λ ο υ   λ α λ ο υ μ ε ν ο ι ς
β λ α σ φ η μ ο υ ν τ ε ς

1 α ν τ ι λ ε γ ο ν τ ε ς   κ α ι   β λ α σ φ η μ ο υ ν τ ε ς

05	025	049	056	097	0142	1	3	6	18
35	38	42	43	51	57	76	82	90	93
97	102	104	105	110	122	131	133	141	142
149	172	175	177	180C	181	189	201	203	204
205	209	216	221	223	226	234	250	254	256
263	296	302	309	312	319	321	327	328	330
337	363	365	367	378	383	384	385	386	390
393	394	398	404	421	424	425	432	436C	440
444	450	451	452	454	455	457	458	459	460
462	464	465	469	479	483	489	491	496	498
547	582	592	601	602	603	604	605	607	608
614	616	617	618	623C	625	626	632	634	635
637	638	639	656	664	665	676	680	699	757
794	796	801	824	876	901	910	911	912	913
914	917	919	920	921	922	927	928	935	959
986	997	999	1003	1022	1040	1058	1066	1069	1070
1072	1073	1075	1094	1099	1100	1102	1104	1105	1106
1107	1149	1240	1241	1242	1243	1244	1245	1247	1248
1249	1250	1251	1277	1292	1311	1315	1319	1354	1360
1398	1400	1404	1405	1424	1448	1456	1482	1501	1503
1508	1509C	1521	1524	1526	1548	1563	1573	1594	1597
1599	1609	1610	1611	1617	1618	1619	1622	1626	1628
1636	1637	1643	1646	1649	1652	1656	1668	1673	1717
1719	1720	1722	1723	1724	1725	1726	1727	1729	1731
1732	1733	1734	1737	1740	1741	1742	1743	1744	1746
1747	1748	1749	1750	1752	1753	1754	1759	1761	1762
1763	1765	1767	1768	1780	1827	1828	1829	1832	
1838	1839	1841	1842C	1843	1845	1849	1850	1851	1852
1853	1854	1855	1856	1857	1859	1860	1861	1862	1863
1864	1865	1867	1868	1869	1870	1872	1873	1874	1875
1876	1877	1880	1883	1885	1886	1888	1889	1890	1892
1894	1895	1897	1902	1903	2080	2085	2086C	2125	2127
2131	2138	2143	2147	2180	2194	2201	2218	2221*	2243
2255	2261	2279	2288	2303	2352	2356	2378	2400	2401
2404	2412	2423	2441	2466	2473	2475	2483	2484	2488
2492	2494	2501	2502	2508	2511	2516	2523	2541	2544
2554	2558	2576	2587	2619	2625	2652	2653	2674	2675
2691	2696	2704	2705	2712	2716	2723	2772	2774	2799
2815	2816								

ANZAHL DER ZEUGEN: 382

1B α ν τ ι λ ε γ ο ν γ ο ν τ ε ς   κ α ι   β λ α σ φ η μ ο υ ν τ ε ς

1830

ANZAHL DER ZEUGEN: 1

1C α ν τ ε λ ε γ ο ν   κ α ι   β λ α σ φ η μ ο υ ν τ ε ς

1702

ANZAHL DER ZEUGEN: 1

1D   αντιλεγοντες βλασφημουντες

   636C

ANZAHL DER ZEUGEN: 1

1E   αντιλεγοντες δε και βλασφημουντες

   1367

ANZAHL DER ZEUGEN: 1

2   βλασφημουντες

P74	01	02	03	04	020	044	5	33	61
81	88	94	103	180*	206	218	228	307	322
323	326	400	429	431	436*	437	441	453	456
467	468	522	606	610	619	621	623*	628	629
630	636*	641	642	808	915	941	945	996	1103
1127	1161	1162	1175	1270	1297	1359	1409	1490	1505
1509*	1595	1598	1642	1678	1704	1718	1721	1735	1736
1739	1751	1757	1758	1831	1837	1842*	1847	1891	1893
1896	2086*	2191	2200	2221C	2242	2298	2344	2495	2718
2737	2805	2818							

ANZAHL DER ZEUGEN: 93

2B   βλασφεμουντες

   2374

ANZAHL DER ZEUGEN: 1

3   βλασφημουντες και αντιλεγοντες

   1352

ANZAHL DER ZEUGEN: 1

4   εναντιουμενοι και βλασφημουντες

   08

ANZAHL DER ZEUGEN: 1

4B   εναντιομενοι και βλασφημοντες

   1884

ANZAHL DER ZEUGEN: 1

X   UNLESERLICH

   308

ANZAHL DER ZEUGEN: 1

Y   FILMFEHLER

2431

ANZAHL DER ZEUGEN: 1

Z   LUECKE

P8	P29	P33	P38	P41	P45	P48	P50	P53	P56
P57	P91	014	048	057	066	076	077	093	095
096	0120	0140	0165	0166	0175	0189	0236	0244	0294
62	69	314	325	466	506	517	567	624	627
633	886	916	956	1067	1101	1115	1390	1728	1730
1738	1745	1756	1846	1858	1871	1899	1904	1835	2005
2009	2175	2289	2464	2570	2626	2627	2671	2746	2777
2778	2797	2829	2833						

ANZAHL DER ZEUGEN: 74

===

■■   48   ACTA 15,2

 εταξαν αναβαινειν παυλον και βαρναβαν και
τινας αλλους εξ αυτων

1/2   εταξαν αναβαινειν παυλον και βαρναβαν και τινας
αλλους εξ αυτων

P74	02	03	04	014	020	025	044	049	056
0142	0294	1	3	5	6	18	33	35	38
42	43	51	57	61	69	76	81	82	88
93	94	97	102	103	104	105	110	122	131
133	141	142	149	172	175	177	180	181	189
201	203	204	205	206	209	216	218	221	223
226	228	234	250	254	263	296	302	307	312
319	321	322	323	326	327	328	330	337	363
365	367	378	383	385	386	390	393	394	398
400	404	421	424	425	429	431	432	436	437
440	441	444	450	451	452	453	454	455	456
457	458	459	460	462	464	465	466	467	468
469	479	483	489	491	496	498	506	522	547
582	592	601	602	603	604	605	606	607	608
610	614	617	618	619	621	623	625	626	628
630	632	633	634	635	636	637	638	641	642
656	664	665	676	699	757	794	796	801	808
824	876	901	910	911	912	913	914	915	917
919	920	921	927	928	935	941	945	959	986
996	997	999	1003	1022	1040	1058	1066	1069	1070
1072	1073	1075	1094	1099	1100	1102	1103	1104	1105
1106	1107	1127	1149	1161	1162	1175	1240	1241	1242
1244	1245	1247	1248	1249	1250	1251	1270	1277	1292
1297	1315	1352	1354	1359	1360	1367	1390	1398	1400
1404	1405	1409	1424	1448	1482	1490	1501	1503	1505
1508	1521	1524	1526	1548	1563	1594	1595	1597	1598
1599	1609	1611	1617	1618	1619	1622	1626	1628	1636
1637	1642	1643	1646	1649	1652	1656	1668	1673	1678
1702	1704	1717	1718	1719	1720	1721	1722	1723	1724

1725	1726	1727	1729	1731	1732	1733	1734	1735*	1736
1737	1739	1740	1741	1742	1743	1744	1746	1747	1748
1749	1750	1752	1753	1757	1758	1761	1763	1765	1767
1768	1780	1827	1828	1829	1830	1831	1832		1837
1838	1839	1841	1842	1843	1845	1847	1849	1850	1851
1852	1853	1854	1855	1856	1857	1859	1860	1861	1862
1863	1864	1865	1867	1868	1869	1870	1872	1873	1874
1875	1876	1877	1880	1883	1885	1888	1889	1890	1891
1892	1894	1895	1896	1897	1902	1903	2080	2085	2086
2127	2131	2138	2143	2147	2180	2191	2194	2200	2201
2218	2221	2242	2243	2255	2261	2279	2288	2298	2303
2344	2352	2356	2374	2400	2401	2404	2412	2423	2431
2441	2466	2473	2475	2483	2484	2488	2492	2494	2495
2501	2502	2508	2511	2516	2523	2541	2554	2558	2576
2587	2619	2625	2652	2653	2674	2675	2691	2696	2704
2705	2716	2718	2723	2737	2772	2774	2778	2799	2805
2815	2816	2818							

ANZAHL DER ZEUGEN: 453

1/2B   εταξαν αναβαινειν παυλον τε και βαρναβαν και τινας
          αλλους εξ αυτων

1754

ANZAHL DER ZEUGEN: 1

1/2C   εταξαν αναβαινειν παυλον και βαρναβαν και τινες
          αλλους εξ αυτων

1319   1573

ANZAHL DER ZEUGEN: 2

1/2D   εταξαν αναβαινειν παυλον και βαρναβαν και τοινας
          αλλους εξ αυτων

1886

ANZAHL DER ZEUGEN: 1

1/2E   εταξαν αναβαινειν παυλω και βαρναβαν και τινας
          αλλους εξ αυτων

639

ANZAHL DER ZEUGEN: 1

1/2F   εταξαν αναβαινειν παυλω και τω βαρναβαν και τινας
          αλλους εξ αυτων

1762C

ANZAHL DER ZEUGEN: 1

1/2G   εταξαν αναβαινειν παυλω και βαρναβα και τινας αλλους
       εξ αυτων

   922

ANZAHL DER ZEUGEN: 1

1/2H   εταξαν ανβαινην παυλω και τω βαρναβαν και τινας
       αλλους εξ αυτων

   1762*

ANZAHL DER ZEUGEN: 1

1/2I   εταξαν αναβηναι παυλον και βαρναβαν και τινας αλλους
       εξ αυτων

   2544

ANZAHL DER ZEUGEN: 1

1/2K   επεταξεν αναβαινειν παυλον και βαρναβαν και τινας
       αλλους εξ αυτων

   1509

ANZAHL DER ZEUGEN: 1

3   εταξαν αναβαινειν παυλον και βαρναβαν και τινας εξ
       αυτων αλλους

   01

ANZAHL DER ZEUGEN: 1

4   εταξαν παυλον και βαρναβαν αναβαινειν και τινας
       αλλους εξ αυτων

   629   1759

ANZAHL DER ZEUGEN: 2

5   εταξαν αναβαινειν παυλον και βαρναβαν και τινας εξ
       αυτων

   308

ANZAHL DER ZEUGEN: 1

6   εταραξαντο αναβαινειν παυλον και βαρναβαν και τινας
       αλλους εξ αυτων

   08

ANZAHL DER ZEUGEN: 1

7   εταξαν αναβαινειν παυλον και βαρναβαν προς αυτους
         και τινας αλλους εξ αυτων

    1751

    ANZAHL DER ZEUGEN: 1

8   εταξαν αναμενειν παυλον και βαρναβαν και τινας
         αλλους εξ αυτων

    1243

    ANZAHL DER ZEUGEN: 1

9   εταξαν αναβαινειν και τινας αλλους εξ αυτων

    384   1735C

    ANZAHL DER ZEUGEN: 2

10   εταξαν αναβαινετιν και τινας αλλους εξ αυτων

    90

    ANZAHL DER ZEUGEN: 1

11   επεταξεν αναβαινειν και τινας αλλους εξ αυτω

    1311

    ANZAHL DER ZEUGEN: 1

12   εταξαν αναβαινειν παυλον και βαρναβαν και τινας
         αποστολους εξ αυτων

    616

    ANZAHL DER ZEUGEN: 1

13   ελεγεν γαρ ο παυλος μενειν ουτως καθως επιστευσαν
         διισχυριζομενοσ: οι δε εληλυθοτες απο ιερουσαλημ
         παρηγγειλαν αυτοις τω παυλω και βαρναβα και τισιν
         αλλοις αναβαινειν

    05

    ANZAHL DER ZEUGEN: 1

U   HOM.ARCT. VON βαρναβα ZU βαρναβαν

    1884

    ANZAHL DER ZEUGEN: 1

V   AUSLASSUNG VON αυτους εταξαν BIS βαρναβαν και

    680

ANZAHL DER ZEUGEN: 1

Z   LUECKE

P8	P29	P33	P38	P41	P45	P48	P50	P53	P56
P57	P91	048	057	066	076	077	093	095	096
097	0120	0140	0165	0166	0175	0189	0236	0244	62
256	309	314	325	517	567	624	627	886	916
956	1067	1101	1115	1456	1610	1728	1730	1738	1745
1756	1846	1858	1871	1893	1899	1904	1835	2005	2009
2125	2175	2289	2378	2464	2570	2626	2627	2671	2712
2746	2777	2797	2829	2833					

ANZAHL DER ZEUGEN: 75

===

■■   49   ACTA 15,7

               οτι αφ ημερων αρχαιων εν υμιν εξελεξατο

1   εν ημιν

05C1	08	014	020	025	044	049	1	6	38
42	43	51	57	61	82	90	93	97	103
104	105	110	122	131	133	172	175	206	216
218	221	223	234	250	254	256	263	296	302
312	319	321	322	323	326	327	328	330	363
365	367	378	383	384	390	393	398	404	421
424	425	437	450	451	452	454	455	457	458
459	462	464	465	466	467	468	469	479	483
491	498	522	592	601	602	603	605	606	608
616	617	621	625	626	628	629	632	635	637
638	639	641	642	656	665	676	680	699	794
876	901	910	912	913	914	915	917	919	920
921	922	959	997	1003	1022	1069	1070	1073	1094
1099	1103	1104	1105	1106	1107	1127	1149	1240	1241
1242	1243	1244	1245	1250	1251	1277	1292	1311	1319
1352	1354	1359	1367	1390	1398	1405	1424	1448	1490
1501	1505	1521	1524	1526	1548	1573	1594	1597C	1599
1609	1611	1622	1626	1643	1646	1652	1668	1673C	1702
1717	1718	1719	1720	1721	1722	1724	1726	1727	1731
1734	1736C	1741	1743	1744	1747	1750	1753	1757	1759
1763	1765	1767	1780	1827	1828	1830	1831	1832	
1837	1838	1839	1841	1843	1845	1847	1849	1850	1851
1852	1853	1854	1859	1860	1861	1862	1863	1867	1868
1869	1870	1873	1874	1877	1880	1883	1884	1885	1886
1888	1889	1890	1894	1895	1896	1902	1903	2080	2086
2127	2131	2138	2143	2147	2180	2191	2194	2221	2243
2279	2288	2344	2356	2401	2404	2423	2473	2475	2484
2488	2494	2495	2501	2508	2511	2516	2523	2541	2544
2558	2576	2619	2625	2652	2674	2675	2691	2704	2705
2716	2737	2772	2799	2815	2816				

ANZAHL DER ZEUGEN: 296

2   ε ν υ μ ι ν

P74	01	02	03	04	3	5	18	33	35
81	88	94	141	142	149	177	180	181	201
203	204	205	209	226	228	307	337	385	386
394	400	429	431	432	436	440	441	444	453
456	460	489	496	506	547	604	610	618	619
623	630	633	634	636	664	757	796	801	808
824	911	927	928	935	941	945	986	996	999
1040	1058	1072	1075	1100	1161	1162	1175	1247	1248
1249	1270	1297	1315	1400	1404	1409	1482	1503	1508
1509	1563	1595	1598	1617	1618	1619	1628	1636	1637
1642	1656	1678	1704	1723	1725	1729	1732	1733	1735
1737	1739	1740	1742	1746	1748	1749	1751	1752	1754
1761	1768	1842	1855	1856	1857	1864	1865	1872	1875
1876	1891	1892	1893	1897	2085	2200	2201	2218	2242
2255	2261	2298	2303	2352	2374	2378	2400	2431	2441
2466	2483	2502	2554	2587	2653	2696	2718	2723	2774
2778	2805	2818							

ANZAHL DER ZEUGEN: 163

3   OM. ε ν υ μ ι ν

69	102	189	1102	1360	1736*	2492

ANZAHL DER ZEUGEN: 7

4   η μ ι ν

05*	056	0142	76	582	607	614	1066	1649	1673*
1762	1829	2412							

ANZAHL DER ZEUGEN: 13

X   UNLESERLICH

308   1597*

ANZAHL DER ZEUGEN: 2

Y   FILMFEHLER

1758

ANZAHL DER ZEUGEN: 1

Z   LUECKE

P8	P29	P33	P38	P41	P45	P48	P50	P53	P56
P57	P91	048	057	066	076	077	093	095	096
097	0120	0140	0165	0166	0175	0189	0236	0244	0294
62	309	314	325	517	567	624	627	886	916
956	1067	1101	1115	1456	1610	1728	1730	1738	1745
1756	1846	1858	1871	1899	1904	1835	2005	2009	2125
2175	2289	2464	2570	2626	2627	2671	2712	2746	2777
2797	2829	2833							

ANZAHL DER ZEUGEN: 73

===

■■ 50 ACTA 15,17.18

τ α υ τ α (18) γ ν ω σ τ α α π α ι ω ν ο ς

1   τ α υ τ α π α ν τ α γ ν ω σ τ α α π α ι ω ν ο ς ε σ τ ι ν τ ω θ ε ω π α ν τ α τ α
        ε ρ γ α α υ τ ο υ

08	014	020	025	049	056	0142	1	3	5
6	18	35	43	57	69	76	82	88	90
93	97	102	105	110	122	131	133	141	142
149	172	175	177	201	203	204	205	209	216C1
221	226	228	250	254	263	296	302	308	309
312	319	321	326	327	328	330	337	367	378
383	385	386	393	394	398	400	404	421	424
425	432	436	437	444	450	451	452	454	455
456	457	458	460	462	464	465	466	467	468
483	491	498	592	602	603	604	605	607	608
614	616	617	618	619	621	623	625	626	628
632	634	635	637	638	639	642	656	664	665
680	699	757	794	796	801	808	824	901	910
911	913	914	919	921	928	935C	941	959	986
996	997	1040	1058	1066	1069	1070	1072	1073	1075
1094	1100	1103	1104	1105	1107	1127	1149	1161	1162
1240	1241	1242	1243	1244	1247	1248	1249	1251	1270
1292	1297	1311	1352	1354	1398	1400	1424	1448	1482
1501	1503	1508	1509	1524	1526	1548	1563	1595	1597
1598	1609	1611	1617	1618	1619	1622	1626	1628	1636
1637	1643	1646	1649	1652	1656	1668	1673	1702	1717
1719	1722	1723	1725	1726	1727	1731	1732	1733	1734
1735	1737	1740	1741	1742	1743	1744	1746	1747	1748
1749	1750	1752	1757	1758	1761	1762	1763	1767	1768
1780	1827	1828	1830		1837	1841	1842	1843	1845
1847	1849	1850	1851	1852	1853	1854	1855	1856	1857
1860	1864	1865	1867	1869	1870	1873	1876	1880	1883
1884	1885	1886	1888	1889	1890*	1892	1893	1894	1895
1896	1897	1902	1903	2080	2085	2086	2131	2138	2143
2180	2191	2194	2201	2218	2221	2242	2243	2255	2261
2288	2303	2352	2356	2378	2400	2401C	2412	2423	2431
2441	2466	2473	2475	2483	2484	2488	2492	2494	2502
2523	2541	2544	2554	2558	2576	2587	2619	2625	2653
2674	2691	2704	2705	2723	2737	2774	2799	2805	2815

ANZAHL DER ZEUGEN: 340

1B   τ α υ τ α π α ν τ α γ ν ω σ τ α γ α ρ α π α ι ω ν ο ς ε σ τ ι ν τ ω θ ε ω π α ν τ α
        τ α ε ρ γ α α υ τ ο υ

489	547	676	927	1099	1360	1729	1736	1862	1868
1890C	2508	2816							

ANZAHL DER ZEUGEN: 13

1C   ταυτα παντα γνωστα απο του αιωνος εστιν τω θεω παντα
        τα εργα αυτου

    104   1838

    ANZAHL DER ZEUGEN: 2

1D   ταυτα παντα γνωστα απ αιωνος εισιν τω θεω παντα τα
        εργα αυτου

    61C   216*   384   440   469   496   633   999   1102   1367
    1404   1872   2298   2404   2696   2716   2778

    ANZAHL DER ZEUGEN: 17

1E   παντα ταυτα γνωστα απ αιωνος εισιν τω θεω παντα τα
        εργα αυτου

    189   479   1599   1720   1754

    ANZAHL DER ZEUGEN: 5

1F   ταυτα γνωστα απ αιωνος εστι τω θεω παντα τα εργα
        αυτου

    180C

    ANZAHL DER ZEUGEN: 1

1G   ταυτα γνωστα απ αιωνος εισιν τω θεω τα παντα τα εργα
        αυτου

    61*

    ANZAHL DER ZEUGEN: 1

2   ταυτα γνωστα απ αιωνος

    01   03   04   044   33   81   180*   218   322   323
    1175   1359   1505   1718   2344   2374   2495   2718

    ANZAHL DER ZEUGEN: 18

2B   ταυτα απ αιωνος γνωστα

    459   922

    ANZAHL DER ZEUGEN: 2

2C   ταυτα παντα γνωστα απ αιωνος

    94   103   307   431   453   606   610   630   641   876
    1678   1739   1765   1832   1891   2200   2818

    ANZAHL DER ZEUGEN: 17

3   ταυτα γνωστον απ αιωνος τω κυριω το εργον αυτου

   P74   02   1642

ANZAHL DER ZEUGEN: 3

3B   ταυτα γνωστον απ αιωνος εστιν τω κυριω το εργον
         αυτου

   05

ANZAHL DER ZEUGEN: 1

4   ταυτα γνωστα απ αιωνος εστιν τα εργα αυτου

   1875

ANZAHL DER ZEUGEN: 1

5   ταυτα παντα γνωστα απ αιωνος εισι παντα τα εργα
         αυτου

   1839

ANZAHL DER ZEUGEN: 1

5B   ταυτα γνωστα απ αιωνος εστιν παντα τα εργα αυτου

   1751

ANZAHL DER ZEUGEN: 1

6   ταυτα γνωστα απ αιωνος εστιν τα εργα αυτου παντα τω
         θεω

   441

ANZAHL DER ZEUGEN: 1

6B   ταυτα παντα γνωστα απ αιωνος εισιν τα εργα αυτου τω
         θεω παντα

   1277   1829   1859

ANZAHL DER ZEUGEN: 3

7   ταυτα παντα γνωστα απ αιωνος εισιν τα εργα αυτου τω
         θεω

   1521   1724

ANZAHL DER ZEUGEN: 2

8   ταυτα παντα γνωστα απ αιωνος εστιν παντα τα εργα
         αυτου τω θεω

   2147C

ANZAHL DER ZEUGEN: 1

9   ταυτα παντα γνωστα απ αιωνος εστιν παντα τω θεω τα
          εργα αυτου

    915

ANZAHL DER ZEUGEN: 1

10   ταυτα γνωστα απ αιωνος εστιν τω θεω τα εργα αυτου

    181   1877

ANZAHL DER ZEUGEN: 2

10B   παντα ταυτα γνωστα απ αιωνος εστιν τω θεω τα εργα
          αυτου

    2516

ANZAHL DER ZEUGEN: 1

11   ταυτα παντα γνωστα απ αιωνος εστιν τω θεω τα εργα
          αυτου

    917

ANZAHL DER ZEUGEN: 1

11B   παντα ταυτα γνωστα απ αιωνος εστιν τω θεω τα εργα
          αυτου

    1874

ANZAHL DER ZEUGEN: 1

12   ταυτα παντα γνωστα απ αιωνος εστιν τω κυριω παντα τα
          εργα αυτου

    1315

ANZAHL DER ZEUGEN: 1

13   παντα ταυτα γνωστα απ αιωνος εστιν τω κυριω παντα τα
          εργα αυτου

    38   256   365   1319   1573   2772

ANZAHL DER ZEUGEN: 6

13B   ταυτα γνωστα απ αιωνος τω κυριω παντα τα εργα αυτου

    1409

ANZAHL DER ZEUGEN: 1

14   ταυτα γνωστα εστιν απ αιωνος τω κυριω τα εργα αυτου

629C

ANZAHL DER ZEUGEN: 1

15   παντα ταυτα γνωστα απ αιωνος εισιν τα εργα αυτου τω
θεω παντα

234C

ANZAHL DER ZEUGEN: 1

16   ταυτα παντα γνωστα απ αιωνος εστι τω θεω

2511C

ANZAHL DER ZEUGEN: 1

17   παντα ταυτα α εστι γνωστα απ αιωνος αυτω

42   51   223   234*   390   582   912   1003   1250   1405
1594   1753   1861   1863   2279   2501   2511*

ANZAHL DER ZEUGEN: 17

18   ταυτα παντα α εστι γνωστα απ αιωνος αυτω

2675

ANZAHL DER ZEUGEN: 1

19   ταυτα παντα α εστι γνωστα αυτω απ αιωνος

206   429   522   636*   945   1490   1704   1831

ANZAHL DER ZEUGEN: 8

20   ταυτα παντα α εστι γνωστα αυτω απ αιωνος εστι τω θεω

636C

ANZAHL DER ZEUGEN: 1

21   ταυτα παντα φανερα γαρ απ αρχης εστιν τω θεω παντα
τα εργα αυτου

363   1106

ANZAHL DER ZEUGEN: 2

22   ταυτα παντα απ αιωνος γνωσται τω θεω παντα τα εργα
αυτου

601

ANZAHL DER ZEUGEN: 1

22B　　　ταυτα παντα απ αιωνος εστιν γνωστα τω θεω παντα τα
　　　　　εργα αυτου

　　1390

　　ANZAHL DER ZEUGEN:　1

23　　　ταυτα παντα τα εργα αυτου

　　2127

　　ANZAHL DER ZEUGEN:　1

24　　　ταυτα παντα γνωστα απ αιωνος εστιν παντα τα εργα του
　　　　　τω θεω

　　2147*

　　ANZAHL DER ZEUGEN:　1

V1　　　AUSLASSUNG VON ποιων ταυτα παντα (VS 17) BIS αιωνος
　　　　　(VS 18)

　　2401*

　　ANZAHL DER ZEUGEN:　1

V2　　　AUSLASSUNG VON επ αυτους (VS 17) BIS αιωνος (VS 18)

　　1022　1245

　　ANZAHL DER ZEUGEN:　2

X　　　　UNLESERLICH

　　629*　935*　1759

　　ANZAHL DER ZEUGEN:　3

Y　　　　FILMFEHLER

　　1721

　　ANZAHL DER ZEUGEN:　1

Z　　　　LUECKE

P8	P29	P33	P38	P41	P45	P48	P50	P53	P56
P57	P91	048	057	066	076	077	093	095	096
097	0120	0140	0165	0166	0175	0189	0236	0244	0294
62	314	325	506	517	567	624	627	886	916
920	956	1067	1101	1115	1456	1610	1728	1730	1738
1745	1756	1846	1858	1871	1899	1904	1835	2005	2009
2125	2175	2289	2464	2570	2626	2627	2652	2671	2712
2746	2777	2797	2829	2833					

　　ANZAHL DER ZEUGEN:　75

■■ 51 ACTA 15,23

γραψαντες δια χειρος αυτων

1   δια χειρος αυτων ταδε

01C2	08	014	020	025	049	056	0142	1	3
5	6	18	35	38	42	43	51	57	61
69	76	81	82	88	90	93	94	97	102
103	104	105	110	122	131	133	141	142	149
172	175	177	180	181	189	201	203	204	205
206	209	216	218	221	223	226	228	234	250
254	256	296	302	307	309	312	321	322	323
325	326	327	328	330	337	363	365	367	378
384	385	386	390	393	394	398	400	404	421
424	425	429	431	432	436	437	440	441	444
450	451	452	453	454	455	456	457	458	459
460	462	464	465	466	468	479	483	489	491
496	498	517	522	592	601	603	604	605	606
607	608	610	616	617	618	619	621	623	624
625	626	628	630	632	633	634	635	636	637
638	639	641	642	656	664	665	676	680	699
757	794	796	801	808	824	876	901	910	911
912	913	914	915	917	919	921	922	927	928
935	941	945	959	986	997	999	1003	1022	1040
1058	1066	1069	1070	1072	1073	1075	1094	1099	1100
1102	1103	1104	1105	1106	1107	1127	1149	1161	1162
1175	1240	1241	1242	1243	1244	1245	1247	1248	1249
1250	1251	1270	1277	1297	1311	1315	1352	1354	1360
1367	1398	1400	1404	1405	1409	1424	1448	1482	1490
1503	1508	1509	1521	1524	1526	1548	1563	1573	1594
1595	1597	1598	1599	1609	1617	1618	1619	1622	1628
1636	1637	1642	1643	1646	1649	1652	1656	1668	1673
1678	1702	1704	1717	1719	1720	1722	1723	1724	1725
1726	1727	1729	1731	1732	1733	1734	1735	1736	1737
1739	1740	1741	1742	1743	1744*	1746	1747	1748	1749
1750	1751	1752	1753	1754	1758	1759	1761	1762	1763
1765	1767	1768	1780*	1827	1828	1829	1831	1832	
1837	1838	1839	1841	1842	1843	1845	1847	1849	1850
1851	1852	1853	1854	1855	1856	1857	1859	1860	1861
1862	1863	1864	1865	1867	1868	1869	1870	1872	1873
1874	1875	1876	1877	1880	1883	1884	1885	1886	1888
1889	1890	1891	1892	1893	1894	1895	1896	1897	1902
1903	2080	2085	2127	2131	2143	2180	2191	2194	2200
2201	2218	2221	2242	2243	2255	2261	2279	2288	2289
2298	2303	2352	2356	2378	2400	2401	2404	2423	2431
2441	2466	2473C	2475	2483	2484	2488	2492	2494	2501
2502	2508	2511	2516	2523	2541	2544	2554	2558	2576
2587	2619	2625	2653	2674	2675	2691	2696	2704	2718
2723	2737	2746	2772	2774	2778	2799	2815	2816	2818

ANZAHL DER ZEUGEN: 440

1B   δια χειρων αυτων ταδε

33	263	319	467	469	547	582	996	1319	1390
1611	1626	2086	2138	2344	2473*	2705	2716		

ANZAHL DER ZEUGEN: 18

1C   δια χειρος αυτων ταυτα

    1359   1505   1718   2495

    ANZAHL DER ZEUGEN: 4

2   δια χειρος αυτων

    P45   P74   01*   02   03   629

    ANZAHL DER ZEUGEN: 6

3   επιστολην δια χειρος αυτων περιεχουσαν ταδε

    05

    ANZAHL DER ZEUGEN: 1

3B   επιστολην δια χειρος αυτου περιεχουσαν ταδε

    04*

    ANZAHL DER ZEUGEN: 1

3C   επιστολην δια χειρος αυτου περιεχουσα ταδε

    04C3

    ANZAHL DER ZEUGEN: 1

4   δια χειρος ταδε

    1830

    ANZAHL DER ZEUGEN: 1

5   δια χειρος αυτοις ταδε

    1757

    ANZAHL DER ZEUGEN: 1

6   δια χειρος επιστολην αυτων ταδε

    1744C

    ANZAHL DER ZEUGEN: 1

7   δια χειρος αυτων επιστολην εχουσαν ταδε

    2374   2805

    ANZAHL DER ZEUGEN: 2

8   δια χειρος αυτων επιστολην και πεμψαντες περιεχουσαν
         ταδε

    383   614   1292   1501   2147   2412

ANZAHL DER ZEUGEN: 6

9   επιστολην δια χειρος αυτου εχουσαν τυπου τουτον

044

ANZAHL DER ZEUGEN: 1

10   OM. δια χειρος αυτων

1780C1

ANZAHL DER ZEUGEN: 1

X   UNLESERLICH

308

ANZAHL DER ZEUGEN: 1

Y   FILMFEHLER

1721

ANZAHL DER ZEUGEN: 1

Z   LUECKE

P8	P29	P33	P38	P41	P48	P50	P53	P56	P57
P91	048	057	066	076	077	093	095	096	097
0120	0140	0165	0166	0175	0189	0236	0244	0294	62
314	506	567	602	627	886	916	920	956	1067
1101	1115	1456	1610	1728	1730	1738	1745	1756	1846
1858	1871	1899	1904	1835	2005	2009	2125	2175	2464
2570	2626	2627	2652	2671	2712	2777	2797	2829	2833

ANZAHL DER ZEUGEN: 70

==

■■   52   ACTA 15,24
                    οτι τινες εξ ημων εξελθοντες εταραξαν

1/2   εξελθοντες

P33	P74	01C2	02	04C3	05	08	025	044	049
056	0142	1	3	5	6	18	33	35	38
42	43	51	57	61	69	76	81	82	93
94	97	102	103	104	105	110	122	131	133
141	142	149	172	175	177	180	181	189	201
203	204	205	206C	209	216	218	221	223	226
228	234C	250	254	256	263	296	302	307	308
309	312	319	321	322	323	325	326	327	328
330	337	363	365	367	383	384	385	386	390
393	394	398	400	404	421	424	425	429	431
436	437	440	444	450	451	452	453	454	455
456	457	458	459	460	462	464	465	466	467

468	469	479	483	489	491	496	498	522	547
582	592	601	604	605	606	607	608	610	614
616	617	618	619	623	625	626	628	629	630
632	633	634	635	636	637	638	639	641	642
656	664	665	676	680	699	757	794	796	801
808	824	876	901	910	911	912	913	914	917
919	922	927	928	935	941	945	959	986	997
999	1003	1022	1040	1058	1066	1069	1072	1073	1075
1094	1099	1100	1102	1103	1104	1105	1106	1107	1127
1149	1161	1162	1240	1241	1242	1243	1244	1245	1248
1250	1251	1270	1277	1292	1297	1311	1315	1319	1352
1354	1359	1360	1367	1390	1398	1400	1404	1405	1424
1448	1482	1490	1501	1503	1505	1508	1509	1521	1524
1526	1548	1563	1573	1594	1595	1597	1598	1599	1609
1611	1617	1618	1619	1622	1626	1628	1636	1637	1642
1643	1646	1649	1652	1656	1668	1673	1678	1702	1704
1717	1718	1719	1720	1722	1723	1725	1726	1727	1729
1731	1732	1733	1734	1735	1736	1737	1739	1740	1741
1742	1744	1746	1747	1748	1749	1750	1751	1752	1753
1754	1757	1758	1759	1761	1762	1763	1765	1768	1780
1827	1828	1829	1830	1831	1832		1837	1838	1839
1841	1843	1845	1847	1849	1850	1851	1852	1853	1854
1855	1856	1857	1859	1860	1861	1862	1863	1864	1865
1867	1868	1869	1870	1872	1873	1874	1875	1876	1877
1880	1883	1884	1885	1886	1888	1889	1890	1891	1892
1893	1894	1895	1897	1902	1903	2080	2085	2086	2127
2131	2138	2143	2147	2180	2191	2194	2200	2201	2218
2221	2242	2243	2255	2261	2279	2288	2289	2298	2303
2344	2352	2356	2374	2378	2400	2401	2404	2412	2423
2431	2441	2466	2473	2475	2483	2484	2488	2492	2494
2495	2501	2502	2511	2516	2523	2541	2544	2554	2558
2576	2587	2619	2625	2653	2674	2675	2691	2696	2704
2705	2716	2723	2737	2746	2772	2774	2778	2799	2805
2815	2816	2818							

ANZAHL DER ZEUGEN: 453

1/2B   εξελθωντες

   1724

ANZAHL DER ZEUGEN: 1

1/2C   εξελθεντες

   1767

ANZAHL DER ZEUGEN: 1

1/2D   εξελθοτες

   04*

ANZAHL DER ZEUGEN: 1

3   ελθοντες

    014   020   90   432   441   603   621   921   996   1070
    1247   1249   1409   1842   1896   2508

    ANZAHL DER ZEUGEN: 16

4   OM. εξελθοντες

    01*   03   88   206*   378   915   1175   2718

    ANZAHL DER ZEUGEN: 8

X   UNLESERLICH

    234*

    ANZAHL DER ZEUGEN: 1

Y   FILMFEHLER

    1721

    ANZAHL DER ZEUGEN: 1

Z   LUECKE

    P8   P29   P38   P41   P45   P48   P50   P53   P56   P57
    P91   048   057   066   076   077   093   095   096   097
    0120   0140   0165   0166   0175   0189   0236   0244   0294   62
    314   506   517   567   602   624   627   886   916   920
    956   1067   1101   1115   1456   1610   1728   1730   1738   1743
    1745   1756   1846   1858   1871   1899   1904   1835   2005   2009
    2125   2175   2464   2570   2626   2627   2652   2671   2712   2777
    2797   2829   2833

    ANZAHL DER ZEUGEN: 73

===

■■   53   ACTA 15,34
                    προς τους αποστειλαντας αυτους <u>ADD.</u> <u>VS</u> <u>34</u>

1/2   SINE ADD.

    P74   01   02   03   08   014   020   025   044   049
    056   0142   1   3   18   35   38   43   57   61
    69   76   81   82   90   93   97*   103   104   105
    110   122   131   133   141*   142   149   172   175   177
    201   203   204   218   221T   226   228   250   254   256
    263   302   308   309   312   319   321   325   327   328
    330   337   363   365   367   378   384   386   393   394
    398   404   424   425   432   437   444   450   451   452
    454   455   457   458   459   460*   462   465   466   468
    469   479   483   491   498   547   592   601   602   603
    604   605   606   607   608   616   617   618   625   626
    628   629   632   633   634   635   637   638   639   641

642	656	664	665	676	680	699	757	794	796
801	824	876	901	910	911	913	914	917	919
920	921	922	928	959	986	996	997	1022	1040
1058	1066	1069	1070	1072	1073	1075	1094	1099	1100
1103	1105	1106	1107	1127	1149	1161	1240	1241	1242
1243	1244	1245	1247	1248	1249	1277	1311	1319	1352
1354	1359	1360	1367	1390	1398	1400	1424	1448*	1482
1503	1505	1521	1524	1526	1548	1563	1573	1597	1599
1610	1617	1618	1619	1626	1628	1636	1637	1646	1649
1652	1656	1668	1673	1702	1717	1718	1720	1721	1722
1723	1724	1725	1726	1727	1731	1732	1733	1734	1736
1737	1740	1741	1742	1744	1746	1747	1748	1749	1750
1752	1754	1757	1759	1761	1763	1765	1767	1780	1828
1829	1830	1832		1838	1839	1841	1845	1847	1849
1850	1851	1852	1853	1854	1855	1856	1857	1859	1862
1864	1865	1867	1870	1874	1876	1877	1880*	1884	1885
1886	1888	1889	1890	1892*	1894	1895	1897	2080	2086
2127	2131	2138	2180	2191	2194	2218	2221	2243	2255
2261	2289	2352	2356	2378	2400	2401*	2404	2423	2431
2441	2466	2475	2484	2492	2494	2495	2502	2508	2516
2523	2541	2554	2558	2576	2587	2625	2653	2674	2691
2696	2704	2705	2716	2723	2772	2778	2815	2816*	

ANZAHL DER ZEUGEN: 339

3   εδοξεν δε τω σιλα επιμειναι αυτου

5	6	33	88	94	97C	102	141C	180	189
205	209	216	221L	307	323	383	385	421	431
440	441	453	456	464	467	496	610	614	619
623	808	915	927C	935	941	1102	1104	1162	1175
1270	1292	1297	1404	1409	1501	1595	1598	1609	1622
1643	1678	1719	1729	1739	1768	1827	1842	1843	1860
1868	1869	1873	1883	1891	1893	1902	1903	2143	2147
2201	2288	2298	2344	2374	2412	2473	2483	2488	2619
2652	2718	2737	2746	2774	2805	2816C	2818		

ANZAHL DER ZEUGEN: 88

3B   εδοξεν τω σιλα επιμειναι αυτου

326   621   1448C   1611   1642   1837

ANZAHL DER ZEUGEN: 6

3C   εδοξεν δε και τω σιλα επιμειναι αυτου

1872

ANZAHL DER ZEUGEN: 1

3D   εδοξεν δε σιλαν επιμειναι αυτου

489   927*

ANZAHL DER ZEUGEN: 2

3E   εδοξεν δε τω σιλα επιμειναι αυτω

999

ANZAHL DER ZEUGEN: 1

3F   εδοξεν δε τω σιλα επιμειναι εαυτου

322

ANZAHL DER ZEUGEN: 1

3G   εδοξεν δε τω σιλα επιμενειν αυτου

181   1875

ANZAHL DER ZEUGEN: 2

4   εδοξεν δε τω σιλα επιμειναι αυτους

04   296   2401C

ANZAHL DER ZEUGEN: 3

4B   εδοξεν δε το σιλα επιμειναι αυτοις

2242

ANZAHL DER ZEUGEN: 1

4C   εδοξεν δε τω σιλα επιμειναι αυτοις

436

ANZAHL DER ZEUGEN: 1

5   εδοξεν δε τω σιλα επιμενειν αυτοις

460C   1880C

ANZAHL DER ZEUGEN: 2

6   εδοξεν δε τον σιλαν παραμειναι αυτου

1735

ANZAHL DER ZEUGEN: 1

7   εδοξεν δε τω σιλα καταμειναι αυτου

2544

ANZAHL DER ZEUGEN: 1

8   εδοξεν δε τω σιλα επιμειναι αυτοθι

| 51 | 206 | 223 | 234 | 390 | 429 | 522 | 582 | 630 | 636 |
| 912 | 1003 | 1250 | 1251 | 1405 | 1490 | 1509 | 1594 | 1704 | 1751 |

1753	1758	1831	1861	1863	1892C	1896	2085	2200	2279
2501	2511	2675	2799						

ANZAHL DER ZEUGEN: 34

8B   εδοξεν δε τω σιλω επιμειναι αυτοθι

1762

ANZAHL DER ZEUGEN: 1

8C   εδοξεν δε τω σιλα επιμειναι αυτοθε

945   1315

ANZAHL DER ZEUGEN: 2

9   εδοξεν δε τω σιλα επιμειναι

42

ANZAHL DER ZEUGEN: 1

10   εδοξεν δε τω σελεα επιμειναι αυτουσ, μονος δε ιουδας επορευθη

05*

ANZAHL DER ZEUGEN: 1

10B   εδοξεν δε τω σελεα επιμειναι προς αυτουσ, μονος δε ιουδας επορευθη

05C1

ANZAHL DER ZEUGEN: 1

W   UNSICHER OB LA3, LA4 ODER LA8

400

ANZAHL DER ZEUGEN: 1

Z   LUECKE

P8	P29	P33	P38	P41	P45	P48	P50	P53	P56
P57	P91	048	057	066	076	077	093	095	096
097	0120	0140	0165	0166	0175	0189	0236	0244	0294
62	314	506	517	567	624	627	886	916	956
1067	1101	1115	1456	1508	1728	1730	1738	1743	1745
1756	1846	1858	1871	1899	1904	1835	2005	2009	2125
2175	2303	2464	2570	2626	2627	2671	2712	2777	2797
2829	2833								

ANZAHL DER ZEUGEN: 72

■■ 54 ACTA 16,28

εφωνησεν δε μεγαλη φωνη ο παυλος λεγων

1   φωνη μεγαλη ο παυλος

04C2	05	08	014	020	025	049	056	0142	1
3	5	6	18	35	38	42	43	51	57
61	69	76	81	82	90	93	97	102	103
104	105	110	122	131	133	141	142	149	172
175	177	189	201	203	204	205	206	209	216
218	221	223	226	228	234	250	254	256	263
296	302	308	309	312	319	321	322	323	325
326	327	328	330	337	363	367	378	383	384
385	386	390	393	394	398	404C	421	424	425
429	432	436	437	440	441	444	450	451	452
453	454	455	456	457	458	459	460	462	464
465	466	467	469	479	483	491	496	498	506
522	547	582	592	601	602	603	604	605	606
607	608	614	616	617	618	623C	625	626	628
630	632	633	634	635	636	637	638	639	641
642	656	664	665	676	680	699	757	794	796
801	808	824	876	901	910	911	912	913	914
917	919	920	921	922	928	941	945	959	986
996	997	999	1003	1022	1040	1058	1066	1069	1070
1072	1073	1075	1094	1099	1100	1102	1103	1104	1105
1107	1127	1149	1161	1175	1240	1241	1242	1243	1244
1245	1247	1248	1249	1250	1251	1270	1277	1292	1297
1311	1315	1352	1354	1359	1360	1367	1390	1398	1400
1404	1405	1409	1424	1448	1482	1490	1501	1503	1505
1508	1509	1521	1526	1548	1563	1573	1594	1595	1597
1598	1599	1609	1610	1611	1617	1618	1619	1622	1626
1628	1636	1637	1642	1643	1646	1649	1652	1656	1668
1673	1702	1704	1717	1718	1719	1721	1722	1723	1724
1725	1726	1727	1731	1732	1733	1734	1736	1737	1739
1740	1741	1742	1743	1744	1746	1747	1748	1749	1750
1751	1752	1753	1754	1756	1758	1759	1761	1762	1763
1765	1767	1768	1827	1828	1829	1830	1831	1832	
1837	1838	1839	1841	1842	1843	1845	1847	1849	1850
1851	1852	1853	1854	1855	1856	1857	1859	1860	1861
1862	1863	1864	1865	1867	1869	1870	1872	1873	1874
1876	1877	1880	1883	1884	1885	1886	1888	1889	1890
1891	1892	1893	1894	1896	1897	1902	1903	2080	2085
2086	2127	2131	2138	2143	2147	2180	2191	2194	2200
2201	2218	2221	2243	2255	2261	2279	2288	2289	2298
2352	2356	2374	2378	2400	2401	2404	2412	2423	2431
2441	2466	2473	2475	2483	2484	2488	2492	2494	2495
2501	2508	2511	2523	2541	2544	2554	2558	2576	2587
2619	2625	2652	2653	2674	2675	2691	2696	2704	2705
2716	2718	2723	2737	2746	2772	2774	2778	2799	2815
2816									

ANZAHL DER ZEUGEN: 441

1B   φωνην μεγαλην ο παυλος

2516

ANZAHL DER ZEUGEN: 1

2   μεγαλη φωνη ο παυλος

   02   400   1875

ANZAHL DER ZEUGEN: 3

2B   μεγαλη τη φωνη ο παυλος

1735

ANZAHL DER ZEUGEN: 1

3   μεγαλη φωνη παυλος

   P74   044

ANZAHL DER ZEUGEN: 2

4   φωνη μεγαλη παυλος

| 01 | 04* | 33 | 88 | 619 | 623* | 915 | 935 | 1106 | 1162 |
| 1524 | 1757 | 1895 | 2344 | 2805 | | | | | |

ANZAHL DER ZEUGEN: 15

5   ο παυλος φωνη μεγαλη

| 94 | 180 | 307 | 431 | 468 | 489 | 610 | 629 | 927 | 1319S |
| 1678 | 1729 | 1780 | 1868 | 2242 | 2502 | 2818 | | | |

ANZAHL DER ZEUGEN: 17

6   ο παυλος μεγαλη φωνη

   181

ANZAHL DER ZEUGEN: 1

7   παυλος φωνη μεγαλη

   03

ANZAHL DER ZEUGEN: 1

8   φωνη μεγαλη {λεγων} ο παυλος

   365   621

ANZAHL DER ZEUGEN: 2

9   μεγαλη ο παυλος

   404*   1720

ANZAHL DER ZEUGEN: 2

Z   LUECKE

P8	P29	P33	P38	P41	P45	P48	P50	P53	P56
P57	P91	048	057	066	076	077	093	095	096
097	0120	0140	0165	0166	0175	0189	0236	0244	0294
62	314	517	567	624	627	886	916	956	1067
1101	1115	1319	1456	1728	1730	1738	1745	1846	1858
1871	1899	1904	1835	2005	2009	2125	2175	2303	2464
2570	2626	2627	2671	2712	2777	2797	2829	2833	

ANZAHL DER ZEUGEN: 69

==

■■   55 ACTA 16,33

και εβαπτισθη αυτος και οι αυτου παντες
παραχρημα

1/2   οι αυτου παντες

P74	04	05	08	014	020	025	044	049	056
0120	0142	1	3	5	6	18	35	38	42
43	51	57	61	76	81	82	88	90	93
94	97	102	103	104	105	110	122	131	133
141	142	149	172	175	177	180	189	201	203
204	205	206	209	216	218	221	223	226	228
250	254	263	296	302	307	308	309	312	319
321	322	323	325	326	327	328	337	363	365
367	384	386	393	394	398	400*	404	421	424
425	429	431	432	436	437	440	441	444	450
452	453	454	456	457	458	459	460	462	464
465	466	467	468	469	479	483	489	491	496
498	506	522	547	592	601	602	603	604	605
606	610	616	617	618	619	621	623	625	626
628	630	632	633	634	635	636	637	638	639
641	642	656	664	665	676	680	699	757	794
796	801	808	824	876	901	910	911	914	915
917	919	920	921	922	927	928	935	941	945
959	986	996	997	999	1022	1040	1058	1066	1069
1070	1072	1073	1075	1094	1099	1100	1102	1103	1105
1106	1107	1127	1149	1161	1162	1175	1240	1241	1242
1244	1245	1247	1248	1249	1251	1270	1277	1297	1311
1315	1319S	1352C	1354	1359C	1360	1367	1390	1398	1400
1404	1409	1424	1448	1482	1490	1501	1503	1508	1509
1521	1524	1526	1548	1563	1573	1595	1597	1598	1599
1609	1611	1617	1618	1619	1622	1626	1628	1636	1637
1642	1643	1646	1649	1652	1656	1668	1673	1678	1702
1704	1717	1718	1719	1720	1721	1722	1723	1724	1725
1726	1727	1731	1732	1733	1734	1735	1736	1737	1739
1740	1741	1743	1744	1746	1747	1748	1749	1750	1751
1752	1754	1757	1758	1759	1761	1762	1763	1765	1767
1768	1780	1827	1828	1829	1831	1832		1837	1838
1839	1843	1847	1849	1850	1851	1852	1853	1854	1855
1856	1857	1859	1860	1862	1864	1865	1867	1868	1869
1870	1872	1873	1876	1880	1883	1884	1885	1886	1888
1889	1891	1892	1893	1894	1895	1896	1897	1902	1903
2080	2085	2086	2127	2131	2143	2191	2194	2200	2201

```
2218   2221   2242   2243   2255   2261 · 2288   2289   2298   2344
2352   2356   2374   2378   2400   2404   2423   2431   2441   2466
2473   2475   2483   2484   2488   2492   2494   2502   2508   2541
2544   2554   2558   2587   2619   2674   2691   2696   2704   2705
2716   2718   2723   2737   2746   2772   2774   2778   2799   2805
2815   2816   2818
```

ANZAHL DER ZEUGEN: 423

1/2B   οι αυτου απαντες

```
  01     03    256    383    614    913   1243   1292   1505   1610
1830   1890   2138   2147   2412   2495   2652   2653
```

ANZAHL DER ZEUGEN: 18

1/2C   αυτου παντες

   1359*

ANZAHL DER ZEUGEN: 1

1/2D   οι συν αυτου παντες

   1874

ANZAHL DER ZEUGEN: 1

1/2E   οι συν αυτω παντες

   378   455   607   608   1841   1877   2516   2576   2625

ANZAHL DER ZEUGEN: 9

1/2F   οι μετ αυτου παντες

   385   1104   1742   1842

ANZAHL DER ZEUGEN: 4

1/2G   αι αυτου παντες

   330

ANZAHL DER ZEUGEN: 1

3   ο οικος αυτου ολος

   P45

ANZAHL DER ZEUGEN: 1

4   οι οικιοι αυτου παντες

   02

ANZAHL DER ZEUGEN: 1

5   ο οικος αυτου απαντες

     181   1875

ANZAHL DER ZEUGEN: 2

6   ο οικος αυτου συμπας

     1729

ANZAHL DER ZEUGEN: 1

7   ο οικος αυτου

     629   2523

ANZAHL DER ZEUGEN: 2

8   οι αυτου

234	390	582	912	1003	1250	1405	1594	1753	1845
1861	1863	2279	2401	2501	2511	2675			

ANZAHL DER ZEUGEN: 17

9   παντες οι αυτου

     2180

ANZAHL DER ZEUGEN: 1

10   υιοι αυτου παντες

     69   451

ANZAHL DER ZEUGEN: 2

X   UNLESERLICH

     33   400C   1352*

ANZAHL DER ZEUGEN: 3

Z   LUECKE

P8	P29	P33	P38	P41	P48	P50	P53	P56	P57
P91	048	057	066	076	077	093	095	096	097
0140	0165	0166	0175	0189	0236	0244	0294	62	314
517	567	624	627	886	916	956	1067	1101	1115
1319	1456	1728	1730	1738	1745	1756	1846	1858	1871
1899	1904	1835	2005	2009	2125	2175	2303	2464	2570
2626	2627	2671	2712	2777	2797	2829	2833		

ANZAHL DER ZEUGEN: 68

■■   56   ACTA 16,35

ημερας δε γενομενης <u>απεστειλαν οι</u>
<u>στρατηγοι</u> τους ραβδουχους

1/2   απεστειλαν οι στρατηγοι

P45	P74	01	02	03	04	08	014	020	025
044	049	056	0120	0142	1	3	5	6	18
35	38	42	43	51	57	76	81	82	88
90	93	94	97	103	104	105	110	122	131
133	141	142	149	172	175	177	180	181	189
201	203	204	205	206	209	216	218	221	223
226	228	234	250	254	256	263	296	302	307
308	309	312	319	321	322	323	325	327	328
330	337	363	365	367	378	383	384	385	386
390	393	394	398	400	404	421	424	425	429
431	432	436	437	440	441	444	450	451	452
453	454	455	456	457	458	459	460	462	464
465	466	467	468	469	479	483	489	491	496
498	506	522	547	582	592	601	602	603	604
605	606	608	610	616	617	618	619	621	623
625	626	628	629	630	632	633	634	635	636
637	638	639	641	642	656	664	665	676	680
699	757	794	796	801	808	824	876	901	910
911	912	914	915	917	919	920	921	922	927
928	935	941	945	959	986	996	997	999	1003
1022	1040	1058	1066	1069	1070	1072	1073	1075	1094
1099	1100	1102	1103	1104	1105	1106	1107	1127	1149
1161	1162	1175	1240	1241	1242	1243	1244	1245	1247
1248	1249	1250	1251	1270	1277	1297	1311	1315	1319S
1352	1354	1359	1360	1367	1390	1398	1400	1404	1405
1409	1424	1448	1482	1490	1503	1508	1509	1521	1524
1526	1548	1563	1573	1594	1595	1597	1598	1599	1609
1617	1618	1619	1622	1626	1628	1636	1637	1642	1643
1646	1649	1652	1656	1668	1673	1678	1702	1704	1717
1718	1719	1720	1721	1722	1723	1724	1725	1726	1727
1729	1731	1732	1733	1734	1735	1736	1737	1739	1740
1741	1742	1743	1744	1746	1747	1748	1749	1750	1751
1752	1753	1754	1757	1758	1759	1761	1762	1763	1765
1767	1768	1780	1827	1828	1829	1831	1832		1838
1839	1841	1842	1843	1845	1847	1849	1850	1851	1852
1854	1855	1856	1857	1859	1860	1861	1862	1863	1864
1865	1867	1868	1869	1870	1872	1873	1874	1875	1876
1877	1880	1883	1884	1885	1886	1888	1889	1891	1892
1893	1894	1895	1896	1897	1902	1903	2080	2085	2086
2127	2131	2143	2180	2191	2194	2200	2201	2218	2221
2242	2243	2255	2261	2279	2288	2289	2298	2344	2352
2356	2374	2400	2401	2404	2423	2431	2441	2466	2473
2475	2483	2484	2488	2492	2494	2501	2502	2508	2511
2516	2523	2541	2544	2554	2558	2576	2587	2619	2625
2653	2674	2675	2691	2696	2704	2705	2716	2718	2723
2737	2746	2772	2774	2778	2799	2805	2815	2816	2818

ANZAHL DER ZEUGEN: 460

1/2B   επεστειλαν οι στρατηγοι

   61   326   1837

ANZAHL DER ZEUGEN: 3

1/2C   απεστηλαν οι στρατηγοι

   102   607

ANZAHL DER ZEUGEN: 2

1/2D   απεσταλκασιν οι στρατηγοι

   614   913   1292   1501   1505   1610   1611   1830   1853   1890
   2138   2147   2412   2495   2652

ANZAHL DER ZEUGEN: 15

1/2E   απεστειλαν οι στρατηγοι προς

   2378

ANZAHL DER ZEUGEN: 1

3   συνηλθον οις στρατηγοι επι το αυτο εις την αγοραν
        και αναμνησθεντες τον σεισμον τον γεγονοτα
        εφοβηθησαν και απεστειλαν

   05

ANZAHL DER ZEUGEN: 1

X   UNLESERLICH

   33

ANZAHL DER ZEUGEN: 1

Y   FILMFEHLER

   69

ANZAHL DER ZEUGEN: 1

Z   LUECKE

   P8   P29   P33   P38   P41   P48   P50   P53   P56   P57
   P91   048   057   066   076   077   093   095   096   097
   0140 0165   0166   0175   0189   0236   0244   0294   62   314
   517   567   624   627   886   916   956   1067   1101   1115
   1319 1456   1728   1730   1738   1745   1756   1846   1858   1871
   1899 1904   1835   2005   2009   2125   2175   2303   2464   2570
   2626 2627   2671   2712   2777   2797   2829   2833

ANZAHL DER ZEUGEN: 68

■■   57   ACTA 17,13

ηλθον κακει σαλευοντες <u>και</u> <u>ταρασσοντες</u>
τους οχλους

1   OM. και ταρασσοντες

P45	08	014	020	025	049	056	0120	0142	1
3	18	35	38	42	43	51	57	82	88
90	93	103	105	110	122	131	133	141	142
149	172	175	177	201	203	204	205	209	216
218	221	223	226	234	250	254	256	263	302
308	309	312	319	321	325	327	328	330	337
363	365	367	378	384	385	386	390	393	394
398	400	404	421	424	425	432	440	444	450
451	452	454	455	456	457	458	460	462	464
465	466	468	469	479	483	489	491	496	498
506	547	582	592	601	602	603	604	605	606
607	608	616	617	618	625	626	628	632	633
634	635	637	638	639	641	642	656	664	665
676	680	699	757	794	796	801	808	824	876
901	910	911	912	914	915	917	919	920	921
922	927	928	935	959	986	997	999	1022	1040
1058	1066	1069	1070	1072	1073	1075	1094	1099	1100
1103	1104	1106	1107	1149	1161	1240	1242	1243	1244
1245	1247	1248	1249	1250	1251	1277	1311	1315	1352
1354	1359	1360	1367	1390	1398	1400	1404	1405	1424
1448	1482	1503	1508	1521	1524	1526	1548	1563	1573
1594	1599	1617	1618	1619	1622	1626	1628	1636	1637
1646	1649	1652	1656	1668	1673	1702	1717	1718	1719
1720	1721	1723	1725	1726	1727	1729	1731	1732	1733
1734	1736	1737	1740	1741	1742	1744	1746	1747	1748
1749	1750	1752	1753	1754	1757	1759	1761	1762	1763
1765	1767	1768	1780	1828	1829	1832		1839	1841
1842*	1843	1845	1847	1849	1850	1851	1852	1854	1855
1856	1857	1859	1860	1861	1862	1863	1864	1865	1867
1868	1869	1870	1872	1873	1874	1876	1877	1880	1883
1884	1885	1886	1888	1889	1892	1894	1895	1896	1897
1902	1903	2085	2086	2127	2131	2191	2194	2218	2221
2242	2243	2255	2261	2279	2288	2289	2352	2356	2401
2404	2423	2431	2441	2466	2473	2483	2484	2488	2492
2494	2501	2502	2508	2511	2523	2541	2544	2554	2558
2576	2587	2619	2625	2653	2674	2675	2691	2696	2704
2705	2716	2723	2774	2778	2799	2815	2816*		

ANZAHL DER ZEUGEN: 368

2   και ταρασσοντες

P74	01	02	03	05C1	044	5	6	33	61
69	76	81	94	102	104	180	181	189	206
228	296	307	322	323	326	383	429	431	436
437	441	453	459	467	522	610	614	619	621
623	629	630	636	913	941	945	996	1102	1127
1162	1270	1292	1297	1319S	1490	1501	1505	1509	1595
1597	1598	1609	1610	1611	1642	1643	1678	1722	1735
1739	1743	1751	1758	1827	1830	1831	1837	1838	1842C
1853	1875	1890	1891	1893	2080	2138	2143	2147	2180
2200	2201	2298	2344	2374	2412	2495	2516	2652	2718

```
2737   2746   2805   2816C   2818
ANZAHL DER ZEUGEN: 105
```

2B   και ταρασσον

1704

ANZAHL DER ZEUGEN: 1

2C   και ταρατγοντες

1175

ANZAHL DER ZEUGEN: 1

2D   και τασσοντες

05*

ANZAHL DER ZEUGEN: 1

3   OM. {σαλευοντες} και ταρασσοντες

1724

ANZAHL DER ZEUGEN: 1

Z   LUECKE

```
P8     P29    P33    P38    P41    P48    P50    P53    P56    P57
P91    04     048    057    066    076    077    093    095    096
097    0140   0165   0166   0175   0189   0236   0244   0294   62
97     314    517    567    624    627    886    916    956    1003
1067   1101   1105   1115   1241   1319   1409   1456   1728   1730
1738   1745   1756   1846   1858   1871   1899   1904   1835   2005
2009   2125   2175   2303   2378   2400   2464   2475   2570   2626
2627   2671   2712   2772   2777   2797   2829   2833
```

ANZAHL DER ZEUGEN: 78

===

■■   58 ACTA 17,23

o ουν αγνοουντες ευσεβειτε τουτο εγω
καταγγελλω υμιν

1   ον ουν αγνοουντες ευσεβειτε τουτον

```
01C2   02C    014C   025    044    049    056    0142   1      3
5      6      18     33     35     38     42     43     51     69
76     82     90     93     97     102    104    105    110    122
131    133    141    142    172    175    177    180    189    201
203    204    205    206    209    216    218    221    223    226
228    234    250    254    256    263    296    302    307L   308
309    312    319    321    322    323    327    328    330    337
363    365    367    378    383    384    385    386    390    393
394    398    400    404    421    424    425    429    431    432
```

436	437	440	441	444	450	451	452	453	454
456	457	458	459	460	462	464	465	466	467
468	469	479	483	489	491	496	498	506	522
547	582	592	601	602	603	604	605	606	610
614	616	617	618	619	621	623C	625	626	628
629	630	632	633	634	635	636C	638	639	641
642	656	664	665	676	680	699	757	794	796
801	808	824	876	901	910	911	912	913	914
917	920	921	922	927	928	935	941	945	959
986	996	997	999	1022	1040	1058	1066	1069	1070
1072	1073	1075	1094	1099	1100	1102	1103	1106	1107
1127	1149	1161	1162	1240	1242	1243	1244	1247	1248
1249	1250	1251	1270	1277	1297	1311	1315	1319S	1352
1354	1359	1360	1367	1390	1398	1400	1404	1405	1424
1448	1482	1490	1501	1503	1505	1508	1509	1521	1524
1526	1548	1563	1573	1594	1595	1597	1598	1609	1610
1611	1617	1618	1619	1622	1628	1636	1637	1642	1643
1646	1649	1652	1656	1668	1673	1678	1702	1704	1717
1718	1719	1720	1721	1722	1723	1724	1725	1726	1727
1729	1731	1732	1733	1734	1735	1736	1737	1739	1740
1741	1742	1743	1744	1746	1747	1748	1749	1750	1752
1753	1754	1757	1759	1761	1762	1763	1765	1767	1768
1780	1827	1828	1830	1831	1832		1839	1841	1842
1843	1845	1847	1849	1850	1852	1853	1854	1855	1856
1857	1859	1860	1861	1862	1863	1864	1865	1867	1868
1869	1870	1872C	1873	1874	1875	1876	1877	1880	1883
1885	1886	1888	1889	1890	1891	1892	1893	1894	1895
1896	1897	1902	1903	2080	2085	2127	2131	2138	2143
2191	2194	2200	2201	2218	2221	2243	2255	2261	2279
2288	2289	2298	2344	2352	2356	2374	2400	2404	2412
2423	2431	2466	2473	2483	2484	2488	2492	2494	2495
2501	2502	2508	2511	2516	2523	2541	2544	2554	2558
2587	2619	2625	2652	2653	2674	2675	2691	2696	2704
2705	2716	2718	2723	2737	2746	2778	2799	2805	2816
2818									

ANZAHL DER ZEUGEN: 431

1B   ον ουν αγνωουντες ευσεβειτε τουτον

637   915

ANZAHL DER ZEUGEN: 2

1C   ον ουν ανοουντες ευσεβειτε τουτον

014*

ANZAHL DER ZEUGEN: 1

1D   ον ουν αγνοουντες ευσεβειται τουτον

08   88   181   2147

ANZAHL DER ZEUGEN: 4

1E   ον ουν αγνοουντες ευσεβηται τουτον

   1884

   ANZAHL DER ZEUGEN: 1

1F   ον ουν αγνοουντες ευσεβητε τουτον

   020   1245   2242

   ANZAHL DER ZEUGEN: 3

1G   ον ουν αγνοουντες ευσεειτε τουτον

   2815C

   ANZAHL DER ZEUGEN: 1

1H   τον ουν αγνοουντες ευσεβειτε τουτον

   1626

   ANZAHL DER ZEUGEN: 1

1I   ον νυν αγνοουντες ευσεβειτε τουτον

   103   1838   1851

   ANZAHL DER ZEUGEN: 3

1K   ον νυν αγνωουντες ευσεβειτε τουτον νυν

   919

   ANZAHL DER ZEUGEN: 1

1L   ον αγνοουντες ευσεβειτε τουτον

   61   94   149   326   455   607   608   623*   636*   1105
   1241   1599   1837   1872*   2180   2401   2576

   ANZAHL DER ZEUGEN: 17

1M   ον ως αγνοουντες ευσεβειτε τουτον

   2086

   ANZAHL DER ZEUGEN: 1

2   ο ουν αγνοουντες ευσεβειτε τουτο

   P74   01*   02*   03   05   307T   1292

   ANZAHL DER ZEUGEN: 7

2B   ο ουν αγνοουντες ευσεβειται τουτο

   1175

   ANZAHL DER ZEUGEN: 1

3   ο ουν αγνοουντες ευσεβειτε τουτον

   81

   ANZAHL DER ZEUGEN: 1

3B   ο ουν αγνοουντες ευσεβειται τουτον

   1751

   ANZAHL DER ZEUGEN: 1

3C   ο νυν αγνοουντες ευσεβειτε τουτον

   1829

   ANZAHL DER ZEUGEN: 1

4   ον ουν αγνοουντες τουτον

   1104

   ANZAHL DER ZEUGEN: 1

5   ον ευσεβοοντες αγνοειτε τουτον

   2774

   ANZAHL DER ZEUGEN: 1

6   ον ουν αγνοουντες προσκυνειτε τουτον

   325   2815*

   ANZAHL DER ZEUGEN: 2

7   τουτον

   57

   ANZAHL DER ZEUGEN: 1

X   UNLESERLICH

   0120   1758

   ANZAHL DER ZEUGEN: 2

Z   LUECKE

P8	P29	P33	P38	P41	P45	P48	P50	P53	P56
P57	P91	04	048	057	066	076	077	093	095

096	097	0140	0165	0166	0175	0189	0236	0244	0294
62	314	517	567	624	627	886	916	956	1003
1067	1101	1115	1319	1409	1456	1720	1730	1738	1745
1756	1846	1858	1871	1899	1904	1835	2005	2009	2125
2175	2303	2378	2441	2464	2475	2570	2626	2627	2671
2712	2772	2777	2797	2829	2833				

ANZAHL DER ZEUGEN: 76

==

■■   59   ACTA 17,26

εποιησεν τε <u>εξ ενος</u> παν εθνος ανθρωπων

1   εξ ενος αιματος

05	08	014	020	025	049	056	0142	1	3
5	6	18	35C	38	42	43	51	57	61
69	76	82	88	90	93	94	97	102	103
104	105	110	122	131	133	141	142	149	172
175	177	180	189	201	203	204	205	206	209
216	221	223	226	228	234	250	254	256	263
296	302	307	308	309	312	319	321	325	326
327	328	330	337	363	365	367	378	383	384
385	386	390	393	394	398	400	404	421	424
425	429	431	432	436	437	440	441	444	450
451	452	453	454	455	456	457	458	459	462
464	465	466	467	468	469	479	483	489	491
496	498	506	517	522	547	582	592	601	602
603	604	605	606	607	608	610	614	616	617
618	619	621	623	625	626	628	632	633	634
635	636	637	638	639	641	642	656	664	665
676	680	699	757	794	796	801	808	824	876
901	910	911	912	913	914	915	917	919	920
921	922	927	928	935	941	945	959	986	996
997	999	1022	1040	1058	1069	1070	1072	1073	1075
1094	1099	1100	1102	1103	1104	1105	1106	1107	1127
1149	1161	1162	1240	1241	1242	1243	1244	1245	1247
1248	1249	1250	1251	1270	1277	1292	1297	1311	1315
1319S	1352	1354	1359	1360	1367	1390	1398	1400	1404
1405	1424	1448	1482	1490	1501	1503	1505	1508	1509
1521	1524	1526	1548	1563	1573	1594	1595	1597	1598
1599	1609	1610	1611	1617	1618	1619	1622	1626	1628
1636	1637	1642	1643	1646	1649	1652	1656	1668	1673
1678	1702	1704	1717	1718	1719	1720	1721	1722	1723
1724	1725	1726	1727	1729	1731	1732	1733	1734	1735
1736	1737	1740	1741	1742	1743	1744	1746	1747	1748
1749	1750	1751	1752	1753	1754	1757	1759	1761	1762
1763	1765	1767	1768	1780	1827	1828	1829	1830	1831
1832		1837	1838	1839	1841	1842	1843	1845	1847
1849	1850	1851	1852	1853	1854	1855	1856	1857	1859
1860	1861	1862	1863	1864	1865	1867	1868	1869	1870
1872	1873	1874	1876	1877	1880	1883	1884	1885	1886
1888	1889	1890	1892	1893	1894	1897	1903	2080	2085
2086	2127	2131	2138	2143	2147	2180	2191	2194	2201
2218	2221	2242	2243	2255	2261	2279	2288	2289	2298
2344	2352	2356	2374	2378	2400	2401	2404	2412	2423

2431	2466	2473	2483	2484	2488	2492	2494	2495	2501
2502	2508	2511	2516	2523	2541	2544	2554	2558	2576
2587	2619	2625	2652	2653	2674	2675	2691	2696	2704
2705	2716	2723	2737	2746	2772	2774	2778	2799	2805
2815	2816	2818							

ANZAHL DER ZEUGEN: 453

2   εξ ενος

P74	01	02	03	33	35*	81	181	218	322
323	460	629	630	1175	1739	1875	1891	1896	2200
2718									

ANZAHL DER ZEUGEN: 21

3   εξ ουδενος

1895

ANZAHL DER ZEUGEN: 1

4   εξ ενος στοματος

044

ANZAHL DER ZEUGEN: 1

V   AUSLASSUNG VON και τα παντα (VS 25) BIS ανθρωπων (VS 26)

1066

ANZAHL DER ZEUGEN: 1

X   UNLESERLICH

1758

ANZAHL DER ZEUGEN: 1

Z   LUECKE

P8	P29	P33	P38	P41	P45	P48	P50	P53	P56
P57	P91	04	048	057	066	076	077	093	095
096	097	0120	0140	0165	0166	0175	0189	0236	0244
0294	62	314	567	624	627	886	916	956	1003
1067	1101	1115	1319	1409	1456	1728	1730	1738	1745
1756	1846	1858	1871	1899	1902	1904	1835	2005	2009
2125	2175	2303	2441	2464	2475	2570	2626	2627	2671
2712	2777	2797	2829	2833					

ANZAHL DER ZEUGEN: 75

■■   60   ACTA 18,1

μετα ταυτα χωρισθεις εκ των αθηνων

1   ο παυλος εκ

02	08	014	020	025	044	049	056	0142	1
3	5	6	18	35	38	42	43	51	57
61	69	76	82	88	90	93	94	97	102
103	104	105	110	122	131	133	141	142	149
172	175	177	180	181C	189	201	203	204	205
206	209	216	218	221	223	226	228	234	250
254	256	263	296	302	307	308	309	312	319
321	322	323	325	326	327	328	330	337	363C
365	378	383	384	385	386	390	393	394	398
400	404	421	424	425	429	431	432	436	437
440	441	444	450	451	452	453	454	455	456
457	458	459	460	462	464	465	466	467	468
469	479	483	489	491	496	498	517	522	547
582	592	601	602	603	604	605	606	607	608
610	614	616	617	618	619	621	623	625	626
628	629	630	632	633	634	635	636	637	638
639	641	642	656	664	665	676	680	699	757
794	796	801	808	824	876	901	910	911	912
913	914	915	917	919	920	921	922	927	928
935	941	945	959	986	996	997	999	1022	1040
1058	1066	1069	1070	1072	1073	1075	1094	1099	1100
1102	1103	1104	1105	1106	1107	1127	1149	1161	1162
1175	1240	1241	1242	1243	1244	1245	1247	1248	1249
1250	1251	1270	1277	1292	1297	1311	1315	1319S	1352
1354	1359	1360	1367	1398	1400	1404	1405	1424	1448
1482	1490	1501	1503	1505	1508	1509	1521	1524	1526
1548	1563	1573	1594	1595	1597	1598	1599	1609	1610
1611	1617	1618	1619	1622	1626	1628	1636	1637	1642
1643	1646	1649	1652C	1656	1668	1673	1678	1702	1704
1718	1719	1720	1721	1722	1723	1724	1725	1726	1727
1729	1731	1732	1733	1734	1735	1736	1737	1739	1740
1741	1742	1743	1744	1746	1747	1748	1749	1750	1751
1752	1753	1754	1757	1758	1761	1762	1763	1765	1767
1768	1780	1827	1828	1829	1830	1831	1832		1837
1841	1842	1843	1845	1847	1849	1850	1851	1852	1853
1854	1855	1856	1857	1859	1860	1861	1862	1863	1864
1865	1867	1868	1869	1870	1872	1873	1874	1875	1876
1877	1880	1883	1884	1885	1886	1888	1889	1890	1891
1892	1893	1894	1895	1896	1897	1903	2080	2085	2086
2127	2131	2138	2143	2147	2180	2191	2194	2200	2201
2218	2221	2242	2243	2255	2261	2279	2288	2289	2298
2352	2356	2374	2378	2400	2401	2404	2412	2423	2431
2466	2473	2475	2483	2484	2488	2492	2494	2495	2501
2502	2508	2511	2516	2523	2541	2554	2558	2576	2587
2619	2625	2652	2653	2674	2675	2691	2696	2704	2705
2716	2718	2723	2737	2746	2772	2774	2777	2799	2805
2815	2816	2818							

ANZAHL DER ZEUGEN: 463

2　　ε κ

　　P41　　P74　　01　　03　　33　　1759　　2344

　　ANZAHL DER ZEUGEN:　7

3　　απο

　　05

　　ANZAHL DER ZEUGEN:　1

4　　ο παυλος απο

　　367　　1390　　1717

　　ANZAHL DER ZEUGEN:　3

5　　ο παυλος

　　1652*　1839　　2544

　　ANZAHL DER ZEUGEN:　3

X　　UNLESERLICH

　　181*　363*

　　ANZAHL DER ZEUGEN:　2

Z　　LUECKE

P8	P29	P33	P38	P45	P48	P50	P53	P56	P57
P91	04	048	057	066	076	077	093	095	096
097	0120	0140	0165	0166	0175	0189	0236	0244	0294
62	81	314	506	567	624	627	886	916	956
1003	1067	1101	1115	1319	1409	1456	1728	1730	1738
1745	1756	1838	1846	1858	1871	1899	1902	1904	1835
2005	2009	2125	2175	2303	2441	2464	2570	2626	2627
2671	2712	2778	2797	2829	2833				

　　ANZAHL DER ZEUGEN:　76

===

■■　61　ACTA 18,3
　　　　　　　　εμενεν παρ αυτοις και πργαζετο

1　　ειργαζετο

01C2	014	020	025	044	049	056	0142	1	3
5C	6	18	35	38	42	43	51	57	61
69	76	82	88	90	93	94	97	102	103
104	105	110	122	131	141	142	149	172	175
177	189	201	203	204	205	206	209	216	218
221	223	226	228	234	250	254	256	263	296
302	307	309	312	319	321	322	323	325	326

327	328	330	337	363	365	367	378	383	384
385	386	390	393	394	398	400	404	421	424
425	429	432	436	437	440	441	444	450	451
452	453	454	455	456	457	458	459	460	462
464	465	467	468	469	479	483	491	496	498
517	522	547	582	592	601	603	604	605	606
607	608	610	614	616	617	618	621	623	625
626	628	629	630	632	634	635	637	638	639
641	642	656	664	665	676	699	757	794	796
801	808	876	901	911	912	913	914	915	917
919	920	921	922	928	935	941	945	959	986
997	999	1022	1040	1058	1069	1070	1072	1073	1075
1094	1099	1100	1102	1103	1104	1105	1106	1107	1127
1149	1161	1240	1241	1242	1244	1247	1248	1249	1250
1251	1270	1277	1292	1297	1315	1319S	1352	1354	1359
1360	1367	1390	1398	1400	1404	1405	1424	1448	1482
1490	1501	1503	1505	1508	1509	1521	1524	1526	1548
1563	1573	1594	1595	1598	1599	1609	1610	1611	1617
1618	1619	1622	1626	1628	1636	1637	1642	1643	1649
1652	1656	1668	1673	1678	1702	1704	1718	1719	1720
1721	1722	1723	1724	1725	1726	1727	1729	1731	1732
1733	1734	1736	1737	1739	1740	1741	1742	1743	1746
1747	1748	1749	1750	1752	1753	1754	1757	1759	1761
1762	1763	1765	1767	1768	1780	1827	1828	1829	1830
1831	1832		1837	1839	1841	1842	1843	1845	1847
1849	1850	1851	1853	1854	1855	1856	1857	1859	1860
1861	1862	1863	1864	1865	1867	1868	1869	1872	1873
1874	1875	1876	1877	1880	1883	1885	1886	1888	1889
1890	1891	1892	1893	1894	1895	1896	1897	1903	2080
2085	2086	2127	2131	2138	2143	2147	2180	2191	2194
2200	2201	2218	2221	2242	2243	2255	2261	2279	2288
2289	2298	2352	2356	2374	2378	2400	2401	2404	2412
2423	2431	2466	2473	2475	2483	2484	2488	2492	2494
2495	2501	2502	2508	2511	2516	2523	2541	2544	2554
2558	2576	2587	2619	2625	2652	2653	2691	2696	2704
2705	2716	2718	2723	2737	2746	2772	2774	2777	2799
2805	2815	2816	2818						

ANZAHL DER ZEUGEN: 434

2   ηργαζετο

P74	02	05	08	5*	33	133	180	181	431
466	489	602	619	633	636	680	824	910	927
996	1066	1162	1175	1243	1245	1311	1597	1646	1735
1744	1751	1870	1884	2344	2674	2675			

ANZAHL DER ZEUGEN: 37

3   εργαζετο

1852

ANZAHL DER ZEUGEN: 1

4   ηργαζοντο

    01*   03*

ANZAHL DER ZEUGEN: 2

5   ειργαζοντο

    03C2

ANZAHL DER ZEUGEN: 1

X   UNLESERLICH

    308   1717   1758

ANZAHL DER ZEUGEN: 3

Z   LUECKE

P8	P29	P33	P38	P41	P45	P48	P50	P53	P56
P57	P91	04	048	057	066	076	077	093	095
096	097	0120	0140	0165	0166	0175	0189	0236	0244
0294	62	81	314	506	567	624	627	886	916
956	1003	1067	1101	1115	1319	1409	1456	1728	1730
1738	1745	1756	1838	1846	1858	1871	1899	1902	1904
1835	2005	2009	2125	2175	2303	2441	2464	2570	2626
2627	2671	2712	2778	2797	2829	2833			

ANZAHL DER ZEUGEN: 77

==

■■   62   ACTA 18,5

                συνειχετο τω λογω ο παυλος
                διαμαρτυρομενος

1   τω πνευματι

014	020	025	049	056	0142	1	3	5	6
18	35	38	42	43	51	57	61	69	76
82	88	90	93	94	97	102	103	104	105
110	122	131	133	141	142	149	172	175	177
180	189	201	203	204	205	206	209	216	218
221	223	226	228	234	250	254	256	263	296
302	307	308	309	312	319	321	322	323	325
326	327	328	330	337	363	365	367	378	383
384	385	386	390	393	394	398	400	404	421
424	425	429	431	432	437	440	441	444	450
451	452	453	454	455	456	457	458	459	460
462	464	465	466	467	468	469	479	483	489
491	496	498	517	522	547	582	592	601	602
603	604	605	606	607	608	610	616	617	618
619	621	623L	625	626	628	630	632	633	634
635	636	637	638	639	641	642	656	664	665
676	680	699	757	794	796	801	808	824	876
901	910	911	912	914	915	917	919	920	921

922	927	928	935	941	945	959	986	996	997
999	1003	1022	1040	1058	1066	1069	1070	1072	1073
1075	1094	1099	1100	1102	1103	1104	1105	1106	1107
1127	1149	1161	1162	1175	1240	1241	1242	1243	1244
1245	1247	1248	1249	1250	1251	1270	1277	1292	1297
1311	1315	1319S	1352	1354	1359	1360	1367	1390	1398
1400	1404	1405	1424	1448	1482	1490	1503	1508	1509
1521	1524	1526	1548	1573	1594	1595	1597	1598	1609
1617	1618	1619	1622	1626	1628	1636	1637	1642	1643
1646	1649	1652	1656	1668	1673	1678	1702	1704	1717
1718	1719	1720	1721	1722	1723	1724	1725	1726	1727
1729	1731	1732	1733	1734	1735	1736	1737	1739	1740
1741	1742	1743	1744	1746	1747	1748	1749	1750	1751
1752	1753	1754	1757	1759	1761	1762	1763	1765	1767
1768	1780	1827	1828	1831	1832		1837	1839	1841
1842	1843	1845	1847	1849	1850	1851	1852	1854	1855
1856	1857	1859	1860	1861	1862	1863	1864	1865	1867
1868	1869	1870	1872	1873	1874	1876	1877	1880	1883
1885	1886	1888	1889	1891	1892	1893	1894	1895	1896
1897	1903	2080	2085	2086	2127	2131	2143	2147	2180
2191	2194	2200	2201	2218	2221	2242	2243	2255	2261
2279	2288	2289	2298	2352	2356	2374	2378	2400	2401
2404	2423	2431	2466	2473	2475	2483	2484	2488	2492
2494	2501	2502	2508	2511	2516	2523	2541	2544	2554
2558	2576	2587	2619	2625	2652	2653	2674	2675	2691
2696	2704	2705	2716	2723	2737	2746	2772	2774	2777
2799	2815	2816	2818						

ANZAHL DER ZEUGEN: 444

2   τω λογω

P74	01	02	03	05	08	044	33	181	436
614	623T	629	913	1501	1505	1610	1611	1830	1853
1875	1884	1890	2138	2344	2412	2495	2718	2805	

ANZAHL DER ZEUGEN: 29

3   το πνευμα

1563   1829

ANZAHL DER ZEUGEN: 2

X   UNLESERLICH

1758

ANZAHL DER ZEUGEN: 1

Z   LUECKE

P8	P29	P33	P38	P41	P45	P48	P50	P53	P56
P57	P91	04	048	057	066	076	077	093	095
096	097	0120	0140	0165	0166	0175	0189	0236	0244
0294	62	81	314	506	567	624	627	886	916
956	1067	1101	1115	1319	1409	1456	1599	1728	1730
1738	1745	1756	1838	1846	1858	1871	1899	1902	1904

1835	2005	2009	2125	2175	2303	2441	2464	2570	2626
2627	2671	2712	2778	2797	2829	2833			

ANZAHL DER ZEUGEN: 77

==

■■   63   ACTA 18,17

επιλαβομενοι δε παντες σωσθενην τον
αρχισυναγωγον ετυπτον

1   παντες οι ελληνες

05	08	014	020	025	044	049	056	0120	0142
1	3	5	6	18	33	35	38	42	43
51	57	61	69	76	82	88	90	93	97
102	103	104	105	110	122	131	133	141	142
149	172	175	177	181	189	201	203	204	205
206	209	216	218	221	223	226	228	234	250
254	256	263	296	302	308	309	312	319	321
322	323	325	326	327	328	330	337	363	365
367	378	383	384	385	386	390	393	394	398
404	421	424	425	429	432	436	437	440	441
444	450	451	452	454	455	456	457	458	459
460	462	464	465	466	467	468	469	479	483
489	491	496	498	522	547	582	592	601	602
603	604	605	606	607	608	614	616	618	619C
621	623	624	625	626	628	630	632	633	634
635	636	637	638	639	641	642	656	664	665
676	680	699	757	794	796	801	808	824	876
901	910	911	912	913	914	915	917	919	920
921	922	927	928	935	945	959	986	996	997
999	1003	1022	1040	1058	1066	1069	1070	1072	1073
1075	1094	1099	1100	1102	1103	1104	1105	1106	1107
1127	1149	1161	1162	1175	1240	1241	1242	1243	1244
1245	1247	1248	1249	1250	1251	1270	1277	1292	1297
1311	1315	1352	1354	1359	1360	1367	1390	1398	1400
1404	1405	1409	1424	1482	1490	1503	1505	1508	1509
1521	1524	1526	1548	1563	1573	1594	1595	1597	1598
1609	1611	1617	1618	1619	1622	1626	1628	1636	1637
1643	1646	1649	1652	1656	1668	1673	1702	1704	1717
1718	1719	1720	1721	1722	1723	1724	1725	1726	1727
1729	1731	1732	1733	1734	1735	1736	1737	1739	1740
1741	1742	1743	1744	1746	1747	1748	1749	1750	1751
1752	1753	1754	1757	1758	1759	1761	1762	1763	1765
1767	1768	1780	1827	1828	1829	1830	1831	1832	1835
1837	1838	1839	1841	1842	1843	1845	1847	1849	1850
1851	1852	1853	1854	1855	1856	1857	1859	1860	1861
1862	1863	1864	1865	1867	1868	1869	1870	1872	1873
1874	1875	1876	1877	1880	1883	1884	1885	1886	1888
1889	1890	1891	1892	1894	1895	1896C	1897	1903	
2080	2085	2086	2127	2131	2138	2143	2147	2180	2191
2194	2200	2201	2218	2221	2242	2243C	2255	2261	2279
2288	2289	2298	2344	2352	2356	2378	2400	2401	2404
2412	2423	2431	2466	2473	2475	2483	2484	2488	2492
2494	2495	2501	2502	2508	2511	2516	2523	2541	2544
2554	2558	2576	2587	2619	2625	2652	2653	2674	2675

| 2691 | 2696 | 2704 | 2705 | 2716 | 2718 | 2723 | 2737 | 2746 | 2772 |
| 2774 | 2799 | 2805 | 2815 | 2816 | | | | | |

ANZAHL DER ZEUGEN: 455

2   παντες

P74   01   02   03   629   1501   1896*   2374

ANZAHL DER ZEUGEN: 8

3   οι ελληνες παντες

2243*

ANZAHL DER ZEUGEN: 1

3B   οι {δε} παντες ελληνες

1448

ANZAHL DER ZEUGEN: 1

3C   παντες οι ελληναις

617

ANZAHL DER ZEUGEN: 1

4   παντες οι ιουδαιοι

94   180   307   431   453   610   1319S   1678   2818

ANZAHL DER ZEUGEN: 9

U   HOM.TEL. VON βηματος (VS 16) ZU βηματος (VS 17)

619*   1642

ANZAHL DER ZEUGEN: 2

X   UNLESERLICH

400

ANZAHL DER ZEUGEN: 1

Y   FILMFEHLER

941

ANZAHL DER ZEUGEN: 1

Z   LUECKE

P8	P29	P33	P38	P41	P45	P48	P50	P53	P56
P57	P91	04	048	057	066	076	077	093	095
096	097	0140	0165	0166	0175	0189	0236	0244	0294

62	81	314	506	517	567	627	886	916	956
1067	1101	1115	1319	1456	1599	1610	1728	1730	1738
1745	1756	1846	1858	1871	1893	1899	1902	1904	2005
2009	2125	2175	2303	2441	2464	2570	2626	2627	2671
2712	2777	2778	2797	2829	2833				

ANZAHL DER ZEUGEN: 76

===

■■ 64 ACTA 18,20

ερωτωντων δε αυτων επι πλειονα χρονον
μειναι

1   μειναι παρ αυτοις

05	08	014	020	025	049	056	0142	1	3
5	6	18	35	38	42	43	51	57	61
69	76	82	88	90	93	97	103	105	110
122	131	133	141	142	149	172	175	177	180C
189	201	203	204	205	206C	209	216	221	223
228	234	250	256	263	296	302	308	309	312
321	322	323	325	326	327	328	330	337	363
365	367	378	383	384	385	386	390	393	394
398	400	404	421	424	425	429	432	437	440
444	450	451	452	454	455	456	457	458	460
462	464	465	466	467	468	469	479	483	489
491	496	522	547	592	601	602	603	604	605
606	607	608	614	616	617	618	619	623C	624
625	626	628	630	632	633	634	635	636	637
638	639	641	656	664	665	676	680	699	757
794	796	801	808	824	901	910	911	912	913
914	915	917	919	920	921	922	927	928	935
941	959	986	996	999	1003	1022	1040	1058	1066
1069	1070	1072	1073	1075	1094	1099	1100	1102	1103
1104	1105	1106	1107	1127	1149	1161	1162	1240	1241
1242	1243	1244	1245	1247	1248	1249	1250	1251	1270
1277	1292	1297	1311	1315	1319S	1352	1354	1360	1367
1390	1398	1400	1404	1405	1409	1424	1448	1482	1490
1503	1508	1509	1521	1526	1548	1563	1594	1595	1597
1598	1609	1617	1618	1619	1622	1626	1628	1636	1637
1643	1649	1652	1656	1668	1673	1702	1717	1719	1720
1721	1722	1723	1724	1725	1726	1727	1729	1731	1732
1733	1734	1736	1737	1740	1741	1742	1743	1744	1746
1747	1748	1749	1750	1751	1752	1753	1754	1757	1758
1759	1761	1762	1763	1767	1768	1780	1827	1828	1829
1830	1831	1835	1837	1841	1843	1845	1847	1849	1850
1851	1852	1853	1854	1855	1856	1857	1859	1860	1861
1862	1863	1864	1865	1867	1868	1869	1870	1872	1873
1874	1876	1877	1880	1883	1884	1885	1886	1888	1889
1892	1894	1895	1896	1897	1903		2080	2085	2127
2131	2143	2147	2180	2191	2194	2200	2201	2218	2221
2242	2255	2261	2279	2288	2289	2298	2352	2356	2374
2378	2400	2401	2404	2412	2423	2431	2466	2473	2475
2483	2484	2488	2492	2501	2502	2508	2511	2523	2541
2544	2554	2558	2576	2587	2619	2625	2652	2653	2675
2691	2696	2704	2705	2716	2723	2737	2746	2772	2774

```
    2799   2805   2815   2816
    ANZAHL DER ZEUGEN: 414

1B      μηναι παρ αυτοις

    102

    ANZAHL DER ZEUGEN:    1

1C      μεινε παρ αυτοις

    1646

    ANZAHL DER ZEUGEN:    1

1D      μειναι παρα αυτοις

    1642C

    ANZAHL DER ZEUGEN:    1

1E      μειναι παρ αυτων

    582

    ANZAHL DER ZEUGEN:    1

1F      μειναι παρ αυτας

    2674

    ANZAHL DER ZEUGEN:    1

2       μειναι

    P74    01*    02     03    044   0120     33     94   180*    181
    218    307    431    436   441    453    610    621   623*    629
    945   1175   1359   1505  1611   1642*  1678   1704  1718   1739
    1842*  1875   1890   1891  2138   2344   2495   2718  2818

    ANZAHL DER ZEUGEN:   39

2B      επιμειναι

    01C2

    ANZAHL DER ZEUGEN:    1

3       παρ αυτοις μειναι

    226

    ANZAHL DER ZEUGEN:    1

4       μειναι προς αυτοις

    2516
```

ANZAHL DER ZEUGEN: 1

5   μειναι συν αυτοις

498   876   997   1501   1573   1765   1832   2086   2243   2494

ANZAHL DER ZEUGEN: 10

6   παραμειναι αυτοις

104   459   1838

ANZAHL DER ZEUGEN: 3

7   προσμειναι αυτοις

1839

ANZAHL DER ZEUGEN: 1

8   ειναι παρ αυτοις

254   1524

ANZAHL DER ZEUGEN: 2

9   μειναι αυτοις

1842C

ANZAHL DER ZEUGEN: 1

10   παραμειναι

1735

ANZAHL DER ZEUGEN: 1

X   UNLESERLICH

206*

ANZAHL DER ZEUGEN: 1

Z   LUECKE

P8	P29	P33	P38	P41	P45	P48	P50	P53	P56
P57	P91	04	048	057	066	076	077	093	095
096	097	0140	0165	0166	0175	0189	0236	0244	0294
62	81	314	319	506	517	567	627	642	886
916	956	1067	1101	1115	1319	1456	1599	1610	1728
1730	1738	1745	1756	1846	1858	1871	1893	1899	1902
1904	2005	2009	2125	2175	2303	2441	2464	2570	2626
2627	2671	2712	2777	2778	2797	2829	2833		

ANZAHL DER ZEUGEN: 78

■■ 65 ACTA 18,21.22

<u>ανηχθη απο της εφεσου</u> (22) <u>και</u> <u>κατελθων</u>
... κατεβη εις αντιοχειαν

1/2 ανηχθη απο της εφεσου, και κατελθων

P74	01C2	02	03	5	6	18	35	38	42
43	51	57	69	82	88	90	94	102	104
105	131	133	141	142	149	172	175	177	180
181	189	201	203	204	205	206	209	216	254
256	263	296	302	307	308	321	325	326	328
330	337	363	365	367	378	385	386	390	394
398	404	424	425	429	431	432	436	437	440
444	450	451	452	453	455	456	457	458	459
462	464	465	466	467	468	479	483	489	496
498	522	582	592	602	603	604	605	607	608
610	618	619	621	624	625	626	628	629	630
632	633	634	635	637	638	639	656	664	665
676	680	699	757	794	796	801	824	901	910
912	917	921	922	928	945	959	986	996	997
999	1003	1022	1040	1058	1069	1070	1072	1073	1075
1094	1099	1100	1102	1103	1104	1105	1106	1107	1161
1162	1175	1240	1241	1242	1243	1244C	1245	1247	1248
1249	1250	1251	1270	1277	1292	1311	1315	1319S	1352
1354	1367	1390	1404	1405	1424	1448	1482	1503	1505
1508	1521	1524	1548	1563	1573	1594	1595	1597	1598
1611	1617	1618	1619	1628	1636	1637	1642	1643	1646
1649	1652	1656	1678	1702	1704	1718	1719C	1720	1721
1724	1725	1727	1729	1731	1732	1733	1734	1735	1736
1737	1739	1740	1741	1742	1743	1744	1746	1747	1748
1749	1750	1752	1753	1754	1758	1759	1762	1767	1768
1780	1827	1828	1829	1830	1831	1835	1837	1839	1842
1843	1845	1847	1849	1850	1851	1852	1853	1854	1855
1856	1859	1861	1863	1864	1865	1867	1869	1870	1874
1876	1880	1883	1885	1886	1889	1891	1892	1894	1895
1897	1903		2080	2086	2127	2131	2180	2191	2194
2200	2201	2218	2221	2255	2261	2279	2289	2298	2352
2356	2378	2400	2423	2466	2473	2475	2488	2492	2501
2502	2511	2541	2544	2554	2619	2625	2653	2674	2691
2696	2723	2799	2818						

ANZAHL DER ZEUGEN: 334

1/2B ανοιχθη απο της εφεσου, και κατελθων

1719* 2085

ANZAHL DER ZEUGEN: 2

1/2C ανηχθησαν απο της εφεσου, και κατελθων

322 323

ANZAHL DER ZEUGEN: 2

1/2D   απηχθη απο της εφεσου, και κατελθων

   33

   ANZAHL DER ZEUGEN: 1

1/2E   απηχθησαν απο της εφεσου, και κατελθων

   2344

   ANZAHL DER ZEUGEN: 1

1/2F   και ανηχθη απο της εφεσου, και κατελθων

08	014	020	025	044	049	0120	1	3	76
93	122	218	223	226	228	234	491	623	636
808	913	914	919	920	927	941	1149	1297	1359
1398	1400	1409	1490	1509	1526	1626	1668	1673	1723
1726	1761	1763	1841	1868	1872	1873	1875	1877	1890
1896	2138	2143	2288	2404	2483	2484	2495	2508	2516
2523	2576	2587	2675	2705	2718	2737	2746	2772	2774
2805	2815								

   ANZAHL DER ZEUGEN: 72

1/2G   και ανοιχθη απο της εφεσου, και κατελθων

   1757   2431

   ANZAHL DER ZEUGEN: 2

1/2H   και ανηχθημεν απο της εφεσου, και κατελθων

   2716

   ANZAHL DER ZEUGEN: 1

1/2I   ανηχθη μεν απο της εφεσου, και κατελθων

   469

   ANZAHL DER ZEUGEN: 1

1/2K   ανηχθη δε απο της εφεσου, και κατελθων

   01*   441

   ANZAHL DER ZEUGEN: 2

1/2L   ανηχθη απο του εφεσου, και κατελθων

   05

   ANZAHL DER ZEUGEN: 1

1/2M   ανηχθη απο εφεσου, και κατελθων

   547

ANZAHL DER ZEUGEN: 1

1/2N   ανηχθη απο της εφεσω, και κατελθων

   601*

ANZAHL DER ZEUGEN: 1

1/2O   ανηχθη απο της εφεσου, και κατελων

   309

ANZAHL DER ZEUGEN: 1

1/2P   ανηχθη απο της εφεσου, κατελθων

   915

ANZAHL DER ZEUGEN: 1

1/2Q   ανηχθη απο της εφεσου, και απελθων

   110   1722

ANZAHL DER ZEUGEN: 2

1/2R   ανηχθη υπο της εφεσου, και κατελθων

   460

ANZAHL DER ZEUGEN: 1

3   και ανηχθη απο της εφεσου, κατελθων

   2242   2374

ANZAHL DER ZEUGEN: 2

4   και ανηχθη απο της εφεσου, και καταβας

   056   0142   250   876   1832   1857T   2816

ANZAHL DER ZEUGEN: 7

5   ανηχθη απο της εφεσου, και καταβας

   103   221   312   327   393   454   606   616   617   641
   911   1066   1244*   1360   1609   1717   1765   1862   1888   2243
   2494   2558

ANZAHL DER ZEUGEN: 22

6   ανηχθη απο της εφεσου

1884

ANZAHL DER ZEUGEN: 1

7   και ανηχθη απο της εφεσου, κατελθων ο παυλος

61

ANZAHL DER ZEUGEN: 1

8   ανηχθη απο της εφεσου, εν ταις ημεραις εκειναις
        κατελθων ο παυλος

384   1751   1838

ANZAHL DER ZEUGEN: 3

8B   ανηχθη απο της εφεσου, εν ταις ημεραις εκειναις
        κατελθων

1857L

ANZAHL DER ZEUGEN: 1

9   ανηχθη απο της εφεσου, και τις κατελθων

935

ANZAHL DER ZEUGEN: 1

10   ανηχθη απο της εφεσου: τον δε ακυλαν ειασεν εν
        εφεσω, και κατελθων

97   601C   1501   1622   1860   2652

ANZAHL DER ZEUGEN: 6

10B   και ανηχθη απο της εφεσου: τον δε ακυλαν ειασεν εν
        εφεσω, και κατελθων

383   2147   2401C

ANZAHL DER ZEUGEN: 3

10C   ανηχθη απο της εφεσου: τον δε ακυλαν ειασεν εν
        εφεσου, και κατελθων

421

ANZAHL DER ZEUGEN: 1

10D   ανηχθη απο της εφεσου: τον δε ακυλαν ειασεν εις
        εφεσον, και κατελθων

1127

ANZAHL DER ZEUGEN: 1

11   και ανηχθη απο της εφεσου: τον δε ακυλαν ειαυεν εν
        εφεσω, αυτος δε ανεχθεις ηλθεν εις καισαρειαν και
        κατελθων

        614   2412

ANZAHL DER ZEUGEN: 2

12   και κατελθων

        2704

ANZAHL DER ZEUGEN: 1

X   UNLESERLICH

        400   2401*

ANZAHL DER ZEUGEN: 2

Z   LUECKE

P8	P29	P33	P38	P41	P45	P48	P50	P53	P56
P57	P91	04	048	057	066	076	077	093	095
096	097	0140	0165	0166	0175	0189	0236	0244	0294
62	81	314	319	506	517	567	627	642	886
916	956	1067	1101	1115	1319	1456	1599	1610	1728
1730	1738	1745	1756	1846	1858	1871	1893	1899	1902
1904	2005	2009	2125	2175	2303	2441	2464	2570	2626
2627	2671	2712	2777	2778	2797	2829	2833		

ANZAHL DER ZEUGEN: 78

===

■■   66   ACTA 18,27

        βουλομενου δε αυτου διελθειν εις την
        αχαιαν προτρεψαμενοι οι αδελφοι εγραψαν
        τοις μαθηταις αποδεξασθαι αυτον

1/2   βουλομενου δε αυτου διελθειν εις την αχαιαν
        προτρεψαμενοι οι αδελφοι εγραψαν τοις μαθηταις
        αποδεξασθαι αυτον

P74	01	02	03	014	020	025	044	049	056
1	3	5	6	18	35	38	42	43	57
69	76	82	88	90	93	102	104	105	110
122	131	133	141	149	172	175	177	180*	181
189	201	203	204	205	206	209	216	218	221
223	226	234	254	256	296	302	308	309	312
322	323	325	328	330	337	367	378	384	386
390	393	394	398	404	424	425	429	432	436
437	440	444	450	451	454	455	456	457	458
459	460	462	464	465	467	479	483	489	491
496	498	522	547	592	603	604	605	607	608

617C	618	619	623	624	625	626	630	634	635
637	638	656	664	665	676	699	757	796	801
808	824	910	912	913	915	917	921	922	927
928	935	941	945	959	986	997	999	1003	1022
1040	1058	1066	1069	1070	1072	1073	1075	1094	1099
1100	1102	1105	1106	1107	1127	1149	1161	1162	1241
1245	1247	1248	1249	1250	1251	1270	1277	1297	1311
1315	1319S	1352	1354	1359	1390	1398	1400	1404	1405
1409	1424	1448	1482	1503	1508	1509	1524	1526	1548
1563	1594	1595	1597	1598	1609	1611	1617	1618	1619
1626	1628	1636	1637	1642	1643	1646	1652	1656	1668
1673	1702	1704	1719	1720	1721	1723	1725	1726	1727
1729	1731	1732	1733	1734	1735	1736	1737	1739	1740
1741	1743	1746	1748	1749	1750	1752	1753	1754	1757
1758	1759	1761	1762	1767	1780	1827	1828	1830	1835
1838	1839	1841	1842	1843	1845	1847	1849	1851	1852
1853	1854	1855	1856	1861	1862	1863	1864	1865	1867
1868	1869	1870	1873	1874	1876	1877	1880	1883C	1889
1891	1892	1894	1895	1896	1897	1903		2080	2085
2086	2127	2131	2138	2143	2180	2191	2194	2200	2201
2218	2221	2242	2243	2255	2261	2279	2288	2289	2298
2344	2352	2356	2374	2378	2401	2404	2423*	2431	2466
2473	2475	2483	2484	2488	2492	2501	2502	2508	2511
2516	2523	2541	2544	2554	2576	2587	2619	2625	2653
2674	2675L	2691	2696	2704	2705	2716	2723	2737	2746
2772	2774	2799	2805	2815	2816				

ANZAHL DER ZEUGEN: 366

1/2B　　βουλομενου τε αυτου διελθειν εις την αχαιαν
　　　　προτρεψαμενοι οι αδελφοι εγραψαν τοις μαθηταις
　　　　αποδεξασθαι αυτον

　　94　　180C　　307　　431　　453　　468　　610　　628　　1175　　1678
2818

ANZAHL DER ZEUGEN: 11

1/2C　　βουλομενου δε αυτου διελθειν εις την αχαιαν
　　　　προτρεψαμενοι οι αδελφοι εγραψαν τοις μαθηταις
　　　　αποδεξασθε αυτον

　　33　　1243

ANZAHL DER ZEUGEN: 2

1/2D　　βουλομενου δε αυτον διελθειν εις την αχαιαν
　　　　προτρεψαμενοι οι αδελφοι εγραψαν τοις μαθηταις
　　　　αποδεξασθαι αυτον

2675T

ANZAHL DER ZEUGEN: 1

1/2E　　βουλομενος δε αυτου διελθειν εις την αχαιαν
　　　　προτρεψαμενοι οι αδελφοι εγραψαν τοις μαθηταις
　　　　αποδεξασθαι αυτον

1751
ANZAHL DER ZEUGEN: 1

1/2F βουλομενου δε αυτου διελθειν εις την αχαιαν
προτρεψαμενοι οι αδελφοι εγραψαν τοις μαθηταις
υποδεξασθαι αυτον

636 1885

ANZAHL DER ZEUGEN: 2

1/2G βουλομενου δε αυτου διελθειν εις την αχαιαν
προτρεψαμενοι οι αδελφοι εγραψαν τους μαθητας
αποδεξασθαι αυτον

601 1718

ANZAHL DER ZEUGEN: 2

1/2H βουλομενου δε διελθειν εις την αχαιαν προτρεψαμενοι
οι αδελφοι εγραψαν τοις μαθηταις αποδεξασθαι αυτον

629 1573

ANZAHL DER ZEUGEN: 2

1/2I βουλομενου δε αυτου διελθειν εις την αχαιαν
προτρεψαμενοι δε αυτου οι αδελφοι εγραψαν τοις
μαθηταις αποδεξασθαι αυτον

1883*

ANZAHL DER ZEUGEN: 1

3 βουλομενου δε αυτου εις την αχαιαν διελθειν
προτρεψαμενοι οι αδελφοι εγραψαν τοις μαθηταις
αποδεξασθαι αυτον

08 1884

ANZAHL DER ZEUGEN: 2

4 βουλομενου δε αυτου διελθειν την αχαιαν
προτρεψαμενοι οι αδελφοι εγραψαν τοις μαθηταις
αποδεξασθαι αυτον

51 363 919 1292 1501 2412 2652

ANZAHL DER ZEUGEN: 7

5 βουλομενος διελθειν εις την αχαιαν προτρεψαμενοι οι
αδελφοι εγραψαν τοις μαθηταις αποδεξασθαι αυτον

680

ANZAHL DER ZEUGEN: 1

6   βουλομενου δε αυτου ελθειν εις την αχαιαν
        προτρεψαμενοι οι αδελφοι εγραψαν τοις μαθηταις
        αποδεξασθαι αυτον

        97   263   385   466   582   617*   632   794   901   914
        1240 1490   1505   1722   1768   1831   1850   1890   2400   2495
        2718

ANZAHL DER ZEUGEN: 21

6B   βουλομενου δε αυτου ελθειν εις την αχαιαν
        προτρεψαμενοι οι αδελφοι εγραψαν τοις μαθηταις
        αποδεξασθε αυτον

        321

ANZAHL DER ZEUGEN: 1

6C   βουλομενου δε αυτου ελθειν εις την αχαιαν
        προτρεψαμενοι οι αδελφοι εγραψαν τοις μαθηταις
        υποδεξασθαι αυτον

        469

ANZAHL DER ZEUGEN: 1

7   βουλομενου δε αυτου εξελθειν εις την αχαιαν
        προτρεψαμενοι οι αδελφοι εγραψαν τοις μαθηταις
        αποδεξασθαι αυτον

        1875*

ANZAHL DER ZEUGEN: 1

7B   βουλομενου δε αυτου εξελθειν εις της αχαιαν
        προτρεψαμενοι οι αδελφοι εγραψαν τοις μαθηταις
        αποδεξασθαι αυτον

        1875C

ANZAHL DER ZEUGEN: 1

8   βουλομενου δε αυτου εξελθειν και διελθειν εις την
        αχαιαν προτρεψαμενοι οι αδελφοι εγραψαν τοις
        μαθηταις αποδεξασθαι αυτον

        441   621

ANZAHL DER ZEUGEN: 2

9   βουλομενου δε αυτου εισελθειν εις την αχαιαν
        προτρεψαμενοι οι αδελφοι εγραψαν τοις μαθηταις
        αποδεξασθαι αυτον

        1886

ANZAHL DER ZEUGEN: 1

10 βουλομενου δε αυτου διελθειν εις την αχαιαν
προπεμψαμενοι οι αδελφοι εγραψαν τοις μαθηταις
αποδεξασθαι αυτον

103	250	365	421	452	606	616	633	639	641
876	911	996	1242	1244*	1360C	1599	1649	1717	1742
1747	1763	1765	1829C	1832	1857	1888	2423C	2494	2558

ANZAHL DER ZEUGEN: 30

10B βουλομενου δε αυτου διελθειν την αχαιαν
προπεμψαμενοι οι αδελφοι εγραψαν τοις μαθηταις
αποδεξασθαι αυτον

383 2147

ANZAHL DER ZEUGEN: 2

10C βουλομενου δε αυτου ελθειν εις την αχαιαν
προπεμψαμενοι οι αδελφοι εγραψαν τοις μαθηταις
αποδεξασθαι αυτον

0142 1360* 1622 1860

ANZAHL DER ZEUGEN: 4

11 βουλομενου δε αυτου διελθειν εις την αχαιαν
προτρεψαμενοι οι αδελφοι εγραψαν τοις αδελφοις
αποδεξασθαι αυτον

142 228 920 1521 1724 1744 1859 1872

ANZAHL DER ZEUGEN: 8

11B βουλομενου αυτου διελθειν εις την αχαιαν
προτρεψαμενοι οι αδελφοι εγραψαν τοις αδελφοις
αποδεξασθαι αυτον

1104

ANZAHL DER ZEUGEN: 1

11C βουλομενου δε αυτου ελθειν εις την αχαιαν
προτρεψαμενοι οι αδελφοι εγραψαν τοις αδελφοις
αποδεξασθαι αυτον

327

ANZAHL DER ZEUGEN: 1

12 βουλομενου δε αυτου διελθειν εις την αχαιαν
προπεμψαμενοι οι αδελφοι εγραψαν τοις αδελφοις
αποδεξασθαι αυτον

1103 1244C 1829*

ANZAHL DER ZEUGEN: 3

13   βουλομενου δε αυτου διελθειν εις την αχαιαν
        προπεμψαμενοι οι αδελφοι εγραψαν τοις αδελφοις και
        μαθηταις αποδεξασθαι αυτον

    1367

    ANZAHL DER ZEUGEN: 1

14   καλουμενου δε αυτου διελθειν εις την αχαιαν
        προτρεψαμενοι οι αδελφοι εγραψαν τοις μαθηταις
        αποδεξασθαι αυτον

        61   326   1837

    ANZAHL DER ZEUGEN: 3

15   φοβουμενου δε αυτου διελθειν την αχαιαν
        προτρεψαμενοι οι αδελφοι εγραψαν τοις μαθηταις
        αποδεξασθαι αυτον

    614

    ANZAHL DER ZEUGEN: 1

16   εν δε τη εφεσω επιδημουντες τινες κορινθιοι και
        ακουσαντες αυτου παρεκαλουν διελθειν συν αυτοις εις
        την πατριδα αυτων συγκατανευσαντος δε αυτου οι
        εφεσιοι εγραψαν τοις εν κορινθω μαθηταις οπως
        αποδεξωνται τον ανδρα

        05

    ANZAHL DER ZEUGEN: 1

X   UNLESERLICH

    P41   400

    ANZAHL DER ZEUGEN: 2

Z   LUECKE

P8	P29	P33	P38	P45	P48	P50	P53	P56	P57
P91	04	048	057	066	076	077	093	095	096
097	0120	0140	0165	0166	0175	0189	0236	0244	0294
62	81	314	319	506	517	567	602	627	642
886	916	956	1067	1101	1115	1319	1456	1610	1728
1730	1738	1745	1756	1846	1858	1871	1893	1899	1902
1904	2005	2009	2125	2175	2303	2441	2464	2570	2626
2627	2671	2712	2777	2778	2797	2829	2833		

    ANZAHL DER ZEUGEN: 78

■■ 67 ACTA 19,1.2

εγενετο ... παυλον ... κατελθειν εις
εφεσον και ευρειν τινας μαθητας (2) ειπεν
τε προς αυτους

1 και ευρων τινας μαθητας ειπεν προς αυτους

05	014	020	025	044	1	3	5	6	38C
42	43	51	57	61	69	76	82	88	90
93	94	97	102	103	104	105	110	122	131
133	141	142	149	172	175	177	181	189	201
203	204	205	206	209	216	218	221	223	226
228	234	250	254	256	263	296	302	308	309
312	321	322	323	325	326	327	328	330	337
363	365	367	378	383	384	385	386	390	393
394	398	404	421	424	425	429	432	436	437
440	441	444	450	451	452	454	455	456	457
458	459	460	462	464	465	466	467	468	469
479	483	489	491	496	498	517	522	547	582
592	601	603	604	605	606	607*	608	614	616
617	618	619	621	623	625	626	628	629	632
633	634	635	636	637	639	641	656	664	665
676	680	699	757	794	796	801	808	824	876
901	910	911	912	913	914	915	917	919	920
921	922	927	928	935	941	959	986	996	997
999	1003	1022	1040	1058	1066	1069	1070	1072	1073
1075	1094	1099	1100	1102	1103	1104	1105	1106	1107
1127	1149	1161	1162	1240	1241	1242	1243	1244	1245
1247	1248	1249	1250	1251	1270	1277	1292	1297	1311
1315	1319S	1352	1354	1359	1360	1367	1398	1400	1404
1405	1424	1448	1482	1490	1501	1503	1505	1508	1509
1521	1524	1526	1548	1563	1573	1594	1595	1597	1598
1599	1609	1611	1617	1618	1619	1622	1626	1628	1636
1637	1643	1646	1649	1656	1668	1673	1702	1717	1718
1719	1720	1721	1722	1723	1724	1725	1726	1727	1731
1732	1733	1734	1736	1737	1740	1741	1742	1743	1744
1746	1747	1748	1749	1750	1752	1753	1754	1757	1758
1759	1761	1762	1763	1765	1767	1768	1780	1827	1828
1829	1830	1831	1832	1835	1837	1838	1841	1842	1843
1845	1847	1849	1850	1851	1852	1853	1854	1855	1856
1857	1859	1860	1861	1862	1863	1864	1865	1867	1868
1869	1870	1872	1873	1874	1875	1876	1877	1880	1883
1885	1886	1888	1889	1890	1892	1895	1897	1903	
2080	2085	2086	2127	2131	2138	2143	2147	2180	2191
2194	2201	2218	2221	2242	2243	2255	2261	2279	2288
2289	2352	2356	2374	2378	2400	2401	2404	2412	2423
2431	2466	2473	2475	2483	2484	2488	2492	2494	2495
2501	2502	2508	2511	2516	2523	2541	2544	2554	2558
2576	2587	2619	2625	2652	2653	2674	2675	2691	2696
2704	2705	2716	2718	2723	2737	2746	2772	2774	2799
2805	2815	2816							

ANZAHL DER ZEUGEN: 433

1B και ευρων τινας μαθητας ειπε προς αυτους

607C 1652

```
ANZAHL DER ZEUGEN:   2

1C     και ευρον τινας μαθητας ειπεν προς αυτους

   08    049    056    0142    624    638    1729    1884    1894    1896

ANZAHL DER ZEUGEN:   10

1D     και ευροντα τινας μαθητας ειπεν προς αυτους

   1390

ANZAHL DER ZEUGEN:   1

2      και ευρειν τινας μαθητας ειπεν τε προς αυτους

   P74    01     02     03     18     35     180    307    431    453
   610    1175   1409   1642   1678   1735   2818

ANZAHL DER ZEUGEN:   17

2B     και ευρειν τινας μαθητας ειπεν δε προς αυτους

   630    945    1704    1739    1751    1891    2200    2298

ANZAHL DER ZEUGEN:   8

2C     και ευρειν τινας μαθητας ειπεν προς αυτους

   2344

ANZAHL DER ZEUGEN:   1

3      και ευρων τινας μαθητας ειπεν αυτοις

   1839

ANZAHL DER ZEUGEN:   1

4      και ειπεν τοις μαθηταις

   P38

ANZAHL DER ZEUGEN:   1

V      AUSLASSUNG VON εις εφησον (VS 1) BIS τε προς (VS 2)

   38*

ANZAHL DER ZEUGEN:   1

X      UNLESERLICH

   P41    33    400

ANZAHL DER ZEUGEN:   3
```

Z   LUECKE

P8	P29	P33	P45	P48	P50	P53	P56	P57	P91
04	048	057	066	076	077	093	095	096	097
0120	0140	0165	0166	0175	0189	0236	0244	0294	62
81	314	319	506	567	602	627	642	886	916
956	1067	1101	1115	1319	1456	1610	1728	1730	1738
1745	1756	1846	1858	1871	1893	1899	1902	1904	2005
2009	2125	2175	2303	2441	2464	2570	2626	2627	2671
2712	2777	2778	2797	2829	2833				

ANZAHL DER ZEUGEN: 76

==

■■ 68 ACTA 19,3

ειπεν τε εις τι ουν εβαπτισθητε

1   ειπεν τε προς αυτους

014	020	025	049	056	0142*	1	3	6	18
35	38	42	51	57	61	69	76	82	90
97	102	103	104	105	110	122	131	133	142
175	177	189	203	205	209	216	221	223	234
250	254	256	263	296	302	308	312	321	322
323	325	327	330	337	363	365	367	378	383
384	385	390	393	398	404	421	424	440	450
451	452	454	455	456	457	458	459	460	462
464	465	466	468	469	479	483	489	491	496
498	547	582	592	601	603	605	606	607*	608
616	617	618	624	625	626	629	632	633	635
636	637	638	639	641	656	680	699	794	808
876	901	910	911	912	913	914	917	919*	920
921	922	935	941	959	999	1003	1022	1066	1069
1070	1073	1094	1099	1102	1103	1104	1105	1106	1127
1149	1240	1241	1242	1244	1245	1247	1250	1251	1277
1311	1315	1352	1354	1360	1367	1398	1404	1405	1424
1448	1521	1524	1526	1563	1594	1597	1599	1609	1622
1626	1643	1646	1649	1668	1673	1702	1717	1719	1720
1721	1722	1724	1726	1727	1731	1734	1736	1741	1742
1743	1744	1747	1750	1753	1759	1762	1765	1780	1828
1829	1830	1832	1835	1838	1839	1841	1849	1850	1851
1852	1853	1854	1857	1859	1860	1861	1862	1863	1867
1870	1872	1874	1880	1883	1886	1888	1889	1894	1895
1896	1903		2085	2086	2127	2131	2180	2191	2194
2201*	2242	2243	2279	2356	2400	2404	2423	2483	2488
2492	2494	2502	2508	2511	2523	2541	2544	2558	2576
2619	2625	2652	2653C	2674	2675	2696	2705	2716	2746
2772	2774	2799	2815	2816					

ANZAHL DER ZEUGEN: 285

1B   ειπε τε προς αυτους

0142C   607C   919C

ANZAHL DER ZEUGEN: 3

1C   ειπεν τε προς αυτου

2473

ANZAHL DER ZEUGEN: 1

2   ειπε(ν) τε

03	141	149	201	204	226C	307	328	386	394
431	432	441	444	453	604	610	614C	621	634
664	757	801	824	928	986	1040	1058	1072	1075
1100	1175	1248	1249	1319S	1400	1482	1503	1508	1548
1617	1618	1619	1628	1636	1637	1652	1656	1678	1723
1725	1732	1733	1737	1740	1746	1748	1749	1752	1754
1761	1763	1767	1768	1855	1856	1864	1865	1876	1892
1897	2218	2221	2255	2261	2289	2352	2378	2431	2466
2501	2554	2587	2653*	2691	2704	2723	2818		

ANZAHL DER ZEUGEN: 88

3   ειπε(ν) δε

05	044	94	180	206	429	522	630	945	1490
1509	1704	1739	1751	1758	1831	1891	2080	2200	2298
2718									

ANZAHL DER ZEUGEN: 21

4   ο δε ειπεν

P41	P74	01	02	08	5	33	436	623	1409
1642	1735	1873	1884	2344	2374				

ANZAHL DER ZEUGEN: 16

4B   ο δε ειπον

2805

ANZAHL DER ZEUGEN: 1

5   ο δε ειπεν προς αυτους

326   1837

ANZAHL DER ZEUGEN: 2

6   ο δε ειπεν αυτους

88

ANZAHL DER ZEUGEN: 1

7   ειπεν δε προς αυτους

43	93	172	218	228	309	425	467	628	665
996	997	1161	1359	1390	1718	1757	1827	1845	1847
1877	1885	2401	2516						

```
ANZAHL DER ZEUGEN:   24

8       ειπεν προς αυτους

    1243

ANZAHL DER ZEUGEN:   1

9       ειπατε προς αυτους

    1573

ANZAHL DER ZEUGEN:   1

10      ειπετε προς αυτους

    2147

ANZAHL DER ZEUGEN:   1

11      ειπεν τε προς αυτοις

    676    1107   2475

ANZAHL DER ZEUGEN:   3

12      ειπεν τε αυτοις

    181    1875

ANZAHL DER ZEUGEN:   2

13      ειπεν ουν αυτοις

    1501

ANZAHL DER ZEUGEN:   1

14      ειπεν αυτοις

    2288

ANZAHL DER ZEUGEN:   1

15      ο δε ειπεν αυτοις

    437    619    915    927    1162   1270   1297   1595   1598   1729
    1842   1843   1868   1869   2143   2201C  2737

ANZAHL DER ZEUGEN:   17

16      ειπεν τε παρ αυτους

    796C

ANZAHL DER ZEUGEN:   1
```

17   ειπεν ουν

   614*   1292   1505   1611   1890   2138   2412   2495

ANZAHL DER ZEUGEN: 8

18   ο δε παυλος προς αυτους

  P38

ANZAHL DER ZEUGEN: 1

U   HOM.TEL. VON προς αυτους (VS 2) ZU ειπεν τε/προς
         αυτους (VS 3)

  796*

ANZAHL DER ZEUGEN: 1

X   UNLESERLICH

  226*   400

ANZAHL DER ZEUGEN: 2

Z   LUECKE

P8	P29	P33	P45	P48	P50	P53	P56	P57	P91
04	048	057	066	076	077	093	095	096	097
0120	0140	0165	0166	0175	0189	0236	0244	0294	62
81	314	319	506	517	567	602	627	642	886
916	956	1067	1101	1115	1319	1456	1610	1728	1730
1738	1745	1756	1846	1858	1871	1893	1899	1902	1904
2005	2009	2125	2175	2303	2441	2464	2484	2570	2626
2627	2671	2712	2777	2778	2797	2829	2833		

ANZAHL DER ZEUGEN: 78

===

■■   69   ACTA 19,14

        ησαν δε τινος σκευα ιουδαιου αρχιερεως
        επτα υιοι τουτο ποιουντες

1   ησαν/εισαν δε τινες υιοι σκευα ιουδαιου αρχιερεως
        επτα οι τουτο ποιουντες

014	025	049	056	0142	1	3	5	6	18
35	38	42	43	51	57	61	76	82	88
90	93	97	102	103	104	105	110	122	131
141	142	149	172	175	177	189	201	203	204
205	209	216	218	221	223	226	228	234	250
254	256	263	296	302	309	312	321	322	323
325	326	327	328	330	337	363	367	378	383
384	385	386	390	393	394	398	404	421	424
425C	432	436	437	440	441	444	450	451	452
454	455	456	457	459	460	462	464	465	466

467	468	469	479	483	489	496	498	547	582
592	602	603	604	605*	606	607	608	614	616
617	618	619	621	623	625	626	628	632	633
634	635	636	637	638	639	641	656	664	665
676	699	757	794	796	801	808	824	876	901
910	911	912	913	914	915	917	919	920	921
922	927	928	935	941	959	986	997	999	1003
1022	1040	1058	1066	1069	1070	1072	1073	1075	1099
1100	1103	1104	1105	1106	1107	1115	1127	1149	1161
1162	1240	1241	1242	1244	1245	1247	1248	1249	1250
1251	1270	1277	1292	1297	1311	1315	1352	1354	1359
1360	1367	1390	1400	1404	1405	1424	1448	1482	1503
1505	1508	1509	1521	1524	1526	1548	1563	1573	1594
1595	1597	1598	1599	1609	1611	1617	1618	1619	1622
1626	1628	1636	1637	1643	1646	1649	1652	1656	1668
1673	1702	1717	1718	1719	1720	1721	1722	1723	1724
1725	1726	1727	1729	1731	1732	1733	1734	1736	1737
1740	1741	1742	1743	1744	1746	1747	1748	1749	1750
1751	1752	1753	1754	1757	1759	1761	1762	1763	1765
1767	1768	1780	1827	1828	1829	1830	1832	1835	1837
1838	1839	1841	1842	1843	1845	1847	1849	1850	1851
1852	1853	1854	1855	1856	1857	1859	1860	1861	1862
1863	1864	1865	1867	1868	1869	1870	1872	1873	1874
1876	1877	1880	1883	1885	1888	1889	1890	1892	1894
1895	1896	1897	1902	1903		2080	2085	2086	2127
2131	2138	2143	2147	2180	2191	2194	2201	2218	2221
2242	2243	2255	2261	2279	2288	2289	2352	2356	2378
2400	2401	2404	2423	2431	2466	2473	2475	2483	2488
2492	2494	2495	2501	2502	2508	2511	2516	2523	2541
2544	2554	2558	2576	2587	2619	2625	2652	2653	2674
2675	2691	2696	2704	2705	2716	2723	2746	2772	2774
2799	2815	2816							

ANZAHL DER ZEUGEN: 413

1B   ησαν δε τινες υιοι σκευα αρχιερεως ιουδαιου επτα οι
        τουτο ποιουντες

2374   2805

ANZAHL DER ZEUGEN: 2

2   ησαν δε τινος σκευα ιουδαιου αρχιερεως επτα υιοι
        τουτο ποιουντες

P41   1739   1891   2200

ANZAHL DER ZEUGEN: 4

2B   ησαν δε τινος σκευα ιουδαιου αρχιερεως υιοι επτα
        τουτο ποιουντες

1831

ANZAHL DER ZEUGEN: 1

2C   ησαν δε τινος σκευα ιουδαιου αρχιερεως επτα υιοι οι
          τουτο ποιουντες

180	307	431	453	610	630	1678	1884	2718	2737
2818									

ANZAHL DER ZEUGEN: 11

3   ησαν δε τινες σκευα ιουδαιου αρχιερεως επτα υιοι
          τουτο ποιουντες

P74	01	02	03	33	94	206	429	522	945
1175	1490	1704	1735	1758	2298	2344			

ANZAHL DER ZEUGEN: 17

3B   ησαν δε τινες σκευα ιουδαιου αρχιερεως επτα υιοι οι
          τουτο ποιουντες

08	044	181	629	1319S	1409	1875

ANZAHL DER ZEUGEN: 7

4   ησαν δε τινος υιοι σκευα ιουδαιου αρχιερεως επτα οι
          τουτο ποιουντες

605C   1501

ANZAHL DER ZEUGEN: 2

5   ησαν δε τινες υιοι σκευα ιουδαιου αρχιερεως οι τουτο
          ποιουντες

133   491   1094   1398

ANZAHL DER ZEUGEN: 4

6   ησαν δε τινες υιοι σκευα ιουδαιων αρχιερεως επτα οι
          τουτο ποιουντες

680

ANZAHL DER ZEUGEN: 1

7   ησαν δε τινες υιοι σκευα ιουδαιοι αρχιερεως οι τουτο
          ποιουντες

1243

ANZAHL DER ZEUGEN: 1

8   ησαν δε τινες υιοι σκευα ιουδαιου αρχιερεως επτα οι
          ποιουντες

458

ANZAHL DER ZEUGEN: 1

9　　　ησαν δε τινες υιοι σκευα ιουδαιοι αρχιερεως επτα οι
　　　　τουτο ποιουντες

020　996

ANZAHL DER ZEUGEN:　2

10　　ησαν δε τινες υιοι σκευα ιουδαιους αρχιερεως επτα οι
　　　　τουτο ποιουντες

425*　1886

ANZAHL DER ZEUGEN:　2

11　　ησαν δε τινας σκευα ιουδαιου αρχιερεως επτα οι τουτο
　　　　ποιουντες

69

ANZAHL DER ZEUGEN:　1

12　　ησαν δε τινες η οι σκευα ιουδαιου αρχιερεως επτα οι
　　　　ποιουντες

601

ANZAHL DER ZEUGEN:　1

13　　ησαν δε τινες υιοι σκευα ιουδαιου αρχιερεως οι τουτο
　　　　ποιουντες

1642

ANZAHL DER ZEUGEN:　1

14　　ησαν δε τινες υιοι σκευα ιουδαιου αρχιερεως επτα ου
　　　　τουτο ποιουντες

2412

ANZAHL DER ZEUGEN:　1

15　　εν οις και υιοι σκευα τινος ιερεως ηθελησαν το αυτο
　　　　ποιησαι: εθος ειχαν τους τοιουτους εξορκιζειν: και
　　　　εισελθοντες προς τον δαιμονιζομενον ηρξαντο
　　　　επικαλεισθαι το ονομα λεγοντες: παραγγελλομεν σοι εν
　　　　ιησου ον παυλος κηρυσσει εξελθειν

05C2

ANZAHL DER ZEUGEN:　1

16　　εν οις και υιοι σκευα ιουδαιου τινος αρχιερεως
　　　　ηθελησαν το αυτο ποιησαι: εθος εχοντες εξορκιζειν
　　　　τους τοιουτουσ. και εισελθοντες προς δαιμονιζομενον
　　　　... (S. VAR. 16B) ... σοι εν ιησου ον παυλος ο
　　　　αποστολος κηρυσσει εξελθειν

```
      P38
      ANZAHL DER ZEUGEN:   1

16B      εν οις και υιοι σκευα τινος ιερεως ηθελησαν το αυτο
         ποιησαι: εθος ειχαν τους τοιουτους εξορκιζειν: και
         εισελθοντες προς τον δαιμονιζομενον ηρξαντο
         επικαλεισθαι το ονομα λεγοντες: παραγγελλομεν σοι εν
         ιησου ον παυλος εξελθειν κηρυσσει

      05*

      ANZAHL DER ZEUGEN:   1

X        UNLESERLICH

      308    400

      ANZAHL DER ZEUGEN:   2

Z        LUECKE

      P8     P29    P33    P45    P48    P50    P53    P56    P57    P91
      04     048    057    066    076    077    093    095    096    097
      0120   0140   0165   0166   0175   0189   0236   0244   0294   62
      81     314    319    365    506    517    567    624    627    642
      886    916    956    1067   1101   1102   1319   1456   1610   1728
      1730   1738   1745   1756   1846   1858   1871   1893   1899   1904
      2005   2009   2125   2175   2303   2441   2464   2484   2570   2626
      2627   2671   2712   2777   2778   2797   2829   2833

      ANZAHL DER ZEUGEN:   78
```

==

```
■■   70  ACTA 19,39
                          ει δε τι περαιτερω επιζητειτε

 1      περι ετερων

      01     02     05     014    020    025    044    056    0142   1
       3      5      6     18     35     38     42     43     51     57
      61     69     76     82     88     90     93     97     102    103
      104    105    110    122    131    133    141    142    149    172
      175    177    181    189    201    203    204    205    206    209
      216    221    223    226    228    234    250    254    256    263
      296    302    309    312    321    322    323    325    326    327
      328    330    337    363    367    378    383    384    385    386
      390    393    394    398    404    421    424    425    429    432
      436    437    440    444    450    451    452    454    455    456
      457    458    459    460    462    464    465    466    468    469
      479    483    489    491    496    498    547    582    592    601
      602    603    604    605    606    607    608    614    616    617
      618    623    625    628    629    630    632    633    634    635
      636    637    638    639    641    656    664    665    676    680
      699    757    794    796    801    824    876    901    910    911
      912    913    914    915    917    919    920    921    922    927
      928    935    959    986    996    997    999   1003   1022   1040
```

1058	1066	1069	1070	1072	1073	1075	1094	1099	1100
1102	1103	1104	1106	1107	1149	1161	1162	1175	1240
1241	1242	1243	1244	1245	1247	1248	1249	1250	1251
1270	1277	1292	1297	1311	1315	1352	1354	1360	1367
1390	1398	1400	1404	1405	1424	1448	1482	1490	1501
1503	1505	1509C	1521	1524	1526	1548	1573	1594	1595
1597	1598	1599	1609	1610	1611	1617	1618	1619	1622
1626	1628	1636	1637	1642	1643	1646	1649	1652	1656
1668	1673	1702	1717	1719	1720	1721	1722	1723	1724
1725	1726	1727	1729	1730	1731	1732	1733	1734	1735
1736	1737	1740	1741	1742	1743	1744	1746	1748	1749
1750	1752	1753	1754	1757	1758	1759	1761	1762	1763
1765	1767	1768	1780	1827	1828	1829	1830	1831	1832
1835	1837	1838	1839	1841	1842C	1843	1845	1847	1849
1850	1851	1852	1853	1854	1855	1856	1857	1859	1860
1861	1862	1863	1864	1865	1867	1868	1869	1870	1872
1873	1874	1875	1876	1877	1883	1886	1888	1889	1890
1892	1893	1894	1895	1896	1897	1902	1903		2080
2085	2086	2127	2131	2138	2143	2147	2180	2191	2194
2201	2218	2221	2242	2243	2255	2261	2288	2289	2352
2356	2374	2378	2401	2404	2412	2423	2431	2466	2473
2475	2483	2484	2488	2492	2494	2495	2501	2502	2508
2511	2516	2523	2541	2544	2554	2558	2576	2587	2619
2625	2652	2653	2674	2675	2691	2696	2704	2705	2716
2723	2737	2746	2772	2774	2799	2805	2815	2816	

ANZAHL DER ZEUGEN: 429

1B   περι ετερω

1751   2200

ANZAHL DER ZEUGEN: 2

2   περαιτερω

03	94	180	218	431	610	621	642	808	945
1127	1319S	1359	1409	1678	1704	1718	1739	1842*	1891
2298	2818								

ANZAHL DER ZEUGEN: 22

2B   περετερω

453

ANZAHL DER ZEUGEN: 1

3   περ εταιρω

307   441

ANZAHL DER ZEUGEN: 2

3B   περ ετερω

P74   33   1880   2344

ANZAHL DER ZEUGEN: 4

4   περ ετερον

    08   1563   1884

ANZAHL DER ZEUGEN: 3

4B   περ ετερων

    619

ANZAHL DER ZEUGEN: 1

5   επι ετερων

    467

ANZAHL DER ZEUGEN: 1

6   περι ετερων εστιν

    1885

ANZAHL DER ZEUGEN: 1

7   περι ετερων ετι

    049

ANZAHL DER ZEUGEN: 1

8   ετερον

    2464

ANZAHL DER ZEUGEN: 1

X   UNLESERLICH

    308   400   1509*

ANZAHL DER ZEUGEN: 3

Y   FILMFEHLER

    941

ANZAHL DER ZEUGEN: 1

Z   LUECKE

P8	P29	P33	P38	P41	P45	P48	P50	P53	P56
P57	P91	04	048	057	066	076	077	093	095
096	097	0120	0140	0165	0166	0175	0189	0236	0244
0294	62	81	314	319	365	506	517	522	567
624	626	627	886	916	956	1067	1101	1105	1115
1319	1456	1508	1728	1738	1745	1747	1756	1846	1858

1871	1899	1904	2005	2009	2125	2175	2279	2303	2400
2441	2570	2626	2627	2671	2712	2718	2777	2778	2797
2829	2833

ANZAHL DER ZEUGEN: 82

```
==============================================================================
```

■■   71   ACTA 20,4

συνειπετο δε αυτω <u>ADD.</u> σωπατρος πυρρου
βεροιαιος

1   ADD. αχρι της ασιας

02	08	014	020	025	044	056	0142	1	3
5	6	18	35	42	43	51	57	61	69
76	82	88	90	93	94	97	102	103	105
110	122	131	133	141	142	149	172	175	177
180	181	189	201	203	204	205	206	209	216
218	221	223	226	228	234	250	254	256	263
296	302	307	308	309	312	321	322	323	325
326	327	328	330	337	363	367	378	383	384
385	386	390	393	394	398	404	421	424	425
429	431	432	436	437	440	441	444	450	451
452	453	454	455	456	457	458	459	460	462
464	465	466	467	468	469	479	483	489	491
496	498	522	547	582	592	601	602	603	604
605	606	607	608	610	614	616	617	618	619
621	623	625	630	632	633	634	635	636	637
638	639	641	642	656	664	665	676	699	757
794	796	801	808	824	876	901	910	911	912
913	914	915	917	919	920	921	922	927	928
935	941	945	959	986	996	997	999	1003	1022
1040	1058	1066	1069	1070	1072	1073	1075	1094	1099
1100	1102	1103	1104	1106	1107	1127	1149	1162	1175
1240	1241	1242	1243	1244	1245	1247	1248	1249	1250
1251	1270	1277	1292	1297	1311	1315	1319S	1352	1354
1359	1360	1367	1390	1398	1400	1404	1405	1409	1424
1448	1482	1490	1501	1503	1505	1509	1521	1524	1526
1548	1563	1573	1594	1595	1597	1598	1599	1609	1610
1611	1617	1618	1619	1622	1626	1628	1636	1637	1642
1643	1646	1649	1652	1656	1668	1673	1678	1702	1704
1717	1718	1719	1720	1721	1722	1723	1724	1725	1726
1727	1729	1730	1731	1732	1733	1734	1735	1736	1737
1738	1739	1740	1742	1743	1744	1746	1748	1749	1750
1751	1752	1753	1754	1759	1761	1762	1763	1765	1767
1768	1780	1827	1828	1829	1830	1831	1832C	1835	1837
1839	1841	1842	1843	1845	1849	1850	1851	1852	1853
1854	1855	1856	1857	1859	1860	1861	1862	1863	1864
1865	1867	1868	1869	1870	1872	1873	1874	1875	1876
1877	1880	1883	1884	1885	1886	1888	1889	1890	1891
1892	1893	1895	1896	1897	1902	1903		2080	2085
2086	2127	2131	2138	2143	2147	2180	2191	2194	2200
2201	2218	2221	2242	2243	2255	2261	2288	2289	2298
2344	2352	2356	2374	2378	2401	2404	2412	2423	2431
2464	2466	2473	2483	2484	2488	2492	2494	2495	2502
2508	2511	2516	2523	2544	2554	2558	2576	2587	2619

2625	2652	2653	2674	2675	2691	2696	2704	2705	2716
2723	2737	2746	2772	2774	2799	2805	2815	2816	2818

ANZAHL DER ZEUGEN: 450

1B   ADD. αχρι ασιας

2501

ANZAHL DER ZEUGEN: 1

1C   ADD. αχρι της ασιαι

049

ANZAHL DER ZEUGEN: 1

2   SINE ADD.

P74   01   03   33   629

ANZAHL DER ZEUGEN: 5

3   ADD. μεχρι της ασιας

05   104   1838

ANZAHL DER ZEUGEN: 3

4   ADD. αχρι της μακεδονιας

628   680   1161   1757   1847   2541

ANZAHL DER ZEUGEN: 6

U   HOM.TEL. VON δια μακεδονιας (VS 3) ZU αυτω αχρι της ασιας/μακεδονιας (VS 4)

1832*

ANZAHL DER ZEUGEN: 1

V   AUSLASSUNG VON συνειπετο BIS βεροιαιος

38

ANZAHL DER ZEUGEN: 1

X   UNLESERLICH

400   1758   2475

ANZAHL DER ZEUGEN: 3

Z   LUECKE

P8	P29	P33	P38	P41	P45	P48	P50	P53	P56
P57	P91	04	048	057	066	076	077	093	095

```
096    097   0120  0140  0165  0166  0175  0189  0236  0244
0294   62    81    314   319   365   506   517   567   624
626    627   886   916   956   1067  1101  1105  1115  1319
1456   1508  1728  1741  1745  1747  1756  1846  1858  1871
1894   1899  1904  2005  2009  2125  2175  2279  2303  2400
2441   2570  2626  2627  2671  2712  2718  2777  2778  2797
2829   2833
```

ANZAHL DER ZEUGEN: 82

===

■■ 72 ACTA 20,15

τη δε ετερα παρεβαλομεν εις σαμον <u>τη δε</u>
<u>εχομενη</u> ηλθομεν εις μιλητον

1   και μειναντες εν τρωγυλιω/τρογυλιω/τρωγυλλιω (ET
        SIM.) τη εχομενη

```
05C2   014   020   025   049   056   0142  1     3     5
6      18    35    38    42    43    51    57    61    76
82     88    93    97    102   103   104   105   110   122
131    133   141   142   149   172   175   177   181   189
201    203   204   209   216   218   221   223   226   234
250    254   256   263   296   302   308   309   312   319
321    322   323   325   326   327   328   330   363   367
378    383   385   386   390   393   394   398   400   404
421    424   432   440   441   444   450   451   452   454
455    457   458   459   462   464   465   466   467   468
469    479   483   489   491   496   498   547   592   603
604    605   606   607   608   614   616   617   621   623C
625*   626   628   632   634   635   636   637   638   639
641    642   656   665   676   699   757   794   796*  801
808    824   876   910   911   912   913   914   915   919
920    921   922   927   928   935   941   986   996   997
999    1022  1040  1058  1066  1069  1070  1072  1075  1094
1099   1100  1102  1103  1104  1105  1106  1127  1149  1161
1240   1241  1242  1243  1244  1245  1247  1248  1249  1250
1251   1270  1277  1292  1297  1315  1352  1354  1359  1360
1367   1398  1400  1404  1409  1424  1448  1482  1490  1501
1503   1505  1509  1521  1524  1526  1563  1573  1594  1595
1597   1598  1599  1610  1611  1617  1618  1619  1622  1626
1628   1636  1637  1642  1643  1649  1652  1656  1668  1673
1678   1702  1717  1718  1719  1720  1721  1722  1723  1724
1725   1726  1727  1729  1730  1732  1733  1734  1736  1740
1742   1743  1744  1746  1748  1749  1750  1751  1752  1753
1757   1759  1761  1762  1763  1765  1768  1780  1827  1830
1831   1832  1835  1837  1838  1839  1841  1843  1849  1850*
1851   1852  1853C 1854  1855  1856  1857  1859  1860  1861
1862   1863  1864  1865  1867  1868  1869  1870  1872  1873
1874   1875  1876  1877  1880  1883  1885  1886  1888  1889
1890   1892  1893  1895  1896  1897  1902  1903        2080
2085   2086  2127  2131  2138  2143  2147  2191  2194  2201
2221   2242  2243  2255  2261  2279  2288  2289  2298  2352
2374   2378  2400  2401  2404  2423  2431  2466  2473* 2475
2483   2484  2488  2492  2494  2495  2502  2508  2511  2516
2523   2541  2544  2554  2558  2587  2619  2625  2652  2674
```

2675   2691   2696   2704   2705   2716   2723   2737   2746   2772
2774   2799   2805   2815

ANZAHL DER ZEUGEN: 394

1B   και μηναντες εν τρωγυλιω (ET SIM.) τη εχομενη

619   917   1162

ANZAHL DER ZEUGEN: 3

1C   και μειναντες εν τρωγυλιω τη δε εχομενη

180C

ANZAHL DER ZEUGEN: 1

2   τη δε εχομενη

P41   P74   01   02   03   04   08   33   180*   307
429   431   453   1319S 1735   1739   1884   2344   2818

ANZAHL DER ZEUGEN: 19

2B   και τη εχομενη

436   623*   629   2464

ANZAHL DER ZEUGEN: 4

3   τη δε ερχομενη

94   206   630   1175   1891   2200

ANZAHL DER ZEUGEN: 6

4   και μειναντες εν τρωγυλιω (ET SIM.) τη ερχομενη

05*   69   90   205   337   384   425   456   460   582
601   618   625C   633   664   680   796C   901   959   1003
1107   1311   1390   1405   1609   1646   1731   1737   1754   1767
1828   1829   1842   1845   1847   1850C 1853* 2180   2218   2356
2412   2473C 2501   2576   2653   2816

ANZAHL DER ZEUGEN: 46

5   μειναντες εν τρωγυλιω τη ερχομενη

437

ANZAHL DER ZEUGEN: 1

6   και μειναντες εν στρογγυλοω {ηλθομεν} τη εχομενη

945   1704

ANZAHL DER ZEUGEN: 2

7 μεινοντες εις το γυλλιον τη εχομενη

044

ANZAHL DER ZEUGEN: 1

8 και μειναντες εν τρογγιλιω τη επιουση

228

ANZAHL DER ZEUGEN: 1

9 και μειναντες εν τρωγυλιω

1073

ANZAHL DER ZEUGEN: 1

V AUSLASSUNG VON τη δε ετερα BIS εχομενη

522

ANZAHL DER ZEUGEN: 1

W UNSICHER OB LA1 ODER LA5

624

ANZAHL DER ZEUGEN: 1

X UNLESERLICH

1758

ANZAHL DER ZEUGEN: 1

Z LUECKE

P8	P29	P33	P38	P45	P48	P50	P53	P56	P57
P91	048	057	066	076	077	093	095	096	097
0120	0140	0165	0166	0175	0189	0236	0244	0294	62
81	314	365	506	517	567	602	610	627	886
916	956	1067	1101	1115	1319	1456	1508	1548	1728
1738	1741	1745	1747	1756	1846	1858	1871	1894	1899
1904	2005	2009	2125	2175	2303	2441	2570	2626	2627
2671	2712	2718	2777	2778	2797	2829	2833		

ANZAHL DER ZEUGEN: 78

■■ 73 ACTA 20,24(1)

αλλ ουδενος λογου ποιουμαι την ψυχην
τιμιαν εμαυτω

1   ουδενος λογον ποιουμαι ουδε εχω την ψυχην μου

014	049	056	0142	1	3	5	18	35	38
42	43	51	57	61	69	82	90	93	97
103	104	105	110	122	131	133	141	142	149
172	175	177	201	203	204	206	209	216	221
223	226	228	234	250	254	256	263	296	302
308	309	312	319	321	322	323	325	326	327
330	337	363	367	378	383	384C	385	386	390
393	394	398	404	421	424	425	429	432	440
444	450	451	452	453	454	455	457	459	462
464	465	466	467	468	469	479	483	491	496
498	522	547	582	592	601	602	603	604	605
606	607	608	616	617	618	623C	624	625	626
628	629C	630	632	633	634	635	636	637	638
639	641	642	656	664	665	676	680	699	757
794	796	801	808	824	876	901	911	912	914
919	920	921	922	928	935	941	959	986	996
997	999	1003	1022	1040	1058	1066	1069	1070	1072
1073	1075	1094	1099	1100	1103	1104	1105	1106	1107
1127	1149	1161	1240	1241	1242	1243	1244	1245	1248
1249	1250	1251	1277	1292	1315	1319S	1352	1354	1360
1367	1390*	1398	1400	1404	1405	1424	1448	1482	1490
1501	1503	1508	1509	1521	1524	1526	1573	1594	1599
1609	1617	1618	1619	1622	1626	1628	1636	1637	1642
1649	1652	1656	1668	1673	1702	1717	1719	1722	1723
1724	1725	1726	1727	1730	1731	1732	1733	1734	1736
1737	1740	1741	1742	1744	1746	1748	1749	1750	1751
1752	1753	1754	1757	1758	1759	1761	1762	1763	1765
1767	1768	1829	1831	1832	1835	1837	1841	1847	1849
1850	1852	1854	1855	1856	1857	1859	1860	1861	1862
1863	1864	1865	1867	1869	1870	1872	1874C	1876	1877
1880	1883	1884	1885	1886	1888	1889	1892	1894	1896
1897	1902	1903		2080	2085	2086	2127	2131	2147
2218	2221	2243	2255	2261	2279	2289	2352	2356	2374
2378	2400	2401	2404	2423C	2431	2441	2464	2466	2473
2475	2483	2484	2488	2492	2494	2501	2502	2511	2516
2523	2541	2544	2554	2558	2576	2587	2619	2625	2652
2653	2674	2675	2691	2696	2704	2705	2716	2723	2737
2772	2774	2777	2799	2805	2815	2816			

ANZAHL DER ZEUGEN: 377

1B   ουδενος λογον ποιουμε ουδε εχω την ψυχην μου

08

ANZAHL DER ZEUGEN: 1

1C   ουδενος λογον ποιουμαι ουδε γαρ εχω την ψυχην μου

328   1839

ANZAHL DER ZEUGEN: 2

1D ουδενος λογον ποιουμαι ουδε εχω την ψυχην

020	044	6	94	307	384*	436	456	458	614
623*	917	945	1311	1505	1611	1646	1678	1704	1720
1721	1739	1780	1828	1845	1851	1874*	1890	1891	1895
2138	2143	2180	2191	2242	2298	2412	2495		

ANZAHL DER ZEUGEN: 38

1E ουδενος λογον ποιουμαι ουδ εχω την ψυχην

2201

ANZAHL DER ZEUGEN: 1

2 ουδενος λογου ποιουμαι την ψυχην

P41 01* 03 04 05C1 1175

ANZAHL DER ZEUGEN: 6

2B ουδενος λογου ποιουμαι την ψυχην μου

431

ANZAHL DER ZEUGEN: 1

3 ουδενος λογου ποιουμαι ουδε εχω την ψυχην

025 610 2818

ANZAHL DER ZEUGEN: 3

4 ουδενος λογου ποιουμαι ουδε εχω την ψυχην μου

460 1247 2194

ANZAHL DER ZEUGEN: 3

5 ουδενος λογου ποιουμαι ουδε γαρ εχω την ψυχην μου

180

ANZAHL DER ZEUGEN: 1

6 ουδενος λογον εχω ουδε ποιουμαι την ψυχην

01C2 02 181 1735C 1875 2344

ANZAHL DER ZEUGEN: 6

6B ουδενος λογον εχω ουδε ποιουμε την ψυχην

P74

ANZAHL DER ZEUGEN: 1

6C   ουδενος λογον εχω ουδε ποιουμαι την ψυχην μου

   441   621   1409

ANZAHL DER ZEUGEN: 3

7   ουδενος λογον εχων ουδε ποιουμαι την ψυχην μου

1842

ANZAHL DER ZEUGEN: 1

8   ουδενος λογον εχω μοι ουδε ποιουμαι την ψυχην μου

   05*

ANZAHL DER ZEUGEN: 1

9   ουδενος τουτων λογον ποιουμαι ουδε εχω την ψυχην

   88   437   619   913   1162   1827   1893   2508

ANZAHL DER ZEUGEN: 8

10   ουδενος τουτων λογον ποιουμαι ουδε εχω την ψυχην μου

   76   102   189   400   489   915   927   1102   1270   1297
   1390C   1595   1597   1598   1610   1643   1729   1743   1843   1853
   1868   1873   2288   2423*   2746

ANZAHL DER ZEUGEN: 25

11   ουδενος ποιουμαι λογον ουδε εχω την ψυχην μου

1359   1563

ANZAHL DER ZEUGEN: 2

11B   ουδενος ποιουμε λογον ουδε εχω την ψυχην μου

   218

ANZAHL DER ZEUGEN: 1

11C   ουδενος ποιουμαι λογον ουδε εγω εχω την ψυχην μου

1718

ANZAHL DER ZEUGEN: 1

12   ουδενος τουτων λογον ποιουμαι ουδε εχω

1830

ANZAHL DER ZEUGEN: 1

13   ουδενος ποιουμαι ουδε εχω την ψυχην μου

205

ANZAHL DER ZEUGEN: 1

14   ουδενος λογον εχω ουδε ποιουμαι την ευχην

33

ANZAHL DER ZEUGEN: 1

15   ουδενος λογου ποιουμαι

629*

ANZAHL DER ZEUGEN: 1

X   UNLESERLICH

1735*

ANZAHL DER ZEUGEN: 1

Z   LUECKE

P8	P29	P33	P38	P45	P48	P50	P53	P56	P57
P91	048	057	066	076	077	093	095	096	097
0120	0140	0165	0166	0175	0189	0236	0244	0294	62
81	314	365	506	517	567	627	886	910	916
956	1067	1101	1115	1319	1456	1548	1728	1738	1745
1747	1756	1838	1846	1858	1871	1899	1904	2005	2009
2125	2175	2200	2303	2570	2626	2627	2671	2712	2718
2778	2797	2829	2833						

ANZAHL DER ZEUGEN: 74

===

■■   74 ACTA 20,24(2)
                        ως τελειωσαι τον δρομον μου και την
                        διακονιαν

1   μου μετα χαρας

04	08	014	020	025	044	049	056	0142	1
3	5	6	18	35	38	43	51	57	61
69	76	82	88	90	93	94	97	102	103
104	105	110	122	131	133	141	142	149	172
175	177	180	189	201	203	204	205	206	209
216	218	221	223	226	228	234	250	254	256
263	296	302	307	309	312	319	321	322	323
325	326	327	328	330	337	363	367	378	383
384	385	386	390	393	394	398	400	404	421
424	425	429	432	436	437	440	441	444	450
451	452	453	454	455	456	457	458	459	460
462	464	465	466	467	468	469	479	483	489

491	496	498	522	547	582	592	601	602	603
604	605	606	607	608	610	614	616	617	618
621	623	624	625	626	628	630	632	633	634
635	636	637	638	639	641	642	656	664	665
676	680	699	757	794	796	801	808	824	876
911	912	913	914	915	917	919	920	921	922
927	928	935	941	959	986	996	997	999	1003
1022	1040	1058	1066	1069	1070	1072	1073	1075	1094
1099	1100	1102	1103	1104	1105	1106	1107	1127	1149
1161	1175	1240	1241	1242	1243	1244	1245	1247	1248
1249	1250	1251	1270	1277	1292	1297	1311	1315	1319S
1352	1354	1359	1360	1367	1390	1398	1400	1404	1405
1424	1448	1482	1490	1501	1503	1505	1508	1509	1521
1524	1526	1563	1573	1594	1595	1597	1598	1599	1609
1610	1611	1617	1618	1619	1622	1626	1628	1636	1637
1642	1643	1646	1649	1652	1656	1668	1673	1678	1702
1704	1717	1718	1719	1720	1721	1722	1723	1724	1725
1726	1727	1729	1730	1731	1732	1733	1734	1736	1737
1739	1740	1741	1742	1743	1744	1746	1748	1749	1750
1751	1752	1753	1754	1757	1758	1759	1761	1762	1763
1765	1767	1768	1780	1828	1829	1830	1831	1832	1835
1837	1838	1839	1841	1842	1843	1845	1847	1849	1850
1851	1852	1853	1854	1855	1856	1857	1859	1860	1861
1862	1863	1864	1865	1867	1868	1869	1870	1872	1873
1874	1875	1876	1877	1880	1883	1884	1885	1886	1888
1889	1890	1891	1892	1894	1895	1896	1897	1902	1903
	2080	2085	2086	2127	2131	2138	2143	2147	2180
2191	2194	2201	2218	2221	2242	2243	2255	2261	2279
2288	2289	2298	2352	2356	2374	2378	2400	2401	2404
2412	2423	2431	2441	2464	2466	2473	2475	2483	2484
2488	2492	2494	2495	2501	2502	2508	2511	2516	2523
2541	2544	2554	2558	2576	2587	2619	2625	2652	2653
2675	2691	2696	2704	2705	2716	2723	2737	2746	2772
2774	2777	2799	2805	2815	2816	2818			

ANZAHL DER ZEUGEN: 457

1B   μου μετα ραχας

2674

ANZAHL DER ZEUGEN: 1

2   μου

01	02	03	05	33	181	619	629	1162	1409
1735	1827	1893	2344						

ANZAHL DER ZEUGEN: 14

3   μετα χαρας

42	431	901	945

ANZAHL DER ZEUGEN: 4

X   UNLESERLICH

P74   308

ANZAHL DER ZEUGEN: 2

Z   LUECKE

P8	P29	P33	P38	P41	P45	P48	P50	P53	P56
P57	P91	048	057	066	076	077	093	095	096
097	0120	0140	0165	0166	0175	0189	0236	0244	0294
62	81	314	365	506	517	567	627	886	910
916	956	1067	1101	1115	1319	1456	1548	1728	1738
1745	1747	1756	1846	1858	1871	1899	1904	2005	2009
2125	2175	2200	2303	2570	2626	2627	2671	2712	2718
2778	2797	2829	2833						

ANZAHL DER ZEUGEN: 74

==

■■   75   ACTA 20,29

εγω <u>οιδα</u> οτι εισελευσονται

1   γαρ οιδα τουτο

04C3	08	014	020	025	044	049	056	0142	1
3	5	6	18	35	38	42	43	51	57
61	69	76	82	88	90	93	94	97	102
103	104	105	110	122	131	133	141	142	149
172	175	177	189	201	203	204	205	209	216
218	221	223	226	228	234	250	254	256	263
296	302	309	312	319	321	322	323	325	326
327	328	330	337	363	367	378	383	384	385
386	390	393	394	398	400	404	421	424	425
432	436	437	440	444	450	452	454	455	456
457	458	459	460	462	464	465	466	467	468
469	479	483	489	491	496	498	547	582	592
601	602	603	604	605	606	607	608	614	616
617	618	619	623	624	625	626	628	632	633
634	635	636	637	638	639	641	642	656	664
665	676	680	699	757	794C	801	808	824	
876	901	911	912	913	914	915	917	919	920
922	927	928	935	941	959	986	996	997	999
1003	1022	1040	1058	1066	1069	1070	1072	1073	1075
1094	1099	1100	1102	1103	1104	1105*	1106	1107	1127
1149	1161	1162	1240	1241	1242	1243	1244	1245	1247
1248	1249	1250	1251	1270	1277	1292	1297	1311	1315
1352	1354	1359	1360	1367	1390	1398	1400	1404	1405
1424	1448	1482	1501	1503	1505	1508	1521	1524	1526
1548	1563	1573	1594	1595	1597	1598	1599	1609	1610
1611	1617	1618	1619	1622	1626	1628	1636	1637	1642
1643	1646	1649	1652	1656	1668	1673	1702	1717	1718
1719	1720	1721	1722	1723	1724	1725	1726	1727	1729
1730	1731	1732	1733	1734	1736	1737	1740	1741	1742
1743	1744	1746	1748	1749	1750	1752	1753	1754	1757
1759	1762	1763	1765	1767	1768	1780	1827	1828	1829

1830	1832	1835	1837	1838	1839	1841	1842C	1843	1845
1847	1849	1850	1851	1852	1853	1854	1855	1856	1857
1859	1860	1861	1862	1863	1864	1865	1867	1868	1869
1870	1872	1873	1874	1875	1876	1877	1880	1883	1884
1885	1886	1888	1889	1890	1892	1893	1894	1895	1896
1897	1902	1903		2080	2085	2086	2127	2131	2138
2143	2147	2180	2191	2194	2201	2218	2221	2242	2243
2255	2261	2279	2288	2289	2298	2352	2356	2374	2378
2400	2401	2404	2412	2423	2431	2441	2464	2466	2473
2475	2483	2484	2488	2492	2494	2495	2501	2502	2508
2511	2516	2523	2541	2544	2554	2558	2576	2587	2619
2625	2652	2653	2674	2675	2691	2696	2704	2705	2716
2723	2737	2746	2772	2774	2777	2799	2815	2816	

ANZAHL DER ZEUGEN: 439

1B   γαρ ειδα τουτο

    921   1751

ANZAHL DER ZEUGEN: 2

1C   γαρ οιδα τουτου

    181   451

ANZAHL DER ZEUGEN: 2

2   οιδα

P41	P74	01*	02	03	04*	05	33	180*	307
431	453	610	1105C	1175	1319S	1678	1739	1891	2818

ANZAHL DER ZEUGEN: 20

3   γαρ οιδα

180C	206	429	441	522	621	629	630	945	1409
1490	1509	1704	1735	1758	1831	1842*	2344	2805	

ANZAHL DER ZEUGEN: 19

4   οιδα τουτο

    794*

ANZAHL DER ZEUGEN: 1

5   δε οιδα

    01C2

ANZAHL DER ZEUGEN: 1

Y   FILMFEHLER

    308

ANZAHL DER ZEUGEN: 1

Z   LUECKE

P8	P29	P33	P38	P45	P48	P50	P53	P56	P57
P91	048	057	066	076	077	093	095	096	097
0120	0140	0165	0166	0175	0189	0236	0244	0294	62
81	314	365	506	517	567	627	886	910	916
956	1067	1101	1115	1319	1456	1728	1738	1745	1747
1756	1761	1846	1858	1871	1899	1904	2005	2009	2125
2175	2200	2303	2570	2626	2627	2671	2712	2718	2778
2797	2829	2833							

ANZAHL DER ZEUGEN: 73

===

■■   76   ACTA 20,32

εν τοις ηγιασμενοις πασιν ADD.

1/2   SINE ADD.

P41	P74	01	02	03	04	05	08	014	020
025	044	049	056	0142	1	3	5	6	18
33	35	38	42	43	51	57	61	69	76
82	88	90	93	94	97	102	103	104	105
110	122	131	133	141	142	149	172	175	177
180	181	189	201	203	204	205	206	209	216
218	221	223	226	228	234	250	254	256	263
296	302	307	309	312	319	321	322	323	325
326	327	328	330	337	363	367	378	384	385
386	390	393	394	398	400	404	421	424	425
429	431	432	436	437	440	441	444	450	451
452	453	454	455	456	457	458	459	460	462
464	465	466	467	468	469	479	483	489	491
496	498	522	547	582	592	601	602	603	604
605	606	607	608	610	616	617	618	619	621
623	624	625	626	628	629	630	632	633	634
635	636	637	638	639	641	642	656	664	665
676	680	699	757	794	796	801	808	824	876
901	911	912	913	914	915	917	919	920	921
922	927	928	935	941	945	959	986	996	997
1003	1022	1040	1058	1066	1069	1070	1072	1073	1075
1094	1099	1100	1102	1103	1104	1105	1106	1107	1127
1149	1161	1162	1175	1240	1241	1242	1243	1244	1245
1247	1248	1249	1250	1251	1270	1277	1297	1311	1315
1319	1352	1354	1359	1360	1367	1390	1398	1400	1404
1405	1409	1424	1448	1482	1490	1501	1503	1505	1508
1509	1521	1524	1526	1548	1563	1573	1594	1595	1597
1598	1599	1609	1610	1611	1617	1618	1619	1622	1626
1628	1636	1637	1642	1643	1646	1649	1652	1656	1668
1673	1678	1702	1704	1717	1718	1719	1720	1721	1722
1723	1724	1725	1726	1727	1729	1730	1731	1732	1733
1734	1735	1736	1737	1739	1740	1741	1742	1743	1744
1746	1748	1749	1750	1751	1752	1753	1754	1757	1759
1762	1763	1765	1767	1768	1780	1827	1828	1829	1830
1831	1832	1835	1837	1838	1839	1841	1842	1843	1845

1847	1849	1850	1851	1852	1853	1854	1855	1856	1857
1859	1860	1861	1862	1863	1864	1865	1867	1868	1869
1870	1872	1873	1874	1875	1876	1877	1880	1883	1884
1885	1886	1888	1889	1890	1891	1892	1893	1894	1895
1896	1897	1902	1903		2080	2085	2086	2127	2131
2138	2143	2180	2191	2194	2201	2218	2221	2242	2243
2255	2261	2279	2288	2289	2298	2344	2352	2356	2374
2378	2400	2401	2404	2423	2431	2441	2464	2466	2473
2475	2483	2484	2488	2492	2494	2495	2501	2502	2508
2511	2516	2523	2541	2544	2554	2558	2576	2587	2619
2653	2674	2675	2691	2696	2704	2705	2716	2723	2737
2746	2772	2774	2799	2805	2815	2816	2818		

ANZAHL DER ZEUGEN: 468

3　　　ADD. αυτω η δοξα εις τους αιωνας αμην

614　　999　　1292　　2412

ANZAHL DER ZEUGEN:　4

4　　　ADD. αυτω η δοξα εις τους αιωνας των αιωνων αμην

383　　2147　　2652

ANZAHL DER ZEUGEN:　3

X　　　UNLESERLICH

1758

ANZAHL DER ZEUGEN:　1

Y　　　FILMFEHLER

308　　2777

ANZAHL DER ZEUGEN:　2

Z　　　LUECKE

P8	P29	P33	P38	P45	P48	P50	P53	P56	P57
P91	048	057	066	076	077	093	095	096	097
0120	0140	0165	0166	0175	0189	0236	0244	0294	62
81	314	365	506	517	567	627	886	910	916
956	1067	1101	1115	1456	1728	1738	1745	1747	1756
1761	1846	1858	1871	1899	1904	2005	2009	2125	2175
2200	2303	2570	2625	2626	2627	2671	2712	2718	2778
2797	2829	2833							

ANZAHL DER ZEUGEN:　73

■■ 77 ACTA 21,8

τη δε επαυριον εξελθοντες <u>ηλθομεν</u> εις καισαρειαν

1 οι περι τον παυλον ηλθον

014	020	025	049	1	38	42	43	57	69
82	88	93	97	102	105	110	122	131	133
175	177	189	203	221	223	226	250	254	256
263	296	302	308	309	312	319	321	325	327
330	337	363	378	385	393	398	404	421	424
425	450	451	454	455	456	457	458	460	462
464	465	466	469	479	491	498	547	601	602
605	607	616	617	618	625	626	628	632*	633
635	637	642	656	665	676	699	794	910*	911
914	915	917	919	920	921	922	959	997	999
1022	1069	1070	1073	1094	1099	1102	1104	1105	1106
1107	1149	1161	1240	1241	1242	1243	1251	1277	1354
1360	1367	1390	1398	1424	1501	1521	1524	1573	1595C
1597	1599	1622	1626	1643	1646	1649	1668	1673	1702
1717	1719	1720	1721	1723C	1724	1726C	1727	1730	1731
1732L	1734	1736	1741	1742	1744	1750	1757	1759	1762
1780	1828	1829	1835	1839	1841	1845*	1847	1849	1850
1851	1852	1853	1854	1859	1860	1862	1863C	1867	1869
1870	1872	1874	1877	1880	1883	1885	1886	1888	1889
1894	1902	1903		2086	2127	2131	2180	2191	2194
2356	2401	2404	2423C	2473	2475	2484	2488	2492	2502
2516	2523	2541	2544	2558	2576	2619	2674	2705	2716
2737	2772	2815	2816						

ANZAHL DER ZEUGEN: 224

1B οι περι τον παυλον ηλθομεν

056	0142	3	6	61	103	142	172	206	209*
216	234C	326	367	429	440	452	467	468	483
496	522	592	603	606	608	623C	632C	636	638
641	680	796	876	901	910C	913	935	941	1066
1127	1244*	1247	1359	1404	1490	1610	1642	1718	1722
1765	1830	1831	1832	1837	1857	2080	2085	2243	2374
2400	2423*	2483C	2494	2508	2696	2774			

ANZAHL DER ZEUGEN: 67

1C οι περι τον παυλον ηλθωμεν

2242

ANZAHL DER ZEUGEN: 1

2 ηλθομεν

P74	01	02	04	08	044	5	18	33	35
51	76	94	141	149	181	201	204	205	209C
218	228	234*	307	322	323	328	383	386	390
394	400	431	432	436	437	441	444	453	489
582	604	614	619	621	623*	629	630	634	664
757	801	808	824	912	927	928	945	986	1003

1040	1058	1072	1075	1100	1103	1162	1175	1244C	1248
1249	1250	1270	1292	1297	1315	1319S	1400	1405	1409
1448	1482	1503	1505	1508	1509	1526	1548	1563	1594
1595*	1598	1609	1611	1617	1618	1619	1628	1636	1637
1652	1656	1678	1704	1723*	1725	1726*	1729	1732T	1733
1735	1737	1739	1740	1743	1746	1748	1749	1752	1753
1754	1763	1767	1768	1827	1842	1843	1845C	1855	1856
1861	1863*	1864	1865	1868	1873	1875	1876	1884	1890
1891	1892	1893	1895	1896	1897	2138	2143	2147	2201
2218	2221	2255	2261	2279	2288	2289	2298	2344	2352
2378	2412	2431	2441	2464	2466	2495	2501	2511	2554
2587	2652	2653	2675	2691	2704	2723	2746	2777	2799
2805	2818								

ANZAHL DER ZEUGEN: 182

2B   ηλθαμεν

   03   996

ANZAHL DER ZEUGEN: 2

3   εισηλθομεν

  104   459

ANZAHL DER ZEUGEN: 2

4   οι περι τον παυλον διηλθον

  1245

ANZAHL DER ZEUGEN: 1

5   οι αποστολοι ηλθον

  90   384   1751

ANZAHL DER ZEUGEN: 3

6   οι αποστολοι απο τυρου ηλθον

  1838

ANZAHL DER ZEUGEN: 1

6B   οι αποστολοι απο τυρου ηλθων

  1311

ANZAHL DER ZEUGEN: 1

U   HOM.TEL. VON εξελθοντες ZU εισελθοντες

  1352   2483*

ANZAHL DER ZEUGEN: 2

X　　　UNLESERLICH

1758　2797

ANZAHL DER ZEUGEN:　2

Z　　　LUECKE

P8	P29	P33	P38	P41	P45	P48	P50	P53	P56
P57	P91	05	048	057	066	076	077	093	095
096	097	0120	0140	0165	0166	0175	0189	0236	0244
0294	62	81	180	314	365	506	517	567	610
624	627	639	886	916	956	1067	1101	1115	1319
1456	1728	1738	1745	1747	1756	1761	1846	1858	1871
1899	1904	2005	2009	2125	2175	2200	2303	2570	2625
2626	2627	2671	2712	2718	2778	2829	2833		

ANZAHL DER ZEUGEN:　78

===

■■　78　ACTA 21,10

　　　　　　　επιμενοντων δε ημερας πλειους κατηλθεν
　　　　　　　τις

1　　　δε ημων

01C2	08	020	025	056	0142	3	5	6	18
35	38	42	43	51	57	61	69	76	82
88	90	93	97	102	103	104	105	110	122
133	141	142	149	172	175	177	181	189	201
203	204	205	206	209	216	218	221L	223	226
228	234	254	256	263	296	302	308	309	312
319	321	322	323	325	326	328	337	363	367
378	383	384	386	390	394	398	400	404	421
424	425	429	431	432	437	440	441	444	450
452	455	456	457	458	459	460	462	464	465
467	468	469	479	483	491	496	498	522	547
582	592	601	602	603	604	605	606	607	608
610	614	617	618	621	623	626	628	630	632
633	634	635	636	637	638	641	642	656	664
665	676	680	699	757	794	796	801	808	824
876	901	910	912	913	914	915	917	919	920
922	928	935	941	959	986	996	997	999	1003
1022	1040	1058	1066	1069	1070	1072	1073	1075	1094
1099	1100	1102	1103	1104	1105	1106	1127	1149	1161
1240	1241	1242	1243	1244C	1245	1247	1248	1249	1250
1251	1270	1277	1292	1297	1315	1319S	1352	1354	1359
1367	1398	1400	1404	1405	1409	1424	1448	1482	1490
1503	1508	1509	1521	1524	1526	1548	1563	1594	1595
1597	1598	1599	1609	1610	1611	1617	1618	1619	1622
1628	1636	1637	1642	1643	1646	1649	1652	1656	1668
1673	1702	1719	1720	1722	1723	1724	1725	1726	1727
1730	1732	1733	1734	1736	1737	1739	1740	1741	1743
1744	1746	1748	1749	1750	1751	1752	1753	1754	1757
1758	1762	1763	1765	1767	1768	1780	1827	1828	1829
1830	1831	1832	1835	1837	1838	1839	1841	1842	1845

1847	1849	1850	1851	1853	1854C	1855	1856	1857	1859
1860	1861	1863	1864	1865	1867	1868	1869	1870	1872
1874	1875	1876	1877	1880	1883	1884	1885	1886	1889
1890C	1891	1892	1893	1894	1895	1896	1897	1902	1903
	2080	2085	2086	2127	2131	2147	2191	2194	2218
2221	2242	2243	2255	2261	2279	2289	2298	2352	2356
2374	2378	2400	2401	2404	2412	2423	2431	2441	2464
2466	2473	2483	2484	2488	2492	2494	2501	2508	2511
2516	2523	2541	2544	2554	2576	2587	2619	2652	2653
2674	2675	2691	2696	2704	2716	2723	2737	2746	2772
2774	2777	2799	2805	2815	2816C				

ANZAHL DER ZEUGEN: 406

1B   δε ημιν

   945   1704

ANZAHL DER ZEUGEN: 2

1C   δε ημας

   1311

ANZAHL DER ZEUGEN: 1

2   δε

P74	02	03	04	014	044	049	1	33	94
131	221T	250	307	327	330	385	393	436	451
453	454	466	489	616	619	625	629	911	921
927	1107	1162	1244*	1360	1390	1501	1505	1573	1626
1678	1717	1718	1721	1729	1731	1735	1742	1759	1843
1852	1854*	1862	1873	1888	1890*	2138	2143	2180	2201
2288	2344	2495	2502	2558	2705	2816*	2818		

ANZAHL DER ZEUGEN: 68

3   δε αυτων

   01*   1175

ANZAHL DER ZEUGEN: 2

X   UNLESERLICH

   2475   2797

ANZAHL DER ZEUGEN: 2

Z   LUECKE

P8	P29	P33	P38	P41	P45	P48	P50	P53	P56
P57	P91	05	048	057	066	076	077	093	095
096	097	0120	0140	0165	0166	0175	0189	0236	0244
0294	62	81	180	314	365	506	517	567	624
627	639	886	916	956	1067	1101	1115	1319	1456
1728	1738	1745	1747	1756	1761	1846	1858	1871	1899

| 1904 | 2005 | 2009 | 2125 | 2175 | 2200 | 2303 | 2570 | 2625 | 2626 |
| 2627 | 2671 | 2712 | 2718 | 2778 | 2829 | 2833 | | | |

ANZAHL DER ZEUGEN: 77

===

■■ 79 ACTA 21,20

ποσαι μυριαδες εισιν <u>εν τοις</u> ιουδαιοις
των πεπιστευκοτων

1 ιουδαιων

014	020	025	044	049	056	0142	1	6	18
35	38	42	43	51	57	69	76	82	88
90	93	94	97C	102	103	104	105	110	131
133	141	142	149	172	175	177	189	201	203
204	205	209C	216	218	221	223	226	228	234
250	254	256	263	296	302	308	309	312	319
321	322	323	325	327	328	330	363	367	378
383	384	385	386	390	393	394	398	400	404
421	424	425	432	436	437	440	441	444	450
451	452	454	455	456	457C	458	462	464	465
466	467	468	469	479	483	489	491	496	498
547	567	582	592	601	602	603	604	605	606
607	614	616	617	618	621	625	626	628	629
632	633	634	635	636	637	638	641	642	656
664	665	676	680	699	757	794	796	801	808
824	876	901	910	911	912	913	914	915	917
919	920	921	922	927	928	935	941	959	986
996	997	999	1003	1022	1040	1058	1066	1069	1070
1072	1073	1075	1094	1099	1100	1102	1103	1104	1105
1106	1107	1127	1149	1161	1240	1241	1242	1243	1244
1245	1247	1248	1249	1250	1251	1270	1277	1292	1297
1311	1315	1352	1354	1359	1360	1390	1398	1400	1404
1405	1424	1448	1456	1482	1501	1503	1505	1508	1509C
1521	1524	1526	1548	1563	1573	1594	1595	1597	1598
1599	1609	1610	1611	1617	1618	1619	1622	1626	1628
1636	1637	1643	1646	1649	1652	1656	1668	1673	1702
1718	1719	1720	1722	1723	1724	1725	1726	1727	1729
1730	1731	1732	1733	1734	1735	1736	1737	1740	1741
1742	1743	1744	1746	1748	1749	1750	1752	1753	1754
1757	1758	1759	1761	1762	1763	1765	1767	1768	1780
1828	1829	1830	1832	1835	1838	1839	1841	1842	1843
1845	1847	1849	1850	1851	1852	1853	1854	1855	1856
1857	1859	1860	1861	1862	1863	1864	1865	1867	1868
1869	1870	1872	1873	1874	1876	1877	1880	1883	1885
1886	1888	1889	1890	1892	1894	1895	1896	1897	1902
1903		2080	2085	2086	2127	2131	2138	2143	2147
2180	2191	2194	2201	2218	2221	2242	2255	2261	2279
2288	2289	2352	2356	2374	2378	2400	2401	2404	2412
2423	2431	2441	2464	2466	2473	2475	2483	2484	2488
2492	2494	2495	2501	2502	2508	2511	2516	2523	2541
2554	2558	2576	2587	2619	2625	2626	2652	2653	2674
2675	2691	2696	2704	2705	2716	2723	2737	2746	2772
2774	2777	2797	2799	2805	2815	2816C			

ANZAHL DER ZEUGEN: 427

1B   των ιουδαιων

    5   337   460   619   623   1162   1827   1893   2544

ANZAHL DER ZEUGEN: 9

2   εν τοις ιουδαιοις

    02   03   04   08   33   61   181   206   307   326
    429   431   453   522   630   945   1175   1319S   1490   1678
    1704   1739   1751   1831   1837   1875   1884   1891   2200   2298
    2344   2818

ANZAHL DER ZEUGEN: 32

2B   τοις ιουδαιοις

    P74

ANZAHL DER ZEUGEN: 1

3   εν τη ιουδαια

    05

ANZAHL DER ZEUGEN: 1

4   ιουδαιοι

    459   608   1367   1721

ANZAHL DER ZEUGEN: 4

5   OM. εν τοις ιουδαιοις

    01   3   97*   209*   457*   1409   1642   1717   2243   2816*

ANZAHL DER ZEUGEN: 10

X   UNLESERLICH

    1509*

ANZAHL DER ZEUGEN: 1

Z   LUECKE

    P8   P29   P33   P38   P41   P45   P48   P50   P53   P56
    P57   P91   048   057   066   076   077   093   095   096
    097   0120   0140   0165   0166   0175   0189   0236   0244   0294
    62   81   122   180   314   365   506   517   610   624
    627   639   886   916   956   1067   1101   1115   1319   1728
    1738   1745   1747   1756   1846   1858   1871   1899   1904   2005
    2009   2125   2175   2303   2570   2627   2671   2712   2718   2778
    2829   2833

ANZAHL DER ZEUGEN: 72

==

■■ 80 ACTA 21,25

επεστειλαμεν κριναντες <u>ADD.</u> φυλασσεσθαι
αυτους το τε ειδωλοθυτον και αιμα

1 ADD. μηδεν τοιουτον τηρειν αυτους ει μη

05	014	020	025	049	056	0142	3	6	18
35	38	42	51	57	61	69	76	82	90
93	94	97	102	104	105	110	131	133	141
142	149	172	175	177	180	189	201	203	204
205	209	216	218	221	223	226C	234	250	254
256	263	296	302	308	309	312	319	321	325
326	327	328	330	337	363	367	378	383	384
385	386	390	393	394	398	404	421	424*	425
431	432	436	437	440	441	444	450	451	452
454	455	456	457	458	459	460	462	464	465
466	467	468	479	483	489	491	496	498	567
582	592	601	602	603	604	605	607	608	614
617	618	621	625	626	628	629	632	633	634
635	637	638	642	664	665	676	680	699	757
794	796	801	808	824	876	901	910	911	912
914	917	919*	920	921	922	927	928	935	941
986	997	999	1003	1022	1058	1066	1069	1070	1072
1073	1075	1094	1099	1100	1102	1103	1104	1105	1106
1107	1127	1149	1161	1240	1241	1242	1244	1245	1247
1248	1249	1250	1251	1270	1277	1292	1297	1311	1315
1352	1354	1359	1360	1367	1390	1398	1400	1404	1405
1424	1448	1456	1482	1501	1503	1508	1521	1524	1526
1548	1563	1573	1594	1595	1597	1598	1599	1609	1617
1618	1619	1622	1626	1628	1636	1637	1642	1643	1646
1649	1652	1656	1668	1673	1678	1717	1718	1719	1720
1721	1722	1723	1724	1725	1726	1727	1730	1731	1732
1733	1734	1735	1736	1737	1740	1741	1742	1743	1744
1746	1748	1749	1750	1752	1753	1754	1757	1759	1761
1762	1763	1765	1767	1768	1828	1829	1835	1837	1838
1839	1841	1843	1845	1847	1849	1850	1851	1852	1854
1855	1856	1857	1859	1860	1861	1862	1863	1864	1865
1867	1868	1869	1870	1872	1873	1874	1875	1876	1877
1880	1883	1885	1886	1888	1889	1890	1892	1893	1894
1895	1896	1897	1902	1903		2080	2085	2086	2127
2131	2143	2147	2180	2191	2194	2201	2218	2221	2243T
2255	2261	2279	2288	2289	2352	2356	2374	2378	2401
2404	2412	2423	2431	2441	2466	2475	2483	2484	2488
2492	2494	2501	2502	2508	2511	2516	2523	2541	2554
2558	2576	2587	2619	2625	2626	2652	2653	2674	2675
2691	2696	2704	2705	2723	2737	2746	2774	2797	2799
2815	2816	2818							

ANZAHL DER ZEUGEN: 403

1B   ADD. μηδεν τοιουτων τηρειν αυτους ει μη

     43   1702   1832   2243L

ANZAHL DER ZEUGEN: 4

1C   ADD. μηδεν των τοιουτων τηρειν αυτους ει μη

     469   2716

ANZAHL DER ZEUGEN: 2

1D   ADD. μηδεν το τοιουτον τηρειν αυτους ει μη

     1827

ANZAHL DER ZEUGEN: 1

1E   ADD. μηδεν τοιουτον τηρουν τε αυτους ει μη

     636

ANZAHL DER ZEUGEN: 1

1F   ADD. μηδεν τοιουτον τηρειν αυτοις ει μη

     656

ANZAHL DER ZEUGEN: 1

2   SINE ADD.

     P74   01   02   03   33   88   915   1175   1409   2344

ANZAHL DER ZEUGEN: 10

3   ADD. μηδεν τοιουτο τηρειν αυτους ει μη

     04   08   044   103   181   307   453   606   641   913
    919C   1162   1505   1611   1830   1853   1884   2138   2473   2495
    2544

ANZAHL DER ZEUGEN: 21

3B   ADD. μηδεν τοιουτο τηρειν αυτους η μη

     619

ANZAHL DER ZEUGEN: 1

3C   ADD. μηδεν τοιουτο τοιρειν αυτους ει μη

     1610

ANZAHL DER ZEUGEN: 1

4   ADD. {κριναντες φυλασσεσθαι} μηδεν τοιουτο τηρειν
        αυτους ει μη

2805

ANZAHL DER ZEUGEN: 1

5   ADD. μηδεν τοιουτον τηρειν ει μη

   228   959   996   1842

ANZAHL DER ZEUGEN: 4

6   ADD. μηδεν τοιουτον τηρειν αυτους αλλα

   206   322   323   424C   429   547   630   1040   1490   1509
   1751   1758   1831   1891   2200   2298   2464

ANZAHL DER ZEUGEN: 17

6B   ADD. μηδεν τοιουτο τηρειν αυτους αλλα

   945   1704   1739

ANZAHL DER ZEUGEN: 3

6C   ADD. μηδεν τουτον τηρειν αυτους αλλα

   522

ANZAHL DER ZEUGEN: 1

7   ADD. {κριναντες φυλαξασθαι} μηδεν τοιουτον τηρειν
        αυτους αλλα

     5   623

ANZAHL DER ZEUGEN: 2

8   ADD. μηδεν {κριναντες} τοιουτον τηρειν αυτους ει μη

1729

ANZAHL DER ZEUGEN: 1

9   ADD. μηδεν τοιουτον τηρειν {κριναντες} ει μη

   616

ANZAHL DER ZEUGEN: 1

10   ADD. μηδεν τοιουτον κρινειν αυτους ει μη

1780   2400

ANZAHL DER ZEUGEN: 2

11   ADD. μηδεν τοιουτον τηρειν αυτους

     1   226*

ANZAHL DER ZEUGEN: 2

12   ADD. μηδεν τοιουτον τηρειν αυτους ET ΟΜ. φυλασσεσθαι

2242

ANZAHL DER ZEUGEN: 1

13   ADD. μηδεν τηρειν αυτους

1243

ANZAHL DER ZEUGEN: 1

X   UNLESERLICH

   400   1319S

ANZAHL DER ZEUGEN: 2

Z   LUECKE

P8	P29	P33	P38	P41	P45	P48	P50	P53	P56
P57	P91	048	057	066	076	077	093	095	096
097	0120	0140	0165	0166	0175	0189	0236	0244	0294
62	81	122	314	365	506	517	610	624	627
639	886	916	956	1067	1101	1115	1319	1728	1738
1745	1747	1756	1846	1858	1871	1899	1904	2005	2009
2125	2175	2303	2570	2627	2671	2712	2718	2772	2777
2778	2829	2833							

ANZAHL DER ZEUGEN: 73

==

■■   81   ACTA 22,9

           το μεν φως <u>εθεασαντο</u> την δε φωνην ουκ ηκουσαν

1   εθεασαντο και εμφοβοι εγενοντο

020	025	044	056	0142	1	6	18	35	38
42	43	51	57	69	76	82	88	90	93
94	97	103	104	105	110	133	141	142	149
172	175	177	180	189	201	203	204	205	206
209	216	218	221	223	226	228	234	250	254
256	296	302	308	309	312	319	321	322	323
325	327	328	330	337	363	367	378	383	384
386	390	393	394	398	404	421	424	425	429
431	432	436	440	441	444	450	451	452	454
455	456	457	458	459	460	462	464	465	466
467	468	469	479	483	489	491	496	498	506
522	547	567	582	592	601	602	603	604	605

606	607	608	614	616	617	618	621	625	626
628	630	632	633	634	636	637	638	641	656
664	665	676	680	699	757	794	801	824	876
901	910	911	912	913	914	915	917	919	920
922	927	928	935	945	959	986	996	997	999
1003	1022	1040	1058C	1066	1069	1070	1072	1073	1075
1094	1099	1100	1103	1104	1105	1106	1107	1127	1149
1240	1242	1243	1244	1245	1247	1248	1249	1250	1251
1292	1311	1315	1319	1352	1354	1359	1360	1367	1398
1400	1404	1405	1424	1448	1456	1482	1490	1501	1503
1505	1508	1509	1521	1524	1526	1548	1563	1573	1594
1597	1599	1609	1610	1611	1617	1618	1622	1628	1636
1637	1643	1646	1649	1652	1656	1668	1673	1702	1704
1717	1718	1719	1721	1722	1723	1724	1725	1726	1727
1729	1730	1732	1733	1735	1736	1737	1739	1740	1741
1742	1743	1744	1746	1748	1749	1750	1752	1753	1754
1757	1758	1759	1761	1762	1763	1765	1767	1768	1780
1827	1828	1830	1831	1832	1835	1838	1839	1841	1842
1843	1845	1846	1847	1849	1850	1851	1853	1855	1857
1859	1860	1861	1862	1863	1864	1865	1867	1868	1869
1870	1872	1873	1874	1876	1877	1880	1883	1884	1885
1886	1888	1889	1890	1891	1892	1894	1895	1896	1897
1902	1903		2080	2085	2086	2127	2131	2138	2143
2147	2180	2191	2200	2201C	2218	2221	2242	2243	2255
2261	2288	2289	2298	2352	2356	2374	2378	2400	2401
2412	2423	2431	2441	2466	2473	2475	2483	2484	2488
2494	2495	2501	2508	2511	2516	2523	2541	2544	2554
2558	2576	2587	2619	2625	2626	2652	2653	2674	2675
2691	2696	2704	2705	2716C	2723	2737	2746	2774	2797
2799	2805	2815	2816						

ANZAHL DER ZEUGEN: 414

1B   εθεασαντο και ενφοβοι εγενοντο

   05   08   1734

ANZAHL DER ZEUGEN: 3

1C   εθεασαντο και εμφοβοι εγενετο

   1619   2716*

ANZAHL DER ZEUGEN: 2

1D   εθεασαντο και εμφοβοι γεγενοντο

   1829

ANZAHL DER ZEUGEN: 1

1E   εθεασαντο και εκθαμβοι εγενοντο

   385

ANZAHL DER ZEUGEN: 1

2   εθεασαντο

P74	01C2	02	03	014	049	3	5	33	61
102	131	181	263	326	437	619	623	629C	635
796	808	921	941	1058*	1102	1161	1162	1175	1241
1270	1297	1390	1409	1595	1598	1626	1642	1720	1837
1852	1854	1875	1893	2194	2201*	2344	2464	2492	2502

ANZAHL DER ZEUGEN: 50

2B   εθεατο

    01*

ANZAHL DER ZEUGEN: 1

3   εθεασαντο και εμφοβοι γενομενοι

    307   453   610   1678   1751   2404   2818

ANZAHL DER ZEUGEN: 7

X   UNLESERLICH

    400   629*

ANZAHL DER ZEUGEN: 2

Y   FILMFEHLER

    1731

ANZAHL DER ZEUGEN: 1

Z   LUECKE

P8	P29	P33	P38	P41	P45	P48	P50	P53	P56
P57	P91	04	048	057	066	076	077	093	095
096	097	0120	0140	0165	0166	0175	0189	0236	0244
0294	62	81	122	314	365	517	624	627	639
642	886	916	956	1067	1101	1115	1277	1728	1738
1745	1747	1756	1856	1858	1871	1899	1904	2005	2009
2125	2175	2279	2303	2570	2627	2671	2712	2718	2772
2777	2778	2829	2833						

ANZAHL DER ZEUGEN: 74

===

■■   82   ACTA 22,20

      και αυτος ημην εφεστως και συνευδοκων
      ADD. και φυλασσων

1   ADD. τη αναιρησει/αναιρεσει αυτου

014	020	025	044	049	056	0142	1	3	5
6	18	35	38	42	43	51	61	69	76

82	90	93	94	97	102	103	104	105	110
131	133	141	142	149	172	175	177	180	189
201	203	204	205	206	209	216	218	221	223
226	228	234	250	254	256	263	296	302	307
308	309	312	319	321	322	323	325	326	327
328	330	337	363	367	378	383	384	385	386
390	393	394	398	404	421	424	425	429	431
432	436	437	440	441	444	450	451	452	453
454	455	456	457	458	459	460	462	464	465
466	467	468	469	479	483	489	491	496	498
506	522	547	567	582	592	601	602	603	604
605	606	607	608	610	614	616	617	618	619
621	623	625	626	628	629C	630	632	633	634
635	636	637	638	641	656	664	665	676	680
699	794	796	801	808	824	901	910	911	912
913	914	915	917	919	920	921	922	927	928
935	941	945	959	986	996	997	999	1003	1022
1040	1058	1066	1069	1070	1072	1073	1075	1094	1099
1100	1102	1103	1104	1105	1106	1107	1127	1149	1161
1162	1175	1240	1241	1242	1243	1244	1245	1247	1248
1249	1250	1251	1270	1277	1292	1297	1311	1315	1319
1352	1354	1359	1360	1367	1390	1398	1400	1404	1405
1424	1448	1456	1482	1490	1501	1503	1505	1508	1509
1521	1524	1548	1563	1573	1594	1595	1597	1598	1599
1609	1610	1611	1617	1618	1619	1622	1626	1628	1636
1637	1642	1643	1649	1652	1656	1668	1673	1678	1702
1704	1717	1718	1719	1720	1721	1722	1723	1724	1725
1726	1727	1729	1730	1731	1732	1733	1734	1735	1736
1737	1739	1740	1741	1742	1743	1744	1746	1748	1749
1750	1751	1752	1753	1754	1757	1758	1759	1761	1762
1763	1765	1767	1768	1780	1827	1828	1829	1830	1831
1835	1837	1838	1839	1841	1842	1843	1845	1846	1847
1849	1850	1851	1852	1853	1854	1855	1857	1859	1860
1861	1862	1863	1864	1865	1867	1868	1869	1870	1872
1873	1874	1876	1877	1880	1883	1885	1886	1888	1889
1890	1891	1892	1893	1894	1895	1896	1897	1902	1903
	2080	2085	2086	2131	2138	2143	2147	2180	2191
2194	2200	2201	2218	2221	2242	2243	2255	2261	2279
2288	2289	2298	2352	2356	2374	2378	2400	2401	2404
2412	2423	2431	2441	2464	2466	2473	2475	2483	2484
2488	2492	2494	2495	2501	2502	2508	2511	2516	2523
2541	2544	2554	2558	2576	2587	2619	2625	2626	2652
2653	2674	2691	2696	2704	2705	2716	2723	2737	2746
2774	2797	2799	2805	2815	2816	2818			

ANZAHL DER ZEUGEN: 457

1B   ADD. τη ανερεσει αυτου

1646

ANZAHL DER ZEUGEN: 1

1C   ADD. επι τη αναιρησει/αναιρεσει αυτου

876   1832

ANZAHL DER ZEUGEN: 2

1D   ADD. τη αναιρησει/αναιρεσει

    33   2344

ANZAHL DER ZEUGEN: 2

2   SINE ADD.

    P74   01   02   03   08   181   629*   1409   1875   1884
    2127

ANZAHL DER ZEUGEN: 11

X   UNLESERLICH

    88   400

ANZAHL DER ZEUGEN: 2

Y   FILMFEHLER

    57

ANZAHL DER ZEUGEN: 1

Z   LUECKE

    P8   P29   P33   P38   P41   P45   P48   P50   P53   P56
    P57   P91   04   05   048   057   066   076   077   093
    095   096   097   0120   0140   0165   0166   0175   0189   0236
    0244   0294   62   81   122   314   365   517   624   627
    639   642   757   886   916   956   1067   1101   1115   1526
    1728   1738   1745   1747   1756   1856   1858   1871   1899   1904
    2005   2009   2125   2175   2303   2570   2627   2671   2675   2712
    2718   2772   2777   2778   2829   2833

ANZAHL DER ZEUGEN: 76

==

■■ 83 ACTA 22,30
                    ελυσεν αυτον και εκελευσεν

1   αυτον απο των δεσμων

    014   020   025   049   056   0142   1   3   5   6
    18   35   38   42   43   51   61   69C   76   82
    90   93   94   97   102   103   104   105   110   122
    131   133   141   142   149   175   177   180C   189   201
    203   204   205   209   216   218   221   223   226   228
    234   250   254   256   263   296   302   309   312   319
    321   322   323   325   326   327   328   330   337   363
    367   378   383   384   385   386   390   393   394   398
    400   404   421   424   425   432   440   444   450   451
    452   454   455   456   457   458   459   460   462   464
    465   466   467   468   479   483   489   491   496   498
    506   547   567   582   592   601   602   603   604   605

606	607	608	614	616	617	618	619	623	625
626	628	632	633	634	635	636	637	638	641
656	664	665	676	680	699	794	796	801	808
824	876	901	910	911	912	913	914	915	917
919	920	921	922	927	928	935	941	959	986
996	997	999	1003	1022	1040	1058	1066	1069	1070
1072	1073	1075	1094	1099	1100	1102	1103	1104	1105
1106	1107	1127	1149	1161	1162	1240	1241	1242	1243
1244	1245	1247	1248	1249	1250	1251	1270	1277	1292
1297	1311	1315	1319C	1352	1354	1359	1367	1390	1398
1400	1404	1405	1424	1448	1456	1482	1501	1503	1508
1509C	1521	1524	1548	1563	1573	1594	1595	1597	1598
1599	1609	1611	1617	1618	1619	1626	1628	1636	1637
1642	1643	1646	1649	1652	1656	1668	1673	1702	1717
1718	1719	1720	1721	1722	1723	1724	1726	1727	1729
1730	1731	1732	1733	1734	1735	1736	1737	1740	1741
1742	1743	1744	1746	1748	1749	1750	1752	1753	1754
1757	1759	1761	1762	1763	1765	1767	1768	1827	1828
1829	1830	1832	1835	1838	1839	1841	1842C	1843	1845
1846	1847	1849	1850	1851	1852	1853	1854	1855	1857
1859	1861	1862	1863	1864	1865	1867	1868	1869	1870
1872	1873	1874	1876	1877	1880	1883	1885	1886	1888
1889	1890C	1892	1893	1895	1896	1897	1899	1902	1903
	2080	2085	2086	2127	2131	2143	2147	2180	2191
2194	2201	2218	2221	2242	2243	2255	2261	2279	2288
2289	2298	2352	2356	2374	2378	2400	2401	2404	2412
2423	2431	2466	2473	2475	2483	2484	2488	2492	2494
2501	2502	2508	2511	2516	2523	2544	2554	2558	2576
2587	2619	2625	2626	2652	2653	2674	2675	2691	2696
2704	2705	2712	2723	2737	2746	2772	2774	2797	2799
2815	2816								

ANZAHL DER ZEUGEN: 422

1B   αυτων απο των δεσμων

    69*   88   1360   1780   1837

ANZAHL DER ZEUGEN: 5

1C   αυτον των δεσμων

   437   469   1725   2716

ANZAHL DER ZEUGEN: 4

1D   αυτον απο δεσμων

  1319*

ANZAHL DER ZEUGEN: 1

1E   αυτον υπο των δεσμων

  1622   1860

ANZAHL DER ZEUGEN: 2

2   αυτον

P74	01	02	03	04	08	044	180*	181	206
307	429	431	436	441	453	522	610	621	629
630	945	1175	1409	1490	1505	1509*	1678	1704	1739
1751	1758	1831	1842*	1875	1884	1890*	1891	1894	2138
2200	2344	2464	2495	2541	2805	2818			

ANZAHL DER ZEUGEN: 47

X   UNLESERLICH

33   308

ANZAHL DER ZEUGEN: 2

Y   FILMFEHLER

57

ANZAHL DER ZEUGEN: 1

Z   LUECKE

P8	P29	P33	P38	P41	P45	P48	P50	P53	P56
P57	P91	05	048	057	066	076	077	093	095
096	097	0120	0140	0165	0166	0175	0189	0236	0244
0294	62	81	172	314	365	517	624	627	639
642	757	886	916	956	1067	1101	1115	1526	1610
1728	1738	1745	1747	1756	1856	1858	1871	1904	2005
2009	2125	2175	2303	2441	2570	2627	2671	2718	2777
2778	2829	2833							

ANZAHL DER ZEUGEN: 73

==

■■   84 ACTA 23,1
                    ατενισας δε <u>ο παυλος</u> τω <u>συνεδριω</u> ειπεν

1/2   ο παυλος τω συνεδριω

P74	014	020	025	044	049	056	0142	1	3
5	6	18	35	38	42	43	51	61	69
76	82	88	90	93	94	97	102	103	104
105	110	122	133	141	142	149	175	177	180
189	201	203	204	205	209	216	218	221	223
226	228	250	254	256	263	296	302	309	312
319	322	323	325	326	327	328	330	337	363
378	383	384	385	386	393	394	398	400	404
421	424	425	432	437	440	441	444	450	451
452	454	455	456	457	458	459	460	462	464
465	466	467	469	479	483	489	491	496	498
506	547	567	592	601	602	603	604	605	606
607	608	616	617	618	619	621	623C	625	626
628	632	633	634	635	636	637	638	641	656
664	665	680	699	794	796	801	808	824	876

901	910	911	913	914	915	917	919	920	921
922	927	928	935	959	986	996	997	999	1022
1040	1058	1066	1069	1070	1072	1073	1075	1094	1100
1102	1103	1104	1105	1106	1107	1127	1149	1161	1162
1175	1240	1241	1242	1243	1244	1245	1247	1248	1249
1251	1270	1277	1297	1311	1315	1319	1352	1354	1359
1360	1367	1390	1398	1400	1404	1409	1424	1482	1501
1503	1508	1521	1524	1548	1563	1573	1595	1597	1598
1599	1609	1617	1618	1619	1622	1626	1628	1636	1637
1642	1643	1646	1649	1652	1656	1668	1673	1702	1717
1718	1719	1720	1722	1723	1725	1726	1727	1729	1730
1731	1732	1733	1734	1735	1736	1737	1740	1741	1742
1743	1744	1746	1748	1749	1750	1752	1754	1757	1759
1761	1762	1763	1765	1767	1768	1780	1827	1828	1829
1830	1832	1835	1837	1838	1839	1841	1843	1845	1846
1847	1849	1850	1851	1852	1853	1854	1855	1857	1859
1860	1862	1864	1865	1867	1868	1869	1870	1872	1873
1874	1876	1877	1880	1883	1885	1886	1888	1895	1896
1897	1899	1903		2080	2085	2086	2127	2131	2143
2147	2180	2191	2194	2201	2218	2221	2243	2255	2261
2288	2289	2352	2356	2374	2378	2400	2401	2404	2423
2431	2466	2473	2475	2483	2484	2488	2492	2494	2501
2508	2511	2516	2523	2544	2554	2558	2576	2587	2619
2625	2626	2652	2653	2674	2675	2691	2696	2704	2705
2712	2716	2723	2737	2746	2772	2774	2797	2799	2805
2815	2816	2829							

ANZAHL DER ZEUGEN: 403

1/2B   ο παυλος το συνεδριω

    321   2242

ANZAHL DER ZEUGEN: 2

1/2C   ο παυλος εν τω συνεδριω

    181   1751   1842   1875   2502

ANZAHL DER ZEUGEN: 5

3   τω συνεδριω ο παυλος

01	02	04	08	33	206	429	522	629	630
945	1099	1490	1509	1704	1739	1758	1831	1884	1891
1894	2200	2298	2344						

ANZAHL DER ZEUGEN: 24

4   παυλος τω συνεδριω

03	131	234	307	367	390	431	436	453	468
582	610	614	623*	676	912	941	1003	1250	1292
1405	1448	1456	1505	1594	1611	1678	1721	1724	1753
1861	1863	1889	1890	1892	1902	2138	2279	2412	2464
2495	2541	2818							

ANZAHL DER ZEUGEN: 43

X   UNLESERLICH

   308

   ANZAHL DER ZEUGEN: 1

Y   FILMFEHLER

   57

   ANZAHL DER ZEUGEN: 1

Z   LUECKE

P8	P29	P33	P38	P41	P45	P48	P50	P53	P56
P57	P91	05	048	057	066	076	077	093	095
096	097	0120	0140	0165	0166	0175	0189	0236	0244
0294	62	81	172	314	365	517	624	627	639
642	757	886	916	956	1067	1101	1115	1526	1610
1728	1738	1745	1747	1756	1856	1858	1871	1893	1904
2005	2009	2125	2175	2303	2441	2570	2627	2671	2718
2777	2778	2833							

   ANZAHL DER ZEUGEN: 73

==

■■   85 ACTA 23,9

                        ει δε πνευμα ελαλησεν αυτω η α̲γ̲γ̲ε̲λ̲ο̲ς̲

1   αγγελος μη θεομαχωμεν

014	020	025	049	056	0142	1	3	5	6
18	35	38	42	43	51	61	69	76	82
88	90	93	94	97	102	103	104	105	110
122	133	141	142	149	175	177	180	189	201
203	204	205	206	209	216	218	221	223	226
228	234	250	254	256	263	296	302	307	308
309	312	319	322	323	325	326	327	328	330
337	363	367	378	383	384	385	386	390	393
394	398	404	421	424	425	429	431	432	436
437	440	441	444	450	451	452	453	454	455
456	457	458	459	460	462	464	465	466	467
468	469	479	483	489	491	496	498	506	522
547	567	582	592	601	602	603	604	605	606
607	608	610	614	616	617	618	621	623C	625
626	628	629C	630	632	633	634	635	636	637
638	641	656	664	665	676	680	699	757	794
796	801	808	824	876	901	910	911	912	913
914	915	917	919	920	921	922	927	928	935
941	945C	959	986	996	997	999	1003	1022	1040
1058	1066	1069	1070	1072	1073	1075	1094	1099	1100
1102	1103	1104	1105	1106	1107	1127	1149	1161	1162C
1240	1241	1242	1243	1244	1245	1247	1248	1249	1250
1251	1270	1277	1292	1297	1311	1315	1319	1352	1354
1359	1360	1390	1398	1400	1404	1405	1409	1424	1448
1456	1482	1490	1501	1503	1505	1508	1509	1521	1524

1548	1563	1573	1594	1595	1597	1598	1599	1609	1610
1611	1617	1618	1619	1622	1626	1628	1636	1637	1642
1643	1649	1652	1656	1660	1673	1678	1702	1704	1717
1718	1719	1720	1721	1722	1723	1725	1726	1727	1729
1730	1731	1732	1733	1734	1735	1736	1737	1740	1741
1742	1743	1744	1746	1748	1749	1750	1751	1752	1753
1754	1757	1758	1759	1761	1763	1765	1767	1768	1780
1827	1828	1829	1830	1831	1832	1835	1837	1838	1839
1841	1842	1843	1845	1846	1847	1849	1850	1851	1852
1853	1854	1855	1857	1858	1859	1860	1861	1862	1863
1864	1865	1867	1868	1869	1870	1872	1873	1874	1876
1877	1880	1883	1885	1886	1888	1889	1890	1891	1892
1894	1895	1896	1897	1899	1902	1903		2080	2085
2086	2127	2131	2138	2143	2147	2180	2191	2194	2200
2201	2218	2221	2242	2243	2255	2261	2279	2288	2289
2298	2352	2356	2374	2378	2400	2401	2404	2412	2423
2431	2466	2473	2475	2483	2484	2488	2492	2494	2495
2501	2502	2508	2511	2516	2523	2541	2544	2554	2558
2576	2587	2619	2625	2626	2652	2653	2674	2675	2691
2696	2704	2705	2712	2716	2723	2737	2746	2772	2774
2777	2797	2799	2805	2815	2816	2818			

ANZAHL DER ZEUGEN: 457

1B   αγγελος μη θεωμαχωμεν

1367

ANZAHL DER ZEUGEN: 1

1C   αγγελος μη θεομαχομεν

131   321   1646   1724

ANZAHL DER ZEUGEN: 4

2   αγγελος

P74	01	02	03	04	08	044	33	81	181
619	623*	629*	945*	1162*	1175	1739	1875	1884	2344
2464									

ANZAHL DER ZEUGEN: 21

X   UNLESERLICH

400

ANZAHL DER ZEUGEN: 1

Y   FILMFEHLER

57

ANZAHL DER ZEUGEN: 1

Z   LUECKE

P8	P29	P33	P38	P41	P45	P48	P50	P53	P56
P57	P91	05	048	057	066	076	077	093	095
096	097	0120	0140	0165	0166	0175	0189	0236	0244
0294	62	172	314	365	517	624	627	639	642
886	916	956	1067	1101	1115	1526	1728	1738	1745
1747	1756	1762	1856	1871	1893	1904	2005	2009	2125
2175	2303	2441	2570	2627	2671	2718	2778	2829	2833

ANZAHL DER ZEUGEN: 70

==

■■   86   ACTA 23,20

                 εις το συνεδριον ως <u>μελλον</u> τι
                 ακριβεστερον πυνθανεσθαι

1   μελλοντα

014	020	025	049	056	0142	1	43	69	90
93	104	122	131	177	189	206	218	221	228
250	308	309	319	321	322	323	326	327	330
337	383	384	393	398	429	437	450	451	454
457	458	459	460	466	496	498	522	592	616
618	619	625	636*	665	680	794	910*	911	915
921	959	997	1066	1073	1107	1149	1162	1241	1242
1311	1315	1352	1359	1360	1390	1424	1501	1509	1563
1597	1626	1643	1646	1649	1668	1702	1717	1718	1720
1727	1735	1738	1741	1750	1751	1759	1780	1827	
1837	1838	1845	1846	1850	1851	1852	1854	1857	1862
1874	1880	1885	1888	1895	1902	2086	2191	2194	2200
2242	2400	2401	2475	2502	2696	2705	2772	2797	2816

ANZAHL DER ZEUGEN: 130

1B   μελλοντες

18	35	42	51	76	102	103	105	141	149
201	204	209	216C	223	226	234	296	328	363C
386	390	394	400	425	432	444	464	465	468
547	582	601	603	604	606	628	630	632C	634
636C	642	664	757	801	808	824	901	912	922
928	986	1003	1040	1058	1072	1075	1099	1100	1102
1104	1127	1161	1247	1248	1249	1250	1270	1297	1400
1404	1405	1456	1482	1490	1503	1508	1548	1594	1595
1598	1617	1618	1619	1628	1636	1637	1652	1656	1723
1725	1726	1731	1732	1733	1737	1740	1743	1745	1746
1749	1752	1753	1754	1761	1763	1767	1768	1828*	1831
1847	1855	1858	1861	1863	1864	1865	1869	1876	1877
1883	1892	1893	1897	1899	1903	2080	2180	2218	2221
2255	2261	2279	2289	2352	2378	2431	2441	2466	2473
2484	2488	2492	2501	2508	2511	2516	2523	2544	2554
2558	2587	2619	2626	2653	2675	2691	2704	2723	2737
2746	2777								

ANZAHL DER ZEUGEN: 162

2　　　μελλον

01*	33	57	110	133	181	216×	256	263	421
455	491	623	632*	638	656	699	935	1094	1243
1398	1609	1673	1719	1722	1734	1748	1868	1870	1875
1891	2147	2344	2576	2674	2774				

ANZAHL DER ZEUGEN:　36

2B　　　μελλων

P74	02	03	08	81	97	175	203	302	325
378	404	424*	440	452	453	456	462	605	607
617	626	635	637	676	1105	1106	1244*	1251	1354
1622	1730	1736	1839	1841	1860	1884	1889	2356	2423C
2483	2541	2625	2652	2815					

ANZAHL DER ZEUGEN:　45

3　　　μελλοντων

01C2	044	3	6	82	94	142	180	307	367
424C	431	436	441	479	483	489	602	608	610
614	621	629C	633	876	910C	913	919	920	927
941	945	999	1022	1069	1070	1103	1175	1244C	1245
1277	1292	1367	1409	1448	1505	1521	1599	1610	1611
1642	1678	1704	1724	1739	1744	1765	1828C	1829	1830
1832	1843	1849	1853	1859	1867	1872	1873	1894	1896
1835	2131	2138	2143	2201	2243	2288	2298	2374	2404
2412	2494	2495	2799	2805	2818				

ANZAHL DER ZEUGEN:　86

3B　　　μελλωντων

796　1729

ANZAHL DER ZEUGEN:　2

3C　　　μελοντων

2464

ANZAHL DER ZEUGEN:　1

4　　　μελλοντας

38	88	205	254	312	385	467	469	567	641
914	996	1240	1319	1524	1573	1721	1742	1757	1842
1886	2085	2127	2712	2716					

ANZAHL DER ZEUGEN:　25

4B　　　μελλωντας

917

ANZAHL DER ZEUGEN:　1

5   μελλοντι

    5

ANZAHL DER ZEUGEN: 1

X   UNLESERLICH

  363*   629*   1758   2423*

ANZAHL DER ZEUGEN: 4

Y   FILMFEHLER

  61

ANZAHL DER ZEUGEN: 1

Z   LUECKE

P8	P29	P33	P38	P41	P45	P48	P50	P53	P56
P57	P91	04	05	048	057	066	076	077	093
095	096	097	0120	0140	0165	0166	0175	0189	0236
0244	0294	62	172	314	365	506	517	624	627
639	886	916	956	1067	1101	1115	1526	1728	1747
1756	1762	1856	1871	1890	1904	2005	2009	2125	2175
2303	2570	2627	2671	2718	2778	2829	2833		

ANZAHL DER ZEUGEN: 68

==

■■   87   ACTA 23,25(1)

                  ADD. γραψας επιστολην εχουσαν τον τυπον
                  τουτον

1/2   SINE ADD.

P74	01	02	03	08	014	020	025	044	049
056	0142	1	3	5	6	18	33	35	38
42	43	51	57	69	76	81	82	88	90
93	94	97	102	103	104	105	110	122	131
133	141	142	149	172	175	177	180	181	189
201	203	204	205	206	209	216	218	221	223
226	228	234	250	254	256	263	296	302	307
308	309	312	319	321	322	323	325	326	327
328	330	337	363	367	378	383	384	385	386
390	393	394	398	404	421	424	425	429	431
432	436	437	440	441	444	450	451	452	453
454	455	456	457	458	459	460	462	464	465
466	467	468	469	479	483	489	491	496	498
522	547	567	582	592	601	602	603	604	605
606	607	608	610	616	617	618	619	621	623
624	625	626	628	629C	630	632	633	634	635
636	637	638	642	656	664	665	676	680	699
757	794	796	801	808	824	876	901	910	911
912	913	914	915	917	919	920	921	922	927

928	935	941	945	959	986	996	997	999	1003
1022	1040	1058	1066	1069	1070	1072	1073	1075	1094
1099	1100	1102	1103	1104	1105	1106	1107	1127	1149
1161	1162	1175	1240	1241	1242	1243	1244	1245	1247
1248	1249	1250	1251	1270	1292	1297	1311	1315	1319
1352	1354	1359	1360	1367	1390	1398	1400	1404	1405
1409	1424	1448	1456	1482	1490	1501	1503	1505	1508
1509	1521	1524	1548	1563	1573	1594	1595	1597	1598
1599	1609	1610	1611	1617	1618	1619	1622	1626	1628
1636	1637	1642	1643	1646	1649	1652	1656	1668	1673
1678	1702	1704	1717	1718	1719	1720	1721	1722	1723
1724	1725	1726	1727	1729	1730	1731	1732	1733	1734
1735	1736	1737	1738	1739	1740	1741	1742	1743	1744
1745	1746	1748	1749	1750	1751	1752	1753	1754	1757
1758	1759	1761	1763	1765	1767	1768	1780	1827	1828
1829	1830	1831	1832	1835	1837	1838	1839	1841	1842
1843	1845	1846	1847	1849	1850	1851	1852	1853	1854
1855	1857	1858	1859	1860	1861	1862	1863	1864	1865
1867	1868	1869	1870	1872	1873	1874	1875	1876	1877
1880	1883	1884	1885	1886	1888	1889	1890	1891	1892
1893	1894	1895	1896	1897	1899	1902	1903		2080
2085	2086	2127	2131	2138	2143	2180	2191	2194	2200
2201	2218	2221	2242	2243	2255	2261	2279	2288	2289
2298	2344	2352	2356	2374	2378	2400	2401	2404	2423
2431	2441	2464	2466	2473	2475	2483	2484	2488	2492
2494	2495	2501	2502	2508	2511	2516	2523	2541	2544
2554	2558	2576	2587	2619	2625	2626	2653	2674	2675
2691	2696	2704	2705	2712	2716	2723	2737	2746	2772
2774	2777	2799	2805	2815	2816	2818			

ANZAHL DER ZEUGEN: 477

3   ADD. εφοβηθη γαρ μηποτε εξαρπασαντες αυτον οι
            ιουδαιοι αποκτεινωσιν και αυτος μεταξυ εγκλημα εχη
            ως ειληφως αργυρια

    P48

ANZAHL DER ZEUGEN: 1

4   ADD. εφοβηθη γαρ ο χιλιαρχος μητε αρπασαντες τον
            παυλον οι ιουδαιοι αποκτεινωσι και αυτος μεταξυ
            εγκλη σχη ως αργυριον ειληφως

    2147*

ANZAHL DER ZEUGEN: 1

4B   ADD. εφοβηθη γαρ ο χιλιαρχος μηποτε αρπασαντες τον
            παυλον οι ιουδαιοι αποκτεινωσι και αυτος μεταξυ
            εγκλημα σχη ως αργυριον ειληφως

    2147C   2652

ANZAHL DER ZEUGEN: 2

5   ADD. {γραψας επιστολην εχουσαν τον τυπον τουτον}
         εφοβηθη γαρ μηποτε αρπασαντες αυτον οι ιουδαιοι
         αποκτεινωσι και αυτος μεταξυ εγκλη σχη ως αργυριον
         ειληφως

  614* 2412

ANZAHL DER ZEUGEN: 2

5B   ADD. {γραψας επιστολην εχουσαν τον τυπον τουτον}
         εφοβηθη γαρ μηποτε αρπασαντες αυτον οι ιουδαιοι
         αποκτεινωσι και αυτος μεταξυ εγκλησιν σχη ως
         αργυριον ειληφως

  614C

ANZAHL DER ZEUGEN: 1

X   UNLESERLICH

  400   629*

ANZAHL DER ZEUGEN: 2

Y   FILMFEHLER

  61

ANZAHL DER ZEUGEN: 1

Z   LUECKE

P8	P29	P33	P38	P41	P45	P50	P53	P56	P57
P91	04	05	048	057	066	076	077	093	095
096	097	0120	0140	0165	0166	0175	0189	0236	0244
0294	62	314	365	506	517	627	639	641	886
916	956	1067	1101	1115	1277	1526	1728	1747	1756
1762	1856	1871	1904	2005	2009	2125	2175	2303	2570
2627	2671	2718	2778	2797	2829	2833			

ANZAHL DER ZEUGEN: 67

==

■■ 88 ACTA 23,25(2)
                 γραψας επιστολην εχουσαν τον τυπον τουτον

1/2   γραψας επιστολην (περι)εχουσαν τον τυπον τουτον

P74	01	02	03	08	014	020	025	044	049
056	0142	1	3	5	6	18	33	35	38
42	43	51	57	69	76	81	82	88	90
93	94	97	102	103	104	105	110	122	131
133	141	142	149	172	175	177	180	181	189
201	203	204	205	206	209	216	218	221	223
226	228	234	250	254	256	263	296	302	307
308	309	312	319	321	322	323	325	326	327

328	330	337	363	367	378	383	384	385	386
390	393	394	398	404	421	424	425	429	431
432	436	437	440	441	444	450	451	452	453
454	455	456	457	458	459	460	462	464	465
466	467	468	469	479	483	489	491	496	498
522	547	567	582	592	601	602	603	604	605
606	607	608	610	616	617	618	619	621	623
624	625	626	628	630	632	633	634	635	637
638	642	656	664	665	676	680	699	757	794
796	801	808	824	876	901	910	911	912	913
914	915	917	919	920	921	922	927	928	935
941	945	959	986	996	997	999	1003	1022	1040
1058	1066	1069	1070	1072	1073	1075	1094	1099	1100
1102	1103	1104	1105	1106	1107	1127	1149	1161	1162
1175	1240	1241	1242	1243	1244	1245	1247	1248	1249
1250	1251	1270	1292	1297	1311	1315	1319	1352	1354
1359	1360	1367	1390	1398	1400	1404	1405	1409	1424
1448	1456	1482	1490	1501	1503	1505	1508	1509	1521
1524	1548	1563	1573	1594	1595	1597	1598	1599	1609
1610	1611	1617	1618	1619	1622	1626	1628	1636	1637
1642	1643	1646	1649	1652	1656	1668	1673	1678	1702
1704	1717	1718	1719	1720	1721	1722	1723	1724	1725
1726	1727	1729	1730	1731	1732	1733	1734	1735	1737
1738	1739	1740	1741	1742	1743	1744	1745	1746	1748
1749	1750	1751	1752	1753	1754	1757	1758	1759	1761
1763	1765	1767	1768	1780	1827	1828	1829	1830	1831
1832	1835	1837	1838	1839	1841	1842	1843	1845	1846
1847	1849	1850	1851	1852	1853	1854	1855	1857	1858
1859	1860	1861	1862	1863	1864	1865	1867	1868	1869
1870	1872	1873	1874	1875	1876	1877	1880	1883	1884
1885	1886	1888	1889	1890	1891	1892	1893	1895	1896
1897	1899	1902	1903		2080	2085	2086	2127	2131
2138	2143	2180	2191	2194	2200	2201	2218	2221	2242
2243	2255	2261	2279	2288	2289	2298	2344	2352	2356
2374	2378	2400	2401	2404	2423	2431	2441	2464	2466
2473	2475	2483	2484	2488	2492	2494	2495	2501	2502
2508	2511	2523	2541	2544	2554	2558	2576	2587	2619
2625	2626	2653	2674	2675	2691	2696	2704	2705	2712
2716	2723	2737	2746	2772	2774	2777	2799	2805	2815
2816	2818								

ANZAHL DER ZEUGEN: 472

1/2B γραψασα επιστολην περιεχουσαν τον τυπον τουτον

636

ANZAHL DER ZEUGEN: 1

3 γραψας και επιστολην περιεχουσαν τον τυπον τουτον

1736 2516

ANZAHL DER ZEUGEN: 2

4   εγραψε δε και επιστολην περιεχουσαν τον τυπον τουτον

2147

ANZAHL DER ZEUGEN: 1

5   εγραψε δε και επιστολην περιεχουσα τον τυπον τουτον

2652

ANZAHL DER ZEUGEN: 1

6   γραψας αυτω επιστολην περιεχουσαν τον τυπον τουτον

629

ANZAHL DER ZEUGEN: 1

7   γραψαντες επιστολην εχουσαν τον τυπον τουτον

1894

ANZAHL DER ZEUGEN: 1

8   γραψας δε αυτοις επιστολη εν η εγεγραπτο

P48

ANZAHL DER ZEUGEN: 1

9   εγραψε δε επιστολην περιεχουσαν ταδε

614   2412

ANZAHL DER ZEUGEN: 2

X   UNLESERLICH

400

ANZAHL DER ZEUGEN: 1

Y   FILMFEHLER

61

ANZAHL DER ZEUGEN: 1

Z   LUECKE

P8	P29	P33	P38	P41	P45	P50	P53	P56	P57
P91	04	05	048	057	066	076	077	093	095
096	097	0120	0140	0165	0166	0175	0189	0236	0244
0294	62	314	365	506	517	627	639	641	886
916	956	1067	1101	1115	1277	1526	1728	1747	1756
1762	1856	1871	1904	2005	2009	2125	2175	2303	2570
2627	2671	2718	2778	2797	2829	2833			

ANZAHL DER ZEUGEN: 67

==

■■ 89 ACTA 23,30

μηνυθεισης δε μοι επιβουλης εις τον ανδρα
εσεσθαι εξαυτης επεμψα προς σε

1 μελλειν εσεσθαι υπο των ιουδαιων εξαυτης

014	020	025	049	056	0142	1	3	5	18
35	38	42	43	51	57	69	76	82	88
90	93	94	97	102	103	104	105	110	122
131	133	141	142	149	172	175	177	189	201
203	204	205	209	216	218	221	223	226	228
234	250	254	256	263	296	302	308	309	312
319	321	322	323	325	326	327	328	330	337
363	367	378	383	384	385	386	390	393	394
398	404	421	424	425	432	437	440	444	450
451	452	454	455	456	457	458	459	460	462
464	465	466	467	468	469	479	483	489	491
496	498	547	567	592	601	602	603	604	605
606	607	616	617	618	619	623	624	625	626
628	629	632	633	634	635	636	637	638	642
656	664	665	676	680	757	794	796	801	824
876	901	910	911	912	913	914	915	917	919
920	921	922	927	928	935	941	959	986	996
997	999	1003	1022	1040	1058	1066	1069	1070	1072
1073	1075	1094	1099	1100	1102	1103	1105	1106	1107
1127	1149	1161	1162	1240	1241	1242	1243	1244	1245
1247	1248	1249	1250	1251	1270	1297	1311	1315	1319
1352	1354	1359	1360	1367	1390	1398	1400	1404	1405
1424	1448	1456	1482	1501	1503	1508	1509C	1521	1524
1548	1563	1573	1594	1595	1597	1598	1599	1609	1610
1617	1618	1619	1622	1626	1628	1636	1637	1643	1646
1649	1652	1656	1668	1673	1702	1717	1718	1719	1720
1721	1722	1723	1724	1725	1726	1727	1729	1730	1731
1732	1733	1734	1735	1736	1737	1738	1740	1741	1742
1743	1744	1745	1746	1748	1749	1750	1752	1753	1754
1757	1759	1761	1763	1765	1767	1768	1780	1827	1828
1829	1830	1832	1835	1837	1838	1839	1841	1842C	1843
1845	1846	1847	1849	1850	1851	1853	1854	1855	1857
1858	1859	1860	1861	1862	1863	1864	1865	1868	1869
1870	1872	1873	1874	1876	1877	1880	1883	1885	1886
1888	1889	1892	1893	1895	1896	1897	1899	1902	1903
	2080	2085	2086	2127	2131	2143	2180	2191	2194
2201	2218	2221	2242	2243	2255	2261	2279	2288	2289
2352	2356	2378	2400	2401	2404	2423	2431	2441	2466
2473	2475	2483	2484	2488	2492	2494	2501	2502	2508
2511	2523	2544	2554	2558	2576	2587	2625	2626	2653
2674	2675	2691	2696	2704	2705	2712	2716	2723	2737
2746	2772	2774	2777	2799	2815	2816			

ANZAHL DER ZEUGEN: 417

1B   μελλειν εσεσθαι υπο των ιουδαιων εξαυτις

    699

    ANZAHL DER ZEUGEN: 1

1C   μελλειν εσεσθαι υπο ιουδαιων εξαυτης

    582   1642

    ANZAHL DER ZEUGEN: 2

1D   μελλειν εσεσθαι απο των ιουδαιων εξαυτης

    1104   2619

    ANZAHL DER ZEUGEN: 2

1E   μελλουσης εσεσθαι υπο των ιουδαιων εξαυτης

    1867

    ANZAHL DER ZEUGEN: 1

2   εσεσθαι εξαυτης

    P74   03   044   307   431   453   608   610   614   1292
    1678   2374   2412   2464   2818

    ANZAHL DER ZEUGEN: 15

3   μελλειν εσεσθαι εξαυτης

    630   1758   1831   2805

    ANZAHL DER ZEUGEN: 4

4   μελλειν εσεσθαι εξαυτης αυτον

    1490

    ANZAHL DER ZEUGEN: 1

5   μελλειν εσεσθαι εξ αυτων

    945   1704   1890C

    ANZAHL DER ZEUGEN: 3

6   μελλειν εσεσθαι υπο των ιουδαιων

    2516

    ANZAHL DER ZEUGEN: 1

7   εσεσθαι μελλειν υπο των ιουδαιων εξαυτης

   808

ANZAHL DER ZEUGEN: 1

8   εσεσθαι υπο των ιουδαιων εξαυτης

      6   1409   2147   2541   2652

ANZAHL DER ZEUGEN: 5

9   εσεσθαι {τον ανδρα} υπο των ιουδαιων εξαυτης

   180

ANZAHL DER ZEUGEN: 1

10   εσεσθαι {εις τον ανδρα} εξ αυτων

    33

ANZAHL DER ZEUGEN: 1

11   εσεσθαι {τον ανδρα} εξ αυτων

   2344

ANZAHL DER ZEUGEN: 1

12   εσεσθαι υπο των ιουδαιων

   2298

ANZAHL DER ZEUGEN: 1

13   εσεσθαι εξ αυτων εξαυτης

   1611

ANZAHL DER ZEUGEN: 1

14   εσεσθαι εξ αυτων

     01   02   08   81   181   206   429   436   441   522
    621   1175   1505   1509*   1739   1751   1842*   1852   1875   1884
   1890*   1891   1894   2138   2200   2495

ANZAHL DER ZEUGEN: 26

X   UNLESERLICH

    400

ANZAHL DER ZEUGEN: 1

Y   FILMFEHLER

   61

ANZAHL DER ZEUGEN: 1

Z   LUECKE

P8	P29	P33	P38	P41	P45	P48	P50	P53	P56
P57	P91	04	05	048	057	066	076	077	093
095	096	097	0120	0140	0165	0166	0175	0189	0236
0244	0294	62	314	365	506	517	627	639	641
886	916	956	1067	1101	1115	1277	1526	1728	1747
1756	1762	1856	1871	1904	2005	2009	2125	2175	2303
2570	2627	2671	2718	2778	2797	2829	2833		

ANZAHL DER ZEUGEN: 68

===

■■   90   ACTA 24,1

κατεβη ο αρχιερευς ανανιας μετα
πρεσβυτερων τινων

1   των πρεσβυτερων

014	020	025	049	056	0142	1	3	18	35
38	42	43	51	57	61	76	82	90	93
94	97	102	103	105	110	122	131	133	141
142	149	175	177	189	201	203	204	205	206
209	216	218	221	223	226	228	234	250	263
296	302	308	309	312	319	321	325	326	327
328	330	337	363	367	378	383	384	385	386
390	393	394	398	404	421	424	425	429	432
437	440	444	450	451	452	453	454	455	456
457	458	460	462	464	465	466	468	469	479
483	491	496	498	522	547	567	582	592	601
602	603	604	605	606	607	608	616	617	618
624	625	626	628	632	633	634	635	636	637
638	639	641	642	656	664	665	676	680	699
757	794	796	801	808	824	876	901	910	911
912	914	917	919	920	921	922	928	935	941
959	986	996	997	999	1003	1022	1040	1058	1066
1069	1070	1072	1073	1075	1094	1099	1100	1102	1103
1104	1105	1106	1107	1127	1149	1161	1240	1241	1242
1243	1244	1245	1247	1248	1249	1250	1251	1270	1297
1311	1315	1319	1352	1354	1359	1360	1367	1390	1398
1400	1404	1405	1409	1424	1448	1456	1482	1490	1501
1503	1508	1509	1521	1548	1563	1573	1594	1595	1597
1598	1599	1609	1617	1618	1619	1622	1626	1628	1636
1637	1642	1643	1646	1649	1652	1656	1668	1673	1702
1717	1718	1719	1720	1721	1722	1723	1724	1725	1726
1727	1730	1731	1732	1733	1734	1735	1736	1737	1738
1740	1741	1742	1743	1744	1745	1746	1748	1749	1750
1752	1753	1754	1757	1758	1759	1761	1763	1765	1767
1768	1780	1828	1829	1831	1832	1835	1837	1839	1841
1845	1846	1847	1849	1850	1851	1854	1855	1857	1858

1859	1860	1861	1862	1863	1864	1865	1869	1870	1872
1874	1876	1877	1880	1883	1885	1886	1888	1889	1892
1895	1896	1897	1899	1902	1903		2085	2086	2127
2131	2180	2191	2194	2218	2221	2242	2243	2255	2261
2279	2289	2352	2356	2374	2378	2400	2401	2404	2423
2431	2441	2466	2473	2475	2483	2484	2488	2492	2494
2501	2502	2508	2511	2516	2523	2541	2544	2554	2558
2576	2587	2619	2625	2626	2653	2674	2675	2691	2696
2704	2705	2712	2716	2723	2746	2772	2774	2777	2799
2815	2816								

ANZAHL DER ZEUGEN: 402

2   πρεσβυτερων τινων

P74	01	02	03	08	044	5	6	33	69
81	88	180	181	254	307	322	323	431	436
441	467	489	610	614	619	621	623	630	913
915	927	945	1162	1175	1292	1505	1524	1610	1611
1678	1729	1739	1751	1827	1830	1842	1843	1852	1853
1868	1873	1875	1884	1890	1891	1893	1894	2138	2147
2200	2201	2288	2298	2344	2412	2464	2495	2652	2737
2805	2818								

ANZAHL DER ZEUGEN: 72

3   των πρεσβυτερων του θεου

629

ANZAHL DER ZEUGEN: 1

4   πρεσβυτερων

104   256   459   1704   1838   2143

ANZAHL DER ZEUGEN: 6

5   πρεσβυτερου

1867

ANZAHL DER ZEUGEN: 1

X   UNLESERLICH

400

ANZAHL DER ZEUGEN: 1

Y   FILMFEHLER

2080

ANZAHL DER ZEUGEN: 1

Z   LUECKE

P8	P29	P33	P38	P41	P45	P48	P50	P53	P56
P57	P91	04	05	048	057	066	076	077	093
095	096	097	0120	0140	0165	0166	0175	0189	0236
0244	0294	62	172	314	365	506	517	627	886
916	956	1067	1101	1115	1277	1526	1728	1747	1756
1762	1856	1871	1904	2005	2009	2125	2175	2303	2570
2627	2671	2718	2778	2797	2829	2833			

ANZAHL DER ZEUGEN: 67

==

■■   91   ACTA 24,6-8

ον και εκρατησαμεν <u>ADD.</u>

1/2   SINE ADD.

P74	01	02	03	014	020	025	049	1	3
18	38*	43	57	61	81	82	90	93	97
103	105	110	122	131	133	141	149	175	177
201	203	204	205	209	218	221*	250	256	263
302	309	312	319	321	325	326	327	328	330
337	363	378	383	384	386	390	393	394	404
421	424*	425	432	437	444	450	451	452	454
455	456	458	460	462	464*	466	469	479*	491
498	547	601	602	604	605*	606	607	616	617
618	619	624	625	626	629	632	634	639	641
642	656	664	665	676	680	699	757	794	796*
824	910*	911	914	917	919	920	922	928	941
986	997	1022	1040	1058	1069	1070	1072	1073	1075
1094	1100	1103	1106	1107	1127	1149	1162	1175	1240
1241	1242	1243	1244	1245	1247	1248	1249*	1251	1319*
1352	1354	1360	1367*	1390	1398	1400	1424	1482	1501
1503	1508	1548	1563	1573	1599*	1617	1619	1622	1626
1628	1636	1637	1642	1646	1652	1656	1668	1673	1717
1718	1719	1720	1723	1724	1725	1726	1730	1732	1733
1734	1736	1737	1738	1740	1742	1744	1745	1746	1748
1749	1752	1754	1759	1767	1768	1780	1827	1828	1829
1835	1837	1841	1849	1851	1854*	1855	1857	1858	1859
1860	1862	1864	1865	1870	1872	1874	1877	1880	1885
1886	1888	1889	1892*	1893	1895	1897	1899	1902	
2127	2131*	2191	2218	2221	2242	2255	2261*	2289	2352
2356	2378	2404	2423	2431	2441	2466	2475	2484	2492
2501	2502	2508	2554	2558	2576	2587	2625	2653	2674
2691	2704	2705	2712	2716	2723	2772	2774	2777	2816*

ANZAHL DER ZEUGEN: 280

3   ADD. και κατα τον ημετερον νομον ηθελησαμεν κριναι
        παρελθων δε λυσιας ο χιλιαρχος μετα πολλης βιας εκ
        των χειρων ημων απηγαγεν. κελευσας τους κατηγορους
        αυτου ερχεσθαι επι σε

044	5	33	35	76	88	94	102	189	307
385	436	610	623	630	637	796C	915	945	1099

```
    1102    1249C   1270    1297    1319C   1595    1597C   1598    1643    1678
    1704    1721    1739    1743    1757    1867    1891    1894    1896    2200
    2261C   2298    2374    2746    2805    2816C   2818
```

ANZAHL DER ZEUGEN: 47

3B   ADD. και κατα τον ημετερον νομον εθελησαμεν κριναι
        παρελθων δε λυσιας ο χιλιαρχος μετα πολλης βιας εκ
        των χειρων ημων απηγαγεν. κελευσας τους κατηγορους
        αυτου ερχεσθαι επι σε

    38C

ANZAHL DER ZEUGEN: 1

3C   ADD. και κατα τον ημετερον νομον ηθελησαμεν κριναι
        παρελθων δε λυσιας ο χιλιαρχος μετα πολλης βιας εκ
        των χειρων ημων απηγαγεν. κελευσας και τους
        κατηγορους αυτου ερχεσθαι επι σε

    1735C

ANZAHL DER ZEUGEN: 1

3D   ADD. και κατα τον ημετερον νομον ηθελησαμεν κριναι
        παρελθων δε ο λυσιας ο χιλιαρχος μετα πολλης βιας εκ
        των χειρων ημων απηγαγεν. κελευσας τους κατηγορους
        αυτου ερχεσθαι επι σε

    1831*

ANZAHL DER ZEUGEN: 1

3E   ADD. και κατα τον ημετερον νομον ηθελησαμεν κριναι
        παρελθων δε λυσιας χιλιαρχος μετα πολλης βιας εκ των
        χειρων ημων απηγαγεν. κελευσας τους κατηγορους αυτου
        ερχεσθαι επι σε

    608

ANZAHL DER ZEUGEN: 1

3F   ADD. και κατα τον ημετερον νομον ηθελησαμεν κριναι
        παρελεων δε λυσιας ο χιλιαρχος μετα πολλης βιας εκ
        των χειρων ημων απηγαγεν. και κελευσας τους
        κατηγορους αυτου ερχεσθαι επι σε

    633

ANZAHL DER ZEUGEN: 1

3G   ADD. και κατα τον ημετερον νομον ηθελησαμεν κριναι
        παρελθων δε λυσιας ο χιλιαρχος μετα πολλης βιας εκ
        των χειρων ημων απηγαγεν. καιλευσας τους κατηγορους
        αυτου ερχεται επι σε

    2344

ANZAHL DER ZEUGEN: 1

3H   ADD. και κατα τον ημετερον νομον ηθελησαμεν κριναι
παρελθων δε λυσιας ο χιλιαρχος μετα πολλης βιας εκ
των χειρων υμων απηγαγεν. κελευσας τους κατηγορους
αυτου ερχεσθαι επι σε

1751

ANZAHL DER ZEUGEN: 1

4   ADD. και κατα τον ημετερον νομον ηθελησαμεν κριναι
παρελθων δε λυσιας ο χιλιαρχος μετα πολλης βιας εκ
των χειρων ημων απηγαγεν. κελευσας τους κατηγορους
αυτου ερχεσθαι προς σε

   08   180   628   1161   1409   1847   1884   2541

ANZAHL DER ZEUGEN: 8

4B   ADD. και κατα τον ημετερον νομον ηθελησαμεν κριναι
παρελθων δε λυσιας ο χιλιαρχος μετα πολης βειας εκ
των χειρων ημων απηγαγεν. κελευσας τους κατηγορους
αυτου ερχεσθαι προς σε

2464

ANZAHL DER ZEUGEN: 1

4C   ADD. και κατα τον ημετερον νομον ηθελησαμεν κριναι
παρελθων δε λυσιας ο χιλιαρχος μετα πολλης βιας εκ
των χειρων ημων απηγαγεν. κελευσας και τους
κατηγορους αυτου ερχεσθαι προς σε

  467C   1731   1761   1831C   2400

ANZAHL DER ZEUGEN: 5

4D   ADD. και κατα τον ημετερον νομον ηθελησαμεν κριναι
παρελθων λυσιας ο χιλιαρχος μετα πολλης βιας εκ των
χειρων ημων απηγαγεν. κελευσας και τους κατηγορους
αυτου ερχεσθαι προς σε

  468

ANZAHL DER ZEUGEN: 1

4E   ADD. και κατα τον ημετερον νομον ηθελησαμεν κριναι
παρελθων δε λυσιας ο χιλιαρχος μετα πολλης βιας εκ
των χειρων ημων απηγαγεν. κελευσας και τους
κατηγορους ερχεσθαι προς σε

  206   429   801   1367C   1490   1509   1758   1876   2626   2815

ANZAHL DER ZEUGEN: 10

4F   ADD. και κατα μετερον νομον ηθελησαμεν κριναι
     παρελθων δε λυσιας ο χιλιαρχος μετα πολλης βιας εκ
     των χειρων ημων απηγαγεν. κελευσας και τους
     κατηγορους αυτων ερχεσθαι προς σε

   522

ANZAHL DER ZEUGEN: 1

4G   ADD. και κατα τον ημετερον νομον ηθελησαμεν κριναι
     ζτων παρελθων δε λυσιας ο χιλιαρχος μετα πολλης βιας
     εκ των χειρων ημων απηγαγεν. κελευσας και τους
     κατηγορους αυτου ερχεσθαι προς σε

   1359

ANZAHL DER ZEUGEN: 1

4H   ADD. και κατα τον ημετερον νομον ηθελησαμεν κριναι
     ζων παρελθων δε λυσιας ο χιλιαρχος μετα πολλης βιας
     εκ των χειρων ημων απηγαγεν. κελευσας και τους
     κατηγορους αυτου ερχεσθαι προς σε

   467L

ANZAHL DER ZEUGEN: 1

4I   ADD. και κατα τον νομον τον ημετερον ηθελησαμεν
     κριναι παρελθων δε λυσιας ο χιλιαρχος μετα πολλης
     βιας εκ των χειρων ημων απηγαγεν. κελευσας και τους
     κατηγορους ερχεσθαι προς σε

   467T

ANZAHL DER ZEUGEN: 1

4K   ADD. και κατα τον ημετερον νομον ηθελησαμεν κριναι
     παρελθων δε λυσιας ο χιλιαρχος μετα πολλης βιας εκ
     των χειρων ημων απηγαγεν. κελευσας τους κατηγορους
     αυτου ερχεσθαι προς σου

   142   216   440   496

ANZAHL DER ZEUGEN: 4

5   ADD. και κατα τον ημετερον νομον ηθελησαμεν κριναι
     παρελθων δε λυσιας ο χιλιαρχος μετα πολλης βιας εκ
     των χειρων ημων απηγαγεν. κελευσας τους κατηγορους
     αυτου ερχεσθαι επι σου

   104   254   308   322   323   398   400   424C   459   464C
   489   592   621   910C   927   1521   1524   1609   1702   1727
   1729   1842   1843   1852   1868   1873   2086   2143   2201

ANZAHL DER ZEUGEN: 29

5B   ADD. και κατα τον ημετερον νομον ηθελησαμεν κριναι
          παρελθων δε λυσιας ο χιλιαρχος μετα πολλης βιας εκ
          των χειρων ημων απηγαγεν. και λευσας τους κατηγορους
          αυτου ερχεσθαι επι σου

     1105

     ANZAHL DER ZEUGEN: 1

5C   ADD. και κατα τον ημετερον νομον ηθελησαμεν κριναι
          παρελθων δε λυσιας ο χιλιαρχος μετα πολλης βιας εκ
          των χειρων ημων απηγαγεν. κελευσας τους κατηγορους
          ερχεσθαι επι σου

       636   935   1315   1404   1722   2483   2696

     ANZAHL DER ZEUGEN: 7

5D   ADD. και κατα τον ημετερον νομον ηθελησαμεν κριναι
          παρελθων δε λυσιας ο χιλιαρχος μετα πολλης βιας εκ
          των χειρων ημων απηγαγεν. κελευσας ους κατηγορους
          αυτου ερχεσθαι επι σου

       441

     ANZAHL DER ZEUGEN: 1

5E   ADD. και κατα τον ημετερον νομον ηθελησαμεν κριναι
          παρελθων δε λυσιας ο χιλιαρχος μετα πολλης βιας εκ
          των χειρων ημων απηγαγεν. κελευσα δε τους κατηγορους
          αυτου ερχεσθαι επι σου

     1838

     ANZAHL DER ZEUGEN: 1

5F   ADD. κατα τον ημετερον νομον ηθελησαμεν κριναι
          παρελθων δε λυσιας ο χιλιαρχος μετα πολλης βιας εκ
          των χειρων ημων απηγαγεν. κελευσας τους κατηγορους
          αυτου ερχεσθαι επι σου

       056   0142

     ANZAHL DER ZEUGEN: 2

5G   ADD. κατα τον ημετερον νομον θελησαντες κριναι
          παρελθων δε λυσιας ο χιλιαρχος μετα πολλης βιας εκ
          των χειρων ημων απηγαγεν. κελευσας τους κατηγορους
          αυτου ερχεσθαι επι σου

     1066

     ANZAHL DER ZEUGEN: 1

5H   ADD. και κατα τον ημετερον νομον ηθελησαμεν κριναι
          παρελθων δε λυσιας ο χιλιαρχος μετα πολλης βιας εκ
          των χειρων ημων απηγαγεν αυτον. κελευσας τους
          κατηγορους αυτου ερχεσθαι επι σου

228   996
ANZAHL DER ZEUGEN: 2

6   ADD. και κατα τον ημετερον νομον ηθελησαμεν κριναι
           παρελθων δε ο χιλιαρχος λυσιας μετα πολλης βιας εκ
           των χειρων ημων απηγαγεν. κελευσας τους κατηγορους
           αυτου ερχεσθαι επι σου

   808

ANZAHL DER ZEUGEN: 1

6B   ADD. και κατα τον νομον τον ημετερον ηθελησαμεν
           κριναι παρελθων δε ο χιλιαρχος λυσιας μετα πολλης
           βιας εκ των χειρων ημων απηγαγεν. κελευσας τους
           κατηγορους αυτου ερχεσθαι επι σου

   453

ANZAHL DER ZEUGEN: 1

7   ADD. και κατα τον ημετερον νομον ηθελησαμεν κριναι
           παρελθων δε λυσιας ο χιλιαρχος βια εκ των χειρων
           ημων ηρπασε. κελευσας τους κατηγορους ερχεσθαι επι
           σου

   999

ANZAHL DER ZEUGEN: 1

7B   ADD. και κατα τον ημετερον νομον ηθελησαμεν κρινειν
           παρελθων δε λυσιας ο χιλιαρχος μετα βιας εκ των
           χειρων ημων εξηγαγε. κελευσας τους κατηγορους αυτου
           ερχεσθαι επι σου

   2401

ANZAHL DER ZEUGEN: 1

8   ADD. και κατα τον ημετερον νομον ηθελησαμεν κρινειν
           παρελθων δε λυσιας ο χιλιαρχος μετα πολλης βιας εκ
           των χειρων ημων απηγαγεν. κελευσας τους κατηγορους
           αυτου ερχεσθαι επι σου

   614   876C   913   1292   1505   1610   1611   1765   1830   1832
   1853   1890   2138   2147   2243   2412   2494   2495   2652

ANZAHL DER ZEUGEN: 19

8B   ADD. κατα τον ημετερον νομον ηθελησαμεν κρινειν
           παρελθων δε λυσιας ο χιλιαρχος μετα πολλης βιας εκ
           των χειρων ημων απηγαγεν. κελευσας τους κατηγορους
           αυτου ερχεσθαι επι σου

   876*

ANZAHL DER ZEUGEN: 1

8C   ADD. και κατα τον νομον τον ημετερον ηθελησαμεν
        κρινειν παρελθων δε λυσιας ο χιλιαρχος μετα πολλης
        βιας εκ των χειρων ημων απηγαγεν. κελευσας τους
        κατηγορους ερχεσθαι επι σου

    2180

ANZAHL DER ZEUGEN: 1

9   ADD. και κατα τον ημετερον νομον ηθελησαμεν κρινειν
        παρελθων δε λυσιας ο χιλιαρχος μετα πολλης βιας εκ
        των χειρων ημων απηγαγεν. κελευσας τους κατηγορους
        αυτου ερχεσθαι επι σε

    221C   296   1883C   1903   2473

ANZAHL DER ZEUGEN: 5

9B   ADD. και κατα τον ημετερον νομον ηθελησαμεν κρινειν
        παρελθων δε λυσιας ο χιλιαρχος μετα πολλης εκ των
        χειρων ημων απηγαγεν. κελευσας τους κατηγορους αυτου
        ερχεσθαι επι σε

    1883*

ANZAHL DER ZEUGEN: 1

9C   ADD. και κατα τον ημετερον νομον ηθελησαμεν κρινειν
        παρελθων δε λυσιας ο χιλιαρχος μετα πολλης βιας εκ
        των χειρων ημων απηγαγεν. κελευων τους κατηγορους
        αυτου ερχεσθαι επι σε

    1104   1869   2488   2619

ANZAHL DER ZEUGEN: 4

10   ADD. και κατα τον ημετερον νομον ηθελησαμεν κριναι
        παρελθων δε λυσιας ο χιλιαρχος μετα πολλης βιας εκ
        των χειρων ημων απηγαγεν. παραγγειλας και τοις
        κατηγοροις ερχεσθαι επι σου

    2516

ANZAHL DER ZEUGEN: 1

10B   ADD. και κατα τον νομον ημων ηθελησαμεν κριναι
        παρελθων δε λυσιας ο χιλιαρχος μετα πολλης βιας εκ
        των χειρων ημων απηγαγεν. παραγγειλας και τοις
        κατηγοροις ερχεσθαι επι σου

    1854C

ANZAHL DER ZEUGEN: 1

10C   ADD. και κατα τον ημετερον νομον ηθελησαμεν κριναι
        παρελθων δε λυσιας ο χιλιαρχος μετα πολλης βιας εκ
        των χειρων ημων απηγαγεν. παραγγειλας και τοις
        κατηγοροις ερχεσθαι επι σοι

1845C 1846C 1850
ANZAHL DER ZEUGEN: 3

10D   ADD. και κατα τον ημετερον νομον ηθελησαμεν κριναι
        παρελθων δε λυσιας ο χιλιαρχος μετα πολλης βιας εκ
        των χειρων ημων απηγαγεν. παραγγειλας και τοις
        κατηγοροις ερχεσθαι επι συ

1311

ANZAHL DER ZEUGEN: 1

11   ADD. και κατα ημετερον νομον ηθελησαμεν κριναι
        παρελθων δε λυσιας ο χιλιαρχος μετα πολλης βιας εκ
        των χειρων ημων αφειλετο και προς σε απεστειλε.
        κελευσας και τους κατηγορους αυτου ερχεσθαι επι σου

    42   51   223   234   912C 1003 1250 1405 1594 1753
  1861 1863 2279 2511 2675

ANZAHL DER ZEUGEN: 15

11B   ADD. και κατα ημετερον νομον ηθελησαμεν κριναι
        παρελθων δε λυσιας ο χιλιαρχος βια πολλη εκ των
        χειρων ημων αφειλετο και προς σε απεστειλε. κελευσας
        και τους κατηγορους αυτου ερχεσθαι επι σου

367

ANZAHL DER ZEUGEN: 1

11C   ADD. και κατα ημετερον νομον ηθελησαμεν κριναι
        παρελθων δε λυσιας ο χιλιαρχος βια πολλη εκ των
        χειρων ημων αφειλετο και προς σε απεστειλε. κελευσας
        και τους κατηγορους αυτου ερχεσθαι επι σε

1763

ANZAHL DER ZEUGEN: 1

11D   ADD. και κατα ημετερον νομον ηθελησαμεν κριναι
        παρελθων δε λυσιας ο χιλιαρχος βια πολλη εκ των
        χειρων ημων αφειλετο και προς σε απεστειλε. κελευσας
        τους κατηγορους αυτου ερχεσθαι επι σε

2737

ANZAHL DER ZEUGEN: 1

11E   ADD. και κατα τον ημετερον νομον ηθελησαμεν κριναι
        παρελθων δε λυσιας ο χιλιαρχος βια πολλη εκ των
        χειρων ημων αφειλετο και προς σε αποστειλε. κελευσας
        και τους κατηγορους αυτου ερχεσθαι

2288

ANZAHL DER ZEUGEN: 1

11F   ADD. και κατα ημετερον νομον ηθελησαμεν κριναι
        παρελθων δε λυσιας ο χιλιαρχος βια πολλη εκ των
        χειρων αφειλετο και προς σε απεστειλε. κελευσας και
        τους κατηγορους αυτου ερχεσθαι

    582   1456

ANZAHL DER ZEUGEN: 2

11G   ADD. και κατα ημετερον νομον ηθελησαμεν κριναι ελθων
        δε λυσιας ο χιλιαρχος βια πολλη εκ των χειρων ημων
        αφειλετο και προς σε απεστειλε. κελευσας και τους
        κατηγορους αυτου ερχεσθαι

    2131C1

ANZAHL DER ZEUGEN: 1

11H   ADD. κατα τον ημετερον νομον ηθελησαμεν κριναι ελθων
        δε λυσιας ο χιλιαρχος βια πολλη εκ των χειρων ημων
        αφειλετο και προς σε απεστειλε. κελευσας και τους
        κατηγορους αυτου ερχεσθαι

    479C

ANZAHL DER ZEUGEN: 1

12   ADD. και κατα τον ημετερον νομον ηβουληθημεν κριναι
        παρελθων δε λυσιας ο χιλιαρχος μετα πολλης βιας εκ
        των χειρων ημων απηγαγεν. κελευσας τους κατηγορους
        αυτου ερχεσθαι επι σου

    181   1875

ANZAHL DER ZEUGEN: 2

12B   ADD. και κατα τον ημετερον νομον ηβουληθημεν κριναι
        παρελθων δε λυσιας ο χιλιαρχος μετα πολλης βιας
        απηγαγεν αυτον εκ των χειρων ημων. κελευσας τους
        κατηγορους αυτου επι σου ερχεσθαι

    6   69

ANZAHL DER ZEUGEN: 2

13   ADD. ηβουληθημεν κριναι κατα τον ημετερον νομον
        ελθων δε λυσιας ο χιλιαρχος βια πολλη εκ των χειρων
        ημων αφειλετο και προς σε απεστειλε. κελευσας τους
        κατηγορους αυτου ελθειν προς σε

    1599C

ANZAHL DER ZEUGEN: 1

13B   ADD. ηβουληθημεν κριναι κατα τον νομον ημων ελθων δε
        λυσιας ο χιλιαρχος βια πολλη εκ των χειρων ημων
        αφειλετο και προς σε απεστειλε. κελευσας τους
        κατηγορους αυτου ελθειν προς σε

226   465   603C   901   959   1448   1618   1649   1741   1750
2523

ANZAHL DER ZEUGEN: 11

13C   ADD. ηβουληθημεν κριναι κατα τον νομον ημων ελθων δε
λυσιας ο χιλιαρχος βια πολλη εκ των χειρων ημων
αφειλετο και προς σε απεστειλε. κελευσας τους
κατηγορους του ελθειν προς σε

635

ANZAHL DER ZEUGEN: 1

13D   ADD. ηβουληθημεν κριναι κατα τον νομον ημων ελθων δε
λυσιας ο χιλιαρχος βια πολλη εκ των χειρων ημων
αφειλετο και προς σε απεστειλε. κελευσας τους
κατηγορους αυτου προς σε ελθειν

457C

ANZAHL DER ZEUGEN: 1

13E   ADD. ηβουληθημεν κριναι κατα τον νομον ημων ελθων
λυσιας ο χιλιαρχος βια πολλη εκ των χειρων ημων
αφειλετο και προς σε απεστειλε. κελευσας τους
κατηγορους αυτου προς σε ελθειν

457*

ANZAHL DER ZEUGEN: 1

14   ADD. και κατα τον ημετερον νομον ηθελησαμεν κριναι
παρελθων δε λυσιας ο χιλιαρχος μετα πολλης βιας εκ
των χειρων ημων απηγαγεν. κελευσασθαι επι σε
παραγγειλας και τοις κατηγοροις ερχεσθαι επι σοι

431

ANZAHL DER ZEUGEN: 1

15   ADD. και κατα τον ημετερον νομον ηθελησαμεν κριναι
επελθων δε λυσιας ο χιλιαρχος δια πολλης βιας των
χειρων ημων εξηρπασε και προς σε απεστειλε. κελευσας
και τους κατηγορους αυτου παραγενεσθαι

2544*

ANZAHL DER ZEUGEN: 1

15B   ADD. και κατα τον ημετερον νομον ηθελησαμεν κριναι
αυτον επελθων δε λυσιας ο χιλιαρχος δια πολλης βιας
των χειρων ημων εξηρπασε και προς σε απεστειλε.
κελευσας και τους κατηγορους αυτου παραγενεσθαι

2544C

ANZAHL DER ZEUGEN: 1

16   ADD. και κατα τον ημετερον νομον εβουληθημεν κριναι
παρελθων δε λυσιας ο χιλιαρχος ηρπασεν αυτον εκ των
χειρων ημων πεμψας προς σε

    1892C

    ANZAHL DER ZEUGEN: 1

17   ADD. και κατα τον ημετερον νομον ηβουληθημεν ανελειν
παρελθων δε λυσιας ο χιλιαρχος ηρπασεν αυτον εκ των
χειρων ημων πεμψας προς σε

    483   567C   2085   2799

    ANZAHL DER ZEUGEN: 4

18   ADD. και κατα τον νομον τον ημετερον ηθελησαμεν
κριναι

    605C   638   1839

    ANZAHL DER ZEUGEN: 3

V   AUSLASSUNG VON εκρατησαμεν (VS 6) BIS δυνηση αυτος
(VS 8)

    2194

    ANZAHL DER ZEUGEN: 1

X   UNLESERLICH

    567*   603*   912*   1597*   1735*   1845*   1846*

    ANZAHL DER ZEUGEN: 7

Y   FILMFEHLER

    2080

    ANZAHL DER ZEUGEN: 1

Z   LUECKE

P8	P29	P33	P38	P41	P45	P48	P50	P53	P56
P57	P91	04	05	048	057	066	076	077	093
095	096	097	0120	0140	0165	0166	0175	0189	0236
0244	0294	62	172	314	365	506	517	627	886
916	921	956	1067	1101	1115	1277	1526	1728	1747
1756	1762	1856	1871	1904	2005	2009	2125	2175	2303
2570	2627	2671	2718	2778	2797	2829	2833		

    ANZAHL DER ZEUGEN: 68

■■   92   ACTA 24,14

καὶ τοις ἐν τοις προφηταις γεγραμμενοις

1   OM. ἐν τοις

01C2	02	014	020	025	049	056	0142	1	3
18	33	35	38	42	43	51	57	61	76
82	88	90	93	97	102	103	105	110	122
131	133	141	149	175	177	189	201	204	205
206	209	221T	223	226	234	250	254	256	263
296	302	308	309	312	314	319	321	325	326
327	328	330	337	363	367	378	383	384	385
386	390	393	394	398	400	404	421	424*	425
429	432	437	441	444	450*	451	452	454	455
456	457	458	460	462	464	465	466	467	468
469	479	483	491	498	522	547	567	582	592
601	602	603	604	605	606	607	608	616	617
618	619	624	625	626	628	629	632	633	635
637	638	639	641	642	656	664	665	676	680
699	757	794	796	801	824	901	910	911	912
914	915	917	919	920	921	922	928	959	986
997	999	1003	1022	1040	1058	1066	1069	1070	1072
1073	1075	1094	1099	1100	1102	1104	1105	1106	1107
1149	1161	1162	1175	1240	1241	1242	1243	1244	1245
1247	1248	1249	1250	1251	1270	1297	1311	1319	1352
1354	1360	1367	1390	1398	1400	1405	1424	1448	1456
1482	1490	1501	1503	1508	1509	1521	1524	1548	1573
1594	1595	1597	1598	1599	1617	1618	1619	1622	1626
1628	1636	1637	1642	1643*	1649	1652	1656	1668	1673
1702	1717	1719	1720	1721	1723	1724	1725	1726	1727
1730	1731	1732	1733	1734	1735	1736	1737	1738	1740
1741	1742	1743	1744	1745	1746	1748	1749	1750	1752
1753	1754	1757	1758	1761	1763	1767	1768	1780	1827
1828	1829	1831	1835	1837	1839	1841	1845	1847	1849
1850	1851	1854	1855	1857	1858	1859	1860	1861	1862
1864	1865	1867	1870	1872	1874	1876	1877	1880	1883
1885	1888	1889	1892	1893	1895	1897	1899	1902	1903
	2080	2085	2086	2127	2131	2147	2180	2191	2194
2218	2221	2242	2255	2261	2279	2289	2303	2344	2352
2356	2374	2378	2400	2401	2404	2423	2431	2441	2466
2473	2475	2484	2488	2492	2494	2495	2501	2502	2508
2511	2523	2544	2554	2558	2576	2587	2619	2625	2626
2653	2674	2675	2691	2704	2705	2712	2716	2723	2746
2772	2777	2799	2815	2816					

ANZAHL DER ZEUGEN: 385

2   ἐν τοις

P74	01*	03	08	044	5	6	69	81	94
104	142	180	181	203	216	218	221L	228	307
322	323	424C	431	436	440	453	459	489	496
610	614	621	623	630	634	636	808	876	913
927	935	941	945	996	1103	1127	1292	1315	1359
1404	1409	1505	1563	1609	1610	1611	1646	1678	1704
1718	1722	1729	1739	1751	1765	1830	1832	1838	1842
1843	1846	1852	1853	1868	1873	1875	1884	1890	1891
1894	1896	2138	2143	2200	2201	2243	2288	2298	2412

2464	2483	2516	2541	2652	2696	2737	2774	2805	2818

ANZAHL DER ZEUGEN: 100

3   τοις

1759	1863	1869	1886

ANZAHL DER ZEUGEN: 4

4   εν

450C	1643C

ANZAHL DER ZEUGEN: 2

Z   LUECKE

P8	P29	P33	P38	P41	P45	P48	P50	P53	P56
P57	P91	04	05	048	057	066	076	077	093
095	096	097	0120	0140	0165	0166	0175	0189	0236
0244	0294	62	172	365	506	517	627	886	916
956	1067	1101	1115	1277	1526	1728	1747	1756	1762
1856	1871	1904	2005	2009	2125	2175	2570	2627	2671
2718	2778	2797	2829	2833					

ANZAHL DER ZEUGEN: 65

===

■■   93   ACTA 24,15

         αναστασιν μελλειν εσεσθαι <u>δικαιων</u> τε και
         αδικων

1   νεκρων δικαιων

08	014	020	025	044	049	056	0142	1	3
6	18	35	38	42	43	51	57	61	69
76	82	88	90	93	94	97	102	103	105
110	122	131	133	141	142	149	175	177	180
189	201	203	204	205	206	209	216	218	221
223	226	228	234	250	254	256	263	296	302
307	308	309	312	314	319	321	322	323	325
326	327	328	330	337	363	367	383	384	385
386	390	393	394	398	400	404	421	424	425
429	431	432	440	444	450	451	452	453	454
455	456	457	458	460	462	464	465	466	468
469	479	483	491	496	498	522	547	567	582
592	601	602	603	604	605	606	607	608	610
614	616	617	618	624	625	626	628	630	632
633	634	635	636	637	638	639	641	642	656
664	665	676	680	699	757	794	796	801	808
824	876	901	910	911	912	913	914	915	917
919	920	921	922	928	935	941	959	986	996
997	999	1003	1022	1040	1058	1066	1069	1070	1072
1073	1075	1094	1099	1100	1102	1103	1104	1105	1106
1107	1127	1149	1161	1240	1241	1242	1243	1244	1245
1247	1248	1249	1250	1251	1270	1292	1297	1311	1315

1319	1352	1354	1359	1360	1367	1390	1398	1400	1404
1405	1409	1424	1448	1456	1482	1490	1501	1503	1505
1508	1509	1521	1524	1548	1563	1573	1594	1595	1597
1598	1599	1609	1610	1611	1617	1618	1619	1622	1626
1628	1636	1637	1642	1643	1646	1649	1652	1656	1668
1673	1678	1702	1717	1718	1719	1720	1721	1722	1723
1724	1725	1726	1727	1730	1731	1732	1733	1734	1735
1736	1737	1738	1740	1741	1742	1743	1744	1745	1746
1748	1749	1750	1751	1752	1753	1754	1757	1758	1761
1763	1765	1767	1768	1780	1828	1829	1830	1831	1832
1835	1837	1839	1841	1845	1846	1847	1849	1850	1851
1852	1853	1854	1855	1857	1858	1859	1860	1861	1862
1863	1864	1865	1867	1868	1869	1870	1872	1874	1876
1877	1880	1883	1884	1885	1886	1888	1889	1890	1892
1894	1895	1896	1897	1899	1902	1903		2080	2085
2086	2127	2131	2138	2143	2147	2180	2191	2194	2200
2218	2221	2242	2243	2255	2261	2279	2289	2298	2303
2352	2356	2374	2378	2400	2401	2404	2412	2423	2431
2441	2466	2473	2475	2483	2484	2488	2492	2494	2495
2501	2502	2508	2511	2516	2523	2541	2544	2554	2558
2576	2587	2619	2625	2626	2652	2653	2674	2675	2691
2696	2704	2705	2712	2716	2723	2737	2746	2772	2774
2777	2799	2805	2815	2816	2818				

ANZAHL DER ZEUGEN: 446

2   δικαιων

P74	01	02	03	04	33	81	181	378	441
467	489	619	621	629	927	945	1162	1175	1704
1729	1739	1827	1842	1843	1873	1875	1891	1893	2201
2288	2344								

ANZAHL DER ZEUGEN: 32

3   νεκρων {μελλειν εσεσθαι} δικαιων

5	436	437	623	2464

ANZAHL DER ZEUGEN: 5

V1   AUSLASSUNG VON αναστασιν BIS αδικων

104	459	1838

ANZAHL DER ZEUGEN: 3

V2   AUSLASSUNG VON θεον (VS 15) BIS ασκω (VS 16)

1759

ANZAHL DER ZEUGEN: 1

Z   LUECKE

P8	P29	P33	P38	P41	P45	P48	P50	P53	P56
P57	P91	05	048	057	066	076	077	093	095
096	097	0120	0140	0165	0166	0175	0189	0236	0244

0294	62	172	365	506	517	627	886	916	956
1067	1101	1115	1277	1526	1728	1747	1756	1762	1856
1871	1904	2005	2009	2125	2175	2570	2627	2671	2718
2778	2797	2829	2833						

ANZAHL DER ZEUGEN: 64

==

■■ 94 ACTA 24,22

α␣ανεβαλετο δε αυτους ο φηλιξ

1   ακουσας δε ταυτα ο φηλιξ ανεβαλετο αυτους

014	020	025	056	093	0142	1	3	5	6
18	35	38	42	43	51	57	61	69	76
82	88	90	93	94	97	102	103	104	105
110	122	131	133	141	142	149	172	175	177
180	189	201	203	204	205	206	209	216	218
221	223	226	234	250	254	256	302	307	308
309	312	314	319	321	322	323	325	326	328
330	337	363	367	378	383	384	385	386	390
393	394	398	400	404	421	424	425	429	431
432	437	440	444	450	451	452	453	454	455
456	457	458	459	460	462	464	465	466	467
468	469	483	489	491	496	498	522	547	567
582	592	602	603	604	605	606	607	608	610
617	618	619	623	624	626	628	629C	632	634
635	636	637	638	639	641	642	656	664	665
676	699	757	794	796	801	808	824	876	901
910	911	914	915	917	919	921	922	927	928
935	959	986	996	997	999	1003	1022	1040	1058
1069	1072	1073	1075	1094	1099	1100	1102	1103	1105
1106	1107	1127	1149	1161	1162	1240	1241	1242	1243
1244	1247	1248	1249	1250	1251	1315	1319	1352	1354
1359	1360	1398	1400	1404	1405	1409	1424	1448	1456
1482	1490	1501	1503	1508	1509	1524	1548	1563	1573
1594	1597	1609	1611	1617	1618	1619	1622	1626	1628
1636	1637	1642	1643	1646	1649	1652	1656	1668	1673
1678	1702	1717	1718	1719	1720	1721	1722	1723	1724
1725	1726	1727	1729	1730	1731	1732	1733	1734	1736
1737	1738	1740	1741	1744	1746	1748	1749	1750	1752
1753	1754	1757	1758	1759	1761	1763	1765	1767	1768
1780	1828	1829	1831	1832	1835	1837	1838	1839	1841
1843	1845	1847	1850	1851	1854	1855	1857	1858	1860
1861	1862	1863	1864	1865	1870	1873	1874	1877	1880
1883	1885	1886	1888	1889	1892	1894	1897	1899	1902
1903		2080	2085	2086	2127	2131	2143	2191	2194
2201	2218	2221	2242	2243	2255	2261	2279	2288	2289
2303	2352	2356	2378	2400	2401	2423	2431	2441	2466
2473	2475	2483	2484	2494	2501	2508	2516	2523	2541
2554	2558	2576	2587	2625	2626	2652	2653	2674	2675
2691	2696	2704	2705	2723	2737	2746	2772	2774	2777
2799	2815	2816	2818						

ANZAHL DER ZEUGEN: 394

1B   ακουσας δε ταυτα φηλιξ ανεβαλετο αυτους

   601   1895

ANZAHL DER ZEUGEN: 2

1C   ακουσας δε ταυτα ο φηλιξ ανεβαλλετο αυτους

   327   479   614   625   633   912   941   1070   1245   1270
   1292   1297   1595   1598   1599   1742   1743   1827   1849   1868
   1876   1893   1896   2147   2180   2404   2412   2502   2511   2544
   2712   2716

ANZAHL DER ZEUGEN: 32

1D   ακουσας δε ταυτα ο φηλιξ ανεβαλετω αυτους

   1311

ANZAHL DER ZEUGEN: 1

1E   ακουσας δε ταυτα ο φηλιξ ανεβαλε αυτους

   1104   1869   2488   2619

ANZAHL DER ZEUGEN: 4

1F   ακουσας δε ταυτα ο φηλιξ ανεβαλλε αυτους

   296

ANZAHL DER ZEUGEN: 1

2   ανεβαλετο δε αυτους ο φηλιξ

   P74   01   02   03   04   08   33   181   630   945
   1175   1704   1739   1751   1842* 1875   1891   2200   2344   2464

ANZAHL DER ZEUGEN: 20

2B   ανεβαλετο δε αυτους φηλιξ

   1884

ANZAHL DER ZEUGEN: 1

2C   ανεβαλετο δε αυτου ο φηλιξ

   441   621

ANZAHL DER ZEUGEN: 2

2D   ανεβαλετο δε αυτοις ο φηλιξ

   81

ANZAHL DER ZEUGEN: 1

3   ανεβαλετο δε ο φηλιξ αυτους

   1505   1610   1830   1852   1853   2138   2495

   ANZAHL DER ZEUGEN: 7

3B   ανεβαλλετο δε ο φηλιξ αυτους

   913   1890

   ANZAHL DER ZEUGEN: 2

4   ανεβαλετο δε ο φηλιξ αυτον

   044   2374   2805

   ANZAHL DER ZEUGEN: 3

5   ακουσας δε ταυτα ανεβαλετο αυτους ο φηλιξ

   2298

   ANZAHL DER ZEUGEN: 1

6   ακουσας δε ταυτα ο φηλιξ ανεβαλετο αυτοις

   263   1367

   ANZAHL DER ZEUGEN: 2

6B   ακουσας δε ταυτα ο φηλιξ ανεβαλλετο αυτοις

   616

   ANZAHL DER ZEUGEN: 1

7   ακουσας και ταυτα ο φηλιξ ανεβαλετο προς αυτους

   228

   ANZAHL DER ZEUGEN: 1

8   ακουσας δε ο φηλιξ ανεβαλετο αυτους

   920   1521   1859   1872

   ANZAHL DER ZEUGEN: 4

9   ακουσας δε ταυτα παντα ο φηλιξ ανεβαλετο αυτους

   1846

   ANZAHL DER ZEUGEN: 1

10   ακουσας δε ταυτα ο φηλιξ ανελαβετο αυτους

   049   1390   1735

ANZAHL DER ZEUGEN: 3

11   ανελαβετο δε ο φηλιξ αυτους

436

ANZAHL DER ZEUGEN: 1

12   ακουσας δε ταυτα ο φηλιξ ανεβαλετο

1842C 2492

ANZAHL DER ZEUGEN: 2

13   ακουσας δε ταυτα φηλιξ ανεβαλετο

680

ANZAHL DER ZEUGEN: 1

14   ακουσας δε ταυτα ο φηλιξ

629*

ANZAHL DER ZEUGEN: 1

Z   LUECKE

P8	P29	P33	P38	P41	P45	P48	P50	P53	P56
P57	P91	05	048	057	066	076	077	095	096
097	0120	0140	0165	0166	0175	0189	0236	0244	0294
62	365	506	517	627	886	916	956	1066	1067
1101	1115	1277	1526	1728	1745	1747	1756	1762	1856
1867	1871	1904	2005	2009	2125	2175	2570	2627	2671
2718	2778	2797	2829	2833					

ANZAHL DER ZEUGEN: 65

===

■■ 95 ACTA 25,5

                    ει τι εστιν εν τω ανδρι ατοπον
                    κατηγορειτωσαν αυτου

1   τουτω

014	020	025	056	0142	1	3	18	35	38
43	57	61	76	82	88	90	93	103	105
110	122	131	133	141	142	149	172	177	201
204	205	209	221	226	228	250	254	256	263
296	302	308	309	312	314	319	321	325	326
327	328	330	337	363	378	383	384	385	386
393	394	398	400	424	425	432	437	444	450
451	452	454	455	456	457	458	460	462	464
465	466	468	469	479*	483	489	491	498	547
567	592	601	602	603	604	605	606	607	616
619	624	625	626	628	629	632	633	634	635

637	638	639	641	656	664	665	676	680	699
757	794	796	801	824	876	901	910	911	913
914	915	917	919	921	922	927	928	959	986
997	999	1022	1040	1058	1069	1070	1072	1073	1075
1094	1099	1100	1104	1105	1106	1107	1127	1149	1161
1162	1240	1241	1242	1243	1244	1245	1247	1248	1249
1251	1270	1297	1319	1352	1354	1360	1367	1390	1398
1400	1404	1424	1482	1490	1501	1503	1508	1521	1524
1548	1573	1595	1598	1599	1610	1617	1618	1619	1626
1628	1636	1637	1642	1646	1649	1652	1656	1668	1673
1702	1717	1720	1721	1723	1724	1725	1726	1727	1729
1730	1731	1732	1733	1734	1735	1736	1737	1738	1740
1741	1742	1746	1748	1749	1750	1752	1754	1757	1758
1759	1761	1763	1765	1767	1768	1780	1827	1828	1829
1830	1831	1832	1835	1837	1841	1843	1845*	1847	1849
1850	1851	1853	1854	1855	1857	1858	1862	1864	1865
1868	1869	1870	1872	1873	1874	1876	1877	1880	1883
1885	1886	1888	1889	1892	1893	1895	1897	1903	
2080	2085	2086	2127	2131*	2143	2180	2191	2194	2201
2218	2221	2242	2243	2255	2288	2289	2303	2352	2356
2400	2401	2404	2423	2431	2441	2466	2473	2475	2484
2488	2492	2494	2501	2502	2508	2516	2523	2544	2554
2558	2576	2587	2619	2625	2626	2653	2674	2691	2696
2704	2705	2712	2716	2723	2737	2746	2772	2774	2777
2799	2815	2816*							

ANZAHL DER ZEUGEN: 353

1B   τ ο υ τ ο

049	618	920	1311

ANZAHL DER ZEUGEN: 4

2   α τ ο π ο ν

01	02	03	04	08	5	33	81	104	175
181	218	404	436	459	617	623*	630	642	808
935	945	1175	1315	1359	1409	1448	1563	1704	1718
1719	1739	1751	1838	1875	1884	1891	1894	1902	2200
2298	2344	2374	2464	2541					

ANZAHL DER ZEUGEN: 45

3   τ ο υ τ ω   α τ ο π ο ν

044	6	42	51	69	94	97	102	180	189
206	223	234	307	367	390	421	429	431	441
453	467	479C	522	582	608	610	614	621	623C
912	1003	1102	1250	1292	1405	1456	1505	1509	1594
1597	1611	1622	1643	1678	1753	1839	1842	1845C	1846
1852	1860	1861	1863	1890	2131C	2138	2147	2261	2279
2412	2495	2511	2570	2652	2675	2805	2816C	2818	

ANZAHL DER ZEUGEN: 69

3B   ατοπον τουτω

2483

ANZAHL DER ZEUGEN: 1

4   ατοπον {εν τω ανδρι} τουτω

    203   216   322   323   440   496   636   941   996   1103
    1722   1743   1744   1896

ANZAHL DER ZEUGEN: 14

Z   LUECKE

    P8   P29   P33   P38   P41   P45   P48   P50   P53   P56
    P57   P74   P91   05   048   057   066   076   077   093
    095   096   097   0120   0140   0165   0166   0175   0189   0236
    0244   0294   62   365   506   517   627   886   916   956
    1066   1067   1101   1115   1277   1526   1609   1728   1745   1747
    1756   1762   1856   1859   1867   1871   1899   1904   2005   2009
    2125   2175   2378   2627   2671   2718   2778   2797   2829   2833

ANZAHL DER ZEUGEN: 70

==

■■   96   ACTA 25,16
                      χαριζεσθαι τινα ανθρωπον <u>ADD.</u>

1   ADD. εις απωλειαν

    014   020   025   049C   056   0142   1   3   5   6
    18   35   38   42   43   51   57   61   69   76
    82   88   90   94   102   103   105   110   122   131
    133   141   142   149   172   175   177   180   189   201
    203   204   205   206   209   216   218   221   223   226
    228   234   250   254   256   263   296   302   307   308
    312   314   319   325   326   327   328   330   337   363
    367   378   383   384   385   386   390   393   394   398
    400   404   421   424   425   429   431   432   436   437
    440   441   444   450   451   452   453   454   455   456
    457   458   460   462   464   465   466   467   468   469
    479   483   489   491   496   498   522   547   567   582
    592   601   603   604   605   606   607   608   610   614
    616   617   618   619   621   623   624   625   626   629
    632   633   634   635   636   637   638   639   641   642
    656   664   676   680   699   757   794   796   801   808
    824   876   901   910   911   912   913   914   915   919
    921   922   927   928   935   941   959   986   996   997
    999   1003   1022   1040   1058   1069   1070   1072   1073   1075
    1094   1099   1100   1102   1103   1104   1105   1106   1107   1127
    1149   1161   1162   1240   1241   1242   1244   1245   1247   1248
    1249   1250   1251   1270   1292   1311   1315   1319   1352   1354
    1359   1360   1367   1390   1404   1405   1409   1424   1448   1456
    1482   1490   1501   1503   1508   1509   1521   1524   1548   1563
    1573   1594   1595   1597   1598   1599   1610   1611   1617   1618

1619	1622	1626	1628	1636	1637	1642	1643	1646	1649
1652	1656	1668	1673	1678	1702	1704C	1717	1718	1719
1720	1721	1722	1723	1724	1725	1726	1727	1729	1730
1731	1732	1733	1734	1735	1736	1737	1738	1740	1741
1742	1743	1744	1746	1748	1749	1750	1752	1753	1754
1757	1759	1761	1763	1765	1767	1768	1780	1827	1828
1829	1830	1831	1832	1835	1837	1838	1839	1841	1842
1843	1845	1846	1847	1849	1850	1851	1853	1854	1855
1857C	1858	1859	1860	1861	1862	1863	1864	1865	1867
1869	1870	1871	1872	1873S	1874	1876	1877	1880	1883
1885	1886	1888	1889	1892	1893	1894	1895	1896	1897
1902	1903		2080	2085	2086	2127	2131	2143	2147
2180	2191	2194	2201	2218	2221	2242	2243	2255	2261
2279	2288	2289	2303	2352	2356	2374	2400	2404	2412
2423	2431	2441	2466	2473	2475	2483	2484	2488	2492
2494	2501	2502	2508	2511	2516	2523	2541	2544	2554
2558	2576	2587	2619	2625	2626	2652	2653	2674	2675
2691	2696	2704	2705	2712	2716	2723	2737	2746	2774
2777	2799	2805	2815	2816	2818				

ANZAHL DER ZEUGEN: 436

1B   ADD. ειϛ απολειαν

049*	62	97	309	321	917	920	1297	1398	1400
1857*	1868	1873

ANZAHL DER ZEUGEN: 13

2   SINE ADD.

P74	01	02	03	04	08	044	33	81	93
104	181	322	323	459	630	665	945	1175	1243
1505	1704*	1739	1852*	1875	1884	1890	1891	2138	2200
2298	2344	2401	2464	2495	2718

ANZAHL DER ZEUGEN: 36

X   UNLESERLICH

1758   1852C

ANZAHL DER ZEUGEN: 2

Z   LUECKE

P8	P29	P33	P38	P41	P45	P48	P50	P53	P56
P57	P91	05	048	057	066	076	077	093	095
096	097	0120	0140	0165	0166	0175	0189	0236	0244
0294	365	506	517	602	627	628	886	916	956
1066	1067	1101	1115	1277	1526	1609	1728	1745	1747
1751	1756	1762	1856	1899	1904	2005	2009	2125	2175
2378	2570	2627	2671	2772	2778	2797	2829	2833

ANZAHL DER ZEUGEN: 69

■■   97   ACTA 25,17

                    συνελθοντων ουν αυτων ενθαδε ... εκελευσα

1/2   ουν αυτων ενθαδε

P74	01	02	08	014	020	025	044	049	1
5	6	18	33	35	38	43	57	61	62
69	76	81	82	88	90	93	94	102	103
104	105	110	122	131	133	141	142	149	172
175	177	189	201	203	204	205	206	209C	216
218	221	223	226	228	250	254	256	263	296
302	308	309	312	314	319	321	322	323	325
326	327	328	330	337	363	367	378	383	384
385	386	393	394	398	400	404	421	424	425
429	432	436	437	440	441	444	450	451	452
454	456	457	459	460	462	464	465	466	467
468	469	479	483	489	491	496	498	522	547
567	582	592	601	603	604	605	606	607	608
616	617	618	619	621	623	624	625	626	629
630	632	633	634	635	636	637	638	639	641
642	656	664	665	676	680	699	757	796	801
808	824	876	901	910	911	914	915	917	919
920	921	922	927	928	935	941	945	959	986
996	997	1022	1040	1058	1069	1070	1072	1073	1075
1094	1099	1100	1102	1103	1104	1105	1106	1107	1127
1149	1161	1162	1241	1242	1244	1245	1247	1248	1249
1250	1251	1270	1297	1311	1315	1319	1352	1354	1359
1360	1367	1398	1400	1404	1409	1424	1448	1456	1482
1490	1501	1503	1508	1509	1521	1524	1548	1563	1573
1595	1597	1598	1599	1617	1618	1619	1626	1628	1636
1637	1643	1646	1649	1652	1656	1668	1673	1702	1704
1717	1718	1719	1720	1721	1722	1723	1724	1725	1726
1727	1729	1730	1731	1732	1733	1734	1735	1736	1737
1738	1739	1740	1741	1742	1743	1744	1746	1749	1750
1752	1754	1757	1759	1761	1763	1765	1767	1768	1780
1827	1828	1829C	1830	1832	1835	1837	1839	1841	1843
1845	1846	1847	1849	1850	1851	1852	1853	1854	1855
1858	1859	1861	1862	1864	1865	1867	1868	1869	1870
1871	1872	1874	1875	1876	1877	1880	1883	1884	1885
1888	1889	1891	1892	1893	1894	1895	1896	1897	1902
1903		2080	2085	2086	2127	2131	2143	2180	2191
2194	2200	2201	2218	2221	2242	2243	2255	2261	2288
2289	2298	2303	2344	2352	2356	2374	2378	2400	2401
2404	2423	2441	2464	2466	2473	2475	2483	2484	2488
2492	2494	2501	2502	2508	2516	2523	2541	2544	2554
2558	2587	2619	2625	2626	2653	2674	2691	2696	2704
2705	2712	2716	2718	2723	2737	2746	2774	2777	2799
2805	2815	2816							

ANZAHL DER ZEUGEN: 423

1/2B   ουν αυτον ενθαδε

    1175   1243   1857

ANZAHL DER ZEUGEN: 3

1/2C   συν αυτων ενθαδε

     1831

ANZAHL DER ZEUGEN: 1

3   ουν ενθαδε αυτων

04	180	307	431	453	610	614	1292	1505	1611
1678	1890	2138	2147	2412	2495	2652	2818		

ANZAHL DER ZEUGEN: 18

4   ουν ενθαδε

03	056	3	42	51	97	181	209*	234	390
455	458	912	999	1003	1240	1390	1405	1594	1622
1642	1748	1753	1829*	1838	1860	1863	1873S	1886	2279
2431	2511	2576	2675						

ANZAHL DER ZEUGEN: 34

5   δε αυτων ενθαδε

   913   1610   1842

ANZAHL DER ZEUGEN: 3

6   δε ενθαδε

0142

ANZAHL DER ZEUGEN: 1

7   ουν ενταυθα

   794

ANZAHL DER ZEUGEN: 1

X   UNLESERLICH

   1758

ANZAHL DER ZEUGEN: 1

Z   LUECKE

P8	P29	P33	P38	P41	P45	P48	P50	P53	P56
P57	P91	05	048	057	066	076	077	093	095
096	097	0120	0140	0165	0166	0175	0189	0236	0244
0294	365	506	517	602	627	628	886	916	956
1066	1067	1101	1115	1277	1526	1609	1728	1745	1747
1751	1756	1762	1856	1873	1899	1904	2005	2009	2125
2175	2570	2627	2671	2772	2778	2797	2829	2833	

ANZAHL DER ZEUGEN: 69

■■   98   ACTA 26,14

          ηκουσα φωνην λεγουσαν προς με τη εβραιδι
          διαλεκτω

1   λαλουσαν προς με και λεγουσαν

020	025	044	056	077	0142	1	3	18	35
38	42	43	51	76	82	90	97	102	103
105	122	131	133	141	149	175	177	189	201
203	204	205	209	221	223	226	234	250*	254
256	263	296	302	308	309	312	314	319	321
325	327	328	337	363	367	378	383	384	385
386	390	393	394	398	400	404	421	424	425
432	444	450	452	454	455	456	457	458	462
464	465	466	479	483	489	491	496	498	547
582	592	601	602	603	604	605	606	607	614
617	618	624	625	626	628	632	634	635	636
637	638	639	641	642	656	664	676	680	699
757	794	796	801	808	824	876	901	910	911
912	913	914	917	919	920	921	922	927	928
941	959	986	997	999	1003	1022	1040	1058	1069
1070	1072	1073	1075	1099	1100	1102	1103	1104	1105
1106	1107	1127	1149	1161	1240	1241	1242	1244	1245
1247	1248	1249	1250	1251	1270	1292	1297	1315	1319
1352	1354	1360	1367	1390	1398	1400	1405	1424	1448
1456	1482	1503	1505	1508	1509	1521	1524	1548	1573
1594	1595	1597	1598	1599	1610	1611	1617	1618	1619
1622	1626	1628	1636	1637	1646	1652	1656	1668	1673
1717	1719	1720	1721	1723	1724	1725	1726	1729	1730
1731	1732	1733	1734	1735	1736	1737	1738	1740	1742
1743	1744	1745	1746	1747	1748	1749	1750	1752	1753
1754	1757	1759	1761	1763	1765	1767	1768	1780	1828
1830	1832	1835	1839	1841	1845	1846	1847	1849	1852
1853	1854	1855	1858	1859	1860	1861	1862	1863	1864
1865	1868	1869	1870	1872	1874	1876	1877	1880	1883
1885	1886	1888	1889	1890	1892	1894	1895	1896	1897
1902	1903		2080	2127	2131	2138	2147	2180	2191
2194	2218	2221	2242	2243	2255	2261	2279	2289	2352
2356	2378	2400	2404	2412	2423	2431	2441	2466	2473
2475	2484	2488	2492	2494	2495	2501	2508	2511	2523
2544	2554	2558	2576	2587	2619	2625	2626	2627	2652
2653	2674	2675	2691	2696	2704	2705	2723	2746	2777
2815	2816								

ANZAHL DER ZEUGEN: 362

1B   λαλουσαν προς με λεγουσαν

1851

ANZAHL DER ZEUGEN: 1

1C   λαλουσης προς με και λεγουσαν

1741

ANZAHL DER ZEUGEN: 1

1D   λαλουσης προς με και λεγουσης

   206   250C   429   469   522   616   1490   2716

   ANZAHL DER ZEUGEN: 8

2   λεγουσαν προς με

   P74   01   02   03   04   048   096   81   93   104
   110   180   181   218   228   307   436   453   459   610
   630   633   665   945   996   1359   1563   1678   1704   1718
   1739   1751   1838   1875   1884   1891   2200   2298   2502   2541
   2818

   ANZAHL DER ZEUGEN: 41

2B   προς με λεγουσαν

   2737

   ANZAHL DER ZEUGEN: 1

2C   λεγουσης προς με

   08   5   6   69   94   330   441   451   467   468
   608   621   623   1094   1175   1243   1501   1842   1867   2374
   2464   2718   2805

   ANZAHL DER ZEUGEN: 23

3   λαλουσαν προς με

   014   049   57   61   62   142   172   216   322   323
   326   440   567   629   935   1311   1404   1409   1609   1642
   1643   1702   1722   1727   1829   1837   1850   1857   1871   2085
   2086   2401   2483   2774   2799

   ANZAHL DER ZEUGEN: 35

3B   λαλουσης προς με

   1831

   ANZAHL DER ZEUGEN: 1

4   λεγουσαν προς με και λαλουσαν

   2516

   ANZAHL DER ZEUGEN: 1

5   λεγουσαν προς με και λεγουσαν

   1649

   ANZAHL DER ZEUGEN: 1

6   λεγουσαν μοι

   88   437   915   1162   1827   1843   1873   1893   2143   2201
   2288

ANZAHL DER ZEUGEN: 11

6B   λεγουσαν μη

   619

ANZAHL DER ZEUGEN: 1

7   OM. λεγουσαν προς με

   33   2344

ANZAHL DER ZEUGEN: 2

W   UNSICHER OB LA3 ODER LA6

   431

ANZAHL DER ZEUGEN: 1

X   UNLESERLICH

   1758

ANZAHL DER ZEUGEN: 1

Z   LUECKE

   P8   P29   P33   P38   P41   P45   P48   P50   P53   P56
   P57   P91   05   057   066   076   093   095   097   0120
   0140   0165   0166   0175   0189   0236   0244   0294   365   460
   506   517   627   886   916   956   1066   1067   1101   1115
   1277   1526   1728   1756   1762   1856   1899   1904   2005   2009
   2125   2175   2303   2570   2671   2712   2772   2778   2797   2829
   2833

ANZAHL DER ZEUGEN: 61

===

■■ 99 ACTA 26,28
                          εν ολιγω με πειθεις χριστιανον ποιησαι

1   γενεσθαι

   08   014   020   025   044   049   056   0142   1   3
   5   6   18   35   38   42   43   51   57   61
   62   69   76   82   88   90   94   97   102   103
   104   105   110   122   131   133   141   142   149   172
   175   177   180   189   201   203   204   205   206   209
   216   218   221   223   226   228   234   250   254   256
   263   296   302   307   308   309   312   314   319   321

322	323	325	326	327	328	330	337	363	367
378	383	384	385	386	390	393	394	398	400
404	421	424	425	429	431	432	436	437	440
441	444	450	451	452	453	454	455	456	457
458	459	460	462	464	465	466	467	468	469
479	483	489	496	498	522	547	567	582	592
601	602	603	604	605	606	607	608	610	614
616	617	618	619	621	623	624	625	626	628
629	630	632	634	635	636	637	638	639	641
642	656	664	676	680	699	757	794	796	801
808	824	876	901	910	911	912	913	914	915
917	919	920	921	922	927	928	935	941	945
959	986	996	997	999	1003	1022	1040	1058	1069
1070	1072	1073	1075	1099	1100	1102	1103	1104	1105
1106	1107	1115	1127	1149	1161	1162	1240	1241	1242
1244	1245	1247	1248	1249	1250	1251	1270	1292	1297
1311	1315	1319	1352	1354	1359	1360	1367	1390	1398
1400	1404	1405	1409	1424	1448	1456	1482	1490	1501
1503	1505	1508	1509	1521	1524	1548	1563	1573	1594
1595	1597	1598	1599	1609	1610	1611	1617	1618	1619
1622	1626	1628	1636	1637	1642	1643	1646	1649	1652
1656	1668	1673	1678	1702	1704	1717	1718	1719	1720
1721	1722	1723	1724	1725	1726	1727	1729	1730	1731
1732	1733	1734	1735	1736	1737	1738	1739	1740	1741
1742	1743	1744	1745	1746	1747	1748	1749	1750	1751
1752	1753	1754	1757	1758	1759	1761	1763	1765	1767
1768	1780	1827	1828	1829	1830	1831	1832	1835	1837
1838	1839	1841	1842	1843	1845	1846	1847	1849	1850
1851	1853	1854	1855	1856	1857	1858	1859	1860	1861
1862	1863	1864	1865	1867	1868	1869	1870	1871	1872
1873	1874	1876	1877	1880	1883	1884	1885	1886	1888
1889	1890	1891	1892	1893	1894	1895	1896	1897	1902
1903		2080	2085	2086	2127	2131	2138	2143	2147
2180	2191	2194	2200	2201	2218	2221	2242	2243	2255
2261	2279	2288	2289	2298	2344	2352	2356	2374	2378
2400	2401	2404	2412	2423	2431	2441	2464	2466	2473
2475	2483	2484	2488	2492	2494	2495	2501	2502	2508
2511	2516	2523	2541	2544	2554	2558	2576	2587	2619
2625	2626	2652	2653	2674	2675	2691	2696	2704	2705
2718	2723	2737	2746	2774	2777	2799	2805	2815	2816
2818									

ANZAHL DER ZEUGEN: 471

2   ποιησαι

P74	01	02	03	048	33	81	93	181	491
633	665	1094	1175	1243	1852	1875			

ANZAHL DER ZEUGEN: 17

Z   LUECKE

P8	P29	P33	P38	P41	P45	P48	P50	P53	P56
P57	P91	04	05	057	066	076	077	093	095
096	097	0120	0140	0165	0166	0175	0189	0236	0244
0294	365	506	517	627	886	916	956	1066	1067
1101	1277	1526	1728	1756	1762	1899	1904	2005	2009

2125	2175	2303	2570	2627	2671	2712	2716	2772	2778
2797	2829	2833							

ANZAHL DER ZEUGEN: 63

==

■■ 100 ACTA 27,5

το τε πελαγος ... διαπλευσαντες
κατηλθομεν εις μυρα

1/2 διαπλευσαντες κατηλθομεν

P74	01	02	03	014	020	025	044	049	056
0142	1	3	5	6	18	33	35	38	42
43	51	57	61	62	69	76	81	82	88
90	93	94	97	102	103	104	105	110	122
131	133	141	142	149	172	175	177	180	181
189	201	203	204	205	206	209	216	218	221
223	226	228	234	250	254	256	263	296	302
307	308	309	312	314	319	321	322	323	325
326	327	328	330	337	363	365	367	378	383
384	385	386	390	393	394	398	400	404	421
424	425	429	431	432	436	437	440	441	444
450	451	452	453	454	455	456	457	458	459
460	462	464	465	466	467	468	469	479	483
489	491	496	498	522	547	567	582	592	601
602	603	604	605	606	607	608	610	616	617
618	619	621	623	624	625	626	628	629	630
632	633	634	635	636	637	638	639	641	642
656	664	665	676	680	699	757	794	796	801
808	824	876	901	910	911	912	914	915	917
919	920	921	922	927	928	935	941	945	959
986	996	997	999	1003	1022	1040	1058	1069	1070
1072	1073	1075	1094	1099	1100	1102	1103	1104	1105
1106	1107	1115	1149	1161	1162	1175	1240	1241	1242
1243	1244	1245	1247	1248	1249	1250	1251	1270	1297
1311	1315	1319	1352	1354	1359	1360	1367	1390	1398
1400	1404	1405	1409	1424	1448	1456	1482	1490	1501
1503	1505	1508	1509	1521	1524	1548	1563	1573	1594
1595	1597	1598	1599	1609	1617	1618	1619	1622	1626
1628	1636	1637	1642	1643	1646	1649	1656	1668	1673
1678	1702	1704	1717	1718	1719	1720	1721	1722	1723
1724	1725	1726	1727	1729	1730	1731	1732	1733	1734
1735	1736	1737	1738	1739	1740	1741	1742	1743	1744
1745	1746	1747	1748	1749	1750	1751	1752	1753	1754
1757	1758	1759	1761	1762	1763	1765	1767	1768	1780
1827	1828	1829	1831	1832	1835	1837	1838	1839	1841
1842	1843	1845	1846	1847	1849	1850	1851	1852	1854
1855	1856	1857	1858	1859	1860	1861	1862	1863	1864
1865	1867	1868	1869	1870	1871	1872	1873	1874	1875
1876	1877	1880	1883	1885	1886	1888	1889	1891	1892
1893	1894	1895	1896	1897	1902	1903		2080	2085
2086	2127	2131	2143	2147	2180	2191	2194	2200	2201
2218	2221	2242	2243	2255	2261	2279	2288	2289	2298
2344	2352	2356	2374	2378	2400	2404	2423	2431	2466
2473	2475	2483	2484	2488	2492	2494	2495	2501	2502

2508	2511	2516	2523	2541	2544	2554	2558	2576	2587
2619	2625	2626	2653	2674	2675	2691	2696	2704	2705
2718	2723	2737	2746	2774	2777	2799	2805	2815	2816
2818									

ANZAHL DER ZEUGEN: 471

3   διαπλευσαντες κατηχθημεν

1652   2464

ANZAHL DER ZEUGEN: 2

4   διαπλευσαντες δι ημερων δεκαπεντε κατηλθομεν

614	913	1292	1610	1611	1830	1853	1890	2138	2401
2412	2652								

ANZAHL DER ZEUGEN: 12

5   διαπλευσαντες δι ημερων δεκαπεντε κατηχθημεν

1127

ANZAHL DER ZEUGEN: 1

Z   LUECKE

P8	P29	P33	P38	P41	P45	P48	P50	P53	P56
P57	P91	04	05	08	048	057	066	076	077
093	095	096	097	0120	0140	0165	0166	0175	0189
0236	0244	0294	506	517	627	886	916	956	1066
1067	1101	1277	1526	1728	1756	1884	1899	1904	2005
2009	2125	2175	2303	2441	2570	2627	2671	2712	2716
2772	2778	2797	2829	2833					

ANZAHL DER ZEUGEN: 65

==

■■ 101   ACTA 27,14
           ανεμος τυφωνικος ο καλουμενος ευρακυλων

1   ευροκλυδων

020	025C	044	049	056	0142	1	3	5	6
18	35	42	43	51	57	61	62	69	76
81	82	88	90	93	94	97	102	103	104
105	110	122	131	133	141	142	149	172	175
177	180	189	201	203	204	205	206	209	216
218	221	223	226	228	234	250	254	263	296
302	307	308	309	312	314	319	321	322	323
325	326	327	328	330	337	363	365C	367	378
383	384	385	386	390	393	394	398	400	404
421	424	425	429	431	432	436	437	440	441
444	450	451	452	453	454	455	456	457	458
459	460	462	464	465	466	467	468	469	479

483	489	491	496	498	522	547	567	582	592
601	603	604	605	606	607	608	610	614	616
617	618	619	621	623	624	625	626	628	629
630	632	633	634	635	636	637	638	639	641
642	656	664	680	699	757	794	796	801	808
824	876	901	910	911	912	913	914	915	917
919	920	921	922	927	928	935	941	945	959
986	996	997	999	1003	1022	1040	1058	1069	1070
1072	1073	1075	1094	1099	1100	1102	1103	1104	1105
1106	1107	1115	1127	1149	1161	1162	1175	1240	1241
1242	1243	1244	1245	1247	1248	1249	1250	1251	1270
1292	1297	1311	1315	1319	1352	1354	1359	1360	1367
1390	1398	1400	1404	1409	1424	1448	1456	1482	1490
1501	1503	1505	1508	1509	1521	1524	1548	1563	1573
1594	1595	1597	1598	1599	1609	1610	1611	1617	1618
1619	1622	1626	1628	1636	1637	1642	1643	1646	1649
1652	1656	1668	1673	1678	1702	1704	1717	1718	1719
1720	1721	1722	1723	1724	1725	1726	1727	1730	1731
1732	1733	1734	1735	1736	1737	1738	1739	1740	1742
1743	1744	1745	1746	1747	1748	1749	1752	1753	1754
1757	1758	1759	1761	1762	1763	1765	1767	1768	1780
1827	1828	1829C	1830	1831	1832	1835	1837	1838	1839
1841	1842	1843	1845	1846	1847	1849	1850	1851	1852
1853	1854	1855	1856	1857	1858	1859	1860	1861	1862
1863	1864	1865	1867	1868	1869	1870	1871	1872	1873
1874	1876	1877	1880	1883	1885	1886	1888	1889	1890
1891	1892	1893	1894	1895	1896	1897	1899	1903	
2080	2085	2086	2127	2131	2138	2143	2147	2180	2191
2194	2200	2201	2218	2221	2243	2255	2261	2279	2288
2289	2298	2303	2344	2352	2356	2374	2378	2400	2401
2404	2412	2423	2431	2464	2466	2473	2475	2483	2484
2488	2492	2494	2495	2501	2502	2508	2511	2516	2523
2541	2544	2554	2558	2576	2587	2619	2625	2626	2652
2653	2675	2691	2696	2704	2705	2718	2723	2737	2746
2774	2777	2799	2815	2816	2818				

ANZAHL DER ZEUGEN: 466

1B   ευρωκλυδων

665   1741   1750   2242

ANZAHL DER ZEUGEN: 4

1C   ευρωκλυδον

1729

ANZAHL DER ZEUGEN: 1

1D   ευροκκλυδων

38   2716

ANZAHL DER ZEUGEN: 2

1E   ε υ ρ ο κ λ υ δ ι ω ν

  2805

  ANZAHL DER ZEUGEN: 1

1F   ε υ ρ ι κ λ ι δ ο υ

  1751

  ANZAHL DER ZEUGEN: 1

1G   κ λ υ δ ω ν   ε υ ρ ο

  2674

  ANZAHL DER ZEUGEN: 1

1H   ε υ ρ ο κ ο ι δ ο ν

   33

  ANZAHL DER ZEUGEN: 1

2   ε υ ρ α κ υ λ ω ν

  P74   01   02   03*

  ANZAHL DER ZEUGEN: 4

3   ε υ ρ υ κ λ υ δ ω ν

  03C2   181   256   365*   676   1405   1829*   1875

  ANZAHL DER ZEUGEN: 8

4   OM. ε υ ρ α κ υ λ ω ν

  025*

  ANZAHL DER ZEUGEN: 1

X   UNLESERLICH

  1067   1904

  ANZAHL DER ZEUGEN: 2

Z   LUECKE

P8	P29	P33	P38	P41	P45	P48	P50	P53	P56
P57	P91	04	05	08	014	048	057	066	076
077	093	095	096	097	0120	0140	0165	0166	0175
0189	0236	0244	0294	506	517	602	627	886	916
956	1066	1101	1277	1526	1728	1756	1884	1902	2005
2009	2125	2175	2441	2570	2627	2671	2712	2772	2778
2797	2829	2833							

ANZAHL DER ZEUGEN: 63

===

■■ 102 ACTA 27,41

η δε πρυμνα ελυετο υπο <u>της βιας των κυματων</u>

1/2 της βιας των κυματων

P74	01C2	04	020	025	049	056C	0142	1	3
5	6	18	33	35	38	42	43	51	57
61	62	69	76	81	82	88	90	93	94
97	102	103	104	105	110	122	131	133	141
142	149	172	175	177	180	181	189	201	203
204	205	206	209	216	218	221	223	226	228
234	250	254	256	263	296	302	307	308	309
312	314	319	321	322	323	325	326	327	328
337	365	367	378	383	384	385	386	390	393
394	398	400	404	421	424	425	429	431	432
436	437	440	441	444	450	451	452	453	454
455	456	457	458	459	460	462	464	465	466
467	468	469	479	483	489	491	496	498	522
547	567	582	592	601	602	603	604	605	606
607	608	610	614	616	617	618	619	621	623C
624	625	626	628	630	632	633	634	635	637
638	639	641	642	656	664	665	676	680	699
757	794	796	801	808	824	876	901	910	911
912	913	914	915	917	919	920	921	922	927
928	935	945	959	986	996	997	999	1003	1022
1040	1058	1067	1069	1070	1072	1073	1075	1094	1099
1100	1102	1103	1104	1105	1106	1107	1127	1149	1161
1162	1175	1240	1241	1242	1244	1245	1247	1248	1249
1250	1251	1270	1277	1292	1297	1311	1315	1319	1352
1354	1359	1360	1367	1390	1398	1400	1404	1405	1409
1424	1448	1456	1482	1490	1501	1503	1505	1508	1509
1521	1524	1548	1563	1573	1594	1595	1597	1598	1599
1609	1610	1611	1617	1618	1619	1622	1626	1628	1636
1637	1642	1643	1646	1649	1652	1656	1668	1673	1702
1704	1717	1718	1719	1720	1721	1722	1723	1724	1725
1726	1727	1729	1730	1731	1732	1733	1734	1735	1736
1737	1738	1739	1740	1741	1742	1743	1744	1745	1746
1747	1748	1749	1750	1751	1752	1753	1754	1757	1758
1761	1762	1763	1765	1767	1768	1780	1827	1828	1829
1830	1831	1832	1835	1837	1838	1839	1841	1842	1843
1845	1846	1847	1849	1850	1851	1852	1853	1854	1855
1856	1857	1858	1859	1860	1861	1862	1863	1864	1865
1867	1868	1869	1870	1871	1872	1873	1874	1875	1876
1877	1880	1883	1885	1886	1888	1889	1890	1891	1892
1893	1894	1895	1896	1897	1899	1902	1903	1904	
2080	2085	2086	2127	2131	2138	2143	2147	2180	2191
2194	2200	2201	2218	2221	2242	2243	2255	2261	2279
2288	2289	2298	2303	2344	2352	2356	2374	2378	2400
2401	2404	2412	2423	2431	2441	2466	2473	2475	2483
2484	2488	2492	2494	2495	2501	2502	2508	2511	2516
2523	2541	2544	2554	2558	2576	2587	2619	2625	2626
2652	2653	2674	2675	2691	2696	2704	2705	2716	2718

```
2723   2737   2746   2774   2777   2799   2815   2816   2818
ANZAHL DER ZEUGEN: 479
```

1/2B   της βιας τω κυματων

  056*

ANZAHL DER ZEUGEN: 1

1/2C   της βιας των κοιματων

  636

ANZAHL DER ZEUGEN: 1

1/2D   της βιας των καματων

  330

ANZAHL DER ZEUGEN: 1

3   της βιας

  01*   02   03   363   623*   1243

ANZAHL DER ZEUGEN: 6

4   των κυματων

  044   1678   2464

ANZAHL DER ZEUGEN: 3

5   των κυματων και της βιας

  1759

ANZAHL DER ZEUGEN: 1

6   της βιας των ανεμων

  629

ANZAHL DER ZEUGEN: 1

Y   FILMFEHLER

  941

ANZAHL DER ZEUGEN: 1

Z   LUECKE

```
P8     P29    P33    P38    P41    P45    P48    P50    P53    P56
P57    P91    05     08     014    048    057    066    076    077
093    095    096    097    0120   0140   0165   0166   0175   0189
0236   0244   0294   506    517    627    886    916    956    1066
1101   1115   1526   1728   1756   1884   2005   2009   2125   2175
```

```
 2570    2627    2671    2712    2772    2778    2797    2805    2829    2833
ANZAHL DER ZEUGEN:    60
```

```
============================================================================
```

■■ 103   ACTA 28,16

επετραπη τω παυλω μενειν καθ εαυτον

1   ο εκατονταρχος παρεδωκε(ν) τους δεσμιους τω
           στρατοπεδαρχη τω δε παυλω επετραπη

025	049	056	0142	18	35	42	51	57	90
94	103	104	105	122	141	142	149	177	180
189	201	203	204	205	209C	216	218	221L	226
228	234	296	307	308	312	321	322	323	325
327	328	337	363	367	383	384	385	386	390
393	394	398	425	429	431	432	436	437	440
444	450	452	453	454	455	456	457	459	460
479	483	489	496	498	522	547	582	592	603
604	606	607	610	614	618	619	625	628	630
633	634	635	636	641	642	664	665	676	680
757	796	801	808	824	876	901	910T	912	913
914	922	927	928	935	941	945	959	986	997
999	1003	1040	1058	1067	1072	1075	1099	1100	1102
1103	1105	1106	1127	1161	1240	1242	1244	1245	1247
1248	1249	1250	1251	1311	1315	1352	1354	1359	1367
1390	1404	1405	1409	1448	1456	1482	1490	1501	1503
1508	1509	1521	1524	1548	1563	1594	1595	1597	1599
1609	1610	1617	1618	1619	1626	1628	1636	1637	1642
1643	1649	1652	1656	1678	1704	1717	1718	1721	1723
1725	1726	1729C	1732	1733	1736	1737	1738	1740	1741
1742	1743	1744L	1745	1746	1747	1749	1750	1752	1753
1754	1757	1758	1759	1761	1762	1763	1767	1768	1827
1829L	1830	1831	1832		1838	1839	1843	1845T	1846
1847	1849	1853	1855	1856	1857	1858	1861	1863	1864
1865	1867	1868	1869	1871	1872	1873	1876	1877	1883
1889	1890C	1892	1893	1894	1896	1897	1899	1902	1903
1904	2080	2086	2131	2143	2191	2194	2200	2201	2218
2221	2242	2243	2255	2261	2279	2288	2289	2303	2352
2356	2378	2401	2404	2412	2431	2441	2466	2473	2475
2483	2488	2492	2494	2501	2502	2508	2511	2516	2523
2541	2544	2554	2558	2576	2587	2619	2626	2653	2691
2696	2704	2705	2712	2723	2737	2746	2774	2777	2799
2815	2816	2818							
```

ANZAHL DER ZEUGEN: 323

1B         ο εκατονταρχος παρεδωκε τους δεσμιους τω
           στρατοπεδαρχη τω παυλω δε επετραπη

1751

ANZAHL DER ZEUGEN:    1
```

1C   ο εκατονταρχος παρεδωκε τους δεσμιους τω
        στρατοπεδαρχη και τω παυλω επετραπη

  1094

  ANZAHL DER ZEUGEN: 1

1D   ο εκατονταρχος παρεδωκε τους δεσμιους τω
        στρατοπεδαρχη παυλω επετραπη

  330   451

  ANZAHL DER ZEUGEN: 2

1E   ο εκατονταρχος παρεδωκε τους δεσμιους τω
        στρατοπεδαρχει τω δε παυλω επετραπη

  1828

  ANZAHL DER ZEUGEN: 1

1F   ο εκατονταρχος παρεδωκε τους δεσμιους τω
        στρατοπαιδαρχη τω δε παυλω επετραπη

    88   915

  ANZAHL DER ZEUGEN: 2

1G   ο εκατονταρχος παρεδωκε τους δεσμιους τω
        στρατοπεδαρχη τω δε παυλω επετραπει

    3   6   254   465   567   1729*   1765   2085   2675

  ANZAHL DER ZEUGEN: 9

1H   ο εκατονταρχος παρεδωκε τους δεσμιους τω
        στρατοπεδαρχη τω δε παυλω επετραπειν

  2652

  ANZAHL DER ZEUGEN: 1

1I   ο εκατονταρχος παρεδωκε τους δεσμιους τω
        στρατοπεδαρχη τω δε παυλω επετραπησαν

  1598

  ANZAHL DER ZEUGEN: 1

1K   ο εκατονταρχη παρεδωκε(ν) τους δεσμιους τω
        στρατοπεδαρχη τω δε παυλω επετραπη

  469   996   2716

  ANZAHL DER ZEUGEN: 3

1L   ο εκατονταρχος παρεδωκε(ν) τους δεσμιους τω
στρατοπεδαρχω τω δε παυλω επετραπη

1	38	61	62	82	97	102	110	131	133
172	175	209*	221T	250	256	263	314	319	326
365	378	404	421	424	458	464*	466	467	491
601	602	605	617	626	632	637	638	639	656
699	794	910L	911C	919	920	921	1022	1069	1070
1073	1104	1107	1149	1241	1277	1319	1360	1398	1400
1424	1622	1646	1668	1702	1719	1720	1727	1728	1730
1731	1734	1744T	1748	1829T	1837	1841	1845L	1851	1854
1859	1860	1862	1870	1874	1880	1885	1888	1891	1895
1835	2180	2423	2625	2674	2805				

ANZAHL DER ZEUGEN: 96

1M   ο εκατονταρχος παρεδωκε τους δεσμιους τω
στρατοπαιδαρχω τω δε παυλω επετραπη

309   616   2484

ANZAHL DER ZEUGEN: 3

1N   ο εκατονταρχος παρεδωκε τους δεσμιους τω
στρατοπεδαρχω τω δε παυλω επετραπει

223   462   917   1162   1673   1724   1780   2147

ANZAHL DER ZEUGEN: 8

1O   ο εκατονταρχος παρεδωκε τους δεσμιους τω
στρατοπαιδαρχω τω δε παυλω επετραπει

020

ANZAHL DER ZEUGEN: 1

1P   ο εκατονταρχος παραδεδωκε τους δεσμιους τω
στρατοπεδαρχω τω δε παυλω επετραπη

69

ANZAHL DER ZEUGEN: 1

1Q   ο εκατονταρχος παρεδωκε τους δεσμιους των
στρατοπεδαρχων τω δε παυλω επετραπη

1573

ANZAHL DER ZEUGEN: 1

1R   ο εκατονταρχος παρεδωκε τους δεσμιους τω
στρατοπεδαρχω του δε παυλω επετραπη

1850

ANZAHL DER ZEUGEN: 1

1S   εκατοναρχος παρεδωκε(ν) τους δεσμιους τω
        στρατοπεδαρχη τω δε παυλω επετραπη

    93

ANZAHL DER ZEUGEN: 1

2   επετραπη τω παυλω

    P74   01   02   03   044   048   066   43   81   181
    1175   1243   1505   1739   1852   1890*   2138   2344   2374   2464
    2495   2718

ANZAHL DER ZEUGEN: 22

2B   επετραπη δε τω παυλω

    629*

ANZAHL DER ZEUGEN: 1

3   ο εκατονταρχος παρεδωκεν τους δεσμιους τω
        στρατοπεδαρχη επετραπη τω παυλω

    76   464C   1292   1611

ANZAHL DER ZEUGEN: 4

3B   ο εκατονταρχος παρεδωκεν τους δεσμιους τω
        στρατοπεδαρχη επετραπη δε τω παυλω

    623   1842   1875   2298

ANZAHL DER ZEUGEN: 4

3C   ο εκατονταρχος παρεδωκεν τους δεσμιους τω
        στρατοπεδαρχη επετραπει δε τω παυλω

    621

ANZAHL DER ZEUGEN: 1

3D   ο εκατονταρχος παρεδωκεν τους δεσμιους τω
        στρατοπεδαρχω επετραπη δε τω παυλω

    441   629C

ANZAHL DER ZEUGEN: 2

3E   ο εκατονταρχης παρεδωκεν τους δεσμιους τω
        στρατοπεδαρχη επετραπη δε τω παυλω

    5

ANZAHL DER ZEUGEN: 1

4   ο εκατονταρχος τους δεσμιους παρεδωκε τω
           στρατοπεδαρχη τω δε παυλω επετραπη

     1722

     ANZAHL DER ZEUGEN: 1

5   ο εκατονταρχος παρεδωκε τους δεσμωτας τω
           στρατοπεδαρχη τω δε παυλω επετραπη

     1886

     ANZAHL DER ZEUGEN: 1

6   ο εκατονταρχος παρεδωκε τους δεσμιους τω
           στρατοπεδαρχη τω δε παυλω επιτρεπομενον

     2400

     ANZAHL DER ZEUGEN: 1

7   ο εκατονταρχος παρεδωκε τους δεσμιους τω
           στρατοπεδαρχη τω δε σαυλω επετραπη

     1270   1297

     ANZAHL DER ZEUGEN: 2

7B   ο εκατονταρχος παρεδωκε τους δεσμιους τω
           στρατοπεδαρχω τω δε σαυλω επετραπη

      400

     ANZAHL DER ZEUGEN: 1

8   ο εκατονταρχος παρεδωκε τους δεσμιους τω χιλιαρχω τω
           δε παυλω επετραπη

      608

     ANZAHL DER ZEUGEN: 1

9   ο εκατονταρχος παρεδωκε τους δεσμιους τω εκατονταρχω
           τω δε παυλω επετραπη

      911*

     ANZAHL DER ZEUGEN: 1

10   ο εκατονταρχος παρεδωκεν τους δεσμιους τω
           στρατοπεδαρχω

     2127

     ANZAHL DER ZEUGEN: 1

W   UNSICHER OB LA1 ODER LA1L

   302   468

ANZAHL DER ZEUGEN: 2

X   UNLESERLICH

   33

ANZAHL DER ZEUGEN: 1

Z   LUECKE

P8	P29	P33	P38	P41	P45	P48	P50	P53	P56
P57	P91	04	05	08	014	057	076	077	093
095	096	097	0120	0140	0165	0166	0175	0189	0236
0244	0294	206	506	517	624	627	886	916	956
1066	1101	1115	1526	1735	1756	1884	2005	2009	2125
2175	2570	2627	2671	2772	2778	2797	2829	2833	

ANZAHL DER ZEUGEN: 59

==

■■ 104   ACTA 28,29   αυτοι και ακουσονται <u>ADD.</u> <u>VS</u> <u>29</u>

1   ADD. και ταυτα αυτου ειποντος απηλθον οι ιουδαιοι
       πολλην εχοντες εν εαυτοις συζητησιν

020	025	049	056	0142	1	3	5	6	18
35	38	42	51	57	61	76	82	88	93
94	97	102	103	105	110	122	131	133	141
142	149	175	177	180	189	201	203	204	205
209	216	218	221	223	226	228	234	250	254
296	302	307	308	309	312	314	319	321	322
323	325	326	327	337	363	367	378	383	384
385	386	390	393	394	398	400	404	421	424
425C	429	431	432	436	437	440	444	450	452
453	454	455	456	457	458	460	462	464	465
466	467	468	469	479	483	489	491	496	498
547	582	592	601	603	604	605	606	607	608
610	614	616	617	618	619	623	625	626	627
628	629C	630	632	633	634	635	636	637	638
639	641	642	656	664	665	676	680	699	757
794	796	801	808	824	876	901	910	911	912
913	914	915	917	919	920	921	922	927	928
935	941	986	997	999	1003	1022	1040	1058	1067
1069	1070	1072	1073	1075	1094	1099	1100	1102	1103
1104	1105	1106	1107	1127	1149	1161	1162	1240	1241
1242	1244	1247	1248	1249	1250	1251	1270	1277	1292
1297	1311	1315	1319	1352	1354	1359	1360	1367	1398
1400	1404	1409	1424	1448	1456	1482	1490	1501	1503
1508	1509	1521	1524	1548	1563	1573	1594	1595	1597
1598	1609	1610	1611	1617	1618	1619	1622	1626	1628
1636	1637	1642	1643	1646	1649	1652	1656	1668	1673

1678	1702	1704	1717	1718	1720	1721	1722	1723	1724
1725	1726	1727	1728	1729	1730	1731	1732	1733	1734
1736	1737	1738	1740	1742	1743	1744	1745	1746	1747
1748	1749	1750	1751	1752	1753	1754	1757	1758	1759
1761	1762	1763	1765	1767	1768	1780	1827	1828	1829
1830	1831	1832	1835	1837	1838	1839	1841	1843	1845
1846	1847	1849	1850	1851	1852	1853	1854	1855	1856
1857	1858	1859	1860	1861	1862	1863	1864	1865	1867
1868	1870	1871	1872C	1873	1876	1880	1883	1885	1886
1888	1889	1890	1891	1893	1894	1895	1896	1897	1899
1902	1903	1904		2080	2085	2086	2127	2131	2143
2147	2180	2191	2194	2200	2201	2218	2221	2242	2255
2261	2279	2288	2289	2298	2303	2352	2356	2374	2378
2400	2404	2412	2423	2431	2441	2466	2473	2475	2483
2484	2488	2492	2494	2501	2502	2508	2511	2516	2523
2541	2554	2558	2587	2619	2626	2652	2653	2674	2675
2696	2704	2705	2712	2716	2723	2737	2746	2772	2774
2777	2799	2805C	2815	2816	2818				

ANZAHL DER ZEUGEN: 436

1B   ADD. και ταυτα αυτου ειποντος απηλθον ιουδαιοι
πολλην εχοντες εν εαυτοις συζητησιν

2138

ANZAHL DER ZEUGEN: 1

1C   ADD. ταυτα αυτου ειποντος απηλθον οι ιουδαιοι πολλην
εχοντες εν εαυτοις συζητησιν

1390   2805*

ANZAHL DER ZEUGEN: 2

1D   ADD. ταυτα ειποντος αυτου απηλθον οι ιουδαιοι πολλην
εχοντες εν εαυτοις συζητησιν

2495

ANZAHL DER ZEUGEN: 1

1E   ADD. και ταυτα ειποντος αυτου απηλθον οι ιουδαιοι
πολλην εχοντες εν εαυτοις συζητησιν

328   945   1505

ANZAHL DER ZEUGEN: 3

1F   ADD. και ταυτα ειποντος απηλθον οι ιουδαιοι πολλην
εχοντες εν εαυτοις συζητησιν

425*   959   1741   1892   2544

ANZAHL DER ZEUGEN: 5

1G   ADD. και ταυτα ειποντος απηλθον οι ιουδαιοι πολλην
        εχοντες εν αυτοις συζητησιν

   1245   1599   1872*

ANZAHL DER ZEUGEN: 3

1H   ADD. και ταυτα αυτου ειποντος απηλθον οι ιδαιοι
        πολλην εχοντες εν εαυτοις συζητησιν

    62

ANZAHL DER ZEUGEN: 1

1I   ADD. και ταυτα αυτου ειποντος απηλθον οι ιουδαιοι
        πολλην εχοντες εν εαυ συζητησιν

   1869

ANZAHL DER ZEUGEN: 1

1K   ADD. και ταυτα αυτου ειποντος απηλθον οι ιουδαιοι
        πολλην εχον εν εαυτοις συζητησιν

    69   2691

ANZAHL DER ZEUGEN: 2

1L   ADD. και ταυτα αυτου ειποντος απηλθον οι ιουδαιοι
        πολλην εχειν εν εαυτοις συζητησιν

   330   451

ANZAHL DER ZEUGEN: 2

1M   ADD. και ταυτα αυτου ειποντος απηλθον οι ιουδαιοι
        πλην εχοντες εαυτοις συζητησιν

   1875

ANZAHL DER ZEUGEN: 1

1N   ADD. και ταυτα αυτου ειποντες απηλθον οι ιουδαιοι
        πολλην εχοντες εν εαυτοις συζητησιν

    90

ANZAHL DER ZEUGEN: 1

1O   ADD. και ταυτα αυτου ειποντος απηλθον οι ιουδαιοι
        πολλας εχοντες εν εαυτοις συζητησεις

   2401

ANZAHL DER ZEUGEN: 1

2   SINE ADD.

        P74   01   02   03   08   044   048   33   43   81
        181   441   621   629*   1115   1175   1243   1739   1842   1884
        2344   2464   2718

        ANZAHL DER ZEUGEN: 23

3   ADD. και ταυτα αυτου ειποντος απηλθον οι ιουδαιοι
        πολλην εχοντες εαυτοις ζητησιν

        263

        ANZAHL DER ZEUGEN: 1

3B   ADD. και ταυτα αυτου ειποντος απηλθον οι ιουδαιοι
        πολλην εχοντες εαυτοις την ζητησιν

        1874*

        ANZAHL DER ZEUGEN: 1

3C   ADD. και ταυτα αυτου ειποντος απηλθον οι ιουδαιοι
        πολλην εχοντες εν εαυτοις την ζητησιν

        1874C   1877

        ANZAHL DER ZEUGEN: 2

3D   ADD. και ταυτα αυτου ειποντος απηλθον οι ιουδαιοι
        πολλην εχοντες εν εαυτοις ζητησιν

        104   256   365   996   1405   1719   2243   2625

        ANZAHL DER ZEUGEN: 8

3E   ADD. και ταυτα αυτου ειποντος απηλθον οι ιουδαιοι
        πολλην εχοντες εν αυτοις ζητησιν

        522

        ANZAHL DER ZEUGEN: 1

3F   ADD. και ταυτα ειποντος απηλθον οι ιουδαιοι πολλην
        εχοντες εν αυτοις ζητησιν

        2576

        ANZAHL DER ZEUGEN: 1

3G   ADD. και ταυτα αυτου ειποντος απηλθον οι ιουδαιοι
        πλην εχοντες εν αυτοις ζητησιν

        459

        ANZAHL DER ZEUGEN: 1

Z   LUECKE

P8	P29	P33	P38	P41	P45	P48	P50	P53	P56
P57	P91	04	05	014	057	066	076	077	093
095	096	097	0120	0140	0165	0166	0175	0189	0236
0244	0294	172	206	506	517	567	602	624	886
916	956	1066	1101	1526	1735	1756	2005	2009	2125
2175	2570	2627	2671	2778	2797	2829	2833		

ANZAHL DER ZEUGEN: 58

6. ZUR "HAUPTLISTE" (BAND 2)

Beim Studium der Hauptliste in Band 2 fallen die Entscheidungen über den Wert und die Zusammengehörigkeit bzw. Verwandtschaft der Handschriften. Für alle, über die hier berichtet wird, geschieht das auf dieselbe Weise wie bei den anderen Bänden der Reihe. Ein Unterschied ergibt sich lediglich in der Länge des Berichts je nach Zahl der Teststellen, die die Handschrift bietet (d. h. der Teststellen, an denen die Ausgangshandschrift weder den Mehrheitstext noch eine Singulärlesart liest, sog. "zu bearbeitende Teststellen").

Bereits die **Leitzeile** ermöglicht ein Urteil über den Charakter der jeweiligen Basishandschrift: denn neben der Zahl der zu bearbeitenden Teststellen finden wir hier die Zahl der Singulärlesarten wie der Lesarten mit 1-Text (Mehrheitstext, einschließlich Subvarianten) aufgeführt.

Zunächst empfiehlt sich eine Addition der drei Zahlen. Wenn sie nicht als Endsumme die Zahl der für die Apostelgeschichte existierenden 104 Teststellen ergibt, ist die Handschrift nicht vollständig. Selbstverständlich kann sich das aus dem Ausfall einzelner Teststellen infolge von technischen Gründen erklären (vgl. die Kennbuchstaben U - Z). Weist die Handschrift Lücken auf (Kennbuchstabe Z), so sind diese von geringer Bedeutung für die Bewertung, sofern ihre Zahl sich in Grenzen hält. Je größer sie wird, um so begrenzter wird die Aussagemöglichkeit über den Text. Für den Normalfall gilt: je höher die Zahl der zu bearbeitenden Teststellen steigt, um so sicherer kann von vornherein die Aussage über den Textwert der betreffenden Handschrift angesetzt werden, je niedriger sie liegt, um so unsicherer ist sie zu veranschlagen. Beträgt die Zahl der Teststellen mit 1-Text 75% und darüber, so handelt es sich in der Regel um byzantinische Handschriften, die für unsere Arbeit von vornherein vernachlässigt werden können, es sei denn, daß den in ihnen über den 1-Text hinaus repräsentierten Lesarten (insbesondere aus dem 2-Text, aber auch den Sonderlesarten) ein besonderes Interesse zukommt. Auch die Zahl der Singulärlesarten sollte nicht unbeachtet bleiben, diese sollten bei der Beurteilung einer Handschrift stets zusätzlich zur "Hauptliste" herangezogen werden. Hier werden bei Vollhandschriften ja "nur" insgesamt 104 Teststellen bearbeitet, bei Teilhandschriften entsprechend weniger, es ist also durchaus möglich (wenn auch nicht allzu wahrscheinlich), daß sie bei einer Vollkollation erheblich ansteigen und dadurch Charakter und Textwert verändern.

Unter der Leitzeile folgen ständig *drei Zusatzzeilen*: in der ersten werden die Nummern der Teststellen angegeben, in der dritten die Lesart, die die Handschrift, über die berichtet wird (sog. "Basishandschrift"), an dieser Stelle bietet. Das geschieht mit der Nummer, die die Lesart jeweils in dem Bericht über "Die Resultate der Kollation" erhalten hat (hier kann der griechische Wortlaut festgestellt werden, was so oft wie möglich geschehen sollte, weil dadurch nicht nur die Lesarten der Basishandschrift, sondern auch der in der ihr nachfolgenden Übersicht stehenden Handschriften die notwendige Anschaulichkeit gewinnen). Zu bemerken ist dazu, daß von vornherein die Feststellung wichtig ist, welchen Anteil die 2-Lesarten an den Handschriften haben (das gilt zu einem gewissen Grad auch für die Sonderlesarten, d. h. die von 3 an aufwärts). Außerdem sei darauf hingewiesen, daß hier aus technischen Gründen die 1/2-Lesarten nur als 1/ angegeben sind, die Subvarianten aller anderen Lesarten dagegen mit Nummer und Begleitbuchstaben erscheinen.

Die zweite Zusatzzeile ist wichtiger, als sie auf den ersten Blick scheint: Hier wird festgestellt, wieviele Handschriften zusammen mit der Lesart der zu untersuchenden Handschrift gehen (auf die jeweils alle Angaben im Hauptfeld zu beziehen sind). Selbstverständlich liegen die Zahlen für 1/-Lesarten (lies 1/2) sehr hoch; je niedriger sie bei einer Lesart sind, um so eher kann ihnen Schlüsselcharakter für das Auffinden verwandter Handschriften zukommen.

In der jetzt folgenden *Gesamtübersicht* über die der Basishandschrift am nächsten verwandten Handschriften steht in der linken Spalte zunächst die Handschriftennummer, dann der Prozentsatz der hier mit der zu untersuchenden Handschrift übereinstimmenden Lesarten und schließlich in Klammern die absoluten Zahlen: (X/Y). Die zweite Zahl gibt an, um wieviel bearbeitete Teststellen es sich handelt, und die erste, in wievielen davon die Lesarten übereinstimmen. Diese absoluten Zahlen sind von großer Wichtigkeit, denn wenn die zweite Zahl sehr niedrig ist, verliert die zu Anfang angegebene Prozentzahl entscheidend, wenn nicht vollständig, an Wert. Denn hier handelt es sich um "Zufallstreffer", aus denen keine Folgerungen für den Charakter der Handschrift und ihre Verwandtschaft mit der Basishandschrift gezogen werden können. Aber auch sonst sind diese absoluten Zahlen von großer Bedeutung. Wenn sie beide übereinstimmen, ergibt sich die Wahrscheinlichkeit einer Zusammengehörigkeit mit der zu untersuchenden Handschrift (und je höher diese Zahlen liegen, desto

eher). Es folgen dann rechts die Lesarten der einzelnen Hand-
schriften an den durch die zu untersuchende Handschrift gegebe-
nen Teststellen. Am interessantesten sind dabei die Stellen, zu
denen keine Variantenziffer genannt wird (= sog. "leere Felder"),
denn das bedeutet, daß die verglichene Handschrift hier dieselbe
Lesart aufweist wie die Basishandschrift. Bei ihnen sollte die
vergleichende Arbeit beginnen, danach sollten die Teststellen mit
den niedrigsten Ziffern der übereinstimmenden Zeugen angesehen
werden. Die jeweils zum Vergleich herangezogenen 66 Handschrif-
ten sind nach den Prozentsätzen der Übereinstimmung mit der
Basishandschrift in absteigender Reihenfolge geordnet. Für Weite-
res vgl. Bd. 2, S. 1-805.

7. ZUR "ERGÄNZUNGSLISTE" (BEILAGE ZU BAND 1)

In diesem Zusammenhang muß auch von der "Ergänzungsliste"
gesprochen werden. Sie ist separat gebunden und als Einlage beige-
fügt, damit sie jeweils neben die Hauptliste gelegt und mit ihr
verglichen werden kann. Denn wenn in der Hauptliste nur die
Stellen in Beziehung zueinander gesetzt werden, an denen die
Basishandschriften vom Mehrheitstext abweichen, werden in der
Ergänzungsliste alle "Basishandschriften" in ihrer "Vorfindlich-
keit", d. h. an allen vorhandenen Teststellen einschließlich derer
mit Mehrheitstext mit allen anderen Handschriften verglichen,
und zwar nach ihrer prozentualen Übereinstimmung (mit
jeweiliger Angabe der absoluten Zahlen) angeordnet. Dabei kann es
deshalb vorkommen, daß bei den Vergleichshandschriften solche
begegnen, die in der Hauptliste nicht untersucht werden (wegen
ihres byzantinischen Charakters). In solchen Fällen empfiehlt sich
die zusätzliche Heranziehung der "Verzeichnenden Beschreibung"
(S. 23ff) bzw. der Gesamtübersicht über die Lesarten (S. 387ff).
  Die Benutzung der Ergänzungsliste ist manchmal mühevoll,
aber in jedem Fall unentbehrlich, denn in der Hauptliste tauchen
die Handschriften ja sozusagen nur abstrakt auf; will man sie real
miteinander vergleichen, bedarf es der Ergänzungsliste. Am zweck-
mäßigsten ist es vielleicht sogar, die Arbeit mit ihr zu beginnen,
wobei man allerdings nicht vergessen darf, daß hier ohne Rück-
sichtnahme auf die Wertigkeit nur gezählt wird. Nur in Kombina-
tion mit der Hauptliste sind tragfähige Resultate zu erwarten. Ein
Beispiel liefert die Untersuchung von D 05 auf S. 709ff.

8. ZU DEN "APOSTOLOS"-HANDSCHRIFTEN

Anfang 1992 gab es insgesamt 660 Apostolos-Handschriften: 60 im Verbund von Vollhandschriften des Neuen Testaments, 150 in Handschriften, die außer dem Apostolos die Evangelien und die Paulusbriefe enthielten, 401 enthielten den Apostolos allein oder in Verbindung mit anderen Schriftengruppen des Neuen Testaments, 49 boten Fragmente davon.

"Apostolos", darunter versteht man Apostelgeschichte und Katholische Briefe, (als Sigel wird dafür seit langer Zeit a gebraucht), von dem umfangreichen Bestand an Handschriften (über 500) ausgehend, in denen beide sozusagen als Einheit dargeboten werden. Beides zusammen sei Zeugnis der Apostel (die Briefe des Paulus wurden als besonderes Corpus in 798 Handschriften - 71 davon Fragmente - überliefert) bzw. über sie. Während die Katholischen Briefe in ihrer Gesamtheit erst im 4. Jahrhundert die volle Kanonizität erlangen - noch Euseb berichtet in der Kirchengeschichte, daß nicht alle Briefe in allen Gemeinden anerkannt seien - hat die Apostelgeschichte vom 2. Jahrhundert an ohne Bestreitung den Weg in den Kanon gefunden. Bis in den Anfang des 19. Jahrhunderts galt sie als authentischer Bericht des Lukas über das Apostolische Zeitalter. Erst die historisch-kritische Forschung hat mit der Bestreitung dessen begonnen, die Bestreitung des apostolischen Charakters einzelner Katholischer Briefe setzt dagegen schon sehr viel früher ein (in der Reformationszeit vgl. z.B. Luther). Im Gegensatz dazu hat sich die Bezeichnung "Apostolos" ebenso wie das Sigel a dafür in der Wissenschaft bis auf den heutigen Tag erhalten, obwohl keineswegs alle so benannten Handschriften die Apostelgeschichte und die Katholischen Briefe bieten, sondern es durchaus Handschriften gibt, die nur das eine oder das andere enthalten. Das Bewußtsein davon ist keineswegs allgemein verbreitet, in einem Werk wie dem vorliegenden scheint es deshalb passend, das im einzelnen darzulegen und danach zu fragen - soweit das möglich ist - , ob es eine Erklärung dafür gibt.

In 660 bekannten Apostolos-Handschriften finden wir bei 62 nur die Apostelgeschichte und nicht die Katholischen Briefe, bei 55 nur die Katholischen Briefe und nicht die Apostelgeschichte (Fragmente jeweils inbegriffen). Allerdings sind diese Zahlen nur formal richtig, ob sie der Wirklichkeit entsprechen, ist nicht sicher. Etwa -

um zunächst bei der Apostelgeschichte zu bleiben - 25 Papyri und
Majuskeln sind stark fragmentiert. Zwar bieten sie ausschließlich
Texte aus der Apostelgeschichte, was aber enthielten sie ursprüng-
lich darüber hinaus? Diese Situation gibt es, wenn auch selten,
selbst bei den Minuskeln, z.B. bei 2671, 2778, 2797, 2829, 2833 sind
lediglich von der Apg wenige Blätter erhalten, was enthielten die
Handschriften ursprünglich? In allen Fällen hätten die Katholi-
schen Briefe hier ohne weiteres Platz gehabt. Aber auch bei den in
der nachstehenden Liste verzeichneten Handschriften bestehen
Zweifel. $\mathfrak{P}$41 aus dem 8. Jahrhundert bietet Fragmente von 18 Blät-
tern, wenn man den Bestand hochrechnet (vgl. Aland Repertorium
S. 264), müßte die vollständige Apg 160 Blatt eingenommen haben.
Das schließt eigentlich weitere Teile des Neuen Testaments aus.
Aber kann man das mit absoluter Sicherheit sagen? $\mathfrak{P}$53 aus dem 3.
Jahrhundert enthält Texte aus Matth 26 und Apg 9-10. Das legt die
Vermutung nahe, daß es sich hier um eine Handschrift vom a-
Typus handeln könnte (D 05 ist die berühmteste von ihnen, aber es
gibt noch ein knappes Dutzend anderer). Nur, bei einer Hochrech-
nung ergäbe sich dabei ein Umfang von mindestens 300 Blatt (vgl.
Repertorium S. 283), ist das im 3. Jahrhundert möglich? Daß $\mathfrak{P}$53 die
Katholischen Briefe enthalten haben könnte, scheint jedoch ausge-
schlossen.

Bei den Majuskeln steht für den Codex Bezae Cantabrigiensis,
D 05, das Fehlen der Katholischen Briefe fest. Aber gilt das auch für
den Codex Laudianus, Ea 08, und für H 014? Bei E ist die Antwort
verhältnismäßig einfach: 227 Blatt braucht die Handschrift (27x22
cm) für die Apg (wobei 26,29-28,26 fehlen). Weil die beiden Spalten
der Bilingue jeweils sehr kurz sind, hätten die Katholischen Briefe
erheblich über 100 weitere Blatt benötigt, E ist eine komplette
Handschrift - wenn etwa Ropes sagt (Harvard Theological Review
XVI, 1923, 176): " The codex is nearly complete", so meint er dabei
das Fehlen der Verse aus Kap. 26-28 und hat dabei keinen Hinterge-
danken, daß E mehr als die Apg enthalten haben könnte. Schwieri-
ger liegen die Dinge schon bei H 014, die in der Bibliotheca Estense
in Modena unter der Signatur G 196 von fol. 9-51 nur den ersten
Teil einer Sammelhandschrift darstellt; es folgt von fol. 52-321 die
Minuskel 2125 mit Katholischen und Paulinischen Briefen. Die
naheliegende Annahme, daß die Ergänzungen zur Apostelge-
schichte in H 014 (Teststellen 1-21, 32-35, 46, 47, 101-104) von
demselben Schreiber stammten, hat sich bei einer nochmaligen
paläographischen Untersuchung (nach Abschluß des Manuskripts)
jedoch nicht bestätigt. Zu welcher Handschrift sie gehören, kann
nur durch Zufall festgestellt werden, zumal sie von verschiedenen

Händen stammen. Dementsprechend sind die Angaben zu 2125
bzw. H 014 zu ergänzen.

Wenn nachstehend eine Übersicht über die Handschriften gege-
ben wird, in denen der Apostolos ohne Katholische Briefe vor-
kommt, und in der dazu Inhalt, Altersangabe, Blattzahl, Format
und Zeilenzahl angegeben werden, so um dem Benutzer die Mög-
lichkeit zu geben, ähnliche Überlegungen auch bei den Minuskeln
anzustellen. Bei ernsthaften Zweifeln von vornherein wird die
Handschriftennummer mit einem Fragezeichen versehen. Blatt-,
Format- und Zeilenangaben in Klammern ( ) bei Papyri und Majus-
keln beruhen auf Rekonstruktionen.

Handschriften des Apostolos ohne Katholische Briefe

Hs.-Nr.	Inhalt	Jh.	Blatt	Format	Zeilen
$\mathfrak{P}$8?	Act	IV	2	(25x15)	24
$\mathfrak{P}$29?	Act	III	1 Frg	(27-29x16)	(38-41)
$\mathfrak{P}$33+58?	Act	VI	4 Frg	(28-29x23)	(21)
$\mathfrak{P}$38?	Act	um 300	3 Frg	(25-26x15)	(35-36)
$\mathfrak{P}$41?	Act (g-k)	VIII	(18)	(ca. 35x25)	24-25
$\mathfrak{P}$45?	MtMcLJAct	III	(30)	(25x20)	(ca. 39)
$\mathfrak{P}$48?	Act	E III	1 Frg	(24-26x14)	(42-47)
$\mathfrak{P}$50?	Act	IV/V	1 Frg	13,8x17,6	?
$\mathfrak{P}$53	MtAct	III	3 Frg	(20-21x12)	(ca. 25-26)
$\mathfrak{P}$56?	Act	V/VI	2 Frg	(29-30x18)	(28-29)
$\mathfrak{P}$57?	Act	IV/V	1 Frg	8,5x3,5	9-10
$\mathfrak{P}$91?	Act	III	2 Frg	(27-28x20)	12-13
D 05	ea†t (g-l)	V	415	26x21,5	33
E 08	a†t (g-l)	VI	227	27x22	24+
H 014?	a†t	IX	43	33x23	30
057?	aP: Act	IV/V	Frg	(9x13)	ca. 27
066?	aP: Act	VI	1	ca. 25x20	25
076?	aP: Act	V/VI	1	17x15	23
077?	aP: Act	V	Frg	?	?
095?	aP: Act	VIII	Frg	ca. 28x19	21
096?	aP: Act	VII	2	ca. 29x22	26
097?	aP: Act	VII	1	ca. 26x21	18
0120?	aP: Act	IX	6	27x19	21
0140?	aP: Act	X	Frg	14,5x12	18
0165?	aP: Act	V	1	19x16,5	32
0175?	aP: Act	V	1	ca. 17x12	20
0189?	aP: Act	II/III	1	18x11	32
0236?	aP: Act (g-k)	V	Frg	ca. 22x18	ca. 26

Hs.-Nr.	Inhalt	Jh.	Blatt	Format	Zeilen
0244?	aP: Act	V	1	18x14	18+
0294?	aP: Act	VI/VII	1	ca. 27x22,5	28
228	eapP	XIV	126	16,8x12,5	40-44
437	aPK: Act	XI	257	25,8x21	24
441	apPK	XIII	90	23x17	38-39
455	apPK: Actp	XIII/XIV	285	31,1x25,2	31-45
536	eaP†	XIII	174	13,2x9,2	26-31
886	eaprPK†	1454?	336	34,6x24,5	59
916	aP: Act†	XII	32	26,8x19,3	15-25
956	eaP†: eAct	XVII	321	21,1x14,8	19
1073	eaP	X/XI	334	22x17	23
1706	a†?	XIII-XVI	411	21x15	24-31
1756	apP: Act R-Ph	X	25	25,5x19	19
1764	aKP: Act	1158?	99	22x16	17-22
1796	aP:Act	?	?	?	?
1833	aP:Act	1580	?	?	?
1883	aP:Act	XVI	97	19x12,5	20
1884	aP:Act	XVI	121	14x9,8	20
1887	aP:Act	XII	?	?	?
2005	apP†: Act 2K-H	XIV	100	25,5x17,5	23
2009	ap†	XVI	77	28,5x20,1	30
2137	eaP (g-sl)	XVII	190	33x21	40
2175	eapP†: eAct 1K-H	XIV	216	20,5x14	25
2488	eaP: MtMcL Act	XVI	181	14,5x10,6	25
2505	ap†	X	195	24x17,2	26
2570?	apP: Act1K	XII	3	34,5x24	25
2576	apPK	1287	438	26x18,5	31-39
2619	arP	XVIII	96	14,5x9,5	22
2671?	aP: Act	XII	1	ca. 23x17	26
2737	eap: Mt-Act	1558/59	123	19,5x12,8	49-51
2778?	ap: Act†	XII	9	22x14,5	23
2797?	aP: Act†	XIV	8	16x12,4	23-25
2829?	aP: Act†	XII	5	17,5x11,5	22
2833?	aP: Act†	XI	4	19,6x15	29

Das sind 62 Apostolos-Handschriften, in denen die Apostelge-
schichte isoliert ohne die Katholischen Briefe steht. Nimmt man
dazu, daß es das umgekehrte Phänomen: Apostolos-Handschriften
ohne Apostelgeschichte, fast ebenso häufig gibt, so liegt die For-
derung nahe, daß so undifferenziert wie bisher künftig nicht mehr
verfahren werden und (als Vorschlag!) unter a nur die Apostelge-
schichte und unter c die Katholischen Briefe verzeichnet werden
sollten. Aber, selbst wenn dieser Vorschlag angenommen werden
sollte, wird es lange dauern, bis er sich allgemein durchsetzt, zumal
die Entscheidung darüber, was eine Apostolos-Handschrift ur-
sprünglich enthalten hat, eigentlich nur am Original getroffen
werden kann (selbst der Film reicht selten dazu nicht aus) und bei
einer Handschrift, von der nur einige Blätter erhalten sind, in der
Regel überhaupt keine sichere Aussage möglich ist.

Handschriften des Apostolos ohne Apostelgeschichte

Hier ist die Situation gleich der bei der Apostelgeschichte: 20
Papyri und Majuskeln enthalten zwar ausschließlich Texte aus den
Katholischen Briefen, bestehen aber überwiegend aus so wenigen
Blättern, daß irgendwelche Folgerungen auf das ursprüngliche Vor-
handensein der Apostelgeschichte nicht gezogen werden können.
Das gleiche gilt für einige Minuskeln, die ebenfalls weniger als 10
Blatt enthalten (640, 2741, 2822), ja selbst für 643 mit 15 Blatt und 631
mit 24 Blatt. Bei den Papyri scheint dagegen in $\mathfrak{P}$72 das Fehlen der
Apostelgeschichte sicher trotz der geringen Blattzahl (43 Blatt), hier
hat ein nichtprofessioneller Schreiber den Text der Katholischen
Briefe für den persönlichen Gebrauch abgeschrieben. Bei 918 möch-
te man dagegen zweifeln, daß hier die Apostelgeschichte fehlen
könnte. Denn bei 397 Blatt mit relativ großem Format möchte man
meinen, daß sie hier neben den Katholischen Briefen und den Pau-
linen Platz gefunden haben sollte. Aber die Katholischen Briefe
sind wie die Paulinen eine Katene. Daher der große Umfang.
Die Liste der Apostolos-Handschriften ohne die Apostelgeschich-
te sieht folgendermaßen aus (in Zweifelsfällen steht ein Fragezei-
chen):

Hs.-Nr.	Inhalt	Jh.	Blatt	Format	Zeilen
$\mathfrak{P}$9?	1J	III	1 Frg	(14x11)	(15)
$\mathfrak{P}$20?	Jc	III	1 Frg	(16-17x13-13)	(24-25)
$\mathfrak{P}$23?	Jc	A III	1 Frg	(20x11,5)	(27)

Hs.-Nr.	Inhalt	Jh.	Blatt	Format	Zeilen
𝔓54?	Jc	V/VI	2 Frg	(24x16)	(ca. 24)
𝔓72	1P2PJd	III/IV	43	(16x14,5)	14/20
𝔓78?	Jd	III/IV	1 Frg	10,6x2,9	3-5
𝔓81?	1P	IV	1 Frg	(31x17,5)	(37)
K018	apK†	IX	288	33,8x24,2	27
0156?	aP: 2P	VIII	1	12x8	21
0157?	aP: 1J	VII/VIII	1	(21,5)x28,4	21
0173?	aP: Jc	V	1	Ca. 8x6,5	9
0206?	aP: 1P	IV	1	14x10	8
0209?	apP: R2K2P	VII	8	(27x19)	32
0232?	aP: 2J	V/VI	1	ca. 10x9	20
0245?	aP: 1J	VI	Frg	ca. 27x20	ca. 23
0246?	aP: Jc	VI	Frg	ca. 29x20	ca. 27
0247?	aP: 1/2P	V/VI	Frg	ca. 29x23	ca. 36
0251?	aP: 3JJd	VI	Frg	ca. 24x20	ca. 22+
0285?	apP: R1K2K E1TH1P1J	VI	22	29x19,5	18
0296?	apP: 1J2K	VI	2	ca. 29x23,5	21
197	eaPK: MtMc Jc	XI	154	30x23,5	34
356	apP†	XII	145	9,2x7,8	24
368	earP: J1-3JAp	XV	96	15,5x10,5	21
442	apPK	XIII	129	23x17	38-39
615	apP: Kath	XV	202	24,8x17,1	19
620	aprP: Kathpr (g-l)	XII	150	18,5x13	32
622	apP(K)†: Kathp	XII	270	35,9x28,5	20
631?	aP: Kath	XVI	24	21,4x17,7	21
640?	aPK: Jc	XI	2	24,3x19,6	R[1]
643?	aP: Jc-Jd	XIV	15	37,7x26,5	28-32
720	eapPK†	XIII	I: 118 II: 178	29,9x22	56
743	earPK: J1-3J Ap	XIV	406	39,7x27,7	35
832	eaPK: MtJ Jc-Jd	X	251	33x25	37
918	apP†: Kathp	XVI	397	34,5x23,5	28

Hs.-Nr.	Inhalt	Jh.	Blatt	Format	Zeilen
1495	eapP: eKath K-H	XIV	263	24,5x18,5	27-29
1523	apPK: 1J-K	XIV	153	25,8x17,2	39-46
1661	eapP†	XV	173	27x18	28
1769	apr(K)P†	XIV	209	23,8x17	36
1836	apP†: 1J-2TH	X	139	23,5x17,5	25
1840	apPK	XVI	456	33x23	30
1844	aPK: 1J-Jd	XV	50	33x22	28
1848	apP: Jc1.2P R1.2KPh-H	XV	307	17,5x12	13-14
1881	apP: 1P-H	XIV	126	17,5x13,5	24
1882	apP: Jc-Phm	XV	132	17,5x12,5	24
2130	aPK: Jc-3J	XVI	79	32x20,5	25-38
2186	arPK	XII	94	42x32	39
2197	apPK	XIV	411	26x19,5	37+
2310	eapP†	XIV	158	23,8x16,6	20
2318	apPK	XVIII	409	26x18	R[1]
2357?	apP†	XIV	16	15,7x10,7	24
2527	apP: 2P-H†	XIV	121	24,5x16	28-30
2736	apP†	XV	290	20,5x14	18-19
2741?	aPK	XI	1	26,7x16,5	R[1]
2776	aprK	XVII	ca. 250	30x20	30-33
2822?	aP: JcJd†	XII	2	29x22	23

[1] Randkommentar

Wenn man nun nach einer Antwort auf die Frage sucht, weshalb in einen Fall die Apostelgeschichte ohne die Katholischen Briefe und umgekehrt die Katholischen Briefe ohne die Apostelgeschichte überliefert sind, obwohl im Normalbestand der Überlieferung beide zusammengehörig sind, so bleibt man einigermaßen ratlos. Die ea-Gruppe (von D 05 angeführt), die die Katholischen Briefe ausschließt, ist leicht zu erklären: an die Frühgeschichte des Evangeliums und die Darstellung des Lebens und Wirkens Jesu soll sich die Darstellung des Fortgangs anschließen, die Katholischen Briefe wären hier ein Fremdkörper. Ebenso sind die ap-Handschriften ohne Apostelgeschichte ohne weiteres erklärbar: hier sollen die Briefe der Apostel zusammengefaßt dargeboten werden, die Apostelgeschichte würde hier nur stören. Aber dann beginnt schon das Rätselraten. Verschiedenes ist allerdings dabei zu berücksichtigen: bei den späten Handschriften (ab 15., spätestens 16. Jahrhundert) spielen nicht mehr die Überlieferungsgesetze der Frühzeit, sondern individuelle Gesichtspunkte eine Rolle, ebenso wie bei den Kommentarhandschriften früherer Jahrhunderte. Hier spielte das persönliche Interesse der Schreiber die entscheidende Rolle bei der Auswahl. Das kann schon bis in die frühe Zeit zurückreichen: wenn $\mathfrak{P}^{72}$ aus dem 3./4. Jahrhundert nur die Katholischen Briefe enthält, so, weil der Schreiber (ohne Zweifel ein Theologe) besonders an ihnen interessiert war. Aber wie will man die ep-Handschriften erklären? Natürlich kann man dahinter theologische Motive vermuten. Das Gleiche gilt für die er-Handschriften bzw. die ear-Handschriften. Aber sind das nicht moderne Überlegungen? Denn die Zahlen für die genannten Gruppen sind ganz niedrig (sämtlich unter einem Dutzend). Und wenn man einen r-Bestandteil bei einer Gruppe findet, wird sofort der Argwohn wach, ob er nicht später angefügt worden ist und nicht zum ursprünglichen Bestandteil gehört (wie es sich bei der Autopsie oft genug bestätigt). Die Sammelhandschriften entziehen sich ohnehin der Klassifizierung, hier hat die nichtrekonstruierbare Entscheidung des Bibliothekars gewaltet.

9. DER TEXTCHARAKTER DER APOSTOLOSBESTANDTEILE

Wie steht es nun, das als abschließende Frage, mit dem Textcharakter von Apg und kath. Gruppen, sofern sie in einer Handschrift stehen, vom selben Schreiber geschrieben? Ist er identisch oder unterscheidet er sich voneinander? Eine vergleichende Übersicht über den Anteil des "alten Textes" in ihnen gibt eine Antwort auf diese Frage. Links (in I) stehen die Zahlen für die Apostelgeschichte, rechts die für die Katholischen Briefe (in II). Aufgenommen sind um der Eindeutigkeit willen nur Handschriften mit über 30 Belegstellen und begrenzt ist die Übersicht auf Handschriften mit bis zu 15% "altem Text" (mit Prozentsätzen wird diesmal gearbeitet, um eine unmittelbare Vergleichsmöglichkeit zu geben) - möglich ist das, weil die Zahl der Teststellen -98/104 - dicht beieinander liegt:

Hs.-Nr.	2-Lesarten	Hs.-Nr.	2-Lesarten
	I.		II.
	Apg		Kath.
03	70,2% (80,6%)	03	80,6%
01	65,4% (62,2%)	$\mathfrak{P}^{74}$	70,0%
$\mathfrak{P}^{74}$	64,6% (70,0%)	1739	67,3%

Hs.-Nr.	2-Lesarten	Hs.-Nr.	2-Lesarten
	I.		II.
	Apg.		Kath.
02	62,5% (63,3%)	02	63,3%
81	55,7% (44,9%)	01	62,2%
04	55,5% (60,6%)	04	60,6%
1175	48,1% (28,6%)	1852	58,9%
2464	40,0% (41,4%)	1241	56,0%
33	37,2% (53,0%)	044	55,6%
1739	35,6% (67,3%)	1243	53,6%
181	33,0%	33	53,0%
1875	32,6%	2344	52,6%
307	31,7% (15,3%)	322	50,0%
453	31,7% (15,4%)	323	50,0%
1891	31,7%	81	44,9%
2344	31,1% (52,6%)	1846	44,4%
2818	30,8%	1735	43,9%
610	29,1%	2298	43,9%
1678	28,8% (15,9%)	2805	42,8%
945	26,9% (41,8%)	436	41,8%
1704	25,9%	945	41,8%
431	25,2%	1505	41,8%
629	24,7%	2464	41,4%
180	23,8%	1067	41,2%
630	23,8% (33,6%)	2495	39,1%
2200	23,4% (32,6%)	2138	38,9%
1642	23,3%	1409	36,7%
1409	22,4% (36,7%)	623	36,4%
94	21,1%	1611	35,0%
623	21,1% (36,4%)	630	33,6%
2718	20,5% (21,1%)	2200	32,6%
1155	20,0%	2541	31,9%
044	19,2% (55,6%)	5	31,6%
323	18,6% (50,0%)	621	30,2%
322	18,3% (50,0%)	1292	29,6%
1751	17,6%	2412	29,6%
2805	16,1% (42,8%)	614	29,2%
621	15,4% (30,2%)	025	28,9%
2298	15,4% (43,9%)	1175	28,6%
		206	26,6%
		2374	25,8%
		6	25,5%

Hs.-Nr.	2-Lesarten
	II.
	Kath.
522	24,7%
629	23,9%
1448	23,7%
1845	22,4%
808	21,6%
1359	21,6%
1718	21,6%
429	21,4%
2718	21,1%
1563	19,6%
1837	19,6%
642	19,4%
326	18,9%
218	18,5%
2652	18,5%
254	18,3%
915	18,3%
1524	18,3%
2147	18,3%
2492	18,3%
61	17,5%
88	17,5%
1127	17,5%
398	16,4%
36	16,3%
378	16,3%
2197	16,3%
104	15,9%
1678	15,9%
453	15,4%
93	15,3%
307	15,3%
321	15,3%
918	15,3%

Auf den ersten Blick auffällig ist: den 39 Handschriften in Spalte I stehen 76 in Spalte II gegenüber, die Handschriften der Katholischen Briefe haben also eine höhere Textqualität. Und zweitens:

von den 39 Handschriften in Spalte I tauchen 12 in Spalte II nicht
auf, sie liegen bei denen der Katholischen Briefe also unter 15%
Anteil an "altem Text". Auch sonst sind in den Handschriften, die
in beiden Listen begegnen, die Qualitätsunterschiede erheblich (zur
Erleichterung des Vergleichs sind die Prozentsätze der Hand-
schriften in Liste II bei denen in Liste I in Klammern hinzugefügt).
Zu Anfang ist das Niveau noch einigermaßen gleich, aber schon bei
1175 ist der Unterschied erstaunlich: 48,1% in Liste I (Apg) gegen-
über 28,6% in Liste II (Kath.) bzw. umgekehrt bei 33 (37,2% in I,
53,0% in II) und 1739 (35,6% in I, 67,3% in II). Natürlich gibt es
Handschriften mit höherem Anteil an "altem Text" in Liste I: z.B.
307, 453, 1678, aber das umgekehrte Verhalten ist doch häufiger und
eindrücklicher, besonders am Schluß von Liste I: 55.6% bei 044 ge-
genüber 19,2%, 50,0% bei 323 gegenüber 18,6% (bzw. 50,0% bei 322
gegenüber 18,3%), 42,8% bei 2805 gegenüber 16,1%, 30,2% bei 621
gegenüber 15,4% und 43,9% bei 2298 gegenüber 15,4%.
Eindeutig ist wohl, daß die Handschriften der Apostelgeschichte
und die der Katholischen Briefe einen verschiedenen Textcharakter
besitzen, also aus einer verschiedenen Überlieferungskette kom-
men müssen. Das ist aber auch alles, was wir (bisher) sagen können.

10. DER TEXTCHARAKTER DER HANDSCHRIFTEN DER APOSTELGESCHICHTE

Ein gewisser Eindruck vom Textcharakter der Handschriften der
Apostelgeschichte hat sich bereits im vorigen Abschnitt ergeben. Er
bestätigt sich bei der Betrachtung der nachstehend abgedruckten
Übersicht über den Anteil des alten Textes, die im Gegensatz zu der
S. 387ff wiedergegebenen nicht nach der Abfolge der Handschriften-
nummern angeordnet ist, sondern nach ihrer Wertigkeit.

HS.-NR.	BELEGE	2ER-LESARTEN	1/2ER-LESARTEN	1ER-LESARTEN
048	4	4 - 100.0%	0 - 0.0%	0 - 0.0%
057	1	1 - 100.0%	0 - 0.0%	0 - 0.0%
066	1	1 - 100.0%	0 - 0.0%	0 - 0.0%
095	1	1 - 100.0%	0 - 0.0%	0 - 0.0%
0165	1	1 - 100.0%	0 - 0.0%	0 - 0.0%
0175	1	1 - 100.0%	0 - 0.0%	0 - 0.0%
P41	7	5 - 71.4%	1 - 14.3%	0 - 0.0%
03	104	73 - 70.2%	20 - 19.2%	0 - 0.0%
01	104	68 - 65.4%	19 - 18.3%	1 - 0.9%
P74	96	62 - 64.6%	22 - 22.9%	2 - 2.1%
02	104	65 - 62.5%	19 - 18.3%	7 - 6.7%
81	70	39 - 55.7%	19 - 27.1%	7 - 10.0%
04	63	35 - 55.5%	10 - 15.8%	6 - 9.5%
1175	104	50 - 48.1%	20 - 19.2%	19 - 18.3%
2464	35	14 - 40.0%	4 - 11.4%	9 - 25.7%
33	86	32 - 37.2%	17 - 19.8%	21 - 24.4%
1739	104	37 - 35.6%	20 - 19.2%	30 - 28.8%
P8	3	1 - 33.3%	1 - 33.3%	1 - 33.3%
P45	18	6 - 33.3%	6 - 33.3%	2 - 11.1%
096	3	1 - 33.3%	0 - 0.0%	2 - 66.6%
097	3	1 - 33.3%	0 - 0.0%	2 - 66.6%
181	103	34 - 33.0%	18 - 17.4%	28 - 27.1%
1875	89	29 - 32.6%	16 - 17.9%	28 - 31.4%
307	104	33 - 31.7%	17 - 16.3%	31 - 29.8%
453	104	33 - 31.7%	17 - 16.3%	34 - 32.7%
1891	104	33 - 31.7%	20 - 19.2%	32 - 30.8%
2344	103	32 - 31.1%	22 - 21.3%	33 - 32.0%
2818	104	32 - 30.8%	17 - 16.3%	31 - 29.8%
610	96	28 - 29.1%	17 - 17.7%	29 - 30.2%
1678	104	30 - 28.8%	16 - 15.4%	36 - 34.6%
945	104	28 - 26.9%	20 - 19.2%	33 - 31.7%
1704	104	27 - 25.9%	20 - 19.2%	35 - 33.6%
431	103	26 - 25.2%	21 - 20.4%	39 - 37.8%
629	97	24 - 24.7%	17 - 17.5%	36 - 37.1%
180	101	24 - 23.8%	18 - 17.8%	38 - 37.6%
630	101	24 - 23.8%	21 - 20.8%	40 - 39.6%
1884	98	23 - 23.4%	16 - 16.3%	35 - 35.7%
2200	98	23 - 23.4%	20 - 20.4%	39 - 39.8%
1642	103	24 - 23.3%	19 - 18.4%	39 - 37.8%
1409	98	22 - 22.4%	21 - 21.4%	35 - 35.7%
08	100	22 - 22.0%	17 - 17.0%	36 - 36.0%
94	104	22 - 21.1%	19 - 18.3%	40 - 38.4%
623	85	18 - 21.1%	19 - 22.3%	36 - 42.3%
2718	78	16 - 20.5%	18 - 23.1%	37 - 47.4%
1115	5	1 - 20.0%	1 - 20.0%	3 - 60.0%
044	104	20 - 19.2%	22 - 21.1%	41 - 39.4%
323	102	19 - 18.6%	20 - 19.6%	50 - 49.0%
322	104	19 - 18.3%	21 - 20.2%	51 - 49.0%
05	72	13 - 18.0%	6 - 8.3%	16 - 22.2%
441	78	14 - 17.9%	18 - 23.1%	32 - 41.0%
1751	102	18 - 17.6%	19 - 18.6%	44 - 43.1%
0120	6	1 - 16.6%	3 - 50.0%	2 - 33.3%
2805	99	16 - 16.1%	17 - 17.1%	46 - 46.4%
621	104	16 - 15.4%	22 - 21.1%	50 - 48.1%
2298	104	16 - 15.4%	20 - 19.2%	47 - 45.2%
619	103	15 - 14.6%	25 - 24.3%	53 - 51.4%
1162	104	15 - 14.4%	24 - 23.1%	52 - 50.0%

HS.-NR.	BELEGE	2ER-LESARTEN	1/2ER-LESARTEN	1ER-LESARTEN
88	102	14 - 13.7%	23 - 22.5%	49 - 48.0%
436	104	14 - 13.4%	22 - 21.1%	58 - 55.8%
1842	104	14 - 13.4%	23 - 22.1%	50 - 48.1%
5	104	13 - 12.5%	25 - 24.0%	53 - 50.9%
429	104	13 - 12.5%	20 - 19.2%	50 - 48.1%
1505	104	13 - 12.5%	23 - 22.1%	55 - 52.9%
2374	104	13 - 12.5%	23 - 22.1%	58 - 55.8%
1890	91	11 - 12.1%	19 - 20.9%	47 - 51.6%
1893	86	10 - 11.6%	19 - 22.1%	53 - 61.6%
467	104	12 - 11.5%	21 - 20.2%	53 - 50.9%
2495	104	12 - 11.5%	21 - 20.2%	54 - 51.9%
2201	90	10 - 11.1%	22 - 24.4%	52 - 57.8%
1735	100	11 - 11.0%	24 - 24.0%	56 - 56.0%
2138	100	11 - 11.0%	22 - 22.0%	49 - 49.0%
915	104	11 - 10.6%	23 - 22.1%	52 - 50.0%
522	102	10 - 9.8%	20 - 19.6%	50 - 49.0%
218	104	10 - 9.6%	27 - 25.9%	64 - 61.5%
228	104	10 - 9.6%	23 - 22.1%	60 - 57.7%
996	104	10 - 9.6%	22 - 21.1%	57 - 54.8%
1852	73	7 - 9.6%	20 - 27.4%	40 - 54.8%
941	100	9 - 9.0%	22 - 22.0%	63 - 63.0%
1827	102	9 - 8.8%	25 - 24.5%	58 - 56.8%
636	104	9 - 8.6%	23 - 22.1%	60 - 57.7%
1646	104	9 - 8.6%	27 - 25.9%	65 - 62.5%
1718	104	9 - 8.6%	27 - 25.9%	60 - 57.7%
2737	104	9 - 8.6%	23 - 22.1%	61 - 58.6%
2778	12	1 - 8.3%	5 - 41.6%	6 - 50.0%
206	61	5 - 8.2%	14 - 22.9%	29 - 47.5%
1838	98	8 - 8.1%	22 - 22.4%	56 - 57.1%
886	25	2 - 8.0%	3 - 12.0%	15 - 60.0%
1729	87	7 - 8.0%	22 - 25.3%	48 - 55.1%
1831	100	8 - 8.0%	20 - 20.0%	54 - 54.0%
1509	101	8 - 7.9%	21 - 20.8%	57 - 56.4%
104	102	8 - 7.8%	24 - 23.5%	60 - 58.8%
1611	103	8 - 7.8%	21 - 20.4%	56 - 54.3%
489	104	8 - 7.7%	24 - 23.1%	61 - 58.6%
614	104	8 - 7.7%	16 - 15.4%	60 - 57.7%
808	104	8 - 7.7%	24 - 23.1%	66 - 63.4%
927	104	8 - 7.7%	24 - 23.1%	60 - 57.7%
1359	104	8 - 7.7%	26 - 25.0%	64 - 61.5%
1490	104	8 - 7.7%	20 - 19.2%	57 - 54.8%
2412	104	8 - 7.7%	16 - 15.4%	58 - 55.8%
61	100	7 - 7.0%	22 - 22.0%	62 - 62.0%
1837	100	7 - 7.0%	22 - 22.0%	63 - 63.0%
1758	87	6 - 6.9%	18 - 20.7%	48 - 55.1%
459	103	7 - 6.8%	23 - 22.3%	62 - 60.2%
103	104	7 - 6.7%	21 - 20.2%	67 - 64.4%
326	104	7 - 6.7%	24 - 23.1%	64 - 61.5%
437	104	7 - 6.7%	27 - 25.9%	64 - 61.5%
1243	104	7 - 6.7%	24 - 23.1%	63 - 60.6%
1292	104	7 - 6.7%	19 - 18.3%	60 - 57.7%
1501	104	7 - 6.7%	20 - 19.2%	61 - 58.6%
2774	104	7 - 6.7%	24 - 23.1%	65 - 62.5%
606	98	6 - 6.1%	19 - 19.4%	64 - 65.3%
641	100	6 - 6.0%	19 - 19.0%	65 - 65.0%
1873	102	6 - 5.9%	24 - 23.5%	62 - 60.8%
1598	103	6 - 5.8%	24 - 23.3%	65 - 63.1%

HS.-NR.	BELEGE	2ER-LESARTEN	1/2ER-LESARTEN	1ER-LESARTEN
35	104	6 – 5.8%	24 – 23.1%	69 – 66.3%
1270	104	6 – 5.8%	24 – 23.1%	65 – 62.5%
1297	104	6 – 5.8%	24 – 23.1%	65 – 62.5%
1595	104	6 – 5.8%	24 – 23.1%	66 – 63.4%
1843	104	6 – 5.8%	25 – 24.0%	62 – 59.6%
1853	104	6 – 5.8%	21 – 20.2%	64 – 61.5%
1896	104	6 – 5.8%	22 – 21.1%	67 – 64.4%
2143	104	6 – 5.8%	24 – 23.1%	63 – 60.6%
2288	104	6 – 5.8%	25 – 24.0%	64 – 61.5%
1610	90	5 – 5.5%	15 – 16.6%	58 – 64.4%
2652	94	5 – 5.3%	15 – 15.9%	62 – 65.9%
2378	57	3 – 5.3%	16 – 28.1%	38 – 66.6%
400	78	4 – 5.1%	18 – 23.1%	50 – 64.1%
913	97	5 – 5.1%	18 – 18.5%	61 – 62.9%
1832	78	4 – 5.1%	17 – 21.8%	49 – 62.8%
986	100	5 – 5.0%	24 – 24.0%	70 – 70.0%
1894	100	5 – 5.0%	23 – 23.0%	63 – 63.0%
444	101	5 – 4.9%	26 – 25.7%	69 – 68.3%
2441	41	2 – 4.9%	11 – 26.8%	27 – 65.8%
1748	103	5 – 4.8%	26 – 25.2%	71 – 68.9%
6	104	5 – 4.8%	23 – 22.1%	62 – 59.6%
634	104	5 – 4.8%	26 – 25.0%	71 – 68.3%
824	104	5 – 4.8%	27 – 25.9%	72 – 69.2%
876	104	5 – 4.8%	21 – 20.2%	65 – 62.5%
917	104	5 – 4.8%	27 – 25.9%	68 – 65.4%
1058	104	5 – 4.8%	26 – 25.0%	71 – 68.3%
1127	104	5 – 4.8%	24 – 23.1%	70 – 67.3%
1563	104	5 – 4.8%	27 – 25.9%	68 – 65.4%
1765	104	5 – 4.8%	21 – 20.2%	65 – 62.5%
1830	104	5 – 4.8%	21 – 20.2%	64 – 61.5%
1865	104	5 – 4.8%	27 – 25.9%	72 – 69.2%
1868	104	5 – 4.8%	25 – 24.0%	65 – 62.5%
1874	104	5 – 4.8%	27 – 25.9%	65 – 62.5%
1877	104	5 – 4.8%	26 – 25.0%	64 – 61.5%
1892	104	5 – 4.8%	26 – 25.0%	72 – 69.2%
2147	104	5 – 4.8%	17 – 16.3%	65 – 62.5%
2255	104	5 – 4.8%	26 – 25.0%	71 – 68.3%
2541	104	5 – 4.8%	25 – 24.0%	69 – 66.3%
2723	104	5 – 4.8%	27 – 25.9%	72 – 69.2%
1856	86	4 – 4.6%	21 – 24.4%	60 – 69.8%
642	87	4 – 4.6%	21 – 24.1%	61 – 70.1%
1723	87	4 – 4.6%	24 – 27.6%	59 – 67.8%
506	22	1 – 4.5%	6 – 27.3%	15 – 68.1%
1864	91	4 – 4.4%	25 – 27.4%	62 – 68.1%
1846	23	1 – 4.3%	6 – 26.1%	14 – 60.8%
69	94	4 – 4.3%	18 – 19.1%	61 – 64.9%
633	95	4 – 4.2%	21 – 22.1%	64 – 67.3%
1508	100	4 – 4.0%	26 – 26.0%	70 – 70.0%
1761	100	4 – 4.0%	24 – 24.0%	70 – 70.0%
757	101	4 – 3.9%	25 – 24.8%	71 – 70.3%
935	101	4 – 3.9%	23 – 22.8%	65 – 64.3%
1609	101	4 – 3.9%	22 – 21.8%	68 – 67.3%
1754	101	4 – 3.9%	25 – 24.8%	66 – 65.3%
432	103	4 – 3.9%	25 – 24.3%	71 – 68.9%
460	102	4 – 3.9%	26 – 25.4%	62 – 60.8%
468	103	4 – 3.9%	25 – 24.3%	66 – 64.1%
1248	103	4 – 3.9%	27 – 26.2%	71 – 68.9%

HS.-NR.	BELEGE	2ER-LESARTEN	1/2ER-LESARTEN	1ER-LESARTEN
1652	103	4 - 3.9%	25 - 24.3%	72 - 69.9%
1746	103	4 - 3.9%	27 - 26.2%	72 - 69.9%
1768	102	4 - 3.9%	24 - 23.5%	70 - 68.6%
2218	103	4 - 3.9%	26 - 25.2%	72 - 69.9%
2502	102	4 - 3.9%	25 - 24.5%	72 - 70.6%
18	104	4 - 3.8%	26 - 25.0%	72 - 69.2%
141	104	4 - 3.8%	26 - 25.0%	73 - 70.2%
149	104	4 - 3.8%	27 - 25.9%	73 - 70.2%
201	104	4 - 3.8%	27 - 25.9%	73 - 70.2%
204	104	4 - 3.8%	26 - 25.0%	73 - 70.2%
386	104	4 - 3.8%	26 - 25.0%	73 - 70.2%
394	104	4 - 3.8%	26 - 25.0%	72 - 69.2%
456	104	4 - 3.8%	26 - 25.0%	70 - 67.3%
664	104	4 - 3.8%	26 - 25.0%	72 - 69.2%
801	104	4 - 3.8%	25 - 24.0%	73 - 70.2%
928	104	4 - 3.8%	26 - 25.0%	72 - 69.2%
1040	104	4 - 3.8%	27 - 25.9%	72 - 69.2%
1072	104	4 - 3.8%	27 - 25.9%	73 - 70.2%
1100	104	4 - 3.8%	26 - 25.0%	73 - 70.2%
1249	104	4 - 3.8%	25 - 24.0%	73 - 70.2%
1315	104	4 - 3.8%	24 - 23.1%	69 - 66.3%
1400	104	4 - 3.8%	26 - 25.0%	73 - 70.2%
1482	104	4 - 3.8%	26 - 25.0%	73 - 70.2%
1503	104	4 - 3.8%	27 - 25.9%	73 - 70.2%
1617	104	4 - 3.8%	27 - 25.9%	73 - 70.2%
1618	104	4 - 3.8%	26 - 25.0%	73 - 70.2%
1628	104	4 - 3.8%	27 - 25.9%	73 - 70.2%
1637	104	4 - 3.8%	27 - 25.9%	73 - 70.2%
1656	104	4 - 3.8%	27 - 25.9%	73 - 70.2%
1724	104	4 - 3.8%	24 - 23.1%	69 - 66.3%
1732	104	4 - 3.8%	26 - 25.0%	73 - 70.2%
1733	104	4 - 3.8%	26 - 25.0%	73 - 70.2%
1737	104	4 - 3.8%	27 - 25.9%	72 - 69.2%
1740	104	4 - 3.8%	27 - 25.9%	73 - 70.2%
1749	104	4 - 3.8%	26 - 25.0%	71 - 68.3%
1855	104	4 - 3.8%	26 - 25.0%	73 - 70.2%
1876	104	4 - 3.8%	25 - 24.0%	72 - 69.2%
1895	104	4 - 3.8%	26 - 25.0%	68 - 65.4%
1897	104	4 - 3.8%	26 - 25.0%	73 - 70.2%
2261	104	4 - 3.8%	26 - 25.0%	72 - 69.2%
2352	104	4 - 3.8%	27 - 25.9%	73 - 70.2%
2466	104	4 - 3.8%	27 - 25.9%	72 - 69.2%
2516	104	4 - 3.8%	25 - 24.0%	66 - 63.4%
2554	104	4 - 3.8%	26 - 25.0%	72 - 69.2%
2653	104	4 - 3.8%	27 - 25.9%	72 - 69.2%
1094	79	3 - 3.8%	23 - 29.1%	52 - 65.8%
1752	79	3 - 3.8%	22 - 27.8%	52 - 65.8%
62	27	1 - 3.7%	9 - 33.3%	16 - 59.3%
2289	54	2 - 3.7%	14 - 25.9%	38 - 70.3%
2587	83	3 - 3.6%	23 - 27.7%	56 - 67.4%
466	57	2 - 3.5%	14 - 24.5%	40 - 70.1%
1759	90	3 - 3.3%	22 - 24.4%	59 - 65.5%
2777	30	1 - 3.3%	6 - 20.0%	23 - 76.6%
2431	92	3 - 3.3%	23 - 25.0%	65 - 70.6%
1075	100	3 - 3.0%	27 - 27.0%	70 - 70.0%
1390	100	3 - 3.0%	24 - 24.0%	66 - 66.0%
796	101	3 - 2.9%	25 - 24.8%	70 - 69.3%

HS.-NR.	BELEGE	2ER-LESARTEN	1/2ER-LESARTEN	1ER-LESARTEN
1548	101	3 - 2.9%	26 - 25.7%	70 - 69.3%
1597	102	3 - 2.9%	24 - 23.5%	68 - 66.6%
1767	102	3 - 2.9%	25 - 24.5%	71 - 69.6%
3	104	3 - 2.9%	24 - 23.1%	71 - 68.3%
93	104	3 - 2.9%	27 - 25.9%	73 - 70.2%
142	104	3 - 2.9%	24 - 23.1%	72 - 69.2%
175	103	3 - 2.9%	27 - 26.2%	72 - 69.9%
203	104	3 - 2.9%	27 - 25.9%	72 - 69.2%
328	104	3 - 2.9%	26 - 25.0%	74 - 71.1%
383	103	3 - 2.9%	23 - 22.3%	71 - 68.9%
404	104	3 - 2.9%	27 - 25.9%	72 - 69.2%
440	104	3 - 2.9%	24 - 23.1%	70 - 67.3%
604	104	3 - 2.9%	26 - 25.0%	74 - 71.1%
617	104	3 - 2.9%	23 - 22.1%	69 - 66.3%
635	104	3 - 2.9%	26 - 25.0%	73 - 70.2%
665	104	3 - 2.9%	27 - 25.9%	73 - 70.2%
1103	104	3 - 2.9%	26 - 25.0%	72 - 69.2%
1161	104	3 - 2.9%	26 - 25.0%	71 - 68.3%
1251	104	3 - 2.9%	22 - 21.1%	69 - 66.3%
1311	104	3 - 2.9%	25 - 24.0%	69 - 66.3%
1404	104	3 - 2.9%	24 - 23.1%	72 - 69.2%
1619	104	3 - 2.9%	27 - 25.9%	74 - 71.1%
1636	104	3 - 2.9%	27 - 25.9%	74 - 71.1%
1719	103	3 - 2.9%	26 - 25.2%	72 - 69.9%
1722	103	3 - 2.9%	23 - 22.3%	67 - 65.0%
1725	104	3 - 2.9%	26 - 25.0%	73 - 70.2%
1763	104	3 - 2.9%	24 - 23.1%	74 - 71.1%
2221	104	3 - 2.9%	26 - 25.0%	74 - 71.1%
2242	104	3 - 2.9%	22 - 21.1%	69 - 66.3%
2483	103	3 - 2.9%	24 - 23.3%	69 - 66.9%
2544	104	3 - 2.9%	23 - 22.1%	71 - 68.3%
2704	104	3 - 2.9%	25 - 24.0%	74 - 71.1%
2303	35	1 - 2.8%	11 - 31.4%	22 - 62.8%
2746	70	2 - 2.8%	17 - 24.3%	48 - 68.6%
1730	36	1 - 2.8%	8 - 22.2%	27 - 75.0%
014	73	2 - 2.7%	20 - 27.4%	49 - 67.1%
1839	78	2 - 2.6%	22 - 28.2%	48 - 61.5%
2175	41	1 - 2.4%	9 - 21.9%	31 - 75.6%
2180	88	2 - 2.3%	22 - 25.0%	60 - 68.1%
110	94	2 - 2.1%	25 - 26.6%	66 - 70.2%
43	96	2 - 2.1%	26 - 27.1%	65 - 67.7%
2400	96	2 - 2.1%	23 - 23.9%	65 - 67.7%
337	99	2 - 2.0%	26 - 26.3%	68 - 68.6%
491	99	2 - 2.0%	26 - 26.3%	70 - 70.7%
602	49	1 - 2.0%	12 - 24.4%	35 - 71.4%
910	100	2 - 2.0%	25 - 25.0%	72 - 72.0%
1721	100	2 - 2.0%	24 - 24.0%	65 - 65.0%
76	103	2 - 1.9%	24 - 23.3%	69 - 66.9%
97	103	2 - 1.9%	24 - 23.3%	72 - 69.9%
363	101	2 - 1.9%	23 - 22.8%	67 - 66.3%
378	101	2 - 1.9%	23 - 22.8%	73 - 72.3%
385	103	2 - 1.9%	21 - 20.4%	73 - 70.8%
424	103	2 - 1.9%	27 - 26.2%	74 - 71.8%
608	102	2 - 1.9%	26 - 25.4%	67 - 65.6%
921	101	2 - 1.9%	24 - 23.8%	72 - 71.3%
1102	103	2 - 1.9%	24 - 23.3%	69 - 66.9%
1106	103	2 - 1.9%	25 - 24.3%	67 - 65.0%

HS.-NR.	BELEGE	2ER-LESARTEN	1/2ER-LESARTEN	1ER-LESARTEN
1448	103	2 - 1.9%	24 - 23.3%	71 - 68.9%
1742	103	2 - 1.9%	26 - 25.2%	73 - 70.8%
1743	102	2 - 1.9%	22 - 21.6%	71 - 69.6%
2080	101	2 - 1.9%	25 - 24.8%	72 - 71.3%
2194	103	2 - 1.9%	26 - 25.2%	74 - 71.8%
2675	101	2 - 1.9%	20 - 19.8%	69 - 68.3%
2691	102	2 - 1.9%	27 - 26.4%	73 - 71.6%
2696	102	2 - 1.9%	25 - 24.5%	71 - 69.6%
049	104	2 - 1.9%	27 - 25.9%	70 - 67.3%
102	104	2 - 1.9%	24 - 23.1%	70 - 67.3%
131	104	2 - 1.9%	26 - 25.0%	75 - 72.1%
133	104	2 - 1.9%	27 - 25.9%	74 - 71.1%
205	104	2 - 1.9%	25 - 24.0%	70 - 67.3%
209	104	2 - 1.9%	24 - 23.1%	71 - 68.3%
216	104	2 - 1.9%	24 - 23.1%	72 - 69.2%
221	104	2 - 1.9%	26 - 25.0%	74 - 71.1%
263	104	2 - 1.9%	26 - 25.0%	73 - 70.2%
330	104	2 - 1.9%	27 - 25.9%	75 - 72.1%
421	104	2 - 1.9%	24 - 23.1%	73 - 70.2%
451	104	2 - 1.9%	26 - 25.0%	75 - 72.1%
455	104	2 - 1.9%	24 - 23.1%	74 - 71.1%
496	104	2 - 1.9%	24 - 23.1%	72 - 69.2%
547	104	2 - 1.9%	26 - 25.0%	73 - 70.2%
618	104	2 - 1.9%	27 - 25.9%	71 - 68.3%
676	104	2 - 1.9%	26 - 25.0%	73 - 70.2%
911	104	2 - 1.9%	25 - 24.0%	73 - 70.2%
1244	104	2 - 1.9%	25 - 24.0%	74 - 71.1%
1247	104	2 - 1.9%	25 - 24.0%	73 - 70.2%
1626	104	2 - 1.9%	27 - 25.9%	73 - 70.2%
1720	104	2 - 1.9%	27 - 25.9%	74 - 71.1%
1736	104	2 - 1.9%	26 - 25.0%	73 - 70.2%
1850	104	2 - 1.9%	25 - 24.0%	73 - 70.2%
1854	104	2 - 1.9%	26 - 25.0%	74 - 71.1%
1870	104	2 - 1.9%	27 - 25.9%	75 - 72.1%
2127	104	2 - 1.9%	25 - 24.0%	70 - 67.3%
2243	104	2 - 1.9%	25 - 24.0%	68 - 65.4%
2501	104	2 - 1.9%	23 - 22.1%	70 - 67.3%
2674	104	2 - 1.9%	26 - 25.0%	74 - 71.1%
2816	104	2 - 1.9%	26 - 25.0%	68 - 65.4%
325	54	1 - 1.8%	14 - 25.9%	38 - 70.3%
2712	58	1 - 1.7%	14 - 24.1%	42 - 72.4%
1526	64	1 - 1.6%	18 - 28.1%	44 - 68.8%
1731	63	1 - 1.6%	18 - 28.6%	42 - 66.6%
1889	63	1 - 1.6%	17 - 26.9%	44 - 69.8%
020	79	1 - 1.3%	22 - 27.8%	52 - 65.8%
256	80	1 - 1.3%	21 - 26.3%	53 - 66.3%
57	81	1 - 1.2%	22 - 27.1%	55 - 67.9%
626	81	1 - 1.2%	23 - 28.4%	57 - 70.3%
1861	85	1 - 1.1%	19 - 22.3%	57 - 67.0%
1867	85	1 - 1.1%	24 - 28.2%	57 - 67.0%
628	93	1 - 1.1%	24 - 25.8%	63 - 67.7%
1066	91	1 - 1.1%	22 - 24.1%	64 - 70.3%
1757	93	1 - 1.1%	24 - 25.8%	62 - 66.6%
1902	91	1 - 1.1%	20 - 21.9%	66 - 72.5%
2484	92	1 - 1.1%	25 - 27.1%	65 - 70.6%
2625	94	1 - 1.1%	24 - 25.5%	68 - 72.3%
2799	94	1 - 1.1%	22 - 23.4%	66 - 70.2%

HS.-NR.	BELEGE	2ER-LESARTEN	1/2ER-LESARTEN	1ER-LESARTEN
025	99	1 - 1.0%	27 - 27.3%	69 - 69.7%
122	99	1 - 1.0%	27 - 27.3%	68 - 68.6%
699	98	1 - 1.0%	26 - 26.5%	69 - 70.4%
1003	98	1 - 1.0%	20 - 20.4%	65 - 66.3%
1360	98	1 - 1.0%	25 - 25.5%	68 - 69.4%
1726	100	1 - 1.0%	24 - 24.0%	72 - 72.0%
056	104	1 - 0.9%	24 - 23.1%	75 - 72.1%
0142	104	1 - 0.9%	23 - 22.1%	75 - 72.1%
1	104	1 - 0.9%	27 - 25.9%	75 - 72.1%
51	104	1 - 0.9%	21 - 20.2%	72 - 69.2%
177	104	1 - 0.9%	26 - 25.0%	73 - 70.2%
189	104	1 - 0.9%	23 - 22.1%	71 - 68.3%
226	103	1 - 0.9%	26 - 25.2%	73 - 70.8%
234	103	1 - 0.9%	19 - 18.4%	71 - 68.9%
250	104	1 - 0.9%	25 - 24.0%	75 - 72.1%
254	103	1 - 0.9%	25 - 24.3%	71 - 68.9%
296	104	1 - 0.9%	24 - 23.1%	74 - 71.1%
302	101	1 - 0.9%	26 - 25.7%	72 - 71.3%
321	103	1 - 0.9%	25 - 24.3%	73 - 70.8%
327	104	1 - 0.9%	25 - 24.0%	75 - 72.1%
390	104	1 - 0.9%	22 - 21.1%	72 - 69.2%
393	104	1 - 0.9%	26 - 25.0%	75 - 72.1%
452	104	1 - 0.9%	26 - 25.0%	76 - 73.1%
454	104	1 - 0.9%	26 - 25.0%	75 - 72.1%
462	104	1 - 0.9%	27 - 25.9%	74 - 71.1%
582	104	1 - 0.9%	20 - 19.2%	69 - 66.3%
605	104	1 - 0.9%	27 - 25.9%	76 - 73.1%
607	103	1 - 0.9%	25 - 24.3%	74 - 71.8%
616	104	1 - 0.9%	24 - 23.1%	72 - 69.2%
625	103	1 - 0.9%	27 - 26.2%	75 - 72.8%
632	103	1 - 0.9%	25 - 24.3%	75 - 72.8%
637	104	1 - 0.9%	26 - 25.0%	73 - 70.2%
638	103	1 - 0.9%	26 - 25.2%	75 - 72.8%
656	104	1 - 0.9%	27 - 25.9%	76 - 73.1%
680	103	1 - 0.9%	25 - 24.3%	71 - 68.9%
912	103	1 - 0.9%	20 - 19.4%	72 - 69.9%
922	104	1 - 0.9%	26 - 25.0%	76 - 73.1%
999	104	1 - 0.9%	23 - 22.1%	75 - 72.1%
1099	104	1 - 0.9%	25 - 24.0%	76 - 73.1%
1104	104	1 - 0.9%	23 - 22.1%	74 - 71.1%
1105	101	1 - 0.9%	25 - 24.8%	72 - 71.3%
1107	104	1 - 0.9%	27 - 25.9%	73 - 70.2%
1241	103	1 - 0.9%	27 - 26.2%	74 - 71.8%
1245	103	1 - 0.9%	26 - 25.2%	73 - 70.8%
1250	104	1 - 0.9%	22 - 21.1%	72 - 69.2%
1354	104	1 - 0.9%	27 - 25.9%	76 - 73.1%
1398	104	1 - 0.9%	26 - 25.0%	74 - 71.1%
1405	104	1 - 0.9%	20 - 19.2%	69 - 66.3%
1524	104	1 - 0.9%	25 - 24.0%	71 - 68.3%
1573	104	1 - 0.9%	25 - 24.0%	71 - 68.3%
1594	103	1 - 0.9%	20 - 19.4%	72 - 69.9%
1622	104	1 - 0.9%	23 - 22.1%	75 - 72.1%
1643	104	1 - 0.9%	23 - 22.1%	72 - 69.2%
1673	104	1 - 0.9%	27 - 25.9%	75 - 72.1%
1717	103	1 - 0.9%	25 - 24.3%	73 - 70.8%
1734	104	1 - 0.9%	27 - 25.9%	75 - 72.1%
1744	104	1 - 0.9%	26 - 25.0%	71 - 68.3%

HS.-NR.	BELEGE	2ER-LESARTEN	1/2ER-LESARTEN	1ER-LESARTEN
1750	102	1 - 0.9%	26 - 25.4%	73 - 71.6%
1753	104	1 - 0.9%	20 - 19.2%	72 - 69.2%
1841	101	1 - 0.9%	27 - 26.7%	69 - 68.3%
1847	104	1 - 0.9%	26 - 25.0%	73 - 70.2%
1857	104	1 - 0.9%	25 - 24.0%	74 - 71.1%
1860	104	1 - 0.9%	23 - 22.1%	75 - 72.1%
1862	102	1 - 0.9%	26 - 25.4%	73 - 71.6%
1863	104	1 - 0.9%	20 - 19.2%	70 - 67.3%
1872	104	1 - 0.9%	25 - 24.0%	73 - 70.2%
1888	104	1 - 0.9%	25 - 24.0%	75 - 72.1%
2085	104	1 - 0.9%	25 - 24.0%	70 - 67.3%
2086	103	1 - 0.9%	25 - 24.3%	72 - 69.9%
2131	104	1 - 0.9%	26 - 25.0%	73 - 70.2%
2191	104	1 - 0.9%	27 - 25.9%	75 - 72.1%
2279	101	1 - 0.9%	20 - 19.8%	69 - 68.3%
2356	104	1 - 0.9%	26 - 25.0%	75 - 72.1%
2401	101	1 - 0.9%	23 - 22.8%	71 - 70.3%
2488	104	1 - 0.9%	24 - 23.1%	75 - 72.1%
2492	104	1 - 0.9%	27 - 25.9%	72 - 69.2%
2494	104	1 - 0.9%	20 - 19.2%	74 - 71.1%
2508	104	1 - 0.9%	26 - 25.0%	75 - 72.1%
2511	104	1 - 0.9%	21 - 20.2%	70 - 67.3%
2558	104	1 - 0.9%	25 - 24.0%	74 - 71.1%
2576	104	1 - 0.9%	25 - 24.0%	71 - 68.3%
2619	104	1 - 0.9%	24 - 23.1%	75 - 72.1%
2705	104	1 - 0.9%	26 - 25.0%	74 - 71.1%
2815	103	1 - 0.9%	26 - 25.2%	73 - 70.8%
P33	1	0 - 0.0%	1 -100.0%	0 - 0.0%
P38	3	0 - 0.0%	0 - 0.0%	0 - 0.0%
P48	2	0 - 0.0%	0 - 0.0%	0 - 0.0%
P50	1	0 - 0.0%	0 - 0.0%	1 -100.0%
077	1	0 - 0.0%	0 - 0.0%	1 -100.0%
093	1	0 - 0.0%	0 - 0.0%	1 -100.0%
0140	1	0 - 0.0%	0 - 0.0%	1 -100.0%
0166	1	0 - 0.0%	1 -100.0%	0 - 0.0%
0189	1	0 - 0.0%	1 -100.0%	0 - 0.0%
0244	2	0 - 0.0%	2 -100.0%	0 - 0.0%
0294	2	0 - 0.0%	2 -100.0%	0 - 0.0%
38	102	0 - 0.0%	25 - 24.5%	71 - 69.6%
42	99	0 - 0.0%	22 - 22.2%	68 - 68.6%
82	104	0 - 0.0%	27 - 25.9%	75 - 72.1%
90	104	0 - 0.0%	24 - 23.1%	71 - 68.3%
105	104	0 - 0.0%	27 - 25.9%	77 - 74.0%
172	67	0 - 0.0%	19 - 28.3%	46 - 68.6%
223	104	0 - 0.0%	23 - 22.1%	72 - 69.2%
308	91	0 - 0.0%	21 - 23.1%	67 - 73.6%
309	62	0 - 0.0%	17 - 27.4%	43 - 69.3%
312	101	0 - 0.0%	26 - 25.7%	72 - 71.3%
314	19	0 - 0.0%	7 - 36.8%	12 - 63.1%
319	95	0 - 0.0%	25 - 26.3%	69 - 72.6%
365	73	0 - 0.0%	19 - 26.0%	46 - 63.0%
367	104	0 - 0.0%	25 - 24.0%	72 - 69.2%
384	104	0 - 0.0%	25 - 24.0%	73 - 70.2%
398	103	0 - 0.0%	26 - 25.2%	75 - 72.8%
425	104	0 - 0.0%	26 - 25.0%	73 - 70.2%
450	104	0 - 0.0%	27 - 25.9%	75 - 72.1%
457	104	0 - 0.0%	26 - 25.0%	75 - 72.1%

HS.-NR.	BELEGE	2ER-LESARTEN	1/2ER-LESARTEN	1ER-LESARTEN
458	102	0 - 0.0%	26 - 25.4%	73 - 71.6%
464	104	0 - 0.0%	24 - 23.1%	76 - 73.1%
465	104	0 - 0.0%	26 - 25.0%	77 - 74.0%
469	104	0 - 0.0%	26 - 25.0%	75 - 72.1%
479	102	0 - 0.0%	27 - 26.4%	74 - 72.5%
483	104	0 - 0.0%	26 - 25.0%	76 - 73.1%
498	82	0 - 0.0%	24 - 29.3%	57 - 69.5%
517	7	0 - 0.0%	1 - 14.3%	6 - 85.7%
567	38	0 - 0.0%	9 - 23.6%	26 - 68.4%
592	104	0 - 0.0%	25 - 24.0%	75 - 72.1%
601	103	0 - 0.0%	26 - 25.2%	72 - 69.9%
603	103	0 - 0.0%	25 - 24.3%	73 - 70.8%
624	31	0 - 0.0%	11 - 35.4%	20 - 64.5%
627	2	0 - 0.0%	0 - 0.0%	2 -100.0%
639	91	0 - 0.0%	23 - 25.3%	64 - 70.3%
794	104	0 - 0.0%	25 - 24.0%	75 - 72.1%
901	104	0 - 0.0%	25 - 24.0%	74 - 71.1%
914	104	0 - 0.0%	25 - 24.0%	73 - 70.2%
916	39	0 - 0.0%	8 - 20.5%	29 - 74.3%
919	104	0 - 0.0%	26 - 25.0%	75 - 72.1%
920	74	0 - 0.0%	20 - 27.0%	51 - 68.9%
956	6	0 - 0.0%	0 - 0.0%	6 -100.0%
959	104	0 - 0.0%	26 - 25.0%	74 - 71.1%
997	104	0 - 0.0%	26 - 25.0%	74 - 71.1%
1022	103	0 - 0.0%	27 - 26.2%	75 - 72.8%
1067	3	0 - 0.0%	1 - 33.3%	2 - 66.6%
1069	103	0 - 0.0%	27 - 26.2%	74 - 71.8%
1070	104	0 - 0.0%	24 - 23.1%	76 - 73.1%
1073	104	0 - 0.0%	27 - 25.9%	76 - 73.1%
1101	22	0 - 0.0%	4 - 18.1%	18 - 81.8%
1149	104	0 - 0.0%	27 - 25.9%	77 - 74.0%
1240	103	0 - 0.0%	24 - 23.3%	73 - 70.8%
1242	104	0 - 0.0%	26 - 25.0%	76 - 73.1%
1277	88	0 - 0.0%	21 - 23.8%	64 - 72.7%
1319	76	0 - 0.0%	20 - 26.3%	48 - 63.1%
1352	102	0 - 0.0%	25 - 24.5%	74 - 72.5%
1367	104	0 - 0.0%	26 - 25.0%	71 - 68.3%
1424	104	0 - 0.0%	26 - 25.0%	76 - 73.1%
1456	73	0 - 0.0%	15 - 20.5%	50 - 68.4%
1521	103	0 - 0.0%	25 - 24.3%	73 - 70.8%
1599	100	0 - 0.0%	25 - 25.0%	73 - 73.0%
1649	104	0 - 0.0%	25 - 24.0%	72 - 69.2%
1668	104	0 - 0.0%	27 - 25.9%	76 - 73.1%
1702	104	0 - 0.0%	22 - 21.1%	76 - 73.1%
1727	98	0 - 0.0%	21 - 21.4%	71 - 72.4%
1728	2	0 - 0.0%	0 - 0.0%	2 -100.0%
1738	20	0 - 0.0%	6 - 30.0%	14 - 70.0%
1741	101	0 - 0.0%	26 - 25.7%	73 - 72.3%
1745	15	0 - 0.0%	5 - 33.3%	10 - 66.6%
1747	76	0 - 0.0%	20 - 26.3%	54 - 71.0%
1756	1	0 - 0.0%	0 - 0.0%	1 -100.0%
1762	70	0 - 0.0%	19 - 27.1%	47 - 67.1%
1780	104	0 - 0.0%	26 - 25.0%	72 - 69.2%
1828	104	0 - 0.0%	27 - 25.9%	75 - 72.1%
1829	103	0 - 0.0%	25 - 24.3%	66 - 64.1%
1835	103	0 - 0.0%	26 - 25.2%	77 - 74.8%
1845	103	0 - 0.0%	24 - 23.3%	74 - 71.8%

HS.-NR.	BELEGE	2ER-LESARTEN	1/2ER-LESARTEN	1ER-LESARTEN
1849	104	0 - 0.0%	27 - 25.9%	76 - 73.1%
1851	104	0 - 0.0%	26 - 25.0%	76 - 73.1%
1858	20	0 - 0.0%	6 - 30.0%	14 - 70.0%
1859	103	0 - 0.0%	26 - 25.2%	73 - 70.8%
1869	104	0 - 0.0%	23 - 22.1%	73 - 70.2%
1871	9	0 - 0.0%	3 - 33.3%	5 - 55.5%
1880	102	0 - 0.0%	26 - 25.4%	74 - 72.5%
1883	104	0 - 0.0%	22 - 21.1%	76 - 73.1%
1885	104	0 - 0.0%	27 - 25.9%	74 - 71.1%
1886	103	0 - 0.0%	25 - 24.3%	69 - 66.9%
1899	16	0 - 0.0%	5 - 31.3%	11 - 68.8%
1903	104	0 - 0.0%	23 - 22.1%	76 - 73.1%
1904	3	0 - 0.0%	1 - 33.3%	2 - 66.6%
2004	43	0 - 0.0%	11 - 25.6%	31 - 72.1%
2125	27	0 - 0.0%	5 - 18.5%	20 - 74.1%
2404	104	0 - 0.0%	27 - 25.9%	75 - 72.1%
2423	103	0 - 0.0%	26 - 25.2%	74 - 71.8%
2473	104	0 - 0.0%	23 - 22.1%	75 - 72.1%
2475	99	0 - 0.0%	26 - 26.3%	71 - 71.7%
2523	104	0 - 0.0%	25 - 24.0%	76 - 73.1%
2570	2	0 - 0.0%	0 - 0.0%	1 - 50.0%
2626	26	0 - 0.0%	6 - 23.1%	19 - 73.1%
2627	16	0 - 0.0%	4 - 25.0%	11 - 68.8%
2671	3	0 - 0.0%	1 - 33.3%	2 - 66.6%
2716	70	0 - 0.0%	21 - 30.0%	48 - 68.6%
2772	89	0 - 0.0%	23 - 25.8%	63 - 70.8%
2797	8	0 - 0.0%	1 - 12.5%	7 - 87.5%
2829	8	0 - 0.0%	3 - 37.5%	5 - 62.5%
2833	6	0 - 0.0%	2 - 33.3%	4 - 66.6%

17 Handschriften nach denen mit bis zu 15% "altem Text" sind wir bereits bei 10% und 8 Handschriften weiter bereits bei 8% und noch 44 Handschriften danach bei 5%. Hier machen die 1- und 1/2-Handschriften zusammen bereits rund 80% aus, wir befinden uns also im byzantinischen Text. Allerdings muß darauf hingewiesen werden, daß bei einer vollständigen Handschrift mit 104 Teststellen dabei noch ein Spielraum für Sonderlesarten (3ff) bleibt. Leider ist aus technischen Gründen in der nachfolgenden Übersicht eine Sonderspalte für diese 3ff-Lesarten nicht möglich gewesen. So muß darauf hingewiesen werden, daß diese bereits S. 387ff bei der "Gesamtübersicht über die Lesarten" gegeben ist. Hier wird zur Einstimmung in die Übersicht über den "Anteil des alten Textes" nachstehend eine Liste der Handschriften mit 10 und mehr 3ff-Lesarten gegeben:

$\mathfrak{P}^{74}$	10	459	11	1409	20
01	16	460	10	1490	19
02	13	467	18	1501	16
03	11	489	11	1505	13
04	12	522	22	1509	15
05	37	582	14	1594	10
08	25	610	22	1610	12
044	21	614	20	1611	18
5	13	619	10	1642	21
6	14	621	16	1678	22
33	16	623	12	1704	22
51	10	629	20	1722	10
69	11	630	16	1729	10
88	16	636	12	1739	17
94	23	641	10	1751	21
104	10	876	13	1753	11
180	21	912	10	1758	15
181	23	913	13	1765	13
206	13	915	18	1827	13
228	11	927	12	1829	12
234	12	945	23	1830	14
307	23	996	15	1831	18
322	13	1003	12	1838	12
323	13	1162	13	1842	17
429	21	1175	15	1843	11
431	17	1243	10	1853	13
436	10	1251	10	1863	13
441	14	1292	18	1873	10
453	20	1405	14	1875	16

1884	24	2242	10	2511	12
1890	14	2279	11	2652	12
1891	19	2298	21	2675	10
2138	18	2344	16	2737	11
2143	11	2374	10	2805	20
2147	17	2412	22	2818	24
2200	16	2495	17		

Das sind im ganzen 107 Handschriften. Bei ihnen sollte die Arbeit beginnen, denn im allgemeinen korrespondieren hohe 3ff-Zahlen mit hohen oder wenigstens höheren Zahlen für den "alten Text". Aber erstens gibt es Handschriften mit höheren Zahlen für den alten Text ohne solche für den 3ff-Text und zweitens können Handschriften mit 3ff-Zahlen ganz oder fast ganz ohne alten Text sein (vgl. z.B. 51, 234, 582, 912, 1003, 1405, 1594, 1753, 1829, 1863, 2279, 2511).

Es gibt aber auch noch einen anderen Weg für den Einstieg in die Erhellung des Dunkels der Textgeschichte. Denn so wichtig die Sonderlesarten sind (z. B. die 3ff-Lesarten bei Teststellen mit 1/2-Text), sind sie doch im höheren Zahlenbereich oft von geringem Wert. So ist es vielleicht zweckmäßiger, von den Handschriften mit besonders hohen Zahlen mit 2-Text + Sonderlesarten auszugehen. Sie sind aus der Liste S. 387ff festzustellen, der einfacheren Übersicht halber seien sie nachfolgend zusammengestellt.

Hohe Zahlen für 2- und 3ff-Lesarten

Hs.-Nr.	2	2+3ff	Testst.	Hs.-Nr.	2	2+3ff	Testst.
$\mathfrak{P}$74	65%	75%	96	629	25%	45%	97
ℵ 01	65%	81%	104	630	24%	40%	101
A 02	63%	75%	104	945	27%	49%	104
B 03	70%	81%	104	1175	48%	63%	104
C 04	56%	75%	63	1409	22%	43%	98
D 05	18%	69%	72	1642	23%	44%	103
E 08	22%	47%	100	1678	29%	50%	104
Ψ 044	19%	39%	104	1704	26%	47%	104
33	37%	56%	86	1739	36%	52%	104
81	56%	63%	70	1875	33%	51%	89
94	21%	43%	104	1884	23%	48%	98
180	24%	43%	104	1891	32%	50%	104
181	33%	55%	103	2200	23%	40%	98
307	32%	54%	104	2344	31%	47%	103
431	25%	42%	103	2464	40%	63%	35
453	32%	51%	104	2818	31%	54%	104
610	29%	52%	96				

Am Beispiel der Minuskel 81 sei das demonstriert. Sie ist deshalb gewählt, weil sie prozentual noch vor 33 die höchsten Werte aufweist und sehr viel unbekannter ist als diese. Die großen Majuskeln zu berücksichtigen, hat wohl keinen Sinn, denn sie dürften nirgendwann als Vorlage in einem Scriptorium gedient haben und von dem Ehrenplatz nicht entfernt worden sein, auf dem man sie nach ihrer Fertigstellung plaziert hatte. Bei den Anfängen unserer Arbeit war ich noch der Hoffnung, direkte Nachfolgehandschriften für sie ausfindig zu machen. So ist das Teststellennetz bei den Kollationen für Joh 1-10 besonders eng gelegt und dabei sind die Singulärlesarten, die bei ℵ 01 ja besonders hoch sind, speziell berücksichtigt worden, aber die Hoffnung wurde enttäuscht.

Bei 81 (1044 geschrieben, 70 Teststellen, (davon 39 2-Lesarten, 19 1/2- und 5 Sonderlesarten) + 3 Singulärlesarten (davon 1 2C-Lesart in Teststelle 34 und 1 2D-Lesart in Teststelle 94) + 7 mal Mehrheitstext (vgl. "Verzeichnende Beschreibung der Handschriften" S. 57, also 56% 2-Lesarten, 2- + Sonderlesarten 63%), sieht das Bild folgendermaßen aus (vgl. die Hauptliste Bd. 2, S. 113ff): 23 Handschriften (Fragmente ausgenommen) von den 66 in der Hauptliste verzeichneten stimmen bei den Lesarten 2, 1/2 und 3ff. zu über 45% mit ihr überein, bis hinauf zu 85%. Sie werden in der nachstehenden Liste verzeichnet. Dabei sind jeweils die Werte in der Ergänzungsliste zusätzlich verzeichnet. Sämtliche Handschriften tauchen hier auf, und zwar mit 45-73%. Das ist ein ganz erstaunliches Ergebnis:

01:	51	von	60	gemeinsamen Stellen	(85%	Erg.	73%)
$\mathfrak{P}^{74}$:	46	"	55	"	"	(84%	"	73%)
03:	50	"	60	"	"	(83%	"	71%)
02:	48	"	60	"	"	(80%	"	71%)
04:	30	"	43	"	"	(70%	"	65%)
1175:	41	"	60	"	"	(68%	"	66%)
1875:	29	"	46	"	"	(63%	"	58%)
1739:	35	"	60	"	"	(58%	"	60%)
181:	34	"	60	"	"	(57%	"	54%)
2464:	10	"	18	"	"	(56%	"	55%)
623:	24	"	46	"	"	(52%	"	51%)
33:	25	"	48	"	"	(52%	"	47%)
1852:	21	"	41	"	"	(51%	"	52%)
441:	23	"	45	"	"	(51%	"	51%)
945:	30	"	60	"	"	(50%	"	53%)
1891:	30	"	60	"	"	(50%	"	53%)
2344:	29	"	59	"	"	(49%	"	49%)
323:	28	"	58	"	"	(48%	"	51%)
206:	15	"	32	"	"	(47%	"	49%)

1642:	28	von	60	gemeinsamen Stellen	(47%	Erg.	47%)
1704:	28	"	60	"	"	(47%	"	50%)
2718:	23	"	50	"	"	(46%	"	51%)
325:	11	"	24	"	"	(46%	"	48%)
1889:	15	"	33	"	"	(45%	"	47%)
172:	14	"	31	"	"	(45%	"	49%)
307:	27	"	60	"	"	(45%	"	46%)
322:	27	"	60	"	"	(45%	"	49%)
453:	27	"	60	"	"	(45%	"	47%)
630:	27	"	60	"	"	(45%	"	49%)
2200:	27	"	60	"	"	(45%	"	49%)
1884:	25	"	56	"	"	(45%	"	45%)

Hier scheint eine "Gruppe" in der Textgeschichte der Apg festge-
stellt zu sein. Aber: die nähere Betrachtung der 3ff-Lesarten (wie der
"leeren Felder") zeigt, daß diese Handschriften nicht nur hier
mannigfach auseinandergehen sondern auch in der Übereinstim-
mung bei den "leeren Feldern". Für die Feststellung der "Familien"
in einer "Gruppe" (oder wie man sie nennen will) bleibt also noch
einige Arbeit.

Auffällig ist in den Handschriften der Apostelgeschichte schließ-
lich die hohe Zahl der 1/2-Lesarten. Es sind im ganzen 27 (Teststelle
10, 11, 18, 20, 28, 29, 35, 36, 41, 42, 44, 45, 48, 52, 53, 55, 56, 65, 66, 76, 84,
87, 88, 91, 97, 100, 102). Dabei ist die relativ hohe Zahl nicht einmal
so erstaunlich wie ihre Verteilung. Bereits 03 hat 20, 02 hat 19 und
$\mathfrak{P}^{74}$ sogar 22, Zahlen unter 20 sind selten. Nachstehend eine Über-
sicht über die Handschriften, die weniger als 20 Stellen mit 1/2-Text
haben (in Klammern die Zahl der Teststellen). Bei näherem Zuse-
hen zeigt sich, daß sie in der Regel lückenhaft sind (Handschriften
mit weniger als 30 Teststellen wurden nicht berücksichtigt):

2464	4 (35)	602	12 (49)	1884	16 (98)
05	6 (72)	206	14 (61)	2378	16 (57)
2777	6 (30)	325	14 (54)	2412	16 (104)
916	8 (39)	466	14 (57)	08	17 (100)
1730	8 (36)	2289	14 (54)	33	17 (86)
2175	9 (41)	2712	14 (58)	307	17 (104)
567	9 (38)	1456	15 (73)	309	17 (62)
04	10 (63)	1610	15 (90)	453	17 (104)
1835	10 (42)	2652	15 (94)	610	17 (96)
624	11 (31)	614	16 (104)	629	17 (97)
2303	11 (35)	1678	16 (104)	1832	17 (78)
2441	11 (41)	1875	16 (89)	1889	17 (63)

2147	17 (104)	1731	18 (63)	623	19 (85)
2746	17 (70)	1758	18 (87)	641	19 (100)
2805	17 (99)	2718	18 (78)	1292	19 (104)
2818	17 (104)	01	19 (104)	1642	19 (103)
69	18 (94)	02	19 (104)	1751	19 (102)
180	18 (101)	81	19 (70)	1762	19 (70)
181	18 (103)	94	19 (104)	1861	19 (85)
400	18 (78)	172	19 (67)	1890	19 (91)
441	18 (78)	234	19 (103)	1893	19 (86)
913	18 (97)	365	19 (73)		
1526	18 (64)	606	19 (98)		

Immerhin zeigt sich am Anfang der Gesamtübersicht S. 695-704 eine Tendenz zur Zahl der Stellen mit 1/2-Text unter 20, an ihrem Schluß eine Tendenz zu Zahlen darüber. 01 hat trotz 104 Teststellen nur 19 mit 1/2-Text, 1678 sogar bei gleicher Belegstellenzahl nur 16, 453 nur 17, 2412 nur 16 bei ebenfalls 104 Belegstellen. 04 liegt - allerdings bei nur 63 Belegstellen - bei 10 Stellen mit 1/2-Text. Den einsamen Tiefpunkt stellt jedoch D 05 dar: 6 Stellen mit 1/2-Text bei 72 Belegstellen. Das kann man nicht mit der reduzierten Zahl von Belegstellen erklären: 1730 hat z.B. bei 36 Belegstellen 8 Stellen mit 1/2-Text, 916 ebenfalls 8 bei 39 Belegstellen, 567 bei 38 Belegstellen 9 - d.h. praktisch das Doppelte (2627 sogar bei 16 Belegstellen 4 Stellen mit 1/2-Text, d.h. also 25% gegenüber 8,3% bei 05!). Hier erweist sich erneut der völlig isolierte Charakter von 05 innerhalb der griechischen Überlieferung.

11. DER CODEX BEZAE CANTABRIGIENSIS

D (05) ist die meistdiskutierte von den Handschriften der Apostelgeschichte. Nun kann das Problem des "westlichen Textes" hier nicht erörtert werden, weil das ohne Einbeziehung der Versionen und der Kirchenväter nicht möglich ist. Aber zur Position von 05 in der Tradition der griechischen Handschriften konnte nicht nur, sondern mußte in diesen Bänden über Text und Textwert der griechischen Handschriften des Neuen Testaments etwas gesagt werden. Der Einfluß von 05 auf das Unternehmen begann bereits bei der Auswahl der Teststellen. Denn sie mußte so beschaffen sein, daß die "Schieflage" bei manchen Neutestamentlern von vornherein vermieden wurde, die bei der Bewertung von 05 nur auf die "positiven Elemente" im Text des Codex Bezae sahen und bei seiner Bewertung die "D-typischen" entweder vernachlässigten oder ganz übersahen. Aber nur die Handschrift, welche mindestens

<u>auch</u> sie aufweist, kann in den Einzugskreis von 05 gerechnet werden. Die Zahl von 104 Teststellen (auf 90 Nestle-Seiten) bot von vornherein die Aussicht, daß unter den 550 oft bisher unausgewerteten Handschriften der Apostelgeschichte die herausgefunden wurden, für die das gilt.

Um es vorwegzunehmen: die Hoffnung hat sich nicht erfüllt: 05 hat im griechischen Bereich keine Nachfolge gefunden, der Codex Bezae hat in der Folgezeit keine Wirkung geübt. Mit ihm ist ein Höhepunkt einer Entwicklung erreicht, die gleichzeitig mit ihm abbricht. Charakteristisch ist, daß 05 in der gesamten Hauptliste (einschließlich der Papyri und Majuskeln) unter den Begleithandschriften nicht ein einziges Mal auftaucht. Genauso charakteristisch sind die Resultate einer vergleichenden Untersuchung von Haupt- und Ergänzungsliste zu 05. Die ersten Notate der Ergänzungsliste (Übereinstimmung von 100% bis hinab zu 38%) sind ohne Aussagekraft, weil auf der Übereinstimmung von 1, 2 von 3, 1 von 2, 3 von 8 gemeinsamen Teststellen beruhend, und zwar wohlgemerkt bei der Zugrundelegung aller 72 Teststellen (05 hat 32 Lücken), einschließlich aller mit Mehrheitstext, Einheitstext 1/2, 1 und der Singulärvarianten (05 hat 13x2-, 6x1/2-, 16x1-, 37x3ff-Text, davon 31 Singulärvarianten). Auch die Handschriften mit 36% Übereinstimmung ergeben kein Resultat: 506 hat 4/11 Teststellen, 1730 ebenfalls, während 602 mit 10/28 Übereinstimmungen in der Ergänzungsliste schon besser klingt. Alle drei bieten aber keine wirkliche Möglichkeit zum Vergleich, geschweige denn zum Nachweis eines Zusammenhangs, denn alle drei kommen in der Hauptliste nicht vor. Mit 34% Übereinstimmung tauchen die ersten Handschriften auf, für die das gilt. Aber wie sehen sie aus? *466* (mit 11 Übereinstimmungen: 1x2-, 3x1/2- und 7x1-Text bei 57 Belegstellen mit 2x2-, 14x1/2-, 40x1-, 1x3ff-Text und 47 Lücken), *1827* (24 Übereinstimmungen: 3x2-, 6x1/2-, 1x3ff- und 14x1-Text bei 102 Belegstellen mit 9x2-, 25x1/2-, 58x1-, 10x3ff-Text und 2 Lücken), *1853* (von hier ab 33 % Übereinstimmung in der Ergänzungsliste - mit 24 Übereinstimmungen: 3x2-, 5x1/2-, 2x3ff- und 14x1-Text bei 104 Belegstellen mit 6x2-, 21x1/2-, 64x1- und 13x3ff-Text), *2412* (mit 24 Übereinstimmungen: 3x2-, 3x1/2-, 3x3ff- und 15x1-Text bei 104 Belegen mit 8x2-, 16x1/2-, 58x1- und 22x3ff-Text), *624* (mit 5 Übereinstimmungen: 2x1/2- und 3x1-Text bei 31 Belegstellen mit 0x2-, 11x1/2-, 20x1-Text, 1x unsicher und 72 Lücken), *1893* (von hier ab 32% Übereinstimmung in der Ergänzungsliste - mit 19 Übereinstimmungen: 3x2-, 4x1/2-, 1x3ff- und 11x1-Text bei 86 Belegstellen mit 10x2-, 19x1/2-, 53x1-, 4x3ff-Text, 1x unleserlich und 17 Lücken), *08* (mit 23 Übereinstimmungen: 5x2-, 4x1/2-, 2x3ff- und 12x1-Text bei 100 Belegstellen mit 22x2-, 17x1/2-, 36x1-, 25x3ff-Text und 4

Lücken), *614* (mit 23 Übereinstimmungen 3x2-, 3x1/2-, 2x3ff- und 15x1-Text bei 104 Belegstellen mit 8x2-, 16x1/2-, 60x1-, 20x3ff-Text), *1162* (mit 23 Übereinstimmungen: 5x2-, 5x1/2-, 2x3ff- und 11x1-Text bei 104 Belegstellen mit 15x2-, 24x1/2-, 52x1-, 13x3ff-Text), *1646* (mit 23 Übereinstimmungen: 3x2-, 5x1/2-, 1x3ff- und 14x1-Text bei 104 Belegen mit 9x2-, 27x1/2-, 65x1-, 3x3ff-Text), *641* (von hier ab 31% Übereinstimmung in der Ergänzungsliste - mit 22 Übereinstimmungen: 3x2-, 5x1/2-, 1x3ff- und 13x1-Text bei 100 Belegstellen mit 6x2-, 19x1/2-, 65x1-, 10x3ff-Text und 4 Lücken), *1611* (mit 22 Übereinstimmungen: 3x2-, 5x1/2-, 1x3ff- und 13x1-Text bei 103 Belegstellen mit 8x2-, 21x1/2-, 56x1-, 18x3ff-Text und 1 Lücke), *5* (mit 22 Übereinstimmungen: 3x2-, 5x1/2-, 1x3ff- und 13x1-Text bei 104 Belegstellen mit 13x2-, 25x1/2-, 53x1-, 13x3ff-Text), *429* (mit 22 Übereinstimmungen: 3x2-, 5x1/2-, 2x3ff- und 12x1-Text bei 104 Belegstellen mit 13x2-, 20x1/2-, 50x1-, 21x3ff-Text), *436* (mit 22 Übereinstimmungen: 2x2-, 5x1/2-, 2x3ff- und 13x1-Text bei 104 Belegstellen mit 14x2-, 22x1/2-, 58x1-, 10x3ff-Text), *1311* (mit 22 Übereinstimmungen: 2x2-, 5x1/2-, 1x3ff- und 14x1-Text bei 104 Belegstellen mit 3x2-, 25x1/2-, 69x1-, 7x3ff-Text), *606* (von hier ab 30% in der Ergänzungsliste - mit 21 Übereinstimmungen: 3x2-, 4x1/2-, 1x3ff- und 13x1-Text bei 98 Belegstellen mit 6x2-, 19x1/2-, 64x1-, 9x3ff-Text und 6 Lücken), *522* (mit 21 Übereinstimmungen: 3x2-, 5x1/2-, 2x3ff- und 11x1-Text bei 102 Belegen mit 10x2-, 20x1/2-, 50x1-, 22x3ff-Text, 1 Auslassung und 1 Lücke), *1884* (mit 21 Übereinstimmungen: 5x2-, 4x1/2-, 2x3ff- und 10x1-Text bei 98 Belegstellen mit 23x2-, 16x1/2-, 35x1-, 24x3ff-Text, 2 hom. tel. und 4 Lücken), *619* (mit 21 Übereinstimmungen: 5x2-, 5x1/2-, 1x3ff- und 10x1-Text bei 103 Belegstellen mit 15x2-, 25x1/2-, 53x1-, 10x3ff-Text und 1 hom. tel.), *2805* (von hier ab 29% in der Ergänzungsliste - mit 20 Übereinstimmungen: 3x2-, 4x1/2-, 2x3ff- und 11x1-Text bei 99 Belegstellen mit 16x2-, 17x1/2-, 46x1-, 20x3ff-Text und 5 Lücken) *103* (mit 21 Übereinstimmungen: 2x2-, 5x1/2-, 1x3ff- und 13x1-Text bei 104 Belegstellen mit 7x2-, 21x1/2-, 67x1-, 9x3ff-Text).

Das sind sämtliche Handschriften aus den 126, die nach der Ergänzungsliste für eine Nähe zu 05 in Betracht kommen, für keine von ihnen kann das im Ernst gelten. Noch deutlicher wird der Abstand, wenn man neben die Teststellen, an denen die Handschriften dieselbe Lesart wie 05 bieten, die stellt, an denen sie an die Stelle der Lesart von 05 eine andere setzen und sich ansieht, welche das sind (in Klammern steht jeweils die Nummer der Teststelle und die Lesart von 05):

466 (49:4) 1, (58:2) 1, (62:2) 1, (68:3) 1, (71:3) 1, (72:4) 1, (74:2) 1, (75:2) 1

1827 (4:2) 1, (18:4) 1/2, (21:2) 1, (25:3) 1, (26:2) 1, (44:4) 1/2, (49:4) 1, (58:2) 1, (61:2) 1, (62:2) 1, (68:3) 7, (71:3) 1, (72:4) 1, (75:2) 1

1853 (2:2) 1, (15:4) 1, (21:2) 1, (23:2) 1, (25:3) 1, (26:2) 3, (42:4) 5, (44:4) 1/2, (49:4) 1, (58:2) 1, (61:2) 1, (68:3) 1, (71:3) 1, (74:2) 1, (75:2) 1

2412 (2:2) 1, (4:2) 1, (15:4) 1, (18:4) 1/2, (21:2) 1G, (25:3) 1, (26:2) 3, (44:4) 1/2, (55:1/2) 1/2B, (58:2) 1, (61:2) 1, (68:3) 17, (71:3) 1, (74:2) 1, (75:2) 1, (76:1/2) 3

624 (68:3) 1, (74:2) 1, (75:2) 1

1893 (2:2) 1, (4:2) 1, (18:4) 1/2, (21:2) 1,(25:3) 1, (26:2) 1, (44:4) 1/2, (49:4) 2, (58:2) 1, (61:2) 1, (62:2) 1, (71:3) 1, (72:4) 1, (75:2) 1

08 (4:2) 1, (10:1/2) 11, (15:4) 5, (21:2) 4, (23:2) 3, (42:4) 6, (44:4) 1/2, (49:4) 1, (58:2) 1D, (68:3) 4, (71:3) 1, (72:4) 2, (74:2) 1, (75:2) 1

614 (2:2) 1, (4:2) 1, (15:4) 1, (18:4) 1/2, (21:2) 1, (25:3) 1, (26:2) 3, (44:4) 1/2, (55:1/2) 1/2B, (58:2) 1, (61:2) 1, (68:3) 17, (71:3) 1, (72:4) 1, (74:2) 1, (75:2)1, (76:1/2) 3

1162 (2:2) 1, (4:2) 1, (15:4) 1, (21:2) 1, (25:3) 1, (44:4) 1/2, (49:4) 2, (58:2) 1, (62:2) 1, (68:3) 15, (71:3) 1, (72:4) 1B, (75:2) 1

1646 (2:2) 1, (4:2) 1, (15:4) 1, (18:4) 1/2, (23:2) 1, (25:3) 1, (42:4) 1/2, (44:4) 1/2, (46:2) 3, (49:4) 1, (58:2) 1, (62:2) 1, (68:3) 1, (71:3) 1, (74:2) 1, (75:2) 1

641 (2:2) 1, (4:2) 1, (15:4) 1, (25:3) 1, (26:3) 1, (42:4) 5, (44:4) 1/2, (49:4) 1, (58:2) 1, (61:2) 1, (62:2) 1, (68:3) 1, (71:3) 1, (72:4) 1, (74:2) 1, (75:2) 1

1611 (2:2) 1, (4:2) 1, (15:4) 3, (18:4) 1/2, (20:2) 1, (25:3) 1, (26:2) 3, (44:4) 1/2, (49:4) 1, (58:2) 1, (61:2) 1, (68:3) 17, (71:3) 1, (72:3) 1, (74:2) 1, (75:2) 1

5 (2:2) 1, (4:2) 1, (18:4) 1/2, (21:2) 1, (25:3) 1, (42:4) 1/2, (44:4) 1/2, (46:2) 3, (49:4) 2, (58:2) 1, (62:2) 1, (68:3) 4, (71:3) 1, (72:4) 1, (74:2) 1, (75:2) 1

429 (2:2) 1, (4:2) 1, (15:4) 3, (25:3) 1, (26:2) 1, (42:4) 5, (44:4) 1/2, (49:4) 2, (58:2) 1, (61:2) 1, (62:2) 1, (71:3) 1, (72:4) 2, (74:2) 1, (75:2) 3

436 (2:2) 1, (4:2) 1, (15:4) 1, (21:2) 1, (23:2) 1, (25:3)1, (26:2)1, (44:4) 1/2, (49:4) 2, (58:2) 1, (61:2) 1, (68:3) 4, (71:3) 1, (72:4) 2B, (74:2)1, (75:2) 1

1311 (2:2) 1, (4:2) 1, (15:4) 1, (18:4) 1/2, (21:2) 1, (25:3) 1, (26:2) 1, (42:4) 1/2, (44:4) 1/2, (46:2) 1, (49:4) 1, (58:2) 1, (62:2) 1, (68:3) 1, (71:3) 1, (74:2)1, (75:2) 1

606 (2:2) 1, (4:2) 1, (15:4) 1, (25:3) 1, (26:2) 1, (42:4) 5, (44:4) 1/2, (49:4) 1, (58:2) 1, (61:2) 1, (62:2) 1, (68:3) 1, (71:3) 1, (72:4) 1, (74:2) 1, (75:2) 1

522 (2:2) 1, (4:2) 1, (15:4) 3, (25:3) 1, (26:2) 1, (42:4) 5, (44:4) 1/2, (49:4) 1, (58:2) 1, (61:2) 1, (62:2) 1, (71:3) 1, (74:2) 1, (75:2) 3

1884 (4:2) 1, (10:1/2) 11, (18:4) 6B, (21:2) 4, (23:2) 3, (42:4) 6, (44:4) 1/2,
      (49:4) 1, (58:2) 1E, (68:3) 4, (71:3) 1, (72:4) 2, (74:2) 1, (75:2) 1
 619 (2:2) 1, (4:2) 1, (15:4) 3, (18:4) 1/2, (21:2) 1, (25:3) 1, (44:4) 1/2,
      (49:4) 2, (58:2) 1, (62:2) 1, (68:3) 15, (71:3) 1, (72:4) 1B, (75:2) 1
2805 (2:2) 1, (4:2) 1, (10:1/2) 4, (15:4) 3, (25:3) 1, (44:4) 1/2, (49:4) 2,
      (58:2) 1, (61:2) 1, (68:3) 4B, (71:3) 1, (72:4) 1, (74:2) 1, (75:2) 3
 103 (2:2) 1, (4:2) 1, (15:4) 1, (21:2) 2C, (25:3) 1, (26:2) 1, (42:4) 5, (44:4)
      1/2, , (49:4) 1, (58:2) 1I, (61:2) 1, (62:2) 1, (68:3) 1, (71:3) 1, (72:4) 1,
      (74:2) 1, (75:2) 1

Soweit die Resultate, die sich aus der gemeinsamen Heran-
ziehung von Ergänzungsliste und Hauptliste ergeben, sogenannte
nicht erfaßte Stellen (Kennbuchstaben U-Z) wurden nicht berück-
sichtigt. Die Hauptliste allein kann aber durchaus Resultate
ergeben, wie mehrfach hervorgehoben, und zwar vor allem auf
dem Wege über die "leeren Felder", die die Übereinstimmungen
der Vergleichshandschriften mit den Lesarten der Basishand-
schriften anzeigen bzw. auf dem Weg über die Heranziehung in
den Fällen, wo sich nur wenige "übereinstimmende Zeugen" mit
der Lesart der Basishandschrift finden. Bei vielen Handschriften
bleiben alle oder die meisten Felder leer, so daß sich weiße Bänder
über die Seiten der Hauptliste ziehen, die auf den ersten Blick die
Zusammengehörigkeit mit der Basishandschrift anzeigen. Das ist
bei 05 nicht der Fall, es finden sich vielmehr fast immer nur
Einzelfelder leer, ganz selten sind es mehrere hintereinander. Aber
diese sind durch die aufeinanderfolgenden 1/2-Lesarten von 05
verursacht (z.B. 52/55). Jede Handschrift bedarf also zur Über-
prüfung ihrer Nähe zu 05 einer Betrachtung ihrer speziellen
"leeren Felder". Gehen wir die "Hauptliste" durch (unter Nicht-
beachtung der eben bereits behandelten Handschriften), so ergibt
sich folgendes Resultat:

$\mathfrak{P}^{33}$ 1 "leeres Feld" (1x1/2-Text) bei 1 parallelen Teststelle zu 05
$\mathfrak{P}^{45}$ 3 "leere Felder" (je 1x2-, 1/2-, 3-Text) bei 4 parallelen
Teststel-   len
  $\mathfrak{P}^8$ 1 "leeres Feld" (1x2-Text) bei 2 parallelen Teststellen
  $\mathfrak{P}^{41}$ 2 "leere Felder" (1x2-, 1x1/2-Text) bei 4 parallelen Teststellen
2303 3 "leere Felder" (2x1/2-, 1x4-Text) bei 6 parallelen Teststellen
2627 1 "leeres Feld" (1x1/2-Text) bei 2 parallelen Teststellen
2778 2 "leere Felder" (2x1/2-Text) bei 4 parallelen Teststellen

Das ergibt in Prozentzahlen zwar hohe Sätze: bei $\mathfrak{P}^{33}$ 100%, bei $\mathfrak{P}^{45}$ 75%, bei $\mathfrak{P}^8$, $\mathfrak{P}^{41}$, 2303, 2627 und 2778 jeweils 50%, faktisch ist daraus aber schlechterdings nichts abzuleiten. Erst bei $\mathfrak{P}^{74}$ beginnt die Vergleichsmöglichkeit:

$\mathfrak{P}^{74}$ 13 "leere Felder" (9x2-, 3x1/2-, 1x4-Text) bei 22 parallelen Teststellen

02   13 "leere Felder" (10x2-, 2x1/2-, 1x4-Text) bei 25 parallelen Teststellen

03   13 "leere Felder" (10x2-, 2x1/2-, 1x4-Text) bei 25 parallelen Teststellen

1739   12 "leere Felder" (5x2-, 5x1/2-, 1x3-, 1x4-Text) bei 25 parallelen Teststellen

1891   12 "leere Felder" (5x2-, 5x1/2-, 1x3-, 1x4-Text) bei 25 parallelen Teststellen

01   11 "leere Felder" (9x2-, 1x1/2-, 1x4-Text) bei 25 parallelen Teststellen

945   11 "leere Felder" (4x2-, 5x1/2-, 1x3-, 1x4-Text) bei 25 parallelen Teststellen

1704   11 "leere Felder" (4x2-, 5x1/2-, 1x3-, 1x4-Text) bei 25 parallelen Teststellen

2344   11 "leere Felder" (6x2-, 4x1/2-, 1x4-Text) bei 25 parallelen Teststellen

180   10 "leere Felder" (5x2-, 3x1/2-, 1x3-, 1x4-Text) bei 25 parallelen Teststellen

1751   10 "leere Felder" (3x2-, 5x1/2-, 1x3-, 1x4-Text) bei 25 parallelen Teststellen

33   9 "leere Felder" (6x2-, 3x1/2-Text) bei 19 parallelen Teststellen

623   9 "leere Felder" (4x2-, 4x1/2-, 1x4-Text) bei 20 parallelen Teststellen

1409   9 "leere Felder" (5x2-, 3x1/2-, 1x4-Text) bei 22 parallelen Teststellen

2718   8 "leere Felder" (3x2-, 3x1/2-, 1x3-, 1x4-Text) bei 20 parallelen Teststellen

04   7 "leere Felder" (4x2-, 2x1/2-, 1x4-Text) bei 16 parallelen Teststellen

Das ist das Resultat der Durchsicht der 126 Handschriften, die in der Ergänzungsliste zu 05 verzeichnet sind bzw. der ersten Seite der Hauptliste. Ich glaube, die mühsame Arbeit braucht nicht fortgesetzt zu werden. Denn das Resultat ist eindeutig: es begegnet kein Hinweis auf ein unmittelbares Fortwirken von 05. Hier finden sich, um es zu wiederholen, 13 Vorkommnisse mit 2-Text, 6 mit 1/2-

Text, 16 mit 1-Text und 37 mit Sonderlesarten 3ff, davon 31 Singulärlesarten. Die bei den bisher besprochenen Handschriften begegnenden Werte entsprechen, soweit sie nicht ausgesprochen "alexandrinischen" Charakter tragen, denen von Durchschnittshandschriften durchaus mittlerer Qualität. Besonders auffällig sind die wenigen Sonderlesarten, die außerdem sämtlich in den Bereich des 3-Texts bzw. des 4-Texts gehören. Von den 16 eben besprochenen Handschriften weisen 8 nur jeweils eine auf, 7 haben 2 und eine (33) keine Sonderlesarten (wobei jede Textkategorie nur einmal begegnet). Bei den 37 Sonderlesarten in 05 gehören 15 in die Kategorie 3, 8 in die Kategorie 4 und 14 in die Kategorie von 5 ab aufwärts - keine von diesen begegnet in den 16 Handschriften, was das auffälligste ist.

Immerhin müssen, nur um der Vollständigkeit willen, noch zwei Phänomene betrachtet werden, die sich in den Handschriften finden: die mit 05 übereinstimmenden 3- und 4-Texte konzentrieren sich unterschiedlich: die 3-Texte auf Teststelle 25 (3 mal) und Teststelle 68 (9 mal), die 4-Texte auf die Teststellen 15 (3 mal), 18 (11 mal), 42 (8 mal), 44 (6 mal), 72 (1 mal), während die Teststellen 49 und 71 ganz ausfallen. Außerdem werden zwei der Teststellen (15, 25) nur von wenigen Handschriften bezeugt. Führt hier ein Weg zu 05 zurück, bzw. zeigt sich hier die Abhängigkeit von 05? Ein Nachschlagen in den "Resultaten der Kollation" zeigt jedoch alsbald, daß das nicht der Fall ist. In Teststelle 15 Apg 3,22 folgen 10 Handschriften der Lesart von 05: ειπεν προς τους πατερας ημων nach Μωυσης μεν und vor einem Zitat aus Deut. 18. Nur die (18) Handschriften des alten Textes lesen hier: ειπεν, sämtliche anderen haben die (eindeutig sekundäre) Einfügung τους πατερας (ημων, υμων, ημιν usw.). Diese naheliegende Erweiterung ist für eine Suche nach Zusammenhängen bzw. Abhängigkeiten nicht geeignet, sie kommt der Tendenz der Schreiber entgegen und kann unabhängig voneinander an verschiedenen Stellen entstanden sein.

Bei Teststelle 18 Apg 4,33 liest die erdrückende Mehrzahl der Handschriften (356) οι αποστολοι της αναστασεως του κυριου Ιησου. 05 fügt (mit 74 anderen!) Χριστου hinzu, eine allzu naheliegende Erweiterung (selbst 01 und 02 erweitern, unter Umstellung, zu της αναστασεως Ιησου Χριστου του κυριου, außerdem gibt es noch zahlreiche andere Abänderungen bzw. Erweiterungen: z.B. (ημων). In Teststelle 42 Apg 12,25 liest 05 mit 54 Begleitzeugen απο Ιερουσαλημ, während 284 Handschriften (darunter 01, 03) εις Ιερουσαλημ haben, 16 (darunter 𝔓74, 02) εξ Ιερουσαλημ. Alle drei Formen kehren noch einmal wieder mit dem Zusatz εις Αντιοχειαν (42, 3, 61 Handschriften), 24 lassen den vorangehenden Text weg und beschränken sich auf εις Αντιοχειαν, das in einer (910*) durch εις Ισραηλ ersetzt wird. Der komplizierte Variantenablauf erklärt sich daraus, daß die Handschriften (mit Ausnahme derer mit εις) aus dem Partizipiensatz, der bis διακονιαν geht, das εις Ιερουσαλημ an υπεστρεψαν anschlossen anstatt an das Folgende, und die entstehende Diskrepanz auf verschiedene Weise zu beseitigen versuchten. εξ (trotz 𝔓⁷⁴ und 02) und απο (trotz 05 usw.) stehen dabei zwar an der Spitze, sind aber genauso sekundär wie alle anderen Abweichungen, wobei man sich nur streiten kann, welches von beiden früher ist.

In Teststelle 44, Apg 13,33 liest 05 zusammen mit 𝔓⁷⁴, 01, 02, 03, 04*, 1409 τοις τεκνοις ημων im Gegensatz zum, man muß beinahe sagen, Einheitstext τοις τεκνοις αυτων ημιν, was ohne Frage der schwierigere Text ist. Abgesehen davon (Nestle-Aland und GNT haben αυτων in eckige Klammern gesetzt, wir können hier auf die komplizierte Frage nach dem Urtext nicht eingehen, das würde zuviel Raum fordern), für unseren Zusammenhang ist die Lage klar: angesichts der einzigen Minuskel 1409 handelt es sich hier nicht um einen Fall der Auswirkung von 05, sondern um einen Hinweis auf die Verflechtung von 05 in den alten, den "alexandrinischen Text", wenn man ihn so nennen will (wohin auch 1409 gehört).

In Teststelle 68, Apg 19,3 schließlich geht es um das von 05 mit 20 Belegzeugen gelesene ειπεν δε statt ειπεν τε (so der alte Text) bzw. ειπεν τε προς αυτους des Mehrheitstextes und der über 10 Varianten davon. Betrachtungen über Zusammenhänge bzw. Abhängigkeiten sind hier nicht möglich, außer dem Gedanken daran, daß 05 hier, wie bei der vorigen Stelle, seinen Verflechtung mit dem "alexandrinischen Text" zeigt.

Etwas anders, auch verheißungsvoller, scheint die Lage bei der noch nicht betrachteten Teststelle 25, Apg 7,17. Hier wird 05 nur von drei Zeugen (𝔓⁴⁵, 08, 1884) begleitet und liest eigenständig επηγγειλατο, während der alte Text ωμολογησεν hat (10 + 3 Zeugen, 𝔓⁷⁴, 01, 02, 03 usw.) und der Mehrheitstext ωμοσεν (441 Zeugen). Ganz abgesehen von der Qualität der Bezeugung ist die Priorität des alten Textes und der sekundäre Charakter der beiden anderen Lesarten von vornherein klar: ομολογειν bekam früh den Zusammenhang mit dem von den Christen abzulegenden Bekenntnis, für Gott schien der Terminus unpassend und wurde deshalb ersetzt. Aber trotzdem: könnten die drei Begleithandschriften, die hier mit 05 den Sonderweg gingen, nicht in einem engen Zusammenhang bzw. in Abhängigkeit von 05 stehen? Die Hoffnung wird enttäuscht: zunächst kann 𝔓⁴⁵ nicht in Abhängigkeit von 05 stehen, sondern bestenfalls ein Vorläufer sein, und außerdem ergibt ein Studium der Hauptliste zu 08 und 1884 keinen Hinweis auf einen

Zusammenhang mit 05 (der Codex Cantabrigiensis begegnet hier genausowenig wie sonst), sondern lediglich den Nachweis der engen Zusammengehörigkeit von 08 und 1884: 08 stimmt mit 1884 bei 60 gemeinsamen Teststellen in 53 Fällen überein, 1884 mit 08 in 53 von 57. Wenn einer von ihnen mit 05 enger zusammenhinge, müßte sich das beim angewandten Kontrollsystem zeigen.

Nun gibt es, zusätzlich zu den bisher behandelten Texten, noch zwei Teststellen bei 05 mit besonders niedrigen Zahlen für die Begleithandschriften, 58 mit 6 und 71 sogar nur mit 2. Vielleicht führt von hier aus ein Weg weiter? Bei näherer Betrachtung scheidet jedoch zunächst Teststelle 58, Apg 17,23 aus und ergibt sich dasselbe Resultat wie bei Teststelle 44, ganz abgesehen davon, daß das Material Betrachtungen wie die unseren eigentlich nicht zuläßt. Denn es geht um τουτο (so 05 mit 𝔓⁷⁴, 01*, 02*, 03, 307T, 1292 und 1175 (2B-Lesart)) oder τουτον (so der Mehrheitstext mit zahlreichen Variationen und die übrigen Zeugen). Hier ist zwar die exegetische Bedeutung dieses Stückes aus der Areopagrede deutlich (ebenso wie der sekundäre Charakter des τουτον - die Entwicklung läuft von τουτο), aber die Begleithandschriften, die sämtlich (mit Ausnahme von 1292) eindeutig den alten Text repräsentieren, weisen wie bei Teststelle 44 auf die Verflechtung von 05 in den alten Text hin und ergeben nichts für die Fortentwicklung von 05.

Bei Teststelle 71, Apg 20,4 sind es sogar nur zwei Begleithandschriften (104, 1838), die mit 05 gehen, ein Phänomen, dem sonst eine Schlüsselfunktion für die Feststellung von Zusammenhängen zwischen den Handschriften zukommt. Aber hier, wo über die Begleiter des Paulus auf der Reise von Ephesus nach Troas berichtet wird, wird über Sopater im Mehrheitstext und sonst gesagt: αχρι (της) Ασιας, während 05 zusammen mit 104 und 1838 liest: μεχρι της Ασιας - der alte Text (𝔓⁷⁴, 01, 03, 33, 629) hat weder das eine noch das andere. Das dürfte der Urtext sein, αχρι/μεχρι της Ασιας ist eine sekundäre Zufügung, charakteristisch, daß ein Nebenzweig der byzantinischen Überlieferung (6 Zeugen) αχρι της Μακεδονιας liest. Auch sonst ändert 05 in Apg 20,3f: auf Weisung des Heiligen Geistes geht Paulus aus Ephesus fort, Tychikus (bei 05 Eutychus) und Trophimus sind Εφεσιοι statt Ασιανοι usw. Auch hier ist kein Einstieg in eine von 05 abhängige oder mit 05 zusammenhängende Handschriftengruppe.

Ein Argument ist bei dem allem noch nicht erwähnt, es ist eben nur leise angeklungen: die Singulärlesarten von 05. Auf S. 32f ist zusammengefaßt, welche Singulärlesarten es in den Handschriften der Apostelgeschichte gibt. Schon rein zahlenmäßig ergibt sich mit Deutlichkeit die singuläre Stellung von 05: 31 Singulärlesarten sind hier verzeichnet, bei den anderen Handschriften sind es maximal

10 (629, 2147), 9 (1751), 8 bzw. 7 (044, 1243, 1311, 1831, 1838, 1884), 6 (1175, 2242, 2516) und 5 (08, 61, 69, 467, 1367, 1729, 1735, 2344, 2674). Alle anderen liegen erheblich darunter bzw. haben gar keine (wenn ich richtig zähle 292 ohne Korrekturen, 259 mit Korrekturen). Nun muß hervorgehoben werden, daß die Auswahl der Teststellen zwar durchaus im Hinblick auf 05 erfolgte, aber die "D-typischen" Hinzufügungen, Auslassungen und Paraphrasen sind bewußt übergangen worden, denn die Auswahl der Teststellen stand ja unter dem Vorzeichen des Bemühens um größtmögliche Auffindung der Verflechtung der Handschriften untereinander und ihrer Abhängigkeit voneinander. Die "D-typischen" Lesarten zu nehmen, bei denen nach den Vorarbeiten feststand, daß 05 im griechischen Bereich völlig isoliert stand, hätte dieses Bemühen konterkariert. Wenn sich bei nur 72 Teststellen bei 05 (infolge von 32 Lücken) 31 Singulärlesarten ergeben haben (natürlich oft untergeordneten Charakters), so spricht das für den singulären Charakter von 05 (und, wie ich meinen möchte, die richtigen Prinzipien bei der Auswahl der Teststellen). Ein Vergleich der Singulärlesarten in den anderen 291 Handschriften der Apg, in denen sich derartiges findet (vgl. die vollständige Wiedergabe S. 25ff in der "Verzeichnenden Beschreibung der Handschriften"), ergibt einen Eindruck von der Singularität von 05 und eine Bestätigung dafür, daß es im griechischen Handschriftenbereich keine von 05 abhängige oder auch nur mit 05 in Verbindung stehende Gruppe gibt.

Ursprünglich hatte ich den Plan, die 31 Singulärlesarten von 05 im einzelnen zu diskutieren. Aber das hätte viel Raum gefordert und wäre dennoch in doppelter Hinsicht unbefriedigend gewesen: ein wirkliches Bild von den Singulärlesarten bei 05 gewinnt man nur, wenn man sie sämtlich ins Auge faßt (und gerade die am meisten "D-typischen" fehlen bei unserer Testauswahl). Und zweitens kann man sie nur beurteilen, wenn man sich nicht auf die griechische Überlieferung beschränkt, sondern auch die syrische und die lateinische sowie die Kirchenväterzitate heranzieht - und zwar nicht nur, soweit sie mit 05 textlich parallel laufen, sondern auch unter voller Berücksichtigung der zu 05 parallelen, aber dort nicht begegnenden Phänomene der Zufügung, Auslassung und Paraphrase von Texten. Wenn man das tut, dürfte sich auch dem überzeugtesten Verteidiger des "westlichen Textes" herausstellen, daß seine Sicht der Dinge revisions-, mindestens aber ergänzungsbedürftig ist. Wenn z. B. Ropes in den "Beginnings" über den Apg Text des Irenäus sagen kann, er biete einen "thorough-going 'Western' text" (III; CLXXXVII) oder sei bestenfalls "showing but for departures from the complete 'Western' type" (ebda), so ist das nur aus der Verengung des Blickes zu erklären. Noch weiter geht diese, um nur ein Beispiel zu nennen, wenn P. L. Hedley in bezug auf 0171 ("The Egyptian Text of the Gospels and Acts", The Church Quarterly Review 118, 1934, S. 193) erklären kann: "It (0171) has an almost pure [D] text". Noch schlimmer wird es, wenn Textbestandteile, die eindeutig aus der vom Schreiber von 05 benutzten Vorlage (mit dem "alten Text") stammen, als genuine 05 Bestandteile erklärt werden: das Ansehen von 05 stammt von den Bestandteilen des "alten Textes", die er aus seiner - vorzüglichen - Vorlage übernahm, und wird unbesehen auf die von ihm stammenden Zufügungen, Paraphrasen und Auslassungen übertragen.

Die Frage: Wie ist der Text von D entstanden? kann hier nicht gestellt werden. Sie würde den Rahmen dieses Bandes und seiner Fragestellung sprengen. Hier sei auf den ausführlichen Aufsatz von B. Aland in den Ephemerides Theologicae Lovansienses (62, 1986, 5-65) verwiesen: "Entstehung, Charakter und Herkunft des sog. westlichen Textes untersucht an der Apostelgeschichte", der $\mathfrak{P}^{38}$, $\mathfrak{P}^{48}$, $\mathfrak{P}^{29}$, 614 und vor allem Irenäus in den Einzelheiten untersucht und kommentiert, und vielleicht auch auf den von K. Aland "Alter und Entstehung des D-Textes im Neuen Testament. Betrachtungen zu $\mathfrak{P}^{69}$, und 0171", der das Gleiche für den "westlichen Text" im Lukasevangelium in Anspruch genommenen frühen Zeugen übernimmt (Miscel-lània Papyrològica Ramon Roca-Puig en el seu vuitante anniversari, Barcelona 1987, S. 37-61). Der Text von 05 bedeutet den Höhepunkt des "paraphrasierenden Textes", der sich in der Frühzeit unabhängig voneinander entwickelt (neben den Kategorien, mit denen wir in Münster bisher arbeiteten: "fester Text", "normaler Text", "freier Text") als Unterabteilung der letzten genannten Kategorie. Der Schreiber von 05 (bzw. dessen Vorlage) arbeitete die verschiedenen Strömungen ineinander, fügte ihnen Entscheidendes hinzu und gestaltete so den Text des Codex Bezae Cantabrigiensis, der eine einzigartige Leistung darstellt, wenn er auch keine direkte Nachfolge gefunden hat und bei der Suche nach dem Urtext des Neuen Testaments keinesfalls die Rolle spielen darf, die die Verfechter des sog. "westlichen Textes" (von dem längst zugestanden ist, daß er nicht im Westen entstanden ist) ihm zuschreiben.

BS 2625.2 .T48 1993 v.1

Text und Textwert der griechischen Handschriften

DATE DUE

			Printed in USA

TEXT UND TEXTWERT DER GRIECHISCHEN HANDSCHRIFTEN DES NEUEN TESTAMENTS

III.

DIE APOSTELGESCHICHTE

BAND 1: ERGÄNZUNGSLISTE

IN VERBINDUNG MIT

ANNETTE BENDUHN-MERTZ, GERD MINK, KLAUS WITTE
UND HORST BACHMANN

HERAUSGEGEBEN VON

KURT ALAND

WALTER DE GRUYTER · BERLIN · NEW YORK

1993

•• P8 (3 TESTST., DAVON 1 MIT MEHRHEITSTEXT, 0 MIT SINGULÄRLESART)

• 100% 3/3 5 61 88 104 181 326 431 437 459 460 489 614 619 636 876 886 915 927 1127 1270 1292 1297 1311 1595 1598 1611 1765 1827 1838 1843 1850 1868 1873 1875 1893 1895 2143 2288 2344 2412 2718 2737 2774 ¶ 2/2 33 43 172 400 1069 1101 1729 2125 2799 ¶ 1/1 P45 0175 110 623 630 1837 2201 2777 • 67% 2/3 05 044 049 056 0142 1 3 6 38 76 82 93 97 103 105 122 131 133 142 175 177 203 205 209 216 221 226 250 254 256 263 296 308 312 319 327 330 337 365 367 383 384 385 390 393 398 404 421 424 440 450 451 452 454 455 456 457 462 464 465 468 469 479 483 491 496 547 582 603 605 606 608 616 618 625 628 632 633 635 637 638 639 641 642 656 665 676 680 794 796 901 910 911 914 916 917 919 922 935 941 959 997 999 1003 1022 1040 1073 1075 1099 1103 1104 1105 1107 1149 1161 1162 1240 1241 1242 1243 1244 1245 1250 1277 1315 1319 1352 1354 1360 1367 1390 1398 1404 1424 1501 1521 1524 1526 1563 1573 1599 1609 1619 1622 1626 1636 1646 1649 1668 1673 1717 1719 1720 1721 1722 1725 1734 1735 1736 1741 1742 1743 1744 1747 1757 1759 1780 1828 1829 1835 1841 1842 1845 1847 1849 1851 1857 1859 1860 1862 1867 1870 1872 1874 1877 1880 1885 1886 1888 1890 1894 1902 2085 2086 2127 2131 2138 2147 2191 2194 2242 2356 2374 2400 2401 2404 2473 2475 2483 2488 2492 2494 2495 2502 2508 2516 2523 2541 2544 2558 2619 2625 2652 2691 2696 2705 2712 2772 2815 2816 2829

•• P29 (0 TESTST., DAVON 0 MIT MEHRHEITSTEXT, 0 MIT SINGULÄRLESART)

•• P33 (1 TESTST., DAVON 0 MIT MEHRHEITSTEXT, 0 MIT SINGULÄRLESART)

• 100% 1/1 P74 02 05 08 025 044 049 056 0142 1 3 5 6 18 33 35 38 42 43 51 57 61 69 76 81 82 93 94 97 102 103 104 105 110 122 131 133 141 142 149 172 175 177 180 181 189 201 203 204 205 209 216 218 221 223 226 228 250 254 256 263 296 302 307 308 309 312 319 321 322 323 325 326 327 328 330 337 363 365 367 383 384 385 386 390 393 394 398 400 404 421 424 425 429 431 436 437 440 444 450 451 452 453 454 455 456 457 458 459 460 462 464 465 466 467 468 469 479 483 489 491 496 498 522 547 582 592 601 604 605 606 607 608 610 614 616 617 618 619 623 625 626 628 629 630 632 633 634 635 636 637 638 639 641 642 656 664 665 676 680 699 757 794 796 801 808 824 876 901 910 911 912 913 914 917 919 922 927 928 935 941 945 959 986 997 999 1003 1022 1040 1058 1066 1069 1072 1073 1075 1094 1099 1100 1102 1103 1104 1105 1106 1107 1127 1149 1161 1162 1240 1241 1242 1243 1244 1245 1248 1250 1251 1270 1277 1292 1297 1311 1315 1319 1352 1354 1359 1360 1367 1390 1398 1400 1404 1405 1424 1448 1482 1490 1501 1503 1505 1508 1509 1521 1524 1526 1548 1563 1573 1594 1595 1597 1598 1599 1609 1611 1617 1618 1619 1622 1626 1628 1636 1637 1642 1643 1646 1649 1652 1656 1668 1673 1678 1702 1704 1717 1718 1719 1720 1722 1723 1725 1726 1727 1729 1731 1732 1733 1734 1735 1736 1737 1739 1740 1741 1742 1744 1746 1747 1748 1749 1750 1751 1752 1753 1754 1757 1758 1759 1761 1762 1763 1765 1768 1780 1827 1828 1829 1830 1831 1832 1835 1837 1838 1839 1841 1843 1845 1847 1849 1850 1851 1852 1853 1854 1855 1856 1857 1859 1860 1861 1862 1863 1864 1865 1867 1868 1869 1870 1872 1873 1874 1875 1876 1877 1880 1883 1884 1885 1886 1888 1889 1890 1891 1892 1893 1894 1895 1897 1902 1903 2080 2085 2086 2127 2131 2138 2143 2147 2180 2191 2194 2200 2201 2218 2221 2242 2243 2255 2261 2279 2288 2289 2298 2303 2344 2352 2356 2374 2378 2400 2401 2404 2412 2423 2431 2441 2466 2473 2475 2483 2484 2488 2492 2494 2495 2501 2502 2511 2516 2523 2541 2544 2554 2558 2576 2587 2619 2625 2653 2674 2675 2691 2696 2704 2705 2716 2723 2737 2746 2772 2774 2778 2799 2805 2815 2816 2818

•• P38 (3 TESTST., DAVON 0 MIT MEHRHEITSTEXT, 3 MIT SINGULÄRLESART)

•• P41 (7 TESTST., DAVON 0 MIT MEHRHEITSTEXT, 0 MIT SINGULÄRLESART)

• 100% 4/4 04 ¶ 1/1 1319 • 86% 6/7 01 • 71% 5/7 P74 03 33 • 57% 4/7 02 1739 2344 • 50% 3/6 1735 • 43% 3/7 08 180 307 431 453 1175 1884 1891 2818 • 33% 2/6 610 1409 ¶ 1/3 2441 • 29% 2/7 05 5 429 436 623 1642 1678 1759 1873 2374 • 25% 1/4 624 1730 2200 2464 • 20% 1/5 319 400 602 642 1548 1610 1838 1893 1902 2484 • 17% 1/6 181 226 363 522 796 1003 1102 1508 1741 1894 2004 • 14% 1/7 014 020 025 044 049 056 0142 1 3 6 18 35 38 42 43 51 57 61 69 76 82 88 90 93 94 97 102 103 104 105 110 122 131 133 141 142 149 172 175 177 189 201 203 204 205 206 209 216 218 221 223 228 234 250 254 256 263 296 302 309 312 321 322 323 325 326 327 328 330 337 367 378 384 385 386 390 393 398 404 421 424 425 432 437 440 441 444 450 451 452 454 455 456 457 458 459 460 462 464 465 466 467 468 469 479 483 489 491 496 498 547 582 592 601 603 604 605 606 607 608 616 617 618 619 621 625 626 628 629 630 632 633 634 635 636 637 638 639 641 656 664 665 676 680 699 757 794 801 808 824 876 901 911 912 913 914 915 917 919 920 921 922 927 928 935 941 945 959 986 996 997 1022 1040 1058 1066 1069 1070 1072 1073 1075 1094 1099 1100 1103 1104 1105 1106 1107 1127 1149 1161 1162 1240 1241 1242 1243 1244 1245 1247 1248 1249 1250 1251 1270 1277 1297 1311 1315 1352 1354 1359 1360 1367 1390 1398 1400 1404 1405 1424 1448 1482 1490 1501 1503 1505 1509 1521 1524 1526 1563 1573 1594 1595 1597 1598 1599 1609 1611 1617 1618 1619 1622 1626 1628 1636 1637 1643 1646 1649 1652 1656 1668 1673 1702 1704 1717 1718 1719 1720 1721 1722 1723 1724 1725 1726 1727 1729 1731 1732 1733 1734 1736 1737 1740 1742 1743 1744 1746 1748 1749 1750 1751 1752 1753 1754 1757 1762 1763 1765 1767 1768 1780 1827 1828 1829 1830 1831 1832 1835 1837 1839 1841 1842 1843 1845 1847 1849 1850 1851 1852 1853 1854 1855 1856 1857 1859 1860 1861 1862 1863 1864 1865 1867

1868 1869 1870 1872 1874 1875 1876 1877 1880 1883 1885 1886 1888 1889 1890 1892 1895 1896 1897 1903
2080 2085 2086 2127 2131 2138 2143 2180 2191 2194 2201 2218 2221 2242 2243 2255 2261 2279 2288 2289
2298 2352 2356 2378 2400 2401 2404 2423 2431 2466 2473 2475 2483 2488 2492 2494 2495 2501 2502 2508
2511 2516 2523 2541 2544 2554 2558 2576 2587 2619 2653 2674 2675 2691 2696 2704 2705 2716 2723 2737
2746 2772 2774 2799 2805 2815 2816

•• P45 (18 TESTST., DAVON 2 MIT MEHRHEITSTEXT, 3 MIT SINGULÄRLESART)

• 100% 3/3 2833 ¶ 2/2 0244 314 ¶ 1/1 P8 0175 0294 1730 • 67% 12/18 P74 02 ¶ 6/9 62 ¶
4/6 309 1731 ¶ 2/3 0120 602 • 63% 5/8 506 • 61% 11/18 01 03 88 915 • 60% 6/10 2716 ¶
3/5 1889 • 58% 7/12 920 • 57% 8/14 020 1094 1752 1839 2484 • 56% 9/16 796 ¶ 10/18 1311
1850 • 54% 7/13 43 • 53% 8/15 81 110 498 ¶ 9/17 941 1409 • 50% 9/18 08 3 104 209 421 431
460 489 547 618 927 1175 1720 1729 1761 1838 1843 1868 1873 1884 1895 2288 2718 2774 ¶ 8/16 479 491
629 642 1526 2587 ¶ 7/14 256 1757 ¶ 6/12 33 ¶ 5/10 172 2303 ¶ 4/8 2627 ¶ 3/6 206 ¶ 2/4
325 466 2289 2441 2778 • 47% 8/17 57 444 628 935 1069 1106 1352 1721 1894 ¶ 7/15 014 400 1893 2431
• 46% 6/13 04 2746 • 45% 5/11 1852 2799 • 44% 8/18 025 044 049 056 0142 1 5 18 35 38 42 51 82
90 93 103 105 131 133 141 142 149 175 177 181 201 203 204 205 216 218 221 223 226 228 234 250 254 263 302
312 319 321 327 328 330 337 363 365 367 384 386 390 393 394 398 404 424 425 432 437 440 450 451 452 454 455
456 457 458 459 462 465 468 469 483 496 582 592 601 603 604 605 608 616 617 619 623 625 626 630 632 634 635
637 638 639 656 664 665 676 680 699 757 794 801 808 824 901 910 911 912 914 917 919 921 922 928 959 986 997
999 1022 1040 1058 1066 1070 1072 1073 1075 1099 1100 1103 1107 1127 1149 1161 1162 1240 1243 1244 1245
1247 1248 1249 1250 1251 1270 1277 1297 1315 1354 1359 1360 1367 1398 1400 1404 1405 1424 1448 1482
1503 1508 1521 1524 1548 1563 1573 1594 1595 1598 1599 1617 1618 1619 1622 1626 1628 1636 1637 1646
1652 1656 1668 1673 1702 1717 1718 1719 1723 1724 1725 1726 1732 1733 1734 1736 1737 1740 1741 1742
1744 1746 1748 1749 1750 1753 1754 1759 1762 1763 1767 1768 1827 1828 1835 1841 1842 1845 1847 1849
1854 1855 1856 1857 1859 1860 1861 1862 1863 1864 1865 1867 1870 1872 1874 1876 1880 1885 1886 1888
1892 1896 1897 2085 2086 2127 2131 2143 2191 2194 2200 2201 2218 2221 2242 2243 2255 2261 2279 2344
2352 2356 2374 2401 2404 2423 2466 2483 2492 2501 2508 2511 2523 2541 2544 2554 2558 2576 2674 2675
2691 2704 2705 2723 2737 2815 2816

•• P48 (2 TESTST., DAVON 0 MIT MEHRHEITSTEXT, 2 MIT SINGULÄRLESART)

•• P50 (1 TESTST., DAVON 1 MIT MEHRHEITSTEXT, 0 MIT SINGULÄRLESART)

• 100% 1/1 103

•• P53 (0 TESTST., DAVON 0 MIT MEHRHEITSTEXT, 0 MIT SINGULÄRLESART)

•• P56 (0 TESTST., DAVON 0 MIT MEHRHEITSTEXT, 0 MIT SINGULÄRLESART)

•• P57 (0 TESTST., DAVON 0 MIT MEHRHEITSTEXT, 0 MIT SINGULÄRLESART)

•• P74 (96 TESTST., DAVON 2 MIT MEHRHEITSTEXT, 2 MIT SINGULÄRLESART)

• 100% 4/4 048 ¶ 1/1 P33 066 095 0165 0166 0175 0189 • 86% 83/96 02 • 78% 75/96 03
• 77% 74/96 01 • 73% 47/64 81 ¶ 41/56 04 • 71% 5/7 P41 • 67% 12/18 P45 • 61% 59/96
1175 • 55% 44/80 33 • 51% 48/95 2344 • 50% 48/96 1739 ¶ 6/12 2778 ¶ 3/6 0120 2833 ¶
1/2 P8 096 0244 0294 • 47% 45/95 181 • 46% 44/96 307 • 45% 15/33 2464 ¶ 39/86 1875 ¶
43/95 1642 ¶ 43/96 453 • 44% 42/96 1891 2818 • 43% 39/90 1409 ¶ 38/88 610 ¶ 41/96 945
• 41% 39/95 431 ¶ 38/93 180 ¶ 39/96 044 1678 1704 • 40% 2/5 1115 • 39% 35/90 629 ¶
32/83 623 • 38% 36/94 630 ¶ 35/92 08 ¶ 36/95 619 ¶ 34/90 1884 ¶ 36/96 1162 ¶ 27/72
2718 • 37% 34/91 2200 • 36% 35/96 94 ¶ 8/22 506 ¶ 34/95 323 • 35% 34/96 322 ¶ 33/94
88 ¶ 30/86 2201 • 34% 10/29 624 ¶ 33/96 436 ¶ 26/76 441 ¶ 31/91 2805 ¶ 24/71 1852
• 33% 32/96 5 ¶ 26/78 1893 ¶ 13/39 2441 ¶ 9/27 62 ¶ 5/15 1745 ¶ 3/9 1871 ¶ 1/3 097
1067 1904 2671 • 32% 31/96 2298 ¶ 7/22 1846 ¶ 6/19 1738 1858 ¶ 29/92 1735 • 31% 30/96
429 621 1646 2374 ¶ 5/16 1899 ¶ 29/94 104 1827 ¶ 18/59 206 • 30% 29/96 218 228 437 915
1842 ¶ 23/77 1752 ¶ 28/94 1751 ¶ 25/84 1729 • 29% 28/95 459 ¶ 10/34 1730 2303 ¶ 28/96
35 467 489 1505

•• P91 (0 TESTST., DAVON 0 MIT MEHRHEITSTEXT, 0 MIT SINGULÄRLESART)

•• 01   (104 TESTST., DAVON 1 MIT MEHRHEITSTEXT, 3 MIT SINGULÄRLESART)

• 100% 4/4   048 ¶ 1/1   057 066 095 0165 0166 0175 0189 • 86% 6/7   P41 • 82% 85/104   03 • 79% 82/104   02 • 77% 74/96   P74 • 73% 51/70   81 • 63% 40/63   04 • 61% 11/18   P45 ¶ 63/104   1175 • 50% 1/2   0244 • 49% 42/86   33 • 44% 45/103   2344 • 43% 45/104   1739 ¶ 44/103   181 • 42% 37/89   1875 • 40% 14/35   2464 ¶ 2/5   1115 • 39% 38/98   1409 • 38% 40/104   1891 ¶ 32/85   623 • 37% 38/104   945 • 36% 35/97   629 ¶ 37/103   1642 • 35% 36/104 307 1704 • 33% 32/96   610 ¶ 2/6   0120 2833 ¶ 1/3   P8 096 097 2671 ¶ 33/100   08 ¶ 34/104   453 2818 ¶ 33/101   630 ¶ 32/98   1884 • 32% 33/102   88 ¶ 25/78   2718 ¶ 33/104   044 ¶ 32/101 180 ¶ 31/98   2200 • 31% 32/102   323 ¶ 32/104   1678 ¶ 24/78   441 • 30% 31/103   431 ¶ 31/104 322 ¶ 8/27   62 ¶ 18/61   206 • 27% 27/99   2805 ¶ 28/104   436 915 1162 ¶ 23/86   1893 ¶ 4/15 1745 • 26% 5/19   314 ¶ 27/103   619 ¶ 19/73   1852 ¶ 27/104   94 1505 ¶ 8/31   624 • 25% 23/91 1890 ¶ 26/104   5 429 1842 2298 2374 2495 ¶ 5/20   1738 1858 ¶ 3/12   2778 ¶ 25/102   1751 • 24% 22/90   2201 ¶ 25/104   218 ¶ 24/100   2138 ¶ 24/102   1827 • 23% 24/104   228 467 621 1646 ¶ 23/100   1735 ¶ 20/87   1729 ¶ 18/79   1094 ¶ 23/102   104 • 22% 2/9   1871 ¶ 23/104   437 1895 2774 ¶ 22/100   1894 ¶ 20/91   1864 ¶ 9/41   2441 ¶ 19/87   1723 ¶ 5/23   1846

•• 02   (104 TESTST., DAVON 7 MIT MEHRHEITSTEXT, 2 MIT SINGULÄRLESART)

• 100% 4/4   048 ¶ 1/1   P33 066 095 0165 0166 0175 0189 • 86% 83/96   P74 • 79% 82/104   01 • 76% 79/104   03 • 71% 50/70   81 • 70% 44/63   04 • 67% 12/18   P45 ¶ 2/3   096 • 63% 66/104   1175 • 57% 4/7   P41 • 55% 47/86   33 • 51% 53/103   2344 • 50% 52/104   1739 ¶ 3/6 2833 ¶ 1/2   0244 0294 ¶ 51/103   181 • 49% 44/89   1875 • 44% 46/104   1891 • 43% 45/104 945 ¶ 15/35   2464 ¶ 44/103   1642 • 42% 44/104   307 1704 ¶ 41/97   629 ¶ 41/98   1409 ¶ 5/12 2778 • 41% 43/104   453 ¶ 41/100   08 ¶ 40/98   1884 ¶ 41/101   630 • 40% 42/104   2818 ¶ 34/85   623 ¶ 2/5   1115 ¶ 39/98   2200 • 39% 40/103   431 ¶ 37/96   610 • 38% 40/104   1678 ¶ 23/61   206 ¶ 39/104   044 • 37% 37/101   180 ¶ 38/104   1162 • 36% 31/86   1893 ¶ 37/103 619 ¶ 28/78   2718 • 35% 7/20   1738 ¶ 36/104   429 436 • 34% 35/102   88 323 ¶ 35/104   322 • 33% 30/90   2201 ¶ 26/78   441 ¶ 5/15   1745 ¶ 2/6   0120 956 ¶ 1/3   P8 097 2671 ¶ 33/100 1735 ¶ 24/73   1852 ¶ 34/104   94 2298 • 32% 32/99   2805 ¶ 10/31   624 ¶ 33/104   5 2374 • 31% 32/102   522 1751 ¶ 32/104   437 1505 2495 ¶ 11/36   1730 • 30% 31/102   1827 ¶ 24/79   1752 ¶ 6/20 1858 ¶ 17/57   466 2378 ¶ 31/104   35 467 ¶ 30/101   444 ¶ 27/91   1890 ¶ 16/54   325 2289 ¶ 8/27 62 • 29% 12/41   2441 ¶ 23/79   1094 ¶ 29/100   1837 2138 ¶ 24/83   2587 • 30/104   18 228 326 824 915 1058 1595 1842 1892 1895

•• 03   (104 TESTST., DAVON 0 MIT MEHRHEITSTEXT, 4 MIT SINGULÄRLESART)

• 100% 4/4   048 ¶ 1/1   057 066 095 0165 0166 0175 0189 • 82% 85/104   01 • 78% 75/96   P74 • 76% 79/104   02 • 71% 50/70   81 ¶ 5/7   P41 • 63% 40/63   04 • 61% 11/18   P45 • 57% 59/104   1175 • 50% 1/2   0244 0294 • 47% 40/86   33 • 43% 45/104   1739 ¶ 15/35   2464 ¶ 44/103   181 • 42% 43/103   2344 • 40% 2/5   1115 • 39% 41/104   307 ¶ 37/96   610 • 38% 40/104   453 2818 ¶ 34/89   1875 ¶ 39/104   945 1891 • 37% 38/104   1678 • 36% 37/103   431 ¶ 35/98   1409 ¶ 37/104   1704 • 35% 36/103   1642 • 34% 29/85   623 ¶ 33/97   629 • 33% 26/78 2718 ¶ 4/12   2778 ¶ 2/6   0120 2833 ¶ 1/3   P8 096 097 2671 ¶ 33/101   180 630 • 32% 33/104 044 ¶ 31/98   2200 • 30% 31/102   88 ¶ 30/100   08 ¶ 29/98   1884 • 28% 29/102   323 ¶ 22/78 441 ¶ 29/103   619 ¶ 29/104   322 1162 ¶ 17/61   206 • 27% 20/73   1852 ¶ 28/104   436 1505 1842 ¶ 4/15   1745 • 26% 27/104   94 2298 ¶ 7/27   62 ¶ 8/31   624 ¶ 22/86   1893 ¶ 23/90   2201 • 25% 23/91   1890 ¶ 26/104   5 2374 2495 ¶ 25/100   941 2138 ¶ 25/102   1751 • 24% 25/104   218 429 621 915 1646 1718 ¶ 24/102   1827 • 23% 23/99   2805 ¶ 24/104   437 467 2541 ¶ 23/100   1735 ¶ 20/87   1729 ¶ 5/22   506 ¶ 23/102   104 • 22% 14/63   1889 ¶ 23/104   917 1359 1874 1892 ¶ 22/100   1390 ¶ 16/73   014 ¶ 17/78   1839

•• 04   (63 TESTST., DAVON 6 MIT MEHRHEITSTEXT, 4 MIT SINGULÄRLESART)

• 100% 4/4   P41 ¶ 2/2   0120 ¶ 1/1   048 095 0166 1067 1904 • 73% 41/56   P74 • 70% 44/63   02 • 67% 2/3   096 2671 • 65% 33/51   81 • 63% 40/63   01 03 • 62% 39/63   1175 • 54% 34/63 1739 • 51% 25/49   33 • 50% 31/62   2344 ¶ 3/6   2833 ¶ 1/2   0294 • 49% 31/63   1704 • 48% 30/63   945 1891 • 47% 8/17   506 ¶ 23/49   1875 • 46% 6/13   P45 ¶ 29/63   307 453 • 44% 4/9 2778 ¶ 21/48   623 • 43% 27/63   630 ¶ 6/14   2627 • 42% 19/45   441 ¶ 8/19   2464 ¶ 25/60   180 • 41% 26/63   181 2818 ¶ 25/61   323 • 40% 23/57   2200 ¶ 25/63   322 619 1162 1642 1678 • 39% 24/61   1884 ¶ 24/62   08 • 38% 21/55   610 ¶ 24/63   044 1409 2298 ¶ 18/48   2718 • 37% 23/62 431 ¶ 23/63   429 436 • 36% 12/33   206 ¶ 22/61   1751 ¶ 19/53   2201 • 35% 13/37   1526 • 34% 21/62   2805 • 33% 21/63   88 94 1842 ¶ 9/27   2303 ¶ 6/18   62 ¶ 2/6   956 ¶ 1/3   097 1745 ¶ 18/55   642 ¶ 15/46   1752 2587 • 32% 20/62   522 1894 ¶ 17/53   400 1758 ¶ 20/63   5 218 808 1490 2242 2374 ¶ 19/60   629 ¶ 12/38   2746 • 31% 17/54   1856 ¶ 15/48   1723 ¶ 5/16   624 ¶ 19/61 104 ¶ 14/45   1839 ¶ 16/52   1890 1893 ¶ 19/62   935 1598 • 30% 14/46   020 ¶ 19/63   228 468 621 1270 1297 1315 1505 1563 1595 1718 1895 2495

•• 05 (72 TESTST., DAVON 16 MIT MEHRHEITSTEXT, 31 MIT SINGULÄRLESART)

• 100% 1/1 P33 0175 1756 • 67% 2/3 P8 097 • 50% 1/2 096 0244 0294 2833 • 38% 3/8 2627
• 36% 4/11 506 1730 ¶ 10/28 602 • 34% 10/29 325 2289 ¶ 11/32 466 ¶ 24/70 1827 ¶ 13/38
2746 • 33% 24/72 1853 2412 ¶ 21/63 633 ¶ 8/24 2125 ¶ 6/18 2004 ¶ 5/15 624 ¶ 4/12
2778 ¶ 2/6 0120 956 ¶ 1/3 2626 2671 2797 ¶ 22/67 337 • 32% 12/37 309 ¶ 11/34 2378 ¶
19/59 1893 ¶ 23/72 08 614 1162 1646 ¶ 20/63 110 ¶ 12/38 1731 • 31% 22/71 641 680 1597
1611 ¶ 13/42 920 ¶ 21/68 910 ¶ 22/72 5 142 429 436 1311 2143 2356 2816 • 30% 21/69 606 ¶
21/70 522 1066 1884 ¶ 18/60 2484 ¶ 3/10 567 ¶ 20/67 491 1838 ¶ 14/47 1094 1752 ¶ 19/64
2799 ¶   21/71 76 607 619 1102 1245 1598 1829 1873 • 29% 20/68 122 1390 1837 2805 ¶ 17/58
2201 ¶ 19/65 913 ¶ 21/72 056 0142 51 90 103 133 205 221 384 437 455 489 618 635 901 917 927 1099 1107
1270 1292 1297 1404 1405 1595 1609 1649 1673 1724 1734 1744 1828 1843 1854 1869 1883 1903 2131 2194
2288 2423 2501 2544 2576 2674 2675 2774

•• 08 (100 TESTST., DAVON 36 MIT MEHRHEITSTEXT, 5 MIT SINGULÄRLESART)

• 100% 2/2 0244 ¶ 1/1 P33 0140 0166 0189 1756 • 87% 85/98 1884 • 83% 5/6 0120 956 • 67%
8/12 2778 ¶ 2/3 096 1115 2671 • 61% 19/31 2464 • 57% 4/7 517 • 55% 35/64 1526 ¶ 12/22
1101 • 54% 15/28 624 • 53% 51/96 1894 ¶ 44/83 642 • 52% 33/63 172 ¶ 52/100 1739 ¶
42/81 623 ¶ 14/27 2125 ¶ 44/85 1875 ¶ 51/99 2344 • 51% 20/39 916 ¶ 42/82 1856 ¶ 51/100
044 5 2541 • 50% 50/100 436 ¶ 45/90 110 ¶ 36/72 1747 ¶ 9/18 P45 ¶ 3/6 2833 ¶ 1/2 0294
• 49% 49/99 2483 ¶ 48/97 630 ¶ 46/93 913 ¶ 49/100 1103 1563 2737 ¶ 48/98 1873 ¶ 47/96
2805 ¶ 40/82 1893 ¶ 20/41 2175 ¶ 19/39 2441 • 48% 48/99 175 1448 2423 2815 ¶ 47/97
444 ¶ 39/81 1867 ¶ 38/79 2587 ¶ 48/100 93 142 203 228 322 452 808 945 1058 1315 1400 1763 1828
1842 1853 1868 1903 2221 2298 2704 ¶ 47/98 104 302 323 2691 ¶ 45/94 1727 ¶ 44/92 43 ¶ 33/69
1852 ¶ 42/88 1902 • 47% 47/99 398 424 638 680 1106 1835 ¶ 46/97 312 1548 1609 2401 ¶ 45/95
122 ¶ 43/91 1066 ¶ 35/74 2718 ¶ 41/87 308 639 1890 ¶ 47/100 1 90 105 133 328 404 437 440 456
457 462 483 592 605 634 664 824 919 1073 1099 1149 1251 1354 1404 1619 1636 1646 1668 1702 1704 1744 1843
1851 1854 1869 1885 1891 2191 2288 2356 2774

•• 014 (73 TESTST., DAVON 49 MIT MEHRHEITSTEXT, 1 MIT SINGULÄRLESART)

• 100% 6/6 517 2833 ¶ 5/5 1871 ¶ 3/3 1115 2829 ¶ 1/1 093 097 0140 0244 0294 1101 1756 • 94%
15/16 1738 • 93% 13/14 314 • 92% 67/73 1854 ¶ 66/72 921 ¶ 11/12 1899 • 90% 57/63
2772 ¶ 66/73 1 131 221 393 454 1149 1626 1668 ¶ 65/72 1241 ¶ 27/30 2712 • 89% 65/73 025 250
330 450 1862 1888 ¶ 64/72 1835 1880 2194 • 88% 61/69 122 ¶ 60/68 57 2475 ¶ 59/67 2484 ¶
57/65 319 ¶ 50/57 1731 ¶ 64/73 82 105 312 327 398 424 451 605 625 635 911 914 919 1070 1073 1107
1354 1424 1673 1734 1750 2131 2191 2558 2705 2815 ¶ 63/72 603 1022 1069 ¶ 28/32 1730 ¶ 14/16
1858 2175 ¶ 7/8 2797 • 87% 62/71 626 1352 1741 ¶ 61/70 498 ¶ 34/39 2004 ¶ 47/54 1526 ¶
60/69 020 ¶ 59/68 2625 ¶ 46/53 466 ¶ 26/30 567 ¶ 58/67 1727 • 86% 63/73 049 90 93 177
302 457 462 465 637 656 699 997 1244 1726 1849 1851 1870 2404 2492 2508 2523 2816

•• 020 (79 TESTST., DAVON 52 MIT MEHRHEITSTEXT, 2 MIT SINGULÄRLESART)

• 100% 8/8 2797 ¶ 6/6 517 2833 ¶ 2/2 0244 0294 ¶ 1/1 077 093 0166 1756 2829 • 95% 19/20
1738 • 94% 15/16 2175 • 92% 73/79 2191 ¶ 33/36 1730 • 91% 20/22 506 • 90% 18/20
1858 ¶ 71/79 458 • 89% 17/19 314 ¶ 70/79 312 1149 1668 2131 • 88% 69/78 1241 1835 2423 ¶
23/26 2626 ¶ 38/43 2004 ¶ 68/77 1352 2484 ¶ 14/16 1899 2627 • 87% 69/79 025 1 105 250 398
456 1073 1673 1828 1851 1854 2508 ¶ 68/78 424 491 603 1022 1880 ¶ 27/31 624 ¶ 47/54 325 ¶ 60/69
014 ¶ 65/75 910 ¶ 13/15 1745 • 86% 64/74 2475 ¶ 57/66 308 ¶ 25/29 2777 ¶ 68/79 82 133
177 221 393 450 454 457 498 592 605 656 699 914 919 997 1070 1354 1398 1626 1726 1841 1885 2523 2705
2815 ¶ 67/78 302 2194 ¶ 61/71 319 ¶ 66/77 626 ¶ 12/14 916 ¶ 65/76 378 • 85% 64/75
122 ¶ 57/67 642 ¶ 62/73 1727 ¶ 56/66 2772 ¶ 67/79 93 203 337 384 452 462 465 479 483 618 625
922 1069 1094 1106 1107 1424 1720 1734 1736 1750 1849 1862 1870 1888

•• 025 (99 TESTST., DAVON 69 MIT MEHRHEITSTEXT, 1 MIT SINGULÄRLESART)

• 100% 8/8 2797 ¶ 7/7 517 ¶ 6/6 2833 ¶ 3/3 1067 1904 2671 ¶ 2/2 0244 0294 627 ¶ 1/1 P33
077 093 0140 0166 0189 956 1756 • 95% 19/20 1738 ¶ 94/99 1668 ¶ 93/98 1835 • 94% 34/36
2175 ¶ 82/87 2484 ¶ 16/17 1101 ¶ 93/99 105 1149 ¶ 92/98 424 ¶ 89/95 910 ¶ 58/62 1526
• 93% 80/86 2772 ¶ 92/99 1 82 221 393 450 454 1073 1354 2191 ¶ 91/98 398 1022 2194 ¶ 90/97
312 ¶ 76/82 498 ¶ 87/94 2475 • 92% 58/63 1889 ¶ 91/99 452 457 462 483 605 635 919 1673 1849
1888 2508 2523 ¶ 90/98 175 625 632 ¶ 89/97 479 1352 1750 1880 • 91% 85/93 699 ¶ 74/81 57
626 ¶ 83/91 319 ¶ 90/99 93 201 327 465 604 922 1072 1075 1244 1503 1617 1628 1636 1637 1656 1740
1828 1865 2352 2404 2466 2704 2723 ¶ 80/88 2431 ¶ 20/22 506 ¶ 89/98 226 458 1241 2423 2815 ¶
79/87 1723 ¶ 88/97 1862

•• 044 (104 TESTST., DAVON 41 MIT MEHRHEITSTEXT, 7 MIT SINGULÄRLESART)

• 100% 3/3 2671 ¶ 2/2 0244 0294 ¶ 1/1 P33 066 077 0140 0166 0189 • 83% 5/6 0120 2833
• 80% 4/5 1115 • 75% 12/16 2627 ¶ 6/8 2829 • 69% 69/100 2138 • 68% 28/41 2175
• 67% 61/91 1890 ¶ 52/78 2718 ¶ 26/39 916 ¶ 18/27 62 ¶ 4/6 956 ¶ 2/3 P8 097 • 65%
68/104 1505 ¶ 67/103 1611 • 64% 67/104 436 ¶ 41/64 1526 ¶ 14/22 506 1101 • 63% 66/104
2495 ¶ 62/99 2805 • 62% 53/85 623 • 61% 43/70 2746 ¶ 63/103 76 ¶ 52/85 1867 ¶ 62/102
1743 ¶ 63/104 1103 2143 • 60% 21/35 2464 ¶ 58/97 913 ¶ 40/67 172 ¶ 62/104 1 2191 • 59%
60/101 2080 ¶ 51/86 1856 ¶ 61/103 1022 ¶ 49/83 2587 ¶ 53/90 1610 2201 ¶ 43/73 1852 ¶
60/102 479 1862 1873 2691 ¶ 61/104 142 218 456 483 1127 1297 1595 1725 1765 1853 1868 2705 2737 ¶
58/99 2475 ¶ 51/87 1723 • 58% 59/101 312 1609 ¶ 60/103 226 1835 ¶ 50/86 1893 ¶ 58/100
1075 1599 ¶ 51/88 1277 ¶ 44/76 1747 ¶ 59/102 1352 ¶ 60/104 35 82 93 105 189 203 328 386 457
621 634 876 1073 1099 1100 1107 1149 1270 1400 1626 1636 1643 1668 1718 1733 1828 1843 1849 2221 2261
2288 2356 2374 2404 2508 2554 2704

•• 048 (4 TESTST., DAVON 0 MIT MEHRHEITSTEXT, 0 MIT SINGULÄRLESART)

• 100% 4/4 P74 01 02 03 81 181 ¶ 1/1 04 066 096 • 75% 3/4 1175 1243 1739 • 67% 2/3 33 1884
• 50% 2/4 044 43 93 633 665 1852 1875 2344 2464 2718 ¶ 1/2 1115 • 33% 1/3 08 • 25% 1/4 104
110 180 218 228 307 436 441 453 459 491 610 621 629 630 945 996 1094 1359 1505 1563 1678 1704 1718 1751
1838 1842 1890 1891 2138 2200 2298 2374 2495 2502 2541 2818

•• 049 (104 TESTST., DAVON 70 MIT MEHRHEITSTEXT, 2 MIT SINGULÄRLESART)

• 100% 8/8 2829 ¶ 3/3 1067 1904 ¶ 2/2 0244 0294 ¶ 1/1 P33 0140 0189 1756 • 95% 21/22
1101 • 90% 37/41 2175 • 89% 8/9 1871 • 88% 51/58 2712 ¶ 91/104 1854 ¶ 14/16 1899 ¶
7/8 2797 • 87% 88/101 312 ¶ 34/39 916 ¶ 13/15 1745 ¶ 90/104 1 1149 1626 • 86% 89/103
625 1241 1835 ¶ 82/95 319 ¶ 19/22 506 ¶ 88/102 1880 ¶ 63/73 014 ¶ 85/99 2475 ¶ 6/7
517 ¶ 89/104 105 131 250 393 454 1354 1668 1849 2191 2404 ¶ 65/76 1747 • 85% 88/103 1742
2194 ¶ 76/89 2772 ¶ 87/102 1352 2502 ¶ 75/88 1277 ¶ 86/101 921 ¶ 23/27 2125 ¶ 85/100
1726 ¶ 88/104 93 203 221 327 450 605 1073 1888 2705 • 84% 87/103 398 424 1022 ¶ 86/102
479 ¶ 85/101 1741 ¶ 68/81 626 ¶ 83/99 025 ¶ 72/86 1856 ¶ 87/104 82 452 457 465 483 635 1107
1244 1673 1885 2131 2492 2523 2558 ¶ 82/98 1727 ¶ 76/91 1066 1902 • 83% 86/103 638 1521 1717
2423 ¶ 85/102 458 1862 ¶ 10/12 2778 ¶ 5/6 0120 956 2833 ¶ 84/101 302 1105 ¶ 83/100 910
1508 ¶ 68/82 498

•• 056 (104 TESTST., DAVON 75 MIT MEHRHEITSTEXT, 1 MIT SINGULÄRLESART)

• 100% 8/8 2797 2829 ¶ 6/6 2833 ¶ 3/3 2671 ¶ 2/2 0244 0294 627 ¶ 1/1 P33 077 093 0140 0166
0189 1756 • 97% 101/104 0142 • 95% 21/22 506 1101 ¶ 39/41 2175 • 92% 96/104 483 ¶
36/39 916 ¶ 95/103 1835 ¶ 59/64 1526 • 91% 95/104 105 452 ¶ 94/103 398 638 2194 ¶ 83/91
1066 ¶ 91/100 910 1075 • 90% 94/104 221 457 635 1040 1073 1149 1354 1636 1668 1673 1865 2723 ¶
93/103 1022 ¶ 92/102 1352 ¶ 83/92 2431 ¶ 91/101 312 ¶ 82/91 308 ¶ 89/99 2475 ¶ 80/89
2772 ¶ 77/86 1856 • 89% 93/104 1 82 201 393 450 454 465 605 1072 1244 1503 1617 1619 1628 1637
1656 1740 1849 1857 2191 2352 2523 ¶ 92/103 224 424 625 1748 2423 ¶ 91/102 479 1880 ¶ 90/101
2080 ¶ 89/100 986 1508 ¶ 81/91 1864 ¶ 73/82 498 ¶ 88/99 025 337 ¶ 24/27 2125 ¶ 62/70
1762 ¶ 31/35 2303 ¶ 77/87 1723 • 88% 92/104 141 149 203 204 250 386 462 592 604 824 901 1100
1482 1733 1855 1888 1897 2255 2466 2508 2704

•• 057 (1 TESTST., DAVON 0 MIT MEHRHEITSTEXT, 0 MIT SINGULÄRLESART)

• 100% 1/1 01 03 81 88 180 307 323 453 610 1175 1678 2818

•• 066 (1 TESTST., DAVON 0 MIT MEHRHEITSTEXT, 0 MIT SINGULÄRLESART)

• 100% 1/1 P74 01 02 03 044 048 43 81 181 1175 1243 1505 1739 1852 1890 2138 2344 2374 2464 2495 2718

•• 076 (0 TESTST., DAVON 0 MIT MEHRHEITSTEXT, 0 MIT SINGULÄRLESART)

•• 077 (1 TESTST., DAVON 1 MIT MEHRHEITSTEXT, 0 MIT SINGULÄRLESART)

• 100% 1/1 020 025 044 056 0142 1 3 18 35 38 42 43 51 76 82 90 97 102 103 105 122 131 133 141 149 175 177
189 201 203 204 205 209 221 223 226 234 250 254 256 263 296 302 308 309 312 314 319 321 325 327 328 337 363
367 378 383 384 385 386 390 393 394 398 400 404 421 424 425 432 444 450 452 454 455 456 457 458 462 464 465
466 479 483 489 491 496 498 547 582 592 601 602 603 604 605 606 607 614 617 618 624 625 626 628 632 634 635
636 637 638 639 641 642 656 664 676 680 699 757 794 796 801 808 824 876 901 910 911 912 913 914 917 919 920
921 922 927 928 941 959 986 997 999 1003 1022 1040 1058 1069 1070 1072 1073 1075 1099 1100 1102 1103 1104
1105 1106 1107 1127 1149 1161 1240 1241 1242 1244 1245 1247 1248 1249 1250 1251 1270 1292 1297 1315
1319 1352 1354 1360 1367 1390 1398 1400 1405 1424 1448 1456 1482 1503 1505 1508 1509 1521 1524 1548
1573 1594 1595 1597 1598 1599 1610 1611 1617 1618 1619 1622 1626 1628 1636 1637 1646 1652 1656 1668

1673 1717 1719 1720 1721 1723 1724 1725 1726 1729 1730 1731 1732 1733 1734 1735 1736 1737 1738 1740
1742 1743 1744 1745 1746 1747 1748 1749 1750 1752 1753 1754 1757 1759 1761 1763 1765 1767 1768 1780
1828 1830 1832 1835 1839 1841 1845 1846 1847 1849 1852 1853 1854 1855 1858 1859 1860 1861 1862 1863
1864 1865 1868 1869 1870 1872 1874 1876 1877 1880 1883 1885 1886 1888 1889 1890 1892 1894 1895 1896
1897 1902 1903 2004 2080 2127 2131 2138 2147 2180 2191 2194 2218 2221 2242 2243 2255 2261 2279 2289
2352 2356 2378 2400 2404 2412 2423 2431 2441 2466 2473 2475 2484 2488 2492 2494 2495 2501 2508 2511
2523 2544 2554 2558 2576 2587 2619 2625 2626 2627 2652 2653 2674 2675 2691 2696 2704 2705 2723 2746
2777 2815 2816

•• 093 (1 TESTST., DAVON 1 MIT MEHRHEITSTEXT, 0 MIT SINGULÄRLESART)

• 100% 1/1 014 020 025 056 0142 1 3 5 6 18 35 38 42 43 51 57 61 69 76 82 88 90 93 94 97 102 103 104 105 110
122 131 133 141 142 149 172 175 177 180 189 201 203 204 205 206 209 216 218 221 223 226 234 250 254 256 302
307 308 309 312 314 319 321 322 323 325 326 328 330 337 363 367 378 383 384 385 386 390 393 394 398 400 404
421 424 425 429 431 432 437 440 444 450 451 452 453 454 455 456 457 458 459 460 462 464 465 466 467 468 469
483 489 491 496 498 522 547 567 582 592 602 603 604 605 606 607 608 610 617 618 619 623 624 626 628 632 634
635 636 637 638 639 641 642 656 664 665 676 699 757 794 796 801 808 824 876 901 910 911 914 915 917 919 921
922 927 928 935 959 986 996 997 999 1003 1022 1040 1058 1069 1072 1073 1075 1094 1099 1100 1102 1103 1105
1106 1107 1127 1149 1161 1162 1240 1241 1242 1243 1244 1247 1248 1249 1250 1251 1315 1319 1352 1354
1359 1360 1398 1400 1404 1405 1409 1424 1448 1456 1482 1490 1501 1503 1508 1509 1524 1548 1563 1573
1594 1597 1609 1611 1617 1618 1619 1622 1626 1628 1636 1637 1642 1643 1646 1649 1652 1656 1668 1673
1678 1702 1717 1718 1719 1720 1721 1722 1723 1724 1725 1726 1727 1729 1730 1731 1732 1733 1734 1736
1737 1738 1740 1741 1744 1746 1748 1749 1750 1752 1753 1754 1757 1758 1759 1761 1763 1765 1767 1768
1780 1828 1829 1831 1832 1835 1837 1838 1839 1841 1843 1845 1847 1850 1851 1854 1855 1857 1858 1860
1861 1862 1863 1864 1865 1870 1873 1874 1877 1880 1883 1885 1886 1888 1889 1892 1894 1897 1899 1902
1903 2004 2080 2085 2086 2127 2131 2143 2191 2194 2201 2218 2221 2242 2243 2255 2261 2279 2288 2289
2303 2352 2356 2378 2400 2401 2423 2431 2441 2466 2473 2475 2483 2484 2494 2501 2508 2516 2523 2541
2554 2558 2576 2587 2625 2626 2652 2653 2674 2675 2691 2696 2704 2705 2723 2737 2746 2772 2774 2777
2799 2815 2816 2818

•• 095 (1 TESTST., DAVON 0 MIT MEHRHEITSTEXT, 0 MIT SINGULÄRLESART)

• 100% 1/1 P74 01 02 03 04 81 629 1175 1704 1892

•• 096 (3 TESTST., DAVON 2 MIT MEHRHEITSTEXT, 0 MIT SINGULÄRLESART)

• 100% 3/3 93 104 110 180 181 218 228 307 436 453 459 610 630 633 665 945 996 1359 1563 1678 1704 1718
1739 1751 1838 1884 1891 2200 2298 2502 2541 2818 ¶ 2/2 365 431 460 886 916 956 1066 1101 1277 1758
1856 2125 2175 2712 ¶ 1/1 048 1875 • 67% 2/3 02 04 08 049 1 3 5 6 18 35 38 43 51 61 69 76 81 82 90 97
102 103 105 131 133 141 142 149 175 177 189 201 203 204 205 209 216 223 226 234 250 254 263 296 302 308 312
319 322 323 326 327 328 330 363 367 378 384 385 386 390 393 394 398 404 421 424 425 429 437 440 444 450 451
452 454 455 456 457 458 462 464 465 468 469 479 483 489 491 496 522 547 582 592 601 604 605 606 607 608 614
616 617 618 619 625 629 632 634 636 637 638 639 641 642 656 664 676 680 699 757 794 796 801 808 824 901 911
912 913 914 917 919 921 922 927 928 935 959 997 999 1003 1022 1058 1069 1070 1072 1073 1099 1100 1102
1103 1104 1105 1106 1107 1127 1149 1161 1240 1241 1242 1243 1244 1245 1247 1248 1249 1250 1251 1270
1292 1297 1311 1315 1352 1354 1367 1398 1400 1404 1405 1424 1448 1456 1482 1490 1501 1503 1505 1508
1509 1521 1524 1548 1573 1594 1595 1598 1599 1609 1610 1611 1617 1618 1619 1622 1626 1628 1636 1637
1642 1643 1646 1649 1656 1668 1673 1702 1717 1719 1720 1721 1722 1724 1726 1727 1732 1733 1734 1735
1736 1737 1740 1741 1742 1743 1744 1746 1747 1748 1749 1750 1753 1754 1761 1763 1767 1768 1780 1827
1828 1829 1830 1835 1837 1841 1842 1843 1845 1847 1849 1850 1851 1854 1855 1857 1859 1860 1862 1863
1868 1869 1870 1872 1873 1874 1876 1877 1880 1883 1885 1886 1888 1892 1893 1894 1895 1896 1897 1902
1903 2080 2085 2086 2127 2131 2143 2147 2191 2201 2218 2221 2242 2243 2261 2279 2288 2352 2356 2374
2401 2404 2412 2423 2431 2466 2473 2475 2483 2488 2492 2494 2495 2501 2511 2516 2523 2554 2558 2576
2619 2625 2652 2653 2674 2675 2691 2696 2704 2705 2718 2774 2799 2805 2815

•• 097 (3 TESTST., DAVON 2 MIT MEHRHEITSTEXT, 0 MIT SINGULÄRLESART)

• 100% 3/3 35 104 142 614 876 913 1404 1610 1611 1765 1827 1832 1838 1853 1890 2138 2143 2201 2243
2412 ¶ 2/2 424 2712 ¶ 1/1 014 62 69 624 633 916 1390 2175 2431 2671 • 67% 2/3 05 025 044 049 056
0142 1 3 6 18 38 42 43 51 57 61 76 82 90 93 94 97 102 105 110 122 131 133 141 149 172 175 177 180 181 189 201
203 204 205 209 216 221 226 234 250 254 263 296 302 307 312 319 321 326 327 328 330 337 363 367 383 384
385 386 390 393 394 398 404 421 425 429 431 432 436 437 440 441 450 451 452 453 454 455 457 458 459 460 462
464 465 467 469 479 483 489 491 496 498 522 547 582 592 601 603 604 605 607 608 610 616 617 618 619 621 623
625 626 629 632 634 635 636 637 638 639 641 656 664 665 676 680 699 757 794 796 801 824 901 910 911 912 914
917 919 920 921 922 927 928 935 959 986 997 999 1003 1022 1040 1058 1066 1069 1070 1072 1073 1075 1094
1099 1100 1102 1104 1105 1106 1107 1149 1162 1240 1241 1242 1243 1244 1245 1247 1248 1249 1250 1251
1277 1292 1311 1315 1319 1354 1360 1398 1400 1405 1424 1448 1456 1482 1501 1503 1508 1521 1524 1526
1548 1573 1594 1597 1599 1609 1617 1618 1619 1622 1626 1628 1636 1637 1643 1646 1649 1652 1656 1668
1673 1678 1717 1719 1720 1722 1723 1724 1725 1726 1727 1729 1732 1733 1734 1737 1740 1741 1742 1743

1744 1746 1747 1748 1749 1750 1751 1752 1753 1754 1759 1761 1762 1763 1767 1768 1780 1828 1829 1830
1835 1837 1839 1841 1842 1843 1845 1849 1850 1851 1852 1854 1855 1856 1857 1859 1860 1861 1862 1863
1864 1865 1867 1868 1869 1870 1872 1873 1874 1875 1876 1877 1880 1883 1885 1886 1888 1892 1893 1895
1897 1902 1903 2080 2085 2127 2131 2147 2180 2194 2218 2221 2255 2261 2279 2288 2303 2344 2352 2356
2400 2401 2404 2423 2466 2473 2475 2483 2484 2488 2492 2494 2501 2502 2508 2511 2516 2523 2541 2544
2554 2558 2576 2587 2619 2625 2652 2653 2674 2675 2691 2696 2704 2705 2718 2723 2772 2774 2799 2805
2815 2816 2818

•• 0120 (6 TESTST., DAVON 2 MIT MEHRHEITSTEXT, 0 MIT SINGULÄRLESART)

• 100% 6/6 218 ¶ 4/4 319 642 ¶ 3/3 506 1599 1902 2441 2778 ¶ 2/2 04 • 83% 5/6 08 014 020
025 044 049 1 3 93 122 223 226 491 623 808 914 919 920 927 1149 1359 1398 1400 1526 1626 1668 1673 1718
1723 1726 1761 1763 1868 1872 1873 2288 2404 2483 2484 2508 2587 2705 2718 2774 2815 • 80% 4/5 1409
2772 • 75% 3/4 400 • 67% 4/6 056 0142 18 35 38 42 43 51 57 76 82 88 90 103 105 110 131 133 141 142
149 172 175 177 201 203 204 205 209 216 221 228 234 250 254 263 302 308 309 312 321 325 327 328 337 363 365
367 384 386 393 394 398 404 421 424 425 432 436 440 441 444 450 452 454 456 457 458 460 462 464 465 466 468
469 479 483 489 496 498 547 592 601 602 603 604 605 606 616 618 621 625 626 628 632 633 634 635 636 637 638
639 641 656 664 665 676 680 699 757 794 796 801 824 876 901 910 911 915 917 921 922 928 935 945 959 986 997
999 1022 1040 1058 1066 1069 1070 1072 1073 1075 1094 1099 1100 1103 1106 1107 1161 1175 1240 1242 1244
1245 1247 1248 1249 1251 1277 1297 1311 1315 1354 1360 1367 1390 1404 1424 1482 1490 1503 1508 1509
1521 1524 1548 1563 1573 1617 1618 1619 1622 1628 1636 1637 1646 1649 1652 1656 1702 1704 1717 1719
1720 1721 1725 1727 1731 1732 1733 1734 1736 1737 1739 1740 1741 1744 1746 1747 1748 1749 1750 1752
1754 1757 1759 1762 1765 1767 1768 1780 1828 1829 1832 1835 1839 1841 1842 1843 1847 1849 1850 1851
1852 1854 1855 1856 1857 1859 1860 1862 1864 1865 1867 1869 1870 1875 1876 1877 1880 1883 1884 1885
1886 1888 1889 1891 1892 1894 1895 1896 1897 1903 2085 2086 2127 2131 2143 2191 2194 2218 2221 2242
2255 2261 2289 2344 2352 2356 2423 2431 2466 2473 2488 2492 2494 2502 2523 2541 2544 2554 2558 2576
2619 2674 2675 2691 2696 2704 2716 2723 2737 2746 2799 2805 2816

•• 0140 (1 TESTST., DAVON 1 MIT MEHRHEITSTEXT, 0 MIT SINGULÄRLESART)

• 100% 1/1 08 014 025 044 049 056 0142 1 3 5 6 18 33 35 38 42 51 61 69 76 82 88 90 93 94 97 102 103 104 105
110 122 131 133 141 142 149 172 175 177 180 181 189 201 203 204 205 209 216 218 221 223 226 228 234 250 254
256 263 296 302 307 308 312 319 321 322 323 326 327 328 330 337 363 365 367 378 383 384 385 386 390 393 394
398 400 404 421 424 425 429 431 432 436 437 440 444 450 451 452 453 454 455 456 457 458 459 460 462 464 465
467 468 469 479 483 489 491 496 498 522 547 582 592 601 603 604 605 606 607 608 610 614 616 617 618 619 621
623 625 626 630 632 633 634 635 637 638 639 641 642 656 664 665 676 680 699 757 794 796 801 808 824 876 886
901 910 911 912 913 914 915 916 917 919 921 922 927 928 941 945 959 986 996 997 999 1003 1022 1040 1058
1066 1069 1070 1072 1073 1075 1099 1100 1101 1102 1103 1104 1105 1106 1107 1127 1149 1161 1162 1175
1240 1241 1242 1243 1244 1245 1247 1248 1249 1250 1251 1270 1277 1292 1297 1311 1315 1319 1352 1354
1359 1360 1367 1390 1398 1400 1404 1405 1409 1424 1448 1456 1482 1490 1501 1503 1505 1508 1509 1521
1524 1526 1548 1563 1573 1594 1595 1597 1598 1599 1609 1610 1611 1617 1618 1619 1622 1626 1628 1636
1637 1642 1643 1646 1649 1652 1656 1668 1673 1678 1702 1704 1717 1718 1719 1720 1721 1722 1723 1724
1725 1726 1727 1729 1732 1733 1734 1735 1736 1737 1739 1740 1741 1742 1743 1744 1746 1747 1748 1749
1750 1751 1753 1754 1758 1759 1761 1762 1763 1765 1767 1768 1780 1827 1828 1829 1830 1831 1835 1837
1838 1841 1842 1843 1845 1847 1849 1850 1851 1853 1854 1855 1856 1857 1859 1860 1861 1862 1863 1864
1865 1867 1868 1869 1870 1872 1873 1874 1875 1876 1877 1880 1883 1884 1885 1886 1888 1891 1892 1893
1894 1896 1897 1902 1903 2080 2085 2086 2127 2131 2138 2143 2147 2175 2180 2191 2194 2200 2201 2218
2221 2242 2243 2255 2261 2279 2288 2298 2344 2352 2356 2374 2400 2401 2404 2412 2423 2431 2466 2473
2475 2483 2488 2492 2494 2495 2501 2502 2508 2511 2516 2523 2541 2544 2554 2558 2576 2587 2619 2625
2652 2653 2674 2675 2691 2696 2704 2705 2712 2718 2723 2737 2772 2774 2815 2816 2818 2829

•• 0142 (104 TESTST., DAVON 75 MIT MEHRHEITSTEXT, 1 MIT SINGULÄRLESART)

• 100% 8/8 2797 2829 ¶ 6/6 2833 ¶ 3/3 1067 1904 2671 ¶ 2/2 0244 0294 627 ¶ 1/1 P33 077 093
0140 0166 0189 1756 • 97% 101/104 056 • 95% 21/22 506 1101 ¶ 39/41 2175 • 92% 96/104
452 483 ¶ 36/39 916 ¶ 95/103 1835 • 91% 32/35 2303 ¶ 95/104 105 ¶ 94/103 398 638
2194 ¶ 91/100 910 1075 ¶ 58/64 1526 • 90% 94/104 221 457 635 1040 1073 1149 1244 1354 1636
1668 1673 1857 1865 2723 ¶ 93/103 1022 ¶ 92/102 1352 ¶ 91/101 312 ¶ 82/91 308 1066 ¶ 18/20
1738 ¶ 89/99 2475 ¶ 77/86 1856 • 89% 85/95 319 ¶ 17/19 314 ¶ 93/104 1 82 201 250 393 450
454 465 605 901 1072 1503 1617 1619 1628 1637 1656 1740 1849 1888 2191 2352 2523 ¶ 92/103 226 424 625
632 2423 ¶ 91/102 479 1880 ¶ 82/92 2431 ¶ 90/101 2080 ¶ 89/100 986 1508 ¶ 81/91 1864 ¶
73/82 498 ¶ 88/99 025 337 ¶ 24/27 2125 ¶ 79/89 2772 ¶ 62/70 1762 ¶ 77/87 1723 • 88%
92/104 141 149 203 204 327 386 462 592 604 794 824 911 919 1100 1103 1482 1733 1855 1897 2255 2466 2508
2558 2704

•• 0165 (1 TESTST., DAVON 0 MIT MEHRHEITSTEXT, 0 MIT SINGULÄRLESART)

• 100% 1/1 P74 01 02 03 629 1175 1409

•• 0166 (1 TESTST., DAVON 0 MIT MEHRHEITSTEXT, 0 MIT SINGULÄRLESART)
• 100% 1/1 P74 01 02 03 04 08 020 025 044 056 0142 1 3 6 18 35 38 43 57 62 69 76 81 82 88 90 93 97 102 103 104 105 110 122 133 141 142 149 172 175 177 189 201 203 204 205 209 216 218 221 226 228 250 254 308 312 322 323 326 327 328 330 337 383 384 385 386 393 394 398 400 404 421 424 431 432 436 440 441 444 451 452 454 455 456 457 458 459 462 464 467 468 479 483 491 496 547 592 601 603 604 614 616 617 618 619 621 623 624 625 628 629 632 634 635 638 639 641 642 656 664 665 680 699 757 794 796 801 808 824 876 901 910 911 913 914 916 917 919 922 928 935 945 959 986 996 997 1022 1040 1058 1066 1072 1073 1075 1094 1100 1102 1103 1104 1107 1127 1161 1162 1175 1240 1241 1242 1243 1244 1245 1247 1248 1249 1251 1270 1292 1297 1311 1315 1352 1360 1390 1398 1400 1404 1448 1482 1503 1508 1524 1526 1548 1563 1595 1597 1598 1599 1609 1610 1611 1617 1618 1619 1622 1626 1628 1636 1637 1642 1643 1646 1649 1652 1656 1668 1673 1702 1704 1717 1719 1720 1721 1722 1723 1725 1727 1732 1733 1736 1739 1740 1743 1746 1747 1748 1749 1752 1761 1762 1763 1765 1767 1768 1780 1827 1828 1829 1830 1832 1835 1837 1839 1842 1845 1847 1850 1851 1852 1853 1854 1855 1856 1857 1860 1862 1864 1865 1867 1874 1876 1877 1884 1885 1886 1888 1890 1892 1894 1895 1896 1897 1902 1903 2080 2085 2131 2175 2191 2218 2221 2242 2243 2255 2261 2298 2303 2344 2352 2374 2401 2412 2423 2466 2475 2483 2484 2492 2494 2508 2516 2523 2541 2544 2554 2558 2587 2627 2652 2653 2671 2674 2691 2704 2705 2716 2718 2723 2737 2746 2774 2799 2805 2815 2816

•• 0175 (1 TESTST., DAVON 0 MIT MEHRHEITSTEXT, 0 MIT SINGULÄRLESART)
• 100% 1/1 P8 P45 P74 01 02 03 05 5 33 61 88 94 103 104 180 181 228 307 322 323 326 429 431 437 453 455 459 460 467 489 522 606 610 614 619 623 630 636 641 876 886 915 927 941 945 1127 1162 1175 1270 1292 1297 1311 1409 1501 1509 1595 1598 1611 1642 1678 1704 1724 1729 1739 1751 1765 1827 1837 1838 1843 1850 1868 1873 1875 1891 1893 1895 2143 2200 2201 2288 2298 2344 2412 2495 2718 2737 2774 2818

•• 0189 (1 TESTST., DAVON 0 MIT MEHRHEITSTEXT, 0 MIT SINGULÄRLESART)
• 100% 1/1 P74 01 02 03 08 025 044 049 056 0142 1 3 5 6 18 33 35 38 42 51 61 69 76 82 88 90 93 94 97 102 103 104 105 110 122 131 133 141 142 149 172 175 177 180 181 189 201 203 204 205 209 216 218 221 223 226 228 234 254 256 263 296 302 307 308 312 319 321 322 323 326 328 330 363 365 367 378 383 384 385 386 390 393 394 398 400 404 421 424 425 429 431 432 436 437 440 444 450 451 452 453 454 455 456 457 459 460 462 464 465 467 468 469 479 483 489 491 496 498 517 522 547 582 601 603 604 605 606 607 608 610 614 619 623 625 629 630 632 633 634 635 636 637 638 639 641 642 656 664 676 680 699 757 794 796 801 808 824 876 886 901 910 912 913 914 915 916 917 919 921 922 927 928 935 941 945 959 986 996 997 999 1003 1022 1040 1058 1066 1069 1070 1072 1073 1075 1099 1100 1101 1102 1103 1104 1105 1106 1107 1127 1149 1161 1162 1175 1240 1241 1242 1243 1244 1245 1247 1248 1249 1250 1251 1277 1292 1311 1315 1319 1352 1354 1359 1367 1390 1398 1400 1404 1405 1409 1424 1448 1456 1482 1490 1501 1503 1505 1508 1509 1521 1524 1526 1548 1563 1573 1594 1595 1597 1599 1609 1610 1611 1617 1618 1619 1622 1626 1628 1636 1637 1642 1643 1646 1649 1652 1656 1668 1673 1678 1702 1704 1717 1718 1719 1720 1721 1723 1724 1725 1726 1727 1729 1732 1733 1734 1735 1736 1737 1739 1740 1741 1742 1743 1744 1746 1747 1748 1749 1750 1751 1753 1754 1757 1758 1759 1761 1762 1763 1765 1767 1768 1780 1827 1828 1829 1830 1831 1835 1838 1842 1843 1845 1847 1849 1850 1851 1853 1854 1855 1856 1857 1859 1860 1861 1862 1864 1865 1867 1868 1869 1870 1872 1873 1874 1875 1876 1877 1880 1883 1884 1885 1886 1888 1890 1891 1892 1893 1894 1895 1896 1897 1902 1903 2080 2085 2086 2125 2127 2131 2138 2143 2147 2175 2180 2191 2194 2200 2201 2218 2221 2242 2243 2255 2261 2279 2288 2298 2344 2352 2356 2374 2400 2401 2404 2412 2423 2431 2466 2473 2475 2483 2488 2492 2494 2495 2501 2502 2508 2511 2516 2523 2541 2544 2554 2558 2576 2587 2619 2625 2652 2653 2674 2675 2691 2696 2704 2705 2712 2718 2723 2737 2772 2774 2815 2816 2818 2829

•• 0236 (0 TESTST., DAVON 0 MIT MEHRHEITSTEXT, 0 MIT SINGULÄRLESART)

•• 0244 (2 TESTST., DAVON 0 MIT MEHRHEITSTEXT, 0 MIT SINGULÄRLESART)
• 100% 2/2 P45 08 020 025 044 049 056 0142 1 3 5 18 33 35 38 42 43 51 57 62 76 82 88 90 93 97 102 103 104 105 110 131 133 141 142 149 175 177 189 201 203 204 205 209 216 218 221 223 226 228 234 250 254 263 296 302 312 319 321 322 323 326 327 328 330 337 363 367 383 384 385 386 390 393 394 398 400 404 421 424 425 429 432 436 437 440 441 444 450 451 452 454 455 456 457 458 459 460 462 464 465 467 468 469 479 483 489 491 496 498 522 547 582 592 601 603 604 605 607 608 614 616 617 618 619 621 623 625 626 628 629 630 632 634 635 636 637 638 639 641 642 656 664 665 676 680 699 757 794 796 801 808 824 876 901 910 911 912 913 914 915 917 919 921 922 927 928 935 941 945 959 986 996 997 999 1003 1022 1040 1058 1066 1069 1070 1072 1073 1075 1094 1099 1100 1102 1103 1104 1105 1106 1107 1127 1149 1161 1162 1240 1241 1243 1244 1245 1247 1248 1249 1250 1251 1270 1277 1292 1297 1311 1315 1319 1352 1354 1359 1360 1367 1390 1398 1400 1404 1405 1409 1424 1448 1456 1482 1490 1501 1503 1505 1508 1509 1521 1524 1526 1548 1563 1573 1594 1595 1597 1598 1599 1609 1610 1611 1617 1618 1619 1622 1626 1628 1636 1637 1643 1646 1652 1656 1668 1673 1702 1704 1717 1718 1719 1720 1721 1722 1723 1724 1725 1726 1727 1729 1732 1733 1734 1735 1736 1737 1739 1740 1741 1742 1743 1744 1746 1748 1749 1750 1751 1752 1753 1754 1758 1759 1761 1762 1763 1765 1767 1768 1780 1827 1828 1829 1830 1831 1832 1835 1837 1838 1839 1841 1842 1843 1845 1847 1849 1850 1851 1852 1853

1854 1855 1856 1857 1859 1860 1861 1862 1863 1864 1865 1867 1868 1869 1870 1872 1873 1874 1876 1877 1880 1883 1884 1885 1886 1888 1890 1891 1892 1894 1895 1896 1897 1902 1903 2080 2085 2086 2127 2131 2138 2143 2147 2175 2180 2191 2194 2200 2201 2218 2221 2242 2243 2255 2261 2279 2288 2298 2303 2344 2352 2356 2374 2400 2401 2404 2412 2423 2466 2473 2475 2483 2484 2488 2492 2494 2495 2501 2508 2511 2516 2523 2541 2544 2554 2558 2576 2587 2619 2625 2652 2674 2675 2691 2696 2704 2705 2712 2718 2723 2737 2746 2772 2774 2799 2805 2815 2816

•• 0294 (2 TESTST., DAVON 0 MIT MEHRHEITSTEXT, 0 MIT SINGULÄRLESART)

• 100% 2/2 020 025 044 049 056 0142 1 3 5 18 33 35 38 42 43 51 57 61 76 82 88 93 97 102 103 104 105 110 122 131 133 141 142 149 175 177 189 201 203 204 205 209 216 218 221 223 226 228 234 250 254 263 296 302 312 319 321 322 323 326 327 328 330 337 363 365 367 383 385 386 390 393 394 398 404 421 424 425 429 432 436 437 440 441 444 450 451 452 454 455 456 457 458 459 460 462 464 465 467 468 469 479 483 489 491 496 498 522 547 582 592 601 603 604 605 607 608 614 617 618 619 621 623 625 626 628 630 632 633 634 635 636 637 638 641 642 656 664 665 676 699 757 794 796 801 808 824 876 901 910 911 912 913 914 915 917 919 920 921 927 928 935 941 945 959 986 996 997 999 1003 1022 1040 1058 1066 1069 1070 1072 1073 1075 1094 1099 1100 1102 1103 1104 1105 1106 1107 1127 1149 1161 1162 1240 1241 1242 1244 1245 1247 1248 1249 1250 1251 1270 1277 1292 1297 1315 1352 1354 1359 1360 1367 1390 1398 1400 1404 1405 1409 1424 1448 1482 1490 1501 1503 1505 1508 1521 1524 1526 1548 1563 1594 1595 1597 1598 1599 1600 1611 1617 1618 1619 1622 1626 1628 1636 1637 1643 1646 1649 1652 1656 1668 1673 1702 1704 1717 1718 1719 1720 1721 1722 1723 1724 1725 1726 1727 1729 1732 1733 1734 1735 1736 1737 1739 1740 1741 1742 1743 1744 1746 1747 1748 1749 1750 1752 1753 1758 1761 1763 1765 1767 1768 1780 1827 1828 1829 1830 1831 1832 1835 1837 1838 1839 1841 1842 1843 1845 1847 1849 1850 1851 1852 1853 1854 1855 1856 1857 1859 1860 1861 1862 1863 1864 1865 1867 1868 1869 1870 1872 1873 1874 1876 1877 1880 1883 1885 1888 1890 1891 1892 1894 1895 1896 1897 1902 1903 2080 2085 2086 2127 2131 2138 2143 2147 2180 2191 2194 2200 2201 2218 2221 2242 2243 2255 2261 2279 2288 2298 2303 2344 2352 2356 2374 2400 2401 2404 2412 2423 2466 2473 2475 2483 2484 2488 2492 2494 2495 2501 2502 2508 2511 2516 2523 2541 2554 2558 2576 2587 2619 2625 2652 2653 2674 2675 2691 2696 2704 2705 2718 2723 2737 2772 2774 2799 2805 2815 2816

•• 5 (104 TESTST., DAVON 53 MIT MEHRHEITSTEXT, 2 MIT SINGULÄRLESART)

• 100% 6/6 956 ¶ 3/3 P8 ¶ 2/2 0244 0294 ¶ 1/1 P33 093 0140 0175 0189 1756 • 88% 7/8 2829 • 86% 19/22 1101 ¶ 6/7 517 • 81% 69/85 623 ¶ 73/90 2201 • 80% 69/86 1893 ¶ 4/5 1115 ¶ 83/104 1595 • 79% 81/103 1598 • 78% 81/104 1270 ¶ 7/9 1871 • 77% 30/39 916 ¶ 79/103 619 ¶ 66/86 1856 • 76% 51/67 172 ¶ 79/104 203 437 1162 1297 1315 1843 ¶ 31/41 2175 • 75% 77/102 1827 1873 ¶ 76/101 1609 ¶ 78/104 440 496 824 1058 1103 1161 1619 1636 2737 ¶ 69/92 2431 ¶ 48/64 1526 ¶ 9/12 2778 ¶ 77/103 1102 1241 2483 ¶ 76/102 1597 • 74% 75/101 312 ¶ 20/27 2125 ¶ 77/104 102 201 456 808 1040 1072 1404 1503 1617 1628 1637 1643 1656 1740 2191 2288 2352 ¶ 74/100 1075 1508 ¶ 65/88 1277 ¶ 76/103 175 1746 ¶ 73/99 337 ¶ 75/102 1352 1743 1768 2696 • 73% 74/101 935 2080 ¶ 76/104 105 141 149 189 204 386 465 483 489 604 605 634 927 1100 1354 1482 1732 1733 1734 1736 1749 1854 1855 1865 1870 1897 2261 2466 2554 2723

•• 6 (104 TESTST., DAVON 62 MIT MEHRHEITSTEXT, 1 MIT SINGULÄRLESART)

• 100% 8/8 2829 ¶ 7/7 517 ¶ 3/3 2671 ¶ 2/2 627 2570 ¶ 1/1 P33 093 0140 0166 0189 1756 • 88% 7/8 2797 • 86% 55/64 1526 • 85% 57/67 172 ¶ 7/9 2829 • 82% 70/85 1867 ¶ 18/22 506 1101 • 81% 84/104 483 • 80% 81/101 2080 ¶ 4/5 1115 ¶ 75/94 69 ¶ 82/103 1022 1835 ¶ 70/88 1277 • 79% 68/86 1856 ¶ 82/104 82 105 216 452 465 1103 1643 ¶ 81/103 398 1069 2423 ¶ 55/70 1762 • 78% 79/101 935 1548 1609 ¶ 32/41 2175 ¶ 81/104 142 203 440 496 605 1073 1354 1404 1828 1849 2191 ¶ 77/99 2475 ¶ 7/9 1871 ¶ 80/103 424 632 638 • 77% 79/102 479 608 1352 ¶ 78/101 302 ¶ 54/70 2746 ¶ 77/100 910 ¶ 80/104 205 457 462 634 1149 1636 1668 1851 1870 2261 2541 ¶ 70/91 1864 ¶ 79/103 175 254 468 603 625 1241 1722 2194 2483 2815 ¶ 33/43 2004 ¶ 69/90 2201 ¶ 75/98 699 ¶ 62/81 626 • 76% 78/102 1743 1880 ¶ 58/76 1747 ¶ 61/80 256 ¶ 77/101 312 ¶ 48/63 1889 ¶ 76/100 986 1075 1508 ¶ 79/104 1 133 141 189 201 204 328 367 386 450 464 592 604 635 637 656 901 919 1072 1100 1244 1482 1503 1617 1619 1622 1628 1637 1656 1673 1720 1733 1740 1744 1855 1860 1897 1903 2131 2221 2352 2356 2508 2523 2704

•• 33 (86 TESTST., DAVON 21 MIT MEHRHEITSTEXT, 4 MIT SINGULÄRLESART)

• 100% 2/2 P8 0244 0294 ¶ 1/1 P33 0140 0175 0189 • 82% 70/85 2344 • 71% 5/7 P41 • 67% 12/18 1101 ¶ 4/6 956 ¶ 2/3 048 2833 • 63% 17/27 916 • 62% 18/29 2175 • 61% 37/61 2718 • 58% 11/19 886 • 55% 47/85 181 ¶ 44/80 P74 ¶ 47/86 02 1162 ¶ 12/22 2125 • 53% 46/86 5 ¶ 45/85 619 ¶ 37/70 623 • 52% 45/86 1739 ¶ 37/71 1893 ¶ 38/73 1875 ¶ 14/27 2303 • 51% 25/49 04 • 50% 43/86 1175 1891 ¶ 10/20 62 ¶ 6/12 P45 ¶ 5/10 2627 ¶ 3/6 2829 ¶ 2/4 0120 ¶ 1/2 1067 1904 2570 • 49% 22/45 2712 ¶ 42/86 01 • 48% 41/86 436 1595 • 47% 27/57 81 ¶ 40/85 1598 ¶ 39/83 08 1735 ¶ 40/86 03 044 945 1270 1297 2298 2495 • 46% 39/84 88 1827 ¶ 37/80 1409 • 45% 39/86 437 ¶ 34/75 2201 ¶ 26/58 1456 ¶ 38/85 431 ¶ 25/56 365 • 44% 36/81 1884 ¶ 38/86 915 927 1843 ¶ 26/59 1747 ¶ 37/84 630 1873 ¶ 35/80 2200 • 43% 37/86 489 1505 1704 2288 2374 2737 ¶ 36/84 935 ¶ 26/61 400 • 42% 31/73 642 ¶

36/85   1102 ¶ 35/83   180 ¶ 29/69   1856 ¶ 36/86   102 456 467 1868 2143 ¶ 35/84   323   • 41% 34/82 1721 2805 ¶ 31/75   1902 ¶ 35/85   459 1611 ¶ 7/17   314 ¶ 32/78   319 ¶ 25/61   1319 ¶ 35/86   049 189 322 808 1161 1315 1643 1842 2818

•• 35   (104 TESTST., DAVON 69 MIT MEHRHEITSTEXT,   0 MIT SINGULÄRLESART)

• 100%   6/6   956 2833 ¶ 3/3   097 1067 1904 2671 ¶ 2/2   0244 0294 ¶ 1/1   P33 077 093 0140 0166 0189 1756   • 96% 25/26   2626   • 95% 21/22   506 ¶ 39/41   2175 ¶ 19/20   1858   • 94% 15/16   1899 ¶ 29/31   624   • 93% 28/30   2777 ¶ 14/15   1745 ¶ 97/104   18 ¶ 38/41   2441 ¶ 50/54   2289   • 91% 32/35   2303 ¶ 95/104   141 201 204 386 394 664 1072 1100 1482 1503 1617 1628 1637 1656 1732 1733 1740 1855 1897 2352 ¶ 72/79   1752 ¶ 92/101   444 ¶ 91/100   1508 ¶ 79/87   1723 ¶ 78/86   1856   • 90% 94/104   149 604 801 824 928 1058 1249 1636 1749 1865 2221 2261 2466 2554 2704 2723 ¶ 75/83   2587 ¶ 93/103   1746 2218 ¶ 91/101   757 1548 ¶ 82/91   1864 ¶ 90/100   986 1075 ¶ 63/70   2746 ¶ 18/20 1738   • 89% 93/104   105 634 1400 1618 1619 1876 2255 ¶ 92/103   1248 1835 ¶ 82/92   2431 ¶ 90/101 2080 ¶ 89/100   1726 1761 ¶ 88/99   2475 ¶ 48/54   325 ¶ 32/36   1730 ¶ 8/9   1871   • 88% 92/104 328 483 1040 1725 1737 1892

•• 42   (99 TESTST., DAVON 68 MIT MEHRHEITSTEXT,   1 MIT SINGULÄRLESART)

• 100%   7/7   517 ¶ 6/6   2833 ¶ 3/3   956 1067 1904 ¶ 2/2   0244 0294 2570 ¶ 1/1   P33 077 093 0140 0189 1756   • 95% 21/22   506 ¶ 94/99   51 ¶ 93/98   1594 ¶ 91/96   2279   • 94% 93/99   1753 ¶ 92/98   234 912 ¶ 15/16   1899   • 93% 14/15   1745 ¶ 79/85   1861 ¶ 92/99   390 1863 2511   • 92% 91/99   223 1250   • 91% 62/68   1456 ¶ 90/99   1405   • 90% 84/93   1003 ¶ 89/99   1903   • 89% 88/99   105 1883 ¶ 32/36   2175 ¶ 87/98   1835 ¶ 77/87   2431   • 88% 23/26   2626 ¶ 15/17   1101 ¶ 87/99   367 465 999 1354 2501 ¶ 86/98   302 1022 2423 ¶ 85/97   1352 1880 ¶ 84/96   312 699 2675 ¶ 7/8   2797   • 87% 83/95   910 1726 ¶ 62/71   1747 ¶ 47/54   325 2289 ¶ 86/99   203 457 483 605 901 1622 1643 1849 1854 1860 2191 2221 2488 2554 ¶ 85/98   398 424 603 1069 1102 2194 ¶ 72/83   1277 ¶ 84/97   479 1750 2691 ¶ 71/82   498   • 86% 70/81   626 ¶ 75/87   2484 ¶ 81/94   2475 ¶ 80/93 1727 ¶ 74/86   308 ¶ 85/99   82 189 216 296 432 450 452 464 496 592 604 635 656 922 1070 1073 1099 1149 1636 1828 1869 1870 1885 2131 2261 2356 2523 2619

•• 51   (104 TESTST., DAVON 72 MIT MEHRHEITSTEXT,   0 MIT SINGULÄRLESART)

• 100%   7/7   517 ¶ 6/6   956 2833 ¶ 3/3   1067 1904 ¶ 2/2   0244 0294 2570 ¶ 1/1   P33 077 093 0140 0189 1756   • 96% 100/104   1753 ¶ 97/101   2279   • 95% 21/22   506 ¶ 98/103   912 1594 ¶ 94/99 42   • 94% 98/104   1863 2511 ¶ 97/103   234 ¶ 80/85   1861 ¶ 15/16   1899   • 93% 14/15   1745 ¶ 97/104   390 1250   • 92% 96/104   1405 ¶ 67/73   1456   • 91% 95/104   223 ¶ 89/98   1003   • 90% 94/104   2501 ¶ 27/30   2777   • 89% 93/104   1883 1903 ¶ 82/92   2431 ¶ 48/54   2289   • 88% 92/104 367 ¶ 23/26   2626 ¶ 90/102   1768 ¶ 89/101   2675 ¶ 88/100   1726 ¶ 36/41   2175 ¶ 91/104   105 2221 2554 ¶ 7/8   2797   • 87% 90/103   1835 2423 ¶ 89/102   1352 ¶ 85/98   699 ¶ 90/104   452 465 483 582 604 999 1354 1622 1636 1737 1860 2261   • 86% 89/103   432 1022 1746 1859 2218 ¶ 19/22 1101 ¶ 88/102   1880 2691 ¶ 87/101   302 312 ¶ 81/94   2799 ¶ 86/100   1075 1508 ¶ 74/86   1856 ¶ 60/70   2746 ¶ 89/104   18 141 201 203 204 216 386 496 592 605 901 1058 1072 1100 1103 1315 1482 1503 1617 1618 1619 1628 1637 1643 1656 1732 1733 1740 1749 1763 1828 1849 1854 1855 1869 1885 1897 2191 2352 2488 2704

•• 61   (100 TESTST., DAVON 62 MIT MEHRHEITSTEXT,   5 MIT SINGULÄRLESART)

• 100%   7/7   517 ¶ 3/3   P8 ¶ 2/2   0294 1728 ¶ 1/1   P33 093 0140 0175 0189 1756   • 92%   11/12 1899   • 89% 8/9   1871   • 88% 88/100   326 ¶ 14/16   1738 1858   • 85% 33/39   2004 ¶ 22/26   2777   • 84% 81/96   1837 ¶ 27/32   1730 ¶ 16/19   314   • 83% 5/6   956 2833   • 82% 23/28   624 ¶ 9/11 1745   • 80% 40/50   325 ¶ 4/5   1115   • 78% 50/64   172 ¶ 39/50   2289   • 77% 41/53   466 ¶ 17/22 2626 ¶ 76/99   1241 ¶ 53/69   014   • 76% 26/34   567 ¶ 45/59   1889 ¶ 75/99   1069 ¶ 68/90   110   • 75% 40/53   2378 ¶ 58/77   626 ¶ 6/8   2829 ¶ 74/99   638 1022 ¶ 44/59   1731   • 74% 73/98 1880 ¶ 70/94   699 ¶ 58/78   498 ¶ 72/97   312 ¶ 74/100   452 605 1149 ¶ 65/88   2431 ¶ 73/99 424 ¶ 70/95   122 ¶ 67/91   319   • 73% 72/98   1862 ¶ 33/45   602 ¶ 73/100   82 105 142 483 656 919 1073 1354 1668 1720 1734 1736 1850 1854 1885 2191 2423 ¶ 59/81   1867 ¶ 51/70   920 ¶ 72/99   632 1835 1859 ¶ 56/77   57   • 72% 71/98   1352 2691 ¶ 63/87   1277 ¶ 65/90   2625 2799 ¶ 70/97   302 2080 2401 ¶ 72/100   1 250 437 457 465 637 1103 1127 1242 1244 1404 1849 1851 1870 1888 2085 2404 2558

•• 69   (94 TESTST., DAVON 61 MIT MEHRHEITSTEXT,   5 MIT SINGULÄRLESART)

• 100%   7/7   517 ¶ 3/3   2671 ¶ 1/1   P33 093 097 0140 0166 0189 1756   • 88% 7/8   2797 2829   • 83% 5/6   2833   • 80% 49/61   172 ¶ 75/94   6 ¶ 43/54   1526   • 77% 24/31   624 ¶ 17/22   1101 ¶ 71/92 1352 ¶ 63/82   308 ¶ 72/94   203 1073 1835   • 76% 71/93   398 ¶ 57/75   1867 ¶ 71/94   105 959 1643 2191   • 75% 70/93   625 1022 1241 ¶ 67/89   2475 ¶ 69/92   1597 1880 ¶ 66/88   1727 ¶ 57/76 1856 ¶ 68/91   302 1609 2080 ¶ 41/55   1731   • 74% 70/94   82 189 424 451 457 465 483 605 1103 1107 1149 1354 1668 1702 1828 1854 2356 ¶ 52/70   256 ¶ 69/93   1102 1845 2423 ¶ 66/89   337 ¶ 68/92 2696 ¶ 51/69   1094 ¶ 17/23   1846 ¶ 65/88   699 ¶ 62/84   110 ¶ 31/42   2004 ¶ 67/91   312 1548 ¶

28/38 2175 ¶ 53/72   498 ¶ 39/53   325 • 73% 69/94   1 102 133 142 177 330 450 452 462 496 592 632
634 1242 1636 1649 1673 1736 1847 1849 1870 2261 2523 2653 ¶ 66/90   910 1075 ¶ 44/60   1762

•• 76   (103 TESTST., DAVON 69 MIT MEHRHEITSTEXT, 0 MIT SINGULÄRLESART)

• 100% 8/8   2829 ¶ 7/7   517 ¶ 6/6   956 2833 ¶ 3/3   2671 ¶ 2/2   0244 0294 ¶ 1/1   P33 077 093
0140 0166 0189 1756 • 96% 67/70   2746 • 95% 96/101   1743 • 93% 37/40   2175 • 92% 24/26
2626 • 91% 32/35   2303 ¶ 20/22   506 ¶ 79/87   1723 ¶ 58/64   1526 • 90% 19/21   1101 ¶ 75/83
2587 ¶ 92/102   2423 ¶ 90/100   312 ¶ 27/30   2777 ¶ 18/20   1858 ¶ 89/99   1726 • 89% 34/38
916 ¶ 92/103   105 189 386 1100 1595 1636 1643 1673 1733 2554 ¶ 91/102   1835 ¶ 90/101   1352 1597 ¶
89/100   2080 ¶ 88/99   1075 ¶ 48/54   2289 • 88% 91/103   141 201 204 465 483 604 1072 1149 1400
1482 1503 1617 1619 1628 1637 1656 1668 1732 1740 1749 1855 1897 2191 2352 2523 2704 ¶ 90/102   226 424
1022 1102 1241 ¶ 88/100   986 1548 ¶ 87/99   1508 1761 ¶ 80/91   1864 2431 ¶ 86/98   2475 ¶ 79/90
308 ¶ 50/57   2712 ¶ 14/16   1899 2627 ¶ 7/8   2797 • 87% 90/103   1 18 82 102 149 203 328 394 452
605 634 801 824 1040 1073 1249 1354 1828 1865 2131 2221 2261 2466 2508 2723

•• 81   (70 TESTST., DAVON 7 MIT MEHRHEITSTEXT, 3 MIT SINGULÄRLESART)

• 100% 4/4   048 ¶ 1/1   P33 057 066 095 0166 1756 • 75% 3/4   1115 • 73% 47/64   P74 ¶ 51/70
01 • 71% 50/70   02 03 • 67% 8/12   2778 ¶ 2/3   096 0120 • 66% 46/70   1175 • 65% 33/51   04
• 60% 42/70   1739 • 58% 32/55   1875 • 55% 11/20   2464 • 54% 38/70   181 • 53% 8/15
P45 ¶ 37/70   945 1891 • 52% 25/48   1852 • 51% 35/68   323 ¶ 27/53   441 ¶ 28/55   623 ¶ 30/59
2718 • 50% 35/70   1704 ¶ 9/18   506 ¶ 3/6   2833 ¶ 1/2   0244 0294 517 • 49% 34/69   2344 ¶
18/37   172 206 ¶ 34/70   322 630 2200 • 48% 14/29   325 • 47% 27/57   33 ¶ 18/38   1889 ¶ 33/70
453 1642 ¶ 16/34   1526 ¶ 15/32   2378 • 46% 32/70   94 307 436 619 • 45% 24/53   1839 ¶ 27/60
2201 ¶ 18/40   1762 ¶ 13/29   2289 ¶ 29/65   1884 • 44% 24/54   1094 1723 1752 ¶ 12/27   62 ¶ 4/9
1871 ¶ 31/70   180 218 1162 2298 ¶ 30/68   104 ¶ 29/66   610 ¶ 25/57   1864 ¶ 14/32   466 ¶ 24/55
626 ¶ 17/39   1731 • 43% 30/69   431 ¶ 23/53   1867 ¶ 26/60   1893 ¶ 16/37   309 ¶ 30/70   1678
2818 ¶ 9/21   624 1730 ¶ 23/54   020 2587 • 42% 28/66   08 ¶ 19/45   014 ¶ 24/57   57 ¶ 8/19
314 ¶ 13/31   2441 ¶ 28/67   1409 ¶ 27/65   629 • 41% 29/70   044 5 808 1563 2374 ¶ 24/58   1890 ¶
28/68   1751 ¶ 22/54   498 1832 ¶ 26/64   642 ¶ 28/69   175 459

•• 88   (102 TESTST., DAVON 49 MIT MEHRHEITSTEXT, 1 MIT SINGULÄRLESART)

• 100% 7/7   517 ¶ 3/3   P8 2671 ¶ 2/2   0244 0294 ¶ 1/1   057 093 0140 0166 0175 0189 • 88%
90/102   915 • 84% 16/19   314 • 81% 25/31   624 • 80% 4/5   1115 • 79% 33/42   2004 • 78%
7/9   1871 • 77% 27/35   1730 ¶ 23/30   2777 • 75% 40/53   325 ¶ 15/20   1738 1858 • 74% 49/66
172 ¶ 39/53   2289 • 73% 45/62   1889 • 72% 18/25   2626 • 71% 40/56   2378 ¶ 44/62   1731 ¶
72/102   456 2737 ¶ 55/78   020 1752 • 70% 43/61   309 ¶ 59/84   1867 ¶ 69/99   312 ¶ 39/56
466 ¶ 71/102   917 ¶ 48/69   2746 • 69% 63/91   1757 ¶ 54/78   1094 ¶ 56/81   498 ¶ 55/80
626 ¶ 33/48   602 ¶ 11/16   1899 ¶ 70/102   1874 2191 ¶ 24/35   2303 • 68% 63/92   110 ¶ 69/101
424 603 ¶ 56/82   2587 ¶ 62/91   2431 ¶ 47/69   1762 ¶ 68/100   1827 ¶ 66/97   337 ¶ 49/72   014 ¶
55/81   57 ¶ 65/96   699 ¶ 69/102   177 1595 2085 2131 • 67% 58/86   1723 ¶ 60/89   1864 2201 ¶
68/101   398 ¶ 66/98   1721 ¶ 43/64   1526 ¶ 68/102   5 82 105 203 404 462 618 637 1161 1524 1636 1643
1843 1877 ¶ 56/84   1893 ¶ 46/69   2716 ¶ 10/15   1745 ¶ 4/6   0120 956 2833 ¶ 2/3   1067 1904
• 66% 67/101   175 226 254 1022 1241 1746 1835 2423 2815 ¶ 65/98   1075

•• 90   (104 TESTST., DAVON 71 MIT MEHRHEITSTEXT, 4 MIT SINGULÄRLESART)

• 100% 8/8   2797 ¶ 7/7   517 ¶ 6/6   956 2833 ¶ 3/3   2671 ¶ 2/2   0244 ¶ 1/1   077 093 0140 0166
0189 1756 • 97% 30/31   624 • 95% 19/20   1738 • 90% 27/30   2777 ¶ 18/20   1858 ¶ 44/49   602
• 89% 17/19   314 ¶ 57/64   1526 ¶ 73/82   498 ¶ 56/63   1889 ¶ 48/54   325 2289 • 88% 92/104
384 ¶ 23/26   2626 ¶ 91/103   1835 ¶ 38/43   2004 ¶ 59/67   172 ¶ 71/81   626 ¶ 91/104   105 1073
1828 ¶ 14/16   1899 ¶ 7/8   2829 • 87% 55/63   1731 ¶ 88/101   302 ¶ 13/15   1745 ¶ 90/104   450
452 457 483 1354 • 86% 89/103   398 1022 2423 ¶ 88/102   1352 ¶ 63/73   014 ¶ 87/101   312 378 ¶
31/36   1730 ¶ 49/57   2378 ¶ 85/99   2475 ¶ 84/98   699 ¶ 78/91   1864 ¶ 89/104   82 605 901 1107
1149 1636 1668 1849 1854 1903 2191 2356 ¶ 71/83   2587 • 85% 53/62   309 ¶ 88/103   424 625 680
1845 ¶ 87/102   479 1880 2691 ¶ 69/81   57 ¶ 85/100   910 1075 1508 ¶ 74/87   1723 ¶ 68/80   256 ¶
84/99   337 ¶ 78/92   2431 ¶ 67/79   1094 1752 ¶ 72/85   1867 ¶ 88/104   1 201 393 454 462 465 592 794
914 922 959 997 1070 1072 1249 1503 1617 1619 1628 1637 1656 1736 1740 2352 2508 2558 2816

•• 94   (104 TESTST., DAVON 40 MIT MEHRHEITSTEXT, 3 MIT SINGULÄRLESART)

• 100% 7/7   517 ¶ 3/3   1067 1904 ¶ 2/2   2570 ¶ 1/1   P33 093 0140 0175 0189 • 89% 8/9   1871
• 88% 7/8   2797 • 87% 20/23   1846 • 81% 13/16   1899 ¶ 21/26   2626 • 76% 73/96   610
• 75% 15/20   1738 1858 • 74% 77/104   1678 2818 • 73% 22/30   2777 ¶ 11/15   1745 ¶ 76/104
307 • 72% 73/101   180 • 71% 74/104   453 • 69% 25/36   1730 • 67% 36/54   2289 ¶ 4/6
956 ¶ 2/3   097 • 65% 37/57   2378 ¶ 35/54   325 • 63% 26/41   2441 ¶ 24/38   567 ¶ 12/19
314 ¶ 27/43   2004 • 62% 56/90   2201 ¶ 64/103   431 • 61% 35/57   466 ¶ 37/61   206 • 60%

38/63 1731 ¶ 42/70 2746 ¶ 3/5 1115 ¶ 62/104 429 2143 • 59% 13/22 506 ¶ 37/63 1889 ¶
61/104 2298 • 58% 7/12 2778 ¶ 50/86 1893 ¶ 36/62 309 ¶ 18/31 624 ¶ 59/102 323 1768 ¶
60/104 322 436 489 808 945 1595 1704 1891 2737 ¶ 45/78 1832 ¶ 49/85 623 • 57% 58/101 630
1509 ¶ 59/103 468 ¶ 28/49 602 ¶ 45/79 1752 ¶ 58/102 522 ¶ 59/104 142 228 634 927 1843 2374
• 56% 49/87 1723 ¶ 55/98 606 2200 ¶ 56/100 941 1508 ¶ 51/91 1864 ¶ 58/104 6 149 189 205
386 456 636 876 1100 1103 1270 1404 1643 1718 1733 1737 1749 1765 2261 2554

•• 102 (104 TESTST., DAVON 70 MIT MEHRHEITSTEXT, 1 MIT SINGULÄRLESART)

• 100% 7/7 517 ¶ 6/6 956 2833 ¶ 3/3 2671 ¶ 2/2 0244 0294 1728 2570 ¶ 1/1 P33 077 093 0140
0166 0189 1756 • 96% 99/103 1102 • 93% 97/104 189 ¶ 38/41 2175 • 91% 95/104 1643 ¶
20/22 1101 • 90% 93/103 2423 ¶ 92/102 1597 ¶ 35/39 916 • 89% 17/19 314 ¶ 93/104
1854 ¶ 92/103 1241 ¶ 62/70 2746 • 88% 90/102 1743 ¶ 91/104 105 ¶ 14/16 1899 2627 ¶ 7/8
2829 • 87% 90/103 76 175 424 1022 ¶ 88/101 312 ¶ 85/98 699 ¶ 13/15 1745 ¶ 90/104 82 203
456 465 605 1073 1595 1903 2131 2191 2492 • 86% 89/103 1835 2194 ¶ 88/102 1880 ¶ 87/101
302 ¶ 31/36 1730 ¶ 37/43 2004 ¶ 84/98 1727 ¶ 30/35 2303 ¶ 89/104 464 483 635 1149 1270
1354 1619 1636 1668 1720 1828 • 85% 88/103 226 398 632 1598 ¶ 87/102 458 1352 ¶ 75/88 1277 ¶
86/101 921 2080 ¶ 69/81 626 ¶ 23/27 62 ¶ 85/100 1075 1508 ¶ 17/20 1858 ¶ 62/73 1456 ¶
84/99 2475 • 88/104 1 133 201 250 404 452 457 462 656 1072 1161 1503 1617 1622 1628 1637 1656 1673
1734 1740 1849 1860 1870 1885 2261 2352 2523

•• 103 (104 TESTST., DAVON 67 MIT MEHRHEITSTEXT, 0 MIT SINGULÄRLESART)

• 100% 20/20 1858 ¶ 16/16 1899 ¶ 15/15 1745 ¶ 7/7 517 ¶ 6/6 956 ¶ 3/3 1067 1904 ¶ 2/2
0244 0294 ¶ 1/1 P33 P50 077 093 0140 0166 0175 0189 1756 • 97% 95/98 606 ¶ 29/30 2777 • 95%
95/100 641 ¶ 19/20 1738 • 92% 24/26 2626 • 89% 48/54 325 2289 ¶ 32/36 1730 ¶ 8/9 1871
• 87% 68/78 1832 ¶ 27/31 624 • 84% 16/19 314 ¶ 36/43 2004 • 83% 34/41 2441 ¶ 86/104
452 2494 ¶ 19/23 1846 ¶ 52/63 1889 • 82% 47/57 466 2378 ¶ 18/22 506 1101 ¶ 85/104 105
1244 ¶ 84/103 1835 2423 • 81% 57/70 2746 ¶ 83/102 1352 ¶ 82/101 312 ¶ 84/104 455 483 876
1765 2191 2558 ¶ 83/103 398 1022 • 80% 82/102 479 ¶ 74/92 2484 ¶ 80/100 1599 1726 ¶ 4/5
1115 ¶ 83/104 604 1103 1354 1636 1888 2508 2704 ¶ 79/99 2475 ¶ 75/94 110 ¶ 63/79 1752 ¶
82/103 424 603 632 ¶ 39/49 602 ¶ 66/83 2587 • 79% 73/92 2431 ¶ 50/63 1731 ¶ 69/87
642 ¶ 65/82 498 ¶ 80/101 302 444 2080 ¶ 76/96 43 ¶ 79/100 1075 ¶ 49/62 309 ¶ 82/104 1 82
141 149 201 204 250 386 393 394 454 465 592 605 901 919 922 1040 1072 1073 1100 1127 1149 1482 1503 1617
1619 1628 1637 1656 1668 1732 1733 1736 1740 1849 1854 1855 1883 1897 1903 2131 2221 2352 2473 2523

•• 104 (102 TESTST., DAVON 60 MIT MEHRHEITSTEXT, 0 MIT SINGULÄRLESART)

• 100% 8/8 2797 ¶ 7/7 517 ¶ 6/6 2833 ¶ 5/5 956 ¶ 3/3 P8 096 097 2671 ¶ 2/2 0244 0294 ¶
1/1 P33 093 0140 0166 0175 0189 1756 • 91% 20/22 506 • 90% 92/102 459 • 88% 7/8 2829
• 84% 56/67 172 • 83% 53/64 1526 ¶ 33/40 2175 • 82% 80/98 1838 ¶ 31/38 916 • 81%
82/101 1835 ¶ 81/100 1352 ¶ 17/21 1101 ¶ 21/26 2125 • 80% 70/87 1277 ¶ 82/102 457 ¶
78/97 2475 ¶ 81/101 1352 ¶ 88/105 498 ¶ 68/85 1856 ¶ 4/5 1115 ¶ 79/99 1609 2080 ¶ 67/84
1867 • 79% 81/102 105 203 483 2541 ¶ 80/101 1022 ¶ 67/85 642 ¶ 55/70 1762 • 78% 80/102
93 142 452 592 625 665 1073 1103 1354 1643 2191 ¶ 79/101 254 424 1241 ¶ 75/96 1727 • 78/100 479
1880 ¶ 77/99 312 2401 ¶ 70/90 1864 ¶ 76/98 910 ¶ 69/89 308 2201 ¶ 62/80 626 • 77%
79/102 82 216 296 393 450 454 465 496 547 605 922 997 1149 1315 1404 1524 1563 1636 1668 1720 1736 1828
1849 2131 ¶ 75/97 699 ¶ 58/75 1747 ¶ 78/101 175 632 1245 1521 1722 1845 2194 2423

•• 180 (101 TESTST., DAVON 38 MIT MEHRHEITSTEXT, 4 MIT SINGULÄRLESART)

• 100% 6/6 956 ¶ 3/3 096 1067 1904 ¶ 2/2 2570 ¶ 1/1 P33 057 093 0140 0175 0189 • 82% 78/95
610 • 81% 82/101 2818 • 80% 81/101 1678 • 79% 80/101 307 • 78% 79/101 453 ¶ 7/9
1871 • 72% 73/101 94 ¶ 72/100 431 • 71% 5/7 517 2797 • 70% 16/23 1846 • 67% 8/12
2778 ¶ 2/3 097 2671 • 64% 16/25 2626 ¶ 53/83 1893 ¶ 14/22 506 • 63% 64/101 429 ¶ 55/87
2201 ¶ 10/16 1899 • 61% 62/101 1739 1891 ¶ 60/98 630 ¶ 60/99 323 522 • 60% 61/101 436
489 ¶ 12/20 1738 1858 ¶ 9/15 1745 ¶ 3/5 1115 ¶ 59/99 1509 • 59% 60/101 927 945 1704
2737 ¶ 13/22 1101 ¶ 59/100 619 ¶ 57/97 1735 2200 ¶ 34/58 206 ¶ 24/41 2175 • 58% 59/101
5 6 228 322 634 1595 1843 2298 ¶ 49/84 642 ¶ 57/98 2080 ¶ 11/19 314 ¶ 48/83 1856 ¶ 56/97
1508 ¶ 45/78 2718 ¶ 49/85 1758 ¶ 57/99 1597 ¶ 19/33 1730 • 57% 58/101 18 142 189 386 621
808 824 1100 1404 1643 1718 1733 1868 2143 2261 2288 2374 ¶ 51/89 2431 ¶ 56/98 1609 ¶ 20/35
2303 ¶ 57/100 1102 ¶ 41/72 1456 ¶ 54/95 606 ¶ 50/88 308 ¶ 29/51 2289 ¶ 55/97 941 ¶
56/99 1768 1873 • 56% 57/101 35 141 201 203 204 205 218 394 440 456 496 664 1058 1072 1103 1127
1270 1359 1482 1503 1617 1628 1637 1656 1732 1737 1740 1855 1897 2352 2466 2541 2554

•• 181 (103 TESTST., DAVON 28 MIT MEHRHEITSTEXT, 4 MIT SINGULÄRLESART)

• 100% 4/4 048 ¶ 3/3 P8 096 ¶ 1/1 P33 066 0140 0175 0189 • 81% 71/88 1875 • 67% 4/6 956
2833 ¶ 2/3 097 • 63% 5/8 2829 • 59% 13/22 1101 • 55% 47/85 33 ¶ 56/102 2344 • 54%

38/70 81 • 52% 54/103 1739 ¶ 13/25 886 ¶ 40/77 2718 • 50% 51/102 431 ¶ 42/84 623 ¶
3/6 0120 517 ¶ 1/2 0244 0294 2570 ¶ 51/103 02 1162 1891 • 49% 42/85 1893 ¶ 31/63 1526 ¶
50/102 619 ¶ 48/98 1838 ¶ 20/41 2175 ¶ 19/39 916 ¶ 50/103 436 ¶ 49/101 104 • 48%
49/103 5 1175 • 47% 45/95 P74 ¶ 42/89 2201 ¶ 34/72 365 ¶ 48/102 459 ¶ 47/100 630 ¶
40/85 1856 ¶ 48/103 945 1842 • 46% 46/99 08 ¶ 16/35 2464 ¶ 46/101 1827 ¶ 41/90 1890
• 45% 30/66 172 ¶ 44/97 1884 ¶ 46/103 1646 • 44% 12/27 2125 ¶ 8/18 P45 ¶ 43/97
2200 ¶ 44/100 180 ¶ 45/103 6 621 917 1595 1874 ¶ 38/87 1277 ¶ 44/101 323 • 43% 43/99
2138 ¶ 44/102 1598 1611 ¶ 44/103 01 03 322 437 489 634 927 1270 1505 1563 1704 1868 2288 ¶ 43/101
2502 • 42% 42/99 1894 ¶ 43/102 1748 ¶ 42/100 444 935 1609 ¶ 41/98 1003 ¶ 36/86 642 ¶
38/91 2431 ¶ 33/79 256 ¶ 43/103 93 133 142 203 386 390 665 824 1058 1100 1243 1297 1315 1404 1619
1636 1720 1733 1843 1870 1877 2374 2495 2541 2774

•• 189 (104 TESTST., DAVON 71 MIT MEHRHEITSTEXT, 0 MIT SINGULÄRLESART)

• 100% 8/8 2797 ¶ 7/7 517 ¶ 6/6 956 2833 ¶ 3/3 1067 1904 2671 ¶ 2/2 0244 0294 2570 ¶ 1/1
P33 077 093 0140 0166 0189 1756 • 96% 100/104 1643 ¶ 99/103 1102 • 95% 97/102 1597 • 93%
97/104 102 ¶ 65/70 2746 • 91% 21/23 1846 ¶ 93/102 1743 ¶ 20/22 506 • 90% 93/103
2423 ¶ 37/41 2175 ¶ 18/20 1738 • 89% 93/104 2191 ¶ 92/103 76 1835 ¶ 90/101 312 ¶ 8/9
1871 • 88% 92/104 105 203 456 1854 2131 ¶ 23/26 2626 ¶ 91/103 398 1022 1241 ¶ 38/43 2004 ¶
90/102 479 1352 ¶ 87/99 2475 ¶ 72/82 498 ¶ 91/104 177 457 483 1073 1354 1903 ¶ 77/88 1277 ¶
14/16 1899 2627 ¶ 7/8 2829 • 87% 90/103 175 424 2194 ¶ 89/102 1880 ¶ 88/101 302 ¶ 61/70
1762 ¶ 34/39 916 ¶ 27/31 624 ¶ 87/100 910 ¶ 74/85 1867 ¶ 47/54 325 ¶ 86/99 337 ¶ 79/91
308 1902 ¶ 85/98 699 1727 ¶ 13/15 1745 ¶ 90/104 82 450 452 465 496 592 605 1149 1315 1636 1668
1720 1736 1849 • 86% 89/103 625 1448 ¶ 70/81 626 ¶ 19/22 1101 ¶ 88/102 458 ¶ 87/101 1609
2080 ¶ 31/36 1730 ¶ 86/100 1075 1508 ¶ 73/85 1861 ¶ 85/99 42

•• 206 (61 TESTST., DAVON 29 MIT MEHRHEITSTEXT, 0 MIT SINGULÄRLESART)

• 100% 6/6 517 ¶ 1/1 093 0244 0294 1067 1756 1904 2175 2570 • 95% 58/61 429 ¶ 56/59 522
• 89% 42/47 1758 • 86% 6/7 1871 • 85% 52/61 1490 • 83% 49/59 1509 • 82% 50/61 1831
• 78% 14/18 1738 • 76% 13/17 314 • 75% 3/4 1115 • 73% 19/26 624 ¶ 40/55 2200 • 72%
13/18 1858 ¶ 44/61 630 • 71% 15/21 1846 ¶ 42/59 2080 ¶ 36/51 172 • 70% 19/27 2777 ¶
7/10 62 • 69% 9/13 506 1745 ¶ 40/58 641 ¶ 42/61 223 326 592 606 1250 1643 1837 1861 • 68%
41/60 603 1835 ¶ 34/50 308 642 ¶ 40/59 1352 1597 ¶ 21/31 1456 • 67% 41/61 43 51 103 189
367 390 398 437 450 457 483 498 959 997 1073 1099 1251 1424 1594 1704 1727 1753 1767 1891 2191 2799 ¶
40/60 234 424 912 1022 2423 ¶ 34/51 2289 ¶ 16/24 2626 • 66% 39/59 1741 1743 1894 2484 ¶
37/56 1003 2475 ¶ 23/35 2718 ¶ 40/61 42 82 90 105 175 216 296 302 322 323 337 425 432 452 462 464
465 467 496 604 605 608 618 636 638 656 699 801 1040 1069 1107 1149 1354 1404 1405 1668 1702 1750 1765
1847 1850 1863 1880 1883 1903 2085 2086 2131 2221 2261 2298 2356 2473 2494 2501 2511 2691 2696

•• 218 (104 TESTST., DAVON 64 MIT MEHRHEITSTEXT, 2 MIT SINGULÄRLESART)

• 100% 8/8 2797 ¶ 6/6 0120 956 2833 ¶ 3/3 096 1067 1904 2671 ¶ 2/2 0244 0294 627 ¶ 1/1 P33
093 0140 0166 0189 1756 • 93% 38/41 2175 • 91% 20/22 506 • 89% 93/104 1359 ¶ 8/9 1871
• 88% 14/16 1899 ¶ 7/8 2829 • 87% 76/87 642 ¶ 20/23 1846 • 86% 19/22 1101 ¶ 6/7
517 ¶ 89/104 1103 • 85% 85/100 1508 ¶ 74/87 1723 ¶ 17/20 1738 ¶ 73/86 1856 ¶ 88/104
93 201 997 1072 1503 1563 1617 1628 1637 1656 1718 1740 2191 2352 2704 ¶ 77/91 1864 ¶ 33/39 916
• 84% 87/103 1835 ¶ 54/64 1526 ¶ 70/83 2587 ¶ 85/101 1548 ¶ 69/82 498 ¶ 84/100 986 ¶
83/99 2475 ¶ 87/104 105 141 149 204 328 386 634 824 1100 1149 1482 1636 1668 1733 1855 1865 1897
2221 2261 2466 2723 • 83% 86/103 1022 1746 ¶ 85/102 479 1352 ¶ 83/100 1075 1726 ¶ 82/99
025 ¶ 29/35 2303 ¶ 48/58 2712 ¶ 86/104 1 203 393 394 452 454 483 604 665 1073 1249 1354 1400 1619
1673 1732 1892 2508

•• 223 (104 TESTST., DAVON 72 MIT MEHRHEITSTEXT, 0 MIT SINGULÄRLESART)

• 100% 7/7 517 ¶ 6/6 2833 ¶ 2/2 0244 0294 2570 ¶ 1/1 P33 077 093 0140 0189 1756 • 92%
91/99 42 • 91% 95/104 51 1753 ¶ 20/22 506 ¶ 77/85 1861 • 90% 93/103 234 ¶ 91/101 2279
• 89% 93/104 1250 2511 ¶ 92/103 912 1594 ¶ 65/73 1456 ¶ 32/36 1730 • 88% 92/104 1863 ¶
23/26 2626 ¶ 91/104 390 1903 2501 ¶ 14/16 1899 ¶ 7/8 2797 • 87% 88/101 302 ¶ 61/70
2746 ¶ 87/100 1726 ¶ 47/54 325 2289 ¶ 85/98 699 ¶ 26/30 2777 ¶ 13/15 1745 ¶ 90/104 1149
1405 • 86% 70/81 626 ¶ 37/43 2004 ¶ 89/104 105 367 465 605 1354 1883 • 85% 88/103 1022
1069 1835 2423 ¶ 70/82 498 ¶ 87/102 1880 ¶ 86/101 312 378 ¶ 17/20 1858 ¶ 78/92 2431
2484 ¶ 83/98 1003 ¶ 88/104 1070 1668 1673 1828 1849 1854 1870 2404 2523 • 84% 87/103 424
2815 ¶ 54/64 1526 ¶ 86/102 1352 ¶ 70/83 2587 ¶ 75/89 2772 ¶ 80/95 319 ¶ 85/101 2675 ¶
53/63 1731 1889 ¶ 79/94 110 ¶ 87/104 1 82 203 450 462 464 483 656 1073 1099 1622 1643 1860 1885
2191 2221 2356 2488 2554

• 93% 14/15 1899 ¶ 39/42 2004 ¶ 13/14 1745 ¶ 74/80 498 • 92% 48/52 2289 ¶ 23/25
2626 ¶ 56/61 1889 • 90% 88/98 312 • 89% 42/47 602 ¶ 25/28 2777 ¶ 90/101 1354 2131 ¶
49/55 466 ¶ 89/100 398 ¶ 87/98 302 ¶ 86/97 1726 • 88% 84/95 699 ¶ 68/77 1094 ¶ 89/101
105 450 605 1849 ¶ 88/100 1022 1835 ¶ 80/91 2625 ¶ 84/96 337 ¶ 63/72 920 • 87% 88/101 452
1149 1854 2191 2423 ¶ 27/31 624 ¶ 87/100 424 ¶ 74/85 1723 ¶ 67/77 1752 ¶ 53/61 1731 ¶
86/99 479 1352 1880 ¶ 77/89 1864 • 86% 70/81 2587 ¶ 87/101 82 201 203 394 465 483 922 1070
1072 1073 1099 1251 1424 1503 1617 1628 1637 1656 1734 1740 2352 2356 2404 ¶ 68/79 57 ¶ 86/100 632
1069 1240 1241 1521 1746 2194 ¶ 61/71 014 ¶ 85/99 1750 ¶ 84/98 378 ¶ 78/91 110 ¶ 83/97
1508 ¶ 71/83 1861 1867 ¶ 65/76 1839

•• 365 (73 TESTST., DAVON 46 MIT MEHRHEITSTEXT, 0 MIT SINGULÄRLESART)

• 100% 7/7 517 2829 ¶ 6/6 956 2833 ¶ 2/2 096 0244 0294 ¶ 1/1 P33 0140 0189 2570 • 92%
45/49 256 • 91% 20/22 1101 • 89% 58/65 2772 ¶ 65/73 82 605 1888 ¶ 64/72 38 632 1022 ¶
63/71 1277 • 88% 46/52 626 ¶ 45/51 1526 ¶ 59/67 319 ¶ 36/41 2175 ¶ 64/73 450 452 676
1073 1149 1244 1354 1668 1849 2127 ¶ 63/72 424 • 87% 62/71 1880 ¶ 13/15 2627 ¶ 58/67 699
• 86% 57/66 2625 ¶ 38/44 172 ¶ 63/73 1 105 131 221 462 465 483 635 919 1424 1720 2194 2404 ¶
62/72 175 1069 1521 1835 ¶ 37/43 2712 ¶ 61/71 479 1862 ¶ 60/70 302 ¶ 48/56 1867 ¶ 18/21
602 ¶ 59/69 1599 • 85% 46/54 57 ¶ 62/73 133 250 327 393 404 454 457 639 656 794 901 911 1099
1103 1107 1573 1734 1828 1854 1859 1870 2356 2423 ¶ 28/33 1731 ¶ 61/72 97 398 625 638 1241 1742 ¶
33/39 916 ¶ 60/71 458 2502 • 84% 43/51 498

•• 390 (104 TESTST., DAVON 72 MIT MEHRHEITSTEXT, 0 MIT SINGULÄRLESART)

• 100% 15/15 1745 ¶ 7/7 517 ¶ 6/6 956 2833 ¶ 3/3 1067 1904 ¶ 2/2 0244 0294 2570 ¶ 1/1
P33 077 093 0140 0189 1756 • 98% 83/85 1861 • 97% 100/103 912 1594 ¶ 98/101 2279 • 96%
100/104 1250 1753 • 95% 99/104 1863 ¶ 98/103 234 ¶ 93/98 1003 • 94% 15/16 1899 • 93%
28/30 2777 ¶ 97/104 51 1405 2511 ¶ 92/99 42 • 91% 20/22 1101 • 90% 94/104 2501 ¶ 66/73
1456 ¶ 37/41 2175 ¶ 18/20 1858 • 89% 93/104 367 ¶ 91/102 1352 ¶ 82/92 2431 ¶ 48/54
2289 • 88% 92/104 105 582 2221 2554 ¶ 91/103 432 1835 ¶ 88/100 1726 ¶ 91/104 223 604 1354
1636 2261 • 87% 90/103 1022 1746 2218 ¶ 89/102 1768 1880 2691 ¶ 75/86 1856 ¶ 88/101 312
757 2675 ¶ 34/39 916 ¶ 27/31 624 ¶ 87/100 1075 1508 ¶ 79/91 1902 ¶ 85/98 699 ¶ 90/104
18 141 201 203 204 386 452 465 483 605 999 1072 1100 1482 1503 1617 1619 1622 1628 1637 1656 1732 1733
1737 1740 1749 1849 1855 1860 1897 1903 2191 2352 2704

•• 400 (78 TESTST., DAVON 50 MIT MEHRHEITSTEXT, 1 MIT SINGULÄRLESART)

• 100% 7/7 2829 ¶ 6/6 517 2833 ¶ 3/3 2671 ¶ 2/2 P8 956 ¶ 1/1 P33 077 093 0140 0166 0189
0244 0294 • 94% 17/18 1101 • 91% 62/68 2431 • 90% 19/21 624 • 89% 33/37 2289 ¶ 16/18
2626 • 88% 69/78 1040 1075 1161 1270 1595 1619 1636 2466 ¶ 68/77 1598 ¶ 30/34 2175 ¶ 15/17
314 ¶ 22/25 2777 ¶ 65/74 986 ¶ 42/48 1526 • 87% 68/78 141 201 204 386 604 1072 1100 1297
1482 1503 1617 1628 1637 1656 1725 1732 1733 1740 1855 1865 1897 2352 2723 ¶ 67/77 1508 ¶ 60/69
1864 ¶ 53/61 2587 ¶ 65/75 444 ¶ 13/15 1858 ¶ 58/67 1856 • 86% 57/66 1723 ¶ 63/73
1757 ¶ 44/51 2746 ¶ 67/78 82 105 149 226 393 394 632 635 801 824 1058 1249 1400 1668 1749 1876 2191
2255 2261 2554 2704 ¶ 66/77 424 603 1746 2423 ¶ 12/14 2627 ¶ 65/76 757 1352 ¶ 59/69 2484
• 85% 64/75 1548 ¶ 58/68 308 ¶ 63/74 1726 1761 ¶ 61/72 699 ¶ 66/78 18 177 221 328 452 454
462 464 465 483 634 664 911 919 1103 1244 1618 1673 1835 1847 1888 2218 2221 2492

•• 429 (104 TESTST., DAVON 50 MIT MEHRHEITSTEXT, 0 MIT SINGULÄRLESART)

• 100% 7/7 517 ¶ 6/6 956 ¶ 3/3 1067 1904 ¶ 2/2 0244 0294 2570 ¶ 1/1 P33 093 0140 0175 0189
1756 • 95% 58/61 206 • 92% 94/102 522 • 89% 8/9 1871 • 87% 76/87 1758 • 84% 85/101
1509 • 83% 86/104 1490 • 80% 16/20 1738 ¶ 78/98 2200 • 77% 78/101 630 • 76% 100/104
1831 • 75% 15/20 1858 ¶ 9/12 2778 • 74% 23/31 624 ¶ 17/23 1846 ¶ 14/19 314 • 73%
11/15 1745 • 70% 38/54 2289 ¶ 73/104 1251 ¶ 21/30 2777 • 69% 68/98 606 ¶ 18/26
2626 ¶ 11/16 1899 ¶ 70/102 1751 ¶ 24/35 2303 ¶ 37/54 325 • 68% 39/57 2378 ¶ 71/104
636 ¶ 58/85 1861 ¶ 15/22 506 ¶ 68/100 641 • 67% 70/104 51 228 1704 1891 ¶ 53/79 1752 ¶
69/103 1106 ¶ 68/102 1768 ¶ 42/63 1889 ¶ 4/6 2833 ¶ 2/3 096 097 2671 • 66% 69/104 1737
1753 ¶ 67/101 2080 ¶ 68/103 912 2218 ¶ 54/82 498 ¶ 48/73 1456 ¶ 46/70 2746 ¶ 65/99
337 ¶ 44/67 172 ¶ 59/90 2201 ¶ 57/87 1723 • 65% 68/104 367 449 928 1250 1404 1618 1739 1749
1863 1883 1903 2261 2298 2501 2511 2554 ¶ 66/101 757 1754 2279 ¶ 60/92 2431 ¶ 56/86 1856 ¶
67/103 234 432 468 1594 1746 ¶ 65/100 1508 ¶ 54/83 2587 ¶ 59/91 1864 ¶ 66/102 2696 ¶
64/99 42 ¶ 40/62 309 • 64% 67/104 18 103 141 142 189 201 204 296 326 386 390 394 440 457 604 664
801 945 997 1058 1072 1100 1315 1482 1503 1617 1628 1637 1643 1656 1732 1733 1740 1855 1876 1897 2085
2131 2221 2352 2466

•• 431 (103 TESTST., DAVON 39 MIT MEHRHEITSTEXT, 2 MIT SINGULÄRLESART)

• 100% 6/6 956 ¶ 3/3 P8 1067 1904 ¶ 2/2 096 2570 ¶ 1/1 P33 093 0140 0166 0175 0189 • 88% 7/8 1871 • 83% 5/6 2833 • 82% 18/22 1101 • 76% 72/95 610 • 74% 29/39 916 ¶ 76/103 2818 • 73% 75/103 1678 • 72% 72/100 180 ¶ 18/25 886 • 71% 5/7 517 ¶ 73/103 307 • 69% 71/103 453 • 68% 58/85 1893 ¶ 15/22 1846 • 67% 8/12 2778 ¶ 2/3 097 2671 • 66% 51/77 2718 ¶ 27/41 2175 • 64% 9/14 1745 ¶ 66/103 1292 ¶ 46/72 1456 ¶ 14/22 506 • 63% 12/19 1738 1858 ¶ 5/8 2829 • 62% 64/103 94 142 436 614 • 61% 63/103 1404 ¶ 55/90 308 ¶ 11/18 314 ¶ 62/102 1611 • 60% 55/91 2431 ¶ 52/86 642 1856 ¶ 62/103 6 440 496 634 1103 1595 2374 2412 2554 ¶ 60/100 444 ¶ 21/35 2303 ¶ 15/25 2626 ¶ 3/5 1115 ¶ 61/102 468 619 2218 ¶ 46/77 400 ¶ 59/99 1508 1894 ¶ 53/89 2201 • 59% 60/101 1768 ¶ 16/27 2125 ¶ 61/103 18 205 386 390 437 824 1100 1315 1636 1733 2261 ¶ 59/100 630 757 1609 ¶ 60/102 432 1598 1746 2483 ¶ 44/75 1747 ¶ 58/99 1735 ¶ 17/29 2777 ¶ 55/94 633 • 58% 59/101 2696 ¶ 60/103 5 141 201 203 204 216 367 456 489 604 621 808 927 1072 1290 1482 1503 1617 1618 1619 1628 1637 1656 1732 1737 1740 1842 1843 1850 1855 1892 1897 2221 2352 2466 2737

•• 436 (104 TESTST., DAVON 58 MIT MEHRHEITSTEXT, 2 MIT SINGULÄRLESART)

• 100% 6/6 956 2833 ¶ 3/3 096 1067 1904 2671 ¶ 2/2 0244 0294 ¶ 1/1 P33 0140 0166 0189 1756 • 93% 38/41 2175 • 91% 20/22 1101 • 90% 35/39 916 • 89% 8/9 1871 • 86% 19/22 506 ¶ 6/7 517 • 84% 72/86 1856 • 83% 29/35 2303 • 81% 13/16 2627 • 80% 4/5 1115 • 78% 81/104 142 1103 ¶ 21/27 62 2125 ¶ 59/76 1747 • 77% 79/102 1743 ¶ 77/100 1508 1894 ¶ 80/104 203 386 634 1100 1563 1595 1636 1643 1733 2191 2541 ¶ 79/103 1448 ¶ 66/86 1893 ¶ 69/90 2201 ¶ 49/64 1526 • 76% 77/101 1609 2080 ¶ 67/88 1277 ¶ 76/100 1075 ¶ 79/104 141 201 204 456 483 604 1072 1482 1503 1617 1619 1628 1637 1656 1732 1740 1855 1897 2261 2352 2554 ¶ 69/91 308 1902 ¶ 66/87 642 ¶ 75/99 2475 ¶ 78/103 1835 2218 2423 • 75% 77/102 1352 2502 ¶ 64/85 623 1867 ¶ 76/101 757 796 1548 ¶ 78/104 105 149 189 205 393 394 664 801 824 1040 1249 1270 1315 1404 1725 1749 1849 1854 1865 1876 1892 2143 2288 2466 2723

•• 437 (104 TESTST., DAVON 64 MIT MEHRHEITSTEXT, 1 MIT SINGULÄRLESART)

• 100% 7/7 517 ¶ 6/6 956 2833 ¶ 3/3 P8 1067 1904 ¶ 2/2 0244 0294 ¶ 1/1 P33 093 0140 0175 0189 1756 • 95% 21/22 1101 • 90% 18/20 1738 • 89% 8/9 1871 • 87% 26/30 2777 • 86% 74/86 1893 ¶ 79/92 2431 ¶ 89/104 2191 • 85% 88/103 2194 ¶ 35/41 2175 ¶ 17/20 1858 ¶ 88/104 1354 1595 • 84% 87/103 1241 1835 ¶ 86/102 1352 1880 ¶ 83/99 2475 ¶ 72/86 1856 ¶ 87/104 105 450 605 1073 1149 1619 1636 1849 • 83% 86/103 1069 ¶ 75/90 2201 ¶ 45/54 2289 ¶ 84/101 1548 ¶ 83/100 1075 1508 ¶ 68/82 498 ¶ 86/104 201 452 483 1072 1103 1161 1270 1503 1617 1628 1637 1656 1737 1740 1854 2221 2352 2356 ¶ 85/103 398 424 1022 1598 1746 2218 2423 • 82% 84/102 2691 ¶ 83/101 302 312 444 757 2080 ¶ 78/95 319 ¶ 55/67 172 ¶ 82/100 910 1726 ¶ 73/89 2772 ¶ 32/39 916 ¶ 85/104 82 141 149 204 328 386 456 457 465 604 635 824 997 1040 1058 1100 1107 1482 1668 1720 1725 1732 1733 1828 1847 1855 1865 1885 1897 2404 2466 2554 2704 2723

•• 441 (78 TESTST., DAVON 32 MIT MEHRHEITSTEXT, 2 MIT SINGULÄRLESART)

• 100% 6/6 517 ¶ 5/5 1115 ¶ 3/3 2671 ¶ 2/2 0244 0294 ¶ 1/1 0166 1756 2570 2829 • 86% 67/78 621 • 85% 11/13 916 • 81% 17/21 506 • 80% 12/15 2175 • 75% 6/8 2797 • 74% 58/78 1842 • 71% 37/52 2718 • 70% 42/60 1856 • 69% 54/78 436 ¶ 24/35 2303 • 68% 43/63 1893 • 67% 51/76 1743 1768 ¶ 52/78 386 432 1100 1249 1270 1595 1598 1733 2261 2554 ¶ 46/69 2746 ¶ 8/12 2778 ¶ 6/9 1871 ¶ 4/6 0120 2125 ¶ 2/3 097 • 66% 51/77 1723 2805 ¶ 49/74 1508 ¶ 50/76 1867 • 65% 51/78 76 141 142 189 201 204 394 604 801 928 986 1072 1075 1297 1482 1503 1617 1618 1628 1636 1637 1643 1656 1732 1740 1746 1827 1855 1864 1865 1897 2255 2352 2587 2723 ¶ 17/26 62 ¶ 50/77 2218 • 64% 49/76 2080 ¶ 38/59 172 ¶ 50/78 18 149 328 456 467 634 664 824 1040 1058 1103 1247 1400 1619 1748 1749 1752 1763 1843 1876 1892 2201 2221 2466 2691 2704 2737

•• 444 (101 TESTST., DAVON 69 MIT MEHRHEITSTEXT, 0 MIT SINGULÄRLESART)

• 100% 54/54 2289 ¶ 20/20 1858 ¶ 16/16 1899 ¶ 15/15 1745 ¶ 7/7 517 ¶ 6/6 956 2833 ¶ 3/3 1067 1904 ¶ 2/2 0244 0294 627 ¶ 1/1 P33 077 093 0140 0166 0189 1756 2671 • 98% 56/57 2378 ¶ 99/101 141 201 204 386 1072 1100 1482 1503 1617 1628 1637 1656 1733 1740 1855 1897 2352 ¶ 95/97 1508 ¶ 86/88 1864 ¶ 82/84 1723 ¶ 81/83 1856 ¶ 78/80 2587 ¶ 40/41 2441 • 97% 74/76 1752 ¶ 37/38 2175 ¶ 98/101 149 394 604 634 664 824 1058 1249 1636 1732 1865 2221 2261 2466 2704 2723 ¶ 97/100 1248 1746 2218 ¶ 95/98 1548 ¶ 94/97 986 1075 ¶ 86/89 2431 ¶ 29/30 2777 • 96% 25/26 2626 ¶ 97/101 801 1400 1619 1749 2255 2554 ¶ 94/98 757 ¶ 93/97 1761 • 95% 21/22 506 1101 ¶ 96/101 328 928 1040 1618 1737 1876 1892 ¶ 95/100 432 1748 ¶ 19/20 1738 • 94% 95/101 18 105 1725 2653 ¶ 94/100 1652 1835 ¶ 93/99 1767 1768 ¶ 92/98 2080

•• 453 (104 TESTST., DAVON 34 MIT MEHRHEITSTEXT, 2 MIT SINGULÄRLESART)

• 100% 6/6 956 ¶ 3/3 096 1067 1904 ¶ 2/2 2570 ¶ 1/1 P33 057 093 0140 0175 0189 1756 • 92% 96/104 307 ¶ 88/96 610 • 90% 94/104 2818 • 86% 6/7 517 ¶ 89/104 1678 • 78% 79/101 180 ¶ 7/9 1871 • 75% 9/12 2778 • 71% 74/104 94 • 69% 71/103 431 • 67% 10/15 1745 ¶ 2/3 097 • 65% 15/23 1846 ¶ 13/20 1738 1858 • 63% 19/30 2777 ¶ 10/16 1899 • 62% 64/104 429 • 61% 62/101 630 • 60% 3/5 1115 • 59% 36/61 206 ¶ 60/102 522 ¶ 61/104 1891 • 58% 57/98 2200 ¶ 11/19 314 ¶ 60/104 1739 • 57% 31/54 2289 ¶ 59/103 1642 • 56% 57/101 1509 ¶ 14/25 886 ¶ 48/86 1893 ¶ 50/90 2201 • 55% 56/102 323 ¶ 57/104 1490 1704 ¶ 12/22 506 • 54% 31/57 2378 ¶ 47/87 642 1758 ¶ 34/63 1889 ¶ 55/102 1768 ¶ 56/104 228 ¶ 14/26 2626 ¶ 29/54 325 ¶ 22/41 2441 • 53% 53/100 941 ¶ 52/98 606 ¶ 55/104 436 634 945 2737 ¶ 19/36 1730 ¶ 41/78 2718 • 52% 54/103 468 ¶ 33/63 1731 ¶ 45/86 1856 ¶ 48/92 2431 ¶ 52/100 1508 1831 ¶ 54/104 18 322 386 808 1058 1100 1595 1733 1737 1749 2261 2298 2374 2541 2554 ¶ 16/31 624 • 51% 53/103 1248 1746 2218 ¶ 51/100 641 1761 ¶ 53/104 51 141 142 201 204 394 440 456 664 928 1072 1404 1482 1503 1617 1618 1628 1637 1656 1732 1740 1855 1897 2143 2352 2466

•• 459 (103 TESTST., DAVON 62 MIT MEHRHEITSTEXT, 1 MIT SINGULÄRLESART)

• 100% 7/7 517 ¶ 6/6 956 2833 ¶ 3/3 P8 096 2671 ¶ 2/2 0244 0294 ¶ 1/1 P33 093 0140 0166 0175 0189 1756 • 91% 20/22 506 • 90% 92/102 104 • 88% 7/8 2797 2829 • 85% 35/41 2175 • 84% 54/64 1526 ¶ 56/67 172 • 82% 84/102 1835 ¶ 83/101 1352 ¶ 82/100 1609 ¶ 32/39 916 ¶ 72/88 1277 ¶ 18/22 1101 ¶ 84/103 203 • 81% 66/81 498 ¶ 22/27 2125 ¶ 70/86 1856 ¶ 83/102 398 ¶ 13/16 2627 ¶ 81/100 2080 ¶ 68/84 1867 ¶ 83/103 105 457 483 592 922 1643 2191 ¶ 79/98 2475 • 80% 82/102 1022 1241 ¶ 78/97 1727 ¶ 81/101 2696 ¶ 69/86 642 ¶ 80/100 312 ¶ 56/70 1762 ¶ 4/5 1115 ¶ 82/103 93 216 452 496 665 997 1073 1103 1315 1354 2131 2541 ¶ 70/88 2772 • 79% 81/102 254 424 1722 2423 ¶ 80/101 479 1743 1880 ¶ 79/100 2401 ¶ 71/90 308 1864 1902 ¶ 78/99 910 986 1726 ¶ 81/103 82 142 177 189 367 393 440 450 454 465 605 1149 1250 1524 1563 1636 1668 1736 1828 1849 1854

•• 460 (102 TESTST., DAVON 62 MIT MEHRHEITSTEXT, 2 MIT SINGULÄRLESART)

• 100% 19/19 1738 ¶ 8/8 1871 ¶ 5/5 956 ¶ 3/3 P8 1067 1904 ¶ 2/2 096 0244 0294 ¶ 1/1 P33 093 0140 0175 0189 1756 • 95% 18/19 1858 • 94% 15/16 1899 • 93% 13/14 1745 • 89% 16/18 314 ¶ 31/35 2303 • 88% 22/25 2626 ¶ 7/8 2797 • 87% 46/53 325 ¶ 26/30 624 ¶ 84/97 337 • 86% 19/22 506 1846 ¶ 25/29 2777 ¶ 36/42 2004 ¶ 30/35 1730 ¶ 6/7 517 • 85% 53/62 1889 ¶ 87/102 177 ¶ 69/81 498 ¶ 68/80 57 ¶ 34/40 2441 ¶ 45/53 2289 • 84% 86/102 618 ¶ 52/62 1731 ¶ 67/80 626 ¶ 51/61 309 • 83% 10/12 2778 ¶ 5/6 2833 ¶ 71/86 1723 • 82% 84/102 450 457 1668 1828 2191 ¶ 79/96 699 ¶ 74/90 1864 ¶ 83/101 1835 ¶ 46/56 466 2378 ¶ 82/100 312 ¶ 64/78 1094 1752 ¶ 67/82 2587 • 81% 57/70 1762 ¶ 83/102 82 105 203 393 454 1073 1149 1354 ¶ 74/91 2431 ¶ 39/48 602 ¶ 82/101 398 424 2194 ¶ 73/90 2484 ¶ 81/100 1352 1880 ¶ 68/84 1867 ¶ 63/78 020 ¶ 58/72 014 • 80% 82/102 221 456 462 605 911 1107 1424 1636 1849 1888 2131 2356 2466 2492 ¶ 78/97 2475 ¶ 53/66 172 ¶ 81/101 632 1022 1241 1845 2423 ¶ 80/100 1750

•• 467 (104 TESTST., DAVON 53 MIT MEHRHEITSTEXT, 5 MIT SINGULÄRLESART)

• 100% 3/3 2671 ¶ 2/2 0244 0294 1728 ¶ 1/1 P33 093 0140 0166 0175 0189 1756 • 88% 7/8 2797 • 86% 6/7 517 • 80% 4/5 1115 • 79% 34/43 2004 • 78% 28/36 1730 ¶ 7/9 1871 ¶ 52/67 172 • 76% 41/54 2289 • 74% 23/31 624 ¶ 40/54 325 ¶ 42/57 466 ¶ 14/19 314 • 73% 36/49 602 ¶ 19/26 2626 ¶ 46/63 1731 1889 ¶ 59/81 626 ¶ 51/70 2746 ¶ 16/22 506 • 72% 57/79 1094 ¶ 59/82 498 ¶ 41/57 2378 ¶ 61/85 1867 • 71% 44/62 309 • 70% 63/90 2201 ¶ 49/70 1762 ¶ 21/30 2777 ¶ 58/83 2587 ¶ 55/79 1752 • 16/23 1846 • 69% 70/101 2080 ¶ 63/91 1864 ¶ 60/87 1723 ¶ 51/74 920 ¶ 44/64 1526 ¶ 11/16 1899 • 68% 26/38 567 ¶ 71/104 1643 1903 ¶ 58/85 1861 ¶ 64/94 110 ¶ 70/103 468 2423 ¶ 53/78 1839 • 67% 68/101 312 ¶ 66/98 699 ¶ 53/79 020 ¶ 49/73 1852 ¶ 63/94 2799 ¶ 69/103 638 1069 ¶ 68/102 1880 ¶ 52/78 1832 ¶ 2/3 097 1067 1904 • 66% 69/104 189 483 1127 1843 1885 2737 ¶ 67/101 378 ¶ 65/98 1727 ¶ 68/103 175 424 603 1022 1106 1746 1748 ¶ 66/100 641 1508 ¶ 62/94 2625 ¶ 48/73 014 ¶ 67/102 323 2691 ¶ 63/96 43 ¶ 61/93 1757 ¶ 40/61 206 • 65% 68/104 82 102 105 201 326 367 452 464 605 1072 1073 1251 1503 1617 1618 1628 1637 1656 1740 1765 1854 2191 2221 2261 2352 2488

•• 468 (103 TESTST., DAVON 66 MIT MEHRHEITSTEXT, 1 MIT SINGULÄRLESART)

• 100% 7/7 517 ¶ 6/6 956 ¶ 3/3 2671 ¶ 2/2 0244 0294 627 1067 1904 ¶ 1/1 P33 093 0140 0166 0189 1728 • 90% 26/29 2777 • 89% 17/19 1858 ¶ 16/18 314 • 88% 22/25 2626 ¶ 58/66 172 ¶ 56/64 1526 ¶ 7/8 1871 • 87% 54/62 1889 ¶ 27/31 624 ¶ 46/53 2289 ¶ 13/15 1899 • 86% 36/42 2004 ¶ 30/35 1730 ¶ 12/14 1745 • 85% 45/53 325 ¶ 71/84 1867 • 84% 87/103 105 452 483 1242 ¶ 86/102 638 1069 ¶ 16/19 1738 ¶ 63/75 1747 ¶ 47/56 466 ¶ 52/62 1731 ¶

67/80 626 • 83% 86/103 367 465 901 959 1828 1903 2558 ¶ 85/102 398 1022 1835 ¶ 65/78 1094
1752 ¶ 40/48 602 ¶ 5/6 2833 ¶ 84/101 2691 ¶ 77/93 110 ¶ 67/81 498 ¶ 81/98 122 ¶
85/103 82 457 605 656 794 1073 1103 1354 1618 1636 1649 1736 2191 2221 ¶ 71/86 642 • 82% 80/97
699 ¶ 84/102 424 603 632 1240 1746 2423 ¶ 74/90 1864 ¶ 83/101 1352 1750 1768 1880 ¶ 82/100
312 757 1548 1741 2080 ¶ 81/99 1075 ¶ 67/82 2587 ¶ 84/103 142 201 450 462 464 928 1072 1099
1149 1161 1244 1404 1503 1617 1619 1628 1637 1656 1668 1740 1847 1849 1850 1883 1885 2352 2488 2523

•• 489 (104 TESTST., DAVON 61 MIT MEHRHEITSTEXT, 0 MIT SINGULÄRLESART)

• 100% 6/6 956 2833 ¶ 3/3 P8 1067 1904 ¶ 2/2 0244 0294 ¶ 1/1 P33 077 093 0140 0175 0189
• 97% 101/104 927 • 95% 21/22 506 • 89% 8/9 1871 • 88% 92/104 1843 ¶ 79/90 2201 ¶
7/8 2797 • 87% 90/104 1868 • 86% 88/102 1873 ¶ 75/87 1729 ¶ 6/7 517 • 84% 87/104
2143 • 83% 29/35 2303 ¶ 86/104 2288 • 81% 57/70 2746 ¶ 35/43 2004 ¶ 13/16 2627 ¶
21/26 2626 • 80% 66/82 498 ¶ 73/91 1864 ¶ 68/85 1867 ¶ 56/70 1762 ¶ 4/5 1115 ¶ 83/104
203 483 824 1636 ¶ 63/79 1752 ¶ 51/64 1526 ¶ 43/54 2289 ¶ 82/103 398 1022 1746 ¶ 66/83
2587 • 79% 69/87 1723 ¶ 68/86 1856 ¶ 53/67 172 ¶ 79/100 1075 1508 ¶ 64/81 626 ¶ 60/76
1747 ¶ 15/19 314 ¶ 82/104 105 142 201 205 999 1072 1103 1354 1503 1617 1618 1619 1628 1637 1656
1736 1737 1740 1849 2352 ¶ 81/103 1069 1521 1742 1835 2423 • 78% 80/102 479 1750 1862 1880 ¶
69/88 1277 ¶ 72/92 2431 ¶ 18/23 1846 ¶ 79/101 312 ¶ 78/100 910 ¶ 32/41 2175 ¶ 81/104 82
133 141 149 204 367 386 393 450 452 454 457 465 496 604 605 634 1040 1058 1099 1100 1315 1404 1482 1524
1732 1733 1744 1828 1855 1865 1870 1897 1903 2131 2191 2466 2488 2554 2558 2723

•• 522 (102 TESTST., DAVON 50 MIT MEHRHEITSTEXT, 3 MIT SINGULÄRLESART)

• 100% 7/7 517 ¶ 6/6 956 ¶ 2/2 0244 0294 2570 ¶ 1/1 P33 093 0140 0175 0189 1756 • 95%
56/59 206 • 92% 94/102 429 • 81% 70/86 1758 • 80% 80/100 1509 • 79% 81/102 1490
• 78% 7/9 1871 • 77% 74/96 2200 • 75% 15/20 1738 • 74% 73/98 1831 ¶ 23/31 624 ¶
73/99 630 • 71% 72/102 1251 • 70% 14/20 1858 ¶ 58/83 1861 ¶ 67/96 606 ¶ 16/23 1846
• 69% 68/98 641 ¶ 36/52 2289 ¶ 70/102 51 • 68% 13/19 314 ¶ 69/101 1106 ¶ 15/22 506 ¶
44/65 172 ¶ 69/102 1753 ¶ 67/99 2080 ¶ 54/80 498 • 67% 68/101 912 ¶ 35/52 325 ¶ 41/61
1889 ¶ 67/100 2279 ¶ 68/102 228 367 636 1250 1863 1883 1903 2501 2511 ¶ 20/30 2777 ¶ 10/15
1745 ¶ 8/12 2778 ¶ 4/6 2833 ¶ 2/3 096 097 1067 1904 2671 • 66% 67/101 234 468 1594 ¶
53/80 626 ¶ 51/77 1752 ¶ 45/68 2746 ¶ 41/62 1526 ¶ 66/100 1768 ¶ 64/97 42 ¶ 23/35
2303 ¶ 67/102 103 326 390 959 997 1405 1643 1737 1869 2131 2221 ¶ 65/99 363 ¶ 63/96 1003 1727
• 65% 36/55 2378 ¶ 66/101 398 1069 1835 2218 ¶ 64/98 1837 ¶ 60/92 110 2799 ¶ 65/100 608
1352 1741 1750 1880 ¶ 54/83 1867 ¶ 50/77 1094 ¶ 57/88 2201 ¶ 46/71 014

•• 567 (38 TESTST., DAVON 26 MIT MEHRHEITSTEXT, 1 MIT SINGULÄRLESART)

• 100% 5/5 2125 ¶ 3/3 1115 ¶ 2/2 886 ¶ 1/1 093 0244 0294 627 2829 • 93% 13/14 506
• 92% 35/38 2085 ¶ 22/24 172 • 91% 30/33 1757 ¶ 29/32 2799 • 89% 34/38 205 254 465
1573 2086 ¶ 32/36 2625 • 88% 15/17 624 ¶ 22/25 1730 ¶ 28/32 1727 ¶ 21/24 325 466 1731
2004 2289 2626 ¶ 7/8 1871 2797 • 87% 20/23 2378 ¶ 33/38 18 105 133 141 149 201 204 312 328 384
386 394 398 425 432 451 452 483 604 605 626 638 664 801 824 901 910 914 922 928 986 997 1022 1069 1072
1073 1075 1100 1107 1149 1249 1354 1482 1503 1508 1524 1617 1618 1628 1636 1637 1656 1673 1702 1723
1733 1737 1740 1742 1746 1761 1763 1767 1828 1835 1847 1850 1855 1864 1865 1870 1897 2218 2221 2255
2352 2475 2508 2523 2653 2691 2704 2723

•• 582 (104 TESTST., DAVON 69 MIT MEHRHEITSTEXT, 1 MIT SINGULÄRLESART)

• 100% 6/6 956 2833 ¶ 3/3 1067 1904 ¶ 2/2 0244 0294 2570 ¶ 1/1 P33 077 093 0140 0189 1756
• 93% 68/73 1456 • 91% 77/85 1861 • 90% 27/30 2777 • 89% 93/104 1250 1753 ¶ 8/9
1871 • 88% 92/104 390 • 91% 91/103 912 ¶ 89/101 2279 • 86% 86/98 1003 • 87% 90/103 1594 ¶
13/15 1745 ¶ 90/104 51 1405 1863 2501 • 86% 89/103 234 ¶ 19/22 506 ¶ 6/7 517 • 85%
35/41 2175 ¶ 17/20 1858 ¶ 88/104 2511 ¶ 33/39 916 ¶ 22/26 2626 • 84% 87/104 367
• 83% 85/102 1768 ¶ 82/99 42 ¶ 86/104 223 ¶ 85/103 2218 • 82% 82/100 1726 ¶ 18/22
1101 ¶ 85/104 205 901 1737 2554 • 81% 22/27 2125 ¶ 83/102 1352 1767 ¶ 13/16 1899 2627 ¶
81/100 1508 ¶ 77/95 319 ¶ 84/104 105 450 604 1354 1636 1828 1903 2221 2261 2356 ¶ 83/103 432
1240 1746 1835 1845 • 80% 70/87 642 ¶ 66/82 498 ¶ 81/101 312 757 1754 ¶ 73/91 1902 ¶ 69/86
1856 ¶ 80/100 1075 ¶ 28/35 2303 ¶ 16/20 1738 ¶ 4/5 1115 ¶ 83/104 18 141 201 203 204 386 452
465 483 496 547 592 605 664 914 1058 1072 1099 1100 1315 1482 1503 1617 1618 1619 1628 1637 1656 1732
1733 1740 1749 1849 1855 1883 1897 2352

•• 606 (98 TESTST., DAVON 64 MIT MEHRHEITSTEXT, 0 MIT SINGULÄRLESART)

• 100% 20/20 1858 ¶ 16/16 1899 ¶ 15/15 1745 ¶ 7/7 517 ¶ 6/6 956 ¶ 3/3 1067 1904 ¶ 1/1
P33 077 093 0140 0175 0189 0244 0294 1756 2671 • 98% 92/94 641 • 97% 95/98 103 ¶ 29/30 2777
• 95% 19/20 1738 • 92% 24/26 2626 • 91% 49/54 2289 • 89% 25/28 624 ¶ 64/72 1832 ¶
48/54 325 ¶ 32/36 1730 ¶ 8/9 1871 • 85% 83/98 452 1244 2494 • 84% 48/57 466 ¶ 16/19

314 506 ¶ 53/63 1889 ¶ 36/43 2004 ¶ 82/98 105 2558 ¶ 81/97 1830 2423 • 83% 80/96 1352 ¶
10/12 2778 ¶ 79/95 312 ¶ 78/94 1726 ¶ 34/41 2441 ¶ 53/64 2746 ¶ 81/98 483 1354 1883 1888
2191 ¶ 19/23 1846 ¶ 71/86 2484 • 82% 80/97 398 424 603 632 1022 ¶ 47/57 2378 ¶ 75/91
2431 ¶ 78/95 302 ¶ 18/22 1101 ¶ 80/98 82 393 450 454 455 465 604 605 876 1103 1149 1636 1668 1765
1849 2131 2473 2508 2704 ¶ 40/49 602 ¶ 62/76 498 ¶ 53/65 172 • 81% 79/97 1069 ¶ 66/81
642 ¶ 61/75 626 ¶ 78/96 444 479 ¶ 77/95 2080 ¶ 51/63 1731 ¶ 72/89 110 ¶ 76/94 1075
1599 ¶ 59/73 1752 ¶ 67/83 2772 ¶ 75/93 2475 ¶ 71/88 2625 ¶ 50/62 309 ¶ 79/98 1 141 201
204 221 250 327 386 394 462 464 592 901 911 914 919 922 1040 1072 1073 1099 1100 1482 1503 1617 1619 1628
1637 1656 1732 1733 1736 1740 1854 1855 1897 1903 2221 2352 2356 2404 2466 2523

•• 610 (96 TESTST., DAVON 29 MIT MEHRHEITSTEXT, 0 MIT SINGULÄRLESART)

• 100% 6/6 956 ¶ 3/3 096 1067 1904 ¶ 2/2 2570 ¶ 1/1 P33 057 093 0140 0175 0189 • 98% 94/96
2818 • 94% 90/96 307 • 92% 88/96 453 1678 • 86% 6/7 517 • 82% 78/95 180 • 78% 7/9
1871 • 76% 73/96 94 ¶ 72/95 431 • 67% 8/12 2778 ¶ 2/3 097 • 63% 60/96 1891 • 61%
57/93 630 ¶ 14/23 1846 ¶ 17/28 2777 • 60% 58/96 1739 ¶ 12/20 1738 1858 ¶ 9/15 1745 ¶
3/5 1115 • 59% 56/95 1642 • 58% 56/96 429 ¶ 53/91 2200 ¶ 33/57 206 ¶ 11/19 314 ¶
46/80 1893 • 57% 47/82 2201 ¶ 55/96 945 • 56% 53/94 323 ¶ 54/96 1704 ¶ 9/16 1899 ¶
28/50 2289 ¶ 14/25 886 ¶ 53/95 522 • 55% 53/96 2298 ¶ 39/71 441 • 54% 43/79 642 ¶
51/94 1509 ¶ 52/96 436 2737 ¶ 13/24 2626 • 53% 49/92 941 ¶ 41/77 623 ¶ 51/96 5 322 621
2374 ¶ 28/53 2378 ¶ 50/95 468 1611 ¶ 31/59 1889 • 52% 49/94 1768 ¶ 50/96 6 228 1490
1595 ¶ 26/50 325 ¶ 47/91 2805 ¶ 16/31 1730 • 51% 40/78 1856 ¶ 48/94 88 ¶ 47/92 606 ¶
49/96 142 467 634 808 1842 ¶ 41/81 1758 ¶ 48/95 619 1102 • 50% 48/96 18 189 386 456 489 1058
1100 1270 1404 1598 1643 1733 1737 1749 1843 1868 2143 2261 2541 2554

•• 614 (104 TESTST., DAVON 60 MIT MEHRHEITSTEXT, 1 MIT SINGULÄRLESART)

• 100% 6/6 956 ¶ 3/3 P8 097 1067 1904 2671 ¶ 2/2 0244 0294 2570 ¶ 1/1 P33 077 0140 0166 0175
0189 1756 • 95% 99/104 2412 ¶ 37/39 916 • 91% 20/22 1101 • 89% 93/104 1292 • 88%
36/41 2175 • 85% 23/27 2125 • 83% 5/6 2833 • 81% 13/16 2627 ¶ 83/103 1611 • 77%
27/35 2303 ¶ 72/94 2652 • 76% 69/91 1890 ¶ 65/86 1856 • 75% 6/8 2797 2829 • 74%
67/90 1610 ¶ 74/100 2138 • 73% 16/22 506 • 72% 42/58 2712 ¶ 70/97 913 ¶ 18/25 886 ¶
46/64 1526 ¶ 74/103 383 ¶ 73/102 1743 ¶ 63/88 1277 • 71% 5/7 517 ¶ 72/101 1609 ¶
52/73 1456 ¶ 74/104 142 1103 1595 1853 ¶ 54/76 1747 ¶ 61/86 1893 • 70% 64/91 1902 ¶
71/101 2080 ¶ 73/104 203 386 390 436 483 634 1100 1250 1636 1733 1849 2143 2261 ¶ 72/103 76 912
1448 1598 1835 ¶ 71/102 479 1352 1873 • 69% 70/101 312 ¶ 72/104 105 141 201 204 367 452 604
1072 1270 1482 1503 1617 1619 1628 1637 1643 1656 1732 1740 1843 1855 1868 1876 1897 2191 2288 2352
2554 2704

•• 617 (104 TESTST., DAVON 69 MIT MEHRHEITSTEXT, 3 MIT SINGULÄRLESART)

• 100% 6/6 956 2833 ¶ 3/3 2671 ¶ 2/2 0244 0294 627 1728 ¶ 1/1 P33 077 093 0140 0166 1756
• 97% 35/36 1730 • 95% 18/19 314 • 91% 20/22 506 • 90% 57/63 1889 ¶ 73/81 626 ¶
44/49 602 • 89% 51/57 466 ¶ 48/54 325 • 88% 38/43 2004 ¶ 86/98 699 ¶ 71/81 57 ¶
14/16 1899 2627 ¶ 7/8 2797 • 87% 55/63 1731 ¶ 80/92 2484 ¶ 13/15 1745 ¶ 71/82 498 ¶
• 86% 64/74 920 ¶ 89/103 632 ¶ 75/87 642 ¶ 68/79 1094 ¶ 6/7 517 ¶ 89/104 82 1668 1888
• 85% 53/62 309 ¶ 88/103 175 424 ¶ 35/41 2441 ¶ 86/101 302 ¶ 46/54 2289 ¶ 17/20 1738
1858 ¶ 88/104 221 327 393 404 454 462 605 911 919 1244 ¶ 22/26 2626 • 84% 87/103 1022 ¶ 54/64
1526 ¶ 86/102 1862 ¶ 70/83 2587 ¶ 59/70 1762 ¶ 80/95 319 ¶ 48/57 2378 ¶ 85/101 378 ¶
26/31 624 ¶ 87/104 105 250 452 464 656 794 1073 1149 1354 1424 ¶ 76/91 1864 ¶ 66/79 1752 ¶
61/73 014 • 83% 86/103 97 1069 1835 1859 2423 ¶ 85/102 1880 ¶ 65/78 1839 ¶ 25/30 2777 ¶
10/12 2778 ¶ 84/101 312 ¶ 78/94 110 ¶ 82/99 491 ¶ 29/35 2303 ¶ 72/87 1723 ¶ 86/104 1
133 450 457 635 1070 1622 1673 1734 1828 1854 1860 1903 2466 2558

•• 619 (103 TESTST., DAVON 53 MIT MEHRHEITSTEXT, 3 MIT SINGULÄRLESART)

• 100% 6/6 956 ¶ 3/3 P8 1067 1904 2671 ¶ 2/2 0244 0294 ¶ 1/1 P33 093 0140 0166 0175 0189
• 91% 20/22 1101 • 90% 93/103 1162 • 89% 8/9 1871 • 88% 7/8 2829 • 86% 6/7 517
• 85% 17/20 1738 • 84% 72/86 1893 • 83% 29/35 2303 • 81% 22/27 2125 • 80% 33/41
2175 ¶ 4/5 1115 • 79% 31/39 916 • 78% 79/101 1827 ¶ 80/103 1595 • 77% 79/103 5
437 ¶ 23/30 624 • 76% 78/102 1598 ¶ 68/89 2201 ¶ 44/58 2712 ¶ 78/103 1270 ¶ 59/78 400
• 75% 15/20 1858 ¶ 12/16 1899 • 74% 76/103 1058 1297 ¶ 73/99 1508 ¶ 14/19 314 • 73%
11/15 1745 ¶ 73/100 796 ¶ 62/85 1856 ¶ 75/103 205 386 824 1100 1619 1636 1733 1843 2191 ¶
72/99 910 ¶ 61/84 623 ¶ 74/102 1835 • 72% 71/98 2475 ¶ 73/101 1352 1768 2502 ¶ 65/90
308 ¶ 72/100 1548 ¶ 74/103 141 201 204 393 456 604 634 927 1040 1072 1161 1482 1503 1617 1628 1637
1656 1732 1740 1854 1855 1897 2288 2352 2554 ¶ 71/99 1075 ¶ 73/102 1241 1746 2218 • 71% 71/100
444 2080 ¶ 61/86 642 ¶ 73/103 1 105 131 149 394 454 489 664 1073 1107 1249 1404 1736 1749 1828 1865
2261 2356 2466 2723

•• 621 (104 TESTST., DAVON 50 MIT MEHRHEITSTEXT, 2 MIT SINGULÄRLESART)

• 100% 5/5 1115 ¶ 3/3 2671 ¶ 2/2 0244 0294 2570 ¶ 1/1 0140 0166 • 86% 67/78 441 ¶ 6/7 517 • 83% 5/6 956 2833 • 81% 84/104 1842 • 80% 33/41 2175 • 75% 6/8 2797 2829 • 74% 29/39 916 • 73% 63/86 1856 ¶ 16/22 506 1101 • 71% 74/104 436 • 70% 45/64 1526 ¶ 19/27 2125 ¶ 73/104 1103 ¶ 47/67 172 • 69% 70/101 2080 ¶ 72/104 328 386 634 1100 1249 1733 2261 ¶ 69/100 1508 ¶ 60/87 642 ¶ 71/103 432 ¶ 62/90 2201 ¶ 70/102 1743 1768 • 68% 69/101 1548 ¶ 71/104 141 142 201 204 1058 1072 1482 1503 1617 1628 1637 1656 1732 1740 1855 1865 1897 2221 2352 2554 2704 2723 ¶ 58/85 1867 ¶ 62/91 1864 ¶ 68/100 986 ¶ 70/103 1722 1746 ¶ 69/102 1767 • 67% 58/86 1893 ¶ 68/101 444 1609 ¶ 70/104 149 218 394 483 604 801 824 1618 1636 1749 1843 1876 2191 2255 2466 ¶ 67/100 1075 ¶ 61/91 308 ¶ 59/88 1277 ¶ 69/103 254 398 1022 1248 1748 1835 2218 ¶ 68/102 1352 ¶ 58/87 1723 ¶ 52/78 400 • 18/27 62 ¶ 6/9 1871

•• 623 (85 TESTST., DAVON 36 MIT MEHRHEITSTEXT, 0 MIT SINGULÄRLESART)

• 100% 6/6 886 ¶ 3/3 1101 2671 ¶ 2/2 0244 0294 ¶ 1/1 P8 P33 093 0140 0166 0175 0189 • 86% 6/7 517 • 83% 5/6 0120 • 81% 69/85 5 • 80% 4/5 1115 • 77% 17/22 2175 • 76% 65/85 1162 • 75% 64/85 436 ¶ 15/20 916 • 74% 52/70 1893 • 73% 61/84 619 • 71% 25/35 2303 ¶ 60/85 1595 2201 • 70% 59/84 1598 • 69% 41/59 2718 ¶ 59/85 1270 1297 1827 • 67% 45/67 1856 ¶ 57/85 437 ¶ 4/6 400 ¶ 6/9 1871 ¶ 4/6 2833 ¶ 2/3 097 • 66% 39/59 1526 ¶ 56/85 76 808 1611 2143 2737 ¶ 54/82 935 ¶ 42/64 172 • 65% 55/84 2483 ¶ 53/81 941 ¶ 55/85 456 1315 1404 2774 ¶ 53/82 1609 • 64% 54/84 1723 1873 ¶ 45/70 2746 ¶ 53/83 1743 ¶ 51/80 2805 ¶ 54/85 102 142 149 228 323 326 386 440 496 634 1058 1100 1643 1733 1843 1868 2242 2288 2554 • 63% 53/84 226 1102 1241 1448 2218 ¶ 51/81 1508 ¶ 49/78 2431 ¶ 52/83 1597 1768 2080 2587 • 62% 53/85 044 3 141 189 201 203 204 205 218 322 604 801 927 986 1040 1072 1075 1103 1127 1161 1400 1482 1503 1563 1617 1618 1619 1628 1636 1637 1656 1673 1722 1732 1740 1746 1748 1842 1855 1864 1865 1892 1897 2191 2255 2261 2298 2352 2723

•• 629 (97 TESTST., DAVON 36 MIT MEHRHEITSTEXT, 10 MIT SINGULÄRLESART)

• 100% 6/6 956 ¶ 2/2 0244 ¶ 1/1 P33 095 0165 0166 0189 • 83% 5/6 2833 • 80% 4/5 1115 • 77% 20/26 62 • 67% 6/9 1871 ¶ 2/3 096 097 2671 • 61% 22/36 916 ¶ 23/38 2175 • 60% 9/15 2627 • 59% 20/34 567 • 58% 11/19 314 • 57% 4/7 517 2829 ¶ 13/23 886 • 56% 34/61 1526 • 55% 41/74 2718 ¶ 44/80 1893 ¶ 46/84 2201 ¶ 18/33 2303 • 54% 52/97 436 • 53% 46/87 2625 ¶ 28/53 2712 ¶ 38/72 1747 ¶ 40/76 57 ¶ 51/97 330 451 1854 1895 2191 • 52% 43/82 2180 ¶ 36/69 365 ¶ 50/96 625 ¶ 39/75 626 ¶ 41/79 1867 ¶ 42/81 642 ¶ 45/87 639 ¶ 49/95 1352 1862 ¶ 48/93 1599 ¶ 50/97 105 131 263 393 437 452 1022 1073 1103 1720 1734 1736 1828 2423 2705 • 51% 39/76 498 ¶ 48/94 312 757 ¶ 47/92 2475 ¶ 49/96 424 1241 1835 2086 ¶ 32/63 172 ¶ 49/97 1 82 133 250 384 454 456 483 605 656 901 914 922 997 1107 1244 1354 1573 1619 1636 1643 1847 1849 1850 1851 1888 1892 2127 2131 2523 2558

•• 630 (101 TESTST., DAVON 40 MIT MEHRHEITSTEXT, 1 MIT SINGULÄRLESART)

• 100% 6/6 956 ¶ 3/3 096 1067 1904 ¶ 2/2 0244 0294 ¶ 1/1 P8 P33 0140 0175 0189 1756 • 93% 88/95 2200 • 81% 82/101 1891 • 78% 7/9 1871 • 77% 78/101 429 1739 • 76% 77/101 1704 • 75% 64/85 1758 ¶ 76/101 945 • 74% 73/99 522 • 72% 71/98 1509 ¶ 44/61 206 • 71% 5/7 517 ¶ 72/101 2298 • 70% 69/99 1751 • 68% 13/19 1101 ¶ 66/97 1831 • 67% 68/101 1490 ¶ 10/15 1745 ¶ 8/12 2778 ¶ 4/6 2833 • 66% 19/29 2777 • 65% 66/101 322 ¶ 54/83 1893 ¶ 63/97 1894 ¶ 64/99 323 • 64% 65/101 35 228 ¶ 61/95 606 ¶ 53/83 1856 ¶ 14/22 506 • 63% 36/57 2378 ¶ 34/54 2289 ¶ 15/24 2125 • 62% 63/101 436 1315 1404 1595 2737 ¶ 61/98 641 ¶ 52/84 642 • 61% 62/101 453 634 636 664 808 1058 1737 1749 2541 ¶ 46/75 2718 ¶ 57/93 610 ¶ 60/98 180 444 1609 2080 ¶ 55/90 2201 ¶ 61/100 1746 2218 ¶ 59/97 1508 ¶ 14/23 1846 ¶ 48/79 1752 ¶ 37/61 1526 ¶ 60/99 1768 • 60% 61/101 5 18 51 103 141 201 204 307 386 394 440 496 547 604 928 1040 1072 1100 1250 1270 1482 1503 1617 1618 1628 1636 1637 1656 1732 1733 1740 1855 1876 1897 2221 2261 2352 2466 2554

•• 634 (104 TESTST., DAVON 71 MIT MEHRHEITSTEXT, 0 MIT SINGULÄRLESART)

• 100% 22/22 506 ¶ 7/7 517 ¶ 6/6 956 2833 ¶ 3/3 1067 1904 2671 ¶ 2/2 0244 0294 627 ¶ 1/1 P33 077 093 0140 0166 0189 1756 • 98% 53/54 2289 ¶ 102/104 386 1100 1733 ¶ 84/86 1856 ¶ 40/41 2175 • 97% 101/104 141 201 204 1072 1482 1503 1617 1628 1637 1656 1740 1855 1897 2352 ¶ 98/101 444 ¶ 97/100 1508 ¶ 88/91 1864 ¶ 84/87 1723 • 96% 55/57 2378 ¶ 100/104 149 394 604 824 1249 1636 1732 1865 2261 2466 2554 2723 ¶ 99/103 1746 2218 ¶ 96/100 986 1075 • 95% 21/22 1101 ¶ 99/104 664 801 1058 1619 1749 2221 2255 2704 ¶ 98/103 1248 ¶ 79/83 2587 ¶ 39/41 2441 ¶ 96/101 757 1548 ¶ 19/20 1858 ¶ 75/79 1752 ¶ 87/92 2431 • 94% 33/35 2303 ¶ 98/104 18 328 928 1040 1400 1618 1737 1876 1892 ¶ 97/103 432 1748 ¶ 94/100 1761 ¶ 15/16 1899 • 93% 28/30 2777 ¶ 14/15 1745 ¶ 97/104 105 1725 2653 ¶ 96/103 1835 ¶ 95/102 1767 1768 ¶ 94/101 2080 • 92% 96/104 203 ¶ 24/26 2626

•• 636 (104 TESTST., DAVON 60 MIT MEHRHEITSTEXT, 4 MIT SINGULÄRLESART)

• 100% 6/6   956 ¶ 3/3   P8 ¶ 2/2   0244 0294 ¶ 1/1   P33 077 093 0175 0189 1756 • 88% 7/8   2797
• 86% 6/7   517 • 83% 19/23   1846 • 80% 4/5   1115 • 78% 7/9   1871 • 77% 17/22   1101
• 75% 27/36   1730 ¶ 15/20   1738 ¶ 76/102   2696 • 74% 40/54   325 ¶   77/104   496 • 73%
22/30   2777 ¶ 76/104   1404 ¶ 19/26   2626 ¶ 75/103   2483 ¶ 16/22   506 • 72% 73/101   935 ¶
39/54   2289 ¶ 75/104   142 440 1315 ¶ 31/43   2004 ¶   72/100   941 ¶ 41/57   466 2378 • 71% 70/98
606 ¶ 74/104   203 216 1103 • 70% 73/104   1872 1883 2774 ¶ 70/100   641 ¶ 14/20   1858 ¶ 72/103
398 1069 1835 ¶   62/89   2772 ¶ 71/102   1352 ¶ 64/92   2431 • 69% 68/98   1003 ¶ 70/101   1105
1509 ¶   72/104   51 450 452 483 1149 1668 2085 2191 ¶ 63/91   1066 ¶ 65/94   2799 ¶ 60/87   1758 ¶
71/103   226 424 1241 ¶ 11/16   1899 ¶ 70/102   1768 1862 1880 ¶ 68/99   2475 ¶ 48/70   2746 • 68%
13/19   314 ¶   69/101   312 1609 2080 ¶   71/104   1 18 103 105 149 177 394 429 592 604 634 824 919 999 1244
1354 1636 1736 1737 1744 1749 1850 1885 2494 2554

•• 641 (100 TESTST., DAVON 65 MIT MEHRHEITSTEXT, 0 MIT SINGULÄRLESART)

• 100% 7/7   517 ¶ 6/6   956 ¶ 3/3   1067 1904 2671 ¶ 2/2   0244 0294 ¶ 1/1   P33 077 093 0140 0166
0175 0189 1756 • 98% 92/94   606 • 95% 95/100   103 • 94% 16/17   1738 1858 • 93% 25/27   2777
• 92% 12/13   1899 ¶ 11/12   1745 • 89% 67/75   1832 ¶   25/28   624 ¶ 8/9   1871 • 88% 45/51
325 2289 ¶ 29/33   1730 • 87% 20/23   2626 • 86% 19/22   506 • 85% 85/100   2494 • 84% 16/19
314 ¶ 84/100   452 1765 ¶ 81/97   312 • 83% 50/60   1889 ¶ 45/54   466 ¶ 10/12   2778 ¶ 83/100
876 1244 ¶ 82/99   1835 2423 ¶ 81/98   1352 ¶ 33/40   2004 • 82% 74/90   110 ¶ 82/100   105 483
2191 ¶ 81/99   398 1022 ¶ 80/98   479 • 81% 73/90   2799 ¶ 81/100   455 1103 1354 1736 1888 2131
2558 ¶ 64/79   498 ¶ 17/21   1101 ¶ 72/89   2484 ¶ 80/99   424 632 1069 1717 ¶ 54/67   2746 • 80%
78/97   302 ¶ 74/92   43 ¶ 37/46   602 ¶ 61/76   1752 ¶ 77/96   1599 1726 ¶   80/100   1 82 142 250 393
454 592 604 605 656 914 1073 1127 1149 1636 1668 1849 1854 1883 1903 2221 2508 2704 ¶ 76/95   699
2475 ¶ 64/80   2587 ¶ 16/20   1846

•• 808 (104 TESTST., DAVON 66 MIT MEHRHEITSTEXT, 3 MIT SINGULÄRLESART)

• 100% 7/7   517 ¶ 6/6   956 2833 ¶ 3/3   1067 1904 2671 ¶ 2/2   0244 0294 627 ¶ 1/1   P33 077 093
0140 0166 0189 1756 • 91% 20/22   506 • 90% 78/87   642 • 89% 8/9   1871 • 88% 56/64   1526 ¶
14/16   2627 • 87% 72/83   2587 ¶ 26/30   2777 • 86% 79/92   2431 ¶ 60/70   1762 2746 ¶ 30/35
2303 • 85% 85/100   1508 ¶ 74/87   1723 ¶ 73/86   1856 ¶ 88/104   1058 1103 1619 1636 1903 • 84%
87/103   1746 ¶ 16/19   314 ¶   84/100   1075 ¶ 87/104   105 201 203 1072 1161 1503 1617 1628 1637 1656
1740 2352 2466 ¶ 76/91   1864 ¶ 66/79   1752 • 83% 86/103   175 226 ¶ 85/102   1768 ¶   65/78
400 ¶ 45/54   2289 ¶ 10/12   2778 ¶ 5/6   0120 ¶ 83/100   1726 ¶ 34/41   2175 ¶   86/104   141 149
204 386 393 404 456 464 483 604 634 635 824 1040 1100 1315 1482 1563 1618 1668 1673 1733 1736 1855 1865
1897 2261 2523 2723 ¶ 67/81   626 ¶   81/98   699 ¶ 76/92   2484 ¶ 85/103   424 1448 1835 2218 2483
• 82% 47/57   2378

•• 824 (104 TESTST., DAVON 72 MIT MEHRHEITSTEXT, 0 MIT SINGULÄRLESART)

• 100% 41/41   2175 ¶ 22/22   506 ¶ 20/20   1858 ¶ 16/16   1899 ¶ 15/15   1745 ¶ 6/6   956 2833 ¶
3/3   1067 1904 2671 ¶ 2/2   0244 0294 627 ¶ 1/1   P33 077 093 0140 0166 0189 1756 • 99% 103/104
201 1072 1503 1617 1628 1637 1656 1740 2352 ¶   99/100   1508 ¶ 90/91   1864 • 98% 53/54   2289 ¶
102/104   141 149 204 386 1100 1482 1636 1733 1855 1865 1897 2466 2723 ¶ 101/103   1746 ¶ 98/100
1075 ¶ 85/87   1723 ¶ 84/86   1856 ¶ 40/41   2441 • 97% 34/35   2303 ¶ 101/104   394 604 1249 1619
1732 2261 ¶ 100/103   1248 2218 ¶ 98/101   444 757 ¶ 97/100   986 ¶ 89/92   2431 • 96% 55/57
2378 ¶ 80/83   2587 ¶ 76/79   1752 ¶ 100/104   634 664 801 1040 1058 1618 1737 1749 1892 2221 2255
2554 2704 ¶ 25/26   2626 ¶ 99/103   1748 ¶ 97/101   1548 • 95% 21/22   1101 ¶ 99/104   105 328 928
1400 1876 2653 ¶ 98/103   432 ¶   95/100   1761 ¶ 19/20   1738 ¶ 18/19   314 • 94% 98/104   18
1725 ¶ 97/103   1835 • 96/102   1767 1768 2691 ¶ 95/101   2080

•• 876 (104 TESTST., DAVON 65 MIT MEHRHEITSTEXT, 1 MIT SINGULÄRLESART)

• 100% 7/7   517 ¶ 3/3   P8 097 1067 1904 2671 ¶ 2/2   0244 0294 ¶ 1/1   P33 077 093 0140 0166 0175
0189 1756 • 97% 76/78   1832 • 94% 98/104   1765 • 89% 8/9   1871 • 88% 7/8   2829 • 87%
26/30   2777 • 86% 89/104   2494 • 85% 17/20   1738 1858 ¶   22/26   2626 • 84% 56/67   172
• 83% 45/54   325 2289 ¶ 30/36   1730 ¶ 10/12   2778 ¶   5/6   956 ¶ 83/100   641 ¶ 68/82   498 ¶
19/23   1846 • 82% 18/22   506 ¶ 80/98   606 • 81% 52/64   1526 ¶ 13/16   1899 ¶ 51/63   1889 ¶
84/104   103 452 483 ¶ 25/31   624 • 80% 81/101   312 ¶ 12/15   1745 ¶ 4/5   1115 ¶ 83/104   142 ¶
82/103   1022 1835 ¶   39/49   602 ¶ 66/83   2587 • 79% 81/102   479 ¶ 69/87   1723 ¶ 34/43
2004 ¶ 79/100   1599 ¶ 45/57   466 ¶ 15/19   314 ¶ 82/104   105 457 1103 1244 ¶ 67/85   1867 ¶ 74/94
2799 ¶ 81/103   398 603 ¶ 55/70   2746 • 78% 62/79   1752 ¶ 80/102   1352 ¶ 32/41   2441 ¶ 81/104
82 203 250 592 901 1127 1354 1849 2131 2243 2508 2558 ¶ 63/81   626 ¶ 49/63   1731 ¶ 80/103   424 632
1069 1521 2423 ¶ 73/94   110 2625 • 77% 48/62   309 ¶ 78/101   2080 ¶ 61/79   1094 ¶ 44/57

2378 ¶ 27/35 2303 ¶ 77/100 1075 ¶ 67/87 642 ¶ 57/74 920 ¶ 80/104 0142 450 465 604 605 634 919 1073 1149 1404 1636 1668 1888 2191 2404 2523 2704

•• 886 (25 TESTST., DAVON 15 MIT MEHRHEITSTEXT, 1 MIT SINGULÄRLESART)

• 100% 11/11 2201 ¶ 6/6 623 956 ¶ 3/3 P8 498 ¶ 2/2 096 567 ¶ 1/1 0140 0175 0189 517 2570 2716 2777 • 88% 7/8 1729 1867 • 86% 6/7 172 • 84% 21/25 1895 • 83% 5/6 1861 • 82% 18/22 1893 ¶ 9/11 1526 • 79% 11/14 1875 • 78% 18/23 1862 ¶ 14/18 913 2652 ¶ 7/9 256 • 77% 17/22 312 • 76% 19/25 437 1595 2127 • 75% 18/24 76 1069 1880 ¶ 12/16 110 ¶ 3/4 014 626 2587 • 73% 16/22 1101 • 72% 18/25 1 5 82 93 97 105 142 175 203 216 226 308 365 424 431 440 450 452 456 462 465 483 496 605 614 632 676 916 919 999 1022 1073 1103 1105 1149 1161 1241 1244 1270 1277 1292 1297 1315 1352 1354 1404 1573 1598 1599 1609 1619 1622 1636 1668 1717 1720 1743 1835 1847 1849 1850 1857 1860 1872 1885 1888 1894 1902 2191 2288 2356 2404 2475 2502 2696 2712

•• 912 (103 TESTST., DAVON 72 MIT MEHRHEITSTEXT, 0 MIT SINGULÄRLESART)

• 100% 14/14 1745 ¶ 7/7 517 ¶ 6/6 956 2833 ¶ 3/3 1067 1904 ¶ 2/2 0244 0294 2570 ¶ 1/1 P33 077 0140 0189 1756 • 99% 99/100 2279 • 98% 101/103 1753 ¶ 100/102 1594 ¶ 82/84 1861 • 97% 100/103 390 1863 2511 ¶ 99/102 234 • 96% 99/103 1250 • 95% 98/103 51 1405 • 94% 92/98 42 ¶ 91/97 1003 • 93% 67/72 1456 • 91% 94/103 2501 • 90% 26/29 2777 • 89% 92/103 223 367 • 88% 91/103 582 1903 ¶ 88/100 2675 ¶ 80/91 2431 ¶ 36/41 2175 • 87% 88/101 1352 ¶ 86/99 1726 ¶ 46/53 2289 ¶ 13/15 1899 • 86% 89/103 105 1849 1883 2221 2554 ¶ 19/22 506 1101 ¶ 88/102 1835 2423 ¶ 87/101 479 1743 1768 ¶ 74/86 1856 ¶ 83/97 699 • 85% 88/103 465 483 604 999 1070 1354 1636 2261 2488 ¶ 87/102 432 1022 1448 1746 2218 ¶ 86/101 1880 2691 ¶ 23/27 2125 ¶ 85/100 302 312 378 757 ¶ 79/93 2799 ¶ 84/99 1075 1508 ¶ 33/39 916 • 84% 87/103 18 141 201 203 204 216 386 452 496 592 605 1058 1072 1099 1100 1315 1482 1503 1617 1618 1619 1622 1628 1637 1643 1656 1732 1733 1737 1740 1749 1804 1854 1855 1860 1869 1876 1897 2191 2352 2404 2523 2619 2704

•• 913 (97 TESTST., DAVON 61 MIT MEHRHEITSTEXT, 0 MIT SINGULÄRLESART)

• 100% 6/6 956 ¶ 3/3 097 1067 1904 2671 ¶ 2/2 0244 0294 ¶ 1/1 P33 077 0140 0166 0189 1756 • 95% 79/83 1610 • 88% 85/97 1830 1853 • 87% 13/15 1101 • 86% 6/7 517 • 82% 28/34 2175 • 81% 26/32 916 • 79% 77/97 483 2494 ¶ 76/96 2423 ¶ 72/91 606 ¶ 74/94 2080 • 78% 76/97 398 2131 ¶ 61/78 1832 ¶ 75/96 1835 ¶ 50/64 1526 ¶ 74/95 1352 ¶ 63/81 1277 ¶ 14/18 886 ¶ 73/94 1609 • 77% 72/93 641 1726 ¶ 75/97 76 105 142 452 592 914 1849 2508 2523 ¶ 74/96 312 1022 ¶ 70/91 1727 ¶ 73/95 479 1743 • 76% 39/51 2712 ¶ 74/97 1 82 103 203 455 1103 1149 1354 1643 1668 1673 2191 2404 ¶ 67/88 1890 ¶ 70/92 2475 ¶ 73/96 226 424 603 607 ¶ 60/79 1856 ¶ 66/87 2799 ¶ 72/95 1597 ¶ 62/82 2772 ¶ 71/94 302 ¶ 68/90 2625 • 75% 73/97 3 189 393 394 450 454 457 465 604 605 656 919 1070 1073 1127 1244 1636 1854 1903 2243 2473 2704 ¶ 70/93 910 1599

•• 915 (104 TESTST., DAVON 52 MIT MEHRHEITSTEXT, 4 MIT SINGULÄRLESART)

• 100% 7/7 517 ¶ 3/3 P8 ¶ 2/2 0244 0294 ¶ 1/1 093 0140 0175 0189 • 88% 90/102 88 ¶ 7/8 2797 • 84% 16/19 314 • 81% 29/36 1730 • 80% 16/20 1738 ¶ 4/5 1115 • 79% 34/43 2004 • 78% 7/9 1871 • 77% 20/26 2626 ¶ 23/30 2777 • 76% 41/54 325 • 75% 15/20 1858 ¶ 12/16 1899 • 74% 23/31 624 ¶ 40/54 2289 ¶ 17/23 1846 • 73% 46/63 1889 ¶ 45/62 309 • 72% 57/79 020 ¶ 41/57 466 ¶ 48/67 172 • 71% 50/70 2746 ¶ 45/63 1731 ¶ 52/73 014 ¶ 74/104 2737 ¶ 58/82 498 • 70% 73/104 1874 • 69% 59/85 1867 ¶ 34/49 602 ¶ 72/104 917 ¶ 56/81 626 ¶ 64/93 1757 • 68% 39/57 2378 ¶ 69/101 312 ¶ 54/79 1094 1752 ¶ 71/104 1843 1877 2191 ¶ 64/94 110 ¶ 69/102 1827 • 67% 70/104 456 637 1643 2131 2143 ¶ 69/103 398 424 603 ¶ 68/102 1862 1880 ¶ 52/78 1839 ¶ 10/15 1745 ¶ 4/6 0120 956 2833 ¶ 2/3 1067 1904 2671 • 66% 69/104 189 450 1149 1424 1595 1668 1720 1868 2288 ¶ 65/98 699 ¶ 61/92 2431 ¶ 55/83 2587 ¶ 53/80 256 ¶ 49/74 920 ¶ 68/103 1022 1106 1241 1835 2423 2815 ¶ 66/100 1721 ¶ 46/70 1762 2716 ¶ 67/102 1352 1873 ¶ 65/99 025 337 ¶ 42/64 1526 ¶ 59/90 2201 ¶ 57/87 1723 1729 • 65% 68/104 1 82 105 177 393 404 437 454 457 462 464 465 605 656 1073 1354 1850 1851 1885

•• 917 (104 TESTST., DAVON 68 MIT MEHRHEITSTEXT, 2 MIT SINGULÄRLESART)

• 100% 7/7 517 ¶ 6/6 956 ¶ 3/3 2671 ¶ 2/2 0244 0294 ¶ 1/1 P33 077 093 0140 0166 0189 1756 • 91% 20/22 1101 • 90% 94/104 1874 ¶ 28/31 624 • 89% 92/103 424 ¶ 48/54 325 • 88% 92/104 462 2191 ¶ 91/103 1022 ¶ 38/43 2004 ¶ 86/98 699 ¶ 43/49 602 ¶ 91/104 82 105 1073 1828 2131 ¶ 14/16 1899 ¶ 7/8 2797 2829 • 87% 90/103 1835 2423 ¶ 55/63 1889 ¶ 88/101 302 312 ¶ 47/54 2289 ¶ 13/15 1745 ¶ 90/104 605 1354 1668 • 86% 89/103 175 398 632 1241 ¶ 88/102 458 479 1352 1880 ¶ 31/36 1730 ¶ 55/64 1526 ¶ 85/99 337 ¶ 54/63 1731 ¶ 89/104 177 203 450 452 457 465 483 1107 1149 1673 1720 1849 1851 1854 1877 2356 • 85% 53/62 309 ¶ 69/81 626 ¶ 57/67 172 ¶ 85/100 910 ¶ 17/20 1738 1858 ¶ 84/99 025 2475 ¶ 78/92 2431 2484 ¶ 88/104 1 133 22 1 250 393 404 454 456 618 635 656 919 922 1398 1424 1636 1646 1870 1885 1888 2492 2558

•• 1106 (103 TESTST., DAVON 67 MIT MEHRHEITSTEXT, 0 MIT SINGULÄRLESART)

• 100%   7/7   517 ¶   6/6   956 2833 ¶   3/3   1067 1904 ¶   2/2   0244 0294 ¶   1/1   P33 077 093 0140 0189
• 97%   35/36   1730 • 96%   52/54   325 • 95%   41/43   2004 ¶   95/100   363 ¶   76/80   626 ¶   19/20
1738 1858 • 94%   77/82   498 ¶   15/16   1899 ¶   59/63   1889 ¶   29/31   624 • 93%   14/15   1745 ¶
50/54   2289 • 92%   24/26   2626 • 91%   20/22   506 • 90%   93/103   1354 ¶   90/100   302 312 ¶
27/30   2777 ¶   89/99   1726 • 89%   17/19   314 ¶   92/103   605 1251 2131 ¶   83/93   2625 ¶   8/9
1871 ¶   86/97   699 ¶   70/79   1094 • 88%   91/103   105 450 1849 ¶   76/86   1723 ¶   90/102   424 1022
1835 2423 ¶   88/100   378 ¶   79/90   1864 ¶   72/82   2587 ¶   43/49   602 ¶   50/57   466 ¶   7/8   2797
• 87%   90/103   203 452 1124 1736 1854 2191 2356 ¶   69/79   1752 ¶   89/102   398 ¶   55/63   1731 ¶
88/101   479 1352 1880 ¶   60/69   1762 ¶   73/84   1861 1867 ¶   85/98   337 ¶   84/97   1727 • 86%   64/74
920 ¶   89/103   82 201 404 462 465 483 676 922 1069 1070 1072 1073 1099 1503 1617 1628 1637 1656 1734
1740 1828 1903 2352 2404 ¶   88/102   175 607 1241 1746 2194

•• 1115 (5 TESTST., DAVON 3 MIT MEHRHEITSTEXT, 0 MIT SINGULÄRLESART)

• 100%   5/5   43 441 621 1842 ¶   4/4   172 ¶   3/3   014 567 602 624 ¶   1/1   1066 1526 • 80%   4/5   044
049 056 0142 1 3 5 6 18 35 42 51 57 61 76 82 88 90 97 102 103 104 105 110 122 131 141 142 149 175 177 189 201
203 204 205 209 216 218 221 223 226 228 234 250 254 263 296 302 309 312 321 322 323 325 326 327 328 330 337
363 367 378 383 384 385 386 390 393 394 398 404 421 424 432 436 437 440 444 450 451 452 454 455 456 457 459
460 462 464 465 466 467 468 469 479 483 489 496 498 547 582 592 603 604 605 606 607 608 616 617 618 619 623
625 626 628 629 632 634 635 636 637 638 639 641 656 664 699 757 794 796 801 808 824 876 901 910 911 912 914
915 917 919 920 921 922 927 928 935 941 959 986 997 999 1003 1022 1040 1058 1069 1070 1072 1073 1075 1099
1100 1103 1104 1105 1106 1107 1149 1161 1162 1240 1241 1242 1244 1245 1247 1248 1249 1250 1251 1270
1297 1311 1315 1352 1354 1359 1360 1367 1390 1400 1404 1424 1448 1482 1503 1505 1508 1509 1521 1524
1548 1563 1573 1594 1595 1597 1598 1599 1609 1617 1618 1619 1622 1626 1628 1636 1637 1643 1646 1649
1656 1668 1673 1702 1717 1718 1719 1720 1721 1722 1723 1724 1725 1726 1727 1731 1732 1733 1734 1736
1737 1739 1740 1742 1743 1744 1746 1747 1748 1749 1752 1753 1754 1757 1759 1761 1763 1765 1767 1768
1780 1827 1828 1832 1835 1837 1838 1839 1841 1843 1845 1847 1849 1850 1851 1854 1855 1856 1857 1859
1860 1861 1862 1863 1864 1865 1867 1868 1869 1870 1872 1873 1874 1876 1877 1880 1883 1885 1888 1889
1892 1894 1895 1896 1897 1903 2004 2080 2085 2086 2127 2131 2143 2147 2180 2191 2194 2201 2218 2221
2243 2255 2261 2279 2288 2289 2344 2352 2356 2378 2400 2404 2423 2431 2466 2473 2475 2483 2488 2492
2494 2495 2501 2502 2508 2511 2516 2523 2541 2544 2554 2558 2576 2587 2619 2625 2653 2675 2691 2696
2704 2705 2718 2723 2746 2774 2799 2815 2816

•• 1127 (104 TESTST., DAVON 70 MIT MEHRHEITSTEXT, 2 MIT SINGULÄRLESART)

• 100%   7/7   517 ¶   6/6   2833 ¶   3/3   P8 1067 1904 2671 ¶   2/2   0244 0294 ¶   1/1   P33 077 093 0140
0166 0175 0189 1756 • 94%   15/16   1899 • 91%   20/22   506 • 90%   27/30   2777 ¶   18/20   1858
• 89%   31/35   2303 • 88%   23/26   2626 ¶   14/16   2627 ¶   7/8   2797 2829 • 87%   88/101   312
2080 ¶   61/70   2746 ¶   27/31   624 ¶   47/54   2289 ¶   13/15   1745 ¶   90/104   105 • 86%   89/103
1835 ¶   19/22   1101 ¶   88/102   1352 ¶   75/87   642 ¶   89/104   452 483 1103 2191 ¶   71/83   2587 • 85%
70/82   498 ¶   35/41   2175 ¶   46/54   325 ¶   80/94   110 ¶   57/67   172 ¶   85/100   1726 ¶   74/87
1723 ¶   17/20   1738 ¶   84/99   2475 ¶   78/92   2431 ¶   67/79   1752 ¶   88/104   203 386 634 1100 1354
1636 1733 2131 2704 ¶   77/91   308 • 84%   87/103   398 424 603 1022 2423 ¶   86/102   479 1880 ¶   85/101
796 ¶   84/100   1075 1508 ¶   68/81   626 ¶   83/99   491 ¶   77/92   2484 ¶   87/104   82 141 142 201 204
465 604 605 1072 1073 1149 1244 1482 1503 1617 1619 1628 1637 1656 1668 1732 1740 1849 1855 1897 2221
2352 2356 2508 2523 2554

•• 1162 (104 TESTST., DAVON 52 MIT MEHRHEITSTEXT, 0 MIT SINGULÄRLESART)

• 100%   3/3   2671 ¶   2/2   0244 0294 ¶   1/1   P33 093 0140 0166 0175 0189 • 90%   93/103   619 • 86%
6/7   517 • 84%   72/86   1893 • 83%   5/6   956 • 80%   28/35   2303 ¶   16/20   1738 ¶   4/5   1115
• 79%   71/90   2201 • 78%   80/102   1827 ¶   7/9   1871 • 77%   24/31   624 ¶   17/22   1101 • 76%
65/85   623 ¶   79/104   5 437 • 75%   78/104   1595 ¶   6/8   2829 ¶   77/103   1598 • 74%   58/78
400 ¶   77/104   1270 ¶   14/19   314 • 73%   30/41   2175 • 72%   75/104   1297 1854 ¶   28/39   916
• 70%   71/101   796 ¶   73/104   386 824 1058 1100 1619 1636 1733 1843 2191 2288 ¶   47/67   172 ¶
70/100   910 1075 1508 ¶   14/20   1858 ¶   72/103   1241 1835 2423 ¶   60/86   1856 ¶   69/99   2475 ¶
71/102   1352 1597 2502 ¶   64/92   2431 • 69%   68/98   1727 ¶   70/101   1548 ¶   72/104   1 131 141 201
204 205 393 436 456 604 1040 1072 1073 1107 1161 1482 1503 1617 1628 1637 1643 1656 1732 1740 1855 1897
2352 2554 ¶   63/91   1864 ¶   40/58   2712 ¶   71/103   1746 2218 ¶   11/16   1899 ¶   70/102   1768 ¶   68/99
337 • 68%   39/57   466 ¶   69/101   302 444 2080

•• 1175 (104 TESTST., DAVON 19 MIT MEHRHEITSTEXT, 6 MIT SINGULÄRLESART)

• 100%   1/1   057 066 095 0140 0165 0166 0175 0189 1756 • 75%   3/4   048 • 67%   4/6   0120 ¶   2/3
2671 • 66%   46/70   81 • 63%   66/104   02 • 62%   39/63   04 • 61%   59/96   P74 ¶   63/104   01
• 60%   3/5   1115 • 57%   4/7   517 ¶   59/104   03 • 53%   55/104   1739 • 51%   18/35   2464 ¶   40/78

441 • 50% 43/86   33 ¶ 9/18 P45 ¶ 6/12 2778 ¶ 3/6 2833 ¶ 1/2 0244 0294 • 49% 30/61
206 ¶ 50/103 2344 • 48% 43/89 1875 ¶ 50/104 307 1891 ¶ 46/96 610 ¶ 49/103 181 1642
• 47% 49/104 453 2818 ¶ 7/15 1745 • 46% 48/104 945 1704 ¶ 47/102 88 ¶ 45/98 1409 ¶
46/101 180 630 • 45% 10/22 506 ¶ 47/104 1678 ¶ 14/31 624 ¶ 22/49 602 ¶ 38/85 623 ¶
46/103 431 • 44% 7/16 1899 ¶ 34/78 2718 • 43% 42/98 2200 ¶ 3/7 P41 ¶ 23/54 2289
• 42% 44/104 915 1162 ¶ 38/90 2201 ¶ 43/102 323 ¶ 24/57 2378 ¶ 36/86 1893 ¶ 33/79 1752
• 41% 43/104 94 ¶ 30/73 1852 ¶ 34/83 2587 ¶ 42/103 619 • 40% 42/104 5 1842 ¶ 23/57
466 ¶ 40/100 08 ¶ 8/20 1738 • 39% 41/104 044 322 429 621 2298 ¶ 40/102 1827 ¶ 31/79
1094 ¶ 34/87 1723 ¶ 21/54 325 ¶ 14/36 1730 ¶ 26/67 172 ¶ 27/70 2746 • 38% 40/104 35 467
2374 ¶ 35/91 1864 ¶ 37/98 1884 ¶ 32/85 1867 ¶ 38/101 444 ¶ 39/104 436 1058 ¶ 3/8 2829
• 37% 38/102 522 1768 ¶ 16/43 2004 ¶ 26/70 1762 ¶ 34/92 2431

•• 1243 (104 TESTST., DAVON 63 MIT MEHRHEITSTEXT, 7 MIT SINGULÄRLESART)

• 100% 6/6 2833 ¶ 3/3 2671 ¶ 2/2 0244 ¶ 1/1 P33 066 093 0140 0166 0189 1756 • 88% 7/8
2829 • 86% 6/7 517 • 83% 5/6 956 • 82% 40/49 602 • 81% 13/16 2627 ¶ 64/79 1094
• 80% 33/41 2175 ¶ 76/95 319 ¶ 83/104 133 656 ¶ 51/64 1526 ¶ 82/103 632 • 79% 82/104
82 93 330 ¶ 78/99 491 ¶ 70/89 2772 ¶ 55/70 1762 • 78% 81/104 105 451 462 464 665 997 1398
1668 1870 ¶ 63/81 57 ¶ 80/103 424 638 1022 1835 ¶ 73/94 110 ¶ 76/98 699 ¶ 62/80 256 • 77%
79/102 2691 ¶ 17/22 506 1101 ¶ 71/92 2484 ¶ 74/96 43 ¶ 80/104 393 450 452 454 605 919 1073
1354 1673 1885 1888 ¶ 30/39 916 ¶ 79/103 398 1069 1748 ¶ 72/94 2625 ¶ 62/81 626 • 76%
78/102 1862 1880 ¶ 65/85 1867 ¶ 77/101 312 ¶ 70/92 2431 ¶ 51/67 172 ¶ 76/100 910 ¶
79/104 1 221 465 483 635 824 922 1149 1242 1244 1424 1636 1734 1849 1850 2221 2466 ¶ 69/91 639 1066
1864 ¶ 44/58 2712 ¶ 75/99 2475 ¶ 78/103 97 175 1240 1717 1859

•• 1250 (104 TESTST., DAVON 72 MIT MEHRHEITSTEXT, 0 MIT SINGULÄRLESART)

• 100% 85/85 1861 ¶ 7/7 517 ¶ 6/6 956 2833 ¶ 3/3 1067 1904 ¶ 2/2 0244 0294 2570 ¶ 1/1
P33 077 093 0140 0189 1756 • 97% 98/101 2279 • 96% 100/104 390 1753 ¶ 99/103 912 1594
• 95% 21/22 1101 ¶ 99/104 1863 ¶ 98/103 234 • 94% 92/98 1003 • 93% 28/30 2777 ¶
14/15 1745 ¶ 97/104 51 1405 2511 ¶ 38/41 2175 ¶ 25/27 2125 • 92% 91/99 42 ¶ 67/73 1456
• 90% 94/104 367 2501 ¶ 92/102 1352 ¶ 18/20 1858 ¶ 35/39 916 • 89% 93/104 105 223
582 ¶ 92/103 1835 ¶ 89/100 1726 ¶ 48/54 2289 ¶ 8/9 1871 • 88% 92/104 465 483 604 1354
1636 2261 ¶ 23/26 2626 ¶ 91/103 1022 ¶ 76/86 1856 ¶ 89/101 312 2675 ¶ 88/100 1075 1508 ¶
80/91 1902 ¶ 91/104 141 201 203 204 386 452 605 1058 1072 1099 1100 1482 1503 1617 1619 1628 1637
1656 1732 1733 1740 1749 1828 1849 1855 1897 1903 2191 2221 2352 2488 2523 2554 2704 ¶ 56/64 1526 ¶
14/16 1899 ¶ 7/8 2829 • 87% 90/103 398 424 603 1448 1746 2423

•• 1251 (104 TESTST., DAVON 69 MIT MEHRHEITSTEXT, 0 MIT SINGULÄRLESART)

• 100% 7/7 517 ¶ 6/6 956 ¶ 3/3 1067 1904 2671 ¶ 2/2 0244 0294 627 ¶ 1/1 P33 077 093 0140
0166 0189 1756 • 97% 35/36 1730 ¶ 30/31 624 • 96% 52/54 325 • 95% 19/20 1738 1858
• 94% 15/16 1899 ¶ 59/63 1889 • 93% 14/15 1745 ¶ 40/43 2004 ¶ 75/81 626 ¶ 50/54 2289
• 92% 24/26 2626 ¶ 45/49 602 • 91% 75/82 498 ¶ 20/22 506 • 90% 27/30 2777 • 89%
51/57 466 ¶ 92/103 1106 ¶ 74/83 2587 ¶ 8/9 1871 ¶ 70/79 1094 1752 ¶ 62/70 1762 ¶ 31/35
2303 ¶ 77/87 1723 • 88% 89/101 302 ¶ 36/41 2441 ¶ 50/57 2378 ¶ 91/104 1903 ¶ 7/8 2797
• 87% 90/103 1835 ¶ 89/102 1768 ¶ 55/63 1731 ¶ 61/70 2746 ¶ 54/62 309 ¶ 74/85 1861
1867 ¶ 79/91 1864 ¶ 85/98 699 ¶ 58/67 172 ¶ 90/104 105 1354 2221 • 86% 70/81 57 ¶ 87/101
312 363 757 ¶ 81/94 110 ¶ 89/104 452 457 462 605 656 997 2131 2356 • 85% 88/103 398 424 432
1022 1746 2218 ¶ 87/102 1750 ¶ 86/101 378 ¶ 80/94 2625 ¶ 85/100 1508 1726 ¶ 84/99 2475 ¶
83/98 1727 ¶ 88/104 18 82 141 201 204 386 450 464 483 604 928 1058 1070 1072 1073 1100 1424 1482 1503
1617 1628 1637 1656 1702 1733 1736 1740 1828 1849 1855 1883 1897 2352 2554 2704

•• 1270 (104 TESTST., DAVON 65 MIT MEHRHEITSTEXT, 0 MIT SINGULÄRLESART)

• 100% 6/6 956 2833 ¶ 3/3 P8 2671 ¶ 2/2 0244 0294 ¶ 1/1 P33 077 0140 0166 0175 1756 • 99%
102/103 1598 • 98% 102/104 1297 • 96% 100/104 1595 • 91% 20/22 1101 • 90% 63/70
2746 • 88% 69/78 400 ¶ 76/86 1893 ¶ 90/102 1743 ¶ 36/41 2175 • 87% 26/30 2777 ¶
13/15 1745 • 86% 89/103 76 1102 ¶ 19/22 506 ¶ 30/35 2303 ¶ 6/7 517 ¶ 89/104 102 386
1100 1161 1619 1636 1733 1876 • 85% 46/54 2289 ¶ 85/100 1075 1508 ¶ 17/20 1858 ¶ 73/86
1856 ¶ 78/92 2431 ¶ 88/104 141 201 204 456 604 1058 1072 1482 1503 1617 1628 1637 1656 1732 1740
1855 1897 2352 2554 ¶ 33/39 916 ¶ 22/26 2626 • 84% 85/101 796 2080 ¶ 26/31 624 ¶ 87/104
105 149 189 394 634 801 824 1040 1249 1749 1865 2191 2261 2466 2723 ¶ 66/79 1752 • 83% 86/103
1241 1746 1835 2218 2423 ¶ 85/102 1352 1597 ¶ 84/101 444 1548 ¶ 83/100 986 ¶ 78/94 2799 ¶
82/99 2475 ¶ 72/87 1723 ¶ 48/58 2712 ¶ 86/104 18 328 437 465 483 664 1127 1315 1400 1404 1618
1643 1725 1849 2221 2255 2704

•• 1292 (104 TESTST., DAVON 60 MIT MEHRHEITSTEXT, 0 MIT SINGULÄRLESART)

• 100% 6/6 956 ¶ 3/3 P8 2671 ¶ 2/2 0244 0294 2570 ¶ 1/1 P33 077 0140 0166 0175 0189 1756 • 92% 36/39 916 • 89% 93/104 614 • 87% 90/104 2412 • 86% 19/22 1101 ¶ 6/7 517 • 85% 35/41 2175 • 83% 5/6 2833 • 82% 84/103 1611 • 81% 22/27 2125 ¶ 13/16 2627 ¶ 76/94 2652 • 76% 79/104 390 ¶ 69/91 1890 ¶ 78/103 912 ¶ 65/86 1856 • 75% 55/73 1456 ¶ 78/104 367 ¶ 6/8 2797 ¶ 76/102 1743 • 74% 75/101 1609 ¶ 26/35 2303 ¶ 77/104 51 142 1103 1250 1753 2554 ¶ 65/88 1277 ¶ 76/103 383 1594 ¶ 56/76 1747 ¶ 75/102 1352 • 73% 47/64 1526 ¶ 74/101 2080 2229 ¶ 76/104 203 216 483 496 1595 1622 1849 1860 1863 1885 2221 ¶ 75/103 1022 1069 1241 1448 1835 ¶ 72/99 2475 ¶ 74/102 479 1768 ¶ 66/91 1902 • 72% 71/98 699 1003 ¶ 42/58 2712 ¶ 68/94 2799 ¶ 73/101 312 ¶ 75/104 82 105 386 440 452 634 919 999 1100 1315 1636 1643 1733 1843 1903 2261 2511 ¶ 72/100 2138 ¶ 18/25 886 ¶ 74/103 76 234 424 432 632 638 1598 1746 1748 1859 2218 2423 2483

•• 1297 (104 TESTST., DAVON 65 MIT MEHRHEITSTEXT, 0 MIT SINGULÄRLESART)

• 100% 6/6 956 2833 ¶ 3/3 P8 2671 ¶ 2/2 0244 0294 ¶ 1/1 P33 077 0140 0166 0175 1756 • 98% 102/104 1270 • 97% 100/103 1598 • 94% 98/104 1595 • 91% 20/22 1101 • 90% 63/70 2746 • 88% 36/41 2175 • 87% 75/86 1893 ¶ 68/78 400 ¶ 13/15 1745 • 86% 89/103 76 ¶ 19/22 506 ¶ 88/102 1743 ¶ 6/7 517 • 85% 88/104 1400 ¶ 33/39 916 • 84% 87/103 1102 ¶ 77/92 2431 ¶ 72/86 1856 ¶ 87/104 102 386 1100 1161 1619 1636 1733 1876 • 83% 25/30 2777 ¶ 83/100 1075 1508 ¶ 29/35 2303 ¶ 72/87 1723 ¶ 86/104 141 201 204 456 604 1058 1072 1482 1503 1617 1628 1637 1656 1732 1740 1855 1897 2352 2554 ¶ 85/103 226 • 82% 83/101 796 2080 ¶ 82/100 1761 ¶ 68/83 2587 ¶ 85/104 105 149 189 394 634 801 824 1040 1127 1249 1749 1865 1868 2191 2261 2466 2704 2723 ¶ 84/103 1241 1746 1835 2218 2423 ¶ 75/92 2484 • 81% 44/54 2289 ¶ 83/102 1352 1597 ¶ 52/64 1526 ¶ 13/16 1899 2627 ¶ 82/101 312 444 1548

•• 1319 (76 TESTST., DAVON 48 MIT MEHRHEITSTEXT, 2 MIT SINGULÄRLESART)

• 100% 8/8 2829 ¶ 6/6 2833 ¶ 2/2 0244 627 1728 ¶ 1/1 P33 P41 077 093 0140 0189 • 95% 18/19 314 • 92% 24/26 1730 • 91% 20/22 624 ¶ 69/76 1573 • 90% 19/21 2777 ¶ 18/20 1858 • 89% 17/19 1738 ¶ 48/54 256 • 88% 23/26 2004 ¶ 67/76 38 ¶ 36/41 172 ¶ 50/57 626 ¶ 56/64 2772 ¶ 14/16 2627 • 87% 66/76 2127 ¶ 13/15 1745 • 86% 48/56 498 ¶ 24/28 325 2289 ¶ 65/76 319 • 85% 47/55 57 ¶ 64/75 632 ¶ 23/27 602 • 84% 64/76 82 221 605 919 1149 1668 1888 ¶ 63/75 1022 ¶ 47/56 365 ¶ 26/31 466 ¶ 51/61 1723 • 83% 30/36 567 1526 ¶ 20/24 2626 ¶ 63/76 1 133 393 450 454 1073 1244 1354 1424 ¶ 62/75 424 1835 ¶ 57/69 2625 • 82% 47/57 2587 ¶ 61/74 1862 1880 ¶ 60/73 491 1726 ¶ 46/56 2712 ¶ 55/67 1757 ¶ 59/72 986 ¶ 54/66 2484 ¶ 27/33 2378 ¶ 62/76 105 452 462 656 1107 1849 1870 2356 2475 2523 ¶ 53/65 1864 • 81% 61/75 910 1069 2194 2423 ¶ 52/64 1759 ¶ 39/48 920 ¶ 13/16 1899 ¶ 60/74 312 ¶ 30/37 1731 ¶ 55/68 308 ¶ 59/73 302 1075 ¶ 50/62 2180 ¶ 54/67 639 ¶ 29/36 309 • 80% 61/76 250 327 464 465 469 483 547 635 638 676 911 914 922 997 1040 1241 1398 1636 1673 1717 1720 1734 1742 1828 1885 2404 2466 2704

•• 1359 (104 TESTST., DAVON 64 MIT MEHRHEITSTEXT, 2 MIT SINGULÄRLESART)

• 100% 8/8 2797 ¶ 6/6 2833 ¶ 3/3 096 1067 1904 ¶ 2/2 0244 0294 627 ¶ 1/1 P33 093 0140 0189 1756 • 91% 20/22 506 • 89% 93/104 218 ¶ 8/9 1871 • 87% 20/23 1846 • 86% 6/7 517 ¶ 89/104 1718 • 85% 35/41 2175 • 83% 5/6 0120 956 ¶ 72/87 642 • 81% 13/16 1899 ¶ 21/26 2626 • 80% 66/82 498 ¶ 81/101 2080 ¶ 76/95 319 ¶ 16/20 1738 ¶ 4/5 1115 ¶ 83/104 93 483 1103 1149 2191 ¶ 82/103 398 1835 1845 • 79% 81/102 1352 ¶ 69/87 1723 ¶ 72/91 1864 ¶ 68/86 1856 ¶ 79/100 1508 ¶ 64/81 626 ¶ 30/38 567 ¶ 15/19 314 ¶ 82/104 105 201 452 997 1072 1354 1503 1563 1617 1628 1637 1656 1668 1736 1740 1763 2352 2508 2523 2704 ¶ 78/99 025 ¶ 81/103 226 1022 1746 2194 • 78% 73/93 1757 ¶ 80/102 479 1750 1880 ¶ 65/83 2587 ¶ 72/92 2431 2484 ¶ 79/101 312 1548 2401 ¶ 78/100 1726 1761 ¶ 71/91 308 ¶ 81/104 1 141 149 203 204 328 386 394 450 457 465 605 634 665 801 824 1058 1073 1100 1247 1482 1636 1733 1828 1847 1849 1855 1865 1897 2221 2261 2404 2466 2541 2723

•• 1404 (104 TESTST., DAVON 72 MIT MEHRHEITSTEXT, 0 MIT SINGULÄRLESART)

• 100% 9/9 1871 ¶ 7/7 517 ¶ 6/6 956 2833 ¶ 3/3 097 1067 1904 2671 ¶ 2/2 0244 0294 ¶ 1/1 P33 093 0140 0166 0189 1756 • 96% 100/104 440 • 95% 21/22 506 1101 ¶ 99/104 496 • 94% 97/103 2483 ¶ 96/102 2696 • 93% 97/104 142 216 ¶ 94/101 935 ¶ 38/41 2175 • 92% 96/104 1315 ¶ 11/12 2778 • 90% 35/39 916 ¶ 77/86 1856 ¶ 60/67 172 • 89% 93/104 105 203 483 1636 2221 2554 ¶ 92/103 1835 2218 ¶ 82/92 2431 ¶ 89/100 1075 1508 ¶ 48/54 2289 • 88% 92/104 18 141 201 204 386 452 604 634 999 1072 1100 1482 1503 1617 1618 1619 1628 1637 1656 1732 1733 1740 1855 1883 1897 1903 2352 ¶ 23/26 2626 ¶ 91/103 638 1022 1746 ¶ 83/94 2799 ¶ 90/102 1352 1768 ¶ 89/101 444 757 2080 ¶ 73/83 2587 ¶ 87/99 2475 ¶ 91/104 149 394 464 465 592 664 801 824 928 1040 1058 1249 1354 1737 1749 1865 1876 2085 2261 2466 2704 2723

•• 1405 (104 TESTST., DAVON 69 MIT MEHRHEITSTEXT, 0 MIT SINGULÄRLESART)

• 100% 7/7 517 ¶ 6/6 2833 ¶ 2/2 0244 0294 2570 ¶ 1/1 P33 077 093 0140 0189 1756 • 96%
99/103 1594 ¶ 97/101 2279 • 95% 81/85 1861 ¶ 99/104 1753 ¶ 98/103 912 • 94% 98/104
1863 ¶ 97/103 234 • 93% 97/104 390 1250 ¶ 91/98 1003 • 92% 96/104 51 2511 • 91% 90/99
42 • 89% 93/104 2501 ¶ 65/73 1456 • 87% 90/104 223 582 • 86% 19/22 506 ¶ 89/104 367
• 85% 35/41 2175 ¶ 86/101 2675 ¶ 78/92 2431 ¶ 88/104 1903 • 84% 84/100 1726 • 83%
86/103 2218 ¶ 85/102 1352 2691 ¶ 25/30 2777 ¶ 5/6 956 ¶ 86/104 105 1737 1828 1883 2221
2554 ¶ 85/103 1835 2423 • 82% 84/102 1767 1768 ¶ 83/101 312 ¶ 82/100 1508 ¶ 32/39 916 ¶
18/22 1101 ¶ 85/104 465 483 604 676 901 999 1354 1636 2261 2356 ¶ 80/98 699 ¶ 84/103 432 638
1022 1448 1746 1845 • 81% 44/54 2289 ¶ 22/27 2125 ¶ 70/86 1856 ¶ 83/102 1880 ¶ 74/91
1902 ¶ 52/64 1526 ¶ 13/16 2627 ¶ 82/101 302 378 757 1548 1609 1741 2080 ¶ 81/100 1075 ¶
76/94 2625 2799 ¶ 84/104 18 141 201 203 204 216 328 386 452 496 592 605 664 801 1058 1072 1073 1099
1100 1315 1482 1503 1617 1618 1619 1622 1628 1637 1643 1656 1732 1733 1740 1749 1763 1849 1854 1855
1860 1869 1892 1897 2191 2352 2488 2523 2704

•• 1409 (98 TESTST., DAVON 35 MIT MEHRHEITSTEXT, 2 MIT SINGULÄRLESART)

• 100% 9/9 1871 ¶ 3/3 1067 1904 ¶ 2/2 0244 0294 ¶ 1/1 093 0140 0165 0175 0189 1756 • 83%
5/6 2833 • 80% 4/5 0120 • 79% 15/19 506 • 70% 19/27 62 ¶ 14/20 1738 1858 • 69%
11/16 1899 2627 ¶ 24/35 2303 • 67% 10/15 1745 ¶ 6/9 2778 ¶ 4/6 956 ¶ 2/3 517 • 66%
42/64 2746 • 65% 15/23 1846 • 63% 26/41 2175 ¶ 62/98 2774 ¶ 12/19 314 • 62% 45/73
020 • 61% 60/98 218 ¶ 23/38 567 • 60% 59/98 808 ¶ 3/5 1115 ¶ 58/97 2483 ¶ 46/77
2587 ¶ 50/84 2201 • 59% 48/81 642 1723 ¶ 16/27 2777 ¶ 56/95 757 ¶ 23/39 916 ¶ 47/80
1856 ¶ 34/58 2712 ¶ 55/94 941 1508 1726 • 58% 56/96 1873 ¶ 57/98 5 18 149 201 203 440 456 824
1072 1103 1249 1503 1563 1595 1617 1628 1637 1643 1656 1740 2288 2352 2508 2554 ¶ 50/86 2431 ¶
18/31 624 ¶ 55/95 1609 ¶ 44/76 498 ¶ 56/97 1102 1746 ¶ 15/26 2626 ¶ 49/85 1864 ¶ 42/73
1752 • 57% 54/94 986 1075 ¶ 43/75 57 626 ¶ 56/98 35 141 142 204 216 228 386 394 496 634 1058
1100 1161 1315 1359 1404 1482 1618 1619 1636 1732 1733 1737 1749 1855 1865 1896 1897 2191 2261 2404
2466 2723

•• 1448 (103 TESTST., DAVON 71 MIT MEHRHEITSTEXT, 1 MIT SINGULÄRLESART)

• 100% 7/7 517 ¶ 6/6 956 ¶ 5/5 2833 ¶ 3/3 1067 1904 2671 ¶ 2/2 0244 0294 627 ¶ 1/1 P33
077 093 0140 0166 0189 1756 • 94% 59/63 1526 • 93% 96/103 483 ¶ 37/40 2175 • 92% 95/103
105 175 ¶ 94/102 1022 1835 ¶ 58/63 1889 ¶ 35/38 916 ¶ 78/85 1856 • 91% 86/94 2799 ¶
32/35 2303 ¶ 94/103 82 452 465 1103 1354 1636 1849 2131 ¶ 93/102 398 ¶ 92/101 479 ¶ 91/100
312 ¶ 90/99 1075 ¶ 20/22 1101 • 90% 76/84 1867 ¶ 19/21 506 ¶ 93/103 201 457 605 1072 1073
1503 1617 1619 1628 1637 1656 1740 2352 2523 ¶ 92/102 424 2423 ¶ 91/101 1352 ¶ 73/81 498 ¶
90/100 302 ¶ 81/90 308 1902 ¶ 72/80 626 ¶ 27/30 2777 ¶ 89/99 1508 ¶ 88/98 2475 ¶ 78/87
1277 • 89% 17/19 314 ¶ 59/66 172 ¶ 92/103 141 149 203 204 367 386 404 450 462 604 635 824 901
1040 1100 1149 1482 1618 1668 1733 1855 1865 1892 1897 2191 2221 2261 2466 2704 2723

•• 1456 (73 TESTST., DAVON 50 MIT MEHRHEITSTEXT, 0 MIT SINGULÄRLESART)

• 100% 6/6 956 2833 ¶ 3/3 1067 1904 ¶ 2/2 0244 2570 ¶ 1/1 077 093 0140 0189 0294 517 • 95%
69/73 1753 • 94% 51/54 1861 • 93% 14/15 1745 ¶ 68/73 582 ¶ 67/72 912 2279 • 92%
67/73 51 234 1250 2501 ¶ 66/72 1594 • 91% 62/68 42 ¶ 20/22 2777 • 90% 66/73 367 390
1863 ¶ 18/20 1858 ¶ 26/29 2378 • 89% 65/73 223 1405 ¶ 8/9 1871 ¶ 54/61 2431 • 88%
23/26 2289 2626 ¶ 64/73 1903 2511 ¶ 63/72 1003 ¶ 14/16 1899 2627 • 87% 62/71 1768 ¶
34/39 1762 ¶ 60/69 1726 ¶ 58/67 699 ¶ 45/52 2587 • 86% 63/73 450 1102 1883 2554 ¶ 44/51
498 ¶ 62/72 319 432 603 2218 2423 ¶ 61/71 1862 ¶ 60/70 312 ¶ 36/42 2746 ¶ 12/14 506 • 85%
53/62 642 ¶ 40/47 1839 ¶ 17/20 624 ¶ 62/73 102 105 189 604 901 1244 1354 1636 1643 1737 1828
1885 2221 2261 2466 ¶ 61/72 607 632 1746 1835 ¶ 44/52 626 ¶ 22/26 325 ¶ 60/71 1880 • 84%
27/32 1889 ¶ 59/70 302 378 757 1902 2080 ¶ 48/57 2180 ¶ 16/19 1738 ¶ 53/63 2484 ¶ 58/69
1075 ¶ 42/50 57 ¶ 21/25 2441 ¶ 47/56 1723 ¶ 57/68 308 337

•• 1490 (104 TESTST., DAVON 57 MIT MEHRHEITSTEXT, 2 MIT SINGULÄRLESART)

• 100% 7/7 517 ¶ 6/6 956 ¶ 3/3 1067 1904 ¶ 2/2 0244 0294 627 ¶ 1/1 P33 093 0140 0189 1756
• 89% 8/9 1871 • 86% 75/87 1758 • 85% 52/61 206 ¶ 17/20 1858 • 83% 5/6 2833 ¶
86/104 429 • 81% 81/100 1831 • 80% 16/20 1738 ¶ 12/15 1745 • 79% 81/102 522 ¶ 15/19
314 • 77% 20/26 2626 ¶ 23/30 2777 • 76% 77/101 1509 • 75% 12/16 1899 • 72% 39/54
2289 ¶ 75/104 1251 • 71% 72/101 2080 ¶ 62/87 642 • 70% 45/64 1526 ¶ 61/87 1723 ¶
70/100 1726 ¶ 49/70 2746 ¶ 72/103 468 1106 ¶ 71/102 1768 • 69% 25/36 1730 ¶ 70/101
363 ¶ 69/100 1761 ¶ 57/83 2587 ¶ 46/67 172 ¶ 24/35 2303 ¶ 37/54 325 • 68% 71/104 1099
2704 ¶ 43/63 1889 ¶ 58/85 1861 ¶ 15/22 506 ¶ 70/103 1248 ¶ 55/81 626 ¶ 21/31 624
• 67% 62/92 2431 2484 ¶ 68/101 302 444 630 1548 ¶ 66/98 606 ¶ 70/104 51 105 141 201 204 296

386 394 450 452 457 483 604 801 901 1058 1072 1100 1149 1250 1354 1482 1503 1617 1628 1637 1656 1733 1740 1749 1753 1763 1855 1876 1883 1897 1903 2221 2352 2466 2501

•• 1501 (104 TESTST., DAVON 61 MIT MEHRHEITSTEXT, 1 MIT SINGULÄRLESART)

• 100% 8/8 2797 ¶ 6/6 956 ¶ 3/3 1067 1904 ¶ 2/2 0244 0294 ¶ 1/1 P33 093 0140 0175 0189 1756 • 95% 19/20 1738 • 94% 15/16 1899 • 90% 18/20 1858 • 89% 32/36 1730 ¶ 8/9 1871 • 88% 23/26 2626 • 87% 13/15 1745 • 84% 16/19 314 • 83% 25/30 2777 ¶ 19/23 1846 • 80% 66/82 498 • 78% 57/73 1456 ¶ 74/95 319 • 77% 27/35 2303 ¶ 80/104 997 1903 ¶ 70/91 1902 ¶ 33/43 2004 • 76% 79/104 1643 1854 ¶ 74/98 1727 • 75% 43/57 466 ¶ 76/101 302 ¶ 78/104 250 393 454 464 1149 1354 1883 1885 2558 ¶ 75/100 1726 ¶ 77/103 1069 1717 1835 2086 ¶ 74/99 2475 ¶ 65/87 642 ¶ 59/79 1094 ¶ 47/63 1889 ¶ 76/102 1880 • 74% 73/98 699 ¶ 70/94 110 ¶ 75/101 312 ¶ 43/58 2712 ¶ 60/81 626 ¶ 77/104 1 105 296 450 451 457 605 1070 1242 1424 1849 1850 1869 1888 2131 2143 2191 2488 2705 ¶ 68/92 2484 ¶ 76/103 383 607 625 1106 1241 2423 ¶ 28/38 567 ¶ 75/102 1352 1768 1862 • 73% 58/79 1752 ¶ 74/101 1609 ¶ 30/41 2441 ¶ 76/104 51 189 221 327 330 452 656 794 1073 1107 1244 1622 1626 1649 1668 1860 2619

•• 1505 (104 TESTST., DAVON 55 MIT MEHRHEITSTEXT, 0 MIT SINGULÄRLESART)

• 100% 6/6 956 2833 ¶ 2/2 0244 0294 2570 ¶ 1/1 P33 066 077 0140 0189 1756 • 88% 92/104 2495 • 85% 35/41 2175 • 81% 74/91 1890 • 80% 4/5 1115 • 79% 31/39 916 ¶ 79/100 2138 • 77% 17/22 1101 • 75% 12/16 2627 • 73% 63/86 1856 ¶ 75/103 1611 • 72% 55/76 1747 ¶ 65/90 1610 • 71% 5/7 517 ¶ 74/104 436 1103 • 70% 62/88 1277 ¶ 45/64 1526 ¶ 19/27 62 ¶ 73/104 1292 1359 ¶ 66/94 2652 ¶ 51/73 365 • 69% 70/101 757 2080 ¶ 72/104 328 1892 2221 ¶ 67/97 913 ¶ 71/103 1022 1748 1859 • 68% 50/73 1456 ¶ 71/104 201 218 367 483 614 1072 1503 1617 1618 1628 1637 1656 1737 1740 1849 2191 2261 2352 ¶ 15/22 506 ¶ 68/100 1599 ¶ 70/103 97 1069 1521 1746 2218 ¶ 53/78 2718 ¶ 69/102 479 1862 2691 • 67% 62/92 2431 ¶ 68/101 1548 ¶ 64/95 319 ¶ 70/104 1 18 82 105 141 149 204 386 390 394 452 465 605 634 656 676 824 928 997 1100 1107 1354 1482 1622 1636 1718 1733 1763 1853 1855 1860 1865 1897 2466 2554 2704 2723

•• 1509 (101 TESTST., DAVON 57 MIT MEHRHEITSTEXT, 1 MIT SINGULÄRLESART)

• 100% 7/7 517 ¶ 6/6 956 ¶ 3/3 1067 1904 ¶ 2/2 0244 627 2570 ¶ 1/1 P33 077 093 0140 0175 0189 1756 • 89% 8/9 1871 • 85% 17/20 1738 • 84% 16/19 314 ¶ 85/101 429 • 83% 49/59 206 • 81% 68/84 1758 • 80% 80/100 522 ¶ 16/20 1858 ¶ 12/15 1745 ¶ 4/5 1115 2833 • 79% 23/29 2777 • 78% 18/23 1846 ¶ 43/55 2378 • 77% 40/52 2289 • 76% 26/34 2303 ¶ 61/80 2587 ¶ 77/101 1490 ¶ 64/84 642 1723 ¶ 51/67 2746 ¶ 76/100 1768 ¶ 19/25 2626 ¶ 63/83 1856 ¶ 72/95 2200 ¶ 74/98 757 • 75% 46/61 1526 ¶ 67/89 2431 ¶ 76/101 51 1618 1737 2261 ¶ 75/100 432 1746 2218 ¶ 66/88 1864 ¶ 57/76 1752 ¶ 53/71 1456 • 74% 73/98 1508 2080 ¶ 61/82 1861 ¶ 75/101 141 201 204 386 604 801 808 928 1058 1072 1100 1482 1503 1617 1628 1637 1656 1733 1740 1753 1855 1897 1903 2221 2352 2466 2554 ¶ 72/97 986 1761 ¶ 23/31 624 ¶ 66/89 308 ¶ 74/100 234 912 ¶ 73/99 2279 • 73% 72/98 444 ¶ 58/79 498 ¶ 44/60 309 ¶ 74/101 18 149 228 394 634 824 1040 1248 1249 1250 1400 1636 1732 1749 1763 1865 1876 1883 1892 2704 2723

•• 1524 (104 TESTST., DAVON 71 MIT MEHRHEITSTEXT, 1 MIT SINGULÄRLESART)

• 100% 7/7 517 ¶ 6/6 2833 ¶ 3/3 1067 1904 2671 ¶ 2/2 0244 0294 627 ¶ 1/1 P33 077 093 0140 0166 0189 • 97% 100/103 254 • 93% 96/103 398 • 91% 32/35 2303 ¶ 95/104 105 ¶ 94/103 1835 ¶ 20/22 506 • 90% 94/104 483 1354 ¶ 93/103 1022 ¶ 74/82 498 ¶ 37/41 2175 ¶ 91/101 312 ¶ 73/81 626 • 89% 17/19 314 ¶ 93/104 82 452 457 465 605 1073 1828 1849 ¶ 76/85 1867 ¶ 92/103 424 ¶ 91/102 479 ¶ 89/100 1075 ¶ 81/91 308 ¶ 88/99 2475 ¶ 72/81 57 ¶ 56/63 1889 ¶ 48/54 325 ¶ 32/36 1730 ¶ 24/27 2125 ¶ 8/9 1871 ¶ 62/70 1762 • 88% 92/104 450 462 635 1149 1636 1668 1736 1903 2131 2191 2523 ¶ 23/26 2626 ¶ 91/103 226 625 632 1521 2194 2815 ¶ 38/43 2004 ¶ 90/102 1352 1880 ¶ 82/93 1757 ¶ 89/101 302 2080 ¶ 88/100 910 ¶ 59/67 172 ¶ 80/91 1864 ¶ 86/98 699 ¶ 91/104 1 133 177 201 203 393 394 404 454 656 794 901 922 997 1072 1099 1107 1503 1617 1619 1628 1637 1656 1673 1734 1740 1870 2352 2356 2488

•• 1563 (104 TESTST., DAVON 68 MIT MEHRHEITSTEXT, 1 MIT SINGULÄRLESART)

• 100% 22/22 506 ¶ 8/8 2797 ¶ 6/6 956 2833 ¶ 3/3 096 1067 1904 ¶ 2/2 0244 0294 627 ¶ 1/1 P33 093 0140 0166 0189 1756 • 92% 11/12 2778 • 91% 20/22 1101 • 90% 37/41 2175 ¶ 77/86 1856 • 89% 93/104 203 1636 ¶ 92/103 1835 ¶ 89/100 1075 1508 ¶ 8/9 1871 ¶ 31/35 2303 • 88% 92/104 105 201 656 1072 1103 1503 1617 1619 1628 1637 1656 1740 2352 ¶ 91/103 1746 2218 ¶ 90/102 1880 ¶ 67/76 1747 ¶ 89/101 757 ¶ 80/91 308 1864 ¶ 91/104 18 141 142 149 204 386 452 454 483 604 634 824 997 1040 1073 1100 1315 1354 1482 1618 1673 1733 1737 1855 1865 1897 2191 2221 2261 2466 2554 2723 ¶ 56/64 1526 ¶ 14/16 1899 ¶ 7/8 2829 • 87% 90/103 398 1022 1748 ¶ 89/102 1352 2691 ¶ 88/101 444 ¶ 34/39 916 ¶ 87/100 910 986 ¶ 80/92 2431 ¶ 20/23 1846 ¶ 86/99 2475 ¶ 72/83 2587 ¶ 71/82 498 ¶ 90/104 82 133 205 393 394 450 457 496 605 928 1149 1249 1668 1732 1849 1885

•• 1594 (103 TESTST., DAVON 72 MIT MEHRHEITSTEXT, 0 MIT SINGULÄRLESART)

• 100% 7/7 517 ¶ 6/6 2833 ¶ 5/5 956 ¶ 3/3 1067 1904 ¶ 2/2 0244 0294 2570 ¶ 1/1 P33 077
093 0140 0189 1756 • 99% 99/100 2279 ¶ 84/85 1861 • 98% 101/103 1753 ¶ 100/102 912
• 97% 100/103 390 1863 ¶ 99/102 234 • 96% 99/103 1250 1405 ¶ 93/97 1003 • 95% 98/103
51 2511 ¶ 93/98 42 • 93% 14/15 1745 • 92% 66/72 1456 • 90% 19/21 1101 ¶ 93/103
2501 ¶ 36/40 2175 ¶ 27/30 2777 • 89% 92/103 223 ¶ 82/92 2431 ¶ 89/100 2675 • 88%
91/103 367 ¶ 89/101 1352 ¶ 88/100 1726 ¶ 14/16 1899 • 87% 90/103 105 582 1883 1903 2221
2554 ¶ 89/102 1835 2423 ¶ 74/85 1856 ¶ 47/54 2289 ¶ 33/38 916 • 86% 89/103 465 483 604
999 1354 1636 2261 ¶ 19/22 506 ¶ 88/102 1022 1448 2218 2691 ¶ 87/101 312 1880 ¶ 86/100 302
757 ¶ 80/93 2799 ¶ 85/99 1075 1508 ¶ 83/97 699 ¶ 77/90 1902 • 85% 88/103 18 141 201 203
204 216 386 452 496 592 605 638 801 1072 1099 1100 1315 1482 1503 1617 1618 1619 1622 1628 1637 1643 1656
1732 1733 1737 1740 1749 1763 1849 1854 1855 1860 1897 2191 2352 2523 2704

•• 1595 (104 TESTST., DAVON 66 MIT MEHRHEITSTEXT, 0 MIT SINGULÄRLESART)

• 100% 7/7 517 ¶ 6/6 956 2833 ¶ 3/3 P8 1067 1904 2671 ¶ 2/2 0244 0294 ¶ 1/1 P33 077 0140
0166 0175 0189 1756 • 96% 100/104 1270 ¶ 99/103 1598 • 95% 21/22 1101 • 94% 98/104
1297 • 93% 14/15 1745 • 92% 94/102 1743 • 91% 64/70 2746 ¶ 78/86 1893 • 90% 37/41
2175 ¶ 27/30 2777 ¶ 18/20 1858 • 89% 92/103 76 ¶ 8/9 1871 ¶ 31/35 2303 • 88% 69/78
400 ¶ 23/26 2626 ¶ 91/103 1102 ¶ 91/104 386 1100 1161 1619 1636 1733 1876 2554 ¶ 14/16
1899 ¶ 7/8 2829 • 87% 75/86 1856 ¶ 34/39 916 ¶ 87/100 1075 1508 ¶ 47/54 2289 ¶ 80/92
2431 ¶ 90/104 102 141 201 204 456 604 1058 1072 1482 1503 1617 1628 1637 1656 1732 1740 1749 1855
1897 2191 2352 • 86% 19/22 506 ¶ 88/102 1352 ¶ 50/58 2712 ¶ 87/101 796 2080 ¶ 89/104 105
149 189 394 634 801 824 1040 1249 1643 1865 2261 2466 2723 • 85% 88/103 1241 1746 1835 2218 2423 ¶
87/102 1597 ¶ 86/101 312 444 1548 ¶ 85/100 986 ¶ 74/87 1723

•• 1598 (103 TESTST., DAVON 65 MIT MEHRHEITSTEXT, 1 MIT SINGULÄRLESART)

• 100% 6/6 956 ¶ 5/5 2833 ¶ 3/3 P8 2671 ¶ 2/2 0244 0294 ¶ 1/1 P33 077 0140 0166 0175 1756
• 99% 102/103 1270 • 97% 100/103 1297 • 96% 99/103 1595 • 91% 20/22 1101 • 90%
62/69 2746 • 88% 68/77 400 ¶ 75/85 1893 ¶ 89/101 1743 ¶ 35/40 2175 • 87% 33/38
916 ¶ 26/30 2777 ¶ 13/15 1745 • 86% 88/102 76 1102 ¶ 30/35 2303 ¶ 18/21 506 ¶ 6/7 517
• 85% 88/103 102 386 1100 1161 1619 1636 1733 1876 ¶ 46/54 2289 ¶ 17/20 1858 ¶ 84/99 1075
1508 ¶ 72/85 1856 ¶ 77/91 2431 ¶ 22/26 2626 • 84% 87/103 141 201 204 456 604 1058 1072 1482
1503 1617 1628 1637 1656 1732 1740 1855 1897 2352 2554 ¶ 84/100 796 2080 ¶ 26/31 624 • 83%
86/103 105 149 189 394 634 801 824 1040 1249 1749 1865 2191 2261 2466 2723 ¶ 85/102 1241 1746 1835
2218 2423 ¶ 65/78 1752 ¶ 84/101 1352 1597 ¶ 81/100 444 1548 ¶ 78/94 2799 ¶ 82/99 986 ¶
81/98 2475 ¶ 85/103 18 328 437 465 483 664 1127 1315 1400 1404 1618 1643 1725 1849 2221 2255 2704

•• 1609 (101 TESTST., DAVON 68 MIT MEHRHEITSTEXT, 0 MIT SINGULÄRLESART)

• 100% 22/22 1101 ¶ 8/8 2829 ¶ 7/7 517 1871 ¶ 6/6 956 ¶ 3/3 1067 1904 2671 ¶ 2/2 0244
0294 ¶ 1/1 P33 093 0140 0166 0189 1756 2570 • 95% 39/41 2175 • 92% 36/39 916 • 91% 89/98
312 • 90% 91/101 203 216 1643 • 89% 90/101 105 483 1103 ¶ 57/64 1526 ¶ 89/100 398 1835
2483 ¶ 81/91 2799 ¶ 88/99 1352 ¶ 24/27 2125 ¶ 86/97 1508 ¶ 78/88 1902 • 88% 84/95
1727 ¶ 76/86 1856 ¶ 89/101 440 452 1073 1354 1636 2191 ¶ 88/100 424 1022 1241 2423 ¶ 87/99
1743 ¶ 86/98 935 2080 ¶ 85/97 1075 1726 ¶ 78/89 2431 ¶ 84/96 2475 ¶ 7/8 2797 • 87%
83/95 699 ¶ 48/55 2712 ¶ 88/101 82 142 201 205 393 454 456 457 464 465 496 592 605 901 1072 1149
1244 1404 1503 1617 1619 1628 1637 1656 1668 1673 1740 1828 1849 1903 2131 2352 2356 2523 2704 ¶
87/100 603 632 638 1722 1748 2218 ¶ 86/99 479 1880

•• 1610 (90 TESTST., DAVON 58 MIT MEHRHEITSTEXT, 2 MIT SINGULÄRLESART)

• 100% 6/6 956 ¶ 3/3 097 1067 1904 2671 ¶ 2/2 0244 ¶ 1/1 077 0140 0166 0189 0294 1756 • 95%
79/83 913 • 88% 79/90 1830 1853 • 86% 6/7 2829 • 82% 18/22 1101 • 80% 33/41 2175 ¶
72/90 2494 ¶ 4/5 517 ¶ 51/64 1832 • 79% 31/39 916 • 78% 69/89 2423 • 77% 67/87
2080 ¶ 69/90 142 483 ¶ 59/77 1890 • 76% 56/74 1856 ¶ 68/90 452 • 75% 67/89 1835 ¶
66/88 479 1352 ¶ 63/84 606 ¶ 39/52 1526 ¶ 65/87 312 1609 ¶ 41/55 172 • 74% 67/90 0142
105 203 226 436 592 604 614 876 1022 1103 1636 1765 1849 2243 2508 ¶ 64/86 2138 ¶ 58/78 2431 ¶
55/74 1277 ¶ 66/89 398 603 607 1521 1599 1611 ¶ 63/85 2475 ¶ 20/27 2125 ¶ 57/77 1066 ¶
62/84 1727 ¶ 59/80 2625 • 73% 66/90 056 82 141 189 201 204 386 393 455 634 914 922 1040 1070
1072 1100 1102 1244 1249 1354 1404 1482 1503 1617 1619 1628 1637 1643 1656 1673 1732 1733 1740 1855
1897 2131 2191 2352 2404 2473 2523 2704

•• 1611 (103 TESTST., DAVON 56 MIT MEHRHEITSTEXT, 1 MIT SINGULÄRLESART)

• 100% 6/6 956 ¶ 3/3 P8 097 2671 ¶ 2/2 0244 0294 2570 ¶ 1/1 P33 077 093 0140 0166 0175 0189
1756 • 87% 86/99 2138 • 84% 32/38 916 • 83% 75/90 1890 ¶ 5/6 2833 • 82% 84/103 1292

1524 1643 1668 1734 1750 1849 1862 1870 1885 1888 1903 ¶ 54/68 2475 ¶ 50/63 1731 ¶ 57/72 491 603 1717

•• 1853 (104 TESTST., DAVON 64 MIT MEHRHEITSTEXT, 0 MIT SINGULÄRLESART)

• 100% 3/3 097 1067 1904 2671 ¶ 2/2 0244 0294 ¶ 1/1 P33 077 0140 0166 0189 1756 • 88% 79/90 1610 ¶ 85/97 913 ¶ 7/8 2829 • 87% 90/104 1830 • 86% 19/22 1101 ¶ 6/7 517 • 83% 5/6 956 • 82% 32/39 916 • 80% 82/103 1835 2423 • 79% 81/102 479 ¶ 79/100 910 ¶ 82/104 105 483 1849 ¶ 81/103 1022 2194 ¶ 77/98 1727 • 78% 80/102 1597 ¶ 18/23 1846 ¶ 79/101 312 1609 2080 ¶ 32/41 2175 ¶ 81/104 82 203 635 1073 1354 1643 1828 2191 2356 2494 ¶ 77/99 337 2475 ¶ 7/9 1871 ¶ 80/103 398 424 • 77% 79/102 1352 ¶ 24/31 624 ¶ 68/88 1277 ¶ 78/101 302 ¶ 27/35 2303 ¶ 80/104 142 450 452 457 465 592 605 1040 1103 1854 1903 2131 ¶ 60/78 1832 ¶ 79/103 607 625 632 1241 1521 ¶ 33/43 2004 ¶ 72/94 2799 • 76% 78/102 1743 1880 ¶ 65/85 1867 ¶ 77/101 1548 ¶ 48/63 1731 1889 ¶ 76/100 1075 1599 ¶ 79/104 1 189 221 296 462 604 656 901 1070 1107 1149 1636 1668 1847 1865 1883 2404 2473 2523 2723

•• 1861 (85 TESTST., DAVON 57 MIT MEHRHEITSTEXT, 0 MIT SINGULÄRLESART)

• 100% 85/85 1250 ¶ 7/7 517 ¶ 6/6 2833 ¶ 3/3 1067 1101 1904 ¶ 2/2 0244 0294 ¶ 1/1 P33 077 093 0140 0189 1756 2570 • 99% 84/85 1594 ¶ 81/82 2279 • 98% 83/85 390 1753 ¶ 82/84 234 912 • 96% 82/85 1863 ¶ 76/79 1003 • 95% 21/22 2175 ¶ 81/85 1405 • 94% 51/54 1456 ¶ 80/85 51 2511 • 93% 14/15 1745 ¶ 27/29 2777 ¶ 79/85 42 • 91% 77/85 223 582 2501 • 90% 74/82 2675 ¶ 18/20 916 1858 • 89% 76/85 367 1726 ¶ 74/83 1352 ¶ 48/54 2289 ¶ 8/9 1871 • 88% 23/26 2626 ¶ 75/85 105 604 1099 2221 2261 2554 ¶ 74/84 603 1448 1835 ¶ 59/67 1856 ¶ 73/83 1743 ¶ 71/81 1508 ¶ 14/16 1899 ¶ 7/8 2125 • 87% 27/31 624 ¶ 74/85 141 201 204 312 386 432 465 483 592 801 922 986 1072 1075 1100 1251 1354 1482 1503 1617 1618 1628 1636 1637 1656 1732 1733 1740 1746 1749 1767 1855 1864 1865 1892 1897 1903 2131 2255 2352 2523 2691 2704 2723

•• 1863 (104 TESTST., DAVON 70 MIT MEHRHEITSTEXT, 0 MIT SINGULÄRLESART)

• 100% 7/7 517 ¶ 6/6 956 2833 ¶ 3/3 1067 1904 ¶ 2/2 0244 0294 2570 ¶ 1/1 P33 077 093 0140 0189 1756 • 98% 99/101 2279 • 97% 101/104 1753 ¶ 100/103 912 1594 • 96% 82/85 1861 ¶ 99/103 234 • 95% 99/104 390 1250 ¶ 93/98 1003 • 94% 98/104 51 1405 2511 • 93% 92/99 42 • 90% 66/73 1456 • 89% 93/104 2501 • 88% 92/104 223 ¶ 91/104 367 • 87% 88/101 2675 ¶ 26/30 2777 ¶ 13/15 1745 ¶ 90/104 582 1903 • 86% 19/22 506 ¶ 79/92 2431 • 85% 35/41 2175 ¶ 87/102 1352 ¶ 46/54 2289 ¶ 85/100 1726 ¶ 73/86 1856 ¶ 88/104 105 1883 2221 2554 • 84% 87/103 398 1835 2423 ¶ 86/102 1768 ¶ 79/94 2799 ¶ 87/104 18 203 216 394 465 483 496 604 999 1315 1354 1636 1869 2261 ¶ 82/98 699 • 83% 86/103 432 1022 1448 1746 2218 ¶ 85/102 1880 2691 ¶ 84/101 302 312 378 757 ¶ 83/100 1075 1508 ¶ 73/88 1277 ¶ 63/76 1747 ¶ 58/70 1762 2746 ¶ 53/64 1526 ¶ 86/104 141 201 204 386 440 452 592 605 928 1058 1072 1099 1100 1103 1404 1482 1503 1617 1618 1619 1622 1628 1637 1643 1656 1732 1733 1737 1740 1749 1828 1849 1854 1855 1860 1897 2131 2191 2352 2488 2523 2704

•• 1865 (104 TESTST., DAVON 72 MIT MEHRHEITSTEXT, 0 MIT SINGULÄRLESART)

• 100% 104/104 2723 ¶ 91/91 1864 ¶ 54/54 2289 ¶ 22/22 506 ¶ 20/20 1858 ¶ 16/16 1899 ¶ 15/15 1745 ¶ 7/7 517 ¶ 6/6 2833 ¶ 3/3 1067 1904 2671 ¶ 2/2 0244 0294 627 ¶ 1/1 P33 077 093 0140 0166 0189 1756 • 99% 103/104 201 1072 1503 1617 1628 1740 2352 ¶ 99/100 986 1075 1508 ¶ 86/87 1723 • 98% 56/57 2378 ¶ 102/104 141 149 204 386 824 1040 1100 1482 1636 1733 1855 1897 2255 2466 ¶ 101/103 1746 ¶ 84/86 1856 ¶ 81/83 2587 ¶ 40/41 2175 2441 • 97% 77/79 1752 ¶ 34/35 2303 ¶ 101/104 394 604 1249 1619 1732 2261 ¶ 100/103 1248 2218 ¶ 98/101 444 757 ¶ 89/92 2431 ¶ 9/30 2777 • 96% 100/104 634 664 801 1058 1618 1737 1749 1892 2221 2554 2704 ¶ 25/26 2626 ¶ 99/103 432 1748 ¶ 97/101 1548 • 95% 99/104 105 328 928 1400 1876 2653 ¶ 98/103 1652 ¶ 95/100 1761 ¶ 19/20 1738 ¶ 18/19 314 • 94% 98/104 18 1725 ¶ 97/103 1835 ¶ 96/102 1767 1768 2691

•• 1868 (104 TESTST., DAVON 65 MIT MEHRHEITSTEXT, 1 MIT SINGULÄRLESART)

• 100% 7/7 517 ¶ 6/6 956 2833 ¶ 3/3 P8 1067 1904 ¶ 2/2 0244 0294 ¶ 1/1 P33 077 0140 0175 0189 • 91% 20/22 506 • 89% 93/104 927 • 88% 90/102 1873 ¶ 7/8 2797 • 87% 90/104 489 1843 • 86% 19/22 1101 • 85% 35/41 2175 ¶ 23/27 2125 ¶ 88/104 2143 2288 • 84% 54/64 1526 ¶ 59/70 2746 • 83% 5/6 0120 ¶ 84/101 1609 ¶ 72/87 1729 ¶ 48/58 2712 ¶ 86/104 1849 1869 2404 2488 ¶ 71/86 1856 • 82% 84/102 479 ¶ 32/39 916 ¶ 72/88 1277 ¶ 85/104 105 483 1149 1297 1354 1636 1903 2508 2619 ¶ 80/98 699 ¶ 62/76 1747 ¶ 84/103 398 1022 1521 1746 1835 2423 ¶ 75/92 2431 • 81% 22/27 62 ¶ 83/102 1880 2691 ¶ 13/16 2627 ¶ 82/101 312 ¶ 73/90 2201 ¶ 81/100 1075 1508 1726 ¶ 84/104 201 203 216 296 452 457 465 605 1072 1103 1400 1503 1524 1595 1617 1619 1628 1637 1656 1668 1673 1736 1737 1740 1828 2191 2221 2352 2523 2704 ¶ 67/83 2587 ¶ 83/103 226 254 424 625 638 1069 1748 2194 2815

•• 1869 (104 TESTST., DAVON 73 MIT MEHRHEITSTEXT, 3 MIT SINGULÄRLESART)

• 100% 7/7 517 ¶ 6/6 956 ¶ 2/2 0244 0294 ¶ 1/1 P33 077 0140 0189 1756 • 92% 96/104 1903
2488 • 91% 95/104 2619 ¶ 20/22 506 • 89% 93/104 1883 • 88% 92/104 105 296 ¶ 90/102
2691 ¶ 89/101 302 ¶ 72/82 498 ¶ 71/81 626 ¶ 91/104 464 465 1104 1354 1849 ¶ 7/8 2797
• 87% 90/103 1835 ¶ 55/63 1889 ¶ 61/70 1762 ¶ 47/54 2289 ¶ 85/98 699 ¶ 90/104 457 483
605 1070 1636 1737 1828 2221 2473 • 86% 89/103 398 1022 1069 1746 ¶ 88/102 479 1750 1768 1880 ¶
87/101 378 1741 ¶ 86/100 1075 1508 ¶ 55/64 1526 ¶ 73/85 1867 ¶ 85/99 42 2475 ¶ 79/92
2431 2484 ¶ 78/91 1864 ¶ 54/63 1731 ¶ 42/49 602 ¶ 89/104 51 82 201 450 452 656 997 1072 1073
1149 1503 1617 1618 1619 1628 1637 1656 1740 2352 2523 ¶ 71/83 2587 ¶ 65/76 1747 • 85% 88/103
226 424 625 638 1521 1859 2194 2218 2423 ¶ 81/95 319 ¶ 75/88 1277 ¶ 86/101 312 757 2080 ¶ 69/81
57 ¶ 46/54 325 ¶ 23/27 2125

•• 1871 (9 TESTST., DAVON 5 MIT MEHRHEITSTEXT, 0 MIT SINGULÄRLESART)

• 100% 9/9 57 142 216 440 935 1311 1404 1409 1643 2086 2483 2774 2799 ¶ 8/8 460 ¶ 7/7 1609 ¶ 6/6
1758 1856 2303 ¶ 5/5 014 1762 ¶ 4/4 1899 2712 ¶ 3/3 1067 1904 ¶ 1/1 627 2772 • 89% 8/9 049
18 35 61 94 103 105 122 141 149 177 189 201 203 204 205 218 226 228 296 308 312 322 323 325 326 327 337 367
383 384 385 386 393 394 398 429 432 436 437 444 450 452 454 456 457 479 483 489 496 498 547 582 592 603 604
606 607 618 619 625 634 635 641 642 664 680 757 796 801 808 824 876 901 910 914 922 927 928 986 997 1040
1058 1072 1075 1099 1100 1102 1103 1105 1106 1161 1242 1244 1247 1248 1249 1250 1251 1315 1352 1354
1359 1367 1448 1456 1482 1490 1501 1503 1508 1509 1521 1524 1548 1563 1595 1597 1617 1618 1619 1626
1628 1636 1637 1642 1649 1656 1702 1717 1718 1721 1722 1723 1725 1726 1727 1732 1733 1736 1737 1738
1740 1742 1743 1746 1749 1752 1754 1757 1761 1763 1767 1768 1827 1832 1835 1837 1839 1843 1845 1846
1847 1849 1850 1855 1858 1861 1864 1865 1867 1876 1883 1889 1893 1894 1896 1897 1903 2080 2085 2131
2143 2191 2194 2201 2218 2221 2255 2261 2288 2289 2352 2356 2404 2466 2473 2475 2488 2492 2494 2501
2502 2508 2516 2523 2541 2554 2558 2587 2619 2626 2653 2696 2704 2705 2723 2737 2746 2777 2815 2816

•• 1873 (102 TESTST., DAVON 62 MIT MEHRHEITSTEXT, 0 MIT SINGULÄRLESART)

• 100% 7/7 517 ¶ 6/6 2833 ¶ 5/5 956 ¶ 3/3 P8 1067 1904 ¶ 2/2 0244 0294 ¶ 1/1 P33 093 0140
0175 0189 1756 • 95% 21/22 506 ¶ 97/102 1843 • 92% 94/102 2288 • 88% 90/102 927 1868 ¶
77/88 2201 ¶ 7/8 2797 • 87% 89/102 2143 • 86% 88/102 489 ¶ 54/63 1526 ¶ 18/21 1101
• 85% 34/40 2175 ¶ 22/26 2125 • 84% 32/38 916 ¶ 71/85 1856 • 83% 5/6 0120 ¶ 83/100
1609 ¶ 72/87 1277 ¶ 57/69 2746 • 82% 84/102 483 1149 1354 1849 ¶ 74/90 2431 ¶ 83/101
1069 ¶ 81/99 312 ¶ 54/66 172 ¶ 80/98 1726 ¶ 75/92 2799 • 81% 66/81 498 ¶ 57/70
1762 ¶ 83/102 1 105 450 605 1103 1636 1903 2404 ¶ 61/75 1747 ¶ 82/101 398 1022 1746 1835 2194
2423 ¶ 81/100 1880 ¶ 68/84 1867 ¶ 80/99 1075 ¶ 21/26 62 ¶ 79/98 1508 • 80% 66/82
2587 ¶ 82/102 82 93 142 201 203 367 393 452 454 465 1072 1244 1400 1503 1524 1617 1619 1628 1637 1656
1668 1740 1828 2191 2221 2352 2488 2523 2704 ¶ 78/97 2475 ¶ 81/101 226 254 424 625 1521 1748 2483
2691 2815

•• 1874 (104 TESTST., DAVON 65 MIT MEHRHEITSTEXT, 3 MIT SINGULÄRLESART)

• 100% 8/8 2797 ¶ 7/7 517 ¶ 6/6 956 ¶ 3/3 2671 ¶ 2/2 0244 0294 ¶ 1/1 P33 077 093 0140
0166 0189 1756 • 94% 29/31 624 • 93% 40/43 2004 • 92% 33/36 1730 • 90% 94/104 917
1877 ¶ 18/20 1738 • 89% 48/54 325 • 88% 43/49 602 ¶ 50/57 466 ¶ 7/8 2829 • 87%
90/103 424 ¶ 47/54 2289 ¶ 85/98 699 ¶ 90/104 2191 • 86% 89/103 1022 ¶ 19/22 1101 ¶
54/63 1889 ¶ 89/104 82 1073 1646 1668 1828 • 85% 88/103 1241 1835 2423 ¶ 87/102 458 1352
1880 ¶ 57/67 172 ¶ 17/20 1858 ¶ 88/104 105 462 605 794 1149 1424 1720 1851 1854 2131 ¶ 22/26
2626 • 84% 87/103 175 398 632 1845 ¶ 16/19 314 ¶ 85/101 302 312 ¶ 53/63 1731 ¶ 68/81
626 ¶ 67/80 256 ¶ 87/104 1 177 221 250 404 450 457 1107 1354 1885 1888 ¶ 82/98 1727 • 83%
85/102 479 1862 ¶ 25/30 2777 ¶ 84/101 378 ¶ 83/100 910 ¶ 82/99 025 337 2475 ¶ 53/64
1526 ¶ 86/104 133 203 393 452 454 465 483 656 919 1242 1734 1736 1849 1870 ¶ 85/103 625 1069 2194

•• 1875 (89 TESTST., DAVON 28 MIT MEHRHEITSTEXT, 4 MIT SINGULÄRLESART)

• 100% 3/3 P8 ¶ 2/2 956 ¶ 1/1 P33 096 0140 0175 0189 • 91% 10/11 1101 • 81% 71/88 181
• 79% 11/14 886 • 75% 6/8 2829 • 71% 5/7 517 • 67% 4/6 0120 ¶ 2/3 097 • 63% 10/16
2125 • 60% 36/60 1526 ¶ 15/25 916 ¶ 43/72 1893 • 59% 37/63 2718 • 58% 52/89 1739 ¶
32/55 81 • 57% 51/89 1891 ¶ 46/81 623 • 56% 15/27 2175 • 55% 49/89 436 ¶ 39/71
1856 ¶ 47/86 630 ¶ 48/88 104 • 54% 48/89 322 323 945 ¶ 35/65 172 • 53% 31/58 365 ¶
47/88 459 ¶ 44/83 2201 ¶ 47/89 5 • 52% 46/88 2344 ¶ 38/73 33 ¶ 44/85 08 1890 ¶ 46/89
1842 1868 ¶ 34/66 400 • 51% 38/75 642 ¶ 37/73 1277 ¶ 45/89 93 621 927 1162 1704 2138 2288
2737 • 50% 44/88 431 619 ¶ 43/86 935 1609 ¶ 6/12 2778 ¶ 2/4 048 2833 ¶ 1/2 0244 0294 2570
• 49% 44/89 02 6 218 437 489 1058 1297 1315 1400 1404 1563 1595 1843 1877 2143 2298 2516 ¶ 43/87
444 1873 2502 ¶ 41/83 1884 2200 ¶ 43/88 1598 2483 ¶ 42/86 1894 ¶ 41/84 1838 ¶ 38/78

1902 ¶ 37/76 256 2772 ¶ 17/35 2464 • 48% 43/89 76 142 203 440 496 634 665 808 917 1175 1270 1398 1619 1636 1673 1720 1874 2541

•• 1877 (104 TESTST., DAVON 64 MIT MEHRHEITSTEXT, 1 MIT SINGULÄRLESART)

• 100% 7/7 517 ¶ 6/6 956 ¶ 3/3 2671 ¶ 2/2 0244 0294 ¶ 1/1 P33 077 093 0140 0166 0189 1756 • 95% 19/20 1858 • 94% 15/16 1899 • 93% 28/30 2777 ¶ 14/15 1745 • 92% 24/26 2626 ¶ 33/36 1730 • 91% 49/54 2289 • 90% 94/104 1874 ¶ 28/31 624 ¶ 18/20 1738 • 89% 48/54 325 • 88% 38/43 2004 ¶ 7/8 2797 2829 • 86% 54/63 1889 ¶ 42/49 602 ¶ 89/104 917 • 85% 57/67 172 • 84% 52/62 309 ¶ 87/104 105 • 83% 86/103 424 ¶ 84/101 312 ¶ 53/64 1526 ¶ 86/104 1668 2131 2523 ¶ 81/98 699 ¶ 76/92 2431 2484 ¶ 85/103 398 1022 1835 ¶ 52/63 1731 • 82% 47/57 466 2378 ¶ 84/102 1352 ¶ 18/22 1101 ¶ 85/104 82 462 1149 1354 1636 1828 2191 2558 2705 ¶ 71/87 642 1723 ¶ 84/103 226 603 1845 2815 • 81% 83/102 479 2691 ¶ 74/91 1864 ¶ 82/101 302 1548 ¶ 81/100 1075 1726 ¶ 64/79 1752 ¶ 76/94 2625 ¶ 84/104 1 93 177 201 203 393 450 452 454 457 465 483 605 919 922 1072 1073 1503 1617 1619 1626 1628 1637 1656 1673 1736 1740 1749 1849 1885 2352 2404 2466 2492 2508 2516 2704

•• 1884 (98 TESTST., DAVON 35 MIT MEHRHEITSTEXT, 7 MIT SINGULÄRLESART)

• 100% 3/3 096 ¶ 2/2 0244 ¶ 1/1 P33 0140 0166 0189 0294 1756 • 87% 85/98 08 • 83% 5/6 956 • 73% 8/11 2778 • 67% 4/6 0120 ¶ 2/3 048 1115 2671 • 58% 36/62 1526 ¶ 18/31 2464 • 57% 16/28 624 ¶ 4/7 517 • 56% 34/61 172 • 55% 52/94 1894 ¶ 21/38 2441 • 54% 44/81 642 ¶ 52/96 630 ¶ 53/98 2541 ¶ 43/80 1856 • 53% 47/88 110 ¶ 52/98 1739 • 52% 11/21 1101 ¶ 51/98 5 2737 ¶ 49/95 444 • 51% 46/90 43 ¶ 23/45 602 ¶ 50/98 436 1103 1563 2221 2298 2704 ¶ 49/96 104 ¶ 49/97 175 1448 2344 2483 • 50% 49/98 93 142 203 228 322 452 634 664 824 945 1058 1315 1400 1763 ¶ 48/96 323 2691 ¶ 43/86 1902 ¶ 40/80 623 ¶ 39/78 2587 ¶ 35/70 1747 ¶ 34/68 1852 ¶ 29/58 1889 ¶ 20/40 2175 ¶ 19/38 916 ¶ 13/26 2125 ¶ 9/18 P45 ¶ 3/6 2833 • 49% 48/97 398 424 459 638 1069 1106 1746 1835 2218 2815 ¶ 47/95 312 757 1548 1609 2401 ¶ 46/93 699 ¶ 44/89 1066 ¶ 42/85 308 ¶ 41/83 1875 ¶ 39/79 1867 ¶ 28/57 206 ¶ 26/53 2378 ¶ 48/98 044 18 35 105 133 141 149 201 204 328 386 394 404 440 457 462 483 592 604 605 665 680 928 1072 1073 1099 1100 1251 1354 1404 1482 1503 1617 1618 1628 1636 1637 1656 1732 1733 1740 1744 1828 1855 1876 1885 1897 1903 2261 2352 2356 2554

•• 1886 (103 TESTST., DAVON 69 MIT MEHRHEITSTEXT, 3 MIT SINGULÄRLESART)

• 100% 8/8 2829 ¶ 7/7 517 ¶ 6/6 956 ¶ 5/5 2833 ¶ 3/3 2671 ¶ 2/2 0244 627 ¶ 1/1 P33 077 093 0140 0166 0189 1756 • 92% 95/103 1240 • 91% 20/22 1101 • 89% 34/38 916 ¶ 92/103 105 ¶ 91/102 1022 1835 ¶ 89/100 312 ¶ 56/63 1526 ¶ 32/36 1730 • 88% 91/103 82 450 452 605 914 1073 1354 ¶ 90/102 424 632 ¶ 88/100 302 ¶ 58/66 172 ¶ 43/49 602 ¶ 70/80 626 ¶ 35/40 2175 ¶ 7/8 2797 • 87% 90/103 133 457 462 465 483 794 1149 1668 1849 ¶ 89/102 398 625 ¶ 55/63 1889 ¶ 88/101 458 479 1880 ¶ 27/31 624 ¶ 47/54 325 ¶ 85/98 2475 ¶ 78/90 308 ¶ 65/75 1747 ¶ 84/97 699 • 86% 89/103 1 203 656 919 922 1103 1242 1636 1673 1828 1870 1888 2191 2558 ¶ 70/81 498 ¶ 88/102 175 1069 1241 1748 2423 ¶ 75/87 1277 ¶ 87/101 1352 ¶ 81/94 319 ¶ 37/43 2004 ¶ 67/78 1094 ¶ 85/99 910 1075 ¶ 84/98 491 ¶ 78/91 2431 2484 ¶ 18/21 506 ¶ 59/69 1762 • 85% 88/103 201 221 250 393 454 635 1072 1107 1244 1503 1617 1619 1622 1628 1637 1656 1720 1734 1740 1851 1854 1860 1885 2131 2352 2356 2523

•• 1890 (91 TESTST., DAVON 47 MIT MEHRHEITSTEXT, 1 MIT SINGULÄRLESART)

• 100% 5/5 2833 ¶ 3/3 097 2671 ¶ 2/2 0244 0294 956 2570 ¶ 1/1 P33 066 077 0166 0189 1756 • 91% 81/89 2138 • 86% 6/7 517 • 83% 75/90 1611 • 81% 22/27 916 ¶ 74/91 1505 • 80% 12/15 2627 • 79% 23/29 2175 ¶ 72/91 2495 • 77% 47/61 1526 ¶ 59/77 1610 • 76% 67/88 913 ¶ 69/91 614 1292 • 74% 64/87 2652 • 73% 66/91 436 2412 • 71% 25/35 2303 ¶ 5/7 2797 2829 • 70% 45/64 1747 ¶ 52/74 1856 • 69% 63/91 76 1853 ¶ 61/89 1743 • 68% 41/60 1456 ¶ 56/82 1867 ¶ 62/91 142 914 1722 1763 2143 ¶ 45/66 2718 ¶ 51/75 1277 ¶ 49/72 1852 ¶ 57/84 1723 ¶ 61/90 97 54/80 2587 • 67% 60/89 312 1862 2080 ¶ 55/82 1861 ¶ 61/91 044 1 367 390 997 1103 1622 1830 1860 2221 2554 ¶ 59/88 1609 ¶ 60/90 234 632 912 1240 1835 2691 ¶ 56/84 2201 ¶ 14/21 506 ¶ 2/3 P8 1067 1904 • 66% 59/89 1352 1873 ¶ 57/86 2475 ¶ 45/68 2746 ¶ 43/65 172 ¶ 60/91 93 105 203 221 250 386 393 452 454 483 625 634 638 656 1100 1149 1244 1250 1400 1448 1594 1618 1636 1668 1673 1733 1753 1828 1885 1888 2191 2261 2494 2523 2541 2558 2704

•• 1891 (104 TESTST., DAVON 32 MIT MEHRHEITSTEXT, 2 MIT SINGULÄRLESART)

• 100% 3/3 096 ¶ 2/2 0244 0294 1728 ¶ 1/1 P33 0140 0175 0189 1756 • 91% 95/104 1739 • 85% 83/98 2200 • 83% 5/6 956 • 81% 82/101 630 • 79% 82/104 945 • 77% 80/104 1704 • 72% 75/104 2298 • 71% 5/7 517 • 67% 70/104 429 ¶ 41/61 206 ¶ 8/12 2778 ¶ 6/9 1871 ¶ 4/6 0120 ¶ 2/3 1067 1904 • 65% 66/102 323 522 • 64% 67/104 322 • 63% 64/101 1509 ¶ 64/102 1751 ¶ 60/96 610 • 61% 62/101 180 • 60% 3/5 1115 ¶ 62/104 307 1678 2818 • 59% 61/104 453 ¶ 51/87 1758 • 58% 11/19 314 ¶ 60/104 94 436 • 57% 51/89 1875 ¶

59/104   228 ¶ 51/90 2201 • 56% 55/98   606 ¶ 56/100   641 ¶ 48/86   1893 ¶ 58/104   5 ¶ 55/99
2805 • 55% 47/85   623 ¶ 43/78   441 ¶ 55/100   1894 ¶ 57/104   1490 1842 • 54% 56/103   431
1642 ¶   54/100   1831 ¶ 56/104   218 467 ¶ 42/78   2718 • 53% 55/104   103 2737 ¶   37/70   81 ¶
30/57   2378 • 52% 45/86   1856 ¶ 12/23   1846 ¶ 53/102   104 1768 ¶   54/104   35 621 808 1595 1718
1765 1843 1868 ¶   28/54   2289 • 51% 53/103   1598 ¶ 52/101   1609 ¶   18/35   2464 ¶ 50/98   699 ¶
53/104   456 876 1270 1359 2143 ¶ 34/67   172 ¶ 44/87   642 • 50% 52/103   459 619 1748 2344 ¶
52/104   6 489 634 917 1297 1315 1404 1737 1853 2288 2374 2541

•• 1892 (104 TESTST., DAVON 72 MIT MEHRHEITSTEXT, 0 MIT SINGULÄRLESART)

• 100% 7/7   517 ¶ 6/6   956 2833 ¶ 3/3   2671 ¶ 2/2   0244 0294 ¶ 1/1   P33 077 093 095 0140 0166
0189 1756 • 98% 89/91   1864 ¶ 40/41   2175 • 97% 101/104   201 1072 1503 1617 1628 1637 1656
1740 2352 ¶   97/100   1508 ¶ 84/87   1723 ¶ 83/86   1856 • 96% 52/54   2289 ¶ 100/104   141 149 204
386 824 1100 1482 1636 1733 1855 1865 1897 2466 2723 ¶   99/103   1746 ¶ 97/101   757 ¶ 96/100   986
1075 • 95% 21/22   506 ¶   99/104   394 604 1249 1619 1732 2261 ¶ 98/103   1248 2218 ¶ 79/83
2587 ¶ 39/41   2441 ¶ 96/101   444 ¶ 19/20   1858 ¶ 75/79   1752 ¶ 54/57   2378 ¶ 87/92   2431
• 94% 33/35   2303 ¶ 98/104   328 634 664 801 1040 1058 1618 1737 1749 2221 2255 2554 2704 ¶ 97/103
1748 ¶ 95/101   1548 ¶ 29/31   624 • 93% 28/30   2777 ¶ 14/15   1745 ¶ 97/104   105 928 1400 1876
2653 ¶ 96/103   432 ¶ 95/102   2691 ¶ 93/100   1761 • 92% 96/104   18 1725 ¶ 95/103   1835 ¶
59/64   1526 ¶ 94/102   1767 1768 ¶ 93/101   2080 ¶ 58/63   1889 ¶ 11/12   2778 • 91% 95/104   452
483 1354

•• 1893 (86 TESTST., DAVON 53 MIT MEHRHEITSTEXT, 0 MIT SINGULÄRLESART)

• 100% 19/19   1101 ¶ 6/6   517 956 2833 ¶ 3/3   P8 1067 1904 ¶ 2/2   2671 ¶ 1/1   P33 0140 0175
0189 0244 1756 • 94% 31/33   2175 ¶ 29/31   916 • 91% 78/86   1595 • 89% 8/9   1871 • 88%
76/86   1270 ¶ 75/85   1598 ¶ 74/84   1827 ¶ 42/48   2712 ¶ 14/16   506 • 87% 75/86   1297 ¶ 65/75
2201 • 86% 25/29   2303 ¶ 74/86   437 ¶ 60/70   1856 ¶   6/7   2829 • 85% 17/20   2125 • 84%
72/86   386 619 1100 1162 1619 1636 1733 ¶   66/79   2431 • 83% 70/84   1743 ¶ 68/82   1075 1508 ¶
57/69   400 ¶ 71/86   141 201 204 604 1058 1072 1161 1482 1503 1617 1628 1637 1656 1732 1740 1855 1876
1897 2288 2352 2466 2554 • 82% 69/84   2502 ¶ 46/56   2746 ¶ 68/83   444 1548 2080 ¶   18/22
886 ¶   9/11   2627 ¶ 62/76   308 • 81% 70/86   18 105 149 394 456 634 824 1040 1249 1749 1849 1865
2191 2261 2704 2723 ¶ 69/85   76 1248 1746 1835 2218 ¶   68/84   796 1352 1768 ¶ 67/83   941 ¶ 50/62
2718 ¶ 58/72   1723 • 80% 66/82   986 1726

•• 1894 (100 TESTST., DAVON 63 MIT MEHRHEITSTEXT, 1 MIT SINGULÄRLESART)

• 100% 22/22   1101 ¶ 6/6   956 2833 ¶ 3/3   1067 1904 ¶ 2/2   0244 0294 ¶ 1/1   P33 077 093 0140
0166 0189 1756 • 90% 54/60   1526 ¶ 35/39   2175 • 89% 8/9   1871 • 88% 72/82   1856 ¶ 7/8
2829 • 87% 33/38   916 • 86% 86/100   82 203 ¶ 85/99   1835 ¶   72/84   1277 ¶ 12/14   2627 ¶ 6/7
517 • 85% 63/74   1747 ¶ 80/94   699 ¶ 85/100   105 483 2541 ¶ 74/87   308 ¶ 84/99   424 632
1022 ¶ 83/98   1352 ¶ 55/65   172 ¶ 82/97   312 • 84% 70/83   642 ¶ 84/100   450 462 635 1073 1103
1354 1668 1849 2131 2191 ¶ 68/81   1867 ¶ 73/87   1902 ¶ 82/97   2431 • 83% 175 398 603 ¶ 82/98   479 • 83%
80/96   2475 ¶ 55/66   1762 ¶ 10/12   2778 ¶ 79/95   337 ¶ 83/100   177 393 452 454 457 465 496 605
919 1099 1315 2356 ¶ 82/99   625 638 1069 1241 1448 2423 ¶ 81/98   1105 1880 • 82% 80/97   2080 ¶
79/96   910 ¶ 82/100   142 221 367 404 440 592 604 618 634 1149 1244 1636 1828 1847 1854 1888 2466 2492
2523

•• 1896 (104 TESTST., DAVON 67 MIT MEHRHEITSTEXT, 0 MIT SINGULÄRLESART)

• 100% 6/6   2833 ¶ 3/3   1067 1904 2671 ¶ 2/2   0244 0294 ¶ 1/1   077 0140 0166 0189 1756 • 91%
20/22   506 • 89% 8/9   1871 • 88% 36/41   2175 ¶ 14/16   2627 ¶ 7/8   2797 • 87% 20/23   1846
• 86% 89/104   1103 • 85% 87/102   1743 ¶ 33/39   916 • 84% 85/100   312 ¶ 84/100   1726 ¶
87/104   203 2131 • 83% 86/103   1448 ¶ 85/102   1352 ¶ 25/30   2777 ¶ 5/6   956 ¶ 78/94   2799 ¶
58/70   2746 ¶ 86/104   483 1849 2191 ¶ 85/103   1835 • 82% 75/91   1902 ¶ 84/102   479 ¶ 18/22
1101 ¶ 85/104   35 105 1315 2404 ¶ 84/103   398 603 638 1022 2423 2483 ¶ 75/92   2431 • 81% 70/86
1856 ¶ 52/64   1526 ¶ 82/101   1609 ¶ 69/85   1861 1867 ¶ 81/100   1599 ¶ 47/58   2712 ¶   76/94
110 ¶ 84/104   82 216 452 456 496 592 604 1070 1149 1249 1250 1354 1636 1668 2508 2523 2704 ¶ 80/99
2475 ¶ 21/26   2626 ¶ 67/83   2587 ¶ 25/31   624 ¶ 83/103   76 175 424 625 912 1521 1594 ¶ 29/36
1730 • 80% 70/87   1723 ¶ 82/102   1767 ¶ 81/101   2080 ¶ 80/100   1075 1508 ¶ 56/70   1762 ¶
12/15   1745 ¶ 4/5   1115 ¶   83/104   1 18 51 141 142 189 201 204 386 394 440 457 465 605 634 801 919 1072
1073 1100 1127 1482 1503 1595 1617 1619 1628 1637 1643 1656 1673 1732 1733 1740 1749 1763 1854 1855
1876 1897 2085 2221 2261 2352 2554

•• 2085 (104 TESTST., DAVON 70 MIT MEHRHEITSTEXT, 0 MIT SINGULÄRLESART)

• 100% 22/22   506 ¶ 7/7   517 ¶ 6/6   956 2833 ¶ 3/3   2671 ¶ 2/2   0244 0294 ¶ 1/1   P33 093 0140
0166 0189 1756 • 93% 87/94   2799 • 92% 35/38   567 • 91% 32/35   2303 • 90% 91/101   312
• 89% 93/104   483 ¶ 8/9   1871 • 88% 92/104   142 2131 ¶   91/103   398 638 2423 2483 ¶ 83/94

110 ¶ 59/67 172 ¶ 86/98 699 ¶ 36/41 2175 ¶ 71/81 626 ¶ 91/104 105 203 440 452 456 465 1404 1636 2554 ¶ 56/64 1526 ¶ 7/8 2797 • 87% 90/103 424 1022 1835 ¶ 89/102 1352 1880 ¶ 61/70 1762 ¶ 27/31 624 ¶ 87/100 1075 1508 ¶ 80/92 2431 ¶ 86/99 337 ¶ 72/83 2587 ¶ 90/104 18 82 177 201 216 394 457 496 605 656 1072 1073 1149 1315 1354 1503 1617 1618 1619 1628 1637 1649 1656 1668 1673 1740 1885 2191 2352 • 86% 89/103 175 226 254 603 1069 1241 1746 1748 2218 ¶ 70/81 57 ¶ 88/102 1750 1862 2691 ¶ 75/87 1723 ¶ 87/101 302 757 ¶ 68/79 1094 1752

•• 2138 (100 TESTST., DAVON 49 MIT MEHRHEITSTEXT, 2 MIT SINGULÄRLESART)

• 100% 3/3 097 956 ¶ 2/2 0244 0294 2570 ¶ 1/1 P33 066 077 0140 0189 1756 • 91% 81/89 1890 • 88% 7/8 2829 • 87% 86/99 1611 • 83% 5/6 2833 • 80% 28/35 916 • 79% 79/100 1505 • 76% 48/63 1526 ¶ 76/100 2495 ¶ 28/37 2175 • 74% 64/86 1610 ¶ 74/100 614 ¶ 14/19 1101 • 73% 68/93 913 • 72% 72/100 1292 • 71% 5/7 517 ¶ 71/100 1853 2412 ¶ 17/24 2125 • 69% 69/100 044 436 • 68% 68/100 1830 ¶ 61/90 2652 • 67% 55/82 1856 ¶ 10/15 2627 ¶ 2/3 P8 2671 • 65% 55/84 1277 ¶ 65/100 1 2143 ¶ 64/99 76 1448 • 64% 63/98 1743 1873 ¶ 54/84 1867 ¶ 43/67 172 ¶ 64/100 367 483 634 876 1103 1149 1250 1765 1849 2705 ¶ 55/86 1723 2201 ¶ 62/97 312 1609 2080 ¶ 46/72 1747 1852 ¶ 63/99 226 1022 1835 ¶ 14/22 506 ¶ 47/74 2718 • 63% 57/90 2625 ¶ 62/98 1352 ¶ 55/87 1066 2772 ¶ 60/95 2475 ¶ 53/84 1861 ¶ 63/100 82 93 105 142 203 221 296 328 386 390 457 465 605 1040 1100 1354 1400 1626 1636 1668 1733 1828 1843 2191 2261 2288 2404 2473 2523 2541 2704

•• 2143 (104 TESTST., DAVON 63 MIT MEHRHEITSTEXT, 0 MIT SINGULÄRLESART)

• 100% 7/7 517 ¶ 6/6 956 ¶ 3/3 P8 097 1067 1904 ¶ 2/2 0244 0294 ¶ 1/1 P33 093 0140 0175 0189 1756 • 89% 93/104 1843 ¶ 80/90 2201 ¶ 8/9 1871 • 88% 7/8 2797 • 87% 89/102 1873 ¶ 90/104 927 • 86% 19/22 506 ¶ 89/104 2288 • 85% 88/104 1868 • 84% 59/70 2746 ¶ 87/104 489 • 83% 5/6 2833 ¶ 84/101 1609 ¶ 53/64 1526 ¶ 29/35 2303 • 82% 82/100 1726 ¶ 18/22 1101 ¶ 85/104 483 ¶ 62/76 1747 • 81% 82/101 312 1548 2080 ¶ 69/85 1867 ¶ 64/79 1752 ¶ 76/94 2799 ¶ 84/104 1 105 142 393 454 1103 1149 1354 1636 1849 2131 2191 2558 ¶ 80/99 2475 ¶ 21/26 2626 ¶ 67/83 2587 ¶ 83/103 398 1022 1069 1835 ¶ 54/67 172 • 80% 70/87 1723 ¶ 66/82 498 ¶ 33/41 2175 ¶ 82/102 1750 1880 2691 ¶ 74/92 2431 ¶ 81/101 1741 ¶ 69/86 1856 ¶ 80/100 1075 1508 ¶ 4/5 1115 ¶ 83/104 82 201 203 205 216 296 437 450 452 457 465 605 997 1072 1244 1404 1503 1617 1619 1628 1637 1643 1656 1668 1673 1737 1740 2221 2352 2404 2523 2704

•• 2147 (104 TESTST., DAVON 65 MIT MEHRHEITSTEXT, 10 MIT SINGULÄRLESART)

• 100% 6/6 2833 ¶ 2/2 0244 0294 627 2570 ¶ 1/1 P33 077 0140 0189 1756 • 88% 7/8 2797 • 86% 6/7 517 • 83% 5/6 956 • 80% 4/5 1115 ¶ 75/94 2652 • 77% 17/22 506 • 75% 48/64 1526 ¶ 12/16 2627 ¶ 6/8 2829 • 74% 14/19 314 • 73% 75/103 383 • 71% 50/70 1762 ¶ 29/41 2175 ¶ 60/85 1867 • 70% 62/88 1277 ¶ 57/81 626 ¶ 19/27 62 ¶ 73/104 1292 • 69% 72/104 1849 ¶ 27/39 916 ¶ 71/103 1859 ¶ 59/86 1856 ¶ 48/70 2746 ¶ 24/35 2303 • 68% 26/38 567 ¶ 71/104 421 605 1149 1354 1622 1673 1860 2404 ¶ 56/82 498 ¶ 58/85 1861 ¶ 64/94 2625 ¶ 70/103 254 1022 1069 1748 ¶ 59/87 1723 ¶ 69/102 479 608 1743 ¶ 50/74 920 • 67% 56/83 2587 ¶ 68/101 302 312 1609 2080 ¶ 66/98 699 ¶ 64/95 319 ¶ 70/104 105 296 450 452 465 483 614 656 922 1070 1636 1734 2131 2488 2619 ¶ 51/76 1747 ¶ 49/73 1456 ¶ 67/100 1075 1599 ¶ 61/91 1864 ¶ 59/88 2180 ¶ 69/103 398 632 638 912 1240 1521 1746 1835 ¶ 68/102 1862 1880 2691 ¶ 66/99 2475 ¶ 24/36 1730 ¶ 20/30 2777 ¶ 6/9 1871 ¶ 2/3 P8 096 097 1067 1904 2671

•• 2200 (98 TESTST., DAVON 39 MIT MEHRHEITSTEXT, 0 MIT SINGULÄRLESART)

• 100% 6/6 956 ¶ 3/3 096 1067 1904 ¶ 2/2 0244 0294 627 ¶ 1/1 P33 0140 0175 0189 1756 • 93% 88/95 630 • 85% 83/98 1891 • 81% 79/98 1739 • 80% 78/98 429 • 78% 7/9 1871 • 77% 74/96 522 ¶ 75/98 945 1704 • 76% 72/95 1509 • 74% 71/96 1751 • 73% 40/55 206 • 72% 71/98 2298 ¶ 60/83 1758 • 71% 5/7 517 • 67% 8/12 2778 ¶ 4/6 2833 • 66% 65/98 1490 • 65% 15/23 1846 ¶ 61/94 1831 • 64% 63/98 228 ¶ 60/94 1894 ¶ 14/22 506 • 63% 12/19 314 • 62% 61/98 322 ¶ 57/92 606 ¶ 58/94 641 • 61% 59/96 323 ¶ 49/80 1856 ¶ 60/98 436 • 60% 59/98 218 636 ¶ 48/80 1893 ¶ 12/20 1738 ¶ 9/15 1745 ¶ 3/5 1115 ¶ 50/84 2201 • 59% 57/96 1768 ¶ 48/81 642 ¶ 16/27 2125 ¶ 58/98 1247 1251 1315 1563 1718 1737 2541 ¶ 13/22 1101 ¶ 56/95 2080 ¶ 30/51 2378 ¶ 57/97 180 2218 ¶ 55/94 941 1508 • 58% 53/91 610 ¶ 57/98 18 35 51 103 307 453 496 634 808 928 1359 1595 1618 1883 2191 ¶ 51/88 110 308 ¶ 55/95 757 ¶ 44/76 1747 ¶ 56/97 432 459 912 1746 ¶ 42/73 1456 • 57% 55/96 2696 ¶ 56/98 141 189 201 204 386 394 440 547 604 664 1058 1072 1100 1404 1482 1503 1617 1628 1637 1643 1656 1733 1740 1749 1753 1855 1863 1869 1876 1897 2221 2261 2352 2374 2466 2501 2511 2554 2818

•• 2201 (90 TESTST., DAVON 52 MIT MEHRHEITSTEXT, 1 MIT SINGULÄRLESART)

• 100% 11/11 886 ¶ 8/8 1101 ¶ 7/7 517 ¶ 6/6 2833 ¶ 5/5 956 ¶ 3/3 097 1067 1904 ¶ 2/2 0244 0294 ¶ 1/1 P8 P33 093 0140 0175 0189 1756 • 90% 81/90 1843 • 89% 80/90 2143 ¶ 8/9

1871 • 88% 79/90 489 ¶ 77/88 1873 • 87% 78/90 2288 ¶ 65/75 1893 • 86% 77/90 927
• 85% 23/27 2175 ¶ 61/72 1856 • 83% 75/90 437 1404 1595 • 82% 61/74 1277 ¶ 74/90
142 ¶ 50/61 1526 ¶ 18/22 506 ¶ 67/82 2431 ¶ 71/87 1609 • 81% 70/86 1508 ¶ 65/80
2799 ¶ 52/64 172 ¶ 69/85 1729 ¶ 73/90 5 201 203 205 440 483 496 1058 1072 1270 1315 1503 1617
1618 1619 1628 1636 1637 1643 1656 1737 1740 1746 1854 1868 2352 ¶ 72/89 1102 1598 2194 2483 ¶
71/88 1597 1827 2696 ¶ 50/62 1747 • 80% 70/87 2080 ¶ 69/86 1075 ¶ 72/90 105 131 141 149
189 204 296 386 398 456 604 634 824 1100 1103 1354 1482 1732 1733 1849 1855 1865 1883 1897 1903 2131 2466
2554 2723

•• 2242 (104 TESTST., DAVON 69 MIT MEHRHEITSTEXT, 6 MIT SINGULÄRLESART)

• 100% 7/7 517 ¶ 6/6 2833 ¶ 3/3 1067 1904 2671 ¶ 2/2 0244 0294 ¶ 1/1 P33 077 093 0140 0166
0189 • 95% 19/20 1738 • 90% 18/20 1858 • 88% 7/8 2829 • 87% 27/31 624 ¶ 26/30
2777 ¶ 13/15 1745 • 86% 30/35 2303 • 83% 86/104 2191 • 82% 18/22 506 ¶ 71/87 1723
• 81% 44/54 325 ¶ 83/102 1352 ¶ 74/91 1864 ¶ 13/16 1899 ¶ 64/79 020 ¶ 21/26 2626 ¶
67/83 2587 ¶ 83/103 1835 ¶ 29/36 1730 • 80% 80/100 1075 ¶ 83/104 456 ¶ 43/54 2289
• 79% 62/78 400 ¶ 65/82 498 ¶ 80/101 312 ¶ 72/91 308 ¶ 53/67 172 ¶ 34/43 2004 ¶ 15/19
314 ¶ 82/104 105 177 203 386 1100 1636 1733 2554 ¶ 78/99 025 2475 ¶ 81/103 398 625 1241 2423 ¶
55/72 2746 • 78% 62/79 1752 ¶ 72/92 2431 ¶ 18/23 1846 ¶ 79/101 796 ¶ 50/64 1526 ¶
78/100 910 986 1508 1726 ¶ 71/91 1902 ¶ 32/41 2175 2441 ¶ 81/104 1 141 149 201 204 393 452 454
483 496 604 922 1040 1072 1073 1099 1149 1354 1482 1503 1617 1619 1628 1637 1656 1668 1673 1720 1732
1740 1749 1855 1897 2131 2352

•• 2243 (104 TESTST., DAVON 68 MIT MEHRHEITSTEXT, 4 MIT SINGULÄRLESART)

• 100% 7/7 517 ¶ 6/6 2833 ¶ 3/3 097 2671 ¶ 2/2 0244 0294 ¶ 1/1 P33 077 093 0140 0166 0189
1756 • 95% 21/22 506 • 88% 92/104 483 ¶ 72/82 498 ¶ 36/41 2175 ¶ 14/16 2627 • 87%
88/101 312 ¶ 58/67 172 ¶ 90/104 105 452 457 • 86% 89/103 1022 1835 2423 ¶ 19/22 1101 ¶
86/100 1599 ¶ 30/35 2303 ¶ 89/104 82 142 203 1103 1244 1354 1849 2523 • 85% 88/103 398
424 ¶ 87/102 479 1352 ¶ 85/100 1075 1726 ¶ 78/92 2431 2484 ¶ 88/104 393 454 465 592 605 1073
1149 1636 1668 2131 2191 ¶ 66/78 1832 ¶ 33/39 916 • 84% 87/103 226 603 638 1069 1448 1717 ¶
54/64 1526 ¶ 86/102 1880 2691 ¶ 85/101 302 2080 ¶ 79/94 110 2625 ¶ 68/81 626 ¶ 83/99
2475 ¶ 87/104 1 201 221 450 462 635 901 919 997 1072 1503 1617 1619 1628 1637 1656 1673 1740 1854 1888
2352 2404 2494 2508 2558 2704 ¶ 82/98 699

•• 2255 (104 TESTST., DAVON 71 MIT MEHRHEITSTEXT, 0 MIT SINGULÄRLESART)

• 100% 54/54 2289 ¶ 41/41 2441 ¶ 22/22 506 ¶ 20/20 1858 ¶ 16/16 1899 ¶ 15/15 1745 ¶
7/7 517 ¶ 6/6 2833 ¶ 3/3 1067 1904 2671 ¶ 2/2 0244 0294 627 ¶ 1/1 P33 077 093 0140 0166 0189
1756 • 99% 99/100 986 ¶ 90/91 1864 ¶ 86/87 1723 • 98% 56/57 2378 ¶ 102/104 141 204
1482 1855 1865 1897 2723 ¶ 84/86 1856 ¶ 81/83 2587 • 97% 77/79 1752 ¶ 34/35 2303 ¶ 101/104
201 386 394 1072 1100 1249 1503 1617 1628 1637 1656 1732 1733 1740 2261 2352 ¶ 97/100 1075 1508 ¶
29/30 2777 • 96% 100/104 19 604 801 824 1040 1636 1749 2466 ¶ 25/26 2626 ¶ 99/103 1746
2218 ¶ 97/104 444 • 95% 99/104 328 634 664 928 1058 1619 1876 2221 2554 2704 ¶ 98/103 432
1248 ¶ 39/41 2175 ¶ 96/101 757 1548 ¶ 95/100 1761 ¶ 19/20 1738 ¶ 87/92 2431 • 94%
98/104 1400 1618 1725 1737 1892 ¶ 97/103 1652 1748 ¶ 95/101 2080 ¶ 29/31 624 • 93% 97/104
18 105 2653 ¶ 96/103 1835 ¶ 95/102 1767 1768 2691

•• 2279 (101 TESTST., DAVON 69 MIT MEHRHEITSTEXT, 0 MIT SINGULÄRLESART)

• 100% 7/7 517 ¶ 6/6 956 2833 ¶ 3/3 1067 1904 ¶ 2/2 0244 0294 2570 ¶ 1/1 P33 077 093 0140
0189 1756 • 99% 100/101 1753 • 98% 99/100 912 1594 ¶ 81/82 1861 • 98% 99/101 1863 ¶ 98/100
234 • 97% 98/101 390 1250 • 96% 97/101 51 1405 2511 • 95% 91/96 42 ¶ 90/95 1003 • 93%
14/15 1745 ¶ 67/72 1456 • 92% 93/101 2501 • 90% 91/101 223 ¶ 27/30 2777 • 89% 90/101
367 ¶ 87/98 2675 • 88% 89/101 582 1903 ¶ 36/41 2175 ¶ 78/89 2431 ¶ 14/16 1899 • 87%
86/99 1352 ¶ 84/97 1726 • 86% 19/22 1101 ¶ 44/51 2289 ¶ 87/101 105 1883 2221 2554 ¶
86/100 1835 2423 ¶ 85/99 1768 1880 ¶ 72/84 1856 ¶ 18/21 506 • 85% 81/95 699 ¶ 86/101
465 483 604 999 1058 1354 1619 1636 1854 2261 ¶ 23/27 2125 ¶ 85/100 432 1022 1102 1448 1746 2218 ¶
17/20 1858 ¶ 84/99 1508 2691 ¶ 83/98 302 312 378 757 ¶ 72/85 642 ¶ 77/91 2799 ¶ 33/39
916 ¶ 82/97 1075 • 84% 64/76 1747 ¶ 85/101 18 141 201 203 204 216 386 452 496 592 605 1072
1099 1100 1315 1482 1503 1617 1618 1622 1628 1637 1643 1656 1732 1733 1737 1740 1749 1828 1849 1855
1860 1885 1897 2191 2352 2488 2523 2704

•• 2288 (104 TESTST., DAVON 64 MIT MEHRHEITSTEXT, 3 MIT SINGULÄRLESART)

• 100% 7/7 517 ¶ 6/6 956 2833 ¶ 3/3 P8 1067 1904 ¶ 2/2 0244 0294 ¶ 1/1 P33 093 0140 0175
0189 1756 • 95% 21/22 1101 • 92% 94/102 1873 • 91% 20/22 506 • 90% 94/104 1843
• 89% 8/9 1871 • 88% 36/41 2175 ¶ 7/8 2797 • 87% 78/90 2201 • 86% 55/64 1526 ¶
89/104 2143 • 85% 73/86 1856 ¶ 88/104 483 927 1149 1354 1849 1868 ¶ 33/39 916 • 84% 74/88

•• 2501 (104 TESTST., DAVON 70 MIT MEHRHEITSTEXT, 1 MIT SINGULÄRLESART)

• 100% 30/30 2777 ¶ 20/20 1858 ¶ 16/16 1899 ¶ 15/15 1745 ¶ 7/7 517 ¶ 6/6 956 2833 ¶ 3/3 1067 1904 ¶ 2/2 0244 0294 ¶ 1/1 P33 077 093 0140 0189 1756 • 96% 25/26 2626 • 93% 50/54 2289 • 92% 96/104 1753 ¶ 93/101 2279 ¶ 67/73 1456 • 91% 94/103 912 ¶ 20/22 506 ¶ 77/85 1861 • 90% 94/104 51 390 1250 ¶ 28/31 624 ¶ 93/103 1594 ¶ 18/20 1738 • 89% 93/104 1405 1863 2511 ¶ 92/103 234 2218 ¶ 89/100 1508 ¶ 8/9 1871 • 88% 92/104 1737 2221 2554 ¶ 90/102 1768 ¶ 88/100 1726 ¶ 81/92 2431 ¶ 87/99 42 ¶ 86/98 1003 ¶ 91/104 223 604 1636 1903 ¶ 7/8 2797 • 87% 90/103 432 1746 ¶ 89/102 1352 1767 2691 ¶ 88/101 1548 ¶ 87/100 1075 ¶ 72/83 2587 ¶ 90/104 105 141 201 204 386 582 664 1058 1072 1100 1354 1482 1503 1617 1619 1628 1637 1656 1732 1733 1740 1749 1828 1855 1897 2352 2356 2704 • 86% 89/103 1069 1835 2423 ¶ 70/81 626 ¶ 19/22 1101 ¶ 50/58 2712 ¶ 87/101 302 444 757 1754 ¶ 68/79 1752 ¶ 31/36 1730 ¶ 49/57 2378

•• 2511 (104 TESTST., DAVON 70 MIT MEHRHEITSTEXT, 0 MIT SINGULÄRLESART)

• 100% 7/7 517 ¶ 6/6 956 ¶ 3/3 1067 1904 ¶ 2/2 0244 0294 2570 ¶ 1/1 P33 077 0140 0189 1756 • 97% 100/103 912 • 96% 97/101 2279 • 95% 99/104 1753 ¶ 98/103 1594 • 94% 98/104 51 1863 ¶ 97/103 234 ¶ 80/85 1861 • 93% 14/15 1745 ¶ 97/104 390 1250 ¶ 92/99 42 • 92% 96/104 1405 • 91% 89/98 1003 • 89% 93/104 223 2501 • 88% 89/101 2675 ¶ 64/73 1456 ¶ 14/16 1899 ¶ 7/8 2797 • 87% 47/54 2289 ¶ 80/92 2431 ¶ 26/30 2777 ¶ 90/104 1903 • 86% 19/22 1101 ¶ 89/104 367 • 85% 87/102 1352 1768 ¶ 85/100 1726 ¶ 88/104 105 582 1749 1849 1883 2221 2554 ¶ 22/26 2626 • 84% 87/103 1835 2423 ¶ 86/102 479 1743 ¶ 72/86 1856 ¶ 87/104 216 465 483 604 999 1070 1354 1636 2261 2488 ¶ 82/98 699 • 83% 86/103 432 1022 1746 2218 ¶ 85/102 1880 2691 ¶ 45/54 325 ¶ 5/6 2833 ¶ 84/101 302 312 378 1548 ¶ 83/100 1075 1508 ¶ 78/94 2799 ¶ 73/88 1277 ¶ 63/76 1747 ¶ 34/41 2175 ¶ 53/64 1526 ¶ 86/104 18 141 201 203 204 386 452 496 592 605 1058 1072 1100 1315 1482 1503 1617 1618 1619 1622 1628 1637 1643 1656 1732 1733 1737 1740 1828 1854 1855 1860 1869 1876 1897 2191 2352 2404 2523 2619 2704

•• 2516 (104 TESTST., DAVON 66 MIT MEHRHEITSTEXT, 6 MIT SINGULÄRLESART)

• 100% 8/8 2829 ¶ 7/7 517 ¶ 6/6 956 ¶ 3/3 1067 1904 2671 ¶ 2/2 0244 0294 ¶ 1/1 P33 093 0140 0166 0189 • 95% 21/22 1101 • 89% 8/9 1871 • 88% 7/8 2797 • 85% 35/41 2175 • 84% 54/64 1526 • 83% 5/6 2833 ¶ 86/104 105 2523 ¶ 85/103 226 424 • 82% 83/101 312 ¶ 32/39 916 ¶ 85/104 203 1668 ¶ 84/103 1022 1835 1845 ¶ 75/92 2431 • 81% 83/102 1352 ¶ 82/101 2080 ¶ 81/100 1726 ¶ 84/104 82 93 393 454 465 483 922 997 1149 1354 1636 1673 1877 2131 2191 ¶ 80/99 2475 ¶ 21/26 2626 ¶ 75/93 1757 ¶ 71/88 1277 ¶ 83/103 398 603 1241 2815 ¶ 79/98 699 ¶ 54/67 172 ¶ 29/36 1730 • 80% 70/87 642 ¶ 82/102 479 ¶ 74/92 2484 ¶ 81/101 1609 ¶ 69/86 1856 ¶ 80/100 1075 ¶ 24/30 2777 ¶ 4/5 1115 ¶ 83/104 1 201 216 450 452 457 462 605 635 914 919 1072 1073 1161 1503 1617 1619 1628 1637 1656 1736 1740 1749 1847 1849 1885 2352 2404 2466 2492 2508 2558 2704

•• 2541 (104 TESTST., DAVON 69 MIT MEHRHEITSTEXT, 0 MIT SINGULÄRLESART)

• 100% 7/7 517 ¶ 6/6 956 ¶ 3/3 096 1067 1904 2671 ¶ 2/2 0244 0294 627 ¶ 1/1 P33 093 0140 0166 0189 1756 • 96% 26/27 2125 • 95% 21/22 1101 • 93% 38/41 2175 • 92% 59/64 1526 ¶ 70/76 1747 • 91% 78/86 1856 • 90% 35/39 916 • 89% 93/104 105 203 1354 ¶ 92/103 1835 ¶ 56/63 1889 ¶ 8/9 1871 ¶ 78/88 1277 ¶ 77/87 642 • 88% 92/104 452 483 605 ¶ 91/103 175 398 424 1022 ¶ 75/85 1867 ¶ 59/67 172 ¶ 87/99 2475 ¶ 80/91 308 ¶ 71/81 57 626 ¶ 91/104 82 404 457 462 465 635 1073 1103 1736 1828 1847 1849 ¶ 7/8 2829 • 87% 90/103 1448 2815 ¶ 89/102 479 ¶ 81/101 302 312 ¶ 61/70 1762 ¶ 85/98 699 ¶ 90/104 367 450 676 794 1149 1161 1636 1668 1903 2191 2356 2523 • 86% 89/103 625 632 1845 2194 ¶ 88/102 1352 1880 ¶ 87/101 378 1741 ¶ 86/100 910 1075 1508 ¶ 78/91 1902 ¶ 30/35 2303 ¶ 89/104 1 93 133 201 393 454 656 665 901 922 1072 1099 1242 1244 1503 1617 1619 1628 1637 1656 1673 1734 1740 1870 2131 2352 2488 2619

•• 2544 (104 TESTST., DAVON 71 MIT MEHRHEITSTEXT, 3 MIT SINGULÄRLESART)

• 100% 3/3 2671 ¶ 2/2 0244 ¶ 1/1 P33 077 0140 0166 0189 1756 • 90% 28/31 624 • 88% 7/8 2829 • 87% 13/15 1745 • 86% 19/22 506 ¶ 6/7 517 ¶ 89/104 105 • 85% 88/103 1835 ¶ 17/20 1858 ¶ 88/104 457 1849 • 84% 87/103 398 625 ¶ 86/102 479 ¶ 84/100 910 ¶ 87/104 465 483 635 1040 1354 ¶ 56/67 172 • 83% 86/103 1022 2194 ¶ 85/102 2691 ¶ 45/54 325 2289 ¶ 5/6 2833 ¶ 84/101 312 2080 ¶ 83/100 1075 ¶ 34/41 2175 ¶ 82/99 337 2475 ¶ 58/70 1762 ¶ 86/104 82 452 547 605 922 1073 1636 1865 2131 2255 2488 2523 2723 ¶ 67/81 626 ¶ 85/103 226 424 632 1521 1652 ¶ 52/63 1889 • 82% 75/91 308 1864 ¶ 84/102 1352 ¶ 70/85 1867 ¶ 83/101 302 ¶ 82/100 986 1508 1599 ¶ 32/39 916 ¶ 81/99 122 ¶ 18/22 1101 ¶ 85/104 1 141 201 204 221 296 328 386 394 425 450 462 604 656 801 959 1072 1100 1149 1482 1503 1617 1619 1628 1637 1656 1668 1733 1740 1828 1855 1876 1897 1903 2191 2221 2352 2356 2404 2473 2558 2619 2704

•• 2652 (94 TESTST., DAVON 62 MIT MEHRHEITSTEXT, 2 MIT SINGULÄRLESART)

- 100% 6/6 517 956 2833 ¶ 3/3 2671 ¶ 2/2 0244 0294 627 2570 ¶ 1/1 077 093 0140 0166 0189 1756
- 91% 31/34 2175 • 90% 18/20 2125 • 88% 28/32 916 ¶ 14/16 2627 ¶ 7/8 2797 2829
- 87% 13/15 1101 • 85% 52/61 1526 • 83% 65/78 1277 ¶ 55/66 1747 • 82% 77/94 1622
1860 ¶ 18/22 506 • 81% 26/32 2303 ¶ 76/94 1292 ¶ 75/93 383 • 80% 61/76 1856 ¶ 75/94
2147 ¶ 74/93 97 • 79% 72/91 1609 ¶ 53/67 1762 ¶ 74/94 452 1103 • 78% 14/18 886 ¶
73/94 51 105 203 464 483 605 656 1022 1354 1903 ¶ 66/85 2625 • 77% 72/93 175 424 638 1743 1835
1859 ¶ 71/92 1862 2691 ¶ 70/91 312 2080 ¶ 63/82 1867 ¶ 72/94 76 82 189 216 390 398 404 440
457 462 465 496 614 919 997 999 1073 1149 1244 1315 1618 1636 1643 1668 1673 1722 1736 2221 2523 • 76%
65/85 319 ¶ 71/93 632 1069 1240 1748 2483 2815 ¶ 64/84 2799 ¶ 48/63 365 ¶ 70/92 302 479 1352
1768 1880

•• 2675 (101 TESTST., DAVON 69 MIT MEHRHEITSTEXT, 4 MIT SINGULÄRLESART)

- 100% 6/6 956 ¶ 4/4 2833 ¶ 2/2 0244 0294 2570 ¶ 1/1 P33 077 093 0140 0189 1756 • 90%
74/82 1861 ¶ 90/100 234 • 89% 17/19 506 ¶ 89/100 1594 ¶ 87/98 2279 • 88% 89/101 51
1250 1753 2511 ¶ 88/100 912 ¶ 84/96 42 ¶ 14/16 1899 ¶ 7/8 2829 • 87% 88/101 390 1863 ¶
13/15 1745 • 86% 82/95 1003 ¶ 6/7 517 2797 ¶ 83/97 1726 • 85% 86/101 1405 ¶ 33/39
2175 • 84% 85/101 223 ¶ 21/25 2626 ¶ 52/62 1526 ¶ 82/98 302 • 83% 25/30 2777 ¶
84/101 465 ¶ 74/89 2431 ¶ 83/100 2423 ¶ 82/99 1352 ¶ 58/70 1456 ¶ 29/35 567 1730 ¶ 66/80
2587 • 82% 83/101 105 1149 2501 2523 ¶ 69/84 1723 ¶ 78/95 699 ¶ 55/67 2746 ¶ 82/100 1022
1835 ¶ 18/22 1101 ¶ 80/98 312 ¶ 71/87 2772 • 81% 79/97 1727 ¶ 82/101 133 452 483 605 824
1240 1354 1622 1636 1668 1673 1749 1854 1860 1870 1903 2261 2704 ¶ 43/53 2289 ¶ 30/37 916 ¶
81/100 424 632 ¶ 80/99 1880 2691 ¶ 63/78 626 ¶ 71/88 1066 1864 1902 ¶ 79/98 378 921 1548
• 80% 78/97 910 1075 1508 ¶ 61/76 1752 ¶ 81/101 1 82 141 201 203 204 250 367 386 457 462 592 604
794 901 919 922 1072 1073 1100 1103 1400 1424 1482 1503 1617 1619 1628 1637 1643 1656 1732 1733 1734
1740 1744 1763 1828 1849 1855 1883 1897 2131 2191 2221 2352 2356 2404 2488 2508 2554 2558

•• 2718 (78 TESTST., DAVON 37 MIT MEHRHEITSTEXT, 0 MIT SINGULÄRLESART)

- 100% 6/6 956 2833 ¶ 3/3 P8 ¶ 2/2 0244 0294 ¶ 1/1 066 0140 0166 0175 0189 1756 2570 • 88%
15/17 506 • 86% 6/7 2829 • 83% 5/6 0120 ¶ 34/41 2175 • 82% 32/39 916 ¶ 18/22 1101
• 81% 50/62 1893 • 80% 4/5 1115 • 78% 21/27 62 2125 ¶ 7/9 2464 • 76% 34/45 2712
• 75% 12/16 2627 • 73% 57/78 436 ¶ 16/22 567 • 72% 56/78 1297 1595 • 71% 5/7 517 ¶
37/52 441 ¶ 22/31 2303 ¶ 55/78 218 1270 • 70% 31/44 2746 ¶ 54/77 226 1598 ¶ 46/66
642 ¶ 39/56 1456 • 69% 41/59 623 ¶ 52/75 796 ¶ 54/78 3 142 1761 ¶ 45/65 1902 ¶ 53/77
76 ¶ 44/64 2201 • 68% 52/76 1609 1743 ¶ 45/66 1890 ¶ 51/75 1856 2475 ¶ 17/25 886 ¶
53/78 1 93 203 386 456 459 614 901 1100 1103 1127 1161 1400 1404 1505 1619 1636 1733 1736 1847 2191
2374 ¶ 50/74 1599 ¶ 48/71 308 ¶ 52/77 632 1022 1102 1508 1835 2080 • 67% 41/61 1723 ¶
51/76 1768 1873 ¶ 52/78 044 105 141 201 204 205 228 437 440 452 483 496 604 634 914 1040 1058 1072
1073 1149 1249 1482 1503 1617 1628 1637 1643 1656 1668 1673 1732 1740 1828 1842 1850 1855 1892 1897
2143 2261 2288 2352 2404 2483 2508 2554

•• 2723 (104 TESTST., DAVON 72 MIT MEHRHEITSTEXT, 0 MIT SINGULÄRLESART)

- 100% 104/104 1865 ¶ 91/91 1864 ¶ 54/54 2289 ¶ 22/22 506 ¶ 20/20 1858 ¶ 16/16
1899 ¶ 15/15 1745 ¶ 7/7 517 ¶ 6/6 2833 ¶ 3/3 1067 1904 2671 ¶ 2/2 0244 0294 627 ¶ 1/1 P33
077 093 0140 0166 0189 1756 • 99% 103/104 201 1072 1503 1617 1628 1637 1656 1740 2352 ¶ 99/100
986 1075 1508 ¶ 86/87 1723 • 98% 56/57 2378 ¶ 102/104 141 149 204 386 824 1040 1100 1482 1636
1733 1855 1897 2255 2466 ¶ 101/103 1746 ¶ 84/86 1856 ¶ 81/83 2587 ¶ 40/41 2175 2441 • 97%
77/79 1752 ¶ 34/35 2303 ¶ 101/104 394 604 1249 1619 1732 2261 ¶ 100/103 1248 2218 ¶ 98/101
444 757 ¶ 89/92 2431 ¶ 29/30 2777 • 96% 100/104 634 664 801 1058 1618 1737 1749 1892 2221 2554
2704 ¶ 25/26 2626 ¶ 99/103 432 1748 ¶ 97/101 1548 • 95% 99/104 105 328 928 1400 1876
2653 ¶ 98/103 1652 ¶ 95/100 1761 ¶ 19/20 1738 ¶ 18/19 314 • 94% 98/104 18 1725 ¶ 97/103
1835 ¶ 96/102 1767 1768 2691

•• 2737 (104 TESTST., DAVON 61 MIT MEHRHEITSTEXT, 4 MIT SINGULÄRLESART)

- 100% 7/7 517 ¶ 3/3 P8 1067 1904 2671 ¶ 2/2 0244 0294 627 ¶ 1/1 P33 093 0140 0166 0175 0189
1756 • 89% 8/9 1871 • 88% 7/8 2797 • 85% 22/26 2626 • 84% 56/67 172 • 83% 30/36
1730 ¶ 25/30 2777 ¶ 5/6 956 ¶ 58/70 2746 • 82% 18/22 506 • 81% 44/54 2289 ¶ 13/16
1899 ¶ 84/104 1903 ¶ 67/83 2587 • 80% 70/87 1723 ¶ 81/101 2080 ¶ 68/85 1867 ¶ 28/35
2303 ¶ 16/20 1858 ¶ 83/104 105 1843 2488 ¶ 51/64 1526 ¶ 43/54 325 ¶ 82/103 1835 • 79%
73/92 2484 ¶ 50/63 1889 ¶ 69/87 642 ¶ 65/82 498 ¶ 80/101 312 ¶ 45/57 2378 ¶ 15/19
314 ¶ 82/104 296 547 1869 2143 2523 2619 ¶ 78/99 2475 ¶ 74/94 110 ¶ 81/103 226 ¶ 55/70 1762
• 78% 62/79 1094 1752 ¶ 80/102 1768 1873 ¶ 18/23 1846 ¶ 79/101 1609 ¶ 78/100 1075 ¶
81/104 457 464 465 483 1103 1149 1354 1595 1636 1668 1736 1828 1847 1868 2191 2221 2704 ¶ 63/81

626 ¶ 49/63 1731 ¶ 80/103 398 1022 1746 2815 ¶ 73/94 2799 ¶ 69/89 2772 • 77% 79/102 1352
2691 ¶ 48/62 309 ¶ 24/31 624 ¶ 78/101 302 ¶ 77/100 1508 1761 ¶ 80/104 1 82 93 141 201 203
204 386 450 452 456 462 604 605 634 1058 1072 1073 1100 1127 1161 1404 1482 1503 1617 1619 1628 1637 1656
1673 1725 1733 1740 1763 1849 1855 1883 1897 2352 2356 2473 2508 2558

•• 2774 (104 TESTST., DAVON 65 MIT MEHRHEITSTEXT, 1 MIT SINGULÄRLESART)

• 100% 9/9 1871 ¶ 7/7 517 ¶ 3/3 P8 1067 1904 2671 ¶ 2/2 0244 0294 ¶ 1/1 P33 093 0140 0166
0175 0189 1756 • 91% 20/22 506 • 89% 70/79 1752 ¶ 31/35 2303 • 88% 91/103 2483 ¶
91/104 216 ¶ 14/16 1899 ¶ 7/8 2797 • 87% 88/101 935 ¶ 27/31 624 ¶ 47/54 325 ¶ 72/83
2587 ¶ 26/30 2777 ¶ 90/104 440 1404 • 86% 70/81 57 ¶ 31/36 1730 ¶ 60/70 2746 ¶ 89/104
142 496 • 85% 46/54 2289 ¶ 80/94 110 ¶ 57/67 172 ¶ 74/87 1723 ¶ 17/20 1738 1858 ¶ 88/104
203 ¶ 22/26 2626 • 84% 86/102 2696 ¶ 48/57 2378 ¶ 36/43 2004 ¶ 87/104 2085 2554 ¶ 76/91
1864 ¶ 66/79 1094 • 83% 86/103 1835 ¶ 85/102 1352 ¶ 5/6 0120 956 2833 ¶ 84/101 312
1609 ¶ 83/100 986 1075 1726 ¶ 78/94 2799 ¶ 68/82 498 ¶ 34/41 2441 ¶ 82/99 2475 ¶ 58/70
1762 ¶ 86/104 18 105 177 452 483 1315 1636 1673 1749 2131 2221 ¶ 67/81 626 ¶ 19/23 1846 ¶
85/103 638 2218 2423 ¶ 52/63 1889 • 82% 84/102 1768 ¶ 83/101 1548 ¶ 82/100 1508 ¶ 81/99
491 ¶ 85/104 141 149 201 204 386 394 456 592 604 634 656 664 928 1072 1100 1149 1354 1400 1482 1503
1617 1619 1628 1637 1656 1668 1732 1733 1740 1855 1897 2191 2352 2704

•• 2778 (12 TESTST., DAVON 6 MIT MEHRHEITSTEXT, 0 MIT SINGULÄRLESART)

• 100% 12/12 633 2696 ¶ 9/9 2289 ¶ 8/8 506 ¶ 3/3 0120 ¶ 2/2 517 ¶ 1/1 P33 0294 624 1756
• 92% 11/12 3 18 141 142 177 201 203 204 226 337 386 394 440 444 496 604 618 634 664 757 796 801 824
911 928 986 999 1040 1058 1072 1075 1100 1161 1248 1367 1400 1404 1482 1503 1563 1617 1618 1619 1628
1636 1637 1656 1723 1725 1732 1733 1737 1740 1746 1748 1749 1752 1761 1855 1856 1857 1864 1865 1876
1892 1897 2218 2255 2261 2352 2404 2431 2466 2554 2587 2723 • 91% 10/11 1022 1508 2400 • 90%
9/10 309 2441 • 89% 8/9 325 920 1721 • 83% 10/12 025 049 056 0142 1 35 38 43 82 93 105 110 122
131 133 149 172 175 205 209 216 221 228 250 254 302 312 321 327 328 363 367 384 393 398 424 425 432 450 452
454 456 457 458 460 462 465 466 469 479 483 491 498 547 592 601 605 606 617 625 626 628 632 635 638 641 642
656 665 676 699 794 808 876 901 910 914 917 959 997 1069 1073 1094 1099 1103 1107 1149 1240 1242 1244
1247 1249 1277 1315 1354 1360 1398 1424 1448 1521 1526 1548 1646 1649 1652 1668 1673 1702 1717 1726
1727 1731 1734 1736 1741 1742 1744 1747 1750 1754 1763 1765 1768 1828 1832 1835 1839 1847 1849 1850
1852 1854 1859 1862 1867 1870 1872 1880 1885 1888 1889 1894 2085 2127 2131 2191 2194 2221 2243 2298
2356 2423 2483 2484 2492 2494 2502 2541 2558 2653 2674 2691 2704 2716 2816

•• 2805 (99 TESTST., DAVON 46 MIT MEHRHEITSTEXT, 3 MIT SINGULÄRLESART)

• 100% 6/6 956 ¶ 3/3 2671 ¶ 2/2 0244 0294 2570 ¶ 1/1 P33 0166 • 73% 16/22 506 • 67%
4/6 0120 517 ¶ 2/3 096 097 • 66% 51/77 441 ¶ 65/99 436 2374 • 65% 45/69 2746 ¶ 24/37
2175 ¶ 22/34 2303 • 64% 52/81 1856 ¶ 50/78 2587 ¶ 51/80 623 1867 ¶ 63/99 228 ¶ 54/85
2201 • 63% 52/82 1723 ¶ 38/60 1526 ¶ 62/98 1598 ¶ 58/92 913 ¶ 22/35 916 ¶ 62/99 044
142 386 621 634 1100 1270 1297 1400 1595 1643 1733 2261 2298 2554 2737 ¶ 60/96 941 ¶ 5/8 2797
• 62% 58/93 2799 ¶ 61/98 76 1746 1748 2483 ¶ 60/97 1743 ¶ 61/99 18 35 141 189 201 204 394
467 808 928 1072 1103 1482 1503 1617 1618 1628 1637 1656 1732 1740 1855 1897 2352 ¶ 48/78 1752 ¶
16/26 62 • 61% 59/96 1509 1609 2080 ¶ 57/93 1727 ¶ 60/98 432 1102 1611 2218 ¶ 58/95 986
1508 1761 ¶ 59/97 1768 ¶ 60/99 5 102 149 203 456 464 604 664 801 824 1058 1106 1249 1404 1636 1749
1865 1876 1903 2143 2221 2466 2704 2723

•• 2816 (104 TESTST., DAVON 68 MIT MEHRHEITSTEXT, 0 MIT SINGULÄRLESART)

• 100% 20/20 1738 ¶ 8/8 2829 ¶ 7/7 517 ¶ 6/6 2833 ¶ 3/3 1067 1904 2671 ¶ 2/2 0244 0294
627 ¶ 1/1 P33 077 093 0140 0166 0189 1756 • 95% 19/20 1858 ¶ 18/19 314 • 94% 15/16 1899 ¶
29/31 624 • 93% 14/15 1745 • 90% 57/63 1731 ¶ 89/99 337 • 89% 93/104 221 457 ¶ 92/103
1835 ¶ 91/102 1862 ¶ 57/64 1526 ¶ 73/82 498 ¶ 56/63 1889 ¶ 48/54 325 ¶ 8/9 1871 • 88%
92/104 1 105 393 454 1073 1107 2558 ¶ 23/26 2626 ¶ 91/103 398 625 1022 1717 ¶ 89/101 312 ¶
88/100 910 ¶ 87/99 2475 ¶ 50/57 466 ¶ 71/81 626 ¶ 91/104 250 450 1149 1354 1668 1888 ¶
7/8 2797 • 87% 90/103 2194 ¶ 89/102 479 ¶ 47/54 2289 ¶ 20/23 1846 ¶ 85/98 1360 ¶ 26/30
2777 ¶ 58/67 172 ¶ 90/104 82 327 452 483 605 635 1244 1828 1849 1854 2191 2356 • 86% 89/103
424 ¶ 19/22 506 ¶ 88/102 1352 1880 ¶ 63/73 014 ¶ 75/87 1723 ¶ 87/101 302 ¶ 31/36
1730 ¶ 86/100 1075 ¶ 37/43 2004 ¶ 73/85 1867 ¶ 85/99 025 122 ¶ 78/91 1864 ¶ 42/49
602 ¶ 30/35 2303 ¶ 89/104 056 0142 384 462 465 911 914 922 959 1040 1099 1626 1636 1673 1736 1865
2404 2508 2523 2705 2723

•• 2818 (104 TESTST., DAVON 31 MIT MEHRHEITSTEXT, 0 MIT SINGULÄRLESART)

• 100% 6/6 956 ¶ 3/3 096 1067 1904 ¶ 2/2 2570 ¶ 1/1 P33 057 093 0140 0175 0189 • 98% 94/96
610 • 93% 97/104 307 • 90% 94/104 453 1678 • 86% 6/7 517 • 81% 82/101 180 • 78% 7/9
1871 • 74% 77/104 94 ¶ 76/103 431 • 67% 8/12 2778 ¶ 2/3 097 • 61% 14/23 1846 • 60%

12/20   1738 1858 ¶ 9/15   1745 ¶ 3/5   1115 ¶   62/104   1891 • 59% 60/101   630 ¶ 61/104   1739
• 58% 11/19   314 ¶ 52/90   2201 • 57% 56/98   2200 ¶ 59/104   429 ¶ 17/30   2777 • 56% 9/16
1899 ¶ 14/25   886 ¶   48/86   1893 ¶ 58/104   945 • 55% 57/103   1642 ¶ 57/104   1704 • 54%
33/61   206 ¶   55/102   522 ¶ 56/104   436 ¶ 14/26   2626 ¶ 29/54   2289 • 52% 53/101   1509 ¶
53/102 323 ¶ 54/104   2298 • 51% 40/78   441 ¶ 53/104   621 2737 ¶ 29/57   2378 ¶ 44/87   642
• 50% 52/104   6 489 1595 1843 2143 2374 ¶ 51/102   1768 ¶ 50/100   941 ¶ 39/78   2718 ¶ 3/6
0120 ¶ 1/2   0244 0294 627 1728 ¶ 51/103   468 • 49% 42/85   623 ¶ 31/63   1731 1889 ¶ 51/104   5
228 322 634 808 927 1490 ¶ 49/100   1721 ¶ 48/98   606 ¶ 45/92   2431 ¶ 42/86   1856 ¶ 20/41
2441 ¶ 50/103   619 1611 • 48% 42/87   1729 ¶ 26/54   325 ¶ 50/104   18 142 386 1058 1100 1270 1718
1733 1737 1749 1842 1868 2261 2288 2554